TRATADO DE
DIREITO CIVIL

VI

DIREITO DAS OBRIGAÇÕES

ANTÓNIO MENEZES CORDEIRO
CATEDRÁTICO DA CLÁSSICA DE LISBOA

TRATADO DE
DIREITO CIVIL

VI

DIREITO DAS OBRIGAÇÕES

INTRODUÇÃO
SISTEMAS E DIREITO EUROPEU
DOGMÁTICA GERAL

2.ª edição
(revista e atualizada)

ALMEDINA
2012

TRATADO DE DIREITO CIVIL

AUTOR
ANTÓNIO MENEZES CORDEIRO

EDITOR
EDIÇÕES ALMEDINA, SA
Rua Fernandes Tomás n.ᵒˢ 76-80
3000-167 Coimbra
Tel.: 239 851 904
Fax: 239 851 901
www.almedina.net
editora@almedina.net

PRÉ-IMPRESSÃO
EDIÇÕES ALMEDINA, SA

IMPRESSÃO E ACABAMENTO
NOPRINT

Setembro, 2012

DEPÓSITO LEGAL
341453/12

Os dados e as opiniões inseridos na presente publicação
são da exclusiva responsabilidade do(s) seu(s) autor(es).

Toda a reprodução desta obra, por fotocópia ou outro qualquer processo,
sem prévia autorização escrita do Editor,
é ilícita e passível de procedimento judicial contra o infrator.

Biblioteca Nacional de Portugal – Catalogação na Publicação

CORDEIRO, António Meneses, 1953-

Tratado de direito civil – 2.ª ed. rev. (Manuais universitários)
6.º v.: Direito das obrigações. – p.

ISBN 978-972-40-4980-9

CDU 347

ADVERTÊNCIA

O presente VI volume do *Tratado de Direito civil* corresponde, em novo formato, a uma segunda edição, revista e atualizada, da parte II, tomo 1, desse mesmo Tratado.

A obra comporta referências a elementos publicados até agosto de 2012.

Lisboa, setembro de 2012

ÍNDICE DO SEXTO VOLUME

Advertência 5

PARTE I – INTRODUÇÃO

CAPÍTULO I – NOÇÃO E ORIGEM DAS OBRIGAÇÕES

§ 1.º A obrigação

1. A noção legal de obrigação 23
2. Aceções 29
3. Articulação conceitual 30
4. Natureza compreensiva e geral-concreta 32
5. A elegância do português jurídico 33

§ 2.º Raízes romanas

6. Do *nexum* à *obligatio* 35
7. O alargamento *ex bona fide* 41
8. A justiça grega e a síntese do Ocidente 43
9. O *corpus iuris civilis* 44
10. Do *ius commune* ao pandetismo 46

§ 3.º O Direito das obrigações

11. A classificação germânica 49
12. A diversidade substancial e a presença imanente 51
13. As delimitações histórico-culturais 53
14. A coesão linguística e científica 55

Tratado de Direito civil

CAPÍTULO II – COORDENADAS ATUAIS DAS OBRIGAÇÕES

§ 4.º A construção de princípios

15. O problema e a delimitação 57
16. A relatividade 61
17. A tutela do devedor 63
18. A irrenunciabilidade antecipada aos direitos 69
19. A causalidade 70

§ 5.º A reforma alemã das obrigações (2001/2002)

20. Aspetos gerais 74
21. A codificação da boa-fé 86
22. A perturbação das prestações 91
23. A receção da defesa do consumidor 105
24. A transposição de diretrizes 113
25. Apreciação geral 119

§ 6.º Aspirações de reforma do Direito das obrigações

26. Características atuais 122
27. A estabilidade nuclear e as flutuações periféricas 123
28. O Direito do consumo e Direito do arrendamento 124

CAPÍTULO III – PAPEL, RELEVO E ESTUDO DO DIREITO DAS OBRIGAÇÕES

§ 7.º Papel e relevo

29. Omnipresença e universalismo 129
30. Papel formativo e personalismo 130
31. As áreas de crescimento 132

§ 8.º O estudo

32. Investigação e ensino 134
33. O método histórico-comparatístico e o programa 135
34. O mau emprego de Bolonha 136
35. Bibliografia lusófona 137
36. Bibliografia estrangeira 141
37. Revistas, comentários e Internet 142

Índice do sexto volume 9

PARTE II – SISTEMAS E DIREITO EUROPEU DAS OBRIGAÇÕES

CAPÍTULO I – AS OBRIGAÇÕES NO MUNDO

§ 9.º Os grandes sistemas de obrigações

38. Conspecto geral	149
39. O sistema napoleónico	151
40. O sistema romano-germânico	156
41. O sistema anglo-saxónico	159
42. O sistema islâmico	162
43. O sistema chinês	166

CAPÍTULO II – AS OBRIGAÇÕES EM LÍNGUA PORTUGUESA

§ 10.º Na Europa

44. Ordenações	171
45. Pré-codificação	176
46. O Código de Seabra	180
47. A receção do pandetismo	186
48. O Código Vaz Serra (1966)	189
49. Evolução posterior	199

§ 11.º No Brasil

50. Aspetos gerais	205
51. O Código Civil de 1916	208
52. O Código Civil de 2002	210
53. Perspetivas	211

§ 12.º Em África

54. Angola	213
55. Cabo Verde	214
56. Guiné	216
57. Moçambique	217
58. São Tomé e Príncipe	218

Tratado de Direito civil

§ 13.º Na Ásia

59. Goa, Damão e Diu		219
60. Macau		221
61. Timor		222

§ 14.º A autonomia do sistema lusófono

62. As perspetivas planetárias		224
63. As línguas nacionais e as obrigações		226
64. O espaço do português		228
65. O sistema lusófono		229

CAPÍTULO III – O DIREITO EUROPEU DAS OBRIGAÇÕES

§ 15.º Ideia geral e condicionantes

66. Aspetos institucionais		235
67. Fontes comunitárias e aspetos metodológicos		236
68. A ideia de europeização das obrigações		238

16.º Os "códigos" europeus das obrigações

69. As iniciativas pré-comunitárias		241
70. Recomendações e projetos		242
71. Os "códigos" e o seu conteúdo		248
72. A proposta de regulamento sobre a compra e venda (DCESL)		252
73. Apreciação geral ao Direito europeu das obrigações		258

PARTE III – DOGMÁTICA GERAL

CAPÍTULO I – CONCEITO E ESTRUTURA DA OBRIGAÇÃO

74. Justificação		265

§ 17.º As doutrinas pessoalistas

75. Savigny e o domínio parcial do devedor		268

Índice do sexto volume 11

76. O direito a um bem a prestar; a análise económica 270
77. A teoria clássica 272

§ 18.º As doutrinas realistas

78. Um direito ao património 274
79. Uma relação entre patrimónios 278
80. A expectativa à prestação garantida sobre o património 279
81. Críticas habituais e reponderação 280

§ 19.º A doutrina dualista (débito e respondência)

82. Generalidades: premissas históricas 283
83. Construção dogmática 286
84. As construções da respondência 289
85. Ponderação dogmática 294

§ 20.º As (re)construções do pessoalismo

86. Aspetos gerais; o credor como sucessor do devedor 299
87. A obrigação como organismo ou como relação-quadro 302
88. Um processo teleológico visando o interesse do credor? 305

§ 21º O interesse

89. Evolução 307
90. Quadro terminológico 310
91. O interesse no Direito civil 312

§ 22.º A natureza complexa da obrigação

92. Generalidades; os deveres de prestar principal e secundários 319
93. Os deveres acessórios 321
94. Os deveres do credor 323
95. As obrigações sem dever de prestar 324
96. Os direitos pessoais de gozo 325
97. A orientação proposta: o dever específico de conceder uma vantagem 328
98. A diluição da garantia na ideia de juridicidade 330

CAPÍTULO II – CARACTERÍSTICAS DAS OBRIGAÇÕES

SECÇÃO I – NATUREZA PATRIMONIAL E JURIDICIDADE

§ 23.º A natureza patrimonial e a sua superação

99. Origem e evolução da ideia	333
100. A experiência portuguesa	339
101. Discussão dogmática	341
102. A patrimonialidade no Direito vigente	344

§ 24.º O interesse do credor e a juridicidade

103. O interesse do credor digno de proteção legal	347
104. A juridicidade	348
105. As relações de obsequiosidade e de cavalheirismo	350
106. A responsabilidade por deferência	354

§ 25.º A mediação e a colaboração do devedor

107. A ideia e a sua evolução	357
108. Delimitações críticas	359
109. A determinação das partes	361

§ 26.º A colaboração devida

110. A colaboração como dever-ser	364
111. A contraposição aos direitos reais	365

SECÇÃO II – A RELATIVIDADE E A EFICÁCIA PERANTE TERCEIROS

§ 27.º A relatividade estrutural

112. Aceções de relatividade	367
113. Os limites à relatividade estrutural	370
114. Relatividade tendencial e sistema	374

§ 28.º A relatividade na produção de efeitos

115. Generalidades; a oponibilidade forte	375

Índice do sexto volume

116. A oponibilidade média; os contratos com proteção de terceiros e o terceiro cúmplice 378
117. A oponibilidade fraca: o dever geral de respeito 386

§ 29.º A relatividade na responsabilidade civil

118. Colocação do problema 392
119. Tutela relativa dos direitos absolutos: deveres do tráfego 393
120. Tutela absoluta dos direitos relativos 397
121. Excurso: a experiência alemã 399

§ 30.º A relatividade na experiência portuguesa (eficácia externa)

122. Coordenadas gerais; a eficácia externa 406
123. Evolução geral na doutrina 408
124. A jurisprudência 415
125. Discussão dogmática 422
126. Solução proposta 425

SECÇÃO III – ESPECIALIDADE E ATIPICIDADE

§ 31.º A especialidade e a atipicidade

127. A especialidade 431
128. A tipicidade em geral 433
129. A atipicidade obrigacional; tipicidades sectoriais 437

SECÇÃO IV – CONFRONTO COM OUTRAS SITUAÇÕES PRIVADAS

§ 32.º Obrigações e reais

130. O sentido jurídico-científico do confronto 442
131. O núcleo da distinção 443
132. Aspetos complementares 446
133. Figuras híbridas: direitos pessoais de gozo, ónus reais e relações jurídicas reais 448
134. Afinidades e interligações 451

§ 33.º Obrigações, personalidade e família

135. Aspetos gerais; bens de personalidade e de família 453

14 *Tratado de Direito civil*

136. As obrigações de personalidade 454
137. As obrigações de família 456

§ 34.º Obrigações e Direito de autor

138. Aspetos gerais 458
139. O direito de autor e os direitos conexos 461
140. A evolução do Direito de autor 464
141. O Direito de autor e as obrigações 468

§ 35.º Obrigações e relações especiais

142. Relações de trabalho 470
143. Relações de comércio 471
144. Relações societárias 472

CAPÍTULO III – O CONTEÚDO GERAL DAS OBRIGAÇÕES

145. Sistematização e sequência 475

SECÇÃO I – A DELIMITAÇÃO POSITIVA

§ 36.º O dever de prestar

146. Ambivalência: conduta ou resultado? 477
147. A diligência requerida 481
148. O regime vigente 485

§ 37.º Prestações principais e secundárias

149. Generalidades; *facere* positivo e negativo 489
150. Prestações de *dare* 493
151. Prestações de *pati* 495
152. Prestações secundárias 496

§ 38.º Os deveres acessórios

153. Ideia básica; origem 498
154. A doutrina moderna (Kress e Stoll) 502

Índice do sexto volume 15

155. Desenvolvimentos periféricos e consagração central 505
156. A experiência portuguesa 508
157. Regime geral 510
158. Concretizações 514

§ 39.º Outros elementos

159. Generalidades; direitos potestativos e sujeições 519
160. Faculdades e posições funcionais 523
161. Exceções e ónus 525
162. Os encargos (*Obliegenheiten*) 526
163. Deveres genéricos e proteções específicas 532

SECÇÃO II – A DELIMITAÇÃO NEGATIVA

§ 40.º Os requisitos

164. Generalidades 533
165. Licitude, supletividade e conformidade legal 534
166. Possibilidade e determinabilidade 537
167. Bons costumes e a ordem pública 538

SECÇÃO III – MODALIDADES DE PRESTAÇÕES

§ 41.º Modalidades de prestações

168. Generalidades; as categorias de coisas 540
169. Prestações fungíveis e não-fungíveis 542
170. Prestações divisíveis e indivisíveis 547

CAPÍTULO IV – CLASSIFICAÇÕES E TIPOS DE OBRIGAÇÕES

171. Sistematização e sequência 551

SECÇÃO II – CLASSIFICAÇÕES DE OBRIGAÇÕES

§ 42.º As classificações

172. Quanto ao conteúdo 554
173. Simples e complexas; uni e bilaterais 555

16 *Tratado de Direito civil*

174. Absolutas, relativas e mistas 556
175. Puras e combinadas; subordinadas e subordinantes 556
176. Típica e atípicas 557
177. Determinadas e indeterminadas 558

SECÇÃO II – TIPOS DE OBRIGAÇÕES

§ 43.º Obrigações duradouras

178. Prestações instantâneas e prolongadas, contínuas e sucessivas 559
179. Origem e evolução das obrigações duradouras 560
180. Experiência portuguesa e dogmática geral 564
181. A cessação 568

§ 44.º Relações obrigacionais gerais

182. Generalidades 573
183. A relação de negócios 574
184. A relação bancária geral 575
185. A relação geral de seguro 577

§ 45.º Direitos pessoais de gozo

186. O direito do locatário; evolução jurídica, política e social 580
187. Teorias obrigacionais 588
188. Teorias reais 591
189. Discussão dogmática 596
190. A doutrina dos direitos pessoais de gozo 603
191. O regime 607

§ 46.º Obrigações naturais

192. Noção legal; *naturalis obligatio* 611
193. As controvérsias das precodificações e dos primeiros códigos 613
194. A evolução subsequente 618
195. A experiência portuguesa; uma figura geral? 621
196. O regime 625
197. Os casos concretos 626
198. A noção legal 631
199. A natureza jurídica e funcionalidade 632

Índice do sexto volume 17

§ 47.º Obrigações genéricas

200. Noção e aspetos evolutivos	637
201. Problemática atual	640
202. O risco: teorias de Thöl e de Jhering	643
203. O regime; a escolha	646
204. A concentração	651
205. Aspetos práticos	654

§ 48.º Obrigações alternativas

206. Delimitação	659
207. Origem e evolução	660
208. Experiência portuguesa; regras básicas	662
209. A escolha	664
210. A impossibilidade	668
211. Função e natureza	670

§ 49.º Obrigações com faculdade alternativa

212. Autonomização	671
213. Funcionamento e natureza	672

§ 50.º Obrigações de informação

214. As informações em Direito	675
215. Aspetos evolutivos	678
216. O regime e a natureza	681

§ 51.º Obrigações de apresentação de coisas ou documentos

217. Autonomia dogmática e evolução	685
218. Delimitação e requisitos	686
219. Exercício e natureza	688

CAPÍTULO V – OBRIGAÇÕES PECUNIÁRIAS

§ 52.º A moeda e o sistema financeiro (excurso)

220. Generalidades	691

18   *Tratado de Direito civil*

221. A moeda 693
222. O sistema financeiro 696
223. Alguns sistemas nacionais 698
224. O sistema financeiro português 704
225. O euro 714

§ 53.º As obrigações pecuniárias

226. Nota evolutiva 720
227. Obrigações pecuniárias; o valor nominal 724
228. As exceções ao nominalismo 727
229. Obrigações em moeda estrangeira; obrigações próprias e impróprias; juros 727
230. Operações cambiais; evolução; a liberalização 732

§ 54.º Os juros

231. Aspetos gerais; a sua legitimidade 736
232. Modalidades; anatocismo 741

CAPÍTULO VI – OBRIGAÇÕES PLURAIS

§ 55.º Quadro geral e evolução

233. Quadro geral 745
234. Direito romano; a correalidade 748
235. As teorias da contitularidade; o concurso 751
236. A mão-comum 754
237. O Código Vaz Serra 755

§ 56.º Obrigações parciárias

238. Noção e modalidades 760
239. Presunção de igualdade, *beneficium divisionis* e supletividade 761
240. Prestações indivisíveis 763
241. Natureza; deveres acessórios 764

§ 57.º Solidariedade passiva

242. Noção e casos 766
243. Solidariedades impróprias ou não-autênticas 768

Índice do sexto volume

244. Relações externas 770
245. Relações internas 772
246. Papel e natureza 774

§ 58.º Solidariedade ativa

247. Noção e regras gerais 777
248. Relações externas 778
249. Relações internas 779
250. Aplicações e natureza 780

§ 59.º Pluralidade heterogénea

252. Generalidades; o usufruto de créditos 781
252. O penhor de créditos 782
253. Natureza 783

Índice de jurisprudência 785

Índice onomástico 791

Índice bibliográfico 811

Índice ideográfico 879

PARTE I

INTRODUÇÃO

CAPÍTULO I
NOÇÃO E ORIGEM DAS OBRIGAÇÕES

§ 1.º A OBRIGAÇÃO

1. A noção legal de obrigação

I. O Código Civil abre o seu Livro II – *Direito das obrigações*, com uma definição (397.º)[1]:

> Obrigação é o vínculo jurídico por virtude do qual uma pessoa fica adstrita para com outra à realização de uma prestação.

Donde nos vem este preceito, com que sentido e que vantagens dá à nossa Ciência do Direito? As respostas são curiosas e permitem antecipar a origem e a evolução do Direito das obrigações de fala portuguesa.

II. Aquando da preparação do Código Civil, a parte relativa ao Direito das obrigações foi confiada a Vaz Serra (1903-1989)[2]. Este Autor optou por não introduzir qualquer definição de obrigação[3]. Terá sido

---

[1] DG I Série, n.º 274, de 25-nov.-1966, 1920/II.

[2] Adriano Paes da Silva Vaz Serra foi, a partir de 1944, o presidente da comissão de reforma do Código; além disso, tendo elaborado os anteprojetos na área das obrigações, foi a pessoa que mais contribuiu para o texto final: finalmente, existe uma tradição consolidada, entre nós, de designar os códigos pelo nome dos autores dos respetivos anteprojetos. Por isso propomos, para o Código Civil de 1966, Código Vaz Serra. *Vide* o presente *Tratado* I, 4.ª ed., 238 ss..

[3] VAZ SERRA, *Obrigações/Ideias preliminares gerais*, BMJ 77 (1958), 5-125 (5); desse Autor, veja-se ainda, *Direito das obrigações (com excepção dos contratos em especial)/Anteprojecto*, sep. BMJ (1960), 5. Aí, o Livro do Direito das obrigações começa, simplesmente, pelo conteúdo da obrigação:

> A prestação, que é objecto da obrigação, pode consistir numa acção ou numa abstenção, e não tem necessariamente de possuir valor pecuniário.

24 Noção e origem das obrigações

influenciado por uma dicussão, havida anos antes, em Itália, aquando da preparação do *Codice Civile* de 1942, discussão essa que propendeu para a eliminação de uma definição legal de obrigação.

No projeto do Código Civil italiano, dizia-se:

> A obrigação é um vínculo jurídico em virtude do qual o devedor é obrigado (*tenuto*) para com o credor a uma prestação positiva ou negativa[4].

O preceito foi criticado, quer pela inoportunidade, quer por razões de fundo[5]. Na verdade, a definição, bem conhecida desde a Antiguidade, foi evitada no Código Napoleão (1804), no Código Austríaco (1811) e no Código Suíço (1907)[6]: fundamentalmente por se entender que ela caberia à doutrina, devendo o legislador limitar-se ao regime.

Todavia, existia uma tradição continental diversa: a alemã.

O ALR prussiano, de 1794, no seu Livro I, Título 2 (das coisas e dos direitos a elas relativos, em geral), previa, num § 123:

> Um direito pessoal compreende o poder de exigir, do obrigado, que este deva dar, prestar, tolerar ou omitir alguma coisa[7].

Essa tradição terá contribuído para o § 241/I do BGB, abaixo referido.

A definição de obrigação foi inserida em 1961, na 1.ª revisão ministerial do anteprojeto de Vaz Serra, levada a cabo pelo então Ministro da Justiça, Antunes Varela[8], ele próprio um estudioso de Direito das obriga-

---

[4] Walter d'Avanzo, em Mariano d'Amelio/Enrico Finzi, *Codice civile/Libro delle obbligazioni/Commentario* – vol. I, *Delle obbligazioni e dei contratti in generale* (1948), 3.

[5] Calogero Gangi, *Il concetto dell'obbligazione e la distinzione tra debito e responsabilità*, NRDC (1951), 22-43 (22-23) e *Le obbligazioni* (1951), 9-10.

[6] Dirk Olzen, *Staudingers Kommentar*, II, *Einl zu §§ 241 ff.; §§ 241-243/Einleitung zum Schuldrecht, Treu und Glauben* (2009), § 241, Nr. 8-10 (134-135) e Francesco Caringella/Giuseppe de Marzo, *Manuale di diritto civile/II – Le obbligazioni* (2007), 7-8.

[7] À letra:

> Ein persönliches Recht enthält die Befügnis, vom dem Verpflichten zu fordern, das er etwas geben, leisten, verstatten, oder unterlassen sole.

Vide H. Rehbein/O. Reincke, *Allgemeines Landrecht für die Preussischen Statten*, I (1894), 135.

[8] João de Matos Antunes Varela (1919-2005), foi Ministro da Justiça de 1954 a 1967.

§ *1.º A obrigação* 25

ções. Surgiu, nessa ocasião, um artigo 357.º (Noção de obrigação) cujo n.º 1 dispunha[9]:

> Diz-se obrigação o vínculo jurídico por virtude do qual uma pessoa fica adstrita, em face de outra, ao cumprimento duma prestação.

Na 2.ª revisão ministerial, substituiu-se *duma* por *de uma*, surgindo a versão definitiva no projeto de 1965.

III. A fórmula introduzida por Antunes Varela no Código Civil foi, por seu turno, retirada de Manuel de Andrade[10] que, apelando à generalidade da doutrina, define[11]:

> (…) a obrigação é um vínculo jurídico por virtude do qual uma pessoa deve satisfazer a outra uma certa prestação (…)

Essa noção remonta a Guilherme Moreira (1861-1922), segundo o qual, em *significação technica*, a palavra obrigação exprime[12]:

> (…) um vinculo de carácter patrimonial que se constitui por um facto voluntario e em virtude do qual uma ou mais pessoas ficam adstrictas a uma prestação para com outra ou outras.

Deve explicar-se que o Código Civil de Seabra (1867) não definia a obrigação. Entrava na matéria do Livro II, título I – *Dos contractos e obrigações em geral*, dizendo simplesmente[13]:

---

[9] Texto confrontável em JACINTO FERNANDES RODRIGUES BASTOS, *Das obrigações em geral/Segundo o Código Civil de 1966*, I – *Arts. 397.º a 472.º* (1971), 7.

[10] Manuel Augusto Domingues de Andrade (1899-1958), ilustre civilista prematuramente desaparecido, cujas doutrinas, no domínio da Parte geral e do Direito das obrigações influenciaram Antunes Varela e, por aí, o Código Civil.

[11] MANUEL DE ANDRADE, *Teoria geral das obrigações*, com a colaboração de RUI DE ALARCÃO, 3.ª ed. (1966), 5; a 1.ª ed. é de 1958.

[12] GUILHERME MOREIRA, *Instituições do Direito civil português*, vol. II – *Das obrigações* (1911), 7-8. Na pré-edição de 1902-1903, a matéria era bastante menos desenvolvida; a obrigação era (1-2) apresentada como:

> (…) relação jurídica entre duas (ou mais) pessoas, pela qual uma fica adstricta a dar, fazer ou não fazer alguma cousa a outra.

[13] COLP 1867, 328. *Vide* JOSÉ DIAS FERREIRA, *Código Civil Portuguez Annotado*, vol. II, 2.ª ed. (1895), 5-6. O Código de Seabra definia obrigação em sentido amplo e isso em termos cuja elegância merece ser retida. Pela segunda parte do seu artigo 2.º,

> Entende-se (…) por obrigação, a necessidade moral de praticar ou de não praticar certos factos.

26   *Noção e origem das obrigações*

Contracto é o accordo, por que duas ou mais pessoas transferem entre si algum direito, ou se sujeitam a alguma obrigação.

IV. E quanto a Guilherme Moreira? Este Autor vai citando Windscheid (não a propósito da noção de obrigação), tendo tido acesso à doutrina brasileira, à pandetística tardia e ao próprio Código Civil alemão de 1896-1900. Todavia, a fórmula por ele usada aproxima-se[14] da noção de Coelho da Rocha[15], a qual foi retirada do artigo 241.º do Código Comercial de Ferreira Borges (1833)[16]:

> O vinculo legal, pelo qual alguem é adstricto a dar, fazer, ou pagar alguma cousa, chama-se obrigação.

Ferreira Borges inspirou-se na doutrina do seu tempo, que retomava os estudiosos do Direito comum, de base romanística.

V. Além da cepa nacional, o artigo 397.º apoiou-se no § 241.º do BGB. Segundo esse preceito, na versão original[17]:

> Por força da relação obrigacional, o credor fica legitimado para exigir, do devedor, uma prestação. A prestação também pode consistir numa omissão.

Tal norma não chegava, todavia, a definir o conceito de obrigação: propositadamente, de modo a deixar essa tarefa à Ciência do Direito[18].

Na literatura alemã do séc. XIX, o termo "relação obrigacional" (*Schuldverhältnis*) não estava ainda radicado. Usavam-se crédito (*Forde-*

---

[14] Em especial na pré-edição, de 1902.

[15] M. A. COELHO DA ROCHA, *Instituições de Direito Civil Portuguez* (1846, reimp. 1917), § 112 (I, 64).

[16] O Código Ferreira Borges iniciava o seu Livro II – *Das obrigações commerciaes*, com um Título I – *Da natureza, formação e effeitos das obrigações em geral*, que abria, precisamente, com a transcrita definição. *Vide* DIOGO PEREIRA FORJAZ DE SAMPAIO PIMENTEL, *Anotações ou synthese annotada do Codigo de Commercio* 1 (1874), 157 ss..

[17] A reforma do Código Civil alemão de 2001/2002, conhecida como *Lei da Modernização do Direito das obrigações*, introduziu um n.º 2, assim concebido:

> A relação obrigacional pode, pelo seu conteúdo, vincular certa parte ao respeito pelos direitos, pelos bens jurídicos ou pelos interesses da outra.

[18] *Motive zu dem Entwurfe einer Bürgerlichen Gesetzbuches für das Deutsche Reich*, II – *Recht der Schuldverhältnisse*, Amtliche Ausgabe (1896), 2.

§ 1.º A obrigação 27

rung), débito (*Schuld*) ou vinculação (*Verbindlichkeit*)[19]. A *obligatio*, acolhida aquando da receção do Direito romano, já traduz os dois lados da relação. Coube à pandetística alemã[20] receber as definições romanas, que abaixo serão recordadas. E na sequência da pandetística tardia, especialmente de Windscheid (1817-1892)[21], acabaria por acolher-se a fórmula hoje constante do § 241, I, do BGB. Mas o próprio Windscheid não usou *Schuldverhältnis*: esta expressão só ocorre, no seu *Pandektenrecht*, na edição póstuma e em notas de atualização. *Schuldverhältnis* surgiu, pela primeira vez, no projeto de Código Civil da Baviera, de 1861. Daí, veio a ser inserido no projeto de BGB de 1888, sem qualquer justificação: segundo parece, para evitar o "estrangeirismo" *Obligation*[22].

Deste acolhimento verbal e da evolução subsequente resulta, segundo Bucher, uma tripla aceção de *Schuldverhältnis*: (a) a *obligatio* de origem; (b) a relação obrigacional ampla; (c) a ligação particular advinda da reforma alemã de 2002[23]. Tudo isto é diretamente relevante para o nosso Direito, uma vez que o Livro II do BGB constituiu o modelo tido em vista pelo Código Vaz Serra.

Quanto ao § 241/I do BGB: a doutrina, até há pouco pacífica, considerava que esse preceito era puramente teórico, tendo escasso relevo prescritivo[24]. Aliás, o próprio § 241/II, aditado pela grande reforma de

---

[19] Sobre esta evolução: DIRK OLZEN, *Staudingers Kommentar*, II cit., § 241, Nr. 3-4 (133).

[20] Por último: BERNHARD WINDSCHEID/THEODOR KIPP, *Lehrbuch des Pandektenrechts*, 2, 9.ª ed. (1906), § 251, nota 3 (7).

[21] Quanto à referência à noção de WINDSCHEID, *vide* HORST HEINRICH JAKOBS/WERNER SCHUBERT, *Die Beratung des Bürgerlichen Gesetzbuchs/in systematischer Zusammenstellung der unveröffentlichen Quellen*, §§ 241 bis 432 (1978), 40.

[22] Sobre toda esta matéria *vide* o interessante artigo de EUGEN BUCHER, "*Schuldverhältnis*" *des BGB: ein Terminus – drei Begriffe/140 Jahre Wanderung eines Wortes durch die Institutionen, und wie weiter?*, em *Norm und Wirkung*, FS Wolfgang Wiegand (2005), 93-139 (108 ss., 109). Com muitos elementos, a origem do § 241 pode ser confrontada em FRANZ DORN, *Historisch-kritischer Kommentar zum BGB*, II – *Schuldrecht: Allgemeiner Teil/*1. Teilband §§ 241-304 (2007), § 241, Nr. 31-39 (163-170).

[23] EUGEN BUCHER, "*Schuldverhältnis*" cit., 108 ss., 119 ss. e 125 ss.. Do mesmo EUGEN BUCHER, *vide*, no *Basler Kommentar, Obligationenrecht* I, *Art. 1-529 OR*, 5.ª ed. (2011), Einl. vor Art. 1 ff., Nr. 36 ss. (18 ss.).

[24] ERNST A. KRAMER, no *Münchener Kommentar zum BGB*, 2 – *Schuldrecht/Allgemeiner Teil*, §§ 241-243, 6.ª ed. (2012), § 241, Nr. 1 e já na 5.ª ed. (2007), 53, na 4.ª ed. (2001), 87, e na 3.ª ed. (1994), 75; DIRK OLZEN, no Staudinger cit., § 241, Nr. 1 (132), aproximando-se, na sua última edição, de Peters, referido *infra*, nota 26; PETER KREBS, *NomosKommentar BGB Schuldrecht*, Band 2/1 I, §§ 241-610 (2012), § 241, Nr. 1 (2); HEL-

28 *Noção e origem das obrigações*

2001, já mereceu considerações similares[25]. Curiosamente, doutrina recente tem vindo a contraditar esta orientação: o § 241/I daria uma base jurídico-positiva às pretensões do credor[26] ou à efetivação das prestações principais[27], tendo, nessa medida, uma função útil[28]. Em bom rigor: qualquer preceito, mesmo dispensável, tem sempre alguma utilidade, até pelo debate que faculta. Neste caso, o papel inicial foi ampliado pela aludida reforma de 2001[29]: o § 241/I visaria o dever de prestar e o § 241/II, os deveres de proteção[30].

VI. Resta concluir. A noção legal constante do artigo 397.º tem uma dupla raiz. Ela remonta à privatística nacional do século XIX e ela apoia-se na versão primitiva do § 241, do Código alemão. A generalidade das legislações evita definir obrigação: como sucede em Direito, estão em causa fatores culturais e científicos que não se deixam encerrar em fórmulas definitórias.

Pela nossa parte, temos criticado a inserção do artigo 397.º: melhor teria sido ficar pela proposta de Vaz Serra. Assim é. Todavia, a noção legal surge como uma homenagem aos clássicos romanos e propicia, logo na abertura do Direito das obrigações, um interessante roteiro histórico-cultural.

MUT HEINRICHS, no Palandt, *Bürgerliches Gesetzbuch*, 68.ª ed. (2009), § 241, Nr. 1 (245); CHRISTIAN GRÜNEBERG, no mesmo Palandt, 71.ª ed. (2012), § 241, Nr. 1 (254).

[25] KLAUS REISCHL, *Grundfällen zum neuen Schuldrecht*, JuS 2003, 40-48 (45/I), apelando para uma fundamentação, caso a caso, dos deveres de cuidado aí referidos: o § 241/II, só por si, seria insuficiente. Também JAN SCHAPP, *Empfiehlt sich die "Pflichtverletzung" als Generaltatbestand des Leistungsstörungsrechts?*, JZ 2001, 583-589 (584/I e II), põe em causa a utilidade do preceito.

[26] FRANK PETERS, *Die Erstattung rechtsgrundloser Zuwendungen*, AcP 205 (2005), 125-204 (169).

[27] MARTIN AVENARIUS, *Struktur und Zwang im Schuldvertragsrecht/Zur funktionellen Bedeutung des § 241 BGB*, JR 1996, 492-496 (496/I).

[28] MARTIN SCHMIDT-KESSEL, no PWW/*BGB Kommentar*, 1, 7.ª ed. (2012), § 241, Nr. 2 (327).

[29] HARM PETER WESTERMANN, no Erman, *Bürgerliches Gesetzbuch*, I, 13.ª ed. (2011), § 241, Nr. 1 (775).

[30] REINER SCHULZE, no *Bürgerliches Gesetzbuch/Handkommentar*, 7.ª ed. (2012), § 241, Nr. 1 (254); *vide* HANS CHRISTOPH GRIGOLEIT, *Leistungspflichten und Schutzpflichten*, FS Claus-Wilhelm Canaris I (2007), 275-306 (276 e 277).

2. Aceções

I. O conceito de obrigação releva da linguística. Como tal, tem reflexos substantivos e requer a intervenção da Ciência do Direito. Na verdade, o Direito, enquanto realidade cultural humana, depende da linguagem e surge, ontologicamente, apoiado nas diversas configurações vocabulares[31]. O desnorte literário envolve uma má Ciência do Direito. Cumpre, pois, fixar as aceções de "obrigação".

II. Guilherme Moreira contrapunha uma noção ampla de obrigação a uma noção técnica ou restrita. Em sentido amplo, obrigação significa qualquer limitação ou restrição imposta, à liberdade, pelo Direito ou, até, por ordens extrajurídicas[32]: será a necessidade moral de praticar ou de não praticar certos atos, segundo a fórmula feliz do artigo 2.º/2.ª parte, do Código de Seabra. Em sentido restrito, cairíamos na noção hoje patente no artigo 397.º, do Código Civil. Há, ainda, diversas outras aceções.

III. A obrigação pode designar:

– a relação jurídica obrigacional, com os seus tradicionais quatro elementos: sujeito, objeto, facto e garantia; nessa altura, a "obrigação técnica" situar-se-ia no "objeto";
– a relação obrigacional complexa, exprimindo o conjunto de todas as realidades jurídicas suscetíveis de envolver o credor e o devedor; a "obrigação técnica" cingir-se-ia ao dever de prestar/direito à prestação, sendo acompanhada (fora dela) por feixes de deveres secundários e por relações (legais) acessórias;
– a mesma relação obrigacional complexa, mas sem os deveres de prestar principais e secundários, isto é: ficando assente, apenas, nos deveres acessórios;
– o dever simples ou, se se quiser, o produto de incidência de normas de obrigação; p. ex., a obrigação de pagar o preço enunciada no artigo 879.º, c), do Código Civil;
– o débito ou o objeto da posição jurídica do devedor; p. ex., as "obrigações de moeda específica" (553.º) ou o "quantitativo da obrigação" (554.º);

---

[31] *Tratado* I, 4.ª ed., 189 ss..
[32] Guilherme Moreira, *Instituições do Direito civil* cit., 2, 7.

30 Noção e origem das obrigações

– o valor mobiliário derivado de uma emissão obrigacionista (348.º/1, do Código das Sociedades Comerciais[33]).

No Código Civil, encontramos cerca de 600 referências a "obrigação", "obrigações", "obrigados" e "obrigam"[34]. Apenas mediante uma análise caso a caso é possível determinar a precisa aceção dos termos em causa.

3. Articulação conceitual

I. A obrigação deve ser articulada com os diversos conceitos que a rodeiam[35]. Na origem, ela surge como uma situação jurídica e, portanto: uma situação humana (logo: social), valorada pelo Direito.

Dentro das situações jurídicas, a obrigação é uma situação passiva: o sujeito (a pessoa adstrita à prestação) fica colocado no âmbito da aplicação de normas proibitivas, impositivas ou que, a outrem, confiram poderes.

II. Isto posto, cabe distinguir a obrigação de outras situações jurídicas passivas. Assim:

– do dever: este traduz a incidência de normas simples de conduta, implicando, por parte do visado, a necessidade de adotar (ou de omitir) uma conduta; trata-se de um conceito analítico, por vezes (inadequadamente) expresso como "obrigação"; p. ex., os deveres de entregar a coisa e de pagar o preço, que advêm da compra e venda – 879.º, b) e c); a obrigação técnica pode envolver diversos deveres (principais, secundários ou acessórios), como a seu tempo veremos[36];

---

[33] Assim apresentadas, no preceito em causa:

As sociedades anónimas podem emitir valores mobiliários que, numa mesma emissão, conferem direitos de crédito iguais e que se denominam obrigações.

Vide o nosso *Manual de Direito das sociedades*, 2.ª ed., 2 (2007), 713 ss., FLORBELA DE ALMEIDA PIRES, *Código das Sociedades Comerciais Anotado/Clássica*, 2.ª ed. (2011), 929 ss. e PAULO CÂMARA, *Manual de Direito dos valores mobiliários*, 2.ª ed. (2011), 132 ss..

[34] *Vide* JOSÉ DIAS MARQUES, *Índice dos vocábulos do Código Civil português*, BFDUL XXVIII (1987), 203-321 (258-259).

[35] Vai ser usada a conceitualização fixada em *Tratado* I, 4.ª ed., 863-921, com algumas adaptações e, agora, pelo prisma das obrigações.

[36] Os diversos idiomas continentais permitem uma clara contraposição entre "obrigação" e "deveres": *Schuldverhältnis* e *Pflicht*; *obbligazione* e *obbligo* ou *dovere*; *obligation* e *devoir*, com exemplos no alemão, no italiano e no francês.

§ *1.º A obrigação* 31

– da sujeição: a situação jurídica passiva correspondente ao direito potestativo; perante uma sujeição, o visado nada pode (e, logo, nada deve!) fazer: limita-se a aguardar que o beneficiário atue (ou não) o seu direito potestativo;
– do ónus: a necessidade de adotar determinada atitude procedimental, para conseguir alcançar um certo efeito;
– do encargo ou ónus material: uma atuação cujo cumprimento serve o interesse de outras pessoas as quais, todavia, não podem exigir a sua execução[37]; normalmente, o encargo deve ser exercido em certo prazo, sob pena de caducidade; assim, o encargo do comprador de denunciar ao vendedor o vício da coisa (916.º/1), o qual existe, justamente, para defender o interesse do vendedor de não ficar indefinidamente sob a contingência de ver invocado o vício;
– do dever genérico: a necessidade de adotar certa conduta, mas que não se insira, à partida, numa relação jurídica, isto é: um dever absoluto, por oposição a relativo; p. ex., o dever (genérico) de respeitar o direito à vida ou o direito de propriedade; a sua violação dá azo à responsabilidade aquiliana (483.º/1);
– dos deveres funcionais: aqueles que se dirigem às pessoas que ocupem certa função; p. ex., o dever de educar os filhos (1885.º/1).

III. Na literatura nacional, a "obrigação em sentido amplo" ou "impróprio" abrangeria as diversas situações acima apontadas ou algumas delas[38]. Tudo depende, todavia, do contexto: é que, justamente por não ser técnico, o sentido amplo de obrigação é impreciso.

---

[37] Em especial: REIMER SCHMIDT, *Die Obliegenheiten/Studien auf dem Gebiet des Rechtszwanges im Zivilrecht unter besonderer Berücksichtigung des Privatversicherungsrechts* (1953), XXII + 338 pp., 102 ss. e SUSANNE HÄHNCHEN, *Obliegenheiten und Nebenpflichten* (2010), XXI + 351 pp., 113 ss., 132 ss. e *passim*. Com múltiplos elementos, DIRK OLZEN, no *Staudinger* cit., § 241, Nr. 120 ss. (167 ss.). Os encargos são particularmente relevantes no Direito dos seguros: em geral, o tomador do seguro não fica obrigado a certas condutas (p. ex., a participar um acidente); mas se as ignorar, não pode prevalecer-se dos benefícios do contrato. *Vide* o nosso *Direito dos seguros* (2012), § 50, com indicações e *infra*, 526 ss..

[38] Assim: INOCÊNCIO GALVÃO TELLES, *Direito das obrigações*, 7.ª ed. (1997), 9; JOÃO ANTUNES VARELA, *Das obrigações em geral*, 10.ª ed., 1 (2000), 51 ss., segundo parece e MÁRIO JÚLIO DE ALMEIDA COSTA, *Direito das obrigações*, 12.ª ed. (2009), 65 ss..

4. Natureza compreensiva e geral-concreta

I. Ficamos com a noção técnica de obrigação, oriunda de Papiniano e das *institutiones*[39] e radicado no artigo 397.º, do Código Civil. Podemos aclará-la dizendo que, na sua forma mais simples: uma pessoa (o devedor) deve levar a cabo uma certa conduta (a prestação), em face de outra pessoa (o credor) a qual tem o direito de lha exigir (o direito de crédito).

Pergunta-se, perante ela, se estaremos em face de uma fórmula lógica que ocupe o núcleo das situações passivas. E pergunta-se, ainda, se ela se poderá, de certo modo, ordenar como o simétrico do direito subjetivo. As respostas, a ambas as questões, são negativas.

II. Constitui tarefa da civilística o elaborar uma noção clara, precisa e técnica de obrigação. Mas deve-se ter presente que, à partida, "obrigação" é uma realidade cultural. Com origens romanas, ela sofreu influxo do pensamento grego, do canonismo, das diversas receções do Direito romano e das atuais preocupações sistematizadoras. A "obrigação" conheceu desenvolvimentos próprios e autónomos, de tipo institucionalizado e à margem de qualquer mapa racional de conceitos.

A esta luz, a obrigação é uma situação compreensiva: e não uma situação analítica[40]. Não conseguimos alcançá-la por *genus proximum* e *differentia specifica*, como produto de uma classificação lógica ou numa formulação conceitual abstrata: ela obtém-se por uma descrição sumária do seu conteúdo mais impressivo, apresentando-se como um conceito geral-concreto, na terminologia hegeliana[41].

Logo por aqui se vê que a obrigação comporta múltiplos elementos, eles, sim, analíticos. E a acreação desses elementos foi histórico-cultural.

---

[39] *Infra*, 45.

[40] *Tratado* I, 4.ª ed., 869-870.

[41] GEORG WILHELM FRIEDRICH HEGEL, *System der Philosophie*, I – *Die Logik* (1830) = *Sämtliche Werke*, publ. HERMANN GLOCKNER (1929), §§ 163 e 164 (358 ss. e 361 ss.). KARL LARENZ, *Methodenlehre der Rechtswissenschaft*, 6.ª ed. (2005), 457 ss. (459), explica que o geral-concreto é acessível aos juristas; p. ex., o direito real de propriedade é definido não em termos abstratos, mas através da descrição das suas mais impressivas características; assim, transpondo para o nosso Direito: segundo o artigo 1305.º do Código Civil, o proprietário goza de modo pleno e exclusivo dos direitos de uso, fruição e disposição: abdica-se de uma definição abstrata, a favor da alusão às suas qualidades distintivas. Pois bem: é esta metodologia que, de facto, se impõe relativamente às obrigações e que (inconscientemente, mas bem) o legislador acolheu no artigo 397.º.

§ *1.º A obrigação*   33

III. A obrigação tão-pouco é uma figuração simétrica do direito subjetivo. Desde logo, convém ter presente que, ao longo da História, a "obrigação" e o "direito subjetivo" conheceram elaborações distintas e autónomas. Mau grado as inevitáveis pressões sistematizadoras, designadamente as advindas do jusracionalismo, ambas as realidades foram evoluindo em separado, de tal modo que obedecem a coordenadas próprias, que vedam qualquer simetria.

Mas além disso, a "obrigação" é muito mais antiga do que o "direito". A primeira remonta à Antiguidade e ao (puro) Direito romano; o segundo é criação recente (em termos civilísticos), tendo obtido "definições" apenas com a revolução savignyana.

O vínculo obrigacional tem uma riqueza interior e uma complexidade que transcendem o (já de si complicado) direito subjetivo. As "obrigações" são estudadas separadamente e por si: o confronto inevitável com outros conceitos, particularmente com o Direito subjetivo, não deve fazer perder de vista a sua onticidade própria: histórica, cultural e jurídico-científica.

5. A elegância do português jurídico

I. A realidade acima retratada é, *grosso modo*, comum à Ciência Jurídica continental e, particularmente, à de filiação romano-germânica, onde se inclui a portuguesa. O uso do português jurídico coloca, todavia, problemas específicos, para os quais cumpre alertar[42].

II. O uso correto da língua portuguesa, quer oral, quer escrita, implica que se evitem repetições de palavras e cacofonias: seja na mesma proposição, seja em proposições próximas. Há uma musicalidade das frases, perfeitamente natural e de que nos apercebemos apenas quando ela seja quebrada. O legislador, o autor de textos jurídicos e o comum operador que exerça em forma oral ou por escrito, devem evitar as tais repetições ou a proximidade de palavras que, embora gramaticalmente bem inseridas, soem "mal". Esta exigência da nossa língua obriga a uma permanente procura de expressões sinónimas ou equivalentes. Pois bem: aí reside um problema suplementar para a decisão conceitual. Muitas vezes o termo "obrigação" surge onde era de esperar "dever", "sujeição",

---

[42] Quanto às consequências da língua portuguesa sobre os Direitos que a usem (e que integram o sistema lusófono), *vide* o *Tratado* I, 4.ª ed., 266 ss..

"ónus", "encargo" ou "dever genérico" e inversamente: tudo isso por exigência da elegância do português jurídico.

O problema não se põe noutros idiomas, como no alemão: aí, as boas regras não são feridas pela repetição de sons ou de palavras: um trunfo para a precisão jurídica do discurso, ainda que com prejuízo para a (nossa) sensibilidade.

III. A própria elegância linguística que origina o problema deverá constituir a chave para a sua superação. Quando se diga, por exemplo, que a "obrigação" é um "vínculo jurídico" pelo qual uma pessoa "fica adstrita" (397.º), estão-se a equiparar essas três locuções. Noutros contextos, obrigação, vinculação e adstrição podem ter alcances distintos. Infere-se, daqui, que apenas no conjunto podemos emprestar, a qualquer locução, o seu preciso sentido. Este fenómeno é particularmente relevante no Direito das obrigações. Ele acompanha as diversas formulações conceituais, devendo estar sempre presente.

§ 2.º RAÍZES ROMANAS

6. Do *nexum* à *obligatio*

I. O Direito romano das obrigações constitui uma disciplina inabarcável. Para além de ele cobrir, praticamente, todas as questões que hoje cabem a esse ramo do Direito, ainda teríamos de lidar com mais de mil anos de evolução: e isso contando, apenas, com o período que decorreu entre a Lei das XII Tábuas (450 a. C.) e as reformas de Justiniano (533 d. C.). Trata-se, ainda, de uma disciplina na qual mergulham os diversos institutos de Direito das obrigações. Só os podemos entender e explicar recuando às suas origens romanas. Além da cepa românica da nossa língua e da nossa cultura, devemos ter em conta as sucessivas receções do Direito romano, processadas ao longo da História: a última das quais, já no século XX, através do Direito alemão. Repetidamente recorreremos ao Direito romano[43], cujo papel formativo e explicativo deve ser sublinhado[44]. Em sede introdutória, vamos referir alguns pontos relativos às obrigações em geral.

II. A obrigação é um vínculo abstrato, que se estabelece entre duas (ou mais) pessoas. Hoje parece óbvio. Todavia, foi necessária uma longa evolução, para que ele se impusesse aos espíritos.

No mais antigo Direito romano, a *obligatio* ainda não tinha surgido, nem como palavra, nem como conceito jurídico. Ela foi-se desenvolvendo a partir de uma ideia de respondência ou responsabilidade[45]; e embora o

---

[43] Quanto às características do Direito romano, ao seu relevo e à atualidade dos estudos romanísticos: *Tratado* I, 4.ª ed., 117 ss. e bibliografia aí referida.

[44] *Vide* CHRISTIAN BALDUS, *Römische Privatautonomie*, AcP 210 (2010), 2-31, como exemplo.

[45] Na matéria, a obra de referência, ainda hoje, é MAX KASER, *Das römische Privatrecht*, I – *Das altrömische, das vorklassische und klassische Recht*, 2.ª ed. (1971), § 39 (146 ss.). *Vide*, ainda, EMILIO BETTI, *La struttura dell'obbligazione romana e il problema della*

36   *Noção e origem das obrigações*

ponto seja discutido, parece poder falar-se na anterioridade da responsabilidade delitual, sobre a contratual.

Na origem da responsabilidade pelos delitos, temos a justiça privada e a vingança. Perante um *delictum* que atingisse uma pessoa: quando praticado por membros da mesma família, o assunto era resolvido internamente, pela autoridade do *pater*; quando praticado por um estranho, ficava autorizada a retaliação, a qual poderia envolver toda a família. Mais tarde, dos *delicta* vieram a separar-se os *crimina*: malefícios particularmente graves (como o *parricidium*), que eram sancionados pelo Estado.

Desde cedo veio admitir-se que a vingança, a exercer na pessoa do responsável, fosse substituída por uma composição (*damnum decidere*)[46]. O Estado intervém, fixando os montantes, de acordo com a gravidade dos *delicta*. A composição era feita, inicialmente, pela entrega de gado; mais tarde, pelo pagamento em dinheiro. Opera a "economicização" dos delitos: a força sobre o responsável tem o especial sentido de o incentivar à indemnização.

Os *delicta* vieram a ser tipificados na Lei das XII Tábuas (450 a. C.).

III. A responsabilidade negocial – portanto: a derivada de violação de um negócio ou contrato – seguiu os passos da delitual. A prestação não é, nos tempos mais antigos, o objeto de um dever, mas antes um encargo: um meio de evitar o "ataque" representado pela exigência da composição[47].

Os negócios mais antigos visavam estabelecer um poder do "credor" sobre a pessoa do responsável. Exigia-se, pois, uma especial solenidade[48].

---

sua genesi, 2.ª ed. (1955), 72 ss. (*nexum*); REINHARD ZIMMERMANN, *The Law of Obligations/Roman Foundations of the Civilian Tradition* (1996, reimp., 2008), 1 ss.; MAX KASER/ ROLF KNÜTEL, *Römisches Privatrecht/Ein Studienbuch*, 19.ª ed. (2008), § 32 (171 ss.).

Entre nós: SEBASTIÃO CRUZ, *Da "solutio"*, I – *Épocas Arcaica e Clássica* (1962), 18-19, nota 8; EDUARDO VERA-CRUZ PINTO, *O Direito das obrigações em Roma* I (1997), 19 ss. e ANTÓNIO SANTOS JUSTO, *Direito privado romano*, II – *Direito das obrigações*, 3.ª ed. (2008), 11 ss..

[46] OKKO BEHRENDS, *Der Zwölftafelprozess/Zur Geschichte des römischen Obligationenrechts* (1974), 66.

[47] Mais precisamente: a obrigação romana não incluía, então, um dever, a cargo do devedor; apenas traduzia uma sujeição da qual ele se poderia livrar pelo cumprimento; *vide* AXEL HÄGERSTRÖM, *Über den Grund der bindenden Kraft des Konsensualkontraktes nach römischer Rechtsanschauung*, SZRom 63 (1943), 268-300 (276 ss., 278).

[48] KASER, *Das römische Privatrecht* cit., I, 2.ª ed., 168, com muita bibliografia, reconhece que a origem precisa dos negócios antigos "está no escuro".

§ 2.º Raízes romanas 37

Ulteriormente, veio a surgir o *nexum*: um ato celebrado *per aes et libram*[49] e do qual resultava a sujeição pessoal do devedor. Alguns negócios informais, designadamente o comodato, teriam singrado na base da *fides*. Anote-se que só muito mais tarde surgiu a noção de *contractus*.

IV. Torna-se, aqui, importante recordar a base processual do ordenamento romano. Ele não assentava, como hoje sucede, num reconhecimento abstrato de posições subjetivas e, *maxime*, direitos: antes operava na base da atribuição concreta de ações.

O esquema processual romano mais antigo era dado pelo esquema das *legis actiones*[50], *fixado nas XII Tábuas, e enriquecido por leis posteriores. Tratava-se de um processo rígido, altamente formalizado, consubstanciado, essencialmente, em cinco ações: sacramentum*, com aplicação mais geral, *per iudicis arbitrive postulationem*, para divisão de herança e obrigações *ex stipulatione*, *per condictionem*, para condenação em débitos certos e na restituição de coisa certa, *per manus iniectionem*, para execução de obrigações dentro do esquema da responsabilidade pessoal, e *per pignoris capionem*, em certos casos restritos de responsabilidade patrimonial, já admitida. Estas ações apenas viabilizavam a composição de uma margem estreita de litígios. Incapazes de corresponder à evolução económico-social subsequente

---

[49] À letra: por dinheiro e balança. A cerimónia vem regulada em 6.1 da Lei das XII Tábuas: o credor entrega ao devedor um lingote de bronze (*aes*, locução arcaica para dinheiro), na presença de cinco testemunhas e do porta-balança (*libripens*), naturalmente com uma balança; posto o que profere a *nuncupatio*, ou declaração solene deste tipo: em virtude deste lingote e desta balança, afirmo que tu ficas *nexus* para comigo; *uti lingua nuncupassit, ita ius esto* (tal como foi pronunciado, assim seja Direito). A importância dos rituais documenta-se neste ponto – OTTO GRADENWITZ, *Zwangsvollstreckung und Urtheilssicherung*, FG Rudolf von Gneist (1888), 279-304 (294 ss.). AXEL HÄGERSTRÖM, *Der römische Obligationsbegriff im Lichte der allgemeinen römischen Rechtsanschauung* I (1927), 631 pp. e II (1941), 503 pp., procede a uma alargada análise das obrigações romanas, concluindo, designadamente que, no início, elas estão ligadas a rituais mágicos e supersticiosos, como, justamente, a "jura" *per aes et libram*. FERDINAND DE VISSCHER, rec., em RDH 1929, 603-608 (604 a 606), considera este entendimento excessivo.

[50] Cabe referir os clássicos: BETHMANN-HOLLWEG, *Der römische Civilprozess*, I – *Legis actiones* (1864), 88 ss. e ERNST IMMANUEL BEKKER, *Die Aktionen des römischen Privatrechtes* I (1871), 18 ss.; *vide*, ainda, LEOPOLD WENGER, *Institutionen des römischen Zivilprozessrechts* (1925), 118 ss. e MAX KASER/KARL HACKL, *Das römische Zivilprozessrecht*, 2.ª ed. (1996), 34 ss..

38   *Noção e origem das obrigações*

à expansão territorial romana, as *legis actiones in odium venerunt*[51]. Não foram expressamente revogadas, dentro do espírito romano de respeito pelas instituições tradicionais, mas caíram em desuso, nomeadamente quando a lex aebutia (130 a. C.) veio oficializar o processo formulário[52]. Descrevendo, com base nele, a marcha do processo romano, há a registar dois tempos. O primeiro decorria perante o pretor que, apurando o litígio, concedia a fórmula. Na fórmula destacava-se a *intentio* – a base jurídica da solução eventual ou, se se quiser, a previsão normativa do caso – e a *condemnatio*[53], ordem dada ao juiz para condenar ou absolver, consoante o que apurasse a nível de factos. O segundo tempo desenrolava-se perante o juiz e respeitava à produção da prova, que permitiria a concretização da fórmula. A criação e subsequente concessão da fórmula podia ter uma de

---

[51] GAIO, *Institutiones* (250 d. C.?) 4,30 = KRÜGER/STUDEMUND, *ad Codicis Veronesis Apographum*, 4.ª ed. (1899), 163 = SECKEL/KUEBLER, 7.ª ed. (1935, reimp., 1968), 205 = ULRICH MANTHE, *Die Institutionen des Gaius* (2004), 336-337:

> Sed istae omnes legis actiones paulatim in odium venerunt, namquam ex nimia subtilitate veterum, qui tunc jura condiderunt, eo res perducta est ut vel qui minimum errasset, litem perderet.

[52] Sobre a origem do processo formulário alinha-se uma série de teorias que vai desde a evolução interna das *legis actiones* até à atuação do pretor urbano, passando pela do pretor peregrino e, até, pela influência das províncias; *vide* GIOVANNI PUGLIESE, *Il processo civile romano* II – *Il processo formulare* I (1963), 19 ss.. A opinião tradicional – MORITZ WLASSAK, *Römische Prozessgesetze/Ein Beitrag zur Geschichte des Formularverfahrens* (1888), I, 104 ss. – e, ainda hoje, dominante p. ex., LÉVY-BRUHL, *Recherches sur les actions de la loi* (1960), 328 ss. – é a de que a *lex aebutia* não teria consistido num corte abrupto com o sistema das *legis actiones*, limitando-se, antes, a oficializar uma situação progressivamente imposta pelo poder do pretor. A discussão está, porém, longe do seu encerramento – ARNALDO BISCARDI, *Lezioni sul processo romano antico e classico* (1968), 147 ss.. Ainda sobre o processo formulário e o seu desenvolvimento prático, aqui tão-só indiciado, *vide* v. BETHMANN-HOLLWEG, *Der römische Civilprozess*, II – *Formulae* (1865) 178 ss., BEKKER, *Aktionen* cit., 135 ss., WLASSAK, *Die klassische Prozessformel* (1924), 3 ss., WENGER, *Institutionen* cit., 125 ss. e KASER/HACKL, *Das römische Zivilprozessrecht*, 2.ª ed. cit., 151 ss..

[53] A fórmula compreendia ainda a *demonstratio* e a *adiudicatio*; GAIUS, *Institutiones* cit., 4, 39 = KRÜGER/STUDEMUND, 4.ª ed. cit., 166 = SECKEL/KUEBLER, 7.ª ed. cit., 208: Partes autem formularum hae sunt: demonstratio, intentio, adiudicatio, condemnatio. 4,40: Demonstratio est ea pars formulae, quae principio ideo inscritur, ut demonstretur res, de qua agitur... I. é: a *demonstratio* era uma curta descrição dos factos relevantes. *Vide* KASER/HACKL, *Das römische Zivilprozessrecht*, 2.ª ed. cit., 240. A *adiudicatio*, por seu turno, traduzia-se na permissão, atribuída ao juiz, de adjudicar, ao interessado, determinadas coisas controvertidas.

§ 2.º Raízes romanas

duas origens, o que ocasionou uma bipartição: por um lado, as fórmulas de Direito civil, base das *actiones in ius conceptae*[54], caracterizadas por a sua intentio se fundar no *ius civile*, normalmente uma *lex*[55]; por outro, as fórmulas honorárias, fonte de ações honorárias e que, fundadas apenas no imperium do pretor eram, por seu turno, ditas in factum conceptae, quando não fizessem qualquer recurso ao *ius civile*[56], *utiles,* quando se alicerçassem no *ius civile* mas fossem, pelo pretor, usadas em situações diversas das propriamente previstas e *ficticiae* quando, nelas, o pretor recorresse a ficções para obter, no respeito formal do *ius civile*, objetivos por este não visados diretamente.

V. Assim chegamos à *obligatio*. De *ob* + *ligare*, esta expressão, exprime, terminologicamente, a ideia de ligar ou de prender: primeiro, em termos físicos; depois, morais; por fim: jurídicos[57].

A expressão *obligare* não surge na Lei das XII Tábuas. E quanto a *obligatio*: ainda é mais tardia, sendo afirmado que o latim clássico admitia poucos substantivos[58].

---

[54] GAIUS, *Institutiones* cit., 4, 45 = KRÜGER/STUDEMUND, 4.ª ed. cit., 167 = SECKEL/ KUEBLER, 7.ª ed. cit., 210: "...in ius conceptae vocamus quales sunt (...) quibus iuris civilis intentio est".

[55] A exceção seria precisamente constituída pelos *bonae fidei iudicia*; *infra*, n.º 7, II.

[56] GAIO, *Institutiones* cit., 4, 47 = KRÜGER/STUDEMUND, 4.ª ed. cit., 167-168 = SECKEL/KUEBLER, 7.ª ed. cit., 211 exemplifica, deste modo, *actiones in ius* e *in factum conceptae*:

> iudex esto. Quo Aulus Agerius apud Numerium Negidium mensam argenteam deposuit, qua de re agitur, quidquid ob eam rem Numerium Negidium Aulo Agerii dare facere oportet ex fide bona, eius, iudex Numerium Negidium Aulo Agerio condemnato. Si non paret, absolvito., in ius conceptae est. at illa formula, quae ita conceptae est: iudex esto. Si paret Aulum Agerium apud Numerium Negidium Mensam Argenteam Deposnisse eamque dolo malo Numerii Negidii Aulo Agerio Redditam non esse, Quanti ea res erit, tantam pecuniam, iudex Numerium Negidium Aulo Agerio condemnato. Si non paret, absolvito., in factum concepta est.

[57] MAX RADIN, *Obligatio*, PWRE 17, 2 (1937), 1717-1726 (1717). *Vide* GINO SEGRÈ, *Obligatio, obligare, obligari nei testi delle giurisprudenza classica e del tempo di Diocleziano*, Studi in onore di Pietro Bonfante 3 (1930), 499-617 (501 ss., com muitos elementos) e FRANÇOIS DUMONT, *Obligatio*, Mélanges Philippe Neylan I (1963), 77-90 (79).

[58] FRITZ SCHULZ, *Classical Roman Law* (1951), 455.

40   *Noção e origem das obrigações*

Obligare documenta-se, pela primeira vez, numa comédia de Plauto (214 a. C.): *Truculentus*[59]. Conta-se, aí, a vida de uma hetera, sob proteção de Vénus; em determinada altura, aquando da saída de um apaixonado, diz:

nam fundi et aedes obligatae sunt ob Amoris praedium,

traduzida (Gurlitt) por "a sua casa e a sua quinta desmoronaram-se (*Verfallen*) ao Deus do amor"[60] ou (Hofmann), por "a sua casa e a sua terra são presa (*Beute*) do Amor"[61]. Como se vê, *obligare* surge associado a "desmoronar" ou a "ser presa de": subtilezas que marcam o nascimento do Direito das obrigações.

Outras referências retiradas de Plauto associam *obligare* a juntar, tomar, ter com[62].

Quanto a *obligatio*: ela documenta-se em Cícero (I a. C.), nas cartas a Brutus, onde escreve[63]:

est autem gravior et difficilior animi et sententiae, maximis praesertim in rebus, pro altero quam pecuniae obligatio.

que traduzimos por: "é também mais grave e mais difícil, nas coisas importantes, responder pelas intenções e palavras de outrem do que pelo dinheiro". *Obligatio* será, assim, "responder" ou "respondência". Quanto a *obligo* (*obligare*): ela surge noutros passos da obra de Cícero, sendo-lhe apontados os significados de "ligar", "limitar", "cobrir", "adstringir" e "penhorar"[64].

Herdeira da evolução apontada, a *obligatio* continuava a traduzir uma ligação (amarra), que atingia a pessoa do devedor[65]. Justamente: o

---

[59] Plauto, *Truculentus* em *Die Komödien des Plautus*, IV vol. (1922), trad. Ludwig Gurlitt (1922), 277-363 = Plautus, *Truculentus*, publ., trad. e comentado por Walther Hoffmann (2001).

[60] Gurlitt, trad. cit., 307.

[61] Hoffmann, trad. cit., 55; este Autor, afirma (p. 151), em anotação explicativa, que prefere *Amors Beute* (presa do Amor) a *Schmaus für Amor* (banquete para Amor); em traduções francesas, surge "domínio do amor": *vide* Emmanuelle Chevreau/Yves Mausen/Claire Bouglé, *Introduction historique au droit des obligations* (2007), 8, sem identificação da fonte da tradução.

[62] Emilio Costa, *Il diritto privato romano nelle commedie di Plauto* (1890, reimp., 1968), 265-266.

[63] Cícero, *Epistolae ad M. Brutum*, ed. D. R. Schackleton Bailey (1980), 1. 18. 3 = 24. 3 (nesta ed.) (135).

[64] H. Merguet, *Lexikon zu den Reden des Cicero/mit Angabe sämtlicher Stellen* III (1962), 413/I.

[65] Ugo Brasiello, *Obbligazione (diritto romano)*, NssDI XI (1968), 554-570 (555/I).

autor num processo pedia, ao juiz, medidas pessoais sobre o devedor. De novo teremos de aguardar reformas no processo para fazer evoluir a ideia de obrigação.

A Lei das XII Tábuas regulava o procedimento, na hipótese de o devedor não cumprir[66]. Estabelecida a dívida e cumpridas certas formalidades, ocorria a *manus iniectio*: o devedor era preso, pelo tribunal[67] e entregue ao credor, que o levava para sua casa, em cárcere privado. Após determinadas diligências, podia ocorrer o cumprimento ou praticar-se o *se nexum dare*: o devedor entregava-se como escravo, ao credor. Nada ocorrendo, poderia o credor levá-lo para fora da Cidade e matá-lo, esquartejando-o. Na prática, ocorria o *se nexum dare*: mau grado a evolução apontada, no caso de incumprimento, regredia-se no sentido primitivo de *obligatio*.

Este sistema conduziu a graves perturbações sociais, sendo tomadas medidas para as enfrentar. A *lex poetelia papiria de nexis* (326 a. C.) veio proibir o *se nexum dare* e evitar a morte e a escravatura do devedor. Mais tarde, outras reformas levariam a que, em vez do próprio devedor, fossem apreendidos os seus bens: a dação noxal traduzia a passagem da responsabilidade corporal à responsabilidade pecuniária ou patrimonial[68].

A obrigação conheceu um novo grau de abstração quando, em vez de ligar, como que fisicamente, o devedor ao cumprimento, ela passou apenas a permitir medidas de agressão patrimonial. Os passos seguintes exigiriam, todavia e na nossa perspetiva, uma abordagem diferente de encarar as relações entre as pessoas.

7. O alargamento *ex bona fide*

I. Na sequência das guerras púnicas, Roma virou-se para o exterior, encetando a expansão mediterrânica (então: universal). O Direito das obrigações romano conheceu, nessa sequência, uma viragem decisiva[69]. Em

---

[66] Com indicações: *Tratado* I, 4.ª ed., 945-946; *vide* OKKO BEHRENS, *Der Zwölftafelprozess* cit., 125 ss..

[67] E não já por ação direta do credor: SIEGMUND SCHLOSSMANN, *Altrömisches Schuldrecht und Schuldverfahren* (1904), 5 ss..

[68] GIUSEPPE IGNAZIO LUZZATO, *Per un'ipotesi sulle origini e la natura delle obbligazioni romane* (1934), 102 ss.; *vide* OTTO LENEL, *Die Formeln der actiones noxales*, SZRom 47 (1927), 1-28.

[69] KASER, *Das römische Privatrecht* cit., 1, 2.ª ed., 474 ss..

Noção e origem das obrigações

termos práticos, pedia-se ao Direito que acompanhasse a passagem de uma pequena urbe agrícola, assente na propriedade da terra e de escravos, para uma potência militar, económica e financeira.

Disponíveis estavam os esquemas próprios do processo formulário, acima referido, presos pela *intentio*: só se admitiam as ações baseadas na lei (como vimos: *in ius conceptae*) e, ainda, alguns alargamentos possibilitados pelo pretor. Como permitir os novos esquemas contratuais, exigidos por uma situação económico-social inteiramente nova?

II. A solução foi encontrada nos finais do séc. I a. C., por Quintus Mucius Scaevola, apontado como o primeiro cientista de Direito. Na base de um aproveitamento semântico[70], o pretor passou a conceder ações que, em vez de baseadas em leis estritas, assentavam, apenas, na *bona fides* ou boa-fé. Eram os *bonae fidei iudicia*, em cujo âmbito foram concedidas *actiones* de tutela, sociedade, fidúcia, mandato, compra, venda, locação e condução. Mais tarde, surgiram ainda ações de depósito, de gestão de negócios e outras. Em suma: podemos considerar que, nesse espaço histórico, sem recurso a qualquer legislador iluminado, foi possível criar a generalidade das figuras que, ainda hoje, preenchem o Direito das obrigações.

III. Este alargamento do quadro geográfico dos contratos e de outras figuras juridicamente eficazes foi dobrado pelo progressivo amenizar do formalismo. Veio a admitir-se a contratação com um mínimo de exigências de forma, reconhecendo-se, ainda, certos efeitos aos negócios inválidos por falhas nesse nível e, designadamente, a ação de restituição. Além disso, todo o regime aplicável no âmbito dos *bona fidei iudicia* veio a ser ampliado e flexibilizado. Entre outros aspetos[71]: estávamos perante figuras aplicáveis a *cives* (cidadãos romanos) e a *perigrini* (estrangeiros); as exceções eram inerentes, permitindo que se tivessem em conta as eventualidades de dolo, de coação ou de erro; era possível a compensação. Desenvolveu-se todo um sistema coerente de obrigações.

IV. É importante sublinhar que esta evolução, na origem do atual Direito das obrigações, não operou por considerandos racionais de tipo

---

[70] *Vide* o nosso *Da boa fé no Direito civil*, 54 e ss. e 73 ss. e, de modo resumido, *Tratado* I, 4.ª ed., 958 ss..

[71] *Da boa fé*, 81 ss..

§ 2.º Raízes romanas

global. Ele teve na base, muito simplesmente, problemas concretos, carecidos também de soluções concretas. Só muito depois (num fenómeno que, ainda hoje, está em curso) se procedeu à sua teorização.

Uma das consequências mais naturais da evolução apontada residiu na progressiva capacidade de construir vínculos obrigacionais abstratos.

8. A justiça grega e a síntese do Ocidente

I. A natureza rígida das obrigações romanas primitivas sofreu o influxo prático dos *bonae fidei iudicia*, vindo a ser largamente ampliadas: nas figuras admissíveis e nos seus efeitos. Tínhamos então uma atuação do pretor *adiuvandi vel supplendi vel corrigendi iuris civilis gratia*. Esta nova vertente do *ius romanum* exigia um nível significativo-ideológico que, dando corpo às realidades, facultasse, em retorno, o seu aperfeiçoamento. No termo de aturada pesquisa, pensamos que esse nível é localizável no pensamento grego[72].

II. Na base, os gregos clássicos haviam desenvolvido uma ideia de justiça que, ao contrário da romana, não traduzia uma simples conformidade com a lei: era a ἐπιείκεια (*epieikeia*). Em Heródoto, a ἐπιείκεια equivalia ao razoável, evoluindo, depois, para um emprego puramente retórico[73]. Aristóteles dá-lhe um tratamento mais aproveitável por uma Ciência do Direito. Recordamos, da Ética a Nicómaco[74]:

> (...) a ἐπιείκεια, sendo justa, não se reconduz àquela justiça que é a conformidade com a lei, mas é antes um corretivo trazido à justiça legal (...) Quando, pois, a lei coloca uma regra universal, e surge, em seguida, um caso particular que escapa a essa regra universal, é então legítimo, na medida em que a disposição adotada pelo legislador seja insuficiente e errónea, por causa do seu caráter absoluto, trazer um corretivo, para obviar a esta omissão, editando o que o próprio legislador editaria se ele lá estivesse e o que ele teria prescrito na lei se tivesse tido conhecimento do caso em questão.

---

[72] Os diversos elementos podem ser confrontados em *Da boa fé*, 113 ss..

[73] *Vide*, além dos escritos referidos na obra *supra* citada, FRANCESCO D'AGOSTINO, *Epieikeia/Il tema dell'equità nell'antichità grega* (1973), 7, 40, 48 ss. e *passim*.

[74] ARISTÓTELES, *Ética a Nicómaco*, 5.10 = 1137 b 11-12 e 19-23, aqui na trad. francesa de GAUTHIER/JOLIF, *L'éthique à Nicomaque/Introduction, traduction et commentaire*, 1, 2 (1970), 157.

III. Este tipo de pensamento, solto da lei mas não do Direito, enquanto processo racional e adequado de solução de problemas surgidos entre pessoas, foi aplicado às obrigações.

Retomando Aristóteles: este, na Ética a Nicómaco, distinguia[75], na justiça particular, a distributiva da corretiva.

A justiça corretiva apresentava duas classes de transações (sinalagmas) privadas (συναλλάγμασι διορθωτικόν): as voluntárias (ἑκούσια) e as involuntárias (ἀκούσια). As primeiras equivalem, de certa forma, às obrigações contratuais; as segundas, às delituais[76].

Exemplos de transações voluntárias são a venda, a compra, o mútuo oneroso, o penhor, o comodato, o depósito e a locação. De involuntárias furtivas: o furto, o adultério, o envenenamento, o desvio de escravos, o assassinato e o falso testemunho; de involuntárias violentas: o assalto, o cárcere privado, o homicídio, o roubo violento, a linguagem abusiva e a contumélia.

IV. O pensamento grego foi progressivamente recebido em Roma, tendo uma especial influência no Direito civil tardio. Tínhamos uma ideia romana da obrigação como uma ligação física muito formalizada. Mais tarde, ela ganhou uma generalização crescente. O pensamento grego contrapõe-lhe uma ideia de adstrição justa, numa dimensão acolhida e desenvolvida pelo pensamento cristão.

Da síntese de ambas resulta o nosso pensamento jurídico ocidental.

9. O *corpus iuris civilis*

I. O Direito romano teve uma evolução complexa e muito estimulante: o seu estudo é funcionalmente necessário para qualquer civilista. Já após a queda do Império do Ocidente, o imperador Justiniano levou a cabo uma compilação geral do Direito romano: o *corpus iuris civilis*[77]. Embora

---

[75] ARISTOTLE, *The Nicomachean Ethics* (ΑΡΙΣΤΟΤΕΛΟΥΣ ΗΘΙΚΩΝ ΝΙΚΟΜΑΧΕΙΩΝ), ed. bilingue grego/inglesa, trad. H. RACKHAM, 2.ª ed. (1934, reimp., 1994), V, ii, 13 (266-267).

[76] Contesta-se, assim, que as obrigações não fossem conhecidas pelos gregos clássicos – *vide* EVA CANTARELLA, *Obbligazione (diritto grego)*, NssDI XI (1968), 546-554 (546/ II); não havia, sim, um tratamento rígido, do tipo romano tradicional.

[77] O *corpus iuris civilis*, particularmente os *digesta*, constituem, porventura, a maior obra jurídica da Humanidade. Quanto à sua elaboração: A. M. HONORÉ/ALAN RODGER,

§ 2.º Raízes romanas

nem sempre fidedigno, relativamente ao Direito clássico, o *corpus* tem uma característica que justifica, pelo prisma civilístico, a maior atenção: foi na sua base que operaram as sucessivas receções do Direito romano.

II. No *corpus iuris civilis*, a propósito do conceito de obrigação, cumpre referir a definição das *institutiones*[78]:

> obligatio est iuris vinculum quo necessitate adstringimur alicuius solvendae rei secundum nostrae civitatis iura[79].

Trata-se de uma definição emblemática: inicialmente atribuída a Florentino[80] ela foi, depois, imputada a Papiniano[81]. O ponto tem interesse por Papiniano ser considerado o expoente máximo do Direito romano clás-

---

How the Digest Commissioners worked, SZRom 87 (1970), 246-314 e *The Distribution of Digest Texts into Titles*, SZRom (1972), 351-362; FRANZ WIEACKER, *Zur Technik der Kompilatoren/Prämissen und Hypothesen*, SZRom 89 (1972), 293-323; A. M. HONORÉ, *The Editing of the Digest Titles*, SZRom 90 (1973), 262-304; TONY HONORÉ, *How Tribonian Organised the Compilation of Justinian's Digest*, SZRom 121 (2004), 1-43; entre nós: RAÚL VENTURA, *Manual de Direito romano* 1 (1964), 124 ss.; JOÃO DE CASTRO MENDES, *História do Direito romano* (1966), 497 ss., SEBASTIÃO CRUZ, *Direito romano* 1, 4.ª ed. (1984), 442 ss. e ANTÓNIO SANTOS JUSTO, *Direito privado romano*, I – *Parte geral (Introdução. Relação jurídica. Defesa dos direitos)*, 2.ª ed. (2003), 94 ss..

[78] I. 3. 13. pr.; *vide* ed. de OKKO BEHRENDS/ROLF KNÜTTEL/BERTHOLD KUPISCH/ HANS HERMANN SEILER, *Corpus Iuris Civilis/Text und Übersetzung* I – *Institutionen*, 2.ª ed. (1997), 171.

[79] Em português:

A obrigação é um vínculo de Direito pelo qual somos obrigados necessariamente a pagar a alguém uma coisa, segundo o Direito da nossa Cidade.

[80] Quanto a "necessariamente": THEO MAYER-MALY, *Obligamus necessitate*, SZRom 83 (1966), 47-67.

CONTARDO FERRINI, *Sulle fonti delle "Istituzioni" di Giustiniano*, BIDR 13 (1900), 101-207 (172); tenha-se presente que os diversos trechos das *institutiones* não identificam a sua autoria, ao contrário do que sucede nos *digesta*. A referência ao "Direito da nossa Cidade" remete, de facto, para o período clássico; *vide* as reflexões de DAVID DEROUSIN, *Histoire du Droit des Obligations* (2007), 12.

[81] B. KÜBLER, rec. a Contardo Ferrini, SZRom XXIII (1902), 508-526 (519), invocando o estilo desse jurisprudente e ANTONIO MARCHI, *Le definizione romane dell'obbligazione*, BIDR 29 (1916), 5-60 (32-33). Ulteriormente, BERNARDO ALBANESE, *Papiniano e la definizione di 'obligatio' in J. 3, 13 pr.*, SHDI 50 (1984), 167-178 (173 ss.).

46 *Noção e origem das obrigações*

sico. A natureza pessoal do vínculo poderá parecer conquistada[82]; já a vertente ética da adstrição levanta dúvidas, como adiante melhor será visto.

III. Uma segunda definição ocorre nos *digesta*, em texto atribuído a Paulo[83]:

> Obligatiorum substantia non in eo consistit, ut aliquod corpus nostrum aut servitutem nostram faciat, sed ut alium nobis obstringat ad dandum aliquid vel faciendum vel praestandum.

A preocupação de Justiniano em afastar, nas obrigações, a ligação direta ao corpo ou à liberdade do devedor deve ser interpretada como uma intenção racional de arredar anteriores conceções, nas quais esse passo não era dado. Havia, aqui, um claro esforço de abstração, no tocante ao fenómeno obrigacional.

10. Do *ius commune* ao pandetismo

I. Ao longo da Idade Média e até ao predomínio das codificações civis, a evolução do Direito romano das obrigações confunde-se com a própria História do Direito. Alguns pontos devem, todavia, ser salientados.

O Direito das obrigações foi a área normativa que mais perto se conservou do Direito romano. A natureza abstrata dos seus vínculos, o seu aperfeiçoamento formal e a sua harmonia intrínseca permitiam que o Direito das obrigações operasse, ao longo dos séculos, em sociedades esclavagistas, em sociedades eclesiásticas, em regimes feudais, na expansão atlântica, nas sociedades mercantilistas dos séculos XVI e XVII, nos primórdios da revolução industrial e, como veremos, nas próprias sociedades técnicas dos nossos dias.

---

[82] Assim o proclama Manuel Duarte Gomes da Silva, a abrir o seu clássico *Conceito e estrutura da obrigação* (1943, reimp., 1971), 11; *vide* a recensão A. F. S., BMJ 3 (1947), 337-341 (337).

[83] D. 44. 7. 3 = ed. Theodor Mommsen/Paul Krueger, *Corpus iuris civilis*, 16.ª ed. (1954), 764-765. Em português:

> A substância das obrigações não consiste em fazer nossa uma coisa material ou uma servidão mas em adstringir outrem a dar-nos, a fazer-nos ou a garantir-nos alguma coisa.

§ 2.º Raízes romanas 47

A proximidade românica foi ainda assegurada pelas sucessivas receções do *ius romanum*: a partir do século XII, com as universidades, a glosa e os comentadores; no século XVI, com o humanismo, o *mos gallicum* e a jurisprudência elegante; e no século XIX, com o pandetismo alemão. Tudo visto e num grande retorno histórico: os nossos códigos modernos, principalmente os de filiação germânica, estão, nas obrigações, mais próximos do *corpus iuris civilis* do que o próprio Direito comum medieval[84].

II. A evolução do Direito romano das obrigações, no período pós-clássico, começou por ser marcada pela sua vulgarização[85]. Surgem manifestações de imobilismo, de confusão e de predomínio ora do casuísmo, ora da abstração. No fundo, perdia-se uma cultura global, de que o Direito sempre depende.

O processo civil foi simplificado, desaparecendo a anterior divisão em duas partes: uma perante o pretor, para se obter a ação e outra perante o *iudex*, para se apurarem os factos: tudo passou a correr perante o juiz[86]. Os contratos alargavam-se, tornando-se mais fluídos. A velha repartição dos contratos em *re*, *verbis*, *litteris* e *consensu* tornou-se confusa.

A obrigação, tal como vinha definida nas *institutiones*, manteve-se[87]. Perdeu-se, todavia, a ideia de respondência (*Haftung*), recuperada séculos depois.

---

[84] Cuidado com *praestare*: de *prae* + *stare* (estar ou ficar como garante), não equivale a prestar, mas a garantir: na passagem do latim para o português, há que lidar com as evoluções semânticas.

Vide ANTONIO MARCHI, *Le definizione romana dell'obbligazione* cit., 8 ss..

Por isso temos vindo a insistir na necessidade de, a bem da nossa cultura jurídica universitária e do estudo do nosso Direito, introduzir, como cadeira básica, uma disciplina de Direito romano.

[85] FRANZ WIEACKER, *Vulgarismus und Klassizismus im Recht der Spätantike* (1955), 12 ss. e *passim*, ERNST LEVY, *Weströmisches Vulgarrecht/Das Obligationenrecht* (1956), *West-östliches Vulgarrecht und Justinien*, SZRom 76 (1959), 1-36 e *Römisches Vulgarrecht und Kaiserrecht*, BIDR 62 (1959), 1-7 e MAX KASER, *Vulgarrecht*, PWRE 18 (1967), 1283-1304. Entre nós: SEBASTIÃO CRUZ, *Da solutio* II/1, *Época post-clássica ocidental*, *"solutio" e "Vulgarrecht"* (1974), 17 ss. e o nosso *Da boa fé*, 128 ss..

[86] *Vide*, em geral, MAX KASER, *Das römische Privatrecht*, II – *Die nachklassischen Entwicklungen*, 2.ª ed. (1975), § 253 (322 ss.) e MAX KASER/KARL HACKL, *Das römische Zivilprozessrecht*, 2.ª ed. (1996), 517 ss..

[87] HELMUT COING, *Europäisches Privatrecht 1500 bis 1800*, I – *Älteres Gemeines Recht* (1985), 393-394.

48 Noção e origem das obrigações

III. Com o jusracionalismo e o *usus modernus*, alcançou-se a máxima (que hoje parece simples e óbvia) *pacta sunt servanda* ou seja: (todos) os acordos são para cumprir[88]. Alguns elementos germânicos (a honra e a confiança) e canónicos (a vontade individual e a culpa) penetram nas obrigações, aproveitando velhos conceitos romanos, como o de boa-fé.

Finalmente: apuram-se novas coesões dogmáticas, incluindo as invalidades, o aproveitamento dos negócios e os seus limites. A ideia, patente na pandetística e explicada por Jhering, era a de lidar com um "Direito romano atual". Não se tratava (tanto) de uma reconstituição histórica mas, antes, de uma dogmática moderna, que aproveita velhas aspirações de equilíbrio vertidas nos *digesta*[89].

Surgiu uma parte geral das obrigações e realinharam-se, em função de princípios, de problemas e de soluções, os institutos que hoje ocorrem nos códigos civis continentais.

---

[88] *Idem*, 397, 400 ss. e *passim*.

[89] HELMUT COING, *Europäisches Privatrecht 1500 bis 1800*, II – *19. Jahrhundert* (1989), 430 ss..

§ 3.º O DIREITO DAS OBRIGAÇÕES

11. A classificação germânica

I. Os elementos acima expendidos já deixam entender que não é possível extrapolar, de "obrigação", a ideia de "Direito das obrigações". Estamos no coração do Direito civil: a matéria, embora sofrendo um tratamento jurídico-científico, é, ontologicamente, histórico-cultural. O Direito das obrigações, apesar de conetado com a ideia técnico-jurídica das obrigações, advém, em globo, de uma estratificação milenária do Direito civil, a que damos a designação "classificação germânica". Recordamos que esta classificação, também dita "sistema de Heise", deve o seu nome aos cientistas alemães que, nos finais do século XVIII, princípios do século XIX, a usaram nas suas exposições de Direito civil: Gustavo Hugo (1764-1844), Arnold Heise (1778-1851) e Carl Friedrich von Savigny (1779-1861)[90].

II. Na classificação germânica, são justapostas três massas ou blocos jurídico-culturais de Direito civil:

– um bloco correspondente ao Direito romano atual, que abrange o Direito das obrigações e Direitos Reais[91];

---

[90] GUSTAVO HUGO, *Institutionen des heutigen römischen Rechts* (1789), que previa uma terceira parte: *obligatio: ius in personam* (§§ 31-81), ARNOLD HEISE, *Grundriss eines Systems des gemeinen Civilrecht/zum Behuf von Pandekten-Vorlesung* (1807), também com uma terceira parte sobre Direito das obrigações (30 ss.) e FRIEDRICH-CARL VON SAVIGNY, na abertura do *System des heutigen römischen Rechts*, 1 (1840). Estes Autores inseriam as obrigações depois dos direitos reais. Mais elementos: FRANZ WIEACKER, *Privatrechtsgeschichte der Neuzeit*, 2.ª ed. (1967), 373 ss. e *Tratado* I, 4.ª ed., 170 ss..

[91] "Direitos Reais" surge com maiúsculas quando designe a disciplina jurídico-positiva ou Direito objetivo que se ocupa das coisas, equivalendo a "Direito das coisas"; aparece com minúsculas quando se reporte aos direitos subjetivos de natureza real.

50 *Noção e origem das obrigações*

– um bloco de Direito comum medieval, envolvendo o Direito de família e o Direito das sucessões;
– um bloco jusracionalista: a parte geral.

A autonomização desses blocos não passa por nenhuma classificação lógica, sendo *prima facie* patente que não obedece a um critério único[92]: ela traduz um somatório existencialmente dado pela História. Efetivamente, o Direito das obrigações e Direitos Reais contrapor-se-iam mercê de critérios estruturais; já o Direito de família e o Direito das sucessões seriam puramente institucionais, enquanto a Parte geral teria uma origem conceitual teorética[93]. De resto – e como veremos – a própria contraposição entre obrigações e reais acaba, também, por ser histórico-cultural.

III. O Direito das obrigações será, assim, a província do Direito civil que, tendo-se centrado em vínculos obrigacionais se foi, historicamente, contrapondo à Parte geral, aos Direitos Reais, ao Direito de família e ao Direito das sucessões. Os termos da contraposição obedecem a condicionalismos histórico-culturais: abaixo serão abordados.

A classificação germânica foi acolhida na pandetística, com a anteposição anunciada dos Direitos Reais ao Direito das obrigações[94]. Aquando da preparação do BGB, optou-se por colocar o livro dedicado ao Direito das obrigações entre a Parte geral e o Direito das coisas[95]. Substancialmente, essa orientação pode ser justificada com a utilidade que ele assume, para as diversas relações obrigacionais que surjam entre os titulares de

---

[92] Manfred Wolf/Jörg Neuner, *Allgemeiner Teil des Bürgerlichen Rechts*, 10.ª ed. (2012), § 7, Nr. 1-10 (68-70).

[93] Quanto à origem e à evolução da classificação germânica: Andreas Bartalan Schwarz, *Zur Entstehung des modernen Pandektensystems*, SZRom 62 (1921), 578-610, bem como os nossos *Teoria geral do Direito civil/Relatório* (1988), 71 ss. e *Tratado* I, 4.ª ed., 173-174.

[94] Assim, Otto Wendt, *Lehrbuch der Pandekten* (1888), 282 ss. e 432 ss.; Carl Georg von Wächter, *Pandekten* II – *Besonderer Teil* (1881), 1 ss. e 275 ss.; L. Arndts R. von Arnesberg, *Lehrbuch des Pandekten*, 13.ª ed. (1886), 221 ss. e 379 ss.; Heinrich Dernburg/Johannes Biermann, *Pandekten* I, 7.ª ed. (1902), 391 ss. e II, 7.ª ed. (1903); Bernhard Windscheid/Theodor Kipp, *Lehrbuch des Pandektenrechts* I, 9.ª ed. (1906), 689 ss. e II, 9.ª ed. (1906).

[95] Jakobs/Schubert, *Die Beratung des BGB* cit., 19 ss., Dirk Olzen, no *Staudingers Kommentar*, *Einl zu §§ 241 ff* (2005), Nr. 3 (13) e Ernst A. Kramer, no *Münchener Kommentar 2 – Schuldrecht/Allgemeiner Teil*, 5.ª ed. (2007), *Einl*, Nr. 4 (51).

§ 3.º O direito das obrigações   51

direitos reais. Acolhida no ensino pioneiro de Guilherme Moreira, a classificação germânica foi adotada pelo Código Vaz Serra.

12. A diversidade substancial e a presença imanente

I. Uma aproximação ao Direito das obrigações exige o levantamento das realidades humanas que ele é chamado a regular. Uma leitura global dos atuais códigos continentais, na área dedicada às obrigações, permite constatar:

- uma parte geral, que atinge instrumentos que, de modo permanente, surgem nos mais diversos recantos: assim sucede com os contratos (em geral), com a responsabilidade civil, com as modalidades de obrigações, com as garantias, com o cumprimento e com o incumprimento;
- uma parte especial que versa os contratos de compra e venda, doação, sociedade, locação, comodato, mútuo, prestação de serviço, mandato, depósito e empreitada.

II. A parte geral dá-nos uma série de esquemas aplicáveis em toda a ordem jurídica. Podemos referenciar, aqui, um papel jurídico-científico das obrigações. Além disso e em conjunto com a parte especial ela atinge, *inter alea*, os seguintes fenómenos sociais[96]:

- a circulação dos bens: a transmissão das próprias obrigações e a compra e venda;
- a prestação de serviços: além do contrato desse mesmo nome e da referência ao trabalho, temos o mandato, o depósito e a empreitada;
- as sanções, sejam elas preventivas (garantias) ou subsequentes (responsabilidade patrimonial e responsabilidade civil);
- a transferência do risco: responsabilidade objetiva e seguros;

---

[96] JOACHIM GERNHUBER, *Das Schuldverhältnis/Begründung und Anderung/Pflichten und Strukturen/Drittwirkungen* (1989), 3, menciona a troca de bens, o uso de bens alheios, os serviços, as compensações, a participação em patrimónios e outras funções; LUÍS MENEZES LEITÃO, *Direito das obrigações* I – *Introdução; da constituição das obrigações*, 9.ª ed. (2010), 17, refere a circulação de bens, a prestação de serviços, a instituição de organizações, as sanções civis para comportamentos ilícitos e culposos e a compensação por danos, despesas ou pela obtenção de um enriquecimento. Haverá, pelo menos, que encaixar ainda as garantias, a tutela do consumidor e a transferência do risco.

- as organizações privadas: o contrato de sociedade, que constitui o núcleo de todo o Direito das sociedades;
- o disfruto de bens, pelo menos em certas formas: a locação e o comodato;
- a tutela do consumidor.

III. Na verdade, não podemos falar num âmbito infrajurídico claro para o Direito das obrigações. Devemos, antes, contrapor uma absoluta diversidade substancial: muito superior à de qualquer outro ramo jurídico-normativo.

Por certo que, de modo tendencial, o Direito das obrigações implica uma ideia de dinâmica e de movimento, por oposição à estática que domina em Direitos Reais. Larenz diz, a esse respeito, que as obrigações visam algo que (agora ou no futuro) acontece (*geschieht*) enquanto os reais se reportam a uma realidade que existe (*besteht*)[97]. Abundam, todavia, quer num quer no outro dos dois âmbitos, nítidos desvios a essa corrente geral.

IV. A diversidade substancial encobre uma omnipresença tendencial[98]. Dentro do Direito comum que, já por si, é o Direito civil, o Direito das obrigações impõe-se como a área mais geral e envolvente. Com efeito:

- os direitos reais operam em ilhas de tipicidade; quando falhem, cai-se no oceano das obrigações (1306.º/1); além disso, boa parte das relações entre titulares de direitos reais (de sobreposição ou de vizinhança) são, pura e simplesmente, obrigações;
- o Direito de família e o Direito das sucessões operam como especializações institucionalizadas: no que não absorvam, surgem as obrigações; e tal como em reais: em ambos há inúmeras situações obrigacionais, que se regem pelo regime do Livro II;
- o Direito de autor e, em geral, o Direito sobre bens intelectuais evoluem para um Direito de contratos, com estruturas obrigacionais.

---

[97] KARL LARENZ, *Lehrbuch des Schuldrechts* I – *Allgemeiner Teil*, 14.ª ed. (1987), 4.

[98] HANS BROX/WOLF-DIETRICH WALKER, *Allgemeines Schuldrecht*, 36.ª ed. (2012), 6, referindo que o Direito das obrigações abrange a regulação essencial para o tráfego económico e privado. *Vide*, também, DIETER MEDICUS/STEPHAN LORENZ, *Schuldrecht* I – *Allgemeiner Teil*, 19.ª ed. (2010), Nr. 41 e 42 (17-18).

§ 3.º O direito das obrigações

A própria Parte geral, em larga extensão (capacidade, negócio jurídico e repercussão do tempo nas relações jurídicas) é, materialmente, Direito das obrigações.

V. A diversidade substancial e a presença imanente do Direito das obrigações acabam por ter fácil explicação. No Direito das obrigações, regulam-se as relações individuais entre as pessoas, precisamente na área juridicamente relevante: aquela em que elas podem exigir condutas, umas às outras[99]. Ora, em bom rigor, tudo quanto é Direito tem a ver com relações entre seres humanos, ou seja, entre pessoas singulares; e tudo quanto é Direito em ação prende-se com a possibilidade de alguém exigir, a outrem, uma atuação.

A colaboração económica entre os homens cai nas obrigações[100]. Todo o tráfego jurídico, desde a produção ao consumo final, passando pela distribuição, é visado pelo Direito das obrigações[101]. Os próprios contratos comerciais, com relevo para a organização (consórcio e sociedades), para a distribuição (agência, concessão e franquia), para os seguros e para o transporte, são Direito das obrigações.

13. As delimitações histórico-culturais

I. Apesar da sua extensão e da sua presença imanente em todo o Direito privado – quiçá: em todo o Direito – as obrigações têm fronteiras. A sua delimitação depende de complexas coordenadas histórico-culturais e dogmáticas, que vamos procurar explicar com recurso a cinco fenómenos:

- absorção estrutural;
- absorção teleológica;
- absorção institucional;
- absorção linguística;
- absorção histórico-cultural.

---

[99] WOLFGANG FIKENTSCHER/ANDREAS HEINEMAN, *Schuldrecht*, 10.ª ed. (2006), § 1,2 (1).

[100] MANUEL DE ANDRADE, *Teoria geral das obrigações*, 3.ª ed. cit., 11, retomando GIOVANNI PACCHIONI, *Delle obbligazioni in generale*, 2.ª ed. (1935), 25.

[101] PHILIPP HECK, *Grundriss des Schuldrechts* (1929, 2.ª reimp., 1974), 2, e, na literatura atual, JOSEF ESSER/EIKE SCHMIDT, *Schuldrecht I – Allgemeiner Teil*, 8.ª ed. (1995), § 1, I (2-8).

54 · Noção e origem das obrigações

II. Na absorção estrutural, um determinado e considerado fenómeno é levado para o sistema por implicar situações axialmente semelhantes às que nele dominem. Será o caso da responsabilidade civil por atos ilícitos (ou aquiliana): embora devesse pertencer, logicamente, à parte geral, ela foi atraída para as obrigações por se efetivar através de específicos vínculos obrigacionais: a obrigação de indemnizar.

Na absorção teleológica, o sistema acolhe fatores funcionalmente estranhos, mas que se mostram ao serviço de elementos nele incluídos. Assim sucede com o penhor e com a hipoteca: são, dogmaticamente, direitos reais, levados para as obrigações por garantirem créditos.

Na absorção institucional, o sistema atrai elementos conetados com institutos que lhe caibam, independentemente da sua estrutura ou da sua função. Pense-se nas relações de vizinhança: estruturalmente obrigacionais e funcionalmente ligados a serviços. Todavia, elas pertencem, tradicionalmente, a Direitos Reais. Pense-se, também, nas numerosas relações de família, inseridas no livro IV ou na representação, pertença do livro I, quando é um pressuposto contratual.

Na absorção linguística opera uma atração, para o sistema, de elementos a ele estranhos, mercê de puros fenómenos de similitude vocabular. Por exemplo: a responsabilidade pelo risco é levada para a responsabilidade civil pelo uso do termo "responsabilidade", enquanto a boa-fé subjetiva é versada, em conjunto com a objetiva, nas obrigações (nós próprios, por razões de oportunidade, tratamo-las, hoje, ambas, na parte geral), pelo uso comum de "boa-fé", quando qualquer outro critério a levaria para Direitos Reais.

Na absorção histórico-cultural, o sistema inclui elementos por razões acidentais, por vezes, mesmo, *contra naturam*. O caso paradigmático é o da locação: estrutural e funcionalmente, é um direito de gozo, que faria todo o sentido incluir em Direitos Reais; todavia, o facto de, no Direito romano, ser defendida pela *actio locati* e pela *actio conducti*, puras ações *in personam*, leva a que, ainda hoje, ela pertença a obrigações e não a reais.

III. Os fenómenos de absorção podem atuar positiva ou negativamente. Pelo prisma do Direito das obrigações: a atuação é positiva quando eles conduzam à inclusão, no seu seio, de elementos que, de outra forma, lhe escapariam (p. ex., a responsabilidade civil); é negativa sempre que lhe retirem matéria que seria sua (p. ex., a representação ou as relações de vizinhança). De um modo geral, tais fenómenos vêm beneficiar o Direito

§ 3.º O direito das obrigações 55

das obrigações, assegurando-lhe domínios significativos que deveriam ser de ordem geral.

IV. Finalmente: os fenómenos delimitadores, mesmo quando pareçam casuais ou irracionais, assumem, sempre, uma dimensão substantiva, com efeitos práticos. A dogmática é contagiosa, de tal modo que o regime sofre inflexões de proximidade e de identidade dos institutos envolvidos. A locação, por exemplo, assiste a um empolar de obrigações instrumentais, em detrimento do próprio gozo da coisa. Como é sabido, desde Heck: o sistema nunca é inóquo, mesmo quando se limite a um papel de exposição.

14. A coesão linguística e científica

I. Com as contingências apontadas, o Direito das obrigações não deixa de apresentar uma especial coesão. Apresenta dois pólos essenciais, que se retratam já no Direito romano[102]: a área contratual e a área delitual. A primeira dá azo à generalidade das obrigações, obrigações essas que servem, em muitos pontos, de matriz à própria matéria delitual; a segunda preenche o domínio fundamental da responsabilidade civil. Mas para além desses dois pólos, o Direito das obrigações dispõe de uma forte estruturação científica.

II. Vamos procurar explicitar a coesão científica do Direito das obrigações através de alguns tópicos. Assim:
– a extensão da matéria;
– a afinação da linguagem;
– a experimentação e o aperfeiçoamento dos institutos;
– a densidade doutrinária.

A extensão da matéria, já acima explicada através da ideia de imanência das obrigações em relação a todo o ordenamento, leva a que poucas questões não tenham um posicionamento obrigacional. Noutros termos: para qualquer problema da vida real, há uma solução de Direito das obrigações. Ainda que, concretamente, devam prevalecer saídas impostas por

---

[102] Como veremos, essa contraposição surge, hoje, muito nítida, no sistema anglo--saxónico, através da contraposição entre *contracts* e *torts*.

outras disciplinas, o Direito das obrigações seria sempre capaz de apontar composições equilibradas. Estas, de resto, são úteis, mesmo quando não aplicáveis: têm um papel de sindicância, exprimindo um equilíbrio sistemático que só por especiais razões pode ser quebrado.

III. A afinação da linguagem prende-se com a antiguidade da matéria, o seu contínuo aperfeiçoamento e, sobretudo: com a natureza abstrata dos vínculos obrigacionais e dos regimes a eles relativos. Noutras disciplinas, o Direito é "visível": desde os direitos reais à família, às sucessões, ao Direito público e ao próprio Direito constitucional. Nas obrigações, há que recorrer a figurações linguísticas. Ora, isso só será funcional na medida em que as pessoas usem, entre si, uma linguagem precisa. E precisos terão de ser, por maioria de razão, os operadores jurídicos e, *maxime*, o juiz. A essa luz, compreende-se a utilidade do uso instrumental de línguas analíticas, como o latim e o alemão, para melhor apreender o exato alcance dos conceitos. Em consequência desta afirmação, o Direito das obrigações prepara e reelabora a generalidade das formulações linguísticas usadas nas diversas disciplinas privadas e em todo o tecido normativo e jurídico-científico.

IV. A experimentação e o aperfeiçoamento dos institutos têm a ver com a antiguidade, a perenidade e a intensidade do Direito das obrigações. As diversas regras foram aplicadas ao longo da História e em ambiências distintas: muitos milhares de vezes. Existe, nesse nível, um gigantesco laboratório onde as teorias e as saídas podem ser testadas e aperfeiçoadas. O moderno Direito das obrigações é um código de justiça e de equilíbrio: o melhor que a Humanidade logrou aprontar, após milénios de erros e de tentativas.

A maioria das novidades jurídico-científicas surgidas, no passado ou nos nossos dias, tem a ver com o Direito das obrigações: direta ou indiretamente. De novo se manifestam as virtualidades da experimentação e do aperfeiçoamento.

V. Finalmente, a coesão científica das obrigações apoia-se na densidade doutrinária. Sobre os diversos temas é possível coligir uma bibliografia infinda, acompanhada por incontáveis decisões judiciais. A vida de um ser humano seria insuficiente para esgotar muitos deles. Torna-se, assim, possível avançar com uma coesão densa e muito elevada.

CAPÍTULO II

COORDENADAS ATUAIS DAS OBRIGAÇÕES

§ 4.º A CONSTRUÇÃO DE PRINCÍPIOS

15. O problema e a delimitação

I. Após a noção e a origem das obrigações, cabe referir os seus princípios.

A norma jurídica é uma proposição linguística que, a certos factos hipotéticos (a previsão), associa determinadas consequências (a estatuição). Não se confunde com o princípio jurídico: uma proposição também linguística que sintetiza uma orientação axiológica presente numa série de modelos de decisão jurídica que, com ela, tenham conexão.

Entre normas e princípios operam diferenças que clarificam a contraposição:

- os princípios obtêm-se por construção jurídico-científica; as normas advêm da interpretação das fontes;
- os princípios não valem sem exceção, mantendo-se sempre atuantes; a norma, quando excecionada, cessa, aplicando-se, tão simplesmente, a norma excecional;
- os princípios podem entrar em oposição ou em contradição entre si, mantendo-se, todos, válidos e eficazes; as normas, quando se contradigam, ou se suprimem mutuamente (lacuna de colisão) ou uma revoga a outra, de acordo com outras normas, quando aplicáveis;
- os princípios não têm pretensões de exclusividade: o mesmo efeito pode ser alcançado por outra via; a norma, no seu âmbito de aplicação, deve operar, salvo se for afastada por outra norma que, então, funcionará;

58 *Coordenadas atuais das obrigações*

– os princípios adquirem um plano normativo num conjunto móvel de complementações e delimitações e requerem, para se concretizar, toda uma série de operações.

Esclarecemos que, sendo a presente disciplina (Direito das obrigações) uma disciplina dogmática, a matéria dos princípios vai ser manuseada com pragmatismo e não em termos de especulação filosófica[103].

II. O princípio também não se deve confundir com o instituto jurídico. O instituto implica, em regra, numerosas normas e princípios: será o caso da responsabilidade civil, de configuração complexa e na qual, de resto, é possível discernir diversos princípios: desde a igualdade à liberdade humana. Por isso, apresentamos o instituto como um conjunto concatenado de normas e de princípios que permite a formação típica de modelos de decisão. Não é, em si:

– nem um modelo de decisão: este terá de ser construído, criativamente e em cada caso, com recurso ao instituto dogmaticamente operacional;
– nem um somatório de normas e de princípios: tem um valor próprio, que transcende a soma das parcelas;
– nem um universo delimitado de normas e princípios: tem, muitas vezes, um núcleo clássico ou tradicional, ao qual adere um halo indeterminado.

III. Apesar de dependerem de uma atividade jurídico-científica, os princípios não são, na sua existência ou na sua determinação, puramente racionais. Seria teoricamente possível – a experiência do jusracionalismo

---

[103] A bibliografia (dogmática e especulativa) é muito vasta, cabendo recordar: JOSEF ESSER, *Grundsatz und Norm in der richterlichen Fortbildung des Privatrechts/Rechtsvergleichende Beiträge zur Rechtsquellen- und Interpretationslehre* (1956); RONALD M. DWORKIN, *Taking Rights Seriously* (1977); CLAUS-WILHELM CANARIS, *Systemdenken und Systembegriff in der Jurisprudenz*, 2.ª ed. (1983) e de que existe trad. port. da nossa autoria; JAN-REINHARD SIECKMANN, *Regelmodelle und Prinzipienmodelle des Rechtssystems* (1990), 52 ss. e 141 ss.; a obra de referência é, hoje, AZEL METZGER, *Extra legem, intra ius: Allgemeine Rechtsgrundsätze im Europäischen Privatrecht* (2009), 11 ss., já citada.

Na presente rubrica, necessariamente breve, aprofundamos, pelo prisma obrigacional, posições anteriores; com bibliografia, *vide Da boa fé*, 29 ss. e *passim, Princípios gerais de Direito*, Polis 4 (1986) e *Tratado* I, 4.ª ed., 923 ss..

§ *4.º A construção de princípios* 59

assim o mostra – elaborar um sistema lógico de princípios, que permitisse uma mais coordenada cobertura do terreno. Mas com isso esquecer-se-ia a natureza ontologicamente cultural do Direito.

Temos um quadro de princípios que nos vêm, fundamentalmente, da História e das contingências das receções. E é com esse quadro que o civilista deve compor uma Ciência responsiva, que se adeque aos problemas do nosso tempo. Bastará citar o princípio da boa-fé: a realidade que ele comporta poderia ser expressa por dois ou três princípios "racionais" (por exemplo: tutela da confiança, materialidade e proporcionalidade), que estarão presentes na sua concretização, mas que não poderiam, sem amputações jurídicas e, logo, técnico-científicas, desalojar dois milénios de contínua evolução.

IV. Com estes condimentos: que princípios poderemos apontar para o Direito das obrigações? Comecemos por descartar os institutos.

Nos anos oitenta[104], nós próprios versávamos, em obrigações, os princípios da autonomia privada, da boa-fé e da responsabilidade patrimonial. Todavia, uma consideração mais alargada dessa matéria logo revela que existe, aí, bem mais do que (meros) princípios: esses três postulados fazem sentido quando articulados com diversos outros princípios e múltiplas normas, surgindo como verdadeiros institutos. Chamar "princípios" a "institutos", quando é manifesto que estes envolvem vários princípios e, ainda, outras realidades, é um empobrecimento metodológico e científico.

Além disso, constata-se que a autonomia privada, a boa-fé e a responsabilidade patrimonial, embora assumindo uma acuidade máxima em Direito das obrigações (como sucede, aliás e em regra, com a generalidade dos institutos, dos princípios e das normas), são claros institutos gerais do Direito privado. Faz, pois, todo o sentido referi-los numa introdução ou parte geral[105], em conjunto com outros institutos, também gerais e que, em Direito das obrigações, operam de modo menos óbvio: o da personalidade

---

[104] *Summo rigore* e pela primeira vez, no ano letivo de 1978-1979, de que resultaram lições policopiadas em três volumes; *vide*, aí, 1 (1978), 85 ss..

[105] É certo que em *Direito das obrigações*, 1, 49 ss., inseríamos alguma dessa matéria em obrigações. Razões pragmáticas: na Faculdade da época, tudo isso era desconhecido em "Teoria geral do Direito civil", sendo inevitável corrigir a lacuna, ainda que numa disciplina sobrecarregada, como o Direito das obrigações.

60 Coordenadas atuais das obrigações

e sua tutela, o da imputação dos danos e o da propriedade e sua transmissão. É essa a arrumação que hoje parece preferível[106].

Haverá institutos especificamente obrigacionais, como o enriquecimento sem causa[107]? Seguramente: sim; esse e outros. Mas caberá estudá-los em sede própria e não a abrir um programa, que se pretenda analítico, coerente e pedagógico. Estamos perante institutos inacessíveis, se não forem antecedidos por copiosas explicações.

V. Os princípios de Direito das obrigações, necessariamente submetidos aos institutos civis gerais, em cuja construção podem colaborar, terão um nível de formulação bastante mais simples. Serão obtidos, fundamentalmente, por indução, a partir de normas: mas isso sem esquecer a inevitável inflexão histórico-cultural. De entre as muitas hipóteses possíveis, vamos ainda procurar centrá-los em vetores axiológicos relevantes[108]. O fito desta rubrica não poderia ser o de uma antecipação da matéria: será, tão-só, uma ilustração da construção, por via indutiva, de princípios que, depois, permitirão uma melhor ordenação do discurso e uma mais adequada explicação de institutos[109].

VI. Tendo isolado os institutos gerais e tendo-os remetido para a Parte geral, pelas razões expostas, os princípios geralmente enumerados na doutrina estrangeira aparecem-nos pouco úteis, perante o nosso Direito. Tomando como exemplo a desenvolvida enumeração de Dirk Olzen, temos: (a) princípios gerais: o da abstração e o da responsabilidade; (b) princípios das obrigações negociais, com primado para a autonomia privada e seus corolários; (c) princípios das obrigações legais, onde surgem as suas fontes[110].

---

[106] *Tratado* I, 4.ª ed., 923 ss.. Procedemos, como é nosso propósito, a uma gestão integrada do Direito civil de fala portuguesa.

[107] Pela positiva: MENEZES LEITÃO, *O ensino do Direito das obrigações – Relatório sobre o programa, conteúdo e métodos de ensino da disciplina* (2001), 307 e *passim*.

[108] Cabe ter presentes os dois primeiros parágrafos do clássico de JOSEF ESSER/EIKE SCHMIDT, *Schuldrecht* I – *Allgemeiner Teil*, tomo 1, *Entstehung, Inhalt und Beendigung von Schuldverhältnissen/Ein Lehrbuch*, 8.ª ed. (1995), 1-47.

[109] DIRK OLZEN, no *Staudinger* cit., *Einleitung zum Schuldrecht*, Nr. 75 (31-32).

[110] *Idem*, Nr. 25 ss., 47 ss. e 77 ss., respetivamente (19 ss., 24 ss. e 32 ss.).

§ 4.º A construção de princípios

16. A relatividade

I. O princípio da relatividade diz-nos que as obrigações produzem efeitos apenas entre o credor e o devedor. Assim sucede, desde logo, por razões estruturais: o *vinculum iuris* relevante surge entre essas duas partes, de tal modo que a produção de efeitos perante terceiros conduziria, logicamente, à formação de novos vínculos.
A relatividade induz-se, designadamente:

– do artigo 397.º: a obrigação é o vínculo jurídico pelo qual uma pessoa fica adstrita, para com outra, à realização de uma prestação;
– do artigo 398.º/1: (só) as partes podem fixar livremente, nos limites da lei, o conteúdo positivo ou negativo da prestação;
– do artigo 405.º/1: nos limites da lei (só) as partes têm a faculdade de fixar livremente o conteúdo dos contratos;
– do artigo 406.º/2: em relação a terceiros, o contrato só produz efeitos nos casos e termos especialmente previstos na lei;
– do artigo 424.º: a cessão da posição contratual implica o acordo dos três intervenientes.

Muitos outros preceitos poderiam ser citados, ficando claro que este princípio, como quaisquer outros, pode perder aplicação *in concreto*, designadamente pela interação do instituto da boa-fé e dos princípios que este comporta. Tal ocorre nos casos dos deveres acessórios[111], que dão azo aos contratos com eficácia perante terceiros e nos do abuso do direito, presente na chamada eficácia externa das obrigações[112], em conjunto com a responsabilidade civil.
A relatividade também cede perante o instituto da propriedade (*lato sensu*), com projeção nos chamados direitos pessoais de gozo[113] e no próprio dever geral de respeito, oponível *erga omnes*[114].

II. Pergunta-se, agora, pelos níveis axiológicos da relatividade. São importantes e dão a consistência e os limites do princípio.
Desde logo, a relatividade corresponde à natural seletividade das relações humanas. O relacionamento, quando minimamente consistente,

---

[111] *Infra*, 321 ss..
[112] *Infra*, 379 ss. e 406 ss..
[113] *Infra*, 373-374.
[114] *Infra*, 386 ss..

estabelece-se entre pessoas determinadas. Podemos fazer apelo a uma ideia de relação social[115] ou de relação humana[116]: em qualquer dos casos, uma relação específica a qual, sendo voluntária, pressupõe a mútua escolha dos parceiros. Digamos que o fenómeno social e humano das relações específicas entre pessoas, da própria essência da socialidade, é de tal modo natural e evidente que não podia deixar de ter cobertura jurídica: as obrigações, estruturalmente relativas.

III. A obrigação, no seu aparente abstracionismo inofensivo, representa um instrumento da maior perigosidade. Enquanto, por exemplo, os direitos de personalidade ou de propriedade visam beneficiar as pessoas e apenas afetam os terceiros de modo indireto, as obrigações traduzem (ou podem traduzir), para quem as deva cumprir, um peso muito sério, que envolve as pessoas no seu património todo. Uma obrigação pode destruir a vida patrimonial de um ser humano, com evidentes e inevitáveis reflexos pessoais.

Compreende-se, por toda esta carga valorativa, que a obrigação (só) se estabeleça entre pólos predeterminados, assim se sublinhando a ideia de relatividade. O incumprimento de uma obrigação pelo devedor dá lugar a uma reação mais dura (799.º) do que a violação da propriedade ou de um direito de personalidade por um terceiro (483.º/1). Quando falte ao cumprimento, o devedor será inevitavelmente condenado, salvo se lograr ilidir a presunção de ilicitude e de culpa que sobre ele impende, o que é muito complicado. Quando atinja um direito de personalidade ou um direito real, o lesado terá de provar que o agente atuou com ilicitude e que merece um juízo de culpa, o que facilita a vida do lesante.

Tudo isto explica que os deveres ínsitos na obrigação devam ser preexistentes e cognoscíveis, o que exige a relatividade: um princípio poderoso mas que, como qualquer princípio, pode ceder em concreto.

---

[115] Já RUDOLF STAMMLER, *Das Recht der Schuldverhältnisse in seinem allgemeinen Lehren/Studien zum Bürgerlichen Gesetzbuche für das Deutsche Reich* (1897), 8, referindo, nas relações obrigacionais, "ligações jurídicas específicas entre privados, para determinadas conexões sociais" (*sozialen Zusammenwirken*).

[116] ERNST WOLF, *Zum Begriff des Schuldverhältnisses*, FS Herrfahrdt (1961), 197-212 (200).

§ 4.º A construção de princípios

17. A tutela do devedor

I. As obrigações implicam um relacionamento específico entre pessoas. Nessa medida, elas têm, por natureza, uma dimensão humana que, mesmo quando não referida, está sempre presente. As diversas realidades associadas à personalidade e à sua tutela, examinadas na parte geral[117], têm, aqui, aplicação. Vamos, agora, mais longe: será possível falar num princípio de tutela do devedor?

A ideia deve ser precisada. Não está em causa a tutela do consumidor, enquanto elo final do circuito económico, que se inicia com o produtor e se alarga com os distribuidores. Basta ver que o consumidor pode ser o credor e que a tutela do consumidor dá, hoje, azo a institutos específicos, próprios da parte geral, onde a matéria deve ser estudada[118]. Também não se joga a tutela do aderente a cláusulas contratuais gerais: temos, aí, matéria específica, com um regime explícito e que deve igualmente ser vista na parte geral[119].

Igualmente não está, sem mais, em jogo a ideia da tutela dos fracos, embora tal vetor esteja presente na ideia de devedor e assim, tenha um peso atuante[120], também nas obrigações. Vamos mais longe: haverá, no âmago do Direito das obrigações, um conjunto de soluções que permita formular um princípio de tutela do devedor?

II. A História do Direito das obrigações é marcada, desde a Antiguidade, por passos destinados a suavizar a situação dos devedores. Bastará recordar a superação da Tábua III, com a morte, *transtiberim*, do devedor, *partes secanto*. Resta saber se essa matéria se traduz, hoje, em soluções capazes de suportar um princípio.

---

[117] *Tratado* I, 4.ª ed., 930 ss.. *Vide* STEFAN GRUNDMANN (ed.), *Constitutional Values and European Contract Law* (2008), com distintos contributos, sendo de sublinhar a (total) liderança das jurisprudência e doutrina alemãs.

[118] *Tratado* I, 4.ª ed., 317 ss..

[119] *Tratado* I/1, 3.ª ed., 593 ss.; em preparação, II, 4.ª ed..

[120] EIKE VON HIPPEL, *Der Schutz der Schwächeren* (1982), considera, sucessivamente, a tutela do trabalhador (2 ss.), do locatário (19 ss.), do consumidor (29 ss.), da criança (55 ss.), da mulher (74 ss.), do idoso (93 ss.), do deficiente (103 ss.), do pobre (115 ss.), dos países em desenvolvimento (131 ss.) e das futuras gerações (140 ss.); HERMANN WEITNAUER, *Der Schutz der Schwächeren im Zivilrecht* (1975), dá conta de questões como a proteção contra o abuso da autonomia das partes (34 ss.) ou contra o abuso da liberdade contratual (38 ss.): tudo isto transcende o Direito das obrigações.

Afastamos a ideia de tutela do devedor ou *favor debitoris* como um princípio de política legislativa: o legislador deve seguir a Constituição, dando corpo aos direitos fundamentais e aos valores que eles traduzem; mas há, aí, uma dimensão geral que transcende o Direito das obrigações.

Também arredamos a ideia do *favor debitoris* como um princípio geral de interpretação: na dúvida, singraria a interpretação mais favorável ao devedor[121]. Tal ideia, que não tem base legal, escapa aos cânones da realização do Direito. Poder-se-á, sim, dizer que, na interpretação, jogam os valores fundamentais do Ordenamento, entre os quais e em conjunto com outros, pode atuar a tutela da parte fraca.

III. De facto, o devedor é protegido, entre outras, pelas regras seguintes:

- a obrigação é relativa e deriva de uma fonte, em regra voluntária (cf. 406.º/1);
- ninguém pode ser obrigado contra sua vontade, salvo lei dotada de cobertura constitucional;
- o devedor pode prevalecer-se da prescrição (304.º/1), a qual é irrenunciável, antes do decurso do prazo (302.º/1);
- a solidariedade passiva (a mais relevante) só existe quando resulte da lei ou da vontade das partes (513.º);
- a determinação do objeto, nas prestações genéricas (539.º) e nas prestações alternativas (543.º/1 e 557.º/1) pertence ao devedor, salvo cláusula em contrário;
- as obrigações pecuniárias relevam pelo valor nominal (550.º) o que, em regra e pela presença, sempre, de alguma inflação, beneficia o devedor;
- o fiador dispõe do benefício da excussão (638.º): pode recusar o cumprimento enquanto não se mostrarem excutidos todos os bens do devedor principal;
- as obrigações devem ser cumpridas, salvo disposição legal ou convencional em contrário, no domicílio do devedor (772.º/1);
- o próprio devedor pode exonerar-se, a todo o tempo, das obrigações sem prazo prefixado (777.º/1);
- o prazo tem-se por estabelecido a favor do devedor (779.º);

---

[121] PESSOA JORGE, *Direito das obrigações* cit., 1, 190 ss.. Quanto à rejeição dessa ideia no próprio Direito do trabalho, *vide* LUÍS MENEZES LEITÃO, *Direito do trabalho* (2008), 96 ss., PEDRO ROMANO MARTINEZ, *Direito do trabalho*, 5.ª ed. (2010), 233 ss. e MARIA DO ROSÁRIO PALMA RAMALHO, *Direito do trabalho*, Parte II – *Situações laborais individuais*, 3.ª ed. (2010), 223-224.

§ 4.º A construção de princípios   65

– cabe ao devedor, havendo várias dívidas da mesma espécie e ao mesmo credor, fazer a imputação do cumprimento (783.º/1);
– há diversas presunções de cumprimento (786.º) e um direito à quitação (787.º e 789.º), que favorecem o devedor;
– o devedor só incorre em mora, se houver prévia interpelação (805.º/1) e em incumprimento definitivo após um prazo admonitório ou a perda de interesse do credor (808.º/1);
– o credor incorre em diversas consequências (atenuação da diligência do devedor, risco e responsabilidade, 814.º, 815.º e 816.º), caso não aceite a prestação;
– o devedor pode recorrer à consignação em depósito (841.º).

Podemos adiantar que as regras alinhadas são, de um modo geral, tradicionais, tendo vindo a somar-se, ao longo dos séculos. Aquando da feitura do Código Civil, mau grado alguma hesitação derivada do Código italiano de 1942[122], a comissão revisora entendeu manter as tais regras tradicionais, que protegiam o devedor[123].

IV. Parece-nos clara a existência de um princípio da tutela do devedor, patente nas regras objetivas acima exemplificadas e assumido na

---

[122] O Código Civil italiano pretendeu, segundo o respetivo relatório (*vide* Pessoa Jorge, *Direito das obrigações* cit., 1, 188-189), abandonar "toda a piedade sentimental por quem assuma uma obrigação". Supostamente, o Código Napoleão, contra o qual pretendia reagir, teria feito o contrário, uma vez que surgira numa época de guerras, em que os devedores careciam de tutela. Para além deste tipo de linguagem, próprio da época (do regime de Mussolini), afigura-se-nos que a dureza do Código italiano advém da sua comercialização: ao pretender unificar o Direito privado, pondo termo ao Código Comercial, o *codice civile* veio revestir-se de regras de tutela do tráfego mercantil que, pelo menos na altura, postulavam uma forte tutela do crédito.

[123] Retemos, de Vaz Serra, *A revisão geral do Código Civil/Alguns factos e comentários*, BMJ 2 (1947), 24-76 (37), um trecho também transcrito em Pessoa Jorge, *Direito das obrigações* cit., 1, 189, nota I (o itálico é do original):

Deverá manter-se o princípio do favor debitoris ou, pelo contrário, deverão, com o intuito de reforçar o crédito, introduzir-se medidas destinadas a piorar a situação do obrigado, tais como a regra da solidariedade ou a exclusão, salvo cláusula em sentido oposto, do benefício de excussão? – Resolveu-se que se mantivessem, a este respeito, os princípios tradicionais, já porque, em geral, a posição do devedor é mais digna de protecção, já porque não parece meio idóneo de reforçar o crédito colocar o devedor ou os devedores em situações de maior rigor com que podem não contar. – Isto não exclui que se introduzam preceitos com o fim de assegurar o cumprimento leal das obrigações

própria preparação do Código Civil. Esse princípio pode ser afastado, em concreto, por princípios diversos que devam prevalecer ou por normas distintas. Mas existe, com todo o seu potencial sistematizador e integrador de lacunas, contribuindo para humanizar o Direito das obrigações: no terreno e não em meras (e respeitáveis) declarações de princípios.

Não se trata de ceder a uma "piedade sentimental", na linguagem de Rocco: antes de gerir, com humanismo e com eficácia económica, o grande universo dos vínculos patrimoniais. É importante que o credor obtenha o valor a que tem direito; mas é ainda decisivo que o mundo dos devedores concentre o seu esforço na execução do que efetivamente assumiu, sem agravamentos e sem dificuldades laterais. Além disso, o Direito civil parte do postulado geral da liberdade do ser humano. O "estado" obrigado teria de ser tomado como excecionalidade[124].

V. A tutela do devedor é uma grande opção de fundo do Direito das obrigações. Conjunturalmente, o legislador dispõe de instrumentos que permitem corrigir quaisquer enfraquecimentos do crédito. Desde logo, controla as taxas de juros: basta elevá-las, para fazer pender para o lado do credor a grande balança da apropriação. De seguida e em períodos de laxismo, podem surgir regras mais estritas.

VI. O problema radica, hoje e em muito, nas delongas da Justiça e nas dificuldades práticas em executar os créditos. Bastará dizer que, desde o primeiro semestre de 2009, a pretexto das mudanças dos tribunais, as execuções estão praticamente suspensas, na Região de Lisboa. Ora é sabido que, perante uma situação de mora, o credor prejudicado hesitará em recorrer às vias judiciais: irá encarecer a operação, ficando dependente de medidas e da diligência de terceiros. O devedor pode contar com esta derrapagem, retardando sistematicamente os seus pagamentos. Tal situação acabou por se tornar uma prática corrente, principalmente no Sul da Europa, sendo, em especial, levada a cabo por grandes empresas, em detrimento das pequenas e das médias.

Além disso, empresas de grande porte impõem, nas suas cláusulas contratuais gerais, prazos de pagamento alongados: sessenta ou, mesmo, noventa dias. Tudo isto origina insolvência e desemprego, numa situação diagnosticada bem antes da grande crise de 2007/2014.

O problema apontado veio ainda assumir uma dimensão gravosa no plano da concorrência. Os países do Norte da Europa, com elevadas taxas

---

[124] MICHELE GIORGIANNI, *Obbligazione* cit., 613/II.

§ 4.º A construção de princípios 67

de juros e sistemas judiciais mais dinâmicos, apresentam, por sistema, prazos mais curtos de cumprimento do que os países do Sul, com circunstancialismos inversos.

Podemos referir alguns números esclarecedores[125]. Nos países escandinavos, os devedores são efetivamente pagos entre 27 e 34 dias enquanto, nos do Sul, os prazos sobem para entre 74 e 94 dias. Em Portugal, os devedores são pagos, em média, ao fim de 91 dias, contra 29 na Finlândia.

Os longos prazos de pagamento provocavam um quarto das insolvências europeias. Perdem-se, por ano, 23,6 biliões de euros, com uma quebra de 450.000 postos de trabalho.

As vítimas são as pequenas e médias empresas que, assim, subsidiam, a título gracioso, as grandes empresas e o próprio Estado. No fundo, estamos em face de um *Diktat* imposto pelos mais poderosos, mas com danos para toda a economia.

Perante este estado de coisas, as instâncias comunitárias decidiram intervir[126]. A Comissão Europeia, através da sua recomendação n.º 95/198, de 12 de maio[127], relativa aos prazos de pagamento nas transações comerciais, convidou os Estados-membros (artigo 1.º):

(...) a tomar as medidas jurídicas e práticas necessárias para fazer respeitar os prazos de pagamento contratuais nas transações comerciais e para assegurar prazos de pagamento melhores nos contratos públicos.

Ocorriam outras indicações, nomeadamente – 3.º, *b)* – a fixação, a título subsidiário, de taxas de juro suficientemente altas para serem dissuasivas para os maus pagadores.

Seguiu-se a Diretriz n.º 2000/35, de 29 de junho, que estabelece medidas de luta contra os atrasos de pagamento nas transações comerciais[128].

---

[125] *Vide* ANA CATARINA ROCHA, *A cláusula de reserva de propriedade na Directiva 2000/35/CE do Parlamento Europeu e do Conselho sobre as medidas de luta contra os atrasos de pagamento*, RFDUP 2005, 9-78 (9 ss.), onde podem ser confrontadas as fontes. Os números indicados no texto reportam-se a 2004 e, portanto: são anteriores à crise de 2007/2014, sobre a qual não temos, ainda, elementos concretos disponíveis, quanto ao problema aqui referido.

[126] Quanto a elementos comunitários: M. ALESSANDRO LIVI, *La direttiva 2000/35/CE sui ritardi di pagamento nelle transazioni commerciali e la sua attuazione*, em VINCENZO CUFFARO (org.), *La disciplina dei pagamenti commerciali* (2006), 1-39 (1 ss.).

[127] JOCE N. L 127, de 10-jun.-1995, 19-22.

[128] JOCE N. L 200, de 8-ago.-2000, 35-38.

Em síntese, tem o seguinte conteúdo:

Artigo 1.º Âmbito de aplicação;
Artigo 2.º Definições;
Artigo 3.º Juros em caso de atraso de pagamento;
Artigo 4.º Reserva de propriedade;
Artigo 5.º Procedimentos de cobrança de dívidas não impugnadas;
Artigo 6.º Transposição;
Artigo 7.º Entrada em vigor;
Artigo 8.º Destinatário.

As "definições" são importantes, precisando o âmbito de aplicação do diploma. Elas enfrentam um problema tipicamente comunitário: dada a diversidade existente entre as Ciências jurídicas nacionais, não bastaria apelar para os conceitos habituais.

Entre as definições adotadas conta-se a de "transação comercial": qualquer transação entre empresas ou entre empresas e entidades públicas que dê origem ao fornecimento de mercadorias ou à prestação de serviços contra uma remuneração (2.º/1, 1.ª parte)[129]. A matéria tem, pois, a ver com o Direito comercial, embora faça sentido referi-la, aqui.

A Diretriz n.º 2000/35 foi transposta pelo Decreto-Lei n.º 32/2003, de 17 de fevereiro: não totalmente, uma vez que várias das regras inseridas naquela Diretriz já vigoravam no nosso Direito. Visada foi, em especial, a temática do atraso nos pagamentos[130].

E as medidas tomadas foram, no essencial, as seguintes:

– sempre que do contrato não constem prazos, são devidos juros, automaticamente, 30 dias após a data de receção da fatura ou da receção dos bens (4.º/2);
– são nulos os prazos excessivos contratualmente fixados para o pagamento (5.º/1), podendo, quando assentes em cláusulas contratuais gerais, ser objeto de ação inibitória (5.º/5);
– o artigo 102.º do Código Comercial recebeu uma redação que permite a fixação de juros moratórios mais elevados (6.º)[131];

---

[129] GIUSEPPE CHINÈ, *I confini oggettivi e soggettivi di applicazione della disciplina sui pagamenti nelle transazioni commerciali*, em VINCENZO COFFARO (org.), *La disciplina dei pagamenti commerciali* (2006), 55-114 (65 ss.).

[130] Para uma análise das medidas introduzidas pela Diretriz: ANA CATARINA ROCHA, *A cláusula de reserva de propriedade na Directiva 2000/35* cit., 15 ss..

[131] Matéria não aplicável aos consumidores, por via do artigo 2.º/2, *a*), do diploma; *vide* RCb 19-out.-2010 (JOSÉ EUSÉBIO ALMEIDA), Proc. 286652/08 e RPt 3-nov.-2011 (MARIA AMÁLIA SANTOS), Proc. 1407/10.

§ *4.° A construção de princípios* 69

– o atraso nos pagamentos permite o recurso ao regime da injunção (7.°).

O problema enfrentado pela lei exige uma efetiva mutação nas mentalidades e na praxe comercial. A melhor defesa dos devedores é, sempre, o exato e correto cumprimento do que tenham assumido.

18. A irrenunciabilidade antecipada aos direitos

I. A posição de credor também dá azo a um princípio das obrigações: chamar-lhe-emos a irrenunciabilidade antecipada aos direitos. Vamos relevar os preceitos em cuja base ele pode ser construído. Assim:

– num contrato a favor de terceiro, a promessa é revogável enquanto o terceiro não manifestar a sua adesão (448.°/1);
– a promessa unilateral de uma prestação só obriga quando prevista por lei (457.°);
– é nula a renúncia antecipada aos direitos do credor (809.°), o que só permite obrigações naturais, nos casos previstos na lei[132];
– a cláusula penal manifestamente excessiva pode ser reduzida, pelo tribunal, *ex aequitate* (812.°/1);
– a remissão (*vulgo*: perdão de dívidas) só é possível por contrato com o devedor (863.°/1);
– a doação não pode abranger bens futuros (942.°/1);
– a doação de móveis deve ser seguida de tradição, carecendo, em alternativa, de forma escrita (947.°/2);
– os contratos de penhor (669.°/1), de comodato (1129.°), de mútuo (1142.° e 1144.°) e de depósito (1185.°) são reais *quoad constitutionem*[133];
– são nulos os pactos leoninos (994.°), isto é: as cláusulas que, num contrato de sociedade, excluam um sócio dos lucros ou das perdas.

II. Todas estas regras têm a sua História, traduzindo o eterno tatear por melhores e mais justas soluções. Mas é óbvia a presença de uma grande valoração comum: seja pela desistência direta, seja pela atribuição de vantagens diretas sem contrapartida, verifica-se, por parte das pessoas,

---

[132] *Vide* RPt 6-out.-1987 (JOAQUIM CARVALHO), CJ XII (1987), 231-233 e STJ 26-mar.-1998 (TOMÉ DE CARVALHO), BMJ 475 (1998), 664-667.

[133] *Tratado* I/1, 3.ª ed., 465 ss..

uma fraqueza tendencial em dar o que ainda não se tem ou em dispor de esforços que só no futuro irão decorrer[134].

Particularmente nos Países do Sul, ricos em imediatismo, em sentimento e em emoções, sabe o Direito civil, com a sua experiência milenária, que as pessoas são levadas a dispor do que não têm ou a assumir impensadas obrigações para o futuro, sem contrapartida. Por isso, o Direito:

– ou proíbe, pura e simplesmente, renúncias antecipadas aos direitos ou doações daquilo que ainda se não tenha;
– ou veda adstrições unilaterais e, portanto: sem nada de assegurado, em troca;
– ou exige formalismos sugestivos e pedagógicos, como a entrega física da coisa, requerida nas doações de móveis não feitas por escrito e, em geral, nos negócios reais *quoad constitutionem*.

III. Temos aqui um princípio, também com tudo o que ele implica: o da irrenunciabilidade antecipada aos direitos. Pode ser afastado em concreto, por princípios mais fortes ou por normas. E deve, além disso, passar pelo crivo do caso concreto. Mas funciona: na sistematização e na integração. Resta acrescentar que, pela vastidão de algumas das regras que o suportam, como as dos artigos 457.º e 809.º, este princípio é mais estrito do que o da tutela do devedor.

19. A causalidade

I. Chamamos causalidade ao princípio pelo qual as obrigações só existem e só subsistem quando acompanhadas pela sua fonte (a "causa")[135]. Este princípio impõe-se, desde logo, por razões ontológicas: a obrigação não existe, a não ser como vínculo abstrato percetível, apenas, pelo intelecto das pessoas. Assim, a melhor forma de reportar uma obrigação é a de referir e exibir o facto que lhe deu origem: a sua fonte ou causa.

---

[134] Assim, segundo o artigo 943.º do Código Napoleão:

> A doação entre vivos só poderá abranger os bens presentes do doador; se compreender bens futuros, ela será nula, relativamente a eles.

[135] A expressão "causa" assume outros sentidos, particularmente nos Direitos de inspiração francesa (a "causa do contrato"). Pela nossa parte preferimos a terminologia aqui usada (*vide Direito das obrigações*, 1, 507 ss.), mais clara e útil, perante o Direito português. Quanto à "causa do contrato" *vide* o *Tratado* II/2, 601 ss..

§ *4.º A construção de princípios* 71

Em vez de se enumerarem os direitos e deveres entre duas pessoas, por exemplo, tarefa fastidiosa e que, ainda por cima, ficaria seguramente incompleta, mais fácil é dizer que, entre elas, existe um determinado contrato. Mas também nas obrigações de base não-contratual, esse fenómeno pode ser identificado. Uma obrigação de indemnizar só se torna clara, nos seus contornos, perante o facto que a tenha originado; o mesmo se dirá de vínculos advenientes de atos unilaterais, da gestão, do enriquecimento ou de quaisquer outras fontes.

II. Mas a causalidade é, fundamentalmente, uma manifestação da justiça e do equilíbrio do sistema. Com efeito, a exigência da ligação da obrigação à sua fonte, permite:

– defender ambas as partes, com relevo para o devedor, uma vez que delimita precisamente as obrigações respetivas, tornando-as firmes e previsíveis;
– fazer repercutir, em cada situação concreta, os valores fundamentais do sistema, através da concretização da boa-fé e dos deveres acessórios: tal tarefa seria impossível se as obrigações não viessem acompanhadas pelas respetivas fontes ("causas"), as quais devem ser tomadas no seu conjunto;
– operacionalizar a aplicação da justiça: quem queira fazer valer os seus direitos em juízo tem de indicar uma "causa de pedir", isto é, o fundamento de onde retira a pretensão deduzida em tribunal;
– socializar as obrigações, no sentido de lhes dar a dimensão fundamental da sociabilidade, razão de ser do Direito e da sua Ciência.

III. À causalidade contrapõe-se a abstração: uma regra de sinal inverso, pela qual as obrigações subsistem e circulam independentemente de qualquer fonte.

O princípio da abstração opera fundamentalmente na Alemanha e tem origem histórica: a especial e algo paradoxal ligação do Direito alemão ao Direito romano clássico, por via do pandetismo e da terceira sistemática.

No Direito romano, os contratos não tinham eficácia real: obrigavam as partes, por um "negócio" ulterior, a promover o efeito real pretendido. Assim, a compra e venda (*causa*) teria de ser seguida pela entrega da coisa (*traditio*), a qual asseguraria a transmissão[136].

---

[136] KASER/KNÜTEL, *Römisches Privatrecht*, 19.ª ed. (2008), § 24 (129 ss.). *Vide* GÜNTHER JAHR, *Romanistische Beiträge zur modernen Zivilrechtswissenschaft*, AcP 168

72 Coordenadas atuais das obrigações

Esta construção, algo complexa, foi acolhida no Direito alemão, enquanto, no francês, se conquistou a ideia de que os efeitos reais operam diretamente através do contrato, ideia essa que tem assento no artigo 408.º/1, do Código Civil. Simplesmente, visando operacionalizar o comércio jurídico, o Direito alemão deu um passo que não fora, pelo que se sabe, dado no próprio Direito romano: uma vez concluído o negócio de transmissão, o efeito deste subsiste independentemente do negócio-fonte ou seja, da causa. Na origem (recente) deste fenómeno aponta-se o pensamento de Savigny[137].

Hoje, podemos distinguir, no Direito alemão, negócios de obrigação, próprios das obrigações e sujeitos a uma regra de autonomia privada e negócios de disposição, de direitos reais, sujeitos a uma tipicidade[138]. A partir daqui constrói-se um princípio de abstração: temos negócios que indicam a precisa vinculação entre as partes (causais) e negócios que retratam apenas uma posição (abstratos)[139].

Embora originário dos direitos reais, o princípio da abstração alargou-se a várias áreas do Direito das obrigações, onde surgem situações "descoladas" das suas fontes. O contraponto a tais facilidades é dado pelo instituto do enriquecimento sem causa, muito mais operacional do que entre nós.

A fundamentação para o princípio da abstração estaria na segurança jurídica, designadamente no ponto melindroso da circulação das obriga-

---

(1968), 9-26 (14 ss.) e, em especial, ASTRID STARCK, *Hintergründe des Abstraktionsprinzips*, JURA 2011, 5-9 (5/I ss.). Como obra de referência, temos ASTRID STADLER, *Gestaltungsfreiheit und Verkehrschutz durch Abstraktion/eine rechtsvergleichende Studie zur abstrakten und kausalen Gestaltung rechtsgeschäftlicher Zuwendungen anhand des deutschen, schweizerischen, österreichischen, französischen und US-amerikanischen Rechts* (1996), XXXV + 800 pp.. *Vide*, aí, o § 3 (46 ss.).

[137] *Vide* ASTRID STARCK, *Hintergründe des Abstraktionsprinzips* cit., 5/II-6/I, com indicações e ULRICH HUBER, *Savigny und das sachenrechtliche Abstraktionsprinzip*, FS Canaris 1 (2007), 471-512.

[138] Sobre toda esta matéria, com indicações: DIRK OLZEN, no *Staudinger* cit., II, *Einl zum SchuldR*, Nr. 26 ss. (19 ss.), STEPHAN LORENZ, *Grundwissen – Zivilrecht: abstrakte und kausale Rechtsgeschäfte*, JuS 2009, 489-491, e FILIPPO RANIERI, *Europäisches Obligationenrecht/Ein Handbuch mit Texten und Materialen*, 3.ª ed. (2009), 1045 ss.. Em língua francesa: HENRI DE PAGE, *L'obligation abstraite en droit interne et en droit comparé* (1957), 29 ss.. Pensamos que abdicando da (questionável) "teoria da causa" e aproximando a abstração da ausência de fonte, a matéria fica mais clara.

[139] WERNER FLUME, *Allgemeiner Teil des Bürgerlichen Rechts*, II – *Das Rechtsgeschäft*, 4.ª ed. (1992), § 12, I, 1 (153) e MANFRED WOLF/JÖRG NEUNER, *Allgemeiner Teil*, 10.ª ed. cit., § 29, Nr. 65 ss. (332-333).

§ 4.º A construção de princípios 73

ções[140]. Cada um poderia acolhê-las, no seu património, sem se preocupar com as eventuais fragilidades da sua fonte.

A abstração teria a vantagem de tornar mais rápido e eficaz o comércio jurídico. As obrigações valeriam por si, independentemente de quaisquer dúvidas ou fragilidades que pudessem ter acompanhado o seu surgimento. Todavia, mesmo num Direito dominado pelo princípio da causalidade, é possível, em áreas sensíveis (p. ex., títulos de crédito) fazer intervir a abstração. Além disso, outros institutos, como a tutela da boa-fé, podem intervir, em prol do comércio jurídico.

Não obstante, a abstração tem sido criticada, desde a sua inclusão no anteprojeto do BGB[141], prosseguindo as críticas até hoje[142]. Designadamente, afirma-se que ela dá corpo a uma violação doutrinária da realidade da vida, porquanto transforma uma simples alienação em distintos procedimentos jurídicos. Mas tem vantagens e, sobretudo, corresponde a um acervo cultural, sendo de sublinhar a sua presença no Direito lusófono (Brasil).

O Direito europeu da compra e venda, em preparação, teve aparentemente o cuidado de encontrar uma definição desse contrato que cubra as duas hipóteses: define compra e venda como o contrato pelo qual o vendedor transfere ou se compromete a transferir a propriedade de bens para o comprador[143]. Todavia, quando enumera as obrigações do vendedor, inclui a de transferir a propriedade dos bens – 9.º, *b*). Com isso, dá corpo ao sistema germânico.

---

[140] ASTRID STARCK, *Hintergründe des Abstraktionsprinzips* cit., 7/II.

[141] OTTO VON GIERKE, *Der Entwurf eines bürgerlichen Gesetzbuches und das deutsche Recht* (1889), XIX + 592 pp., 336.

[142] ASTRID STARCK, *Hintergründe des Abstraktionsprinzips* cit., 5/I e 9/I.

[143] Proposta de Regulamento relativo a um Direito europeu da compra e venda – COM (2011) 635 final – artigo 2.º (K).

§ 5.º A REFORMA ALEMÃ DAS OBRIGAÇÕES (2001/2002)

20. Aspetos gerais

I. Como adiante melhor será desenvolvido, o Direito português das obrigações integra-se no sistema lusófono de Direito, ele próprio aparentado ao sistema romano-germânico. Assim, para melhor apreender as coordenadas atualmente em jogo, surge útil uma súmula da grande reforma alemã do Direito das obrigações, levada a cabo em 2001/2002.

Nos finais de 2001 foi aprovada, na Alemanha, uma "lei para a modernização das obrigações"[144]. Essa lei veio alterar algumas dezenas de parágrafos do BGB ou Código Civil alemão e isso na sua área mais nobre: o coração do Direito das obrigações. É a maior reforma, nesse sector, desde a própria publicação do BGB, em 1896[145].

Além de ter epigrafado os diversos parágrafos do BGB, ela veio reformar os pontos seguintes[146]:

– o regime da prescrição;
– o Direito da perturbação das prestações;
– o Direito da compra e venda;
– o contrato de empreitada;
– o contrato de mútuo.

---

[144] Ou *Gesetz zur Modernisierung des Schuldrechts*, de 11-out.-2001, publicada no *Bundesgesetzblatt* I, Nr. 61, de 29-nov.-2001, 3138-3218.

Sobre essa reforma *vide* o nosso *Da modernização do Direito civil*, I – *Aspectos gerais* (2004), 69 ss. e, de modo sintético, o presente *Tratado* I/1, 3.ª ed., 96 ss..

[145] MARTIN HENSSLER, *Einführung in das Schuldrechtsmodernisieriung*, em HENSSLER/GRAF VON WESTPHALEN, *Praxis der Schuldrechtsreform* (2002), 1.

[146] Uma análise completa mas sintética da reforma pode ser confrontada em ALPMANN SCHMIDT, *Express: Reform des Schuldrechts/Das neue BGB*, 2.ª ed. (2002). Refira-se, ainda, WOLFGANG DÄUBLER, *Neues Schuldrecht – ein erster Überblick*, NJW 2001, 3729-3734 e MARTIN SCHWAB, *Das neue Schuldrecht im Überblick*, JuS 2002, 1-8.

§ 5.º A reforma alemã das obrigações (2001/2002)

Pela reforma, transitaram para o BGB diversas leis de tutela dos consumidores, com relevo para a das cláusulas contratuais gerais, para a das vendas a domicílio e para a das vendas à distância, complementadas com regras sobre comércio eletrónico.

A dimensão da reforma é impressionante. Mas o seu aparente alcance científico foi ainda mais profundo: atingiu institutos intocáveis como a prescrição e a impossibilidade, enquanto se procedeu à codificação da boa-fé, em vários dos seus institutos. É verdade que, em certa medida, apenas se ajustou o passo com o dito e praticado pela Ciência do Direito. Assim se explica que, tendo sido anunciado um seu impacto muito considerável[147], o prático tenha absorvido os dados da reforma sem problemas de maior[148].

II. A reforma do Direito das obrigações era falada há muito[149]. No início da década de oitenta do século XX, foram publicadas coletâneas de pareceres sobre a reelaboração do Direito das obrigações[150], acompanhadas por monografias importantes[151]. O Ministro Federal da Justiça constituiu uma "Comissão do Direito das Obrigações" ou *Schuldrechts-*

---

[147] *Vide*, entre muitos, PETER KREBS, *Die grosse Schuldrechtsreform*, DB 2000, Beilage 14, EBERHARD WIESER, *Eine Revolution des Schuldrechts*, NJW 2001, 121-124, THOMAS WETZEL, *Das Schuldrechtsmodernisierungsgesetz – der grosse Wurf zum 0.01.2002?*, ZRP 2001, 117-126 e BARBARA DAUNER-LIEB, *Die Schuldrechtsreform – Das grosse juristische Abenteuer*, DStR 2001, 1572-1576.

[148] DIRK OLZEN, no *Staudinger* cit., *Einl zum SchuldR*, Nr. 201 (70) e HARTWIG SPRAU, no Palandt, 71.ª ed. (2012), *Einleitung*, Nr. 10 (3). Mantendo críticas severas: HEINRICH HONSELL, no Staudinger, *Eckpfeiler des Zivilrechts*, B. *Einleitung zum BGB* (2012-2013), Nr. 36 (91-92).

[149] Na reconstituição precisa dos antecedentes da reforma, socorremo-nos da introdução básica de CLAUS-WILHELM CANARIS, *Zur Entstehungsgeschichte des Gesetzes*, em C.-W. CANARIS, *Schuldrechtsreform 2002* (na capa exterior: *Schuldrechtsmodernisierung 2002*), publ. e intr. (2002), IX-LIII.

[150] Trata-se dos *Gutachten und Vorschläge zur Überarbeitung des Schuldrechts*, publicados pelo Ministro Federal da Justiça, vol I (1981), vol. II (1981) e vol. III (1983), disponíveis nas bibliotecas das Faculdades de Direito de Coimbra e de Lisboa, num total de cerca de 2700 pp..

[151] Assim, a de JÜRGEN SCHMIDT, *Vertragsfreiheit und Schuldrechtsreform/Überlegungen zur Rechtfertigung der inhaltlichen Gestaltungsfreiheit bei Schuldverträgen* (1985), 278 pp..

76 *Coordenadas atuais das obrigações*

komission, em 1984, da qual resultou um relatório[152]. Todavia, não se passou logo a uma fase de projeto: anunciavam-se diretrizes comunitárias significativas que poderiam interferir no teor da reforma, tendo-se optado por aguardar a sua publicação. Deve-se dizer que, na altura, muitos (entre os quais nós próprios) consideraram que a reforma não teria seguimento. Todavia, ela foi recuperada com pretexto na Diretriz 1999/44/CE, de 25-mai.-1999[153], "relativa a certos aspetos da venda de bens de consumo e de garantias a ela relativas"[154], Diretriz essa que deveria ser transposta até 1-jan.-2002. Em agosto de 2000, foi apresentado à discussão pública um projeto de reforma[155]: o projeto para discussão ou *Diskussionsentwurf*. Este retomou, em parte, as propostas da Comissão de reforma dos anos 80, alargando-as à transposição de várias diretrizes[156].

O *Diskussionsentwurf* acolheu, ainda, no BGB, uma série de legislação extravagante, com relevo para o diploma sobre cláusulas contratuais gerais[157].

III. Na reforma do Direito alemão das obrigações prevaleceu uma "solução forte" ou "grande solução" (*grosse Lösung*)[158]: a "solução fraca"

---

[152] O *Abschlussenbericht der Komission zur Überarbeiten des Schuldrechts*, de 1992.

[153] Diretriz 1999/44/CE, do Parlamento e do Conselho, de 25-mai.-1999, JOCE N. L 171, de 7-jul.-1999, 12-16.

[154] É essa a designação oficial da versão portuguesa; na versão alemã lê-se "para determinados aspetos da venda de bens de consumo e das garantias de bens de consumo", o que não é rigorosamente o mesmo.

[155] Trata-se do *Diskussionsentwurf eines Schuldrechtsmodernisierungsgesetzes* de 4-ago.-2000; este projeto estava disponível na *Internet*, num total de 630 páginas, podendo hoje ser comodamente consultado em CANARIS, *Schuldrechtsreform 2002* cit., 3-347.

[156] Sobre os aspetos comunitários da reforma é fundamental o livro publicado por REINER SCHULZE e HANS SCHULTE-NÖLKE, *Die Schuldrechtsreform vor dem Hintergrund des Gemeinschaftsrechts* (2001), com relevo para o artigo de abertura desses dois autores: *Schuldrechtsreform und Gemeinschaftsrecht*, 3-24. Estavam concretamente em causa as Diretrizes 1999/44/CE, de 25-mai., relativa à venda de bens de consumo, 2000/31/CE, de 8-jun., relativa a certos aspetos legais dos serviços da sociedade de informação, em especial ao comércio eletrónico do mercado interno, e 2000/35/CE, de 29-jun., que estabelece medidas de luta contra os atrasos de pagamento nas transações comerciais.

[157] O impulso político da reforma deveu-se a HERTA DÄUBLER-GMELIN do *praesidium* do SPD e Ministra da Justiça, desde 27-out.-1998 e até à formação do segundo governo SPD/Verdes.

[158] Justamente de HERTA DÄUBLER-GMELIN, *Die Entscheidung für die sogennante Grosse Lösung bei der Schuldrechtsreform*, NJW 2001, 2281-2289 (2281). Uma síntese: no

§ 5.º A reforma alemã das obrigações (2001/2002)   77

teria consistido em transpor simplesmente, para diplomas extravagantes, as diretrizes comunitárias, particularmente a da venda a consumidores[159]. A "solução forte" foi amparada em argumentos de diversa ordem:

- a fraqueza do sistema vigente: assente em delicados desenvolvimentos jurisprudenciais e doutrinários, sem correspondência em textos legais;
- a necessidade de transpor diretrizes;
- o nível de maturação obtido pelos estudos tendentes à reforma, apoiados numa dogmática vigorosa;
- o predomínio da velha ideia de codificação, que atraía, para o Código Civil, os diplomas extravagantes.

Contra a reforma movimentou-se um poderoso esforço universitário. Particularmente notados seriam o *simposium* que teve lugar em Regensburg, no mês de novembro de 2000 e cujas participações foram publicadas[160] e as jornadas da *Deutsche Zivilrechtslehrervereinigung*[161], ocorridas em Berlim, em 30 e 31 de março de 2001[162].

Numa iniciativa da Universidade de Passau, à qual se juntou um núcleo de conhecidos privatistas de diversas universidades[163], foi organizado um abaixo-assinado que recolheu nada menos de 250 assinaturas de professores privatistas, entre os quais: Adomeit, Deutsch, Emmerich, Hueck, Kegel, Köndgen, Kupisch, Ott, Richardi, Rüthers, Viehweg e Zöllner[164].

No essencial, este movimento explicava que, a pretexto da transposição de diretrizes comunitárias, o Ministério da Justiça propunha-se

---

Repetitorium de HEMMER/WÜST, *Die Schuldrechtsreform/Eine komplette Darstellung aller relevanten Probleme des neuen Schuldrechts* (2002), 1 ss..

[159] *Vide* a sua defesa em JAN WILHELM, *Schuldrechtsreform 2001*, JZ 2001, 861-869, HORST HAMMEN, *Zerschlagt die Gesetzestafeln nicht!*, *idem*, 1357-1359, WOLFGANG ERNST, *Die Schuldrechtsreform 2001/2002*, ZRP 2001, 1-11 e WOLFGANG ERNST/BEATE GSELL, *Nochmals für die "kleine Lösung"*, ZIP 2000, 1812-1816.

[160] WOLFGANG ERNST/REINHARD ZIMMERMANN (publ.), *Zivilrechtswissenschaft und Schuldrechtsreform* (2001).

[161] Portanto: da *Associação alemã dos civilistas*.

[162] *Vide* a nota de HEINRICH HONSELL, *Sondertagung Schuldrechtsmodernisierung*, JZ 2001, 473-474.

[163] Os professores: ALTMEPPEN, BRAU, DAUNER-LIEB, ERNST, FLUME, HROMADKA, HUBER, JACOBS, KOLLER, LEENEN, LIEB, LÖWISCH, LUTTER, MUSIELAK, PICKER, RANIERI, STÜRNER e WILHELM.

[164] *Vide* apreciações críticas à reforma em HELMUT COING/HEINRICH HONSEL, no *Staudinger, Einleitung zum BGB* (2004), Nr. 109 ss. (71 ss.).

78   *Coordenadas atuais das obrigações*

introduzir modificações estruturais no BGB. Mercê dos prazos fixados para a transposição, a reforma teria de efetivar-se sem a possibilidade de estudos alargados, com especial cuidado no campo do Direito da perturbação das prestações e da integração das leis do consumo no BGB. Poderiam, daí, advir consequências ainda imponderadas para os diversos sectores do Direito civil. Sequelas: insegurança jurídica, com graves custos para a economia, a advocacia e a justiça. Nenhuma pressão jurídica, social ou económica exigiria uma reforma do Direito das obrigações. Este deveria ser aliviado da pressa existente na transposição das diretrizes, a efetivar separadamente[165].

Manteve-se um forte impulso político favorável à reforma. De 17-jan.-2001 a 29-ago.-2001, funcionou a Comissão do "Direito de perturbação das prestações"[166]. O tema delicado da prescrição foi entregue a um "Grupo de trabalho dos Estados da Federação"[167]. Foram constituídos subgrupos, para ponderar determinados problemas[168].

Coube a Claus-Wilhelm Canaris responder[169]. No essencial, procurou explicar que na proposta relativa ao "Direito de perturbação das prestações" não surgia uma única norma ou valoração que correspondesse a uma novidade do ordenamento. Pelo contrário: quer pelo conteúdo, quer pela técnica legislativa, haveria uma aproximação ao BGB. De resto, tudo adviria já da Comissão que concluíra o seu trabalho em 1992.

A não-inclusão, no BGB, de novos regimes impostos pela integração europeia e pela tutela dos consumidores iria – ela sim – agravar os custos da justiça. A não se aproveitar a oportunidade, o BGB perderia hipóteses de reforma, ficando condenado a uma secundarização progressiva. Em suma: a "pequena solução" acabaria por jogar contra as perspetivas que ela própria julgaria defender.

---

[165] Além das indicações referidas *supra*, nota 159, citamos: BARBARA DAUNER-LIEB, *Die geplante Schuldrechtsmodernisierung – Durchbruch oder Schnellschluss?*, JZ 2001, 9-18 (18/II).

[166] E da qual participou ativamente o Prof. CANARIS; daqui resultaram modificações básicas nos institutos da impossibilidade, da *culpa in contrahendo* e da alteração das circunstâncias.

[167] REINHARD ZIMMERMANN/DETLEF LEENEN/HEINZ-PETER MANSEL/WOLFGANG ERNST, *Finis Litium? Zum Verjährungsrecht nach dem Regierungsentwurf eines Schuldrechtsmodernisierungsgesetzes*, JZ 2001, 684-699 (685).

[168] Em CLAUS-WILHELM CANARIS, *Schuldrechtsmodernisierung 2002* cit., X, notas 8, 9 e 10, pode ver-se o elenco de personalidades envolvidas.

[169] CLAUS-WILHELM CANARIS, *Betr.: "Gemeinsame Erklärung zum Vorhaben des Erlasses eines Schuldrechtsmodernisierungsgesetzes im Jahre 2001*, em http://www.lrz–munchen.de/%7Etutorium/erwiderung.htm.

§ 5.º A reforma alemã das obrigações (2001/2002) 79

IV. Aproveitando os resultados da discussão, o Ministério da Justiça preparou, em 6-mar.-2001, uma "versão consolidada do projeto de discussão"[170]. Esta "versão consolidada" ou "projeto consolidado" acolheu, em especial, as indicações da "Comissão do Direito das perturbações da prestação"[171]. Por seu turno, quanto ao Direito da prescrição, foi adotada, na sequência do "Grupo de Trabalho dos Estados da União", um projeto específico[172]. O Governo adotou o projeto a 9-mai.-2001, o qual foi agendado, no Parlamento[173] pelas fações do SPD/Verdes[174], acompanhado de circunstanciada justificação de motivos[175].

A primeira leitura, pelo Parlamento, ocorreu em 13-jul.-2001. O *Bundesrat* ou Câmara Alta tomou o seu parecer em 13-jul.-2001. Trata-se de uma posição ponto por ponto, de um modo geral crítica, no sentido de propor reconsiderações ou a manutenção do esquema existente[176]. Respondeu o Governo em 29-ago.-2001[177]: ora aceitando as sugestões feitas, ora mantendo o esquema já visto no *Bundesrat*. A Comissão de Justiça do *Bundestag* apresentou o seu parecer, também circunstanciado, em 25-set.-2001[178].

O projeto foi finalmente aprovado, em segunda e terceira leituras, pelo Parlamento ou *Bundestag*, em 11-out.-2001, pela maioria SPD/Verdes. Houve, na altura, uma campanha de associações empresariais contrária ao projeto, particularmente alarmadas com a generalização da tutela do consumidor. Todavia, o projeto foi sufragado por personalidades de inquestionável independência política, com relevo para o Prof. Claus-Wilhelm Canaris.

Em 1-jan.-2002, a versão revista do BGB entrou em vigor.

---

[170] Cujo texto pode ser comodamente consultado em Canaris, *Schuldrechtsmodernisierung 2002* cit., 349-419.

[171] As minuciosas anotações que acompanham cada § do projeto consolidado dão conta dessa génese.

[172] Divulgado (apenas) pela *Internet – vide* JZ 2001, 685, ele pode hoje ser confrontado em Canaris, *Schuldrechtsmodernisierung 2002* cit., 421-426.

[173] Câmara Baixa ou *Bundestag*.

[174] Um extrato do projeto consta de Canaris, *Schuldrechtsmodernisierung 2002* cit., 429-565.

[175] *Begründung der Bundesregierung*, em Canaris, cit., 569-934. A justificação apresentada pelos grupos parlamentares em causa corresponde à do Governo.

[176] A tomada de posição do *Bundesrat* pode ser confrontada em Canaris, *Schuldrechtsmodernisierung 2002* cit., 935-993.

[177] *Idem*, 995-1049.

[178] *Idem*, 1051-1127. Nos dias 2 e 4-jul.-2001, segundo informação de Canaris, a *Rechtsausschuss* ouviu publicamente os peritos na matéria.

80 Coordenadas atuais das obrigações

V. A reforma do BGB de 2001/2002 foi acolhida como a grande novidade jurídico-científica, legislativa e civilística dos últimos 100 anos[179]. Fortemente criticada, ela veio a ser explicada pela doutrina[180]. Alguns problemas de aplicação têm sido apontados[181]; todavia, ela beneficia de uma *benigna interpretatio*[182], nenhuma razão havendo para a recear[183].

A reforma provocou uma multiplicação de escritos de divulgação e de comentários; logo no ano de 2002, apontamos os de Alpmann-Pieper/Becker[184], de Amann/Brambring/Hertel[185], de Dauner-Lieb/Heidel/Lepa/Ring[186], de Ehmann/Sutschet[187], de Haas/Medicus/Rolland/Schäfer/Wendtland[188], de Henssler/Graf von Westphalen[189], de Huber/Faust[190], de Lorenz/

---

[179] STEPHAN LORENZ, *§ 241a BGB und das Bereicherungsrecht – zum Begriff der "Bestellung" im Schuldrecht*, FS Werner Lorenz 80. (2001), 193-214 (193) e DIETER MEDICUS, introdução a *Neues Schuldrecht*, da Beck (2002), IX.

[180] *Vide* a introdução de MARTIN SCHWAB/CARL-HEINZ WITT, *Einführung in das neue Schuldrecht*, 5.ª ed. (2002), V. Efetivamente, ao contrário do que tem sucedido com outras reformas legislativas de fôlego, o legislador concedeu, aqui, um prazo relativamente curto de *vacatio*: menos de três meses.

[181] HOLGER ALTMEPPEN, *"Fortschritte" im modernen Verjährungsrecht/Zwei Pannen aus dem Recht der GmbH*, DB 2002, 514-517: este Autor, que já fora muito crítico na fase preparatória, manteve que foi irresponsável ter-se feito a reforma sem ponderar as suas consequências (516/II).

[182] DIETER MEDICUS, *Neues Schuldrecht* cit., XI.

[183] *Idem*, XIV.

[184] ANNEGERD ALPMANN-PIEPER e PETER BECKER, *Reform des Schuldrechts*, 2.ª ed., Münster (2002), VIII + 197 pp..

[185] HERMANN AMANN, GÜNTER BRAMBRING e CHRISTIAN HERTEL, *Die Schuldrechtsreform in der Vertragspraxis/Handbuch für Notare und Vertragsjuristen mit Gestaltungshinweisen und Formulierungsbeispielen*, com contributos de JÜRGEN KALLRATH, PAUL ROBBACH e BERND WEGMANN, Munique (2002), XIV + 574 pp..

[186] BARBARA DAUNER-LIEB, THOMAS HEIDEL, MANFRED LEPA, GERHARD RING, *Das Neue Schuldrecht*, com a colaboração de 16 outros autores, Heidelberg (2002), XVIII + 538 pp..

[187] HORST EHMANN e HOLGER SUTSCHET, *Modernisiertes Schuldrecht/Lehrbuch der Grundsätze des neuen Rechts und seiner Besonderheiten*, com contributos de THOMAS FINKENHAUER e WOLFGANG HAU, Munique (2002), XXIV + 342 pp..

[188] LOTHAR HAAS, DIETER MEDICUS, WALTER ROLLAND, CARSTEN SCHÄFER e HOLGER WENDTLAND, *Das neue Schuldrecht*, Munique (2002), XVIII + 394 pp..

[189] MARTIN HENSSLER e FRIEDRICH GRAF VON WESTPHALEN, *Praxis der Schuldrechtsreform*, com contributos de CHRISTIAN BERESKA, KLAUS BRISCH, HELGE DEDEK, CHRISTOF MUTHERS e ANNIKA SCHMIDT, Colónia (2002), XXXI + 920 pp..

[190] PETER HUBER e FLORIAN FAUST, *Schuldrechtsmodernisierung/Einführung in das neue Recht*, Munique (2002), XXII + 530 pp..

§ 5.º A reforma alemã das obrigações (2001/2002)   81

Riehm[191], de Olzen/Wank[192], de Ott/Lüer/Heussen[193], de Weber/Dospil/ Hanhörster[194], e de Westermann[195], num total bastante superior a 5000 páginas. Surgem, também, livros específicos sobre pontos da reforma, com relevo para as cláusulas contratuais gerais[196], o contrato de construção[197] e o contrato de trabalho[198]. Obras clássicas foram reescritas, por exigência da reforma[199], enquanto os comentários tradicionais ao BGB surgiram reformulados[200], tudo isso a somar a títulos acima citados ou abaixo referidos, sem a mínima pretensão de compleitude.

O aprofundamento de pontos controversos ou mais delicados foi levado a cabo, no imediato pós-reforma, pelas revistas especializadas. Para além de alguns escritos gerais[201] e dos títulos acima citados, assinalamos, como exemplos, pesquisas sobre a prescrição[202], sobre a perturbação da

---

[191] STEPHAN LORENZ e THOMAS RIEHM, *Lehrbuch zum neuen Schuldrecht*, Munique (2002), XXX + 411 pp..

[192] DIRK OLZEN e ROLF WANK, *Die Schuldrechtsreform/Eine Einführung*, Colónia (2002), XI + 155 pp..

[193] SIEGHART OTT, DIETER W. LÜER e BENNO HEUSSEN, *Schuldrechtsreform*, Colónia (2002), XIV + 625 pp..

[194] HANS-JOACHIM WEBER, JOACHIM DOSPIL e HEDWIG HANHÖRSTER, *Neues Schuldrecht*, Colónia (2002), XVII + 446 pp..

[195] HARM PETER WESTERMANN, *Das Schuldrecht 2002/Systematische Darstellung der Schuldrechtsreform*, com a colaboração de mais 6 civilistas, Estugarda (2002), 336 pp..

[196] FRANK A. HAMMER (publ.), STEPHAN SÜDHOFF, STEPHANIE GERDES e DANIELA FELSER, *AGB/Notwendige Änderungen nach der Schuldrechtsreform im Werk-, Dienst- und Darlehensvertragsrecht*, Berlim (2002).

[197] ANTJE BOLDT, *Der neue Bauvertrag/Schuldrechtsreform und Werkvertrag in der Praxis*, Colónia (2002).

[198] MICHAEL ECKERT e CAROLIN WALLSTEIN, *Das neue Arbeitsvertragsrecht/Vertragsgestaltung nach der Schuldrechtsreform und dem AGB – Recht*, Munique (2002).

[199] Assim DIETER MEDICUS, *Schuldrecht I – Allgemeiner Teil*, 13.ª ed. (2002) e *Allgemeiner Teil des BGB*, 8.ª ed. (2002), como o próprio dá conta, na sua introdução.

[200] Logo em 2002 saiu um volume considerável de aditamento ao PALANDT; ainda em 2002, ficou disponível, deste clássico, o *Bürgerliches Gesetzbuch*, 62.ª ed. (2003), que engloba a reforma, nos locais próprios. Surgiram, também, aditamentos ao STAUDINGER e ao *Münchener Kommentar*.

[201] RICHARD MOTSCH, *Die Moderniesierung des Schuldrechts*, NJ 2002, 1-10; a *Neue Justiz* era a revista jurídica oficial da ex-RDA, encontrando-se reconvertida a problemas dos "novos" *Länder*.

[202] HOLGER ALTMEPPEN, *"Fortschritte" im modernen Verjährungsrecht* cit., ANJA AMEND, *Auswirkung des neuen Verjährungsrechts auf das Erbrecht*, JuS 2002, 743-746, FRANK HEERSTRASSEN e THORSTEN REINHARD, *Die Verjährung von Rechtsmängelansprüchen beim Beteiligungskauf nach der Schuldrechtsreform*, BB 2002, 1429-1437 (1436/II,

82   *Coordenadas atuais das obrigações*

prestação[203] (incluindo as diversas rubricas que integram esse domínio, como a mora[204], a impossibilidade[205], os danos de confiança[206], o incumprimento[207], a *culpa in contrahendo*[208], a violação positiva do contrato[209], a base do negócio[210] e o contrato com eficácia protetora perante terceiros[211],

---

assinalando grandes alterações), DETLEF LEENEN, *Die Neugestaltung des Verjährungsrechts durch das Schuldrechtsmodernisierungsgesetz*, DStR 2002, 34-43 (34), KLAUS J. MÜLLER, *Verjährung des Finlageanspruchs der GmbH nach der Schuldrechtsreform*, BB 2002, 1377-1382, SIEGHART OTT, *Das neue Schuldrecht – Überleitungsvorschriften und Verjährung*, MDR 2002, 1-5, CARL-HEINZ WITT, *Schuldrechtsmodernisierung 2001/2002 – Das neue Verjährungsrecht*, JuS 2002, 105-113, HEINZ-PETER MANSEL/CHRISTINE BUDZIKIEWICZ, *Einführung in das neue Verjährungsrecht*, JURA 2003, 1-12 e FRANK PETERS, *Der Bürge und die Einrede der Verjährung der Hauptschuld*, NJW 2004, 1430-1431.

[203] BARBARA DAUNER-LIEB e JAN THIESSEN, *Das neue Leistungsstörungsrecht – Leistungshemmend und störaufällig?*, DStR 2002, 809-816, DANIELA MATTHEUS, *Schuldrechtsmodernisierung 2001/2002 – Die Neuordnung des allgemeinen Leistungsstörungsrechts*, NJW 2002, 209-219, PETRA SENNE, *Das Recht der Leistungsstörungen nach dem Schuldrechtsmodernisierungsgesetz*, JA 2002, 424-433, DANIEL ZIMMER, *Das neue Recht der Leistungsstörungen*, NJW 2002, 1-12 e CLAUS-WILHELM CANARIS, *Begriff und Tatbestand des Verzögerungsschadens im neuen Leistungsstörungsrecht*, ZIP 2003, 321-327.

[204] ROLAND SCHIMMER/DIRK BUHLMANN, *Schuldnerverzug nach der Schuldrechtsmodernisierung – Tatbestandsvoraussetzungen und Rechtsfolgen*, MDR 2002, 609-615.

[205] JAN STOPPEL, *Die beiderseits zu vertrende Unmöglichkeit nach neuen Schuldrecht*, JURA 2003, 224-229, CLAUS-WILHELM CANARIS, *Die Behandlung nicht zu vertrender Leistungshindernisse nach § 275, Abs. 2 BGB beim Stuckkauf*, JZ 2004, 214-225 e REINER SCHULZE/MARTIN EBERS, *Streitfragen in neuen Schuldrecht*, JuS 2004, 265-272, 366-371 (267 ss.).

[206] JAN DIRK HARKE, *Positives als negatives Interesse Beweiserleichterung beim Vertrauenschaden*, JR 2003, 1-5.

[207] CHRISTOPH HIRSCH, *Schadensersatz statt der Leistung*, JURA 2003, 289-298 e MARTIN SCHWAB, *Schadensersatzverlangen und Ablehnungsandrohung nach der Schuldrechtsreform*, JR 2003, 133-140.

[208] MARTIN SCHWAB, *Grundfälle zu culpa in contrahendo, Sachwalterhaftung und Vertrag mit Schutzwirkung für Dritte nach neuem Schuldrecht*, JuS 2002, 773-778 e 872-878, ANDRÉ POHLMANN, *Die Haftung wegen Verletzung von Aufklärungspflichten/Ein Beitrag zur culpa in contrahendo und zur positiven Forderungsverletzung unter Berücksichtigung der Schuldrechtsreform* (2002) e REINER SCHULZE/MARTIN EBERS, *Streitfragen im neuen Schuldrecht*, JuS 2004, 462-468.

[209] ALEXANDER MAYERHÖFER, *Die Integration der positiven Forderungsverletzung in das BGB*, MDR 2002, 549-556.

[210] OLGA YUSHKOVA/GERALD STOLZ, *Der Wegfall der Geschäftsgrundlage vor und nach der Schuldrechtsmodernisierung des Jahres 2001*, JA 2003, 70-76,.

[211] MARC ECKEBRECHT, *Vertrag mit Schutwirkung für Dritte – Die Auswirkungen der Schuldrechtsreform*, MDR 2002, 425-428 e MARTIN SCHWAB, *Grundfälle* cit..

§ 5.º A reforma alemã das obrigações (2001/2002)   83

sobre a venda comercial fora de estabelecimento[212] e à distância[213], sobre os contratos com consumidores[214] e sobre a inclusão dos regimes das cláusulas contratuais gerais[215] e do crédito ao consumo[216] no BGB).

Seguem-se intervenções crescentes sobre a nova feição assumida pelo contratos de compra e venda[217] (arrastando o fornecimento[218]) e a

---

[212] HANS CHRISTOPH GRIGOLEIT, *Besondere Vertriebsformen ins BGB*, NJW 2002, 1150-1158.

[213] NIKO HÄRTING, *Fernabsatz – Änderung durch das Schuldrechtsmodernisierungsgesetz*, MDR 2002, 61-66 e MICHAEL H. MEUB, *Fernabsatz und E-Commerce nach neuem Recht*, DB 2002, 359-363, com observações positivas sobre a reforma (363/I); sem ter diretamente a ver com a reforma, tem interesse consignar THOMAS HOEREN, *E-Business und die Rezession: Was wird vom elektronischen Handel bleiben?*, NJW 2002, 37.

[214] NIKOLAS FISCHER, *Das verbraucherschützende Widerrufsrecht und die Schuldrechtsreform – von § 361a BGB zu § 355 BGB – eine kritische Bestandsaufnahme*, DB 2002, 253-258, RICHARD MOTSCH, *Neues Schuldrecht: Rücktritt vom Kauf*, JR 2002, 221-226 e MARTIN SCHWAB, *Schuldrechtsmodernisierung 2001/2002 – Die Rückabwiklung von Verträgen nach §§ 346 ff. BGB n. F.*, JuS 2002, 630-637.

[215] FRIEDRICH GRAF VON WESTPHALEN, *AGB-Recht ins BGB – Eine erste Bestandsaufnahme*, NJW 2002, 12-15. Têm sido publicados por FRANK A. HAMMER, sucessivos volumes (três) sobre a adaptação das cláusulas contratuais gerais: AGB/*Notwendige Änderungen nach der Schuldrechtsreform*, 2002.

[216] PETER BÜLOW, *Verbraucherkreditrecht im BGB*, NJW 2002, 1145-1150.

[217] ULRICH BÜDENBENDER, *Das Kaufrecht nach dem Schuldrechtsreformgesetz*, DStR 2002, 312-318 (312), recordando que os grandes pontos da reforma foram, precisamente, o Direito da perturbação das prestações e o da compra e venda, KURT SCHELLHAMMER, *Die Haftung des Verkäufers für Sach- und Rechtsmängel – Neue Struktur und neuer Mangelbegriff*, MDR 2002, 241-246, *Das neue Kaufrecht: Die Sachmängelrechte des Käufers*, MDR 2002, 301-308 e *Das neue Kaufrecht – Rechtsmängelhaftung, Rechtskauf und Verbrauchsgüterkauf*, MDR 2002, 485-490, STEPHAN LORENZ, *Rücktritt, Minderung und Schadensersatz wegen Sachmängeln im neuen Kaufrecht: Was hat der Verkäufer zu vertreten*, NJW 2002, 2497-2505, HORST EHMANN/HOLGER SUTSCHET, *Schadensersatz wegen kaufrechtlicher Schlechtleistungen – Verschuldens- und/oder Garantiehaftung?*, JZ 2004, 62-72, CHRISTIAN BERGER, *Der Beschaffenheitsbegriff des § 434 Abs. 1 BGB*, JZ 2004, 276-283, HERBERT ROTH, *Standzeit von Kraftfahrzeugen als Sachmangel*, NJW 2004, 330-331 e INA EBERT, *Das Recht des Verkäufers zur zweiten Andierung und seine Risiken für den Käufer*, NJW 2004, 1761-1764.

[218] CHRISTIANE BRORS, *Die Falschlieferung in der Schuldrechtsreform*, JR 2002, 133-136 e TOBIAS LETTZ, *Die Falschlieferung durch den Verkäufer nach der Schuldrechtsreform*, JuS 2002, 866-872. Focando as relações duradouras, ANDREAS KIRSCH, *Schuldrechtsreform und Unternehmen – Umstellungen bei Langzeitverträgen*, NJW 2002, 2520-2523.

84 *Coordenadas atuais das obrigações*

empreitada[219], alterados pela reforma. As modificações introduzidas no BGB foram, porém, bastante mais longe, tendo repercussões no erro[220], na responsabilidade civil[221] (com referência especial à responsabilidade médica[222]), na reserva de propriedade[223], na locação[224], nos contratos sobre energia[225], nos contratos de viagem[226], na locação financeira[227], na franquia[228] e na publicidade[229].

A reforma do BGB teve – e irá tendo – um impacto crescente em áreas exteriores ao próprio Código Civil. Assim sucede no Direito comercial[230]

---

[219] MICHAEL H. MEUB, *Schuldrechtsreform: Das neue Werkvertragsrecht*, DB 2002, 131-134, KAI-JOCHEN NEUHAUS, *Dreissig Jahre Gewährleistungshaftung im Baurecht – Vor und nach der Schuldrechtsmodernisierung*, MDR 2002, 131-135 e CRISTOPH TEICHMANN, *Schuldrechtsmodernisierung 2001/2002 – Das neue Werkvertragsrecht*, JuS 2002, 417-424.

[220] MARTIN LÖHNIG, *Irrtumsrecht nah der Schuldrechtsmodernisierung*, JA 2003, 516-522.

[221] FRIEDRICH GRAF VON WESTPHALEN, *Nach der Schuldrechtsreform: Neue Grenzen für Haftungsfreizeichnungs- und Haftungsbegrenzungsklauseln*, BB 2002, 209-216 (215/I: as cláusulas de exoneração terão assumido um âmbito mais restritivo do que o anterior).

Esta matéria não se confunde com a reforma da responsabilidade civil, que introduziu alterações no § 249 II 2 do BGB, inserindo, ainda, um novo § nesse Código: o 839a, com o sentido de melhorar a fruição do prejudicado; a reforma em causa entrou em vigor a 1-ago.-2002; cf. WOLFGANG DÄUBLER, *Die Reform des Schadensersatzrechts*, JuS 2002, 625-630.

[222] ANDREAS SPICKHOFF, *Das System der Arzthaftung im reformierten Schuldrecht*, NJW 2002, 2530-2537.

[223] MATHIAS HABERSACK e JAN SCHÜRNBRAND, *Der Eigentumsvorbehalt nach der Schuldrechtsreform*, JuS 2002, 833-839.

[224] NICOLE RIESE, *Konkurrenz zwischen mietrechtlichen und allgemeinen Vorschriften bei anfänglicher auf einem Sachmangelberuhender Unmöglichkeit*, JA 2003, 162-168.

[225] FRANZ JÜRGEN SÄCKER e KATHARINA VERA BOESCHE, *Die geplante Neuregelung des Energievertragsrechts im Lichte der Schuldrechtsmodernisierung*, BB 2002, 27-34.

[226] ERNST FÜHRICH, *Reisevertrag nach modernisiertem Schuldrecht*, NJW 2002, 1082-1084.

[227] ARND ARNOLD, *Gewährleistung beim Finanzierungsleasing nach der Schuldrechtsreform*, DStR 2002, 1049-1055; o contrato de *leasing* é especialmente atingido através do novo regime do vício da coisa vendida.

[228] JAN PATRICK GIESLER, *Die Auswirkungen der Schuldrechtsreform auf Franchiseverhältnisse*, ZIP 2002, 420-427.

[229] MICHAEL LEHMANN, *Die Haftung für Werbeangabe nach neuem Schuldrecht*, DB 2002, 1090-1094 (1090/I).

[230] DIETER STECK, *Das HGB nach der Schuldrechtsreform*, NJW 2002, 3201-3204.

§ 5.º A reforma alemã das obrigações (2001/2002)

e em diversas áreas do Direito das sociedades comerciais[231], com um relevo marcante na chamada aquisição de empresas[232]. Muito significativas são, igualmente, as repercussões da reforma no Direito do trabalho[233], em especial através da aplicabilidade das cláusulas contratuais gerais[234]. O próprio Direito da insolvência, conquanto que indiretamente, foi, também, atingido[235].

Apesar de, pedagogicamente, as diversas rubricas da reforma deverem ser explicadas em sede própria, parece-nos importante, numa apresentação moderna do Direito das obrigações, dar, desde já, ideia do universo em jogo.

---

[231] MARTIN SCHOCKENHOFF e CARSTEN FLEGE, *Neue Verjährungsfragen im Kapitalgesellschaftsrecht*, ZIP 2002, 917-925 (925/II, assinalando as consequências da reforma, e ECKHARD WÄLZHOLZ, *Auswirkungen der Schuldrechtsreform auf Gesellschaften und Geschäftsanteilsabtretung*, DStR 2002, 500-508.

[232] BJÖRN GAUL, *Schuldrechtsmodernisierung und Unternehmenskauf*, ZHR 166 (2002), 35-71, HERMANN J. KNOTT, *Unternehmenskauf nach Schuldrechtsreform*, NZG 2002, 249-256, VOLKER TRIEBEL e GERRIT HÖLZLE, *Schuldrechtsreform und Unternehmenskaufverträge*, BB 2002, 521-537, MANFRED WOLF e JOCHEN KAISER, *Die Mängelhaftung beim Unternehmenskauf nach neuem Recht*, DB 2002, 411-420, WOLFGANG WEITNAUER, *Der Unternehmenskauf nach neuem Kaufrecht*, NJW 2002, 2511-2517 e MATTHIAS JACOBS, *Der Rückgriff des Unternehmers nach § 478 BGB*, JZ 2004, 225-232.

[233] WOLFGANG DÄUBLER, *Die Auswirkungen der Schuldrechtsmodernisierung auf das Arbeitsrecht*, NZA 2001, 1329-1337, KLAUS HÜMMERICH e JOACHIM HOLTHAUSEN, *Der Arbeitsnehmer als Verbraucher*, NZA 2002, 173-181, KATHARINA VON KOPPENFELS, *Vertragsstrafen im Arbeitsrecht nach der Schuldrechtsmodernisierung*, NZA 2002, 598-602, WOLF-DIETRICH WALKER, *Die eingeschränkte Haftung des Arbeitsnehmers unter Berücksichtigung der Schuldrechtsmodernisierung*, JuS 2002, 736-743 e ANTJE SCHLODDER, *Der Arbeitsvertrag im neuen Schuldrecht* (2004), 280 pp..

[234] GEORG ANNUSS, *AGB-Kontrolle im Arbeitsrecht: wo geht die Reise hin?*, BB 2002, 458-463 (459/I: ao contrário do que sucedia com a hoje revogada lei das cláusulas contratuais gerais, o novo § 310, 4, do BGB, determina a aplicação das regras sobre as cláusulas, com adaptações, aos contratos de trabalho), MICHAEL GOTTHARDT, *Der Arbeitsvertrag auf dem AGB-rechtlichen Prüfstand*, ZIP 2002, 277-289 (289/II), STEFAN LINGERMANN, *Allgemeine Geschäftsbedingungen und Arbeitsvertrag*, NZA 2002, 181-192 (192/II), MARCEL GROBYS, *AGB-Kontrolle von Arbeits- und Dienstverträgen nach dem Schuldrechtsmodernisierungsgesetz*, DStR 2002, 1002-1009 e WOLFGANG HROMADKA, *Schuldrechtsmodernisierung und Vertragskontrolle im Arbeitsrecht*, NJW 2002, 2523-2530.

[235] ANDREAS RINGSTMEIER e STEFAN HOMANN, *Die Answirkungen der Schuldrechtsreform aud die Insolvenzverwaltung*, ZIP 2002, 505-510; relevam, por exemplo, as regras novas sobre prescrição e sobre compra e venda (505/I e 506/II).

86 *Coordenadas atuais das obrigações*

21. A codificação da boa-fé

I. A boa-fé, enquanto princípio básico do Direito civil, consagrada no § 242 do BGB, a abrir o Direito das obrigações, permitiu, ao longo de um século de construção dogmática, dar curso a institutos importantes, como a *culpa in contrahendo*, a complexidade das obrigações (base da violação positiva do contrato) e a alteração das circunstâncias[236]. A jurisprudência e a doutrina lograram um afinamento dogmático da matéria. O legislador alemão, através da reforma do Direito das obrigações de 2001/2002, decidiu modificar essa estruturação. Trata-se de um dos aspetos mais curiosos dessa reforma.

Principiando pela *culpa in contrahendo*, eis o texto do BGB/2002[237]:

§ 311 (Relações obrigacionais negociais e semelhantes a negociais)

(1) Para a constituição de uma relação obrigacional através de negócio jurídico assim como para a modificação do conteúdo de uma relação obrigacional é necessário um contrato entre as partes, salvo diversa prescrição da lei.

(2) Uma relação obrigacional com deveres no sentido do § 241/2 surge também através de:

1. A assunção de negociações contratuais;
2. A preparação de um contrato pelo qual uma parte, com vista a uma eventual relação negocial, conceda à outra parte a possibilidade de agir sobre os seus direitos, bens jurídicos ou interesses, ou confia nela ou dá azo a contratos semelhantes a negociais.

(3) Uma relação obrigacional com deveres no sentido do § 241/2 pode também surgir para pessoas que não devam, elas próprias, ser partes num contrato. Uma tal relação obrigacional surge, em especial, quando o terceiro tenha assumido um determinado grau de confiança e com isso tenha influenciado consideravelmente as negociações contratuais ou a conclusão do contrato.

Como se vê, a codificação não foi ao ponto de desfibrar os diversos deveres suscetíveis[238]. Mantêm-se, pois, as tipologias de deveres já iso-

---

[236] *Tratado* I, 4.ª ed., 966 ss..

[237] Reiner Schulze, *Handkommentar/BGB*, 7.ª ed. (2012), 440 ss., Peter Krebs, *NomosKommentar/BGB*, 2/1, 2.ª ed. (2012), 826 ss., Christian Grüneberg, no Palandt, 71.ª ed. (2012), 482 ss. e Dieter Medicus/Michael Stürner, no PWW/BGB, 7.ª ed. (2012), 535 ss..

[238] Trata-se de um ponto assumido logo na primeira justificação do Ministério da Justiça; cf. o *Diskussionsentwurf* cit., 176.

§ 5.º *A reforma alemã das obrigações (2001/2002)* 87

ladas na vigência da lei velha[239] e que podem ser enquadradas em cinco grandes grupos:

– violação de deveres de proteção perante a outra parte, durante as negociações contratuais;
– violação de deveres de informação;
– impedimento à eficácia do contrato;
– interrupção infundada das negociações;
– responsabilidade do representante.

De todo o modo, a codificação dá uma base mais clara ao instituto.

O § 311 da lei nova tem ainda o mérito de, definitivamente, situar, na responsabilidade obrigacional, as consequências da *culpa in contrahendo*: à violação dos deveres envolvidos aplica-se o § 280[240].

Parece claro que nenhuma razão existe para limitar a correspondente indemnização ao interesse negativo: tudo depende do sentido e do conteúdo dos deveres que, *in concreto*, se mostrem violados[241].

Ficam votos para que esta firme orientação do Direito alemão contribua para reforçar, entre nós, a ideia da responsabilidade pré-contratual como obrigacional (e não aquiliana) e para esconjurar as limitações apriorísticas ao interesse negativo, drenadas de certas orientações conceitualistas alemãs pré-reforma, mas sem base na nossa lei.

Finalmente, tem muito interesse a consagração legal de responsabilidade de terceiros por *culpa in contrahendo*, tal como resulta do § 311/3. Há muito defendida pela doutrina e sufragada pela jurisprudência, a consagração apontada torna mais fácil e operativo o instituto. Paralelamente, mantêm-se úteis as vias de concretização apuradas pelo Direito anterior à reforma.

II. A violação positiva do contrato constituía um *tertium genus* no universo do incumprimento em sentido lato, ao lado da impossibilidade imputável ao devedor e da pura e simples omissão da prestação devida. Agrupava:

– violação de deveres acessórios;
– má execução da prestação principal;
– declaração eficaz de não pretender cumprir.

---

[239] VOLKER EMMERICH, *Das Recht der Leistungsstörungen*, 5.ª ed. cit., 93 ss..
[240] *Idem*, 137 ss..
[241] *Idem*, 137.

A doutrina fora obrigada a construir a categoria da violação positiva do contrato, perante o silêncio da lei[242]. Apesar de uma jurisprudência muito rica que, ao longo do século XX, foi preenchendo os diversos meandros em aberto, as dúvidas eram inevitáveis.

A reforma do BGB de 2001/2002 cobriu o problema da violação positiva do contrato, ainda que sem o nomear[243]. Assim:

- o § 280/1 comete ao devedor que viole um dever proveniente de uma relação obrigacional (qualquer que ele seja) o dever de indemnizar;
- o § 324 permite, perante a violação de um dever proveniente de relação obrigacional (e seja, ele, também, qualquer um) a resolução do contrato pelo credor.

Outros preceitos têm aplicação, assim se consignando o sistema da violação positiva do contrato.

A técnica analítica adotada pelo reformador de 2001/2002 permitiu encontrar uma solução ágil e natural para o problema. Tem também interesse referenciar que a remissão para a violação de um dever, "no sentido do § 241/2 da lei nova" permite dar corpo à tese da doutrina unitária dos deveres de proteção (e outros), propugnada por Canaris desde a década de 60 do século XX: as consequências legais serão, ainda, as mesmas, operando-se qualquer necessária diferenciação no momento da realização do Direito.

III. A reforma do BGB de 2001/2002, dando corpo a uma proposta que vinha já da comissão de 1991[244], codificou, também, a alteração das circunstâncias[245]. A saber:

§ 313 (Perturbação da base do negócio)

(1) Quando, depois da conclusão contratual, as circunstâncias que constituíram a base do contrato se tenham consideravelmente alterado e quando as partes, se tivessem previsto esta alteração, não o tivessem concluído ou o tivessem feito com outro conteúdo, pode ser exigida a adaptação

---

[242] *Idem*, 20-21.

[243] *Vide* a génese do instituto no nosso *Da boa fé no Direito civil*, 586 ss..

[244] *Vide* o texto do *Diskussionsentwurf* cit., 14 (o então § 307) e a justificação, *idem*, 182 ss.. Na *Begründung der Bundesregierung* cit., 741 ss..

[245] REINER SCHULZE, *Handkommentar/BGB*, 7.ª ed. cit., 485 ss., PETER KREBS, *NomosKommentar/BGB*, 2/1, 2.ª ed. cit., 1048 ss., CHRISTIAN GRÜNEBERG, no Palandt, 71.ª ed. cit., 518 ss. e DIETER MEDICUS/MICHAEL STÜRNER, no PWW/BGB, 7.ª ed. cit., 568 ss..

§ 5.º A reforma alemã das obrigações (2001/2002)

do contrato, desde que, sob consideração de todas as circunstâncias do caso concreto, e em especial a repartição contratual ou legal do risco, não possa ser exigível a manutenção inalterada do contrato.

(2) Também se verifica alteração das circunstâncias quando representações essenciais que tenham sido base do contrato se revelem falsas.

(3) Quando uma modificação do contrato não seja possível ou surja inexigível para uma das partes, pode a parte prejudicada resolver o contrato. Nas obrigações duradouras, em vez do direito de resolução tem lugar o direito de denúncia.

De acordo com a própria justificação do Governo, retomada pela doutrina subsequente, o novo § 313 do BGB visou consignar na lei os princípios já consagrados pela jurisprudência: não, propriamente, alterá-los[246]. Curiosamente, a lei nova veio distinguir – e, logo, admitir – as figuras:

– da alteração subsequente de circunstâncias – § 313, I;
– da carência inicial de circunstâncias basilares – § 313, II;

Nesta última hipótese estamos muito próximos da figura do erro sobre a "base do negócio", sendo difícil uma fronteira[247].

Os pressupostos do instituto da alteração subsequente de circunstâncias, tal como resultam do § 313, I, da lei nova, são os seguintes[248]:

1. Determinadas circunstâncias devem modificar-se ponderosamente, após a conclusão do contrato;
2. Tais circunstâncias não pertencem ao conteúdo do contrato, constituindo, porém, a sua base;
3. As partes não previram as alterações;
4. Caso as tivessem previsto, elas não teriam fechado o contrato ou tê-lo-iam feito com outra base;
5. Em consequência das alterações, e tendo em conta todas as circunstâncias do caso concreto e, em especial, a repartição, legal ou contratual do risco, seria inexigível, perante uma das partes, a manutenção inalterada do contrato.

---

[246] VOLKER EMMERICH, *Das Recht der Leistungsstörungen*, 5.ª ed. cit., 402-403, HUBER/FAUST, *Schuldrechtsmodernisierung* cit., 232 e CHRISTIAN GRÜNEBERG, no Palandt, 71.ª ed. cit., § 313, Nr. 1 (518).

[247] VOLKER EMMERICH, *Das Recht der Leistungsstörungen*, 5.ª ed. cit., 411-412.

[248] *Idem*, 410, cujas ordenações se seguem.

90 *Coordenadas atuais das obrigações*

A doutrina tem entendido que esta articulação de pressupostos corresponde a uma combinação das "bases" objetiva e subjetiva do negócio[249]. As ordenações tradicionais de casos de alterações de circunstâncias mantêm-se operacionais[250].

Também a delimitação já consagrada da alteração de circunstâncias é considerada vigente, à luz da lei nova. Assim, predomina a autonomia privada, no sentido da prevalência do que, pelas partes, tenha sido clausulado, para a eventualidade da alteração. Aqui entronca qualquer específico regime de risco[251].

A existência de regras especiais afasta, também, a alteração das circunstâncias[252].

A aplicação das regras sobre a impossibilidade ou, até, de outras normas relativas a perturbações da prestação delimitam, também, a alteração das circunstâncias, de acordo com a prática consagrada dos tribunais[253].

A nível da eficácia da figura, deve sublinhar-se a possibilidade de adaptação do contrato, a qual vinha já sendo trabalhada pela jurisprudência. O cerne da modificação do contrato é constituído pela exigibilidade, às partes, da alteração encarada, tendo em conta o regime do risco. Particularmente relevante é a reconstituição do que as partes teriam querido se houvessem previsto a alteração[254], sempre dentro dos limites da boa-fé[255].

A lei nova veio manter, no essencial, estas bitolas de adaptação[256]. De todo o modo, a adaptação deve ser pedida pela parte interessada, não – como se poderia entender antes – sendo decretável por iniciativa do Tribunal[257].

---

[249] LORENZ/RIEHM, *Lehrbuch zum neuen Schuldrecht* cit., 199-200.

[250] VOLKER EMMERICH, *Das Recht der Leistungsstörungen*, 5.ª ed. cit., 412; temos, de acordo com a enumeração de EMMERICH, ob. cit., 422 ss. e 430 ss., respetivamente: para o erro sobre a base do negócio, casos de erro comum de cálculo, de erro comum de direito e de falsa representação das partes sobre a evolução subsequente; para as modificações subsequentes de circunstâncias, a dificultação extraordinária da prestação, as perturbações na equivalência, a frustração do escopo, as catástrofes (aqui, em várias prevenções, já que, em rigor, atingiriam por igual todas as partes) e as modificações da legislação ou da jurisprudência.

[251] Ressalvando-se, naturalmente, a hipótese de a alteração ter sido de tal monta que ultrapasse quanto as partes tivessem tido em vista, no tocante ao risco.

[252] LORENZ/RIEHM, *Lehrbuch zum neuen Schuldrecht* cit., 207-208 e EHMANN/SUTSCHET, *Modernisiertes Schuldrecht* cit., 184 ss..

[253] BGH 6-jul.-1961, BGHZ 35 (1962), 272-287 (285).

[254] BGH 12-dez.-1963, BGHZ 40 (1964), 334-338 (337-338).

[255] VOLKER EMMERICH, *Das Recht der Leistungsstörungen*, 5ª ed. cit., 454.

[256] LORENZ/RIEHM, *Lehrbuch zum neuen Schuldrecht* cit., 309 ss..

[257] VOLKER EMMERICH, *Das Recht der Leistungsstörungen*, 5.ª ed. cit., 455.

22. A perturbação das prestações

I. Antes de abordar o tema específico da perturbação das prestações, cumpre explicitar a geografia da reforma, no âmbito do Direito das obrigações e mais particularmente: da parte relativa às obrigações em geral. Vamos apontar a sistematização do Livro II – Direito das relações obrigacionais do BGB, depois da reforma. Temos:

Secção 1 – Conteúdo das relações obrigacionais
  Título 1 – Vinculação à prestação – §§ 241 a 292
  Título 2 – Mora do credor – §§ 293 a 304
Secção 2 – Formação de relações obrigacionais através de cláusulas contratuais gerais – §§ 305 a 310
Secção 3 – Relações obrigacionais provenientes de contratos
  Título 1 – Constituição, conteúdo e extinção
    Subtítulo 1 – Constituição – §§ 311a a 311c
    Subtítulo 2 – Formas especiais de distribuição – §§ 312 a 312f
    Subtítulo 3 – Adaptação e extinção de contratos – §§ 313 a 314
    Subtítulo 4 – Direitos unilaterais de determinação da prestação – §§ 315 a 319
  Título 2 – Contrato bilateral – §§ 320 a 327[258]
  Título 3 – Promessa de prestação a um terceiro – §§ 328 a 335
  Título 4 – Sinal. Cláusula penal – §§ 336 a 345
  Título 5 – Resolução, revogação e direito de restituição nos contratos de consumo
    Subtítulo 1 – Resolução – §§ 346 a 354
    Subtítulo 2 – Direito de revogação e de restituição em contratos de consumidores – §§ 355 a 361[259]
Secção 4 – Extinção das relações obrigacionais
  Título 1 – Cumprimento – §§ 362 a 371
  Título 2 – Consignação em depósito – §§ 372 a 386
  Título 3 – Compensação – §§ 387 a 396
  Título 4 – Remissão – § 397
Secção 5 – Cessão de um crédito – §§ 398 a 413
Secção 6 – Assunção de dívida – §§ 414 a 419[260]
Secção 7 – Pluralidade de devedores e de credores – §§ 420 a 432

---

[258] Este último § desapareceu, por revogação.
[259] Os §§ 360 e 361 foram revogados.
[260] O § 419 fora já, anteriormente, revogado.

Pois bem: a reforma de 2001/2002 incidiu nos seguintes aspetos:

– na secção 1, título 1, relativo à vinculação à prestação, foram alterados os §§ 241 (deveres provenientes de uma relação obrigacional[261]), 244 (débito em moeda estrangeira), 247 (taxa básica de juros), 275 (exclusão do dever de prestar), 276 (responsabilidade do devedor), 278 (responsabilidade por auxiliares), 279 (revogado), 280 (indemnização por violação de um dever), 281 (indemnização em vez de prestação por não realização ou não realização exata da prestação), 282 (indemnização, em vez de prestação, por exclusão do dever de prestar), 284 (indemnização por despesas perdidas), 285 (restituição de indemnização), 286 (mora do devedor), 287 (responsabilidade durante a mora), 288 (juros de mora) e 291 (juros do processo);

– na secção 1, título 2, relativo à mora do credor, foi alterado o § 296 (dispensabilidade da oferta);

– a secção 2, referente à formação de relações obrigacionais através de cláusulas contratuais gerais – §§ 305, 305a, 305b, 305c, 306, 306a, 307, 308, 309 e 310 – foi inserida *ex novo*, absorvendo a Lei de 1976, com alterações posteriores, modificando alguns dos seus aspetos; a aplicabilidade ao Direito do trabalho terá sido das mais significativas;

– na secção 3, título 1, subtítulo 1, sobre constituição de relações obrigacionais provenientes de contrato, foram alterados ou aditados os seus quatro §§: 311 (negócio jurídico e relações obrigacionais semelhantes a negócios jurídicos), 311a (impedimento da prestação, aquando da conclusão do contrato), 311b (contratos sobre prédios, sobre o património ou sobre a herança) e 311c (alargamento à pertença);

– nos mesmos secção e título, foi aditado todo o subtítulo 2, sobre formas especiais de distribuição; os seus §§ 312 a 312f resultaram da inclusão, no BGB, do diploma sobre vendas comerciais fora de estabelecimento e sobre regras relativas a vendas à distância[262];

– ainda nos referidos secção e título, foi aditado o subtítulo 3, com os §§ 313 e 314: o primeiro sobre alteração das circunstâncias e o segundo sobre a denúncia de relações duradouras;

---

[261] Recordamos que as epígrafes dos §§ foram introduzidas pela própria lei de modernização: a partir de 1-jan.-2002, passaram a ser oficiais.

[262] *Gesetz über Fernabsatzverträge*, de 27-jun.-2000, conhecido pela sigla *FernAbsG*.

§ *5.º A reforma alemã das obrigações (2001/2002)* 93

– na secção 3, título 2 (contrato bilateral), foram alterados cinco §§ e suprimido um; alterados: os §§ 321 (exceção de insegurança), 323 (resolução por incumprimento ou por cumprimento imperfeito), 324 (resolução por incumprimento de um dever no sentido do § 241/2), 325 (direito à indemnização e resolução) e 326 (liberação da contraprestação e resolução por exclusão do dever de prestar); suprimido: o § 327;
– na referida secção 3, título 5 (resolução, revogação e direito de restituição nos contratos de consumo) e subtítulo 1 (resolução), foram alterados os §§ 346 (eficácia da resolução), 347 (frutos e utilidades depois da resolução), 350 (extinção do direito de resolução depois da fixação de prazo), 351 (indivisibilidade do direito de resolução), 352 (compensação depois do não-cumprimento), 353 (resolução contra pena contratual) e 354 (cláusula de caducidade);
– nos mesmos secção e título, o subtítulo 2 (direito de revogação e de restituição em contratos de consumidores), corresponde a matéria aditada pela Lei de 29-jun.-2000, alterando-a – os §§ 355, 356 e 357, sobre os direitos de revogação e de restituição nos contratos de consumo – e a matéria antes inserida no *FernAbsG*, no *TzWrG*[263] e no *VerbrkrG*[264] – §§ 358 e 359, os §§ 360 e 361 foram revogados;
– finalmente, na secção 4, título 3 – compensação – foi alterado o § 390 e na secção 7 – pluralidade de devedores e credores – o § 425: ambos sobre questões relativas à prescrição.

Uma análise integral desta matéria seria incomportável. Ela será retomada nas rubricas competentes. De todo o modo, no presente apanhado, interessa reter alguns traços fundamentais, particularmente relevantes num prisma jurídico-científico.

II. A expressão "Direito da perturbação das prestações" é uma tradução literal de *Recht der Leistungsstörungen*. Ficariam abrangidas as hipóteses de incumprimento definitivo, de mora e de cumprimento defeituoso[265]; todavia, não podemos verter o termo para o vernáculo "incumprimento em sentido amplo", uma vez que ela pode abarcar ainda, além de impossibilidade, a *culpa in contrahendo*, a alteração das circuns-

---

[263] Sigla designativa do *Gesetz über die Veräusserung von Teilzeitnutzungsrechten an Wohngebäuden.*

[264] Sigla designativa do *Verbraucherkreditsgesetz*, por último alterado em 29-jun.-2000.

[265] Daniela Mattheus, *Schuldrechtsmodernisierung 2001/2002* cit., 209/I.

tâncias e outros institutos. Na atual fase de divulgação, a "perturbação das prestações" parece adequada para exprimir, com fidelidade, as realidades jurídico-científicas subjacentes.

A "perturbação das prestações" constitui fórmula doutrinária conhecida pelos obrigacionistas e que remonta à clássica monografia de Stoll[266-267]. Posteriormente, foi adotada pela literatura da especialidade como espaço cómodo para abranger diversas eventualidades que impliquem a falta (no todo ou em parte) de cumprimento. No período anterior à reforma, poderíamos apontar para *Leistungsstörungen*:

– um sentido estrito, que abrange a impossibilidade, a mora e a violação positiva do contrato[268];
– um sentido amplo, que inclui, além dos três institutos mencionados, a *culpa in contrahendo*, a alteração das circunstâncias e os contratos com efeito protetor de terceiros[269].

A reforma de 2001/2002 adotou uma conceção ampla de perturbação das prestações. Fê-lo, porém, sem sequer designar a figura: antes consig-

---

[266] HEINRICH STOLL, *Die Lehre von den Leistungsstörungen* (1936).

[267] HEINRICH STOLL (1891 1937) foi professor em Tübingen; em conjunto com MAX RÜMELIN (1861 1931) e com PHILIPP HECK (1858 1943), integrou a escola de Tübingen da jurisprudência dos interesses tendo, tal como este, maculado desnecessariamente os seus escritos com afirmações de circunstância de tipo nacional socialista: sem deslustro para o nível científico da sua obra.

HEINRICH STOLL ficou conhecido, entre outros aspetos, pela crítica que dirigiu à doutrina da violação positiva do contrato, lançada anos antes por HERMANN STAUB, *Die positiven Vertragsverletzungen*, 26. DJT (1902), 31 56, com 2ª ed. completada por EBERHARD MÜLLER (1913): temos em mente, de H. STOLL, o artigo *Abschiede von der Lehre von der positiven Vertragsverletzung*, AcP 136 (1932), 257 320. Quanto ao seu livro *Die Lehre von der Leistungsstörungen*: trata-se de um escrito destinado a amparar uma reforma do Direito civil que, na época, se pensou levar a cabo, na Alemanha; compreende, assim, um articulado – *Leistungsstörungen* cit., 58 ss.. Este articulado dava relevo a uma relação de confiança, de base legal, numa ideia que teria largo futuro.

Entre nós, as primeiras referências a STOLL devem se a VAZ SERRA; cf., p. ex., *Impossibilidade superveniente e cumprimento imperfeito imputáveis ao devedor*, BMJ 47 (1955), 5 97 (68, nota 127).

[268] Assim, WOLFGANG FIKENTSCHER, *Schuldrecht*, 9.ª ed. (1997), 213-215.

[269] VOLKER EMMERICH, *Das Recht der Leistungsstörungen*, 5.ª ed. cit., 3. KARL LARENZ, *Lehrbuch des Schuldrechts*, I – *Allgemeiner Teil*, 14.ª ed. (1987), 275 ss., previa uma categoria alargada de "violações de deveres" e "impedimentos da prestação" (*Leistungshindernisse*); *vide* DIRK OLZEN/ROLF WANK, *Die Schuldrechtsreform* cit., 7 ss..

§ 5.º A reforma alemã das obrigações (2001/2002)

nando ou alterando as respetivas manifestações. Apenas doutrinariamente se mantém esta categoria[270], a entender, de resto, de modo pragmático: envolvendo institutos dogmaticamente distintos. A expressão nem é conceitualmente rigorosa, uma vez que abrange, por exemplo, a violação de meros deveres de proteção e de outros deveres acessórios; melhor ficaria "perturbação da relação obrigacional". Trata-se, porém, de locução tradicional consagrada.

Em termos práticos, a reforma do Direito da perturbação das prestações implicou modificações[271]:

- na impossibilidade;
- na resolução;
- na codificação de institutos "não escritos": a *culpa in contrahendo*, a alteração das circunstâncias ("base do negócio"), a violação positiva do contrato e o contrato com proteção de terceiros, acima referida.

Ficam envolvidos, do novo BGB:

- os §§ 275 e seguintes, relativos a diversas situações de incumprimento (incluindo a impossibilidade e a violação positiva do contrato);
- os §§ 320 a 326, enquanto portadores de diversas especialidades para os contratos bilaterais;
- os §§ 346 a 354, referentes à resolução;
- o § 241/2, quanto a deveres acessórios;
- o § 311/2, reportado à *culpa in contrahendo*;
- o § 311/3, sobre a proteção de terceiros;
- o § 313, consagrando, na lei, a alteração das circunstâncias;
- o § 314, regulando a denúncia.

Trata-se de modificações muito significativas, só por si[272]. Mas além disso, elas assumem repercussões em toda a lógica da aplicação do sistema.

---

[270] DIETER MEDICUS, *Leistungsrecht*, em HAAS e outros, *Das neue Schuldrecht* cit., 79-132 (83).

[271] *Vide* HUBER, em HUBER/FAUST, *Schuldrechtsmodernisierung* cit., 7-8.

[272] MARTIN SCHWAB, *Das neue Schuldrecht im Überblick*, JuS 2002, 1-8 (2/II).

96   *Coordenadas atuais das obrigações*

III. A modernização do Direito das obrigações assumiu uma feição analítica: usa conceitos precisos, de base racional, em detrimento de fórmulas dotadas de cargas histórico-culturais[273]. No campo do Direito da perturbação das prestações – noção compreensiva – esse aspeto denota-se pelo recurso nuclear à ideia de "violação de um dever"[274]: categoria central no novo Direito[275], seja qual for a sua natureza[276].

O § 241 do BGB, versão velha, que abre o livro II dedicado ao Direito das obrigações, dispunha[277]:

> Por força da relação obrigacional, o credor tem o direito de exigir uma prestação ao devedor. A prestação pode também consistir numa omissão.

Este preceito não foi alterado. Mas passou a n.º 1, sendo aditado o seguinte[278]:

> (2) A relação obrigacional pode obrigar, conforme o seu conteúdo, qualquer parte com referência aos direitos, aos bens jurídicos e aos interesses da outra.

A noção de obrigação é compreensiva; o seu conteúdo é agora reconduzido a deveres, a determinar caso a caso, de base analítica. O todo é capeado pela epígrafe do § 241, acrescentado pela reforma[279]: "deveres provenientes da relação obrigacional".

---

[273] O conceito analítico é racional e preciso – p. ex., o dever ou o poder – enquanto o compreensivo surge histórico-cultural e, nessa medida, com um alcance flutuante e valorações que transcendem a sua expressão linguística – p. ex., a obrigação ou o direito subjetivo. *Vide* o nosso *Tratado*, I, 4.ª ed., 869 ss..

[274] WALTER ROLLAND, *Einführung*, em HAAS e outros, *Das neue Schuldrecht* cit., 4.

[275] CHRISTIAN GRÜNEBERG, no Palandt, 71.ª ed. cit., § 280, Nr. 1 (371) e BARBARA DAUNER-LIEB, *NomosKommentar BGB*, 2/1, 2.ª ed. cit., § 280, Nr. 1, 396.

[276] HANSJÖRG OTTO, no Palandt II, §§ 255-304, *Leistungsstörungsrecht* 1 (2009), § 280, Nr. B1 (442).

[277] Na tradução de preceitos alemães procurámos a equivalência científica, em detrimento de fórmulas literais ou da própria elegância da frase.

[278] *Supra*, 26-28; *vide* CHRISTIAN GRÜNEBERG, no Palandt, 71.ª ed. cit., § 241, Nr. 6 (254) e PETER KREBS, *NomosKommentar/BGB*, 2/1, 2.ª ed. cit., § 241, Nr. 19 (7-8).

[279] Recordamos que os diversos §§ do BGB alemão, na sua versão original, não tinha epígrafes; estas foram introduzidas pela reforma de 2001-2002.

§ 5.º A reforma alemã das obrigações (2001/2002)   97

As diversas hipóteses de "perturbação das prestações" são, deste modo, reconduzidas a "violações de deveres"[280]. Há muito se ensinava nesta base: fica agora claro; veremos com que significado.

O § 280, que na versão velha se reportava à impossibilidade, prende-se, agora, com a violação de deveres:

> (1) Quando o devedor viole um dever proveniente de uma relação jurídica, pode o credor exigir a indemnização do dano daí resultante. Esta regra não se aplica quando a violação do dever não seja imputável ao devedor.

A imputabilidade pode ser dolosa ou negligente – § 276 da lei velha, equivalente, com alterações, ao § 276 (1) da lei nova.

Todo o sistema da "perturbação das prestações" fica unificado em torno desta regra nuclear[281]. Uma nova gramática[282]: sem dúvida[283]. Mas um reafirmar da capacidade centralizadora e ordenadora da Ciência do Direito.

IV. Dado o influxo racionalista da reforma, poder-se-ia perguntar se, dando corpo às exigências da globalização, a entender como hegemonia anglo-saxónica, não estaremos perante uma demonstração de neo-liberalismo[284]. A resposta é negativa. O BGB foi reformado em função de pontos de vista comunitários de tutela do consumidor[285]. Trata-se de uma preocupação que reaparece frequentemente, surgindo em institutos específicos a tanto destinados e nos mais diversos deveres de informação[286]. A essa luz, a reforma é limitadora da livre iniciativa. De resto, aquando da sua preparação, ela foi criticada pelas confederações empresariais, acabando por ser aprovada por uma maioria SPD/Verdes.

---

[280] Em especial, PETER VON WILMOWSKY, *Pflichtverletzungen im Schuldverhältnis – Die Anspruchs- und Rechtsgrundlagen des neuen Schuldrechts*, JuS BH 1/2002, 3 ss..

[281] DANIELA MATTHEUS, *Schuldrechtsmodernisierung 2001/2002* cit., 210/I.

[282] BARBARA DAUNER-LIEB, *Das Leistungsstörungsrecht im Überblick* cit., 67-68.

[283] Com elementos para a discussão do tema: MICHAEL SCHULZ, *Leistungsstörungsrecht*, em WESTERMANN, *Das Schuldrecht 2002* cit., 17-104 (20 ss.).

[284] Recordamos a interrogativa de MATHIAS SIEMS, *Der Neoliberalismus als Modell für die Gesetzgebung?*, ZRP 2002, 170-174.

[285] GERHARD RING, *Der Verbraucherschutz*, em DAUNER-LIEB/HEIDEL/LEPA/RING, *Das neue Schuldrecht* cit., 346-347 e *passim*.

[286] ANDRÉ POHLMANN, *Die Haftung wegen Verletzung von Aufklärungspflichten* cit., p. ex., 200, apreciando positivamente a reforma de 2002.

Essa preocupação protetora foi dobrada, em termos de direta relevância ética, pelo reforço do princípio da culpa[287]. A exigência desta, como categoria distinta da ilicitude, era requisito especialmente enfatizado por Canaris[288], como base de imputação delitual e defesa da liberdade de atuação. Encontramos, agora, reflexos desse pensamento na reforma.

Toda esta matéria deve ser entendida em termos integrados. Justamente na reforma de 2001/2002, transparecem as diversas virtudes de qualquer codificação. Os institutos são aplicados à luz da Ciência do Direito que manuseia o código que os contém. O conhecimento e a apreciação da reforma do BGB passa pela valorização dos vetores profundos que, ao cinzelamento dogmático agora operado, dão uma base de realização.

V. O Direito alemão anterior a 2002 – aliás à semelhança do Direito português vigente – fruto de uma evolução histórica conturbada e na sequência da falta de uma doutrina geral das perturbações das prestações, consagrava um esquema fragmentário da impossibilidade.

No essencial, tínhamos:

– o contrato dirigido a uma prestação impossível era nulo – § 306 da lei velha[289];
– a impossibilidade superveniente não imputável ao devedor era liberatória – § 275/I da lei velha[290].

A reconstrução doutrinária desta matéria foi-se operando ao longo do século XX. Sintetizando[291], podemos observar, em termos que são, de resto, aplicáveis ao Direito português vigente:

---

[287] Volker Emmerich, *Das Recht der Leistungsstörungen*, 5.ª ed. cit., 3. *Vide* Manfred Löwisch/Georg Caspers, no Staudinger II, §§ 254-304 (2009), cit., § 276, Nr. 3 (302-303). O princípio da culpa na responsabilidade obrigacional está, todavia, em revisão: *vide* Winfried-Thomas Schneider, *Abkehr vom Verschuldensprinzip?/Eine rechtsvergleichende Untersuchung zur Vertragshaftung (BGB, Code civil und Einheitsrecht)* (2007), XXIV + 514 pp., especialmente, 479 ss.; a questão não tem de ser, aqui, equacionada: *vide* o volume VIII do presente *Tratado*.

[288] Karl Larenz/Claus-Wilhelm Canaris, *Lehrbuch des Schuldrechts*, II, 2, *Besonderer Teil*, 13.ª ed. (1994), 351.

[289] Correspondente ao artigo 280.º/1 do Código Civil, na parte em que refere a impossibilidade.

[290] Correspondente ao artigo 790.º/1 do Código Civil.

[291] Esta matéria, examinada *ex professo*, reveste-se de alguma dificuldade; para uma primeira aproximação, Schwab, *Das neue Schuldrecht im Überblick,* em Schwab/Witt,

§ 5.º A reforma alemã das obrigações (2001/2002)   99

– quanto à impossibilidade inicial: ela apenas poderá impedir a prestação principal efetivamente atingida; ora a obrigação (e o contrato que a origine) não se limita, apenas, a ela; logo, não há que invalidar o contrato que preveja uma obrigação de prestação impossível: apenas esta ficará bloqueada;
– quanto à impossibilidade superveniente: a distinção entre o ser ela "imputável" ou "não-imputável" ao devedor só releva para efeito de consequências; o facto de ser "imputável" ao devedor nunca poderia ter a virtualidade de viabilizar a prestação: apenas conduziria a um dever de indemnizar[292];
– quanto à contraposição, também tradicional, entre a impossibilidade objetiva e a subjetiva: teria mera projeção a nível de consequências, já que, numa hipótese como na outra, a prestação não poderia ser levada a cabo pelo devedor.

A matéria admitia uma profunda reforma – e isso feita, naturalmente, a opção de fazer corresponder a lei civil fundamental às exigências da Ciência do Direito.

Num primeiro momento, a comissão de reforma ponderou a hipótese de suprimir a impossibilidade como conceito central do Direito da perturbação das prestações[293]: uma ideia que se manteve, ainda, no projeto inicial do Governo[294], mas que não passaria. A impossibilidade manteve-se;

Einführung cit., 1-21 (4-5), DANIELA MATTHEUS, *Die Neuordnung des allgemeinen Leistungsstörungsrechts*, *idem*, 67-122 (68 ss.) ou EMMERICH, *Das Recht der Leistungsstörungen*, 5.ª ed., 17 e 18. Com mais desenvolvimento: BARBARA DAUNER-LIEB, *Das Leistungsstörungsrecht im Überblick*, em DAUNER-LIEB/HEIDEL/LEPA/RING, *Das neue Schuldrecht* cit., 64-120 (101 ss.), MICHAEL SCHULZ, *Leistungsstörungsrecht*, em WESTERMANN, *Das Schuldrecht 2002* cit., 17-104 (20 ss.), EHMANN/SUTSCHET, *Modernisiertes Schuldrecht* cit., 15 ss. e FLORIAN FAUST, *Der Ausschluss der Leistungspflicht nach § 275*, em HUBER/FAUST, *Schuldrechtsmodernisierung* cit., 21-62 (23 ss.).

[292] Temos vindo a chamar a atenção para este aspeto desde a primeira versão do nosso *Direito das obrigações*; na versão de 1980, cf. o 2, 171 ss..

[293] CANARIS, *Einführung* a *Schuldrechtsmodernisierung 2002* cit., IX-LIII (XI); cf. EHMANN/SUTSCHET, *Modernisiertes Schuldrecht* cit., 15 e DANIELA MATTHEUS, *Die Neuordnung des Allgemeinen Leistungsstörungsrechts* cit., 77, onde podem ser confrontadas indicações sobre os "críticos" da proposta inicial da comissão.

[294] *Diskussionsentwurf eines Schuldrechtsmodernisierungsgesetzes*, em CANARIS, *Schuldrechtsmodernisierung 2002* cit., 3-347 (10-11); cf., aí, a esclarecedora justificação de motivos, a pp. 153 ss. (155), onde se lê: "A impossibilidade deve perder a sua posição central no Direito da perturbação das prestações. Como conceito superior que abranja

100 Coordenadas atuais das obrigações

passou, todavia, a ser tomada pelas suas consequências. Assim, dispõe o § 275 (Exclusão do dever de prestar) do BGB, lei nova:

> A pretensão à prestação é excluída sempre que esta seja impossível para o devedor ou para todos.

Na sua simplicidade, esta fórmula vem tratar, unitariamente[295]:

– das impossibilidades objetiva e subjetiva;
– das impossibilidades de facto e de Direito;
– das impossibilidades inicial e superveniente.

Em qualquer caso não cabe a pretensão à prestação – como, de resto, é lógico[296]. Naturalmente: o credor tem – ou poderá ter – determinados direitos: o próprio § 275/4 remete, a tal propósito, para os §§ 280, 283 a 285, 311a e 326[297]. No essencial[298]:

---

todo o tipo de perturbação de prestações, deve ser introduzido o conceito de 'violação de dever' ". E continua a referida justificação de motivos: "Porém, é também necessário, no futuro, um limite para o dever de prestar primário do devedor. Esse limite será (...) regulado no § 275. (...) Esta [a relação obrigacional] deverá determinar os esforços que o devedor deve assumir para a concretização da prestação". Quanto ao proposto (e depois abandonado) § 275, epigrafado "limites do dever de prestar", eis a sua redação:

> Quando o débito não consista numa dívida pecuniária, pode o devedor recusar a prestação, quando e enquanto ele não possa efetivá-la com aqueles esforços aos quais, pelo conteúdo e pela natureza da obrigação, ele esteja adstrito.

Esta proposta, efetivamente forte e muito estimulante para as doutrinas jurídicas continentais foi abandonada na versão consolidada do projeto, mercê das críticas dirigidas; *vide* a *Konsolidierte Fassung des Diskussionsentwurfs eines Schuldrechtsmodernisierungsgesetzes*, em CANARIS, *Schuldrechtsmodernisierung 2002* cit., 349-419 (357).

[295] CLAUS WILHELM-CANARIS, *Reform des Rechts der Leistungsstörungen*, JZ 2001, 499-524 (500), SCHWAB/WITT, *Einführung in das neue Schuldrecht* cit., 78. *Vide* CHRISTIAN GRÜNEBERG, no Palandt, 71.ª ed. cit., § 275, Nr. 1 (354) e VOLKER EMMERICH, *Das Recht der Leistungsstörungen*, 5.ª ed. cit., 17, 18 e 33 ss.. Trata-se de uma opção claramente documentada na justificação de motivos do projeto do Governo, mais precisamente na *Begründung der Bundesregierung* a consultar comodamente em CANARIS, *Schuldrechtsmodernisierung 2002* cit., 569-934 (658-659).

[296] MANFRED LÖWISCH/GEORG CASPERS, no Staudinger II, §§ 254-304 cit., prenot. §§ 275-278 (2009), Nr. 14 (252).

[297] VOLKER EMMERICH, *Das Recht der Leistungsstörungen*, 5.ª ed. cit., 63 ss..

[298] Na hipótese de a impossibilidade ser imputável a ambos os intervenientes, cf. URS PETER GRUBER, *Schuldrechtsmodernisierung 2001/2002 – Die beiderseits zu vertrende Unmöglichkeit*, JuS 2002, 1066-1071.

§ 5.º A reforma alemã das obrigações (2001/2002)

§ 280 (Indemnização por violação de um dever)

(1) Quando o devedor viole um dever resultante de uma relação obrigacional, pode o credor exigir a indemnização do dano daí resultante. Tal não opera quando a violação do dever não seja imputável ao devedor.

(...)

§ 283 (Indemnização em vez da prestação no caso de exclusão do dever de prestar)

Quando, por força do § 275/1 a 3, o devedor não tenha de prestar, pode o credor exigir uma indemnização em vez da prestação, desde que operem os pressupostos do § 280/1.

(...)

O § 284 permite a indemnização por dispêndios vãos, enquanto o § 285 dá corpo, no quadro do § 275/1, ao *commodum repraesentationis*[299]. O § 311a merece tradução em língua portuguesa (todos estes §§ da lei nova)[300]:

§ 311a (Impedimento da prestação aquando da conclusão do contrato)

(1) Não impede a eficácia de um contrato o facto de o devedor não ter de prestar por força do § 275/1 a 3 e de o impedimento da prestação já existir aquando da conclusão do contrato,
(2) O credor pode exigir, segundo escolha sua, indemnização em vez de prestação ou a indemnização dos seus dispêndios, no âmbito prescrito no § 284. Tal não se aplica quando o devedor não conhecesse o impedimento da prestação aquando da conclusão.

Em bom rigor, podemos considerar que as soluções possibilitadas pela lei nova já advinham da lei velha, desde que interpretada, em termos criativos, com o auxílio de uma jurisprudência e de uma doutrina centenárias. Todavia, a dogmática agora viabilizada é mais perfeita: conquanto que dominada, ao gosto alemão, por uma teia de remissões.

---

[299] Veja-se o artigo 794.º do Código Civil.
[300] *Vide* Reiner Sculze, *Handkommentar/BGB*, 7.ª ed. (2012), 448 ss., Barbara Dauner-Lieb, *NomosKommentar BGB*, 2/1, 2.ª ed. (2012), 883 ss., Christian Grüneberg, no Palandt, 71.ª ed. (2012), 493 ss. e Dieter Medicus/Michael Stürner, no PWW/BGB, 7.ª ed. (2012), 544 ss...

De sublinhar que a impossibilidade prevista no § 275/1, lei nova, ou impossibilidade efetiva, opera *ipso iure*. Verificados os seus pressupostos, o devedor omite, legitimamente, a sua prestação. Algumas consequências, documentadas pela lei nova[301]:

– § 326/1: o devedor impossibilitado perde o direito à contraprestação, operando determinadas regras na hipótese de impossibilidade parcial, com remissão para a compra e venda; este efeito atua *ipso iure*;
– § 326/5: o credor pode rescindir o contrato: é uma hipótese sua.

O devedor conservará o direito à contraprestação quando a impossibilidade seja causada pelo credor – § 326/2, lei nova.

VI. Tem o maior interesse dogmático e comparatístico assinalar que a reforma de 2001/2002 procedeu ao alargamento da ideia de impossibilidade. Os textos básicos resultam do § 275/2 e 3:

(2) O devedor pode recusar a prestação sempre que esta requeira um esforço que esteja em grave desproporção perante o interesse do credor na prestação, sob a consideração do conteúdo da relação obrigacional e da regra da boa-fé. Na determinação dos esforços imputáveis ao devedor é também de ter em conta se o impedimento da prestação deve ser imputado a este último.
(3) O devedor pode ainda recusar a prestação quando deva realizar pessoalmente a prestação e esta, ponderados os impedimentos do devedor perante o interesse do credor na prestação não possa ser exigível.

O § 275/2 consigna a chamada impossibilidade prática ou fáctica[302]. De notar que, desta feita, compete ao devedor decidir se lança mão dela: será uma exceção, em sentido técnico[303].

Configura-se, aqui, uma situação na qual a prestação prevista ainda seria, em rigor, possível; todavia, nenhum credor razoável esperaria que

---

[301] EHMANN/SUTSCHET, *Modernisiertes Schuldrecht* cit., 16 ss..

[302] VOLKER EMMERICH, *Das Recht der Leistungsstörungen*, 5.ª ed. cit., 37. Na *Begründung der Bundesregierung* cit., *vide* 661.

[303] *Vide* o *Diskussionsentwurf*, em CANARIS, *Schuldrechtsmodernisierung 2002* cit., 156 e CANARIS, *Die Reform des Rechts der Leistungsstörungen* cit., 501.

§ 5.º A reforma alemã das obrigações (2001/2002)   103

ela tivesse lugar[304]. O exemplo dado pela justificação governamental de motivos[305], retirado de Heck[306], é o do anel que ao devedor caberia entregar, mas que caiu no fundo arenoso de um lago. Seria possível drenar o lago e pesquisar adequadamente na areia, numa operação de milhões. Haveria, todavia e perante a boa-fé, um grave desequilíbrio em face do interesse do credor.

Trata-se de uma cláusula geral, carecida de preenchimento.

A fórmula do § 275/2 pretendeu operar uma clivagem entre uma impossibilidade fáctica e a "mera" impossibilidade económica[307], conhecida como limite do sacrifício e que apenas poderia ser integrada no instituto da alteração das circunstâncias, agora codificado no § 313 BGB. A pedra de toque estaria em que, na impossibilidade de facto do § 275/2, não estariam em causa as possibilidades do devedor, ao contrário do que sucederia no § 313: a impossibilidade determinar-se-ia mercê de um crasso desequilíbrio, inadmissível perante a boa-fé[308]. As dificuldades de interpretação são patentes[309]: a casuística será decisiva.

Pela nossa parte, o alargamento da impossibilidade à "impossibilidade de facto", operada pelo BGB/2002, visa a depuração da alteração das circunstâncias. A impossibilidade deve ser tomada em sentido sócio-cultural: não físico ou naturalístico. Daí que, impossível, seja o que, como tal e na concreta relação existente com o credor, se apresente. O devedor comum não estará obrigado a drenar um lago para recuperar o anel; a empresa de drenagem contratada para o efeito está-lo-á, como é evidente.

O segundo alargamento – o do § 275/3, acima traduzido – tem a ver com a inexigibilidade de obrigações altamente pessoais[310] ou impossibilidade pessoal[311]. O exemplo governamental[312], também retirado de

---

[304] SCHWAB/WITT, *Einführung in das neue Schuldrecht* cit., 94.

[305] *Begründung* cit., 661; *vide* DANIEL ZIMMER, *Das neue Recht der Leistungsstörungen*, NJW 2002, 1-12 (3/II).

[306] Completando a referência oficial e mais precisamente: PHILIPP HECK, *Grundriss des Schuldrechts* (1929, 2.ª reimp., 1974), § 28, 8 (69).

[307] CLAUS-WILHELM CANARIS, *Die Reform des Rechts der Leistungsstörungen* cit., 501/I.

[308] SCHWAB/WITT, *Einführung* cit., 94 e 95. Cf. LÖWISCH, no Staudinger cit., II, § 275 (2004), Nr. 28 (255).

[309] VOLKER EMMERICH, *Das Recht der Leistungsstörungen*, 5.ª ed. cit., 39 ss..

[310] *Idem*, 43 ss..

[311] LORENZ/RIEHM, *Lehrbuch zum neuen Schuldrecht* cit., 155 ss..

[312] *Begründung der Bundesregierung* cit., 662.

Heck[313], é o da cantora que recusa atuar no espetáculo para estar à cabeceira do filho, gravemente doente. A lei nova teve, no fundamental, em vista prestações laborais ou prestações de serviço, enquadrando situações que vinham sendo referenciadas como "impossibilidades morais"[314] e integrando questões como a da obrigação de consciência. Mas foi mais longe: refere, em moldes amplos, a inexigibilidade.

Esta matéria era tratada, entre nós, a nível de responsabilidade civil, e como causa de desculpabilidade. A sua inserção sistemática no próprio plano da (im)possibilidade da prestação permite, todavia, soluções mais simples e imediatas, particularmente no que toca à tutela do credor. Este poderá, desde logo, beneficiar dos direitos que a lei lhe confere, sem ter de aguardar por uma sempre insegura ação de responsabilidade civil. Idêntica vantagem atinge, de resto, o próprio devedor em causa.

O preenchimento da inexigibilidade – que integra o cerne da impossibilidade pessoal – terá de ser feito na base dos casuísmos próprios da concretização de conceitos indeterminados.

VII. Temos, aqui, o cerne da modernização do Direito das obrigações. Ao contrário do que sucede no domínio de uma comum (ainda que importante) reforma no Direito do trabalho, no Direito fiscal, no Direito comercial, ou mesmo nas áreas da prescrição, da transposição de diretrizes ou de certos contratos, não se trata, aqui, de adotar novos e supostos melhores regimes. O reformador não pretendeu (diretamente) modificar soluções: antes operou uma codificação de doutrinas e soluções já conhecidas. Pretendeu-se um "Direito mais facilmente e seguramente manuseável"[315]. As conexões tornam-se claras e seguras[316].

A reforma assume-se, deste modo e essencialmente, científica. A lei consigna institutos de base prudencial, assentes nas universidades e nos tribunais, sem outra legitimidade que não a da Ciência do Direito.

---

[313] *Grundriss* cit., 89.

[314] EMMERICH cit., 43; curiosamente, a "impossibilidade moral" já havia sido introduzida, em vernáculo jurídico, por PAULO CUNHA, ainda que com um alcance mais preciso; cf. o nosso A *"impossibilidade moral": do tratamento igualitário no cumprimento das obrigações*, TJ 18 e 19 (1986) = *Estudos de Direito civil*, 1.º (1991), 98-114.

[315] BARBARA DAUNER-LIEB, em *Das Leistungsstörungsrecht im Überblick* em BARBARA DAUNER-LIEB e outros, *Das neue Schuldrecht* cit., 67.

[316] *Vide* a *Begründung der Bundesregierung* publicada em CLAUS-WILHELM CANARIS, *Schuldrechtsreform 2002* cit., 579.

§ 5.º A reforma alemã das obrigações (2001/2002) 105

A fecundidade do pensamento continental, sistemático e codificador, em plena maré anglo-saxónica, é reafirmada.

A reforma do Direito da perturbação das prestações justifica que, de *modernização*, se possa falar. A expansão jurídico-científica dessas novas ideias já se faz sentir[317].

23. A receção da defesa do consumidor

I. A reforma do BGB de 2001/2002 teve origem próxima na necessidade de integrar novas matérias, no Código Civil. Mais particularmente: a Diretriz 1999/44/CE, de 25 de maio[318] e, ainda, diversas outras diretrizes comunitárias e leis extravagantes[319]. Se bem atentarmos: o problema subjacente era mais vasto: prendia-se com o alargamento material do próprio Direito civil, num fenómeno aqui ilustrado com a experiência alemã, mas que pode, sem dificuldade, ser seguido nos diversos ordenamentos de tipo continental.

O BGB respondeu à necessidade de unificação política do espaço alemão: uma resposta possibilitada pelo desenvolvimento da Ciência do Direito subjacente[320]. Desde cedo, porém, a problemática civil e as respostas para ela encontradas levaram a desenvolvimentos nucleares *praeter codicem*. Assim e sucessivamente, nos períodos históricos que se seguiram à sua entrada em vigor: a cláusula *rebus sic stantibus*, a *culpa in contrahendo* e a violação positiva do contrato, ainda no período imperial[321]; a alteração

---

[317] STEFAN GRUNDMANN, *Leistungsstörungsmodelle im Deutschen und Europäischen Vertragsrecht/insbesondere Zurückweisung der charakteristischen Leistung*, FS Canaris 1 (2007), 307-327.

[318] Trata-se da Diretriz relativa a certos aspetos da venda de bens de consumo e de garantias a ela relativas e que, entre nós, foi transposta pelo Decreto-Lei n.º 67/2003, de 8 de abril.

[319] Recordemos HERTA DÄUBLER-GMELIN, *Die Entscheidung für die sogennante Grosse Lösung bei der Schuldrechtsreform* cit., 2289 ss..

[320] FRANZ JÜRGEN SÄCKER, na introdução ao *Münchener Kommentar zum BGB*, 1, 6.ª ed. (2012), Nr. 10 (10). De entre a literatura do centenário: MATHIAS SCHMOECKEL, *100 Jahre BGB: Erbe und Aufgabe*, NJW 1996, 1697-1705 (1697-1698) e HANS SCHULTE-NÖLKE, *Die schwere Geburt des Bürgerlichen Gesetzbuchs*, NJW 1996, 1705-1710 (1705 ss.), com múltiplas indicações.

[321] REINHARD DAMM, *Das BGB im Kaiserreich*, em UWE DIEDERICHSEN/WOLFGANG SELLERT (org.), *Das BGB im Wandel der Epochen/10. Symposium der Komission "Die Funktion des Gesetzes in Geschichte und Gegenwart"* (2002), 9-67 (37 ss., 49, 51 e 52).

de circunstâncias e o papel da Constituição, na República de Weimar[322]; os direitos de personalidade e a liberdade, no segundo pós-guerra[323]. Os desafios postos pela sociedade pós-industrial requereram intervenções legislativas, com relevo para a lei das cláusulas contratuais gerais e para os diversos dispositivos de tutela dos consumidores, abaixo referidos.

Finalmente, a unificação europeia ditou novos acrescentos, frutos da transposição de diretrizes comunitárias.

A grande codificação civil perdeu a natureza universal. Passou a operar como estrela, orbitada por um número crescente de leis extravagantes e por institutos doutrinários cada vez mais distantes dos codificadores oitocentistas. A estrela empalidecia, à medida que todo esse complexo crescia, concitando o interesse da doutrina e o labor da jurisprudência.

A descodificação surgiu como palavra de ordem ambígua. Logo: perigosamente eficaz. Assistir-se-ia ao términus do ideário codificador das luzes, fonte da síntese complexa que deu praticabilidade atual ao *ius romanum*? O Direito civil espraiar-se-ia para além do Código do seu nome? E fazendo-o e sendo ainda civil: tratar-se-ia de *um* Direito?

A vigorosa resposta dada em 2001, pelo legislador civil alemão, traduziu-se na manutenção do Código Civil como *duodecim tabularum lex*: o repositório essencial do Direito civil vigente.

Desafio de monta: equivalia a codificar os desenvolvimentos jurisprudenciais de cem anos, alguns de grande preciosismo e cinzelamento e, ainda: a integrar leis extravagantes[324] e a transpor regras comunitárias. A maior dificuldade residia na inércia do *statu quo*, na habituação dos juristas, na quebra das coutadas e na imensa resistência dos operadores preestabelecidos às reformas de tipo cultural.

II. Em primeiro lugar, temos, no que agora está em jogo, as cláusulas contratuais gerais, trabalhadas pela jurisprudência do pós-guerra. A partir do relatório governamental sobre a política dos consumidores, de 1971,

---

[322] WOLFGANG SELLERT, *Das BGB in der Weimarer Epoche*, idem, 73-103 (86 ss. e 97 ss.).

[323] JÖRG NEUNER, *Das BGB unter dem Grundgesetz*, idem, 131-151 (137 ss. e 141 ss.). Sob o nacional-socialismo e para além das leis da família, o BGB não foi diretamente atingido; cf. RAINER SCHRÖDER, *Das BGB im Dritten Reich*, idem, 109-126 (126).

[324] Pouco animado quanto a este ponto: HEINRICH HONSELL, *Einige Bemerkungen zum Diskussionsentwurf eines Schuldrechtsmodernisierungsgesetzes*, JZ 2001, 18-21 (21/ II).

§ 5.º A reforma alemã das obrigações (2001/2002)   107

iniciaram-se os trabalhos relativos às condições gerais dos contratos[325]. A lei, conhecida pela sigla AGBG (*Allgemeine Geschäftsbedingungen Gesetz*) seria finalmente aprovada, em 12-nov.-1976. Durante o quarto de século da sua vigência, ela originou infindáveis estudos, e decisões judiciais, bem como comentários maciços[326]. Dezenas de ações inibitórias vieram afeiçoar as cláusulas vigentes[327].

O AGBG fora adotado como lei autónoma por duas razões: pelo respeito que se decidiu tributar à velha conceção liberal do BGB e pela ideia de que, no fundo, se trataria de mero diploma marginal, virado, para uma franja de contratos. O primeiro aspeto é reversível: o respeito pelo BGB justificaria que o mesmo fosse mantido em vida, sendo atualizado. O segundo foi refutado pelos factos: a grande maioria dos contratos passa, hoje, por cláusulas contratuais gerais, de tal modo que, em termos quantitativos, o próprio BGB acabaria por ser uma "lei-franja". Optou-se, pois, pela integração do AGBG no BGB[328]. Consubstancia-se uma solução propugnada na altura[329], mas que não deixou de encontrar oposição[330]; tratar-se-ia de uma iniciativa-surpresa, totalmente inesperada; o AGBG nem seria uma lei relativa a consumidores; não haveria, finalmente, qualquer défice de aplicação. A integração acabaria, porém, por ser acolhida[331]: afinal, nas palavras de Manfred Wolf, haveria um regresso às origens, uma vez que todo o sistema

---

[325] *Vide*, sobre toda esta matéria, PETER SCHLOSSER, no Staudinger II, §§ 305-310 (*Recht der Allgemeinen Geschäftsbedingungen* (2006), prenot. §§ 305 ss., Nr. 5 ss. (4 ss.), JÜRGEN BASEDOW, no *Münchener Kommentar*, 2, 6.ª ed. (2012), prenot. § 305, Nr. 10 ss. (1016 ss.).

[326] *Tratado* I/1, 3.ª ed.., 593 ss..

[327] HORST-DIETHER HENSEN, *Zur Effizienz der Verbandsklage nach § 13 AGB-Gesetz*, FS Ulmer (2003), 1135-1151 (1135), reporta, de 1979 a 2001, 138 decisões publicadas, do BGH, relativas a ações inibitórias.

[328] Assim, a *Begründung der Bundesregierung zum Entwurf eines Gesetzes zur Modernisierung des Schuldrechts*, em CLAUS-WILHELM CANARIS, *Schuldrechtsmodernisierung 2002* cit., 569-934 (591 ss.).

[329] DÄUBLER-GMELIN, *Die Entscheidung* cit., 2285.

[330] Assim, PETER ULMER, *Integration des AGB-Gesetzes in das BGB?*, em REINER SCHULZE/HANS SCHULTE-NÖLKE, *Die Schuldrechtsreform vor dem Hintergrund des Gemeinschaftsrechts* (2001), 215-227 (215 ss.), de onde são retiradas as objeções que figuram no texto.

[331] JÜRGEN BASEDOW, no *Münchener Kommentar*, 2.º vol. a, 4.ª ed. cit., prenot. § 305, Nr. 16 (1063); com prudência: FRIEDRICH GRAF VON WESTPHALEN, *AGB – Recht ins BGB – Eine erste "Bestandaufnahme"*, NJW 2002, 12-15 (12).

108   *Coordenadas atuais das obrigações*

de cláusulas contratuais gerais proveio da concretização do Código Civil, particularmente da boa-fé[332].

O AGBG foi transposto "em bloco", para o BGB reformado. Pretendeu manter-se incólume a base textual, que possibilitara inúmeros afinamentos doutrinários e jurisprudenciais[333]. Foi acolhida a parte substantiva da lei, tendo-se condensado, em 10, os seus 14 §§: §§ 305 a 310 do BGB, nova versão[334].

Os comentários aos novos §§ 305 a 310 do BGB mantêm o desenvolvimento do AGBG[335]. Entre as (escassas) novidades conta-se o seu alargamento ao contrato de trabalho[336] [337]. Sublinhe-se, ainda, o facto de o regime das cláusulas ter sido integrado no Direito geral das obrigações e não na Parte geral[338]: parece, todavia, uma opção evidente, uma vez que está em causa uma técnica de contratação diretamente relevante para as obrigações. Finalmente, a integração do AGBG no BGB, em conjunto com a reforma do Direito de perturbação das prestações, veio conferir, a este, um papel reitor no desenvolvimento da matéria das cláusulas e na sua concretização[339]. Numa conquista jurídico-científica que remonta a Heck: o sistema externo tem repercussões substantivas.

III. Após dez anos de preparativos, fora aprovada, a 1-mai.-1986, a "Lei relativa à revogação de negócios celebrados à porta de casa e

---

[332] MANFRED WOLF, *Bedeutung und Funktion des AGB – Rechts und der AGB*, em EGON LORENZ (publ.), *Karlsruher Forum 2002/Schuldrechtsmodernisierung* (2003), 101 131 (101).

[333] DIRK OLZEN/ROLF WANK, *Die Schuldrechtsreform* cit., Nr. 496 (119).

[334] As precisas equivalências podem ser comodamente confrontadas em DIETER W. LÜER, na obra SIEGHART OTT/DIETER W. LÜER/BENNO HEUSSEN, *Schuldrechtsreform* (2002), 120-137.

[335] P. ex., CHRISTIAN GRÜNEBERG, no Palandt, 71.ª ed. cit., 414-477 e JÜRGEN BASEDOW, no *Münchener Kommentar*, 2.º, 5.ª ed. cit., 1013-1438.

[336] MANFRED LIEB, *AGB – Recht und Arbeitsrecht nach der Schuldrechtsmodernisierung*, FS Ulmer (2003), 1231-1244 e HUBER, em PETER HUBER/FLORIAN FAUST, *Schuldrechtsmodernisierung / Einführung in das neue Recht* cit., 463-472 (471, Nr. 52).

[337] Com maior desenvolvimento, *vide* o livro de MICHAEL ECKERT/CAROLINE WALLSTEIN, *Das neue Arbeitsvertragsrecht/Vertragsgstaltung nach der Schuldrechtsreform und dem AGB-Recht* (2002).

[338] MANFRED WOLF, *Bedeutung und Funktion des AGB-Rechts* cit., 106, algo lamentativo.

[339] CLAUS-WILHELM CANARIS, *Die AGB – rechtliche Leitbildfunktion des neuen Leitungsstörungsrechts*, FS Ulmer (2003), 1073-1096.

§ 5.º A reforma alemã das obrigações (2001/2002)   109

negócios semelhantes", conhecida pela sigla HaustürWG (de *Gesetz über den Widerruf von Haustürgeschäften und ähnlichen Geschäften*)[340]. Este diploma resultou, de resto, da Diretriz 85/577/CE, do Conselho, de 20 de dezembro[341].

Aquando da reforma do BGB, de 2001/2002, prevaleceu a ideia de integrar essa matéria na lei civil fundamental. A recondução civil de leis de defesa do consumidor havia já sido ensaiada na reforma do BGB, de 27-jun.-2000, "relativa a contratos à distância e a outras questões do Direito dos consumidores, assim como da reconversão de preceitos ao euro"[342], abaixo referida. Nessa ocasião, foi introduzido um novo § 13, no BGB, com uma definição de consumidor[343]. Entendeu-se ir mais longe, invocando-se, para tanto, três ordens de razões[344]: a melhoria do Direito vigente, o fortalecimento do Código Civil e a facilitação do tráfego jurídico. E assim foram integradas, no BGB, algumas leis de defesa do consumidor. A integração ocorreu, em geral, "em bloco".

Não deixaram, na fase da discussão, de ser apontadas alternativas: uma verdadeira integração material, em vez da transposição em bloco ou a preparação de um código do consumo[345].

Nesse circunstancialismo, o HaustürWG foi reconduzido aos §§ 312 e 312a, do novo BGB[346]. A noção de *Haustürgeschäfte* foi fixada pelo § 312, (1), 1, em termos semelhantes aos da lei integrada, atribuindo-se, ao consumidor, um direito básico à sua revogação, nas condições do § 355.

---

[340] *Vide*, quanto à sua aprovação, antecedentes e aspetos gerais, PETER GILLES, *Das Gesetz über den Widerruf von Haustürgeschäften und ähnlichen Geschäften/Anmerkungen zum jüngsten Verbraucherschutzsondergesetz im Zivilrecht unter Berücksichtigung seines rechtspolitischen Gesamtkontextes*, NJW 1986, 1131-1147. A última versão, que esteve em vigor, data de 29-jun.-2000, podendo ser confrontada em *BGB 2002*, int. STEPHAN LORENZ, 2.ª ed. (2002), 707 ss..

[341] JOCE n.º L 372, de 31-dez.-1985, 31-33; foi transposta, entre nós, pelo Decreto-Lei n.º 272/87, de 3 de julho.

[342] HANS-W. MICKLITZ, no *Münchener Kommentar*, 1, 5.ª ed. (2006), Prenot. §§ 13, 14, Nr. 1 (403).

[343] *Idem*, § 13, Nr. 1 ss. (381 ss.).

[344] JÜRGEN SCHMIDT-RÄNTSCH, *Reintegration der Verbraucherschutzgesetze durch den Entwurf eines Schuldrechtsmodernisierungsgesetzes*, em SCHULZE/SCHULTE-NÖLKE, *Die Schuldrechtsreform* (2001), 169-176 (170 ss.).

[345] HEINRICH DÖRNER, *Die Integration des Verbraucherrechts in das BGB*, em SCHULZE/SCHULTE-NÖLKE, *Die Schuldrechtsreform* cit., 177-188 (181 ss.).

[346] Uma exposição geral sobre esta matéria: HANS CHRISTOPH GRIGOLEIT, *Besondere Vertriebsformen im BGB*, NJW 2002, 1151-1158 (1151 ss.).

Este §, proveniente do antigo § 361ª, ele próprio derivado da reforma de 2000, uniformiza o direito de revogação que assiste aos consumidores em contratos fora do estabelecimento, em contratos de habitação periódica e em contratos concluídos à distância, desde que exercido no prazo de quinze dias contados da conclusão do negócio em jogo[347]. Tal revogação não carece de qualquer justificativo, traduzindo um "direito ao arrependimento", reconhecido ao consumidor[348]. Os §§ 355 e seguintes constituem uma oportunidade de unificar e de harmonizar esta importante matéria[349].

IV. A "Lei sobre contratos à distância e outras questões do Direito do consumo assim como sobre a adaptação de preceitos ao euro" (*Fernabsatzgesetz* ou *FernAbsG*) data de 27-jun.-2000[350]. Ela visou, na parte aqui em causa, a transposição da Diretriz n.º 97/7/CE, do Parlamento e do Conselho, de 20-mai.-1997[351], relativa à tutela do consumidor nas vendas à distância[352].

A *FernAbsG* abrangia[353]:

§ 1.º Âmbito de aplicação;
§ 2.º Informações ao consumidor;
§ 3.º Direito à revogação e à restituição;

---

[347] Está em causa a transposição das Diretrizes n.º 85/577/CE de 20 de dezembro, n.º 94/47/CE, de 26 de outubro e n.º 97/7/CE, de 20 de maio. Ainda na fase do projeto e concluindo que este ponto ainda deveria *dringend überarbeit werden*, JÜRGEN KOHLER, *Das Rücktrittsrecht in der Reform*, JZ 2001, 325-337 (337).

[348] ANDREAS MASUCH, *Münchener Kommentar*, 2, 5.ª ed. (2007), §§ 355 ss., Nr. 1 ss. (2219 ss.).

[349] STEPHEN LORENZ/THOMAS RIEHM, *Lehrbuch zum neuen Schuldrecht* (2002), Nr. 438 ss. (226 ss.).

[350] PETER GRIL, *Gesetzgebung*, NJW 2000, 2408-2409 (2408/I). Logo nesse ano surgiu um comentário: NIKO HÄRTING, *Fernabsatzgesetz / Kommentar* (2000, XXXXV + 423 pp.), enquanto a 4.ª ed. do 2.º vol. (versão inicial), do *Münchener Kommentar* (2001), pela pena de CHRISTIANE WENDEHORST, lhe consagrava nutrido desenvolvimento (2117-2244).

[351] JOCE N.º L 144, de 20-mai.-1997, 19-27. Esta Diretiz foi transposta, entre nós e já depois do prazo-limite, pelo Decreto-Lei n.º 143/2001, de 26 de abril, ret. n.º 13-C/2001, de 31 de maio.

[352] Com uma série de elementos: CHRISTIANE WENDEHORST, no *Münchener Kommentar*, 2, 5.ª ed. (2007), prenot. § 312b, Nr. 1 ss. (1627 ss.).

[353] Uma análise sumária deste diploma consta de PETER BÜLOW/MARKUS ARTZ, *Fernabsatzgesetz und Strukturen eines Verbraucherprivatrechts im BGB* (2000), 2049-2056 (2053 ss.); estudos mais detidos podem ser confrontados nos comentários de HÄRTING e de CHRISTIANE WENDEHORST.

§ 5.º *A reforma alemã das obrigações (2001/2002)* 111

§ 4.º Contratos financiados;
§ 5.º Imperatividade;
§ 6.º *Vacatio.*

Na sequência de competente opção de política legislativa[354], os três primeiros parágrafos da lei referida – e são aqueles que têm relevo substantivo – passaram, com poucas alterações, a constituir os §§ 312b, 312c e 312d do BGB de 2001/2002[355]. O § 312f contém elementos do § 5 do *FernAbsG*, tal como do *HaustürWG*.

A transposição, para o BGB, do *FernAbsG*, não suscitou questões de maior[356]. O seu aprofundamento é agora integrado, sem deixar de concitar comentários monográficos[357].

V. A "Lei relativa à alienação de direitos de habitação periódica em prédios de habitação" (abreviadamente: *Teilzeit- Wohnenrechtegesetz* ou *TzWrG*), data de 20-dez.-1996, em vigor a 1-jan.-1997. Ela visou transpor a Diretriz n.º 94/47/EG, do Parlamento e do Conselho, de 26 de outubro[358], conhecida como Diretriz *Time-Sharing*. Em termos latos, o TzWrG veio tratar[359]:

§ 1.º Âmbito de aplicação;
§ 2.º Proteção pré-contratual pelo prospeto;
§ 3.º Forma do contrato;
§ 4.º Conteúdo do contrato;
§ 5.º Revogabilidade do contrato;
§ 6.º Contratos financiados;

---

[354] Recordamos DÄUBLER-GMELIN, *Die Entscheidung* cit., 2286.

[355] HANS-CHRISTOPH GRIGOLEIT, *Besondere Vertriebsformen im BGB* cit., 1151-1152.

[356] GERHARD RING, em BARBARA DAUNER-LIEB/THOMAS HEIDEL/GERHARD RING, *Das Neue Schuldrecht* (2002), § 12, III (361 ss.).

[357] Assim: JENS LÜTCKE, *Fernabsatzrecht. Kommentar zu den §§ 312b-312f* (2002); cf. rec. MICHAEL BÜRGER, NJW 2002, 2769.

[358] JOCE N.º L 280, de 29-out.-1994, 83-87; entre nós foi transposta pelo Decreto-Lei n.º 180/99, de 22 de maio.

[359] MICHAEL MARTINEZ, *Das neue Teilzeit- Wohnrechtegesetz – missratener Verbraucherschutz bei Time-Sharing-Verträgen*, NJW 1997, 1393-1399. Este Autor conclui com observações críticas à lei: pressupõe uma massa de informações que amedrontam, antes de mais, os interessados; não prevê sempre a intervenção notarial, privando os interessados de acompanhamento; o prazo de revogação (60 dias) é muito curto; limita-se à transposição "mínima" da Diretriz em jogo.

112   *Coordenadas atuais das obrigações*

§ 7.º Proibição de pagamentos no período inicial;
§ 8.º Regras processuais;
§ 9.º Imperatividade.

A presente lei conheceu alguma experiência de aplicação, durante a sua vigência autónoma[360].

O TzWrG foi inserido no BGB, em 2001-2002. A transposição operou para a secção relativa às obrigações em especial, surgindo após o subtítulo dedicado à compra e à troca e mais precisamente: para os §§ 481 a 487. Assistiu-se a alguma simplificação, no tocante aos deveres de informação, mantendo-se, quanto ao resto, o tratamento inicial[361].

VI. O crédito ao consumo, há muito conhecido e praticado[362], veio a merecer a Diretriz n.º 87/102/CEE, de 22-dez.-1986[363]. Em sua transposição surgiu o *Verbraucherkreditgesetz* (ou *VerbrKrG*) de 30-out.-1990[364], que mereceu, nos últimos 13 anos, inúmeros estudos e comentários[365].

Trata-se de uma lei com alguma extensão e que abrange, sucessivamente:

– o âmbito de aplicação;
– o contrato de crédito e os seus requisitos;
– a indicação dos custos;

---

[360] THOMAS HILDENBRAND, *Effizienter Verbraucherschutz durch das Teil-Zeit Wohnungsrechtegesetz? – Erste Erfahrung mit dem TzWrG*, NJW 1998, 2940-2943. Anteriormente: THOMAS HILDENBRAND/ANDREAS KAPPUS/GERALD MÄSCH, *Time-Sharing und Teilzeit- Wohnrechtegesetz / Praktikerhandbuch mit Leitentscheidungen* (1997) e KLAUS TONNER, *Das Recht des Time-sharing na Ferienimmobilien* (1997), ambos com rec. de MICHAEL MARTINEK, NJW 1998, 2429-2430.

[361] LORENZ/RIEHM, *Lehrbuch zum neuen Schuldrecht* cit., Nr. 146 ss. (77 ss.).

[362] Cf. o nosso *Manual de Direito bancário*, 4.ª ed. (2010), 648 ss..

[363] *Vide* NJW 1988, 1959-1961, com o texto.

[364] Quanto aos eventos que rodearam a sua aprovação, PETER BÜLOW, *Das neue Verbraucherkreditgesetz*, NJW 1991, 129-134 (129 ss.).

[365] P. ex.: ULRICH SEIBERT, *Handbuch zum Verbraucherkreditgesetz* (1991), JÜRGEN VORTMANN, *Verbraucherkreditgesetz* (1991), PETER BÜLOW, *Verbraucherkreditgesetz/ Kommentar* (1991) e 2.ª ed. (1993), WALTER MÜNSTERMANN/RUDI HANNES, *Verbraucherkreditgesetz* (1991), HELMUT BRUCHNER/CLAUS OTT/KLAUS WAGNER, *Verbraucherkreditgesetz* (1992), PETER ULMER/MATHIAS HABERSACK, *Verbraucherkreditgesetz*, 2.ª ed. (1995) e FRIEDRICH GRAF VON WESTPHALEN/VOLKER EMMERICH/FRANZ VON ROTTENBURG, *Verbraucherkreditgesetz*, 2.ª ed. (1996); a matéria alarga-se, ainda, pelos numerosos manuais de Direito bancário.

§ *5.º A reforma alemã das obrigações (2001/2002)* 113

– o direito de revogação;
– o vencimento e a mora.

Nela afloram os dois grandes pilares que dão corpo aos negócios de consumo: o dever de informação, a cargo do empresário e o direito ao arrependimento do consumidor. Este poderá assim responder, com eficácia, a qualquer precipitação na contratação.

VII. A transposição do *VerbrKrG* para o BGB não operou em bloco: antes deu azo a correspondências mais complexas, com modificações formais nas normas em jogo. *Grosso modo*, temos o seguinte[366]:

– as regras básicas sobre o mútuo a consumidores, particularmente o âmbito de aplicação, a forma escrita, certas delimitações, as consequências do vício de forma, o direito de resolução, a imperatividade, os juros e o vencimento transitaram para os §§ 491 a 498 do BGB[367], no final do título relativo ao mútuo;
– essas mesmas regras adaptadas vieram constituir novos subtítulos relativos a financiamentos entre o empresário e o consumidor – §§ 499 a 505 – a contratos de fornecimentos sucessivos – § 505 – e à ressalva da posição dos consumidores – §§ 506-507.

Apesar das modificações formais, que levaram, inclusive, ao desaparecimento da locução "crédito ao consumo", as regras mantiveram uma substância inalterada[368].

24. A transposição de diretrizes

I. A Diretriz n.º 1999/44/CE, de 25 de maio[369], e a necessidade da sua transposição constituíram a razão próxima da reforma do BGB, de

---

[366] PETER BÜLOW, *Kreditvertrag und Verbraucherkreditrecht*, em SCHULZE/ SCHULTE-NÖLKE, *Die Schuldrechtsreform* cit. (2001), 154-165, CARSTEN SCHÄFER, *Darlehens- und Verbraucherkreditvertrag*, em LOTHAR HAAS e outros, *Das neue Schuldrecht* (2002), 313-338 e LORENZ/RIEHM, *Lehrbuch zum neuen Schuldrecht* cit., 340 ss..

[367] Portanto: os §§ 1, 3, 4, 5, 6, 7, 10, 11 e 12 do VerbrKrG.

[368] OLZEN/WANK, *Die Schuldrechtsreform* cit., Nr. 540 (130).

[369] JOCE N.º L 171, de 7-jul.-1999, 12-16 = NJW 1999, 2421-2424; esta Diretriz foi transposta (fora de prazo), para o Direito português, pelo Decreto-Lei n.º 67/2003, de

114 Coordenadas atuais das obrigações

2001/2002[370]. Esta Diretriz veio fixar determinados aspetos da venda de bens de consumo e das garantias a ela relativas, com vista a assegurar a proteção dos interesses dos consumidores. Pois bem: na sua transposição, os reformadores alemães foram, porém, muito mais longe do que o exigido pelo instrumento comunitário: podemos adiantar que eles generalizaram, a toda a compra e venda, o regime especial previsto para os consumidores[371]. O que teve uma consequência regulativa algo surpreendente e da maior importância: aproximou, por vezes em termos completos, o Direito de compra e venda do Direito geral da perturbação das prestações[372].

O novo Direito alemão da compra e venda acusa, ainda, a influência da Convenção de Viena sobre os Contratos de Compra e Venda Internacio-

---

8 de abril. Infelizmente, não foi retida a "grande solução", que teria permitido modernizar o nosso Direito de compra e venda em geral, muito arcaico perante a generalidade dos Direitos europeus e, hoje, totalmente desfasado. Trata-se de um tema que já mereceu alguma atenção à nossa doutrina; *vide* Paulo Mota Pinto, *A Directiva 1999/44/CE e o direito português*, Estudos de Direito do Consumidor 2 (2000), 197-331, *O direito de regresso do vendedor final de bens de consumo*, ROA 2002, 143-199 e *Anteprojecto de diploma de transposição da Directiva 1999/44/CE para o Direito português/Exposição de motivos e articulado*, Estudos de Direito do Consumidor 3 (2001), 165-279. Na revista Themis podem ser confrontadas intervenções de Paulo Mota Pinto, Carlos Ferreira de Almeida, Dário Moura Vicente, Pedro Romano Martinez e Rui Pinto Duarte. *Vide*, ainda, João Calvão da Silva, *Compra e venda de coisas defeituosas (Conformidade e segurança)* (2001), 131-168 e Luís Menezes Leitão, *Caveat venditor? A Directiva 1999/44/CE do Conselho e do Parlamento Europeu sobre a venda de bens de consumo e garantias associadas e suas implicações no regime jurídico da compra e venda*, em Estudos Galvão Telles, 1 (2002), 263-303, com bibliografia (301-303).

[370] Canaris, *Schuldrechtsmodernisierung 2002* cit., IX ss.. Deste mesmo Autor, cf. *A transposição da directiva sobre compra de bens de consumo para o Direito alemão*, trad. por Paulo Mota Pinto, em Estudos de Direito do Consumidor 3 (2001), 49-67.

[371] Por todos, Harm Peter Westermann, *Das neue Kaufrecht*, NJW 2002, 241-253 (241/II) e Ulrich Büdenbender, *Der Kaufvertrag*, em Dauner-Lieb e outros, *Das Neue Schuldrecht* cit., 222-260 (225). Na fase de projeto, cf. Beate Gsell, *Kaufrechtsrichtlinie und Schuldrechtsmodernisierung*, JZ 2001, 65-75 e Heinrich Honsell, *Die EU – Richtlinie über den Verbrauchsgüterkauf und ihre Umsetzung ins BGB*, JZ 2001, 278-283 (280).

[372] Harm Peter Westermann, *Kaufrecht im Wandel*, em Schulze/Schulte-Nölke, *Die Schuldrechtreform* (2001) cit., 109-129 (111), Lothar Haas, *Kaufrecht*, em Haas e outros, *Das neue Schuldrecht* cit., 161-312 (168), Huber/Faust, *Schuldrechtsmodernisierung* cit., 290 ss. e Claus-Wilhelm Canaris, *Die Neuregelung des Leistungsstörungs- und des Kaufrechts – Grundstrukturen und Problemschwerpunkte*, em Egon Lorenz (publ.), *Karlsruher Forum 2002/Schuldrechtsmodernisierung* (2003), 5-100 (54).

§ 5.º A reforma alemã das obrigações (2001/2002) 115

nal de Mercadorias[373]. A sua exposição pressuporia uma tripla comparação: o Direito velho, o Direito novo e o Direito português[374]. Seria, aqui, incomportável. Limitaremos a exposição a alguns tópicos.

A reforma da compra e venda atingiu toda a matéria. A versão do BGB de 2001/2002 abrange, quanto a esse domínio, os §§ 433 a 479. Além de uma filosofia nova, procedeu-se, ainda, à simplificação das normas.

A compra e venda é reportada a coisas (corpóreas) e não, como antes sucedia, a coisas ou a direitos: basta comparar os §§ 433, antiga e nova versão. À compra de direitos e de outras realidades é, depois, mandado aplicar o regime da compra de coisa – § 453. Cai, aqui, a importante matéria da compra e venda de empresa, que tem merecido uma literatura recente muito abundante[375]. Esta orientação permite simplificar as regras, contribuindo para a elegância do articulado.

O princípio básico resulta do novo § 433/I/2: o vendedor deve proporcionar, ao comprador, a coisa livre de defeitos materiais ou jurídicos: é o princípio da conformidade ou do exato cumprimento, retirado do artigo 2.º/1 da Diretriz 1999/44/CE e que substitui o antigo princípio da garantia[376]. A partir daqui, o comprador tem uma pretensão ao cumprimento, aproximando-se do regime geral da perturbação das prestações: mais direta e eficaz do que os velhos remédios ligados aos deveres de garante[377]. Quanto ao vício da coisa: o novo § 434 adotou uma orientação subjetiva (*grosso modo*: mede-se pelo concreto contrato em causa e pelos elementos que o precederam, designadamente a publicidade[378]) e não uma orientação

---

[373] Como obra de referência: ULRICH MAGNUS, no Staudinger, *Wiener UN-Kaufrecht* (2005), em mais de 980 pp. maciças.

[374] A compra e venda alemã, à semelhança do Direito romano e diversamente dos Direitos latinos, mantém-se meramente obrigacional, não transferindo o domínio; a transferência deste exige seja a entrega (móveis), seja a inscrição no registo (imóveis). Cf. TIZIANA J. CHIUSI, *Modern, alt und neu: Zum Kauf nach BGB und römischem Recht*, Jura 2002, 217-224.

[375] HAAS, *Kaufrecht* cit., Nr. 541 ss. (287 ss.); como exemplos: BJÖRN GAUL, *Schuldrechtsmodernisierung und Unternehmenskauf*, ZHR 166 (2002), 35-71 e THOMAS ZERRES, *Schuldrechtsreform – Haftungsausschlüsse und Beschränkungen beim Unternehmenskauf*, MDR 2003, 368-372.

[376] CANARIS, *Die Neuregelung* cit., 55 ss..

[377] WESTERMANN, *Das neue Kaufrecht* cit., 242-243.

[378] FRIEDRICH BERNREUTHER, *Sachmangelhaftung und Werbung*, MDR 2003, 63-68. Trata-se da orientação vertida no artigo 2.º/2 do nosso Decreto-Lei n.º 67/2003, de 8 de abril.

116 *Coordenadas atuais das obrigações*

objetivo-subjetiva, patente no § 459 velho (segundo a qual relevaria o uso comum ou habitual da coisa[379]). Alguns problemas já detetados têm vindo a ser enquadrados pela doutrina[380].

Quanto aos remédios que assistem ao comprador, temos, segundo o novo § 437[381]:

– a correção do vício ou a entrega de nova coisa sem vícios;
– a resolução do contrato ou a redução de preço;
– a indemnização.

Perante a generalização das regras de defesa do consumidor, pouco espaço ficou para a compra de bens de consumo. Todavia, os §§ 474-479 mantêm algumas normas: natureza imperativa de certas regras, presunção de vício na entrega, quando este se revele nos seis meses seguintes, declaração de garantia, fornecimento de sobressalentes e prescrição (alargada) de certas pretensões.

A matéria do contrato de empreitada – §§ 631 e seguintes – conheceu também uma remodelação. O regime do vício da obra é bastante paralelo ao do vício da coisa, na compra e venda[382]; todavia, como à partida o regime da empreitada era mais próximo do geral, as alterações de 2001/2002 não foram tão profundas.

---

[379] BÜDENBENDER, *Der Kaufvertrag* cit., Nr. 29 e 30 (235-236). Em torno do antigo § 459 houve flutuações jurisprudenciais de entendimento; cf. HAAS, *Kaufrecht* cit., Nr. 90 (185-186).

[380] P. ex.: a entrega de uma coisa diversa da contratada é um vício na coisa; imaginemos, porém, que é entregue uma coisa mais valiosa do que a contratada e que o comprador a conserva e não protesta: fica na disponibilidade deste? HANS-JOACHIM MUSIELAK, *Die Falschlieferung beim Stückkauf nach dem neuen Schuldrecht*, NJW 2003, 89-92 (90/I), preconiza a redução teleológica do § 434/III; responde GÖTZ SCHULZE, *Falschlieferung beim Speziskauf – Unzulänglichkeiten des Gesetzes?*, NJW 2003, 1022-1023.

[381] WESTERMANN, *Das neue Kaufrecht* cit., 249. Quanto a questões conexas: STEFAN ERNST, *Gewährleistungsrecht – Ersatzansprüche des Verkäufers gegen den Hersteller auf Grund von Manzelfolgenschäden*, MDR 2003, 4-10, MARTIN HÄUBLEIN, *Der Beschaffenheitsbegriff und seine Bedeutung für das Verhältnis der Haftung aus culpa in contrahendo zum Kaufrecht*, NJW 2003, 388-393 e CANARIS, *Die Neuregelung* cit., 75 ss..

[382] HAAS, *Werkvertragsrecht*, em HAAS e outros, *Das neue Schuldrecht* cit., 295-312, Nr. 7 (297).

§ 5.º A reforma alemã das obrigações (2001/2002)   117

Outros contratos vêm a ser infletidos pela reforma da compra e venda: como exemplo ilustrativo, referimos o estudo de Huber, sobre a concessão[383].

II. A Diretriz n.º 2000/31/CE, de 8 de junho, do Parlamento Europeu e do Conselho[384], veio regular aspetos atinentes à sociedade de informação e ao comércio eletrónico.

O legislador alemão fez uma transposição de alguns dos seus preceitos através da "Lei para a adaptação de regras sobre forma do Direito privado e outros preceitos do moderno tráfego negocial jurídico" ou *FormVAnpG*[385], em vigor a partir de 1-ago.-2001[386]. A lei em causa introduziu, no BGB, dois novos preceitos – os §§ 126a e 126b[387] – que cumpre conhecer:

§ 126a Forma eletrónica

(1) Quando a forma escrita legalmente prescrita deve ser substituída pela forma eletrónica, o declarante deve inserir o seu nome na declaração e guarnecer o documento eletrónico com a sua assinatura eletrónica qualificada.

(2) Perante um contrato devem as partes, por seu turno, assinar um documento de teor idêntico, em termos eletrónicos tal como prescrito no número anterior.

§ 126b Forma de texto

Quando a lei prescreva a forma de texto, deve a declaração ser feita num documento ou outra forma duradoura de reprodução de sinais escritos, de modo adequado, sendo a pessoa do declarante nomeada e o encerramento da declaração feito através de reprodução da assinatura, do nome ou de outro modo reconhecível.

---

[383] ULRICH HUBER, *Die Haftung des Vertragshändlers gegenüber seinem Abnehmer nach neuem Kaufrecht*, FS Ulmer (2003), 1165-1197.

[384] JOCE N.º L 178, de 17-jul.-2000, 1-16; trata-se de uma Diretriz que foi transposta para a nossa ordem interna pelo Decreto-Lei n.º 7/2004, de 7 de janeiro, mediante a autorização legislativa concedida pela Lei n.º 7/2003, de 9 de maio.

[385] De *Formvorschriftenanpassungsgesetz*, de 13-jul.-2001.

[386] SUSANNE HÄHNCHEN, *Das Gesetz zur Anpassung der Formvorschriften des Privatrechts und anderer Vorschriften an den modernen Rechtsgeschäftsverkehr*, NJW 2001, 2831-2834 (2831 ss.). Quanto à transposição da Diretriz n.º 2000/31/CE, cumpre referir, ainda, HELMUT HOFFMANN, *Die Entwicklung des Internet-Rechts von Anfang 2001 bis Mitte 2002*, NJW 2002, 2602-2610 (2602) e HEIKO HÖFLER/BIRGIT BERT, *Die neue Vergabeverordnung*, NJW 2002, 3310-317 (3315).

[387] Além da obra referida na nota anterior, *vide* DOROTHEE EISELE, no *Münchener Kommentar*, 1, 6.ª ed. (2012), §§ 126a e 127b (1487-1501).

Ficaram por transpor os artigos 10.º, 11.º e 18.º da Diretriz 2000/31. O legislador de 2001/2002 propôs-se inserir essa parte da transposição no BGB[388]: justamente a relativa aos contratos eletrónicos, no que tange à substância[389].

Assim surgiu o § 312e, epigrafado "deveres no tráfego negocial eletrónico"[390]. Trata-se de um preceito externo que, no essencial[391], obriga o empresário que use meios eletrónicos para a conclusão de contratos relativos ao funcionamento de mercadorias ou à prestação de serviços, a:

– disponibilizar meios técnicos adequados e eficazes para que o cliente possa prevenir erros;
– dispor as informações oportunas antes da encomenda e torná-las compreensíveis;
– confirmar eletronicamente a encomenda;
– proporcionar a possibilidade de recondução a cláusulas contratuais gerais.

Como temos sustentado, toda esta matéria pode ser reconduzida à dogmática civil: sempre com o suplemento da necessária informação e, sendo o caso, do direito ao "arrependimento" do consumidor.

III. A Diretriz n.º 2000/35/CE, de 29 de junho, do Parlamento Europeu e do Conselho, veio fixar medidas de luta contra os atrasos no pagamento de transações comerciais[392].

---

[388] DÄUMLER-GMELIN, *Die Entscheidung* cit., 2281.

[389] GERALD SPINDLER, *Das Gesetz zum elektronischen Geschäftsverkehr – Verantwortlichkeit der Diensteanbieter und Herkunftsprinzip*, NJW 2002, 921-927 (921).

[390] Inserido na parte geral das obrigações, ele não se limita à compra e venda; cf. WESTERMANN, *Das neue Kaufrecht* cit., 241, nota 3. Referimos, ainda, GRIGOLEIT, *Besondere Vertriebsformen im BGB* cit., 1152. As declarações eletrónicas têm vindo a merecer uma literatura crescente; como obra de referência, ANDREAS WIEBE, *Die elektronische Willenserklärung/Kommunicationstheoretische und rechtsdogmatische Grundlagen des elektronischen Geschäftesverkehrs* (2002), 590 pp..

[391] CHRISTIANE WENDEHORST, no *Münchener Kommentar*, 2, 6.ª ed. (2012), § 312e (1718 ss.).

[392] JOCE N.º L 200, de 8-ago.-2000, 35-38 = NJW 2001, 132-134; esta Diretriz foi transposta para a ordem portuguesa pelo Decreto-Lei n.º 32/2003, de 17 de fevereiro: fora do prazo fixado, e com aparente limitação ao Código Comercial. *Vide supra*, 67-69.

§ 5.º A reforma alemã das obrigações (2001/2002)   119

O problema dos atrasos no pagamento vinha preocupando as instâncias europeias[393]. Assim surgiu a Diretriz, discutindo-se a sua transposição[394]. Foi entendido que ela seria incluída na "grande solução" do BGB[395].

A transposição cifrou-se em novas redações dos §§ 247, 286 (mora do devedor) e 288 (juros de mora)[396]. Fundamentalmente, visou-se automatizar, em certas circunstâncias, a mora do devedor e indexar a taxa de juros moratórios à taxa básica do Banco Central Europeu[397].

25. Apreciação geral

I. A apreciação geral da reforma alemã de 2001/2002 afigura-se útil: quer pelo prisma da Ciência do Direito, quer pelo que envolva de lições úteis, a concretizar na nossa Terra.

Aquando da sua aprovação, como vimos, a reforma suscitou críticas muito severas. Censurou-se-lhe a precipitação, a extensão desmesurada (mais de 200 parágrafos do BGB!), os custos da adaptação das empresas e dos advogados aos novos textos e os riscos de soluções inadequadas que tudo isso sempre envolve[398]. E de facto, a reforma foi acompanhada por uma sucessão de estudos, em número muito elevado e que pareciam prenunciar uma complexidade sem fim.

II. Todavia, passados mais de dez anos sobre a entrada em vigor da reforma, há que reconhecer a sua plena integração na Ciência Jurídica corrente. Os próprios críticos das mudanças, como Dirk Olzen, reconhe-

---

[393] REINHART SCHULTE-BRAUCKS, Zahlungsverzug in der Europäischen Union, NJW 2001, 103-108 (103 ss.); cf. HELMUT KIESEL, Verzug durch Mahnung bei Geldforderungen trotz § 284 III BGB, NJW 2001, 108-111.

[394] MARTIN SCHMIDT-KESSEL, Die Zahlungsverzugsrichtlinie und ihre Umsetzung, NJW 2001, 97-103.

[395] DÄUMLER-GMELIN, Die Entscheidung cit., 2281.

[396] DIETER MEDICUS, Leistungsstörungsrecht, em HAAS e outros, Das neue Schuldrecht cit., 79-132, N. 91 (102).

[397] JÖRG PETERSHAGEN, Der neue Basiszinssatz des BGB – eine kleine Lösung in der grossen Schuldrechtsreform?, NJW 2002, 1455-1457.

[398] Além da bibliografia da época, acima referida, vide, agora com algum distanciamento, DIRK OLZEN, no Staudinger II, Einl zum SchuldR, Nr. 201-202 (70-71).

cem que os efeitos práticos foram menores do que o receado[399], enquanto os comentadores consideram abertamente que, perante o seu bom funcionamento, a literatura crítica do início perdeu interesse[400]. Os manuais entendem, também, a reforma como assimilada sem problemas, dados os trabalhos intensivos que acompanharam a sua entrada em vigor[401]. Os diversos temas alterados surgem nos lugares próprios, sem problemas de maior. Desapareceram, mesmo, as rubricas gerais sobre a reforma.

III. Deve notar-se que, mau grado a aceleração final dos trabalhos, a reforma foi preparada durante mais de 20 anos, ocupando, na prática, duas gerações de juristas. Era de esperar que alcançasse – como alcançou – um elevado nível jurídico-científico, sendo adequada à realidade a que se destinava.

Boa parte das soluções da reforma já haviam sido alcançadas pela jurisprudência e pela doutrina. Valeu a pena codificá-las?

Num País de Direito continental, é suposto as soluções resultarem da lei. O desenvolvimento jurisprudencial, se bem que muito estimulante, pelo prisma jurídico-científico e universitário, não é manuseável e corre sempre o risco de perda de informação. Os diversos países posicionam-se para enfrentar as realidades da integração europeia, onde avulta o espectro do Código Civil europeu. E nesse ponto, o inserir em lei os avanços da Ciência do Direito é uma vantagem: a "solução jurisprudencial" aparece, aos olhos dos políticos e das empresas, como mais um estorvo, fonte de custos.

Os estudiosos que levaram à reforma jogaram no futuro: tanto quanto parece, bem.

IV. Uma reforma deste tipo foi cuidadosamente preparada: não se mexe no Código Civil de ânimo leve. Será uma boa lição para o nosso legislador: o despropósito que consistiu em levar ao Código Civil uma nova lei do arrendamento, aprontada em 100 dias (!), cheia de erros, ina-

---

[399] *Idem*, Nr. 201 (70).

[400] HARTWIG SPRAU, no Palandt, 71.ª ed. (2012), *Einleitung*, Nr. 10 (3).

[401] HANS BROX/WOLF-DIETRICH WALKER, *Allgemeines Schuldrecht*, 36.ª ed. (2012), § 1, Nr. 4 (4).

dequada ao que se pretendia e sem quaisquer estudos sérios na sua base, não mais pode repetir-se[402].

Resta acrescentar que os meandros concretos da problemática em jogo serão vistos a propósito das rubricas competentes.

---

[402] Trata-se da infeliz Lei n.º 6/2006, de 27 de fevereiro, em boa hora corrigida pela Lei n.º 31/2012, de 14 de agosto.

§ 6.º ASPIRAÇÕES DE REFORMA DO DIREITO DAS OBRIGAÇÕES

26. Características atuais

I. O Direito das obrigações comunga da generalidade das características próprias do Direito civil em geral[403]. Todavia, ele tem alguns traços específicos que justificam, a seu propósito, mais do que uma simples remissão.

Estamos perante um Direito codificado. Por isso, quer a sua aprendizagem, quer a sua aplicação partem da localização e da interpretação da lei. Nas obrigações, podemos porém falar num maior contributo doutrinário. Muitos dos preceitos do Código Civil não têm sentido, nem mesmo para juristas formados se, de imediato, não for convocada toda uma massa doutrinária explicativa: uma consequência direta da densidade científica e aqui reinante.

Estamos perante um Direito conceitualizado e analítico. A lei utiliza fórmulas linguísticas há muito estabilizadas, com as quais o intérprete-aplicador deve reconstruir as mensagens normativas. Assinale-se que, nas obrigações, os conceitos têm, em regra, uma delimitação mais precisa: necessariamente mais precisa, dada a natureza abstrata dos vínculos com que lidamos. Além disso, parte-se, em regra, do elemento para o todo, construindo conceitos gerais abstratos: uma primazia da análise sobre a compreensividade, no sentido que damos a ambos esses termos.

Estamos perante um Direito abstrato: mais abstrato ainda do que o já de si abstrato Direito civil. O Código não visa situações configuráveis como concretas. A concretização implica sempre um aditamento a aportar pelo intérprete-aplicador, dentro da Ciência do Direito.

Estamos, finalmente, perante um Direito que opera com conceitos indeterminados. A generalidade de tais conceitos advém do Direito das

---

[403] *Tratado* I, 4.ª ed., 390 ss..

§ 6.º Aspirações de reforma do direito das obrigações 123

obrigações, mesmo quando, por razões de oportunidade, sejam trabalhados na Parte geral. A indeterminação obriga a um recurso intensivo à Ciência do Direito, de modo a que não se torne no domínio da mera tópica ou, quiçá, do arbítrio.

II. O Direito das obrigações é, por excelência, um Direito aberto ao exterior. Aí se filiam, como veremos, boa parte das aspirações a uma "europeização". E aí reside o universalismo da sua Ciência.

A prolixidade legislativa tem deixado intacto o núcleo duro do Direito das obrigações. Certas áreas são atingidas, com relevo para o arrendamento. De todo o modo, deparamos com uma disciplina mais imune, do que as demais, à inventividade legislativa.

Com alguma cautela, afigura-se-nos que, em geral, a concretização prática do Direito das obrigações é menos frágil do que a patente noutras áreas normativas. O Direito das obrigações raramente se aplica "puro": ele serve de base a regras comerciais, contratuais, laborais ou outras que, depois, enquadram os problemas. A parte obrigacional, em regra, é a mais sólida, obtendo um melhor controlo, por parte do intérprete-aplicador e, depois, das instâncias de aplicação e de recurso.

27. A estabilidade nuclear e as flutuações periféricas

I. No Direito das obrigações português, podemos distinguir uma zona nuclear, marcada pela atemporalidade e pela cientificidade das suas proposições e uma ou mais zonas periféricas, sensíveis às conjunturas, às modas jurídico-científicas e às ideologias. *Grosso modo*, poderíamos situar a zona nuclear nas "obrigações em geral", descontando institutos sujeitos à moeda e a eventuais instabilidades monetárias[404] e as zonas periféricas nos contratos em especial ou nalguns deles.

II. Na zona nuclear, é suposto o legislador não mexer fora de claras diretrizes científicas. Estamos numa área doutrinariamente muito densa, assente numa Ciência milenária e que, pela sua natureza abstrata, tem uma atemporalidade experimentada. É certo que este núcleo foi atingido

---

[404] As "reformas" do contrato-promessa realizadas nos anos 80 do séc. XX tiveram justamente a ver com a necessidade de enfrentar problemas postos pela depreciação monetária acelerada.

pela reforma alemã de 2001/2002, como vimos. Todavia: em boa parte, tal reforma apenas pôs no papel aquilo que há mais de um século foi desenvolvido e sedimentado pelos juristas. E no que assim não foi: houve um efetivo salto no escuro, que não deve ser repetido de ânimo leve.

Nas periferias, bom seria que se estabilizasse. A adaptação ao mundo económico sempre mutável é, num sistema que mantenha a dualidade Direito civil/Direito comercial, assegurada pelos contratos comerciais. Os contratos civis, tirando o caso patológico do arrendamento, representam subsistemas experientes e suficientemente abstratos para permitirem aos visados, no concreto, articular os seus interesses como melhor lhes convenha. Também aqui deveria haver contenção nas reformas, embora não se imponham as cautelas máximas relativas à parte nuclear.

III. Qualquer reforma civil, particularmente quando toque no Direito das obrigações, deve resultar de um alargado consenso doutrinário. Não há, em geral, opções políticas subjacentes. Sabemos que o Direito das obrigações é suficientemente abstrato para dar, sem esforço, enquadramento às mais variadas escolhas sócio-económicas. Basta estudá-lo.

IV. Torna-se importante referir que a reforma alemã de 2001/2002, mau grado as dificuldades que levantou, foi acolhida sem problemas, constando, hoje, nos locais próprios, dos manuais e dos comentários. A maturação científica que a precedeu explica a facilidade aparente com que, sem sobressaltos, foi possível remodelar textos aparentemente intocáveis.

28. O Direito do consumo e Direito do arrendamento

I. O Direito do consumo, como corpo de regras destinadas a tutelar o elo final do circuito económico, impôs-se quando, a partir do século XIX, os desenvolvimentos da produção, da distribuição e da publicidade vieram permitir e incentivar que cada um adquira mais do que o preciso, para sobreviver[405]. No início, ele originou regras simples e díspares; com o tempo, acabaram por suprir regras procedimentais, organismos especializados e dispositivos sancionatórios.

---

[405] *Tratado* I, 4.ª ed., 317 ss..

§ 6.º Aspirações de reforma do direito das obrigações

II. Degladiam-se, na Europa, duas tendências: a francesa, que optou por um código do consumo e a alemã, que acolheu a matéria no Código Civil.

Esta última solução é a mais indicada, seja em termos de correção jurídico-científica, seja pela sua eficácia. Exige, contudo, um esforço científico muito maior: além do Código Civil, de manuseio sempre muito delicado, haveria que mexer em diversos outros diplomas. Na falta de condições e sendo absolutamente necessário compilar o Direito do consumo, melhor será, como solução provisória, aprontar um código do consumo.

III. Isto dito, cabe ponderar o problema em termos substanciais. O Direito do consumo integra, fundamentalmente, três institutos de fundo:

– deveres de informação acrescidos;
– um "direito ao arrependimento" ou a posibilidade reconhecida ao consumidor de, celebrado um contrato, poder, em certo prazo, retratar-se e resolvê-lo, sem consequências;
– a responsabilidade do produtor para com o consumidor final, ainda que, com ele, não tenha relações diretas.

O primeiro instituto pode incluir-se na Parte geral; os dois últimos são, materialmente, Direito das obrigações. Por isso, sem prejuízo das múltiplas considerações que a tutela do consumidor merece e que têm, na Parte geral, o local de eleição, não deixaremos de as incluir no presente Direito das obrigações. Outras reduções dogmáticas são possíveis, designadamente a de apurar uma vertente de tutela da confiança do consumidor[406]: pertença da Parte geral e, quanto à responsabilidade, das obrigações.

IV. A matéria do arrendamento tem colocado problemas rebeldes às tentativas de reforma dos últimos sessenta anos[407]. Trata-se, no essencial, de uma questão aberta pela revolução industrial e pelo êxodo rural e à qual não houve, até hoje, coragem política para pôr um ponto final.

---

[406] JÜRGEN OECHSLER, *Vertrauenshaftung von Verbrauchern*, FS Canaris, 1 (2007), 925-944.

[407] Quanto à evolução do arrendamento urbano, *vide* o preâmbulo do Decreto-Lei n.º 321-B/90, de 15 de outubro. A matéria será abaixo aludida a propósito dos direitos pessoais de gozo: *infra*, § 45.º.

Pelo arrendamento urbano, uma pessoa (o senhorio) cede a outra (o inquilino ou arrendatário) o uso temporário de um imóvel construído, mediante uma retribuição (a renda). O senhorio deve ainda, em princípio, manter o local arrendado em condições de satisfazer o fim a que se destina, fazendo as necessárias obras. Com o êxodo rural, aumentou a procura de locais habitáveis, nas cidades, o que permitiria, aos senhorios, fazer cessar os arrendamentos, negociando, com os ex-inquilinos ou com terceiros, condições mais favoráveis. E assim, desde o princípio do século XX, diversos governos intervieram, tomando três tipos de medidas:

– congelamento de rendas;
– proibição de despejos;
– prorrogação automática dos contratos.

Trata-se do chamado regime vinculístico do arrendamento. Com o tempo, ele conduziu a uma completa degradação das rendas, de tal modo que não é possível exigir, aos senhorios, a realização das obras, sob pena de abuso do direito[408].

Paralelamente e dado o regime jurídico pouco convidativo, os investidores não apostam numa construção para arrendamento: apenas para venda, em regra de má qualidade, uma vez que a maioria dos interessados ou é jovem ou pertence a segmentos médios baixos.

As consequências são lamentáveis: cidades degradadas, com prédios devolutos e subúrbios caóticos, com más condições, dobrados por um trânsito demente. Tudo isto sucede perante um *superavit* de prédios.

Impõe-se uma reforma coerente, que permita reanimar o mercado, recuperando as cidades e realojando a população. Não tem sido possível, por bloqueios ideológicos e pelo predomínio de grupos de pressão, a que nenhum governo está imune. O regime aprovado pela Lei n.º 6/2006, de 27 de setembro, nada resolveu: apenas veio introduzir, no Código Civil, textos mal estudados[409], desperdiçando o último momento histórico de desafogo económico do País para relançar a habitação.

---

[408] *Vide*, como exemplos: STJ 8-jun.-2006 (OLIVEIRA BARROS), Proc. 06B1103, STJ 14-nov.-2006 (FERNANDES MAGALHÃES), Proc. 06B3597, RLx 12-jul.-2007 (PIMENTEL MARCOS), Proc. 4848/2007-7 e STJ 2-jun.-2009 (URBANO DIAS), Proc. 256/09-3; mais indicações no nosso *O novo regime do arrendamento urbano: dezasseis meses depois, a ineficiência económica no Direito*, O Direito 139 (2007), 945-971 (948-949).

[409] *Vide* o nosso *A aprovação do RNAU (Lei n.º 6/2006, de 27 de Fevereiro): primeiras notas*, O Direito 138 (2006), 229-242.

§ 6.º Aspirações de reforma do direito das obrigações 127

E com isto, transferiu-se, para as gerações futuras, um problema cuja solução, totalmente conhecida e experimentada, passava, pelo menos, pela liberalização dos arrendamentos de futuro.

A atual Lei n.º 31/2012, de 14 de agosto, ainda em *vacatio*, abre outras perspetivas. Infelizmente, a crise de 2007-2014 não permite, para já, aproveitar os seus benefícios.

CAPÍTULO III

PAPEL, RELEVO E ESTUDO
DO DIREITO DAS OBRIGAÇÕES

§ 7.º PAPEL E RELEVO

29. Omnipresença e universalismo

I. Aquando da apresentação básica do Direito das obrigações, já havíamos acentuado a essência última da matéria: ela regula as relações privadas, que se estabeleçam entre as pessoas. Ora praticamente tudo o que releva, em termos jurídicos, acaba por se traduzir em relações desse tipo. O Direito das obrigações está, tendencialmente, presente em todas as situações jurídicas.

É certo que, muitas vezes, interpõem-se outros complexos normativos, como o Direito de família, os Direitos Reais, o Direito comercial ou o Direito processual. No que, porém, esses complexos não determinem de outra forma, regressa-se ao Direito das obrigações. E mesmo quando este não deva prevalecer: é por defeito ou por acrescento, mas sempre tendo em conta a básica solução obrigacional, que essas disciplinas normativas vão propugnando os seus valores.

O Direito das obrigações está omnipresente em todo o Direito privado.

II. Quanto ao Direito público: encontramos aí, para além de fenómenos de organização, todo um mundo de relações: entre o Estado e os cidadãos, entre organismos estaduais entre si e entre os próprios cidadãos, uns para com os outros. Em todas as circunstâncias, o Direito das obrigações estará presente[410]: seja para uma aplicação direta, seja para aplicação ana-

---

[410] HEINRICH DE WALL, *Die Anwendbarkeit privatrechtlicher Vorschriften im Verwaltungsrecht* (1999), 584 pp., como obra de referência; *vide* HARTMUT MAURER, *Allgemeines Verwaltungsrecht*, 13.ª ed. (2000), 55 ss.; DIRK OLZEN, no *Staudingers Kommentar*

130   *Papel, relevo e estudo do direito das obrigações*

lógica, seja como um referencial que a lei, em função dos valores a que dê corpo, afasta ou adita. Como exemplos: a relação tributária é obrigacional; as convenções e as obrigações entre entes públicos são obrigacionais; os contratos administrativos são fontes de múltiplos créditos e débitos.

De novo a omnipresença das obrigações se impõe, à reflexão. E é ainda o Direito das obrigações que preside, por várias vias, às relações entre os Estados, dando corpo ao Direito internacional.

III. O Direito das obrigações, nas suas origens romanas, nas diversas receções do *ius romanum* processadas ao longo da História e nas mais aperfeiçoadas reflexões dos nossos dias, revela-se como lógica jurídica pura e como raciocínio jurídico aplicado. Ela pode servir quaisquer valores, embora tenha uma apetência de princípio e uma capacidade efetiva de os equilibrar.

Por isso, mau grado as diversidades históricas e culturais, o Direito das obrigações tende para uma Ciência universal. Aí reside boa parte dos apetites europeus para a sua uniformização.

IV. O grande óbice à universalização perfeita da Ciência das obrigações reside na diversidade dos idiomas. Os conceitos são locuções linguísticas. Aparecem com a formulação facultada pelo vernáculo em que sejam "pensados" e explicitados. Pela própria natureza humana, não existem fora dele.

Reside, aí, como veremos, a viabilidade básica de um autónomo sistema lusófono de Direito: lado a lado com as dificuldades de uma integração europeia séria, inviável enquanto não se impuser um "idioma europeu" único, que ninguém afirma desejar.

30. Papel formativo e personalismo

I. Em termos ontológicos, qualquer raciocínio jurídico é um raciocínio obrigacional. Cumpre agora decompor esta evidência cartesiana, de modo a, dela, retirar a maior utilidade.

O Direito é uma realidade humana e logo: cultural. Apenas pela História poderemos entendê-lo e explicá-lo. Todavia, o tecido normativo

---

zum BGB, II – *Einl zum SchuldR* (2009), Nr. 267-272 (95-98); Ernst A. Kramer, no *Münchener Kommentar zum BGB*, 2, 6.ª ed. (2012), intr. Nr. 11-12 (7-8).

§ 7.º *Papel e relevo* 131

é, hoje, tão extenso, que a duração da vida humana não permitiria, a qualquer jurista, conhecer a origem e a evolução de cada instituto com que, no dia-a-dia, tenha de lidar. Pois bem: uma perspetiva histórica do Direito das obrigações dá, a cada jurista, um amparo ontológico para o manuseio dos mais diversos instrumentos.

II. A aptidão para um raciocínio abstrato, isto é, independente de um concreto problema, ainda quando dirigido para problemas, não é inato. Há que sofrer todo um processo de aprendizagem, para que ele se torne possível. O Direito das obrigações, pelo afinamento dos seus conceitos e da sua articulação, torna-se, por excelência, no banco de escola mais eficaz para todos os juristas. Pela sua vida profissional e mesmo quando, disso, se não apercebam, os práticos do Direito lançam mão, continuamente, de instrumentos de raciocínio e de exposição obrigacionais.

III. A passagem ao caso concreto exige um processo de concretização. Poderá ser complexo ou de grande simplicidade: mas estará sempre presente. O Direito das obrigações é o portador milenário de diversos conceitos indeterminados, tendo assegurado, ao longo da História, a sua concretização. Temos, pois, nesta dimensão, um instrumento científico indispensável e sempre útil.

Finalmente – e ligado a esta dimensão – verifica-se que o Direito das obrigações opera como matriz de aperfeiçoamentos jurídico-científicos: não de meras soluções novas; antes de verdadeiros progressos no modo de entender e de realizar o Direito. Neste preciso momento estão a ser repensados e reescritos muitos capítulos, numa sequência a que a reforma alemã de 2001/2002 deu um rosto visível.

IV. As considerações anteriores são reforçadas pela reflexão linguística. Os conceitos jurídicos básicos são elaborados em obrigações, tal como em obrigações são afinados as proposições e os raciocínios. Falar jurídico é falar civil; e falar civil é falar obrigações. A autonomia jurídico-científica de qualquer idioma depende da sua capacidade de exprimir um sistema coerente de Direito das obrigações.

Admitimos, por exemplo, que nos primórdios da nacionalidade fosse possível usar o galaico-português para fazer poesias ou para efetuar uma proclamação de independência. Mas para expor um cenário obrigacional, haveria que recorrer ao latim. Com os séculos, a língua emancipou-se: está apta para a Ciência do Direito o que é dizer, para as obrigações.

132   *Papel, relevo e estudo do direito das obrigações*

O papel formativo da disciplina impõe-se, assim, também no plano linguístico.

V. Finalmente, o Direito das obrigações é, por excelência, o Direito das pessoas e entre as pessoas. Os valores do Direito civil, designadamente o da dignidade humana[411], vão-se repercutir, através dos vínculos obrigacionais, em todos os meandros da vida social. O Direito das obrigações tem um papel ideológico, no sentido mais nobre do termo: recorda aos juristas, em cada momento, a presença e o primado das pessoas.

31. As áreas de crescimento

I. A exposição anterior poderia deixar antever um Direito das obrigações formal e anquilosado, assente em proposições buriladas e nas quais não seria possível mexer, sem desequilibrar o sistema. Não é assim. O sistema obrigacional é aberto, intensiva e extensivamente. Apresenta-se interativo e tem significativas áreas de mobilidade. Mais precisamente:

– o sistema é aberto: admite lacunas e indeterminações internas, que devem ser superadas e convive com problemas exteriores, que não pode deixar de reduzir, isto é: de explicitar em termos dogmáticos, encontrando soluções;
– o sistema é interativo ou cibernético: sensível à idoneidade e à adequação das soluções a que chegue, ele está sempre pronto a modificar os seus postulados de origem e as vias da sua concretização, para aperfeiçoar as soluções;
– o sistema é móvel ou tem áreas de mobilidade: os valores que ditam as saídas não têm hierarquias rígidas, não são fatais e apresentam-se substituíveis.

Tudo está em respeitar os ditames jurídico-científicos, tal como são ontologicamente recebidos da História, sujeitando-os a um adequado crivo da razão, da sensibilidade e da comunicação.

II. No Direito das obrigações vamos encontrar áreas de crescimento jurídico-científico, isto é, pontos que não são ainda explicáveis ou enqua-

---

[411] *Tratado* I, 4.ª ed., 930 ss..

§ 7.º Papel e relevo 133

dráveis no seu todo, pela Ciência do Direito. Nessas áreas justifica-se o esforço dos investigadores, de modo a conquistá-las para os domínios dogmáticos. E elas são numerosas: paradoxalmente, à medida que o conhecimento humano progride, mais problemas se levantam e mais áreas quedam, patentes, por explorar.

III. Nestas condições, não admira que, por todo o Mundo, as grandes descobertas jurídico-científicas e os novos desenvolvimentos se situem, praticamente, no domínio do Direito das obrigações. O bom investigador, mesmo em áreas distantes, nunca descurará o acompanhamento obrigacionístico dos passos que vá dando.

§ 8.º O ESTUDO

32. Investigação e ensino

I. O Direito das obrigações implica, como qualquer disciplina jurídica nos nossos dias, o manuseio de uma grande quantidade de informação. Todavia, não é uma área descritiva: bem pelo contrário. O estudioso, seja qual for o grau em que se encontre, é sempre levado a reconstruir raciocínios jurídicos de complexidade crescente, de modo a criar a solução aplicável ao caso. Digamos que estudar obrigações é, sempre, uma operação de investigação.

II. Há duas características da disciplina que conduzem à situação descrita: a técnica analítica abstrata das normas codificadas e a presença constante de conceitos indeterminados.

O Código Civil comporta normas numerosas do Direito das obrigações. Isoladamente tomadas, elas são inúteis para a resolução de problemas: *summo rigore*, nem são Direito. Qualquer decisão juridicamente relevante exige sempre uma articulação de vários preceitos, a efetivar criativamente, em cada momento, pelo operador jurídico e, *maxime*, pelo juiz. As normas obrigacionais são analíticas e abstratas, enquanto os modelos de decisão se apresentam compreensivos e concretos. A investigação é sempre necessária: por oposição à descrição, à memorização ou ao automatismo.

O Código Civil contém conceitos indeterminados de grande extensão. Por exemplo, quando, na constituição, na execução e na modificação das obrigações se sujeitem as mesmas à boa-fé, está-se a mandar que cada situação obrigacional seja, em permanência, confrontada com os valores básicos do sistema, valores esses que devem ser concretizados. De novo a investigação passa a ser o habitual modo de trabalho.

III. Dir-se-á, todavia, que o acima descrito é válido para todo o Direito e que isso explica a necessidade de juristas formados: de outra forma, qualquer pessoa alfabetizada poderia concretizar o Direito. Assim é. Mas no Direito das obrigações, mercê da natureza abstrata dos vínculos que regula, do aperfeiçoamento das proposições normativas e das suas extensão e omnipresença, a natureza inventiva do Direito abrange um plano mais elevado.

IV. O ensino do Direito das obrigações é, de facto, uma aprendizagem para a investigação. Não se estuda a matéria: estuda-se o estudo da matéria, numa postura que uma vez apreendida, irá perdurar em toda a vida profissional.

33. O método histórico-comparatístico e o programa

I. O estudo do Direito das obrigações obriga, pelo menos, ao conhecimento explicado da origem das normas, à determinação do seu conteúdo e à fixação do seu escopo. Tudo isso está, de resto, interligado. No caso português, as especiais características do respetivo ordenamento, tal como sucede com os Direitos lusófonos, obriga, a cada momento, a circunlóquios histórico-comparatísticos.

Trata-se de um dado ontológico, que resulta das explicações acima dadas e que dispensa mais ênfase ou desenvolvimento. Apenas uma prevenção: a assim não ser, não há Ciência.

II. Um programa coerente de Direito das obrigações deverá partir do Livro II do Código Civil. Estando aqui em causa as obrigações em geral, vai relevar o Título I. Além disso, devemos ser pragmáticos: atrair para as obrigações matéria da Parte geral, como a formação do negócio, as cláusulas contratuais gerais, a repercussão do tempo nas situações jurídicas ou as causas de justificação, vai alargar um já de si lato programa.

É certo que muito da Parte geral é, materialmente, Direito das obrigações. Nada impede, porém, que, na tradição pandetística, ele seja tratado na Parte geral: haverá o cuidado de fazer as competentes remissões[412]. E, naturalmente: pressupõe-se adquirida toda essa matéria.

---

[412] *Vide* o nosso *Teoria geral/Relatório*, 231 ss.. Diversamente, MENEZES LEITÃO, *O ensino do Direito das obrigações/Relatório sobre o programa, conteúdo e métodos de ensino da disciplina*, cit., 287 ss..

136 *Papel, relevo e estudo do direito das obrigações*

III. A matéria dita *contratos em especial* será inserida nos competentes tomos deste *Tratado*. Em tempos, ensaiámos a colocação dos contratos no final de uma disciplina dedicada às obrigações (em geral)[413]. Essa temática melhor ficaria numa disciplina própria: é evidente[414]. Mas na sua falta, tudo deveria ser feito para que, aos estudantes, algo fosse dito, ainda que em termos elementares.

IV. Resta acrescentar que o recorte do programa é artificial, designadamente nas suas fronteiras com a Parte geral. Assim, a matéria aí inserida será convocada sempre que útil ou vantajosa: por exemplo, a *culpa in contrahendo* a propósito dos deveres acessórios ou da chamada terceira via da responsabilidade civil.

O concreto programa resulta do índice da presente obra.

34. O mau emprego de Bolonha

I. Como, infelizmente, não é inútil repetir, a pretexto da integração europeia, o Governo, particularmente o Ministro Mariano Gago, em 2005, entendeu reduzir a licenciatura em Direito a quatro anos e, em geral, dificultar o estudo e o ensino das Humanidades: cortando verbas, impondo uma uniformização artificial do ensino e tornando profissionalmente pouco atraentes as carreiras académica e da investigação, no Direito. E isso sucede numa altura em que, mercê da integração europeia, da diferenciação dos institutos e da complexização das sociedades, muita mais matéria há a estudar. Essa opção, em perfeito contraciclo, permitirá economizar, ao Estado, importâncias mínimas, uma vez que o ensino público é, hoje, custeado pelos alunos e pelas famílias. Além disso, ela tem sido dobrada por dificuldades burocráticas de todo o tipo, em relação à cooperação jurídica lusófona. Nada disto tem a ver com o invocado programa de Bolonha, relativo à interabertura das Universidades europeias: bastaria um mínimo de humildade para, através de rápida consulta ao que se faz nos outros países, se apreender o *qui pro quo*.

O abaixamento artificial do nível do ensino do Direito espoletou, nas faculdades públicas, um laxismo facilitista, designadamente no plano da

---

[413] Daí resultou o terceiro volume do *Direito das obrigações*, por nós coordenado, com duas edições e numerosas reimpressões.

[414] MENEZES LEITÃO, *O ensino do Direito das obrigações* cit., 289 ss..

§ 8.º O estudo   137

pós-licenciatura e do acesso ao grau de doutor. A não se inverter o processo, iremos perder as vantagens que mantínhamos perante o exterior.

II. Há momentos na História das Nações em que os Povos (ou os seus Governos, mas sem reação popular) encetam processos de autodestruição. A cruzada oficial contra as Humanidades, entre as quais o Direito e a sua Ciência, vem inscrever-se nesse contexto: o maior e mais substancial contributo do nosso Povo para a civilização planetária é, justamente, a lusofonia e o Direito.

Protestámos em sede própria e pelas vias adequadas. Sem êxito. Aqui fica consignada a nossa preocupação: queira Deus que inútil.

35. Bibliografia lusófona

I. O sentido de uma "bibliografia" na abertura de um tratado ou de um manual é muito limitado. No fundo, procurar-se-á apenas dar uma panorâmica literária conjunta, uma vez que, de acordo com o costume, as indicações mais úteis e precisas vão sendo dadas, a propósito de cada tema, em notas de rodapé. Pela natureza da presente obra, daremos indicações mais extensas quanto à bibliografia de fala portuguesa. Ficar-nos-emos por exemplos significativos, quanto à de outros países[415].

II. *Bibliografia portuguesa anterior a 1867*:

Pascoal José de Mello Freire, *Instituições de Direito civil português*, 1792, trad. port. de Miguel Pinto de Meneses, Livro IV – *Das obrigações e acções*, BMJ 168 (1967), 27-165, 170 (1967), 89-134 e 171 (1967), 69-168.
Manuel de Almeida Sousa (conhecido como Lobão), *Tratado Practico das Avaliações e dos Damnos*, Lisboa, 1830.
José Homem Corrêa Telles, *Tratado das obrigações pessoais, e reciprocas nos pactos, contractos, convenções, etc.*, 2 volumes, Lisboa, 1835 (trad. de Pothier);
idem, Digesto Portuguez ou tratado dos direitos e obrigações civis accommodado ás leis e costumes da Nação Portuguesa para servir de sub-

---

[415] Uma indicação bibliográfica extensa pode ser confrontada em MÁRIO JÚLIO DE ALMEIDA COSTA, *Direito das obrigações*, 12.ª ed. (2009), 32-61.

138   *Papel, relevo e estudo do direito das obrigações*

sidio ao "Novo Codigo Civil", vol. I, Lisboa, 1.ª ed., 1835, 3.ª ed., 1849, reimp., 1909.

Manuel António Coelho da Rocha, *Instituições de Direito civil portuguez*, tomos I e II, Coimbra, 1844; 2.ª ed., 1848, reimp., 1917.

António Ribeiro de Liz Teixeira, *Curso de Direito civil português ou commentario ás instituições do Sr. Paschoal José de Mello Freire sobre o mesmo Direito*, Coimbra, 1845, 3.ª ed., 1856.

II. *Bibliografia portuguesa posterior a 1867 e anterior a 1966*:

José Dias Ferreira, *Codigo Civil portuguez annotado*, Coimbra, 1.ª ed., 2.º vol. (1871) e 3.º vol. (1872), e 2.ª ed., 2.º vol., 1895.

Guilherme Alves Moreira, *Instituições do Direito civil português*, vol. II – *Das obrigações*, Coimbra, 1911; 2.ª ed., póstuma e sem alterações, de 1925.

António de Miranda e José Pinto de Menéres, *A teoria geral das obrigações no Direito civil português*, Coimbra, 1921, segundo a sistematização de Gabriel Pinto Coelho e Guilherme Moreira.

José Tavares, *Os princípios fundamentais do Direito civil*, vol. I, Coimbra, 2.ª ed., 1929, 338-614.

José Marques Barbosa de Reis Maia, *Direito geral das obrigações*, I – *das obrigações e dos contratos*, Barcelos, 1926.

Adriano Vaz Serra, *Direito civil português/Das obrigações*, por Afonso Leite de Sampaio, Alberto Lopes Madeira e Eduardo Martins Manso, Coimbra, 1930.

Luiz da Cunha Gonçalves, *Tratado de Direito Civil, em Comentário ao Código Civil Português*, Coimbra, IV, 1932, e V, 1932.

José Gabriel Pinto Coelho, *Direito civil/Obrigações, Lições* por Arlindo de Castro, Pedro Ladislau dos Remédios e F. G. d'Andrade Borges, Lisboa, 1932;

idem, Direito civil/Obrigações, Lições por Bernardo Mendes de Almeida, Acácio de Paiva, Frederico Pegado e Pedro Guimarães, Lisboa, 1933;

idem, Direito civil/Obrigações, Lições por Augusto de Sá Vianna Rebello, Lisboa, 1939.

Jaime de Gouveia, *As obrigações no Direito civil português, Lições* por Eugénio Higgs Ribeiro e Francisco Ferreira Curado, Lisboa, 1934.

Paulo Arsénio Viríssimo Cunha, *Direito das obrigações*, por Margarida Pimentel Saraiva e Orlando Courrége, 1938/1939.

Inocêncio Galvão Telles, *Manual dos contratos em geral*, Coimbra, 1947, 3.ª ed., 1965;

idem, Manual de Direito das obrigações, I, Coimbra, 1957, 2.ª ed., 1965.

§ 8.º O estudo   139

Manuel Augusto Domingues de Andrade, *Direito civil/Teoria geral das obrigações*, por Manuel H. Mesquita e José de Barros, Coimbra, 1955;

idem, Teoria geral das obrigações, com a colaboração de Rui de Alarcão, Coimbra, 1.ª ed., 1958 e 3.ª ed, 1965, com reimpressões posteriores.

Francisco Manuel Pereira Coelho, *Obrigações*, Aditamentos à *Teoria geral das obrigações* de Manuel de Andrade, por Abílio Neto e Miguel J. A. Pupo Correia, 1963-1964.

III. *Bibliografia portuguesa posterior a 1966*[416]:

Fernando Pessoa Jorge, *Lições de Direito das obrigações*, Lisboa, 1966/1967, e 2.º vol., Lisboa, 1968-69, reed. em 1975, com reimp. sucessivas;

idem, Direito das obrigações I, Lisboa, 1971/1972, até à p. 256; da 257 em diante, 1973/1974.

Carlos Alberto da Mota Pinto, *Direito das obrigações*, por Encarnação Cabral e Jorge de Amorim, Coimbra, 1973.

Rui de Alarcão, *Direito das obrigações*, por Mário Soares de Freitas, Emília dos Santos Rodrigues e Mário José Candarela, 1975;

idem, Direito das obrigações, por José de Sousa Ribeiro, Jorge Sinde Monteiro, Almeno de Sá e J. C. Proença, Coimbra, 1983.

António Menezes Cordeiro, *Lições de Direito das obrigações*, Lisboa, três volumes, 1978/1979;

idem, Direito das obrigações, dois volumes, 1980 com reimp. até 2001[417].

Inocêncio Galvão Telles, *Direito das obrigações*, Coimbra, 1979 e 7.ª ed., 1997, Coimbrã, com reimpressão de 2010;

idem, Manual dos contratos em geral, 4.ª ed., Coimbra, 2002.

Jorge Ribeiro de Faria, *Direito das obrigações*, dois volumes, Porto, 1980/1981, com sucessivas reimpressões, as últimas de 2003.

João de Matos Antunes Varela, *Das obrigações em geral*, 1.º vol., 10.ª ed., Coimbra, 2000, e 2.º vol., 7.ª ed., Coimbra, 1997, ambos com diversas reimpressões, as últimas das quais de 2012.

---

[416] No período de 1977-1978, em fase ainda de instabilidade, cumpre consignar os seguintes elementos, pouco conhecidos: JORGE PATRÍCIO PAÚL, *Direito das obrigações/ Plano*, Lisboa, 1977, 50 pp.; MANUEL JANUÁRIO DA COSTA GOMES, *Direito das obrigações/ Garantias*, Centro de Apoio de Faro, Lisboa, 1978, 126 pp.; FERNANDO CUNHA DE SÁ, *Direito das obrigações*, Lisboa, 1978, 60 pp. e I, 1981, 29 pp., e II, 1981, 228 pp..

[417] Existem diversos "Direitos das obrigações" nossos, ed. por alunos, sem revisão do Autor.

Nuno Manuel Pinto Oliveira, *Direito das obrigações*, I – *Conceito, estrutura e função das relações obrigacionais; direitos de crédito e direitos reais*, Coimbra, 2005.

Manuel das Neves Pereira, *Introdução ao Direito das obrigações*, 3.ª ed., Coimbra, 2007.

Mário Júlio de Almeida Costa, *Direito das obrigações*, 12.ª ed., Coimbra, 2009.

Luís Menezes Leitão, *Direito das obrigações*, volume I, *Introdução, da constituição das obrigações*, Coimbra, 9.ª ed., 2010, e volume II, *Transmissão e extinção das obrigações; não cumprimento e garantias do crédito*, Coimbra, 8.ª ed., 2011.

Eduardo dos Santos Júnior, *Direito das obrigações* I – *Sinopse explicativa e ilustrada*, Coimbra, 2010.

Pedro Romano Martinez, *Direito das obrigações: programa 2010/2011; apontamentos*, 3.ª ed., Lisboa, 2011.

António Maria M. Pinheiro Torres, *Noções fundamentais de Direito das obrigações*, 2.ª ed., Coimbra, 2011.

Nuno Manuel Pinto Oliveira, *Princípios de Direito dos contratos*, Coimbra, 2011.

IV. *Bibliografia brasileira anterior a 1916*:

Augusto Teixeira de Freitas, *Consolidação das leis civis* (1855), com 5.ª ed., Rio de Janeiro, 1915.

Clóvis Beviláqua, *Direito das obrigações*, 2.ª ed., Bahia, 1910, reimp., 1977.

Carlos Augusto de Carvalho, *Direito civil brasileiro: recopilado ou nova consolidação das leis civis vigentes em 11 de Agosto de 1899*, Porto, 1915.

V. *Bibliografia brasileira posterior a 1916 e anterior a 2002*:

Clóvis Beviláqua, *Código Civil dos Estados Unidos do Brasil Commentado*, 2.ª ed., vol. IV – *Direito das obrigações* 2, Rio de Janeiro, 1924 e 1926.

Manuel Inácio Carvalho de Mendonça, *Doutrina e prática das obrigações ou tratado geral de direitos de crédito*, 4.ª ed., Rio de Janeiro, I e II, 1956.

Pontes de Miranda, *Tratado de Direito privado*, XXII ss., Rio de Janeiro, 1971.

Orosimbro Nonato, *Curso de obrigações*, 2 volumes, Rio de Janeiro, 1959 e 1969.

§ 8.º O estudo 141

VI. *Bibliografia brasileira posterior a 2002*:

Caio Mário da Silva Pereira, *Instituições de Direito civil*, II – *Teoria geral das obrigações*, 21.ª ed., atualizador Guilherme Calmon Nogueira da Gama, Rio de Janeiro, 2004;

idem, III – *Contratos*, 12.ª ed., atualizador Regis Fichtner, Rio de Janeiro, 2007.

Orlando Gomes, *Obrigações*, 17.ª ed., atualizador Edvaldo Brito, Rio de Janeiro, 2007;

idem, *Contratos*, 26.ª ed., atualizadores António Junqueira de Azevedo e Francisco Paulo de Crescenzo Marino, Rio de Janeiro, 2007.

Silvio Rodrigues, *Direito civil*, 2 – *Parte geral das obrigações*, 30.ªed., São Paulo, 2002, 9.ª tiragem, 2008;

idem, 3 – *Dos contratos e das declarações unilaterais da vontade*, 30.ª ed., São Paulo, 2004;

idem, 4 – *Responsabilidade civil*, 20.ª ed., 4.ª tiragem, São Paulo, 2007.

Maria Helena Diniz, *Curso de Direito civil brasileiro*, 2 – *Teoria geral das obrigações*, São Paulo, 2009;

idem, 3 – *Teoria das obrigações contratuais e extracontratuais*, 25.ª ed., São Paulo, 2009;

idem, *Tratado teórico e prático dos contratos*, 6.ª ed., 5 volumes, São Paulo, 2006;

Arnoldo Wald, *Direito civil/2 – Direito das obrigações e teoria geral dos contratos*, 18.ª ed., São Paulo, 2009.

VII. *Códigos brasileiros anotados*:

Ricardo Fiuza (coord.), *Novo Código Civil Comentado*, São Paulo, 2003.

Nelson Nery Júnior/Rosa Maria de Andrade Nery, *Código Civil Anotado*, São Paulo, 2003.

36. Bibliografia estrangeira

I. Bibliografia alemã anterior a 2001

Ludwig Enneccerus/Heinrich Lehmann, *Recht der Schuldverhältnisse. Ein Lehrbuch*, 15.ª ed., Tübingen, 1958.

Karl Larenz, *Lehrbuch des Schuldrechts*, I – *Allgemeiner Teil*, 14.ª ed., Munique, 1987.

Karl Larenz/Claus-Wilhelm Canaris, *Lehrbuch des Schuldrechts*, II – *Besonderer Teil*, 2, 13.ª ed., Munique, 1994.

142   *Papel, relevo e estudo do direito das obrigações*

II. Bibliografia alemã posterior a 2001

Wolfgang Fikentscher/Andreas Heinemann, *Schuldrecht*, 10.ª ed., Berlim, 2006.

Felix Hütte/Marlena Helbron, *Schuldrecht/Allgemeiner Teil*, 5.ª ed., Bremen, 2009.

Dieter Medicus/Stephan Lorenz, *Schuldrecht I/Allgemeiner Teil*, 19.ª ed., Munique, 2010.

Christoph Hirsch, *Schuldrecht/Allgemeiner Teil*, 7.ª ed., Baden-Baden, 2011.

Dirk Looschelders, *Schuldrecht/Allgemeiner Teil*, 9.ª ed., Frankfurt, 2011.

Hans Brox/Wolf-Dietrich Walker, *Allgemeines Schuldrecht*, 36.ª ed., Munique, 2012.

III. Bibliografia francesa

Jean Carbonnier, *Droit civil/Les obligations*, 22.ª ed., Paris, 2004.

Muriel Fabre-Magnan, *Droit des obligations* I e II, Paris, 2008;

Philippe le Tourneau, *Droit de la responsabilité et des contrats*, Paris, 2008/2009.

François Terré/Philippe Simler/Yves Lequette, *Droit civil/Les obligations*, 10.ª ed., Paris, 2009;

Alain Bénabent, *Droit civil, Les obligations*, 12.ª ed., Paris, 2010.

Philippe Maulaurie/Laurent Aynès/Philippe Stoffel-Munck, *Les obligations*, 5.ª ed., Paris, 2011.

Bertrand Fages, *Droit des obligations*, Paris, 3.ª ed., Paris, 2011;

IV. Bibliografia italiana

Francesco Caringella/Giuseppe de Marzo, *Manuale di diritto civile/*II – *Le obbligazioni*, Milão, 2007.

Francesco Caringella, *Manuale di diritto civile/*III – *Le obbligazioni in generale*, com a col. de Chiarastella Gabbanelli e Claudia Misale, Roma, 2011.

Enrico Moscati, *La disciplina generale delle obbligazioni. Corso di diritto civile*, Turim, 2012.

37. Revistas, comentários e Internet

I. O estudo do Direito – particularmente do Direito privado e, dentro dele, do Direito das obrigações – implica o hábito de ler *revistas jurídicas*. De um modo geral, pode dizer-se que todas as revistas nacionais acabam

§ 8.º O estudo
143

por ter relevância obrigacional, devendo ser conhecidas e consultadas[418].
Quatro delas merecem, contudo, referência, pela quantidade e qualidade
da informação que facultam: as duas primeiras no domínio da doutrina que
contêm e as duas últimas no da jurisprudência, mas também com doutrina:

- *O Direito*, suspensa em 1974 e retomada nos finais de 1987;
- *Revista de Legislação e de Jurisprudência* – RLJ;
- *Boletim do Ministério da Justiça* – BMJ[419];
- *Colectânea de Jurisprudência* – CJ.

II. *Comentários e revistas estrangeiras*

O predomínio dos comentários ao BGB, pela profundidade e pela
informação que dispensam, é total. Envolvem muitas dezenas de Autores.
Salientamos:

- *Historisch-kritischer Kommentar zum BGB*, publ. Mathias Schmoeckel, Joachim Rückert e Reinhard Zimmermann, II – *Schuldrecht: Allgemeiner Teil*, 1 e 2, Tübingen, 2007 (cit. HKK/BGB);
- *J. von Staudingers Kommentar zum BGB*, II, em publicação, Berlim, a partir de 2009[420] (cit. Staudinger);
- *Münchener Kommentar zum BGB*, 6.ª ed., 2 e seguintes, Munique,
  a partir de 2012, em publicação (cit. *Münchener Kommentar*).

Quanto a comentários atualizados e de consulta mais simples, cumpre
referir:

- Hans Georg Bamberger e Herbert Roth, *Kommentar zum BGB*, 2.ª
  ed., Munique, 2007 (cit. Bamberger/Roth);
- Othmar Jauernig, *Bürgerliches Gesetzbuch/Kommentar*, 14.ª ed.,
  Munique, 2011 (cit. Jauernig).

---

[418] Assim, e sem preocupações de exaustividade, além das indicadas no texto e de
entre as mais relevantes: *Boletim da Faculdade de Direito da Universidade de Coimbra*
(BFD); *Ciência e Técnica Fiscal* (CTF); *Direito e Justiça* (DJ); *Gazeta da Relação de
Lisboa* (GRLx); *Revista de Direito e de Economia* (RDE); *Revista de Direito e de Estudos
Sociais* (RDES); *Revista da Faculdade de Direito da Universidade de Lisboa* (RFDUL);
Revista Jurídica (RJ); *Revista da Ordem dos Advogados* (ROA); *Revista dos Tribunais* (RT);
Scientia Iuridica (SI); *Tribuna da Justiça* (TJ).

[419] O último número impresso foi o 499, outubro de 2000; ainda saíram, em formato
eletrónico, o BMJ 500 (2000) e 501 (2000); depois, a publicação cessou, após mais de
cinquenta anos de bons serviços à Ciência do Direito de fala portuguesa: era Ministra da
Justiça Celeste Cardona.

[420] Algumas dezenas de volumes já publicados; o Staudinger deixou de fazer referência à edição a partir da 13.ª: cada volume apresenta-se com a sua data de publicação.

144   *Papel, relevo e estudo do direito das obrigações*

- Erman/Westermann, *Handkommentar zum BGB*, 13.ª ed., Colónia, 2011 (cit. Erman);
- Heinrich Dörner e outros, *Bürgerliches Gesetzbuch/Handkommentar*, 7.ª ed., Baden-Baden, 2012 (cit. Handkommentar);
- Barbara Dauner-Lieb/Werner Langen, *BGB/Schuldrecht*, 2/1: §§ 241-610, 2.ª ed., Baden-Baden, 2012 (cit. NomosKommentar);
- Hanns Prütting, Gerhard Wegen e Gerd Heinricht, *BGB Kommentar*, 7.ª ed., Colónia, 2012 (cit. PWW/BGB);
- Otto Palandt, *Bürgerliches Gesetzbuch*, 71.ª ed., Munique, 2012 (cit. Palandt).

No tocante a revistas e tal como vimos suceder no plano nacional, todos os títulos têm relevância para o Direito das obrigações. As mais conhecidas revistas especializadas em Direito civil, na Alemanha, em Espanha, em França e na Itália são, respetivamente:

- *Archiv für die civilistische Praxis* (AcP);
- *Revista de Derecho Privado* (RDP);
- *Revue Trimestrielle de Droit Civil* (RTDC);
- *Rivista di Diritto Civile* (RDCiv).

Um bom acompanhamento do progresso da Ciência do Direito, com relevo particular para o Direito civil, pode ser conseguido com recurso aos seguintes títulos:

- *Neue Juristische Wochenschrift* (NJW);
- *Juristen Zeitung* (JZ);
- *Juristische Schulung* (JuS);
- *Rivista di diritto commerciale e del diritto generale delle obbligazione* (RDComm).

Registe-se, ainda, uma revista relativamente recente, especializada em Direito das obrigações.

- *Zeitschrift für das gesamte Schuldrecht* (ZGS).

Há muitos outros títulos relevantes [421].

III. *Bases de dados e Internet*

O jurista, particularmente o português, enfrenta, hoje e como primeira dificuldade, a multiplicação das fontes e dos elementos necessários para o

---

[421] *Vide* a lista de abreviaturas publicada no início deste *Tratado*: I, 4.ª ed., 15-23.

§ 8.º O estudo 145

seu desempenho. Tem, assim, a maior utilidade aceder a bases de dados, praticamente todas acessíveis pela *Internet*.

As grandes publicações tendem a estar disponíveis em *CDRom*. Tal o caso da NJW, embora esse esquema seja cada vez mais substituído pelo acesso direto à *Internet*. Como base de dados com vertentes legislativa e jurisprudencial, avulta a LEGIX, da Priberam, de que foi responsável o Dr. Ernesto de Oliveira, a cuja memória prestamos homenagem. A LEGIX disponibiliza, hoje, também a CELEX, importante base de dados jurídicos europeus.

A jurisprudência portuguesa é de livre acesso através da ITIJ.

Os elementos relativos aos Países lusófonos de África – legislação e jurisprudência – são acessíveis pela LEGIS-PALOP, que requer assinatura.

No que tange ao Brasil, vale o sítio da Presidência da República: Planalto.gov.br, de acesso livre.

Multiplicam-se os sítios com informação jurídica útil[422]. Apenas como exemplos nacionais:

– *Faculdade de Direito de Lisboa*: *www.fd.ul.pt*[423]
– *Faculdade de Direito de Coimbra*: *www.fd.uc.pt*[424]
– *Ministério da Justiça*: *www.mj.gov.pt*[425]
– *Tribunal Constitucional*: *www.tribunalconstitucional.pt*
– *Supremo Tribunal de Justiça*: *www.stj.pt*
– *Procuradoria-Geral da República*: *www.pgr.pt*
– *Ordem dos Advogados*: *www.oa.pt*.

Estão disponíveis, na *Internet* as decisões de vários tribunais, com relevo para o *Bundesgerichtshof*, bem como as leis de diversos países, mais recentes. São, também, de fácil acesso múltiplas revistas jurídicas e biblio-

---

[422] DETLEF KRÖGER/RALF CLASEN/DIRK WALLBRECHT, *Internet für Juristen* (1996). Contra o que por vezes se pensa, a *Internet* não veio provocar, só por si, particulares mutações na Ciência do Direito; cf. THOMAS HOEREN, *Internet und Recht – Neue Paradigmen des Informationsrechts*, NJW 1998, 2849-2861. Ela veio, sim, acelerar o acesso à cultura e a velocidade de trabalho; cf. THOMAS HOEREN, *Internet und Jurisprudenz/zwei Welten begegnen sich*, NJW 2000, 188-190 e MARKUS KÖHLER e outros, *Recht der Internet*, 7.ª ed., 2011.

[423] Sendo de reter a biblioteca: *www.biblioteca.fd.ul.pt*.

[424] Sendo de reter a biblioteca: *www.fd.uc.pt/biblioteca/bibliosoft/* e os *links jurídicos*: *www.fd.uc.pt/dirnet/index.html*.

[425] Através de *www.dgsi.pt* há acesso aos pareceres da PGT, aos acórdãos do TC, do STJ, do STA e das Relações e que serão indicados, apenas, pelo número do processo, e que permite o acesso imediato.

grafias variadas, com relevo para obras anglo-saxónicas. Torna-se possível, por esta via, aceder rapidamente a material que, ainda há poucos anos, exigia prolongadas deslocações.

A *Internet* abre grandes perspetivas à divulgação e à investigação jurídicas: ela deverá, agora, promover a elevação da cultura e não o seu abaixamento. A ética universitária veda a referência a obras meramente listadas como tendo sido efetivamente consultadas.

A legislação nacional é acessível através de *DRE*, podendo chegar-se à comunitária via *europa.eu.int/eur-lex*.

PARTE II

SISTEMAS E DIREITO EUROPEU DAS OBRIGAÇÕES

CAPÍTULO I

AS OBRIGAÇÕES NO MUNDO

§ 9.º OS GRANDES SISTEMAS DE OBRIGAÇÕES

38. Conspecto geral

I. O estudo do Direito das obrigações de fala portuguesa obriga, pelas especiais características da sua doutrina e das suas leis, a um permanente manusear de elementos estrangeiros. Essa tarefa é feita norma a norma e instituto a instituto, sem preocupações comparatísticas diretas. Todavia, fica claro que não é possível usar doutrinas ou leis estrangeiras sem ter em conta a diversidade das suas origens, das suas línguas, das suas funções e das circunstâncias em que são aplicadas. Seria, porém, impraticável retomar, a propósito de cada aspeto, as múltiplas considerações que o método ideal pressuporia.

O obrigacionista deve, assim, ter como pressupostos os conhecimentos básicos de Direito comparado, mantendo-se atualizado. Cumpre, de resto, acrescentar que, nas monografias nacionais sobre os mais diversos temas, é frequente (quase obrigatório!) inserir rubricas de comparação de Direitos.

II. No desenvolvimento subsequente, damos por adquiridas as considerações gerais sobre as codificações, a sua origem e a sua evolução[426]. Na presente rubrica interessar-nos-ão, apenas, os aspetos relativos ao Direito das obrigações. E ainda aí, vamos relevar não propriamente as diversas experiências nacionais mas, antes, os grandes sistemas que preenchem o Globo. Tudo isso pressupõe um conhecimento desenvolvido da maté-

---

[426] *Tratado* I, 4.ª ed., 132 ss..

150 *As obrigações no mundo*

ria, que cumpre remeter para os comparatistas[427], complementando as construções redutoras dominantes com a necessidade de distinguir outros sistemas, para além dos habitualmente versados[428].

III. O Planeta é repartido por centenas de Direitos privados: todos com a sua História, a sua dignidade e a sua aptidão para acolher a reflexão jurídico-científica dos interessados. Vamos ser pragmáticos e distinguir cinco grandes famílias:

- sistema napoleónico;
- sistema romano-germânico;
- sistema anglo-saxónico;
- sistema islâmico;
- sistema chinês.

Outros poderiam ser considerados, como o indiano: a este faremos, todavia, uma referência breve, a propósito da experiência de Goa.

IV. Na fixação e na contraposição desses cinco sistemas, não recorremos a um critério mais profundo, que atenda, por exemplo, a dados culturais ou a grandes derivações históricas. Interessam-nos critérios técnicos, particularmente os mais relevantes, para o Direito das obrigações. Com efeito, é evidente que os sistemas napoleónico, romano-germânico e anglo-saxónico operam em sociedades muito semelhantes, todas comungantes da cultura ocidental. Aliás, os países que os encabeçam estão empenhados numa experiência de integração económica, social e política que terá, pelo menos, o efeito de os aproximar: especialmente no tocante ao Direito das obrigações. O próprio sistema chinês, à semelhança dos sistemas japonês e sul-coreano, está hoje próximo do romano-germânico, enquanto o Direito de Hong-Kong é de tipo anglo-saxónico.

---

[427] Em especial: KONRAD ZWEIGERT/HEINZ KÖTZ, *Einführung in die Rechtsvergleichung*, 3.ª ed. (1996), 62 ss.; DÁRIO MOURA VICENTE, *Direito comparado*, I – *Introdução e parte geral* (2008), 70 ss. e *O Direito comparado após a reforma de Bolonha* (2009), 77 ss..

[428] *Idem*, 181 ss., com indicações, a que acrescentamos, ainda: EUGEN BUCHER, *Komparatistik/Rechtsvergleichung und Geschichte*, RabelsZ 74 (2010), 251-317, JULIE DE CONINCK, *The Functional Method of Comparative Law/Quo vadis?*, RabelsZ 74 (2010), 318-350 e a reação de RALF MICHAELS, *Explanation und Interpretation in Functionalist Comparative Law – a Response to Julie de Coninck*, RabelsZ 74 (2010), 351-359.

§ 9.º *Os grandes sistemas de obrigações* 151

Vamos abdicar de conexões comparatisticamente mais complexas, a favor de uma contraposição técnica, como foi referido. No final, testaremos a possível autonomia de um sistema lusófono.

39. O sistema napoleónico

I. O sistema napoleónico das obrigações resulta do Código Civil francês ou Código Napoleão, de 1804[429]. Na sua origem temos o desenvolvimento próprio da sistemática humanista, montado pelos grandes jurisprudentes elegantes Cujacius (1522-1590) e Donellus (1527-1591) e ordenados por afeiçoados ao jusracionalismo: Domat (1625-1696) e Pothier (1699-1772)[430]. Daí resultaria, mercê da direção exercida por Napoleão e da presença, em comissão, de jurisconsultos de génio, o primeiro grande código civil.

II. O Código Napoleão acolheu o Direito romano da sua época, dando-lhe uma arrumação racional intuitiva, com projeção do pensamento líbero-individualista. Depois de um título preliminar sobre a publicação, os efeitos e a aplicação das leis em geral (1.º a 6.º), comporta três livros:

---

[429] Não nos parece hoje possível falar num sistema românico, que envolveria os Direitos francês, italiano e ibérico-americano; num erro que surge na melhor doutrina – p. ex., WOLFGANG FIKENTSCHER, *Methoden des Rechts in vergleichender Darstellung*/I – *Frühe und religiöse Rechte/Romanischer Rechtkreis* (1975), 425 ss., que se limita, quanto ao Direito português a, transcrevendo Zweigert, se interrogar sobre se ainda pertencerá a esse sistema (e não ao germânico): chega mesmo a considerar o Código de 1966 como uma segunda versão portuguesa do Código francês [a primeira seria o Código de Seabra (!)], ob. cit., 580.

[430] *Tratado* I, 4.ª ed., 127 ss. e 133 ss.. Quanto à elaboração do Código Civil francês, *vide* JEAN-FRANÇOIS NIORT, *Homo civilis/Contribution à l'histoire du Code Civil français*, 1 (2004), com indicações, FRANÇOIS EWALD (publ.), *Naissance du Code Civil/ Travaux preparatoires du Code Civil* (2004), a apresentação de JEAN-DENIS BREDIN à ed. *fac símile*, *Code Civil des français/Bicentenaire, 1804/2004* (2004), e a 1.ª parte de AAVV, *1804/2004, Le Code Civil/Un passé, un présent, un avenir* (2004). Entre os Autores do Código Civil, uma referência a PORTALIS; *vide* JEAN-LUC A. CHARTIER, *Portalis, père du Code Civil* (2004) e PEDRO SOARES MARTINEZ, *O pensamento filosófico de Portalis*, RFDUL 2006, 9-17. Quanto a POTHIER, *vide* a obra coletiva org. JOËL MONÉGER e outros, *Robert-Joseph Pothier, d'hier à aujourd'hui* (2001), com escritos de 16 autores.

Livro I	– Das pessoas (7.º a 515.º);
Livro II	– Dos bens e das diferentes modificações da propriedade (516.º a 710.º);
Livro III	– Das diferentes maneiras por que se adquire a propriedade (711.º a 2283.º).

Trata-se de uma arrumação geral bastante lógica[431], mas que não tem em conta a materialidade jurídica subjacente. Há, pois, que descer às subdivisões do Código, de modo a apreendê-la.

III. A matéria das obrigações surge no livro III: mas em parte dele. Com efeito, o livro em causa tem a seguinte arrumação[432]:

Título I	– Das sucessões (720.º a 892.º);
Título II	– Das doações entre vivos e dos testamentos (893.º a 1100.º);
Título III	– Dos contratos ou das obrigações convencionais (1101.º a 1369.º);
Título IV	– Dos compromissos (*"engagements"*) que se formam sem convenção (1370.º a 1386.º);
Título IV bis	– Da responsabilidade pelo facto de produtos perigosos (1386.º/1 a 1386.º/16)[433];
Título V	– Do contrato de casamento e dos regimes matrimoniais (1387.º a 1581.º);
Título VI	– Da venda (1582.º a 1701.º);
Título VII	– Da troca (1702.º a 1707.º);
Título VIII	– Do contrato de locação (1708.º a 1831.º);
Título VIII bis	– Do contrato de promoção imobiliária (1831.º/1 a 1831.º/5)[434];
Título IX	– Da sociedade (1832.º a 1873.º);
Título IX bis	– Das convenções relativas aos direitos indivisos (1873.º/1 a 1873.º/18)[435];
Título X	– Do empréstimo (1874.º a 1914.º);

---

[431] *Vide* JEAN RAY, *Essai sur la structure logique du Code Civil français* (1926), 196 ss..

[432] Disponível: *Code Civil* da Dalloz, 111.ª ed. (2012).

[433] Aditado pela Lei 98-389, de 19-mai.-1998, em transposição da Diretriz n.º 85/374, de 25-jul., relativa à responsabilidade do produtor.

[434] Aditado pela Lei 71-579, de 16-jul.-1971, com alterações subsequentes.

[435] Aditado pela Lei 76-1286, de 31-dez.-1976.

Título XI	– Do depósito e do sequestro (1915.º a 1963.º);
Título XII	– Dos contratos aleatórios (1964.º a 1983.º);
Título XIII	– Do mandato (1984.º a 2010.º);
Título XIV	– Da fiança (2011.º a 2043.º);
Título XV	– Das transações (2044.º a 2058.º);
Título XVI	– Do compromisso (2059.º a 2061.º)[436];
Título XVII	– Do penhor (2071.º a 2091.º);
Título XVIII	– Dos privilégios e hipotecas (2092.º a 2203.º);
Título XIX	– Da execução e das graduações de credores (2204.º a 2218.º);
Título XX	– Da prescrição e da posse (2219.º a 2283.º).

Como se vê, releva o título III, quanto às obrigações em geral, o título IV, sobre a responsabilidade civil e os títulos VII a XVI, referentes aos diversos contratos. Depois poderíamos ainda apontar os títulos XVII e XVIII, sobre garantias reais e parte do XX, quanto à prescrição.

A arrumação do Código Napoleão foi adotada pela doutrina francesa, nas diversas fases da exegese[437].

IV. Mais tarde, num esforço a que não é alheia uma certa influência do pensamento jurídico alemão, a doutrina veio a arrumar a matéria

---

[436] Os artigos 2062.º a 2070.º foram revogados pela Lei de 22-jul.-1867.

[437] Assim: HENRI-JEAN BAPTISTE DARD, *Code Civil des français avec des notes indicatives des lois romaines, coutumes, ordonnances, edits et déclarations qui ont rapport à chaque article ou Conférence du Code Civil avec les lois anciennes* (1805), 217 ss., quanto às obrigações; M. DELVINCOURT, *Cours de Code Civil*, tomo 3.º (1824); M. DURANTON, *Cours de droit civil français suivant le Code Civil*, tomo 10 (1830); segue nos tomos subsequentes; M. TROPLONG, *Le droit civil expliqué suivant l'ordre des articles du code, depuis et y compris le titre de la vente ou commentaire du titre VI du livre III du code civil*, 2.ª ed., a partir de 1835; M. L. LAROMBIÈRE, *Théorie & Pratique des Obligations en commentaire des titres III & IV, Livre III, du Code Napoléon*, I (1857) (5 volumes no total); V. MARCADÉ, *Explication theorique et pratique du Code Napoléon*, 5.ª ed., tomo 4 (1859), 328 ss. e tomo 5.º, 5.ª ed. (1859), até 378; FERNAND LAURENT, *Principes de droit civil français*, vol. 15, 3.ª ed. (1878), 469 ss. (Tit. IV, *des contrats ou des obligations conventionnelles en général*), que continuam no vol. 16, no 17 e no 18, no 19, e no 20, todos 3.ª ed. (1878); vol. 1, 3.ª ed. (1878), sobre a codificação; A. M. DEMANTE/E. COLMET DE SANTERRE, *Cours Analytique de Code Civil*, tomo 5, 2.ª ed. (1883), 1 ss.; MARCEL PLANIOL/GEORGES RIPERT, *Traité pratique de droit civil français*, 2.ª ed., tomo VI, *Obligations*, parte I, por PAUL ESMEIN (1952), 1046 pp. (Parte I, contrato e Parte II, 639 ss.), responsabilidade civil; HENRI DE PAGE, *Traité élémentaire de Droit civil belge/Principes – Doctrine – Jurisprudence*, tomo II – *Les obligations*, 3, 1.ª parte (1964), 389 ss. e 2.ª parte, tomo IV, 3.ª ed. (1967) (RENÉ DEKKERS intervém apenas a partir do tomo V).

154 *As obrigações no mundo*

em "bens" (direitos reais), Direito das obrigações (em geral), contratos, Direito das pessoas e da família e Direito das sucessões. A ordem respetiva varia, consoante os autores[438].

A preparação do Código Civil alemão foi seguida com interesse em França, sendo de recordar o esforço de Saleilles, na divulgação do BGB no hexágono gaulês[439]. O método alemão aplicado ao Código Napoleão surgiu na Renânia onde, até ao advento do BGB, vigorou uma versão em alemão daquele diploma[440]. Nesse âmbito, Zachariä elaborou um manual de Direito francês, escrito em língua alemã[441] e, mais tarde, vertido para francês[442]. Teve influência, vindo a ser aproveitado por Charles Aubry (1803-1883) e Fréderic-Charles Rau (1803-1877), no seu *Cours*, que lhe assumiram o método[443]. A Grande Guerra de 1914-18 veio provocar um afastamento entre os dois grandes pólos do Direito continental. O intercâmbio, que nunca cessou, foi retomado nos anos cinquenta do século XX, intensificando-se com a integração europeia.

No tocante à arrumação interna da matéria relativa às obrigações em geral, é comum distinguir as rubricas seguintes[444]:

---

[438] Por exemplo, o grande civilista JEAN CARBONNIER (1908-2003), trata, por esta ordem – *Droit civil*, ed. 2004, 2574 pp.: introdução; pessoas; família; bens; obrigações. Cf. C. BUFNOIR, *Propriété et contrat/Théorie des Modes d'acquisition des droits réels et des Sources des Obligations*, 2.ª ed. (1924), 445 ss..

[439] RAYMOND SALEILLES, *De la possession des meubles/Études de droit allemand et droit français* (1907) e *Étude sur la théorie générale de l'obligation d'après le premier projet de Code Civil pour l'Empire Allemand*, 3.ª ed. (1914).

[440] ELMAR WADLE, *Rezeption durch Anpassung: Der Code Civil und das Badische Landrecht/Erinnerung an eine Erfolgsgeschichte*, ZEuP 2004, 947-960.

[441] KARL SALOMO ZACHARIÄ VON LINGENTHAL, *Handbuch des französischen Civilrechts*, 3.ª ed., 4 volumes (1827 1828).

[442] K.-S. ZACHARIAE, *Le droit civil français*, trad. da 5.ª ed. alemã, por G. MASSÉ/ CH. VERGÉ (1857).

[443] C. AUBRY/C. RAU, *Cours de Droit civil français d'après la méthode de Zachariae*, 6.ª ed., s/d, 8 volumes.

[444] Tal, por exemplo, a arrumação de JEAN CARBONNIER, *Les obligations*, 22.ª ed. (2002, ed. 2004), 1939 ss., 2269 ss. e 2529 ss., de ALAIN BÉNABENT, *Droit civil/Les obligations*, 12.ª ed. (2010), 25 ss. (obrigações de origem voluntária), 315 ss. (de origem legal) e 515 ss. (regime geral), de FRANÇOIS TERRÉ/PHILIPPE SIMLER/YVES LEQUETTE, *Droit civil/ Les obligations*, 10.ª ed. (2009), 27 ss. 685 ss. e 1071 ss., respetivamente e de BERTRAND FAGES, *Droit des obligations*, 3.ª ed. (2011), 34 ss. (contratos), 349 ss. (responsabilidade extracontratual), 425 ss. (quase-contratos) e 451 ss. (regime geral).

§ *9.º Os grandes sistemas de obrigações* 155

– contratos em geral, incluindo a formação, a invalidade, os efeitos, a inexecução e a resolução;
– a responsabilidade civil e o enriquecimento sem causa;
– o regime geral das obrigações, abrangendo a cessão, a extinção e as medidas de coação.

Alguns autores começam, porém, pela responsabilidade civil[445]: numa especial liberdade sistematizadora que é, justamente, possibilitada pelo papel da doutrina, sobre uma ordenação antiquada.

V. Passando ao conteúdo da matéria, o sistema napoleónico das obrigações caracteriza-se pelos aspetos seguintes:

– utiliza uma linguagem elegante, emotiva e um tanto imprecisa (o francês), que permite conexões intuitivas e compreensivas, por oposição a racionais e analíticas;
– concentra, na doutrina do contrato, toda a matéria relativa ao negócio jurídico: o Direito civil francês desconhece a parte geral;
– lida com uma responsabilidade civil centrada num pressuposto único e vago (a *faute* ou falta), de tal modo que é capaz de cobrir diversos problemas novos que, com o tempo, vieram a surgir;
– apresenta conceitualizações mais antigas: por exemplo, no tocante à arrumação das fontes (com categorias como os quase-contratos e os quase-delitos), às invalidades (com nulidades absolutas e relativas) e ao enriquecimento sem causa;
– acusa dificuldades no acolhimento efetivo de novos institutos, como a *culpa in contrahendo*, os deveres acessórios e a alteração das circunstâncias.

Globalmente, o uso da língua francesa[446] e o envelhecimento do Código Napoleão, que encetou valentemente o seu terceiro século de

---

[445] Por exemplo, Philippe Malaurie/Laurent Aynès/Philippe Stoffel-Munck, *Les obligations*, 5.ª ed. (2011): parte I – responsabilidades delituais (9 ss.), parte II – contratos e quase-contratos (181 ss.) e parte III – regime geral (589 ss.).

[446] O elegante (e impreciso) estilo do Código Napoleão já era criticado, por Bernard Windscheid, *Zur Lehre des Codes Napoleon von der Ungültigweit der Rechtsgeschäfte* (1847, reimp., 1969), V: poria em causa a precisão que advém da completa clareza do pensamento.

156   *As obrigações no mundo*

vigência[447], conduz a uma dogmática menos rigorosa, mais subtil e, tecnicamente, menos eficaz. Deve ainda notar-se que, tradicionalmente, o estudo do Direito era, em França, pouco prestigiado, sendo facilitada a obtenção de graus académicos. Todavia, mantém-se, subjacente, uma grande vitalidade, sendo de sublinhar o recente surto de estudos romanistas, no âmbito das obrigações[448].

40. O sistema romano-germânico

I. O sistema romano-germânico das obrigações tem[449], como manifestação mais direta, a consagração da "classificação germânica" do Direito civil, na pandetística da primeira metade do século XIX e, em especial, a obra de Savigny[450]. O livro dedicado às obrigações corria, *grosso modo*, a matéria tal como ficaria no então futuro BGB. Assim e na base das clássicas *Pandectae* de Windscheid[451], ele abrangia, numa primeira parte, os créditos em geral, envolvendo[452]:

– o conceito de direito de crédito;
– o objeto do crédito (a prestação);
– o conteúdo do crédito;

---

[447] ALFONS BÜRGE, *Zweihundert Jahre Code Civil des Français: Gedanken zu einem Mythos*, ZEuP 2004, 5-19.

[448] Como exemplos, embora de distinta valia: JEAN-FRANÇOIS BRÉGI, *Droit romain: les obligations* (2006), 310 pp.; EMMANUELLE CHEVREAU/YVES MAUSEN/CLAIRE BOUGLÉ, *Introduction historique au droit des obligations* (2007), 286 pp.; DAVID DEROUSIN, *Histoire du droit des obligations* (2007), 916 pp.; MARIE-HÉLÈNE RENAUT, *Histoire du droit des obligations* (2008), 137 pp..

[449] Quanto a aspetos gerais do sistema romano-germânico ("do Centro da Europa") *vide* WOLFGANG FIKENTSCHER, *Methoden des Rechts in vergleichender Darstellung/ III – Mitteleuropäischer Rechtkreis* (1976), 37 ss. (Savigny), 101 ss. (Jhering) e 307 ss. (pendulação entre Direito natural e positivismo): a melhor parte da monumental obra de Fikentscher.

[450] FRIEDRICH CARL VON SAVIGNY, *Obligationenrecht als Theil des heutigen Römischen Rechts* I (1851), 520 pp. e II (1853), 331 pp.; existe uma 2.ª reimp., 1987. Num primeiro capítulo, Savigny versa o conceito de obrigação (I, 4 ss.), os tipos (I, 22 ss.), os sujeitos (I, 131 ss.) e o objeto das obrigações (I, 295 ss.); num segundo capítulo, é versada a constituição das obrigações, distinguindo-se o contrato (II, 7 ss.) e o delito (II, 293 ss.).

[451] BERNARD WINDSCHEID/THEODIOR KIPP, *Lehrbuch des Pandektenrechts*, 9.ª ed. (1906, reimp., 1984), 2.º vol., 1-538.

[452] *Idem*, 1 ss., 13 ss., 86 ss., 193 ss., 237 ss., 355 ss. e 415 ss..

§ 9.º Os grandes sistemas de obrigações 157

– os sujeitos do crédito, incluindo a pluralidade;
– a constituição, a modificação e a extinção dos créditos.

Seguia-se, depois, o tratamento das relações de crédito em especial, reportado aos diversos contratos, à responsabilidade civil e ao enriquecimento sem causa[453].

II. No BGB, o livro II, intitulado "Direito das relações obrigacionais", tem o seguinte conteúdo[454]:

Secção 1 – Conteúdo das relações obrigacionais (§§ 241 a 304);
Secção 2 – Formação de relações obrigacionais negociais através de cláusulas contratuais gerais (§§ 305 a 310);
Secção 3 – Relações obrigacionais provenientes de contratos (§§ 311 a 359);
Secção 4 – Extinção de relações obrigacionais (§§ 362 a 397);
Secção 5 – Cessão de um crédito (§§ 398 a 413);
Secção 6 – Assunção de dívida (§§ 414 a 418);
Secção 7 – Pluralidade de devedores e credores (§§ 420 a 432);
Secção 8 – Relações obrigacionais em especial (§§ 433 a 853).

Na secção relativa às relações obrigacionais em especial, o BGB começa por tratar, em 25 títulos, os contratos de compra e troca, de habitação periódica, de mútuo, de doação, de locação, de comodato, de mútuo de coisa, de prestação de serviço, de empreitada e de mediação, a oferta pública de recompensa, os contratos de mandato e de agenciamento de negócios, a gestão de negócios, os contratos de depósito, de entrega de coisa a estalajadeiro e de sociedade, a comunhão, os contratos de renda vitalícia, de jogo e aposta, de fiança e de transação, a obrigação de informar, a promessa ao portador e a obrigação de exibição de coisa. Temos, aqui, figuras comuns ao Código Napoleão e outras que se prendem mais diretamente com as práticas comercial e jurídica alemãs. Além disso, é patente que não estão em causa, apenas, contratos: lado a lado surgem negócios unilaterais e outros tipos de fontes de obrigações. Finalmente, temos os dois últimos títulos:

Título 26 – Enriquecimento sem causa (§§ 812 a 822);
Título 27 – Atos ilícitos (§§ 823 a 853).

---

[453] *Idem*, 865 ss. e 959 ss..
[454] Na sequência da grande reforma de 2001, que acrescentou algumas das rubricas; o § 419 foi revogado.

III. A ordenação do BGB, dentro do Direito das obrigações, tem, em geral, sido conservada pela doutrina. Trata-se de uma ordenação profundamente radicada na Ciência do Direito que antecedeu e que acompanhou a preparação do Código alemão: a sua publicação veio, naturalmente, reforçá-la. Todavia, seria engano pensar que a Ciência do Direito subjacente permaneceu estática. Pelo contrário: embora conservando os quadros formais apontados, ela está, hoje, irreconhecível.

IV. A primeira constatação é a de que o sistema alemão das obrigações está mais próximo do *ius romanum* do que o do Código Napoleão e isso mau grado este ser mais antigo. A razão é simples: o BGB assentou na pandetística que representou uma nova receção do Direito romano, agora tomado não num sentido de reconhecimento histórico, mas de reconstituição dogmática atual. O sistema merece assim, plenamente, o epíteto de sistema romano-germânico.

De seguida, verifica-se que se trata de um sistema mais "científico" (menos "ideológico") do que o francês. Particularmente nas obrigações, o BGB eleva-se ao nível de pura Ciência do Direito. As categorias usadas tornam-se de maior precisão e assumem um grau superior de analitismo[455].

V. No plano do conteúdo, o sistema romano-germânico das obrigações marca os pontos seguintes:

– lida com a parte geral, onde se inclui a temática do negócio jurídico e da sua formação[456]; o Direito das obrigações fica, assim, alijado dessa matéria e dos temas a ela conexos;
– prevê cláusulas gerais de grande relevo, que possibilitaram todo o desenvolvimento jurídico-científico processado no século XX: uma menção especial ao lendário § 242 (o parágrafo real) em que assentaram importantes descobertas jurídicas e que consagra a boa fé nas obrigações;
– trabalha com um conceito fechado e analítico de responsabilidade civil: houve, assim, que afinar diversos instrumentos;

---

[455] Quanto ao confronto entre os Códigos alemão e francês *vide* o curto mas rico texto de Sir BASIL MARKESINIS/HANNES UNBERATH/ANGUS JOHNSTON, *The German Law of Contract/A Comparative Treatise*, 2.ª ed. (2006), 16-19.

[456] A parte geral é considerada como o aspeto mais característico do BGB; *vide* MARKESINIS/UNBERATH/JOHNSTON, *The German Law of Contract* cit., 19-20.

§ 9.º Os grandes sistemas de obrigações 159

– apresenta, designadamente após a grande reforma de 2001/2002, as conceitualizações mais avançadas da Ciência do Direito continental.

A linguagem do BGB, que foi cuidadosamente respeitada, aquando da reforma de 2001/2002, é considerada (Helmut Köhler) como antiquada, com frases complicadas e conceitos abstratos. O Código fala para juristas e não para cidadãos, afinando, num sistema completo, o Direito romano da pandetística[457]. O alemão é, já por si, mais rico e mais analítico do que o francês, permitindo mais e melhores formulações. Mas sobretudo: temos uma Ciência do Direito desenvolvida por juristas muito prestigiados, apoiada em dezenas de universidades e num grande rigor académico. Como veremos, o elevado tecnicismo científico do BGB explica a sua vitalidade, muito para além das áreas de influência política, cultural e económica da Alemanha.

41. O sistema anglo-saxónico

I. O Direito da Inglaterra conheceu uma evolução distinta da dos Direitos continentais, contrapondo-se-lhes diretamente. *Grosso modo*, podemos considerar que ele não sofreu nem a segunda nem a terceira receções do Direito romano, mantendo-se à margem das sistemáticas racionalista e integrada. Consequentemente, passou ao lado das codificações jurídico-científicas do século XIX. A explicação é de ordem histórica, limitando-se aqui as referências ao Direito das obrigações[458].

---

[457] HELMUT KÖHLER, na introdução ao *Bürgerliches Gesetzbuch* da Beck, 68.ª ed. (2011), XIII.

[458] Cabe referir, em especial: THOMAS EDWARD SCRUTTON, *The Influence of Roman Law on the Law of England* (1885, reimp.), 19 ss. e 67 ss., DAVID IBBETSON, *A Historical Introduction to the Law of Obligations* (1999, reimp., 2006) e WOLFGANG FIKENTSCHER, *Methoden des Rechts in vergleichender Darstellug/II – Anglo-amerikanischer Rechtkreis* (1975), 15 ss. e 58 ss. (método do caso). De todo o modo, é precisamente na área das obrigações, pela sua objetividade, que o Direito comparado se torna mais estimulante: no clássico de ZWEIGERT/KÖTZ, *Einführung in die Rechtsvergleichung*, 3.ª ed. cit. 314 ss., 538 ss. e 597 ss., a parte especial recai sobre os contratos, o enriquecimento ilegítimo e o delito.

160 As obrigações no mundo

II. Os traços romanos da *Brittania* perderam-se[459]. Seguiram-se elementos anglo-saxões de base consuetudinária[460] e normandos, de tipo feudal[461]. Os reis normandos impuseram o francês, com reflexos na linguagem jurídica[462]. O Direito canónico e o Direito romano tiveram, depois, um certo papel.

No século XII (Henrique II, com o seu *chief justician* Ranulf Glanvill) ocorreram reformas processuais que lançaram as bases de tribunais independentes, a funcionar com júris[463]. No século XIII (Henrique III, com Henry de Bracton) avançou-se com novos tribunais de jurisdição real, que aplicavam Direito comum (*common law*) por oposição a particularismos consuetudinários locais[464].

O Direito dos contratos era muito incipiente, antes da conquista normanda. Foram necessários séculos de evolução para que a matéria se impusesse[465]. A Igreja sublinhava a necessidade de cumprir a palavra dada, mesmo sem especiais formalismos primitivos: mas nem sempre a lição era acolhida pelos tribunais.

Foram sendo atribuídas ações de base contratual (p. ex., o *writ of covenant* de *breve de conventione*), permitindo remédios para diversas obrigações[466].

III. A matéria dos delitos (*torts*), correspondentes à violação de deveres legais e às consequências daí derivadas, foi a primeira a desenvolver-se[467]. Só mais tarde vieram os contratos formais (*covenant under seel*) e os simples, apoiados na *consideration*[468].

---

[459] Sir Frederick Pollock/Frederic William Maitland, *The History of the English Law/Before the Time of Edward I*, 2.ª ed. por S. F. C. Milson I (1968) 1 ss..

[460] *Idem*, 25 ss..

[461] *Idem*, 64 ss..

[462] *Idem*, 79 ss.. *Vide*, sobre tudo isto, também H. Potter's, *Historical Introduction to English Law and its Institutions*, 4.ª ed. por A. K. K. Kiralfy (1958), 9 ss. e Arthur R. Hogue, *Origins of the Common Law* (1966, reimp., 1985), 15 ss., 33 ss. e 185 ss..

[463] Pollock/Maitland, *The History of the English Law* cit., 1, 136 ss..

[464] *Idem*, 174 ss.; Zweigert/Kötz, *Einführung* cit., 180.

[465] Pollock/Maitland, *The History of the English Law*, II (1968), 184: o contrato começou por ser um simples prolongamento da propriedade.

[466] *Idem*, II, 184-239.

[467] Potter's, *Historical Introductions*, 4.ª ed. cit., 372 ss..

[468] *Idem*, 446 ss.. *Vide*, quanto à *consideration*, o *Black's Law Dictionary*, 7.ª ed. (1999), 300-301.

§ 9.º Os grandes sistemas de obrigações   161

IV. Não existe, propriamente, uma categoria sistemática Direito das obrigações: *law of obligations* é usado para tratar o tema no Direito romano[469]. No Direito inglês – e, mais latamente, no sistema anglo-saxónico – surgem duas distintas disciplinas: *contracts* e *torts*. A primeira ocupa-se do negócio jurídico, da sua formação, do conteúdo, das invalidades e do incumprimento[470]; a segunda versa o equivalente à nossa responsabilidade civil delitual[471].

A disparidade técnica acentua-se, ainda, pela não autonomização, no Direito inglês, do Direito comercial[472]. Os contratos comerciais são tratados em conjunto com os demais, de acordo com as opções dos seus autores.

V. No tocante a *contratos*, o Direito inglês e o norte-americano construíram uma laboriosa parte geral. Com base em Closen, Perlmutter e Wittenberg, podemos apontar a seguinte sequência[473]:

I – O processo de formação;

II – Bases para a responsabilidade pré-contratual e para a *restitution*[474];

III – Excepções à validade do contrato (incluindo as invalidades e a quebra do contrato).

VI. Quanto a *torts*, área em que existem, também, diversas arrumações, encontramos, com exemplo na de Markesinis e Deakin:

I – Introdução;

II – *Tort of Negligence*;

III – Formas especiais de negligência;

IV – Interferência com a pessoa;

---

[469] Assim no cit. clássico de Reinhard Zimmermann, *The Law of Obligations/ Roman Foundations of the Civilian Tradition* (1996).

[470] *Vide*, p. ex., Richard Stone, *The Modern Law of Contract*, 6.ª ed. (2006), Treitel, *The Law of Contract*, 20.ª ed., por Edwin Peel (2007) e Mindy Chen-Wishart, *Contract Law*, 2.ª ed. (2008).

[471] Simon Deakin/Angus Johnston/Basil Markesinis, *Tort Law*, 6.ª ed. (2008).

[472] *Vide* o nosso *Direito comercial*, 3.ª ed. (2012), 78 ss..

[473] Michael L. Closen/Richard M. Perlmutter/Jeffrey D. Wittenberg, *Contracts: contemporary cases, comments and problems* (1997), 19 ss., 155 ss. e 255 ss.. Outros conteúdos podem ser vistos em Richard Stone, *The Modern Law of Contract*, 6.ª ed. (2006) e em Mindy Chen-Wishart, *Contract Law*, 2.ª ed. (2008), já citados.

[474] *Grosso modo*, o enriquecimento continental.

162   *As obrigações no mundo*

V   – Imóveis, móveis e interferência intencional com interesses econó-
      micos;
VI   – Responsabilidade objetiva;
VII – Proteção da dignidade humana;
VIII – Defesas e remédios.

VII. Para além da total diversidade sistemática, existente entre as
obrigações continentais e o seu equivalente anglo-saxónico[475], há que sublinhar uma profunda clivagem conceptual e dogmática. Os conceitos não
coincidem, sendo impossível proceder a traduções literais. De um modo
geral, podemos dizer que as construções obrigacionistas anglo-saxónicas
são menos diferenciadas, perante as romano-germânicas. Múltiplos institutos do Direito das obrigações, como a boa fé, a *culpa in contrahendo*,
a alteração das circunstâncias ou o próprio enriquecimento sem causa
só tardiamente chegaram ao Direito anglo-saxónico. Este, por seu turno,
tem-se mostrado mais robusto em certas áreas da responsabilidade civil
(por exemplo, os *punitive damages*), num fenómeno algo paralelo ao do
sistema napoleónico: assente em imprecisões terminológicas e na indife-
renciação dos pressupostos da responsabilidade civil.
    Na falta de um sistema contratual completo, os contratos anglo-saxó-
nicos tornam-se muito desenvolvidos, procurando prever as diversas
hipóteses.
    Verifica-se ainda, no Direito dos contratos inglês, uma predileção
pela interpretação objetiva[476].

42. O sistema islâmico

I. A referência ao Direito islâmico, no domínio das obrigações, fica
fora dos roteiros comuns dos civilistas continentais: apenas os comparatistas mais especializados se lhe reportam. Todavia, afigura-se que, pelo peso
humano, demográfico, cultural e sócio-económico que o Islão representa

---

[475] Curiosa a rearrumação do Direito alemão, de acordo com a lógica anglo-saxónica; cf. Basil S. Marlkesinis/Hannes Unberath, *The German Law of Torts/A Comparative Treatise*, 4.ª ed. (2002).
[476] António M. Menezes Cordeiro, *A interpretação no Direito anglo-saxónico*,
O Direito 141, 2009, 665-678.

§ 9.º *Os grandes sistemas de obrigações*   163

e, ainda, pelas especiais relações que mantém com o espaço português, deve ser feita uma apresentação, ainda que elementar, do tema[477].

II. O Direito islâmico é uma ordem normativa que não se distingue da Ordem mais vasta formada pelas regras aplicáveis aos crentes. Torna-se difícil fazer qualquer comparação com os Direitos ocidentais laicizados: falta, a estes, uma dimensão teocrática que permita colocá-los num plano comparável com as regras islâmicas. Isto dito, podemos distinguir, no Direito islâmico, quatro fontes: o próprio Corão, texto sagrado revelado por Deus[478], a Suna, que traduz uma série de condutas do Profeta Maomé, fixadas no século IX por El-Bokhâri e por Moslem, dois grandes doutores do Islão, a Idjamâ' ou a opinião unânime dos doutores e o qiyâs ou raciocínio por analogia[479].

Por seu turno, nos níveis normativos, cumpre distinguir a *Shari 'ah*, ou conjunto de condutas esperadas da parte do crente[480] e que, do nosso ponto de vista, englobariam normas religiosas, normas éticas e normas jurídicas e a *Fiqh* ou doutrina jurídica islâmica, sujeita a aprendizagem específica[481].

---

[477] A bibliografia ocidental sobre Direito islâmico é muito extensa. Assim, em RÜDIGER LOHLKER, *Bibliographie des islamischen Rechts* (2005), 185 pp., podem ser confrontadas 1802 obras. De reter, pelas sínteses que levam a cabo: MALISE RUTHVEN, *Der Islam/Eine Kurze Einführung* (2005), CHRISTINE SCHIRRMACHER, *Der Islam/Eine Einführung* (2005) e MICHAEL COOK, *Der Koran/Eine Kurze Einführung* (2005). Em termos comparatísticos, KONRAD ZWEIGERT/HEIN KÖTZ, *Einführung in die Rechtsvergleichung*, 3.ª ed. cit., 296 ss..

[478] Na impossibilidade de aceder ao original em árabe, cotejamos as seguintes traduções: *Alcorão Sagrado/O significado dos versículos*, trad. port. SAMIR AL HAYEK (1994); *The Qur'an/A new translation*, trad. ingl. ABDEL HALEEM (2005, reimp., 2008); *Der Koran*, trad. al. MAX HENNING (2006); *Le Saint Coran*, trad. francesa. intr. LYESS CHACAL (2005).

[479] 'ABN AL-WAHHÂB KHALLÂF, *Les fondements du Droit musulman*, trad. fr. de CLAUDE DABBAK, ASMAA GODIN e MEHREZIA LABIDI MAIZA (2008), 33 ss., 53 ss., 67 ss. e 77 ss.; este Autor acrescenta, ainda, a escolha preferencial, o interesse geral, a presunção de continuidade, as leis dos povos monoteístas e a opinião do próximo. Na nossa literatura: ANTÓNIO VEIGA MENEZES CORDEIRO, *Princípios essenciais do Direito civil muçulmano* (1956, polic.), 5 ss..

[480] MOHAMMDA HASHIM KAMALI, *Shari 'ah Law: An Introduction* (2008), 14 e AHMAD A. REIDEGELD, *Handbuch Islam/Die Glaubens- und Rechtslehre der Muslime*, 2.ª ed. (2008), 105. Uma introdução muito acessível à *Sharî 'ah* pode ser vista em SAÏD RAMADAN, *La Sharî 'ah/Introduction au Droit islamique*, 2.ª ed. (2001).

[481] KAMALI, *Shari 'ah Law* cit., 19 e REIDEGELD, *Handbuch Islam*, loc. cit.. Cf. BERNARD BOTIVEAU, *Loi islamique et droit dans les sociétés árabes* (1993), 28 ss..

164 *As obrigações no mundo*

III. As regras reveladas no século VII visavam uma sociedade delimitada, com características próprias, na Península arábica. A rápida expansão islâmica, primeiro militar e, depois, sócio-cultural, veio exigir uma série de readaptações que, mantendo o espírito do Islão, permitissem encarar novas realidades[482]. Nos textos revelados, há pouca matéria relativa ao Direito das obrigações[483].

A área das obrigações (contratos e responsabilidade civil) é considerada mais técnica e, nesse sentido, menos dependente da *Shari 'ah*, concentrando-se a *Fiqh* em matérias de Direito de família e de Direito das sucessões.

De todo o modo, encontramos, no Corão, as regras básicas das obrigações. Assim:

> Ó vós que sois crentes: não gasteis o vosso património, entre vós, por ninharias; realizai antes o tráfego, por mútuo consentimento e não cometeis suicídio, pois Deus é misericordioso (4,29)[484];
>
> Ó vós que sois crentes: cumpri as vossas obrigações (5,1)[485];
>
> A paga para o mal será (apenas) o mal em igual medida, mas àquele que perdoa e faz a paz, a sua paga será perante Deus; Ele não gosta de quem faz o mal (42,40)[486].

Quanto a específicos contratos:

> (…) Deus permitiu a venda, mas proibiu a usura (…) (2,275)[487].

---

[482] Ignaz Goldziher, *Le dogme et la loi dans l'Islam/Histoire du développement dogmatique et juridique de la religion musulmane*, 2.ª ed., trad. Félix Arin (2005; a 1.ª ed. é de 1920), 27 ss.; N. J. Coulson, *A History of the Islamic Law* (2007), 9 ss. e 75 ss.; Wael B. Hallaq, *The Origins and Evolution of Islamic Law*, 5.ª ed. (2008), 29 ss. e 122 ss. e *A History of Islamic Legal Theories* (2007), 3 ss..

[483] Chafik Chehata, *Essai d'une théorie générale de l'obligation en droit mussulman* (1969, reimp., 2005), 47.

[484] *Alcorão Sagrado* cit., 94 = *Der Koran*, 95 = *The Qur'an*, 53. Na trad. ingl.: (…) *but trade by mutual consent* (…).

[485] *Alcorão Sagrado* cit., 122 = *Der Koran*, 114 = *The Qur'an*, 67. Os comentadores tomam, aqui, obrigações em sentido amplo, as quais são, por vezes, traduzidas por "contratos"; assim, Kamali, *Shari 'ah Law* cit., 20 e Max Henning, *Der Koran*, trad. al. cit..

[486] As traduções variam nos termos usados; ficamos com a alemã: *Der Koran* cit., 468.

[487] *Idem*, 65.

§ 9.º *Os grandes sistemas de obrigações*   165

A regra do equilíbrio nos contratos pertence, também, ao acervo islâmico[488].

IV. A doutrina islâmica rejeita o enriquecimento injusto, os contratos de jogo ou de aposta e a usura[489]. A contratação em geral fica sob controlo ético, tendo vindo a desenvolver-se na base da analogia[490]. Os vícios dos contratos são relevados, com destaque para a violência[491].

As necessidades da vida moderna levaram a que a matéria mais técnica das obrigações venha a assumir feições napoleónicas (Marrocos, Argélia, Tunísia ou Egito), romano-germânicas (Turquia) ou anglo-saxónicas (Paquistão). Os temas delicados da vida das pessoas (família, sucessões ou direitos pessoais) mantêm-se mais próximos da origem, aí surgindo contraposições algo vincadas com o Direito do Ocidente[492]. O Código egípcio de 1948, particularmente na área das obrigações e dos reais, logrou uma síntese islâmico-românica que tem sido apreciada e alargada[493].

O ponto mais delicado da responsabilidade civil conheceu, de todo o modo, o passo decisivo da sua individualização: um esforço conseguido, também, pelo Direito canónico[494].

V. Na atualidade, os grandes interesses islâmicos estipulam, muitas vezes, a aplicação do Direito anglo-saxónico. Todavia, desenvolve-se uma teoria jurídica que, apelando aos princípios clássicos do Islão, toca, com

---

[488] NAYLA COMAIR-OBEID, *The Law of Business Contracts in the Arab Middle East* (1996), 17 ss..

[489] JOSEPH SCHACHT, *An Introduction to Islamic Law* (1982, reimp.), 144.

[490] MOHAMAD HASHIM KAMALI, *Principles of Islamic Jurisprudence* (2003), 264 ss.; NAYLA COMAIR-OBEID, *Les contrats en Droit musulman des affaires* (1995), 20 ss..

[491] CHAFIK CHEHATA, *Essai d'une théorie générale de l'obligation en droit mussulman* cit., 120 ss..

[492] *Vide* MATHIAS ROHE, *Der Islam und deutsches Zivilrecht*, em *Beiträge zum Islamischen Recht* II (2003), 35-61.

[493] KILIAN BÄLZ, *Das moderne arabische Recht*, em *Beiträge* cit., 175-187 (1790 ss.). O célebre curso de Direito comparado das obrigações de Betti foi lecionado no Cairo: EMILIO BETTI, *Cours de Droit civil comparé des obligations (1957/58)*, que tem em conta, entre outros, o Código Civil egípcio.

[494] Corão 6,164: ninguém suportará os pecados de outrem; *The Qur'an* cit., 93; retivemos a trad. de RAMADAN, *La Sharî 'ah* cit., 7.

166 *As obrigações no mundo*

muito virtuosismo, nos temas jurídicos[495]. Os modernos instrumentos contratuais comportam uma exposição islâmica[496], ainda que se afigure uma reflexão sobre dados ocidentais.

O indesejável ruído de fundo causado pelo denominado fundamentalismo não deve prejudicar a dignificação universitária, entre nós, da teoria islâmica das obrigações.

43. O sistema chinês

I. A China representa a maior Nação do Planeta. Hoje, ela mantém relações económicas muito intensas, com todos os países, surgindo como o segundo País mais rico do Mundo, depois dos Estados Unidos. Também aqui se impõe uma breve referência ao sistema chinês das obrigações: a ligação histórica representada por Macau mais o justifica.

Na China, encontramos quatro distintos sistemas de obrigações: o da China Continental, o da Ilha Formosa, o de Hong-Kong e o de Macau. Este último repousa num Código Civil do tipo romano-germânico, muito semelhante ao português. Ser-lhe-á feita referência a propósito dos Direitos lusófonos[497].

II. Em Hong-Kong vigora um sistema do tipo anglo-saxónico, particularmente na área contratual[498]. Aquando da reunificação com a China, a Lei Básica de 1997[499] especificara que se manteria em vigor, sem prejuízo de alterações, o *common law* pré-vigente. Na verdade, desde o Tratado de Nanquim, assinado em 1842, ficara consignado Hong Kong como posses-

---

[495] *Vide*, p. ex., LAWRENCE ROSEN, *The Justice of Islam* (2002), 3 ss., 154 ss. e *passim* e CLAUS LUTTERMANN, *Islamic Finance: Ein Dialog über Recht, Weltwirtschaft und Religionen*, JZ 2009, 706-715.

[496] *Vide* os escritos reunidos por MUNAWAR IQBAL e TARIQULLAH KHAN, *Financial Engineering and Islamic Contracts* (2005) ou os múltiplos contributos reunidos nos *Beiträge zum Islamischen Recht* (6 volumes publicados), de que destacamos, como exemplos, HASSAN REZAEI, *Islamic Sharia and Cyberspace: Reflections on the Interactions of Sharia and Iranian Society in Cyberspace*, em *Beiträge* IV (2004), 105-124.

[497] *Infra*, 217-218.

[498] MICHAEL J. FISHER/DESMOND G. GREENWOOD, *Contract Law in Hong Kong* (2008), 21 ss. e *passim*.

[499] HUALING FU/LISON HARRIS (SIMON N. M. YOUNG (publ.), *Interpreting Hong Kong's Basic Law: the Struggle for Coherence* (2008); com diversos estudos relevantes.

§ 9.º Os grandes sistemas de obrigações   167

são britânica. Isso levou a que, num dilatado período finalmente marcado por uma larga expansão económica, fosse implantado um Direito de tipo anglo-saxónico. A influência australiana (variante do *common law* mais estatutária) é apontada. Encontramos, assim, nas obrigações de Hong Kong, as diversas categorias a que nos habituou o sistema anglo-saxónico. Subjacente, porém, está sempre o velho Direito chinês.

III. A civilização chinesa é bastante anterior, nas suas origens, à romana: uma afirmação também válida para o Direito. Assim, o primeiro corpo de leis chinesas data de 536 a. C.: quase cem anos antes da Lei das XII Tábuas[500]. Todavia, a cultura prevalente não foi muito favorável ao desenvolvimento de uma autónoma Ciência do Direito.

O pensamento de base postulava uma harmonia entre a terra, o homem e o céu. O homem deveria pautar a sua conduta pela natureza, processando uma conciliação. O sistema social assenta em deveres de harmonia e de adaptação e não em direitos. Os juristas, enquanto portadores de regras abstratas *a priori* válidas, são desconsiderados: incentivariam ao litígio, por oposição à negociação equilibrada[501]. Os tribunais eram muito aleatórios: diz-se que propositadamente, de modo a incentivar a busca de soluções negociadas.

O confucionismo deu lugar a uma sociedade ritualizada, assente na família, geradora de costumes que dispensavam um Direito, como o que conhecemos.

IV. Com a revolução republicana de 1911, pôs-se, na ordem do dia, a adopção de leis modernas, de tipo ocidental. O *common law* não era transponível, mercê das suas características próprias. Deste modo, ainda sob a Dinastia Qing, deposta em 1911, o grande jurista Shen Jiaben (1840-1913), particularmente impressionado pelo êxito do Japão, que havia operado codificações de inspiração alemã, programou um conjunto de reformas, que incluiriam códigos modernos. Assim, no final do período Qing, foi elaborado um projeto de ordenação semelhante ao BGB alemão. A queda do Império e as convulsões subsequentes levaram a que, apenas no ano de

---

[500] Sobre toda a matéria das codificações chinesas, Jiayou Shi, *La codification du Droit civil chinois au regard de l'expérience française* (2006), 57 ss..

[501] O Direito seria adequado para os bárbaros, que o teriam inventado. *Vide* René David/Camille Jauffret-Spinosi, *Les grands systèmes de droit contemporains*, 11.ª ed. (2002), 406.

168 As obrigações no mundo

1929, fosse aprovado um primeiro Código Civil chinês: também modelado sobre o BGB, embora com abertura a soluções tradicionais chinesas[502]. Trata-se de um diploma que continua a vigorar na Ilha Formosa (Taiwan).

V. O regime popular implantado em 1949 não logrou uma recodificação do Direito civil chinês. A quebra da legalidade levou a que se falasse num certo retorno às tradições conservadoras chinesas (prevenir questões pela negociação), agora sensíveis à necessidade de evitar problemas com o Partido único. A subsequente abertura económica ao exterior, com a readmissão da iniciativa privada, levou à aprovação sucessiva de diversos diplomas avulsos, com relevo para uma lei de contratos, em 1999, de inspiração romano-germânica.

A receção do sistema romano-germânico na República da China ficou selada com o Código Civil de 2011. Resultante de um projeto apresentado em 2002, sujeito a discussão e moldado na tradição do BGB, ele veio acolher os diplomas acima mencionados[503]. Em certas áreas, como a do Direito intelectual, há que relevar influências anglo-saxónicas[504]. Eis a sua sistematização[505]:

Livro I   – Parte geral;
Livro II   – Direitos reais;
Livro III   – Direito dos contratos;
Livro IV   – Direitos de personalidade;
Livro V   – Direito de família;
Livro VI   – Direito de adopção;
Livro VII   – Direito das sucessões;
Livro VIII – Direito da responsabilidade civil;
Livro IX   – Direito internacional privado.

---

[502] JIAYOU SHI, *La Codification du Droit Civil chinois*, cit. 65-79. Quanto à recepção da Ciência Jurídica alemã *vide* ALEXANDER THEUSNER, *Das Konzept von allgemeinem und besonderem Teil im chinesischen Zivilrecht /Mechanismen, Ursachen und dogmatische Hintergründe der Rezeption deutschen Zivilrechts in China, dargestellt am Beispiel der Übernahme des Konzepts von allgemeinem und besonderem Teil* (2005), 7 ss..

[503] THEUSNER, *Das Konzept* cit., 81 ss., 103 ss. e 237 ss.; quanto ao projeto, JIAYOU SHI, *La Codification* cit., 250 ss..

[504] Em DONALD C. CLARKE, *China's Legal System: New Developments, New Challenges* (publ.) (2008), podem ver-se oito escritos sobre diversos aspetos do atual Direito chinês; da Société de Législation Comparée, refira-se *Un nouveau regard sur le Droit chinois* (2008), com mais de duas dezenas de estudos diversificados.

[505] Por último, GERT BRÜGGEMEIER/ZHU YAN, *Entwurf für ein chinesisches Haftungsgesetz* (2009), 20.

§ 9.º Os grandes sistemas de obrigações · 169

A influência germânica ficou ainda patente em leis circundantes chinesas, como a relativa ao Direito internacional privado, de 28-out.-2011[506].

VI. *Grosso modo*, o Direito dos contratos chinês apresenta muitas dogmatizações de tipo romano-germânico[507]. Estão nessas condições princípios como o da boa fé, institutos como a *culpa in contrahendo*[508], as cláusulas contratuais gerais, a perturbação das prestações[509] e a inclusão de terceiros na relação obrigacional. Quanto ao Direito da responsabilidade: beneficiando dos progressos doutrinários registados ao longo do século XX, o projeto chinês assume uma feição pós-industrial: sanciona os atos ilícitos e consigna a responsabilidade objetiva, a responsabilidade pela organização e a responsabilidade por danos ambientais[510].

---

[506] *Vide* KNUT BENJAMIN PISSLER, *Das neue Internationale Privatrecht der Volksrepublik China: nach den Steinen tastend den Fluss überqueren*, RabelsR 76 (2012), 1-46 (7 ss.) e QISHENG HE, *The EU Conflict of Laws Communitarization and the Modernization of Chinese Private International Law*, RabelsR 76 (2012), 43-89. O texto da lei chinesa, em alemão, consta de RabelsR 76 (2012), 161-169.

[507] Em especial PING SHI, *Die Prinzipien des chinesischen Vertragsrechts* (2005), 47 ss..

[508] PING SHI, *Dir Prinzipien* cit. 62 ss.; *vide*, a sua aplicação nos seguros: PENG CHENG, *L'information précontractuelle en droit des assurances/Étude de droit comparé français et chinois* (2005), *passim*.

[509] *Vide*, além de PING SHI, MARIE PEI-HENG CHANG, *La résolution du contrat pour inéxécution/Étude comparative du droit français et du droit chinois* (2005), *passim*.

[510] O texto do projeto, incluindo traduções em inglês, francês e alemão, pode ser confrontado em GERT BRÜGGEMEIER/ZHU YAN, *Entwurf für ein chinesisches Haftungsgesetz* cit., 116 ss., precedido por elucidativa justificação de motivos.

CAPÍTULO II

AS OBRIGAÇÕES EM LÍNGUA PORTUGUESA

§ 10.º NA EUROPA

44. Ordenações

I. Nas Ordenações Filipinas (1603), a matéria das obrigações surgia no Livro IV[511]. Aí eram tratados, por vezes com bastante pormenor, os contratos mais importantes, para o País: compra e venda, locação, prestação de serviço, enfiteuse, parceria, mútuo, comodato, penhor, fiança e doação, para além de alguns pontos de Direito de Família[512].

Quanto à *compra e venda* tínhamos, desde logo, dezassete títulos: I – Das compras e vendas que se devem fazer por preço certo; II – Das compras e vendas, feitas por signal ao vendedor simplesmente, ou em começo de paga; III – Que quando se vende a cousa, que he obrigada, sempre passa com seu encargo; IV – Da venda de bens de raiz feita com condição, que tornando-se até certo dia o preço, seja a venda desfeita; V – Do comprador que não pagou o preço ao tempo, que devia, por a cousa não ser do vendedor; VI – Do que compra alguma cousa obrigada a outrem, e consigna o preço em Juizo, por não ficar obrigado aos credores; VII – Do que vende huma mesma cousa duas vezes a diversas pessoas; VIII – Do perigo, ou perda que aconteceu na cousa vendida, antes de ser entregue ao comprador; IX – Da venda de cousa de raiz feita a tempo, que já era arrendada, ou alugada a outrem per tempo certo; X – Das vendas e alheações, que se fazem

---

[511] Quanto à sistematização geral das Ordenações e aos seus antecedentes: *Tratado* I/1, 3.ª ed., 117 ss..

[512] Seguiu-se a linha já presente nas Ordenações Afonsinas (1447) e nas Manuelinas (1522).

de cousas litigiosas; XI – Que ninguem seja constrangido a vender seu herdamento, e cousas que tiver contra sua vontade; XII – Das vendas e trocas, que alguns fazem com seus filhos e netos; XIII – Do que quer desfazer a venda, por ser enganado em mais da metade do justo preço; XIV – Que ninguém compre, nem venda dezembargos; XV – Que os Corregedores das Comarcas e outros Officiaes temporaes não comprem bens de raiz, nem fação outros contractos nos lugares onde são officiaes; XVI – Que os Clerigos e Fidalgos não comprem para regatar; XVII – Quando os que comprão scravos, ou bestas, os poderão engeitar por doenças, ou manqueiras.

Seguia-se matéria relativa a certas *provas e promessas*: XVIII – Quando os Carniceiros, Padeiras, ou Taverneiros serão cridos per seu juramento no que venderem fiado dos seus mesteres; XIX – Do que prometteu fazer scriptura de venda, ou de outro contracto, e depois a não quer fazer; XX – Como se pagará o pão que se vendeu fiado, ou se emprestou.

Depois, sucessivamente:

Obrigações pecuniárias: XXI – Em que moedas se farão os pagamentos do que se compra, ou deve; XXII – Que se não engeite moeda d'El-Rey.

Locação: XXIII – Dos alugeres das cazas; XXIV – Em que casos poderá o senhor da caza lançar fora o alugador; XXV – Dos Officiaes que não podem ser Rendeiros; XXVI – Que os Officiaes da Fazenda não arrendem cousa alguma aos Rendeiros d'El-Rey, nem os Senhores de terras a seus Ouvidores, XVII – Das sterilidades.

Prestação de serviço: XXVIII – Que todo o homem possa viver com quem lhe aprouver; XIX – Do Criado, que vive com o senhor a bemfazer, e como se lhe pagará o serviço; XXX – Do Criado, que vivendo a bemfazer, se põe com outrem, e do que o recolhe; XXXI – Como se pagarão os serviços e soldadas dos criados, que não entrarão a partido certo; XXXII – Que se não possa pedir soldada, ou serviço, passados trez annos; XXXIII – Per que maneira se provarão os pagamentos dos serviços e soldadas; XXXIV – Do que lança de caza o Criado que tem por soldada; XXXV – Do que demanda ao Criado o dano que lhe fez.

Enfiteuse: XXXVI – Do que toma alguma propriedade de foro para si e certas pessoas, e não nomeou alguem a ella antes da morte; XXXVII – Das nomeações que se fazem dos prazos, em que casos se podem revogar; XXXVIII – Do Foreiro, que alheou o foro com auctoridade do Senhorio, ou sem ella; XXXIX – Do Foreiro, que não pagou a pensao em tempo devido: E como purgará a mora; XL – Que se não aforem cazas senão a dinheiro; XLI – Que os Foreiros dos bens da Coroa, Morgados, Capellas ou Commendas, não dêm dinheiro, nem outra cousa aos Senhorios por lhes aforarem ou innovarem; XLII – Que não sejão constrangidas pessôas algumas a pessoalmente morarem em algumas terras ou casaes; XLIII – Das Sesmarias.

Sociedade e parceria: XLIV – Do contracto da Sociedade e Companhia; XLV – Do que dá herdade a parceiro de mêas, ou a terço, ou quarto, ou a renda por certa quantidade.

Depósito e empréstimo: XLIX – Que nenhum Official da Justiça, ou Fazenda receba deposito algum; L – Do emprestido, que se chama Mutuo; LI – Do que confessa ter recebido alguma cousa, e depois o nega; LII – Do que confessa que lhe he deixado em seu juramento com alguma qualidade; LIII – Do contracto do emprestido que se chama Commodato; LIV – Do que não entrega a cousa emprestada, ou alugada, ao tempo, que he obrigado e do terceiro, que a embarga.

Penhor e penhora: LV – Que as terras da Coroa, e os assentamentos d'El-rey, não possão ser apenhados, nem obrigados; LVI – Dos que apenhão seus bens com condição, que não pagando a certo dia, fique o penhor arrematado; LVII – Que ninguém tome posse de sua cousa, nem penhore sem autoridade de Justiça; LVIII – Dos que tomão forçosamente a posse da cousa, que outrem possue.

Fiança: LIX – Dos Fiadores; LX – Do homem casado que fia alguém sem consentimento de sua mulher; LXI – Do beneficio do Senatusconsulto Velleano, introduzido em favor das mulheres, que ficão por fiadoras de outrem.

Doação: LXII – Das Doações, que hão de ser insinuadas; LXIII – Das doações e alforria, que se podem revogar por causa de ingratidão; LXIV – Da doação de bens moveis, feita pelo marido á mulher, ou pela mulher ao marido; LXVI – Da doação ou venda feita por homem casado a sua barregã.

II. Tem ainda interesse sublinhar que as Ordenações, depois de regularem diversos contratos em especial, continham significativa matéria que hoje consideramos geral. Assim, surgiam determinadas proibições, a simulação, a proibição de renúncia à tutela jurídica ("desaforamento") e ao foro civil[513], da contratação com presos e da prisão por dívidas, da compensação, e da prescrição. Seguia-se matéria sucessória.

Mais propriamente e no tocante à "matéria geral" das obrigações, contida no Livro IV das Ordenações, temos:

Proibições: LXVII – Dos contractos usurarios; LXVIII – Que se não fação contractos de pão, vinho, azeite, e outros mantimentos senão a dinheiro; LXIX – Que se não fação arrendamentos de gados, ou

---

[513] O que se conseguia com "juramentos promissórios" ou de boa-fé, que remetiam as partes para o foro eclesiástico.

174   *As obrigações em língua portuguesa*

colmêas; LXX – Das penas convencionaes, e judiciaes, e interesses, em que casos se podem levar.

Simulação: LXXI – Dos contractos simulados.

Proibição de renúncias à tutela: LXXII – Dos contractos desaforados; LXXIII – Que se não fação contractos, nem distractos com juramento promissorio, ou boa fé.

Cessão de bens: LXXIV – Dos que fazem cessão de bens.

Presos: LXXV – Quando valerá a obrigação feita pelo que stá preso; LXXVI – Dos que podem ser presos por dividas cíveis, ou crimes LXXVII – Dos que podem ser recommendados na Cadêa.

Compensação: LXVIII – Das Compensações.

Prescrição: LXXIX – Das Prescripções.

Torna-se muito impressivo: nas Ordenações, encontram-se muitas das mais clássicas regras de Direito das obrigações, ainda atuais e perfeitamente adaptadas ao Povo e ao seu tempo[514].

III. Ponto fraco das Ordenações era a responsabilidade civil. Não continham nenhuma previsão geral de responsabilidade. O próprio termo "responsabilidade" nem existia ainda, na língua portuguesa: ele só surge nos princípios do século XIX[515], tendo conhecido um emprego jurídico nos princípios do século XX, através de Guilherme Moreira. Falava-se em *delictos* ou em *perdas e interesses*.

As Ordenações previam situações de responsabilidade obrigacional, a propósito de alguns tipos contratuais. Assim, no tocante a "compras e vendas, feitas por sinal dado ao vendedor simplesmente ou em começo de pagamento", dispunham[516]:

(…) será elle obrigado de lhe entregar a coisa vendida, se for em seu poder; e se em seu poder não for, pagar-lhe-há todo o interesse que lhe pertencer, assi por respeito do ganho, como por respeito da perda.

---

[514] De resto, a génese dessas soluções pode ser procurada, em muitos casos, nas indicações dadas nas *Ordenações Afonsinas* (séc. XV).

[515] *Vide* o nosso *Da responsabilidade civil dos administradores das sociedades comerciais* (1996), 400; "responsabilidade" adveio do francês "responsabilité", expressão surgida na segunda metade do séc. XVII (Pascal e Molière), usada, pela primeira vez, em Direito, por DOMAT e oficializada, no Dicionário da *Academie*, apenas em 1798.

[516] Livro 4, Tit. II, Pr. = ed. Gulbenkian, 4-5, 779-780.

§ 10.º Na Europa

No campo do comodato, mandavam[517]:

porque este contracto se faz regularmente em proveito do que recebe a cousa emprestada, e não do que a empresta, fica obrigado aquelle, a que se empresta, guarda-la com toda a diligencia, como se fora sua. E não sómente se lhe imputará o dolo e culpa grande, mas ainda qualquer culpa leve e levíssima.

A responsabilidade delitual ou aquiliana surgia paredes-meias com a matéria penal[518]. Numerosos crimes eram acompanhados por sanções pecuniárias, algumas das quais revertendo para o lesado. Todavia, admitiam as Ordenações que o prejudicado pudesse, em certos casos, desistir da ação penal (querelar) e pedir, apenas, "sua justiça e seu interesse" (indemnização). Assim, quanto a *Em que casos se devem receber querelas*[519]:

E não tolhemos, que em todos os malefícios que forem feitos a alguma pessoa, de que póde querelar por lhe a elle tocar, e pertencer, se querelar não quiser, pode demandar judicialmente contra a parte contraria sua justiça, e seu interesse, e injuria, sendo a parte para isso citada.

Da literatura da época, inferimos que a matéria era colmatada através das *obligationes ex maleficio*, retiradas das *institutiones*[520].

V. A matéria hoje contida em Direito das obrigações assumia, na vertente contratual, um especial desenvolvimento. Na origem temos o Direito romano e a sua primeira receção, feita na Universidade. Mas ele sofreu um especial processo de adaptação à realidade lusófona. No campo delitual, lidava-se com o *corpus iuris civilis* e com toda a doutrina que o acompanhou, ao longo do período intermédio.

Um certo relevo deve ser dado a temas gerais das obrigações. Embora discretamente inseridos após o tratamento dos diversos contratos em especial, tais temas estavam presentes e revelavam já um tratamento abstrato de certas áreas da matéria. Era, de resto, a tradição do *ius romanum*.

---

[517] Livro 4, Tit. LIII, § 2 = ed. Gulbenkian, 4-5, 847/II.

[518] No próprio Código de Seabra (artigos 2364.º e 2367.º ss., p.ex.) ainda encontramos resquícios desta orientação.

[519] Livro 5, Tit. CXVII, § 21, 1.ª parte = ed. Gulbenkian, 1278/I.

[520] Por ex., HEINECCIUS, *Institutiones Juris Civilis*, ed. WALDECK (1814, reed. 1887), 265 ss. (267): uma obra muito em uso na academia jurídica da época.

176 *As obrigações em língua portuguesa*

Cumpre ainda recordar que, quando se iniciou, mercê da reforma do Marquês de Pombal (1771-1772), o ensino universitário do Direito pátrio (até então só se ensinava Direito romano e Direito canónico), as Ordenações foram adotadas como manual de estudo[521].

As Ordenações vigoraram em Portugal e nas África e Ásia de língua portuguesa até 1867, data da sua substituição pelo Código de Seabra. No Brasil, elas mantiveram-se até 1916, ano da publicação do primeiro Código Civil daquele País. Muitas particularidades do atual Direito das obrigações remontam às Ordenações: é um erro grave não as ensinar nas faculdades lusófonas.

45. Pré-codificação

I. O período que decorre desde a reforma pombalina da Universidade (1772) e até ao Código de Seabra (1867) é o da pré-codificação. Os esforços dos juristas estiveram virados para a grande conquista do Direito civil moderno: a preparação de uma lei civil cientificamente elaborada.

Na origem da pré-codificação podemos colocar os compêndios de Pascoal de Mello[522]. No tocante ao Direito civil, este Autor inspira-se nas *institutiones*:

Livro II – Direito das pessoas, incluindo a família;
Livro III – Direito das coisas, incluindo parte das sucessões;
Livro IV – Direito das obrigações e ações[523].

Pascoal de Mello assenta na definição das *institutiones*, 3,13,Pr. e reparte, na linha dessa obra, as obrigações provenientes do contrato, do quase-contrato, do delito, do quase-delito e de várias outras figuras. Desen-

---

[521] *Vide* Luís Menezes Leitão, *O ensino do Direito das obrigações/Relatório sobre o programa, conteúdo e método de ensino da disciplina* cit., 46, com indicações.

[522] Pascoal José de Mello Freire dos Reis (1738-1798); quanto a elementos biográficos e bibliográficos *vide* o nosso *Teoria geral do Direito civil/Relatório* (1988), 102-103.

[523] Pascoal José de Mello Freire dos Reis, *Institutiones Juris Civilis Lusitani cum Publici tum Privati*, IV – *De obligationibus et actionibus* (1815); existe trad. port. de Miguel Pinto de Meneses, BMJ 168 (1967), 27-165, 170 (1967), 89-134 e 171 (1967), 69-168 (o Livro IV – *Das obrigações e acções*).

§ 10.º Na Europa   177

volve passando às modalidades, aos diversos contratos, aos distintos quase-
-contratos e aos pagamentos e liberações[524].

O próprio Pascoal de Mello anunciara que apenas se iria ocupar das
obrigações surgidas de um contrato, isto é, de um facto lícito[525]. E assim, é
nas *Instituições de Direito criminal português*[526] que ele nos dá a noção de
delito e das suas consequências; será um:

> (…) facto ilícito espontaneamente cometido contra a sanção das leis,
> prejudicial à sociedade ou aos indivíduos, pelo qual se incorre na
> obrigação de, se possível, reparar o dano, e sofrer uma pena.

Pascoal de Mello escreveu originalmente em português. A sua obra
foi publicada em latim por, na época (finais do século XVIII), se ter entendido que isso asseguraria uma sua maior divulgação. Quanto ao conteúdo,
mormente no que respeita às obrigações, Mello atualizou, em função do
Direito do seu tempo, designadamente das Ordenações, as proposições do
Direito romano: é o nosso *usus modernus pandectarum*. É detetável um
estilo menos agudo do que o dos jusracionalistas do século XVIII, o que
coloca Mello mais próximo da jurisprudência elegante do *mos gallicum*.

Adotadas no ensino durante muitas gerações[527], as *Instituições* de
Pascoal de Mello estiveram na base de todo o progresso ulterior.

II. Na sequência de Pascoal de Mello, Manuel de Almeida e Sousa
(conhecido como Lobão) (1744-1817), elaborou uma obra extensa, apresentada como *Notas a Mello*[528]. Infelizmente, ela não chegaria ao livro
IV, relativo às obrigações. Todavia, Lobão produziu outros escritos, com
relevo para o seu tratado sobre avaliações e danos, com o que integra a

---

[524] Um apanhado no nosso *Da responsabilidade civil* cit., 447; também LUÍS MENE-
ZES LEITÃO, *O ensino do Direito das obrigações* cit., 54-55.

[525] PASCOAL DE MELLO, *Instituições de Direito civil* cit., BMJ 168, 37.

[526] PASCOAL DE MELLO, *Instituições de Direito criminal português/Livro único*, trad.
de MIGUEL PINTO DE MENESES, BMJ 155 (1966), 43-202 (56).

[527] *Vide* o nosso *Teoria geral/Relatório* cit., 104-105, indicando obras ulteriores
que se desenvolveram a partir de PASCOAL DE MELLO, com destaque para LOBÃO e para
LIZ TEIXEIRA.

[528] MANOEL DE ALMEIDA E SOUSA, *de Lobão, Notas de uso pratico e criticas, addições, illustrações e remissões á imitação das de Muller a Struvio, sobre todos os titulos, e
todos os §§ do Livro primeiro das Instituições de Direito Civil Lusitano do Doutor Pascoal
José de Mello Freire*, ed. Imprensa Nacional (1847-1854).

lacuna importante da responsabilidade civil[529]. Publicou, ainda, diversos títulos sobre temas diversos da área contratual[530].

III. A primeira figura-chave da pré-codificação de Seabra foi Corrêa Telles[531]. Este Autor teve o papel importante de divulgar, em língua portuguesa, os grandes nomes da pré-codificação francesa: Domat (1625-1696)[532] e Pothier (1699-1772)[533]. Além disso, elaborou o influente *Digesto Portuguez*, onde o tema das obrigações surge desenvolvido[534]. Retemos, em títulos sucessivos:

I   – Disposições gerais;
II   – Da ignorância do direito;
III   – Dos direitos e obrigações reais e pessoais;
IV   – Dos direitos e obrigações condicionais;
V   – Dos direitos e obrigações modais ou causais;
VI   – Dos direitos e obrigações alternativas;
VII   – Dos direitos e obrigações solidárias;
VIII   – Dos direitos e obrigações indivisíveis;
IX   – Das obrigações de dar, fazer ou não fazer;
X   – Dos direitos e obrigações que derivam dos contratos;
XI   – Dos direitos e obrigações acessórios;
XII   – Dos direitos e obrigações que derivam dos delitos, ou quase-delitos;
        (...)
XV   – Dos modos de provar os direitos e obrigações;
XVI   – Dos modos de fazer cessar os direitos e obrigações.

---

[529] MANOEL DE ALMEIDA E SOUSA, *de Lobão*, *Tratado Practico das Avaliações e dos Damnos* (1826), 231 pp..

[530] Assim, MANOEL DE ALMEIDA E SOUSA, *de Lobão*, *Tractado das obrigações reciprocas que produzem acções civis* (1828), 508 pp.; *vide*, com mais elementos, LUÍS MENEZES LEITÃO, *O ensino do Direito das obrigações* cit., 57-58.

[531] JOSÉ HOMEM CORRÊA TELLES (1780-1849); *vide* elementos no nosso *Teoria geral/Relatório*, 107-108.

[532] JOSÉ HOMEM CORRÊA TELLES, *Theoria da interpretação das leis/Ensaio sobre a natureza do censo consignativo* (1845; há ed. de 1815, 1824 e 1838), onde traduz, com anotações, a introdução de JEAN DOMAT, *Les loix civiles dans leur ordre naturel*.

[533] JOSÉ HOMEM CORRÊA TELLES, trad. de POTHIER, *Tratado das obrigações pessoais, e recíprocas nos pactos, contratos, convenções, etc.*, 2 volumes (1835).

[534] JOSÉ HOMEM CORRÊA TELLES, *Digesto Portuguez do Tratado dos direitos e obrigações civis accomodado às leis e costumes da Nação portuguesa para servir de subsídio ao "Novo Codigo Civil"* (3.ª ed.), 1849, reimp., 1909; há ed. de 1835 e 1840), 3 volumes; nos diversos volumes, vai variando o subtítulo; existe um suplemento: *Manual de Processo Civil*, como 4.º volume ao Digesto.

§ 10.º Na Europa

Estamos perante uma seriação familiar: quiçá atual. Corrêa Telles apoia-se no Código francês e procede a frequentes remissões para autores do *usus modernum* e para as Ordenações. Além disso, são colmatadas lacunas, enquanto começa a tomar forma uma parte geral das obrigações, contraposta aos diversos contratos. O sistema lusófono aproximava-se então do napoleónico, de cujo Código, além da arrumação geral, eram acolhidos muitos conceitos.

IV. A segunda figura-chave da pré-codificação lusófona foi Coelho da Rocha[535]. Numa primeira fase, este Autor adotou o esquema de Pascoal de Mello, procurando atualizá-lo através de referências a Pothier, a Mackeldey, a Gustav Hugo e a Corrêa Telles[536].

Todavia, em 1843-1844, Coelho da Rocha faz uma importante inversão e passa a adotar o sistema de F. Mackeldey, professor em Bona e autor de um Manual de Direito romano, traduzido em francês[537]. Nessa base, elaborou as *Instituições de Direito civil*. Mackeldey optara pela classificação germânica, à qual aditara um título sobre o concurso de credores. Coelho da Rocha, seguindo esse esquema, acabou por transferir a matéria das obrigações para a parte geral[538].

É, pois, na parte geral que, depois de versar o Direito como "faculdade moral" e de expender noções gerais sobre pessoas, sobre coisas e sobre atos, que Coelho da Rocha vem tratar, sucessivamente:

V   – Das obrigações em geral;
VI   – Das perdas e interesses;
VII   – Das obrigações resultantes de actos ilícitos;
VIII – Da extinção das obrigações;
IX   – Das acções e excepções.

---

[535] MANOEL ANTÓNIO COELHO DA ROCHA (1793-1850); *vide* elementos biográficos e bibliográficos no nosso *Teoria geral/Relatório*, 110 ss. e com LUÍS MENEZES LEITÃO, *O ensino do Direito das obrigações* cit., 72 ss..

[536] LUÍS MENEZES LEITÃO, ob. e loc. cit..

[537] F. MACKELDEY, *Manuel de Droit romain, contenant la théorie des institutions, précédée d'une introduction à l'étude du Droit romain*, trad. da 10.ª ed. alemã, de J. BEVING, 3.ª ed. (1846).

[538] Quanto aos sistemas de MACKELDEY e de COELHO DA ROCHA, *vide* o nosso *Teoria geral/Relatório*, 112-113 e LUÍS MENEZES LEITÃO, *O ensino do Direito das obrigações* cit., 74-75.

Curiosamente: Coelho da Rocha tinha sistematicamente razão, ao incluir a responsabilidade civil na parte geral. Além disso, o desenvolvimento das rubricas integrava uma certa lacuna na doutrina lusófona: a relativa à responsabilidade civil, já colmatada por Lobão.

A matéria dos contratos em geral e dos contratos em especial ocorria no Livro III – *Dos direitos enquanto aos actos jurídicos*, da parte especial. Aí, após as disposições de última vontade, Coelho da Rocha tratava, sucessivamente:

Secção 2.ª Dos contractos em geral e das transacções:
    Capítulo I – Dos contractos em geral;
    Capítulo II – Das transacções.

Secção 3.ª Dos contractos gratuitos:
    Capítulo I – Das doações;
    Capítulo II – Do empréstimo;
    Capítulo III – Do depósito;
    Capítulo IV – Do mandato;
    Capítulo V – Da negotiorum-gestão.

Secção 4.ª Dos contractos onerosos:
    Capítulo I – Da compra e venda;
    Capítulo II – Da permutação;
    Capítulo III – Da locação-conducção;
    Capítulo IV – Da sociedade;
    Capítulo V – Dos contractos aleatórios;
    Capítulo VI – Dos contractos acessórios.

Deve sublinhar-se a atualidade por que são tratados muitos destes temas, sendo importante manter o conhecimento dos clássicos civilistas portugueses do século XIX.

46. O Código de Seabra

I. Na sequência de uma pré-codificação que preencheu três gerações de juristas, o Direito de fala portuguesa ficou maduro para uma primeira codificação. Ela foi levada a cabo por António Luiz de Seabra (o Visconde

§ 10.º Na Europa 181

de Seabra)[539] autor do projeto adotado, em 1867, como Código Civil. O projeto foi fonte de um debate vivo, sobretudo em torno do tema do casamento civil. No tocante às obrigações, área essencialmente técnica, pouco foi dito[540].

A sua aprovação[541] marcou a quebra da unidade de fontes do sistema lusófono de Direitos: o Brasil manteve, em vigor, as Ordenações.

II. O Código de Seabra é filho do seu tempo[542]. Ele integra-se no sistema napoleónico, seja a nível de sistemática global, seja pelos princípios, seja, finalmente, em muitas das suas soluções.

Não foi, porém, uma integração servil. Ele beneficiou das críticas à ordenação napoleónica que, então, já ultrapassara o meio século. Além disso, tirou partido da pré-codificação portuguesa e da preparação filosófica do seu autor. Finalmente, o Código manteve linhas de continuidade com o Direito anterior, particularmente o Direito das Ordenações, de modo a concertar uma adaptação à cultura dos povos a que se aplicava.

---

[539] ANTÓNIO LUIZ DE SEABRA (1798-1895); cf. MAXIMINO JOSÉ DE MORAES CORREIA/MANUEL DE ANDRADE, *Em memória do Visconde de Seabra*, BFD XXVIII (1952), 270-301, bem como o nosso *Teoria geral/Relatório*, 117 ss. e LUÍS MENEZES LEITÃO, *O ensino do Direito das obrigações* cit., 79 ss..

[540] ANTÓNIO BANDEIRA DE NEIVA, *Observações sobre o projecto de Código Civil* (1861), 115 ss.; este Autor começa de modo demolidor, quanto aos *contractos em geral*:

a epígraphe do capitulo promette muito; mas o capitulo não cumpriu a promessa: tudo ficou a desejar-se.

Porém, na sequência, procede a um mero confronto de redação com códigos estrangeiros; *vide* LUÍS MENEZES LEITÃO, *O ensino do Direito das obrigações* cit., 79.

[541] As vicissitudes da preparação e da aprovação do Código de Seabra podem ser confrontadas em: JOSÉ DIAS FERREIRA, *Codigo civil portuguez annotado*, 1, 2.ª ed. (1894), V-X; GUILHERME MOREIRA, *Instituições do Direito civil português* – vol. I – *Parte geral* (1907), 22-25; ANTÓNIO JOSÉ TEIXEIRA D'ABREU, *Curso de Direito civil*, 1.º *Introducção* (1910), 378-382; JOSÉ TAVARES, *Os princípios fundamentais do Direito civil*, 1, 2.ª ed. (1929), 325-328; LUIZ DA CUNHA GONÇALVES, *Tratado de Direito civil* 1 (1929), 121-126, com muitos pormenores; JOSÉ GABRIEL PINTO COELHO, *Direito civil (Noções fundamentais)* (1936-1937), 129-131; LUÍS CABRAL DE MONCADA, *Lições de Direito civil/Parte geral*, 4.ª ed. póstuma (1995), 116-118.

[542] MÁRIO JÚLIO DE ALMEIDA COSTA, *Enquadramento histórico do Código Civil português*, BFD XXXVII (1961), 138-160 e MÁRIO REIS MARQUES, *O liberalismo e a codificação do Direito civil em Portugal/Subsídios para a implantação em Portugal do Direito moderno* (1987), 147 ss. e 175 ss..

182 *As obrigações em língua portuguesa*

III. Muito aplaudido[543], o sistema do Código de Seabra era o seguinte:

Parte I – Da capacidade civil:
Livro único (1.º a 358.º).
Parte II – Da aquisição dos direitos:
Livro I – Dos direitos originários e dos que se adquirem por facto e vontade própria independentemente da cooperação de outrem (359.º a 640.º);
Livro II – Dos direitos que se adquirem por facto e vontade própria e de outrem conjuntamente (641.º a 1722.º);
Livro III – Dos direitos que se adquirem por mero facto de outrem, e dos que se adquirem por simples disposição da lei (1723.º a 2166.º).
Parte III – Do direito de propriedade:
Livro único (2167.º a 2360.º).
Parte IV – Da ofensa dos direitos e da sua reparação (2361.º a 2538.º):
Livro I – Da responsabilidade civil;
Livro II – Da prova dos direitos e da restituição deles.

Na verdade: é patente a influência do Código Napoleão. Todavia, a arrumação racionalista vai mais longe, designadamente no modo de aquisição dos direitos.

IV. A matéria das obrigações surge, essencialmente, no Livro II, cujo conteúdo principiava pelo Título I – *Dos contratos e obrigações em geral*, que compreendia doze capítulos:

Capítulo I – Disposições preliminares (641.º a 643.º);
Capítulo II – Da capacidade dos contrahentes (644.º a 646.º);
Capítulo III – Do mutuo consenso (647.º a 668.º);
Capítulo IV – Do objecto dos contratos (669.º a 671.º);
Capítulo V – Das condições e clausulas dos contractos (672.º a 683.º);
Capítulo VI – Da interpretação dos contratos (684.º e 685.º);
Capítulo VII – Da forma externa dos contractos (686.º);
Capítulo VIII – Da rescisão dos contractos (687.º a 701.º);

---

[543] Chegou a ser considerado como o mais racionalmente elaborado dos atuais; assim MONEVA, *apud* JOSÉ CASTÁN TOBEÑAS, *La ordenación sistemática del derecho civil* (1954), 48. *Vide*, ainda, CABRAL DE MONCADA, *Lições de Direito civil*, 4.ª ed. cit., 123: (…) não se podem negar ao nosso Código Civil nem o mérito da originalidade nem o rigor lógico na conceção do plano traçado pelo seu autor.

§ *10.º Na Europa* 183

Capítulo IX   – Dos effeitos e cumprimento dos contractos (702.º a 817.º)[544];
Capítulo X   – Da caução ou garantia dos contractos (818.º a 1029.º)[545];
Capítulo XI   – Dos actos e contractos celebrados em prejuízo de terceiro
                   (1030.º a 1045.º);
Capítulo XII – Da evicção (1046.º a 1055.º).

Esta matéria tem uma certa correspondência no Livro III (Diversas maneiras de adquirir a propriedade), Título III (Dos contratos ou das obrigações convencionais em geral (artigos 1101.º a 1369.º) do Código Napoleão sem, todavia, lhe equivaler.

Seguia-se um Título II – *Dos contractos em particular*, que abrangia:

Capítulo I   – Do casamento (1056.º a 1239.º);
Capítulo II   – Do contracto de sociedade (1240.º a 1318.º);
Capítulo III   – Do mandato ou procuradoria (1319.º a 1369.º);
Capítulo IV   – Do contracto de prestação de serviços (1370.º a 1451.º)[546];
Capítulo V   – Das doações (1452.º a 1506.º);
Capítulo VI   – Do emprestimo (1507.º a 1536.º)[547];
Capítulo VII   – Dos contractos aleatorios (1537.º a 1543.º);
Capítulo VIII – Do contracto de compra e venda (1544.º a 1591.º);
Capítulo IX   – Do escambo ou troca (1592.º a 1594.º);
Capítulo X   – Do contracto de locação (1595.º a 1635.º);
Capítulo XI   – Da usura (1636.º a 1643.º);
Capítulo XII   – Da renda ou censo consignativo (1644.º a 1652.º);
Capítulo XIII – Do contracto de emprazamento (1653.º a 1705.º);
Capítulo XIV – Do censo reservativo (1706.º a 1709.º);
Capítulo XV   – Da transacção (1710.º a 1721.º);
Capítulo XVI – Do registo de transmissão do bem e direitos immobiliarios
                   (1722.º).

---

[544] Incluindo oito secções: I – Disposições geraes; II – Da prestação de factos; III – Da prestação de cousas; IV – Da prestação como alternativa; V – Do logar e do tempo da prestação; VI – Das pessoas que podem fazer a prestação, e das pessoas a quem deve ser feita; VII – Da proposta de pagamento e da consignação em depósito; VIII – Da compensação; IX – Da sub-rogação; X – Da cessão; XI – Da confusão de direitos e de obrigações; XII – Da novação; XIII – Do perdão e da renuncia.

[545] Abrangendo quatro secções: I – Fiança; II – Penhor; III – Consignação de rendimentos; IV – Dos privilegios creditorios e das hypothecas; a propósito das *hypothecas* surgia uma subsecção VII, relativa ao registo predial, de grande relevo.

[546] Abarcando, em oito secções, o serviço doméstico, o serviço salariado, as empreitadas, as artes e profissões liberais, a recovagem, barcagem e alquilaria, a albergaria ou pousada, a aprendizagem e o depósito.

[547] Subdividido em *commodato* e *mutuo*.

A correspondência com o Código Napoleão é menor; este diploma não agrupa, de resto, os contratos em particular. Qual o critério? Menezes Leitão suscita a hipótese de os contratos se arrumarem em função da intensidade decrescente dos sacrifícios exigidos às partes no contrato[548]. Parece, todavia, que há uma certa despersonalização crescente: máxima no casamento, baixando na sociedade, no mandato, na prestação de serviços, na doação, no empréstimo e nos contratos aleatórios: todos eles, todavia, com elementos *intuitu personae*. Depois surgiam os contratos onerosos, despersonalizados, da compra e venda à transação.

No Livro III – Dos direitos que se adquirem por mero facto de outrem, e dos que se adquirem por simples disposição da lei, surge, ainda, como objeto do Direito das obrigações:

Título I – Da gestão de negócios (1723.º a 1734.º).

O Título I era relativo às sucessões.

Na Parte IV – Da offensa dos direitos e da sua reparação, tinham, por fim:

Livro I – Da responsabilidade civil (2361.º a 2403.º).

Esse livro compreendia uma série de subdivisões, que consideraremos oportunamente.

V. A sistemática do Código de Seabra era linguisticamente inoperacional. Não vemos como propor, num plano de estudos, uma disciplina chamada "dos direitos que se adquirem por facto e vontade própria e de outrem conjuntamente" ou como escrever um "Manual dos direitos que se adquirem por mero facto de outrem, e dos que se adquirem por simples disposição da lei". O cérebro humano tem de colocar, na base, conceitos simples: um fenómeno válido para pedagogos, para legisladores e para cientistas.

A arrumação da matéria, no tocante às obrigações, não era a ideal, por se encontrar dispersa: nada de inultrapassável. Ainda quanto às obrigações, o maior óbice era o da responsabilidade civil: muito incipiente, sobretudo à medida que a revolução industrial veio exigir novas esferas de imputação de danos.

---

[548] LUÍS MENEZES LEITÃO, *O ensino do Direito das obrigações* cit., 81-82, nota 343.

§ 10.º Na Europa

VI. O Código de Seabra foi recebido com alguma frieza pela doutrina: não havia obras explicativas. Das críticas falaremos a propósito do Código Vaz Serra. Quanto a vantagens:

- o Código de Seabra traduziu um grande aperfeiçoamento no português jurídico, sedimentando conceitos e aceções antes ambivalentes ou imprecisos;
- em geral, o Código conservou as soluções territorialmente mais adequadas[549]; manteve uma continuidade com o que de bom havia no Direito anterior;
- o Código permitiu um tratamento tecnicamente mais avançado, das obrigações;
- o Código constituiu um bom instrumento pedagógico.

O Código de Seabra permitiu a viragem para o pandetismo: à sua luz desabrochou a Ciência do Direito.

VII. O Código de Seabra foi, também nas obrigações, seguido por um período exegético: tratava-se, quanto ao estudo e ao ensino do Direito, de o ler em profundidade, explicando as palavras, as conexões e o alcance efetivo. O próprio Código passou a consistir o texto base do ensino do Direito civil português[550].

Não é possível, numa disciplina como o Direito das obrigações, construir do geral para o especial. Os numerosos problemas e os diversíssimos institutos devem ser aprofundados por si, um por um, de modo

---

[549] JOSÉ DIAS FERREIRA, *Codigo Annotado* cit., 1, 2.ª ed., XVII, exprime-se nestes termos:

> Porém, quanto á doutrina não produziu o codigo civil, como tem acontecido n'outros paizes, revolução profunda nos costumes dos povos e nas suas aspirações sociaes. N'alguns paizes as disposições liberaes da legislação civil têem servido mais ao progresso das instituições politicas, do que os mais avançados capitulos das constituições democraticas.
>
> Entre nós não succedeu o mesmo. O *fundo* do nosso direito civil resentia-se já das idêas liberaes, que foram sempre typo e caracteristico do povo portuguez.
>
> O codigo pois, se fez alteração importante no direito velho, não creou uma revolução nos nossos habitos e costumes, porque as innovações que estabeleceu representam a aspiração dos povos, as reclamações dos nossos habitos e costumes, e as opiniões dos nossos praxistas sustentadas desde largos annos.

[550] *Vide* em LUÍS MENEZES LEITÃO, *O ensino do Direito das obrigações* cit., 87 ss., notas 359 ss., as competentes indicações.

186 *As obrigações em língua portuguesa*

a permitir uma apreensão dogmática; só depois se tornam possíveis as grandes sínteses. O Direito português das obrigações tinha, assim, de ser aprofundado na periferia.

47. A receção do pandetismo

I. Nos finais do século XIX, o Direito português integrava-se no sistema napoleónico de Direito. O esquema geral do Código de Seabra era o de Napoleão; o método dominante era o da exegese: diversos institutos seguiam o figurino francês; a cultura geral do País era moldada pelos "caixotes de civilização" (Eça de Queirós) de Além-Pirinéus; finalmente, a língua francesa era, por excelência, a língua académica.

Todavia, desenvolvia-se, nos centros universitários alemães, uma nova Ciência do Direito. Assente nos *digesta*, ela aprofundava, reescrevia e sistematizava os diversos institutos, conseguindo soluções mais diferenciadas e melhor adaptadas aos problemas. A partir de 1850, a doutrina do Brasil foi pioneira, no sentido de, na produção alemã, procurar inspiração para uma reforma aprofundada da Ciência Jurídica civil[551].

II. Um primeiro esforço fora já levado a cabo por Coelho da Rocha. Este Autor, como vimos, ao adotar a sistematização civil de Mackeldey, deu os primeiros passos no sentido da rearrumação do Direito lusófono. Falta, porém, uma redogmatização do tecido civil, com especial focagem nas áreas mais sensíveis à Ciência do Direito: a parte geral e as obrigações.

No primeiro e decisivo tempo, esse esforço ficou a dever-se a Guilherme Moreira[552/553]. Do lado de lá do Atlântico, um movimento paralelo fora levado a cabo por Augusto Teixeira de Freitas (1816-1883) que, confrontado com a complexidade das leis civis brasileiras, então existente,

---

[551] O cenário de uma influência doutrinária brasileira na Faculdade de Direito de Coimbra dos finais do séc. XIX e, em especial, no pensamento renovador de GUILHERME MOREIRA deve ser investigado e confirmado.

[552] *Vide* os nossos *Teoria geral/Relatório*, 131 ss., *A modernização do Direito civil I – Aspectos gerais* (2004), 37-39, e *Tratado* I, 4.ª ed., 173 e 236-237, bem como PAULO MOTA PINTO, *Declaração tácita e comportamento concludente no negócio jurídico* (1995), 10 ss. e LUÍS MENEZES LEITÃO, *O ensino do Direito das obrigações* cit., 107-113.

[553] GUILHERME ALVES MOREIRA (1861-1922). Quanto a elementos biográficos e bibliográficos *vide* o nosso *Teoria geral/Relatório*, 131 ss. e LUÍS MENEZES LEITÃO, *O ensino do Direito das obrigações* cit., 107 ss., com especial atenção às notas de rodapé.

$§ 10.º$ *Na Europa* 187

preparou uma consolidação já numa base pandetística[554]. Essa orientação refletir-se-ia nos juristas subsequentes e, designadamente, em Clóvis Beviláqua, pai do Código Civil brasileiro de 1916[555].

Em traços muito largos, podemos dizer, com especial interesse para a disciplina Direito das obrigações, que a receção do pandetismo se cifrou nos seguintes pontos:

- alteração das obras de referência e de consulta: passou-se de autores franceses a autores italianos e alemães;
- progressivo conhecimento do BGB alemão;
- redistribuição das matérias civis em função da classificação germânica: parte geral, obrigações, reais, família e sucessões;
- arrumação, dentro das obrigações, das rubricas em função das obras pandetísticas;
- apuramento de uma parte geral das obrigações;
- acolhimento de diversos institutos desenvolvidos além-Reno;
- afinamento dogmático geral, com a introdução e o desenvolvimento de um pensamento analítico responsivo.

As inerentes novidades são visíveis na obra de Guilherme Moreira, particularmente no volume segundo – *Das obrigações* – das suas *Instituições do Direito civil português*[556].

IV. Mais importante do que a mudança de paradigma cultural e sistemático é o trabalho dogmático feito na periferia. Seja na sua obra central – as *Instituições* – seja em importantes trabalhos periféricos, como os estudos dedicados à responsabilidade civil[557] e à personalidade cole-

---

[554] EUGEN BUCHER, *Zu Europa gehört auch Lateinamerika!*, ZEuP 2004, 515-547 (527, 528 e 531): citamos este escrito pela curiosidade de documentar a afirmação à luz da literatura alemã; BUCHER (ob. cit., 538) vem admitir, às tantas, uma família hispano-portuguesa de Direito, no que nos parece um desconhecimento das realidades ibéricas e das suas projeções. Já em ZWEIGERT/KÖTZ, *Einführung in die Rechtsvergleichung*, 3.ª ed. cit., 105-107, tal confusão não ocorre.

[555] *Infra*, 207 ss..

[556] De que existe uma pré-edição, de 1902/03 e a obra definitiva, de 1911, com 2.ª ed. póstuma, 1925.

[557] GUILHERME ALVES MOREIRA, *Observações à proposta de lei de 7 de Fevereiro de 1903, em que são interpretados alguns artigos do Código Civil*, RLJ 35 (1903), 513--522, 529-535, 561-569, 577-585, RLJ 36 (1903), 2-8, 17-22, 33-42, 49-55, 65-70, 81-86, 97-101, 129-132, 145-149, 161-165, 177-181, 193-197, 209-213, 224-228, 241-244, 257-

188 *As obrigações em língua portuguesa*

tiva[558], Guilherme Moreira reformulou integralmente matérias inteiras, introduzindo outras antes desconhecidas. Estão, nessas condições, a *culpa in contrahendo*, a alteração das circunstâncias, a gestão de negócios, os negócios unilaterais, o contrato em relação a terceiros, o enriquecimento sem causa e o modelo dualista ou analítico da responsabilidade civil.

V. A classificação germânica começara por ser criticada[559], enquanto o próprio ensino inovador deu azo a protestos[560]. Todavia, rapidamente o novo método foi acolhido no ensino, na lei[561] e na Ciência Jurídica subsequente. Os diversos autores que se seguiram a Moreira vieram adotar a nova geografia. Paralelamente, intensificou-se o acesso às literaturas

---

260, 273-276, 289-292, 305-308, 32 1-324, RLJ 36 (1904), 353-356, 369-373, 385-389, 104-404, 417-421, 449-452, 465-468, 497-500, 513-517, 529-532, RLJ 37 (1904), 2-5, 17-20, 33-36, 65-68, 81-84, 97-100, 113-117, 129-132, 145-148, 161-164, 193-196, 209- -212, 241-244, 256-260, 273-276, 289-292, 305-308, 321-324, 336-340, 353-360, 369- -372, 385-388, 401-404 e RLJ 37 (1905), 417-420, 433-436, 449-452, 465-469, 481-484, 497-500 e 529-532; *Estudo sobre a responsabilidade civil*, RLJ 37 (1905), 561-564, RLJ 38 (1905), 2-5, 17-20, 33-36, 49-52, 65-68, 81-84, 96-100, 113-116, 129-131, 144-147, 177-179, 192-196, 209-212, 224-228, 257-259, 273-275, 305-308, 321-324, 337-340, 353- -356, 369-356, 369-372 e 385-388, RLJ 38 (1906), 417-420, 433-436, 449-451, 465-468, 481-483, 513-515, 529-532, 545-548 e 561-564, RLJ 39 (1906), 2-5, 17-19, 33-36, 49-52, 81-84, 97-99, 113-1 15, 145-147, 161-164, 193-196, 225-228, 257-259, 289-191, 305-308, 337-339, 353-356, 369-371, 385-388, 401-404 e 417-420 e RLJ 39 (1907), 449-452, 465- -468, 481-483, 513-516, 545-547, 577-579 e 609-612, com extratos em BFD LIII (1977), 391-554.

[558] GUILHERME ALVES MOREIRA, *Da personalidade collectiva*, RLJ 40 (1907) 385- -388, 401-403 e 433-436, RLJ 41 (1908), 449-45 1, 465-467, 481-483, 513-515, 545-547, 577-579, 593-595, 609-611 e 641-644, RLJ 41 (1908), 2-4, 15-19, 33-35, 49-51, 81-83, 97-99, 129-131, 145-147, 177-179, 193-195, 225-227, 241-243, 257-260, 289-291, 305- -307, 321-323, 337-339, 353-355, 368-371, 385-387 e 101-404, RLJ 41 (1909), 433-435, 449-45 1, 465-467, 497-500, 513-515, 529-532, 545-547, 561-563, 577-579, 593-595 e 609-611 e RLJ 42(1909), 2-4, 17-19, 33-35, 49-51, 65-68, 81-84, 97-99, 113-115, 129-131, 145-163, 193-195, 225-227 e 257-259.

[559] ABEL PEREIRA DE ANDRADE, *Commentario ao Codigo Civil Portuguez (Artt. 359.º e segg.)/Moldado nas prelecções do exmo. sr. dr. Sanches da Gama, lente da sexta cadeira da Faculdade de Direito da Universidade de Coimbra*, I (1895), CXXXIV e CXXXV e ANTÓNIO JOSÉ TEIXEIRA DE ABREU, *Curso de Direito civil* – vol. I – *Introdução* (1910), 372.

[560] ANTUNES VARELA, *Discurso proferido no centenário do Dr. Guilherme Alves Moreira*, BFD XXXVII (1961), 199-204 (203) e LUÍS MENEZES LEITÃO, *O ensino do Direito das obrigações* cit., 109-110, nota 451.

[561] Decreto 8:578, de 18-abr.-1923, DG I Série, n.º 8, de 12-jan.-1923, 51-64.

§ *10.º Na Europa* 189

italiana e alemã: quanto a esta, primeiro, através de traduções francesas e italianas e, depois, diretamente, à medida que se difundia, nos meios universitários, o hábito de ler em alemão.

A receção do pandetismo não foi total. Em muitos institutos mantiveram-se elementos da cepa tradicional e, ainda, fatores de origem napoleónica. Digamos que se obteve uma nova síntese: mas com um centro de gravidade claramente romano-germânico.

48. O Código Vaz Serra (1966)

I. O Direito civil ficou irreconhecível, em cerca de meio século: o ensino na base pandetística, tecnicamente mais aperfeiçoado e mais eficaz, levou a que, num período historicamente curto, a Ciência Jurídica basculasse para o sistema romano-germânico. O movimento foi, de resto, facilitado pelo Código Civil brasileiro, de 1916, de clara inspiração alemã.

Punha-se, agora, a questão: valeria a pena fazer um novo Código Civil? A resposta não era inelutável: o Código de Seabra permitira a receção de um pandetismo e o seu desabrochar, em síntese nacional. Logo, ele não era impedimento à nova Ciência, então dominante. Todavia, a elaboração de um novo código civil sempre seria um ensejo para reponderar muita matéria, acertando o passo da lei pelo da História e permitindo reformas sectoriais. Além disso, a revisão do Código Civil inscrever-se-ia na obra reformadora do Estado Novo, sendo apresentada como mais um feito desse regime.

II. A reforma foi desencadeada por Adriano Vaz Serra, em 1944: professor de Direito das obrigações entre 1926 e 1937[562]e Ministro da Justiça em 1944, altura em que o Decreto n.º 33:908, de 4 de setembro desse mesmo ano[563], determinou que se procedesse à reforma. Subsequen-

---

[562] Quanto ao ensino de Vaz Serra *vide* Luís Menezes Leitão, *O ensino do Direito das obrigações* cit., 150-153. Ficaram lições, organizadas por alunos: Afonso Leite de Sampaio/Alberto Lopes Madeira/Eduardo Martins Manso, *Direito Civil Português/ Das obrigações (de harmonia com as prelecções do Ex.mo Senhor Doutor Adriano Vaz Serra ao curso do 1.º ano jurídico de 1929-1930)* (1930) e Mário Augusto da Cunha, *Direito civil português/Das obrigações* (1935).

[563] DG I Série, n.º 196, de 4-set.-1944, 830-836; *vide* Adriano Vaz Serra, *A revisão geral do Código Civil/Alguns factos e comentários*, BMJ 2 (1947), 24-76 = BFD 22 (1947), 451-513.

190 *As obrigações em língua portuguesa*

temente, Vaz Serra deixou o Governo para presidir à comissão de reforma, tendo ficado incumbido do projeto na área do Direito das obrigações[564].

III. No âmbito da preparação do Código Civil, Vaz Serra elaborou, precisamente para o Direito das obrigações, um conjunto de estudos que, ainda hoje, asseguram uma cobertura única da matéria.

Apesar da extensão, cumpre dar conta dos temas estudados por Vaz Serra, no domínio do Direito das obrigações e com vista à preparação do que seria o Código Civil de 1966. Assim:

1. *Compensação[565]*;
2. *Do cumprimento como modo de extinção das obrigações[566]*;
3. *Sub-rogação nos direitos do credor[567]*;
4. *Direito de satisfação ou resgate e sub-rogação legal nos casos de hipoteca ou de penhor[568]*;
5. *Dação em função do cumprimento e dação em cumprimento[569]*;
6. *Consignação em depósito, venda da coisa devida e exoneração do devedor por impossibilidade da prestação resultante de circunstância atinente ao credor[570]*;
7. *Confusão[571]*;
8. *Remissão, reconhecimento negativo de dívida e contrato extintivo da relação obrigacional bilateral[572]*;
9. *Cessão de créditos ou de outros direitos[573]*;

---

[564] Quanto à preparação do Código Vaz Serra *vide* o presente *Tratado* I, 4.ª ed., 238 ss..

[565] ADRIANO VAZ SERRA, *Compensação*, BMJ 31 (1952), 13-209.

[566] ADRIANO VAZ SERRA, *Do cumprimento como modo de extinção das obrigações*, BMJ 34 (1953), 5-212.

[567] ADRIANO VAZ SERRA, *Sub-rogação nos direitos do credor*, BMJ 37 (1953), 5-66.

[568] ADRIANO VAZ SERRA, *Direito de satisfação ou resgate e sub-rogação legal nos casos de hipoteca ou de penhor*, BMJ 39 (1953), 5-24.

[569] ADRIANO VAZ SERRA, *Dação em função do cumprimento e dação em cumprimento*, BMJ 39 (1953), 25-57.

[570] ADRIANO VAZ SERRA, *Consignação em depósito, venda da coisa devida e exoneração do devedor por impossibilidade da prestação resultante de circunstância atinente ao credor*, BMJ 40 (1954), 5-192.

[571] ADRIANO VAZ SERRA, *Confusão*, BMJ 41 (1954), 17-55.

[572] ADRIANO VAZ SERRA, *Remissão, reconhecimento negativo de dívida e contrato extintivo da relação obrigacional bilateral*, BMJ 43 (1954), 5-98.

[573] ADRIANO VAZ SERRA, *Cessão de créditos ou de outros direitos*, BMJ, número especial (1955), 5 ss. = BFD, vol. XXX (1954), 191-399, e vol. XXXI (1955), 190-365.

§ 10.º Na Europa

10. *Mora do credor*[574];
11. *Impossibilidade superveniente por causa não imputável ao devedor e desaparecimento do interesse do credor*[575];
12. *Impossibilidade superveniente e cumprimento imperfeito imputáveis ao devedor*[576];
13. *Encargo da prova em matéria de impossibilidade ou de cumprimento imperfeito e da sua imputabilidade a uma das partes*[577];
14. *Mora do devedor*[578];
15. *Cessão da posição contratual*[579];
16. *Lugar da prestação*[580];
17. *Tempo da prestação – Denúncia*[581];
18. *Contratos a favor de terceiro. Contratos de prestação por terceiro*[582];
19. *Obrigações pecuniárias*[583];
20. *Obrigações naturais*[584];
21. *Obrigações genéricas*[585];
22. *Obrigações alternativas. Obrigações com faculdade alternativa*[586];
23. *Obrigação de juros*[587];
24. *Penhor*[588];

---

[574] ADRIANO VAZ SERRA, *Mora do credor*, número especial (1955), 375 ss..

[575] ADRIANO VAZ SERRA, *Impossibilidade superveniente por causa não imputável ao devedor e desaparecimento do interesse do credor*, BMJ 46 (1955), 5-152.

[576] ADRIANO VAZ SERRA, *Impossibilidade superveniente e cumprimento imperfeito imputáveis ao devedor*, BMJ 47 (1955), 5-97.

[577] ADRIANO VAZ SERRA, *Encargo da prova em matéria de impossibilidade ou de cumprimento imperfeito e da sua imputabilidade a uma das partes*, BMJ 47 (1955), 98-126.

[578] ADRIANO VAZ SERRA, *Mora do devedor*, BMJ 48 (1955), 5-317.

[579] ADRIANO VAZ SERRA, *Cessão da posição contratual*, BMJ 49 (1955), 5-30.

[580] ADRIANO VAZ SERRA, *Lugar da prestação*, BMJ 50 (1955), 5-48.

[581] ADRIANO VAZ SERRA, *Tempo da prestação – Denúncia*, BMJ 50 (1955), 49-211.

[582] ADRIANO VAZ SERRA, *Contratos a favor de terceiro. Contratos de prestação por terceiro*, BMJ 51 (1955), 29-229.

[583] ADRIANO VAZ SERRA, *Obrigações pecuniárias*, BMJ 52 (1956), 5-228.

[584] ADRIANO VAZ SERRA, *Obrigações naturais*, BMJ 53 (1956), 5-171.

[585] ADRIANO VAZ SERRA, *Obrigações genéricas*, BMJ 55 (1956), 5-59.

[586] ADRIANO VAZ SERRA, *Obrigações alternativas. Obrigações com faculdade alternativa*, BMJ 55 (1956), 61-158.

[587] ADRIANO VAZ SERRA, *Obrigação de juros*, BMJ 55 (1956), 159-170.

[588] ADRIANO VAZ SERRA, *Penhor*, BMJ 58 (1956), 17-293 e 59 (1956), 13-268.

192 As obrigações em língua portuguesa

25. *Títulos de crédito*[589];
26. *Hipoteca*[590];
27. *Privilégios*[591];
28. *Direito de retenção*[592];
29. *Consignação de rendimentos*[593];
30. *Gestão de negócios*[594];
31. *Excepção de contrato não cumprido*[595];
32. *Pena convencional*[596];
33. *Culpa do devedor ou do agente*[597];
34. *Resolução do contrato*[598];
35. *Resolução ou modificação dos contratos por alteração das circunstâncias*[599];
36. *Pluralidade de devedores ou de credores*[600];
37. *Fiança e figuras análogas*[601];
38. *Novação*[602];
39. *Expromissão*[603];
40. *Promessa de liberação e contrato a favor do credor*[604];
41. *Delegação*[605];

---

[589] ADRIANO VAZ SERRA, *Títulos de crédito*, BMJ 60 (1956), 5-350 e 61 (1956), 5-364.

[590] ADRIANO VAZ SERRA, *Hipoteca*, BMJ 62 (1957), 5-356 e 63 (1957), 193-396.

[591] ADRIANO VAZ SERRA, *Privilégios*, BMJ 64 (1957), 41-339.

[592] ADRIANO VAZ SERRA, *Direito de retenção*, BMJ 65 (1957), 103-259.

[593] ADRIANO VAZ SERRA, *Consignação de rendimentos*, BMJ 65 (1957), 263-316.

[594] ADRIANO VAZ SERRA, *Gestão de negócios*, BMJ 66 (1957), 45-282.

[595] ADRIANO VAZ SERRA, *Excepção de contrato não cumprido*, BMJ 67 (1957), 17-183.

[596] ADRIANO VAZ SERRA, *Pena convencional*, BMJ 67 (1957), 185-243.

[597] ADRIANO VAZ SERRA, *Culpa do devedor ou do agente*, BMJ 68 (1957), 13-151.

[598] ADRIANO VAZ SERRA, *Resolução do contrato*, BMJ 68 (1957), 153-291.

[599] ADRIANO VAZ SERRA, *Resolução ou modificação dos contratos por alteração das circunstâncias*, BMJ 68 (1957), 293-385.

[600] ADRIANO VAZ SERRA, *Pluralidade de devedores ou de credores*, BMJ 69 (1957), 37-352 e 70 (1957), 5-240.

[601] ADRIANO VAZ SERRA, *Fiança e figuras análogas*, BMJ 71 (1957), 19-331.

[602] ADRIANO VAZ SERRA, *Novação*, BMJ 72 (1958), 5-75.

[603] ADRIANO VAZ SERRA, *Expromissão*, BMJ 72 (1958), 77-81.

[604] ADRIANO VAZ SERRA, *Promessa de liberação e contrato a favor do credor*, BMJ 72 (1958), 83-95.

[605] ADRIANO VAZ SERRA, *Delegação*, BMJ 72 (1958), 97-187.

§ *10.° Na Europa* 193

42. *Assunção de dívida (Cessão de dívida sucessão singular na dívida)*[606];
43. *Responsabilidade do devedor pelos factos dos auxiliares, dos representantes legais ou dos substitutos*[607];
44. *Cessão de bens aos credores*[608];
45. *Realização coactiva da prestação (Execução) (Regime civil)*[609];
46. *Objecto da obrigação. A prestação – suas espécies, conteúdo e requisitos*[610];
47. *Promessa pública*[611];
48. *Efeitos dos contratos (Princípios gerais)*[612];
49. *Responsabilidade patrimonial*[613];
50. *Contrato-promessa*[614];
51. *Obrigação de preferência (Pacto de preferência ou de opção)*[615];
52. *Obrigações – Ideias preliminares gerais*[616];
53. *Fontes das obrigações – O contrato e o negócio jurídico unilateral como fontes de obrigações*[617];
54. *Fixação de prazo*[618];
55. *Exibição de coisas ou documentos*[619];

---

[606] ADRIANO VAZ SERRA, *Assunção de dívida (Cessão de dívida sucessão singular na dívida)*, BMJ 72 (1958), 189-257.

[607] ADRIANO VAZ SERRA, *Responsabilidade do devedor pelos factos dos auxiliares, dos representantes legais ou dos substitutos*, BMJ 72 (1958), 259-305.

[608] ADRIANO VAZ SERRA, *Cessão de bens aos credores*, BMJ 72 (1958), 307-325.

[609] ADRIANO VAZ SERRA, *Realização coactiva da prestação (Execução) (Regime civil)*, BMJ 73 (1958), 31-394.

[610] ADRIANO VAZ SERRA, *Objecto da obrigação. A prestação – suas espécies, conteúdo e requisitos*, BMJ 74 (1958), 15-283.

[611] ADRIANO VAZ SERRA, *Promessa pública*, BMJ 74 (1958), 285-331.

[612] ADRIANO VAZ SERRA, *Efeitos dos contratos (Princípios gerais)*, BMJ 74 (1958), 333-368.

[613] ADRIANO VAZ SERRA, *Responsabilidade patrimonial*, BMJ 75 (1958), 5-410.

[614] ADRIANO VAZ SERRA, *Contrato-promessa*, BMJ 76 (1958), 5-129.

[615] ADRIANO VAZ SERRA, *Obrigação de preferência (Pacto de preferência ou de opção)*, BMJ 76 (1958), 131-289.

[616] ADRIANO VAZ SERRA, *Obrigações – Ideias preliminares gerais*, BMJ 77 (1958), 5-125.

[617] ADRIANO VAZ SERRA, *Fontes das obrigações – O contrato e o negócio jurídico unilateral como fontes de obrigações*, BMJ 77 (1958), 127-219.

[618] ADRIANO VAZ SERRA, *Fixação de prazo*, BMJ 77 (1958), 221-225.

[619] ADRIANO VAZ SERRA, *Exibição de coisas ou documentos*, BMJ 77 (1958), 227-251.

194 *As obrigações em língua portuguesa*

56. *Cláusulas modificadoras da responsabilidade. Obrigação de garantia contra responsabilidade por danos a terceiros*[620];
57. *Obrigação de prestação de contas e outras obrigações de informação*[621];
58. *Contrato para pessoa a nomear*[622];
59. *Obrigação de reembolso de despesas (ou benfeitorias) e "ius tollendi"*[623];
60. *Obrigação de restituição*[624];
61. *Obrigações de sujeito indeterminado*[625];
62. *Contrato de modificação ou de substituição da relação obrigacional*[626];
63. *Responsabilidade do albergueiro, etc., pelas coisas introduzidas no albergue, etc.*[627];
64. *Reclamação judicial*[628];
65. *Enriquecimento sem causa*[629];
66. *Negócios abstractos. Considerações gerais. Promessa ou reconhecimento de dívida e outros actos*[630];
67. *Reparação do dano não patrimonial*[631];

---

[620] ADRIANO VAZ SERRA, *Cláusulas modificadoras da responsabilidade. Obrigação de garantia contra responsabilidade por danos a terceiros*, BMJ 79 (1958), 105-148.

[621] ADRIANO VAZ SERRA, *Obrigação de prestação de contas e outras obrigações de informação*, BMJ 79 (1958), 149-161.

[622] ADRIANO VAZ SERRA, *Contrato para pessoa a nomear*, BMJ 79 (1958), 163-199.

[623] ADRIANO VAZ SERRA, *Obrigação de reembolso de despesas (ou benfeitorias) e "ius tollendi"*, BMJ 80 (1958), 13-51.

[624] ADRIANO VAZ SERRA, *Obrigação de restituição*, BMJ 80 (1958), 53-85.

[625] ADRIANO VAZ SERRA, *Obrigações de sujeito indeterminado*, BMJ 80 (1958), 87-99.

[626] ADRIANO VAZ SERRA, *Contrato de modificação ou de substituição da relação obrigacional*, BMJ 80 (1958), 101-135.

[627] ADRIANO VAZ SERRA, *Responsabilidade do albergueiro, etc., pelas coisas introduzidas no albergue, etc.*, BMJ 80 (1958), 137-185.

[628] ADRIANO VAZ SERRA, *Reclamação judicial*, BMJ 80 (1958), 187-202.

[629] ADRIANO VAZ SERRA, *Enriquecimento sem causa*, BMJ 81 (1958), 5-245 e 82 (1959), 5-289.

[630] ADRIANO VAZ SERRA, *Negócios abstractos. Considerações gerais. Promessa ou reconhecimento de dívida e outros actos*, BMJ 83 (1959), 5-67.

[631] ADRIANO VAZ SERRA, *Reparação do dano não patrimonial*, BMJ 83 (1959), 69-109.

§ *10.º Na Europa* 195

68. *Obrigação de indemnização (Colocação. Fontes. Conceito e espécies de dano. Nexo causal. Extensão do dever de indemnizar. Espécies de indemnização). Direito de abstenção e de remoção*[632];
69. *Causas justificativas do facto danoso*[633];
70. *Responsabilidade contratual e responsabilidade extracontratual*[634];
71. *Abuso do direito (em matéria de responsabilidade civil)*[635];
72. *Responsabilidade de terceiros no não-cumprimento de obrigações*[636];
73. *Responsabilidade pelos danos causados por coisas ou actividades*[637];
74. *Responsabilidade de pessoas obrigadas a vigilância*[638];
75. *Responsabilidade civil do Estado e dos seus órgãos ou agentes*[639];
76. *Responsabilidade pelos danos causados por animais*[640];
77. *O dever de indemnizar e o interesse de terceiros*[641];
78. *Conculpabilidade do prejudicado*[642];
79. *Prescrição do direito de indemnização*[643];

---

[632] ADRIANO VAZ SERRA, *Obrigação de indemnização (Colocação. Fontes. Conceito e espécies de dano. Nexo causal. Extensão do dever de indemnizar. Espécies de indemnização). Direito de abstenção e de remoção*, BMJ 84 (1959), 5-303.

[633] ADRIANO VAZ SERRA, *Causas justificativas do facto danoso*, BMJ 85 (1959), 13-113.

[634] ADRIANO VAZ SERRA, *Responsabilidade contratual e responsabilidade extracontratual*, BMJ 85 (1959), 115-241.

[635] ADRIANO VAZ SERRA, *Abuso do direito (em matéria de responsabilidade civil)*, BMJ 85 (1959), 243-343.

[636] ADRIANO VAZ SERRA, *Responsabilidade de terceiros no não-cumprimento de obrigações*, BMJ 85 (1959), 345-360.

[637] ADRIANO VAZ SERRA, *Responsabilidade pelos danos causados por coisas ou actividades*, BMJ 85 (1959), 361-380.

[638] ADRIANO VAZ SERRA, *Responsabilidade de pessoas obrigadas a vigilância*, BMJ 85 (1959), 381-444.

[639] ADRIANO VAZ SERRA, *Responsabilidade civil do Estado e dos seus órgãos ou agentes*, BMJ 85 (1959), 446-519.

[640] ADRIANO VAZ SERRA, *Responsabilidade pelos danos causados por animais*, BMJ 86 (1959), 21-101.

[641] ADRIANO VAZ SERRA, *O dever de indemnizar e o interesse de terceiros*, BMJ 86 (1959), 103-129.

[642] ADRIANO VAZ SERRA, *Conculpabilidade do prejudicado*, BMJ 86 (1959), 131-175.

[643] ADRIANO VAZ SERRA, *Prescrição do direito de indemnização*, BMJ 87 (1959), 23-67.

196   *As obrigações em língua portuguesa*

80. *Responsabilidade pelos danos causados por edifícios ou outras obras*[644];
81. *Fundamento da responsabilidade civil (em especial, responsabilidade por acidentes de viação terrestre e por intervenções lícitas)*[645];
82. *União de contratos. Contratos mistos*[646];
83. *Tribunal competente para apreciação da responsabilidade civil conexa com a criminal*[647];
84. *Requisitos da responsabilidade civil*[648];
85. *Responsabilidade pelos danos causados por instalações de energia eléctrica ou gás e por produção e emprego de energia nuclear*[649];
86. *Algumas questões em matéria de responsabilidade civil*[650];
87. *Garantia da evicção, dos vícios da coisa e dos ónus, na venda em execução*[651];
88. *Algumas questões em matéria de fiança*[652];
89. *Prescrição e caducidade*[653];

---

[644] ADRIANO VAZ SERRA, *Responsabilidade pelos danos causados por edifícios ou outras obras*, BMJ 88 (1959), 13-62.

[645] ADRIANO VAZ SERRA, *Fundamento da responsabilidade civil (em especial, responsabilidade por acidentes de viação terrestre e por intervenções lícitas)*, BMJ 90 (1959), 5-322.

[646] ADRIANO VAZ SERRA, *União de contratos. Contratos mistos*, BMJ 91 (1959), 11-145.

[647] ADRIANO VAZ SERRA, *Tribunal competente para apreciação da responsabilidade civil conexa com a criminal*, BMJ 91 (1959), 147-206.

[648] ADRIANO VAZ SERRA, *Requisitos da responsabilidade civil*, BMJ 92 (1960), 37-137.

[649] ADRIANO VAZ SERRA, *Responsabilidade pelos danos causados por instalações de energia eléctrica ou gás e por produção e emprego de energia nuclear*, BMJ 92 (1960), 139-157.

[650] ADRIANO VAZ SERRA, *Algumas questões em matéria de responsabilidade civil*, BMJ 93 (1960), 5-79.

[651] ADRIANO VAZ SERRA, *Garantia da evicção, dos vícios da coisa e dos ónus, na venda em execução*, BMJ 95 (1960), 5-22.

[652] ADRIANO VAZ SERRA, *Algumas questões em matéria de fiança*, BMJ 96 (1960), 5-99.

[653] ADRIANO VAZ SERRA, *Prescrição e caducidade*, BMJ 105 (1961), 5-248, 106 (1961), 45-278, e 107 (1961), 159-306; em BMJ 106, 45, o estudo passa a chamar-se *Prescrição extintiva e caducidade*, título que mantém em BMJ 107, 159.

90. *Provas (Direito probatório material)*[654];
91. *Empreitada*[655].

IV. Além de Vaz Serra, também Inocêncio Galvão Telles, Ferrer Correia e Pires de Lima deram o seu contributo às obrigações do novo Código.

Quanto a Inocêncio Galvão Telles, temos:

1. *Compra e venda e locação*[656];
2. *Mandato*[657];
3. *Aspectos comuns aos vários contratos*[658];
4. *Contratos civis*[659].

Ferrer Correia:

5. *Contrato de sociedade*[660].

Pires de Lima:

6. *Contrato de doação*[661].

---

[654] ADRIANO VAZ SERRA, *Provas (Direito probatório material)*, BMJ 110 (1961), 61-256, 111 (1961), 5-194 e 112 (1962), 33-299.

[655] ADRIANO VAZ SERRA, *Empreitada*, BMJ 145 (1965), 19-190 e 146 (1965), 33-247.

[656] INOCÊNCIO GALVÃO TELLES, *Dos contratos em especial – I e II (Compra e venda e locação)*, RFDUL V (1948), 173-230 = BMJ 13 (1949), 5-51.

[657] INOCÊNCIO GALVÃO TELLES, *Mandato (Anteprojecto de um capítulo do futuro Código Civil português)*, BMJ 16 (1950), 38-46.

[658] INOCÊNCIO GALVÃO TELLES, *Aspectos comuns aos vários contratos/Exposição de motivos referente ao título do futuro Código Civil português sobre contratos em especial*, RFDUL VII (1950), 234-315 = BMJ 23 (1951), 18-91.

[659] INOCÊNCIO GALVÃO TELLES, *Contratos civis. Exposição de motivos*, RFDUL IX (1953), 144-221 e X (1954), 161-245 = BMJ 83 (1959), 114-182.

[660] ANTÓNIO DE ARRUDA FERRER CORREIA/VASCO DA GAMA LOBO XAVIER, *Do contrato de sociedade*, BMJ 104 (1961), 5-24.

[661] FERNANDO AUGUSTO PIRES DE LIMA, *Contrato de doação*, BMJ 104 (1961), 25-37.

198   *As obrigações em língua portuguesa*

V. O próprio Vaz Serra juntou, em publicação, os anteprojetos parcelares que preparara a propósito de cada um dos seus anteprojetos: um articulado imenso[662]. Do mesmo deu, à estampa, uma versão resumida[663]. Seguiu-se uma "revisão ministerial": levada a cabo por Antunes Varela, com o auxílio de Pires de Lima e, no plano linguístico, de Paulo Merêa[664]. A parte do Direito das obrigações foi publicada[665]. Seguiu-se nova "revisão ministerial": a segunda, que apenas circulou copiografada[666]. O projeto final foi publicado em 1966[667], sendo o Código Civil aprovado, pouco depois, pelo Decreto-Lei n.º 47 344, de 25 de novembro de 1966[668]: antecedido por brevíssima discussão pública[669], que não relevou para o Direito das obrigações. O processo de aprovação do Código Civil foi, na época, criticado por juspublicistas, como Marcello Caetano, que se consideraram marginalizados, designadamente no que toca ao Título I da Parte I, relativo às leis, à sua interpretação e à sua aplicação[670] e que, de facto, relevam para todo o Direito.

VI. A preparação do Código Civil ficou indelevelmente marcada pela obra de Vaz Serra. Não há, particularmente no domínio das obrigações, qualquer improviso possível, dada a densidade jurídico-científica subjacente. Os estudos de Vaz Serra seguem um método assaz sólido e uniforme: fazem o ponto da situação no Direito nacional e nos Direitos continentais europeus, com especial atenção ao alemão. Isto posto, de entre as

---

[662] ADRIANO VAZ SERRA, *Direito das obrigações*, BMJ 98 (1960), 129-316, 99 (1960), 267-526, 100 (1960), 161-413 e 101 (1960), 163-403.

[663] ADRIANO VAZ SERRA, *Direito das obrigações* (versão resumida), BMJ 98 (1960), 13-128, 99 (1960), 27-265, 100 (1960), 17-159, e 101 (1960), 15-161. Citaremos este último articulado de acordo com a separata: *Direito das obrigações (com excepção dos contratos em especial)/Anteprojecto* (1960).

[664] *Vide* JOÃO ANTUNES VARELA, *A elaboração do Código Civil*, em *A feitura das leis* 1 (1986), 17-34.

[665] BMJ 119 (1962), 27-217 e 120 (1962), 19-162, com índice geral das obrigações, BMJ 120, 163-168.

[666] Em abril de 1965, o título relativo às *obrigações em geral*; em junho de 1965, o título *Dos contratos em especial*.

[667] *Projecto de novo Código Civil* (1966).

[668] DG I Série, n.º 274, de 25-nov.-1966, 1883-2086.

[669] JOÃO ANTUNES VARELA, *Do projecto ao Código Civil* (1966) e *Código Civil*, Enc. Pólis 1 (1983), 929-944.

[670] MARCELLO CAETANO, *Manual de Direito administrativo*, 1, 10.ª ed. (1972), 114.

§ *10.º Na Europa*   199

várias soluções compaginadas, Vaz Serra escolhe a melhor. A aproximação ao Direito alemão era, assim, inevitável e, de um modo geral: salutar.

Mas de forma alguma (e ao contrário do que se verificou noutras experiências de receção do BGB alemão) se poderá falar em tradução de textos. As soluções foram sempre reelaboradas à luz da Ciência e da tradição nacionais. O único senão foi a natureza muito alargada e pesada dos preceitos propostos por Vaz Serra: pretexto para que, nas revisões ministeriais, Antunes Varela alterasse diversas propostas bem interessantes, substituindo-as (aí sim e por vezes) por traduções de preceitos do Código italiano de 1942.

VII. A crítica ao Código Civil de 1966 ficou feita[671]. No tocante às obrigações, para além das tardias incursões dos textos italianos, cabe referenciar uma certa desatualização jurídico-científica. O essencial dos textos doutrinários alemães que mais pesaram datava do período entre as duas Guerras.

Isto dito: o próprio Código foi habilmente feito, de modo a não tolher o subsequente desenvolvimento da Ciência do Direito.

49. Evolução posterior

I. O Direito das obrigações é marcado pela estabilidade[672]. Ele assenta em vínculos abstratos, concatenados, ao longo dos séculos, em esquemas de desenvolvimento constante. Os diversos institutos que nele se inserem têm conhecido um aperfeiçoamento intenso, sendo difícil encontrar novidades radicais no modo de os entender. A evolução é por vezes subtil e intervém apenas após um plano de especial aprofundamento: passa desapercebido ao leigo ou, mesmo, ao jurista menos versado ou menos motivado para estes problemas.

O progresso do Direito das obrigações tem, assim, muito a ver com o sistema de exposição, com o modo por que é ensinado e pela informação que, sobre a matéria e os seus pontos, seja possível reunir.

---

[671] *Tratado* I, 4.ª ed., 240 ss..

[672] JORGE RIBEIRO DE FARIA, *Direito das obrigações* 1 (1980/81, reimp., 2001), 10 e MANUEL DE ANDRADE, *Teoria geral das obrigações*, 3.ª ed. cit., 13.

200 As obrigações em língua portuguesa

II. O estudo do ensino do Direito das obrigações e o da sua evolução recente têm sido levados a cabo em sucessivos relatórios universitários[673], com justo relevo para o de Menezes Leitão. Para os presentes propósitos, vamos tão-só retratar alguns tópicos.

No domínio do Direito das obrigações, o aparecimento do Código Civil de 1966 não provocou uma quebra tão grande como o sucedido noutras disciplinas, particularmente em Teoria geral do Direito civil[674] e em Direitos reais[675]. De facto, houve aí uma continuidade mais marcada entre a doutrina anterior e a posterior ao Código Vaz Serra[676]. E isso por duas razões muito simples:

– a doutrina anterior, mormente por via dos esforços de Vaz Serra e de Manuel de Andrade, já havia antecipado boa parte das novidades comportadas em 1966;
– o próprio Código continha potenciais que só passados 20 anos sobre a sua promulgação puderam ser aproveitados.

---

[673] Assim: JORGE LEITE AREIAS RIBEIRO DE FARIA, *Direito das obrigações/Relatório*, apresentado a provas de agregação na Faculdade de Economia do Porto (1991); JORGE FERREIRA SINDE MONTEIRO, *Relatório sobre o programa, conteúdo e métodos de ensino do Direito das obrigações*, apresentado ao concurso para professor associado, na Universidade de Coimbra (1995); LUÍS MANUEL TELES DE MENEZES LEITÃO, *O ensino do Direito das obrigações/Relatório sobre o programa, conteúdo e métodos de ensino da disciplina*, apresentado ao concurso para professor associado, na Universidade de Lisboa (2001); JOSÉ CARLOS BRANDÃO PROENÇA, *Direito das obrigações [Para um enquadramento do seu ensino no último quartel do século XX e no primeiro quinquénio do século XXI]/ Relatório sobre o programa, o conteúdo e os métodos de ensino da disciplina*, apresentado ao concurso para professor associado, na Universidade Católica Portuguesa (2007); ANA PRATA, *Direito das obrigações/Relatório incluindo o programa, os conteúdos e os métodos de ensino e de avaliação da disciplina de Direito das obrigações*, apresentado ao concurso para professor associado, na Universidade Nova de Lisboa (2008).

[674] *Vide* o nosso *Teoria geral/Relatório*, 179 ss., onde propusemos, para o período subsequente a 1966, a "exegese germânica".

[675] PEDRO DE ALBUQUERQUE, *Direitos Reais/Relatório sobre o programa, conteúdo e métodos de ensino* (2009), 372 ss. e JOSÉ ALBERTO VIEIRA, *Direitos Reais/Perspectiva histórica do seu ensino em Portugal* (2008), 151 ss., salientam a continuidade doutrinária e pedagógica entre a literatura de Direitos Reais antes e depois do Código; nós próprios já o havíamos afirmado. Todavia, assim é no campo das grandes opções. O discurso em si passou a reportar-se aos novos textos, com um nível de exegese ainda mais intenso do que o da parte geral; bastará recordar temas como o da posse/detenção. Ora nas obrigações, provavelmente pela obra de Manuel de Andrade e pela de Vaz Serra e pelo ensino mais alargado de Pessoa Jorge, nunca se chegou a tais extremos.

[676] LUÍS MENEZES LEITÃO, *O ensino do Direito das obrigações* cit., 193.

§ *10.º Na Europa*

III. No período posterior a 1945, a doutrina obrigacionista começou a contar com as dezenas de extensos desenvolvimentos de Vaz Serra[677]. Autores de prestígio iluminaram áreas delicadas: pense-se em Pereira Coelho, no tocante à responsabilidade civil[678] ou em Pessoa Jorge, no domínio do mandato[679]. No plano do ensino, dispúnhamos, antes de 1966, dos excelentes textos de Manuel de Andrade[680] e de Pereira Coelho[681]: totalmente adaptados ao pensamento romano-germânico.

Paralelamente, a elaboração puramente nacional atingia um ponto alto com as investigações de Gomes da Silva[682], no domínio da dogmática básica das obrigações. Essas investigações tiveram, aliás, como base, o ensino de Paulo Cunha sobre a garantia nas obrigações[683]. Mesmo autores que, como Inocêncio Galvão Telles, não acediam, diretamente, aos textos alemães, mantinham posturas atualizadas e asseguravam uma reflexão nacional própria, de nível elevado[684].

IV. Em suma: o novo Código Civil não veio, mau grado o enorme passo jurídico-científico que representou, provocar aprofundadas remodelações de programas ou de dogmatizações obrigacionais. De todo o modo, após a sua publicação, os obrigacionistas centraram-se nos seus textos, readaptando o discurso e procurando reconduzi-los aos quadros já conhecidos.

---

[677] Citados *supra*, notas 565 a 655.

[678] Francisco Manuel Pereira Coelho, *Culpa do lesante e extensão da reparação*, RDES 1950, 68-87, *O nexo de causalidade na responsabilidade civil*, BFD/Supl. 9 (1951), 65-242 e *O problema da causa virtual na responsabilidade civil* (1955).

[679] Fernando Pessoa Jorge, *O mandato sem representação* (1961).

[680] Manuel A. Domingues de Andrade, *Teoria geral das obrigações*, 3.ª ed. (1966), que remonta às lições de 1951, como ele próprio explica no prefácio à 1.ª ed., de 1958.

[681] Abílio Neto/Miguel J. A. Pupo Correia, *Obrigações/Aditamentos à Teoria geral das obrigações*, de Manuel de Andrade, segundo as preleções do Doutor Pereira Coelho (1963/64).

[682] Manuel Duarte Gomes da Silva, *Ensaio sobre o direito geral de garantia nas obrigações* (1939, reimp., 1965); *Conceito e estrutura da obrigação* (1943, reimp., 1971); *O dever de prestar e o dever de indemnizar* I (1944).

[683] Paulo Cunha, *Da garantia das obrigações/Apontamentos* das aulas de Direito civil do 5.º ano da Faculdade de Direito de Lisboa, por Eudoro Pamplona Corte-Real, 2 volumes, 1938-1939 (364 pp. + 387 pp.).

[684] Inocêncio Galvão Telles, *Manual dos contratos em geral*, 3.ª ed. (1965) e *Manual de Direito das obrigações* 1, 2.ª ed. (1965).

202   *As obrigações em língua portuguesa*

Neste sentido, mantemos que, após 1966, se assistiu a um efetivo surto de exegese, particularmente claro na obra monumental de Antunes Varela[685].

Este Autor veio, numa exposição clara e extensa, explicar as soluções do Código Civil, com insistência nos pontos em que entendeu desviar-se de Vaz Serra. Para além disso, as obrigações de Varela caracterizam-se por uma escassa atualização (*summo rigore*, as publicações posteriores a 1966 eram indiferentes) e pela preocupação de afastar tudo quanto contundisse com a visão mais imediata do Código Civil[686]. Varela não aceitava o diálogo com a doutrina nacional: embora a conhecesse e, sem a referir, a fosse rebatendo, a sua obra constitui uma autojustificação perante Vaz Serra e um desenvolvimento do Código Civil. As obrigações de Varela devem, de resto, ser lidas em estreita ligação com o também monumental Código Civil Anotado[687].

De todo o modo, o saldo é positivo. Antunes Varela logrou disponibilizar muita matéria, tornando-a acessível aos seus leitores. Em compensação: prejudicou o recurso direto às fontes, essencial para a investigação.

Ainda na exegese subsequente a 1966, haverá que integrar o Direito das obrigações de Mário Júlio de Almeida Costa. Também elas nasceram da necessidade de, no imediato, explicar em texto o Código Civil. Vieram,

---

[685] João Antunes Varela, *Das obrigações em geral*, 1.ª ed. (1970), 809 pp., antecedidas por lições policopiadas. Temos: 2.ª ed., 1 (1973), 814 pp.; e 2 (1978), 425 pp.; os dois volumes passaram a ser editados em separado; quanto ao 1.º: 3.ª ed. (1980), 828 pp.; 4.ª ed. (1982), 866 pp.; 5.ª ed. (1986), 919 pp.; 6.ª ed. (1989), 931 pp.; 7.ª ed. (1991), 959 pp.; 8.ª ed. (1994), 977 pp.; 9.ª ed. (1996), 990 pp.; 10.ª ed. (2000), 962 pp., com diversas reimpressões; quanto ao 2.º: 3.ª ed. (1980), 417 pp.; 4.ª ed. (1990), 598 pp.; 5.ª ed. (1992), 606 pp.; 6.ª ed. (1995), 606 pp.; 7.ª ed. (1997), 612 pp., também com diversas reimpressões.

[686] Assim, as críticas à eficácia externa, às relações contratuais de facto, às cláusulas contratuais gerais e ao próprio abuso do direito, bem como muitas outras que iremos encontrar ao longo da exposição.

[687] Fernando Andrade Pires de Lima/João de Matos Antunes Varela, *Código Civil Anotado*, volume I (Artigos 1.º a 761.º), 1.ª ed. (1967), 261-596 e volume II (Artigos 762.º a 1250.º), 1.ª ed. (1968), 611 pp.; I, 2.ª ed., revista e atualizada, com a colaboração de Manuel Henrique Mesquita (s/d, mas 1979), 323-706 e II, 2.ª ed. (1981), 797 pp.; I, 3.ª ed., revista e atualizada, com a colaboração de Manuel Henrique Mesquita (1982), 345-751 e II, 3.ª ed., revista e atualizada (1986), 914 pp.; I, 4.ª ed.,, revista e atualizada, com a colaboração de Manuel Henrique Mesquita (1987), 794 pp. e II, 4.ª ed., revista e atualizada (1997), 938 pp..

§ 10.º Na Europa 203

depois, a alargar o seu âmbito[688], acabando por acolher matéria não inferior à de Antunes Varela, embora apresentada em termos mais condensados. No confronto com este, Almeida Costa surge mais atualizado e mais sensível à doutrina circundante, embora não escondendo a ligação básica ao texto do Código Civil.

Esta linha mantém-se muito importante, até hoje, particularmente no ensino: através da Faculdade de Direito de Coimbra e da Universidade Católica de Lisboa, ela continua a formar metade dos nossos juristas.

V. A descolagem exegética adveio, paradoxalmente, de autores menos germanizados, como Inocêncio Galvão Telles[689] e Fernando Pessoa Jorge[690], mas que, todavia, acompanharam perfeitamente a elaboração do Código Civil, nela tendo participado. Galvão Telles revela um fino tato jurídico e um alargado conhecimento dos problemas reais a que o Código vai aplicar-se. Deste modo, é frequente encontrarmos, no seu texto, respostas que obras bem mais desenvolvidas não comportam. Pessoa Jorge, embora em escrito que não teve, infelizmente, sequência após 1974, veio remodelar o ensino das obrigações, dando-lhe um alcance mais reflexivo e mais crítico, que está na origem de toda a subsequente escola da Faculdade de Direito de Lisboa.

VI. Muito promissora foi ainda a linha obrigacionista que, de Manuel de Andrade a Pereira Coelho, passaria a Mota Pinto[691], a Rui de Alar-

---

[688] Mário Júlio de Almeida Costa, *Direito das obrigações*, 1.ª ed. (1968), 490 pp.; 3.ª ed. reformulada (1979), 833 pp.; 4.ª ed. remodelada (1984), 811 pp.; 5.ª ed. remodelada e atualizada (1991), 982 pp.; 6.ª ed. (1994), 1008 pp.; 7.ª ed. (1998), 1030 pp.; 8.ª ed. revista e aumentada (2000), 1060 pp.; 9.ª ed. (2001), 1070 pp.; 10.ª ed. reelaborada (2006), 1146 pp., 11.ª ed. (2008), 1146 pp. e 12.ª ed. (2009), 1146 pp.; das edições indicadas, diversas tiveram reimpressões.

[689] Dando continuidade às publicações anteriores, Inocêncio Galvão Telles dá à estampa: 2.ª ed. (1979), 489 pp.; 3.ª ed. (1980), 445 pp.; 4.ª ed. (1982), 389 pp.; 5.ª ed. (1986), 485 pp.: 6.ª ed. (1989), 489 pp.; 7.ª ed. (1997), 485 pp..

[690] Fernando Pessoa Jorge, *Direito das obrigações* (1971-72, polic.), até à p. 256 e (1973-74), até à p. 288; e *Lições de Direito das obrigações* I (1966-67), 712 pp. e II (1966-69), 40 pp..

[691] Carlos Alberto da Mota Pinto, *Direito das obrigações*, por Encarnação Cabral e Jorge de Amorim (1973, polic.), 360 pp., incompl..

cão[692], a Ribeiro de Faria[693], a Baptista Machado[694] e aos atuais obrigacionistas da Faculdade de Direito de Coimbra: Diogo Leite de Campos, Jorge Sinde Monteiro, António Pinto Monteiro, João Calvão da Silva, Joaquim Sousa Ribeiro e Paulo Mota Pinto. Na Faculdade de Direito do Porto, avulta Manuel Carneiro da Frada, sendo de referir, com muita atenção e apreço, na Escola de Direito da Universidade do Minho, Nuno Manuel Pinto Oliveira[695].

VII. O Direito das obrigações constitui uma área de pesquisa, por excelência. Várias razões de fundo a tanto conduzem[696]. Neste momento dispomos de dezenas de monografias, em geral de nível elevado e que têm permitido aprofundar a dogmática obrigacionista. O panorama é radicalmente diverso do existente nos finais dos anos setenta, quando encetámos elaborar lições de Direito das obrigações.

Nos nossos dias, para além da necessidade de divulgar as evoluções mais recentes, põe-se a tarefa de gerir a vasta informação nacional disponível, ordenando, também com ela, uma exposição sistemática da matéria.

---

[692] RUI DE ALARCÃO, *Direito das obrigações*, por MÁRIO SOARES DE FREITAS, EMÍLIA DOS SANTOS RODRIGUES e MÁRIO JOSÉ GANDARELA (1975, polic.), 120 pp., incompl., e *Direito das obrigações*, por J. SOUSA RIBEIRO, J. SINDE MONTEIRO, ALMENO DE SÁ e J. C. PROENÇA (1983, polic.), 283 pp..

[693] JORGE RIBEIRO DE FARIA, *Direito das obrigações* I e II (1980/1981) e diversos escritos parcelares, referidos nos locais próprios.

[694] JOÃO BAPTISTA MACHADO, diversos escritos reunidos em *Obra dispersa*, 2 volumes (1991), referidos, também, nos locais próprios.

[695] As obras destes Autores serão referidas nos locais próprios.

[696] *Vide supra*, § 7.º.

§ 11.º NO BRASIL

50. Aspetos gerais

I. O presente Tratado não visa (não pode visar!) uma exposição sistemática do Direito civil brasileiro. Apenas irá acentuar algumas das suas particularidades. Mas para além disso, afigura-se que as inúmeras ligações ao Direito brasileiro, históricas, pessoais, afetivas e, sobretudo, dogmáticas e linguísticas, justificam a inclusão do Direito brasileiro, particularmente na área das obrigações, num grande sistema do Direito lusófono. Nas diversas rubricas iremos encontrando a similitude periférica que justifica, do nosso ponto de vista, esta orientação.

II. Na origem, devemos sublinhar que a Independência do Brasil, correspondendo, sem dúvida, à marcha da História e à aspiração do seu Povo, foi acordada a nível dinástico[697]. Aquando das invasões francesas, a Corte portuguesa transferiu-se para o Brasil. E enquanto durou a ocupação estrangeira da Metrópole, depois continuada com a presença britânica, a capital do Império Lusófono ficou em solo brasileiro. A Independência era já um facto. O herdeiro da Coroa foi, depois, o primeiro Imperador do Brasil, tendo sido, ele próprio, a proclamar a independência. Não houve, pois, uma rutura, nem propriamente uma guerra de libertação. Os contactos entre o Brasil e Portugal mantiveram-se estreitos, após a Independência: muitos juristas do jovem País vinham formar-se em Coimbra[698], enquanto a emigração portuguesa para o Brasil se intensificou, multiplicando as famílias transatlânticas e assegurando a coesão cultural e linguística.

III. No campo do Direito privado, o Brasil independente conservou as leis do Reino, com relevo para as Ordenações de 1603 e, nomeada-

---

[697] *Vide*, em síntese, JOSÉ ANTÓNIO GONSALVES DE MELLO, *Brasil*, DHP I (1979), 373-382 e JOEL SERRÃO, *João VI*, DHP III (1979), 402-404 e *Pedro IV*, DHP V (1979), 35-39.

[698] *Vide* AAVV, *A Universidade de Coimbra e o Brasil* (2012).

206   *As obrigações em língua portuguesa*

mente para o seu Livro IV: o menos desatualizável, porquanto votado às obrigações[699]. Vieram, sobre elas, acumular-se as leis dos Reis de Portugal e do Brasil, e as Leis do Império do Brasil, a que se seguiram as leis republicanas. Subsidiariamente aplicava-se o Direito romano, o costume e as leis das nações cultas, mantendo-se formalmente em vigor a Lei da Boa Razão[700].

A situação era tão complexa que houve *consolidações* de inspiração privada, com relevo para a de Teixeira de Freitas[701] e para a de Carlos de Carvalho[702]. Havia que elaborar um Código, o qual fora, de resto, prometido por D. Pedro I, na Constituição de 25 de março de 1822[703]. Seguiram-se numerosas e movimentadas tentativas de levar a bom termo essa aspiração: sem êxito.

Num breve apanhado, sucedeu o seguinte. Em 22-dez.-1858, o Ministro da Justiça (Nabuco de Araújo) contratou um jurisconsulto para a elaboração de um projeto: precisamente Teixeira de Freitas, que preparou um *Esboço*, que não seguiu. Em 1872, foi incumbido o próprio Nabuco de Araújo, que veio a falecer. Em 1878, oferece-se Felício dos Santos para prosseguir, apresentando, passados três anos, uns *Apontamentos para o*

---

[699] Vigoravam por força da Lei de 20-out.-1823 (1.º), reforçada pelo artigo 83.º da Constituição Federal, em tudo o que implícita ou explicitamente não contrariasse o sistema do governo e os princípios nele consagrados.

[700] Sobre toda esta matéria *vide* RICARDO FIÚZA (org.), *Novo Código Civil anotado* (2003), XVIII e a introdução de MANUEL PAULO MERÊA, *Codigo Civil Brasileiro Anotado* (1917), V ss.; recorde-se que PAULO MERÊA, professor em Coimbra e, depois, em Lisboa, foi um grande historiador do Direito e, também, um comparatista ilustre; é de retomar a sua tradição de estudos brasileiros, no País.

[701] AUGUSTO TEIXEIRA DE FREITAS, *Consolidação das Leis Civis* (1855), com 5.ª ed. (1915): 155 pp. de excelente introdução, seguidas por um articulado. A matéria tinha já um tratamento pandetístico, surgindo os contratos como direitos pessoais (artigos 342.º e ss.). O autor citava ORTOLAN, ZACHARIAE, para além dos clássicos. Quanto a TEIXEIRA DE FREITAS, M. A. DE SÁ VIANNA, *Augusto Teixeira de Freitas/Traços Biographicos* (1905).

[702] CARLOS AUGUSTO DE CARVALHO, *Direito Civil Brasileiro: recopilado ou nova consolidação das leis civis vigentes em 11 de Agosto de 1899* (1915), 708 pp., com larga introdução e com o sistema germânico, antecedendo os Direitos Reais e o Direito das obrigações (artigos 856.º a 1384.º).

[703] Artigo 179.º, § 18.º:
Organisar-se-há quanto antes um codigo civil e criminal, fundado nas solidas bases da justiça e equidade.
Vide SILVESTRE PINHEIRO-FERREIRA, *Observações sobre a Constituição do Imperio do Brazil e sobre a Carta Constitucional do Reino de Portugal*, 2.ª ed. (1835), 84.

projecto do Código Civil Brasileiro. O projeto ainda foi remetido, em 1882, à Câmara dos Deputados, mas sem êxito.

Em 1-jul.-1889, constituiu-se uma comissão cujos membros assumiram as diversas partes do futuro Código: à semelhança do método seguido com o BGB e, em 1944, com o Código Vaz Serra. Em 1890, foi confiado a António Coelho Rodrigues (1896-1912) a organização do projeto. Este ficou concluído em 11-jan.-1893[704], mas foi rejeitado pelo Governo.

Por fim, em 1899, foi incumbido Clóvis Beviláqua, insigne professor do Recife, de preparar um novo projeto. Solidamente amparado em ricos conhecimentos civis e comparatísticos[705], Clóvis Beviláqua, apresentou rapidamente o projeto que, após múltiplas vicissitudes, daria lugar ao Código Civil.

Entre os episódios sobrevindos que retardaram o projeto, temos o parecer da Comissão do Senado, subscrito pelo seu presidente, o célebre Ruy Barbosa[706] que, em 3-abr-1902, criticou fortemente o projeto, particularmente por razões linguísticas[707].

Seguiu-se acesa polémica[708].

O projeto final manteve-se, de todo o modo, obra de Clóvis Beviláqua. O Código foi aprovado em 1 de janeiro de 1916, para entrar em vigor um ano depois.

---

[704] ANTÓNIO COELHO RODRIGUES, *Projecto do código civil brasileiro precedido de um projecto de lei preliminar* (1893), em 2734 artigos, concluído em Genebra e com uma clara filiação romano-germânica.

[705] De CLÓVIS BEVILÁQUA, retemos: *Resumo de Legislação comparada sobre o direito privado*, 2.ª ed. (1897), 296 pp., patenteando conhecimentos de Direito civil francês e alemão e isso ainda antes do BGB; *Theoria geral do Direito civil* (1908), 433 pp., com a bibliografia europeia do tempo; *Direito das obrigações*, 2.ª ed. (1910), 531 pp., com o tratamento avançado da matéria. Após a aprovação do Código Civil de 1916, de que ele fora o autor, BEVILÁQUA notabilizou-se pelos comentários a esse diploma. Destacamos: *Código Civil dos Estados Unidos do Brasil Commentado*, 2.ª ed., vol. IV, *Direito das Obrigações* 1 (1924) e 2 (1926).

[706] *Vide* a publicação *Ruy Barbosa/Cronologia da vida e da obra* (1999).

[707] *Projecto do Código Civil Brasileiro (Projecto da Câmara n.º 1 de 1902 e emendas do Senado com Parecer da Comissão Especial*, ed. oficial, e *Trabalhos da Comissão especial do Senado*, vol. I-II, *Parecer e réplica*, de Ruy Barbosa I (1902); o parecer é digno de leitura, sendo uma excelente prosa do melhor português.

[708] ERNESTO CARNEIRO RIBEIRO, *Ligeiras observações sobre as emendas do Dr. Ruy Barbosa feitas à redacção do projecto do Código Civil* (1902) e CLÓVIS REVILÁQUIA, *Em defesa do projecto do Código Civil brasileiro* (1906), 540 pp..

208 *As obrigações em língua portuguesa*

IV. Os episódios que acompanharam a preparação do Código Civil brasileiro e que se prolongaram por mais de meio século, envolvendo três gerações de ilustres juristas, tiveram uma vantagem: mantiveram uma doutrina em sobressalto, sempre muito atenta ao progresso da Ciência jurídica civil.

Deve ter-se presente que a Ciência jurídica brasileira, na lógica do Direito lusófono que remonta à lei da Boa Razão (18 de agosto de 1769), está permanentemente aberta às novidades exteriores, selecionando as mais adaptadas à realidade local.

A superioridade técnica dos esquemas da terceira sistemática, da pandetística e do BGB, percetíveis nos finais do século XIX, foi reconhecida e acolhida por juristas brasileiros. O projeto de António Coelho Rodrigues (1893), na linha de Teixeira de Freitas, já adotava a classificação germânica, enquanto Clóvis Beviláqua era um bom conhecedor da língua alemã, cuja doutrina mais significativa citava diretamente.

Guilherme Moreira conhecia a obra de Clóvis Beviláqua, que referia a propósito dos diversos assuntos. Fica a pergunta que já colocámos: até que ponto não ficaremos a dever a receção do pandetismo, a um fenómeno semelhante, ocorrido anos antes no Brasil? Teríamos, aí, as bases para um sistema lusófono concertado e próprio.

51. O Código Civil de 1916

I. Com os antecedentes apontados, chegamos ao Código Civil dos Estados Unidos do Brasil, de 1916. Eis o seu sistema geral:

Parte geral:

Livro I – Das pessoas (2.º a 42.º);
Livro II – Dos bens (43.º a 73.º);
Livro III – Dos factos jurídicos (74.º a 179.º).

Parte especial:

Livro I – Direito da família (180.º a 484.º);
Livro II – Da posse Direito das coisas (485.º a 862.º);
Livro III – Do Direito das obrigações (862.º a 1571.º);
Livro IV – Do Direito das sucessões (1572.º a 1807.º).

A presença de uma parte geral e as quatro partes especiais, ainda que por uma ordem inabitual, logo revelam a presença da classificação germâ-

§ 11.º No Brasil 209

nica do Direito civil. A ordenação analítica dos preceitos, a sua articulação e o modo por que prevalece o tecnicismo confirmam a filiação romano--germânica do segundo grande código lusófono.

II. No tocante aos Direito das obrigações, o Livro III da parte especial tinha a seguinte composição:

Título I   – Das modalidades das obrigações (863.º a 927.º);
Título II   – Dos effeitos das obrigações (928.º a 1064.º);
Título III   – Da cessão do crédito (1065.º a 1078.º);
Título IV   – Dos contractos (1079.º a 1121.º);
Título V   – Das várias especies de contractos (1122.º a 1504.º);
Título VI   – Das obrigações por declaração universal de vontade (1505.º a 1517.º);
Título VII   – As obrigações por actos illicitos (1518.º a 1532.º);
Título VIII – Da liquidação das obrigações (1533.º a 1553.º);
Título IX   – Do concurso de credores (1554.º a 1571.º).

A matéria é familiar ao sistema romano-germânico. Surge um título (o IV) sobre contratos em geral, seguindo-se a matéria dos contratos em especial. As fontes de obrigações diferentes do contrato, corretamente isoladas, são subsequentes aos próprios contratos em especial: como é lógica.

III. É certo que, no Código Civil de 1916, faltam institutos de ponta, como a *culpa in contrahendo*, o abuso do direito ou a alteração de circunstâncias. Todavia, eles também estavam ausentes do BGB, sendo de recordar que o projeto brasileiro ficou pronto, de facto, em 1899.

O Código representou um enorme avanço jurídico-científico, estando por esclarecer a sua influência em Portugal: quiçá maior do que o até agora admitido. À sua luz floresceu a civilística clássica brasileira, com relevo para Clóvis Beviláqua[709], Carvalho de Mendonça[710] e Pontes de Miranda[711] e Orosimbo Nonato[712].

---

[709] *Vide* as obras cit. *supra*, com relevo para o *Direito das obrigações*, 2.ª ed. (1910).

[710] MANUEL INÁCIO CARVALHO DE MENDONÇA, *Doutrina e prática das obrigações ou tratado geral de direitos de crédito*, 4.ª ed., I e II (1956).

[711] PONTES DE MIRANDA, *Tratado de Direito Privado*, XXII ss..

[712] OROSIMBO NONATO, *Curso de obrigações*, 2 volumes, s/d.

52. O Código Civil de 2002

I. A evolução da realidade brasileira, com a urbanização e a industrialização crescentes, levaram ao desejo de preparar um novo Código Civil. Os trabalhos iniciaram-se nos anos 70 do século XX, tendo sido apresentado um projeto, em 1975. Vicissitudes várias levaram a que o Código apenas fosse promulgado em 10-jan.-2002.

II. Cumpre reter o seu sistema:

Parte Geral

Livro I – Das pessoas (1.º a 78.º);
Livro II – Dos bens (79.º a 103.º);
Livro III – Dos factos jurídicos (104.º a 232.º)[713];

Parte Especial

Livro I – Do Direito das obrigações (233.º a 965.º)[714];
Livro II – Do Direito de empresa (966.º a 1195.º)[715];
Livro III – Do Direito das coisas (1196.º a 1510.º);
Livro IV – Do Direito da família (1511.º a 1783.º);
Livro V – Do Direito das sucessões (1784.º a 2027.º);
Livro Complementar – Das disposições finais e transitórias (2028.º a 2046.º).

III. O Código de 2002 realizou a velha aspiração dos privatistas de acolher a matéria comercial. Assim:

– entre as várias espécies de contratos incluem-se a comissão (693.º a 709.º), a agência e distribuição (710.º a 721.º), a corretagem (722.º a 729.º), o transporte (730.º a 756.º) e o seguro (757.º a 802.º); além disso, e entre os títulos incluídos no Direito das obrigações,

---

[713] O livro III, por seu turno, desdobra-se em cinco títulos relativos, respetivamente, ao negócio jurídico, aos atos lícitos, aos atos ilícitos, à prescrição e à decadência (i.é: caducidade) e à prova.

[714] Inclui dez importantes títulos: das modalidades, transmissão, inadimplemento e extinção e inadimplemento das obrigações, contratos em geral, várias espécies de contrato, atos unilaterais, títulos de crédito, responsabilidade civil e preferências e privilégios creditórios.

[715] Inclui quatro títulos: do empresário, da sociedade, do estabelecimento e dos institutos complementares.

um deles – o VIII – regula os títulos de crédito (887.º a 926.º);
– temos um livro sobre a empresa que versa os comerciantes (966.º a 980.º), as sociedades, não personificadas (986.º a 990.º)[716] e personificadas (997.º a 1141.º), o estabelecimento (1142.º a 1149.º) e os institutos complementares (1150.º a 1195.º) onde se inclui o registo, o nome empresarial, os prepostos e a escrituração;
– o artigo 2045.º revoga o Código Civil de 1916 e o essencial do Código Comercial de 1850.

Fora do Código Civil ficou o Direito do trabalho e o Direito do consumo: disciplinas que, no Brasil, conhecem um grande surto de apuramento e de divulgação. Sobre o novo Código floresce, agora, uma importante literatura, com relevo para o Direito das obrigações[717].

53. Perspetivas

I. O Código Civil de 2002 veio fortalecer a integração do Direito brasileiro (particularmente do Direito das obrigações) no sistema romano-germânico embora, do nosso ponto de vista, se evolua para uma sistema lusófono autónomo.

A inspiração geral do Código, onde é patente alguma influência do Código português de 1966, é a do BGB. Como especificidade, temos a relativa unificação conseguida com o Direito comercial, um tanto à luz do sucedido em Itália (1942) e na Holanda (1992). Trata-se, de resto, da melhor forma de atualizar as regras aplicáveis aos contratos comerciais.

II. O aprofundamento jurídico-científico de inúmeras matérias permitiu, ao legislador de 2002, consagrar as figuras emblemáticas da concretização da boa fé: o abuso do direito (187.º), a *culpa in contrahendo* e a boa execução dos contratos (422.º) e a alteração de circunstâncias (478.º a 480.º). Multiplicam-se excelentes investigações periféricas sobre todos esses temas.

---

[716] Abrangendo a sociedade em comum (uma sociedade "de facto", não registada) e a sociedade em conta de participação. Cf. RICARDO FIÚZA, *Novo Código Civil Comentado* cit., 892 ss..

[717] *Vide supra*, 140-141.

No geral, o Código de 2002 não representou qualquer rutura dentro da tradição civilística brasileira: em muitos domínios, particularmente no Direito das obrigações, ele veio manter os esquemas de 1916.

III. A coesão do sistema lusófono, cujo nascimento acompanhamos, depende do diálogo jurídico-científico que se mantenha e intensifique, com o Direito do Brasil. Tal como na língua, essa conexão parece-nos fundamental para preservar, nas próximas gerações, a lusofonia na Europa.

§ 12.º EM ÁFRICA

54. Angola

I. Angola, com as suas riquezas naturais, o seu vasto território, as paisagens únicas e as suas gentes, tem um grande potencial económico e cultural. O restabelecimento da paz civil deixa esperar um período de intenso desenvolvimento. Tem, pois, o maior interesse seguir a evolução do seu Direito privado.

II. No Direito comercial, o estabelecimento dos princípios de uma economia de mercado foi fixado pela Lei das privatizações, aprovada pela Lei n.º 10/94, de 31 de agosto e alterada pela Lei n.º 8/2003, de 18 de abril[718]. Quanto ao Direito comercial propriamente dito, temos a assinalar a Lei das Sociedades Comerciais, adotada pela Lei n.º 1/2004, de 13 de fevereiro. Trata-se de um diploma de grande fôlego, em 529 artigos e no qual, com adaptações, é patente a influência do Código das Sociedades Comerciais de 1986. Por essa via, o Direito angolano das sociedades mantém uma firme ligação ao Direito continental de filiação germânica. Esse diploma foi antecedido pelo Decreto n.º 47/2003, de 8 de julho, que criou o Ficheiro Central de Denominações Sociais (FCDS).

III. No domínio dos contratos, temos três importantes diplomas a assinalar:

- a Lei sobre as cláusulas contratuais gerais dos contratos (Lei n.º 4/2002, de 18 de fevereiro);
- a Lei sobre os contratos de distribuição, agência, franchising e concessão comercial (Lei n.º 18/2003, de 12 de agosto);

---

[718] Toda esta matéria por ser comodamente seguida em CARLOS MARIA FEIJÓ, *O novo Direito de economia de Angola* (2005), 566 pp.. *Vide*, ainda, ANTÓNIO VICENTE MARQUES, *Código Civil angolano* (2010), 592 pp..

214   *As obrigações em língua portuguesa*

– a Lei sobre os contratos de conta em participação, consórcios e agrupamento de empresas (Lei n.º 19/2003, de 12 de agosto).

A experiência angolana surge sustentada: não se procurou proceder a uma codificação *ad nutum*, patrocinada por alguma instituição internacional. Antes se tem avançado por fases, apoiadas na jovem doutrina jurídica de Angola.

O intercâmbio universitário existente deve ser incrementado.

III. Quanto ao Direito das obrigações propriamente dito[719], ou com reflexos nele, verifica-se que o Código Vaz Serra foi alterado nas áreas seguintes:

– habitação[720];
– maioridade, que passou para os 18 anos[721];
– associações[722];
– águas[723];
– juros[724].

Está em estudo uma recodificação da matéria avulsa entretanto surgida.

55. Cabo Verde

I. Cabo Verde é uma encantadora Nação, com um cunho próprio muito antes da independência formal. No tocante ao Direito civil, o Código Vaz Serra comporta alterações nalguns pontos: o Livro IV foi substituído, após diversas modificações, por um Código da Família ado-

---

[719] Para um apanhado do Direito civil de Angola dispomos da excelente obra de CARLOS ALBERTO B. BURITY DA SILVA, *Teoria geral do Direito civil* (2004), 29 ss. (87-88).

[720] Despacho n.º 54/77, de 20 de agosto; Decreto Executivo Conjunto n.º 11/79, de 24 de agosto; Despacho Conjunto n.º 57/79, de 29 de novembro; Decreto Executivo Conjunto n.º 22/80, de 29 de abril; Decreto n.º 6/92, de 24 de janeiro; está em causa matéria de ocupação de habitações, de rendas e de despejos.

[721] Lei n.º 68/6, de 12 de outubro.

[722] Lei n.º 14/91, de 11 de maio.

[723] Lei n.º 6/02, de 21 de junho.

[724] Lei n.º 3/03, de 14 de fevereiro.

tado pelo Decreto-Lei n.º 58/81, de 20 de junho; vários preceitos do Livro I cederam o passo ao Código de Menores, do Decreto-Lei n.º 89/92, de 25 de setembro. No Livro III, foi revogada a matéria das águas, hoje objeto do Código da Água, aprovado pela Lei n.º 41/II/84, de 18 de junho. As sucessões foram visadas pelo Decreto-Lei n.º 138/85, de 6 de dezembro, enquanto as associações passaram para a Lei n.º 28/III/87, de 31 de dezembro.

II. Quanto às obrigações: o Decreto-Lei n.º 56/95, de 18 de outubro, mexeu na matéria dos juros (559.º e 1148.º) e na exigência de escritura (1143.º e 1239.º). Anteriormente, a Lei n.º 24/II/83, de 12 de janeiro, fixara uma preferência a favor do inquilino obrigacional.

A Lei n.º 4/V/96, de 2 de julho, autorizou o Governo a proceder a uma revisão geral do Código Civil, absorvendo, designadamente, os Códigos da Família, dos Menores e da Água e a temática das sucessões. A tarefa foi levada a cabo pelo Decreto Legislativo n.º 12-C/97, de 30 de junho. A matéria está, pois, alterada, embora sobressaia a estabilidade relativa do Direito das obrigações: fenómeno natural, tendo em conta a sua substância romano-germânica[725].

III. Devemos ainda referir vigorosas reformulações na área empresarial. Assim, o Direito de Cabo Verde mantém em vigor parte do Código Comercial de Veiga Beirão (1888). Todavia, abrigou uma importante reforma no Direito das sociedades. O Decreto Legislativo n.º 3/99, de 29 de março, veio aprovar o Código das Empresas Comerciais, seguindo-se o Decreto-Lei n.º 59/99, de 27 de setembro, que regulamentou o Registo das Firmas[726].

IV. O Código das Empresas Comerciais abrange os pontos seguintes:

Livro I
    Título I   – Estabelecimento comercial (3.º a 16.º);
    Título II   – Formas de cooperação entre empresas comerciais[727] (17.º a 74.º);

---

[725] Cumpre agradecer os elementos fornecidos pelo Dr. Carlos Veiga.

[726] Ambos os diplomas estão publicados sob o título *Código das Empresas Comerciais e Registo das Firmas*, Praia, 2003.

[727] Abrange o consórcio, o contrato de associação em participação e o agrupamento complementar de empresas.

216 *As obrigações em língua portuguesa*

Título III – Empresas Comerciais[728] (75.º a 103.º).

Livro II
Título I – Parte geral (104.º a 258.º);
Título II – Sociedades em nome coletivo (259.º a 271.º);
Título III – Sociedades por quotas (272.º a 341.º);
Título IV – Sociedades anónimas (342.º a 458.º);
Título V – Sociedades em comandita (459.º a 473.º);
Título VI – Sociedades cooperativas (474.º a 511.º);
Título VII – Sociedades coligadas (512.º a 539.º).
Livro VIII – Disposições gerais e de mera ordenação social (540.º a 560.º).

V. O Código das Empresas Comerciais de Cabo Verde mostra que, na sua elaboração, foi tida em conta a produção legislativa portuguesa mais recente, com especial relevo para o Código das Sociedades Comerciais. Todavia, houve o cuidado de contemplar algumas especificidades nacionais[729], atendo-se, ainda, a críticas doutrinárias. Trata-se de uma experiência a seguir.

56. Guiné

I. A Guiné ou Guiné-Bissau constitui um antigo País marcado por múltiplas influências culturais e pela hospitalidade do seu Povo. No presente momento histórico, o seu Direito atravessa uma evolução marcada pela adesão à OHADA, a que abaixo faremos referência.

No que toca ao Direito civil, mantém-se em vigor o Código Vaz Serra, alterado por leis avulsas no domínio da família (Leis n.º 3, n.º 4, n.º 5 e n.º 6, de 1976), dos negócios usurários (Lei n.º 13, de 1997) e do inquilinato (1989)[730].

II. A evolução do Direito comercial da Guiné está marcada pela sua adesão à OHADA (*Organisation pour l'Harmonisation en Afrique du Droit des Affaires*): criada pelo Tratado relativo à harmonização do

---

[728] Com a firma, escrituração e o balanço e prestação de contas.

[729] Tem o maior interesse a leitura do preâmbulo do Decreto Legislativo n.º 3/99, de 29 de março.

[730] *Vide*, da Faculdade de Direito de Bissau, o Código Civil (com anotações) e Legislação Complementar (2006), intr. de RUI ATAÍDE, 9-14; cf. HIGINO LOPES CARDOSO (org.), *Guiné-Bissau/Índice de Legislação (1975-2005)* (2007), 689 pp. e CLÁUDIA ALEXANDRA DOS SANTOS MADALENO, *Direito das obrigações guineense* (2009), 885 pp...

Direito comercial em África, assinado a 17 de outubro de 1993 em Porto Luís (Ilha Maurícia). Hoje, ela abrange 16 países: da Zona Franco (CFA) e, ainda, os Comores e a Guiné Conacry, estando aberta a todos os Estados africanos. Anuncia-se a adesão da República Democrática do Congo[731]. A OHADA tem elaborado atos uniformes, particularmente no domínio comercial. Uma vez vertidos em língua portuguesa, tais atos devem conformar as leis internas, substituindo a anterior legislação.

Os meios universitários guineenses, particularmente a Faculdade de Direito de Bissau, mantêm um bom intercâmbio com a Universidade de Lisboa. A experiência da OHADA, fortemente marcada pela influência francófona e com grande apoio francês, implica uma inflexão para a órbita gaulesa. Os atos uniformes, elaborados nessa esfera, apresentam uma grande dificuldade conceitual. A Guiné, como único País aderente portador de uma Ciência Jurídica de tipo germânico, terá excelentes condições para liderar o processo de estudo dos atos uniformes. Para já, é essencial proceder a uma adequada transposição interna, que não sacrifique a sua tradição jurídica própria. E é fundamental que o Estado português dê um apoio lúcido à cooperação interuniversitária.

57. Moçambique

I. Banhado pelo Índico e rodeado de países anglófonos, Moçambique representa uma significativa guarda-avançada da lusofonia, na África Austral. O seu vasto território, o seu potencial humano e económico e o mosaico de povos e de culturas que representa são garantes de excelente futuro.

II. No plano jurídico, Moçambique privilegiou as reformas na área da família e na das leis comerciais, bancárias e dos seguros. Assim, foi aprovado, após diversas peripécias[732], um novo Código Comercial, adotado pelo Decreto-Lei n.º 2/2005, de 27 de dezembro. Quanto ao Direito da família[733]: a matéria consta, hoje, da Lei n.º 10/2004, de 25 de agosto.

---

[731] *Vide* www.ohada.com, onde podem ser confrontados os diversos elementos; JANUÁRIO GOMES/RUI ATAÍDE; *OHADA, Tratado, regulamentos e actos uniformes* (2008), 698 pp..

[732] *Vide* o nosso *Direito comercial*, 3.ª ed., 132 ss..

[733] IBRAHIM ABUDO, *A problemática e complexidade da aplicação da Lei de Família em Moçambique* (2008, polic.).

218   *As obrigações em língua portuguesa*

III. No tocante ao Direito das obrigações, mantém-se em vigor o Código Vaz Serra. Em diversos domínios há que operar a sua harmonização com o Código Comercial de 2005, o qual contém matéria genérica, como a relativa às cláusulas contratuais gerais. Nalgumas áreas, como na do arrendamento, a prática social e judicial moçambicana têm vindo a encontrar soluções adaptadas à realidade desse País.

58. São Tomé e Príncipe

I. O Direito privado de São Tomé e Príncipe evoluiu na base de reformas sectoriais. Temos diplomas relativos à banca, aos seguros, aos petróleos e a *off shores*[734]: áreas em que esse belíssimo País terá, por certo, um largo futuro.

II. No que tange ao Código Civil, regista-se a reforma da família, levada a cabo pela Lei n.º 2/77, de 28 de dezembro, que revogou o seu livro IV. O artigo 122.º foi alterado, passando a maioridade para os 18 anos. No restante e, particularmente, no tocante ao Direito das obrigações, mantém-se em vigor o Código Vaz Serra.

---

[734] Quanto às leis comerciais santomenses *vide* KILUANGE TINY/RUTE MARTINS SANTOS/N'GUNU TINY, *Investimentos em São Tomé e Príncipe/Legislação Básica* (2006), 461 pp.; *vide Direito comercial*, 3.ª ed., 135.

§ 13.º NA ÁSIA

59. Goa, Damão e Diu

I. O Subcontinente Indiano é, pela História, um grande ponto de encontro de povos e de culturas. O mosaico daí resultante refletiu-se no Direito[735].

O Ordenamento tradicional da Índia assentou numa conceção ética global, que inclui o Direito e da qual promanam deveres para as pessoas. As regras a observar constam de recolhas de máximas e princípios antigos (século VI a. C.), venerados e desenvolvidos. O costume complementa essa matéria. No século XVI, sobreveio uma dominação islâmica, que implantou, nalguns locais, o Direito corânico. Finalmente, a partir do século XIX, ocorre a ocupação britânica, que acabaria por deixar a língua (entre as classes letradas) e o *common law*. As sínteses resultantes destas sobreposições são muito complexas.

II. Os portugueses chegaram à Índia nos finais do século XV. A partir de 1509, constituiu-se, em Goa, um território sob administração portuguesa, alargado a Damão, a Diu e aos enclaves, administração essa que perdurou até 1961. No meio-milénio que isso representa, houve intensa mistura de sangue e de cultura. Grandes juristas portugueses, como Luiz da Cunha Gonçalves, eram goeses.

A independência da União Indiana, no segundo pós-guerra, pôs o problema da subsistência de territórios sob administração estrangeira e, designadamente, do nosso Estado da Índia. O regime de Oliveira Salazar cometeu um grave erro histórico: em vez de, como se impunha, negociar com a União Indiana a entrega do Território, com ressalva da sua autonomia, do Direito e do português, manteve uma política belicista que acabou,

---

[735] *Vide* RENÉ DAVID/CAMILLE JAUFFRED-SPINOSI, *Les grands systèmes de droit contemporains*, 11.ª ed. (2002), 373 ss..

220 *As obrigações em língua portuguesa*

em dezembro de 1961, num desastre militar. O Conselho de Segurança das Nações Unidas, paralisado por um veto da União Soviética, nada pôde fazer, enquanto o Ocidente, pouco interessado em conflitos com a União Indiana, se desinteressou do problema. Um pequeno mas muito significativo povo lusófono foi, assim, abandonado.

III. Em 1961 vigorava, em Goa, o Direito civil português, através do Código de Seabra. As demais leis eram portuguesas, com algumas adaptações e o português era a língua usada nos tribunais. Havia uma Relação de Goa, com largas tradições e história: remontava ao século XVI[736].

A tomada de Goa foi seguida, num primeiro momento, por regras que mantiveram em funcionamento as leis e a organização judiciária portuguesas[737]. O pessoal goês que se manteve foi conservado. Todavia, iniciou-se um rápido e eficaz processo de anglicização da justiça. O português foi suprimido nas escolas: medida grave, uma vez que era, em geral, a segunda língua dos goeses (sendo a primeira o Concanim); a partir daí, as novas gerações seriam anglófonas. Nos tribunais, onde o português começou por sobreviver, a exigência de tradução, em inglês, das peças e dos documentos, acabaria por levar à proscrição da língua portuguesa[738]. Perdida a lusofonia, perdida ficou a Ciência do Direito a que ela deu corpo.

IV. Parte do Código de Seabra sobreviveria: na área da família e em certos domínios das sucessões e da propriedade[739]. E recentemente, já sem complexos de parte a parte, tem-se restabelecido um promissor intercâmbio universitário entre cientistas goeses e portugueses. No tocante às obrigações, funciona o *common law* anglo-saxónico.

A experiência de Goa traduziu a inabilidade do Estado Novo em ver para além do imediato horizonte e a imposição, *manu militari*, do sistema anglo-saxónico, contra o romano-germânico. Fica a História, intocável e uma curiosa interpenetração de sistemas, com implicação do lusófono.

---

[736] *Vide*, designadamente, CARMO D'SOUZA, *Legal System in Goa*, vol. I, *Judicial Institutions (1510-1982)* (189 pp.) e vol. II, *Laws and Legal Trends (1510-1969)* (306 pp.).

[737] F. E. NORONHA, *Understanding the Common Civil Code/An Introduction to Civil Law* (2008), 95 ss..

[738] CARMO D'SOUZA, *Legal System in Goa*, vol. I cit., 155 ss. (173 ss.).

[739] DIRK OTTO, *Das Weiterleben des portugiesischen Rechts in Goa*, em *2. Deutsch-Lusitanische Rechtstage/Seminar in Heidelberg 20/21-11-1992* (1994), 124-141.

60. Macau

I. A presença lusófona em Macau data do século XVI. Lá esteve Camões, o que, em termos simbólicos, vale qualquer exposição histórica. Acrescente-se ainda que, ao contrário da presença britânica na China, Macau foi português por um acordo livremente celebrado com as autoridades chinesas. Ao longo dos séculos, conviveram em Macau, a comunidade chinesa e a portuguesa, a primeira observando as suas leis e costumes e a segunda mantendo as Ordenações e, depois, o Código de Seabra e o Código Vaz Serra[740], vindos da longínqua Metrópole.

II. Após os convénios que levariam à entrega de Macau à China e aproveitando a cláusula que permitiria a Macau, durante cinquenta anos, manter as suas leis próprias[741], a Administração Portuguesa optou por aperfeiçoar códigos e leis propriamente macaenses. E um dos diplomas então aprontados foi, precisamente, o Código Civil de Macau. Para o efeito, foi nomeado um coordenador (Luís Miguel Urbano), assessorado por uma comissão consultiva local e apoiado, nos temas mais delicados, por jurisconsultos da Metrópole[742]. Assim foi aprovado, pelo Decreto-Lei n.º 39/99/M, de 3 de agosto, o Código Civil de Macau.

III. O Código Civil de Macau segue, de perto, o Código Vaz Serra. Tem adaptações sensíveis em áreas como o arrendamento, os privilégios ou a família. A matéria das obrigações em geral (Livro II, artigos 391.º a 864.º) e a dos contratos em especial (865.º a 1174.º) conserva-se muito próxima da de 1966.

O Código Civil de Macau, designadamente pela existência de uma versão oficial em Chinês, assegura a presença do sistema lusófono na maior Nação do Planeta. O problema reside na necessidade de manter juristas macaenses que conheçam e usem o português. A dificuldade em colocar quadros de vulto nos centros de ensino de Direito em Macau e isso mau grado as facilidades e a hospitalidade demonstradas pelas enti-

---

[740] O Código Civil de 1996 foi mandado aplicar a Macau pela Portaria n.º 22 869, de 4-set.-1967, alterado pela Portaria n.º 318/74, de 23-abr..

[741] *Vide*, sobre o Direito de Macau, ANTÓNIO KATCHI, *As fontes do Direito em Macau* (2006), 580 pp..

[742] *Vide* a *Nota de abertura* de JORGE NORONHA E SILVEIRA, então Secretário Adjunto para a justiça, à ed. oficial do Código Civil/Versão Portuguesa (1999).

222 *As obrigações em língua portuguesa*

dades chinesas é o grande óbice à futura manutenção desta experiência. A transformação do território no maior casino do Globo atrai, como era inevitável, a influência da anglo-esfera. Existe uma literatura macaense de língua portuguesa e com relevo para as obrigações, que deve ser divulgada.

61. Timor

I. A experiência timorense tem alguns contornos muito particulares: um verdadeiro caso de estudo[743].

Na sequência da invasão de 1975, foi posta em vigor, na então província de Timor, a legislação indonésia. Trata-se de uma situação de facto, uma vez que a independência fora proclamada em 28 de novembro de 1975 e a ocupação indonésia nunca chegou a ser reconhecida pela comunidade internacional[744].

A legalidade acabaria por ser reposta na sequência da intervenção das Nações Unidas e do referendo que deu larga maioria à independência. Seguiu-se a Constituição de 2002. Qual o Direito em vigor?

II. A Lei n.º 2/2002, de 7 de agosto, veio dispor (1.º):

> A legislação vigente em Timor-Leste em 19 de maio de 2002 mantém-se em vigor, com as necessárias adaptações, em tudo o que se não mostrar contrário à Constituição e aos princípios nela consignados.

Mas qual era a legislação vigente em 19 de maio de 2002? Logicamente, seria a portuguesa, uma vez que a ocupação indonésia nunca foi reconhecida, nem pela ONU, nem pelo povo de Timor. E nesse sentido, chegou a ser decidido pelo Tribunal de Recurso, em Dili. As confusões daí resultantes, em conjunto com um persistente Direito consuetudinário, levaram o Parlamento de Timor a aprovar uma lei interpretativa: a Lei n.º 10/2003, de 10 de dezembro, cujo artigo 1.º dispunha:

---

[743] Cumpre agradecer os elementos que nos foram dados pelo Dr. Luís SOTTOMAYOR FELGUEIRAS, ilustre magistrado do Ministério Público e que prestou serviço em Timor.

[744] Quanto a aspetos públicos e de Direito internacional, *vide* JORGE MIRANDA (org.), *Timor e o Direito* (2000), com contributos de oito Autores.

§ 12.º Na Ásia

Entende-se por legislação vigente em Timor-Leste em 19 de maio de 2002, nos termos do disposto no artigo 1.º da Lei n.º 2/2002, de 7 de agosto, toda a legislação indonésia que era aplicada e vigorava "de facto" em Timor-Leste, antes do dia 25 de outubro de 1999, nos termos estatuídos no Regulamento n.º 1/1999 da UNTAET.

III. No campo civil foi, pois, (re)posta em vigor a Lei indonésia. Está em preparação um Código Civil, de feição timorense, de tipo romano-germânico, muito próximo do modelo de Vaz Serra e que merece a maior atenção[745].

Assinale-se, ainda, que foi aprovada a Lei n.º 4/2004, de 21 de abril, "sobre sociedades comerciais". Trata-se de um verdadeiro código das sociedades comerciais[746], influenciado pelo Código das Sociedades Comerciais português de 1986, mas que traduz, em diversos pontos, significativas adaptações à realidade local.

Esperemos que os poderes públicos de Lisboa criem condições para a intensificação do intercâmbio científico entre os dois Países e que se acelere a (re)divulgação da fala portuguesa em Timor.

---

[745] República Democrática de Timor Leste/Ministério da Justiça, *Anteprojecto do Código Civil de Timor-Leste*, 2008. O Livro II ocupa, aí, os artigos 332.º a 1170.º.

[746] Com 304 artigos ordenados em moldes continentais: parte geral e diversos tipos de sociedades. Admitimos que o próprio Direito indonésio, mercê da influência holandesa, já manifestasse tendências continentais (por oposição a anglo-saxónicas).

14.º A AUTONOMIA DO SISTEMA LUSÓFONO

62. As perspetivas planetárias

I. O posicionamento do Direito das obrigações de fala portuguesa, no xadrez mundial, exige uma ponderação de conjunto. Comecemos com o ponto da situação.

Na história recente assistiu-se, num primeiro momento, a uma larga expansão do sistema francês. Pelas armas napoleónicas e, depois, pela força do liberalismo, o modelo do *Code* foi introduzido na Renânia, em Itália, na Península, na Holanda e nas Américas Latinas, de fala castelhana. No início do século XX, a influência do Código Civil francês regrediu, perante a pressão do BGB alemão, tecnicamente superior. Países como o Brasil, a Suíça, a Grécia[747], a Turquia[748], o Japão[749] e, depois, o

---

[747] *Vide* DEMETRIUS GOGOS, *Das griechische Bürgerliche Gesetzbuch vom 15. Marz-1990*, AcP 149 (1946), 78-101 e GEORGIOS J. PLAGIANAKOS, *Die Entstellung des griechischen Zivilgesetzbuches* (1963).

[748] A influência romano-germânica no Direito turco operou, ainda, através do Código Civil suíço; com muitas indicações, *vide* HEDIYE LACINER/VEDAT LACINER, *Türkisches Recht in deutscher Sprache/Eine Auswahlbibliographie* (2005), 191 pp., especialmente 23 ss..

[749] *Vide The Civil Code of Japan*, trad. ingl. de L. H. LOENHOLM/R. H. LOENHOLM, 4.ª ed. (1906, reimp., 2010) e *Das japanische Zivilgesetzbuch in deutscher Sprache*, trad. al. de ANDREAS KAISER (2008); em ZENTARO KITAGAWA/KARL RIESENHUBER, *The Identity of German and Japanese Civil Law in Comparative Perspectives/Die Identität des deutschen und des japanischen Zivilrechts in vergleichender Betrachtung* (2007), XIII + 275 pp., podem ser vistos escritos de nove autores, com relevo para ZENTARO KITAGAWA, *Japanese Civil Law and German Law*, idem, 12-56 (54 ss.). A influência romano-germânica, no Japão – que não contradita a identidade própria do Direito desse País – alarga-se a outras leis de cunho especialmente jurídico-científico. P. ex., YOSHIAKI SAKURADA/EVA SCHWITTER, *Die Reform des japanischen Internationalen Privatrechts*, RabelsZ 76 (2012), 86-130; o texto da lei pode ser confrontado, numa trad. alemã, em RabelsZ 76 (2012), 170-184.

§ 14.º A autonomia do sistema lusófono 225

nosso, adotaram o sistema romano-germânico enquanto outros, como a Itália, se mostraram, desde o início, muito infuenciados por ele[750].

O modelo anglo-saxónico logrou implantações nos domínios britânicos. Além dos Estados Unidos (salvo a Luisiana), vamos encontrá-lo no Canadá (exceto o Québec), na Austrália e na Nova Zelândia e, ainda, em diversas outras colónias e protetorados. Este sistema, pela complexidade da sua aprendizagem, não se tem mostrado capaz de uma receção livre: independente de quaisquer situações de dominação militar ou política.

O modelo islâmico e o modelo chinês, com abertura, na área das obrigações, aos modelos continentais e, em especial, ao romano-germânico, mantêm-se nos seus espaços próprios.

II. O equilíbrio assim conseguido aparentaria ruturas, nas duas últimas décadas. A globalização traduziu-se num incremento grande da língua inglesa: a pressão norte-americana e a necessidade prática de encontrar uma língua universal, em que todos se entendam, a tanto conduz. Afirma-se, mesmo, a existência de uma anglo-esfera, que daria, aos povos que se exprimam em inglês, uma especial vantagem competitiva, em relação aos restantes[751]. A multiplicação dos contratos internacionais, concluídos em língua inglesa, conduziu a um acréscimo de apelos ao Direito inglês. As dificuldades inerentes ao *common law* são contornadas com a adoção de fórmulas muito explícitas.

Paralelamente, porém, a pressão comunitária, no Reino Unido e as necessidades de uniformização comercial, nos Estados Unidos, têm levado a uma "continentalização" dos respetivos direitos contratuais.

Um tanto paradoxalmente: o domínio da língua inglesa não tem trazido, consigo, o do Direito anglo-saxónico: as dificuldades estruturais do velho *common law* a isso conduzem. Noutros termos: a aprendizagem jurídico-científica é mais eficaz na presença de leis codificadas.

III. A adesão da China Continental ao sistema romano-germânico, a somar à do Japão e à da Coreia, parece fazer bascular o Direito das obrigações, a nível mundial, para o modelo do BGB. A língua chinesa

---

[750] Por essa via, reencontramos, por exemplo, o esquema romano-germânico no Código Civil albanês (*Kodi civil*) de 1996; *vide* DRITAN HALILI, *Rechtswörterbuch Deutsch-Albanisch/Albanisch-Deutsch* (2008), 375 pp. (365 ss.).

[751] JAMES C. BENNET, *The Anglosphere Challenge/Why the English-Speaking Nations Will Lead the Way in the Twenty-First Century* (2007).

(mandarim), quando não seja materna, é de muito difícil aprendizagem. O inglês vai manter-se como língua universal, nas relações internacionais. Mas esse fenómeno não se estende ao Direito.

Quanto à Europa: o alargamento a leste incrementou o inglês, em detrimento do francês e do alemão. Mas os Direitos civis dos diversos países, com um relevo particular para o Direito das obrigações, mostram a sua matriz pandetística. Os esforços de unificação do Direito das obrigações, que abaixo referiremos, têm-se processado em língua inglesa: mas com um modelo codificado avançado (romano-germânico) em vista.

Previsões? A manterem-se as últimas tendências de planetarização da economia e da cultura e a não haver retrocessos induzidos de (sucessivas) crises económicas ou ambientais, no espaço de quatro gerações, haverá um código mundial das obrigações de tipo romano-germânico: em várias línguas, mas uniformizado em inglês. Esse código aplicar-se-á, no início, apenas nas relações plurilocalizadas; mas à medida que for assimilado, tenderá a funcionar nas próprias relações internas. Há que elevar o nível da nossa Ciência, para sermos parceiros nesse novo mundo.

63. As línguas nacionais e as obrigações

I. O domínio previsível do inglês, nos negócios, não fará desaparecer as línguas nacionais. A experiência mostra que o ser humano normal, mediante um processo de adequada aprendizagem, pode dominar duas ou mais línguas. O bilinguismo ou, mesmo, o multilinguismo serão de regra, entre os juristas formados. Pergunta-se, a essa luz, se não será possível um Direito das obrigações a dois tempos: uniforme, a nível internacional e tradicional, no plano interno.

O problema já tem sido estudado pelo prisma da integração comunitária e da preparação de um código europeu dos contratos ou das obrigações. A seu tempo será retomado. De todo o modo, adiantamos algumas reflexões.

II. A grande maioria das relações obrigacionais estabelece-se dentro dos diversos espaços nacionais. A quase totalidade dos processos judicialmente resolvidos tem a ver com questões *intra muros*. Seria, assim, um erro de perspetiva sustentar que os atuais códigos territoriais estão ultrapassados ou, sequer, que prejudicam, a qualquer título, as relações empresariais. No campo das obrigações, já hoje é perfeitamente possível

§ 14.º A autonomia do sistema lusófono 227

escolher a lei aplicável[752]. Nada se dizendo e nas relações puramentes internas: o Direito nacional é, por definição, o mais adequadamente aplicável. Sofreu todo um longo período de adaptação à realidade local: é da natureza das coisas.

III. A contraposição entre o sistema napoleónico e o romano-germânico mostra que a língua tem um papel relevante. Há conceitos que (só) se impõem desde que exista uma fórmula vocabular para os exprimir[753].

É certo que algumas experiências, como a do Direito do Estado Norte-Americano da Luisiana, de feição napoleónica, mostram que o Direito pode sobreviver, mesmo quando se perca a língua que lhe serviu de suporte. Mas isso sucede mercê de um vigoroso esforço das universidades (onde se fala francês) e da disponibilidade da cultura francesa. Em regra, o Direito localmente diferenciado apoia-se numa língua distinta. Perdida a língua, perdido fica o Direito.

A manutenção do Direito das obrigações de base territorial depende da vitalidade das línguas em que ele se apoie. Temos em vista uma vitalidade efetiva, no ensino, na economia, nas instâncias de aplicação do Direito, na política e na comunicação social: não uma pura sobrevivência folclórica ou literária.

Haverá, pois, que encontrar um equilíbrio com a anglo-esfera.

IV. Recordamos um troço clássico de Wilhelm von Humboldt (1767-1835)[754]:

A língua não é, porém, apenas um mero meio de entendimento, mas antes a expressão do espírito e da visão do Mundo dos falantes (…).

---

[752] JÜRGEN BASEDOW, *Theorie der Rechtswahl oder Parteiautonomie als Grundlage des Internationalen Privatrechts*, RabelsZ 75 (2011), 32-59.

[753] As dificuldades derivadas da pura diversidade linguística, somadas aos particularismos da configuração linguístico-conceitual das realidades jurídicas, levantam, nas relações multi-idiomáticas, a questão do risco linguístico; com muitas indicações, *vide* MICHAEL KLING, *Sprachrisiken im Privatrechtsverkehr/Die wertende Verteilung sprachbedingter Verständnisrisiken im Vertragsrecht* (2008), XXXI + 694 pp..

[754] WILHELM VON HUMBOLDT, *Über den Dualis* (1827), = *Gesammelte Schriften* (ed. Academia das Ciências Prussiana), VI (1907), 4-30 (4-5), confrontável, também, em WILHELM VON HUMBOLDT, *Schriften zur Sprache*, publ. MICHAEL BÖHLER (2007), 21-29 (21).

228 — *As obrigações em língua portuguesa*

Retomando este texto podemos, com Weir, ir ainda mais longe: a língua não é, apenas, a expressão da visão do Mundo dos falantes: ela conformou, também, essa visão do Mundo[755]. Sendo uma afirmação reconhecida, ela assume, no Direito e nos atuais cenários da integração europeia, um significado acrescido.

O papel substancial da linguagem, investigado e demonstrado, designadamente, por Humboldt, desde o princípio do século XIX[756], é o argumento irrecusável para sustentar a autonomia de qualquer família jurídica.

64. O espaço do português

I. A manutenção de toda uma cultura jurídica nacional, com universidades, livros, revistas, congressos, intercâmbios diversos, leis (logo: Parlamentos, Governos e Soberania) e códigos, exige uma massa crítica: humana, territorial, económica e linguística. Na evolução europeia, sabemos que foi possível, a nações pequenas e pouco povoadas, fazer singrar experiências jurídico-linguísticas próprias. Mas, hoje, a dimensão requerida deve ser repensada: é, seguramente, outra.

Em termos europeus, um Estado/Nação viável deverá reunir cerca de 50 milhões de pessoas, para um território de 300 ou 400 mil quilómetros quadrados. A Espanha estará no limite mínimo: Estados-padrão serão a Alemanha, a França, a Itália, a Polónia ou o Reino-Unido. Aquém desse limite: haverá todo um universo de História, de Cultura, de vivências e, até, de Direito territorial autónomo; mas será quimérico intentar lançar um verdadeiro sistema de Direito, com tudo o que isso implica. O Direito das obrigações, pelas suas exigências de pensamento abstrato partilhado, pelas suas dimensões e pela sua imediata coesão económico-social será, disso, a mais adequada ilustração.

---

[755] TONY WEIR, *Die Sprachen des europäischen Rechts/Eine skytische Betrachtung*, ZEuP 1995, 368-374 (369).

[756] De WILHELM VON HUMBOLDT, além do curioso estudo sobre o dual, acima citado, recordamos *Ueber das Entstehen der gramatischen Formen, und ihren Einfluss auf die Ideeenentwicklung* (1822) = *Gesammelte Schriften* (ed. cit.), IV (1905), 285-313, *Über den Zusammenhang der Schrift mit der Sprache* (1838) = *Gesammelte Schriften* (ed. cit.), V (1906), 31-106 e *Über die Verschiendenheit des menschlichen Sprachbaues und ihren Einfluss auf die geistige Entwicklung des Menschengeschlechts* (1836) = *Gesammelte Schriften* (ed. cit.), VI (1907), 1-344.

§ *14.º A autonomia do sistema lusófono* 229

No plano mundial: a referência a um sistema implicará ou uma dimensão humana da ordem do bilião de pessoas (China e Índia) ou uma expansão considerável através dos diversos continentes, com centenas de milhões de praticantes.

II. A independência portucalense de 1143 e a sua manutenção, em 1385, têm explicações internas. Já a restauração de 1640, em contraciclo com os movimentos integradores, que assistiram à absorção de Nações mais fortes e aguerridas do que a portuguesa, só se explica pela projeção ultramarina e pelo apoio então recebido da Índia, do Brasil e de África: económico, político e sócio-militar[757]. Trata-se de um fator decisivo para a manutenção e progresso de um Direito de expressão portuguesa.

III. Um Estado de 10 milhões de pessoas, numa Europa integrada de 500 milhões, não tem expressão. A manutenção de um sistema jurídico próprio, completo, com tudo o que isso pressupõe e exige, assume custos marginais que, a prazo, a tornarão insustentável. Mas, numa perspetiva mundial, a situação é diversa: fazendo apelo aos falantes do português (a que se poderá juntar, ainda, a Galiza), ultrapassa-se a fasquia dos 250 milhões, incluindo Estados ricos (Angola) e emergentes (Brasil). Recorde-se que o português é a terceira língua europeia mais falada fora da Europa: depois do inglês e do castelhano.
Em suma: o espaço do português jurídico, assente no núcleo duro do Direito das obrigações, já permite uma vitalidade própria, na aldeia planetária global. Vamos trabalhar nessa perspetiva.

65. O sistema lusófono

I. Ao estudioso do Direito das obrigações impõe-se a existência, entre as grandes famílias, de um sistema de Direito lusófono.

A ideia, no quadro dos grandes sistemas de Direito, de um sistema lusófono foi apresentada pelo Prof. Erik Jayme[758] e, numa perspetiva mais

---

[757] Remetemos para a introdução ao nosso *Da modernização do Direito civil*/I – *Aspectos gerais* (2004), 13 ss..

[758] ERIK JAYME, *Betrachtungen zur Reform des portugiesischen Ehegüterrechts*, FS Imre Zajtay (1982), 261-269 (262-264). Tem ainda interesse referir a recolha de estudos

lata, pelo Prof. Marques dos Santos[759]. Erik Jayme sublinha a especialidade de certos institutos, como os regimes de bens, que influenciaram o Brasil e outros países. Marques dos Santos considera a presença de "uma família jurídica lusitana mais chegada dentro da grande família romano-germânica de direito, que se contrapõe ao mundo anglo-saxónico da *common law*"[760]. Também a proximidade dos esquemas constitucionais dos países de fala portuguesa tem sido enfatizada[761].

Dário Moura Vicente, por seu turno, reconhece a similitude dos ordenamentos lusófonos, sublinhando a facilidade de comunicação entre os juristas respetivos e, até, a possibilidade de o jurista de um desses ordenamentos exercer, sem grande esforço, a sua profissão nos demais[762]. Todavia, discorda da autonomia de uma família jurídica lusófona. Por três razões[763]:

– porque lhes falta uma conceção própria do Direito;
– porque "poderosas forças centrífugas" operam em sentido contrário ao de uma inserção num sistema (a União Europeia, o Mercosul e as várias organizações africanas);
– porque nos países africanos há um Direito consuetudinário aplicado em detrimento do Direito oficial.

Evidentemente: temos de nos entender quanto ao sentido de "família jurídica"[764]. Se descermos às raízes, encontraremos um Direito ocidental sendo, de todo, impossível distinguir o sistema napoleónico do germânico. Admitimos, ainda, que os especialistas nas diversas áreas tenham sensibilidades diferentes quanto ao problema: é natural que o internacionalista privatista se perturbe perante o esvaziamento do Direito internacional privado nacional ou que o publicista dê relevo a aspetos de organização circunstanciais.

---

org. por ERIK JAYME, *Das Recht der lusophonen Länder: Tagensereferente, Rechtsprechung, Gutachten* (2000), 249 pp..

[759] ANTÓNIO MARQUES DOS SANTOS, *As relações entre Portugal, a Europa e o Mundo Lusófono e as suas repercussões no plano jurídico* (1999), em *Estudos de Direito internacional privado e de Direito público* (2004), 579-594.

[760] *Idem*, 585.

[761] MANUEL MALHEIROS/MARLIESE REINERT-SCHOERER, *Die Entkolonialisierung und die Verbreitung des portugiesischen Rechtskultur*, em 2. *Deutsch-Lusitanische Rechtstage/Seminar in Heidelberg 20/21-11-1992* (1994), 99-109 (104 ss.).

[762] DÁRIO MOURA VICENTE, *Direito comparado* cit., 1, 87-89 (89).

[763] *Idem*, 89. *Vide*, também de DÁRIO MOURA VICENTE, *O Direito comparado após a reforma de Bolonha* cit., 80.

[764] Em especial, JENS MÜLLER, *Der Allgemeine Teil im portugiesischen Zivilgesetzbuch/Entstehungsgeschichte und ausgewählte Einzelprobleme* (2008), 247 ss., referindo diversas fórmulas de ordenação dos círculos jurídicos.

§ 14.° A autonomia do sistema lusófono 231

II. Para um correto posicionamento dos sistemas lusófonos, será, todavia, decisivo o Direito privado comum, fundamentalmente o Direito das obrigações. Ora, a essa luz, afigura-se que o Direito de fala portuguesa é uma família própria, aparentada à romano-germânica (não à napoleónica!), mas dela distinta. Assim, é um sistema:

- com plena autonomia linguística e doutrinária: para quem conheça minimamente a realidade, ele não tem a ver com um pretenso sistema íbero-americano, faltando (e até é pena) contactos com os Direitos de fala castelhana;
- impenetrável a quem, nele, não se tenha formado;
- com uma História própria, totalmente diferenciada: partindo das Ordenações, que remontam ao início do século XV, acolheu elementos franceses, nos princípios do século XIX, mas virou-se para o pandetismo romano-germânico (Brasil, 1856; Portugal, 1903) com o qual, todavia, não se confunde;
- que joga com a teoria do contrato e com a teoria do negócio, em simultâneo;
- com uma responsabilidade civil híbrida, de cunho autónomo;
- que, em cada instituto singelo, tem especificidades;
- que reelaborou já os seus princípios, com leituras autónomas;
- com massa crítica: 10 países ou territórios nos cinco continentes e mais de 250 milhões de praticantes; nove séculos de desenvolvimento autónomo, com leis de estilo próprio; sete séculos de ensino universitário independente; ordens profissionais intocadas, etc.

III. De facto, o Direito civil, pelo estilo, pela linguagem, pelas referências doutrinárias, pela estruturação do discurso e pela configuração do sistema, aproxima-se claramente da família romano-germânica: mais do que os Direitos holandês (napoleónico, embora com uma recente evolução autónoma) e italiano (apontado como intermédio, entre os sistemas romano-germânico e napoleónico). E essa filiação reforçada fica se considerarmos o Direito brasileiro, que se encontra nas mesmas circunstâncias[765].

---

[765] No sentido de questionar se o sistema português ainda pertencerá ao círculo napoleónico ou se não terá passado para o germânico, ZWEIGERT/KÖTZ, *Einführung in die Rechtsvergleichung*, 3.ª ed. cit., 106-107 e KURT HANNS EBERT, *Rechtsvergleichung/ Einführung in die Grundlagen* (1978), 50; também THOMAS HENNINGER, *Europäisches Privatrecht und Methode* (2009), 165.

Deve sublinhar-se, ao nível dos "grandes" comparatistas, uma ignorância confrangedora quanto ao sistema lusófono[766]. Um Autor com a craveira de Eichler, por exemplo, tratando dos vários círculos do Direito, refere um pretenso círculo "íbero-americano", que integraria, *ad nutum*, o Brasil e Portugal, de cujas literaturas não refere uma única obra[767]. Um erro similar comete Eugen Bucher, ao falar numa família hispano-portuguesa de Direito[768]. Inacreditavelmente insuficiente e inexata é, também, a já citada referência de Fikentscher[769].

É óbvio que os Autores não têm o dever (a não ser intelectual) de se pronunciarem sobre o Direito lusófono. Mas quando o façam, devem ter a humildade mínima de se informarem.

IV. Apesar do inegável parentesco, não pode o sistema lusófono das obrigações ser incluído, sem menos, nos sistemas romano-germânicos. Com efeito:

– há uma forte barreira linguística, de tal modo que, na prática, apenas no plano da investigação se pode falar num acesso completo e direto às fontes de língua alemã (leis, doutrina e jurisprudência);
– verifica-se, perante os alemães, uma simplificação de diversos conceitos, institutos e construções; os grandes doutrinadores usaram, no essencial, manuais e não estudos monográficos aprofundados;
– mantêm-se institutos tradicionais e esquemas napoleónicos, desconhecidos no Direito alemão;
– o uso da língua portuguesa esbate certos conceitos e dá azo a um modo próprio de colocação dos problemas.

Por isso, sustentamos, hoje, a autonomia do sistema lusófono: um subsistema com elementos híbridos e uma elaboração coerente própria, dentro de uma família alargada de Direito romano-germânico.

---

[766] "O Direito português é tratado superficialmente", nas palavras de JENS MÜLLER, *Der Allgemeine Teil* cit., 266.

[767] HERMANN EICHLER, *Gesetz und System* (1970), 76. Mais tarde, este Autor emendou a mão, admitindo a passagem do Direito português ao círculo germânico: *Rechtssysteme der Zivilgesetzbücher* (1983), 118-124 (123).

[768] EUGEN BUCHER, *Zu Europa gehört auch Lateinamerika!*, ZEuP 2004, 515-547 (538).

[769] FIKENTSCHER, *Methoden* cit., 580.

§ 14.º A autonomia do sistema lusófono 233

Ocorre fazer, aqui, uma referência ao escrito de Jens Müller, sobre a parte geral do Código Civil português. Este Autor procede a uma indagação alargada sobre o tema: com acesso direto à literatura portuguesa[770].

Entre diversos pontos com interesse, Müller mostra-se surpreendido por, na opção legislativa de 1966, pela parte geral, não se refirir o Código brasileiro de 1916[771]. Tem razão. As explicações possíveis são de ordem subjetiva e política: prendem-se com o desencanto de Salazar perante algumas orientações do Presidente Getúlio Vargas. Afigura-se-nos, porém, que a parte geral, introduzida no Brasil por Teixeira de Freitas, muito antes do Código de 1916 e retomada por Clóvis Beviláqua, pai do Código em causa[772], teve o seu peso nas opções de Guilherme Moreira e, por aí, do Código Vaz Serra.

O próprio Müller acaba por qualificar o sistema português como híbrido[773]. Todavia, a consideração dos Direitos lusófonos, no seu conjunto, o distanciamento muito grande perante os conceitos napoleónicos (alguns dos quais intraduzíveis, em português, mau grado o parentesco linguístico) e o sistema do Code Civil, a receção incompleta do Direito alemão e as tradição e elaboração próprias permitem falar num sistema (ou subsistema) lusófono autónomo.

---

[770] JENS MÜLLER, *Der Allgemeine Teil im portugiesischen Zivilgesetzbuch/Entstehungsgeschichte und ausgewählte Einzelprobleme* (2008), 318 pp., já citado.

[771] *Idem*, 271.

[772] *Supra*, 208 ss..

[773] JENS MÜLLER, *Der Allgemeine Teil im portugiesischen Zivilgesetzbuch* cit., 276-279.

CAPÍTULO III

O DIREITO EUROPEU DAS OBRIGAÇÕES

§ 15.º IDEIA GERAL E CONDICIONANTES

66. Aspetos institucionais

I. O Tratado de Roma (1957) veio constituir a Comunidade Económica Europeia englobando, na época, seis Estados: Alemanha, Bélgica, França, Holanda, Itália e Luxemburgo. Seguiram-se alargamentos sucessivos: Reino Unido, Irlanda e Dinamarca (1973), Grécia (1981) e Espanha e Portugal (1986). Em 1992, o Tratado de Maastricht constituiu a União Europeia, numa linha de crescente integração. Houve novas adesões: Áustria, Finlândia e Suécia (1995)[774]. Sobrevieram os Tratados de Amesterdão (1997) e de Nice (2000) e a introdução da moeda única (2002). Surge o projeto de Constituição Europeia (2003), assinado em Roma (2004) e rejeitado por referendos em França e na Holanda. Verificou-se, nessa altura, um importante alargamento: Estónia, Letónia, Lituânia, Malta, Polónia, Eslováquia, Eslovénia, Chéquia, Hungria e Chipre (2004). O quinto alargamento trouxe, para a União, a Bulgária e a Roménia (2007)[775] tendo sido assinado, em 2007, o Tratado de Lisboa, rejeitado por um referendo irlandês e, depois, aprovado por novo referendo.

Podemos chamar Direito europeu ao conjunto dos Tratados que regem a União Europeia (Direito primário) e, ainda, às normas produzidas pelos órgãos europeus resultantes desses Tratados (Direito secundário ou derivado)[776].

---

[774] A Noruega rejeitou, por referendo, a sua adesão.

[775] MATTHIAS HERDEGEN, *Europarecht*, 11.ª ed. (2009), § 4 (42 ss.).

[776] ANDREAS HARATSCH/CHRISTIAN KOENIG/MATTHIAS PECHSTEIN, *Europarecht*, 6.ª ed. (2009), 47 ss., disponível a 7.ª ed. (2010).

236 O direito europeu das obrigações

II. Os Tratados europeus nada exigem quanto à unificação dos Direitos privados dos Estados membros[777]; Todavia, a partir de preceitos que impõem a tutela dos cidadãos e a equiparação das condições de concorrência[778], são tomadas diversas iniciativas a que se chama o Direito privado europeu[779]. Tais iniciativas são, de todo, insuficientes para constituir um corpo jurídico minimamente coerente. Apenas na área das sociedades comerciais elas apresentam alguma densidade: mas mesmo aí, elas pressupõem sempre as bases constituídas pelos diversos Direitos nacionais[780].

67. Fontes comunitárias e aspetos metodológicos

I. No domínio civil, têm surgido algumas diretrizes[781]. Destas, com relevo direto para o Direito das obrigações, retemos:

- Diretriz n.º 85/374, de 25 de julho, relativa à responsabilidade do produtor[782]; foi transposta pelo Decreto-Lei n.º 383/89, de 6 de novembro;
- Diretriz n.º 93/13, de 5 de abril, referente a cláusulas alusivas, nos contratos com consumidores[783]; foi transposta pelos Decretos-Leis n.º 220/95, de 31 de agosto e n.º 249/99, de 7 de julho.

Outros instrumentos civis relevam para a Parte geral e para o Direito de consumo.

---

[777] BERNHARD NAGEL, *Wirtschaftsrecht der Europäichen Union/Eine Einführung*, 4.ª ed. (2003), 326.

[778] Trata-se de referências que surgem dispersas – vg.: HARATSCH/KOENIG/PECHSTEIN, *Europarecht*, 6.ª ed. cit., 482 ss. e NAGEL, *Wirtschaftsrecht der Europäischen Union*, 4.ª ed. cit., 98 ss. e 272 ss. –, mas que se apresentam fundamentais.

[779] Com indicações, IRENE KLAUER, *Die Europäisierung des Privatrechts* (1998), 21 ss. e MARTIN GEBAUER, *Grundfragen der Europäisierung des Privatrechts* (1999), com rec. PETER KINDLER, AcP 199 (1999), 695-705.

[780] *Vide* os nossos *Direito das sociedades* 1, 3.ª ed. (2011), 190 ss. e *Direito europeu das sociedades* (2005), 67 ss, e *passim*.

[781] Quanto às diretrizes civis em geral *vide* o elenco no presente *Tratado* I, 4.ª ed., 362 ss..

[782] JOCE N.º L 210, 29-33, de 7-ago.-1985; foi alterada pela Diretriz n.º 1999/34/CE, do Parlamento Europeu e do Conselho, de 10 de maio, JOCE N.º L 141, 20-21, de 4-jun.-1999, por seu turno transposta pelo Decreto-Lei n.º 131/2001, de 24 de abril.

[783] JOCE N.º L 95, 29 – 34, de 21-abr.-1993.

§ 15.º Ideia geral e condicionantes 237

II. Na interpretação das regras de produção europeia, há que seguir as boas práticas gerais de interpretação, mas com certas adaptações[784]. Recordemos alguns pontos específicos. Na prática do Tribunal Europeu de Justiça, não se distingue entre a interpretação e a integração ou interpretação criativa (*Rechtsfortbildung*): à francesa, é tudo interpretação. Ao Direito primário é sempre dado um especial relevo, enquanto o elemento literal da interpretação, esmagado perante as 23 línguas oficiais, em regra divergentes nos pontos controversos, tem um relevo ainda menor do que na ordem interna[785]. O elemento sistemático fica fragilizado pela natureza fragmentária das regras europeias; o mesmo sucede com o elemento histórico, dada a controvérsia de elementos, quando exista[786]. Fica-nos o Direito comparado, como fator importante da interpretação, uma vez que as categorias comunitárias são, em regra, retiradas de ordenamentos internos dadores[787]. Além disso, impõe-se o confronto entre os diversos instrumentos[788].

III. Quanto à interpretação das normas internas resultantes de transposições de diretrizes, há que observar alguns cuidados. A diretriz é o principal elemento de aproximação dos diversos Direitos privados[789]. Todavia, ela é apenas isso: por definição dá, aos legisladores dos vários Estados-Membros, os poderes necessários para procederem às adequações internas que hajam por convenientes. Assim, o mote da interpretação conforme com as diretrizes não deve suprimir o espaço de discricionariedade deixado aos legisladores nacionais mas, antes e apenas, permitir o efeito útil procurado pela diretriz que esteja em causa. De resto, uma ponderação cuidadosa dos efeitos de uma transposição, em diversos países, mostra que se chega a resultados mais próximos do que os iniciais mas, em todo

---

[784] *Tratado* I, 4.ª ed., 373 ss.; como recentes escritos de referência, com indicações, Clemens Höpfner/Bernd Röthers, *Grundlagen einer europäischen Methodenlehre*, AcP 209 (2009), 1-36 e Thomas Henninger, *Europäisches Privatrecht und Methode* cit., 323 ss.. *Vide*, ainda, Holger Fleischer, *Europäische Methodenlehre: Stand und Perspektiven*, RabelsZ 75 (2011), 700-729 (maus tempos para o método, mas muitas perguntas, conclui).

[785] Höpfner/Röthers, *Grundlagen* cit., 9-11.

[786] *Idem*, 11 ss. e 13 ss..

[787] *Idem*, 16-17.

[788] Stefan Grundmann, *"Inter-Instrumental-Interpretation", Systembildung durch Auslegung im Europäischen Unionsrecht*, RabelsZ 75 (2011), 882-932.

[789] Simone Höfer, *Die Umsetzung europäischer Richtlinien im Privatrecht/Die Klauselrichtlinie in Deutschland, Großbritannien und Frankreich* (2009), 9 ss..

238   *O direito europeu das obrigações*

o caso, diferentes[790]. A margem para princípios gerais existe e deve ser aprofundada[791].

IV. A diversidade linguística, base da diferenciação conceitual e, porventura, de clivagens no modo de pensar e na própria cultura[792] constitui o grande óbice metodológico do Direito europeu. Como vimos, a presença de línguas próprias está na base de diversas ciências jurídicas nacionais. Cabe ao legislador comunitário gerir esta situação como riqueza cultural e não como "custo de transação", contra o qual se imponha uma cruzada.

68. **A ideia de europeização das obrigações**

I. Como se vê perante a panorâmica dos instrumentos comunitários existentes, a europeização do Direito das obrigações afigura-se muito modesta. A ideia de um Direito europeu das obrigações deve ser procurada noutras latitudes. E, designadamente: na miragem do perdido *ius commune*, na proximidade das diversas Ciências do Direito na área das obrigações, na dinâmica própria dos funcionários de Bruxelas e em diversas iniciativas particulares ou semi-particulares, ora em curso.

Quanto ao *ius commune*[793]: até ao advento dos Estados nacionais europeus, e ao recurso às línguas respetivas para ensinar e concretizar o Direito, operava, em toda a Europa, o Direito romano da receção e o Direito canónico. O latim era universal, o que prevenia fronteiras linguísticas. Com o nacionalismo e as codificações[794], a unidade perdeu-se, ficando o sentimento de apetência pelo universal.

---

[790] SIMONE HÖFER, *Die Umsetzung* cit., 295 ss.. Quanto à interpretação conforme com as diretrizes, HÖPFNER/RÖTHERS, *Grundlagen einer europäischen Methodenlehre* cit., 25 ss. e 36, sublinhando justamente que ela não deve ser enfatizada.

[791] AXEL METZGER, *Allgemeine Rechtsgrundsätze in Europa/dargestellt am Beispiel des Gleichbchandlungs – grundsatzes*, RabelsZ 75 (2011), 845-881.

[792] Temos em mente, para além das diversas considerações já efetuadas sobre o tema, os clássicos da teoria da linguagem e, designadamente, WILHELM VON HUMBOLDT, em obras cit. *supra*, notas 729 e 731.

[793] MARTIN GEBAUER, *Grundfragen der Europäisierung des Privatrechts* cit., 32 ss..

[794] As quais representaram o "golpe final" no Direito europeu: GEBAUER, *Grundfragen* cit., 48 ss..

§ 15.º Ideia geral e condicionantes

II. As obrigações, pelo seu nível abstrato e pelo refinamento dogmático que permitem, sobreviverem, de certa forma, à perda de *ius commune*. Daí resulta que, mesmo em sistemas distintos, elas mantenham uma certa proximidade, proximidade essa que, de resto, se vem a aprofundar mercê do intercâmbio científico e do comparatismo[795]. Há, deste modo, um fundo científico geral em todo o Planeta, quanto às obrigações ou, se se preferir: existe uma especial proximidade entre as diversas Ciências do Direito, na área das obrigações. A vizinhança científica é complementada pela presença de uma cultura praticamente comum, ampliada pela globalização[796]: tudo isso permite uma elaboração de princípios gerais, relevantes para o Direito europeu, no que constitui um dos desafios do nosso tempo[797].

III. Os mecanismos de integração geraram estruturas e funcionários comunitários que, por seu turno, adquirem uma dinâmica própria. Aí, justamente pela existência de uma Ciência universal das obrigações, torna-se (mais) fácil desencadear processos de unificação nessa área, mesmo quando nenhum texto comunitário o recomende ou o pressuponha. No tocante às estruturas, uma menção apreciativa deve ser feita à jurisprudência do Tribunal Europeu de Justiça, que tem contribuído para o apuramento de princípios europeus comuns[798]. Por seu turno, o Parlamento Europeu, procurando conquistar o papel que lhe deveria caber enquanto órgão representativo dos povos da Europa, vem-se assumindo como o campeão no domínio das resoluções que visam a unificação do Direito europeu dos contratos, invocando as necessidades do mercado interno[799].

IV. Finalmente, temos em curso diversos projetos científicos que, na base de uma procurada Ciência do Direito comum, com princípios

---

[795] Cumpre referir, desde já, a extensa obra de FILIPPO RANIERI, *Europäisches Obligationenrecht/Ein Handbuch mit Texten und Materialen* 3.ª ed. (2009), 2044 pp.; *vide*, aí, a introdução, 1-15.

[796] MICHAEL LEHMANN, *Globalisierung und Zivilrecht*, FS Canaris 1 (2007), 723-736.

[797] Temos em mente o monumental escrito de AXEL METZGER, *Extra legem, intra ius: Allgemeine Rechtsgrundsätze im Europäischen Privatrecht* (2009), XXVI + 622 pp.. Cabe ainda referir, organizado por NICOLÒ LIPARI, *Trattato di diritto privato europeo*, 4 volumes (2003); *vide* a introdução de NICOLÒ LIPARI e de NICOLA SCANNICCHIO, *Il diritto privato europeo nel sistema delle fonti*, ob.cit., 1, 29-78.

[798] AXEL METZGER, *Extra legem, intra ius* cit., 1-3.

[799] SIMONE HÖFER, *Die Umsetzung* cit., 17-18.

gerais[800], têm procurado elaborar um código, *corpus* ou quadro (*frame*) comuns de regras, particularmente na área das obrigações. Vamos, de seguida, considerar este aspeto: o mais objetivamente relevante.

---

[800] AXEL METZGER, *Extra legem, intra ius* cit., 3-5.

16.º OS "CÓDIGOS" EUROPEUS DAS OBRIGAÇÕES

69. As iniciativas pré-comunitárias

I. Dos três apontados fatores de aproximação entre os diversos Direitos das obrigações que repartem a Europa, dois deles (a nostalgia do *ius commune* e a proximidade das Ciências europeias) são anteriores ao Tratado de Roma. Por isso, podemos apontar iniciativas pré-comunitárias de unificação dos Direitos europeus das obrigações.

II. Temos, em primeiro lugar, o projeto franco-italiano das obrigações e dos contratos de 1927[801], que levantou críticas e defesas acesas[802]. O projeto abrangia 739 artigos, repartindo-se por vinte títulos; o primeiro com disposições gerais e os restantes dezanove relativos a contratos em especial. Com muitas inovações, ele iria substituir as disposições obrigacionais do Código Napoleão e do Código Italiano de 1865, tendo, de resto, sido facilitado pela proximidade (na época) entre os dois direitos. A iniciativa não teve seguimento, mas influenciou códigos ulteriores, entre os quais o polaco, de 1937, o romeno, de 1940 e o italiano, de 1942[803].

---

[801] *Projet de code des obligations et des contrats*, publ. em Paris, 1929. *Vide* FERDINAND LARNAUDE, *Rapport à Monsieur le Garde des Sceaux Ministre de la Justice sur l'Unification Législative* (1928), 114 pp.. *Vide*, sobre toda esta matéria, CLAUDE WITZ, *La longue gestation d'un code européen des contrats/Rappel de quelques initiatives oubliées*, RTDC 2003, 447-455.

[802] EMILIO BETTI, *Il progetto di un codice italo-francese delle obbligazioni e dei contratti*, RDComm XXVII (1929), I, 665-668, com resposta de MARIANO D'AMELIO, *Postilla*, RDComm XXVII (1929), I, 669-672 e réplica de BETTI, RDComm XXVIII (1930), I, 184-189; *vide* A. ASCOLI, *Il nuovo codice delle obbligazioni e dei contratti*, RDCiv 1928, 62-67.

[803] *Vide* MARIO ROTONDI, *The Proposed Franco-Italien Code of obligations*, AJCL 3 (1954), 345-359, com interessante bibliografia.

242 *O Direito europeu das obrigações*

III. A Associação Henri Capitant, nas jornadas de Milão de 1953, debateu o tema, o qual se manteve vivo, em França[804]. Seguiram-se-lhe a criação, pelo professor Ole Lando, em 1980, da Comissão de Direito Europeu dos Contratos[805]. A Academia dos Privatistas Europeus (Pavia) iniciou, também, os seus trabalhos. O grupo de Trento (Ugo Mattei e Mauro Bussani) dedicou-se ao *common core* do Direito privado europeu[806]. Abaixo referiremos os frutos destas iniciativas.

70. Recomendações e projetos

I. À partida e como foi referido, a União Europeia não tem competência para preparar códigos civis ou para legislar no domínio das obrigações e dos contratos[807]. Todavia, pela porta algo discutível da livre concorrência, da liberdade de estabelecimento e do mercado único, os órgãos comunitários têm vindo a tomar posições, nesse domínio[808].

Em 25-mai.-1989, o Parlamento Europeu adotou uma resolução sobre um esforço de harmonização do Direito privado dos Estados-Membros[809]. A 6-mai.-1994, retoma o tema reclamando a harmonização de certos sectores do Direito privado dos Estados-Membros[810]. Em 1997, a presidência holandesa promoveu, em Scheveningen, um simpósio sobre o tema *Para um Código Civil Europeu*. Estiveram presentes comparatistas de toda a Europa que, depois, dinamizaram os diversos grupos de estudo. Em 16-mar.-2000, o Parlamento exara a seguinte resolução[811]:

---

[804] WITZ, *La longue gestation* cit., 452-453.

[805] *Vide* a defesa de um "código europeu dos contratos" em OLE LANDO, *Kultur und Vertragsrechtsordnung/Is There a Cultural Value in Diversity of Contract Law?*, em OLIVIER REMIEN (publ.), *Schuldrechtsmodernisierung und Europäisches Vertragsrecht* (2008), 3-23.

[806] *Vide* MAURO BUSSANI, *In search of a European Privat Law (Trento Project)*, em *Um Código Civil para a Europa*, BFD 2002, 79-100.

[807] NORBERT HORN, *Ein Jahrhundert Bürgerliches Gesetzbuch*, NJW 2000, 40-46 (46).

[808] SIMONE HÖFER, *Die Umsetzung* cit., 17 ss..

[809] JOCE C N.º 158, 400, de 26-jun.-1989.

[810] JOCE C N.º 205, 518, de 25-jul.-1994.

[811] JOCE C N.º 377, 326, de 29-dez.-2000. No ano anterior, as conclusões do Conselho Europeu ocorrido em Tampere (15 e 16 de outubro de 1999) solicitaram um "estudo global sobre a necessidade de aproximar as legislações dos Estados-membros em matéria

§ 16.º Os "códigos" europeus das obrigações 243

Considera que uma maior harmonização no domínio do direito civil se tornou essencial no mercado interno e solicita à Comissão que elabore um estudo sobre esta questão;

Tudo isto levou a Comissão, em 11-jul.-2001, a preparar uma Comunicação ao Conselho e ao Parlamento Europeu sobre o Direito europeu dos contratos[812].

A matéria era, contudo, muito difícil e muito delicada: quer em termos jurídico-científicos, quer no plano político-social. E assim, a Comissão Europeia optou por suscitar, na sociedade civil, nas universidades e nos centros de investigação especializada, o aparecimento de projetos de unificação.

Além disso, ela prosseguiu com comunicações e textos recomendatórios:

– 12-fev.-2003, *Maior coerência no Direito europeu dos contratos/ Plano de acção*[813];
– 11-out.-2004, *O direito dos contratos e a revisão do acervo: o caminho a seguir*[814];
– 23-set.-2005, *Primeiro relatório anual sobre os progressos obtidos em matéria de Direito europeu dos contratos e revisão do acervo*[815];
– 25-jul.-2007, *Segundo relatório de progresso sobre o Quadro Comum de Referência*[816];
– 1-jul.-2010, *Livro Verde da Comissão sobre as opções estratégicas para avançar no sentido de um direito europeu dos contratos para os consumidores e as empresas*[817];
– 19-jan.-2011, *Parecer do Conselho Económico e Social Europeu sobre as opções estratégicas para avançar no sentido de um direito europeu dos contratos para os consumidores e as empresas*[818];

---

civil, por forma a eliminar os entraves ao bom funcionamento dos processos civis": COM (2001) 398 final, Nr. 4.

[812] COM (2001) 398 final (62 pp.).
[813] COM (2003) 68 final (60 pp.).
[814] COM (2004) 651 final (23 pp.).
[815] COM (2005) 456 final (14 pp.).
[816] COM (2007) 447 final (13 pp.).
[817] COM (2010) 348 final (15 pp.).
[818] JOCE N.º C-84, 1-6, de 17-mar.-2011.

244 *O Direito europeu das obrigações*

– 11-out.-2011, *Comunicação da Comissão sobre um Direito europeu comum da compra e venda*[819];
– 11-out.-2011, *Proposta de Regulamento relativo a um Direito europeu comum da compra e venda*[820];
– 21-jan.-2012, *Parecer do Conselho Económico e Social Europeu sobre a Proposta de Regulamento em causa*[821].

Outras iniciativas da Comissão devem ser relevadas, como a do Livro Verde sobre a revisão do acervo relativo à defesa do consumidor[822].

II. O Direito comunitário compreendia já uma série de regras contratuais e, designadamente, as inseridas nas diretrizes relativas à tutela dos direitos dos consumidores. Essas diretrizes comportavam normas contraditórias ou desarmónicas as quais, por vezes, se sobrepunham[823]. Além disso, era sabido – e foi reconfirmado, na prática – que certos conceitos não tinham exata tradução nas diversas línguas comunitárias. Era ainda convicção da Comissão que a existência de regimes obrigacionais diferenciados dificultava os negócios transfronteiriços. A Comissão ponderou quatro tipos de opções[824]:

I – Não agir no plano comunitário, permitindo que o mercado e as instituições privadas encontrassem as suas próprias soluções[825].
II – Promover o desenvolvimento de princípios comuns de Direito dos contratos, conducentes a uma convergência dos Direitos[826]; neste ponto, poder-se-iam usar estudos académicos já realizados e aguardar o aparecimento de novos estudos.
III – Melhorar a qualidade da legislação vigente[827]: proceder-se-ia à modernização dos instrumentos comunitários já existentes e encarar-se-ia a sua codificação.

---

[819] COM (2011) 636 final (15 pp.).
[820] COM (2011) 635 final (123 pp.).
[821] JOCE C-181, 75-83, de 21-jun.-2012:
[822] De 8-fev.-2007, COM (2006) 744 final (35 pp.).
[823] Assim sucedia no caso da Diretriz "vendas porta-a-porta" e na Diretriz *timesharing*: podiam ser aplicadas em sobreposição e continham prazos diferentes para o arrependimento do consumidor (Diretrizes 85/577, de 20 de dezembro e 94/47, de 26 de outubro, respetivamente); cf. COM (2001), 398 final, n.º 35 (11).
[824] COM (2001), 398 final, n.º 41 ss..
[825] COM (2001), 398 final, n.º 49 ss..
[826] COM (2001), 398 final, n.º 52 ss..
[827] COM (2001), 398 final, n.º 57 ss..

IV –Adotar-se-ia uma legislação abrangente, a nível comunitário[828]: uma espécie de "código europeu".

Nesta última eventualidade, poder-se-ia optar por um diploma flexível, sujeito a transposição ou por um instrumento facultativo, para o qual as partes remeteriam quando o entendessem.

III. O Direito contratual europeu aplicar-se-ia a um espaço de quase 500 milhões de almas, com o maior PIB do Mundo: algo que faz sonhar os espíritos mais frígidos[829]. Assim, além das já existentes, multiplicaram-se as iniciativas de "códigos europeus de contratos"[830]. Por certo que se poderia falar numa cultura jurídica europeia, assente em ideais humanos de liberdade e de igualdade[831]. Mas essa cultura esbarra na diversidade de sistemas de exposição[832], nas diferenças conceituais[833] e em oposições intelectuais e linguísticas inultrapassáveis[834]. A procura de fórmulas que

---

[828] COM (2001), 398 final, n.º 61 ss..

[829] STEFAN GRUNDMANN, *Europäisches Schuldvertragsrecht/Das europäische Recht der Unternehmensgeschäfte* (1999), 9, vem dizer que a base do Direito europeu reside nas cinco liberdades fundamentais; mas estas afirmar-se-iam pela liberdade contratual, donde o relevo dos contratos no Direito europeu. Muito bem: todavia, tais liberdades não estão em perigo por via dos Direitos nacionais. Há, sim, interesses culturais, neste domínio.

[830] Quanto às diversas iniciativas, *vide* WOLFGANG WURMNEST, *Common Core Grundregeln, Kodifikationsentwürfe, Acquis-Grundsätze/Ansätze internationaler Wissenschaftlergrupper zur Privatrechtsvereinheitlichung in Europa*, ZEuP 2003, 714-744 (714, notas 1 a 3), RALF MICHAELS, *HK-BGB* II/1 (2007), prenot. § 241, Nr. 81, nota 636 e *passim* (91) e FILIPPO RANIERI, *Europäische Obligationenrecht*, 3.ª ed. cit., 100 ss. .

[831] *Vide* o escrito de PETER HÄBERLE, *Europäische Rechtskultur* (1994).

[832] GEOFFREI SAMUEL, *System und Systemdenken/Zu den Unterschieden zwischen kontinentaleuropäischen Recht und Common Law*, ZEuP 1995, 375-397 e WOLFGANG KILIAN, *Ausseres und inneres System in einem noch fragmentarischen Schuldvertragsrecht?*, em STEFAN GRUNDMANN, *Systembildung und Systemlücken in Kerngebieten des Europäischen Privatrechts/Gesellschafts-, Arbeits- und Schuldvertragsrecht* (2000), 427-441.

[833] Mesmo quando reportados a realidades inseridas em instrumentos unitários; p. ex., a Câmara dos Lordes reduz a boa fé referida nas cláusulas contratuais gerais a um *fair and open dealing*, desenvolvendo a ideia (aliás com oportuna profundidade): cf. HANS-W. MICKLITZ, *Zum englischen Verständniss von Treu und Glauben in der Richtlinie 93/13/EWG*, ZEuP 2003, 865-883. Para um continental (romano-germânico), o problema está no conteúdo do contrato e não no *dealing*, que obtém outras regras.

[834] GWENDOLINE LARDEUX, *Droits civils français et allemand: entre convergence materielle et opposition intelectuelle*, ZEuP 2007, 448-465 (450 ss.). *Vide* as palavras

246 *O Direito europeu das obrigações*

a todos satisfaçam redunda na busca da *ratio scripta*[835] e num minucioso trabalho de Direito comparado[836]. A ideia de um Direito privado europeu, no início uma pura quimera, foi tomando corpo[837].

Entre os projetos de Direito dos contratos para a Europa, salientamos:

- da Comissão para o Direito europeu dos contratos (grupo Lando), os *Principles of European Contract Law* I (1995), II (1999) e III (2003)[838]; o grupo Lando foi constituído, em 1982, pelo Prof. Ole Lando, tendo sido o primeiro; até 2001 operou em três subcomissões, sendo seu objetivo o apuramento dos "princípios" do Direito dos contratos europeu;
- da Academia dos Privatistas Europeus ou Grupo de Pavia (Gandolfi), o *Código Europeu dos Contratos/Anteprojecto*, de 1999[839]; a Academia foi criada em 1990, em Pavia, pelo Prof. Giuseppe Gandolfi, grande conhecedor do Direito alemão; chegou a congregar 100 juristas de diversos países europeus; o Grupo de Pavia, ao contrário das outras iniciativas, não partiu

---

introdutórias de THOMAS PFEIFFER, *Methodik der Privatrechtsangleichung in der EU/Der gemeinsame Referenzrahmen zum europäischen Vertragsrecht*, AcP 208 (2008), 227-247 (228).

[835] MICHAEL STATHOPOULOS, *Europäisches Vertragsrecht und ratio scripta/Zuständigkeiten und Perspektiven*, ZEuP 2003, 243-265.

[836] REINHARD ZIMMERMANN, *Die Europäisierung des Privatrechts und die Rechtsvergleichung* (2005); indicações atualizadas: METZGER, *Extra legem, intra ius* cit., 223 ss..

[837] JÜRGEN BASEDOW, *Die Europäische Zivilgesetzbuch und ihr Recht/Zum Begriff des Privatrechts in der Gemeinschaft*, FS Canaris 1 (2007), 43-57 (43 e 55 ss.).

[838] O texto-base é em inglês, tendo sido publicado na Haia, em 2000 (I e II) e 2003 (III); há diversas edições bilingues; p. ex., a ed. de CARLO CASTRONOVO, *Principi di diritto europeo dei contratti*, Parte I e II (2001), com comentários e índices, e a ed. de CHRISTIAN VON BAR, *Grundregeln des Europäischen Vertragsrechts* I e II (2001). O grupo é dirigido por Ole Lando e Hugh Beal. À Comissão pertenceu Isabel de Magalhães Collaço.

Quanto à Parte III: ela pode ser confrontada na trad. alemã em ZEuP 2003, 895-906; *vide* CHRISTIAN VON BAR, *Die "Principles of European Law"*, Teil III, ZEuP 2003, 707-713. Entre nós, *vide* ARTHUR HARTKAMP, *The Principles of European Contract Law (Lando Commission)*, em *Um Código Civil para a Europa*, BFD 2002, 54-58.

[839] GIUSEPPE GANDOLFI (coord.), *Code European des contrats* I, 2.ª ed. (2001), 106 pp. e 173 artigos, e 109 a 570 de relatórios explicativos; à Academia dos Privatistas Europeus pertenceu Antunes Varela; a obra repete o seu título em Italiano, Inglês, Alemão e Espanhol. *Vide* J. ANTUNES VARELA, *Code Européen des contrats (avant-projet) (Pavia)*, em *Um Código Civil para a Europa*, BFD 2002, 47-51

e, logo no início do projeto, ANTÓNIO MARQUES DOS SANTOS, *Sur une proposition italienne d'élaboration d'un code européen des contrats (et des obligations)*, DDC 45/46 (1991), 275-285.

§ 16.º Os "códigos" europeus das obrigações   247

de uma ideia de equidistância dos vários Direitos europeus: antes adotou, como base, o Código italiano, considerado um meio-termo entre os Direitos francês e alemão, em conjunto com o *Contract Code* de McGregor, de 1972, que funcionaria como texto britânico;

– da UNIDROIT, os *Principles of International Commercial Contracts*, de 2004[840]; o Instituto para a unificação do Direito privado ou Instituto UNIDROIT iniciou os seus trabalhos em 1980, tendentes a elaborar os referidos *Principles*; foi criado em 1926, tendo, no seu ativo, diversos instrumentos importantes;

– do *Acquis Group*[841];

– da *Associação Henri Capitant*[842];

– do *Study Group on a European Civil Code* (Osnabrück) e do *Research Group on EC Private Law (Aquis Group)*, os *Principles Definitions and Model Rules of European Private Law/Draft Common Frame of Reference* (DCFR)[843]; o *Study Group* foi fundado em 1998, por quatro membros do grupo Lando, sendo presidido por von Bar e incluindo Drobnig, Hartkamp e o próprio Lando, tendo chegado a congregar 50 especialistas de vários países; a partir de 2005, o *Study Group* é parte do *Joint Network on European Private Law*, financiado pela Comissão Europeia; trabalhou na base do Direito comparado[844].

---

[840] Pode ser confrontada em STEFAN VOGENAUER/JAN KLEINHEISTERKAMP, *Commentary on the Principles of International Commercial Contracts (PICC)* (2009), CCXXX + 1319 pp.; os *Principles* podem, aí, ser confrontados nas cinco "línguas oficiais": inglês, francês, alemão, italiano e castelhano.

[841] Research Group on the Existing EC Privat Law (Acquis Group), *Principles of the Existing EC Contract Law (Acquis Principles), Contract I/Pre-contractual obligations, Conclusion of Contract, Unfair Terms* (2007), 311 pp..

[842] BÉNÉDICTE FAUVARQUE-COSSON/DENIS MAZEAUD, *European Contract Law/ Materials for a Common Frame of Reference: Terminology, Guiding Principles, Model Rules* (2008), 614 pp.; trata-se de uma iniciativa da Associação Henri Capitant dos Amigos da Cultura Jurídica Francesa e da Société de Législation Comparée, sendo sintomático que elas se entreguem a publicações deste tipo, em inglês.

[843] Temos de CHRISTIAN VON BAR/ERIC CLIVE/HANS SCHULTE-NÖLKE, a *Interim Outline Edition* (2008), 395 pp. e a *Outline Edition* (2009), 642 pp.. Nos finais de 2009, surgiu a *Full Edition*: mais de 6500 pp, em 6 volumes.

[844] Elementos relativos a esta iniciativa em WOLFGANG ERNST, *Der 'Common Frame of Reference' aus juristischer Sicht*, AcP 208 (2008), 248-282 (251 ss.).

248 *O Direito europeu das obrigações*

Os projetos publicados, de base privada, têm permitido, depois, diversos estudos comparatísticos: entre os próprios projetos (designadamente o de Lando) e, por exemplo, os Direitos alemão[845], francês[846] e holandês[847]. Paralelamente, o grupo de Trento (criado em 1993 por Ugo Mattei e Mauro Bussani)[848] investiga o *common core* do Direito civil europeu, produzindo importantes monografias temáticas[849]; na verdade, um código deveria ser antecedido por uma "Ciência europeia" que o pudesse suportar; congrega mais de 200 membros dispersos.

71. Os "códigos" e o seu conteúdo

I. Vamos dar nota, ainda que sintética, dos diversos "códigos" europeus das obrigações, com menção aos conteúdos respetivos.

O Código Europeu dos Contratos, da Academia dos Privatistas Europeus, presidida por Giuseppe Gandolfi (o grupo de Pavia), no seu anteprojeto, tratava, sucessivamente:

Título I — Disposições preliminares (1.º a 5.º).
Título II — Formação do contrato:
Secção I — Negociações pré-contratuais (6.º a 10.º);

---

[845] JÜRGEN BASEDOW (org.), *Europäische Vertragsvereinheitlichung und deutsches Recht* (2000), com escritos de dez Autores.

[846] BERTRAND PAGES, *Einige neuere Entwicklungen des französischen allgemeinen Vertragsrechts im Lichte der Grundregeln der Lando-Kommission*, ZEuP 2003, 514-524; CLAUDE WITZ, *Französische Schuldrecht und Prinziples of European Contract Law: Gemeinsamkeiten und Unterschiede*, ZEuP 2004, 503-514.

[847] DANY BUSCH/EWOUD HONDIUS, *Ein neues Vertragsrecht für Europa: die Principles of European Contract Law aus niederländischer Sicht*, ZEuP 2001, 223-247.

[848] *Vide* os estudos iniciais e a apresentação em MAURO BUSSANI/UGO MATTEI, *The Common Core of European Private Law* (1993), 251 pp..

[849] Foram publicados, com relevo direto no Direito das obrigações: CHRISTIAN VON BAR, *The Common European Law of Torts: The Core Areas of Tort Law, Its Approximation in Europe, and Its Accomodation in the Legal System*: 1 *(Common European Law of Torts)* (1999); REINHARD ZIMMERMANN/SIMON WHITTAKER (ed.), *Good Faith in European Contract Law* (2000), 720 pp.; JAMES GORDLEY (ed.), *The Enforceability of Promises in European Contract Law* (2001), 478 pp.; MAURO BUSSANI/VERNON VALENTINE PALMER, *Pure Economic Loss in Europe* (2003), 589 pp.; FRANZ WERRO/VERNON VALENTINE PALMER (ed.), *The Boundaries of Strict Liability in European Tort Law* (2004), 473 pp.; RUTH SEFTON-GREEN (ed.), *Mistake, Fraud and Duties to Inform in European Contract Law* (2005, reimp., 2006), 414 pp.; JOHN CARTWRIGHT/MARTIJN HESSELINK, *Precontractual Liability in European Private Law* (2008), 509 pp..

§ 16.º Os "códigos" europeus das obrigações   249

Secção II – Conclusão do contrato (11.º a 24.º).
Título III   – Conteúdo do contrato (25.º a 33.º).
Título IV   – Forma do contrato (34.º a 38.º).
Título V   – Interpretação do contrato (39.º a 41.º).
Título VI   – Efeitos do contrato:
Secção I – Disposições preliminares (42.º a 48.º);
Secção II – Efeitos devidos a elementos acidentais (49.º a 59.º);
Secção III – Representação (60.º a 69.º);
Secção IV – Contrato para pessoa a nomear (70.º a 74.º).
Título VII   – Execução do contrato:
Secção I – Disposições gerais (75.º a 85.º);
Secção II – Execução de certas obrigações contratuais (86.º a 88.º).
Título VIII   – Inexecução do contrato:
Secção I – Disposições gerais (89.º a 102.º);
Secção II – Mora do credor (103.º a 105.º);
Secção III – Efeitos da inexecução (106.º a 117.º).
Título IX   – Cessão do contrato e das relações que nascem do contrato:
Secção I – Cessão do contrato (118.º a 120.º);
Secção II – Cessão de crédito (121.º a 124.º);
Secção III – Cessão de dívida (125.º a 127.º).
Título X   – Extinção do contrato e das relações que nascem do contrato:
Secção I – Factos extintivos ou que envolvem uma preclusão (128.º e 129.º);
Secção II – Modos de extinção diferentes da execução (130.º a 133.º);
Secção III – Prescrição e caducidade (134.º a 136.º).
Título XI   – Outras anomalias do contrato e remédios:
Secção I – Anomalias[850] (137.º a 155.º);
Secção II – Remédios (156.º a 173.º).

De manifesta conceção romano-germânica, mas com predomínio dos Direitos do Sul (italiano e francês), o projeto Gandolfi espraia-se em preceitos densos e muito interessantes. Afigura-se um digesto europeu. Tê-lo-emos em conta nos diversos assuntos.

II. Os "princípios do Direito europeu dos contratos" da Comissão para o Direito europeu dos contratos, presidida por Ole Lando, conhecidos pela sigla PECL (*Principles of a European Contract Law*), tem o seguinte conteúdo geral (I e II):

---

[850] Trata-se, essencialmente, de invalidades: nulidades e anulabilidades.

250   *O Direito europeu das obrigações*

Capítulo I   – Disposições gerais
Secção I   – Âmbito de aplicação dos princípios
Secção II   – Deveres gerais
Secção III   – Terminologia e outras regras
Capítulo II   – Formação do contrato
Secção I   – Disposições gerais
Secção II   – Proposta e aceitação
Secção III   – Responsabilidade pré-contratual
Capítulo III   – Apresentação e mandato
Secção I   – Disposições gerais
Secção II   – Representação direta
Secção III   – Representação indireta
Capítulo IV   – Invalidade
Capítulo V   – Interpretação
Capítulo VI   – Conteúdo e efeitos
Capítulo VII   – Cumprimento
Capítulo VIII   – Cumprimento e tutela geral
Capítulo IX   – Tutelas especiais pelo incumprimento
Secção I   – Direito à prestação
Secção II   – Recusa da prestação
Secção III   – Resolução do contrato
Secção IV   – Redução do preço
Secção V   – Ressarcimento do dano.

O texto é claro e bem pensado. O predomínio do sistema romano-germânico parece-nos evidente, embora as diversas regras estejam presentes nos vários ordenamentos europeus. Sistematicamente, ele abrange áreas largas do negócio jurídico e da parte geral, deixando de fora, ainda, muita matéria de Direito das obrigações. Iremos seguindo algumas das suas soluções, a propósito das distintas rubricas.

III. Os "princípios, definições e modelos de regras do Direito privado europeu" correspondem a uma iniciativa conjunta do *Study Group on a European Civil Code* (Osnabrück)[851] e do *Research Group on EC Private Law* (Acquis Group). Aproveitaram uma versão revista dos "princípios do Direito europeu dos contratos", numa edição posta a circular em 2009[852].

---

[851] *Vide* CHRISTIAN VON BAR, *The Study Group on a European Civil Code*, em *Um Código Civil para a Europa*, BFD 2002, 65-78.
[852] *Vide* a introdução de CHRISTIAN VON BAR/HUGH BEALE/ERIC CLIVE/HANS SCHULTE-NÖLKE, DCFR (2009), 1-99.

§ 16.º Os "códigos" europeus das obrigações 251

São citados pela sigla DCFR (*Draft Common Frame of Reference*), repartem-se por dez livros[853]:

I – Regras gerais;
II – Contratos e outros atos jurídicos;
III – Obrigações e direitos correspondentes;
IV – Contratos em especial;
V – Gestão de negócios;
VI – Responsabilidade aquiliana;
VII – Enriquecimento sem causa;
VIII – Aquisição e perda da propriedade;
IX – Penhor;
X – *Trusts*.

Trata-se de um trabalho imenso, só manuseável por comissões adequadas. Perante esta matéria, recomendamos estudo e humildade. As diversas soluções serão tidas em conta no presente *Tratado* e em locais próprios.

IV. A fixação do sistema do Código Europeu dos Contratos constitui um ensejo excelente de comparar as diversas ordenações, desde o Código Napoleão de 1804, procurando a melhor arquitetura para o futuro diploma[854].

Paralelamente, prossegue uma intensa atividade doutrinária[855], com discussão de valores subjacentes[856]. Florescem assuntos sobre temas parcelares: cláusulas gerais[857] e da doutrina do negócio[858].

---

[853] Procedemos a uma tradução material; por exemplo, o livro V tem, como título, *benevolent intervention in another's affairs* e o VI, *Non-contractual liability arising out of damage caused to another*.

[854] STEFAN GRUNDMANN/MARTIN SCHAUER (ed.), *The Arquitecture of European Codes and Contract Law* (2006), 374 pp..

[855] A recolha de estudos editada por ARTHUR HARTKAMP, *Towards a European Civil Code*, 3.ª ed. totalmente revista e aumentada (2004), 847 pp., contém quarenta e quatro contribuições de autores de prestígio, sobre diversos temas de Direito das obrigações.

[856] MARTIJN W. HESSELINK (ed.), *The Politics of a European Civil Code* (2006), 195 pp..

[857] STEFAN GRUNDMANN/DENIS MAZEAUD (ed.), *General Clauses and Standards in European Contract Law* (2006), 218 pp..

[858] PHILIPP HELLWEGE, *Allgemeines Vertragsrecht und "Rechtsgeschäfts"-lehre im Draft Common Frame of Reference (DCFR)*, AcP 201 (2011), 665-702.

252   *O Direito europeu das obrigações*

72. A proposta de regulamento sobre a compra e venda (DCESL)

I. As diversas iniciativas tendentes a uma codificação europeia do Direito civil perdem-se nas brumas de algum romantismo. Falta a Ciência jurídica universal, capaz de as concretizar, no terreno.

Todavia, e algo subitamente, os estudiosos foram surpreendidos com uma Proposta de Regulamento do Parlamento Europeu e do Conselho relativo a um Direito europeu comum de compra e venda, de 11-out.-2011[859]. O Regulamento em causa começa a ser conhecido pela sigla CESL (de *Common European Sales Law*), sendo a proposta o DCESL (de *Draft*). Para não complicar mais esta matéria, propondo novas siglas, vamos usar o (hoje universal) inglês.

O DCESL foi acompanhado por uma breve comunicação da Comissão ao Parlamento Europeu, ao Conselho, ao Conselho Económico e Social Europeu e ao Comité das Regiões[860]. O referido Conselho Económico elaborou um parecer geral favorável[861].

As iniciativas deste tipo obedecem a calendários de tipo político, que podem tornar-se muito rápidos.

O DCESL tem, como veremos, um conteúdo muito vasto. Pela primeira vez, no coração do Direito civil, surge Direito material europeu de fôlego. Ele deve ser acompanhado com o maior cuidado, prevendo-se, desde já, uma imensa produção jurídico-científica sobre o tema[862].

---

[859] COM (2011), 635 final, 122 pp..

[860] COM (2012), 636 final, 15 pp..

[861] JOCE C-181, 75-83, de 21-jun.-2012, todos já citados.

[862] Está anunciado, para 2014, de DIRK STAUDEMMEYER (org.), um *Gemeinsames Europäisches Kaufrecht/Kommentar*, com cerca de 1500 pp.; disponíveis, temos HANS SCHULTE-NÖLKE/FRYDERYK ZOLL/NILS JANSEN/REINER SCHULZE, *Der Entwurf, für ein optionales europäisches Kaufrecht* (2012), 424 pp., MARTIN SCHMIDT-KESSEL, *Ein einheitliches europäisches Kaufrecht?/Eine Analyse des Vorschlags der Kommission* (2012), 551 pp., OLIVER REMIEN/SEBASTIEN HERRLER/PETER LIMMER, *Gemeinsames Europäisches Kaufrecht für EU?/Analyse des Vorschlags der Europäischen Kommission für optionales Europäisches Vertragsrecht vom 11. Oktober 2011* (2012), 214 pp. e CHRISTIANE WENDEHORST/BRIGITTA ZÖCHLING-JUD, *Am Vorabend eines Gemeinsamen Europäischen Kaufrechts* (2012), 394 pp..

§ 16.º Os "códigos" europeus das obrigações 253

II. O DCESL compreende uma exposição de motivos[863], seguindo-se a proposta do Regulamento[864]. Esta, por seu turno, principia por 37 considerandos, que acentuam "obstáculos consideráveis" à atividade económica transfronteiriça os quais advêm, entre outros aspetos, da diversidade jurídica: originaria custos de transação elevados, dada a necessidade, para os operadores, de estudarem o Direito estrangeiro. Seriam atingidos quer os profissionais, quer os consumidores, impedidos de tirar partido do mercado interno. A concorrência também sofreria, por via da diversidade jurídica.

Posto isso, temos o texto, em 16 artigos:

1.º Finalidade e objeto;
2.º Definição;
3.º Carácter facultativo do Direito europeu comum de compra e venda;
4.º Contratos transfronteiriços;
5.º Contratos aos quais pode ser aplicado o Direito europeu comum de compra e venda;
6.º Exclusão dos contratos mistos e dos contratos de crédito ao consumo;
7.º Partes contratuais;
8.º Acordo quanto à aplicação Direito europeu comum de compra e venda;
9.º Ficha informativa constante dos contratos entre profissionais e consumidores;
10.º Sanção por violação de requisitos específicos;
11.º Consequências da aplicação do Direito europeu comum da compra e venda;
12.º Requisitos de informação resultantes da Diretriz Serviços;
13.º Alternativas ao dispor dos Estados-Membros;
14.º Comunicação das sentenças que apliquem o presente regulamento;
15.º Revisão;
16.º Entrada em vigor.

O Direito europeu comum de compra e venda (o CESL), com os seus imponentes 186 artigos, surge como anexo I ao Regulamento.

---

[863] COM (2012), 635, final, 1-15.
[864] COM (2012), 635, final, 16-24.

254 O Direito europeu das obrigações

III. O campo de aplicação do CESL fica rodeado de múltiplas cautelas. Assim[865]:

– ela depende de uma escolha das partes (3.º, 1.ª parte, 8.º/1, 1.ª parte);
– o vendedor deve ser um profissional (7.º/1, 1.ª parte);
– mas se ambas as partes forem profissionais, uma delas terá de ser uma pequena ou média empresa (PME, 7.º/1, 2.ª parte)[866];
– o consumidor deve dar o seu consentimento por declaração expressa, distinta da declaração de manifestação de vontade de celebrar o contrato, cabendo ao profissional fornecer, ao consumidor, uma confirmação desse acordo, num suporte duradouro (8.º/2);
– deve, ainda, ser fornecida, ao consumidor, uma ficha informativa, de forma bem visível, constante do anexo II (9.º/2)[867];
– finalmente, a remissão, para o CESL, apenas é possível nos contratos transfronteiriços (3.º e 4.º/1), qualidade essa cuidadosamente definida, diversamente, para os contratos entre profissionais (4.º/2) e entre profissionais e consumidores (4.º/3), com múltiplas precisões constantes dos artigos 4.º a 7.º.

Tudo isso depende, ainda, da margem deixada pelo Direito internacional privado, hoje, de resto, uniformizado pelo Regulamento Roma I[868].

IV. O CESL propriamente dito apresenta-se como um pequeno código civil. O texto aproveitou os esforços anteriores dedicados a um

---

[865] DIRK STAUDEMMEYER, *Der Kommissionsvorschlag für eine Verordnung zum Gemeinsamen Europäischen Kaufrecht*, NJW 2011, 3491-3498 (3493-3494) e HORST EIDENMÜLLER/NILS JANSEN/EVA-MARIA KIENINGER/GERHARD WAGNER/REINHARD EIMMERMANN, *Der Vorschlag für eine Verordnung über ein Gemeinsames Europäisches Kaufrecht/Defizite der neuesten Textstufe des europäischen Vertragsrechts*, JZ 2012, 269-289 (273-276). Chamamos a atenção para o facto de este artigo, de resto denso, corresponder ao trabalho de uma equipa de cinco reputados especialistas.

[866] A PME é definida segundo requisitos "europeus": menos de 250 trabalhadores e um volume de negócios que não exceda 50 milhões de euros ou um balanço anual aquém de 43 milhões de euros.

[867] Embora claro, o texto da "ficha informativa" só é plenamente entendível por juristas ou por pessoas com alguma formação jurídica.

[868] Regulamento 593/2008, de 17-jun.-2008; a doutrina já publicada sobre este tema chama a atenção para as confusas relações que se estabelecem entre este Regulamento e o DCESL.

§ 16.º Os "códigos" europeus das obrigações 255

Código europeu, com relevo para o DCFR e para a Convenção de Viena de Compra e Venda[869]. Vamos dar uma ideia breve do seu conteúdo[870]:

Parte I – Disposições introdutórias
    Capítulo 1 – Princípios gerais e aplicação:
        Secção 1 – Princípios gerais (1.º a 3.º)[871];
        Secção 2 – Aplicação (4.º a 12.º)[872].
Parte II – Celebração de um contrato vinculativo:
    Capítulo 2 – Informações pré-contratuais (13.º a 29.º)[873];
    Capítulo 3 – Celebração de contrato (30.º a 39.º)[874];
    Capítulo 4 – Direito de retratação nos contratos celebrados à distância ou fora do estabelecimento comercial entre profissionais e consumidores (40.º a 47.º);
    Capítulo 5 – Vícios da vontade (48.º a 57.º)[875].
Parte III – Avaliação do conteúdo do contrato:
    Capítulo 6 – Interpretação (58.º a 65.º)[876];

---

[869] DIRK STAUDEMMEYER, *Der Kommissionsvorschlag* cit., 3493 e HORST EIDENMÜLLER e outros, *Der Vorschlag* cit., 270-271.

[870] Só indicamos as secções mais significativas, para efeitos da presente introdução.

[871] Os quais são: a liberdade contratual (1.º), a boa-fé contratual (2.º) definida, no artigo 2.º (b) do Regulamento (e não do CESL) como:

(…) um padrão de conduta caracterizado pela honestidade, abertura e consideração pelos interesses da outra parte na transação ou na relação em causa,

e a cooperação (3.º).

[872] Inclui regras sobre a interpretação (4.º).

[873] Distingue entre informações a prestar a consumidores (cerca de quarenta *items*!) e informações entre profissionais.

[874] Com regras sobre a oferta, a aceitação, a rejeição e a revogação da oferta, entre outras desse tipo.

[875] É tratado o erro (48.º), com um regime bastante diferente do do Código Vaz Serra, o dolo (49.º), também com um regime próprio, as "ameaças" (50.º), a "exploração abusiva" (51.º), a notificação (leia-se: comunicação) de anulação (52.º), a confirmação (53.º), os efeitos e anulação, que incluem uma caricatura da redução (54.º), a indemnização pelos prejuízos (55.º), a exclusão ou restrição das vias de recurso (56.º) e a escolha da via de recurso (57.º).

Perante o Direito civil lusófono, haveria que reescrever toda a teoria da formação do negócio jurídico, teoria essa que iria conviver com a existente.

[876] O artigo 58.º fixa "disposições gerais sobre a interpretação dos contratos", desviando-se (totalmente) dos artigos 236.º e 237.º do Código Civil (e do § 157 do BGB): parece prevalecer uma interpretação subjetivista, temperada pela ideia da razoabilidade; outras regras de interpretação têm interesse e são (cientificamente) úteis.

256   *O Direito europeu das obrigações*

Capítulo 7 – Conteúdo e efeitos (66.º a 78.º)[877];
Capítulo 8 – Cláusulas contratuais abusivas (79.º a 86.º)[878].

Parte IV – Obrigações e meios de defesa das partes num contrato de compra e venda ou num contrato de fornecimento de conteúdos digitais[879]:
Capítulo 9 – Disposições gerais (87.º a 90.º)[880];
Capítulo 10 – Obrigações do vendedor (91.º a 105.º)[881];
Capítulo 11 – Meios de defesa do comprador (106.º a 122.º)[882];
Capítulo 12 – Obrigações do comprador (123.º a 130.º);
Capítulo 13 – Meios de defesa do vendedor (131.º a 139.º);
Capítulo 14 – Transferência da coisa (140.º a 146.º).

Parte V – Obrigações e meios de defesa das partes nos contratos de serviços conexos:
Capítulo 15 – Obrigações e meios de defesa das partes (147.º a 158.º).

Parte VI – Indemnização e juros:
Capítulo 16 – Indemnização e juros (159.º a 171.º)[883].

Parte VII – Restituição:
Capítulo 16 – Restituição (172.º a 177.º).

Parte VIII – Prescrição:

---

[877] Salientamos (algum) papel dos usos (67.º), a ideia (britânica) de cláusulas implícitas (68.º) e a referência à língua (76.º; já o artigo 61.º se reportava a divergências linguísticas).

[878] Trata-se da área sempre delicada do controlo das cláusulas contratuais gerais; *vide* HORST EIDENMÜLLER e outros, *Der Vorschlag* cit., 278.

[879] A Parte IV tem (finalmente) a ver com a compra e venda: sublinhamos que o esquema geral de soluções, mais próximo da Convenção de Viena, é muito diverso do do Código Vaz Serra. *Vide* HORST EIDENMÜLLER e outros, *Der Vorschlag* cit., 280 ss..

[880] O artigo 89.º reporta-se à alteração das circunstâncias, acolhendo a fórmula (italiana) da onerosidade excessiva.

[881] O artigo 91.º, *b*), inclui, entre as obrigações principais do vendedor, a de transferir a propriedade; aparentemente, vence o sistema alemão, em detrimento do latino, que conduz à transferência automática da propriedade, *ex contractu*.

[882] Esta matéria é fortemente inovatória, perante o Direito português. Nunca recomendaríamos a sua aplicação, sem um estudo muito cuidado de toda a matéria, estudo esse que implica sólidos conhecimentos de Direito comparado. Esta reflexão estende-se a toda a Parte IV.

[883] O esquema de responsabilidade é marcadamente objetivo; todavia, o artigo 88.º permite a exoneração da responsabilidade quando o incumprimento seja justificado por se dever a um "impedimento alheio à sua vontade", que não se pudesse esperar ou evitar; a doutrina vê, aqui, a manutenção do princípio da culpa; *vide* HORST EIDENMÜLLER e outros, *Der Vorschlag* cit., 282.

Capítulo 17 – Prescrição (178.º a 186.º)[884].

V. A literatura já produzida contém críticas sérias ao DCESL[885]. Em parte, funcionam as objeções feitas, em geral, a instrumentos desse tipo, a começar, logo, pelo DCFR: politização, falta de transparência, pouco estudo, carências jurídico-científicas e desconhecimento dos problemas no terreno.

O DCESL corresponde a Direito optativo: passando a Regulamento, só se aplica se as partes para ele remeterem e isso com um especial cuidado informativo, quanto a consumidores. Além disso, ele pressupõe relações transfronteiriças.

As soluções para que aponta pressupõem uma revisão de disciplinas complexas: elas não correspondem, no seu todo, a nenhum concreto Direito em vigor. Além disso, e logo a uma primeira leitura, parece-nos óbvio que os preceitos do DCESL serão entendidos de modo (muito) diverso, pelos juristas das diversas nacionalidades. Ninguém sabe como múltiplas das suas regras serão aplicadas pelos diversos tribunais nacionais. Na nossa opinião, é mais seguro aplicar Direito estrangeiro, acessível pelo estudo da doutrina e confirmável pela jurisprudência já existente, do que recorrer a um Direito uniforme, impalpável nas soluções a que conduza.

Não é de vaticinar um grande êxito prático: as empresas teriam (então sim!) de suportar elevados custos de transação, para ficarem habilitadas com os novos conhecimentos exigíveis e, ainda então, ficando com muitos espaços em branco. Além disso, o próprio DCESL tem um funcionamento pesado, com muitos procedimentos e vias de controlo[886].

Em termos teóricos, recomendamos prudência e estudo. As áreas da teoria geral do negócio são pouco avançadas: representam, um retrocesso perante o (nosso) nível, já obtido. As da compra e venda têm interesse, sobretudo perante o esquema pouco avançado dos artigos 874.º e seguintes, do Código Civil.

---

[884] Estabelece uma prescrição subjetiva (a partir do conhecimento), com um prazo curto de dois anos e uma prescrição objetiva (a partir do momento em que a obrigação devia ser cumprida), com um prazo longo de dez anos e, em certos casos (danos pessoais), de trinta.

[885] HORST EIDENMÜLLER e outros, *Der Vorschlag* cit., 288-289.

[886] Recordemos o sucedido com a *societas europaea*, regida pelo Regulamento n.º 2157/2001, de 8 de outubro: previu-se um esquema tão complicado que acabou por não ter expressão prática; *vide* os nossos *Direito europeu das sociedades* (2005), 905 ss. e *A proposta de regulamento relativo à sociedade privada europeia (SPE)*, RDS 2010, 917-968 (917-918).

258 *O Direito europeu das obrigações*

A produção doutrinária, designadamente a alemã, já considerável e que se adivinha muito vasta, deve ser acompanhada. Esperemos ponderação por parte das instâncias europeias, antes de ser dado o passo final.

73. Apreciação geral ao Direito europeu das obrigações

I. Regressemos aos temas gerais do Direito europeu das obrigações. Os esforços de unificação das obrigações na Europa cindiram em definitivo os contratos da responsabilidade civil. Esta ficou, num primeiro tempo, desleixada: a irredutibilidade do sistema francês, assente numa cláusula geral (e na uniformidade dos pressupostos), do sistema alemão, corporizado em três pequenas cláusulas e do inglês, insularizado nos diversos *torts* típicos[887], parecia deixar pouca margem.

Esgotado o filão contratual, intensificaram-se os estudos comparatísticos da responsabilidade civil[888], tendo como obra de base, o de Christian von Bar[889]. O *Study Group for a European Civil Code* acabaria por aprontar os *Principles of European Tort Law*[890]. A matéria mantém-se problemática[891].

As atuações dos europeístas voltam-se, agora, para o Direito do enriquecimento sem causa[892].

---

[887] NILS JANSEN, *Auf dem Weg zu einem europäischen Haftungsrecht*, ZEuP 2001, 30-65 (30), que acaba com uma nota de otimismo (64). *Vide*, quanto à diversidade dos sistemas, o *Tratado* II/3, 317 ss..

[888] ULRICH MAGNUS, *Elemente eines europäischen Deliktsrechts*, ZEuP 1998, 602-614; ULRICH MAGNUS/JAAP SPIER, *European Tort Law/Liber amicorum for Helmut Koziol* (2000), com intervenções de vários Autores; JANSEN, *Auf dem Weg* cit., 33 ss.; REINHARD ZIMMERMANN (org.), *Grundstrukturen eines Europäischen Deliktsrechts* (2002), com oito escritos; NILS JANSEN, *Bürgerliche Pflichtenordnung oder flexibler Rechtsgüterschutz? Zur Struktur dês europäischen Haftungsrechts in Geschichte und moderner Dogmatik*, ZEuP 2003, 745-768.

[889] CHRISTIAN VON BAR, *Gemeineuropäisches Deliktsrecht* 1 (1996) (703 pp.) e 2 (1999) (698 pp.).

[890] O texto consta de ZeuP 2004, 427-432; cf. HELMUT KOZIOL, *Die "Principles of European Tort Law" der "European Group on Tort Law"*, ZEuP 2004, 234-259.

[891] ULRICH MAGNUS, *Vergleich der Vorschläge zum Europäischen Deliktsrecht*, ZEuP 2004, 562-580.

[892] REINHARD ZIMMERMANN, *Grundstrukturen eines europäischen Bereicherungsrechts*, ZEuP 2003, 441-444 e *Grundstrukturen eines Europäischen Bereicherungsrechts*

§ *16.º Os "códigos" europeus das obrigações* 259

Opera, entretanto, o *Study Group on a European Civil Code*, a quem se devem os "princípios, definições e regras-modelo do Direito privado europeu", preparados em conjunto com o *Research Group on EC Private Law (Acquis Group)*. Estes princípios, conhecidos pela sigla DCFR (*Draft Common Frame of Reference*), absorveram parte dos *Principles* da Comissão Lando, traduzindo, neste momento, a mais ativa iniciativa no campo do Direito europeu das obrigações[893], de que já foi dada conta.

II. Paralelamente a este intenso labor jurídico-científico, as instâncias comunitárias mantiveram-se atuantes. Em 12 de fevereiro de 2003, a Comissão fez uma nova e já referida comunicação ao Parlamento Europeu e ao Conselho, intitulada "maior coerência no Direito europeu dos contratos"[894]. Entre as medidas que preconiza salientamos a necessidade de contemplar os contratos transfronteiriços e de estudar as leis nacionais de modo a elaborar princípios comuns, escolhendo, quando necessário, os melhores[895]. Quanto aos existentes diplomas complementares[896]: haveria que melhorar a sua redação, eliminando incoerências, preenchendo lacunas e simplificando as regras[897]. Põe-se, ainda, a hipótese de elaboração de cláusulas-tipo para os contratos, aplicáveis em toda a União[898]. Pedem-se, entretanto, contribuições para o debate.

III. Toda esta matéria deve ser acompanhada com atenção e humildade académicas. À partida, os "grupos" que preparam os projetos unitários são dominados por juristas alemães ou de formação alemã que usam correntemente a língua inglesa. Os países do Sul pesam pouco, enquanto Portugal é marginalizado: representa menos de 3% da população europeia e não tem havido apoio governamental para um efetivo envolvimento de juristas nacionais, nesses projetos.

(2005). O escrito mais visível é o organizado por CHRISTIAN VON BAR/STEPHAN SWANN, *Unjustified Enrichment* (2010), XXXVI + 739 pp..

[893] CHRISTIAN VON BAR/ERIC CLIVE/HANS SCHULTE-NÖLKE, *Principles Definitions and Model Rules of European Private Law/Draft Common Frame of Reference* (2008).

[894] COM (2003), 68 final.

[895] COM (2003), 68 final, n.º 63.

[896] KARL RIESENHUBER, *Europäisches Vertragsrecht* (2003), com as diretrizes europeias articuladas; a matéria diz essencialmente relevo a Direito do consumo.

[897] COM (2003), 68 final, n.º 76.

[898] COM (2003), 68 final, n.º 81 ss..

260   *O Direito europeu das obrigações*

A insistência em "contratos" (e não em obrigações) é uma cedência formal ao Reino Unido. O desenvolvimento subsequente é continental, romano-germânico.

Aparentemente, os Direitos nacionais estão seguros nas cidadelas linguísticas. De resto, a defesa do consumidor mantém a necessidade do uso de línguas nacionais[899]. Além disso, qualquer Direito europeu só teria vantagens nas relações entre pessoas de vários Estados-membros[900]: para quê, no caso de relações monocolores, obrigar a uma reconversão de grandes dimensões? Os civilistas que se pronunciam sobre os códigos europeus fazem-no com cautelas[901]: é óbvio que a ideia não os encanta: mas preferem não parecer desatualizados. Alguns, todavia assumem posições críticas[902]. A favor: os comparatistas[903]. Solução média seria a de um código tipo *restatement*: uma consolidação não vinculativa de princípios europeus[904] ou – ponderada agora a propósito do CESL – um Direito optativo, concorrendo com os nacionais, mas que só funcionaria se, para ele, as partes remetessem.

IV. Mas o Direito é muito frágil: tem de ser ensinado nas Universidades. Se, por qualquer cruzamento histórico, as Universidades passassem a ensinar apenas Direito europeu, o Direito lusófono desapareceria da

---

[899] Cf. HANS-W. MICKLITZ, *Zum Recht des Verbrauchers auf die eigene Sprache*, ZEuP 2003, 635-655.

[900] DIRK STAUDENMAYER, *Ein Optionelles Instrument im Europäischen Vertragsrecht?*, ZEuP 2003, 828-846.

[901] P. ex.: HELMUT COING/HEINRICH HONSELL, *Einleitung zum BGB*, em *Eckpfeiler des Zivilrechts* (2008), 1-41 (26-27); GUIDO ALPA, *The Future of European Contract Law: Some Questions and Some Answers*, em KATHARINA BOELE-WOELKI/WILLEM GROSHEIDE, *The Future of European Contract Law*, Essays in honour of Ewoud Hondius (2007), 3-17.

[902] *Vide* a indicação de COING/HONSELL, *Einleitung zum BGB* cit., 27: o código europeu seria uma quimera.

[903] Assume-o REINHARD ZIMMERMANN, *Die Europäisierung des Privatrechts und die Rechtsvergleichung* (2006), 10 ss.; de resto, é óbvio que apenas pelo Direito comparado se conseguiria um código coerente que assentasse nos diversos Direitos europeus ou, pelo menos, nos considerados mais importantes (Alemanha, França e Inglaterra).

[904] HANS SCHULTE-NÖLKE, *Restatement – nicht Kodifikation/Arbeiten am "Gemeinsamen Referenzrahmen" für ein Europäisches Vertragsrecht*, em OLIVIER REMIEN (publ.), *Schuldrechtsmodernisierung und Europäisches Vertragsrecht* (2008), 26-43 (26 ss.). Quanto ao CFR, como instrumento opcional, WOLFGANG ERNST, *Der 'Common Frame of Reference' aus juristischer Sicht* cit., 263 ss. e 268 ss..

§ 16.º Os "códigos" europeus das obrigações   261

Europa no espaço de duas gerações[905]. A extrema subserviência dos nossos Governos ao legislador comunitário obriga a uma especial atenção. Há que estudar cuidadosamente os projetos comunitários, integrando-os na nossa Ciência e que manter uma literatura viva e atuante, valorizando a sua dimensão supra-europeia.

V. Os instrumentos europeus, mesmo no atual estádio de estudo, prestam-se, ainda, a críticas de outra natureza. O DCFR, por exemplo, pela preocupação de ser apresentado antes do termo do primeiro mandato do presidente da Comissão Durão Barroso[906], teria sido aprontado sem o tempo de maturação necessário[907]. Aponta-se falta de transparência, na escolha dos peritos que intervêm[908].

Não se pode, é certo, ignorar o imenso esforço subjacente ao DCFR, patente na *Full Edition*, acima referida[909], Mas tudo isso será vão, na falta de uma Ciência universal que suporte um "Direito europeu".

Por fim: os pequenos países, particularmente Portugal, não participam nas tarefas das codificações europeias. Todavia, podem traduzir sistemas autónomos de Direito, de cariz planetário: mais uma dimensão a que Bruxelas tem sido alheia.

---

[905] Temos o exemplo de Goa: após uma presença de 550 anos, bastou uma geração para irradicar o português e o Direito das obrigações lusófono.

[906] HORST EIDENMÜLLER e outros, *Der Vorschlag* cit., 270/II.

[907] KARL RIESENHUBER, *Wettbewerb für das Europäische Vertragsrecht*, JZ 2011, 537-544 (539) e WALTER DORALT, *Strukturelle Schwächen in der Europäisierung des Privatrechts/Ein Prozessanalyse der jüngeren Entwicklungen*, RabelsZ 74 (2010), 260-285 (275 ss.).

[908] WALTER DORALT, *Strukturelle Schwächen* cit., 270 ss..

[909] *Supra*, 247, nota 843.

PARTE III

DOGMÁTICA GERAL

CAPÍTULO I

CONCEITO E ESTRUTURA DA OBRIGAÇÃO

74. Justificação

I. A determinação do conceito e da estrutura da obrigação é um tema clássico, na literatura de língua portuguesa[910]. Além disso, ele é passagem obrigatória de todos os tratadistas, desde Savigny: designadamente entre nós[911]. Aparentemente conceitual, a temática em causa tem uma tripla ordem de justificação:

– permite aperfeiçoar a terminologia e os diversos conceitos envolvidos, peças básicas para toda a dogmática subsequente;
– faculta um esforço formativo reconhecido;
– introduz, na ordem do dia e no coração das obrigações, os avanços doutrinários mais recentes.

II. Não é demais insistir em temas terminológicos. Boa parte das dissensões doutrinárias advêm dos sentidos emprestados às palavras, pelos

---

[910] Recorde-se, de MANUEL GOMES DA SILVA, *Ensaio sobre o direito geral de garantia nas obrigações* (1939, reimp., 1965), 23 ss. e *Conceito e estrutura da obrigação* (1943, reimp., 1971), 287 pp. e CLÓVIS V. DO COUTO E SILVA, *A obrigação como processo* (1976), 227 pp., numa perspetiva mais alargada.

[911] P. ex.: MANUEL DE ANDRADE, *Teoria geral das obrigações*, 3.ª ed. cit., 21 ss.; PESSOA JORGE, *Direito das obrigações* cit., 1, 104 ss.; MENEZES CORDEIRO, *Direito das obrigações* cit., 1, 171 ss.; ANTUNES VARELA, *Das obrigações em geral* cit., 1, 10.ª ed., 132 ss.; LUÍS MENEZES LEITÃO, *Direito das obrigações* cit., 1, 9.ª ed., 69 ss.. Quanto a monografias: EDUARDO SANTOS JÚNIOR, *Da responsabilidade civil de terceiro por lesão do direito de crédito* (2003), 92 ss. e CATARINA SERRA, *A falência no quadro da tutela jurisdicional dos direitos de crédito/O problema da natureza do processo de liquidação aplicável à insolvência no Direito português* (2009), 31 ss..

diversos autores[912]. O problema agudiza-se pelo recurso habitual a obras estrangeiras, sem se atentar nas clivagens envolvidas. Obrigação não corresponde, precisamente, a *Schuldverhältnis* (relação obrigacional) nem, muito menos, a *Pflicht* (dever): mas pode ser usada em sinonímia com qualquer uma dessas expressões, desde que acompanhada pelas necessárias perífrases.

Além do aprofundamento e da precisão terminológica, temos todo um universo conceitual a esclarecer: seja no posicionamento das obrigações perante os demais conceitos, com relevo para o de direito subjetivo, seja no preenchimento do próprio conteúdo da obrigação.

III. A discussão em torno do conceito e da estrutura da obrigação constitui um exercício de comunicação e de pesquisa sempre útil para todos, seja qual for o seu grau de formação. A aptidão de raciocínio abstrato e a capacidade de transmitir, com clareza e precisão, os passos desse raciocínio – capacidade essa que é constituinte do próprio raciocínio! – devem ser objeto de aprendizagem. O tema eterno do conceito e da estrutura da obrigação, com as suas implicações históricas, culturais, lógicas e jurídico-positivas, constitui uma fase experimentada e indispensável para esse estudo.

IV. O conceito e a estrutura da obrigação levantam dúvidas ainda por resolver. O predomínio das conceções monistas, que apresentam a obrigação como um vínculo pelo qual o credor tem o direito a uma prestação do devedor[913], estacam, desde logo, perante a figura das obrigações sem prestação principal[914], oficializada no BGB, após a reforma

---

[912] P. ex.: NUNO MANUEL PINTO OLIVEIRA, *Direito das obrigações* 1 (2005), 16-20, vinha (na sua conceção) resolver o problema da relatividade dos créditos optando por uma sua aceção de "oponibilidade", segundo a terminologia de Hörster e, mais precisamente: HEINRICH EWALD HÖRSTER, *A parte geral do Código Civil português/Teoria geral do Direito civil* (1992), 241 ss.. No seu excelente *Princípios de Direito dos contratos* (2011), 22 ss., PINTO OLIVEIRA precisa o seu pensamento em termos que transcendem a objeção que formulámos.

[913] Por último, LUÍS MENEZES LEITÃO, *Direito das obrigações* cit., 1, 9.ª ed., 91-92, onde cita a generalidade da doutrina, incluindo o nosso *Direito das obrigações*, 1, 217 ss..

[914] KARL LARENZ, *Lehrbuch des Schuldrechts*, I – *Allgemeiner Teil*, 14.ª ed. (1987), 104 ss..

Conceito e estrutura da obrigação

de 2001/2002[915]. O Direito, como qualquer Ciência, nunca fica dito: está sempre em elaboração[916].

Vale pois a pena revisitar os momentos clássicos do conceito e da estrutura da obrigação: antecâmara incontornável dos últimos progressos jurídico-científicos nesse domínio.

---

[915] § 241/II; *vide* WOLFGANG FIKENTSCHER/ANDREAS HEINEMANN, *Schuldrecht*, 10.ª ed. (2006), 26 ss., FRANZ DORN, HKK-BGB II/1 (2007), § 241, Nr. 105 ss. (241 ss.) e HARM PETER WESTERMANN, no Erman/BGB, 13.ª ed. (2011), § 241, Nr. 1-3 (775-776).

[916] No campo do conteúdo da obrigação, cumpre citar, como referência, PETER HUBER, *Der Inhalt des Schuldverhältnisses*, no Staudinger/*Eckpfeiler des Zivilrecht* (2012/2013), 211-245.

§ 17.º AS DOUTRINAS PESSOALISTAS

75. Savigny e o domínio parcial do devedor

I. A obrigação, na sua ideia mais simples e direta, implica o direito a exigir, de uma pessoa, uma conduta ou prestação. Como construir essa realidade? Na origem da dogmática moderna, temos Savigny (1779-1861), segundo o qual, o conceito de obrigação[917]:

> (...) consiste no domínio sobre uma pessoa estranha; todavia, não sobre essa pessoa no seu todo (pelo qual a sua personalidade seria abolida), mas sim sobre uma conduta singular da mesma, a qual deve ser pensada como saindo da liberdade dela, submetendo-se à nossa vontade.

Savigny insiste na ideia, explicando que a relação obrigacional pressupõe uma situação de desigualdade: por um lado, temos uma liberdade alargada, para além dos seus limites naturais, com o domínio sobre uma pessoa estranha; por outro, uma liberdade limitada pela adstrição e pela necessidade[918].

II. Esta fórmula inclui-se na ordenação dos direitos[919]. Savigny constrói o direito subjetivo como um poder da vontade[920]. Tal poder poderia recair sobre o próprio sujeito e teríamos os direitos originários, que Savigny, depois, rejeita. Mas poderia recair sobre a natureza não-livre ou sobre pessoas estranhas. No primeiro caso, haveria que delimitar parte da natureza: teríamos uma coisa e o direito mais completo sobre ela seria o

---

[917] FRIEDRICH KARL VON SAVIGNY, *Das Obligationenrecht als Teil des heutigen römischen Rechts*, 1 (1851, reimp., 1987), § 2, I (4).

[918] *Idem*, 5. O Autor compara a obrigação à servidão (predial): a primeira limita a liberdade da pessoa; a segunda, a da propriedade (*idem*, 7).

[919] SAVIGNY, *System des heutigen Römischen Rechts* 1 (1840), § 53 (338-339).

[920] SAVIGNY, *System* cit., 1, § 4 (7); *Tratado* I/1, 3.ª ed., 313.

§ 17.º *As doutrinas pessoalistas*

de propriedade. No segundo, o direito não poderia reportar-se à totalidade da pessoa, ou teríamos a escravatura; recairia, apenas, sobre um ato dessa pessoa: seria a obrigação[921].

A ideia de Savigny foi retomada por numerosos autores[922], por vezes já sem a inserção sistemática do início. Por exemplo, von Kreller define a obrigação como[923]:

> (...) uma servidão (*Dienstbarkeit*) parcial da pessoa contra a pessoa. Uma parte do poder e da liberdade de um é submetida ao poder e ao arbítrio de outro.

III. A fórmula de Savigny tem sido duramente criticada, na nossa doutrina. Afirma-se que ela traduziria a escravidão parcial do devedor[924], um poder do credor sobre a pessoa do devedor[925] ou um direito real sobre um ato do devedor[926]. Não é assim: Savigny explicava que, nas obrigações, a dominação atingia um ato do devedor e não a sua pessoa. E ainda Savigny só admitia a propriedade sobre coisas corpóreas: não sobre "um ato". Na verdade, Savigny limitou-se a, com a linguagem da época, apre-

---

[921] SAVIGNY, *System* cit., 1, 339. Vamos consignar o texto original de Savigny, que deve ser venerado:

(...) so muss die Herrschaft nicht auf die fremde Person im Ganzen, sondern nur auf seine einzelne Handlung derselben bezogen werden; diese Handlung wird dann, als aus der Freiheit des Handelnden angeschieden, und unserm Willen unterworfen gedacht. Ein solches Verhältniss der Herrschaft über eine einzelne Handlung der fremden Person nennen wir Obligation.

Em português:

(...) assim o domínio não deve ser dirigido à pessoa estranha no seu todo, mas apenas a uma sua ação singular; essa ação será então retirada da liberdade do agente e considerada sujeita à nossa vontade. Uma tal relação de domínio sobre uma ação singular da pessoa estranha chama-se obrigação.

[922] GIOVANNI BRUNETTI, *Il diritto del creditore/La costruzione del rapporto obbligatorio considerato sotto l'aspetto negativo*, RDComm XIV (1916) 1, 140-145.

[923] D. FRIEDR. LUDWIG VON KRELLER, *Pandekten* (1861), 428.

[924] GOMES DA SILVA, *Conceito e estrutura da obrigação* cit., 89 ss..

[925] ANTUNES VARELA, *Das obrigações em geral* cit., 1, 10.ª ed., 133-136. Este Autor acrescenta ainda que tal tese seria uma reação às doutrinas que pretenderam deslocar o centro de gravidade da obrigação para o património do devedor. Historicamente, não pode ser: tais doutrinas surgiram depois de Savigny ter escrito o seu *System*.

[926] PESSOA JORGE, *Direito das obrigações* cit., 1, 105.

270   *Conceito e estrutura da obrigação*

sentar a denominada teoria pessoalista, que alcança, hoje, a larga maioria dos sufrágios.

Também se diz, de Savigny, que ele não explicaria, com a sua fórmula, o poder de agressão que, ao credor, é reconhecido, relativamente ao património do devedor, em caso de inadimplemento[927] e que a sua fórmula ignoraria a vontade do devedor[928]. Todavia: a primeira crítica implica que, na própria obrigação, se deva inserir a possibilidade de recurso aos esquemas da responsabilidade patrimonial: *quod erat demonstrandum*; a segunda deturpa Savigny, que bem explica reportar-se a obrigação a um ato voluntário do devedor.

IV. A crítica a Savigny tem, antes, outras dimensões. Desde logo, censuramos a conceção de direito subjetivo como poder da vontade, numa ideia que não é, dogmaticamente, operacional[929]: há direitos sem vontade; a vontade não é autojuridificadora; o direito (compreensivo) não se confunde com o poder (analítico). E de seguida, a fórmula savignyana não dá (hoje) cobertura à riqueza do vínculo obrigacional. No fundo, não se trata de verdadeiras críticas, mas, antes, do reposicionamento histórico das fórmulas savignyanas.

Em compensação, alguns dispositivos modernos, como as sanções pecuniárias compulsórias (829.º-A), voltam a recortar uma ideia de efetivo controlo de um ato do devedor. Savigny mantém-se presente.

76. O direito a um bem a prestar; a análise económica

I. Pergunta-se, todavia, qual o sentido de um direito a um ato de uma pessoa. A pandetística posterior a Savigny considera: a obrigação tem um teor económico[930], traduzido na ação patrimonial[931]. A ideia é desenvolvida por várias formas: Dernburg, por exemplo, explica estar em jogo um

---

[927] GOMES DA SILVA, *Conceito e estrutura da obrigação* cit., 91, em coerência com o que vem sustentar.

[928] ANTUNES VARELA, *Das obrigações em geral* cit., 1, 10.ª ed., 135.

[929] *Tratado* I, 4.ª ed., 879.

[930] JOHANN ADAM SEUFFERT, *Praktisches Pandektenrecht* II, 4.ª ed. (1867), § 229 (9).

[931] L. ARNDTS R. VON ARNESBERG, *Lehrbuch der Pandekten*, por L. PFAFF e F. HOFMANN, 14.ª ed. (1889), § 201 (379).

§ 17.º As doutrinas pessoalistas   271

resultado económico[932], reportando-se a obrigação ao futuro: uma transferência de valores patrimoniais[933]. Savatier entende que, no fundo, está em causa um bem que ainda não pertence totalmente ao credor, antes lhe devendo ser fornecido[934].

Na atualidade, esta ideia surge através da obrigação como uma atuação destinada a satisfazer um interesse do credor ou um resultado com este conexionado[935].

II. As ideias acima expressas dependem de múltiplas considerações dogmáticas. De todo o modo, parece hoje assente:

– que a obrigação pode não ter conteúdo patrimonial;
– que a obrigação vale por si, independentemente de qualquer concretização e, portanto, de satisfazer os interesses nela inscritos.

A seu tempo ponderaremos estas questões.

III. A referência da obrigação a um bem prestar introduz um toque de realismo na disciplina. Na verdade, as obrigações visam propósitos concretos: não são meras abstrações. O seu escopo é relevante e terá, por certo, repercussões no regime.

O tema tem sido retomado pelo prisma da análise económica. O contrato é apresentado como um processo de troca reforçado pelo Direito[936]. Admite-se a possibilidade de um sistema de trocas funcionar sem dependência de normas jurídicas: a pessoa que prevaricasse ver-se-ia arredada do mercado ou acabaria imersa em relações de tal modo instáveis que não lhe seria possível retirar um máximo de utilidade das trocas[937]. O Direito – e, daí, a existência de obrigações juridicamente reconhecidas e vinculantes

---

[932] HEINRICH DERNBURG/JOHANNES BIERMANN, *Pandekten*, II – *Obligationenrecht*, 7.ª ed. (1903), 2.

[933] DERNBURG/BIERMANN, *Pandekten* cit., II, 7.ª ed., 3.

[934] RENÉ SAVATIER, *La théorie des obligations/vision juridique et économique*, 2.ª ed. (1969), 11-12.

[935] Em especial, o escrito clássico de FRANZ WIEACKER, *Leistungshandlung und Leistungserfolg im Bürgerlichen Schuldrecht*, FS Nipperdey I (1965), 783-813 (783); cf. MARIA DE LURDES PEREIRA, *Conceito de prestação e destino da contraprestação* (2001), 11 ss.. O tema será retomado *infra*, 447 ss., a propósito da prestação.

[936] RICHARD A. POSSNER, *Economic Analysis of Law*, 5.ª ed. (1998), 101 ss..

[937] HANS-BERND SCHÄFFER/CLAUS OTT, *Lehrbuch der ökonomischen Analyse des Zivilrechts*, 4.ª ed. (2005), 397-398.

272   *Conceito e estrutura da obrigação*

– daria (mais) consistência ao sistema[938]: de um prognóstico de eficiência resultaria o valor das próprias obrigações.

Estas considerações são justas e enriquecedoras. Todavia, a obrigação vale por si: circula na sociedade e traduz, ela própria, um "bem", independentemente de, jamais, proporcionar a obtenção do programa económico que ela representa. Esse programa está, contudo, sempre presente: seja na mente dos envolvidos, seja nas ponderações da entidade decisora, quando haja litígio.

77. A teoria clássica

I. A teoria clássica define a obrigação como o vínculo pelo qual uma pessoa fica adstrita, para com outra, à realização de uma prestação (397.º). O direito de crédito será, assim, o direito a uma prestação ou, na nossa definição de direito subjetivo, uma permissão normativa específica de aproveitamento de uma prestação.

Esta conceção, sob diversas fórmulas (próximas), domina: em Portugal[939] e no estrangeiro[940]. Todavia, nas obras atualizadas, ela tem mais a ver com uma noção do que com o explicitar do conceito e da estrutura. E na verdade, há que manter esses dois planos separados.

II. A teoria clássica parte da noção de Savigny: mas pretende contornar os escolhos em que esta embate. Deste modo:

---

[938] FERNANDO ARAÚJO, *Teoria económica do contrato* (2007), 105 ss..

[939] GUILHERME MOREIRA, *Instituições de Direito civil* cit., 2, 8; JOSÉ TAVARES, *Os princípios fundamentais do Direito civil* cit., 1, 344; JAIME DE GOUVEIA, *As obrigações no Direito civil português* (1934), 3; MANUEL DE ANDRADE, *Teoria geral das obrigações*, 3.ª ed. cit., 21-32; ANTUNES VARELA, *Das obrigações em geral* cit., 1, 10.ª ed., 153-157; LUÍS MENEZES LEITÃO, *Direito das obrigações* cit., 1, 9.ª ed., 91-92.

[940] KARK LARENZ, *Lehrbuch des Schuldrechts* cit., 1, 14.ª ed., 6, explicando, todavia, que é uma noção não exaustiva; FIKENTSCHER/HEINEMANN, *Schuldrecht*, 10.ª ed. cit., 20; BROX/WALKER, *Allgemeines Schuldrecht*, 36.ª ed. (2012), 7, já com abertura à nova noção do § 241; TERRÉ/SIMLER/LEQUETTE, *Les obligations*, 10.ª ed. cit., 1-2 MALAURIE/ AYNÉS/STOFFEL-MUNCK, *Les obligations*, 5.ª ed. cit., 1; CARINGELA/DE MARZO, *Manuale di diritto civile*, II – *Le obbligazioni* cit., 8, acentuando, todavia, o aspeto funcional; CHIARA NOBILI, *Le obbligazioni*, 2.ª ed. (2008), 3, citando, tal como o Autor anterior, MICHELE GIORGIANNI, *Obbligazione (Diritto privato)*, NssDI XI (1965), 581-614 (591). Obras anteriores podem ser confrontadas no nosso *Direito das obrigações*, 1, 178.

§ 17.º As doutrinas pessoalistas

– evita explicar como pode uma pessoa ter direitos a condutas de outra, sem invadir a pessoa do devedor;
– deixa na sombra o tema do direito (de crédito), encetando uma abordagem pelo prisma do devedor.

A reafirmação da teoria clássica opera por oposição às teses realistas e mistas que, abaixo, iremos referir. Assim, ela tem implícitas as ideias:

– da rejeição de um direito ao património do devedor como elemento integrante da obrigação;
– da (re)confirmação da obrigação como um vínculo unitário.

III. A teoria clássica pode ser retida como definição introdutória: tal o método que propusemos, ficando assente que, da "obrigação", não é possível retirar o Direito das obrigações. Parece claro, todavia, que ela não explica, por si, nem o conceito, nem a estrutura da obrigação. Vamos dar como assente que a obrigação postula um pólo ativo, um pólo passivo e a ligação entre ambos. No pólo ativo temos um direito de crédito: mas como construir um aproveitamento de algo que não existe ainda (a prestação)? Por seu turno, a própria prestação pode não existir ou desaparecer, mantendo-se o vínculo: teremos a figura da obrigação sem dever de prestação principal, há muito propugnada pela doutrina e hoje assente no BGB, após a reforma de 2001/2002.

IV. Se regressarmos à ideia de "prestação", veremos que esta não tem unidade, a não ser no ponto em que tudo se encontra: a atuação humana. De facto, a entrega de uma coisa, a concessão de um gozo, a realização de um serviço ou uma abstenção são realidades humanas e económicas distintas. Serão "prestações": mas a um nível de total generalidade, mais parecendo uma fórmula vazia.

A teoria clássica terá, assim, de evoluir para uma estruturação dogmaticamente operacional. Antes de proceder à competente reconstrução, cabe analisar outras doutrinas: no fundo, é graças a elas que a atual dogmática obrigacional se tornou possível.

§ 18.º AS DOUTRINAS REALISTAS

78. Um direito ao património

I. A consideração histórica do Direito e da sua evolução mostra que algo da essência da Ordem Jurídica ocorre quando seja necessário, pela força, fazer respeitar as regras positivas. Nesta base, o que se passa com as obrigações?

Quando o devedor cumpra espontaneamente, o problema não se põe. De resto, ele poderá nem pretender realizar o Direito, apenas tendo agido em obediência a regras sociais, éticas ou religiosas. E quando não cumpra? Os Direitos modernos não preveem medidas diretas sobre a pessoa do devedor, para o levar a cumprir[941]: antes se irá proceder à apreensão e à venda do seu património, na medida necessária para a satisfação do credor. Aí surgiria a tónica da obrigação: no fundo, ela mais não seria do que um direito ao património do devedor.

II. A doutrina da obrigação como um direito ao património do devedor é imputada a diversos autores. Todavia, ela não tem sido apresentada na sua lógica intrínseca e no seu desenvolvimento próprio[942].

---

[941] Ressalvando, sempre, as sanções pecuniárias compulsórias (829.º-A), que visam, precisamente, pressionar a pessoa do devedor.

[942] LUDOVICO BARASSI, *La teoria generale delle obbligazioni*, I – *La struttura*, 2.ª ed. (1963, reimp.), 24 ss., limita-se a referir autores (alguns dos quais sem indicação da obra) e a analisar Brinz; entre nós, GOMES DA SILVA, *Conceito e estrutura* cit., 94 ss., principia a análise por autores franceses e italianos do séc. XX: ele próprio nos explicou que, tendo escrito durante a Guerra Mundial de 1939-1945, não lhe fora possível aceder à literatura alemã; ANTUNES VARELA, *Das obrigações em geral* cit., 1, 10.ª ed., 141 ss., mantém um texto aderente ao de GOMES DA SILVA; MENEZES LEITÃO, *Direito das obrigações* cit., 1, 9.ª ed., 73 ss., acede já a alguma literatura adequada, embora, do nosso ponto de vista, não pretenda uma integração dogmática das teorias.

§ 18.º As doutrinas realistas 275

A grande questão que, desde o início, levou às doutrinas realistas foi o problema da transmissibilidade das obrigações. Como transferir um vínculo pessoal? Em rigor, isso só verbalmente é possível. A conduta de uma pessoa não pode, sem quebra de identidade, passar a ser conduta de outra pessoa. Ora a transmissibilidade das obrigações exigia uma redução dogmática capaz. Havia que repensar o *vinculum iuris*. O problema era agudo no Direito das sucessões: como passar um débito para o património do sucessor do falecido (o *de cujus*)? Tentando uma saída, Albert Koeppen explica que, no crédito, não está em causa um direito à prestação mas, antes, ao valor monetário que essa prestação tenha para o credor[943].

Esta orientação veio a ser reforçada por duas vias:

– por via dogmática: autores, como Schott, explicam que a ação humana só admite constrangimentos éticos; o Estado (o Direito) não poderia proteger um direito a uma ação; o objeto do direito de crédito terá de ser algo que se possa colocar sob a vontade do titular, sendo transmissível aos herdeiros[944]; logo, a obrigação seria um direito ao património[945];

– por via histórica: romanistas, como Brinz[946] e germanistas, como Amira[947], vêm sustentar que, na origem, apenas havia respondência (*Haftung*)[948], num fenómeno que alguns sustentam ter-se mantido[949].

III. Brinz explica que um dever é algo, fundamentalmente, ético: dirige-se à vontade de um sujeito livre. As designações romanas *obligatio*,

---

[943] ALBERT KOEPPEN, *System des heutigen römischen Erbrechts* (1862), 246-248 (246).

[944] HERMANN SCHOTT, *Der obligatorische Vertrag unter Abwesenden* (1873), 45-51, concordando com Koeppen.

[945] *Idem*, 53.

[946] ALOIS VON BRINZ, *Der Begriff obligatio*, GrünhutsZ 1 (1874), 11-40; quanto à primazia de Brinz, ERNST IMMANUEL BEKKER, *Sprachliches und Sachliches zum BGB*, JhJb 49 (1905), 1-58 (51 ss.).

[947] KARL VON AMIRA, *Nordgermanisches Obligationenrecht*/I – *Altschwedisches Obligationenrecht* (1892), 22 ss. e 32 ss.. Abaixo será referida outra bibliografia, a propósito das doutrinas do débito e respondência.

[948] Usaremos, na linha de MANUEL DE ANDRADE, *Teoria geral das obrigações*, 3.ª ed. cit., 37, "débito" para exprimir a *Schuld* e "respondência" para traduzir a *Haftung*.

[949] Quanto à origem da doutrina, em von Brinz e em von Amira, JULIUS BINDER, *Zur Lehre von Schuld und Haftung*, JhJb 77 (1926), 75-187 e 78 (1927), 163-226 (90 ss.).

276 Conceito e estrutura da obrigação

nexum, vinculum ou *teneri* não traduzem qualquer dever mas, antes, adstrição e respondência[950]. Explica esse Autor[951]:

> Na boa palavra respondência (*Haftung*) cabe tudo: a corporeidade do objeto, a comunidade de obrigação e direito de penhoramento, o esforço e a tensão da respondência sobre o débito. Na respondência está o conceito de *obligatio* e a sua restauração.

Contra esta orientação pronunciou-se Rümelin. No essencial, este privatista sublinhou que a respondência, só por si, não faria sentido[952]. A *obligatio* implicaria, no fundo, uma relação reportada a uma prestação e não um mero fenómeno de respondência; meios coativos diversos sempre existiriam em todas as obrigações (mesmo nas obrigações naturais!) sem que isso perturbe a sua natureza essencial[953].

Brinz replicou[954]. Manteve as posições iniciais e sublinhou que não defendera a *obligatio* como meio de coação mas, antes, como um direito, do credor, a um certo tipo de coação (os bens do devedor!); na sua falta, teríamos um fenómeno puramente ético[955].

De todo o modo, estas considerações traduzem já a evolução para uma construção dualista: débito e respondência.

IV. É curiosa a orientação de Brunetti, tanto mais que foi diretamente tida em conta pelo Prof. Gomes da Silva[956]. Como ponto de partida, este Autor entende que o credor não tem, propriamente, direito a uma ação do devedor[957]. Consequentemente: o devedor não tem o dever de agir; não existe norma que determine, ao devedor, que aja; a inação do devedor não é um facto antijurídico. Explica-se, assim, porque não existe qualquer pena para o inadimplente[958]. Explica-se, igualmente, a inexistência do dever de prestar: tal dever não é realizável pela força, ficando ressalvado o princípio

---

[950] VON BRINZ, *Der Begriff obligatio* cit., 15: as próprias definições clássicas – (...) obligatio est iuris vinculum quo necessitate adstringimur alicujus solvendae rei (...) e (...) obligationum substantia ... in eo consistit (...) ut alium nobis obstringat (...) – não reportam qualquer dever: apenas respondência – *idem*, 16, nota 1.

[951] VON BRINZ, *Der Begriff obligatio* cit., 40.

[952] MAX RÜMELIN, *Obligatio und Haftung*, AcP 68 (1885), 151-216 (160).

[953] *Idem*, 167.

[954] ALOIS VON BRINZ, *Obligatio und Haftung*, AcP 70 (1886), 371-408.

[955] *Idem*, 388.

[956] GOMES DA SILVA, *Conceito e estrutura* cit., 162 ss..

[957] GIOVANNI BRUNETTI, *Il diritto del creditore* cit., 142 ss..

[958] BRUNETTI, *Il diritto del creditore* cit., 142-143.

§ 18.º As doutrinas realistas

da liberdade pessoal[959]. Além disso, esclarecem-se certos pontos inultrapassáveis: a existência de obrigações por parte de dementes e de menores: tais pessoas, sendo incapazes de querer, não podem ser destinatárias de comandos[960]. Lógica é a abolição da prisão por dívidas[961].

O único direito do credor será, por tudo isto, o de se satisfazer sobre os bens do devedor[962].

Quanto ao devedor: ele apenas ficaria adstrito a um dever livre: acatará a obrigação caso pretenda evitar a investida do credor contra o seu património. As normas civis-obrigacionais são finais e não absolutas: não cominam comandos, com a previsão de penas, na hipótese de não-acatamento.

V. Em França, as orientações realistas tiveram impacto: elas facilitariam, como veremos, uma questão de grande complexidade, que agitava o Direito civil francês: a transmissibilidade de créditos e de débitos[963]. Todavia, a discussão foi, essencialmente, obra da doutrina alemã.

A construção do vínculo obrigacional como um direito ao património atingiu um certo grau de dogmatização (tratamento jurídico-científico) através das *Pandectae* do próprio Brinz[964] e das de Bekker[965]. Brinz explica[966]:

> Chamamos *Haftung* ao facto de uma realidade, uma pessoa ou uma coisa estarem destinadas a alguém (o credor), para satisfação de algo.

---

[959] *Idem*, 143-144.

[960] *Idem*, 144.

[961] *Idem*, 144-145.

[962] *Idem*, 145.

[963] É imputado, a Saleilles, um acolhimento da orientação realista por ter dito, lapidarmente, que os efeitos da obrigação se resumem na execução. Mas *éxecution* é, aí, o cumprimento. *Vide* RAYMOND SALEILLES, *Étude sur la théorie générale de l'obligation, d'après le premier projet de code civil allemand*, 3.ª ed. (1914), 13-14.

[964] ALOIS VON BRINZ, *Lehrbuch der Pandekten*, 2, 2.ª ed. (1879), §§ 206 e 207 (1 ss.); curiosamente, na 1.ª ed. desta obra (1857), Brinz ainda não havia descoberto a *Haftung*: chega mesmo a explicar (*idem*, 361) que a diferença entre os direitos reais e os créditos está "em frente dos olhos": seria o equivalente a "ter" e a "receber". O facto de, desde cedo, Brinz admitir a transmissibilidade dos créditos – quanto a esse ponto, LUÍS MENEZES LEITÃO, *Cessão de créditos* (2005), 178 ss. – facilitou as suas subsequentes opções dogmáticas.

[965] ERNST IMMANUEL BEKKER, *System des heutigen Pandektenrechts* 1 (1886), 77 e 79.

[966] VON BRINZ, *Lehrbuch der Pandekten* cit., 2, 2.ª ed., 2.

278 *Conceito e estrutura da obrigação*

Bekker complementa: as obrigações são direitos a uma pessoa que atingem o seu património[967]. O caso da herança é referido para reforçar a ideia. Diversos outros pontos são aduzidos[968]. De notar que esta orientação, aparentemente exótica, não impede os autores em causa de levar a cabo toda uma exposição pandetística do Direito das obrigações, à luz das normas comuns, que são respeitadas. Além disso, conquistas importantes, como a ideia de complexidade intra-obrigacional, foram lançadas, inicialmente, por autores que começaram por aderir à ideia de Brinz: tal o caso de Siber[969], que ficaria ligado à obrigação como "organismo"[970].

Nas vésperas da Grande Guerra de 1914-18, a matéria estava suficientemente desenvolvida para Georg Buch iniciar a sua monografia com a "história da literatura sobre a *Schuld und Haftung*"[971].

79. Uma relação entre patrimónios

I. Uma possível ideia da obrigação vem reduzi-la a uma relação entre patrimónios. Podemos, com Gomes da Silva, distinguir duas modalidades[972]: a extrema, segundo a qual a obrigação não vincula, diretamente, o devedor e o credor mas, antes, os patrimónios respetivos; a moderada, que vê, no crédito, um direito a bens indeterminados do devedor.

Na versão extrema, temos Bonelli[973]: as relações de Direito privado traduzem-se em trocas ou transmissões de bens, as quais operam sobre o património e não sobre o centro unificador dos bens: a pessoa ou o fim (nas fundações). O verdadeiro sujeito das obrigações não é o homem, mas o património[974].

A ideia fora, de resto, já defendida pelo francês Gaudemet[975]. Este, partindo da História, recorda justamente que, nos primórdios, a obrigação

---

[967] BEKKER, *System des heutigen Pandektenrechts* cit., 77.

[968] *Idem*, 79-80.

[969] HEINRICH SIBER, *Der Rechtszwang im Schuldverhältnis* (1903), 1.

[970] *Vide infra*, 290 ss..

[971] GEORG BUCH, *Schuld und Haftung im geltenden Recht* (1914), 1 ss..

[972] MANUEL GOMES DA SILVA, *Conceito e estrutura da obrigação* cit., 86-87 e 94 ss..

[973] GUSTAVO BONELLI, *La teoria della persona giuridica*, RDCiv II (1910), 445-508 e 593-673.

[974] *Idem*, 629 ss. e *passim*.

[975] EUGÈNE GAUDEMET, *Étude sur le transport de dettes à titre particulier* (1898), 30-31.

§ 18.º As doutrinas realistas

ligava materialmente as pessoas, acorrentando-as: *corpus in nervum ac supplicia dare*. Hoje, já não seria assim: no início, a pessoa deve à pessoa; atualmente, o património deve ao património. Na transição para a versão moderada da teoria, Gaudemet considera que, nesta perspetiva, a diferença entre os créditos e os reais estaria em que, nestes, o direito incide sobre uma coisa determinada; naqueles, ele reportar-se-ia a um património inteiro.

II. Na versão moderada desta mesma orientação, tal como resulta de Gomes da Silva, a obrigação implicaria simplesmente um direito sobre bens indeterminados do devedor[976]. Na verdade, apenas no momento da efetivação da responsabilidade patrimonial se poderia descobrir a efetiva dimensão jurídica do vínculo obrigacional.

Estas doutrinas, especialmente representadas, em França, nos finais do século XIX, princípios do século XX, tinham um objetivo claro: permitir a transmissão das obrigações: um fenómeno paralelo ocorrera, como vimos, cinquenta anos antes, na Alemanha. Na verdade, uma teoria pessoalista coerente não poderia explicar a transmissibilidade: nem do crédito, nem do débito. Ambos estariam, pela natureza das coisas, estritamente ligados às pessoas do credor e do devedor. Todavia, tratando-se de relações entre patrimónios, a transmissão já seria possível.

III. Adiante faremos uma apreciação destas orientações: em conjunto com as demais construções realistas. Vamos, desde já, reter um ponto: as doutrinas respeitantes ao conceito e à estrutura da obrigação integram-se em dogmáticas mais amplas e visam problemas concretos do tempo em que se ponham. Temos, aqui, uma lição para os nossos dias.

80. A expectativa à prestação garantida sobre o património

I. Uma construção já próxima das doutrinas mistas, imputável a Pacchioni[977], vê, na obrigação, um crédito como mera expectativa à prestação, dobrada por um direito real de garantia sobre o património do devedor.

---

[976] MARCEL PLANIOL, *Traité de droit civil*, 2 (1904), 64.

[977] GIOVANNI PACCHIONI, *Il concetto dell'obbligazioni*, RDCom XXI (1924) 1, 209-236 (211 ss.).

280   *Conceito e estrutura da obrigação*

Pacchioni opõe-se a Brunetti: contesta a existência, por este propugnada, de deveres livres. O Direito não pretende, simplesmente, que o interesse do credor seja satisfeito por qualquer meio, prescrevendo a execução dos bens do devedor como forma idónea de o conseguir. O Direito dá, antes, clara preferência à prestação, uma vez que determina, para o caso de incumprimento, não só a sujeição do património do inadimplente aos esquemas da execução mas, também, o dever de indemnizar todos os prejuízos. Além disso, não há deveres jurídicos apenas quando o Direito associe, à sua inobservância, a aplicação de penas[978].

II. Teríamos, deste ponto de vista, um efetivo dever de prestar. Mas a ele não corresponderia um verdadeiro direito à prestação: apenas uma expectativa legítima[979]. A frustração desta expectativa abriria as portas à execução dos bens do devedor: o exercício de um poder contido num direito real de garantia *sui generis* ao património do devedor[980].

81. Críticas habituais e reponderação

I. As denominadas construções realistas, quanto ao conceito e à estrutura da obrigação, são criticadas pela generalidade da doutrina[981]. No essencial, as críticas radicam:

– numa perspetiva deficiente, assumida pelas orientações realistas;
– na sua desconformidade com o Direito positivo.

A deficiente perspetiva radicaria numa interpretação histórica menos adequada. Segundo os autores realistas, o Direito primitivo postularia uma obrigação assente na submissão pessoal do devedor; essa conceção teria

---

[978] *Idem*, 224.

[979] *Idem*, 232.

[980] *Idem*, 234. De resto, diz Pacchioni – 236:
Todos os direitos, sendo constituídos por poderes reconhecidos por lei sobre o mundo exterior, são direitos reais, isto é, direitos sobre coisas.

[981] GOMES DA SILVA, *Conceito e estrutura da obrigação* cit., 99 ss., sempre liderante; PESSOA JORGE, *Direito das obrigações* cit., 1, 107 ss.; ANTUNES VARELA, *Das obrigações em geral* cit., 1.º, 10.ª ed., 138-141, que explica as diferenças em face dos direitos reais (o que não está, de resto, em causa) e 142-143; MENEZES LEITÃO, *Direito das obrigações* cit., 1, 9.ª ed., 77, 78 e 81. Para uma visão conjunta da matéria: BARASSI, *La teoria generale delle obbligazioni* cit., 1, 24 ss..

§ 18.º As doutrinas realistas

evoluído para uma outra, segundo a qual a submissão se reportaria não à pessoa do devedor, mas antes ao seu património. Todavia, a evolução teria sido diversa, dizem os críticos: de uma submissão pessoal ter-se-ia passado a uma adstrição ética. O devedor deixa de ser objeto de um direito para se converter num sujeito destinatário de um dever-ser.

II. Quanto à desconformidade com o Direito positivo: ela resultaria de, no essencial, as leis modernas prescreverem, com nitidez, um dever de prestar. Todo um conjunto de normas explicita o conteúdo desse dever e os modos da sua concretização. Sendo inobservado, diversos dispositivos mantêm o devedor adstrito e incitam ao seu cumprimento. Finalmente: sobrevindo um incumprimento irreversível, o devedor, para além de reintegrar o valor em jogo, deve, ainda, indemnizar os demais prejuízos.

Por outro lado, não é inteiramente exato que as normas obrigacionais se dirijam para o património do devedor. Apenas em certos casos, dependentes de riscos inabituais e da vontade do credor, serão de encarar medidas cautelares. Finalmente: a pessoa que não tenha património mantém-se totalmente hábil para contrair obrigações. O património pode ser alienado, na constância da obrigação, sem que, perante essa eventualidade, se possa reagir como sucederia em face de direitos reais. O proprietário pode pedir a coisa-objeto onde quer que ela se encontre, enquanto o credor só pode atingir as coisas que, no momento da execução, se encontrem no património do devedor.

III. A linguagem do Código, no tocante às obrigações, está dirigida para prestações e deveres de prestar. Há, com efeito, uma cobertura linguística e ideológica contrária às explicações realistas. A orientação geral das normas iria levantar problemas técnicos às inerentes construções realistas. Mas esses problemas não seriam invencíveis: eles já existiam ao tempo em que alguns dos melhores civilistas dos últimos cento e cinquenta anos as defenderam.

As orientações realistas têm um ponto forte, que não é referido: a obrigação (e a sua dogmática) desenvolveu-se muito antes do direito subjetivo. Este, quando surgiu, foi *grosso modo* modelado sobre a propriedade. Tem dificuldades quando transposto para as obrigações: como admitir que uma pessoa tenha um (verdadeiro) direito a uma conduta futura de um ser humano livre? Há, aqui, um salto por resolver: a brecha por onde penetra o realismo.

IV. Isto dito, podemos refutar o realismo noutro plano: o das conceções gerais do Direito. Em termos formais, poderíamos apresentar a Ordem Jurídica como um catálogo de condutas e de sanções: os sujeitos escolheriam entre as vantagens representadas pela não-assunção da conduta devida e as advenientes da não-sujeição à sanção. Não é assim. A Ordem Jurídica não é neutra: a vida social e económica nem seria, de resto, possível se as pessoas decidissem optar pelas sanções. Pretende-se, sim, que as obrigações sejam respeitadas, o que sucede na esmagadora maioria dos casos. Apenas por exceção se põe a hipótese da execução patrimonial.

Deve-se ainda acrescentar que, em sectores sensíveis, como o bancário e os seguros, a eficácia do sistema não é tanto assegurada por execuções patrimoniais: antes pela eventualidade de exclusão do próprio sistema. Ou seja: o devedor inadimplente sofrerá o corte do crédito ou a resolução ("anulação") do seguro. Em regra, tais possibilidades são mais eficazes do que qualquer agressão patrimonial. A vida funciona, pois, sem a coação tradicional.

Tudo isto já se coloca bastante longe das leituras tradicionais. De todo o modo, é importante que as doutrinas realistas se mantenham: elas exercem uma como que vigilância sobre os excessos de abstração e sobre os desenvolvimentos linguísticos em que esta matéria é sempre fértil.

§ 19.º A DOUTRINA DUALISTA (DÉBITO E RESPONDÊNCIA)

82. Generalidades: premissas históricas

I. A ideia da respondência (*Haftung* ou *obligatio*) foi a grande desco-berta que animou o tema do conceito e da estrutura da obrigação, nos últi-mos cento e cinquenta anos. Contrariando a ideia intuitiva de um direito a uma prestação, a respondência leva a perguntar pelos fundamentos ontoló-gicos das obrigações: algo para que a Ciência do Direito não dispõe, ainda, de respostas definitivas.

De todo o modo, havia que avançar uma conceção dogmaticamente operacional. E aí, a respondência isolada falhava: havia que deixar um qualquer lugar para a prestação. Afinal, boa parte das normas obriga-cionais, de origem romana, pretende justamente modelar a conduta do devedor. A respondência seria um facto: mas o dever de prestar ou débito (*Schuld* ou *debitum*) sê-lo-ia também. Pois se a cada um dos termos faltava o que o outro dizia, impunha-se a junção. Surgem orientações dualistas que, na obrigação, veem um conjunto formado pelo débito e pela respon-dência, universalmente conhecidos pela correspondente fórmula alemã: *Schuld und Haftung*[982].

---

[982] Entre nós, *vide* as análises de MANUEL GOMES DA SILVA, *Conceito e estrutura da obrigação* cit., 147 ss.; PESSOA JORGE, *Direito das obrigações* cit., 1, 107 ss.; ANTUNES VARELA, *Das obrigações em geral* cit., 1.º, 10.ª ed., 138-141 e 142-143; MENEZES LEITÃO, *Direito das obrigações* cit., 1, 9.ª ed., 77, 78 e 81. Para uma visão conjunta da matéria: ARWED BLOMMEYER/KONRAD DUDEN/EDUARD WAHL em FRANZ SCHLEGELBERGER, *Rechts-vergleichendes Handwörterbuch für das Zivil- und Handelsrecht des In- und Auslandes*, VI (1938), 272-300 (283 ss.); BARASSI, *La teoria generale delle obbligazioni* cit., I, 24 ss.; MANUEL DE ANDRADE, *Teoria geral das obrigações*, 3.ª ed. cit., 36 ss.; ANTUNES VARELA, *Das obrigações em geral* cit., 1, 10.ª ed., 143 ss.; MENEZES CORDEIRO, *Direito das obriga-ções* cit., 1, 189 ss.; MENEZES LEITÃO, *Direito das obrigações* cit., 1, 9.ª ed., 83 ss..

284 *Conceito e estrutura da obrigação*

II. A doutrina dualista teve a sua origem em von Brinz e, *summo rigore*, nos práticos que o antecederam[983]. Os romanistas, na busca da origem da obrigação, deram com a *obligatio*: apuraram que esta sujeitava o devedor e, mais tarde, o seu património, mas sem reclamar qualquer atuação. Vinda da Alemanha, a ideia ganhou corpo em Itália, mas não sob a forma pura. Ao lado da *obligatio*, teríamos o *debitum*: realizando a prestação, o devedor evitaria as consequências da sujeição obrigacional.

Embora posterior (de 1912), vamos recordar a exposição de Marchi, neste domínio[984]. Com oportunidade e citando Perozzi, este Autor recorda que o conceito de obrigação é histórico e não dogmático.

Tudo teria começado com os delitos. Cometido um delito, podia o lesado, pelos seus próprios meios ou com a ajuda de amigos e de familiares, prender o agente, castigá-lo e, no limite, matá-lo. Posteriormente, passou a moderar-se a reação, através do equilíbrio mal/retorsão (talião). Mais um passo: admitiu-se que, em vez da morte, o culpado fosse mantido cativo, podendo ser resgatado por meio de gado ou de uma soma em dinheiro. A pessoa do agente (hoje: devedor) era, deste modo, a causa e a garantia de que o pagamento teria lugar[985].

Quanto ao que hoje chamamos obrigações contratuais: a contratação era precedida pela entrega, ao futuro "credor", de reféns, por parte do devedor. Estes eram mantidos cativos, até que a dívida fosse paga. A garantia precedia a obrigação[986].

A garantia, quer nas obrigações *ex delicto*, quer nas obrigações *ex contractu*, equivaleria ao termo *obligatio*. Só mais tarde se teria dado a junção entre a *obligatio* e o *debitum* acabando, com o tempo, por se operar uma confusão entre eles.

Pacchioni pega na ideia[987]. A natureza da *obligatio* seria a de "um estado de sujeição física do devedor ao credor, isto é, de um direito real do credor sobre o corpo do devedor e, mais particularmente, sobre as suas *operae*, direito constituído com o escopo de obter, do próprio devedor, o dinheiro que ele devia: direito nitidamente distinto e, até certo sentido, contraposto ao dever de prestar garantido"[988]. "O antigo *nexum* (*obligatio*)

---

[983] *Supra*, 275 ss..
[984] Antonio Marchi, *Storia e concetto della obbligazione romana* (1912), 7 ss..
[985] *Idem*, 59 ss..
[986] *Idem*, 69 ss. e 139 ss..
[987] Giovanni Pacchioni, *Il concetto dell'obbligazioni* cit., 214.
[988] *Idem*, 214-215.

§ 19.º A doutrina dualista (débito e respondência)   285

não era, em suma, o *debitum*, mas antes uma diversa relação que garantia o *debitum*"[989].

Também em França houve romanistas que aderiram a esta orientação[990].

III. Trabalhando em área diversa, os estudiosos do antigo Direito alemão ou germanistas vieram igualmente apontar uma dissociação original entre a respondência e o débito[991]. Embora com menos concretizações documentadas, também os germanos conheceriam puras situações de respondência, fossem elas de pessoas ou de coisas[992]; contrapor-se-lhes-iam situações de dever[993]. Os diversos contratos confirmá-lo-iam, ponto por ponto[994].

Tal orientação, minuciosamente estudada e aprontada por von Amira, foi bem acolhida entre os germanistas. Um dos elementos específicos do Direito germânico seria a honra (*Treue*), depois aproveitada verbalmente na ideia de boa-fé (*Treu und Glauben*)[995]. Pois bem: o juramento de honra seria o procedimento adequado para constituir ou para reforçar a relação de respondência, dobrando o débito[996].

No Direito germânico, a *Schuld*[997] (débito) exprimiria um puro dever. Para assegurar o seu cumprimento, haveria que constituir, por um

---

[989] *Idem*, 215.

[990] GEORGES CORNIL, *Debitum et obligatio/Recherches sur la notion de l'obligation romaine*, Mélanges P. F. Girard I (1912), 199-263.

[991] Assim o já referido KARL VON AMIRA, *Nordgermanisches Obligationenrecht*, I – *Allschwedisches Obligationenrecht* (1882), IV + 788 pp. e II – *Westnordisches Obligationenrecht* (1895), XV + 964 pp..

[992] KARL VON AMIRA, *Nordgermanisches Obligationenrecht* cit., I, 22 ss., 108 ss. e 190 ss..

[993] *Idem*, I, 32 ss.; no Direito ocidental, *vide* II, 65 ss. e, quanto à respondência, II, 45 ss., 115 ss. e 222 ss..

[994] *Idem*, II, 609 ss..

[995] Quanto à boa-fé germânica, com elementos: *Da boa fé* cit., 162 ss..

[996] PAUL PUNTSCHART, *Schuldvertrag und Treugelöbnis des Sächsischen Rechts in Mittelalter/Ein Beitrag zur Grundauffassung der altdeutschen Obligation* (1896), 288 ss.; *vide*, na literatura moderna, HANS-WOLFGANG STRÄTZ, *Treu und Glauben*, I – *Beiträge und Materialien zu Entwicklung von "Treu und Glauben" in deutschen Privatrechtsquellen vom 14. bis zur Mitte des 17. Jahrhunderts* (1974), 107 e 108. Formalmente, ao juramento de honra, estava associado um gesto solene, feito com a mão – *idem*, 111-112: um paralelo interessante com a *fides* romana.

[997] De *skulan*, dar ou receber; *vide* KARL VON AMIRA, *Grundriss des Germanischen Rechts*, 3.ª ed. (1913), § 67, 211 ss. e OTTO VON GIERKE, *Schuld und Haftung im älteren deutschen Recht/insbesondere die Form der Schuld- und Haftungsgeschäfte* (1910), 7 ss..

286   *Conceito e estrutura da obrigação*

negócio de *Haftung*, uma garantia, através de uma pessoa ou de uma coisa[998]. Ambos os "negócios" seguiriam formas próprias[999].

83. Construção dogmática

I. Quer a experiência romana, quer a germânica documentariam origens distintas e vivências próprias, para o débito e para a respondência, convergindo, contudo, no essencial. Não pode ser pura casualidade: a natureza das coisas assim o exigirá. Além disso – dizem os seguidores do dualismo – fica ainda demonstrada a essencialidade das duas realidades: um débito sem respondência não teria estrutura jurídica, enquanto uma pura respondência careceria de sentido prático.

Deste modo, naquilo que, correntemente, chamamos a obrigação haveria, na realidade, dois vínculos[1000]:

– o débito, pelo qual o devedor se encontra adstrito a uma prestação;
– a responsabilidade ou respondência, pela qual o credor se pode ressarcir patrimonialmente, em caso de incumprimento.

Esses dois vínculos estão intimamente interligados, de tal modo que só uma análise histórico-jurídica aprofundada pode revelar a sua existência. Todavia, em certos casos, eles aparecem legalmente dissociados. E essa dissociação, para além de permitir aprofundar os regimes aplicáveis, facilitaria a demonstração do dualismo estrutural das obrigações.

II. As hipóteses de dissociação entre o débito e a respondência podem assumir distintas dimensões. De acordo com uma metodologia já ensaiada[1001] e que agora complementamos, cumpre distinguir:

---

[998] KARL VON AMIRA, *Grundriss des Germanischen Rechts*, 3.ª ed. cit., 214; também para esse efeito seria possível a entrega de reféns – *idem*, 216; *vide* OTTO VON GIERKE, *Schuld und Haftung* cit., 11 ss., 22 ss. quanto à *Sachhaftung* (respondência de coisa), 50 ss. quanto à *persönliche Haftung* (respondência de pessoa) e 77 ss. quanto à *Vermögenshaftung* (respondência do património). GIERKE não deixa de reconhecer a primazia de BRINZ.

[999] OTTO VON GIERKE, *Schuld und Haftung* cit., 119 ss. e 123 ss..

[1000] MANUEL GOMES DA SILVA, *Conceito e estrutura da obrigação* cit., 148; MANUEL DE ANDRADE, *Teoria geral das obrigações*, 3.ª ed. cit., 36; ANTUNES VARELA, *Das obrigações em geral* cit., 1, 10.ª ed., 143; PESSOA JORGE, *Direito das obrigações* cit., 1, 108; MENEZES LEITÃO, *Direito das obrigações* cit., 1, 9.ª ed., 84.

[1001] P. ex., a longa análise de GEORG BUCH, *Schuld und Haftung im geltenden Recht* cit., 30 ss., 48 ss., 57 ss. e *passim*; EMIL STROHAL, *Schuld und Haftung* (1914), *passim* e

§ 19.º A doutrina dualista (débito e respondência)

– dissociação objetiva;
– dissociação subjetiva;
– dissociação teleológica;
– dissociação de regimes.

Na dissociação objetiva ocorrem diferenças existenciais ou essenciais entre os dois vínculos, de tal modo que, independentemente das pessoas envolvidas, eles surgem diferentes. Na dissociação subjetiva, o débito e a respondência são encabeçados por sujeitos diversos. Na dissociação teleológica, torna-se patente que os dois vínculos prosseguem escopos distintos. Finalmente, na dissociação de regimes, verifica-se que o débito e a respondência suscitam a aplicação de regras próprias e autónomas. Tudo isto será documentado quanto ao nosso Direito vigente, embora possa facilmente ser acompanhado à luz dos Direitos dos outros países[1002].

III. São hipóteses de dissociação objetiva:

– débito sem respondência: sucede nas obrigações naturais (402.º), que, comportando um dever de prestar, não podem, todavia, ser judicialmente executadas;
– respondência sem débito: responsabilidade pelo risco, nos casos previstos na lei (483.º/2) e antes de ela se concretizar;
– respondência sem débito atual: admite-se a fiança por obrigação futura (628.º/2), bem como o penhor e a hipoteca, também por obrigações futuras (666.º/3 e 686.º/2);
– extinção da respondência antes do débito, relativos a uma mesma obrigação: assim sucede nas já referidas fiança, penhor e hipoteca, que podem cessar antes do cumprimento, por várias formas;
– extinção, pelo decurso do tempo, da respondência, mantendo-se o débito: tal o papel da prescrição (304.º/2), que faz passar obrigações civis a obrigações naturais;
– débitos com responsabilidade limitada: os do herdeiro, limitados às forças da herança (2071.º) e muitas outras hipóteses, designa-

---

JULIUS FEDER, *Schuld und Haftung*, 2.ª ed. (1942), que acaba por, nessa base, proceder a toda uma exposição de Direito das obrigações: porventura o último escrito geral sob inspiração nacional-socialista.

[1002] No Direito alemão: DIRK OLZEN, no Staudinger, *Einl. zum SchuldR* cit., Nr. 235 ss. (83 ss.).

Conceito e estrutura da obrigação

damente por acordo (602.º) e por aplicação das regras relativas às sociedades e à separação de patrimónios;
– possibilidade de, por acordo, se alterar o débito sem mexer na respondência ou inversamente (405.º e 602.º).

IV. Na dissociação subjetiva, encontramos como exemplos:

– respondência direta por débitos alheios: fiança (627.º/1);
– respondência por débitos alheios, através da oneração de bens ou direitos próprios, por dívidas de outrem: penhor (667.º/2) e hipoteca (717.º/1) sobre bens de terceiro;
– respondência por débitos próprios e alheios: solidariedade passiva (512.º/1).

V. A dissociação teleológica é muito clara, mesmo sendo formulada de modo diverso pelos vários autores[1003]. No débito, temos um dever de prestar que irá satisfazer um preciso interesse do credor; na respondência, há uma sujeição à execução[1004] que poderá dar, ao credor, uma soma em dinheiro. Este só nalguns casos conseguirá, através do dinheiro, satisfazer o seu interesse inicial: nas obrigações não-fungíveis, isso será, desde logo, impossível. E mesmo nas outras: irá obter o que desejava, se tudo correr bem, muito mais tarde e em condições objetivas e subjetivas diferentes das pretendidas.

No fundo, a respondência não visa os fins da prestação, pois o ser humano não pode mexer no passado: é uma composição compensatória e traduz uma sanção geral, retributiva e preventiva.

VI. Também a dissociação de regimes é total. O débito segue o regime geral das obrigações, tal como resulta do Código Civil e de alguns diplomas complementares, decorrendo entre as pessoas envolvidas e, designadamente, entre o credor e o devedor. A respondência segue o regime do processo de execução, consignado nos artigos 801.º e seguintes do Código de Processo Civil; processa-se perante o Tribunal e sob a auto-

---

[1003] P. ex., HERMANN ISAY, *Schuldverhältnis und Haftungverhältnis im heutigen Recht*, JhJb 48 (1904), 187-208 (197 ss.) e JULIUS BINDER, *Zur Lehre von Schuld und Haftung*, JhJb 77 (1927), 75-187 e 78 (1927/28), 163-226 (213).
[1004] CLAUDIUS FRHR. VON SCHWERIN, *Schuld und Haftung im geltenden Recht* (1911), 19.

§ 19.º A doutrina dualista (débito e respondência)   289

ridade soberana deste, de acordo com um esquema totalmente diferente do do Direito civil.

84. As construções da respondência

I. A construção dualista deixa-nos, como elemento essencial, a respondência. De facto, o débito é facilmente explicável, enquanto um dever de realizar uma prestação. E quanto à respondência? Podemos, sintomaticamente e sempre com fitos de construção dogmática[1005], apontar três grandes construções:

– a teoria publicística;
– a teoria do direito real de garantia;
– a teoria das fases.

Segundo a teoria publicística, a respondência deveria ser desinserida do âmbito das relações privadas. Inicialmente, o credor usaria meios próprios para executar a *Haftung*: apoderando-se do devedor ou dos seus bens. A evolução das sociedades levou a concentrar esse poder nas mãos do Estado, ao qual se deve dirigir o credor, nos termos das normas processuais aplicáveis. E apenas o Estado, tendo o monopólio do uso da força, pode agir coativamente contra o devedor inadimplente, exercendo as faculdades expropriativas ínsitas na ideia de garantia. O credor tem uma pretensão contra o Estado[1006], caindo a própria respondência no domínio do Direito público[1007].

II. Contra a teoria publicística pode-se, com Rocco[1008], explicar desde já que, na ação executiva, o Estado limita-se a executar direitos privados pré-existentes. O próprio Rocco propõe-se, depois, distinguir os direitos privados em imediatamente coercíveis e em mediatamente coercíveis. E fá-lo nos termos seguintes[1009]:

[1005] Por oposição à reconstrução histórica das diversas orientações e à sua inserção no pensamento científico geral dos autores que as defenderam.

[1006] JULIUS BINDER, *Zur Lehre von Schuld und Haftung* cit., 78, 199 ss..

[1007] ALFREDO ROCCO, *Studi sulla teoria generale del fallimento*, RDComm VIII (1910) I, 669-697 e 855 a 875 (683, com bibliografia na nota 3).

[1008] *Idem*, 688.

[1009] *Idem*, 679.

290 Conceito e estrutura da obrigação

– são imediatamente coercíveis os direitos reais: em caso de inobservância ou de desrespeito, é possível recorrer à força física ou mecânica para restabelecer a integridade da Ordem Jurídica;
– são mediatamente coercíveis os créditos: não se pode agir diretamente sobre a vontade humana.

Como construir a coação indireta? Historicamente quedam dois caminhos. O primeiro é dar, ao credor, os meios para pressionar pessoal (cárcere privado) ou patrimonialmente (apreensão direta de bens) o devedor, levando-o a cumprir. O devedor pode, porém, resistir, sem qualquer vantagem racional para o credor. O segundo consiste em o próprio Estado assumir esse papel: temos a prisão por dívidas (abolida, entre nós, nos finais do século XVIII) e, hoje, os esquemas de agressão patrimonial. Por estes o Estado, prescindindo da vontade do devedor, realiza o interesse do credor, diretamente ou por sucedâneo pecuniário[1010].

Em suma: todo o caminho da execução é traçado através de uma conjunção de direitos privados. A matéria só se torna pública quando intervenha o poder soberano do Estado, em termos processuais.

III. Afastada a teoria publicística, queda entender a respondência como um direito real de garantia sobre o património do devedor. O caminho fora aberto pelos estudiosos da *Haftung*: todos aqueles que, após Brinz[1011], reduziram a obrigação a um direito a esse património. A ideia seria boa desde que, a seu lado, se previsse o débito.

De todo o modo, vamos seguir algumas construções relevantes na nossa doutrina.

Em primeiro lugar, Rocco. Após refutar, como vimos, a orientação publicística, este Autor, que teve um papel decisivo na feitura e na aprovação final do Código Civil italiano de 1942[1012], vem explicar que o credor, seja qual for o tipo de prestação, tem sempre direito a uma quantia pecuniária, correspondente ao valor da prestação[1013].

[1010] *Idem*, 680.

[1011] *Supra*, 272 ss..

[1012] Que teria ficado conhecido como Código Rocco, não fora o envolvimento deste Autor nos Governos de Mussolini.

[1013] Pelo Direito italiano, a prestação deve ser suscetível de avaliação pecuniária (1174.º do Código Civil italiano), ao contrário do que sucede com o Código Vaz Serra (398.º/2).

§ 19.º A doutrina dualista (débito e respondência)

Ora essa quantia pode ser obtida coercivamente (portanto: por coação direta), através do exercício de um direito ao património do devedor. Tem natureza real[1014] podendo, por se concretizar na faculdade de venda de bens do devedor, para a satisfação do credor, ser qualificado como penhor[1015]. Tal construção é possível porque Rocco considera o património como uma universalidade capaz de se constituir objeto unitário de direitos reais[1016].

IV. Entre nós, a opção pela respondência como um direito real de garantia conheceu as adesões importantes de Galvão Telles[1017] e de Gomes da Silva[1018].

Manuel Gomes da Silva, tendo examinado e rebatido as diversas teorias sobre o conceito e a estrutura da obrigação, vem descobrir, nela:

– um vínculo principal;
– uma relação de garantia.

O vínculo principal teria como[1019]:

(...) objeto um direito do credor a obter a prestação e um dever correlativo do devedor que se encontra adstrito a efectuá-la.

Quanto à relação de garantia, ela traduzir-se-ia pela[1020]:

(...) faculdade conferida aos credores de requererem a penhora e venda forçada de bens do devedor para conseguir os valores necessários à satisfação dos seus créditos (...)

A relação de garantia seria distinta do vínculo principal por dispor de uma estrutura diferente, de fundamentação própria e de vida autónoma[1021].

[1014] Rocco, *Studi sulla teoria generale del falimento* cit., 682.

[1015] *Idem*, 690.

[1016] Para nós, essa orientação naufragaria logo nesse ponto: *Tratado* I/2, 2.ª ed., 183: o património não pode ser considerado uma universalidade.

[1017] Inocêncio Galvão Telles, *Das universalidades* (1940), 107 ss., 111. O Autor viria, depois, a alterar a sua posição: *Manual de Direito das obrigações* 1, 2.ª ed. (1965), 64-66.

[1018] Gomes da Silva, *Conceito e estrutura da obrigação* cit., 161 ss. e 175 ss..

[1019] *Idem*, 172.

[1020] *Idem*, 177-178.

[1021] *Idem*, 178-179, 180 e 180-181.

292 *Conceito e estrutura da obrigação*

Quanto à natureza: Gomes da Silva acaba por optar por um direito real de garantia *sui generis*, dirigido ao património do devedor, a entender como uma universalidade.

O dualismo de Gomes da Silva não o impede, depois, de apurar numerosas interligações entre a relação principal e a de garantia. O vínculo principal, embora podendo existir sem a garantia, pressupõe-na e é influenciado, por ela, no seu regime. O "direito de garantia", por seu turno, é acessório, surgindo ligado ao "direito à prestação", ainda que podendo ter um âmbito diverso[1022].

Na cúpula da sua excelente construção, Gomes da Silva, de acordo com as ideias da época em que escreveu, faz apelo à institucionalização da obrigação. Isso explicaria[1023]:

> (...) como, sem mudarem de natureza, vários direitos essencialmente diversos se podem agrupar para a realização de um único fim.

A doutrina de Gomes da Silva constitui um ponto alto, na doutrina de fala portuguesa, quanto à determinação da estrutura da obrigação. Em si, ela é inatacável. Detém-se, porém, perante problemas específicos que, à época, eram pouco conhecidos, fora da língua alemã: a natureza complexa da obrigação, mesmo na vertente "dever de prestar"; a impossibilidade de reconduzir o património a uma universalidade capaz de suportar direitos reais; a própria construção do direito real como uma "relação".

V. Temos, por fim, a teoria das fases. A ideia é interessante, tendo sido desenvolvida por Carnelutti, em conjunto com diversas considerações sobre o débito e a respondência[1024].

> Carnelutti procurava investigar a ideia de colaboração, que entende existir no Direito das obrigações. E aí, ele detém-se perante a impossibilidade de, coercivamente, conseguir do devedor a execução das prestações não-cumpridas. Nessa eventualidade, o credor poderia, quando muito, ressarcir-se sobre os bens do devedor, o qual teria de se sujeitar a tal atuação. Pois bem: o direito de crédito não surge como um direito a uma ação, mas antes como um direito a uma tolerância de um sujeito determinado: o

---

[1022] *Idem*, 233 ss., 244 e 262-263.
[1023] *Idem*, 262-263.
[1024] FRANCESCO CARNELUTTI, *Appunti sulle obbligazioni*, RDComm XIII (1915) I, 525-569 e *Obbligo del debitore e diritto del creditore*, RDComm XXV (1927) I, 295-326.

§ 19.º A doutrina dualista (débito e respondência)   293

devedor. O devedor não está sujeito a um *facere*: tão-só a um *pati*, devendo suportar que o credor lhe retire, seja o próprio bem devido, seja o objeto da sua atividade[1025].

Reformulado o débito, Carnelutti passa à respondência. E aí, considera a tese de Rocco, segundo a qual ela residiria num direito real de garantia de tipo penhor; rejeita-a, por verificar que, nesse pretenso direito, não há uma tutela *erga omnes*[1026]. Passa a contrapor a sua própria leitura. Verifica que, perante o incumprimento de uma obrigação, são possíveis duas hipóteses[1027]:

– sendo viável a execução específica, procede-se à atuação coerciva do *pati* a que o devedor está sujeito; p. ex., se estando obrigado à entrega de uma coisa certa, ele recusar, é judicialmente possível retirá-la do património do devedor;
– sendo realizável, apenas, a indemnização compensatória, a qual poderia sempre ser executada, verificar-se-ia a aplicação de uma pena: a própria indemnização; esta seria privada uma vez que, embora levada a cabo pelo Estado, ela dependeria sempre da mera vontade do credor[1028].

Como se vê, Carnelutti dá, aqui, a sua própria leitura ao débito e respondência, procedendo a considerações que não se coadunam com o Código Vaz Serra. Basta ver que este Código dá primazia à indemnização específica (566.º/1) e que diversos dispositivos, com relevo para as sanções pecuniárias compulsórias (829.º-A), mostram que existe um verdadeiro dever de prestar e não um mero *pati*, relativamente às consequências do incumprimento. Apenas nas obrigações de *dare* poderíamos encontrar alguma consistência, perante o pretendido.

A parte mais interessante de Carnelutti não será tanto a das reformulações da *Schuld* e da *Haftung* mas, antes, o modo por que vai articulá-las. Em vez de dois vínculos simultâneos e em paralelo, Carnelutti aponta antes para dois vínculos sucessivos e no prolongamento um do outro, apresentando-os como duas fases ou duas atitudes distintas do poder do credor e do dever do devedor[1029].

[1025] CARNELUTTI, *Appunti sulle obbligazioni* cit., 529 e 530.

[1026] *Idem*, 551.

[1027] *Idem*, 543.

[1028] CARNELUTTI, *Obbligo del debitore e diritto del creditore* cit., 321.

[1029] CARNELUTTI, *Appunti sulle obbligazioni* cit., 561, exprimindo-se nos termos seguintes:

294   *Conceito e estrutura da obrigação*

O próprio Carnelutti acabaria, mais tarde, por tirar a respondência do campo da obrigação, reconduzindo-a a uma mera figura processual[1030]. Mas a ideia de uma obrigação dinâmica, que vai mudando de forma à medida que atravessa diversas vicissitudes, merece ser retida.

85. Ponderação dogmática

I. As doutrinas mistas tipo débito e respondência são, porventura, uma das maiores descobertas, no campo das obrigações, após a reformulação levada a cabo por Savigny. Mas os dois conceitos em causa são hoje tomados como conceitos de ordenação, que permitem entender e aprofundar diversos aspetos do Direito das obrigações, mais do que verdadeiras explicações históricas e dogmáticas[1031]. Quando se preparou o BGB, entendeu von Kübel que a presença da respondência, adveniente das leis de processo, era tão óbvia que não havia que a colocar no § 241, relativo à eficácia da obrigação. A primeira Comissão de Revisão deixou o tema à Ciência do Direito. A sobrevivência da *Schuld und Haftung*, na germanística alemã e, daí, nalguns civilistas, nos princípios do século XX, ficou a dever-se a um certo nacionalismo, mais do que a verdadeiras necessidades dogmáticas.

Ponderando o panorama global da literatura existente, designadamente a alemã e a italiana, podemos dizer que as intervenções de Galvão Telles e de Gomes da Silva, esta última de grande virtuosismo, são francamente tardias: de resto, elas apoiam-se em obras dos princípios do século

---

O débito – que é o dever concebido na primeira fase – consiste numa sujeição (do património) do devedor, por virtude da qual este não pode obter a eliminação do resultado de uma ação, por ele tolerada, do credor, para o gozo de um ou mais elementos do próprio património.

A responsabilidade – que é o dever concebido na segunda fase – consiste numa sujeição (do património) do devedor, por virtude da qual o credor pode exercitar, ainda que o devedor não a tolere, uma ação para o gozo de um ou mais elementos do próprio património.

[1030] CARNELUTTI, *Teoria geral do Direito*, trad. AFONSO RODRIGUES QUEIRÓ e ARTUR ANSELMO DE CASTRO (1942), § 93, 273.

[1031] FRANZ DORN, HKK-BGB, II – *Schuldrecht/Allgemeiner Teil*, 1, §§ 241-304 (2007), § 241, Nr. 48 (179).

§ 19.º A doutrina dualista (débito e respondência)   295

XX[1032]. Todavia, para além da tradição, entre nós, de examinar o tema, ele permite esclarecimentos dogmáticos que não se podem perder. Ele é, de resto, aproveitado pelos atuais tratadistas[1033].

II. As críticas a um dualismo assente no débito e na respondência são, entre nós, recorrentes[1034]. Vamos, pela nossa parte, ordená-las em três planos:

– plano jurídico-positivo;
– plano conceitual;
– plano dogmático.

No plano jurídico-positivo, podemos considerar que os diversos fenómenos de dissociação entre o débito e a respondência[1035] se podem agrupar em quatro institutos:

– as obrigações naturais;
– a fiança;
– os direitos reais de garantia;
– a separação de patrimónios.

As obrigações naturais devem ser entendidas como verdadeiras obrigações, com um regime diferente; falta a exigibilidade judicial mas dispõem, como veremos, de outras forças de coerção[1036]. Quanto ao que agora está em causa e em termos retóricos, caberá observar que:

– ou as obrigações naturais são verdadeiras obrigações e, pela lógica dualista, ficaria demonstrada a dispensabilidade da *Haftung*;
– ou as obrigações naturais não são verdadeiras obrigações e então não podem ajudar na determinação do conceito e estrutura destas.

[1032] Sobre toda a matéria, a exposição mais atualizada é, ainda hoje, a de DORN, HKK-BGB cit., II/1, § 241, Nr. 42-48 (172-179), com ampla bibliografia.

[1033] P. ex., LARENZ, *Schuldrecht* cit., I, 14.ª ed., § 2.º, IV (21-26).

[1034] Assim: MANUEL DE ANDRADE, *Teoria geral das obrigações*, 3.ª ed. cit., 43 ss.; ANTUNES VARELA, *Das obrigações em geral* cit., 1, 10.ª ed., 147 ss.; PESSOA JORGE, *Direito das obrigações* cit., 1, 134 ss.; MENEZES CORDEIRO, *Direito das obrigações* cit., 1, 200 ss.; LUÍS MENEZES LEITÃO, *Direito das obrigações* cit., 1, 9.ª ed., 87.

[1035] *Supra*, 287 ss..

[1036] *Infra*, 611 ss..

Para que, nas obrigações naturais, se descobrisse um débito sem respondência, teríamos de nos entender, primeiro, sobre um e outra: ou cairíamos no dilema apontado.

A fiança não ilustra qualquer respondência sem débito pela razão simples de que é, toda ela, uma obrigação perfeita e, portanto: com o seu débito e a sua respondência, caso existissem e fossem separáveis. Na verdade, o fiador é um autêntico devedor (627.º/1), pessoalmente adstrito a prestar, ainda que a título acessório. O fiador pode não ter qualquer património, mantendo-se obrigado, nos termos gerais.

Os direitos reais de garantia também não permitem avançar. Eles não são "respondência", antes se apresentando como verdadeiros direitos reais, ainda que de garantia. Seguem um regime específico, de direitos reais. É certo que estão funcionalmente adstritos à garantia de um crédito. Todavia, este fica completo sem as garantias reais; e estas nada lhe acrescentam, em termos estruturais, apenas reforçando, pelo exterior e através de esquemas reais, a realização do interesse do credor.

Os patrimónios separados prendem-se com regras próprias da responsabilidade patrimonial e com os elementos que possam conduzir à sua autonomização[1037]. Podem variar sem, com isso, implicarem qualquer modificação nas obrigações preexistentes. As regras que os definirem não são (ou não têm de ser) obrigacionais nem, muito menos, se inscrevem na estrutura de cada obrigação.

III. No plano da conceitualização iremos, para já, ponderar as ideias de Rocco, de Gomes da Silva e de Carnelutti: permitem um envolvimento geral da matéria aqui em jogo.

A conceção de *pati* (Rocco) implicaria que, pela obrigação, o devedor se mantivesse puramente passivo, submetendo-se a uma arremetida, por parte do credor, sobre o bem devido. Pois bem: ela não corresponde às regras vigentes. O 398.º/2 distingue as prestações de *facere* das omissivas. Em muitas obrigações, o interesse do credor só é obtido através de prestações positivas: veja-se a prestação de serviço (1154.º e seguintes), com relevo para o trabalho. O Código Vaz Serra tem normas muito numerosas

---

[1037] Recordamos que, tecnicamente, um património é um conjunto de posições ativas patrimoniais, que se encontram unificadas em função de um ponto. O Código Civil admite "patrimónios" de acordo com os elementos seguintes: a pertença a uma pessoa singular ou coletiva; a afetação a um fim; a responsabilidade unitária por dívidas; a origem ou tratamento comum; *vide* o *Tratado* I/2, 2.ª ed., 183-185.

§ 19.º A doutrina dualista (débito e respondência)

destinadas a modelar a atuação do devedor: não a suportação, por ele, das iniciativas do credor. Finalmente: há uma ideia restritiva de coação. A vontade individual não é fungível; mas a coação é sempre viável. De facto, a coação não se esgota na reconstrução do que deveria ter sucedido; ela abrange todas as medidas destinadas a prevenir ou a remediar a inobservância das regras de Direito. Basta pensar nas sanções pecuniárias compulsórias (829.º-A).

A ideia de uma respondência assente no Direito público desconhece que, se a todo o direito corresponde uma ação (2.º/2, do CPC), a toda a ação corresponde também uma posição substantiva. O débito pode ser discutido em Tribunal, por exemplo, através de uma ação de simples declaração. Intervêm, então, regras de Direito público sem, com isso, se publicizar toda a matéria. Também a respondência existe (ou existiria, se a houvesse) quando livremente acatada, sem necessidade de ir a Tribunal. Em suma: a colocação processual opera noutro plano e acompanha todo o Direito substantivo: nada prova, nem deixa de provar.

Quanto à respondência como direito real de garantia, seja de penhor (Rocco) seja *sui generis* (Gomes da Silva): não é viável, uma vez que, desde Savigny, os direitos reais exigem objetos determinados. Um "direito real" sobre um património seguiria regras tão diferentes das do Direito das coisas que consistiria num indesejável alargamento linguístico, sem correspondência com a realidade a figurar.

IV. Podemos considerar que as obrigações, como quaisquer outras situações jurídico-privadas, colocam a possibilidade de recurso aos tribunais, para a sua efetivação. Isso sucederá numa percentagem ínfima de todas as obrigações que, continuamente, se formam e são acatadas: mas é um facto psicológica, sociológica e juridicamente importante.

Ainda no caso das obrigações, deve compreender-se que a eventualidade da tutela judicial é significativa, dada a sua natureza de vínculo totalmente abstrato. Além disso, a natureza omnicompreensiva do Direito das obrigações aproveita para adiantar e para posicionar diversos elementos atinentes à respondência. Esta está sempre presente, "como uma sombra" (Larenz), acompanhando o débito ou dever de prestar. Quem assuma uma obrigação fica adstrito a um comportamento; mas em simultâneo, envolve e compromete o seu património, com todos os riscos que isso implica[1038]. Esse aspeto é importante e não deve ser esquecido, para mais perante um

---

[1038] LARENZ, *Schuldrecht* cit., I, 14.ª ed., 23-24.

298 *Conceito e estrutura da obrigação*

moderno Direito das obrigações que, entre os seus parâmetros, tenha o da tutela do consumidor ou, mais latamente, a do devedor.

Só que, assim tomada, a respondência é um modo de ser de todo o Direito: não é um vínculo específico que se inscreva em cada obrigação[1039]. Digamos – numa orientação que, de resto, remonta ao início do século XX – que a *Schuld* acaba por ser o fator dominante, embora não possa existir sem a *Haftung*[1040]: o poder de agressão relativamente ao património do devedor não é, em si, um direito subjetivo nem é algo que se possa "coordenar" com a pretensão, antes surgindo como um momento integrante do conceito de pretensão ou do crédito[1041]. Nas palavras de Isay, a fundamentação da relação obrigacional é, também, a da responsabilidade do devedor[1042].

[1039] DORN, HKK-BGB cit., II/1, § 241, Nr. 48 (179), sublinhando que o débito e a respondência são, hoje (meros) conceitos ordenadores, que visam esclarecer melhor a matéria.

[1040] ERNST FREIH. VON SCHWIND, *Schuld und Haftung im geltenden Recht*, JhJb 68 (1919), 1-204 (52).

[1041] HANS REICHEL, *Unklagbare Ansprüche*, JhJb 59 (1911), 409-460 (411).

[1042] HERMANN ISAY, *Schuldverhältnis und Haftungsverhältnis* cit., 189.

§ 20.º AS (RE)CONSTRUÇÕES DO PESSOALISMO

86. Aspetos gerais; o credor como sucessor do devedor

I. Percorremos as diversas teorias: pessoalistas, realistas e dualistas, todas relativas ao conceito e à estrutura da obrigação. Há, entre outros, um ganho científico, uma vez que elas permitem esclarecer distintos aspetos da matéria. Esclarecemos que se trata de uma análise dogmática e não histórico-crítica. Por isso, a matéria não é cronologicamente arrumada.

As teorias realistas e, por essa via, as dualistas encontram obstáculos que não resolvem. As pessoalistas são insuficientes. Todavia, elas apontam uma via que deve ser ponderada. Devemos ter sempre presente que as teorias relativas ao conceito e estrutura das obrigações não surgem isoladas: muitas vezes, elas procuram resolver problemas concretos, à luz dos circunstancialismos que as viram nascer.

Ocorre, aqui, referir as teorias que concebem a obrigação como via para adquirir a propriedade e que foram, entre nós, identificadas por Gomes da Silva[1043], com reflexos nalguma doutrina ulterior[1044]. Estamos perante o problema da sistematização do Código Napoleão e do nível significativo-ideológico que ele comporta. O Livro III desse Código regula as obrigações a propósito "dos diferentes modos por que se adquire a propriedade". Ora o modo por que se desenvolve esta matéria não tem a ver com direitos reais, mas antes com a atuação do devedor. Vamos, a tal propósito, considerar a ideia, muito formativa, do credor como sucessor do devedor.

II. O devedor deve efetuar a prestação a que se encontra obrigado. Se não o puder fazer, ele deve tomar a iniciativa de compensar o credor em dinheiro. Se não tiver dinheiro, ele deve realizá-lo: vendendo bens próprios em quantidade suficiente, para reunir a soma necessária. E se não

---

[1043] GOMES DA SILVA, *Conceito e estrutura da obrigação* cit., 103 ss..
[1044] MENEZES LEITÃO, *Direito das obrigações* cit., 1, 9.ª ed., 78 ss..

300   *Conceito e estrutura da obrigação*

fizer nada disso? O credor vai-se-lhe substituir, através dos tribunais, praticando os passos que, ao devedor, teriam competido. Chegamos, assim, à construção francesa do credor como sucessor do devedor[1045]. Embora muito antiga e, hoje, quase esquecida, ela apresenta-se interessante em várias das dimensões em causa.

III. Os autores da exegese procuram entender como poderia o credor exercer os direitos do devedor. Vieram explicar que o credor era um sucessor[1046], a título universal, do devedor, ficando colocado na posição deste e exercendo, a esse título, as posições que lhe competiriam[1047]. Na fórmula de Josserand:

> (...) os credores são os sucessores a título universal, do seu devedor: eles detêm, dele, um direito universal, que plana sobre o conjunto do seu património; a esse título, eles submetem-se à contraface dos atos aos quais ele proceda e que lhes são oponíveis, excluindo a fraude; todas as alterações sobrevindas no património do seu devedor encontram eco e refletem-se no seu direito de garantia, de que ele é o suporte[1048].

O devedor está efetivamente investido em compromissos que devem ser (pessoalmente) acatados. Se, porém, houver um inacatamento, o credor vai colocar-se na exata posição do devedor, encabeçando-lhe os respetivos

---

[1045] No nosso *Direito das obrigações*, 1, 208 ss., colocámos esta orientação entre as tentativas de superação da *Schuld und Haftung*. Mal, dizia MENEZES LEITÃO, *Direito das obrigações*, 1, 7.ª ed. (2008), 80, nota 142, reportando-se à 1.ª ed. desta obra, uma vez que é cronologicamente anterior à referida *Schuld und Haftung*. Teve razão. Mas já não o acompanhámos quanto a tratar-se de uma orientação realista: não faz apelo à construção de direitos reais mas, antes, à ideia de sucessão. MENEZES LEITÃO, *Direito das obrigações* cit., 1, 9.ª ed., 80, nota 143, insurge-se contra a ideia. Sendo-nos permitido, não o acompanhamos.

[1046] Em francês jurídico usa-se o termo *ayant cause*, para designar a ideia da colocação de um sujeito na posição de um outro sujeito (sucessão); não tem, necessariamente, a ver com direitos reais.

[1047] M. DURANTON, *Cours de droit français suivant le Code civil*, XIII (1831), 140-141; MARCADÉ, *Explication theorique et pratique du Code Napoléon*, IV, 5.ª ed. (1859), 398-399 e F. LAURENT, *Principes de Droit civil français*, XVI 3.ª ed. (1878), 17, também referidos por MENEZES LEITÃO, *Direito das obrigações* cit., 1, 9.ª ed., 80 a 82, que menciona, ainda, outros escritos.

[1048] LOUIS JOSSERAND, *Cours de droit civil positif français*, 2 (1930), n.º 649 (318).

§ 20.º As (re)construções do pessoalismo 301

direitos que, nem por isso, sofrem qualquer alteração, num típico fenómeno de sucessão[1049].

Assim e nomeadamente:

– tal como o herdeiro em relação ao autor, o credor quirografário[1050] tem um direito ao património do devedor, independentemente dos elementos que o constituam;
– à imagem do herdeiro, o credor nada pode sobre o património do devedor, devendo sofrer todas as flutuações que, aí, se verifiquem;
– a situação é semelhante no momento do vencimento da dívida: tal como o herdeiro em relação ao *de cuius*, o credor limita-se a recolher os elementos patrimoniais efetivamente existentes, estando impedido de contestar os atos passados que, eventualmente, o tenham lesado;
– finalmente, tal como os herdeiros repartem o património do autor sem consideração pelo momento da sua instituição, assim o credor não retira, em relação aos restantes, qualquer vantagem da antiguidade relativa do seu direito: todos aparecem em pé de igualdade[1051].

IV. Opondo-se à orientação supra-referida, prevalecente em França durante o século XIX e princípios do século XX, surge Julien Bonnecase[1052], para quem o credor seria, não um sucessor a título universal do devedor, mas antes a título particular. Isto porque, segundo ele, na obrigação haveria, desde logo, uma sucessão do credor em determinado valor do património do devedor.

Diz Bonnecase[1053]:

(...) desde logo o credor tem um título definitivo à transmissão de um valor do património do devedor para o seu. É sem razão que nunca se vê senão a

---

[1049] G. BAUDRY-LACANTINERIE/L. BARDE, *Traité theorique et pratique de Droit civil/ XII – Des obligations*, I, 3.ª ed. (1906), n.º 637 (644).

[1050] Diz-se credor quirografário aquele que não tem qualquer garantia real a reforçar o seu crédito. Quanto à origem da expressão, PAULO CUNHA, *Da garantia nas obrigações* cit., 1, 118.

[1051] JULIEN BONNECASE, *La condition juridique du créancier chirographaire/Sa qualité d'ayant-cause à titre particulier*, RTDC XIX (1920), 103-150 (107).

[1052] JULIEN BONNECASE, *Précis de Droit civil*, II (1934), 96 ss..

[1053] *La condition juridique du créancier chirographaire* cit., 149. *Vide* GOMES DA SILVA, *Conceito e estrutura da obrigação* cit., 105, cuja sistematização não acompanhamos.

302 *Conceito e estrutura da obrigação*

ideia de garantia na base do direito de crédito; é a ideia de sucessão que, em boa análise, é necessário ver nela.

V. A ideia central destas formulações é, efetivamente, a de sucessão[1054]. Nem Baudry-Lacantinerie, nem Bonnecase, chegam ao extremo de pretender que, pelo direito de crédito, se constitui, simplesmente, um direito real ao património do devedor ou a elementos nele compreendidos. Simplesmente, pelo crédito, assiste-se à exata colocação do credor na posição patrimonial do devedor – geral ou particular. De tal modo que se o devedor não acatar a obrigação, a sucessão opera irresistivelmente.

VI. Esta construção é hábil, sendo um contributo francês para o tema do conceito e da estrutura da obrigação. Exige uma certa capacidade de abstração, para ser seguida e entendida. Tem cabimento lógico-económico: na verdade, perante o inadimplemento, queda ao credor (com o Estado) fazer, com os meios do devedor, o que este não fez.

Mas temos dois obstáculos:

– admitindo que o credor suceda ao devedor: qual é a natureza do vínculo antes (e depois) do incumprimento? É isso que tentamos averiguar;
– não há uma pura sucessão, porque o incumprimento é "constitutivo": dele derivam situações que, antes, não existiam, pelo que o credor nunca fica (precisamente) na posição do devedor.

Resta ainda acrescentar dois pontos: a técnica *ayant-cause* não se coaduna com os quadros do sistema romano-germânico; a tese francesa tem, como finalidade última, construir a transmissibilidade das obrigações.

87. A obrigação como organismo ou como relação-quadro

I. No início do século XX, o conceito e a estrutura da obrigação estavam, na prática, estabilizados em torno da teoria clássica: nela e no essencial, tínhamos uma pessoa adstrita, para com outra, à realização de uma prestação[1055]. A doutrina do débito e da respondência teve, todavia

---

[1054] Quanto à distinção entre sucessão e transmissão, *Tratado* I/1, 3.ª ed., 439 ss..

[1055] P. ex., Josef Kohler, *Lehrbuch des Bürgerlichen Rechts*/II – *Vermögensrecht* – 1 *Schuldrecht* (1906), 10; o Autor acrescenta que a *Haftung* só teve interesse histórico

§ 20.º As (re)construções do pessoalismo 303

e entre outros, os méritos de realizar uma integração histórica do instituto e de chamar a atenção para a necessidade de um tratamento analítico da matéria subjacente.

Ponderando um pouco o regime, logo se verifica que, na presença de uma obrigação, não encontramos, apenas, um devedor adstrito a uma prestação: antes se nos deparam direitos a várias atuações, direitos potestativos, sujeições, encargos e direitos hipotéticos de todo o tipo. Assim, estudando o conteúdo da obrigação, Heinrich Siber vem a descobrir, nele, diversos elementos[1056] acabando por, recuperando uma locução já usada por Savigny[1057], referir o vínculo obrigacional como um organismo[1058].

II. A ideia foi bem acolhida, surgindo com frequência na literatura subsequente, em autores hoje clássicos como von Tuhr[1059], Enneccerus/ Lehmann[1060], Erick Wolf[1061] e Soergel/Teichmann[1062]. Trata-se de uma manifesta locução descritiva e figurativa[1063] que, todavia, não tem a ver com os organicismos do século XIX[1064].

A obrigação é traduzida por "organismo" como modo de exprimir a sua complexidade interna. Não está em jogo um mero dualismo, tipo débito e respondência: antes numerosos outros elementos.

(idem, 11); KONRAD COSACK/HEINRICH MITTEIS, Lehrbuch des Bürgerlichen Rechts/I – Die Allgemeinen Lehren und das Schuldrecht, 8.ª ed. (1927), § 128 (333 ss.) e PAUL KRÜCK-MANN, Institutionen des Bürgerlichen Gesetzbuches, 5.ª ed. (1929), § 43 (369): o credor não tem um direito à pessoa, mas sim contra a pessoa do devedor.

[1056] HEINRICH SIBER, Der Rechtszwang im Schuldverhältnis (1903), 92 ss. e 253 ss..

[1057] PANAJIOTIS ZEPOS, Zu einer "gestalttheoretischen" Anffassung des Schuldverhältnisses, AcP 155 (1956), 486-494 (486).

[1058] HEINRICH SIBER, recensão a FRITZ LITTEN, Die Wahlschuld im deutschen bürgerlichen Rechte, KrVSchr 46 (1905), 526-555 (528); PLANCK/SIBER, BGB, 4.ª ed. (1914), 4.

[1059] ANDREAS VON TUHR, Der Allgemeine Teil des Deutschen Bürgerlichen Rechts/I – Allgemeine Lehren und Personenrecht (1910, reimp., 1957), 93 ss. e 125 ss.

[1060] LUDWIG ENNECCERUS/HEINRICH LEHMANN, Recht der Schuldverhältnisse/Ein Lehrbuch I, 15.ª ed. (1958), § 1, III (5), citando Planck/Siber.

[1061] ERICK WOLF, Rücktritt, Vertretenmüssen und Verschulden, AcP 153 (1954), 97-144 (114).

[1062] ARNDT/TEICHMANN, no SOERGEL BGB, 12.ª ed. (1990), prenot. § 241, Nr. 3 (2).

[1063] RUDOLF BRUNS, Das Schuldverhältnis als Organismus/Wegweisung und Missdeutung, FS Zepos 1973, 69-82 (69 ss.).

[1064] Tratado IV, 3.ª ed., 577 ss., relativamente à personalidade coletiva.

304 Conceito e estrutura da obrigação

III. Todavia, não era apenas a complexidade interna da obrigação que estava em causa. Antes se verificava que, nos seus elementos, alguns se iam modificando no decurso do seu trajeto: novos deveres e novos encargos acudiam como modo de enquadrar problemas surgidos antes da extinção pelo cumprimento. Felix Herholz explicitou essa ideia, nos finais dos anos 20 do século passado, apresentando a relação obrigacional como uma relação-quadro constante, mau grado a mutabilidade do seu conteúdo[1065]. Outras afirmações sugestivas podem ser apontadas na literatura especializada[1066], sobressaindo a visão dinâmica de Paul Oertmann[1067], a presença de uma realidade fenomenológica de Zepos[1068], a relação ampla como relação-quadro, de Beuthien[1069], a ideia de unidade complexa de Gernhuber[1070], ou a presença de uma estrutura, em Larenz[1071]. A relação obrigacional implicaria uma suma (*Inbegriff*) de elementos diversificados.

[1065] FELIX HERHOLZ, *Das Schuldverhältnis als konstante Rahmenbeziehung (Ein Rechtsgrund für negative Interessenansprüche trotz Rücktritt und Wandlung)*, AcP 130 (1929), 257-324 (260 e *passim*). Quanto a Herholz e ao seu escrito (uma dissertação defendida em Königberg), RUDOLF BRUNS, *Das Schuldverhältnis als Organismus* cit., 78. A ideia da constância da obrigação, mau grado a mutabilidade do seu conteúdo é, ainda, enfatizada por LARENZ, *Entwicklungstendenzen der heutigen Zivilrechtsdogmatik*, JZ 1962, 105-110 (108/I e II).

[1066] *Vide* FRANZ DORN, HKK/BGB cit., II/1, § 241, 71 (205-207), KRAMER, *Münchener Kommentar* cit., 2, 5.ª ed. (2003), intr., Nr. 13 (9) e DIRK OLZEN, no Staudingers (2009) cit., § 241, Nr. 39 (142).

[1067] PAUL OERTMANN, *Bürgerliches Gesetzbuch/II – Das Recht der Schuldverhältnisse*, 3.ª e 4.ª ed. (1910), prenot. § 241, Nr. 3c, (2), referindo a relação obrigacional como uma "força viva".

[1068] ZEPOS, *Zu einer "gestalttheoretischen" Auffassung des Schuldverhältnisses* cit., 488, 494 e *passim*.

[1069] VOLKER BEUTHIEN, *Zweckerreichung und Zweckstörung im Schuldrecht* (1969), 7.

[1070] JOACHIM GERNHUBER, *Das Schuldverhältnis/Begründung und Änderung, Pflichten und Strukturen, Drittwirkungen* (1989), § 2 (6).

[1071] LARENZ, *Schuldrecht* cit., 1, 14.ª ed., 27, reportando-se ao conceito desenvolvido por NICOLAI HARTMANN, *Der Aufbau der realen Welt*, de que cita a edição de 1940. Cf. NICOLAI HARTMANN, *Der Aufbau der realen Welt*, 3.ª ed. (1964), 241 e *passim*. Hartmann explica que a estrutura interna (*das innere Gefüge*) não se separa das realidades, antes se determinando mutuamente. Esse Autor utiliza a ideia de estruturas dinâmicas para explicar os corpos, as realidades e as coisas – NICOLAI HARTMANN, *Philosophie der Natur/Abriss der Speziellen Kategorienlehre*, 2.ª ed. (1980), 447, 449 e *passim* – numa ideia fecunda, quando transposta para as obrigações.

§ 20.º As (re)construções do pessoalismo

88. Um processo teleológico visando o interesse do credor?

I. As ideias da obrigação como organismo, como relação-quadro ou como estrutura transmitem uma forte sugestão de complexidade interior. Teríamos de trabalhar com diversos elementos que, não obstante, estariam unificados. Qual seria o elemento unificador?

Uma explicação sedutora encontraria, no elemento teleológico, um fator de unificação. A relação obrigacional não vale por si: ela constituiu-se e, em princípio, irá vigorar, com eventuais adaptações, até se extinguir pelo cumprimento. E esse cumprimento equivaleria, materialmente, à satisfação do interesse do credor. O fator teleológico equivaleria ao dever-ser dirigido a essa satisfação, enquanto a soma dos elementos integradores do vínculo se ordenariam em função dele[1072].

II. O interesse a ter em conta seria simplesmente o adjudicado pela relação obrigacional em causa[1073]. E como estaria em jogo uma sequência que se prolonga no tempo, oportuno seria fazer apelo à ideia de processo[1074]: conjunto de atos que se sucedem no tempo, ordenados em função do efeito final. Na mesma linha, Jürgen Schmidt fala num "plano" ou num "programa"[1075].

A obrigação compreende, no seu conteúdo, vários elementos. Torna-se apodítico afirmar que tais elementos não andam soltos, antes se articulando em termos juridicamente úteis. Mas poderemos construir uma estrutura teleologicamente orientada em função do seu fim, o qual seria a satisfação do interesse do credor?

III. A determinação do escopo de uma obrigação tem um especial relevo dogmático: permitiria ajuizar da sua extinção pela obtenção do escopo ou da aplicação de alteração das circunstâncias, pela perturbação desse mesmo escopo[1076]. Equiparar o escopo ao "interesse do credor"

[1072] *Vide* Zepos, *Zu einer "gestalttheoretischen" Anffassung des Schuldverhältnisses* cit., 488-489.

[1073] Larenz, *Schuldrecht* cit., 1, 14.ª ed., 28.

[1074] *Idem*, loc.cit..

[1075] Jürgen Schmidt, no Staudinger, 13.ª ed. (1995), § 242, Nr. 902 (566).

[1076] *Vide* a habilitação (clássica) de Volker Beuthien, *Zweckerreichung und Zweckstörung im Schuldverhältnis* (1969), 1 e *passim*.

306   *Conceito e estrutura da obrigação*

obriga a definir interesse. Matéria complexa, mas particularmente relevante, uma vez que a lei apela, para ele, em pontos sensíveis. Por exemplo:

– segundo o artigo 398.º/2, a prestação não necessita de ter valor pecuniário; mas deve corresponder a um *interesse do credor, digno de proteção legal*;
– pelo artigo 443.º/1, pode uma das partes assumir perante outra, que tenha na promessa *um interesse digno de proteção legal*, a obrigação de efetuar uma prestação a favor de terceiro.

A presença recorrente de "interesse" no Direito civil e, em especial, nas obrigações, leva-nos a, na rubrica seguinte, averiguar a extensão e o alcance da locução.

Adiantamos, todavia, para os presentes propósitos, que o "interesse" visado por uma obrigação só pode ser a realidade que, pelo seu próprio teor, ela vise proporcionar ao autor[1077]. Caso a caso terá de ser determinado. Nas obrigações negociais, o interesse em jogo depende da autonomia privada; nas legais, haverá que interpretar a fonte.

IV. Temos, ainda, um segundo problema: a obrigação pode visar um determinado resultado ou, antes, ficar-se pela exigência de uma conduta[1078]. Parece-nos plausível que ambas as hipóteses sejam possíveis: e isso nos deixará na situação de poder haver obrigações sem fim ou obrigações cujo fim se confunda com elas próprias.

A ideia de obrigação como um processo teleologicamente ordenado fica enfraquecida. Teremos de antecipar um mínimo de elementos dogmáticos para seguir esta pista, até ao termo.

[1077] E que, não o sendo, obriga a indemnizar.

[1078] FRANZ WIEACKER, *Leistungshandlung und Leistungserfolg im Bürgerlichen Schuldrecht*, cit., 783-813 (783, 785 e *passim*); MARIA DE LURDES PEREIRA, *Conceito de prestação e destino da contraprestação* (2001), 11 ss..

§ 21.º O INTERESSE

89. Evolução

I. O interesse traduz uma relação ou ligação entre dois pólos. Etimologicamente, advém de *id quod inter esse*: o que fica entre[1079].

Por exemplo, diz Ulpiano[1080]

Si res vendita non tradatur, in quod interest agitur, hoc est quod rem habere interest emptoris: hoc autem interdum pretium egreditur, si pluribus interest, quam res valet vel empta est[1081].

No período intermédio, incluindo o do humanismo jurídico, o interesse manteve uma presença discreta nos textos jurídicos.

Donnellus dá-lhe um certo ênfase: o que interessa (*quod interest*) releva, para efeitos processuais e de fundo. *Id quod interest in facto, non in jure consistere: hoc utrumque quid sit* [1082].

Podemos dizer que, ao longo dos séculos, a locução "interesse" teve um uso cómodo, em Direito, próximo do seu sentido comum; o de uma relação de necessidade ou de apetência, entre uma pessoa com neces-

---

[1079] BRIGITTE KEUK, *Vermögenschaden und Interesse* (1972), 276 pp., 52.

[1080] ULPIANO, D. 19.1.1.pr = OKKO BEHRENDS e outros, *Corpus iuris civilis*, ed. bil. latim/alemão, III (1999), 515.

[1081] Em português: Se a coisa vendida não for traditada, ir-se-á agir nesse interesse, isto é, no interesse do comprador de ter essa coisa; esse interesse, contudo, é ultrapassado caso o valor ou o preço da coisa seja superior àquilo por que foi comprado.

[1082] HUGO DONNELLUS, *Opera omnia, Commentatorium de iure civile*, IX (ed. 1832; o original é dos finais do século XVI), 811-814 (814).

308   *Conceito e estrutura da obrigação*

sidades ou com desejos, perante uma realidade (um *quid*) capaz de os satisfazer.

II. Em meados do século XIX, a expressão "interesse" conheceu um grande incremento. Apontamos duas tradições, que para tal contribuíram: o utilitarismo de Bentham e o positivismo jurídico de Jhering.

Jeremy Bentham (1748-1832) foi um filósofo e jurista inglês, que marcou a passagem do jusnaturalismo britânico para a contemporaneidade. Conhecido pelo utilitarismo, Bentham intentou, ainda que por via não-dogmática, aproximar o Direito da realidade.

Rudolf von Jhering (1818-1892) foi um jurista alemão, cujo nome ficou ligado a uma renovação metodológica profunda (a jurisprudência dos interesses) e a quem se devem descobertas jurídicas fundamentais: desde a natureza da posse à *culpa in contrahendo*. Renovou institutos básicos, com relevo para o direito subjetivo e a personalidade coletiva.

Bentham procurou reagir contra o jusnaturalismo anterior que, assente em postulados abstratos de tipo racional, pretendia deduzir todo o edifício jurídico-social a uns quantos princípios básicos: Deus criou o homem à Sua imagem e semelhança; logo os homens são bons, livres e iguais; a sua sujeição ao Estado deriva da celebração de um contrato, que institui o soberano e as bases do Direito. Bentham contrapõe que não se documenta tal contrato; o homem procura a sua felicidade, através da maximização das utilidades que originam os interesses de cada um; na base da experiência, é possível determinar a melhor via para a salvaguarda de tais interesses[1083].

Jhering, por seu turno, afirmou-se contra a por ele próprio denominada jurisprudência dos conceitos e que consistia em apresentar as soluções jurídicas como o resultado de uma subsunção em estruturas formais deduzidas de conceitos mais elevados. A isso contrapôs o autor a necessidade de verificar os interesses subjacentes às diversas situações,

---

[1083] JEREMY BENTHAM, *An introduction to the Principles of Morals and Legislation* (1789; utiliza-se a ed. de 1823, reed. em 1908), 411 pp., onde o termo *interest* surge, de modo repetido: a propósito das pessoas e a propósito da sociedade. Bentham não abordava o Direito enquanto tal, tendo dirigido múltiplas críticas ao grande comentador, Sir William Blackstone (1723-1780).

§ 21.º O interesse   309

procedendo à sua ponderação em face das disposições legais[1084]. Essa busca de interesses reais levou Jhering a reformular o conceito de direito subjetivo (interesse legalmente protegido)[1085] e de pessoa coletiva (modo de posicionar os interesses indeterminados ou gerais, como forma de os tornar operacionais, perante o direito judicial de ação)[1086], em termos que teriam uma influência duradoura[1087].

Jhering, ultrapassando o racionalismo tardio de Bentham[1088], trabalhava dogmaticamente o Direito, isto é: estudava-o com a preocupação efetiva de solucionar, cientificamente, casos concretos. Fez escola, lançando, no domínio em causa, a jurisprudência dos interesses. Coube a Philipp Heck (1858-1943) aprofundar e divulgar essa orientação[1089].

No essencial, Heck deixa-nos as ideias seguintes. Os conceitos formulados pela Ciência do Direito não são causais de soluções a que se chegue. Na origem, temos interesses, objeto de ponderação pelo legislador. Deste modo, a realização do Direito passa pela identificação dos interesses discutidos em cada caso e pela determinação das escolhas de interesses feitas pelo legislador. Heck não dá uma definição lapidar (dogmaticamente utilizável) de interesse: antes a evita. Trata-se de "interesses" em sentido amplo, de

---

[1084] Em especial: RUDOLF VON JHERING, *Der Zweck im Recht* 1 (1877), XVI + 557 pp. e 2 (1883), XXX + 716 pp.; com indicações, *Tratado* I, 437 ss..

[1085] RUDOLF VON JHERING, *Geist des römischen Rechts auf den verschiedenen Stufen seiner Entwicklung* III/1, 6.ª e 7.ª eds. (1924), 332 (a 1.ª ed. é de 1861).

[1086] RUDOLF VON JHERING, *Geist des römischen Rechts* cit., 338 ss. (340 e 341).

[1087] *Tratado* I, 876 ss. e IV, 573 ss., respetivamente.

[1088] Ou iluminismo tardio, nas palavras de FRANZ WIEACKER, *Privatrechtsgeschichte der Neuzeit*, 2.ª ed. (1967, reimp., 1996), 449. De todo o modo, HELMUT COING, *Bentham's importance in the development of "Interessen jurisprudenz" and general jurisprudence*, em The irish jurist 1 (1966), 336-351 (336 ss.), sonda a hipótese de uma influência de Bentham em Jhering, designadamente através da tradução alemã de FRIEDRICH EDUARD BENEKE (1798-1854), *Grundsätze der Civil- und Criminal-Gesetzgebung, aus den Handschriften des englischen Rechtsgelehrten Jeremias Bentham, herausgegeben von Etienne Dumont/Nach der zweiten, verbesserten und vermehrten Auflage für Deutschland bearbeitet und mit Anmerkungen* 1 (1830), XXXII + 443 pp., no seu título completo; como se vê, trata-se de uma edição criativa, dirigida ao público alemão; compreende-se, aí, na I secção, a rubrica *Von den Principen der Moral und der Gesetzgebung* (27 ss.), com as ideias gerais da utilidade (27 ss.), sobre o escopo do Direito civil (239 ss.): corresponde a *An introduction to the Principles of Morals and Legislation*.

[1089] As obras básicas de Heck, a sua evolução e a literatura circundante podem ser confrontadas no *Tratado* I, 437 ss..

modo a abranger aspetos humanos, económicos, morais e religiosos, merecedores de regulação jurídica.

No terreno, a jurisprudência dos interesses acabaria por valorizar uma interpretação de tipo histórico-subjetivo: torna-se fundamental conhecer a vontade concreta do legislador, no tocante às pretendidas ponderações de interesses. Mais importante (e criticável): a jurisprudência dos interesses descambou num positivismo radical, procurando irradicar, do universo da realização do Direito, a "Filosofia", isto é: tudo quanto não constasse da lei, na versão "vontade real do legislador".

90. Quadro terminológico

I. Na sequência da evolução registada quanto a "interesse", de Bentham a Heck, fica-nos uma ideia apreciativa e omnipresente. Os custos para a sua precisão e, daí, para a sua dogmaticidade, são evidentes. Cabe fixar um quadro terminológico.

Podemos distinguir três usos básicos para interesse:

– o interesse como uma representação de ordem geral, que visa exprimir entidades de natureza económica, sem as identificar e pressupondo uma atuação não-aparente (subterrânea); por exemplo: os grandes interesses dominam o Mundo;
– o interesse como bordão de linguagem, que permite ao discurso jurídico arrimar-se em algo de objetivo (isto é, alheio ao sujeito), mas sem o designar; por exemplo: os interesses (e não os conceitos) são causais das soluções, numa locução cara à jurisprudência dos interesses;
– o interesse em sentido preciso.

II. As palavras não são perigosas: o perigo reside no que digam ou no que calem. Deste modo, o uso meramente retórico de "interesse", para além de prejudicar a dogmática dessa locução, esconde metadiscursos vazios ou exonerantes. Dizer, concentradamente, que os interesses das empresas controlam governos pode surgir como algo de profundo. Mas nada exprime, a não ser desconsideração pelo sistema político.

O recurso a interesse como bordão de linguagem, incluindo em textos legais, origina dúvidas e debates. Recordamos, como paradigma, o artigo 64.º/1, do Código das Sociedades Comerciais[1090]:

[1090] *Vide* os nossos *Código das Sociedades Comerciais Anotado*, 2.ª ed. (2011), 253 ss. e *Direito das sociedades* I, 863 ss..

§ *21.º O interesse* 311

1 – Os gerentes ou administradores da sociedade devem observar:
(...)
b) Deveres de lealdade, no interesse da sociedade, atendendo aos interesses de longo prazo dos sócios e ponderando os interesses dos outros sujeitos relevantes para a sustentabilidade da sociedade, tais como os seus trabalhadores, clientes e credores.

A multiplicação de "interesses" impede uma dogmatização capaz: fica a ideia da remissão para os diversos lugares normativos envolvidos.

III. A expressão "interesse" tem uma aplicação especial no Direito dos seguros. Segundo o artigo 43.º/1, da Lei do Contrato de Seguro, de 2008, epigrafado "interesse",

O segurado deve ter um interesse digno de proteção legal relativamente ao risco coberto, sob pena de nulidade do contrato.

A exigência de um "interesse digno", no contrato de seguro, tem toda uma história[1091]. Em síntese, ele comporta:

– um alcance amplo, destinado a dar, ao seguro, uma justificação significativo-ideológica capaz de o distinguir do jogo e da aposta;
– um alcance estrito, que exprime a relação entre o segurado e o valor seguro.

Apesar de se manter vivo na Lei portuguesa, o "interesse", nos seguros, tem vindo a regredir, quer nas doutrinas mais avançadas, quer no Direito europeu dos seguros[1092].

IV. Em sentido preciso, temos três aceções de interesse[1093]:

– interesse subjetivo: a relação de apetência que se estabelece entre uma pessoa, que tem desejos e o objeto capaz de os satisfazer;

[1091] Com ricas indicações, RUDOLF GÄRTNER, *Die Entwicklung der Lehre vom versicherungsrechtlichen Interesse von den Anfängen bis zum Ende des 19. Jahrhunderts*, ZVersW 52 (1963), 337-375 (341 ss.); uma referência deve ser feita à obra de MARGARIDA LIMA REGO, *Contrato de seguro e terceiros* (2010), 191 ss., também com muitas indicações.
[1092] *Vide* o nosso *Direito dos seguros* (2013), § 48.º.
[1093] Quanto aos dois primeiros, FERNANDO PESSOA JORGE, *Direito das obrigações* cit., 1, 92 ss..

312 *Conceito e estrutura da obrigação*

– interesse objetivo: a relação de adequação que surge entre uma pessoa, que tem necessidades (reais e constatáveis) e a realidade apta a resolvê-las;
– interesse técnico: a realidade apta a satisfazer desejos ou necessidades e que, sendo protegida pelo Direito, dá lugar, quando desrespeitada, a um dano.

Este último sentido afigura-se-nos o mais adequado[1094]. Mas podemos encarar os demais desde que, pelo contexto em que ocorram, não surjam confusões.

91. O interesse no Direito civil

I. No Código Civil, o termo "interesse" (ou "interesses") surge em 83 artigos. Além disso, ele refere, em 75 preceitos, "interessado" ou "interessados". Damos nota dos mais significativos:

Parte Geral

41.º/2 (obrigações provenientes de negócios jurídicos): a designação das partes só pode recair sobre lei cuja aplicabilidade corresponda *a um interesse sério* dos declarantes ou que esteja em conexão com alguns dos elementos do negócio jurídico, atendíveis no domínio do direito internacional privado;

72.º/2 (direito ao nome): o titular do nome não pode usá-lo de modo *a prejudicar os interesses* de quem tiver nome total ou parcialmente idêntico; nestes casos, o tribunal decretará as providências que, segundo juízos de equidade, melhor *conciliem os interesses em presença*;

92.º/2 (curadoria provisória): havendo *conflito de interesses* entre o ausente e o curador (...) deve ser designado um curador especial;

94.º/2 (direitos e obrigações do curador provisório): compete ao curador provisório requerer os procedimentos cautelares e intentar as ações que não possam ser retardadas *sem prejuízo dos interesses do ausente*;

176.º/1 (privação do direito de voto): o associado não pode votar, por si ou como representante de outrem, nas matérias em que haja *conflito de interesses* entre a associação e ele (...);

[1094] PAULO MOTA PINTO, *Interesse contratual negativo e interesse contratual positivo* 1 (2008), 528-529 e *passim*.

§ 21.º O interesse 313

212.º/2 (fundos civis): as *rendas ou interesses* que a coisa produz em consequência de uma relação jurídica;
261.º/1 (negócio consigo mesmo): é anulável o negócio jurídico celebrado
pelo representante consigo mesmo (...) a não ser (...) ou que o
negócio exclua por sua natureza a possibilidade de um *conflito de
interesses*;
265.º/3 (extinção da procuração): se a procuração tiver sido conferida também no interesse do procurador ou de terceiro, não pode ser revogada
sem acordo do interessado, salvo ocorrendo justa causa;
286.º (nulidade): a nulidade é invocável a todo o tempo *por qualquer interessado* e pode ser declarada oficiosamente pelo tribunal;
287.º/1 (anulabilidade): só têm legitimidade para arguir a anulabilidade as
pessoas *em cujo interesse a lei a estabelece* (...);
305.º/1 (oponibilidade da prescrição por terceiro): a prescrição é invocável
pelos credores e por terceiros com *legítimo interesse* na sua declaração, ainda que o devedor a ela tenha renunciado;
336.º/1 (ação direta): não é lícita quando *sacrifique interesses superiores*
aos que o agente visa realizar ou assegurar;
340.º/3 (consentimento do lesado): tem-se por consentida a lesão quando
esta se deu no *interesse do lesado*;
353.º/2 (capacidade e legitimação para a confissão): a confissão feita pelo
litisconsorte é eficaz, se o litisconsórcio for voluntário, embora o seu
efeito se restrinja *ao interesse do confitente*;
376.º/1 (força probatória): os factos compreendidos na declaração conside-
ram-se provados na medida em que forem *contrários aos interesses
do declarante*.

Direito das obrigações

398.º/2 (conteúdo da prestação): a prestação não necessita de ter valor
pecuniário; mas deve corresponder a *um interesse do credor, digno
de proteção legal*;
443.º/1 (contrato a favor de terceiro): por meio de contrato, pode uma das
partes assumir perante outra, que tenha na promessa *um interesse
digno de proteção legal*, a obrigação de efetuar uma prestação a favor
de terceiro;
448.º/2 (revogação pelos contraentes): o direito de revogação pertence ao
promissário; se, porém, a promessa foi feita *no interesse de ambos* os
outorgantes, a revogação depende do consentimento do promitente;
464.º (gestão de negócios): dá-se a gestão de negócios, quando uma pessoa
assume a direção de negócio *no interesse e por conta do respetivo
dono*, sem para tal estar autorizada;

314   *Conceito e estrutura da obrigação*

465.º (deveres do gestor): o gestor deve: *a*) Conformar-se com *o interesse* e a vontade, real ou presumível, *do dono* do negócio (...);

466.º/2 (responsabilidade do gestor): considera-se culposa a atuação do gestor, quando ele agir em *desconformidade com o interesse* ou a vontade, real ou presumível, do dono do negócio;

468.º/1 (obrigações do dono do negócio): se a gestão tiver sido exercida *em conformidade com a interesse* e a vontade, real ou presumível, do dono do negócio, é este obrigado a reembolsar (...);

483.º/1 (responsabilidade civil): aquele que, com dolo ou mera culpa, violar ilicitamente (...) qualquer disposição *destinada a proteger interesses alheios* (...);

502.º (danos causados por animais): quem no *seu próprio interesse* utilizar quaisquer animais responde pelos danos que eles causarem (...);

503.º (acidentes causados por veículos): aquele que tiver a direção efetiva de qualquer veículo e o utilizar *no seu próprio interesse*, responde pelos danos;

507.º/2 (responsabilidade solidária): nas relações entre os diferentes responsáveis, a obrigação de indemnizar reparte-se *de harmonia com o interesse de cada um* na utilização do veículo;

509.º/1 (danos causados por instalações de energia e gás): aquele que tiver a direção efetiva de instalação destinada à condução ou entrega de energia elétrica ou de gás e a utilizar *no seu interesse*, responde;

575.º (apresentação de documentos): as disposições relativas à apresentação de coisas são extensivas aos documentos, desde que o requerente tenha *um interesse jurídico atendível* no exame deles;

605.º/1 (legitimidade dos credores): os credores têm legitimidade para invocar a nulidade dos atos praticados pelo devedor (...) desde que *tenham interesse na declaração de nulidade*;

607.º (credores sob condição suspensiva ou a prazo): o credor sob condição suspensiva e o credor a prazo apenas são admitidos a exercer a sub-rogação quando mostrem *ter interesse* em não aguardar a verificação da condição ou o vencimento do crédito;

610.º (efeitos da pauliana em relação ao credor): julgada procedente a impugnação, o credor tem direito à restituição dos bens *na medida do seu interesse*;

682.º (entrega de documentos): o titular do direito empenhado deve entregar ao credor pignoratício os documentos comprovativos desse direito que estiverem na sua posse e em cuja conservação *não tenha um interesse legítimo*;

738.º/1 (privilégios mobiliários especiais): os créditos por despesas de justiça *feitas diretamente no interesse comum* dos credores, para a

§ 21.º O interesse

conservação, execução ou liquidação de bens imóveis, têm privilégio sobre estes bens;

743.º: idem, quanto a imóveis;

767.º/1 (quem pode fazer a prestação): a prestação pode ser feita tanto pelo devedor como *por terceiro, interessado ou não* no cumprimento da obrigação;

770.º (prestação feita a terceiro): a prestação feita a terceiro não extingue a obrigação, exceto: *d*) se o credor vier a aproveitar-se do cumprimento e não tiver *interesse fundado* em não a considerar como feita a si próprio;

787.º/1 (direito à quitação): quem cumpre uma obrigação tem direito à quitação, devendo a mesma contar de documento autêntico ou autenticado ou ser provida de reconhecimento notarial, se aquele que cumpriu *tiver nisso interesse legítimo*;

788.º/1 (restituição do título; menção do cumprimento): extinta a dívida, tem o devedor o direito de exigir a restituição do título da obrigação; se o cumprimento for parcial, ou o título conferir outros direitos ao credor, ou este tiver, por outro motivo, *interesse legítimo na conservação* dele, pode o devedor exigir que o credor mencione no título o cumprimento efetuado;

792.º/2 (impossibilidade temporária): a impossibilidade só se considera temporária enquanto, atenta a finalidade da obrigação, *se mantiver o interesse do credor*;

793.º/2 (impossibilidade parcial): porém, o credor que *não tiver, justificadamente, interesse no cumprimento* parcial da obrigação pode resolver o negócio;

808.º/1 (perda do interesse do credor ou recusa do cumprimento): se o credor, em consequência de mora, *perder o interesse* que tinha na prestação (...) considera-se para todos os efeitos não cumprida a obrigação;

808.º/2 (segue): *a perda do interesse na prestação é apreciada objetivamente*;

871.º/2 (eficácia da confusão em relação a terceiros): se houver, a favor de terceiro, direitos de usufruto ou de penhor sobre o crédito, este subsiste, não obstante a confusão, na medida em que o *exija o interesse do usufrutuário* ou do credor pignoratício;

871.º/3 (idem, quanto à fiança): se, na mesma pessoa, se reunirem as qualidades de devedor e fiador, fica extinta a fiança, exceto se o credor *tiver legítimo interesse na subsistência da garantia*;

871.º/4: idem, quanto à hipoteca);

882.º/3 (entrega da coisa e documentos): se os documentos contiverem outras *matérias do interesse do vendedor*, é este obrigado a entregar pública-forma da parte respeitante a coisa ou direito objeto de venda ou fotocópia de igual valor;

316   *Conceito e estrutura da obrigação*

1169.º (pluralidade de mandantes): sendo dois ou mais os mandantes, as suas obrigações para com o mandatário são solidárias, se o mandato tiver sido conferido *para assunto de interesse comum*;

1170.º/2 (revogabilidade do mandato): se o mandato tiver sido conferido *também no interesse do mandatário* ou de terceiro, não pode ser revogado pelo mandante sem acordo do interessado, salvo ocorrendo justa causa;

1173.º (mandato coletivo): sendo o mandato conferido por várias pessoas e para assunto *de interesse comum*, a revogação só produz efeito se for realizada por todos os mandantes;

1175.º (morte ou interdição do mandante): não fazem caducar o mandato quando este tenha sido *também conferido no interesse do mandatário ou de terceiro*;

1193.º (terceiro interessado no depósito): se a coisa foi depositada *também no interesse do terceiro* e este comunicou ao depositário a sua adesão, o depositário não pode exonerar-se restituindo a coisa ao depositante sem conhecimento do terceiro.

Direitos reais

1344.º/2 (limites materiais dos prédios): o proprietário não pode proibir os atos de terceiro que, pela altura ou profundidade a que têm lugar, *não haja interesse em impedir*;

1352.º (obras defensivas de águas): todos os proprietários que participam do benefício das obras são obrigados a contribuir para as despesas delas, *em proporção do seu interesse* (…);

1424.º/1 (encargos de conservação e fruição na propriedade horizontal): salvo disposição em contrário, as despesas necessárias à conservação e fruição das partes comuns do edifício e ao pagamento de *serviços de interesse comum* são pagas pelos condóminos (…);

1436.º (funções do administrador na propriedade horizontal): são funções do administrador, *g)* regular o uso das coisas comuns e *a prestação de serviços de interesse comum*;

1464.º/1 (usufruto de capitais postos a juro): o usufrutuário de capitais postos a juro *ou a qualquer outro interesse* (…) tem o direito de perceber os frutos correspondentes à duração do usufruto;

1568.º/1 (mudança de servidão): o proprietário dominante pode exigir a mudança da servidão para sítio diferente (…) *se não prejudicar os interesses* do proprietário dominante (…).

§ 21.º O interesse

Direito de família

1651.º/2 (casamentos admitidos a registo): são admitidos a registo, a requerimento de quem *mostre legítimo interesse* no assento, quaisquer outros casamentos que não contrariem os princípios fundamentais da ordem pública internacional do Estado português;

1881.º/2 (poder de representação dos pais): se houver conflito de interesses cuja resolução dependa de autoridade pública, entre qualquer dos pais e o filho, ou entre filhos (…) são os menores representados por um ou mais curadores;

1956.º (protutor): compete-lhe c) representar o menor em juízo ou fora dele, quando os *seus interesses estejam em oposição* com os do tutor (…).

Direito das sucessões

2236.º/1 (em caso de disposição testamentária): sujeita a condição resolutiva, o tribunal pode impor ao herdeiro ou legatário a obrigação de prestar caução *no interesse daqueles* a favor de quem a herança ou legado será deferido (…);

2236.º/2: idem, no caso de condição suspensiva;

2238.º/2 (administração): não sendo prestada a caução prevista no artigo 2236.º, a administração da herança ou legado compete àquele *em cujo interesse a caução devia ser prestada*;

2291.º/2 (alienação ou oneração de bens na substituição fideicomissária): o tribunal pode autorizá-las em caso de evidente necessidade ou utilidade para o fiduciário, *contanto que os interesses do fideicomissário* não sejam afetados.

Temos ainda referência ao *interesse público* (79.º/1, 445.º e 1366.º/2), ao *interesse social* (157.º e 188.º/1) e à *concessão de interesse privado* (1560.º/2).

II. Algumas das referências a "interesse", no Direito civil, originam teorizações complexas: pense-se no interesse do *dominus*, na gestão de negócios[1095] ou nas normas destinadas a proteger interesses alheios, na responsabilidade civil[1096].

Em termos gerais, podemos dizer que o legislador recorre a "interesse" sempre que pretende exprimir uma posição ativa, apreciativa ou

---

[1095] *Tratado* II/3, 94 ss..

[1096] *Tratado* II/3, 448 ss..

vantajosa para o sujeito considerado e que suscite o reconhecimento ou a proteção do Direito. O legislador teria muitas dificuldades em fazê-lo analiticamente: temos direitos subjetivos, proteções reflexas, expectativas, realidades juridicamente reconhecidas, vantagens patrimoniais indefinidas e valores pessoais também indeterminados.

As referências civis a "interesse" permitem concluir que, de um modo geral, elas correspondem a áreas dominadas por valores complexos, inexprimíveis em termos linguísticos claros. Ao referir "interesses", o legislador optou por remeter para o intérprete-aplicador, no momento da realização do Direito, a tarefa da sua determinação.

III. Mas além disso, a menção civil a "interesse" passa-nos uma mensagem dirigida ao que o engenho humano faça ou possa fazer para defesa e incremento da sua posição. Digamos que o plano significativo-ideológico do interesse é constituído pelas projeções do sujeito "interessado" no Mundo que o rodeie, projeções essas que o Direito civil considera e tutela.

Em cada norma haverá que, tecnicamente, determinar o alcance do interesse. Ao usar essa locução, a lei delega a concretização do seu alcance no intérprete-aplicador. Mas dá balizas. O conhecimento do "interesse", no seu conjunto, surge como um preciso auxiliar de realização do Direito.

Mas assim sendo, queda concluir: a presença de um "interesse do credor", em cada obrigação, constitui (mais) um elemento de enriquecimento do seu conteúdo, com remissão do intérprete-aplicador para os valores do sistema.

§ 22.º A NATUREZA COMPLEXA DA OBRIGAÇÃO

92. Generalidades; os deveres de prestar principal e secundários

I. A explicitação do conceito e da estrutura da obrigação com recurso às proposições acima examinadas, tais como "organismos", "conceito-quadro", "estrutura", "processo teleológico" ou outras, não deve ser sobrestimada[1097]: temos meras imagens descritivas de uma realidade que, antes de mais, é jurídica[1098]. Atenção: aponta-se a limitação das proposições (*Ansätze*) explicativas em causa e não a da própria evidência da relação obrigacional em sentido amplo, como realidade complexa[1099]. A ideia de que a obrigação é uma realidade complexa não oferece, hoje, dúvidas[1100]. Em compensação, não parece assente se esse fenómeno deve, ou não, repercutir-se na própria estrutura da obrigação e, daí, no seu conceito.

II. A doutrina clássica constitui o ponto de partida: a obrigação adstringe o devedor a uma prestação e isso com um sentido de dever-ser e não de uma sujeição. Todavia, uma observação elementar logo mostra que não há "obrigações simples": para executar corretamente aquilo a que se adstringiu, o devedor deverá sempre proceder a atuações diferenciadas.

[1097] KRAMER, *Münchener Kommentar* cit., 2, 5.ª ed., intr. Nr. 14 (9) e GERNHUBER, *Das Schuldverhältnis* cit., 9.

[1098] Já KARL LARENZ, *Entwicklungstendenzen der heutigen Zivilrechtsdogmatik*, JZ 1962, 105-110 (108/I); *vide* DIRK OLZEN, no Staudingers (2005) cit., § 241, Nr. 44 (134), numa afirmação matizada (mas mantida) na ed. de 2009 cit., § 241, Nr. 45 (143): a presença do novo § 241/II deu um apoio especial às imagens clássicas.

[1099] Contra: MENEZES LEITÃO, *Direito das obrigações* cit., 1, 9.ª ed., 91, sem *lapsus calami* e mau grado a literatura que cita; agradecemos a correção tipográfica.

[1100] Com exemplos, PESSOA JORGE, *Direito das obrigações* cit., 1, 134 ss. e ANTUNES VARELA, *Das obrigações em geral* cit., 1, 10.ª ed., 121 ss., confundindo embora, este último, "deveres principais" com "típicos" e mau grado evitar referir a matéria a propósito da estrutura da obrigação.

320 *Conceito e estrutura da obrigação*

A obrigação pode dar lugar a várias prestações, em função dos seguintes elementos:

– fatores intrínsecos;
– fatores dispositivos;
– fatores linguísticos.

Quanto a fatores intrínsecos, verifica-se que certas obrigações (porventura: a totalidade, havendo, depois, uma questão de grau), pela natureza das coisas, envolvem diversas atuações. Uma empreitada, aparentemente simples, mesmo pelo lado do empreiteiro (obrigação de entrega de obra), exige as mais diversas atuações, juridicamente diferenciáveis.

Os fatores dispositivos prendem-se com a fonte da obrigação e, em primeira linha, com o contrato que a tenha originado. O que pretenderam as partes? Previram diversas prestações, ainda que sob o manto de uma única obrigação? A interpretação permitirá afirmá-lo.

Por fim, temos fatores linguísticos: uma obrigação será complexa quando, no idioma considerado, exija uma perífrase para ser correta e completamente comunicada. Havendo uma locução simples, a própria obrigação perde, *prima facie*, a complexidade.

III. Temos, pois, que a ideia de obrigação como vínculo relativo a uma prestação deve ser complementada: por razões intrínsecas, dispositivas ou linguísticas, a obrigação reporta-se a várias prestações. Mas porque não falar em várias obrigações?

Na verdade, a obrigação é um (pequeno) sistema que unifica, em torno de um ponto de vista unitário, as diversas prestações que o sirvam. E isso não é indiferente: torna-se mesmo essencial, seja para permitir a comunicação, esclarecendo, com uma palavra, qual o sentido do conjunto, seja para fixar um regime jurídico coerente.

Teremos, assim, uma prestação principal: aquela que, por razões intrínsecas, dispositivas ou linguísticas funciona como ponto de vista unitário, em torno do qual se irão ordenar as demais atuações. Estas serão as prestações secundárias.

IV. Quer a prestação principal, quer as prestações secundárias integram a ideia de dever de prestar, em sentido próprio. Todas elas derivam da fonte (paradigmaticamente: um contrato) e, em princípio, são predeterminadas ou predetermináveis. As partes conhecem-nas ou podem

§ 22.º A natureza complexa da obrigação

conhecê-las e contaram com elas aquando da contratação ou, pelo menos, aquando da conjugação de factos que levaram à sua constituição.

93. Os deveres acessórios

I. As obrigações são realidades jurídicas. Elas existem e funcionam porque a Ordem Jurídica as reconhece e lhes empresta a sua força. Quer antropológica, quer dogmaticamente, considera-se apurado que as partes não têm, por si, capacidades juridificadoras: o Direito, realidade exterior, é que dispõe do poder de, reconhecendo certas realidades humanas, as elevar ao nível do jurídico[1101].

II. A juridificação das obrigações não é inóqua, para o seu conteúdo. O Direito não aceita quaisquer obrigações: apenas as que reúnam certos requisitos, tais como a licitude, a possibilidade, a determinabilidade e a conformidade com os bons costumes e a ordem pública (280.º/1) e outros que iremos encontrar ao longo da disciplina.

E em relação às obrigações que aceite: o Direito acrescenta-lhes determinados elementos que permitam, em cada dever de prestar, o respeito e a concretização pelos valores fundamentais do sistema. Recordamos que, por razões histórico-científicas, tais valores são expressos pela locução "boa-fé". Perante o Código Vaz Serra, a boa-fé deve ser respeitada nas negociações preliminares (227.º/1), na execução dos contratos (762.º/2) e, em geral, no exercício de quaisquer posições jurídicas (334.º)[1102].

Vamos enunciar toda esta matéria em termos centrais. Todavia, recordamos que ela foi sendo desenvolvida, paulatinamente, em termos periféricos, à medida que problemas muito concretos iam obtendo soluções.

A boa-fé, na conclusão dos contratos, foi usada por Heinrich Thöl[1103], retomando uma prática do Tribunal Comercial de Recurso de Lübeck, nos princípios do século XIX[1104], para explicitar a jurídico-positividade da

---

[1101] *Tratado* I/1, 3.ª ed., 391.

[1102] *Tratado* I/1, 3.ª ed., 404, 407 e *passim* e V, 239 ss..

[1103] HEINRICH THÖL, *Das Handelsrecht*, I/2, 5.ª ed. (1876), § 237 (143).

[1104] KLAUS NESEMANN, *Herkunft, Sinngehalt und Anwendungsbereich der Formel "Treu und Glauben" in Gesetz und Rechtsprechung* (1959, polic.), 50.

culpa in contrahendo, ela própria descoberta por Jhering[1105]. No termo de toda uma evolução[1106], ela veio espraiar-se em deveres (acessórios), a observar pelas partes, aquando da contratação: de informação, de lealdade e de segurança.

A boa-fé na execução dos contratos adveio da própria ideia de complexidade intra-obrigacional, desenvolvida, a partir de certa altura, por Siber[1107] e, mais tarde, da sua junção com a teoria da violação positiva do contrato, descoberta por Hermann Staub[1108], que também seria aproximada da boa-fé[1109]. Em síntese: não basta a execução matemática da prestação: devem ser respeitados deveres (acessórios) de lealdade, de informação e de segurança, para que o fim da obrigação seja mesmo alcançado, para que os valores fundamentais do ordenamento sejam observados e para que não ocorram danos colaterais inúteis.

Por fim, o abuso do direito decorre de uma complexa evolução periférica[1110], exprimindo a ideia de que as diversas posições jurídicas não podem ser exercidas contra os valores fundamentais do sistema, expressos pelos subprincípios da tutela da confiança e da primazia da materialidade subjacente.

Mais tarde, Autores como Canaris vieram sistematizar e unificar todos estes deveres, em moldes adiante retomados.

III. Em suma e antecipando: em cada obrigação, há que inscrever deveres acessórios. Tais deveres advêm do Direito, através da exigência da boa-fé (227.º/1, 762.º/2 e 334.º), visando assegurar que os valores fundamentais da Ordem Jurídica são concretizados. Eles traduzem-se em deveres de lealdade, de informação e de segurança, a que regressaremos.

IV. Os deveres acessórios são dogmaticamente distintos dos deveres de prestar, sejam eles principais ou secundários[1111]. Têm uma origem diferente: advêm do sistema, perante a concreta obrigação e não da fonte desta;

[1105] RUDOLF VON JHERING, *Culpa in contrahendo oder Schadensersatz bei nichtigen oder nicht zur Perfection gelangten Verträgen*, JhJb 4 (1861), 1-113; *vide* a exc. tradução de PAULO MOTA PINTO (2008).

[1106] *Da boa fé* cit., 546 ss..

[1107] PLANCK/SIBER, *BGB*, 4.ª ed. cit., 4.

[1108] HERMANN STAUB, *Die positiven Vertragsverletzungen*, 26. DJT (1902), 31-56.

[1109] *Da boa fé* cit., 594 ss..

[1110] *Idem*, 660 ss. e *Tratado* V, 239 ss..

[1111] Por todos, FRANZ DORN, HKK/BGB cit., II/1, 4 § 241, Nr. 86 ss. e Nr. 91 ss. (225 ss. e 229 ss.) e LARENZ, *Schuldrecht* cit., I, 14.ª ed., 6 ss..

§ 22.º A natureza complexa da obrigação

têm um regime também diferente: seguem o das obrigações legais, com as precisões do caso concreto; têm um escopo igualmente diferente: visam prevenir danos, seja nas prestações em jogo, seja em bens circundantes, seja nas pessoas envolvidas ou próximas. E todavia, eles inscrevem-se na obrigação hospedeira, cujo regime geral também seguem.

> Por exemplo: o devedor deve entregar uma máquina ao credor. A prestação principal é a entrega. Prestações secundárias serão a embalagem conveniente e as explicações para o seu funcionamento. Deveres acessórios poderão ser uma especial prevenção quanto aos riscos do seu funcionamento; o não vender de imediato uma máquina idêntica, mas mais barata, ao concorrente; o tomar precauções para que a máquina não deslize, ferindo os trabalhadores da empresa.

Os autores sublinham que, pelo menos como tendência, os deveres de prestar visam conferir um bem ou um serviço ao credor, enquanto os deveres acessórios procuram prevenir danos, seja nesse bem ou nesse serviço, seja em elementos circundantes. Toda esta matéria deverá ser aprofundada a propósito do conteúdo das obrigações[1112].

94. Os deveres do credor

I. Numa leitura atomística, o devedor estaria adstrito à prestação tendo o credor, apenas, um direito à mesma. Na prática, verifica-se que, em regra, as obrigações são sinalagmáticas: ambas as partes surgem, em simultâneo, como credoras e devedoras uma da outra. Assim, numa compra e venda, o comprador é credor da entrega da coisa e é devedor do preço; e o vendedor, credor do preço e devedor da entrega da coisa.

Vamos, porém, mais longe: mesmo o credor "puro" tem alguns deveres a seu cargo.

II. Desde logo, ele poderá ter de colaborar para que a prestação principal seja possível: o cliente do barbeiro tem de comparecer no local próprio e, aí, terá de assumir a postura física que permita a realização da prestação a que tem direito. O credor que não faculte a execução da prestação entra em mora (813.º ss.) e sujeita-se a determinadas consequências.

[1112] *Infra*, 475 ss..

324   *Conceito e estrutura da obrigação*

Adiante veremos se se trata de (meros) encargos ou de deveres: há, de todo o modo e aqui, um elemento passivo que integra a posição predominantemente ativa do credor, aumentando a complexidade do conjunto.

III. Mas além disso, também o credor incorre nos deveres acessórios. Ao exercer o seu direito, ele deve conter-se nos limites da boa-fé (762.º/2), sob pena de abuso (334.º). E a boa-fé não comina, apenas, abstenções: ela pode implicar deveres de *facere* destinados, por exemplo, a prevenir o agravamento da posição do devedor ou danos colaterais na sua pessoa, na pessoa de terceiros ou nos bens de um e de outros. Em suma: analiticamente, continua a aprofundar-se em cada obrigação, todo um sistema de condutas.

95. As obrigações sem dever de prestar

I. Os deveres acessórios surgem logo na contratação, através da figura da *culpa in contrahendo*. Eles existem na pendência dos deveres de prestar, os quais são acompanhados de "feixes" de boa-fé. Eles podem subsistir depois de executadas as prestações (principais e secundárias), num fenómeno de pós-eficácia[1113]. Caso um contrato seja nulo ou venha a ser anulado – o que tem eficácia retroativa – mantêm-se os deveres acessórios[1114]: uma doutrina hoje pacífica[1115], a que voltaremos.

II. Em três apontadas circunstâncias – *culpa in contrahendo*, pós-eficácia e nulidade ou anulação do contrato – temos obrigações apenas com deveres acessórios[1116]. Trata-se de uma conjunção tão patente que o legislador alemão, na reforma de 2001/2002, se sentiu adstrito a alterar o próprio § 241 do BGB, acrescentando-lhe o n.º 2. Eis o atual e já citado teor do preceito:

[1113] *Vide* o nosso *Da pós-eficácia das obrigações* (1983).

[1114] Pioneiro: CLAUS-WILHELM CANARIS, *Ansprüche wegen "positiver Vertragsverletzung" und "Schutzwirkung für Dritte" bei nichtigen Verträge*, JZ 1965, 475-482.

[1115] Por exemplo, LARENZ, *Schuldrecht* cit., 1, 14.ª ed., 15 e WOLFGANG WIEGAND, *Die Verhaltenspflichten/Ein Beitrag zur juristischen Zeitgeschichte* (1991), 547-563 (551).

[1116] Também MANFRED WOLF/JÖRG NEUNER, *Allgemeiner Teil des bürgerlichen Rechts*, 10.ª ed. (2012), § 28, Nr. 21 (316-317), surge como exemplo.

§ 22.º A natureza complexa da obrigação 325

(1) Por força da relação obrigacional, o credor tem o direito de exigir, do devedor, uma prestação. A prestação também pode consistir numa omissão. (2) A relação obrigacional também pode, segundo o seu conteúdo, obrigar cada parte ao respeito pelos direitos, pelos bens jurídicos e pelos interesses da outra parte.

III. Não é consistente descobrir, na exigência de "respeito", um verdadeiro dever de prestar: há um dever genérico que pode, *in futurum*, originar atuações eventuais, hipotéticas e imprevisíveis. Mas deveremos dar o salto, dizendo que a obrigação já não pode ser apresentada como relativa a um dever de prestar?

As definições "europeias" de obrigação, assentes no Direito comparado e procurando fazer a bissetriz entre os vários ordenamentos, são inóquas, neste ponto. O DCFR de 2009 define *obligation* nestes termos[1117]:

An obligation is a duty to perform which one party to a legal relationship, the debtor, owes to another party, the creditor.

Obrigação não equivale ao dever: esperemos com curiosidade a versão alemã deste texto. De todo o modo, parece-nos claro que a "europeização" se irá fazer à custa da profundidade já alcançada.

Em bom rigor, esse salto deve ser dado. A obrigação pode tecer-se em torno do dever de prestar (o paradigma) ou em volta de um dever específico de respeito e de cuidado. Foi até aí que chegaram os sábios autores da reforma do BGB de 2001/2002. Mas atenção: esta matéria não é (apenas) lógica. Tem dimensões histórico-culturais sempre presentes e que não devem ser ignoradas.

96. Os direitos pessoais de gozo

I. Afigura-se-nos que não é possível, especialmente perante as particularidades do Direito civil português, trabalhar o conceito e a estrutura da obrigação, sem considerar o fenómeno dos direitos pessoais de gozo. Uma vez que se pretende, por razões que podemos qualificar como históricas e culturais, manter esses direitos dentro do universo do Direito das

---

[1117] DCFR 2009, III-1: 102 (1) (p. 229).

326   *Conceito e estrutura da obrigação*

obrigações há, pelo menos, que fazer um esforço dogmático para afeiçoar a dogmática obrigacional a essa velha pretensão territorial.

II. A categoria de direitos de gozo, enquanto dado estrutural, ficou a dever-se ao professor italiano Michele Giorgianni[1118]. Explica esse Autor um conceito técnico de gozo:

> (...) o gozo deve considerar-se restrito ao fenómeno do gozo direto, no sentido que isso postula uma relação imediata com a coisa (...)
> (...) gozar a coisa significa tirar dela a utilidade que, segundo a sua destinação, ela é apta a produzir (...)[1119].

Sempre segundo Giorgianni, uma relação técnica de gozo tanto ocorreria em direitos tradicionalmente considerados reais[1120], como em direitos geralmente considerados pessoais com exemplo no direito do locatário[1121]. Seguindo esse autor, a diferença entre uns e outros não estaria nas relações de gozo em si, mas na inerência que procura descobrir nos direitos reais e que faltaria nas obrigações[1122]. Esta última parte tem, agora, menos relevo. Podemos reter a primeira: em certos direitos considerados obrigacionais, como os do locatário (1022.º ss.), do parceiro pensador (1121.º ss.), do comodatário (1129.º ss.) e do depositário (1185.º ss.), o titular tem (ou pode ter) o gozo de uma coisa corpórea, usando-a e fruindo-a de modo a, dela, retirar as qualidades que, por sua própria natureza, ela possa dispensar. Trata-se de um fenómeno qualitativamente semelhante ao que ocorre nos direitos reais de gozo (propriedade, usufruto, superfície e servidões).

III. Estruturalmente, os direitos de gozo deveriam ser direitos reais: proporcionam uma permissão normativa de aproveitamento de coisas corpóreas, permissão essa que, quer diretamente, quer por via possessória, é protegida contra terceiros[1123]. Assim seria se se tratasse de categorias lógi-

---

[1118] MICHELE GIORGIANNI, *Contributo alla teoria dei diritti di godimento su cosa altrui*, 1 (1940), 225 pp., e *Diritti reali*, NssDI IV (1960), 748-753 (749-751).

[1119] GIORGIANNI, *Contributo* cit., 1, 11, e *Diritti reali* cit.,751.

[1120] *Idem*, 35 ss..

[1121] *Idem*, 52 ss..

[1122] *Idem*, 106.

[1123] Foi a conclusão a que chegámos em *Direitos reais* 1 (1979), 502 ss., 979 e *passim* e em *Da natureza do direito do locatário* (1980), 64 ss., 138 ss. e *passim*.

§ 22.º A natureza complexa da obrigação   327

cas. Não é o caso: a contraposição reais/créditos é histórico-cultural. Por isso abandonámos a nossa orientação anterior[1124]. Admitimos, em Direito das obrigações, a figura dos direitos pessoais de gozo, que incluem, designadamente, os referidos direitos do locatário, do parceiro pensador, do comodatário e do depositário.

Quais as consequências para o tema do conceito e da estrutura das obrigações?

IV. O facto de a contraposição entre os direitos de crédito e os direitos reais não ser lógica mas, antes, histórico-cultural, não dispensa os cientistas do Direito de trabalhar no sentido de reduções dogmáticas racionais e consequentes.

Num direito pessoal de gozo, é possível descobrir níveis obrigacionais. Tomando, como exemplo, o direito do locatário, temos, do lado do locador:

– o dever de entregar a coisa – 1031.º, a);
– o dever de fazer certas reparações – 1036.º/1.

Pelo lado do locatário, apuramos:

– o dever de pagar a renda ou aluguer – 1038.º, a);
– o dever de facultar o exame da coisa – 1038.º, b);
– os deveres de comunicação e de aviso, quanto a riscos que atinjam a coisa – 1038.º, c) e d);
– o dever de restituição – 1038.º, i).

Tecnicamente, temos, aqui, deveres de prestar secundários[1125]. Sobre eles irão ainda incidir os deveres acessórios, impostos pelo sistema (pela boa-fé). A posição principal é ocupada pelo direito de gozo, que se reporta à coisa e não a qualquer prestação.

V. Em suma: os direitos pessoais de gozo analisam-se, pela técnica obrigacionista, em relações sem prestação principal, nas quais esta é

[1124] A posse: perspectivas dogmáticas actuais, 3.ª ed. (2000), 71 ss.; vide infra, 605 ss..

[1125] No caso da locação, o dever de pagar a renda ou aluguer, a cargo do locatário, pode constituir, em relação a este, um dever de prestação principal; mas ele não contracena com uma prestação principal, a cargo do locador; em sua substituição temos o gozo da coisa, que não é aplicável por nenhuma prestação.

328 *Conceito e estrutura da obrigação*

substituída pelo direito de gozo. Ficam, apenas, prestações secundárias e deveres acessórios.

Também por aqui não poderemos definir a obrigação como mero direito à prestação/dever de prestar.

97. A orientação proposta: o dever específico de conceder uma vantagem

I. Na orientação proposta, vamos distinguir a noção de obrigação, presente no artigo 397.º e da qual, acima, demos conta, do tema do seu conceito e estrutura.

Quando se apresenta a obrigação como o vínculo pelo qual uma pessoa (o credor) tem o direito a uma prestação à qual outra pessoa (o devedor) se encontra adstrito está-se, de facto, a recorrer a um conceito geral-concreto. Este, como foi explicado, não é uma verdadeira definição, por género próprio e diferença específica, mas, antes, uma aportação vocabular de uma ideia objetiva, conseguida através dos seus traços mais específicos[1126].

II. Mas assim sendo, não é logicamente viável retirar, da noção, algo de exaustivo sobre o seu conteúdo e sobre a sua estrutura. A noção é filha da História e da Cultura: pois também tal sucede com o conteúdo e com a estrutura.

Para facilidade de exposição, podemos considerar que a obrigação tem um núcleo e um halo, subdividido em halo central e halo periférico. O núcleo é justamente formado pelo direito à prestação principal ou, melhor, pela relação complexa que envolve o direito à prestação e o correspondente dever de prestar, ambos principais. O halo central comporta deveres secundários ou instrumentais, destinados a reforçar o dever principal e que derivam da lei ou do contrato. O halo periférico abrange outros vínculos que, historicamente, se foram desenvolvendo a propósito do núcleo mas, que, estruturalmente, já com ele não têm a ver. Por isso encontramos, hoje, ao lado do binómio crédito/débito (o qual, de resto, pode envolver créditos/débitos secundários), os deveres acessórios, que têm uma estrutura diversa. Basta ver que eles comportam atitudes variáveis, que podem não ser "prestações" e que podem mesmo envolver terceiros.

[1126] *Supra*, 32 ss..

§ 22.º A natureza complexa da obrigação

III. Em termos estruturais, o que há de mais típico na obrigação é a relação específica entre duas pessoas. O dever de prestar/direito à prestação pertence ao núcleo; os deveres secundários ao halo central; os deveres acessórios à periferia. Tudo isso fica aglutinado na ideia de obrigação.

Ao admitirmos conceitos compreensivos, rendemo-nos a uma evidência: a de que nem sempre é possível defini-los logicamente e absolutamente. Podemos dar noções racionais: mas reconhecendo de imediato que elas comportam realidades apenas em função de vetores histórico-culturais. É o caso do direito subjetivo; e é o caso das obrigações.

O direito de crédito é, tecnicamente, a permissão normativa específica de aproveitamento de uma prestação. O débito será o dever de efetuar essa prestação. A obrigação *in totum* é um vínculo que relaciona duas pessoas em termos de uma delas dever assegurar, à outra, uma vantagem: seja uma prestação, seja uma realidade que, na prestação, não se esgote. Ficam abrangidos os deveres secundários e os deveres acessórios; e fica abrangida a obrigação sem dever de prestar: seja por só ter deveres secundários e acessórios (os direitos pessoais de gozo), seja por só ter deveres acessórios (a obrigação sem dever de prestar).

Quanto à ideia de vantagem, que aqui introduzimos: será uma realidade protegida pelo Direito que vem ampliar a esfera jurídica do credor. A sua inobservância dá azo a um dano pelo que podemos referi-la, também, como "interesse".

IV. Podemos, assim, corresponder às atuais necessidades dogmáticas que não esgotam, na prestação, o vínculo obrigacional: a obrigação é mais ampla do que o somatório crédito/débito. Pode haver obrigações que comportem elementos *praeter* créditos (os deveres acessórios) e pode mesmo havê-las sem créditos (sem dever de prestar).

Resta esclarecer que esta eventualidade não é exótica. À medida que o Direito das obrigações se aperfeiçoa e se diferencia, verifica-se que os deveres acessórios asseguram a materialidade das obrigações, acompanhando, nos seus meandros, a realidade da vida. A prestação é importante no momento do cumprimento. Em todas as demais vicissitudes, imperam os deveres acessórios.

V. Os deveres acessórios são ainda os responsáveis pela personalização das obrigações, pela tutela da pessoa humana que elas comportem e pela sociabilidade das relações intrínsecas. Trata-se de aspetos referidos

330   *Conceito e estrutura da obrigação*

a propósito de princípios das obrigações e que se enriquecem à luz dos institutos gerais do Direito civil, com relevo para a boa-fé.

Concluímos, pois, com o conceito e estrutura da obrigação: uma relação específica entre duas partes, pela qual uma delas (o devedor) deve conceder uma vantagem à outra.

98. A diluição da garantia na ideia de juridicidade

I. Pergunta-se, todavia, se não haveria que, no conceito e estrutura de obrigação, inserir a relação de garantia (Gomes da Silva). Afinal, desde o antigo Direito romano que a *obligatio* traduz, precisamente, a sujeição ao poder de execução patrimonial, reconhecido ao credor. E pode-se mesmo insistir: esta dimensão assumiria um toque pedagógico e de realismo, em tempos de crise como os que marcaram o início do século XXI, pautados pela ruína de muitos devedores.

II. Os estudiosos da *Schuld und Haftung*, no início do século XX, já haviam, do nosso ponto de vista, ultrapassado o problema. A responsabilidade (patrimonial) do devedor está sempre associada à própria obrigação[1127]; ela não é um direito em si nem, sequer, algo que se coordene com a pretensão: é um momento da própria prestação[1128]; ela exprime-se não apenas pela execução patrimonial mas, também, pela influência que exerce na vontade do devedor[1129]. No Direito atual, o debito e a respondência estão totalmente interligados, sendo irrealista a sua separação[1130]. Podemos considerar que a "garantia" ou respondência está ínsita na ideia de juridicidade. Nem é viável, de resto, considerar que ela traduza um poder de agressão patrimonial: ela implica a possibilidade de atuar os mecanismos da realização processual do Direito, entre os quais, eventualmente, surgirá a responsabilidade patrimonial.

Qualquer situação jurídica, porque jurídica, está dotada de garantia. Não se trata de algo que interfira no conceito e na estrutura da obrigação.

[1127] ISAY, *Schuldverhältnis und Haftungsverhältnis* cit., 189.

[1128] REICHEL, *Unklagbare Ansprüche* cit., 411.

[1129] VON SCHWIND, *Schuld und Haftung* cit., 25.

[1130] DORN, no HKK/BGB cit., II/1, § 241, Nr. 48 (179) e KRAMER, no *Münchener Kommentar* cit., 2, 5.ª ed., Intr., Nr. 46 (25); anteriormente, LARENZ, *Schuldrecht* cit., I, 14.ª ed., 23-24, já citado.

§ 22.º A natureza complexa da obrigação

III. Acompanhando um tanto a fórmula das fases (Carnelutti), já recorremos à ideia de que a obrigação, quando incumprida, poderia[1131]:

- ou ser objeto de execução específica, pelo Estado, de tal modo que o credor receberia, no termo do processo, precisamente o débito que lhe era devido;
- ou, não sendo a execução específica possível, extinguir-se por impossibilidade superveniente ocasionada pelo devedor.

Neste último caso, o devedor teria perpetrado um ato ilícito, pelo que nasceria uma nova obrigação, agora de indemnizar, cuja execução específica, através do património do devedor, seria sempre possível (havendo bens): de novo o credor receberia o débito que lhe era devido. Esta construção era lógica e, quanto sabemos, nunca foi refutada. Todavia, entendemos hoje superá-la.

Desde logo porque, particularmente após a reforma alemã de 2001/2002, a impossibilidade não pode, sem mais (e mesmo perante o nosso Direito), ser considerada como uma causa de extinção das obrigações. Mas depois e sobretudo, porque a obrigação incumprida, mesmo quando a prestação principal já não possa ser realizada, devendo ser substituída por uma indemnização, mantém a sua identidade: assente nas prestações secundárias e nos deveres acessórios e, ainda, numa continuidade linguística que tem efeitos substantivos.

Toda a técnica tradicional tem de ser revista. E a manutenção da obrigação, mau grado a substituição do dever de prestar principal por um dever de indemnizar, mais reforça a ideia de uma estrutura associada à concessão de uma vantagem e não (ou não apenas) a uma prestação.

Esta construção mantém-se e é profíqua quando, mercê de um incumprimento, parcial ou total, acresçam deveres de indemnizar danos que transcendam a mera prestação em falta: manifestam-se, aí, as prestações secundárias e os deveres acessórios que, sendo (como são), jurídicos, surgem acompanhados pela garantia, isto é, pela possibilidade de colocação processual.

[1131] *Direito das obrigações* 1, 224-226.

CAPÍTULO II

CARACTERÍSTICAS DAS OBRIGAÇÕES

SECÇÃO I

NATUREZA PATRIMONIAL E JURIDICIDADE

§ 23.º A NATUREZA PATRIMONIAL E A SUA SUPERAÇÃO

99. Origem e evolução da ideia

I. A obrigação era, originalmente, uma ligação entre pessoas. O problema da patrimonialidade não se punha. Com a *lex poetelia papiria de nexis* (326 a. C.) e a evolução subsequente, que conduziu à responsabilidade patrimonial, a situação inverteu-se. O processo formulário clássico exigia, para cada condenação em prestação, uma quantia em dinheiro[1132]. A ideia não seria absoluta, no Direito clássico. Todavia, um texto de Ulpiano reportado pelos *digesta* vem dizer[1133]:

(...) podem consistir em obrigações aquelas que possam ser prestadas em dinheiro (...)

Savigny considera, nesta base, que só são adequadas, para preencher obrigações, as atuações que possam ser submetidas a uma vontade alheia. E isso pressuporia que elas tivessem valor patrimonial ou pudessem ser avaliadas em dinheiro[1134].

[1132] MAX KASER/ROLF KNÜTEL, *Römisches Privatrecht*, 19.ª ed. (2008), § 34, I, 2, d (182).

[1133] D.40.7.9.2 = ed. MOMMSEN/KRUGER, 677/I: um texto que vem citado en SAVIGNY, *Obligationenrecht* cit., 1, § 2, (h) (9).

[1134] SAVIGNY, *Obligationenrecht* cit., 1, 9, numa posição generalizada; cf. DEROUSSIN, *Histoire du droit des obligations* cit., 318.

334 *Características das obrigações*

II. Na pré-codificação francesa, Pothier explica que a obrigação, enquanto vínculo jurídico, pressupõe que o devedor não possa abster-se impunemente de a executar; ora tal seria o caso se o credor não tivesse qualquer interesse no cumprimento pois, nessa eventualidade, a inexecução não lhe acarretaria nenhum prejuízo[1135].

Essa ideia e a preocupação napoleónica em clarificar o Direito civil, pondo cobro à proliferação de vinculações antes existentes, levou o Código Civil francês de 1804 a dispor, no seu artigo 1128.º[1136]:

> Apenas as coisas que estejam no comércio podem ser objeto de convenções.

A exegese viu, aqui, uma indicação da necessária natureza patrimonial das obrigações[1137], numa posição clara que alguma doutrina francesa ainda hoje mantém[1138]. Foi-se admitindo, todavia, uma interpenetração entre as obrigações e as áreas da família e da personalidade, de tal modo que a violação da honra ou da integridade física permita indemnizações[1139].

III. Nos princípios do século XIX, não havia qualquer exigência de patrimonialidade das prestações: estas, quando validamente assumidas, deviam ser executadas[1140]. A reformulação da matéria levada a cabo por Savigny, que exigia noções claras e contrapostas, de acordo com as cate-

---

[1135] R.-J. Pothier, *Traité des obligations*, n.º 129, n.º 138 e n.º 140 (= *Oeuvres*, par M. Bugnet, II (1848), 61 e 65). Lê-se, no primeiro local referido :

> Il ne peut y avoir d'obligation, qu'il n'y ait quelque chose qui soit dû, qui en fasse l'object et la matière.

[1136] No original, sempre precioso, do *Code* (ed. 1804):

> Il n'y a que les choses qui sont dans le commerce qui puissent être l'objet des conventions.

[1137] Gaudemet, *Théorie générale des obligations* cit., 12 ss..

[1138] Henri e Léon Mazeaud/Jean Mazeaud/François Chabas, *Leçons de Droit Civil*, II/1, *Obligations/Théorie générale*, 9.ª ed. (1998), n.º 6 e n.º 10 (5 e 7).

[1139] Já Marcel Planiol/Georges Ripert/Paul Esmein, *Traité pratique de droit civil français*, VI – *Obligations*, 1 (1930), n.º 24 (30-31).

[1140] Sobre toda esta matéria, Heike Scheerer-Buchmeier, *Die Abgrenzung des Rechtsgeschäfts von der nicht rechtsgeschäftlichen Vereinbarung unter besonderer Berücksichtigung der Diskussion im 19. Jahrhundert* (1990), 6 ss. e *passim*, especialmente 181 ss. e 185 ss. e Dietmar Willoweit, *Abgrenzung und rechtliche Relevanz nicht rechtsgeschäftlichen Vereinbarungen* (1969), 11 ss..

§ 23.º A natureza patrimonial e a sua superação — 335

gorias kantianas, levou a isolar situações patrimoniais (obrigações e reais), distintas das não-patrimoniais (família)[1141]. A patrimonialidade das obrigações manteve-se, na primeira metade do século XIX, surgindo em autores como Puchta[1142], Buchka[1143] e Wächter[1144].

Esta orientação veio a ser criticada. Primeiro, por Heyer, em 1841[1145] e, depois, por Windscheid, na 1.ª ed. das suas *Pandekten*, de 1862. Importante ainda foi a crítica ao dogma da patrimonialidade levada a cabo por Karl Ziebarth: este Autor sublinhou a multiplicação efetiva das vinculações não-patrimoniais[1146]. Decisiva seria a ação de Windscheid, abaixo referido. Apesar destas achegas, a patrimonialidade manteve defensores, até ao advento do BGB. Avultaram, nesse sentido, nomes como Friedrich Mommsen[1147], Carl Neuner[1148] e Alois von Brinz[1149].

IV. Na pré-codificação alemã, alguns autores defenderam a necessidade da natureza patrimonial das obrigações[1150]. A ideia remonta a Savigny, embora este Autor, como referimos, se limitasse a afirmar a natureza patrimonial das obrigações no seu conjunto, à semelhança dos

---

[1141] SAVIGNY, *Obligationenrecht* cit., 1, 16.

[1142] GEORG FRIEDRICH PUCHTA/A. RUDORF, *Pandekten*, 8.ª ed. (1856) 2, § 219 (316) – posição já tomada nas edições anteriores.

[1143] HERMANN BUCHKA, *Die Lehre von der Stellvertretung bei Eingehung von Verträgen/Historisch und dogmatisch dargestellt* (1852), 190-192.

[1144] WÄCHTER, *Pandekten* cit., 1, § 36 (176 ss.) e 2, § 167 (276).

[1145] Segundo informação dada pelo próprio JHERING, na ob. cit. *infra*, nota 1155, 43, nota 1 e retomada por SCHEERER-BUCHMEIER, *Die Abgrenzung* cit., 9, explicando que Heyer foi mesmo anterior a Windscheid.

[1146] KARL ZIEBARTH, *Die Realexekution und die Obligation/Mit besonderer Rücksich auf die Miethe, erörtert nach römischem und deutschem Recht im Vergleich mit dem preussischen* (1866), 28 e 29.

[1147] FRIEDRICH MOMMSEN, *Beiträge zum Obligationenrecht – 2 Zur Lehre von dem Interesse* (1855), 122. Este Autor pronuncia-se, em especial, sobre a indemnização, a qual teria sempre valor patrimonial, não podendo corresponder à afeição. Apoia-se, para tanto, em Paulo, D. 9.3.33 = MOMMSEN, I, 129/II:
pretia rerum non ex affectione nec utilitate singulorum, sed communiter fungi.

[1148] GEORG KARL NEUNER, *Wesen und Arten der Privatrechtsverhältnisse/Eine civilistische Ausführung, nebst einem Anhange, den Grundriss zu einem neuen System für die Darstellung des Pandektenrechts enthaltend* (1866), 62 e 64 ss..

[1149] ALOIS VON BRINZ, *Lehrbuch der Pandekten*, 2, 2.ª ed. (1878), 92.

[1150] Por último DERNBURG/BIERMANN, *Pandekten II – Obligationenrecht*, 7.ª ed. (1903), 1; anteriormente, p. ex., ARNDTS, *Pandekten*, 14.ª ed. cit., § 201 (379).

336   *Características das obrigações*

direitos reais e ao contrário do Direito de família[1151]. Subjacente estava a respondência: recaindo sobre o património do devedor, a economicidade das obrigações não poderia deixar de prevalecer. Além disso, a exigência de patrimonialidade permitiria uma clara delimitação perante atos de mera obsequiosidade[1152], prevenindo procedimentos abusivos destinados à prossecução de interesses não dignos de tutela[1153].

Outra doutrina, invocando, também, textos romanos[1154], explicava que as prestações podiam ser sancionadas, mesmo não tendo alcance patrimonial: foi decisiva, nesse sentido, a tomada de posição de Jhering[1155], precedido por Windscheid e por outros autores já mencionados. O Código de Processo Civil alemão de 1888[1156] veio prever medidas destinadas a coagir o devedor à prestação[1157], enquanto autores como Windscheid[1158] sublinhavam que, já nas fontes romanas, diversas situações não-patrimo-

---

[1151] SAVIGNY, *Obligationenrecht* cit., 1, 16.

[1152] OTTO VON GIERKE, *Der Entwurf eines bürgerlichen Gesetzbuchs und das deutsche Recht*, 2.ª ed. (1889), 195; sem a natureza patrimonial, cair-se-ia na indeterminação.

[1153] PAUL LABAND, *Zum zweiten Buch des Entwurfes eines bürgerlichen Gesetzbuches für das Deutsche Reich. I. Abschnitt. Titel 1-3*, AcP 73 (1888), 161-208 (173).

[1154] ULPIANO, D.6.1.68, cujo teor, em português, passamos a transcrever, com auxílio da ed. bil. de OKKO BEHRENDS e outros, *Corpus Iuris Civilis* II, 578:

> Aquele que não obedeça a uma ordem de restituição dada pelo juiz, afirmando que não possa restituir, se porém detiver a coisa, será forçado [*manu militari*] por ordem do juiz a transferir a posse da coisa (...)

Vide MAX KASER, *Das römische Zivilprozessrecht*, 2.ª ed. (1996), § 54, IV, 1 (372) e § 74, I, 2 (495).

[1155] RUDOLF VON JHERING, *Ein Rechtsgutachten/Theoretische Ausführung betreffend die Fragen 1. von der Natur und Handlungsfähigkeit eines sog. Comités, 2. von den angeblichen Erfordernis des Geldwerths und des eigenen Interesses bei obligatorischen Ansprüchen, 3. von der Anwendung des Begriffs der höheren Gewalt aus Geldschulden*, JhJb 18 (1880; 1879, na capa exterior), 1-128 (34 ss., 41 e 43-44); este escrito também é confrontável em *Gesammelte Aufsätze* 3 (1886, reimp., 1981), 87-209; *vide*, aí, 126 ss..

[1156] Conhecido pela sigla ZPO, de *Zivilprozessordnung*. Quanto às normas em jogo, com muitas indicações, URS GRUBER, no *Münchener Kommentar zur Zivilprozessordnung*, II, §§ *511-945*, 3.ª ed. (2007), §§ 883 ss. (2164 ss.).

[1157] Quanto à origem dessa possibilidade, contida nos §§ 883 ss. da ZPO, WILHELM RÜTTEN, *Zur Entstehung des Erfüllungszwangs im Schuldverhältnis*, FS Gernhuber (1993), 939-957.

[1158] WINDSCHEID/KIPP, *Pandektenrecht* cit., II, 9.ª ed., § 250, nota 3 (4-5).

§ 23.º *A natureza patrimonial e a sua superação*   337

niais eram dotadas de pretensões[1159]. De facto, realidades como a saúde e o repouso não têm valor monetário, mas carecem de proteção (Jhering)[1160], numa evidência a que o Direito da responsabilidade teria de atender[1161]. Tudo isto permitiu considerar ultrapassada a exigência de patrimonialidade. A ideia passou, na comissão preparatória do BGB, de tal modo que este não consignou a exigência, para a prestação, de valor patrimonial[1162]. Esta orientação acolheu-se à doutrina subsequente: todavia, ocorre muitas vezes a afirmação de que, economicamente, os créditos surgem como um ativo no património do devedor[1163].

A posição alemã teve reflexos em França[1164], admitindo-se vínculos extrapatrimoniais[1165].

V. A experiência italiana é muito interessante: seguiu um rumo diferente do das experiências francesa e alemã e acabou por influenciar o Código Vaz Serra. Como ponto de partida, temos o artigo 1116.º do velho Código de 1865[1166], que retomava à letra o acima citado artigo 1128.º do Código Napoleão. Nessa base, a doutrina italiana acabaria por se inclinar para a necessidade da natureza patrimonial da prestação[1167].

[1159] Além de JHERING, *Ein Rechtsgutachten* cit., 41, foi importante KONRAD HELLWIG, *Ueber die Grenzen der Vertragsmöglichkeit* (1895), 4. Já o escopo da obrigação (o interesse di credor): seria indiferente (*idem*, 7).

[1160] RUDOLF VON JHERING, *Ein Rechtsgutachten* cit., 44. Remata este Autor que o juiz não tem apenas uma função de assegurar equivalentes; antes, também, a função penal e a de assegurar satisfação – ob. cit., 51 e 53.

[1161] GUSTAV LEHMANN, *Körperverletzungen und Tödtungen auf deutschen Eisenbahnen und die Anzulänglichkeit als Rechtsschutzes* (1869), 73 ss, a propósito de acidentes de caminhos de ferro. Também H. SIBER, *Der Rechtszwang* cit., 15, nota 22.

[1162] DIRK OLZEN, no Staudinger cit., § 241. Nr. 18 (137).

[1163] LARENZ, *Schuldrecht* cit., I, 14.ª ed., § 2, V (26).

[1164] MALAURIE/AYNÈS/STOFFEL-MUNCK, *Les obligations*, 5.ª ed. cit., 1-2.

[1165] TERRÉ/SIMLER/LEQUETTE, *Les obligations*, 10.ª ed. cit., 3-4.

[1166] MARIO ALLARA, *Delle obbligazioni* (1939), 88; *vide* FERRAROTI TEONESTO, *Commentario teorico pratico comparato al codice civile italiano* VII (1873), 281 ss..

[1167] QUIRINO DE VINCENTIIS, *Della patrimonialità della prestazione nelle obbligazioni contrattuali*, Studi Carlo Fadda, IV (1906), 311-383 (356 ss., 379) e T. CLAPS, *Del concetto e del contenuto economico delle obbligazioni nel diritto hodierno*, Scritti Giampetro Chironi I (1915), 49-64 (50), recordando a fórmula francesa: *point d'intérêt, point d'action*.

338   *Características das obrigações*

Aquando da preparação do Código de 1942, prevaleceu essa denominada doutrina dominante, explicando-se, no seu relatório[1168], que uma prestação, em si não-patrimonial, adquiriria essa qualidade quando as partes estipulassem uma cláusula penal ou uma contraprestação em dinheiro[1169]. O seu artigo 1174.º veio dispor[1170]:

> A prestação que forma o objeto da obrigação deve ser suscetível de avaliação económica e deve corresponder a um interesse, ainda que não patrimonial, do credor.

A ideia de distinguir, na obrigação, a prestação e o interesse do credor foi retirada da doutrina alemã por autores como Nicolla Coviello[1171] e inseriu-se no debate que, sob a égide do Código italiano de 1865, dividiu a doutrina. Funcionaria, aí, como *media via*: a patrimonialidade da prestação poderia advir da cláusula penal ou da contraprestação, sendo como que "artificial", enquanto o interesse do credor emprestaria, ao conjunto, a requerida dignidade. A fórmula foi aplaudida[1172], prestando-se, contudo, a diversos entendimentos.

A questão põe-se, em especial, no tocante à natureza subjetiva ou objetiva da patrimonialidade[1173]. A natureza seria subjetiva quando, independentenente da sua essência, estivesse inserida num contrato que previsse uma compensação de tipo económico[1174]. Pelo contrário, apresentar-se-ia objetiva se relevar o facto de ela exprimir o sacrifício económico que o mer-

---

[1168] Giorgianni, *Obbligazione* cit., 584/II.

[1169] *Idem*, loc. cit..

[1170] Roberto Triola, *Codice civile annotato con la giurisprudenza*, 3.ª ed. (2003), 991.

[1171] Nicolla Coviello, *Riassunti di scritti di diritto civile*, Il Filangieri, XXII (1897), 664-676 e 739-748 (667-668 e 745), a propósito de artigos de Hellwig e de Kohler. No tocante a este último: Josef Kohler, *Zwölf Studien zum Bürgerlichen Gesetzbuch* – I. *Das obligationinteresse*, AbürgR 12 (1897), 1-88.

[1172] Emilio Betti, *Teoria generale delle obbligazioni* I – *Prolegomeni: funzione economico-sociale dei rapporti d'obbligazione* (1953), 51.

[1173] Caringella/de Marzo, *Manuale di diritto civile*, II – *Le obbligazioni* cit., 3.2.1. ss. (41 ss.).

[1174] Giorgio Cian, *Interesse del creditore e patrimonialità della prestazione (Valore normativo dell'art. 1174 c.c.)*, RDCiv 1968, I, 197-257 (197 ss.).

§ 23.º A natureza patrimonial e a sua superação 339

cado esteja disposto a suportar, para colher as vantagens da prestação[1175]. Este último sentido, conquanto mais restritivo da liberdade das partes, parece prevalecer na literatura atual[1176].

Refira-se, ainda, que a patrimonialidade das prestações não é requerida, no Direito espanhol[1177].

100. A experiência portuguesa

I. O Direito português veio refletir a evolução ocorrida nos principais países europeus e de que acima demos conta.

O Código de Seabra dispunha, no seu artigo 671.º, 2.º:

> Não podem legalmente ser objecto de contrato:
> (...)
> 2.º As cousas ou actos, que não se podem reduzir a um valor exigível.

Explicava Dias Ferreira[1178]:

> Estão excluidas da esphera dos contractos as cousas ou actos, que não têm valor exigivel, porque não podem ser objecto de direito cousas ou actos de execução impossivel: assim não vale a venda de vinho ou de trigo, sem mais determinação, porque a quantidade póde ser reduzida a um grão de trigo ou a uma gota de vinho, o que não representa valor appreciavel.

A doutrina, mesmo no período da receção do sistema pandetístico, conservou a ideia da necessidade de uma natureza patrimonial[1179]. Para além do texto legal, fez-se notar que, dirigindo-se o poder do credor ao património e não à pessoa do devedor, a natureza patrimonial acabaria por se impor.

[1175] PIETRO RESCIGNO, *Manuale del diritto privato italiano*, 7.ª ed. (1986), 624, sublinha o critério derivado da "configuração normal da relação".

[1176] MARIA BRUNA CHITO, em PIETRO RESCIGNO (org.), *Codice civile* I, 7.ª ed. (2008), 2047.

[1177] HERNANDEZ-GIL, *El problema de la patrimonialidad de la prestacion*, RDP 1960, 273-278 (273).

[1178] JOSÉ DIAS FERREIRA, *Codigo Civil Portuguez Annotado*, II, 2.ª ed. (1895), 17.

[1179] GUILHERME ALVES MOREIRA, *Instituições* cit., 2, 16 e 17; JOSÉ TAVARES, *Os princípios fundamentais* cit., 1, 345; CUNHA GONÇALVES, *Tratado* cit., 4, 343.

340 *Características das obrigações*

II. Iniciou-se, de seguida, um movimento de sentido contrário, graças ao Prof. Gomes da Silva. Logo em 1943, este Autor explica que só aparentemente o artigo 671.º, 2.º, do Código de Seabra impõe a patrimonialidade: numerosos exemplos, incluindo o do artigo 1409.º, § único, do Código, indicariam que, em diversas situações, como o trabalho, apenas uma das prestações tem valor pecuniário[1180]. E logo no ano seguinte, ele procede a um estudo alargado sobre a matéria, à luz da doutrina acessível da época[1181], explicando, designadamente, que a violação de uma obrigação pode acarretar ou não danos, os quais são variáveis, sem que isso resulte linearmente do *quantum* económico da prestação; além disso, a obrigação não implica necessariamente uma transferência de valor, uma vez que a impossibilidade superveniente pode isentar o devedor de cumprir (705.º)[1182].

Nessa sequência, Manuel de Andrade admite o princípio da natureza patrimonial, mas com exceções[1183]: 1) a prestação destituída de valor pecuniário, mas acompanhada de cláusula penal; 2) *idem*, mas suscetível de execução específica; 3) *idem*, mas cujo incumprimento dê azo a prejuízos patrimoniais.

Galvão Telles, sob influência do Direito italiano, vem distinguir entre a prestação, que deveria ter valor patrimonial e o interesse do credor, que poderia deixar de o ter[1184].

III. Na feitura do Código Civil, Vaz Serra ponderou as diversas soluções, à luz do Direito comparado[1185].

No anteprojeto, ele acabou por propor a norma seguinte (1.º/2)[1186]:

> O interesse sem valor pecuniário do credor só pode dar lugar a uma obrigação, quando for digno de protecção jurídica. Nesta apreciação não deve afastar-se o juiz dos ideais ou orientações gerais da lei.

[1180] MANUEL GOMES DA SILVA, *Conceito e estrutura da obrigação* cit., 25.

[1181] MANUEL GOMES DA SILVA, *O dever de prestar e o dever de indemnizar* 1 (1944), 335 ss..

[1182] *Idem*, 346-347.

[1183] MANUEL DE ANDRADE, *Das obrigações em geral*, 3.ª ed. cit., 172-173, citando Gomes da Silva.

[1184] INOCÊNCIO GALVÃO TELLES, *Manual de Direito das obrigações* cit., 1, 2.ª ed., 24-26.

[1185] ADRIANO VAZ SERRA, *Objecto da prestação* cit., 15 ss..

[1186] ADRIANO VAZ SERRA, *Direito das obrigações* cit., 6.

§ 23.º A natureza patrimonial e a sua superação   341

Antunes Varela reformulou, na 1.ª revisão ministerial, o preceito, mantendo o essencial (357.º/2)[1187]:

> A prestação, de facto ou de coisas, não necessita de ter valor pecuniário, mas há-de corresponder a um interesse do credor digno da protecção do direito.

Novas alterações formais conduziriam ao texto atual[1188]:

> A prestação não necessita de ter valor pecuniário; mas deve corresponder a um interesse do credor, digno de proteção legal.

Com esta fórmula, o legislador resolveu, pelo menos aparentemente, o problema da natureza patrimonial. Mas veio abrir dois outros: o da existência de um "interesse do credor", diferente do da prestação e o do alcance de "digno de proteção legal".

101. Discussão dogmática

I. Conhecida a evolução do tema, cumpre passar ao debate dos diversos argumentos em presença, isto é: à sua discussão dogmática. Como sempre sucede em Direito das obrigações, o cotejo das várias teses tem um interesse jurídico-científico, que transcende o concreto tema em debate.

Como pano de fundo, está assente que o Direito das obrigações, no seu todo ou como sistema, tem natureza patrimonial privada. Por isso, as diversas figuras ativas e, *maxime*, os direitos de crédito, podem ser reconduzidas à propriedade no sentido amplo de que fala o artigo 62.º/1 da Constituição, beneficiando, nesse plano, de tutela constitucional. A questão recoloca-se, porém, na periferia e no plano de cada obrigação em si.

II. Segundo a tese clássica, a obrigação teria, necessariamente, natureza patrimonial. E isso, no fundamental, por três razões, conjuntas ou dissociadas:

– haveria disposições legais expressas nesse sentido;

[1187] BMJ 119 (1962), 27.
[1188] *Vide* a sucessão de textos preparatórios em RODRIGUES BASTOS, *Das obrigações em geral* cit., 1, 11.

342 *Características das obrigações*

– seria uma consequência inevitável da responsabilidade patrimonial;
– resultaria da irressarcibilidade dos danos morais.

O Código Napoleão e outros códigos da primeira geração, entre os quais o nosso, de Seabra, compreendiam, como foi visto, preceitos legais que cominavam a necessidade de um conteúdo patrimonial, para as obrigações. Tais preceitos remontavam a Ulpiano[1189]. Mas o Direito das obrigações joga mal com preceitos imperativos que não tenham justificação jurídico-científica. Por isso, quando as construções que apoiavam as aludidas disposições legais expressas falharam, abriram-se as portas a interpretações latas. A via mais simples era a de alargar a patrimonialidade às situações em que houvesse cláusula penal, em que ocorressem danos patrimoniais ou patrimonialmente avaliáveis ou em que houvesse contra-prestação, também patrimonial.

Sintomaticamente, o BGB já não compreenderia uma disposição deste tipo.

III. De acordo com a evolução processada no Direito romano, o devedor responde com os seus bens e não com a sua pessoa. Sendo assim, perante uma obrigação concreta, sabe-se (ou saber-se-á, quando necessário) qual a porção de bens em situação de respondência. Obtemos um valor que será o da prestação em falta. Se, de todo, a prestação não tiver valor, a responsabilidade patrimonial não funciona, retirando, ao vínculo, a sua natureza jurídica.

Esta argumentação pressupõe que, na obrigação, se inscreva o vínculo de respondência, isto é: que cada crédito contenha, por ser crédito, um direito ao património do devedor. Não é o caso, pelo que a responsabilidade patrimonial não "contamina", de modo necessário e automático, a prestação principal.

Além disso – a demonstração, irrefutável, pertence a Gomes da Silva – a responsabilidade patrimonial poderá visar a reconstrução não da própria prestação em falta, mas antes de uma realidade sucedânea.

Finalmente: o moderno Direito das obrigações admite outros tipos de sanção, para além da execução patrimonial, num fenómeno que vimos remontar à ZPO alemã de 1888. Temos, com efeito, a execução específica (é entregue ou realizado o próprio valor em jogo) e as sanções compulsórias (829.º-A), que visam levar o devedor ao cumprimento.

[1189] D.40.7.9.2, acima citado.

§ 23.º A natureza patrimonial e a sua superação

IV. A irressarcibilidade dos danos morais resultaria dos artigos 2384.º a 2387.º, do Código de Seabra. Além disso, ela impor-se-ia perante uma moral tradicionalista. Explica Manuel de Andrade[1190]:

O dinheiro e os danos morais são entidades absolutamente heterogéneas, não podendo, pois, existir qualquer equivalência entre elas. De resto, só numa conceção grosseiramente materialista da vida é que pode aceitar-se a ideia de saldar com dinheiro quaisquer valores morais sacrificados; de atribuir ao ofendido, no caso de danos morais, o direito de apresentar uma conta ao ofensor.

O próprio Manuel de Andrade, que parece estacar perante os artigos 2384.º e 2385.º, do Código de Seabra, que não admitiriam a indemnização por danos morais, artigos esses que seriam complementados pelos artigos 2386.º e 2387.º[1191], coloca, *de lege ferenda*, a questão noutros termos[1192]. De facto, a indemnização por danos morais não seria ressarcitória, mas compensatória: ainda que muito imperfeita, seria melhor do que coisa nenhuma. Acrescem outros diplomas, com relevo para o Código da Estrada, que vieram admitir a indemnização por danos morais[1193].

[1190] MANUEL DE ANDRADE, *Teoria geral das obrigações*, 3.ª ed. cit., 165.

[1191] O artigo 2384.º dispunha:

A indemnização por perdas e damnos, nos casos de homicidio commettido voluntariamente, consistirá:

1.º Na satisfação de todas as despezas, feitas para salvar o offendido, e com o seu funeral;

2.º Na prestação de alimentos à viuva do fallecido, enquanto viva fôr, e precisar d'elles, ou não passar a segundas nupcias, excepto se tiver sido cumplice no homicidio;

3.º Na prestação de alimentos aos descendentes ou ascendentes, a quem os devia o offendido, excepto se tiverem sido cumplices no homicidio.

§ unico – Fora dos casos anteriormente mencionados, nenhum parente ou herdeiro poderá requerer indemnização por homicidio.

O artigo 2385.º reportava se ao homicído por negligência, altura em que apenas haveria alimentos para os filhos menores da vítima; os artigos 2386.º e 2387.º diziam respeito a ofensas corporais: voluntárias e involuntárias.

Ficava, efetivamente, a ideia de que apenas (alguns) prejuízos patrimoniais eram ressarcidos: não os restantes, designadamente os morais.

[1192] MANUEL DE ANDRADE, *Teoria geral das obrigações*, 3.ª ed. cit., 166-169.

[1193] Toda esta matéria será estudada mais detidamente no volume relativo à responsabilidade civil.

344 *Características das obrigações*

V. Deve ainda dizer-se que, desde muito cedo, a discussão deixou de ter implicações éticas. De facto, a uma regra geral de patrimonialidade, sempre haveria que excecionar:

– a existência de uma cláusula penal patrimonial;
– a possibilidade de execução específica, isto é, de, independentemente de qualquer natureza patrimonial, se conseguir, pela força do tribunal, entregar ao credor o próprio bem devido[1194];
– a natureza patrimonial dos danos, que já permitiria, nessa parte, a indemnização[1195].

Uma quarta exceção ocorreria quando a prestação não-patrimonial tivesse, como correspetivo, uma outra, patrimonial[1196]. Para além das exceções, autores mais avançados, como Gomes da Silva e Pessoa Jorge, intentavam já, mesmo sob os preceitos restritivos do Código de Seabra, superar o estádio de natureza necessariamente patrimonial das prestações[1197]. Como se viu, estava em causa bem mais do que uma questão teorética: todo o domínio dos danos morais e da tutela das pessoas, com eles conexa, disso dependia.

102. A patrimonialidade no Direito vigente

I. A tese clássica, que propugnava a natureza necessariamente patrimonial de todas as obrigações, pode ser hoje rejeitada. Desde logo, o quadro legal é diferente: a própria lei explicita que a prestação não necessita de ter valor pecuniário (398.º/2, 1.ª parte)[1198].

[1194] A obrigação de não tocar piano é um clássico exemplo de prestação sem conteúdo patrimonial; caso fosse incumprida, bastaria uma ordem silenciadora do tribunal, sob cominação de desobediência, para executar a obrigação em falta.

[1195] No caso do não tocar piano: se o credor, por via do barulho, perder um negócio patrimonial, a indemnização já teria cabimento.

[1196] Dizia GUILHERME MOREIRA, *Instituições* cit., 2, 17:

Embora a prestação represente para o credor um interesse moral ou afectivo, há-de haver sempre uma prestação pecuniária que, por vontade das partes ou disposição da lei, lhe corresponda.

[1197] MANUEL GOMES DA SILVA, *Conceito e estrutura da obrigação* cit., 25 e FERNANDO PESSOA JORGE, *Direito das obrigações* cit., 1, 174-175.

[1198] PIRES DE LIMA/ANTUNES VARELA, *Código Anotado* cit., I, 4.ª ed., 348-349.

§ 23.º A natureza patrimonial e a sua superação

Além disso, e no tocante aos demais óbices tradicionais à não-patrimonialidade:

- independentemente da patrimonialidade, o devedor pode sempre ser condenado no cumprimento (817.º, 1.ª parte), prevendo-se ainda, quanto a prestações de *facere* (828.º), a prestações de facto negativo (829.º) e a prestações jurídicas (830.º), a execução específica;
- do mesmo modo, o credor poderá recorrer à ação direta (336.º), aos procedimentos cautelares (381.º e ss., do CPC), à resolução por incumprimento (801.º/2) ou à *soluti retentio*, como forma de defender, de obter ou de consolidar uma prestação não-patrimonial;
- as prestações de facto não-patrimoniais e não-fungíveis podem ser objeto de sanções pecuniárias compulsórias (829.º-A[1199]): o devedor relapso será condenado a pagar uma quantia pecuniária, diária, até que cumpra; trata-se de uma solução de eficácia temível;
- os danos morais, embora com algumas restrições que terão de ser ultrapassadas pela interpretação, são genericamente ressarcíveis (496.º).

Deve ainda acrescentar-se que a superação do patrimonialismo postula o abandono de conceções realistas ou mistas, no tocante à estrutura da obrigação. Também este passo tem vindo a ser dado, de modo uniforme.

II. Pergunta-se, agora, o que entender por "não necessita de ter valor pecuniário", à luz do Direito vigente. Sob essa perífrase, quiçá dispensável, o legislador quis significar "natureza patrimonial": toda a tradição do sector o documenta. À partida, a situação patrimonial tem conteúdo económico e pode ser avaliada em dinheiro[1200]. Ficam duas ressalvas:

- a situação não-patrimonial é compatível com a indemnização por danos morais;
- a situação não-patrimonial pode reger-se por Direito patrimonial, mercê de fenómenos de absorção ou de contiguidade: assim, as obrigações não-patrimoniais obedecem ao Direito das obrigações.

[1199] Aditado pelo Decreto-Lei n.º 262/83, de 16 de junho.
[1200] *Tratado* I, 4.ª ed., 867-868.

346 *Características das obrigações*

Todavia, sabe-se hoje (e pratica-se) que as situações não-patrimoniais, mesmo as que tenham a natureza mais pessoal, podem ser avaliadas em dinheiro. Terão mesmo de sê-lo, para efeitos de indemnização e da celebração de contratos de seguro. Daí, passariam a ter natureza económica.

III. Temos transcendido esse óbice através da normativização do conceito: a situação não-patrimonial é aquela cuja troca por dinheiro não seja admitida, pelo Direito: diretamente ou através das cláusulas dos bons costumes ou da ordem pública[1201].

Os exemplos mais discutidos têm a ver com a área dos direitos das pessoas. Assim, têm, em França, sido considerados nulos os negócios relativos ao "ventre de aluguer": o negócio pelo qual uma mulher se obriga, ainda que gratuitamente, a assegurar, no seu ventre, a gestação de uma criança que entregará, à nascença, a terceiros, que até poderão ser os pais biológicos[1202]. Como é evidente, o problema, aqui, é de ordem pública, envolvendo a indisponibilidade do corpo humano e a do estado das pessoas (a filiação). Mas essa mesma ordem pública veda, igualmente, a patrimonialidade.

As prestações "sem valor pecuniário" serão aquelas que penetrem pela fresta, hoje apertada, das atuações que, não podendo ser trocadas por dinheiro sejam, todavia, lícitas e, logo: compensáveis com dinheiro. Repare-se que a dificuldade prática em fixar o valor de uma prestação não implica que ela não o tenha. A esta luz, boa parte dos exemplos clássicos cai: as prestações envolvidas são patrimoniais (p. ex., a de não tocar piano).

IV. Giorgianni explica que a prestação patrimonial não é aquela a que as partes decidam associar um valor ou um correspetivo pecuniário: isso seria, mesmo, perigoso. Haveria, sim, que fixar um critério objetivo, atendendo à ambiência geral[1203]. Tem razão. Só que a evolução das últimas décadas conduziu a uma ambiência geral de monetarização. Não vemos como negá-la, por muito desgostante que, nalgumas áreas, possa parecer. Por isso, contrapomos a normativização do problema: o Direito proíbe que certas prestações sejam trocadas por dinheiro e isso mesmo quando tenham um objetivo valor de mercado.

[1201] *Tratado* I/1, 3.ª ed., 710-711.
[1202] Jacqueline Rubellin-Devichi, *Personnes et droit de la famille/Jurisprudence*, RTDC 1990, 443-461 (457 ss.) e Jean Hauser/Danielle Huet-Weiller, *idem*, RTDC 1991, 497-524 (517 ss.).
[1203] Giorgianni, *Obbligazione* cit., 585/II.

§ 24.º O INTERESSE DO CREDOR E A JURIDICIDADE

103. O interesse do credor digno de proteção legal

I. O panorama da discussão em torno da patrimonialidade da prestação, antes do Código de 1942, levou, em Itália e conforme foi referido, diversos autores como Coviello, na base da ideia de Jhering e outros, a propor uma distinção entre o interesse do credor, consubstanciado no seu direito e a prestação a efetuar pelo devedor. Esta teria de ser patrimonial; o interesse do credor poderia não sê-lo[1204]. A noção passou ao artigo 1174.º do Código italiano, sendo examinada, com cuidado, pela doutrina clássica[1205].

A análise não é fácil, dada a polissemia de "interesse"[1206]. Em Itália, uma posição negativista afirma que o interesse do credor não pode ser considerado requisito essencial da obrigação por se tratar de um elemento interno, do foro pessoal do credor: de difícil conhecimento, não seria adequado fazer, dele, depender uma obrigação[1207]: quando muito teria a ver com a fonte.

Domina a teoria afirmativista, segundo a qual, para além da letra da lei, que teria peso, se deve considerar que, na falta de interesse, a obrigação não surge ou, tendo surgido, se extingue, quando tal falta seja superveniente[1208].

[1204] COVIELLO, *Riassunti* cit., 664 ss. e *passim* e JHERING, *Ein Rechtsgutachten* cit., 41. Por exemplo: o violinista obriga-se, mediante retribuição, a executar um trecho musical: a prestação seria pecuniária, mas o interesse dos espectadores, credores do violinista, seria puramente estético.

[1205] BARASSI, *La teoria generale delle obbligazioni* cit., 1, 58 ss. e 148 ss., BETTI, *Teoria generale delle obbligazioni* cit., 1, 58 ss. e PIETRO RESCIGNO, *Obbligazioni (diritto privato)/Nozioni generale*, ED XXIX (1979), 133-221 (180 ss.).

[1206] Na literatura atual: CARINGELLA/DE MARZO, *Le obbligazioni* cit., 55 ss..

[1207] GIORGIO CIAN, *Interesse del creditore e patrimonialità della prestazione* cit., 220.

[1208] GIORGIANNI, *Obbligazione* cit., 587/II.

348 Características das obrigações

II. Passando ao Código Vaz Serra: a fórmula italiana foi alterada, de modo que a obrigação possa não ter natureza pecuniária, devendo, contudo, o interesse do credor ser digno de proteção legal. *Quid iuris*?

A referência a "interesses" na obrigação remonta a Guilherme Moreira, que diz[1209]:

> Sempre que o conteúdo da obrigação sejam interesses de carácter moral, é necessário que, por vontade das partes ou por disposição da lei, se fixe ou possa fixar a indemnização a que o credor fica tendo direito, no caso de não ser cumprida a prestação.

Como se vê, na literatura do Código de Seabra, a natureza patrimonial da prestação era alternativa ao interesse moral[1210]. O Código Vaz Serra estabeleceu, antes, uma relação de complementaridade, introduzindo o "interesse digno de proteção legal". À partida, vamos abandonar a hipótese de, com isso, se pretenderem afastar as obrigações contrárias à lei (e, logo, "não dignas" de tutela): essa eventualidade é prevista, em geral, nos artigos 280.º/1 e 294.º, não sendo de boa hermenêutica fazê-la (re)aparecer no artigo 398.º/2, a propósito das características da obrigação.

III. Se recorrermos à contraposição tradicional do interesse em objetivo (capacidade de certo *quid* satisfazer as necessidades de uma pessoa) e subjetivo (relação de apetência entre um sujeito e certo *quid*), poderemos afastar este último: as apetências íntimas dizem respeito a cada um, não cabendo ao Direito intervir. Fica o objetivo: o Direito só admite obrigações "úteis" às necessidades do credor? A resposta é seguramente negativa: a pessoa que tenha meios pode contratar o que quiser, dentro da lei: útil ou inútil.

De resto, a lei não fala em "interesse do credor", mas, apenas, em "interesse digno de proteção legal".

104. A juridicidade

I. Temos acolhido a noção de interesse desenvolvida por Paulo Mota Pinto: será uma realidade protegida por normas jurídicas as quais, quando

---

[1209] GUILHERME MOREIRA, *Instituições* cit., 2, 17.
[1210] GOMES DA SILVA, *Conceito e estrutura da obrigação* cit., 24.

§ 24.º O interesse do credor e a juridicidade 349

violadas, dão azo a um dano[1211]. Vimos, acima, o alcance amplo que "interesse" tem, no Direito civil[1212]. Trata-se, agora, de perante o artigo 392.º/2, proceder à sua densificação.

Por aqui vamos reencontrar a solução que há muito propusemos[1213]. Assim e numa lógica integrada:

– o 397.º define obrigação;
– o 398.º/1 afirma a liberdade de fixação do conteúdo das prestações;
– o 398.º/2, 1.ª parte, permite que não (que nem) tenham conteúdo patrimonial;
– o 398.º/2, 1.ª parte, exige, contudo, que sejam juridicamente consideradas (consideráveis).

Interesse digno de proteção legal significa, simplesmente, suscetibilidade de proteção jurídica.

II. Dado o princípio da autonomia privada, é possível, em Direito privado, tudo o que não seja proibido pela lei. Pergunta-se, então, o que ficará fora da juridicidade, já que, contratualmente, o que não seja proibido pode ser contratado.

Antunes Varela apresenta duas situações desse tipo[1214]:

– prestações que correspondam a um mero capricho do credor[1215];
– prestações consideradas por outros complexos normativos[1216].

[1211] PAULO MOTA PINTO, *Interesse contratual negativo e interesse contratual positivo* cit., 1, 528-529 e *passim*.

[1212] *Supra*, 312 ss..

[1213] *Direito das obrigações* 1, 240 ss..

[1214] ANTUNES VARELA, *Das obrigações en geral* cit., 1, 10.ª ed., 108-109.

[1215] Varela exemplifica:

Escrever um livro de exaltação pessoal deste [do credor]; não usar cabelos compridos ou saias acima do joelho; trajar o devedor de certa forma; não usar uma jóia que um inimigo do credor lhe doou; obrigar-se um actor teatral a não trabalhar em certa cidade para não ofuscar o prestígio de um outro, etc.

Na generalidade, podemos configurar prestações que tenham estes conteúdos e sejam legítimas, lógicas e eficazes. Basta pensar no dever de usar uniformes, no de proteger psicologicamente o credor ou no de não fazer concorrência.

[1216] *Idem*:

rezar todas as noites certo número de orações ou fazer todos os meses determinado exercício de devoção; incorporar-se todos os anos em determinada procissão; reatar relações com certa pessoa.

350 Características das obrigações

A primeira não colhe. Brincadeiras ou inutilidades de mau gosto cairão como declarações não-sérias (245.º) ou como contrárias aos bons costumes (280.º/1). Fora isso, se forem devidamente contratadas, são possíveis[1217]. A lei não exige que as prestações sejam socialmente úteis, como Antunes Varela reconhece[1218].

Fica a segunda: a prestação que apenas releve para ordens não-jurídicas não tem tutela legal; logo, não pode constituir-se como objeto de uma obrigação.

> Apenas caso a caso será possível fazer tal juízo. Por exemplo: o comparecer num templo ou num desfile religioso poderá ter um sentido cénico, sendo perfeitamente contratável; outro: certos ritos implicam a contratação de carpideiras para os funerais; na mesma ocasião, poderiam ser contratadas pessoas para rezar publicamente: não vemos obstáculo à validade dos correspondentes negócios. Já o fazer um exame de consciência diário apenas relevará da Moral ou da Religião: não vemos como juridificá-lo.
>
> A juridicidade das prestações é útil para permitir a sua distinção das obrigações de mera obsequiosidade social ou dos acordos de cavalheiros. Voltaremos ao tema.

III. O círculo fecha-se, considerando que a patrimonialidade é um indício claro de juridicidade (de "interesse digno de proteção legal")[1219]: razão pela qual a lei associa a necessidade de tal interesse apenas quando falte a natureza patrimonial. De facto, em face de bens suscetíveis de avaliação pecuniária, estamos perante valores raros, cuja atribuição não pode ser indiferente ao Direito.

A patrimonialidade é um dado tendencial, que dá um especial sentido a todo o edifício das obrigações. A juridicidade, conquanto que redundante, é um bom requisito de fronteira.

105. As relações de obsequiosidade e de cavalheirismo

I. A exigência da juridicidade das obrigações permite traçar a diferença, por vezes melindrosa, entre elas, as relações de mera obsequiosi-

---

[1217] Vide o nosso *Direito das obrigações* 1, 240; também MENEZES LEITÃO, *Direito das obrigações* cit., 1, 9.ª ed., 95-96.

[1218] ANTUNES VARELA, *Das obrigações em geral* cit., 1, 10.ª ed., 108-109.

[1219] MICHELLE GIORGIANNI, *Obbligazione* cit., 585/I.

§ 24.º O interesse do credor e a juridicidade 351

dade e as de puro cavalheirismo[1220]. Embora a matéria esteja próxima, podemos distinguir:

– relações de mera obsequiosidade: são adstrições que surgem no trato social, mercê da boa educação e da aprazabilidade dos contactos entre as pessoas; por exemplo, alguém encarrega-se de comprar um bilhete para a ópera ou de levar outrem a casa, esperando-o à porta do emprego;
– relações de puro cavalheirismo: são obrigações que decorrem da palavra de honra no sentido de garantir um resultado ou de efetuar uma prestação; por exemplo, alguém compromete-se a arranjar um financiamento ou a adquirir um bem pelo valor que entenda justo.

No Direito alemão, a matéria é ainda complicada por se considerarem de obsequiosidade (*Gefälligkeit*) contratos gratuitos, como a doação (§ 516), o empréstimo (§ 598), o mandato (§ 662) e o depósito (§ 688)[1221]. Não se duvida da juridicidade destes contratos, ainda que, tendo em conta a sua natureza, se procure, para eles, um regime adequado, com a minoração da responsabilidade dos envolvidos[1222].

De todo o modo, parece clara a existência de paralelos entre a obsequiosidade e os acordos que se celebrem por obsequiosidade. O Direito não é um mundo geométrico e estanque. No momento da decisão há, contudo, que saber se se verifica, ou não, a juspositivação dos problemas.

II. Devemos retirar, deste universo, as relações obrigacionais efetivas que hajam sido contraídas por pura obsequiosidade. Esta pode ser um motivo de contratação[1223]: assim sucede na chamada letra de favor[1224], na compra de um quadro para apoiar um jovem artista amigo ou na aquisição,

---

[1220] Algumas referências a este tema, pelo prisma da formação do contrato, em *Tratado* I/1, 3.ª ed., 535 ss..

[1221] KLAUS SCHREIBER, *Haftung bei Gefälligkeiten*, Jura 2001, 810-814 (810/I). Cf. HANS-DIETRICH PALLMANN, *Rechtsfolgen aus Gefälligkeitsverhältnissen* (1971), 14 e, anteriormente, BERND V. DEWITZ, *Gefälligkeitsverhältnisse im Bürgerlichen Recht* (1939), 3.

[1222] STEFAN GRUNDMANN, *Zur Dogmatik der unentgeltlichen Rechtsgeschäfte*, AcP 198 (1998), 457-488 (461 ss.).

[1223] PIUS KOST, *Die Gefälligkeit im Privatrecht (Mit besonderer Behandlung der Gefälligkeitsfahrt)* (1973), 23 e 37 ss., relativamente ao Direito suíço; DEWITZ, *Gefälligkeitsverhältnisse* cit., 4.

[1224] STJ 22-mar.-2007 (AZEVEDO RAMOS), Proc. 07A399 e STJ 14-fev.-2006 (NUNO CAMEIRA), Proc. 05A4352, como exemplos.

352   *Características das obrigações*

por trespasse, de uma posição num escritório sem futuro, para obsequiar um mestre. Em todos estes casos, temos relações obrigacionais comuns que, uma vez assumidas, devem ser respeitadas.

O facto de, na origem, haver uma situação de obsequiosidade e não uma comum e normal busca de lucro poderá, quando muito, ser um elemento auxiliar de interpretação. De todo o modo, mal fica vir-se celebrar um acordo por obsequiosidade e, depois, invocar esta para o não cumprir integralmente.

III. De seguida, há que distinguir o acordo de mera obsequiosidade ou cortesia, do acordo de cavalheiros (*gentlemen's agreement*). No acordo de mera obsequiosidade, há um assentimento que se coloca, por si, fora da área do Direito: assim sucede com os convites mundanos[1225], com acordos protocolares, com combinações de horas e similares. Em regra, estamos perante acordos sem conteúdo patrimonial e que, segundo o trato social, não são, na sociedade considerada, objeto de tratamento e de sanções jurídicas. A pessoa que não cumpra acordos de obsequiosidade ou cortesia será objeto, simplesmente, de reprovação social: uma sanção eficaz, mas que escapa ao Direito.

No acordo de cavalheiros existe um convénio, por vezes com conteúdo patrimonial significativo, mas que as partes pretenderam retirar do campo do Direito[1226]: podem mesmo dizê-lo por escrito[1227]. Tal acordo vincularia as partes na base do cavalheirismo, associado à honra pessoal de quem o conclua e não assente na juridicidade e no aparelho judiciário do Estado.

IV. No critério para determinar a juridicidade das relações obrigacionais, designadamente excluindo, delas, a mera obsequiosidade, apela-se a indícios ou critérios[1228], falando-se, por vezes, em indícios

---

[1225] A doutrina refere as marcações para dançar; cf. KONRAD ZWEIGERT, *Seriositätsindizien/Rechtsvergleichende Bemerkungen zur Scheidung verbindlicher Geschäfte von unverbindlichen*, JZ 1964, 349-354 (350/I) e WILHELM WEIMAR, *Erklärungen ohne Rechtsbindung*, MDR 1979, 374-376 (375/I).

[1226] WERNER FLUME, *Allgemeiner Teil des Bürgerlichen Rechts*, II – *das Rechtsgeschäft*, 4.ª ed. (1992), § 7, Nr. 8 (92-93) e DIRK OLZEN, no Staudinger II cit., § 241, Nr. 89 (157-158).

[1227] B. MOSHEIM, *Gentlemen's Agreement*, DB 1963, 1034-1035 (1034/II).

[1228] HERMANN LIETZ, *Über die Rechtsfindung auf dem Gebiet der sog. Gefälligkeitsverhältnisse* (1940), 15 ss..

§ 24.º O interesse do credor e a juridicidade 353

de seriedade[1229]. Temos, objetivamente, o indício da patrimonialidade e, subjetivamente, a vontade de se obrigar[1230] ou a vontade de consequências jurídicas[1231]. Na verdade, pensamos que o critério é objetivamente social: em cada sociedade e no momento considerado, se verificará se o acordo em causa comporta um tratamento jurídico. Os aspetos apontados são meros indícios, a sindicar pelo juiz. Assim, um convite social pode envolver grandes interesses patrimoniais ... mas nenhum Tribunal determinaria a sua execução. E bem.

V. Já quanto a acordos de cavalheiros, a questão será, antes, a de saber se é possível abdicar de proteção jurídica. Pelo Direito português, isso não é viável, a não ser no plano do cavalheirismo. Como vimos[1232], não é possível renunciar previamente à tutela do direito (809.º). Além disso, não são viáveis nem prestações indetermináveis (280.º/1), nem doações de bens futuros (942.º/1). Os acordos de cavalheiros, comportam, quando patrimoniais, sempre uma colocação jurídica[1233]: no limite, haveria que recorrer às regras sobre liberalidades. Quer isto dizer: quando as partes celebrem um acordo, as correspondentes relações obrigacionais são efetivas, em termos de Direito. Se alguma das partes invocar "cavalheirismo" para lhe retirar a tutela, isso será indiferente. Evidentemente: o acordo de cavalheiros é, enquanto tal, mais vinculativo do que o mais pesado convénio jurídico; este, em certos casos, poderá não ser cumprido; aquele, havendo cavalheiros (ou Senhoras), sê-lo-á, sempre, até às últimas consequências. Entre nós, a presença de acordos de cavalheiros já tem sido invocada, em tribunal, para tentar tirar eficácia a certos institutos: à justa causa de destituição de gerente[1234], a determinados acordos[1235], à falta de forma de um contrato[1236] ou a negociações preliminares[1237]. Os tribunais têm-se, contudo, limitado a aplicar o Direito. E bem.

[1229] PALLMANN, *Rechtsfolgen aus Gefälligkeitsverhältnissen* cit., 50 ss..

[1230] LIETZ, *Über die Rechtsbindung* cit., 21, PALLMANN, *Rechtsfolgen* cit., 14; KLAUS SCHREIBER, *Haftung bei Gefälligkeiten*, Jura 2001, 810-814 (811/I).

[1231] WILLOWEIT, *Abgrenzung und rechtliche Relevanz* cit., 30.

[1232] *Supra*, 69 ss..

[1233] *Vide* exemplos em *Tratado* I/1, 3.ª ed., 537.

[1234] STJ 1-jul.-2004 (FERREIRA GIRÃO), Proc. 04B1853.

[1235] STJ 8-jan.-2004 (QUIRINO SOARES), Proc. 03B4102.

[1236] RLx 13-mai.-2008 (MARIA DO ROSÁRIO MORGADO), Proc. 355/2008-7.

[1237] RLx 21-abr.-2006 (MANUELA GOMES), Proc. 2219/2004-6.

354 *Características das obrigações*

Pode-se deparar um ponto diferente: o de, ao recorrer a "acordos de cavalheiros", as partes terem pretendido concluir um contrato mitigado[1238]. A interpretação permitirá verificá-lo[1239].

VI. Finalmente: temos negócios de tipo gratuito, que se praticam em sociedade mas que, pela delicadeza dos bens envolvidos, têm conteúdo jurídico muito claro. O exemplo mais nítido é o do contrato de hospedagem gratuita a favor de terceiro menor: um casal entrega o seu filho a um casal hospedeiro, para um fim de semana; este assume deveres de abrigo, de alimentação, de custódia e de cuidado, devendo devolver a criança sã e salva. O não cumprimento de semelhante contrato, designadamente quando seja atingida a integridade física ou moral ou a própria vida do menor, é uma grave violação de um negócio válido e eficaz. Todos os danos devem ser ressarcidos (os patrimoniais) ou compensados (os morais).

106. A responsabilidade por deferência

I. As relações de obsequiosidade, tal como as de cavalheirismo, quando não comportem comuns relações obrigacionais, a cumprir pelas partes, podem dar lugar a situações de responsabilidade. Falaremos em responsabilidade por deferência.

A jurisprudência alemã documenta várias situações típicas. Assim, no caso de relações pessoais, designadamente[1240]: acordos relativos a divórcios: RG 16-fev.-1904[1241]; a acidentes de caça: RG 17-mar.-1930[1242]; acordos quanto à obtenção de negócios: BGH 17-mar.-1971[1243]; acordos de prestação de serviço: BGH 2-jul.-1968[1244]; acordos referentes ao transporte: RG 13-dez.-1906[1245]; aconselhamentos: BGH 29-out.-1952[1246].

[1238] *Tratado* I/1, 3.ª ed., 532 ss..

[1239] Pode ainda suceder que, ao apelar a acordos de cavalheiros, as partes tenham pretendido encontrar causas de excusa, em termos de responsabilidade civil: caso a caso haverá que indagá-lo.

[1240] Outros casos podem ser vistos em WILLOWEIT, *Die Rechtsprechung zum Gefälligkeitshandeln*, JuS 1986, 96-107 (97/I ss.).

[1241] RG 16-fev.-1904, RGZ 57 (1904), 250-258 (257-258).

[1242] RG 17-mar.-1930, RGZ 128 (1930), 39-46.

[1243] BGH 17-mar.-1971, BGHZ 56 (1971), 204-214 (207 ss.).

[1244] BGH 2-jul.-1968, NJW 1968, 1874-1875, relativamente à guarda de crianças.

[1245] RG 13-dez.-1906, RGZ 65 (1907), 17-21 (19-20).

[1246] BGH 29-out.-1952, BGHZ 7 (1953), 371-378.

§ 24.º O interesse do credor e a juridicidade | 355

As soluções encontradas são flexíveis[1247] e apontam as considerações abaixo efetuadas.

II. Havendo relações de deferência, podem decorrer situações de proximidade negocial, de entrega confiante ou de dependência de proteção, de que resultem danos.

Os casos clássicos, desde o princípio do século XX, têm a ver com o transporte por deferência: uma pessoa é, por gentileza, transportada gratuitamente por outra, mas vem a sofrer um acidente[1248].

Situações curiosas são as interligadas com jogos de fortuna. Assim, o caso decidido pelo BGH, em 1974. Sucedera o seguinte: um grupo de amigos jogava habitualmente no loto alemão, sempre com a mesma chave; um deles, rotativamente, preenchia e entregava, em nome próprio, a aposta; em 23-out.-1974, o incumbido da entrega não a fez, vindo a combinação de números, normalmente por eles usada, a ser premiada com DM 10.550. Os restantes amigos demandaram o faltoso, que se justificou dizendo que, por imponderáveis, saíra tarde do emprego, altura em que já estavam encerradas as agências. O BGH desamparou a ação[1249], em decisão bastante comentada[1250]. Afigura-se que, se o faltoso tivesse garantido aos demais que entregaria a aposta (ou, em alternativa: se não se limitou a dizer que faria o possível para a entregar), há responsabilidade, por via da confiança.

Casos configurados na doutrina são, p. ex.: um cavalheiro convida uma senhora para dançar e, por descuido, pisa-a, ferindo-a ou rasga-lhe um dispendioso vestido[1251].

III. A primeira hipótese será a de haver solução legal expressa: assim sucede com o denominado transporte gratuito de passageiros: o condutor é responsável pelos danos que estes venham a sofrer (503.º, 504.º e, em especial, 504.º/3)[1252]. A segunda linha conduz a uma relação legal de

---

[1247] WILLOWEIT, *Die Rechtsprechung* cit., 106/II.

[1248] RG 13-dez.-1906 cit.; outros casos em DEWITZ, *Gefälligkeit im Privatrecht* cit., *passim*.

[1249] BGH 16-mai.-1974, NJW 1974, 1705-1707 (1706/I).

[1250] Assim, HARRO PLANDER, *Lottospielgemeinschaft und Rechtsbindungswille*, AcP 176 (1976), 424-447 e UDO KORNBLUM, *Der werpasste Lottoglück*, JuS 1976, 571-572.

[1251] ZWEIGERT, *Seriositätsindizien* cit., 350/I e WEIMAR, *Erklärungen ohne Rechtsbindung* cit., 375/I.

[1252] P. ex., STJ 7-mai.-2009 (SALVADOR DA COSTA), Proc. 382/07-3.

proteção[1253]: teríamos, aí, algo de semelhante à *culpa in contrahendo* ou à violação positiva do contrato[1254]. A terceira implica deveres de tráfego, assentes no § 823 (entre nós, no 483.º/1): ao controlar o perigo, o obsequiante deve observar deveres de cuidado relativos ao obsequiado[1255].

Ou seja: através da deferência, podem resultar efetivas obrigações: não dirigidas ao cumprimento, mas antes visando a tutela da confiança ou o cuidado. Bem se compreende: o convidado não fica à mercê do hospedeiro. Também nos casos em que o deferente preste a sua atividade profissional: haverá responsabilidade no caso de negligência grosseira ou, em certos casos, por culpa leve[1256]; há, aí, um máximo de confiança. Tudo isto é claramente operacional, perante o Direito positivo português.

[1253] WERNER FLUME, *Allgemeiner Teil des Bürgerlichen Rechts*, II, 4.ª ed. cit., § 7, 5 (87).

[1254] WALTER GERWART, *Die Haftungsfreizeichnung innerhalb des gesetzlichen Schutzverhältnisses*, JZ 1970, 535-539 (535/I).

[1255] WEIMAR, *Erklärungen ohne Rechtsbindung* cit., 375/I; KARL FRIEDRICH REUSS, *Die Intensitätstufen der Abreden und die Gentlemen-Agreements*, AcP 154 (1955), 485-526 (496); HANS-JOACHIM HOFFMANN, *Der Einfluss des Gefälligkeitsmoments auf des Haftungsmass*, AcP 167 (1967), 394-409 (398); PALLMANN, *Rechtsfolgen* cit., 29.

[1256] MARKUS GEHRLEIN, *Vertragliche Haftung für Gefälligkeiten*, VersR 2000, 415-419 (419/II).

§ 25.º A MEDIAÇÃO E A COLABORAÇÃO DO DEVEDOR

107. A ideia e a sua evolução

I. Na elaboração histórico-cultural do Direito civil, um lugar especial cabe ao direito de propriedade. Trata-se do direito subjetivo por excelência, que submete uma coisa a um titular humano e que todos devem respeitar. O direito de propriedade tem, ao longo da História, servido como a grande matriz da apropriação, do poder e da própria soberania. Do direito de propriedade há que aproximar os diversos direitos reais. Em todos eles encontramos, tecnicamente, permissões normativas de aproveitamento de coisas corpóreas, sendo que, na propriedade, tais permissões são plenas e exclusivas.

Estas referências são importantes: quando as obrigações passaram a ser vistas pelo seu prisma ativo (o do direito de crédito), impunha-se o seu confronto com os direitos reais. Ele foi estruturante para a dogmática obrigacionística.

II. A primeira e mais impressiva noção de direito real é a de um "poder" direto e imediato sobre a coisa: imediato por atingir a coisa e direto por prescindir de qualquer intermediário. Temos a chamada teoria clássica do Direito real[1257].

Pois bem: nos direitos de crédito, ainda quando dirigidos a coisas (obrigações de *dare* ou de entrega da coisa), estas não seriam diretamente atingidas: o credor só poderia aceder a elas através do devedor[1258] ou, se

---

[1257] *Vide* os nossos *Direitos reais* cit., 309 ss., com indicações.

[1258] VITTORIO POLACCO, *Le obbligazioni nel diritto civile italiano*, I, 2.ª ed. (1915), 22-23, sublinhando a natureza fundamental da imediação em causa; pelo prisma dos reais: HERMANN EICHLER, *Institutionen des Schuldrechts* (1954), I, 2 (2), WOLFGANG BREHM/ CHRISTIAN BERGER, *Sachenrecht*, 2.ª ed. (2006), Nr. 9 (6) e JAN WILHELM, *Sachenrecht*, 3.ª ed. (2007), Nr. 75 (35).

358 *Características das obrigações*

se preferir, com a colaboração deste. Aqui reside a ideia de mediação como característica das obrigações, por oposição à imediação, que reinaria nos direitos reais.

III. O afinamento pandetístico do Direito levou a que tudo se estruturasse em relações jurídicas: a alteridade seria uma característica do jurídico, pelo que não se poderiam apreender situações nas quais, a *solo*, estivesse uma pessoa e uma coisa. O direito real não mais poderia ser definido como um poder direto e imediato sobre uma coisa. Optou-se, antes, por uma ideia de "poder absoluto": o direito real pressuporia uma obrigação de abstenção, por parte de todos os outros sujeitos do ordenamento, que não o próprio titular[1259]. Noutros termos: construiu-se, para os reais, uma relação jurídica que, no pólo ativo, teria o titular do direito e, no passivo, todos os outros sujeitos. Trata-se da chamada "noção moderna", por oposição à "clássica"[1260]. Esta noção teve, ainda, a vida facilitada pelos exageros da contraposição créditos/reais, assente na imediação destes[1261].

A ideia de "relação universal", com alguns biliões de sujeitos passivos, era excessiva; por isso, veio-se a optar por um direito "oponível" a todos: apenas surgiriam, no pólo passivo, as pessoas que, concretamente, pudessem estorvar o titular do direito real, no exercício do seu direito[1262].

Seja como for, perante a "conceção moderna" de direito real, que esquecia a relação direta e imediata com a coisa, a característica da mediação das obrigações perdeu brilho: veio-se, antes, salientar a relatividade,

---

Entre nós: MANUEL DE ANDRADE, *Teoria geral das obrigações*, 3.ª ed. cit., 55, ANTUNES VARELA, *Das obrigações em geral* cit., 1, 10.ª ed., 182 e MANUEL HENRIQUE MESQUITA, *Obrigações reais e ónus reais* (1990), 41 ss..

[1259] WINDSCHEID/KIPP, *Pandektenrecht* cit. 1, § 38 (166-167).

[1260] *Vide* os nossos *Direitos reais* cit., 319 ss., com indicações e, em especial: MARCEL PLANIOL, *Traité Élémentaire de Droit civil*, I, 3.ª ed. (1904), 680.

[1261] LOUIS RIGAUD, *La théorie du droit réel et de l'obligation et la "science juridique pure"*, RCLJ LXV (1925), 423-439 (437).

[1262] Por todos, JOSSERAND, *Cours de Droit civil positif français* I (1930), 668. *Vide* também WINDSCHEID/KIPP, *Pandektenrecht* cit., I, 9.ª ed., §§ 38 (166-167) e 145 (720), explicando que não pode haver relações com coisas mas, apenas, entre pessoas, justamente a propósito dos direitos reais e da propriedade. Pelo contrário, DERNBURG/BIERMANN, *Pandekten* cit., I, 7.ª ed., § 22, nota 5 (49-50), apresentam as obrigações como um direito à prestação e os reais como um senhorio sobre a coisa. *Vide* STANISLAUS DNISTRJANSKI, *Dingliche und persönliche Rechte*, JhJb 78 (1927), 87-137 (87 e 88).

no sentido de eficácia *inter partes*, por oposição à absolutidade ou eficácia *erga omnes* dos direitos reais.

IV. A construção do direito real como "poder absoluto", no sentido de postular a tal relação jurídica universal ou, pelo menos, tendencialmente universal, foi criticada. Por várias razões, sendo uma decisiva: afinal, onde está a coisa? Apenas eram referenciadas pessoas. Para ultrapassar o óbice, foram elaboradas as teses mistas[1263], resultantes da justaposição das teses clássica e moderna.

Segundo tais teses, haveria, no direito real, duas faces: uma face interna, virada para o aproveitamento direto e imediato da coisa e uma face externa dirigida para todos os demais sujeitos do ordenamento, obrigados ao respeito[1264]. O reaparecimento, por esta via, do poder "direto e imediato" deu novo alento à mediação, enquanto característica específica das obrigações.

As teorias mistas são inaceitáveis. Um direito com "faces" é uma pura composição linguística, enquanto que a presença, na "face interna", de um poder sem relação e, isso, numa "relação absoluta", surge incompreensível (Oliveira Ascensão).

A derivação histórica de marcar a alteridade do Direito pela multiplicação, mesmo *contra naturam*, de relações jurídicas, deve ser superada. A alteridade está, ontologicamente, ligada ao normativo, sendo dispensável criar falsas referências que o recordem. Pela nossa parte, o direito real é, simplesmente, uma permissão normativa de aproveitamento de uma coisa corpórea; converte-se, de modo automático, em norma de proibição, para quem não seja o titular.

Perante os presentes propósitos, o tema não carece de maiores aprofundamentos.

108. Delimitações críticas

I. A mediação, enquanto característica diferenciadora entre os créditos e os reais, exige várias delimitações.

[1263] ERNST IMMANUEL BEKKER, *System des heutigen Pandektenrechts* 1 (1886), 49, sublinha que, nos diversos interesses subjetivos, o poder do sujeito coincide com a tutela do Estado.

[1264] Em geral, os nossos *Direitos reais* cit., 330 ss.. Trata-se da tese até há pouco dominante, na nossa doutrina; *vide* HENRIQUE MESQUITA, *Obrigações reais* cit., 52 ss., com indicações.

360 *Características das obrigações*

Desde logo, ela só opera quando se esteja perante obrigações que envolvam a entrega de uma coisa corpórea. Nas demais, designadamente nas de *facere*, não se põe qualquer tema de mediação uma vez que, pura e simplesmente, falta a coisa.

De seguida, ela pressupõe que, nos direitos reais, haja sempre imediação. Não é o caso: há direitos reais que exigem a atuação de certas pessoas ou, pelo menos, a do tribunal: é o que sucede com o penhor e com a hipoteca, bem como com os direitos reais de aquisição. Além disso, temos o universo misto dos ónus reais: quando tenham natureza real, esta coexiste com a presença de um obrigado.

Finalmente, ela assenta no postulado de que, nos créditos, não é possível prescindir da mediação do devedor, por forma a atingir diretamente a coisa. Não é assim: os direitos pessoais de gozo, os créditos potestativos e a possibilidade de execução específica, reconhecida desde os finais do século XIX, pela ZPO alemã e, depois disso, alargada aos diversos Direitos, desmentem-no.

II. Vamos insistir nesse último ponto, nuclear para as obrigações.

Como vimos[1265], não é hoje possível ignorar a figura dos direitos pessoais de gozo: direitos que permitem, ao seu titular, o aproveitamento direto de uma coisa corpórea, em termos que, por razões históricas, não são considerados reais. Tecnicamente temos, aí, uma relação obrigacional entre duas pessoas (p. ex., um senhorio e um arrendatário), a preencher, apenas, com prestações secundárias e com deveres acessórios. E isso porque a prestação principal é substituída por uma permissão de aproveitamento de uma coisa. Só que, justamente: nos direitos pessoais de gozo não há mediação, uma vez que o titular atinge diretamente a coisa.

III. De seguida, temos os direitos de crédito potestativos. Como em qualquer direito potestativo, encontramos, aqui, uma pessoa com o poder de, por simples vontade sua, alterar a Ordem Jurídica, designadamente no que tanja à esfera de um terceiro. Este fica numa simples situação de sujeição[1266]. Um direito potestativo dispensa, por definição, qualquer intermediário. A pessoa incursa na sujeição nada faz: nada pode fazer. Estrutural-

---

[1265] *Supra*, 325 ss.; os direitos pessoais de gozo serão objeto de uma exposição autónoma: *infra*, 580 ss..

[1266] *Tratado* I, 4.ª ed., 895 ss. e 917 ss.. *Vide* HÖRSTER, *A parte geral* cit., 243 ss..

§ 25.º A mediação e a colaboração do devedor   361

mente, não há sequer relação (que pressupõe, sempre, um direito/dever), razão pela qual consideramos tais direitos como absolutos.

O direito potestativo pode visar o aproveitamento de prestações: isso nos leva a inseri-lo, quando tal suceda, no universo dos direitos de crédito. Teremos, então, créditos totalmente carecidos de mediação.

IV. Finalmente, deparamos com os créditos suscetíveis de execução específica. Tal ocorre sempre que, na falta de cumprimento por parte do devedor, seja possível, ao credor, promover, coativamente, a própria prestação devida. É o que sucede nas obrigações de entrega da coisa (*dare*), quando seja possível proceder à sua entrega judicial e, ainda, nas obrigações de *facere* fungíveis: a prestação poderá ser efetuada por um terceiro, à custa do devedor inadimplente.

V. Em suma: não é possível apresentar a mediação como uma característica de todos os direitos de crédito, por oposição à imediação, supostamente presente em todos os direitos reais. Há créditos sem mediação e reais com ela.

Todavia, é intuitivo que, de um modo ou de outro, surge, nas obrigações, um "devedor", figura essa que, nos reais, é dispensável. Tudo está em captar a ideia de modo que não seja, dogmaticamente, irrealista.

109. A determinação das partes

I. Decorre da exigência da mediação, mau grado as delimitações acima efetuadas, a necessidade de determinação das partes. Na verdade, se tomarmos a obrigação como uma relação específica entre duas pessoas (o credor e o devedor), logo verificamos que tal relação não é concebível se faltar uma das partes ou se alguma delas não for determinável.

O princípio é considerado natural, no domínio das obrigações derivadas de um contrato[1267]. Este decorre do que as partes tenham conven-

---

[1267] KRAMER, no *Münchener Kommentar* cit., 2, 5.ª ed., § 241, Nr. 4 (53).

362 *Características das obrigações*

cionado, não podendo tal tarefa ser remetida para o juiz[1268]. Na falta de alguma delas, o contrato não se pode ter concluído[1269].

II. Para além disso, a existência efetiva de um credor e de um devedor é necessária, no momento do cumprimento. Desaparecendo uma das partes sem que alguma pessoa lhe suceda, a obrigação extingue-se por impossibilidade superveniente. E se as qualidades de credor e de devedor vierem a recair na mesma pessoa, a obrigação cessa por confusão[1270], prevista no artigo 868.º.

III. Vencido o problema da própria constituição da obrigação, a sua manutenção pode contentar-se com a determinabilidade de alguma (ou de ambas) as partes. Assim sucederá:

– nas obrigações que relacionem nascituros, as quais estão condicionadas ao seu nascimento (66.º/2)[1271]; antes dele, o sujeito é indeterminado, conquanto que determinável;
– nas obrigações incorporadas em títulos de crédito ao portador, quando eles estejam extraviados: até que apareçam ou se proceda à sua reforma, temos um interveniente indeterminado, mas determinável;
– nas obrigações integradas em herança jacente;
– nas obrigações de indemnizar, antes de identificado o autor do dano (cf. 498.º/1);
– nas obrigações litigiosas, quando o litígio recaia, precisamente, sobre a identidade de algum dos sujeitos (ou de ambos) e até que ele se mostre dirimido;

[1268] JOHANNES KÖNDGEN/CONRAD KÖNIG, *Grenzen zulässiger Konditionenanpassung beim Hypothekenkredit*, ZIP 1984, 129-140 (132). *Vide* RG 8-abr.-1929, RGZ 124 (1929), 81-85 (83) e BGH 27-jan.-1971, BGHZ 55 (1971), 248-251 (250), casos que envolvem, também, indeterminabilidade da prestação; matéria considerada *infra*, 501.

[1269] CHRISTIAN GRÜNEBERG, no Palandt, 71.ª ed. (2012), § 241, Nr. 2 (254) fala, simplesmente, na sua ineficácia; evidentemente: se o problema puder ser resolvido num momento superveniente, o contrato poderá constituir-se.

[1270] JOACHIM WENZEL, no *Münchener Kommentar*, 2, 5.ª ed. (2007), prenot. § 362, Nr. 4 (2335) e HARM PETER WESTERMANN, no Erman 1, 13.ª ed. (2011), § 241, Nr. 4 (776).

[1271] *Tratado* IV, 3.ª ed., 365 ss.; essa posição é compatível com o reconhecimento do direito à vida do nascituro já concebido.

§ 25.º A mediação e a colaboração do devedor 363

– nas obrigações cujos sujeitos (ou algum deles) devam ser determinados em função de decisões de terceiro, de eventos aleatórios, de concursos ou de qualquer outro procedimento nelas próprias previsto.

IV. Na presença de uma obrigação cujos sujeitos (ou algum deles) sejam indeterminados, há que tentar, com recurso às regras disponíveis, negociais ou supletivas, proceder à sua determinação. Sendo ela de todo impossível, faltará (aquela) obrigação pois, sem duas partes, não é possível configurar a colaboração humana sempre pressuposta, nos termos acima referenciados.

Todavia, é possível a manutenção de situações juridicamente relevantes, ainda que não obrigacionais.

Resta acrescentar que a determinação dos sujeitos não se deve confundir com a determinabilidade do objeto da obrigação, prevista no artigo 280.º/1 e abaixo considerada[1272].

[1272] *Infra*, 537 ss..

§ 26.º A COLABORAÇÃO DEVIDA

110. A colaboração como dever-ser

I. Na reformulação da ideia de imediação, devemos começar por ter presente a essência cultural do Direito civil. A ocorrência, ao longo da História, de fenómenos de absorção estrutural e de absorção linguística leva a que, dificilmente, se possam apontar características absolutas, nas diversas categorias.

Tais características poderão, quando muito, ser detetadas a nível de sistema ou de subsistema. Nessa base, acabarão por ter relevo dogmático, mesmo nas singulares figuras onde, por ventura, venham a faltar.

II. Como base para uma mediação atualizada e dogmaticamente operacional, podemos apontar um dado apriorístico insofismável: nos direitos reais atribuem-se coisas enquanto, nas obrigações, se lida com condutas humanas.

Passando aos direitos reais: há uma permissão de aproveitamento de uma coisa corpórea. Pode-se falar na conexão direito/coisa, dada pela imagem de inerência. Daí resulta a manifestação dinâmica da sequela: uma vez que a permissão normativa se reporta à coisa, esta ficará sob o alcance jurídico do titular, onde quer que se encontre. O titular pode usar de meios jurídicos para a recuperar, sem depender de terceiros.

Nos créditos, não há inerência. Uma vez que as permissões, aí presentes, apenas permitem aproveitar condutas humanas, nenhuma coisa pode ser atingida, sem que se verifique uma qualquer e especial conexão entre ela e o património do devedor. A execução específica que consista em, por via judicial, retirar a coisa ao devedor e entregá-la ao credor só é viável na medida em que a própria entrega seja possível. A coisa que saia do património do devedor ficará perdida, para o credor. Pelo contrário, no direito real, o titular poderia sempre ir buscá-la.

§ 26.º A colaboração devida   365

III. Podemos substituir a ideia de "mediação" pela de "colaboração", mais humana e realista. O devedor não entrega, pura e simplesmente, uma coisa: ele deve realizar a competente prestação, conforme as circunstâncias, com todo um cortejo de prestações secundárias e de deveres acessórios. E assim sendo, iremos também envolver as prestações de facto (*facere*) em que, não havendo coisas, ao devedor caiba prestar um serviço ao credor. Também aí há colaboração.

A colaboração pertence ao subsistema das obrigações: um universo em que as pessoas trabalham, umas com as outras (co + laboram). Não é necessária: na falta de colaboração, o Direito pode, em certos casos, intervir, substituindo-se ao faltoso. Mas é devida, isto é: impõe-se, enquanto dever-ser, dirigido à vontade de pessoas livres.

IV. Já em tempos rejeitámos a colaboração nos direitos pessoais de gozo: impressionados pelo facto (irrecusável) de, estruturalmente, serem reais. Mas a História ditou-lhes outro destino. Ora, uma vez incluídos no subsistema das obrigações, os direitos pessoais de gozo foram "contaminados" pela ideia de colaboração, de tal modo que as prestações secundárias e os deveres acessórios que os enformam são empolados, a nível do regime: uma realidade dogmática que não pode ser ignorada.

A colaboração devida tem um efetivo papel dogmático que permite considerá-la como uma característica das obrigações, tomadas em globo.

111. A contraposição aos direitos reais

I. A colaboração devida, conquanto configurável apenas no plano do sistema, contrapõe-se claramente à auto-suficiência de princípio dos direitos reais ou, mais genericamente, dos direitos estruturalmente absolutos. E se a referência aos direitos reais tem surgido contínua e naturalmente, nas considerações anteriores, compete sistematizar a matéria.

II. Os direitos reais, precisamente por não pressuporem "um devedor", dispensam a colaboração, no sentido ontológico que ela assume nas obrigações. Podemos configurar, da parte dos direitos reais[1273]:

– uma função de defesa;
– uma função de ordenação.

[1273] HANS JOSEF WIELING, *Sachenrecht*, 5.ª ed. (2007), § 1, II, 1 (5).

A defesa permite ao titular reintegrar a coisa-objeto das mãos de qualquer estranho: enquanto a coisa-objeto subsistir, o titular atingi-la-á, inelutavelmente, por isso se falando na inerência do direito à coisa. Tudo depende da iniciativa do titular, com eventual recurso aos tribunais, mas sem a necessidade de colaboração de qualquer devedor.

Quanto à ordenação: Direitos Reais procede à "distribuição" entre as pessoas, das coisas corpóreas sem, com isso, onerar os outros[1274].

III. A referida contraposição é nuclear: observa-se no cerne dos direitos reais, quando feito o confronto com os direitos de crédito.

Todavia, uma moderna teoria dos direitos reais vai, hoje, para paragens que transcendem os aspetos nucleares. Cada vez mais o beneficiário de um direito real só pode aproveitar a "sua" coisa através de uma teia de colaborações com outras pessoas. Digamos que, para além do núcleo real puramente absoluto, haverá um conjunto de prestações secundárias, legais ou convencionais e, ainda, os inevitáveis deveres acessórios, requeridos pelo ordenamento.

A dogmática obrigacional, fortemente invasiva com as suas técnicas, sempre renovadas, de resolver os problemas entre humanos, vai enriquecer todas as disciplinas civis e, porventura, todo o Direito. Teremos a oportunidade de regressar ao tema.

[1274] Exceto, evidentemente, na medida em que, estando em causa bens raros, a sua atribuição a uma pessoa pode privar as demais da vantagem que ela representa. Por isso Direitos Reais deverá proceder com critérios de justiça e de adequação.

SECÇÃO II

A RELATIVIDADE E A EFICÁCIA PERANTE TERCEIROS

§ 27.º A RELATIVIDADE ESTRUTURAL

112. Aceções de relatividade

I. As obrigações mais habituais derivam de acordos livremente celebrados. Compreende-se, a essa luz e como um dado apodítico, que elas apenas possam vincular as pessoas que as tenham concluído. Ulpiano consagrou essa ideia numa máxima célebre[1275]:

> alteri stipulari nemo potest.

Pela evidência, nem haveria muito a explicar. A regra foi acolhida no artigo 1119.º do Código Napoleão[1276], constando, por exemplo, do artigo 406.º/2, do Código Vaz Serra:

> Em relação a terceiros, o contrato só produz efeitos nos casos e termos especialmente previstos na lei.

Havia que passar, dos contratos, às obrigações em geral. E aí tornou-se decisiva a contraposição com os direitos reais: na lógica romana, a *obligatio* não era relativa, assim como a *actio in rem* também não era absoluta[1277].

II. A contraposição entre os direitos de crédito e os direitos reais é moderna, ainda que tenha raízes no Direito comum e, mais longe, no

---

[1275] D.45.1.38.17; em português: ninguém pode estipular para outrem.

[1276] *On ne peut, en général, s'engager, ni stipuler en son propre nom, que pour soi-même.*

[1277] RALF MICHAELS, HKK-BGB, II (2007), prenot. § 241, Nr. 44 (48).

368   *Características das obrigações*

Direito romano[1278]. Parecia natural, assim se mantendo em autores como Savigny, que reportam os direitos reais ao domínio (da vontade) sobre uma coisa e os créditos a um domínio parcial do devedor[1279]. No desenvolvimento pandetístico, o predomínio das conceções clássicas de direitos reais levou a acentuar a mediação, como característica das obrigações. A passagem às conceções modernas que, no direito real, viam um poder absoluto, *erga omnes* ou *adversus omnes*, projetaram, nas obrigações, uma característica inversa: a da relatividade.

A relatividade das obrigações era implicitamente afirmada desde Savigny: com o sentido de implicar uma relação jurídica entre duas pessoas determinadas[1280], relação essa que não era apontada em direitos reais. Enquanto construção dogmática, a relatividade ficou a dever-se à tentativa de implantação, nos reais, da técnica da relação jurídica[1281].

Aquando da preparação do BGB, essa orientação ficou consignada: o próprio livro II intitula-se "Direito das relações obrigacionais", por oposição ao livro III, "Direito das coisas"[1282].

III. Hoje, preceitos como o § 241, I, do BGB ou o artigo 397.º, do Código Vaz Serra, logo ao iniciar a matéria das obrigações, deixam claro que, pelo respetivo vínculo, o devedor está adstrito, à prestação, perante o credor[1283]. E isso por contraposição aos direitos reais que, podendo fazer-se valer contra todos, teriam a característica de absolutidade[1284].

[1278] COING, *Europäisches Privatrecht* cit., 1, 271 ss..

[1279] SAVIGNY, *Obligationenrecht* cit., 1, 5, 10 e *passim*.

[1280] JOHANN ADAM SEUFFERT, *Praktisches Pandektenrecht*, II, 4.ª ed. (1867), 1.

[1281] WINDSCHEID/KIPP, *Pandektenrecht* cit., I, § 38 (166-167) e § 145 (720), já referidos.

[1282] ERHARD STÖCKER, *Dinglichkeit und Absolutheit/Eine Untersuchung mit besonderer Berücksichtigung der Kritik am Entwurf des Bürgerlichen Gesetzbuchs* (1965), 23 ss., 32 ss. e *passim*.

[1283] KRAMER, no *Münchener Kommentar* cit., 2, 5.ª ed., Intr. Nr. 15 (10), considera que o BGB apenas contém indícios de "relatividade", ao contrário do Código Napoleão que, no artigo 1165.º, dispõe:

> Les conventions n'ont d'effet qu'entre les parties contractantes; elle ne nuisent point au tiers, et elles ne lui profitent que dans le cas prévu par l'article 1121.

Este preceito, tal como o já citado artigo 1119.º do mesmo Código Napoleão, acaba, porém, por ser mais um indício: reporta-se a contratos e não às obrigações.

[1284] KARL LARENZ/MANFRED WOLF, *Allgemeiner Teil des Bürgerlichen Rechts*, 9.ª ed. (2004), 250 ss. e 259 ss.; agora MANFRED WOLF/JÖRG NEUNER, *Allgemeiner Teil*, 10.ª

§ 27.º A relatividade estrutural

Podemos prosseguir, aprofundando essa ideia:

– no direito de crédito, haveria uma verdadeira relação jurídica entre duas pessoas determinadas: o credor e o devedor; pelo contrário, no direito real, surgiria ou uma "relação" de aproveitamento da coisa ou uma "relação" universal: em qualquer das leituras, seria absoluto;
– no direito de crédito, o credor está legitimado, pelo Direito, para exigir o cumprimento ao devedor e apenas ao devedor[1285]; pelo contrário, em direitos reais, o titular pode obter a restituição da coisa de qualquer terceiro (1311.º/1), assim como, também de qualquer terceiro, pode exigir o respeito pela sua própria posição;
– no direito de crédito, apenas o devedor pode faltar ao cumprimento incorrendo, quando o faça, em responsabilidade obrigacional (798.º e ss.); nos direitos reais, qualquer pessoa pode atingir a coisa, sujeitando-se, quando isso suceda, à responsabilidade aquiliana (483.º ss.)[1286].

IV. À partida, a matéria parece clara, lógica e justa. A clivagem existente entre os direitos de crédito e os direitos reais pode adequadamente ser figurada como a relatividade dos primeiros e a absolutidade dos segundos. É certo que a contraposição alicerçou-se na conceção moderna de direito real (a do poder absoluto, derivado de relação universal) hoje abandonada; mas poderia ser retomada com recurso a outras conceções: a quaisquer outras.

Todavia, sabemos que o Direito civil não é (sempre) lógico. E por isso, fatores de absorção estrutural, teleológica, funcional e linguística levaram a que, nas obrigações, surgissem figuras de exceção a algum (ou a vários) dos três fatores acima apontados, outro tanto sucedendo em direitos reais. Tais exceções foram adquirindo significado, em termos de se justificar uma análise da matéria.

---

ed. (2012), § 20, Nr. 52 (226). Entre nós, Luís MENEZES LEITÃO, *Direitos reais*, 3.ª ed. (2012), 45-46.

[1285] RG 29-fev.-1904, RGZ 57 (1904), 353-358 (356-357): o direito de crédito vincula uma pessoa; apenas aquele cuja vontade esteja ligada; os direitos dos credores são apenas direitos contra o parceiro no contrato; o RG valorizou, em especial, os preparatórios do § 823/I do BGB, explícitos nesse sentido.

[1286] KRAMER, no *Münchener Kommentar* cit., 2, 5.ª ed., Intr. Nr. 22 (13-14).

370   *Características das obrigações*

V. Como sempre, boa parte das dissensões, particularmente na nossa doutrina, advém de uma insuficiente explicitação linguística. Temos de fixar o preciso alcance dos termos, antes de proceder a uma sua utilização dogmática. Ora, no tocante à relatividade dos créditos, temos, desde logo, três possíveis aceções:

– estrutural: os créditos seriam relativos por pressuporem uma relação jurídica: os reais seriam absolutos por consignarem, para o seu titular, uma posição isolada (*ab* + *soluta*);
– eficácia: os créditos permitiriam pretensões apenas contra o devedor e só este estaria obrigado; os reais facultariam pretensões contra quaisquer pessoas, estando, todas, obrigadas ao respeito;
– responsabilidade: o credor apenas poderia pedir contas ao devedor, só este sendo responsabilizável, enquanto, em direitos reais, qualquer terceiro poderia ser obrigado a indemnizar.

Tais aceções estão (ou estariam!) interligadas: justamente por assentarem, estruturalmente, numa relação jurídica entre duas pessoas, os créditos só produziriam efeitos entre elas, só o devedor os podendo violar e, daí, só ele podendo ser responsabilizado; pelo contrário, os direitos reais, por envolverem todas as pessoas do ordenamento, produziriam efeitos perante qualquer uma delas, a qual, verificados os pressupostos, poderia ter que indemnizar.

O problema é dogmático: depende das soluções que se encontrem para as concretas questões, à luz do Direito aplicável.

113. Os limites à relatividade estrutural

I. A contraposição entre direitos absolutos e relativos é, efetivamente, estrutural[1287]. Nos segundos, há uma relação jurídica; nos primeiros, isso não sucede, encontrando-se simplesmente o seu titular habilitado a agir, perante um bem: uma coisa corpórea (direito real) ou um bem de personalidade (direito de personalidade): trata-se de direitos "desligados" (*ab* + *soluta*). Os direitos de crédito integram-se nas obrigações (relações jurídicas): são estruturalmente relativos. Podemos arvorar a relatividade estrutural a uma característica básica das obrigações, por oposição à absolutidade dos direitos reais?

[1287] *Tratado* I, 4.ª ed., 866-867.

§ 27.º A relatividade estrutural

II. Nos direitos reais, têm vindo a impor-se figuras relativas. As relações de vizinhança são funcionalmente reais; os ónus reais são, no seu exercício, relativos; numerosas relações entre titulares de direitos reais em conflito (basta pensar na propriedade horizontal) inscrevem-se no conteúdo destes[1288]. Poderíamos construir uma dogmática real em que apenas o núcleo seria absoluto; teríamos, depois, um halo de obrigações secundárias e de deveres acessórios, estruturalmente relativos. Só que tal "halo" inscreve-se no núcleo, sendo, por vezes, essencial para o aproveitamento da coisa. Em suma: é óbvia a importância de referir a absolutidade como característica tendencial dos direitos reais; mas não é possível fazer, dela, um instrumento dogmático, uma vez que irá falhar nas questões mais delicadas.

III. Os direitos de crédito serão, simétrica e tendencialmente, relativos: implicam relações jurídicas. Mas nem sempre e não só.

A ideia de obrigação em sentido amplo é, hoje, pacífica. No seu seio, para além do vínculo crédito/débito, inscrevem-se outras situações, incluindo direitos potestativos. Ora o direito potestativo é estruturalmente absoluto: não há um obrigado, mas uma pessoa em sujeição. Tal pessoa nada pode (logo: não deve) fazer. O regime aplicável é muito diverso do dos débitos. O titular do direito potestativo está *ab solutum*: atua isoladamente.

Dir-se-á que o direito potestativo, fruto de uma norma que confere poderes, não encaixa nos direitos subjetivos, derivados de normas permissivas. Assim é. Mas dada a natureza compreensiva do direito subjetivo, não vale a pena remar contra a maré.

Regressando às obrigações: a relatividade (estrutural) interessa-nos como um dado dogmático, isto é: operacional para resolver problemas. Desde que se verifique a presença, nas obrigações, de elementos absolutos, ela já não pode ser, sempre, característica de (todos) os créditos.

IV. A questão de saber se, estruturalmente, os créditos correspondem sempre e apenas a direitos a prestações, sendo, assim, relativos, implica a resposta a duas questões: (a) os direitos potestativos são relativos, em termos estruturais? (b) há direitos de crédito potestativos? O direito potestativo permite, a uma das partes, alterar uma situação jurídica de

---

[1288] *Reais, passim.* A matéria será desenvolvida no presente *Tratado*, no volume relativo a Direitos reais.

outra, independentemente da vontade desta. Para um leigo, parece haver uma relação entre o titular e a pessoa sujeita; para um jurista, a "relação" existente não é uma técnica relação obrigacional, *porque os regimes são muito diferentes*. Numa relação obrigacional, um devedor fica adstrito a uma prestação. Aplica-se-lhe todo um complexo de normas relativas à manutenção do dever de prestar, às suas vicissitudes e à sua execução. Numa situação de sujeição, a pessoa sujeita nada pode fazer; logo: nada deve fazer. O regime é totalmente diferente, o que permite concluir que a ligação direito potestativo/sujeição não é uma relação obrigacional. Consideramo-la estruturalmente absoluta, porquanto independente (*ab-soluta*) de qualquer atuação do não-titular. Quanto a saber se há direitos de crédito potestativos: se limitarmos o crédito à pretensão a uma prestação, é óbvio que não há. Teríamos de abrir uma categoria de "direitos potestativos", paralela à dos direitos de crédito, à dos direitos de gozo e à das garantias: algo que não inventámos, uma vez que foi feito por Michelle Giorgianni, há mais de setenta anos[1289].

O problema coloca-se no plano histórico-cultural dos créditos. Por muito que custe a admitir, as categorias civis não são, somente, lógico-formais. Surgem condicionadas pela evolução histórica e pelas diversas coberturas linguísticas. A essa luz, o direito subjetivo é uma categoria compreensiva e não analítica[1290]. E por isso todos consideram o direito potestativo como um direito subjetivo embora, estruturalmente, seja diverso: o direito subjetivo deriva de uma norma de permissão, enquanto o direito potestativo resulta de uma norma que confere poderes.

Dado este passo, regressemos ao direito de crédito. Sendo compreensivo, ele diz-nos que visa o aproveitamento de uma prestação. Esse aproveitamento fez-se, nuclearmente, pela execução, a cargo do devedor, da prestação principal. Mas não apenas: há aproveitamentos nucleares da relação obrigacional que derivam de exercícios potestativos (p. ex., a aceitação de proposta); há aproveitamentos da prestação principal que implicam tais exercícios (p. ex., as obrigações *cum voluerit*); e há posições

---

[1289] Alguma doutrina italiana, sem referir Michelle Giorgianni, apresenta os direitos potestativos como relativos: mas logo se apressa a explicar que têm um regime diferente dos créditos; assim, ENRICO MOSCATI, *La disciplina generale delle obbligazioni/Corso di diritto civile* (2012), 8 ss.. Depois de Giorgianni ter demonstrado a identidade estrutural dos direitos potestativos, vir considerá-los "relativos" afigura-se-nos um claro retrocesso. *Vide*, todavia, a herança de Giorgianni em FRANCESCO CARINGELLA, *Le obbligazioni in generale* (2011), 23-24.

[1290] *Tratado*, I, 4.ª ed., 869 ss. e 871 ss..

§ 27.º A relatividade estrutural   373

instrumentais dentro da relação complexa, também potestativas (p. ex., o poder de dar instruções). Em suma: por via da compreensividade do direito subjetivo, há mesmo créditos potestativos ou, pelo menos, elementos potestativos creditícios.

E como a ideia de "estrutura" é lógico-analítica e não compreensiva, temos de admitir créditos estruturalmente absolutos ou, pelo menos, sub-estruturas absolutas dentro de relações obrigacionais globalmente relativas.

Discutir, para mais numa ambiência pedagógico-universitária a natureza estrutural das obrigações é, também, discutir tudo isto: excelente exercício, quer prático, quer teórico.

Perante isto – que temos vindo a explicar desde as nossas longínquas lições de Direitos Reais e de Direito das obrigações, ainda que admitamos (sempre!) melhores aprofundamentos –, temos dois ilustres contraditores: Pinto Oliveira[1291] e Menezes Leitão[1292].

Pinto Oliveira explica que a distinção entre absoluto e relativo abre dentro dos direitos subjetivos *proprio sensu*; os direitos potestativos constituiriam uma classificação primária, com os direitos subjetivos, escapando ao dualismo absoluto/relativo. Esta ideia é logicamente irrespondível. Só coloca uma dificuldade: a de arrumar os "créditos potestativos" e os "elementos potestativos", inseridos em relações complexas. Na base, abdica da ideia de direito subjetivo como uma figura compreensiva (se se quiser: ilógica, porquanto histórico-cultural), com ganhos para a pureza da construção mas (na nossa opinião), com perdas para o conhecimento dos regimes, que lidam com tudo, em sínteses.

Menezes Leitão inclina-se, se bem entendemos, para a inexistência de direitos de crédito potestativos. Mas nessa altura, caberia encontrar o lugar dos direitos potestativos (ou das posições potestativas) que tenham a ver com o aproveitamento das prestações.

O aprofundamento deste tema passa pelo estudo do direito subjetivo, na sua evolução histórica e nas suas coordenadas atuais e, eventualmente, pela reconstrução dessa figura. Admitimos que ele não constitua um objetivo do Direito das obrigações

V. Outra fonte de problemas é representada pelos direitos pessoais de gozo. Como vimos, estes direitos compreendem um núcleo permissivo,

---

[1291] Nuno Manuel Pinto Oliveira, *Princípios de Direito dos contratos* cit., 28-29.
[1292] Luís Menezes Leitão, *Direito das obrigações* cit., 1, 9.ª ed., 14 e 98, nota 212.

374 *Características das obrigações*

virado para uma coisa corpórea. Este núcleo é estruturalmente absoluto: o titular goza a coisa mercê da sua própria atividade (*ab solutum*) e não por via de qualquer prestação. Elementos relativos surgem no plano secundário e nos deveres acessórios ou, pelo menos, em alguns destes. De todo o modo, não é possível proclamar os direitos pessoais de gozo como "relativos": o gozo é, por definição, absoluto.

Também aqui a relatividade (estrutural), enquanto vetor dogmático omnipresente, falha.

114. Relatividade tendencial e sistema

I. Tudo visto, poderemos dizer que a obrigação típica envolve uma relação jurídica (técnica), entre o credor e o devedor. Mas há situações história e sistematicamente consideradas obrigacionais que, seja por envolverem elementos potestativos, seja por implicarem direitos de gozo (pessoais), não se podem reconduzir a relações jurídicas: não são relativas.

Fica-nos a relatividade estrutural como uma característica tendencial, operante no plano do sistema, mas que não tem de estar concretamente presente em todas as situações obrigacionais. Por isso encontrámos a relatividade como mero princípio.

Esta "relativização da relatividade", que abaixo retomaremos, é acompanhada pela "relativização da absolutidade" dos direitos reais: um fenómeno já conhecido no Direito romano e que não vemos como continuar a negar.

II. Podemos inferir, desta rubrica, que não é possível preconizar uma contraposição estrutural entre os créditos e os reais. Se apresentarmos a um intérprete aplicador uma situação retirada do contexto (p. ex., A deve a B ou C pode disfrutar da coisa x), ele não poderá concluir pela sua natureza creditícia ou real. Um juízo só é possível a nível do sistema, isto é: quando se tenha um conhecimento da precisa inserção da situação em causa.

Confirmamos, por esta via, a natureza ontologicamente histórico-cultural do Direito civil e das suas principais categorias.

§ 28.º A RELATIVIDADE NA PRODUÇÃO DE EFEITOS

115. Generalidades; a oponibilidade forte

I. Numa segunda aceção, como vimos, a ideia de relatividade é aproximada da de oponibilidade ou produção potencial de efeitos. Mas logo aí encontramos uma graduação que envolve significativas clivagens qualitativas. Distinguimos[1293]:

– oponibilidade forte;
– oponibilidade média;
– oponibilidade fraca.

A oponibilidade forte traduz a pretensão que o titular de um direito tenha de exigir o *quid* valioso que o Direito lhe atribui: pode ser *erga omnes* (o poder de reivindicar a coisa, conferido ao proprietário, artigo 1311.º) ou *inter partes* (o poder de exigir o cumprimento ao devedor, cometido ao credor).

A oponibilidade média exprime a possibilidade, reconhecida ao titular, de solicitar o acatamento de deveres instrumentais que permitam o aproveitamento do *quid* valioso que lhe compita ou um melhor aproveitamento desse mesmo *quid*; também ela pode ser *erga omnes* (o proprietário pode pedir silêncio aos vizinhos, artigo 1346.º) ou *inter partes* (o credor pode exigir o acatamento, ao devedor, das prestações secundárias ou dos deveres acessórios).

A oponibilidade fraca manifesta a pretensão geral de respeito; *erga omnes* (todos devem respeitar certa situação de propriedade) ou *inter partes* (o credor não pode piorar a situação do devedor).

[1293] A distinção foi proposta no *Direito das obrigações* 1, 256 ss.; mantemo-la, embora reformulando alguns dos seus termos.

376   *Características das obrigações*

Esta problemática nuclear, ainda que com terminologias diversas, consta, hoje, de todos os manuais, tratados e comentários: torna-se surrealista a falta de atenção que lhe é votada por alguma literatura nacional.

II. Passando aos créditos, parece indubitável que eles estão dotados de uma oponibilidade forte *inter partes*: o credor pode exigir o cumprimento ao devedor e só este está obrigado a cumprir.

Vendo o tema pelo prisma da defesa: o credor pode agir contra o devedor inadimplente (817.º) e apenas contra ele; o proprietário pode exigir a coisa a qualquer pessoa que a possua ou a detenha (1311.º/1).

Deve explicar-se que, mau grado a relatividade estrutural, a obrigação admite a intromissão de terceiros, desde que dirigida à satisfação do credor: 767.º/1[1294]. Não pode é o cumprimento ser exigido a terceiro.

A regra será, pois: uma oponibilidade forte meramente *inter partes*, para os créditos e uma oponibilidade forte *erga omnes*, para os direitos reais. Mas se esta é a regra, logo deparamos com exceções. Elas são de três tipos:

– há direitos reais que perdem a sua oponibilidade *erga omnes*;
– há créditos que adquirem uma oponibilidade *erga omnes*;
– há créditos que podem ser atuados contra terceiros.

Os direitos reais podem perder a oponibilidade forte *erga omnes* por via das regras do registo predial. O proprietário contra o qual se forme uma aquisição tabular[1295] não perde, *ipso iure*, o seu direito; ele recuperá-lo-á caso a coisa volte ao património do alienante ou caso este, de modo espontâneo, lha entregue, renunciando a prevalecer-se da aquisição em causa.

Inferimos, daqui, que os direitos reais podem, em certos casos, ser oponíveis apenas *inter partes*.

III. A lei portuguesa admite que os titulares de certos direitos de crédito possam, por uma declaração de vontade e uma subsequente inscrição, adquirir oponibilidade *erga omnes*. Tal sucede com a promessa com eficá-

---

[1294] Salientando a importância desta possibilidade: FRANCESCO DONATO BUSNELLI, *La lezione del credito da parte di terzi* (1964), 30-31.

[1295] Portanto: uma aquisição por terceiro que, do mesmo alienante, adquira um direito incompatível com o do titular, de boa fé, a título oneroso e registe antes de inscrita qualquer ação de impugnação, nos termos do artigo 17.º/2 do Código do Registo Predial. *Vide* os nossos *Direitos Reais/Sumários* cit., 115 ss..

§ 28.º A relatividade na produção de efeitos 377

cia real (413.º/1) e com a preferência, também com eficácia real (421.º/1). Pode-se discutir se, nessas eventualidades, não haverá já um direito real de aquisição, em vez de um (mero) direito de crédito[1296]. Mesmo, porém, que seja possível, nas situações complexas "promessa real" e "preferência real", descobrir elementos reais, parece claro que, na sua globalidade, continua a haver contratos típicos (o contrato-promessa ou o pacto de preferência), que devem ser cumpridos, e que apresentam regimes predominantemente obrigacionais. Todavia, verificou-se a "realificação"[1297] das figuras, que podem ser feitas valer contra todos: na promessa real, pela reivindicação[1298]; na preferência real, pela ação de preferência[1299].

IV. Temos, depois, diversos institutos que permitem, a um credor, obter o bem ou o valor a que tem direito, das mãos de um terceiro.

Assim sucede, desde logo, na hipótese da ação direta (336.º/1)[1300]. O credor pode agir, por exemplo, contra o terceiro que pretenda obstacular ao cumprimento pelo devedor, verificados os pressupostos: temos um crédito atuado contra o terceiro.

De seguida, surgem as hipóteses de ação sub-rogatória e de ação pauliana. No primeiro caso, o credor exerce, contra terceiros, um direito patrimonial do devedor, quando isso se manifeste essencial para a satisfação do seu próprio crédito (606.º/1 e 2). Na mesma linha, podem os credores invocar a prescrição favorável ao devedor (305.º/1), bem como a nulidade de atos por ele praticados (605.º/1); podem, ainda, aceitar a herança do devedor (2067.º/1). Em todos estes casos, um credor exerce ("opõe") o crédito contra terceiros, aos quais vai exigir o valor que lhe cabe. Na ação pauliana, o credor pode impugnar os atos do devedor que envolvam a diminuição da garantia patrimonial do seu crédito (610.º/1), verificados determinados requisitos. Ainda pela pauliana, o credor pode exigir a restituição dos bens a terceiros ou executá-los no próprio patri-

---

[1296] Para a discussão do problema, *vide* o presente *Tratado*, II/2, 439 ss. e 511 ss..

[1297] *Verdinglichung*, na consagrada fórmula de GERHARD DULCKEIT, *Die Verdinglichung obligatorischer Rechte* (1951), 10 e *passim*; *vide* CLAUS-WILHELM CANARIS, *Die Verdinglichung obligatorischer Rechte*, FS Flume (1978), 371-427 (372), HERMANN WEITNAUER, *Verdinglichte Schuldverhältnisse*, FS Larenz 80. (1983), 705-721 e RONNY HAUCK, *Die Verdinglichung obligatorischer Rechte am Beispiel einfacher immaterialgüterrechtlicher Lizenzen*, AcP 211 (2011), 626-664.

[1298] *Tratado* II/2, 439 ss..

[1299] *Tratado* II/2, 511 ss..

[1300] *Tratado* V, 447 ss..

378 *Características das obrigações*

mónio do obrigado à restituição (616.º/1). De novo o credor obtém, de terceiros, aquilo a que tem direito[1301].

V. Em suma: no Direito das obrigações e tendencialmente, o credor (só) pode exigir o bem, serviço ou valor a que tenha direito, ao próprio devedor. Será uma oponibilidade forte *inter partes*, que contracena com a oponibilidade forte *erga omnes*, que provém dos direitos reais. Todavia, essa regra não funciona sempre, podendo haver recortes negativos, quer nos reais, quer nas obrigações. Tais recortes nem são (ou não sempre) excecionais: dependem do entrecruzar de normas, de princípios e de institutos. A oponibilidade forte *inter partes* (apenas) é tendencial e ordenadora.

Retomando a discussão sobre o conceito e a estrutura da obrigação, poder-se-ia dizer que, pela sub-rogatória ou pela pauliana, o credor apenas atua o direito real (de garantia) que tem sobre o património do devedor.

Em boa verdade, os regimes em jogo são específicos, não se confundindo com a reivindicação. São, além disso, eventuais, dependendo de requisitos especificamente previstos. Finalmente: na sub-rogatória como na pauliana, o credor atua, contra terceiros ... o crédito. E fazendo-o, ele mostra que o mundo das obrigações não é linearmente *inter partes*.

116. A oponibilidade média; os contratos com proteção de terceiros e o terceiro cúmplice

I. A oponibilidade média lida com os halos dos direitos subjetivos em jogo. Atendo-nos às obrigações: estas podem, para além da prestação principal, envolver prestações (ou outras realidades) secundárias e deveres acessórios.

Tomemos o caso do contrato a favor de terceiro: o contrato pelo qual uma pessoa se obriga, perante outra, a efetuar uma prestação a favor de um terceiro (443.º/1). O "terceiro" não é parte; mas ele adquire:

– imediatamente, o direito à prestação, podendo exigi-la ao promitente (444.º/1);

[1301] *Tratado* II/4, 523 ss.

§ 28.º A relatividade na produção de efeitos 379

– os direitos potestativos de rejeitar ou de aderir à promessa (447.º/1), sendo que a adesão torna a promessa irrevogável.

Seja qual for a explicação para estes fenómenos[1302], parece patente que, da obrigação nuclear, contratada entre o promitente e o promissário, advêm efeitos nas esferas de terceiros. Em princípio, tais efeitos prendem-se com prestações secundárias; não é de excluir que envolvam a própria prestação principal.

II. Passemos à área delicada dos contratos com proteção de terceiros[1303], desenvolvida nas jurisprudência e doutrina alemãs e acolhida na nossa doutrina[1304].

A questão pôs-se na prática. Um fornecedor entregara, a uma fábrica, uma determinada máquina, nos termos com esta contratados. A máquina destinava-se, como era natural, a ser utilizada por terceiros: os trabalhadores da fábrica. A máquina era perigosa, vindo um trabalhador a ferir-se; o trabalhador demanda o fornecedor por violação dos deveres "contratuais" que lhe caberiam: o Tribunal federal alemão deu-lhe razão[1305].

Em anotação, Larenz apontou a existência de um determinado contrato com proteção de terceiros[1306] ou a uma denominada liquidação do dano a terceiros[1307]. A proteção derivaria da boa fé[1308]. A matéria será con-

---

[1302] *Tratado* II/2, 575 ss..

[1303] Propomos essa expressão para exprimir o *Vertrag mit Schutzwirkung für Dritte*; de preferência a contrato com eficácia de proteção de terceiros, tradução literal do alemão e que surge demasiado pesada.

[1304] Carlos Alberto da Mota Pinto, *Cessão da posição contratual* (1970), 419-426; Menezes Cordeiro, *Da boa fé*, 619-625; Jorge F. Sinde Monteiro, *Responsabilidade por conselhos, recomendações ou informações* (1989), 518-523; Manuel Carneiro da Frada, *Teoria da confiança e responsabilidade civil* (2004, reimp., 2007), 135-153, especialmente a importante nota 108. *Vide* o *Tratado* II/2, 650 ss..

[1305] BGH 25-abr.-1956, NJW 1956, 1193-1194 (1193).

[1306] Hipótese já aventada por Philipp Heck, *Grundriss des Schuldrechts* cit., 143, em conjunto com diversas ilustrações atinentes ao contrato a favor de terceiro.

[1307] O próprio credor liquida o dano ao terceiro, ressarcindo-se, depois, sobre o devedor.

[1308] Karl Larenz, anot. a BGH 25-abr.-1956, NJW 1956, 1193-1194.

380   *Características das obrigações*

siderada a propósito dos contratos a favor de terceiros[1309]: a sede habitual em manuais[1310] e comentários[1311]. Está consolidada[1312].

Adiantando, podemos explicar que certos contratos postulam, pela sua natureza e pela exigência do sistema, deveres acessórios não só para defesa dos interesses do credor mas, também, dos de terceiros. Será o caso do arrendatário, protegido pelo contrato, contrato esse que dispensa uma tutela também à família e aos convidados (p. ex., o senhorio responde se não esclareceu que havia um alçapão no meio da sala, por onde se some um convidado) ou do fornecedor de máquinas fabris, que responde pela segurança dos trabalhadores, quando tenha violado deveres de segurança ou de informação.

Esta problemática poderia resolver-se à luz da responsabilidade aquiliana: dizendo que a responsabilidade do devedor para com terceiros se teria ficado a dever à violação culposa de direitos de personalidade, como o direito à integridade física, por via do artigo 483.º, do Código Civil. Mas tal solução não confere uma proteção (tão) eficaz como a dos contratos com proteção de terceiros; estes beneficiam, aqui, da preciosa presunção de culpa/ilicitude, tal como resulta do artigo 799.º, do Código Civil[1313].

Através dos contratos com proteção de terceiros, verifica-se que o devedor tem deveres para cumprir não apenas para com o credor mas, também, perante terceiros.

[1309] *Tratado* II/2, 575 ss. e 650 ss..

[1310] KARL LARENZ, *Schuldrecht* cit., I, 14.ª ed., 224 ss., MEDICUS/LORENZ, *Schuldrecht* I *Allgemeiner Teil*, 18.ª ed. (2008), 395 ss. e BROX/WALKER, *Allgemeiner Schuldrecht*, 33.ª ed. (2009), 369 ss..

[1311] P. ex., RAINER JAGMANN, no *Staudinger*, II, §§ 328-359 (2004), § 328, Nr. 83 ss. (74 ss.), onde podem ser confrontadas dezenas de decisões e PETER GOTTWALD, no *Münchener Kommentar*, 2, 5.ª ed. (2007), § 328, Nr. 106 ss. (2056 ss.), também com muito material.

[1312] BGH 15-mai.-1959, JZ 1960, 124-125 (124 e 125) = NJW 1959, 1676-1677 (1676). Por último, ANDREAS ZENNER, *Der Vertrag mit Schutzwirkung zu Gunsten Dritter/ Ein Institut im Lichte seiner Rechtsgrundlage*, NJW 2009, 1030-1034.

[1313] No Direito alemão, mercê das insuficiências da responsabilidade aquiliana, a figura ainda é mais útil do que no nosso Direito; todavia, ela ainda tem, entre nós, grande utilidade.

§ 28.º A relatividade na produção de efeitos   381

III. Podemos ainda reconduzir à oponibilidade média a denominada teoria da responsabilidade do terceiro cúmplice[1314], desenvolvida no Direito anglo-saxónico e em França. Tal teoria coloca a seguinte questão: quando ocorra o incumprimento de uma obrigação contratual, pode o credor responsabilizar, além do devedor, também o terceiro que tenha provocado o incumprimento, concluindo, com o devedor, um contrato incompatível com o primeiro[1315]?

Como exemplos: A promete vender a B mas vende a C que, conhecedor da promessa, o vem aliciar com um preço mais alto; D pretende abrir uma nova empresa concorrente de E; dirige-se à empresa de E e contrata, aí, os trabalhadores mais experientes, levando-os, com prémios, a abandonar o antigo posto de trabalho.

O problema surgiu na Inglaterra medieval, na sequência da grave epidemia de peste negra, que dizimou as populações. Houve uma rarefação de mão-de-obra, vindo o Rei Eduardo III a promulgar uma lei especial: o *Statute of Labourers*, de 1351. Esta lei estabelecia um esquema de trabalho obrigatório na agricultura, para quem não tivesse outros rendimentos. Além disso, previa sanções não apenas para os serventes que abandonassem o trabalho, como também para os patrões que, por qualquer forma, os induzissem a não cumprir, atraindo-os para o seu serviço[1316]. Muito impopular, o *Statute* não terá tido aplicação. Mas a sua doutrina reapareceria, no século XIX, aí se firmando a responsabilidade do terceiro que induzisse o devedor a não cumprir.

Este o caso[1317]: Joahnna Wagner (ainda parente de Richard Wagner), cantora de ópera na Corte Prussiana, acordou com o empresário Benjamin

---

[1314] A expressão já foi criticada, por ser tipicamente penal: BUSNELLI, *La lezione del credito da parte di terzi* cit., 240; mas perante o artigo 490.º do Código Vaz Serra, que admite a "cumplicidade civil", é totalmente adequado.

[1315] PATRIZIA DI MARTINO, *La responsabilità del terzo complice nell'inadempimento contrattuale*, RTDPC XXIX (1975), 1356-1420 (1357). Sobre esta matéria, desenvolvidamente, E. SANTOS JÚNIOR, *Da responsabilidade civil de terceiro por lesão do direito de crédito* cit., 269 ss..

[1316] PATRIZIA DI MARTINO, *La responsabilità del terzo complice* cit., 1361, nota 15.

[1317] *Lumley v Gye*; remete-se para SANTOS JÚNIOR, *Da responsabilidade* cit., 271-273, com mais pormenores, com a indicação das fontes e com muita bibliografia e, ainda, para MARKESINIS and DEAKIN's, *Tort Law*, 6.ª ed. por SIMON DEAKIN/ANGUS JOHNSTON/BASIL MARKESINIS (2008), 576 ss..

382 *Características das obrigações*

Lumley cantar, em exclusivo, no teatro deste, durante três meses. O empresário rival Frederick Gye, conhecendo o acordo e com "malévola intenção", aliciou a cantora, com um maior pagamento, para que ela, ainda no decurso do prazo acordado, passasse, antes, a cantar no seu teatro. Lumley consegue uma *injunction* para que Joahnna não cantasse para Gye. Mas esta nem por isso veio cantar para Lumley. Este intenta então uma ação por danos, em que invoca ter Gye, maliciosamente, induzido Joahnna a, primeiro, não cumprir o contrato com ele celebrado e, depois da *injunction*, a continuar a não cumprir. Lumley obteve a condenação de Gye numa indemnização: o Tribunal aplicou o espírito do *Statute of Labourers*, então já velho de 500 anos, assim criando um precedente: o do *tort of inducing breach of contract*. Outros casos vieram sedimentar esta orientação[1318].

A jurisprudência norte-americana, por seu turno, tem sido impiedosa com as situações de indução maliciosa por terceiros, à quebra de contratos. Assim, no caso *Pennzoil v. Texaco*[1319]: a Pennzoil acordara, com determinados acionistas, a aquisição de parte da Getty Oil; a Texaco aliciou, com um preço mais elevado, os acionistas em causa que, quebrando o primeiro contrato, vieram contratar com ela; a Pennzoil intentou uma ação, vindo a conseguir a condenação da Texaco a pagar 7,53 biliões de dólares de indemnização e 3 biliões de *punitive damages*, além de 600 milhões de juros[1320].

IV. Também nos países de Direito continental, o problema prático da admissibilidade de certos deveres obrigacionais, a cargo de terceiros, a propósito do terceiro cúmplice, levou a decisões nesse sentido.

Em França, a hipótese da responsabilidade de terceiro cúmplice pôs-se a propósito da *débauchage*, isto é, da saída do trabalhador induzida por terceiros interessados na sua contratação.

Tal como em Inglaterra, também em França, nos meados do séc. XIV e para enfrentar o problema da peste negra, foi adotada uma lei que sancionava o comerciante que, mediante melhor salário, aliciasse os trabalhadores de outrem[1321]. Regras desse tipo foram-se mantendo, até à Revolução

---

[1318] SANTOS JÚNIOR, *Da responsabilidade* cit., 274 ss..

[1319] *Idem*, 276 ss., com pormenores e as fontes. *Vide* U.S. Supreme Court 6-abr.-1987, Pennzoil v. Texaco, Inc., 481 U.S. 1 (1987), No. 85-1798, confrontável na Net.

[1320] A questão teve outros desenvolvimentos, que podem ser vistos, entre nós, em SANTOS JÚNIOR, *Da responsabilidade* cit., 278-279.

[1321] VERNON PALMER, *A Comparative Study (From a Common Law Perspective) of the French Action for Wrongful Interference with Contract*, AJCL 40 (1992), 297-342 (302 ss.): uma história paralela, nas duas margens do Canal.

§ *28.º A relatividade na produção de efeitos* 383

francesa. Nessa ocasião, foram abolidas as antigas restrições à mobilidade do trabalho. Sob o Código Napoleão, mas agora de acordo com modernas regras da responsabilidade civil, foram sancionadas atuações de terceiros que interfiram num contrato.

Comecemos pelo caso Joost, decidido pela CssFr em 22-jun.-1892. Joost era um trabalhador, membro de determinado sindicato, do qual se afastou. O sindicato fez greve contra o empregador de Joost, levando a que este fosse despedido. Depois, o sindicato exerceu a sua influência, de modo a evitar que Joost arranjasse outro emprego. O Tribunal de Cassação entendeu que a greve fora exercida fora da sua finalidade, condenando o sindicato[1322].

No caso Dutrieu, sucedera o seguinte: Helène e Eugène Dutrieu executavam um número acrobático de ciclismo; foram contratados pelo Casino de Paris, que ia reabrir e que, nessa base, fez uma campanha publicitária; pouco antes da reabertura, os irmãos Isola, do teatro Olympia, fizeram uma melhor oferta, bem conhecendo o contrato preexistente. Como consequência, os irmãos Dutrieu cancelaram o número, com danos para o Casino de Paris. O Tribunal de Paris condenou os irmãos Dutrieu e Isola no pagamento solidário de determinadas indemnizações, por terem, com falta (*faute*) própria, induzido o incumprimento[1323].

Por fim, a Cassação Francesa sancionou, em 27-mai.-1908, a condenação de Doeuillet, que celebrara um contrato de trabalho com uma costureira, que tinha um contrato em vigor com Randnitz. Particularmente grave foi o facto de Doeuillet se ter comprometido a pagar a cláusula penal em que a costureira incorreu, por ter quebrado o contrato: teria havido interferência ilícita[1324].

Só após a jurisprudência, confrontada com problemas reais que exigiam soluções práticas incompatíveis com uma pura relatividade dos créditos, ter encetado a referida via, é que a doutrina passou a considerar o tema[1325]. Hugueney[1326] veio, em síntese, admitir a responsabilidade

---

[1322] CssFr 22-jun.-1892, S 1893, 1, 41-48, anot. RAOUL JAY, 41-43.

[1323] Paris 24-nov.-1904, S 1905, II, 284-285.

[1324] CssFr 27-mai.-1908, D 1908, 1, 459-460 (460/I).

[1325] SANTOS JÚNIOR, *Da responsabilidade* cit., 328 ss..

[1326] PIERRE HUGUENEY, *Responsabilité civile du tiers complice de la violation d'une obligation contractuelle* (1910), 266 pp.. *Vide* ROBERT WINTGEN, *Étude critique de la notion d'opposabilité/les effets du contrat à l'égard des tiers en Droit français et allemand* (2004), 165 ss..

384 *Características das obrigações*

do terceiro que colaborasse com a violação dolosa de um contrato[1327]: haveria responsabilidade delitual. Outros autores, como Demogue, vieram acolher a doutrina da imputação ao terceiro cúmplice, mas submetendo-a à responsabilidade contratual[1328]. Outros ainda, como Ripert, vêm sustentar a responsabilidade do terceiro cúmplice com base em abuso do direito[1329].

Indo mais longe ainda, Savatier chegou a contestar o princípio da relatividade dos contratos[1330], na base de uma análise periférica de diversas figuras.

Doutrina subsequente[1331] veio distinguir entre efeitos do contrato, logicamente limitados às partes, e a sua oponibilidade geral: o contrato (a obrigação) representa uma situação que todos devem respeitar. Esta é, de um modo geral, a posição adotada pela doutrina atual[1332]. Todavia, vem-lhe a ser atribuída natureza delitual[1333]. Para nós, trata-se de uma manifestação de oponibilidade fraca, embora, no tocante ao terceiro cúmplice, seja possível ir mais longe, como veremos de seguida.

V. Temos, assim, duas linhas importantes, que foram desenvolvidas na base de questões práticas: a dos contratos com proteção de terceiros e a da doutrina do terceiro cúmplice. Quanto aos contratos com proteção de terceiros, estão em causa deveres acessórios de segurança. Embora primacialmente dirigidos para as partes, os deveres acessórios de segurança podem surgir mercê de simples situações de proximidade sócio-negocial. O cliente do supermercado é protegido por deveres acessórios de segurança: a entidade proprietária responde se, no chão, houver uma casca de banana que provoque um acidente[1334]. Mas se esse cliente for acom-

---

[1327] HUGUENEY, *Responsabilité civile du tiers complice* cit., 199 ss. e 222 ss.; a responsabilidade do terceiro só existirá se se verificar, também, a responsabilidade do devedor.

[1328] RENÉ DEMOGUE, *Traité des obligations en général*, 7 (1933), 595 ss. (n.º 1174 ss.).

[1329] GEORGES RIPERT, *La règle morale dans les obligations civiles*, 4.ª ed. (1949), n.º 170 (318-320) ; *vide* S. GINOSSAR, *Liberté contractuelle et respect des droits des tiers: emergence du délit civil de fraude* (1963), n.º 7 (8).

[1330] RENÉ SAVATIER, *Le prétendu principe de l'effet relatif des contrats*, RTDC 33 (1934), 525-545, com especial referência ao artigo 1165.º do *Code*.

[1331] Com muitos elementos e fazendo o confronto com a experiência alemã: ROBERT WINTGEN, *Étude critique de la notion d'opposabilité* cit., 1 ss..

[1332] TERRÉ/SIMLER/LEQUETTE, *Les obligations*, 10.ª ed. cit., n.º 490 (505-506).

[1333] SANTOS JÚNIOR, *Da responsabilidade* cit., 339 ss..

[1334] BGH 26-set.-1961, LM n.º 13, § 276 (Fa) BGB.

panhado por um filho, que não tenha comprado nem vá comprar nada, também ele será protegido. Adiante veremos como construir, em termos científicos, esta figura.

Mais complexa é a doutrina do terceiro cúmplice. Se bem atentarmos nos casos liderantes, de cá e de lá da Mancha[1335] e, até, de Além-Atlântico[1336], verificamos sempre um ponto em comum: o terceiro condenado como cúmplice não é um vulgar estranho: trata-se, antes, de uma pessoa que, com as partes, tem uma especial relação: conhecia a situação em que vai interferir e tinha interesses no caso, designadamente (mas nem sempre) por ser um concorrente. Podemos falar, a tal propósito, também numa relação de proximidade negocial, centrada, agora, em deveres de lealdade, que recaem sobre o terceiro, em situação de conexão.

VI. É certo que, quer a doutrina anglo-saxónica, quer a francesa, se mostram incapazes de identificar a figura dos deveres acessórios, trabalhando proficuamente com ela. Isso deve-se ao sistema de responsabilidade civil que ambas têm e que, por falta de analitismo, apenas conhece um pressuposto: a falta (*faute* ou *tort*).

A doutrina de língua portuguesa tem, todavia, o privilégio de poder trabalhar, indiferentemente, com a melhor instrumentação europeia. E a essa luz, afigura-se que, quer o "terceiro protegido", quer o "terceiro cúmplice", não são estranhos: antes pessoas que, pela sua proximidade negocial, incorrem, passiva ou ativamente, em deveres acessórios.

Digamos que cada obrigação é (ou pode ser) acompanhada por feixes de deveres acessórios que acautelam os valores fundamentais do Ordenamento. E tais deveres acessórios – cuja natureza adiante será estudada – envolvem terceiros: seja protegendo-os, seja obrigando-os.

Há, aqui, uma situação qualitativamente diferente da que, acima, chamámos "oponibilidade forte": será a oponibilidade média.

VII. A doutrina portuguesa tem sido pouco sensível à teoria da responsabilidade do terceiro cúmplice. Assim que, através da doutrina francesa, ela se tornou conhecida, logo surgiram as críticas, com relevo para Cunha Gonçalves: o dogma da relatividade seria intocável[1337].

[1335] *Lumley v. Gye* e os casos *Joost, Dutrieu* e *Doeuillet, supra* cit..

[1336] *Pennzoil v. Texaco, supra* cit..

[1337] LUIZ DA CUNHA GONÇALVES, *Tratado de Direito civil* 12 (1937), 742 e 743, onde se lê, designadamente:

386 *Características das obrigações*

A matéria foi ligeiramente ponderada, aquando da preparação do Código Civil. Vaz Serra, impressionado pela doutrina alemã, propendeu para a não-responsabilidade do terceiro cúmplice[1338]. Todavia, desde Guilherme Moreira, existia uma tendência inversa. Uma vez que, em regra, não se opera uma distinção entre os diversos tipos de oponibilidade, faremos, abaixo, uma ponderação geral da experiência portuguesa.

Assinalamos, todavia e desde já, que a doutrina do terceiro-cúmplice teve adesões significativas: de Pessoa Jorge[1339] e de Inocêncio Galvão Telles[1340]. Nós próprios a acolhemos[1341]. O tema será retomado pelo prisma da responsabilidade.

117. A oponibilidade fraca: o dever geral de respeito

I. As pessoas, independentemente de relações obrigacionais específicas, devem respeitar os direitos das outras. Estão em causa direitos que, pela sua natureza, sejam vulneráveis a terceiros: o direito de propriedade e os demais direitos reais, os direitos sobre bens intelectuais, os direitos de personalidade e outros direitos desse tipo. *Prima facie*, estariam em causa os direitos absolutos. A violação de tais direitos, com culpa, dá lugar ao dever de indemnizar (483.º/1): é a responsabilidade aquiliana, também dita delitual ou extra-obrigacional.

Pergunta-se, agora: a responsabilidade aquiliana, embora historicamente surgida para tutela de direitos reais e (na linguagem atual) de direitos de personalidade, não poderá ser usada para proteger, também, os

---

(...) a responsabilidade extra-contratual subjacente é pura fantasia (...) a inexecução dum contrato, ainda que intencional, não é delito nem quase delito (...) o contraente e o terceiro não podem ser devedores solidários, sem disposição legal expressa ou convenção das partes (...) O Direito pode ser amoral, e até imoral. Não podemos, invocando a moral, destruir o conceito e o alcance dos direitos relativos (...) Um contrato só pode ser violado por quem nele se obrigou e não por um terceiro; e posto que do contrato tenha nascido para um dos contraentes determinado direito, este é relativo, é direito de obrigação; não é direito real, ou direito invocável erga omnes, que por toda a gente haja de ser respeitado.

[1338] Adriano Vaz Serra, *Responsabilidade de terceiros no não-cumprimento de obrigações*, BMJ 85 (1959), 345-360. Este Autor, ob. cit., 354-355, apenas deixou aberta a porta do abuso do direito, abaixo referida.

[1339] Fernando Pessoa Jorge, *Lições de Direito das obrigações* cit., 1, 599-603.

[1340] Inocêncio Galvão Telles, *Direito das obrigações*, 2.ª ed. cit., 14.

[1341] *Direito das obrigações*, 1, 262-265.

§ 28.º *A relatividade na produção de efeitos* 387

direitos de crédito? Se sim, teríamos aí uma demonstração do que chamamos a oponibilidade fraca dos créditos.

II. A responsabilidade aquiliana pode ser construída em torno de um dever geral de respeito: o de não contundir com os direitos alheios ou com interesses de terceiros legalmente protegidos. Esse dever geral de respeito visa tutelar direitos absolutos: por definição, eles não dependem de nenhum dever específico.

Trata-se de uma orientação expressamente assumida pelo § 823/I, do BGB alemão. Segundo esse preceito,

Quem, com dolo ou negligência, violar ilicitamente a vida, o corpo, a saúde, a liberdade, a propriedade ou outro direito alheio, fica obrigado a indemnizar o dano que daí resulte.

O problema suscita-se em torno do sentido a dar a "outro direito" (*ein sonstiges Recht*). A doutrina e a jurisprudência admitem, nessa categoria, direitos reais menores, direitos sobre bens imateriais, expectativas reais, direitos de personalidade, direito à empresa, direitos participativos e a posse[1342]. Mas exclui, dessa categoria, os créditos, seja pelos preparatórios, seja pela lógica do sistema, seja pela prática habitual[1343]. O Direito alemão é dos mais restritivos, neste domínio[1344], embora não seja unívoco, como abaixo será verificado.

Os direitos de crédito, sendo direitos relativos, não teriam proteção a esse nível: dependendo de vínculos específicos, eles não poderiam, logicamente, ser violados por quem não se inclua em tais vínculos. Cumpre transcrever um texto de Heck, muito célebre e que ilustra bem este tipo de pensamento[1345]:

[1342] Em especial: KARL LARENZ/CLAUS-WILHELM CANARIS, *Lehrbuch des Schuldrechts*, II *Besonderer Teil*, 2.º tomo, 13.ª ed. (1994), 392 ss., BASIL S. MARKESINIS/HANNES UNBERATH, *The German Law of Torts/A Comparative Treatise*, 4.ª ed. (2002), 44 ss., e com muitas indicações, GERHARD WAGNER, *Münchener Kommentar*, 5 (2009), § 823, Nr. 146 ss. (1806 ss.).

[1343] LARENZ/CANARIS, *Schuldrecht* cit., II/2, 13.ª ed., 397-398, MARKESINIS/UNBERATH, *The German Law of Torts*, 4.ª ed. cit., 70, WAGNER, no *Münchener Kommentar* cit., 5, § 823, Nr. 160 (1814) e WINTGEN, *Étude critique de la notion d'opposabilité* cit., 175 ss..

[1344] SANTOS JÚNIOR, *Da responsabilidade civil* cit., 378 ss..

[1345] PHILIPP HECK, *Schuldrecht* cit., § 1, 4 (2).

388 *Características das obrigações*

As obrigações são direitos relativos. A norma só diz respeito ao devedor e não a outras pessoas. Os interesses do credor só são protegidos às custas dos interesses do devedor e não às custas dos interesses de terceiros. Um terceiro não pode violar a obrigação. Através desta limitação à proteção, os direitos de crédito distinguem-se dos "direitos absolutos", nos quais a norma de proteção diz respeito a todos, tal como sucede com os direitos reais, os direitos de autor e outros direitos patrimoniais sobre a empresa. O direito absoluto assemelha-se a uma fortificação, que concede proteção em todas as direções; o direito obrigacional a uma barricada, que só protege numa direção, mas que não impede ataques de outras direções.

Com poucas aberturas, tais posições são sufragadas por excelente doutrina, com relevo para o Prof. Canaris[1346]. Mas há outras orientações a considerar.

III. Diferentemente, como vimos a propósito do tema do terceiro cúmplice, se passam as coisas no sistema anglo-saxónico e em França.

Para além dos casos emblemáticos, acima referidos[1347], temos, em França, uma jurisprudência constante: CssFr 11-out.-1971[1348], CssFr 13-mar.-1979[1349], CssFr 13-abr.-1972[1350], CssFr 26-jan.-1999[1351] e Versailles, 26-jun.-2000[1352].

O fundamento desta responsabilidade é, simplesmente, o artigo 1382.º do Código Napoleão[1353], segundo o qual:

[1346] CLAUS-WILHELM CANARIS, *Der Schutz obligatorischer Forderungen nach § 823, I BGB*, FS Erich Steffen (1995), 85-99 (86 ss.), remetendo, em especial, para Heck e para Otte; *vide* HANS CLAUDIUS FICKER, *Interference with contractual relations und deliktsrechtlicher Schutz der Forderung*, FS Hans G. Ficker (1967), 152-184 (156-157).

[1347] *Supra*, 383.

[1348] CssFr 11-out.-1971, D 1972, 120-121 (121/I).

[1349] CssFr 13-mar.-1979, D 1980, 1-2, anot. YVES SERRA, 2-3 (terceiro cúmplice na violação de cláusula de não-concorrência).

[1350] CssFr 13-abr.-1972, D 1972, 440.

[1351] CssFr 26-jan.-1999, D 1999, *Sommaires commentés*, 263-264, anot. PHILIPPE DELEBECQUE; *vide* PATRICE JOURDAIN, *Responsabilité civile*, RTDC 1999, 403-413 (405) e JACQUES MESTRE, *Obligations en général*, RTDC 1999, 615-642 (625).

[1352] Versailles, 26-jun.-2000, D 2000, *Actualité jurisprudentielle*, 384-386, anot. ALAIN LIENHARD (responsabilidade de terceiro por violação de um acordo parassocial).

[1353] PATRICE JOURDAIN, *Responsabilité civile*, RTDC 1995, 890-913 (895).

§ 28.º A relatividade na produção de efeitos 389

Todo o facto do homem que cause prejuízo a outrem obriga aquele por cuja falta (*faute*) ele tenha ocorrido a repará-lo.

Com efeito, o artigo 1382.º é a base da responsabilidade aquiliana. Simplesmente, o modo muito amplo por que vem formulado e a referência a um único pressuposto (a *faute*) facilitam a sua aplicação alargada, como foi visto.

Em Itália, a concessão de tutela aquiliana aos créditos foi mais difícil[1354]. Desde logo, ao contrário do que sucedeu em França, a jurisprudência começou por tomar posição negativa[1355]. Nessa base, autores de prestígio (e de formação germânica) como Emilio Betti e Alfredo Fedele depunham em sentido contrário à responsabilidade de terceiro; o primeiro focando não estar este obrigado a colaborar com o credor, não sendo, pois, responsável pelo incumprimento do crédito[1356]. O segundo[1357] explicando que, a ser o terceiro responsabilizável, também deveriam ser ressarcíveis danos causados que não no credor: todos seriam protegidos, independentemente de normas jurídicas. A doutrina veio, depois, inverter a sua posição.

Assim, logo em 1955, Guido Tedeschi, estudando particularmente o Direito inglês, vem admitir a tutela aquiliana dos credores contra terceiros[1358]. Anos volvidos, Busnelli dedica, ao tema, uma monografia impor-

---

[1354] *Vide*, com muitos elementos, Eduardo Santos Júnior, *Da responsabilidade civil de terceiro* cit., 345 ss..

[1355] Assim ocorreu em torno das decisões que, pela hierarquia jurisdicional italiana, foram tomadas em torno do caso suscitado pelo acidente de aviação ocorrido em 4-mai.-1949: um avião da ALI embateu na colina Superga, matando todos os membros da equipa de futebol da Associazione Calcio Torino – *vide* Santos Júnior, *Da responsabilidade civil de terceiro* cit., 370-371. Perguntava-se se aquela associação podia ser ressarcida pela extinção dos contratos que a uniam a cada um dos jogadores. O Tribunal de Turim (Turim 15-set.-1950, FI 1950, 1, 1230-1238) entendeu que não havendo, aqui, lugar a alimentos, não se proporcionava um nexo entre o facto ilícito e o dano; o Tribunal de Apelação de Turim (Turim 23-jan.-1952, FI 1952, 1, 219-227) optou diretamente pela inadmissibilidade da lesão de um crédito por terceiro; a CssIt 4-jul.-1953, FI 1953, 1, 1086-1094, confirmou esta orientação.

[1356] Emilio Betti, *Sui limiti giuridici della responsabilità aquiliana*, NRDC 4 (1951), 143-150.

[1357] Alfredo Fedele, *Il problema della responsabilità del terzo per pregiudizio del credito* (1954), especialmente 295-296.

[1358] Guido Tedeschi, *La tutela aquiliana del creditore contra i terzi (con speciale riguardo al diritto inglese)*, RDCiv 1955, 291-318.

tante. Aí parte, por um lado, da evolução dos créditos que, deles, fazem um valor patrimonial básico, que circula na sociedade e que deve ser tutelado e, por outro, da evolução da própria responsabilidade civil, que vê alargado o seu papel[1359]. Busnelli apoia-se, em especial, no artigo 2043.º do Código Civil italiano, que contém a regra básica da responsabilidade aquiliana[1360]. Segue-se a já citada Patrizia di Martino, bem assente no Direito comparado, que admite a responsabilidade do terceiro que tenha agido com dolo, na base do referido artigo 2043.º, do Código Civil[1361]. Pouco depois, Ziccardi[1362], apoiando-se também no *Common Law*, considera o contrato em si como um bem, tutelado aquilianamente: artigo 2043.º[1363].

Subsequentemente, multiplicaram-se as intervenções doutrinárias favoráveis à tutela aquiliana dos créditos[1364], com relevo para Giulio Ponzanelli[1365] e para Enrico Moscati[1366]. Contra, além dos referidos Betti e A. Fedele, temos Trimarchi[1367].

O alargamento da doutrina acabaria por inverter a sua posição: em certos casos, os créditos são dotados de tutela aquiliana, numa opção mantida até hoje.

Assim, CssIt 26-jan.-1971: um jogador de futebol perde a vida num acidente; a sociedade que o contratara pretende ressarcir-se contra o causador do acidente[1368].

[1359] FRANCESCO BUSNELLI, *La lezione del credito da parte di terzi* (1964), V-VII.

[1360] *Idem*, 90.

[1361] PATRIZIA DI MARTINO, *La responsabilità del terzo 'complice' nell'inadempimento contrattuale* cit., 1400 ss.. Esta obra, e a 1.ª edição da que citaremos na nota seguinte, foram importantes na obtenção de informações, quando escrevemos, pela primeira vez, sobre o tema, em 1978.

[1362] FABIO ZICCARDI, *L'induzione all'inadempimento*, 1.ª ed. (1975), 248 pp. e 2.ª ed., totalmente refeita (1979), 313 pp..

[1363] *Idem*, 2.ª ed., 82 ss..

[1364] *Vide*, com indicações, EDUARDO SANTOS JÚNIOR, *Da responsabilidade civil de terceiro* cit., 369 ss..

[1365] GIULIO PONZANELLI, *Il 'tort of interference' nei rapporti contrattuali: le esperienze nortamericana e italiana a confronto, Quadrimestre*, 1 (1989), 69-101.

[1366] ENRICO MOSCATI, *La disciplina generale delle obbligazioni* cit., 39-40: este autor, no mais recente texto que localizámos neste momento, considera o ponto pacífico: na doutrina e na jurisprudência.

[1367] PIETRO TRIMARCHI, *Sulla responsabilità del terzo per prejudizio al diritto di credito*, RDCiv XXIX (1983), I, 217-236.

[1368] CssIt 26-jan.-1971, fontes em SANTOS JÚNIOR, cit. *infra*; curiosamente, foi demandante, de novo, a Torino Calcio (que perdera toda a equipa, no acidente aéreo de

§ 28.º A relatividade na produção de efeitos   391

Em CssIt 8-jan.-1982, condenou-se o terceiro adquirente de um imóvel que, tendo conhecimento da primeira venda, adquiriu com a intenção de registar primeiro[1369].

CssIt 14-nov.-1996 julgou que a lesão, por parte de um terceiro, de um direito de crédito pode ocasionar um dano injusto, ressarcível no sentido do artigo 2043.º, do *Codice*[1370].

CssIt 27-jul.-1998: é indemnizável o dano direto causado num crédito por terceiro, não sendo obstáculo o facto de não se tratar de um direito absoluto[1371].

CssIt 4-nov.-2002: reafirma a responsabilidade do terceiro perante o empregador, quando, atingindo o trabalhador, o impeça de cumprir a prestação laboral[1372].

Torna-se interessante sublinhar que, (também) em Itália, esta matéria tem progredido em torno de casos emblemáticos. Temos uma criação insular do Direito que, por um lado, faz lembrar os precedentes anglo-saxónicos[1373] e, por outro, recorda a técnica de concretização do Direito a partir de conceitos indeterminados.

1949); a Cassação entendeu que fora lesado o direito de crédito da empregadora; em SANTOS JÚNIOR, *Da responsabilidade civil de terceiro* cit., 372-373, podem ser confrontadas as decisões das instâncias sobre este caso.

[1369] CssIt 8-jan.-1982, FI 1982, 1, 393-399, anot. R. PARDOLESI, 393-395. Cf. MASSIMILIANO DANUSSO, *Responsabilità del secondo acquirente nella dopia vendita immobiliare*, RDC XXIX (1983) II, 678-688 (679 ss.).

[1370] CssIt 14-nov.-1996 n.º 9984, *apud* TRIOLA, *Codice annotato*, 3.ª ed. cit., 1847/II.

[1371] CssIt 27-jul.-1998, GI 1999, 1601-1603, anot. DOMENICO MASCOLO, 1601-1603.

[1372] CssIt 4-nov.-2002, n.º 15399, *apud* TRIOLA, *Codice annotato*, 3.ª ed. cit., 1847/II.

[1373] Como vimos, boa parte dos avanços doutrinários registados, neste domínio, em Itália, tiveram na sua base estudos de Direito comparado, que incidiram, muito especialmente, na experiência anglo-saxónica.

§ 29.º A RELATIVIDADE NA RESPONSABILIDADE CIVIL

118. Colocação do problema

I. A oponibilidade forte tem a ver com a exigência, *erga omnes* ou *inter partes*, do bem devido, enquanto a oponibilidade média se reporta a deveres específicos que, não se confundindo com o cumprimento, visem tutelar a posição do credor. A oponibilidade fraca joga com o dever geral de respeito: existe sempre ou apenas opera perante os direitos absolutos? A matéria fica, todavia, incompleta se não se considerar a denominada relatividade, pelo prisma da responsabilidade civil. O estudo deste tema deve ser feito no domínio da própria responsabilidade civil: aqui poderemos, tão-só, antecipar algumas noções.

II. À partida, dir-se-ia que apenas o devedor é responsável pelo incumprimento de uma obrigação (798.º). E essa afirmação é tanto mais impressiva quanto é certo que, de tal incumprimento, nasce um tipo de responsabilidade específico (a responsabilidade obrigacional), marcada, entre outros aspetos, por uma presunção de culpa (e de ilicitude, artigo 799.º/1) que faz, dela, um instituto muito enérgico. Teríamos, aqui, uma manifestação de relatividade dos créditos: a da responsabilização *inter partes*, por via da imputação obrigacional.

Já no tocante a outros direitos, designadamente aos absolutos: qualquer terceiro que, com dolo ou negligência, ilicitamente os violasse, cairia em responsabilidade (483.º/1). Uma responsabilidade mais lassa, uma vez que não assenta em qualquer presunção (487.º/1): a responsabilidade aquiliana, operacional *erga omnes*.

III. A relatividade na responsabilidade poder-se-ia ficar por aqui: os créditos são relativos porque apenas eles, quando violados, dão azo à responsabilidade obrigacional. Mas vai, na doutrina comum, mais longe: não só apenas os créditos dão azo à responsabilidade obrigacional (*inter partes*) como também esses mesmos créditos não poderiam dar lugar à responsabilidade aquiliana. Paralelamente, os direitos absolutos, desig-

§ *29.º A relatividade na responsabilidade civil*   393

nadamente os reais, só obteriam a tutela adveniente da violação do dever geral de respeito (*erga omnes*) e não uma tutela mais especializada, que se traduziria na inobservância de deveres específicos.

Em síntese: teríamos, para os créditos, uma responsabilidade mais forte e eficaz, mas apenas *inter partes* ou relativa; para os direitos absolutos, especialmente os reais, quedaria uma responsabilidade mais solta, mas *erga omnes*.

Faz sentido. Mas o Direito civil não é (apenas) lógica, enquanto a riqueza da vida e a diferenciação das situações que, nela, vão surgindo, também se não compadecem com esquemas rígidos. Toda esta matéria está em plena revisão, na responsabilidade civil. Daremos, aqui, tão-só os tópicos necessários, para prevenir uma visão distorcida das atuais características das obrigações.

119. Tutela relativa dos direitos absolutos: deveres do tráfego

I. A uma primeira leitura, a proteção geral dos direitos absolutos funcionaria perante atuações ilícitas de terceiros. O dever genérico de respeito, radicado no artigo 483.º/1 (ou no § 823/I, do BGB, ainda que, aqui, mais estreito), exigiria, simplesmente, abstenções. O artigo 486.º poderia mesmo depor nesse sentido, quando dispõe:

> As simples omissões dão lugar à obrigação de reparar os danos, quando, independentemente dos outros requisitos legais, havia, por força da lei ou do negócio jurídico, o dever de praticar o ato omitido.

Um pouco de reflexão logo mostra que não é assim. A pessoa que, vendo uma criança a afogar-se numa piscina, podendo retirá-la sem problemas, o não faça, pratica um homicídio doloso direto. Em termos civis cairia, por certo, no artigo 483.º/1. Temos de inferir que a responsabilidade aquiliana não se limita a exigir abstenções: ela segrega deveres de atuação positivos, que devem ser respeitados. Trata-se da doutrina dos deveres de tráfego[1374-1375].

[1374] LARENZ/CANARIS, *Schuldrecht* cit., II/2, 13.ª ed., 399 ss. e RENATE SCHAUB, no PWW/BGB, 4.ª ed. (2009), § 823, Nr. 104 ss. (1640 ss.). O grande clássico é, ainda hoje, CHRISTIAN VON BAR, *Verkehrspflichten/Richterliche Gefahrsteuerungsgebote im deutschen Deliktsrecht* (1980). A matéria foi introduzida pelo nosso *Da boa fé*, 832 ss..

[1375] Em *Da boa fé*, 832, ensaiámos uma adesão à fórmula de Antunes Varela (ob. cit. *infra*, nota 19) de "deveres de prevenção do perigo". Todavia, esse termo é dema-

394 Características das obrigações

II. A doutrina dos deveres do tráfego tem antecedentes romanos[1376]. A sua retoma moderna ficou a dever-se à Ciência Penal. Particularmente ao § 367/12, do StGB, segundo o qual é punido aquele que:

em estradas, caminhos ou praças públicas, em pátios, em casas e, em geral, em locais onde circulem pessoas, deixe poços, caves, fossas, aberturas ou escarpas de tal modo escondidas ou descuidadas que possa, daí, haver perigo para outrem.

No Direito civil, a matéria foi introduzida judicialmente[1377]. Ficaram, como liderantes, duas decisões do *Reichsgericht*, tomadas no princípio do século XX. Em 30-out.-1902, foi condenado o proprietário de uma árvore podre que caiu num caminho público, causando danos num edifício do Autor; o RG entendeu que o § 836 do BGB[1378] não se limita à norma singular que dele resulta: antes pressupõe um princípio geral já conhecido pelos romanos[1379]. E em 23-fev.-1903, foi condenada uma comuna: umas escadas públicas não haviam sido convenientemente limpas de neve e de gelo, vindo uma pessoa a cair por elas abaixo[1380].

Na evolução subsequente, os deveres do tráfego (assim são hoje conhecidos) vieram assumir um papel de prevenção do perigo e a adotar um alargamento de proteção requerido por esse escopo. Assim, temos três pontos ou fases de evolução:

– passou dos perigos específicos de locais públicos para riscos atinentes a sítios privados, quando seja de prever a intromissão de estranhos no local perigoso[1381];

---

siado estreito, uma vez que não se trata, só, de "prevenir o perigo". Além disso, o próprio Antunes Varela não curou de difundir o tema. Não há, pois, qualquer tradição a preservar, pelo que mantemos o genérico "deveres do tráfego".

[1376] VON BAR, *Verkehrspflichten* cit., 6.

[1377] LOTHAR VOLLMER, *Haftung befreiende Übertragung von Verkehrssicherungspflichten*, JZ 1977, 371-376 (371).

[1378] Trata-se de um preceito relativo à responsabilidade do possuidor de imóveis, quando ocorra um desmoronamento que cause danos pessoais ou patrimoniais – cf. RENATE SCHAUB, no PWW/BGB, 7.ª ed. cit., § 836 (1746 ss.). Este preceito corresponde, grosso modo, ao nosso artigo 492.º/1 (danos causados por edifícios ou outras obras).

[1379] RG 30-out.-1902, RGZ 52 (1903), 373-379 (374 e 379). Repare-se que o BGB tinha, então, entrado em vigor há apenas dois anos: os Tribunais fundamentavam as suas decisões ainda e também no Direito romano.

[1380] RG 23-fev.-1903, RGZ 54 (1903), 53-60 (53 e 58-59).

[1381] BGH 9-mar.-1959, VersR 1959, 467-469 (467 e 468): condenou o responsável por um prédio em ruína, junto à via pública, que não tomou as devidas precauções: durante a noite um transeunte, tendo-o penetrado ligeiramente, some-se por um respiradouro.

§ 29.º A relatividade na responsabilidade civil   395

– alargou-se a responsabilidade a danos negligentemente causados por terceiros, em conexão com o âmbito do garante[1382];
– chegando a cobrir perigos provocados pela própria atuação dolosa de terceiros[1383].

III. Os deveres do tráfego são, hoje, derivados do § 823/I do BGB[1384] ou do nosso artigo 483.º/1. Fundamentalmente eles surgem quando alguém crie ou controle uma fonte de perigo: cabem-lhe, então, as medidas necessárias para prevenir ou evitar os danos[1385].

A matéria dá lugar a extensas seriações de ocorrências relevantes. Podemos elencar[1386]:

– a criação do perigo: aquele que dê azo ao perigo deve tomar as medidas adequadas[1387]; exemplo de escola (infelizmente real) é o da pessoa que deixa armas ao alcance de crianças ou de adolescentes; tinha os deveres de as acomodar de modo a torná-las inacessíveis;

[1382] RG 19-jun.-1914, RGZ 85 (1915), 185-189 (185 e 187-188): o conhecido caso do taco de bilhar; um freguês de um café jogava às cartas; chegou, depois, um grupo de jovens que iniciou uma partida de bilhar; a mesa do bilhar estava colocada a pequena distância das mesas "normais"; o freguês veio a ser atingido, na cabeça, por um taco de bilhar, ficando permanentemente diminuído; foi condenado o proprietário do café, por não ter dado, às mesas, uma disposição de que não resultasse perigo para os clientes.

[1383] BGH 16-set.-1975, VersR 1976, 149-151 (149 e 150): o caso da grelha de metal; durante a noite, desconhecidos furtaram, do topo de um armazém sobre o qual se podia transitar, uma grelha de quarenta e sete quilos que tapava uma clarabóia; de manhã cedo, uma senhora cai pela abertura assim exposta, ficando gravemente ferida; a entidade proprietária do armazém foi condenada por não ter tomado precauções suficientes para prevenir o sucedido: teria violado deveres do tráfego.

[1384] CLAUS-WILHELM CANARIS, *Schutzgesetze – Verkehrspflichten – Schutzpflichten*, FS Larenz 80. (1983), 27-110 (77 ss.), EDUARD PICKER, *Positive Vertragsverletzung und culpa in contrahendo/Zur Haftung zwischen Vertrag und Delikt*, AcP 183 (1983), 369-520 (496 ss.), LARENZ/CANARIS, *Schuldrecht* cit., II/2, 13.ª ed., 405-406 e JOHANNES HAGER, no Staudinger, II, *§§ 823-825* (1999), § 823, E 4 (416-417), com muitas indicações.

[1385] RENATE SCHAUB, no PWW/BGB, 7.ª ed. cit., § 823, Nr. 107 (1680).

[1386] Seguindo, de modo simplificado, a arrumação de JOHANNES HAGER, no Staudinger, II, *Unerlaubte Handlungen* 1 – Teilband 2 (2009), § 823, E 13-E 14 (22-24).

[1387] BGH 1-jul.-1993, BGHZ 123 (1994), 102-106 (105-106), p. ex.: um castanheiro cai na garagem do vizinho, danificando-a.

396 *Características das obrigações*

– a responsabilidade pelo espaço: quem controle um espaço deve prevenir os perigos que lá ocorram ou possam ocorrer[1388]: quem tem a vantagem do lugar deve assumir os deveres que daí decorram;

– a abertura ao tráfego: de acordo com exemplos antigos, quem tenha um local aberto ao tráfego deve garantir a sua segurança[1389];

– a assunção de uma tarefa: o arquiteto e o construtor não respondem apenas perante o parceiro no contrato por vício da obra; garantem a segurança de quaisquer terceiros[1390];

– a introdução de bens no tráfego: o seu autor responde pelos danos daí resultantes; subespécie importante, hoje dotada de regime explícito, é a responsabilidade do produtor[1391];

– a responsabilidade do Estado: pode penetrar por esta via; pense-se nos danos causados por coisas sob controlo público ou em relações de especial proximidade[1392];

– a responsabilidade pelo governo da casa: quem o tenha deve assegurar-se que, daí, não resultam danos; o pai de família responde pelos danos causados pela mulher ou pelo filho maior, atingidos por doença psiquiátrica[1393].

IV. O conteúdo dos deveres do tráfego é multifacetado, dependendo do caso concreto. Assim, temos como exemplos[1394]:

– deveres de aviso e de proibição de acesso ao local do perigo;

– deveres de instrução das pessoas sujeitas à fonte do perigo;

[1388] OLG Jena 22-jul.-1997, VersR 1998, 903-905 (904) (o proprietário deve assegurar-se de que o colaborador tem experiência para a tarefa de que é incumbido) e OLG Köln 23-jun.-1997, VersR 1998, 252-254 (a empresa de transportes públicos deve assegurar-se da competência do condutor).

[1389] LG Flensburg 16-jun.-1966, VersR 1966, 1091, relativamente a um cemitério.

[1390] OLG Celle 29-abr.-1992, VersR 1993,725-726 (726) (responsabilidade delitual no âmbito do frete).

[1391] A matéria é construída como um dever delitual de cuidado, a cargo do produtor; *vide* JOHANNES HAGER, no Staudinger, II, cit., § 823, F 2 (276-277).

[1392] JOST PIETZCKER, *Rechtsprechungsbericht zur Staatshaftung*, AöR 2007, 393-472 (416 ss.). A Lei n.º 67/2007, de 31 de dezembro, relativa à responsabilidade civil extra-contratual do Estado e demais entidades públicas, contém vários preceitos que podem ser analisados a essa luz.

[1393] RG 23-nov.-1908, RGZ 70 (1909), 48-55 (51) (a mulher) e RG 31-jan.-1918, RGZ 92 (1918), 125-128 (127) (e o filho, deficientes mentais).

[1394] CHRISTIAN VON BAR, *Verkehrspflichten* cit., 83-100.

§ 29.º A relatividade na responsabilidade civil

– deveres de controlo do perigo, tomando medidas físicas para a sua confinação;
– deveres de escolha criteriosa de colaboradores e de organização;
– deveres de formação profissional;
– deveres de avisar e pedir auxílio, em tempo útil, às autoridades públicas competentes;
– deveres de assistência e de cuidado reportados a pessoas: não servir vinho a um convidado excitável, que reaja agressivamente ao álcool; não convidar, em simultâneo, pessoas que estejam travadas de razões; evitar levar um ativista descontrolado a uma ação de protesto, quando seja de esperar incidentes; não entregar uma arma de fogo a um apaixonado ciumento, etc..

V. A doutrina dos deveres do tráfego integra-se perfeitamente na lógica da responsabilidade aquiliana do Código Vaz Serra[1395]. A inexistência, na nossa literatura, de reconstruções globais da matéria das obrigações e a própria fraqueza da nossa doutrina sobre responsabilidade civil têm atrasado o aproveitamento dogmático desta matéria[1396]. Veremos até onde se poderá avançar.

No que agora releva: não é possível afirmar uma (mera) tutela aquiliana *erga omnes* dos direitos absolutos quando, afinal, mercê dos deveres do tráfego, eles dispõem, também, de uma tutela "relativa". Tais deveres constituem-se em relação a condutas concretas, que podem ter natureza "relativa". Assim, não se pode, em abstrato, afirmar o tipo de proteção dispensada a um direito absoluto, designadamente: a um direito real ou a um direito de personalidade. Depende de muitas circunstâncias. Tanto basta para que se possa falar numa "tutela relativa dos direitos absolutos".

120. Tutela absoluta dos direitos relativos

I. Encontrámos, ao longo do desenvolvimento anterior, várias abordagens relativas à tutela dos créditos perante terceiros. Foi sublinhada a especial clivagem entre os Direitos anglo-saxónico e o francês, por um

---

[1395] *Vide* ANTUNES VARELA, anotação a STJ 28-mar.-1980 (OCTÁVIO DIAS GARCIA), RLJ 114 (1981), 40-41 e 72-79 (77) e o nosso *Da boa fé* cit., 835-836.
[1396] Todavia e com todo o mérito: MANUEL CARNEIRO DA FRADA, *Contrato e deveres de protecção* (1994), 162 ss. e *Teoria da confiança* cit., 233 ss..

lado e o Direito alemão, por outro, com o Direito italiano a passar deste segundo sector para o primeiro: os Direitos anglo-saxónico e o francês, assentes em conceções genéricas da responsabilidade aquiliana, acolhem, nesta, os direitos de crédito; o Direito alemão, portador de "pequenas cláusulas" de responsabilidade civil, não tem, para tanto, margem suficiente, recorrendo a outras técnicas. Pela importância que teve na preparação do Código Vaz Serra e na exegese subsequente, dedicaremos adiante, ao Direito alemão, um pequeno desenvolvimento.

II. Coloquemos agora a questão em termos materiais: os direitos de crédito podem ser atingidos por terceiros e, sendo-o, contemporizará o Direito moderno com tal eventualidade?

Enquanto vínculo abstrato, a obrigação não pode ser atingida por terceiros: é uma pura criação do espírito. Apenas o devedor poderá, aquando do cumprimento, não o levar a cabo. Só que a obrigação não é – ou pode não ser – apenas uma criação do espírito. Por vezes, ela exigirá suportes materiais (p. ex., o músico tem de dispor do seu saxofone; se lho partirem ou lho furtarem à entrada do espetáculo, ele não poderá tocar), condições ambientais (p. ex., o ator não poderá atuar se houver um batuque ou uma algazarra no local da representação) e agentes humanos (p. ex., o futebolista vítima de um acidente de viação não irá jogar). Quem atingir esses elementos circundantes estará, automaticamente, a impedir o credor de alcançar as vantagens que a Ordem Jurídica lhe destinou.

III. Poder-se-ia contrapor que, em todas essas eventualidades, o crédito não é diretamente atingido. Caberia ao devedor "lesado" ressarcir-se e, depois, ressarcir o seu credor. Supomos que tal artificialismo não honra o Direito: a *vox populi* não o entenderia e os cientistas do Direito teriam muita dificuldade em explicá-lo. Em todos esses casos e, sobretudo, quando se mostre que o agente pretendeu, com as "manobras circundantes", atingir a obrigação, prejudicando o credor, não há como evitar responsabilizá-lo. É justo e adequado e, sobretudo: é reclamado por uma Ciência do Direito que tenha minimamente em conta o seu papel de, com adequação e previsibilidade, resolver os problemas que se lhe deparem.

IV. Poderíamos admitir que razões histórico-culturais levem a que a tutela absoluta desejável seja conseguida não pela via mais direta (a aplicação do artigo 483.°/1, a todos os direitos, incluindo os créditos) mas por outros caminhos, como o dos deveres acessórios, o dos deveres do

§ 29.º A relatividade na responsabilidade civil | 399

tráfego ou o do abuso do direito. Mas, de facto, terá de haver, em certas circunstâncias, uma via de responsabilizar o terceiro que atinja o direito de crédito.

Os direitos ditos relativos terão, no plano da responsabilidade e verificados os pressupostos da Ordem Jurídica onde o problema se ponha, de dispor de uma tutela absoluta.

121. Excurso: a experiência alemã

I. O Direito alemão teve, como foi dito, um peso especial na preparação do Código Vaz Serra. Depois da aprovação deste, ele manteve um especial fascínio nos autores que procederam ao estudo exegético dos novos textos. Afigura-se, aliás, que não foi tido em conta o sistema alemão, no seu conjunto: apenas se valoraram alguns autores, mais divulgados, entre nós. Esse estado de coisas teve consequências decisivas: boa parte da (extrema) restritividade revelada por alguma doutrina e pela jurisprudência nacionais, relativamente à denominada eficácia externa das obrigações, tem a ver com uma receção parcelar de elementos germânicos. Assim se justifica a presente rubrica.

II. No domínio da pandetística, o problema da defesa das obrigações perante terceiros, quando se punha, era resolvido em sentido positivo: tratava-se de uma evidência. Qualquer relação, mesmo a obrigacional, devia ser respeitada por todos, como explicou o próprio Windscheid[1397].

III. Aquando da preparação final do BGB, substituiu-se uma cláusula geral de responsabilidade civil inicialmente pensada, de tipo napoleónico,

---

[1397] BERNARD WINDSCHEID, *Die Actio des römischen Civilrechts, vom Standpunkte des heutigen Rechts* (1856), 19: Windscheid polemizava, aí, com Savigny, que equiparara os direitos de família aos direitos sobre coisas; explica que assim não é, visto reportarem-se a pessoas. E acrescenta:

> Es verpflichtet Jeden zur Anerkennung; das thut jedes andere Rechtsverhältniss ebenfalls, auch das obligatorische [ele – o direito familiar – obriga cada um ao seu reconhecimento; isso faz, de resto, qualquer outra relação jurídica e, igualmente, a obrigacional]

A oponibilidade geral dos créditos foi especialmente defendida por GEORG KARL NEUNER, *Wesen und Arten der Privatrechtsverhältnisse* (1866), 70-72, 148 ss. e *passim*.

400   *Características das obrigações*

por três "pequenas cláusulas" de responsabilidade[1398]: as dos §§ 823/I, 823/II e 826[1399]. A primeira obriga a indemnizar aquele que, com dolo ou negligência, viole ilicitamente certos direitos; a segunda comporta as normas de proteção; a terceira, os danos dolosamente causados contra os bons costumes.

Focando o § 823/I: que direitos? Pela sua letra, estão em causa a vida, o corpo, a saúde, a liberdade, a propriedade ou "outro diverso direito" (*ein sonstiges Recht*). O que entender por tal expressão? Inclui os direitos de crédito?

Logo após a aprovação do BGB, Franz von Liszt[1400], após cuidada exegese do preceito, vem dizer[1401]:

> (...) só posso repetir o que já disse em 1889. A violação ilícita e culposa (i.é, dolosa ou negligente) de um direito de crédito é, de um ponto de vista imparcial, nos seus pressupostos jurídicos como nos seus efeitos, idêntica à violação culposa e ilícita de um direito real.

Otto Christian Fischer, que reconstitui a matéria desde o Direito romano[1402], submete o § 823/I a uma cuidada análise linguística[1403], descobrindo argumentos desencontrados, mas favoráveis à inclusão dos créditos[1404]. Já

[1398] CLAUS-WILHELM CANARIS, *Grundstrukturen des deutschen Deliktsrechts*, VersR 2005, 577-584 (581/I) e ALEXANDER PEUKERT, *Güterzuordnung als Rechtsprinzip* (2008), 243: esta obra monumental, em XXII + 984 pp. maciças, representa mais uma excelente produção da escola de Munique.

[1399] Quanto à inicial e projetada "grande cláusula" (§ 704 do projeto), *Entwurf eines bürgerlichen Gesetzbuches für das Deutsche Reich/Erste Lesung* (1888), 156-157, dizia ela:

> Quando alguém, através de um ato ilícito cometido com dolo ou negligência – por ação ou omissão – provoque um dano a outrem, cuja ocorrência tivesse previsto ou tivesse podido prever, fica obrigado, perante ele, à indemnização dos danos causados pelo ato, sem diferenciar se o âmbito do dano era, ou não, de prever.

Vide, ainda, os *Motive zu dem Entwurf eines Bürgerlichen Gesetzbuches für das Deutsche Reich*/II – *Recht der Schuldverhältnisse*, Amtliche Ausgabe, 2.ª ed. (1896), 744 ss..

[1400] Grande penalista; também escreveu, como se vê, em temas civis.

[1401] FRANZ VON LISZT, *Die Deliktsobligation im System des Bürgerlichen Gesetzbuchs* (1898), 10-11.

[1402] OTTO CHRISTIAN FISCHER, *Die Verletzung des Glaubigersrechts als unerlaubte Handlung nach dem Bürgerlichen Gesetzbuche für das Deutsche Reich* (1905), 3 ss..

[1403] *Idem*, 68 ss..

[1404] *Idem*, 71-72.

§ 29.º A relatividade na responsabilidade civil   401

na altura faz um levantamento de doutrina contraditória[1405], acabando, todavia, por razões jurídico-políticas e sistemáticas, por recusar a aplicação, aos créditos, do § 823/I[1406]. Géza Kiss, pouco depois, explica que o Direito não pode admitir o aniquilamento (*Vernichtung*) dos direitos de crédito o que, de resto, seria contrário à moral[1407]. É certo que a jurisprudência, baseada essencialmente nos preparatórios e numa adesão de fundo à *Begriffsjurisprudenz*, veio a tomar posição inversa: excluiu os créditos do âmbito do § 823/I e, daí, da tutela aquiliana[1408]. Tudo estava, porém, em aberto.

IV. O período da exegese, dominado pela sombra dos preparatórios, pelo construtivismo e pela preocupação de desonerar, o mais possível, a indústria alemã de responsabilidades, veio dar corpo doutrinário à desproteção, em termos absolutos, dos créditos. Para além dos comentadores do início, é importante referir Heck, pelo seu prestígio e pela natureza incisiva da sua exposição[1409]. Heck, de resto, combateria com energia as posições contrárias[1410]. Em boa verdade, há, aqui, uma continuidade com a pandetística tardia[1411], elaborada numa altura em que a responsabilidade civil era pouco relevante e consistente[1412].

[1405] Como curiosidade, FISCHER, ob. cit., 132-133 aponta, como sendo favoráveis à defesa aquiliana dos créditos, onze autores (Engelmann, Kipp, Cosack, Stammler, List, Meyl, Meitzer, Kuhlenbeck, Hesse, Niedermann e Ide) e contrários, vinte e um autores (Mathiass, Ebert, Endemann, Neumann, Dernburg, Staudinger, Linkelmann, Oertmann, Schollmeyer, Leonhard, Tietze, Elzbacher, Goldmann e Lilienthal, Leske, Achilles, Jung, Burkhard, Schaususs, Doerinkel, Luthardt e Müller). Diversas indicações podem, também, ser confrontadas em PAUL OERTMANN, *Der Schadensersatzanspruch des obligatorisch Berechtigten*, FG Dernburg (1900), 61-89 (63-64). Todas estas referências reportam-se, apenas, à Alemanha, entre 1900 e 1905 ...

[1406] FISCHER, ob. cit., 157 e 165, *maxime*. O credor teria, contudo, outros meios de se ressarcir.

[1407] GÉZA KISS, *Verleitung zur Vertragsverletzung*, FS Zitelmann (1913), 3-17 (16-17).

[1408] Em especial, RG 29-fev.-1904, RGZ 57 (1904), 353-358 (356-357); BGH 9-dez.-1958, BGHZ 29 (1959), 65-75 (73-74); BGH 21-out.-1969, NJW 1970, 137-138 (138/I); o próprio acórdão indica outra jurisprudência relevante.

[1409] PHILIPP HECK, *Schuldrecht* cit., § 150 (458-459).

[1410] PHILIPP HECK, rec. a FRANZ LEONHARD, *Allgemeines Schuldrecht des BGB*, AcP 134 (1931), 357-362 (361), negando que os negócios sobre os créditos tenham natureza real.

[1411] Assim, DERNBURG/BIERMANN, *Pandekten*, II – *Obligationenrecht*, 7.ª ed. (1903), 6, explicando que o credor tem, apenas, uma ação contra o devedor.

[1412] Mais do que isso: numa altura em que dominou uma preocupação de contenção da responsabilidade civil, considerada uma ameaça ao desenvolvimento da indústria alemã.

402   *Características das obrigações*

A não-proteção aquiliana dos créditos tornou-se, então, uma referência translativa, patente na generalidade dos comentários[1413] e dos manuais[1414], até aos nossos dias. Ocorre, ainda, embora com subtilezas várias, em escritos monográficos[1415].

V. Como muitas vezes sucede quando uma opção maioritária se vai arrastando por força da inércia, sem necessidade de apresentar verdadeiros (e novos) argumentos, é justamente nos opositores que surgem estudos aprofundados sobre o tema.

Tal foi o caso de Koziol (1967)[1416] e de Löwisch (1970)[1417], que reexaminaram o problema, admitindo não só a conveniência de uma tutela externa dos créditos mas, ainda, a sua efetividade perante o Direito positivo vigente. Num outro plano, estudos importantes vieram pôr em causa o entendimento linear tradicional da "relatividade" dos créditos: intervieram nomes indiscutíveis como Gernhuber[1418], Dörner[1419] e Henke[1420]. Retomando uma afirmação do primeiro[1421], Dörner[1422] explica que a relatividade pertence ao passado. Com efeito, uma série de progressos dogmáticos, desde a *Verdinglichung* ("realificação") dos créditos aos deveres de proteção, tornam impraticável a estrita distinção entre direitos relativos e absolutos[1423].

[1413] P. ex., Christian Grüneberg/Holger Sutschet, em Bamberger/Roth, *Kommentar zum BGB*, I, 2.ª ed. (2007), § 241, Nr. 8 (808), Christian Katzenmeier, no *Nomos-Kommentar* 2/2, 2.ª ed. (2012), § 823, Nr. 89 (4492), Renate Schaub, no PWW/BGB, 7.ª ed. (2012), § 823, Nr. 60 (1680) e Hartwig Sprau, no Palandt, 71.ª ed. (2012), § 823, Nr. 11 (1310).

[1414] P. ex., Wolfgang Fikentscher/Andreas Heinemann, *Schuldrecht*, 10.ª ed. (2006), § 107, 5, Nr. 1568 (764) e Hans Brox/Wolf-Dietrich Walker, *Besonderes Schuldrecht*, 32.ª ed. (2008), § 41, Nr. 9 (500).

[1415] P. ex., Horst Hammen, *Die Forderung – ein "sonstiges Recht" nach § 823 Abs. I BGB?*, AcP 199 (1999), 591-614 (614).

[1416] Helmut Koziol, *Die Beeinträchtigung fremder Forderungsrechte* (1967), especialmente 135 ss., com uma dogmática dos efeitos externos.

[1417] Manfred Löwisch, *Der Deliktsschutz relativer Rechte* (1970), 16 ss. e, ponderando as várias figuras em especial, 151 ss..

[1418] Joachim Gernhuber, *Austausch und Kredit im rechtschäftlichen Verbund/Zur Lehre von den Vertragsverbindungen*, FS Larenz 70. (1973), 455-494 (455 ss.).

[1419] Heinrich Dörner, *Dinamische Relativität* (1985), 396 pp..

[1420] Horst-Eberhard Henke, *Die sog. Relativität des Schuldverhältniss/Wie relativ ist eigentlich das Bund zwischen Gläubiger und Schuldner?* (1989), 98 pp..

[1421] Gernhuber, *Austausch und Kredit* cit., 455: a limitação da obrigação ao credor e ao devedor é um dogma ultrapassado (em 1973 ...).

[1422] Dörner, *Dinamische Relativität* cit., 5.

[1423] *Idem*, 377 e *passim*.

§ 29.º A relatividade na responsabilidade civil   403

Um esquema paralelo é seguido por Henke, que, sublinhando o alargamento da relatividade, conclui que ela tem, hoje, um alcance técnico-jurídico que já não corresponde à ideia do início[1424].

A "relativização da relatividade" das obrigações, embora esta última continue a ser proclamada maioritária, tem vindo a ganhar terreno: podemos considerá-la crescentemente pacífica, entre os autores que estudam explicitamente o tema[1425]. Cumpre ainda explicar que a relatividade tem uma justificação política: os regimes totalitários alemães, seja o nazista, entre 1933-1945, seja o comunista da ex-RDA, entre 1945 e 1989, propugnavam um dever/função de ordem geral, que recaía sobre todos e que incentivava à eficácia externa das obrigações. A (re)afirmação da sua relatividade tinha, assim, um sabor de defesa liberal dos cidadãos e da sua livre iniciativa.

VI. Fez entretanto o seu caminho uma ideia, aparentemente subtil, mas que tem permitido resolver parte dos problemas causados por uma defesa *à outrance* da relatividade dos créditos. Trata-se da autonomização da titularidade do direito (*Rechtszuständigkeit*). Com antecedentes, ela surge, designadamente, em Löbl[1426], sendo retomada por Stoll[1427], por Otte[1428], por Becker[1429] e por Picker[1430] e reconhecida por clássicos indiscutíveis como von Caemmerer[1431] e Larenz[1432]. É criticada por Dirk Olzen[1433], enquanto Mincke já havia apontado as suas "fraquezas"[1434].

[1424] HENKE, *Die sog. Relativität des Schuldverhältniss* cit., 77-79.

[1425] RALF MICHAELS, no HKK/BGB cit., 2, 77-80.

[1426] RUDOLF LÖBL, *Geltendmachung fremder Forderungsrechte im eigenen Namen*, AcP 129 (1928), 257-339 e AcP 130 (1929), 1-72.

[1427] HANS STOLL, *Unrechtstypen bei Verletzungabsoluter Rechte*, AcP 162 (1963), 203-236 (212), citando já Larenz.

[1428] GERHARD OTTE, *Schadensersatz nach § 823 I BGB wegen Verletzung der "Forderungszuständigkeit"?*, JZ 1969, 253-258.

[1429] CHRISTOPH BECKER, *Schutz von Forderungen durch das Deliktsrecht?*, AcP 196 (1996), 439-490.

[1430] EDUARD PICKER, *Der deliktische Schutz der Forderung als Beispiel für das Zusammenspiel von Rechtszuweisang und Rechtsschutz*, FS Canaris I (2007), 1001-1035 (1003 ss., 1028).

[1431] ERNST VON CAEMMERER, *Bereicherung und unerlaubte Handlung*, FS Rabel 1 (1954), 333-401 (355).

[1432] LARENZ, *Schuldrecht* cit., I, 14.ª ed., § 33, III (572-574).

[1433] DIRK OLZEN, no Staudinger II cit., § 241, Nr. 311 e 316 (218 e 219-220).

[1434] WOLFGANG MINCKE, *Forderungsrechte als "sonstiges" Rechte des §§ 823 Abs 1 BGB*, JZ 1984, 862-866 (863-864).

404 *Características das obrigações*

Vamos supor que alguém, fazendo-se passar falsamente pelo credor, consegue que o devedor lhe faça a prestação; imaginemos que o devedor não tem possibilidade de fazer nova prestação ao verdadeiro credor; *quid iuris?* Não é imaginável que o credor não possa pedir contas ao terceiro. Isso levou alguma doutrina a defender a ideia de uma "titularidade absoluta"[1435]. Com menos empolamento vocabular: pelo menos, haveria que incluí-la no § 823 I como *sonstiges Recht*[1436]. Esta ideia pode ser alargada, sem dificuldades: qualquer manobra urdida para desviar, para o terceiro, o valor destinado ao credor pode desencadear a resposta aquiliana. E o aniquilamento, *ad nutum*, desse valor conduz a idênticos resultados, no nosso entendimento.

Quanto à comparticipação de um terceiro no incumprimento de um contrato: ele seria sindicável através do § 826 do BGB, desde que integrasse um ato doloso e contrário aos bons costumes[1437].

VII. No Direito alemão dos nossos dias, é cada vez mais divulgada a ideia de que uma recusa total de proteção dos créditos perante terceiros é exagero e não surge adequado[1438]. A defesa da linha tradicional, clara em Canaris, deve ser reconduzida à realidade da responsabilidade civil alemã, no seu todo[1439].

Através da técnica dos deveres acessórios, dos deveres do tráfego, da multiplicação de vínculos assentes na confiança[1440], da titularidade absoluta e do próprio funcionamento não supletivo do enriquecimento sem causa, os créditos acabam por ser, na prática, muito protegidos e com segurança. O drama jurídico-científico poderá advir quando se transponha

---

[1435] LÖBL, *Geltendmachung fremder Forderungsrechte* cit., 286 ss..

[1436] OTTE, *Schadensersatz nach § 823 I BGB wegen Verletzung der "Forderungszuständigkeit"?* cit., 254/I e BECKER, *Schutz von Forderungen durch das Deliktsrecht?* cit., 470 ss.. *Vide* a importante adesão de JOHANNES HAGER, no *Staudinger*, 13.ª ed. cit., § 823, B 165 (158), obra na qual podem ser vistas muitas indicações.

[1437] *Vide* HELMUT KÖHLER, *Die "Beteiligung an fremdem Vertragsbuch/eine unerlaubte Handlung?*, FS Canaris 1 (2007), 591-603.

[1438] CHRISTOPH BECKER, *Schutz von Forderungen durch das Deliktsrecht?* cit., 442. Além disso, mantém-se uma aguerrida minoria que considera o crédito como *sonstiges Recht*, para efeitos de defesa aquiliana (§ 823, I).

[1439] O próprio Canaris (LARENZ/CANARIS, *Schuldrecht* cit., II/2, 13.ª ed., 397) admite a tutela aquiliana da titularidade do crédito; *vide*, igualmente, EDUARD PICKER, *Der deliktische Schutz der Forderung als Beispiel für das Zusammenspiel von Rechtszuweisung und Rechtsschutz*, FS Canaris 1 (2008), 1001-1035 (1016 ss.), bem como RENATE SCHAUB, no PWW/BGB, 7.ª ed. cit., § 823, Nr. 61 (1671).

[1440] *Vide* CLAUS-WILHELM CANARIS, *Grundstrukturen des deutschen Deliktsrechts* cit., 583/II.

§ 29.º A relatividade na responsabilidade civil

(como, porventura, sucede entre nós) a ideia da relatividade, com exclusão da tutela aquiliana, sem acolher toda a demais instrumentação que permite, na prática, colmatar a lacuna daí resultante. Há que ter muito cuidado com receções parcelares, que desconheçam as realidades globais da Ordem Jurídica dadora.

§ 30.º A RELATIVIDADE NA EXPERIÊNCIA PORTUGUESA (EFICÁCIA EXTERNA)

122. Coordenadas gerais; a eficácia externa

I. A denominada relatividade das obrigações, no âmbito da produção de efeitos, apresenta aparentes flutuações: em função do tipo de oponibilidade que esteja em causa e em consonância com a Ordem Jurídica onde o problema se ponha.

Todavia, torna-se possível fazer corresponder tais flutuações a coordenadas coerentes e adequadas: é esse o papel de uma exposição de Direito civil.

II. No tocante à oponibilidade forte, vimos ser de regra a sua natureza *erga omnes*, em reais e *inter partes*, nas obrigações. Podemos adiantar que os desvios ocorrem mercê da interação de outras normas e princípios. Designadamente nas obrigações: apenas perante institutos específicos, como a pauliana ou a sub-rogatória, se torna possível, ao credor, exigir a prestação a terceiros. Tudo depende do regime historicamente em vigor.

III. Quanto à oponibilidade média, há duas técnicas de a enquadrar: as vias anglo-saxónica e francesa, que apelando ao terceiro cúmplice, acabam por cair em saídas de tipo delitual e a solução alemã, que trabalha com o alargamento dos deveres acessórios, atingindo figuras como o contrato com proteção de terceiros: uma saída obrigacional.

Esta última construção é mais analítica e mais perfeita. A responsabilidade do terceiro cúmplice acaba por operar com uma tipificação de casos judicialmente decididos, nos quais se possa apontar uma especial proximidade entre o devedor e o terceiro-cúmplice[1441], tendo dificuldades em encarar situações novas. Mas ambas as vias confluem nas soluções.

[1441] Proximidade essa que, quanto sabemos, não chega a ser dogmatizada.

§ 30.º A relatividade na experiência portuguesa (eficácia externa)   407

A divergência radica nos diversos sistemas da responsabilidade civil: o anglo-saxónico recorre a conceitos imprecisos como o *tort* ou a *fault*; o francês contém a cláusula geral do artigo 1382.º do Código Napoleão, que admite, em geral, a imputação aquiliana sempre que exista *faute*: um pressuposto vago que absorve a culpa e a ilicitude e que permite, ao sistema civil francês, expandir-se, a novas áreas, na base da responsabilidade civil. Já o BGB, por razões históricas e políticas que examinaremos a propósito da responsabilidade civil[1442], limita a responsabilidade aquiliana aos mundos estreitos dos §§ 823/I (direitos absolutos), 823/II (normas de proteção) e 826 (atentados dolosos aos bons costumes)[1443]. O sistema só pode apelar à responsabilidade civil quando lhe seja possível apresentar uma norma jurídica violada. A única hipótese residirá na "multiplicação" dos deveres, designadamente com recurso aos deveres acessórios. O sistema expande-se na base da boa-fé.

IV. A oponibilidade fraca reflete esta mesma matéria, em termos aderentes à responsabilidade civil aquiliana. Fará sentido, a propósito dos créditos, falar num dever geral de respeito? Será mesmo possível, a um terceiro, atingir a posição do credor? Com a imprecisão habitual, os ordenamentos anglo-saxónico e francês respondem pela positiva. A incerteza daí resultante é, como vimos, compensada com uma tipificação de casos judicialmente reconhecidos e que, assumidamente ou não, operam como precedentes. Na origem, tais casos ficaram a dever-se a situações escandalosas, de tal modo que o próprio espírito do sistema, com ou sem consciência explícita dos Tribunais, forçou a solução. A distinção entre a oponibilidade média e a fraca faz-se, aqui, pelo não-acentuar, nesta última, da relação de proximidade do terceiro, relação essa que não poderá deixar de ser fonte de deveres específicos.

O ordenamento alemão responderia, aqui, pela negativa. A doutrina dominante não inclui os créditos entre os direitos aquilianamente protegidos pelo § 823, que o não permitiria. Excesso de construcionismo[1444]? Construcionismo, seguramente. Mas os problemas têm solução: seja pelos contratos com proteção de terceiros, seja pelas vinculações negociais sem contrato, seja pelo alargamento material dos contratos (relações contra-

---

[1442] *Tratado* II/3, 333-334 e *passim*.
[1443] LARENZ/CANARIS, *Schuldrecht*, II/2, 13.ª ed. (1994), 372 ss., 430 ss. e 446 ss..
[1444] SANTOS JÚNIOR, *Da responsabilidade civil de terceiro* cit., 412.

408 *Características das obrigações*

tuais de facto), seja pela responsabilidade pela confiança, seja, ainda, por diversos outros esquemas, que iremos analisar a seu tempo.

V. A relatividade enquanto manifestação da responsabilidade, obrigacional e *inter partes*, nas obrigações e aquiliana e *erga omnes*, nos direitos absolutos, abre, por seu turno, uma série de brechas. Bastará ver que os direitos absolutos, por via aquiliana, dispõem de proteções específicas (*"inter partes"*) asseguradas pelos deveres do tráfego, enquanto os créditos, por elementares razões sistemáticas e jurídico-científicas, não podem ficar inermes perante terceiros. E isso ainda quando, por razões histórico-culturais, haja várias possíveis vias de concretização da aludida responsabilidade.

VI. Resta esclarecer que esta matéria não é mero Direito comparado. Toda ela foi sendo transposta, para o nosso ordenamento, permitindo soluções alargadas e conscienciosas. Sem o seu conhecimento não é viável, aprofundar o Direito de fala portuguesa. A ele nos vamos, agora, dirigir. Recordamos que, de acordo com uma tradição que remonta a Manuel de Andrade, o tema é, entre nós, referido como "eficácia externa das obrigações". Vamos respeitar essa designação, apesar da sua limitação dogmática.

123. Evolução geral na doutrina

I. A relatividade das obrigações e os seus limites colocam, como foi visto, em boa parte, um tema de responsabilidade civil. Tanto quanto seja possível fazer juízos históricos, podemos considerar que a responsabilidade é o sector jurídico-civil que mais tardiamente se desenvolveu, entre nós. As características estruturais do País levaram a que a matéria só muito lentamente se fosse desprendendo do Direito penal. Com efeito, os problemas mais sérios, que provocassem danos, eram, antes de mais, encarados pela Justiça do Rei como um problema público: e assim era solucionado[1445]. O Código de Seabra, que introduziu entre nós o próprio termo "responsabilidade civil" (Parte IV, Livro I[1446]), após um título de

---

[1445] Quanto às Ordenações, *vide supra*, 175.
[1446] JOSÉ DIAS FERREIRA, *Codigo Civil Portuguez Annotado*, IV, 2.ª ed. (1905), 283 ss..

§ *30.º A relatividade na experiência portuguesa (eficácia externa)* 409

disposições preliminares (2361.º a 2366.º), logo passava a um título II –
Da responsabilidade civil connexa com a responsabilidade criminal[1447]
(2367.º a 2392.º), enquanto a *responsabilidade meramente civil* (2393.º a
2403.º) merecia um tratamento muito elementar.

Aliás, a insuficiência do Código de Seabra relativamente à responsabilidade civil foi um dos argumentos brandidos, em 1944, para justificar a preparação de um novo Código[1448].

A esta luz, compreende-se que o tema da eficácia externa das obrigações só tardiamente tenha chegado à nossa literatura[1449].

II. Guilherme Moreira, que introduziu, na sua doutrina, a responsabilidade civil baseada na contraposição entre a culpa e a ilicitude[1450], adiantou algumas considerações interessantes sobre o nosso tema. Assim, após contrapor os direitos absolutos aos relativos, que incluiriam as obrigações, vem dizer[1451]:

> O direito subjetivo, considerado em relação às pessoas, que em virtude delle, ficam constituídas na necessidade de praticar ou deixar de praticar certos factos, desenvolve-se numa *pretensão*. Esta pretensão será, nos direitos absolutos, o respeito pelo exercício de todos os poderes, pela prática de quaesquer factos, que esses direitos legitimam; nos direitos relativos, a pretensão respeitará á prestação a que uma pessoa está adstrita. No direito relativo não ha, porém, só esta pretensão; também ha a pretensão, quanto ás pessoas que não se acham directamente vinculadas pela relação jurídica, de não embaraçarem o livre exercício das faculdades ou poderes que dessa relação jurídica derivam. Por outro lado, o direito absoluto pode condicionar a existência de obrigações.

[1447] Cabe referir MANUEL DIAS DA SILVA, *Estudo sobre a responsabilidade civil connexa com a criminal*, 1 (1886), 244 pp. e 2 (1887), 142 pp..

[1448] *Vide* o preâmbulo do Decreto-Lei n.º 33:908, de 4-set.-1944, no DG I Série, n.º 196 (1944), 830-835 (832/I).

[1449] Uma exposição global sobre o tema, embora com uma série de antecedentes que iremos apontando, só ocorreu, de facto, na versão policopiada do nosso *Direito das obrigações* (1978), 515-591: não por mérito nosso, naturalmente, mas pela força das circunstâncias e pela impressão que nos causou o ensino pioneiro do Prof. Pessoa Jorge.

[1450] GUILHERME MOREIRA, *Instituições de Direito civil*, pré-edição (1902-1903), 1, § 37 (195-196); *vide*, com mais elementos, o nosso *Da responsabilidade civil dos administradores das sociedades comerciais* (1996; a ed. comercial, inalterada, é de 1997), 451 ss..

[1451] GUILHERME MOREIRA, *Instituições* cit., 2, 7; este troço não consta da pré-edição de 1903; aparentemente, terá apoio em Planiol: um confronto dos textos usados por Moreira permitirá confirmá-lo.

410   *Características das obrigações*

Como se vê, o final do trecho transcrito parece antecipar um século de doutrina. Todavia, Guilherme Moreira não chegou a desenvolver a sua ideia. Ela tem, desde aí, os mais nobres pergaminhos, sendo descabido considerá-la, muitas décadas volvidas, como uma originalidade.

José Tavares andou muito próximo de considerar as obrigações como não totalmente relativas: chegou mesmo a propugná-lo, em relação aos contratos[1452].

Também Gomes da Silva tem sido incluído no âmbito dos autores que defenderiam a eficácia externa dos créditos[1453]. Assim é (ou assim veio a ser), mas por ensino oral: ensino esse que podemos testemunhar em 1984, quando colaborámos, como assistente, no curso de mestrado regido pelo Prof. Gomes da Silva e que tocou a denominada eficácia externa das obrigações.

De Cabral de Moncada (1888-1974) cumpre reter o texto seguinte, o qual surge após a apresentação tradicional da contraposição entre direitos absolutos e direitos relativos[1454]:

Esta classificação, note-se, por fim, é, porém, bastante artificial e tem escasso alcance prático. Em primeiro lugar: rigorosamente, não há direitos absolutos, visto todos os direitos serem sempre o efeito de relações entre pessoas e, portanto, relativos só a elas. Em segundo lugar, porque, no sentido em que é tomada aqui a expressão "absolutos", todos os chamados "relativos" são absolutos. Com efeito, também estes – como, por ex., se vê nos direitos de crédito – impõem a todos os restantes homens, e não só ao devedor, a obrigação de não obstar à sua efetivação; se o credor tem um direito especial, a pretensão, só contra o devedor (o direito relativo à pre-

---

[1452] JOSÉ TAVARES, *Os princípios fundamentais do Direito civil* cit., 1, 2.ª ed., 525 ss..

[1453] SANTOS JÚNIOR, *Da responsabilidade civil de terceiro* cit., 413, nota 1446, citando, de GOMES DA SILVA, *Conceito e estrutura*, 260-261 e MENEZES LEITÃO, *Direito das obrigações* cit., 1, 9.ª ed., 99, citando, desse mesmo Autor, *O dever de prestar e o dever de indemnizar*, 60; feito o confronto, verifica-se que, em ambos os casos, os locais apontados só muito remotamente têm a ver com o tema; e sem que, daí, se possa extrair o pensamento do Autor. Em compensação, em *O dever de prestar* cit., 128-129, Gomes da Silva limita a indemnização ao dano coberto pelo direito subjetivo e, citando o artigo 707.º, afirma que os "prejuízos reparáveis" devem ser consequência da falta de cumprimento de uma obrigação. Embora indiretamente, este troço não é favorável à eficácia externa.

[1454] LUÍS CABRAL DE MONCADA, *Lições de Direito civil/Parte geral* 1, 3.ª ed. (1959), 71-72 = ed. póstuma, 1995, 70-71 (mas escrita em 1962).

§ *30.° A relatividade na experiência portuguesa (eficácia externa)* 411

tensão), não deixa de ser também, como o titular do direito real, um direito geral, *erga omnes*, isto é, o direito a que todos respeitem a relação jurídica existente entre ele e o devedor. Quer dizer: todos os direitos, mesmo relativos, são também absolutos para um outro lado: o mundo constituído pelos terceiros.

Cabral de Moncada não podia ser mais claro: provavelmente, subscreve uma tradição que remonta a Guilherme Moreira[1455].

III. Podemos considerar que a regra da denominada "eficácia externa" das obrigações estava condignamente representada, ao tempo do Código de Seabra.

Com Cunha Gonçalves[1456], Manuel de Andrade e Vaz Serra, estas orientações conheceram um nítido retrocesso. Manuel de Andrade explica que as obrigações só podem ser infringidas pelo próprio devedor[1457]. Refere, depois, uma "nova teoria"[1458] segundo a qual haveria um efeito externo das obrigações. Por diversas razões[1459]: (a) leva longe de mais a responsabilidade do terceiro, que poderia atingir, sem se aperceber, um grande número de créditos; (b) transformaria os créditos em direitos abso-

---

[1455] A 1.ª ed. é de 1932-33, tendo Cabral de Moncada sido aluno de Guilherme Moreira; *vide*, quanto este Autor, FERNANDO ARAÚJO, *Cabral de Moncada e a Filosofia da História/Ideias e omissões em torno de um tema* (1990).

[1456] CUNHA GONÇALVES, *Tratado* cit., 12, 742 ss., cit. *supra*, 385-386.

[1457] MANUEL DE ANDRADE, *Teoria geral das obrigações*, 3.ª ed. cit., 50.

[1458] Que documenta com Derrupé e com Tedeschi: mais precisamente: JEAN DERRUPÉ, *La nature juridique du droit du preneur à bail et la distinction des droits réels et des droits de créance* (1952), n.° 185 a n.° 197 e GUIDO TEDESCHI, *La tutela aquiliana del creditore contro i terzi* (*con speciale riguardo al diritto inglese*), RDCiv 1955, 291-318. É surpreendente a não-referência a Guilherme Moreira: uma tendência ancestral para considerar "novo" o que se colha *extra muros*, sem atentar na própria casa.

[1459] MANUEL DE ANDRADE, *Teoria geral das obrigações*, 3.ª ed. cit., 52. O Autor (ou o seu colaborador, Rui de Alarcão) enumera, em abono, alguns autores alemães: Fischer, Heck e Enneccerus-Lehmann. Feitos os confrontos, temos: OTTO CHRISTIAN FISCHER, *Die Verletzung des Glaubigersrechts als unerlaubte Handlung nach dem Bürgerlichen Gesetzbuche für das Deutsche Reich* (1905), 172 pp., acima citado, que, como vimos, diz o contrário do pretendido; PHILIPP HECK, *Grundriss des Schuldrechts* (1929, reimp., 1974), § 150 (458-459), onde, de acordo com a doutrina dominante, só considera que o crédito, mercê da sua natureza relativa, não é um *sonstiges Recht*, para efeitos do § 823/I, do BGB; LUDWIG ENNECCERUS/HEINRICH LEHMANN, *Recht der Schuldverhältnisse/Ein Lehrbuch*, 15.ª ed. (1958), § 234, I, d) (943 ss.), esse sim, que acaba por ser o bordão alemão de Andrade, de Vaz Serra e, depois, de Antunes Varela.

412   *Características das obrigações*

lutos, o que obrigaria a fixar, para eles, um *numerus clausus* semelhante ao que opera para os direitos reais; (c) não teria o apoio da lei. E remata[1460]:

> Não merece, pois, ser acolhida a nova orientação. Nem mesmo *de iure constituendo*, em princípio. Só nalguns casos particularmente escanda-losos – quando o terceiro tenha tido a intenção ou pelo menos a consciência de lesar os credores da pessoa diretamente ofendida ou da pessoa com quem contrata é que poderá ser justificado quebrar a rigidez da doutrina tradicional. Porventura poderá servir-nos aqui a teoria do abuso do direito, entendida em largos termos.

Por seu turno, Vaz Serra apreciou o tema num dos seus escritos pre-paratórios sobre o Código Civil[1461]. Aí se chegou mesmo a propor, ainda que com dúvida, um preceito com o seguinte teor[1462]:

> 1. O terceiro, por facto de quem os direitos de crédito não são satis-feitos, não incorre em responsabilidade para com os respectivos credores, salvo no caso de abuso do direito, nos termos do art. ...
> 2. O disposto no parágrafo antecedente não prejudica o direito que eventualmente tenha o credor contra o terceiro, resultante das regras do enriquecimento sem causa, da gestão imprópria de negócios, de negócio existente entre eles ou de outra fonte.

Este preceito não passaria nas subsequentes versões do anteprojeto. De resto, ele é ambíguo, acabando, no fundo, por permitir a eficácia externa, por várias vias: desde o abuso do direito, à responsabilidade civil ("outra fonte").

O prestígio de Manuel de Andrade levou a que um largo sector da doutrina, designadamente o ligado à antiga escola de Coimbra, repudiasse, como pano de fundo, a "eficácia externa" das obrigações, admitindo, toda-via, uma tutela de terceiros através da válvula especial do abuso do direito: antes do Código Vaz Serra, Pereira Coelho[1463] e, depois desse Código,

---

[1460] MANUEL DE ANDRADE, *Teoria geral das obrigações*, 3.ª ed. cit., 53.

[1461] ADRIANO VAZ SERRA, *Responsabilidade de terceiros no não-cumprimento de obrigações*, BMJ 85 (1959), 345-360: um escrito pouco desenvolvido, ao contrário dos muitos outros que este Autor publicou, no âmbito da preparação do Código Civil.

[1462] *Idem*, 360.

[1463] FRANCISCO PEREIRA COELHO, *Obrigações/Aditamentos à Teoria geral das obri-gações de Manuel de Andrade* (1963-64), 74 ss. (79-82), onde se procuram moderar as críticas à eficácia externa.

§ 30.º A relatividade na experiência portuguesa (eficácia externa)   413

Mota Pinto[1464], Antunes Varela[1465], Rui Alarcão[1466], Almeida Costa[1467], Ribeiro de Faria[1468] e Sinde Monteiro[1469]. Curiosamente, na Clássica de Lisboa, esta orientação obteve o voto de Menezes Leitão[1470]. Além do peso de Manuel de Andrade e, por aí, de um certo tradicionalismo, afigura-se-nos relevante o facto de, numa primeira leitura, a doutrina alemã afastar, maioritariamente, a tutela aquiliana dos créditos. Mas como os esquemas alternativos alemães não são (ou não são suficientemente) divulgados, o sistema acaba, de facto, por ser fechado, com efeitos negativos na jurisprudência.

IV. A favor da eficácia externa depõem autores como Ferrer Correia[1471], Fernando Pessoa Jorge[1472], Inocêncio Galvão Telles[1473], nós próprios[1474], Manuel Gomes da Silva, no seu ensino oral e Santos Júnior[1475]. Também Henrique Mesquita, embora sem tomar posição, manifesta sim-

---

[1464] CARLOS MOTA PINTO, *Direito das obrigações* (1973), 16 ss. (159 ss.).

[1465] JOÃO ANTUNES VARELA, *Das obrigações em geral* cit., 1, 10.ª ed., 175 ss. (177-178).

[1466] RUI ALARCÃO, *Direito das obrigações* (1983), 74.

[1467] MÁRIO JÚLIO ALMEIDA COSTA, *A eficácia externa das obrigações/Entendimento da doutrina clássica*, RLJ 135 (2006), 130-136 e *Direito das obrigações*, 12.ª ed. cit., 91 ss..

[1468] JORGE RIBEIRO DE FARIA, *Direito das obrigações* cit., 1, 41 ss. (46).

[1469] JORGE SINDE MONTEIRO, *Responsabilidade por conselhos, recomendações e informações* cit., 185-187.

[1470] LUÍS MENEZES LEITÃO, *Direito das obrigações* cit., 1, 9.ª ed., 100-102.

[1471] ANTÓNIO FERRER CORREIA, *Da responsabilidade do terceiro que coopera com o devedor na violação de um pacto de preferência*, RLJ 98 (1965), 355-360 e 369-374.

[1472] FERNANDO PESSOA JORGE, *Lições de Direito das obrigações* cit., 1, 599 ss..

[1473] INOCÊNCIO GALVÃO TELLES, *Direito das obrigações* 7.ª ed. cit., 20.

[1474] *Direito das obrigações* 1, 251-283. *Vide* ainda, os nossos *Da boa fé*, 647-648 e *Eficácia externa dos créditos e abuso do direito*, O Direito 2009, 29-108, onde ensaiámos uma via diversa que, hoje, acabamos por não subscrever inteiramente e *Eficácia externa: novas reflexões*, O Direito, 2009, 777-779, onde estabilizamos a presente linha de opção. Não temos – neste como noutros pontos – qualquer dificuldade em mudar de opinião, sempre que surjam novos argumentos ou à medida que ulteriores reflexões a tanto conduzam.

[1475] EDUARDO SANTOS JÚNIOR, *Da responsabilidade civil de terceiro por lesão do direito de crédito* (2003), 446 ss., 510 ss., 553 ss. e 572 ss.: a obra liderante sobre o tema, na doutrina portuguesa, cuja orientação merece atenção e acolhimento.

414 *Características das obrigações*

patia clara por uma orientação mais aberta[1476]. Uma referência apreciativa é devida à cuidadosa análise de Pinto Oliveira[1477].

Houve, ainda, um ciclo de publicações, de um modo geral relacionadas com as pós-graduações regidas pelo Prof. Manuel Gomes da Silva: tendencialmente favoráveis à defesa alargada das obrigações. Assim sucedeu com os escritos de Rita Amaral Cabral[1478], Pedro Paes de Vasconcelos[1479] e Fernão Fernandes Thomaz[1480] e, mais tarde, por Fátima Abrantes Duarte[1481].

No campo desportivo, a responsabilidade do terceiro-cúmplice foi acolhida por Leal Amado[1482].

V. O tema da eficácia externa das obrigações acaba, assim, por ser dos mais prolixos, na nossa literatura. No fundo, haverá uma certa confluência de resultados. Mas a multiplicação de posturas vocabulares prejudica a consecução de um regime acabado e coerente. Além disso, insistimos em que, hoje em dia, uma opção sobre a matéria passa pela separação de planos de eficácia e pelo manuseio adequado das doutrinas sobre deveres do tráfego, deveres acessórios e abuso do direito.

Abaixo veremos como ponderar os diversos argumentos em presença.

[1476] MANUEL HENRIQUE MESQUITA, *Obrigações e ónus reais* (1990), 69-70.

[1477] NUNO MANUEL PINTO OLIVEIRA, *Direito das obrigações* 1 (2005), 251-279, retomada, sempre com elevado nível, em *Princípios de Direito dos contratos* cit., 20 ss..

[1478] RITA AMARAL CABRAL, *A eficácia externa das obrigações e o n.º 2 do art. 406.º do Código Civil* (1984), 49 pp.; a Autora voltaria ao tema da eficácia externa em *A tutela delitual do direito de crédito*, Estudos Gomes da Silva (2001), 1025-1053: um dos mais aprofundados escritos, entre nós, sobre esta matéria.

[1479] PEDRO PAES DE VASCONCELOS, *O efeito externo da obrigação no contrato-promessa*, SI XXXII (1983), 103-123.

[1480] FERNÃO FERNANDES THOMAZ, *Penhora de créditos e eficácia externa das obrigações*, ROA 42 (1982), 57-87 (pós-graduação de 1979-80).

[1481] MARIA DE FÁTIMA ABRANTES DUARTE, *O pacto de preferência e a problemática da eficácia externa das obrigações* (1989), 100 pp. (pós-graduação de 1979-80).

[1482] JOÃO CARLOS LEAL AMADO, *Vinculação versus liberdade/O processo de constituição e extinção da relação laboral do praticante desportivo* (2002), 347-357; o Autor admite ainda que as federações desportivas ou ligas de clubes elaborem regulamentos disciplinares, tipificando o comportamento do terceiro como infração desportiva (356).

§ 30.º A relatividade na experiência portuguesa (eficácia externa)   415

124. A jurisprudência

I. Durante muitos anos, o debate nacional sobre a eficácia externa das obrigações foi puramente doutrinário. Subsequentemente, a matéria surge colocada nos nossos tribunais. Hoje, dispomos já de uma massa de casos que não pode ser ignorada: a jurisprudência é, por excelência, uma fonte viva do Direito.

Num primeiro grupo de casos, a eficácia externa foi experimentalmente introduzida: ora para ser admitida, ora para ser recusada. Assim:

> STJ 16-jun.-1964: fora celebrado um pacto de preferência relativo a ações de uma sociedade anónima; uma das partes vende, todavia, as ações a terceiro, conhecedor do pacto; este, como terceiro-cúmplice, foi condenado a entregar as ações em preferência[1483]; disse o Supremo, designadamente:
>
> > Verificaram-se, pois, todos os elementos da responsabilidade civil por parte da Empresa Ré que agiu, na violação do pacto de preferência, praticando um ato ilícito e ofensivo de direitos alheios, participando como terceiro cúmplice na violação apontada[1484].
>
> STJ 17-jun.-1969: o cantor Rafael celebrara um contrato de edição musical com a Hispavox, SA; todavia, a Valentim de Carvalho editara e pusera à venda, em Portugal, determinado disco, conhecendo aquele contrato[1485]; o Supremo referiu o *Código Anotado* de Pires de Lima e Antunes Varela, segundo o qual o artigo 483.º/1, do Código Civil, se

---

[1483] STJ 16-jun.-1964 (JOSÉ MENESES; vencidos: ALBUQUERQUE ROCHA e ALBINO GOMES DE ALMEIDA), BMJ 138 (1964), 342-350 = RLJ 98 (1965), 19-25, anot. VAZ SERRA, 25-32, desfavorável e anot. ANTÓNIO FERRER CORREIA, *Da responsabilidade do terceiro que coopera com o devedor na violação de um pacto de preferência*, RLJ 98 (1966), 355-360 e 369-374, favorável. Este acórdão veio ainda merecer uma crítica acesa de ANTUNES VARELA, *Das obrigações em geral*, 1.ª ed. (1970), 131-132, num tom que viria a subir nas edições subsequentes.

[1484] STJ 16-jun.-1964 cit., BMJ 138, 348.

[1485] STJ 17-jun.-1969 (RUI GUIMARÃES), BMJ 188 (1969), 146-150 = RLJ 103 (1971), 458-461, anot. VAZ SERRA, 461-463, favorável. Só que Vaz Serra vem proclamar que o (...) *douto acórdão negou provimento ao agravo interposto, fundando-se, substancialmente, em que os direitos de obrigação são direitos relativos que, por isso, só podem ser infringidos pelo devedor* (RLJ 103, 461/II). Não foi assim: o acórdão admitiu, precisamente, o inverso, como se vê no troço abaixo transcrito. Justamente anotações deste tipo vieram construindo o mito da relatividade excecionada, apenas, pelo abuso do direito.

416 *Características das obrigações*

aplicaria "principalmente" aos direitos reais e aos direitos de personalidade; e acrescentou[1486]:

> Admitimos, porém, que a expressão da lei – "violar ilicitamente o direito de outrem" – comporta os factos ilícitos mediante os quais um terceiro leva certo devedor a não cumprir contrato a que esteja ligado ou obrigação que tenha contraído, como aliás pode admitir-se quando verificados os elementos de responsabilidade.

No caso em análise, não se teriam provado factos bastantes, pelo que a responsabilidade do terceiro foi recusada.

O acórdão de 17-jun.-1969 foi saudado pelos relativistas como traduzindo um regresso ao "bom caminho", afastando a eficácia externa das obrigações. Mas isso não corresponde ao texto do acórdão. Este fez mesmo uma profissão de fé na eficácia externa: só não a aplicou por, *in casu*, faltarem factos bastantes.

II. Passados vinte e cinco anos, o Supremo voltou a ocupar-se da matéria da eficácia externa. Assim:

> STJ 27-jan.-1993: foram celebrados contratos-promessas sobre imóveis: a promitente-alienante transmitiu o seu património a uma terceira sociedade; o Supremo recusou uma providência cautelar movida pela promitente adquirente; citando a numerosa doutrina dominante então já existente, mas com relevo para Manuel de Andrade, ele vem exigir "abuso do direito" para responsabilizar o terceiro, abuso que, aqui, não estaria documentado[1487].
>
> STJ 15-abr.-1993: presente um contrato-promessa de arrendamento; o promitente aliena o imóvel a um terceiro; o Supremo entende que não tem aqui cabimento o artigo 1057.º, que permite opor o arrendamento (e não a mera promessa) ao adquirente do local arrendado, enquanto a eficácia externa dependeria de abuso do direito ou de outros institutos[1488].

A ideia da necessidade do abuso do direito começou a marcar posição, ainda que sem qualquer teorização explícita e sempre pela pena do

---

[1486] STJ 17-jun.-1969, BMJ 188, 149.

[1487] STJ 27-jan.-1993 (MIRANDA GUSMÃO), CJ/Supremo I (1993) 1, 84-86 (86/I).

[1488] STJ 15-abr.-1993 (MIRANDA GUSMÃO), BMJ 426 (1993), 450-460 (455-456); este acórdão cita, em especial, Antunes Varela.

§ 30.º A relatividade na experiência portuguesa (eficácia externa)   417

mesmo ilustre Conselheiro: Miranda Gusmão. E pouco depois, o Supremo alterou a sua orientação, aderindo à doutrina de não-relatividade, na nossa formulação, da época. Assim:

> STJ 25-out.-1993: a propósito de um contrato de transporte em que houvera um subcontrato, sendo o subcontratante terceiro, admitiu-se que o primeiro contratante pudesse prevalecer-se do artigo 483.º/1, para tutela do seu crédito contra terceiro, desde que se encontrassem reunidos os pressupostos da responsabilidade civil[1489].

Anos volvidos, volta a exigência do abuso do direito a marcar posição:

> STJ 11-mar.-1997: temos um contrato-promessa seguido pela venda a terceiro do bem prometido[1490]; diz-se aí, designadamente:
>
>> De realçar, entretanto que, embora a doutrina dominante entre nós não admita, em princípio, a eficácia externa das obrigações, é possível configurar casos em que o terceiro, que impediu o cumprimento do contrato-promessa com efeitos meramente obrigacionais, possa responder perante o credor – o promitente-comprador – por ter agido com abuso do direito.
>
> Ora, nesse caso e contra a Relação, o Supremo entendeu que não se caracterizava o abuso do direito: este teria de ser manifesto e[1491]:
>
>> (…) facilmente apreensível, sem que seja preciso, pois, o recurso a grandes congeminações.

Entretanto, nas Instâncias, surgem tomadas de posição desencontradas:

> RLx 26-jun.-1997, um caso de gestão interrompida, em cujo sumário se lê[1492]:
>
>> A lei portuguesa não reconhece uma eficácia externa das obrigações por forma a co-responsabilizar o terceiro cúmplice pela indemnização devida pela sua violação ilícita, pelo que só ao devedor pode ser exigida tal indemnização.

[1489] STJ 25-out.-1993 (FERNANDO MACHADO SOARES), BMJ 430 (1993), 455-461 (459); votaram vencidos FERNANDO FABIÃO e CÉSAR MARQUES, explicando o primeiro que, além de ser contrário à "eficácia externa", não se teriam provado os pressupostos da responsabilidade civil.

[1490] STJ 11-mar.-1997 (SILVA PAIXÃO), CJ/Supremo V (1997) 1, 141-145 (144/II).

[1491] Idem, loc. cit..

[1492] RLx 26-jun.-1997 (EDUARDO BATISTA), Proc. 009822.

418   *Características das obrigações*

A Relação do Porto, em 1-out.-1998, admitiu um concreto caso de eficácia externa, por abuso do direito: recusa injustificada em entregar determinados documentos, relativos a um automóvel, ao revendedor que, assim, não os pôde entregar ao terceiro comprador[1493].

E a Relação de Lisboa, em 5-jul.-2001, reconheceu explicitamente a eficácia externa[1494]:

> O banco sacado, quando recuse injustificadamente o pagamento do cheque ao portador legítimo durante o prazo de apresentação, pratica um ato ilícito (que repousa na violação de dever fora do círculo contratual) e incorre em responsabilidade extracontratual, à luz do princípio da eficácia externa das obrigações, como terceiro cúmplice, e na obrigação da reparação dos danos por aquele sofridos nos termos dos artigos 483.º e ss. do Código Civil.

III. Tudo parecia em aberto, na jurisprudência portuguesa a qual prenunciava uma evolução semelhante à italiana, crescentemente favorável à eficácia externa. Todavia, algo inesperadamente, pois, entretanto, a doutrina mais recente vinha procedendo a uma larga divulgação das posições mais avançadas, o Supremo veio fechar os progressos anunciados. Assim:

STJ 13-dez.-2001: num caso de potencial pagamento indevido a terceiros, por instigação de outro terceiro, o Supremo entendeu que os artigos 483.º e seguintes não se aplicam aos direitos de crédito: apenas se poderia pôr a hipótese de abuso do direito, aqui não consistente[1495].

STJ 19-mar.-2002: perante uma obrigação de transmissão de frações autónomas livres de ónus ou encargos, verifica-se o seu incumprimento, por constituição de uma hipoteca a favor de um banco; o Supremo entendeu que este não era responsabilizável como terceiro-cúm-

---

[1493] RPt 1-out.-1998 (ALVES VELHO), Proc. 9830815.

[1494] RLx 5-jul.-2001 (PROENÇA FOUTO), Proc. 0058522 (o sumário).

[1495] STJ 13-dez.-2001 (FERREIRA DE ALMEIDA), CJ/Supremo IX (2001) 3, 149-151 (150/III). Também aqui há mal-entendidos: o Supremo argumenta (loc.cit.) (citando Antunes Varela, Almeida Costa e Vaz Serra):

> Não basta que o terceiro conheça a existência do crédito para que, impedindo ou perturbando o respetivo exercício, possa ser constituído em responsabilidade.

É verdade. Mas assim sucede à luz do próprio artigo 483.º: exige a ilicitude e a culpa. A "eficácia externa" é auto-limitada.

§ 30.º *A relatividade na experiência portuguesa (eficácia externa)* 419

plice[1496]; isso só seria possível na base do abuso do direito[1497]; além de contabilizar a doutrina "restritiva" (Manuel de Andrade, Vaz Serra, Antunes Varela, Almeida Costa, Pereira Coelho, Mota Pinto, Orlando de Carvalho, Rui de Alarcão e Ribeiro de Faria) perante a "avançada" (Ferrer Correia, Pessoa Jorge, Galvão Telles e Menezes Cordeiro), o Supremo considera que a eficácia externa poderia causar grave entrave à atividade negocial. Temos o recorrente argumento *ad terrorem*, que não deve impressionar: a exigência dos requisitos da responsabilidade civil só permite a eficácia externa em casos muito graves.

Embora restritivo, o abuso do direito não impediu que os tribunais responsabilizassem terceiros pela violação de créditos. Assim:

RLx 18-abr.-2002: uma pessoa adquire a outrem um bem imóvel que integrava a sua garantia patrimonial, com o intuito de causar prejuízo ao credor deste; a pauliana não é possível, uma vez que, entretanto, foi constituída hipoteca a favor de terceiro de boa-fé. A RLx, apoiando-se no *Código Anotado* de Pires de Lima/Antunes Varela, considera que, além da violação do direito alheio e da norma de proteção, a lei estabelece como fonte do dever de indemnizar o abuso do direito. Este teve-se como verificado[1498].

A jurisprudência continuaria a bater na tecla do abuso do direito, ainda que assentando na doutrina do revogado Código de Seabra. Nesse sentido:

STJ 21-out.-2003: na violação de um pacto de preferência sem eficácia real, o terceiro adquirente só é responsável se tiver agido com abuso do direito: valem citações de Vaz Serra (de 1958) e de Manuel de Andrade (do mesmo ano)[1499].

RLx 9-mar.-2006: num caso em que se discutia uma eventual responsabilidade pela recusa de autorizações para o uso do logótipo da Expo 98, na preparação de uma planta cartográfica, a Relação de Lisboa veio entender que não havia contrato nem responsabilidade do devedor e, logo, do terceiro; mas afirmou, citando Almeida Costa e Antunes

---

[1496] STJ 19-mar.-2002 (AZEVEDO RAMOS), CJ/Supremo X (2002) 1, 139-142 (142/I).
[1497] *Idem*, loc. cit..
[1498] RLx 18-abr.-2002 (SALVADOR DA COSTA), CJ XXVII (2002) 2, 104-108 (107-108).
[1499] STJ 21-out.-2003 (RIBEIRO DE ALMEIDA), Proc. 03A2822.

420 *Características das obrigações*

Varela, que a responsabilidade deste último ainda pressuporia abuso do direito[1500].

RLx 16-mai.-2006: a propósito de saber se o contrato de comodato é oponível ao terceiro adquirente da coisa, considerou-se que tal só seria possível através da boa-fé e do abuso do direito, o que não aconteceu *in casu*; preponderou a referência a Almeida Costa, neste ponto[1501].

RCb 13-mar.-2007: houve violação de um contrato-promessa com venda a terceiros e, nesse âmbito, foi requerida uma providência cautelar; para além de diversas considerações, entendeu-se aderir:

(...) à tese que sustenta que a co-responsabilização de terceiro cúmplice pela indemnização só é devida desde que esta invada os terrenos interditos do abuso do direito (...)[1502].

Como novidade importante, verifica-se que este acórdão já cita doutrina mais atualizada e, ainda, a jurisprudência antecedente.

IV. Na presente década de dez, assiste-se a uma curiosa viragem da jurisprudência para a doutrina da eficácia externa: desde que, como é natural, os factos em jogo o justifiquem. Na base temos:

STJ 19-mar.-2009: embora referindo doutrina atualizada na matéria, o Supremo entendeu que a existência de pressões de terceiros não podia justificar o não-cumprimento de uma obrigação[1503].

Seguiu-se, é certo, uma "recaída":

STJ 20-jan.-2010: ao invés do que sucede com os direitos reais (que são direitos contra toda a gente), os direitos de crédito são relativos, dado que só podem ser violados pelo próprio devedor, e não por terceiros; assim, além do efeito "interno", primordial, dirigido contra o devedor, não acresce nos direitos de crédito um efeito dirigido contra terceiros – o efeito externo da obrigação; o terceiro não pode ser chamado a

---

[1500] RLx 9-mar.-2006 (CARLOS VALVERDE), Proc. 659/2006-6; o sumário deste acórdão dá, à eficácia externa e ao seu "condicionamento" ao abuso do direito, um peso que tal matéria não teve na geografia do acórdão: tratou-se, praticamente, de um *obiter dictum*.

[1501] RLx 16-mai.-2006 (ABRANTES GERALDES), Proc. 3834/2006-7, num acórdão de elevado nível jurídico-científico.

[1502] RCb 13-mar.-2007 (JACINTO MECA), Proc. 1795/05.0TBMS-C1.

[1503] STJ 19-mar.-2009 (FONSECA RAMOS), Proc. 09A0370; este aresto, que usou largamente a monografia de Santos Júnior, *Da responsabilidade civil do terceiro*, apresenta-se bem documentado.

§ 30.º A relatividade na experiência portuguesa (eficácia externa) 421

responder em face do credor por ter impedido ou perturbado o exercício do seu direito[1504].

Daí em diante, a eficácia externa tem vindo a ser reconhecida. Assim:

RPt 19-jan.-2010: se a Requerente forneceu à Requerida fio, para transformação, mas com defeito, facto que se tornou do conhecimento do Requerente antes de a Requerida efetuar negócio com terceiro, e se as partes acordaram em tentar aproveitar ao máximo o referido tecido, de molde a que o prejuízo fosse o mais diminuto possível, na relação com o terceiro, não poderia a Requerente deixar de ser diretamente responsabilizada pela Requerida pelo prejuízo por esta registado no negócio que havia concluído e realizado com terceiro, em manifestação do que usualmente se apelida de "eficácia externa das obrigações", fosse por via da cláusula penal de responsabilidade civil aquiliana (art.º. 483.º n.º 1 C. Civ.), fosse por via da aplicação genérica da constatação de um comportamento em abuso do direito (art.º. 334.º C. Civ. – comportamento que excede manifestamente os limites impostos pela boa fé)[1505].

RPt 8-jun.-2010: em determinadas circunstâncias, um terceiro pode ser diretamente responsabilizado, em face do incumprimento obrigacional, por via daquilo que normalmente se apelida como "eficácia externa das obrigações"[1506].

STJ 20-set.-2011: referindo Santos Júnior e outros civilistas, admite as possibilidades de eficácia externa, desde que reunidas as condições, com relevo para a causalidade e para o dolo[1507].

[1504] STJ 20-jan.-2010 (LÁZARO FARIA), Proc. 239/2002.51; trata-se, simplesmente, do sumário; desconhecemos em que assentam tais asserções, em si meramente conclusivas. Cumpre, todavia, fazer uma prevenção: quando os factos (que não constam do ITIJ) não justifiquem o apelo à eficácia externa, os tribunais, por vezes, limitam-se (como lhes compete) a rejeitar a aplicação dessa doutrina, sem se alargarem em explicações quanto à sua admissibilidade, noutros casos.

[1505] RPt 19-jan.-2010 (JOSÉ MANUEL VIEIRA E CUNHA), Proc. 139152/08: este aresto refere este *Tratado*, na 1.ª ed. então recém-publicada e o nosso escrito na revista O Direito, Pessoa Jorge e Inocêncio Galvão Telles; afigura-se uma postura inteiramente correta: os tribunais devem decidir com justeza, sem terem de optar por teorias, quando todas conduzam à mesma solução.

[1506] RPt 8-jun.-2010 (JOSÉ MANUEL VIEIRA E CUNHA), Proc. 3110/07, em coerência com o acórdão anterior.

[1507] STJ 20-set.-2011 (FONSECA RAMOS), Proc. 245/07, muito denso; o acórdão deve ser visto na íntegra pois, na aparência, afirma não ser tradicionalmente admitida a eficácia externa.

STJ 29-mai.-2012: citando o acórdão anterior, admite a responsabilização de um terceiro na violação de um contrato-promessa, por abuso do direito: posição que está de acordo com a melhor doutrina da eficácia externa das obrigações e com a jurisprudência deste Supremo[1508].

V. É ainda cedo para tirar conclusões do que parece ser uma viragem jurisprudencial favorável à eficácia externa, ainda que – como se impõe – com as devidas cautelas.

Devemos ainda saudar o facto de os nossos tribunais superiores começarem a trabalhar com doutrina atualizada. Por uma via ou por outra, formam a convicção de que, por puros conceitualismos, não mais se tomarão decisões injustas, sob o biombo da mera eficácia interna das obrigações.

125. Discussão dogmática

I. Passemos, agora, a ponderar os argumentos em presença antes de, da jurisprudência apontada, tirarmos algumas ilações.

Em primeira linha, delimitemos as questões terminológicas e conceituais. Não está em causa o que temos chamado a relatividade estrutural: podemos assentar nas considerações acima efetuadas e que apontam para a hipótese de créditos absolutos e de reais relativos. Particularmente no tocante aos créditos potestativos: assimilar uma sujeição (em sentido técnico) a um dever é de tal forma *contra naturam* que nem vemos como contestar. Quanto muito, poder-se-ia questionar a categoria, deixando todavia em aberto o destino de tais créditos[1509].

Também a oponibilidade forte dos créditos, quando imposta por lei ou pela natureza das coisas, parece fora do debate; oportunamente consideraremos institutos como a impugnação pauliana ou a ação sub-rogatória: a sua eficácia prática, pelo menos no que toca ao núcleo das figuras, não suscita dúvidas e resulta da lei. Quando se apliquem, o credor pode atuar diretamente o crédito contra o terceiro.

As dúvidas residem na oponibilidade média, em especial no que tange à doutrina do terceiro-cúmplice e na oponibilidade fraca. Concre-

---

[1508] STJ 29-mai.-2012 (AZEVEDO RAMOS), Proc. 3987/07.
[1509] *Supra*, 371 ss..

§ 30.º A relatividade na experiência portuguesa (eficácia externa) 423

tiza-se, ainda, pelo prisma da responsabilidade civil do terceiro que contunda com um crédito.

II. Ponderando os argumentos de ordem sócio-política: a eficácia externa iria prejudicar a vida económica, iria pôr em causa a liberdade dos sujeitos ou iria criar uma multiplicidade imponderável de situações de responsabilidade. Tudo isso pode ser afastado. Basta ver que qualquer responsabilização de terceiros passaria sempre pelos pressupostos da responsabilidade civil, entre os quais a ilicitude, que exige uma vontade destinada a violar a situação considerada ou, pelo menos, o dever jurídico de cuidado, para que isso não suceda. Ora em regra: não há essa vontade (ou ela não se prova) e não existe um especial dever de cuidado. Além disso, qualquer responsabilidade do terceiro passaria pelo crivo da culpa: esta só ocorre em casos particularmente gravosos. Pertence à convicção social generalizada que a integridade dos créditos é, em regra, um problema do foro próprio do devedor. Também o nexo de causalidade poderia ser convocado para conter o instituto: a atuação de um terceiro não é normativamente adequada, em princípio, para embaraçar o cumprimento das obrigações. Repare-se que o crédito não é conhecido nem, em regra, cognoscível: não dá azo a qualquer publicidade, organizada ou espontânea[1510].

III. Os argumentos interpretativos das leis em vigor também não entravam a denominada eficácia externa. Pelo contrário: antes a facilitam. O artigo 483.º/1 não permite, na sua letra ou no seu espírito, nenhuma limitação aos direitos "absolutos": não nos dá qualquer sequência comparável ao § 823/I do BGB. O terceiro que, com dolo ou mera culpa, violasse ilicitamente um direito de crédito cairia, seguramente, no seu âmbito normativo. Poder-se-ia contrapor que, para os créditos, caberia o artigo 798.º, pelo que o artigo 483.º/1 ficaria afastado do universo obrigacional, em nome de uma interpretação sistemática. Mas não: só assim seria se o 798.º se aplicasse a terceiros; como apenas funciona perante o devedor, o elemento sistemático até deporia em sentido favorável à eficácia externa:

[1510] Quanto à "contenção" do artigo 483.º, mercê da dogmática própria da responsabilidade civil e das características dos créditos, *vide* Santos Júnior, *Da responsabilidade civil do terceiro* cit., 475 ss. e Pinto Oliveira, *Direito das obrigações* cit., 1 , 259-262. Os argumentos alarmistas assentes na insegurança ou nos danos económicos pretensamente advenientes da eficácia externa das obrigações, ignoram as regras próprias da responsabilidade aquiliana.

porque os terceiros não podem ser irresponsáveis, cairiam (pelo menos) no artigo 483.º.

Outros preceitos menos impressivos, que exigiriam a antecipação dos competentes institutos, devem, também, ser afastados.

Designadamente: artigo 406.º (relatividade dos contratos): é certo que os contratos só devem ser cumpridos pelas partes; todavia, ao terceiro apenas se exige o respeito pelo contrato e não que o venha a cumprir; artigos 413.º e 421.º (promessa real e preferência real): a lei assegura, aí, uma eficácia *erga omnes* efetiva, haja ou não culpa e ilicitude do terceiro e que pode levar à reivindicação da coisa[1511] ou à ação de preferência[1512]; nas promessas e nas preferências dotadas de mera eficácia obrigacional, apenas se poria um tema de responsabilidade de terceiros que, com culpa e ilicitude, os violassem; artigos 495.º/3 (por morte ou lesão corporal, têm direito a indemnização os que podiam exigir alimentos ao lesado), 794.º e 803.º (*commodum* de representação): temos casos específicos de eficácia externa que tanto podem constituir exceções como reflexos de um regime geral; 1306.º/1 (*numerus clausus* de direitos reais): tem em conta toda a realidade específica dos direitos reais e não, apenas, a sua tutela aquiliana, pelo que faz todo o sentido, mesmo quando os créditos também fossem oponíveis a terceiros[1513].

IV. Quanto ao Direito comparado: mostra que todas as ordens jurídicas são sensíveis, promovendo, por uma ou outra via, a tutela dos créditos perante terceiros. É certo que o Direito alemão, na opinião dita dominante, recusa a tutela aquiliana ou, mais precisamente, o § 823/I. Todavia, prevê diversos outros esquemas que permitem resultados similares.

V. Finalmente, temos o argumento da desnecessidade, com duas vertentes. A primeira retomaria a ideia de que só o devedor pode, logicamente, violar o crédito. Mas não: mesmo os "relativistas" concordam, hoje[1514], que os terceiros podem atingir o crédito por, pelo menos, três

---

[1511] *Direito das obrigações*, 1, 476-477.

[1512] *Idem*, 495 ss..

[1513] Para uma discussão alargada destes preceitos, SANTOS JÚNIOR, *Da responsabilidade civil do terceiro* cit., *passim* e PINTO OLIVEIRA, *Direito das obrigações* cit., 1 , 262 ss., ambos em sentido confluente, que subscrevemos.

[1514] DIETER MEDICUS, *Die Forderung als "sonstiges Recht" nach § 823, Abs. 1 BGB?*, FS Stelffen (1995), 333-345 (339).

§ 30.º A relatividade na experiência portuguesa (eficácia externa)   425

vias: ou atuando no objeto da prestação; ou impedindo o cumprimento, agindo física ou psiquicamente no devedor; ou tomando uma posição eficaz mas injusta, que contrarie a sua execução[1515]. A segunda replicaria que os créditos não necessitam de tutela aquiliana porque seriam protegidos por outras vias: deveres específicos e, no limite, boa-fé. Esta via poderá ser interessante e eficaz. É certo que qualquer proteção, que não a tutela aquiliana direta, representará uma complicação jurídico-científica e técnica. Mas o Direito civil tem desses sortilégios. Teremos de lidar com eles.

126. Solução proposta

I. O Direito civil português dispõe das duas vias historicamente elaboradas para o desenvolvimento harmonioso e adequado do sistema:

- da cláusula geral da boa-fé (artigos 227.º/1, 239.º, 334.º, 437.º/1 e 762.º/2), que permite segregar deveres de conduta, sempre que a harmonia do ordenamento o exija (via alemã);
- da cláusula geral da responsabilidade civil (483.º/1), que faculta uma lata cobertura aquiliana, como modo de prosseguir os valores básicos do sistema (via napoleónica).

Seria totalmente inexpectável que esta proficiência levasse a um bloqueio: a boa-fé não funciona porque há responsabilidade e esta não opera para abrir as portas à boa-fé. Teremos, pois, de estar atentos.

II. Na gíria nacional, a "eficácia externa" traduz tudo aquilo que, nas obrigações, transcenda o círculo estreito entre credor e devedor, ou seja: tudo o que questione a relatividade pura. Mas é evidente que, nesses termos, ela abarca questões diversas, com soluções próprias. Simplificando, iremos distinguir:

eficácia externa *lato sensu*: corresponde a todos os elementos que superem a relatividade e, designadamente, o que temos chamado a eficácia forte e média; questões como os deveres acessórios eficazes perante terceiros ou a formação de ´nculos

---

[1515] Por exemplo: celebrando um contrato incompatível com o primeiro, quando tal ocorrência possa merecer o epíteto de "injusta".

semelhantes aos contratuais, que respeitem a terceiros, têm solução à luz dos respetivos institutos e não devem, aqui, interferir; eficácia externa *stricto sensu* ou própria: tem a ver com a tutela aquiliana dos créditos; é esta a questão em aberto.

III. Como sempre temos defendido, não há nenhuma razão, interpretativa, dogmática, histórica ou comparatística, para negar a aplicabilidade, aos créditos, do artigo 483.º/1. Na origem, quanto sabemos, esteve um dissenso pessoal entre os professores Ferrer Correia, por um lado, e Vaz Serra e Antunes Varela, por outro, centrado no caso decidido (bem) pelo Supremo, em 16-jun.-1964 e que levou os dois últimos, civilistas influentes, a uma cruzada contra a eficácia externa, com efeitos que já vão na terceira geração.

Todavia, não podemos ignorar a doutrina maioritária, relativista e arcaica, mas que, na base de aportações alemãs truncadas, pretende aparentar modernismo, e alguma jurisprudência. Esta última, que modela a revelação das normas jurídicas, é uma fonte do Direito que devemos levar em conta, numa dogmática realista. Teremos, pois, de a incluir, na solução a que se chegue.

IV. O artigo 483.º/1 aplica-se aos créditos, quando tomados pelo prisma da titularidade. Ou seja: quando, no universo amplo que traduz a obrigação, o terceiro interfira na ligação credor/crédito, há responsabilidade. Será o caso: do terceiro que se faça passar por credor, para acaparar a prestação; do terceiro que destrua as condições materiais para o credor exercer o seu direito[1516]; do terceiro que impeça materialmente a perceção do débito[1517]. Seria surrealista vir dar cobertura às saídas que se impõem, descobrindo "abusos do direito". A doutrina da defesa aquiliana da titularidade, fortemente radicada nos sectores relativistas alemães[1518] tem, aqui, aplicação. De resto: é esse o entendimento do próprio Antunes Varela[1519],

---

[1516] Assim: o terceiro incendeia, com conhecimento de causa, a casa do credor, destruindo documentos e afetando cobranças: tudo isso é computado no cálculo da indemnização, revelando, assim, a tutela aquiliana.

[1517] Assim: o terceiro sequestra o maestro, no momento do espetáculo: deve reembolsar os espectadores que compraram bilhete.

[1518] *Supra*, 403-404.

[1519] ANTUNES VARELA, *Das obrigações em geral* cit., 1, 10.ª ed., 174-175.

§ 30.º A relatividade na experiência portuguesa (eficácia externa)   427

defensor ilustre e enérgico da não-eficácia externa. Temos esta questão por arrumada.

V. Fica em aberto o saber se o artigo 483.º/1 permite reagir perante o terceiro que, com o devedor, contrate em termos incompatíveis com o crédito preexistente, forçando ou incentivando ao incumprimento. Este é o grande tema que tem ocupado a nossa jurisprudência e que a tem levado, ainda que com a recente (e correta) inversão, que deve ser acompanhada, à resposta negativa acima apontada. Contratar, só por si, não poderia levar ao 483.º/1: os pressupostos de responsabilidade civil seriam suficientes para o evitar: basta ver que não há ilicitude ... O dever geral de respeito não tem, pois, este alcance[1520].

> Ainda teríamos de lidar, neste ponto, com o subsistema da concorrência. Efetivamente, por razões de harmonia sistemática, teremos de sustentar que o artigo 483.º/1, *lex generalis*, não tem aplicação, nas áreas em que o legislador tenha decidido submeter os particulares a códigos de conduta específicos. No âmbito destes surgiram novas adstrições e novas permissões. Umas e outras, como *lex specialis*, irão prevalecer sobre o tecido civil comum.
>
> O legislador português define, com alguma minúcia, as práticas concorrenciais que tem por inadmissíveis. *A contrario*, as restantes condutas são lícitas, não fazendo sentido proibi-las com recurso ao artigo 483.º/1, do Código Civil: o sistema perderia alguma coerência, além de se postergar a elementar relação de prevalência da *lex specialis* sobre a *lex generalis*.
>
> O Código da Propriedade Industrial, aprovado pelo Decreto-Lei n.º 16/95, de 24 de janeiro, fixava, no seu artigo 260.º, o que entender por concorrência desleal. Outro tanto sucede com o artigo 317.º do atual Código da Propriedade Industrial, adotado pelo Decreto-Lei n.º 36/2003, de 5 de março.
>
> A possibilidade de contratar com terceiros é uma das portas abertas pela concorrência. As regras desta prevalecem.
>
> Assim sendo, a licitude/ilicitude das condutas concorrentes terá de ser aferida não apenas perante o regime geral do artigo 483.º/1, do Código Civil, mas também em face do subsistema especialmente vocacionado para reger o domínio em causa: o das leis da concorrência. Tais leis, a mostrarem-se violadas, teriam imediato conteúdo sancionatório. Além disso, elas

---

[1520] Completamos, deste modo, o matizar ensaiado no nosso *Eficácia externa*, já citado.

428   *Características das obrigações*

poderiam operar como leis de proteção, para efeitos da segunda parte do artigo 483.º/1, do Código Civil.

Admitir que ninguém pudesse contratar com certos devedores poderia gerar uma estranha "ghetização": essa, sim, claramente contrária às "... normas e usos honestos de qualquer ramo de atividade ...".

Pois bem: o ato de concorrência que seja julgado admissível, perante as leis da concorrência, não pode ser vitimado pelo artigo 483.º/1, do Código Civil. De outro modo, teríamos de considerar ilícito o próprio mercado: pois é perante ele que os devedores podem, eventualmente, pretender melhores soluções.

O problema terá, em definitivo, de ser equacionado em face dos contratos em jogo e das concretas partes que os hajam celebrado.

VI. Justamente neste ponto intervém a doutrina do abuso do direito, repetidamente invocada, neste domínio, pela nossa jurisprudência, retomando uma intuição de Manuel de Andrade.

O terceiro poderia sempre contratar com o devedor: quando o faça, exerce a sua liberdade contratual. Mesmo quando atinja direitos alheios, não há a ilicitude, explicitamente exigida pelo artigo 483.º/1. Repare-se: para que o artigo 483.º/1 funcione, não basta que se atinjam direitos alheios: é necessário que isso suceda ilicitamente e, ainda, com culpa. O abuso do direito retira a "licitude" de quem exerça a sua liberdade contratual. Recorde-se que o abuso do direito é uma locução tradicional para exprimir os valores fundamentais do ordenamento, veiculados, em cada caso concreto, pelo princípio da boa-fé. Se o terceiro age defrontando a confiança, ou em *venire contra factum proprium* ou, ainda, só para prejudicar o credor, em desequilíbrio no exercício, comete abuso. Cessa a liberdade contratual: o seu ato passa a ser ilícito. Verificados os demais pressupostos, entre os quais a culpa, temos responsabilidade civil.

VII. Ainda algumas precisões. Relativamente ao abuso do direito, como instrumento capaz de enquadrar a eficácia externa, surgem dois "desvios":

– o de equiparar o abuso do direito a uma "terceira cláusula" de responsabilidade, a somar à do artigo 483.º/1, 1.ª parte (violar ilicitamente e com culpa o direito alheio) e à do artigo 483.º/1, 2.ª parte (violar normas de proteção)[1521];

[1521] Ideia que remonta a SINDE MONTEIRO, *Responsabilidade por conselhos, recomendações ou informações* cit., 545 ss..

§ 30.º A relatividade na experiência portuguesa (eficácia externa)   429

– a de recusar a aplicação do abuso do direito perante liberdades genéricas[1522].

O abuso do direito é reconhecidamente objetivo: não exige culpa, para se concretizar. Teoricamente, ele (apenas) fez cessar uma permissão de agir, em nome do sistema. Outros institutos, verificados os pressupostos, dirão se há responsabilidade pela confiança, responsabilidade civil ou, até, um dever de abstenção, para o futuro. Havendo abuso, em situações aquilianas, teremos de, *a posteriori*, verificar se ocorrem os pressupostos do 483.º/1.

Quanto a liberdades genéricas: não podem ser usadas contra o sistema. Não vemos como limitar a dogmatização deste às permissões específicas que, de resto, teriam mais "resistência" do que as genéricas.

VIII. A aplicação do abuso do direito, tudo visto, no domínio da eficácia externa das obrigações, funcionará da forma seguinte:

– existe um contrato entre duas pessoas; por exemplo, um contrato-promessa entre A e B;
– C, terceiro, é livre de contratar com A, o que implicará, por parte deste, o incumprimento da promessa;
– C não é responsável porque, embora tenha violado um direito alheio (A não agiu sozinho!) não o fez ilicitamente: agiu dentro de uma permissão geral de contratar;
– todavia, se C penetrou no círculo de A/B, se aí obteve informações privilegiadas, se induziu A a não cumprir, cobrindo, designadamente, cláusulas penais ou outras consequências, há abuso: estão a ser violados os valores fundamentais da confiança e da tutela da materialidade subjacente (boa-fé);
– havendo abuso, cessa a permissão: revela-se, então, em toda a plenitude, a tutela aquiliana do crédito de B (483.º/1);
– provada a culpa, há dever de indemnizar.

É óbvio que só em casos especiais o terceiro pode ser responsabilizado pelo que fez. Normalmente, ele nem saberá do crédito do terceiro (ou

---

[1522] Nós próprios já o fizemos, antes de termos aprofundado a matéria do abuso do direito; este não tem a ver com "direitos", sendo (apenas) uma situação juridicamente relevante contrária aos valores do sistema. Pela mesma linha não podemos acolher as restrições que a melhor doutrina, com HÖRSTER, *A parte geral* cit., 287 ss. (*vide* PINTO OLIVEIRA, *Direito das obrigações* cit., 270 ss.) e MANUEL CARNEIRO DA FRADA, *Teoria da confiança* cit., 164 ss., nota 121, colocam à aplicabilidade, do 334.º, à autonomia privada.

isso não se poderá provar). Mas deve ficar claro que, pelo Direito português, nenhum construtivismo afasta a aplicabilidade do artigo 483.º/1, aos créditos. A recente viragem jurisprudencial, no bom caminho, deve, como já sublinhámos, ser acompanhada e incentivada.

SECÇÃO III

ESPECIALIDADE E ATIPICIDADE

§ 31.º A ESPECIALIDADE E A ATIPICIDADE

127. A especialidade

I. As obrigações disporiam da característica da especialidade ou especificidade. Trata-se da projeção da natureza individual da imputação das normas jurídicas: assim como um direito subjetivo, por definição, só pode ter um titular (e sem prejuízo de poderem incidir vários direitos sobre o mesmo objeto, como sucede na contitularidade), assim as obrigações se fixariam entre um credor e um devedor[1523]. A complexidade subjetiva (vários credores e/ou vários devedores, relativamente a uma mesma prestação) teria, como efeito, a multiplicação das obrigações: tantas quantos os intervenientes, de ambos os lados.

II. A especialidade das obrigações corresponde a uma decorrência da lógica deôntica: como foi dito, a imputação das normas é individual, reportando-se, sempre, a pessoas, singulares ou coletivas. Além disso, é uma exigência dogmática: estamos perante uma realidade compreensiva, que deve ser tratada com a maior precisão, uma vez que envolve deveres de conduta para todos os intervenientes. Tais deveres, quando incumpridos, podem conduzir a juízos de censura (de culpa), os quais, de acordo com os dados próprios da nossa cultura, são sempre individuais.

Repare-se que boa parte da lógica obrigacional, particularmente no que tange à intensidade do esforço requerido ao devedor, bem patente

---

[1523] Trata-se de matéria fixada na pandetística, quando se afinou o conceito de relação jurídica; p. ex., GEORG KARL NEUNER, *Wesen und Arten der Privatrechtverhältnisse* cit., 106 ss..

na presunção de culpa (e de: licitude) que, *ex vi* 799.º/1, sobre ele recai, deriva da especificidade do vínculo. Esta contrapõe-se à generalidade de certos deveres, mais lassos.

III. A especialidade das obrigações traduz-se, ainda, numa dimensão importante: a dimensão linguística. Justamente por serem específicas, as obrigações são individualizadas, em termos vocabulares, de tal modo que não haja dificuldades no seu reconhecimento. A tradução linguística de cada obrigação faz-se, consoante os casos:

– identificando as partes;
– referindo o tipo de prestação;
– mencionando, sendo ela genérica, os traços qualitativos e quantitativos que permitam isolá-la (p. ex., 1000 euros ou 100 litros de vinho x, colheita y);
– explicitando, quando necessário para distinguir a obrigação de outras similares, a data da constituição e/ou do vencimento ou um número de série, quando haja ambas nas mesmas circunstâncias.

IV. A dimensão linguística da especialidade das obrigações tem relevância dogmática, interferindo no seu regime. Com efeito, a designação das obrigações – ou de cada uma delas – foi sendo fixada ao longo da História, à medida que se foi apurando, para elas, um regime jurídico adequado. Ambos estão interligados de tal modo que, muitas vezes, a mera denominação invoca um regime. *Summo rigore*, de acordo com as boas regras, a denominação decorre do regime. Em termos hermenêuticos, as duas realidades estão interligadas. Na prática, as necessidades de rápida comunicação humana acabam por dar primazia à denominação. Apenas um estudo dogmático mais cuidado poderá, depois, enfermar a denominação.

Particularmente interessante é comprovar as derivas dogmáticas motivadas por incidentes de denominação. Por exemplo: o simples facto de, à inter-relação jurídica, isto é, à relação que envolva dois ou mais seres humanos se chamar "obrigação" é meio caminho andado para concluir que apenas o "obrigado" (o devedor) fica adstrito, sendo indiferentes os terceiros; e aqui temos um pré-entendimento eficaz para se apelar à não-eficácia externa das obrigações: só com décadas de reflexão dogmática é possível superá-lo.

§ 31.º A especialidade e a atipicidade

128. A tipicidade em geral

I. Uma determinada realidade pode ser linguisticamente captada e comunicada através de uma indicação, mais ou menos sumária, das suas características marcantes. Será uma realidade "típica" ou um tipo[1524]. Ainda a realidade (ou uma porção dela) pode ser expressa com recurso a uma fórmula genérica (género ou *genus proximum*) e à indicação de uma especificidade que o distinga (diferença específica ou *differentia specifica*): temos um conceito abstrato. Por exemplo: um leão pode ser descrito como um ser de quatro patas, carnívoro, que ruge e tem juba (tipo) ou referido como um mamífero (género) carnívoro (diferença específica): será o conceito abstrato.

Esta técnica pode ser aplicada ao Direito, com importantes consequências. A norma jurídica consta de uma previsão e de uma estatuição. Na previsão, faz-se uma descrição de certa realidade, com recurso a formulações linguísticas. Pois bem: essas formulações podem traduzir-se numa descrição de certa realidade (por exemplo: quem matar outra pessoa é punido com pena de prisão de 8 a 16 anos – artigo 131.º do Código Penal) ou numa sua exteriorização através de conceitos abstratos (por exemplo: o contrato deve ser pontualmente cumprido – artigo 406.º/1 – sendo que contrato traduz um ato – o género – multilateral – a diferença específica).

Por vezes, aos tipos normativos também se chama "conceitos de ordem", enquanto os conceitos normativos serão "conceitos de classe".

II. Em certas áreas, o Direito lida com medidas de tipo agressivo (por exemplo, no Direito penal ou no Direito fiscal), que podem bulir com os direitos das pessoas. Recorre, então, a conceitos de ordem ou a previsões típicas. Assim, não será viável estatuir que as pessoas más (conceito geral) são presas mas, apenas, que quem cometer os crimes "a", "b" ou "c" (tipos explícitos de condutas) terá uma pena desse tipo. Na mesma linha, também não é compaginável que se disponha: os ricos (conceito geral) devem pagar ao Estado; antes se explicitará que quem tiver certo rendimento, obtido por tal forma, deverá pagar uma parcela correspondente a tanto por cento (tipos de eventos e de consequências).

[1524] Na nossa literatura, cabe recordar o clássico de OLIVEIRA ASCENSÃO, *A tipicidade dos direitos reais* (1968).

434   *Características das obrigações*

Noutras áreas, que suscitam diversas valorações, o Direito poderá lidar com conceitos abstratos: assim a já referida norma do artigo 406.º/1, segundo a qual os contratos devem ser cumpridos.

Nalguns casos, a própria Constituição intervém, impondo o recurso à tipicidade previsiva: tal sucede quanto à lei penal (artigo 29.º/1 da Constituição):

> Ninguém pode ser sentenciado criminalmente senão em virtude de lei anterior que declare punível a ação ou a omissão (…),

ficando entendido que "ação" ou "omissão" terão de ser minimamente concretizadas pela lei, sob pena de a norma não fazer sentido.

Também no campo tributário, dispõe a Constituição (103.º/2):

> Os impostos são criados por lei, que determina a incidência, a taxa, os benefícios fiscais e as garantias dos contribuintes.

Não há lugar para generalidades: a lei fiscal terá de precisar os traços gerais da realidade a tributar e do modo por que a tributação se processa.

Noutros casos, o recurso a tipicidades poderá decorrer de simples opção do legislador ordinário.

III. Ainda quanto ao recurso à técnica de estatuir de acordo com descrições típicas da realidade relevante, pode suceder uma de duas coisas:

– a tipicidade normativa ou imperativa;
– a tipicidade exemplificativa.

No primeiro caso, o ramo jurídico em jogo só admite estatuir com recurso a tipos; tudo quanto caia fora deles tornar-se-á irrelevante, não sendo considerado. Por exemplo: a conduta reprovável que não possa ser reconduzida a nenhum tipo legal de crime, não será punida. No segundo, a lei indica tipos como exemplos; admite que, ao lado deles, possam surgir outras realidades, captadas por um conceito abstrato e que devam, também, ser consideradas. Por exemplo: a compra e venda, a locação, a sociedade e todos os demais contratos devem ser cumpridos.

Compreende-se a especial importância que, perante uma qualquer tipicidade, assume o determinar se se trata de uma tipicidade imperativa ou de uma tipicidade exemplificativa. Haverá que recorrer à interpretação, para obter a resposta.

§ 31.º A especialidade e a atipicidade 435

IV. Havendo tipicidade, temos duas hipóteses a considerar:

– tipos fechados;
– tipos abertos.

Os tipos fechados assentam em descrições cerradas da matéria juridicamente relevante: assim sucederá com os tipos legais de crimes ou com os tipos legais de impostos. Os tipos abertos procedem a descrições mais lassas, as quais, embora impondo alguns elementos, deixam os demais ao sabor das partes: tal ocorre com os tipos de sociedades comerciais (1.º/2 e 3 do Código das Sociedades Comerciais)[1525].

Normalmente, onde a Constituição imponha tipicidades imperativas, os tipos serão fechados, sob pena de, no limite, desampararem a mensagem constitucional. Pelo contrário: sendo a tipicidade uma simples opção do legislador ordinário, os tipos podem ser abertos.

V. A existência de tipicidades imperativas tem importantes consequências de Direito: em termos teóricos e práticos. Assim, ela envolve três pontos:

– uma descrição precisa, ainda que por remissão, da realidade que desencadeia a estatuição;
– a existência de um *numerus clausus* de realidades relevantes;
– a proibição de aplicar, por analogia, as regras relativas aos tipos e às suas consequências.

A tipicidade implica, efetivamente, descrições precisas ou minimamente precisas da realidade relevante, no sector considerado.

Justamente por haver tipicidade, o número de tipos é finito. Será possível, com recurso à lei, fazer a lista exaustiva de todas as ocorrências relevantes; soi falar-se em *numerus clausus*. Temos situações desse tipo, por exemplo, com os crimes, com os impostos, com as sociedades comerciais e com os direitos reais.

Finalmente, havendo tipicidade normativa, não há lugar à analogia. Com efeito, a analogia pressupõe, sempre, uma situação carecida de regulação mas que, concretamente, não esteja regulada (caso omisso). Ora, havendo *numerus clausus*, qualquer realidade que não tenha norma aplicável não é relevante, para o sector considerado: não tem nem devia

---

[1525] *Vide* Menezes Cordeiro, no *CSC/Clássica*, 2.ª ed. (2011), 1.º, anot. 13-15 (63).

ter. As normas típicas ou se aplicam diretamente, ou não têm aplicação. Para além da lógica formal há, aqui, uma imposição axiológica: não faria sentido o Direito afadigar-se com descrições típicas em *numerus clausus* para, depois, ver aplicar, por analogia, as normas que previu, apenas para um sector predeterminado.

Perante uma tipicidade normativa, o ordenamento está, implícita mas eficazmente, a retirar ao juiz a capacidade para compor novas normas de decisão ou para enquadrar situações *praeter legem*: essa será, apenas, uma tarefa do legislador. Repare-se que a grande questão subjacente é a previsibilidade total das decisões e a não-aplicação retroativa das normas. Quando se mova no âmbito do artigo 10.º, o juiz vai resolver casos (passados) à luz de normas por ele afeiçoadas ou criadas; quando legislem, os órgãos do Estado, nas áreas sensíveis sujeitas a tipicidades, fazem-no para o futuro.

VI. A síntese efetuada permite ainda explicar um aspeto hermenêutico relevante. Normalmente, o legislador não vem dizer: vigora uma tipicidade; e de resto, poderia dizê-lo sem que, daí, ela resultasse. A presença de uma tipicidade, particularmente de uma tipicidade normativa, deve ser sempre apurada pelo intérprete-aplicador. E para isso, poderá dispor de um dos seguintes três indícios decisivos:

– a própria lei vem dizer que se vai estatuir com recurso a descrições pormenorizadas da realidade; assim sucederá, como exemplo, com o já citado artigo 103.º/2 da Constituição, relativo aos impostos; logo se infere que existe *numerus clausus* e que não há lugar para a analogia;
– a lei proíbe a analogia (por exemplo: artigo 1.º/3 do Código Penal): fica subentendido que haverá descrições capazes da matéria relevante e que decorrerá um *numerus clausus* de descrições;
– a lei anuncia a presença de um *numerus clausus*, facultando, para os efeitos em jogo, apenas as figuras que a lei preveja (por exemplo: artigo 1306.º/1, quanto aos direitos reais); corolários: as descrições previsivas serão típicas e não há lugar para a analogia.

VII. O roteiro traçado é lógico e comporta uma adequação valorativa. No entanto, os frutos não são sempre lineares. As tipicidades podem ter densidades variáveis; os tipos fechados podem conviver com tipos abertos, que recorrem a certos conceitos indeterminados, deixando assim ao juiz

§ 31.º A especialidade e a atipicidade 437

uma certa margem de composição; as tipicidades exemplificativas podem comportar um sentido global que se reflita no regime em presença e assim por diante.

Haverá, sempre, que proceder a uma indagação hermenêutica, devidamente amparada na evolução histórica e no Direito comparado, para determinar a existência e o alcance de qualquer tipicidade.

129. A atipicidade obrigacional; tipicidades sectoriais

I. A doutrina salienta, habitualmente, a atipicidade das obrigações ou, pelo menos, a dos contratos[1526]. E fá-lo por contraposição com o fenómeno inverso que se verifica nos direitos reais[1527].

Segundo o artigo 1306.º/1, epigrafado *"numerus clausus"*:

> Não é permitida a constituição, com carácter real, de restrições aos direitos de propriedade ou de figuras parcelares deste direito senão nos casos previstos na lei; toda a restrição resultante de negócio jurídico, que não esteja nestas condições, tem natureza obrigacional.

A existência de um *numerus clausus*[1528] e de uma tipicidade normativa[1529] é apontada em diversos ordenamentos, embora nem todos a formulem com a incisividade da lei portuguesa[1530]. Como qualquer tipicidade, envolve os seguintes aspetos:

– os diversos direitos reais são típicos: correspondem a uma descrição do seu conteúdo e não ao produto de uma classificação[1531];

[1526] MORITZ BRINKMANN, PWW/BGB, 7.ª ed. (2012), Prenot. §§ 145 ss., Nr. 25 (186) e DIETER MEDICUS/MICHAEL STÜRNER, *idem*, § 311, Nr. 16.

[1527] HANS PRÜTTING, PWW/BGB, 3.ª ed. (2008), Intr. § 854, Nr. 14 (1767); esta introdução não surge na 4.ª ed. (2009), HANS HERMANN SELLER, no Staudinger, III, *Einleitung zum Sachenrecht* (2007), Nr. 39-41 (23-26) e REINHARD GAIER, no *Münchener Kommentar* 6 (2009), Einl. Nr. 11 (5).

[1528] HANNS PRÜTTING, *Sachenrecht/Ein Studienbuch*, 33.ª ed. (2008), Nr. 20 (8).

[1529] JAN WILHELM, *Sachenrecht*, 3.ª ed. (2007), Nr. 13 (6).

[1530] RUI PINTO DUARTE, *Curso de Direitos Reais* (2000), 34-35, ANTÓNIO SANTOS JUSTO, *Direitos reais* (2007), 35 ss. e JOSÉ ALBERTO COELHO VIEIRA, *Direitos reais* (2008), 206 ss., LUÍS A. CARVALHO FERNANDES, *Lições de Direitos reais*, 6.ª ed. (2009), 78 ss. e LUÍS MENEZES LEITÃO, *Direitos reais*, 3.ª ed. cit., 23-24.

[1531] Pode-se definir, em abstrato e com fitos de análise, o direito real; nós próprios o temos feito (em permissão normativa específica do aproveitamento de uma coisa corpórea);

438   *Características das obrigações*

– há um *numerus clausus* de direitos reais: apenas os que constam da lei (ou fonte equivalente), sendo possível fazer uma sua lista exaustiva;
– não é possível, por analogia, atribuir natureza real a novas figuras.

II. Tem interesse interpretativo e aplicativo referenciar a teleologia da tipicidade dos direitos reais. Em termos históricos, ela foi-se impondo na sequência das revoluções liberais, que puseram termo à vinculação feudal da terra e aos esquemas complexos de aproveitamento que ela propiciava. A propriedade queria-se absoluta e livre, podendo circular sem entraves e, designadamente: podendo ser acessível a quem dispusesse de meios. No tocante ao regime:

– os direitos reais são oponíveis *erga omnes*; assim, para que os terceiros saibam com o que podem contar, os direitos reais hão-de assumir figurinos conhecidos ou cognoscíveis, com facilidade;
– os direitos reais são, em regra, perpétuos: enquanto as obrigações se extinguem pelo cumprimento, os direitos reais consolidam-se pelo seu exercício, transmitindo-se por morte, em regra sem limites; assim, melhor será que tenham uma configuração firme, dada pela lei, sem flutuações introduzidas incidentalmente;
– os direitos reais estão sujeitos a publicidade: espontânea (posse) e organizada (registo predial); para daí se retirar um máximo de fé pública, é conveniente que equivalham a catálogos legais típicos;
– os direitos reais não são de funcionamento abstrato; constatam-se no terreno, isto é: dão azo a um exercício que pode ser apreendido pelos sentidos, pelo menos parcelarmente; para evitar confusões, melhor será que traduzam modelos pré-conhecidos;
– os direitos reais, seja emblematicamente, seja no campo das efetividades, encerram uma parcela de soberania: dão um controlo individual e permitem afastar todos os outros desse âmbito; assim sendo, natural parece que o Estado, para melhor poder acompanhar e fiscalizar o que se passa no seu território, predetermine as hipóteses de aproveitamento de coisas corpóreas.

---

mas essa definição não permite criar novos direitos reais: apenas valem as concretas figuras que constem da lei.

§ 31.º A especialidade e a atipicidade 439

Todas estas razões podem ser discutidas ou, até, contraditadas. Todavia, a vigência, entre nós, de um princípio de tipicidade não levanta dúvidas: nem na doutrina[1532], nem na jurisprudência[1533].

III. Nas obrigações, não existe tal princípio. Mais precisamente:

– as partes podem fixar livremente, dentro dos limites da lei, o conteúdo positivo ou negativo da prestação (398.º/1);
– dentro do limite da lei, as partes podem: (a) fixar livremente o conteúdo dos contratos; (b) celebrar contratos diferentes dos previstos no Código Civil; (c) incluir, em tais contratos, as cláusulas que lhes aprouver (405.º/1); (d) reunir, no mesmo contrato, regras de dois ou mais negócios, total ou parcialmente regulados na lei (405.º/2).

Por isso, a lei pode estatuir, nas obrigações, com recurso a conceitos gerais ou de classe; assim, a já referida e fundamental norma do artigo 406.º/1: o contrato (seja ele qual for) deve ser pontualmente cumprido. Ainda por isso:

– não há um *numerus clausus* de obrigações; antes um *numerus abertus*, sendo teoricamente possível engendrar novas figuras, até ao infinito;
– nada impede a analogia: verificados os pressupostos, o artigo 10.º é plenamente aplicável.

IV. A atipicidade obrigacional decorre, desde logo, da acima invocada especialidade. Pois se a obrigação, ontologicamente e no seu cerne, relaciona duas pessoas, lógico será admitir que estas lhe possam dar a configuração que entenderem mais adequada para a gestão dos seus próprios interesses. Essa atipicidade, todavia, desenvolve-se através do contrato. Outras fontes têm uma configuração mais estrita, podendo escapar ao controlo dos interessados.

Adiantamos, ainda, que sob uma atipicidade de princípio, encontramos, nas obrigações:

– tipicidades exemplificativas;
– tipicidades normativas ou imperativas sectoriais;

[1532] *Direitos reais*, 469, por todos.
[1533] STJ 29-jun.-1989 (PEDRO SOUSA MACEDO), BMJ 388 (1989), 520-527 (525).

440   *Características das obrigações*

– tipicidades científicas;
– tipicidades sociais.

As tipicidades exemplificativas surgem na lei: desde logo, nos diversos contratos previstos no Código Civil (compra e venda, doação, sociedade, locação, parceria pecuária, comodato, mútuo, trabalho, prestação de serviço, mandato, depósito, empreitada, renda perpétua, renda vitalícia, jogo e aposta e transação).

Tipicidades normativas ou imperativas sectoriais ocorrem com os atos unilaterais (457.º) e com as situações de responsabilidade objetiva ("sem culpa", 483.º/2). Quanto a estas últimas: algumas são abertas (assim sucede com os atos unilaterais); outras: fechadas (os casos de responsabilidade objetiva). Também aqui poderemos afirmar que as tipicidades normativas surgem em áreas mais agressivas para a liberdade das pessoas, ficando as tipicidades fechadas para as situações de tipo expropriativo (como as da responsabilidade objetiva): quiçá por exigência constitucional (Canaris).

V. A tipicidade pode ainda resultar de uma técnica jurídico-científica de lidar com conceitos indeterminados. Na presença destes, e sob pena de tornar ingovernáveis e imprevisíveis as resoluções dos casos concretos, o intérprete-aplicador, normalmente guiado pela jurisprudência, irá compor constelações de casos típicos que permitam melhor enquadrar as situações futuras que lhes possam ser reconduzidas, tornando previsíveis as soluções a que deem azo. O caso exemplar é o do abuso do direito, doutrinariamente tipificado nas figuras do *venire contra factum proprium*, das inalegabilidades formais, da *suppressio*, do *tu quoque* e do desequilíbrio no exercício[1534]. Poderemos falar em tipicidades jurídico-científicas: particularmente úteis para enquadrar a concretização de diversos institutos, em Direito das obrigações. A tal propósito, falamos em tipicidades científicas.

VI. Finalmente: são tipos sociais as obrigações que, embora não dispondo de referência legal, correspondam a situações habituais, perfeitamente reconhecíveis na sociedade. Assim sucede com a abertura de conta junto de um banco[1535] ou com o contrato de concessão[1536], fontes

---

[1534] *Tratado* V, 265 ss..
[1535] *Manual de Direito bancário*, 4.ª ed., 259 ss. e 505 ss..
[1536] *Direito comercial*, 3.ª ed., 717 ss..

de obrigações características e bem conhecidas. Apesar de omissos na lei, os tipos sociais são úteis: uma vez identificados, permitem aceder, através de várias vias, a aspetos importantes do seu regime.

SECÇÃO IV

CONFRONTO COM OUTRAS SITUAÇÕES PRIVADAS

§ 32.º OBRIGAÇÕES E REAIS

130. O sentido jurídico-científico do confronto

I. O confronto das obrigações com outras situações privadas, designadamente com os direitos reais, é um exercício académico habitual, nos escritos da especialidade. Devemos, todavia, justificar a rubrica e apontar os seus limites.

O Direito tem pretensões de racionalidade. Ele apresenta-se, hoje em dia, com um sistema de exposição. Isto é: o seu teor é, para efeitos de comunicação e de aprendizagem, arrumado em função de pontos de vista unitários, constituindo o sistema externo. Este, numa conquista que remonta à superação de Heck e de outros positivistas, não é indiferente para o plano material das soluções[1537]. Aliás: o sistema externo só por abstração analítica tem autonomia, uma vez que todo o Direito existe, apenas, nas proposições destinadas a propiciar a sua aprendizagem e a sua aplicação.

II. Nestas condições, tem o maior relevo a ordenação que se dê ao Direito civil. Trata-se, de resto, de uma ordenação sedimentada e aperfeiçoada ao longo da História[1538] e que se confunde com o próprio surgimento de muitas soluções. Por vezes, a arrumação incidental de um instituto, fora da área que, *ex rerum natura*, seria a sua, acaba por ter

---

[1537] *Tratado* I, 4.ª ed., 126 ss..

[1538] EMILIO BUSSI, *La formazione dei dogmi di diritto privato nel diritto comune (diritti reali e diritto di obbligazione)* (1937), 3 ss. (*actio in rem* e *actio in personam*) e 8 ss. (*ius in re* e *ius ad rem*).

§ 32.º Obrigações e reais 443

consequências no plano de regime. Pense-se no direito do locatário que, estando materialmente mais próximo dos reais, foi inserido, pela História, no domínio das obrigações: em consequência, o seu regime apresenta desvios perante o que seria de esperar, em termos de lógica material.

III. Para além desse interesse dogmático (portanto: teórico e prático) direto, a ordenação civil permite esclarecer uma série de figuras de fronteira, aprontando instrumentos para resolver questões que, de outro modo, passariam despercebidas. O Direito civil não está na lei ou melhor: não está apenas na lei. Muita da sua problematicidade é suscitada na periferia, no plano das questões concretas, que o intérprete-aplicador não pode deixar sem solução. E é muitas vezes nas fronteiras, nas terras de ninguém ou nas zonas cinzentas, que escapam aos especialistas, que se colocam questões do maior interesse.

O confronto entre as diversas disciplinas privadas tem, ainda, um papel formativo de primeiro plano.

IV. Dir-se-á, todavia, que as disciplinas não são estanques: aos diversos problemas concretos há que, em regra, aplicar normas oriundas dos vários continentes jurídicos. Assim é. No entanto, isso não retira relevo dogmático às fronteiras. Apenas obriga a conjugá-las com diversos outros elementos, de modo a poder compor modelos de decisão diferenciados e harmónicos. O confronto das obrigações com outras situações privadas é, no fundo, mais um patamar para expor e concretizar a Ciência do Direito, aqui em causa.

131. O núcleo da distinção

I. No núcleo da distinção entre obrigações e reais, podemos colocar os respetivos direitos subjetivos. O direito de crédito traduz a permissão normativa específica de aproveitamento de uma prestação, enquanto o direito real corresponde à mesma permissão, mas de aproveitamento de uma coisa corpórea.

Assim tomada, a contraposição é natural e é profunda, esperando-se, dela, inúmeras consequências. Com efeito, o aproveitamento de uma conduta humana tem, *prima facie*, um sentido: o da pretensão dirigida a essa conduta. O beneficiário pode exigir o cumprimento, disfrutando, depois, daquilo que ele represente. Já o aproveitamento de uma coisa corpórea

444 *Características das obrigações*

traduz-se, também *prima facie*, no fenómeno do gozo, isto é: na possibilidade de, da coisa, poder retirar as vantagens (o uso e a fruição) que, pela sua própria natureza, ela possa dispensar[1539].

Estes aspetos, eminentemente positivos, são dobrados pela normatividade jurídico-positiva. A permissão deixa de o ser para quem não seja beneficiário. Por isso, no crédito, se o devedor não cumprir, o credor pode lançar mão dos meios de execução específica ou de composição pecuniária, realizando, em última instância, valores patrimoniais do devedor; e no direito real, se alguém se apossar da coisa-objeto, pode o titular usar da reivindicação pedindo ao tribunal que a coisa lhe seja entregue, se necessário *manu militari*.

II. Ainda no núcleo da distinção, as situações de base configuradas são o crédito relativo à entrega de coisa certa, pelas obrigações e a propriedade, pelos reais[1540]. Este aspeto é muito importante: o Direito civil desenvolve-se, muitas vezes, em torno de pólos problemáticos de feição paradigmática ou matricial.

Perante as referidas situações de base, temos:

– na obrigação, o beneficiário pede ao devedor que lhe proporcione ou entregue a coisa objeto da prestação (colaboração devida); na propriedade, o beneficiário atinge a coisa pelas suas próprias forças, gozando-a (usando-a e fruindo-a) (inerência);
– na obrigação, o beneficiário, havendo incumprimento, só pode atingir a coisa através do devedor e na medida em que ela se encontre no património dele (mediação); na propriedade, o beneficiário pode, se necessário *manu militari*, ir buscar a coisa onde quer que ela se encontre (sequela): *etiam si per milia manus ambulaverit* (ainda que tenha sido levada por mil mãos);
– na obrigação, o beneficiário fica em pé de igualdade com credores ulteriores à mesma coisa; sendo o património do devedor insuficiente, procede-se a um rateio entre todos os credores (igualdade dos credores); havendo propriedades incompatíveis, a mais antiga

---

[1539] Na sugestiva fórmula de ERNESTO TILOCCA, *La distinzione tra diritti reali e diritti di credito*, ArchG CXXXVIII (1950), 3-26 (25), o direito de crédito é transitivo, estando ligado a uma situação subjetivamente onerosa, enquanto o direito real é intransitivo, implicando uma situação vantajosa e isolada.

[1540] Como veremos, se estiver em causa um crédito de outro tipo ou se o direito real em causa não for o de propriedade, as regras que funcionam são diversas.

§ 32.º Obrigações e reais

leva a melhor (prevalência tipo I), *prior in tempore, potior in iure* (mais antigo no tempo, mais poderoso no direito);

– havendo uma oposição entre a obrigação e o direito de proprie-dade, este leva sempre a melhor ainda que aquela seja mais antiga (prevalência tipo II); por exemplo: A deve entregar "x" a B mas, em vez de cumprir, vende a C; o direito de C prevalece, quedando a B pedir uma indemnização.

III. Em síntese, podemos dizer que, no núcleo da distinção entre direitos de crédito (de entrega de coisa certa) e direitos reais (de proprie-dade), temos, frente a frente:

– do lado dos créditos, a colaboração devida, a mediação, a igual-dade com os créditos concorrentes e a vulnerabilidade ao destino jurídico do objeto da prestação;

– do lado dos reais, a inerência, a sequela e a prevalência, de tipo I e de tipo II.

IV. Esta contraposição nuclear não se concretiza na periferia. Na ver-dade e numa análise que, para ser completa, exigiria uma cabal exposição sobre as disciplinas em presença, verifica-se que:

– os créditos relativos à entrega de coisa certa podem ser efetivados sem as contingências ligadas à colaboração devida e à mediação; invocando a probabilidade séria da inutilização do seu direito, o credor pode, por via cautelar (381.º/1 do Código de Processo Civil) impedir o devedor de dar outros destinos à coisa;

– os direitos reais podem perder a inerência (bem como a sequela e a prevalência), através das regras do registo[1541]; além disso, tirando a propriedade, eles tornam-se "relativos": a ação confessória (a ação destinada a obter o reconhecimento de direitos reais menores, como o usufruto e a servidão) é intentada contra o proprietário e não contra terceiros ignotos.

V. De todo o modo, a apresentada distinção nuclear não é despi-cienda. Embora ela não modele cada crédito e cada direito real, ela opera como arquétipo sempre presente, mau grado inúmeros desvios, em toda a matéria. Os regimes das obrigações e dos reais, embora não obedecendo

---

[1541] *Direitos reais/Sumários* cit., 115 ss..

446 *Características das obrigações*

ao simplismo clássico, são diferentes. E boa parte das diferenças repousa, histórica e culturalmente, na exposta contraposição central.

132. Aspetos complementares

I. O núcleo da contraposição entre as obrigações e os reais, acima apresentado, corresponde, de certa forma, à natureza das coisas. Temos, de seguida, aspetos complementares, dependentes do legislador histórico, para que chamamos a atenção.

São eles:

– a publicidade;
– o *numerus clausus*;
– a responsabilidade;
– a diversidade jurídico-científica.

II. Os direitos reais reportam-se a coisas corpóreas. Estas são percetíveis pelos sentidos[1542]. Logo, os próprios direitos reais, no seu exercício, são, igualmente e em geral, percetíveis pelos sentidos. Pelo contrário, nos direitos de crédito, lida-se com meros vínculos abstratos: apenas acessíveis ao intelecto. Assim, "vê-se" um proprietário, no seu exercício comum; mas não se visualizam os créditos.

No seu funcionamento normal, os direitos reais (de gozo) dão lugar à posse: o controlo material de uma coisa corpórea. A posse propicia um tipo de publicidade, dita espontânea, à qual o Direito associa diversas consequências jurídicas. O Estado, dada a importância deste fenómeno, organiza esquemas de publicidade artificial racionalizados: os do registo predial. Por essa via, publicita não apenas os direitos reais de gozo, que dão azo à posse, mas também outros direitos reais, como a hipoteca e os de aquisição.

É certo que determinadas obrigações, com relevo para os denominados direitos pessoais de gozo, também dão azo à publicidade: espontânea e, em certos casos, racionalizada. Na origem, porém, esse fenómeno reporta-se aos direitos reais. Diremos, assim, que a publicidade é mais um traço diferenciador (de princípio) entre as obrigações e os reais.

[1542] *Tratado* I/2, 2.ª ed., 106 ss..

§ 32.º Obrigações e reais

III. Quanto ao *numerus clausus* e à tipicidade nele envolvida, a contraposição é clara: ele aplica-se, como vimos, aos direitos reais (1306.º/1) mas não às obrigações. Estas funcionam mesmo como figura residual: de acordo com a conversão legal fixada no final do 1306.º/1, o direito "real" que se situe fora do catálogo real terá "mera" natureza de obrigação.

IV. A responsabilidade, pelo menos no seu núcleo matricial, é efetivamente diferente, nos dois sectores. O incumprimento de uma obrigação dá azo à responsabilidade obrigacional, marcada pela presunção de culpa/ ilicitude (799.º/1). A inobservância do direito real implica responsabilidade aquiliana (483.º/1): ao lesado caberá provar a culpa do agente (487.º/1).

V. Subtil mas decisiva é a diversidade jurídico-científica. O Direito das obrigações, ao ocupar-se das relações entre as pessoas, dos contratos e da responsabilidade civil reúne, no seu seio, o essencial do Direito das nações (Savigny). Tem, deste modo, uma massa crítica que lhe permite um papel liderante, em termos jurídico-científicos. Há dois séculos que, praticamente, todos os avanços práticos e todas as descobertas jurídico-científicas ocorrem nas obrigações. Pelo contrário: direitos reais é uma área marcada pela quietude e pelo conservadorismo[1543]: as novidades são escassas e, mesmo assim, tendem a ser mal recebidas, quando ocorram. Bastará recordar o bloqueio quanto à possibilidade de alargar o elenco clássico dos direitos reais e outras figuras, mesmo óbvias, como o direito do locatário ou a letargia quanto a progredir, na conceção de posse, para uma conceção objetivista mais do que evidente.

O próprio estilo literário é diferente: obrigações têm um estilo teorizador e criativo, enquanto reais soçobram num discurso descritivo.

[1543] MANFRED WOLF, *Beständigkeit und Wandel im Sachenrecht*, NJW 1987, 2647-2652 (2647 e 2652/I), WOLFGANG WIEGAND, *Die Entstehung des Sachenrechts im Verhältnis zum Schuldrecht*, AcP 190 (1990), 112-138, HELMUT COING/HEINRICH HONSELL, no Staudinger, I, *Einl zum BGB* (2004), Nr. 105 (68-69) e REINHARD GAIER, no *Münchener Kommentar* 6 (2009), Einl. Nr. 23 ss. (7-8); *vide* o nosso *Evolução juscientífica e direitos reais*, ROA 1985, 71-112.

448   *Características das obrigações*

133. Figuras híbridas: direitos pessoais de gozo, ónus reais e relações jurídicas reais

I. A distinção entre obrigações e reais levanta especiais dificuldades, perante figuras híbridas e, designadamente:

– os direitos pessoais de gozo;
– os ónus reais;
– as relações jurídicas reais.

Os direitos pessoais de gozo são aqueles que proporcionam ao beneficiário o uso e a fruição de uma coisa corpórea e que, por razões fundamentalmente histórico-culturais, não são considerados direitos reais. O Código Vaz Serra conhece quatro dessas figuras: a locação (1022.º), a parceria pecuária (1121.º), o comodato (1129.º) e o depósito (1185.º), chegando a nominá-las – 407.º e 1682.º-A/1, *a*). Pela sua importância teórica e prática, esta matéria será objeto de tratamento autónomo, a propósito das modalidades de obrigações[1544].

II. Ónus reais são, em geral, deveres que impendem sobre os titulares de direitos reais[1545]. Em sentido próprio, definimo-los como os direitos de exigir prestações positivas, únicas ou periódicas, a titulares de direitos reais de gozo sobre um prédio[1546].

A figura paradigmática de ónus real era a renda ou censo consignativo, assim definida no artigo 1644.º do Código de Seabra[1547]:

> Contrato de censo consignativo, ou renda, é aquelle, pelo qual uma pessoa presta a outra certa somma ou capital, para sempre, obrigando-se aquelle que o recebe a pagar certo interesse annual, em

---

[1544] *Infra*, 580 ss..

[1545] HENRIQUE MESQUITA, *Obrigações reais e ónus reais* (1990), 398 ss. (415 ss.), ainda que com terminologia própria, bem como LUÍS A. CARVALHO FERNANDES, *Lições de Direitos reais*, 6.ª ed. cit., 183 ss., e LUÍS MENEZES LEITÃO, *Direitos reais*, 3.ª ed. cit., 87 ss., ambos com terminologias próprias.

[1546] *Direitos reais*, 506 ss.; vide OLIVEIRA ASCENSÃO, *As relações jurídicas reais* (1962), 226, *A tipicidade dos direitos reais* cit., 129 e *Direito civil/Reais*, 5.ª ed. (2000, reimp.), 586 ss..

[1547] JOSÉ DIAS FERREIRA, *Codigo Civil Portuguez Annotado*, IV, 1.ª ed. (1875), 103 ss..

§ 32.º *Obrigações e reais* 449

generos ou em dinheiro, consignando em alguns, certos e determinados, immoveis, a obrigação de satisfazer ao encargo.

Esta situação era expressamente qualificada, no artigo 2189.º do mesmo Código de Seabra, como "propriedade imperfeita", razão por que lhe era reconhecida natureza real.

O censo consignativo permitia a alguém – o seu titular – cobrar um "interesse annual" a quem fosse proprietário de determinado prédio, sendo que, na origem, tinha um contrato descrito no artigo 1644.º. Contrapunha-se ao censo reservativo (1706.º), que se caracterizava por, na origem, alguém transmitir a outrem um imóvel, reservando-se o direito de cobrar certa prestação anual.

Esta figura remonta ao séc. XII, tendo sido largamente usada como forma de contornar a proibição, de origem canónica, de celebrar mútuos onerosos, isto é, com juros[1548]. Assim, o "financiado" recebia uma quantia líquida e obrigava-se, com base num ou mais prédios, a pagar uma renda[1549].

Mas se o censo apenas dava direito a uma prestação, como atribuir-lhe natureza real? A qualificação legal era decisiva. Além disso fez-se, dele, uma construção semelhante à da hipoteca[1550]: os prédios garantiriam o pagamento do "interesse anual".

O censo foi, pelo artigo 1518.º do Código Vaz Serra, reconduzido à enfiteuse[1551], abolida em 1975 e 1976[1552]. Desapareceu, assim, o melhor exemplo de ónus real. Mas outros se mantêm.

Assinale-se, por fim, que os ónus reais sobrevivem no BGB alemão: §§ 1105 e seguintes[1553], depois de terem suscitado dúvidas *de iure condendo* [1554]. Tem o maior interesse conhecer a inerente Ciência Jurídica, a estudar em direitos reais.

[1548] MÁRIO JÚLIO DE ALMEIDA COSTA, *Raízes do censo consignativo/Para a história do crédito medieval português* (1961).

[1549] *Idem*, 15; LUIZ DA CUNHA GONÇALVES, *Tratado de Direito civil* 9 (1934), 189 ss., com indicações.

[1550] DIAS FERREIRA, *Codigo Civil Annotado* cit., IV, 103.

[1551] PIRES DE LIMA/ANTUNES VARELA, *Código Civil Anotado* III, 2.ª ed. (1984), 736 ss..

[1552] *Vide* o nosso *Da enfiteuse: extinção e sobrevivência*, O Direito 2008, 285-315.

[1553] *Vide* DIETER EICKMANN, no PWW/BGB, 3.ª ed. (2008), §§ 1105 ss. (1964 ss.) e JÖRG MAYER, no Staudinger III, §§ 1018-1112 (2009), *Reallasten*, 875 ss..

[1554] ERNST FREIH. VON SCHWIND, *Die Reallastenfrage*, JhJb 33 (1894), 1-148; depois do BGB, ERICH DÜMCHEN, *Schuld und Haftung, insbesondere bei den Grundpfandrecht. Die Reallastenfrage*, JhJb 54 (1909), 355-468 (418 ss.). *Vide*, ainda, elementos históricos

Os ónus reais surgem, muitas vezes, integrados em direitos mais amplos. Assim sucede com o denominado cânon superficiário: uma prestação anual devida pelo superficiário ao fundeiro (1530.º). Mas temos casos de ónus reais autónomos:

– a reserva do direito, pelo doador, de receber certa quantia sobre os bens doados (959.º/1), a qual está sujeita a registo (959.º/2);
– o apanágio do cônjuge sobrevivo (2018.º/1): este tem o direito a ser alimentado pelos rendimentos dos bens deixados pelo falecido, devendo o apanágio ser registado (2018.º/3).

III. No ónus real, há que distinguir: as diversas prestações a que ele vai dando lugar, prestações essas que constituem o objeto de efetivas obrigações e o direito-matriz ou direito a fazer surgir essas mesmas obrigações. O direito-matriz – o ónus propriamente dito – traduz uma forma de aproveitamento da coisa. Uma forma artificial, é certo: mas os direitos reais não se limitam, hoje, aos de gozo. De facto, nos ónus reais, não haveria mediação, sendo patente a sua natureza relativa. Todavia, surge a inerência: o beneficiário pode solicitar as prestações ao proprietário da coisa, onde quer que este se encontre. Temos, assim, um direito real de aquisição[1555], direito esse que é fonte de obrigações: as obrigações *propter rem*.

IV. As relações jurídicas reais (Oliveira Ascensão) são as que se estabelecem entre titulares de direitos reais, com vista a resolver conflitos de vizinhança ou de sobreposição.

A vizinhança é um fenómeno sociológico e jurídico que deriva da contiguidade ou da proximidade entre prédios ou partes de prédios (frações autónomas). Quando ocorra, o exercício da propriedade (ou de outro direito de gozo) por um dos vizinhos pode bulir com os direitos dos outros. O Direito intervém, fixando uma teia complexa de relações entre vizinhos, de modo a permitir uma convivência pacífica e mutuamente proveitosa.

---

recentes em BURKHARD HESS, *Dienstbarkeit und Reallast im System dinglicher Nutzungs- und Verwertungsrechte*, AcP 198 (1998), 489-515.

[1555] HENRIQUE MESQUITA, *Obrigações reais* cit., 454-455, pretende que os bens onerados respondem pelas obrigações, o que nos levaria aos direitos reais de garantia; mas sem base legal. OLIVEIRA ASCENSÃO, *Reais*, 5.ª ed. cit., 592 ss., nega-lhes natureza real por não lhes descobrir um "aproveitamento funcional da coisa": mas isso equivale a negar os direitos reais de aquisição, o que está hoje fora de causa. O tema será retomado no volume III deste *Tratado*, dedicado a Direitos Reais.

§ 32.º *Obrigações e reais* 451

O Código Vaz Serra, nos seus artigos 1353.º a 1375.º versa diversas relações de vizinhança.

A sobreposição, por seu turno, é outro fenómeno típico dos direitos reais e que ocorre sempre que, sobre a mesma coisa, incidam direitos de diferentes titulares: sejam tais direitos homogéneos (p. ex., compropriedade) sejam heterogéneos (p. ex., propriedade e usufruto). De novo o Direito intervém, fixando obrigações reportadas aos titulares em conflito, de modo a permitir a coexistência.

Todas estas relações surgem entre titulares de Direitos reais, sejam eles quais forem. Elas são inerentes às coisas em presença; mas dão origem a obrigações de diversa natureza. Do nosso ponto de vista, têm natureza real[1556]; no seu funcionamento, elas podem originar direitos potestativos e, ainda, verdadeiras obrigações, também *propter rem*.

V. Os ónus reais e as relações jurídicas reais seguem um regime de Direitos Reais: submetem-se à tipicidade; podem dar azo a publicidade; manifestam o fenómeno da inerência; traduzem, ainda que sem um gozo direto, uma forma de aproveitamento de coisas corpóreas ou, tecnicamente: uma permissão normativa de as aproveitar.

Já as obrigações *propter rem* que delas decorram: são obrigações que, em tudo o que não sofra inflexão, seguem o regime geral.

134. Afinidades e interligações

I. Entre obrigações e reais, para além das diferenças que temos vindo a acentuar e a precisar há, ainda, afinidades.

Desde logo, ambas as disciplinas são *ius romanum* atual. Podemos, a propósito da generalidade dos seus institutos, apontar origens e designações romanas, reforçadas através das sucessivas receções. De seguida, ambas integram o sistema do Direito patrimonial privado, genericamente protegido através da "propriedade privada" do artigo 62.º da Constituição[1557]. E isso apesar de, pontualmente, surgirem obrigações sem natureza patrimonial. Por fim: obrigações e reais dão azo à Ciência do Direito civil, operando como Direito comum por excelência.

[1556] *Direitos reais*, n.º 173.

[1557] Quanto ao âmbito do artigo 62.º/1 da Constituição, que também abrange as obrigações, *vide* o nosso *A Lei dos direitos dos utentes das auto-estradas e a Constituição (Lei n.º 24/2007, de 18 de Julho)*, ROA 2007, 551-572 (566 ss.).

II. No plano das fontes, verifica-se que algumas são comuns: o contrato e os negócios unilaterais. No fundo, isso deve-se à colonização de direitos reais pelas obrigações: no Direito romano, o *dominium* adquiria-se pelo *usus* e pelo decurso do tempo[1558].

Quanto a sanções: quer obrigações quer reais dão azo à responsabilidade civil, ainda que diferenciada.

Funcionalmente: há direitos reais ao serviço de obrigações (o penhor e a hipoteca) e obrigações ao serviço de direitos reais (as obrigações *propter rem*, quando integradas em relações reais).

III. À medida que as sociedades se tornam mais complexas, a diferenciação de funções e de papéis faz o seu caminho. Hoje, particularmente no tocante à propriedade sobre imóveis, o aproveitamento do beneficiário passa por uma teia de obrigações. Veja-se a emblemática propriedade horizontal, num grande edifício: depende de serviços de energia, de locomoção (elevadores), de segurança, de limpeza e de comunicação. Sem eles, o aproveitamento seria inviável, regressando-se à propriedade rural do início. E ainda aí: tirando o pequeno proprietário explorador direto, sempre haveria serviços de terceiros. Digamos que, sem as obrigações, os direitos reais não teriam conteúdo útil. Mais longe ainda: na atual vida económica, qualquer tipo de propriedade tem, antes de mais, o papel de garantir créditos: basta pensar na locação financeira ou na reserva de propriedade. Temos, aqui, uma "obrigacionalização dos reais" (*Obligatorisierung des Sachenrechts*)[1559].

Mas também ocorre o inverso. As obrigações são, em si, vínculos abstratos, enquanto a sobrevivência e o desenvolvimento das pessoas postulam o aproveitamento de coisas corpóreas. Reais dá, às obrigações, uma substância natural e, logo, humana.

IV. No plano prático: é raro que surjam questões "obrigacionais" e "reais" puras. Pelo contrário, elas interligam-se, havendo que lidar com normas oriundas dos dois quadrantes.

Obrigações e reais interpenetram-se, de tal modo que, apenas por abstração, podemos, muitas vezes, discernir as situações subjacentes. No fundo, ambas essas disciplinas traduzem um plano comum da sociabilidade humana.

[1558] *Vide* a nossa *A posse: perspectivas dogmáticas actuais*, 3.ª ed. (2000), 15.
[1559] RALF MICHAELS, HKK/BGB II/1 (2007), pren. § 241, Nr. 52 (61).

§ 33.º OBRIGAÇÕES, PERSONALIDADE E FAMÍLIA

135. Aspetos gerais; bens de personalidade e de família

I. As obrigações contrapõem-se aos reais num ponto, à partida, simples e estrutural: a obrigação visa uma conduta humana precisa, dando azo a uma relação jurídica; o real proporciona uma coisa, sendo uma situação absoluta. Vimos que o desenvolvimento subsequente torna esta contraposição menos clara: mas ela existe e é importante.

Saindo da dicotomia obrigações/reais, a delimitação é mais complicada. Como foi visto[1560], a denominada classificação germânica do Direito civil não é lógica nem é, em rigor, uma verdadeira classificação. O Direito da família e o Direito das sucessões correspondem a autonomizações institucionais, enquanto a parte geral adveio de uma elaboração teórica jusracionalista. E por, na parte geral, se tratar a pessoa, foram, nela, colocados os direitos de personalidade, apenas desenvolvidos nos finais do século XIX e, fundamentalmente, no século XX.

II. Os direitos de personalidade pressupõem a autonomização de realidades atinentes à pessoa humana, nas suas diversas dimensões: biológica, moral e social[1561]. São os bens de personalidade[1562]. Sobre eles recaem direitos, especialmente adequados e historicamente desenvolvidos, para a tutela da pessoa: absolutos, duplamente inerentes e tendencialmente prevalentes. Os direitos de personalidade acolhem, em certos casos, natureza patrimonial; e mesmo quando não a tenham podem, também em certos casos, ser objeto de negócios patrimoniais ou com algum alcance patri-

---

[1560] *Supra*, 49 ss..

[1561] *Tratado* IV, 3.ª ed., 45 ss.. Nesta obra, pode ser consultada a bibliografia especializada sobre os direitos de personalidade.

[1562] *Idem*, 99 ss..

454 *Características das obrigações*

monial. Afigura-se, por tudo isto, que os bens de personalidade podem envolver "prestações de personalidade" e, assim, ser objeto de obrigações.

III. A família surge como um prolongamento natural da personalidade. Ela implica situações relativas a pessoas ligadas, entre si, por casamento, parentesco, afinidade e adoção (1576.º). Implica relações pessoais e patrimoniais: conforme os casos, os membros de uma família estão vinculados, entre si, em torno de valores específicos a que poderemos chamar bens de família.

136. As obrigações de personalidade

I. Já foi entendido que os bens de personalidade estariam, pela sua própria natureza, *extra commercium*: não poderiam ser objeto de negócios. Hoje, sabe-se não ser assim: o próprio artigo 81.º/1 comporta a "limitação voluntária" de direitos de personalidade, desde que não se atinja a ordem pública. Por seu turno, o artigo 79.º/1 e 3, relativo ao direito à imagem, admite que esta possa ser lançada no comércio[1563]. De facto, os direitos de personalidade, como quaisquer direitos subjetivos, são espaços de liberdade e, como tal: disponíveis.

II. A negociabilidade dos bens de personalidade obriga a fazer distinções. Temos:

– situações não-patrimoniais fortes: o Direito não admite que os respetivos bens sejam trocados por dinheiro: a vida, a saúde e a integridade física, por exemplo;
– situações não-patrimoniais fracas: não podem ser trocadas por dinheiro; mas o Direito admite que sejam visadas por negócios patrimoniais: o direito à saúde e à integridade, quando haja acordos sobre a experimentação humana[1564];

[1563] *Tratado* IV, 3.ª ed., 249 ss..

[1564] Decretos-Leis n.º 97/94, de 9 de abril e n.º 161/2000, de 27 de julho. *Vide* os artigos 76.º a 84.º do Código Deontológico dos Médicos, aprovado pelo Regulamento n.º 14/2009, da Ordem dos Médicos, DR 2.ª Série, n.º 8, de 13-jan.-2009, 1355-1369.

§ 33.º Obrigações, personalidade e família

– situações patrimoniais: embora de personalidade, podem ser comercializadas: o nome, a imagem[1565] ou as criações intelectuais.

Verifica-se, ainda, que as obrigações não carecem de conteúdo patrimonial. Em suma: tudo isto depõe no sentido de ser possível a constituição de obrigações de personalidade, isto é, de obrigações cujas prestações envolvam bens de personalidade, seja limitando-os, seja alargando a sua esfera inicial. Assim, o contrato pelo qual a pessoa se submeta a uma intervenção cirúrgica ou, pelo qual, ela autorize o uso da sua imagem numa campanha publicitária.

III. As obrigações de personalidade seguem o regime geral das obrigações. Surgem algumas especificidades, para que chamamos a atenção:

– a sua violação dá azo a uma responsabilidade civil compensatória (70.º/2, 1.ª parte), por vezes com predeterminação de terceiros beneficiários (496.º);
– são imprescritíveis (298.º/1);
– a sua cessão pode estar bloqueada, por haver ligação à pessoa do credor (577.º/1);
– o credor pode não ser constrangido a receber a prestação de terceiro (767.º/2): ela pode prejudicá-lo, dada a natureza dos bens envolvidos;
– a sanção pecuniária compulsória pode não ser possível (829.º-A): quando estejam em causa prestações que exijam especiais qualidades científicas ou artísticas do obrigado;
– a execução específica pode, também, não ser possível, por a isso se opor a natureza da obrigação assumida (830.º/1);
– são absolutamente impenhoráveis – 822.º, a), do CPC;
– podem não se extinguir por compensação – 853.º/1, b).

Tudo isto tem, *grosso modo*, a ver com a negociabilidade limitada[1566].

IV. No seu funcionamento, os deveres de personalidade regem-se, no geral, pelas obrigações. Estas asseguram, ainda, a sua proteção, atra-

---

[1565] *Vide* DAVID DE OLIVEIRA FESTAS, *Do conteúdo patrimonial do direito à imagem/ Contributo para um estudo do seu aproveitamento consentido e **inter vivos*** (2009), 469 pp..
[1566] *Tratado* IV, 3.ª ed., 117 ss..

456 *Características das obrigações*

vés da responsabilidade civil. Quanto ao cumprimento de prestações de personalidade: há uma dupla tutela, obrigacional e aquiliana. Lidamos, aqui, com direitos absolutos, pelo que nem margem há para as discussões historicamente surgidas, em torno da relatividade das obrigações e da sua eficácia externa.

137. As obrigações de família

I. O Direito da família lida com uma teia complexa de deveres: entre os cônjuges; entre pais e filhos; e entre parentes. Esses deveres podem ter conteúdo pessoal ou patrimonial: mas são reconhecidos pelo Direito, em qualquer dos casos. De um modo geral, o Direito de família lida com relações obrigacionais[1567], não sendo hoje correto falar-se, nesse domínio, em "direitos à pessoa" ou "sobre a pessoa"[1568]. A matéria tende, contudo, a ser apresentada em torno de institutos ou de estados: casamento, parentesco, filiação, etc.[1569].

No tocante aos cônjuges, o artigo 1672.º refere recíprocos deveres de respeito, fidelidade, coabitação, cooperação e assistência. Quanto ao respeito, à fidelidade e à coabitação, a lei não é explícita: apenas alude à obrigação de, salvo motivos ponderosos, ambos os cônjuges adotarem a residência da família (1673.º/2). Todavia, será possível ir mais longe, apontando diversos deveres pessoais, em que o Direito não interfere, de modo direto[1570].

II. O dever de cooperação (1674.º):

> (...) importa para os cônjuges a obrigação de socorro e auxílio mútuos e a assumirem as responsabilidades inerentes à vida da família que fundaram.

[1567] Já SAVIGNY, *Obligationenrecht* cit., 15-16, o referia, embora complementando, depois, a distinção. *Vide* DAGMAR COESTER-WALTJEN, *Schuldrecht und familienrechtliche Rechtsverhältnisse*, FS Canaris 1 (2007), 131-141 (133 ss. e *passim*).

[1568] Ainda W. KUNKEL, *Das Recht an der eigenen und das Recht an der fremder Person*, Sc. Chironi I (1915), 173-181 (175 ss.).

[1569] NINA DETHLOPP, *Familienrecht*, 29.ª ed. (2009), 19 ss. e JOACHIM GERNHUBER/ DAGMAR COESTER-WALTJEN, *Familienrecht*, 6.ª ed. (2010), 9 ss..

[1570] JORGE DUARTE PINHEIRO, *O núcleo intangível da comunhão conjugal: os deveres conjugais sexuais* (2004), 828 pp..

§ 33.º Obrigações, personalidade e família

Por seu turno, o dever de assistência (1675.º/1) compreende a obrigação de prestar alimentos e a de contribuir para os encargos da vida familiar. Tal obrigação (1676.º/1):

> (...) incumbe a ambos os cônjuges, de harmonia com as possibilidades de cada um, e pode ser cumprido, por qualquer deles, pela afetação dos seus recursos àqueles encargos e pelo trabalho dispendido no lar ou na manutenção e educação dos filhos.

Tudo isto se efetiva através de obrigações, submetidas ao regime geral. Mas apresenta diversas especificidades que, de resto, resultam logo das normas exemplificativamente apontadas.

A responsabilidade pelas dívidas da família tem regras específicas, dependentes do regime de bens (1717.º e seguintes).

III. A filiação é, também, uma fonte de obrigações recíprocas. Na base, segundo o artigo 1878.º/1, compete aos pais, no interesse dos filhos, velar pela segurança e saúde destes, prover ao seu sustento, dirigir a sua educação, representá-los, ainda que nascituros e administrar os seus bens. Por seu turno (1878.º/2), os filhos devem obediência aos pais.

De novo temos obrigações, sujeitas ao regime geral, mas com especificidades, designadamente:

- quanto à determinação do seu conteúdo, que segue as linhas axiológicas da família;
- quanto às sanções, especialmente adequadas aos bens a tutelar.

IV. A integração de certas relações obrigacionais no Direito da família dá uma especial coloração às posições subjetivas das pessoas envolvidas. Assim, os "direitos" têm, em regra, o alcance de poderes-deveres: devem ser exercidos dentro de certa finalidade, de modo a assegurar determinada função.

Por outro lado, as relações de família são perpétuas, apenas se extinguindo com a morte de algum dos intervenientes.

§ 34.º OBRIGAÇÕES E DIREITO DE AUTOR

138. Aspetos gerais

I. O Direito de autor ou, mais latamente, o Direito sobre os bens intelectuais, é uma disciplina civil, hoje reconhecida como autónoma. A doutrina sublinha que a sua especificidade resulta, muito vincadamente, da índole do seu objeto.

Numa primeira abordagem, ele tem uma feição dupla, traduzida em dois distintos "direitos":

– o direito patrimonial de autor: assegura que o aproveitamento económico da obra é feito em favor do autor, pelo menos em parte;
– o direito moral de autor: permite ao criador da obra reivindicar a paternidade, defender a integridade da obra e defendê-la, contra quaisquer eventualidades que a atinjam.

O direito (subjetivo) de autor pode ser constituído em termos dualistas (tendo em conta os dois "direitos" referidos) ou em moldes monistas, com primado de um ou de outro dos dois aspetos considerados.

II. De acordo com a boa metodologia jurídica, qualquer opção deve assentar na prévia determinação do regime aplicável[1571]. Sucede, todavia,

---

[1571] Entre nós: OLIVEIRA ASCENSÃO, *Direito civil / Direito de autor e direitos conexos* (1992), 646 ss. e 667 ss.; JOSÉ ALBERTO COELHO VIEIRA, *A estrutura do Direito de autor no ordenamento jurídico português* (1992), especialmente 134 ss.; ALBERTO DE SÁ E MELLO, *Contrato de direito de autor/A autonomia contratual na formação do direito de autor* (2008), especialmente 71 ss.; LUÍS MENEZES LEITÃO, *Direito de autor* (2012), 11 ss.; no estrangeiro, com indicações, referimos FRÉDÉRIC POLLAUD-DULIAN, *Le droit d'auteur* (2005), 30 ss., concluindo que a lei francesa consagra a conceção dualista (ob. cit., 45) e CHRISTIAN CZYCHOWSKI, em FRIEDRICH KARL FROMM/WILHELM NORDEMANN, *Urheberrecht / Kommentar*, 10.ª ed. (2008), § 11, Nr. 1 (269), explicando que a lei alemã recebe a teoria monista, de acordo com a doutrina dominante. No mesmo sentido, ULRICH

§ 34.º *Obrigações e Direito de autor*   459

que o Código do Direito de Autor (CDA, de 1985) não vem dar corpo a nenhuma construção coerente. Ele foi fruto das circunstâncias, tendo evoluído ao sabor de instrumentos internacionais díspares e de diversas contingências ligadas a problemas concretos que, bem ou mal, se pretenderam solucionar. Cabe chamar a atenção para a existência de valorações unitárias no Direito de autor. Muitas vezes os "monismos", os "dualismos" e os "pluralismos" advêm de se lidar com noções não-compreensivas de direitos subjetivos e de não se atinar na origem do problema.

III. O direito de autor arrancou da aplicação da ideia de propriedade às realidades imateriais. Essa conceção está, de certo modo, ainda subjacente ao artigo 1303.º, do Código Civil. Foi a pandetística alemã que, ao reservar a propriedade para as coisas corpóreas, obrigou a repensar o tema dos direitos de personalidade, inicialmente negados por Savigny[1572].

Na fase final do pandetismo, os direitos de personalidade foram potenciados e enriquecidos pelo tratamento dogmático alcançado pelos direitos sobre bens imateriais, recém-conquistados para a Ciência do Direito. Trata-se de um aspeto que deve ser enfatizado: os direitos de personalidade desenvolveram-se apoiados na prática e nas necessidades de dar corpo aos vetores humanistas que, perante novas realidades animaram o Direito civil.

No tocante às manifestações "parcelares" que, na periferia, animaram os direitos de personalidade temos, em primeiro lugar, o tema das patentes. Mercê da rápida industrialização surgiu, em 1877, a Lei Alemã das Patentes. Visando explicar a tutela aí dispensada aos seus titulares, Carl Gareis introduz a ideia do "direito individual"[1573]. Haveria, depois, um "direito individual geral"[1574]:

> (...) a ordem jurídica reconhece a cada pessoa o direito de se realizar como indivíduo, de viver e de desenvolver e valorizar as suas forças.

LOEWENHEIM, em GERHARD SCHRICKER/ULRICH LOEWENHEIM, *Urheberrecht / Kommentar*, 4.ª ed. (2010), 2531 pp., § 11, Nr. 3 (273) e, pelo prisma do Direito de personalidade, HORST-PETER GÖTTING, em GÖTTING/ /SCHERTZ/SEITZ, *Handbuch des Persönlichkeitsrechts* (2008), § 15 (284 ss.).

[1572] FRIEDRICH CARL VON SAVIGNY, *System des heutigen römischen Rechts* 1 (1840), § 53 (335-338).

[1573] CARL GAREIS, *Das Deutsche Patentgesetz vom 25. Mai 1877 erläutert*, cit. através da rec. de PAUL LABAND, ZHR 23 (1878), 621-624.

[1574] *Apud* LABAND, *Das Deutsche Patentgesetz* cit., 621.

460 *Características das obrigações*

Neste "direito individual geral"[1575] tem-se visto o "direito geral de personalidade" depois referido por alguns pandetistas e que floresceria, mais tarde, na sequência da 2.ª Guerra Mundial.

IV. Paralelamente, Josef Kohler batia-se pelos direitos dos bens imateriais[1576]. Eles não dariam lugar a uma "propriedade espiritual" e não se limitariam a possibilitar uma determinada defesa: pela positiva, facultariam a exploração económica de um bem imaterial[1577]. Na base, todavia, Kohler acabaria por colocar o "direito individual", patente em ulterior escrito sobre o direito ao nome[1578]. Segundo Kohler,

> O direito ao nome só pode ser bem apreendido como peça ou parte do direito individual. O nome como tal não é objeto do direito; o nome é caracterização tal como o monograma, como o pseudónimo; mas objeto do direito é a própria pessoa porquanto ela pode exigir que ninguém use alguma fórmula que provoque confusão, troca ou diminuição da pessoa, na exteriorização de atos[1579].

Também a fotografia não poderia ser usada sem autorização do fotografado[1580].

Kohler aprofundaria o seu pensamento a propósito dos direitos relativos a cartas-missivas[1581]. Tratar-se-ia de um direito ao substrato geral[1582], tendo o autor o direito exclusivo do seu aproveitamento económico e o de preservar a matéria em jogo.

O cultivo destes pontos dogmáticos era dobrado pela análise – sempre apoiada em institutos concretos – do papel dos princípios jurídicos na

---

[1575] Ao qual, de resto, LABAND, *Das Deutsche Patentgesetz* cit., 622, não se mostra favorável.

[1576] JOSEF KOHLER, *Das Autorrecht, eine zivilistische Abhandlung, zugleich ein Beitrag zur Lehre vom Eigenthum, vom Miteigenthum, vom Rechtsgeschäft und vom Individualrecht* I, JhJb XVIII (1879), 129-138 e II, JhJb XVIII (1879), 329-442 (478, com os três anexos), 129 e *passim*.

[1577] J. KOHLER, *Das Autorrecht* cit., 130-131, 337 e 338.

[1578] J. KOHLER, *Das Individualrecht als Namensrecht*, AbürglR V (1891), 77-110.

[1579] J. KOHLER, *Das Individualrecht* cit., 77; quanto à possibilidade de o "eu" dispor da própria personalidade, KOHLER remete para o seu *Autorrecht*.

[1580] J. KOHLER, *Das Individualrecht* cit., 89.

[1581] J. KOHLER, *Das Recht an Briefen*, AbürglR 7 (1893), 94-149.

[1582] J. KOHLER, *Das Recht an Briefen* cit., 94.

§ 34.º *Obrigações e Direito de autor* 461

defesa das instituições e dos ideais[1583]. O nome de Kohler deve, assim, ser retido entre os primeiros dogmáticos dos direitos de personalidade[1584].

V. O progressivo domínio dogmático da "periferia" da personalidade permitiu o esforço de abstração necessário para se alcançar a ideia de "bem de personalidade", base de qualquer dogmática coerente de direitos de personalidade.

Estes vêm, assim, a ser afirmados, na pandetística tardia, já sem dúvidas ou indecisões. Autores como Regelsberger[1585] e Otto von Gierke[1586] reportam-se aos direitos de personalidade como direitos subjetivos privados e não patrimoniais[1587]. Todavia, o desenvolvimento era ainda escasso, de tal modo que o tema não logrou uma consagração geral no BGB[1588].

A doutrina e a jurisprudência subsequentes encarregaram-se disso. Hoje, os direitos de personalidade constituem um património civil nuclear, reconhecido e pacífico. O seu papel no Direito de autor é básico e está assegurado[1589].

139. O direito de autor e os direitos conexos

I. A evolução acima apontada é útil para melhor surpreender a natureza do direito de autor. As considerações obtidas são aplicáveis aos direitos conexos.

[1583] J. KOHLER, *Die Ideale im Recht* V (1891), 161-265 (250 e *passim*).

[1584] LEO BURCKAS, *Eigentumsrecht. Urheberrecht und Persönlichkeitsrecht an Briefen* (1907), 69.

[1585] FERDINAND REGELSBERGER, *Pandekten*, 1 (1893), § 50 (197-198); diz este Autor que as pessoas têm direitos ao próprio corpo e ao espírito, sem relação com coisas ou com outras pessoas.

[1586] OTTO VON GIERKE, *Deutsches Privatrecht* I (1895), § 81 (702 ss.); os direitos de personalidade são os que concedem ao seu sujeito o domínio sobre uma parcela da própria esfera de personalidade; tratar-se-ia de direitos subjetivos, reconhecidos por todos.

[1587] OTTO VON GIERKE, *Deutsches Privatrecht* cit., 1, 705-706.

[1588] *Vide* BERNHARD WINDSCHEID/THEODOR KIPP, *Lehrbuch des Pandektenrechts* I (1906, reimp., 1984), 173 ss.. Quanto à luta pelos direitos de personalidade antes de 1900, cf. JÜRGEN SIMON, *Das allgemeine Persönlichkeitsrecht und seine gewerblichen Erscheinungsformen/Ein Entwicklungsprozess* (1981), 169 ss..

[1589] Uma exposição de Direito de personalidade, pelo prisma do Direito de Autor, pode ser vista em JUDITH MÜLLER, no PETER RAUE/JAN HEGEMANN, *Urheber- und Medienrecht* (2011), § 12 (314 ss.).

462 *Características das obrigações*

O direito subjetivo é uma posição vantajosa marcada pela liberdade. O beneficiário dispõe de uma permissão normativa de aproveitamento de um bem[1590]. Mas por razões histórico-culturais que se projetam nas normas de hoje, essa permissão é conferida em termos compreensivos (por oposição a analíticos). Tomando o exemplo universal do direito de propriedade: ele implica a concessão de um conjunto infindo de possibilidades, totalmente variável consoante o objeto em jogo e as circunstâncias de cada caso.

II. A esta luz, compreende-se que a doutrina mais aprofundada defenda um monismo do direito de autor, sem preocupações de saber se se trata de "monismo pessoal" ou de "monismo patrimonial". O direito de autor confere, ao titular, uma tutela conjunta dos seus interesses espirituais e materiais[1591]. De resto, sem bem pensarmos, ambos os aspetos estão interligados:

– o desrespeito pelo "direito moral" do autor atinge a sua capacidade de gerar riqueza;
– o postergar do "direito patrimonial" fere a dignidade da obra e do seu criador.

A doutrina mais recente complementa a conceção unitária assim exposta justamente com o reconhecimento dos direitos de personalidade patrimoniais[1592].

III. Poder-se-ia contrapor que os regimes aplicáveis ao "direito moral" são diferentes dos do "direito patrimonial". Mas também isso sucede com o direito de propriedade: o denominado uso e fruição podem ser concedidos a outras pessoas, em termos variáveis sem que, por isso, se introduzam elementos de dualidade no direito real máximo.

[1590] *Vide* o nosso *Tratado de Direito civil* I, 4.ª ed. (2012), 892 ss..

[1591] GERNOT SCHULZE, em THOMAS DREIER/GERNOT SCHULZE, *Urheberrechtsgesetz*, 3.ª ed. (2008), § 11, Nr. 2 (204); WINFRIED BULLINGER, em ARTUR-AXEL WANDTKE/ WINFRIED BULLINGER, *Praxiskommentar zum Urheberrecht*, 3.ª ed. (2009), § 11, Nr. 1 e 2 (219-220); CHRISTIAN CZYCHOWSKI, em NORDEMANN/NORDEMANN, *Urheberrecht*, 10.ª ed. cit., 269, já referido.

[1592] MANFRED REHBINDER, *Urheberrecht*, 16.ª ed. cit., 17.

§ 34.º *Obrigações e Direito de autor*   463

O monismo tem, de resto, vindo a ser reconhecido como a melhor via técnica de explicar os esquemas vigentes[1593]. Excetua-se o caso francês, onde o dualismo se mantém ativo. Mas essa posição não pode deixar de ser aproximada da fraqueza doutrinária que os direitos de personalidade têm acusado, em França[1594].

IV. A interligação entre os aspetos morais e patrimoniais dos direitos de autor, numa síntese de princípio, é aplicável, com as necessárias adaptações, aos direitos conexos. Os direitos conexos designam as posições de outros intervenientes necessários para o aproveitamento da obra: executantes, artistas, produtores, tradutores, difusores e editores, como exemplo.

Rejeitando a ancestral (e nociva) tendência para desconsiderar a comerciabilidade: o reconhecimento dessa síntese não é nenhuma despromoção para a espiritualidade das criações.

Ocorre, designadamente, afastar a minoração do direito do produtor, por ser uma (mera) empresa. Embora seja claro que o direito do produtor tem uma dimensão patrimonial evidente, devemos admitir que não lhe são indiferentes os aspetos "morais" envolvidos. O produtor, ao fixar uma obra, envolve o seu bom nome e acolhe a dimensão "moral" do autor e do intérprete. A tutela da integridade da obra protege, também, o produtor; a sua paternidade representa, para ele, um bem inestimável. Até por razões pedagógicas, o Direito não pode "condenar" as entidades produtivas a um anátema.

V. Em suma: os direitos sobre bens imateriais traduzem uma síntese frutuosa, entre as dimensões "moral" e "patrimonial". Tal síntese previne contra cortes na realidade, que mesmo quando necessários para efeitos de análise, devem ser superados pela ideia do conjunto. Aparentemente, estamos num mundo diverso do do Direito das obrigações, embora já se antevejam numerosas pontes.

[1593] Na Suíça, onde o dualismo fez alguma carreira mercê da influência francesa – *vide* MANFRED REHBINDER/ADRIANO VIGANÒ, *Urheberrecht*, 3.ª ed. (2008), 77-78 – surge hoje – cf. DENIS BARRELET/WILLI EGLOFF, *Urheberrecht*, 3.ª ed. (2008), 212 – o monismo.

[1594] *Vide* o nosso *Tratado de Direito civil* IV, 3.ª ed. (2011), 56 ss..

464   *Características das obrigações*

140. A evolução do Direito de autor

I. A ideia de que o autor tem um direito sobre o produto da sua criação exige um esforço elevado de abstração. Por isso, ela é relativamente recente[1595].

O problema de um direito imaterial a uma obra do espírito pôs-se, inicialmente, a propósito de obras literárias, após a invenção da imprensa. Criou-se um esquema de privilégios: o soberano atribuía a determinado livreiro o privilégio de, em exclusivo, editar certa obra. A posição do autor não era reconhecida. Ainda antes da Revolução Francesa, o Conselho de Estado pôs termo a privilégios perpétuos, reconhecendo o direito do autor à obra criada.

Na Revolução Francesa, admitiu-se o princípio de que, ao autor, cabia a propriedade da sua obra, mantendo-se, nos seus herdeiros, por um período que veio a ser alargado por leis sucessivas.

II. Em Portugal, o tema do Direito de autor foi espoletado pela Constituição de 1838. Esta, no seu artigo 23.º relativo à propriedade, dispunha no § 4.º[1596]:

> Garante-se aos inventores a propriedade das suas descobertas, e aos escriptores a de seus escriptos, pelo tempo e na fórma que a lei determinar.

Apesar de alguns esforços, entre os quais a apresentação, por Almeida Garrett, de um projeto de Lei, na Câmara dos Deputados, em 18 de maio de 1839, apenas o Decreto de 8 de julho de 1851[1597] veio ocupar-se do tema.

A matéria teve, depois, acolhimento no Código Civil de Seabra, de 1867, em capítulo intitulado *Do trabalho litterario e artistico* (570.º a 612.º)[1598]. A matéria obteve, aí, a seguinte ordenação:

[1595] Um apanhado histórico muito interessante sobre o Direito de autor e a sua evolução pode ser confrontado no preâmbulo do Decreto n.º 13:725, de 3 de junho de 1927, DG I Série, n.º 114, de 3-jun.-1927, 902-906. *Vide* LUIZ DA CUNHA GONÇALVES, *Tratado de Direito civil* IV (1931), 22 ss. e LUÍS FRANCISCO REBELLO, *Introdução ao Direito de Autor* (1994), 251 pp., 29 ss..

[1596] Confrontável no BMJ 236 (1974), 12.

[1597] *Vide* LUÍS FRANCISCO REBELLO, *Garrett, Herculano e a propriedade literária* (1999), 149 pp., 137 ss..

[1598] JOSÉ DIAS FERREIRA, *Código Civil Portuguez Annotado*, I, 2.ª ed. (1894), 404 ss..

§ *34.º Obrigações e Direito de autor* 465

Secção I   – Do trabalho litterario em geral (570.º a 593.º);
Secção II – Dos direitos de auctores dramaticos (594.º a 601.º);
Secção III – Da propriedade artistica (602.º);
Secção IV – De algumas obrigações communs aos auctores de obras litterarias, dramaticas e artisticas (603.º a 606.º);
Secção V – Da responsabilidade dos contrafactores da propriedade litteraria ou artistica (607.º a 612.º).

Como particularidades interessantes, registamos que o artigo 579.º reconhecia a propriedade literária aos sucessores do autor durante cinquenta anos, enquanto o artigo 590.º determinava:

> A propriedade litteraria é considerada, e regida, como qualquer propriedade movel, com as modificações que, pela sua natureza especial, a lei expressamente lhe impõe.

Apesar de pouco desenvolvido, o Código de Seabra marcou uma nova fase no Direito de autor[1599].

III. Seguiu-se o Decreto n.º 13:725, de 3 de Junho de 1927, que veio aprovar o regime da *Propriedade literária, scientifica e artistica*[1600]. Trata-se de um primeiro diploma de fôlego sobre o Direito de autor, antecedido por um longo preâmbulo histórico. Passemos a dar uma breve ideia do seu conteúdo:

Capítulo I   – Disposições gerais (1.º a 40.º):
  Secção I – Do direito de publicação (1.º a 11.º);
  Secção II – Do direito de propriedade literária e artística e do direito de reprodução (12.º a 40.º).
Capítulo II – Do contrato de edição (41.º a 64.º);
Capítulo III – Dos contratos de assinatura literária e bibliografia (65.º a 68.º);
Capítulo IV – Do contrato de representação (69.º a 86.º);
Capítulo V – Disposições especiais sobre propriedade artística (87.º a 95.º);
Capítulo VI – Das transmissões, onerações e registo (96.º a 107.º);

[1599] Data desta época a obra pioneira do VISCONDE DE CARNAXIDE (ANTÓNIO BAPTISTA DE SOUSA) (1847-1935), *Tratado da propriedade literária* (1918), 540 pp., 15 ss., quanto à propriedade literária.

[1600] Este diploma pode ser confrontado em CARVALHO MAIA, *Propriedade literária, científica e artística* (1938), 93 pp., 5 ss..

466 *Características das obrigações*

Capítulo VII – Do nome literário ou artístico e dos títulos das obras (108.º a 125.º);
Capítulo VIII – Da violação e defesa dos direitos de autor (126.º a 137.º).

O Direito de autor surgia com regras próprias. Não obstante, mantinha-se uma especial aderência à propriedade, dispondo o seu artigo 36.º:

> A propriedade literária ou artística é considerada e regida como qualquer outra propriedade mobiliária, com as modificações da presente lei.

O Decreto n.º 13:725, de 3 de junho de 1927, prestou bons serviços ao Direito de autor português e aos criadores em geral. Todavia, cedo foi ultrapassado pela evolução dos meios de reprodução e de comunicação das obras e pelas revisões da Convenção de Berna. Além disso, também se nos afigura clara uma pressão jurídico-científica advinda da evolução do Direito civil em geral e, particularmente, dos estudos tendentes à revisão do Código Civil.

Assim, uma Portaria de 6 de junho de 1946 designou uma comissão encarregada de elaborar um anteprojeto onde se fizesse uma harmonização do Direito interno com os textos internacionais e com as novas realidades. A Câmara Corporativa ocupou-se, depois, da matéria, vindo a aprovar um novo texto, em 24 de março de 1953.

Entretanto, foi concluída em Roma, a 26 de outubro de 1961, uma Convenção sobre os direitos vizinhos do direito de autor. Tudo isto conduziu, finalmente, à aprovação do Código do Direito de Autor, de 1966, mais precisamente através do Decreto-Lei n.º 46 980, de 27 de abril de 1966.

Trata-se já de um verdadeiro Código, assim arrumado:

Título I   – Das obras intelectuais e do direito de autor:
    Capítulo I   – Das obras intelectuais (1.º a 3.º);
    Capítulo II – Do direito de autor (4.º a 61.º).
Título II   – Da utilização de obras intelectuais
    Capítulo I   – Disposições gerais (62.º a 70.º);
    Capítulo II – Da publicação das obras e do contrato de edição (71.º a 101.º);
    Capítulo III – Da representação, recitação e execução (102.º a 121.º);
    Capítulo IV – Da utilização das obras cinematográficas (122.º a 136.º);
    Capítulo V – Da gravação ou registo fonográfico e da reprodução por meios mecânicos e outros (137.º a 146.º);

§ 34.º *Obrigações e Direito de autor* 467

Capítulo VI — Da obra fonográfica (147.º a 154.º);

Capítulo VII — Da radiodifusão e outros processos destinados à reprodução dos sinais, dos sons e das imagens (155.º a 162.º);

Capítulo VIII — Da tradução, arranjo e outras transformações das obras intelectuais (163.º a 168.º);

Capítulo X — Da utilização das criações das artes plásticas, gráficas e aplicadas (169.º a 177.º).

Título III — Regimes especiais

Capítulo I — Jornais e publicações periódicas (178.º a 180.º);

Capítulo II — Da utilização livre (181.º a 188.º).

Título IV — Do registo (189.º);

Título V — Da violação e defesa do direito de autor

Capítulo I — Protecção dos direitos patrimoniais (190.º a 210.º);

Capítulo II — Protecção dos direitos morais (211.º a 214.º).

O Código do Direito de Autor colocou a matéria num patamar mais elevado. Infelizmente, não houve uma correspondência doutrinária que acompanhasse o progresso legislativo.

V. O Código não atingiria os vinte anos. O Decreto-Lei n.º 63/85, de 14 de março, veio aprovar um novo Código. No seu preâmbulo, são referidas as linhas de força seguintes:

- reunir num corpo único e coerente toda a legislação do Direito de autor;
- atualizar a matéria em função da realidade nacional e internacional;
- remodelar e aperfeiçoar a legislação anterior quanto à gestão do Direito de autor e aos vários contratos em jogo;
- assegurar o equilíbrio entre os vários agentes envolvidos na exploração dos direitos de autor.

Trata-se de Direito vigente, ainda que muito alterado. Iremos tomar nota das modificações surgidas, procurando ordenar a matéria em função das necessidades do estudo subsequente.

VI. O Código do Direito de Autor de 1985, muito generoso, não acautelava os direitos dos autores e de outros intervenientes, do ponto de vista destes. Desencadeou-se uma forte reação, que levou à aprovação da Lei n.º 45/85, de 17 de setembro, que alterou fortemente diversos aspetos iniciais, republicando o Código em anexo. Oliveira Ascensão, que teve

468 *Características das obrigações*

um papel importante na versão inicial, reagiu fortemente[1601], passando, na sua obra, a criticar a lei e a defender perspetivas redutoras, nas diversas matérias.

VII. O CDA foi, subsequentemente, alterado:

– pela Lei n.º 114/91, de 3 de setembro, com incidência nas associações de gestão do direito de autor;
– pelo Decreto-Lei n.º 332/97, de 27 de novembro, que transpôs a Diretriz n.º 92/100, de 19 de novembro, relativa ao direito de aluguer, ao direito de comodato e a certos direitos conexos;
– pelo Decreto-Lei n.º 334/97, de 27 de novembro, que transpôs a Diretriz n.º 93/98, de 29 de outubro, sobre prazos de proteção;
– pela Lei n.º 50/2004, de 24 de agosto, que transpôs a Diretriz n.º 2001/29, de 22 de maio, relativa à harmonização do direito de autor e dos direitos conexos na sociedade de informação;
– pela Lei n.º 24/2006, de 30 de junho, relativa ao direito de sequência em benefício do autor;
– pela Lei n.º 16/2008, de 1 de abril, que alterou também o Código da Propriedade Industrial; este diploma incidiu particularmente na área da tutela dos direitos de autor e republicou o Código do Direito de Autor.

A evolução geral das fontes legislativas ilustra uma certa procura de equilíbrio. O Direito de autor está sob uma enorme pressão derivada dos meios atuais de comunicação e de divulgação. Trata-se de uma vantagem cultural, se for aproveitada nesse sentido. Mas ela envolve um risco mortal para a criação de obras.

Esta dimensão deve estar presente nas operações de interpretação e de aplicação.

141. O Direito de autor e as obrigações

I. O Direito de autor constitui, hoje, uma reforçada área de especialização, dentro do Direito civil. A sua ligação com o Direito das obrigações tem, todavia, um papel de primeiro plano, que não tem sido devidamente

---

[1601] *Vide* JOSÉ DE OLIVEIRA ASCENSÃO, *Direito de autor* cit., 20.

sublinhado. Tradicionalmente, o Direito de autor era aproximado de Direitos Reais: o artigo 1303.º do Código Civil pressupõe-no e manda mesmo aplicar, ao Direito de autor e à propriedade industrial, as "disposições deste Código", o que tem sido entendido como "disposições deste Livro (Direito das coisas)".

Todavia, o Direito das obrigações, de resto igualmente abrangido pela remissão do referido artigo 1303.º, parece mais apropriado: sem prejuízo por importantes aportações de Direitos reais, como a reivindicação.

II. O Direito de autor reporta-se a bens intelectuais. O aproveitamento que estes proporcionam aos autores, no plano material, só se obtém através de uma teia de obrigações. E no plano moral: estamos no domínio dos direitos de personalidade, com os inerentes deveres de justas (ações e omissões). Sem a técnica do Direito das obrigações, o Direito de autor paralisa.

De seguida, cumpre recordar a área de responsabilidade civil. A tutela aquiliana deve ser complementada através das múltiplas normas de proteção e dos deveres do tráfego. A dogmática autoralista teria tudo a ganhar com o estudo das obrigações.

III. Finalmente – e sempre num plano de mera abordagem introdutória – cumpre sublinhar que o Direito de autor – como, em geral, os demais direitos relativos a bens intelectuais – tem, hoje, um funcionamento essencialmente contratualizado[1602]. O aproveitamento é feito através de cadeias de entidades especializadas – editoras, distribuidoras, radiodifusoras, televisões e internet – com as quais há que acertar contratos e autorizações. Temos, aí, todo um Mundo, a que se podem somar os contratos de *know-how* e de *engeneering*, bem como figuras mistas, como o *project finance*, que radicam no Direito das obrigações.

[1602] *Vide* Luís Menezes Leitão, *Direito de autor* cit., 193 ss..

§ 35.º OBRIGAÇÕES E RELAÇÕES ESPECIAIS

142. Relações de trabalho

I. O próprio Código Civil define, no seu artigo 1152.º, o contrato de trabalho como:

(...) aquele pelo qual uma pessoa se obriga, mediante retribuição, a prestar a sua atividade intelectual ou manual a outra pessoa, sob a autoridade e direção desta.

O contrato de trabalho é, depois, remetido para legislação especial (1153.º): hoje o Código do Trabalho aprovado pela Lei n.º 7/2009, de 12 de fevereiro.

II. As relações de trabalho são, em sentido estrito, todas aquelas que se estabeleçam entre o trabalhador e o empregador e, designadamente, as que decorram do contrato de trabalho. Em sentido amplo, elas abrangem as relações coletivas de trabalho (entre associações de empregadores e sindicatos), as relações das condições de trabalho (entre trabalhadores; entre estes e o empregador; entre todos eles e o Estado) e diversas situações de ordem geral (de formação, de segurança social ou, até, internacionais).

Temos todo um universo complexo e diferenciado, com uma cultura própria, com técnicas específicas e com exigências crescentes de especialização[1603].

III. O Direito do trabalho é, de modo predominante, considerado uma especialização do Direito das obrigações[1604]. É certo que, historicamente,

---

[1603] *Vide* o nosso *Manual de Direito do trabalho* (1991, com reimpressões sucessivas) e o *Tratado* I, 4.ª ed., 297 ss., com indicações.

[1604] Em especial, *vide* o nosso *Da situação jurídica laboral: perspectivas dogmáticas do Direito do Trabalho*, separata da ROA, 1982; procurou-se, aí, reagir a tendências

§ 35.º Obrigações e relações especiais

o Direito do trabalho deve a sua ocorrência à necessidade humana, social e política de defender os trabalhadores, particularmente vulneráveis na sequência da revolução industrial[1605]. E nesse sentido, foi operando uma série de instrumentos que transcendem o tradicional Direito das obrigações, com relevo para os já referidos Direito das condições de trabalho e Direito coletivo do trabalho. Cumprida a sua missão histórica, o Direito do trabalho funciona, hoje, como um Direito de pessoas, sensível à proteção destas, designadamente no plano dos direitos de personalidade e atenta, ainda, às realidades empresariais. Tornou-se, deste modo, possível uma dogmática aprofundada.

IV. Na sua essência, a relação de trabalho é obrigacional. O Direito do trabalho é, no seu conjunto, uma grande província autonomizada, pelas necessidades de especialização, da galáxia obrigacional. Mantém todavia, com esta, estreitas ligações: linguísticas, jurídico-científicas, dogmáticas e práticas. O Código do trabalho pressupõe toda uma disciplina obrigacional, a seguir ponto por ponto. Notamos que o estudioso do Direito do trabalho não pode descurar os seus conhecimentos de Direito das obrigações. No entanto, o grau de especialização é muito grande, pelo que não é possível improvisar, a partir do tecido obrigacional. Paralelamente: o obrigacionista tem, no campo do trabalho, um espaço inesgotável para procurar ideias novas e para atestar o equilíbrio das suas soluções.

143. Relações de comércio

I. A autonomização do Direito comercial, perante o civil, é muito anterior à do Direito do trabalho[1606]. Todavia, ela veio a perder terreno, tendo mesmo desaparecido, em Direitos como o inglês, o suíço, o italiano e o brasileiro. Hoje, ela tem uma natureza histórico-cultural, nos países que a mantêm, entre os quais o nosso.

---

mais vincadamente autonomistas, seja na base de uma relação comunitário-pessoal entre trabalhadores e empresas, seja na da denominada luta de classes. A obra de referência mantém-se a de MARIA DO ROSÁRIO PALMA RAMALHO, *Da autonomia dogmática do Direito do trabalho* (2001).

[1605] *Vide* o nosso *Isenção de horário/Subsídios para a dogmática actual do Direito da duração do trabalho* (2000), 20 ss., relativamente à evolução histórica do Direito do trabalho e à sua periodificação.

[1606] *Direito comercial*, 3.ª ed. (2011), 41 ss. e *Tratado* I, 4.ª ed., 275 ss..

472 *Características das obrigações*

II. As relações que se estabelecem no exercício do comércio (subjetivo ou objetivo) são de tipo obrigacional; da mesma forma, os denominados contratos comerciais seguem, *grosso modo*, o regime geral. O próprio Direito comercial, assente no Direito civil e, em especial, no Direito das obrigações, não tem qualquer preocupação em tratar, com coerência e compleitude, o tecido normativo no qual se desenvolvem as atividades comerciais e industriais. Surge, assim, como um "conglomerado de problemas heterogéneos"[1607], diferenciados do Direito comum.

III. As tentativas de fixar uma comercialidade substancial não têm tido êxito. Quanto à possibilidade de apontar princípios e regras comerciais[1608]: ficamo-nos pela solidariedade de princípio (100.º do Código Comercial), a contrapor à parciariedade civil (513.º), pelo regime conjugal das dívidas – 1691.º/1, *d*) – e pela tutela do crédito comercial, permeável, de resto, a situações civis.

O Direito comercial, na parte em que regula o estatuto dos comerciantes, tem natureza institucional. Quanto aos contratos ditos comerciais: é uma especialização do Direito das obrigações como, aliás, sucede com os diversos contratos em especial[1609].

Também aqui só por estultícia se pensaria em aprofundar temas comerciais, sem partir do Direito das obrigações.

144. Relações societárias

I. O Direito das sociedades emancipou-se do Direito comercial, constituindo, hoje, uma área autónoma. Tem, de resto, a sua sobrevivência assegurada, em função da especificidade dos seus problemas e da diferenciação da dogmática que eles convocam[1610].

II. As próprias sociedades comerciais assentam, na origem, num contrato – o contrato de sociedade – que representa uma especialização do contrato de sociedade civil, vertido nos artigos 980.º e seguintes. Do

---

[1607] CLAUS-WILHELM CANARIS, *Handelsrecht*, 24.ª ed. (2006), § 1, Nr. 47 (17).

[1608] *Direito comercial*, 3.ª ed., 547 ss..

[1609] E, por vezes, em menor grau: por exemplo, a doação ou o arrendamento são muito mais diferenciados do que a generalidade dos contratos comerciais.

[1610] *Direito das sociedades*, 1, 3.ª ed., 45 ss..

§ 35.º Obrigações e relações especiais

contrato de sociedade e, em geral, das normas legais que têm aplicação, imperativa ou supletiva, às diversas sociedades, resultam:

- situações puramente organizativas, como as que digam respeito aos diversos órgãos, à sua conformação e ao seu funcionamento;
- situações obrigacionais, que relacionam os sócios entre si, os sócios com a sociedade e os titulares dos órgãos com os sócios e com a sociedade.

III. De novo temos aqui um largo campo dominado pelo Direito das obrigações e no qual as regras societárias, quando surjam, apenas procedem a adaptações parcelares. Podemos apontar um fenómeno já detetado, a propósito do Direito comercial: o da natureza fragmentária do Direito das sociedades, na área não-organizatória. Ele apenas se manifesta pontualmente, pressupondo, em geral, o sistema das obrigações, na sua plenitude.

CAPÍTULO III

O CONTEÚDO GERAL DAS OBRIGAÇÕES

145. Sistematização e sequência

I. Tomando a obrigação como uma relação complexa, podemos, nela, distinguir:

– o objeto imediato ou conteúdo;
– o objeto mediato ou, simplesmente, objeto.

Para evitar confusões, falaremos, simplesmente, em conteúdo e em objeto. O conteúdo tem a ver com a dupla direito de crédito/débito, abrangendo as regras que lhes são aplicáveis, de modo a indicar o que se espera de ambas as partes e aquilo que se lhes dá. O objeto reporta-se à realidade do mundo exterior sobre que poderá recair o conteúdo.

Assim, numa obrigação de entrega de coisa certa, o conteúdo será o dever de entregar e o objeto a coisa que deva ser entregue.

II. O conteúdo das obrigações é infinito. Para além da vastidão da matéria, que torna materialmente inviável considerar todas as hipóteses que já se têm concretizado, devemos ainda ter em conta que, dada a atipicidade das obrigações, seria sempre possível, aos interessados, inventar novas hipóteses.

Além disso, o conteúdo depende ainda do próprio objeto. Alterações neste modificam aquele, uma vez que o Direito acompanha a realidade que vise regular.

As dificuldades que resultam desta vastidão e desta mobilidade explicam o surgimento da própria obrigação, como vínculo abstrato e o aperfeiçoamento do Direito civil, assente em normas e princípios, como grande ordenador de toda a matéria: apenas num plano de generalidade tal se torna possível. O Direito não perde, por isso, a sua natureza prática, uma vez que lhe cabe definir os vetores da sua própria realização.

476   *Tratado de Direito civil*

III. Numa exposição geral das obrigações, é inevitável um certo pragmatismo. Assim, vamos considerar um conteúdo genérico, isto é, um conteúdo que surge ou tende a surgir na generalidade das obrigações ou em grandes categorias. Mas não todo, ou acabaríamos por ter de antecipar, nesta rubrica, o essencial do regime das obrigações ou da sua parte geral. Vamos fixar-nos nalgumas noções básicas, de cariz introdutório, que preenchem a dogmática das obrigações e que são úteis – quiçá: necessárias – para a exposição subsequente.

IV. De acordo com uma prática habitual, o Direito das obrigações, quando se preocupa com o conteúdo, segue uma de duas técnicas:

- a delimitação positiva, indicando os elementos que preenchem ou podem preencher a realidade em causa;
- a delimitação negativa, comportando as proibições relativas a essa mesma realidade.

Do jogo de ambas resultará um regime geral, que dá forma ao conteúdo.

V. Cumpre ainda explicar que a Ciência do Direito das obrigações evoluiu, nas últimas décadas, de tal modo que o centro de gravidade, antes assente no crédito e na prestação, tem vindo a passar para a relação em si e para a teia dos deveres acessórios que lhe dão solidez e eficácia. Tal evolução tem reflexos sistemáticos, constatáveis nas mais recentes publicações da especialidade[1611]. Vamos repercuti-la na exposição subsequente.

[1611] De reter: Peter Huber, *Der Inhalt des Schuldverhältnisses*, no Staudinger, *Eckpfeiler des Zivilrechts* (2012/2013), 211-245.

SECÇÃO I

A DELIMITAÇÃO POSITIVA

§ 36.º O DEVER DE PRESTAR

146. Ambivalência: conduta ou resultado?

I. A obrigação implica, no seu conteúdo nuclear, uma conduta humana, desenvolvida pelo devedor em prol do credor, isto é, uma prestação. Todavia, a "prestação" tem uma ambivalência de princípio: traduz uma conduta ou atuação humana ou o resultado dessa conduta[1612]? Trata-se de uma questão tradicionalmente versada na doutrina francesa ou de inspiração francesa como a da contraposição entre obrigações de meios e obrigações de resultados[1613], fórmula por que é conhecida entre nós[1614].

A distinção, já conhecida na Alemanha, ficou ligada a Demogue e viu a luz no domínio da responsabilidade contratual[1615]. Visava conciliar o artigo 1137.º do Código Napoleão, segundo o qual a pessoa obrigada a entregar uma coisa deve resguardá-la com os cuidados de um bom pai de família, até à entrega e o artigo 1147.º, que impunha a condenação do deve-

---

[1612] FRANZ WIEACKER, *Leistungshandlung und Leistungserfolg* cit., 783 ss.; ESSER/ SCHMIDT, *Schuldrecht* cit., I/1, 8.ª ed., 102-104; DIRK OLZEN, no Staudinger cit., II, § 241, Nr. 135 (173-174); KRAMER, no *Münchener Kommentar* cit., 2, 5.ª ed., § 241, Nr. 7 (55-56); MARIA DE LURDES PEREIRA, *Conceito de prestação* cit., 11 ss.; NUNO MANUEL PINTO OLIVEIRA, *Princípios de Direito dos contratos* cit., 32 ss..

[1613] KRAMER, ob. e loc. cit..

[1614] *Direito das obrigações* 1, 358-359.

[1615] RENÉ DEMOGUE, *Traité des obligations en général* V (1925), n.º 1237 (536 ss.) e VI (1931), n.º 599 (644-645). *Vide* JOSEPH FROSSARD, *La distinction des obligations de moyens et des obligations de resultat* (1965), 12 ss., indicando as origens e RENÉ SAVATIER, *Traité de la responsabilité civile* 1, 2.ª ed. (1951), 144, com bibliografia na nota 1.

478 *O conteúdo geral das obrigações*

dor inadimplente que não possa justificar, por causas estranhas, o sucedido: no primeiro caso, o credor teria de provar a falta de cuidado ... ao contrário do segundo. Tudo estaria em interpretar aquilo a que o devedor se obrigou. Se, apenas, se adstringiu a desenvolver os melhores esforços (p. ex., prestação de serviço médico), a falta do resultado só lhe pode ser imputada se se mostrar que não pôs em ação o cuidado suficiente; se se comprometeu a certo resultado (p. ex., a obrigação de transporte), a não-obtenção deste leva à condenação do devedor, salvo se este justificar o sucedido.

A contraposição teve êxito, em França[1616], mantendo-se, até hoje, na doutrina[1617] e na jurisprudência[1618].

A distinção foi também, nesses termos, acolhida em Itália[1619], embora a doutrina mais recente procure superá-la[1620], em termos a que iremos aludir.

Finalmente: ela é usada, em Direito internacional público, para melhor precisar a responsabilidade dos Estados[1621].

II. Como sucede com frequência nas obrigações, esta contraposição tem um núcleo emblemático significativo e no qual tudo parece claro. De acordo com os exemplos historicamente reconhecidos, há casos em que a consecução de um resultado depende de tantas coordenadas que escapa ao controlo do ser humano. Assim sucede nas humanidades (p. ex., advocacia) ou nas áreas biológicas ou curativas (p. ex., medicina): ninguém pode, com seriedade, comprometer-se a ganhar um processo ou a curar

---

[1616] M. G. MARTON, *Obligations de résultat et obligations de moyens*, RTDC XXXIV (1935), 499-543; CLAUDE THOMAS, *La distinction des obligations de moyens et des obligations de resultat*, RCLJ LVII (1937), 636-656; RENÉ RODIÈRE, *Une notion menacée: la faute ordinaire dans les contrats*, RTDC LII (1954), 201-227 (201 ss.).

[1617] TERRÉ/SIMMLER/LEQUETTE, *Les obligations*, 10.ª ed. cit., n.º 577 ss. (582 ss.); CARBONNIER, *Droit civil/Les obligations*, 22.ª ed. cit., n.º 1072 (2196 ss.) e MALAURIE/ AYNÈS/STOFFEL-MUNCK, *Les obligations*, 5.ª ed. cit., n.º 939 ss. (499 ss.).

[1618] Na jurisprudência, ela ocorreu precisamente a propósito da responsabilidade médica, no arrêt Mercier, CssFr 20-mai.-1936, S 1937, 1, 321-327 = D 1936, 1, 88-96; *vide* CssFr 28-jun.-1989, D 1990, 413/I, anot. YANNICK DAGORNE-LABBE, 413-414 e CssFr 7-out.-1992, D 1993, 589/I, anot. ANNICK DORSNER-DOLIVET, 589-590. *Vide* GEORGES DURRY, *Responsabilité civile* (1), RTDC LXXI (1973), 344-363 (363).

[1619] LUIGI MENGONI, *Obbligazioni "di resultato" e obbligazioni "di mezzi"* (*Studio critico*), RDComm LII (1954) I, 185-209, 280-320 e 366-396 (305-320), apontando a anterioridade da experiência alemã (305 ss., n.º 12).

[1620] CARINGELLA/DE MARZO, *Le obbligazioni* cit., 3.3.1. (46-46) e ENRICO MOSCATI, *La disciplina generale delle obbligazione* cit., 68-69.

[1621] ANTONIO MARCHESI, *Obblighi di condotta e obblighi di risultato/Contributo allo studio degli obblighi internazionali* (2003), 19 ss..

§ 36.º *O dever de prestar* 479

um paciente: apenas poderá assumir o dever de, nesse sentido, fazer tudo o que seja possível. Serão prestações de conduta (*Leistungshandlung*) ou de meios. Noutros casos, o resultado está sob o controlo do devedor. Tal ocorre, em geral, nas obrigações de entrega de coisa certa, já existente e pertença do devedor ou nas obrigações de transporte. O devedor pode, aí, obrigar-se, com razoabilidade, à consecução do resultado: a prestação sê-lo-á de resultado (*Leistungserfolg*), outro tanto sucedendo com a própria obrigação.

Todavia, saindo do núcleo e procurando aprofundar o tema, surgem dificuldades que obrigam à sua revisão.

III. A distinção entre prestações de conduta e prestações de resultado não deve ser conduzida em termos teoréticos e abstratos. Nesse plano, ela parece clara e não ofereceria dúvidas. Temos, sim, de a reconstruir à luz dos institutos em que ela tenha aplicação.

Tais institutos implicam, designadamente[1622]:

- o Direito da impossibilidade: o saber se uma determinada prestação se torna impossível, para efeitos dos artigos 790.º e seguintes, pressupõe a prévia definição da prestação em causa;
- o Direito do incumprimento: quando se formule um juízo de ilicitude/culpa dirigido ao devedor, há que poder precisar a falha que lhe é imputada.

A boa ordenação do presente *Tratado* obriga a que a matéria seja aprofundada no local próprio[1623]. Isso sem prejuízo das presentes considerações introdutórias.

IV. No Direito português, a clivagem meios/resultado foi aprofundada por Gomes da Silva[1624] e por Manuel de Andrade[1625]. Ambos, por influência italo-alemã, vieram pôr a tónica no tipo de diligência requerida ao devedor: uma vez que, ao credor, apenas interessa a obtenção do fim em vista. Nas obrigações de meios, a diligência teria limites; ao contrário,

---

[1622] KRAMER, no *Münchener Kommentar* cit., 2, 5.ª ed., § 241, Nr. 7 (56), com indicações.

[1623] *Tratado* VIII e IX.

[1624] MANUEL GOMES DA SILVA, *O dever de prestar e o dever de indemnizar* cit., 363-387.

[1625] MANUEL DE ANDRADE, *Teoria geral das obrigações*, 3.ª ed. cit., 411-415.

480   *O conteúdo geral das obrigações*

na de resultado que, pela sua facilidade ou por ter sido assumida a garantia da sua obtenção, a diligência seria total.

A matéria teve um recrudescimento jurídico-científico recente, entre nós. Baptista Machado, criticando a doutrina dominante alemã, vem dizer que a impossibilidade dos artigos 790.º e seguintes respeita, apenas, à impossibilidade da ação de prestar[1626]; já Lurdes Pereira propende para uma conceção mais alargada, em que também o bloqueio do fim do credor pode induzir impossibilidade[1627].

No seu aprofundamento e após a reforma alemã de 2001/2002, não é possível ignorar o novo Direito da impossibilidade e a supressão desta como causa geral de extinção das obrigações. A matéria será enquadrada a propósito dessa área problemática[1628].

V. Para os presentes propósitos, recordaremos que a ação humana é uma ação final[1629]. A prestação, enquanto ação humana, engloba sempre o seu próprio fim, ou é inidentificável como humana. Apenas por análise abstrata podemos, numa conduta, distinguir a atuação e o resultado: temos, sempre, uma atuação-resultado ou, se se preferir, uma ação final. A cisão analítica, porventura necessária para efeitos de estudo, deve ser superada por uma síntese final adequada, que reconstitua a riqueza do agir humano.

A contraposição entre prestações de conduta e de resultado acaba, assim, por ser linguística: tudo está em saber qual foi a fórmula usada na fonte (normalmente, no contrato) de onde promane a obrigação em jogo e quais as consequências porventura daí resultantes, a nível de regime.

Quando se diga: o devedor obrigou-se a restituir um terreno total-mente desembaraçado de quaisquer construções, sabendo-se que lá existe um muro, a obrigação será de resultado; mas se se explicitar: o devedor obrigou-se a demolir certo muro, a obrigação será de meios ou de atuação. Pode ser relevante, ainda que dependendo da interpretação: assim se, no primeiro caso, um terramoto destruir o muro, não houve qualquer impos-sibilidade, uma vez que o interesse do credor está satisfeito; o devedor

---

[1626] João Baptista Machado, *Risco contratual e mora do credor (Risco da perda do valor-utilidade ou do rendimento da prestação e de desperdício da capacidade de pres-tar vinculada)* (1985), em *Obra dispersa* I (1991), 257-343 (283 ss. e 303 ss.).

[1627] Maria de Lurdes Pereira, *Conceito de prestação* cit., 87 ss..

[1628] *Tratado* II/4, 170 ss..

[1629] *Tratado* I/1, 3.ª ed., 444 ss..

§ 36.º O dever de prestar 481

mantém o direito à retribuição, integrada, por hipótese, no preço; mas se, no segundo, isso mesmo suceder, o devedor não poderá fazer coisa nenhuma, não tendo de ser pago.

Mas as obrigações ficarão ao acaso dos termos usados? A resposta é negativa: materialmente, está em causa a forma por que as partes tenham distribuído o risco, entre si.

A prestação é de ação ou de meios quando seja comunicada através da descrição da conduta que se espera do devedor; sê-lo-á de resultado caso este seja usado para a formular. A hipótese de proposições linguísticas intermédias é evidente, havendo que fazer as competentes destrinças através da interpretação e aquando da aplicação dos institutos que, concretamente, possam estar em jogo. De todo o modo e predominantemente, a prestação é orientada para o resultado (*ergebnisorientiert*)[1630].

Em abstrato, poder-se-á dizer que as prestações de abstenção, de entrega de coisa certa (*dare*) e de suportação (*pati*) são de resultado, enquanto as de prestação de facto (*facere*) podem ser de conduta ou meios. Caso a caso haverá que verificá-lo. Mas em qualquer dos casos, a grande questão é, tão-só, a de saber qual o grau de esforço exigível e a quem cabe o ónus da prova.

147. A diligência requerida

I. Uma conduta humana implica, sempre, um certo esforço, por parte de quem a leve a cabo. Há que quebrar a própria inércia, há que mobilizar meios exteriores e há, muitas vezes, que arcar com despesas correspondentes a elementos materiais e humanos a envolver na prestação debitória. Até onde se deve ir na intensificação desse esforço? É evidente que o Direito não pode, ao devedor, pedir que morra, se necessário, para efetivar a prestação. O esforço concretamente exigido (ou exigível) exprime-se, normativa e tradicionalmente, pelo grau da diligência requerida[1631].

[1630] ESSER/SCHMIDT, *Schuldrecht* cit., I/1, 8.ª ed., 103.

[1631] Com muito material, desde o Direito romano: MARTIN JOSEF SCHERMAIER, no HKK/BGB, II (2007), 1063-1177; pelo prisma do Direito vigente: STEFAN GRUNDMANN, no *Münchener Kommentar* cit., 5.ª ed., § 276, Nr. 50 ss. (722 ss.). O tema será retomado em *Tratado* II/3, 471 ss. e *passim*, a propósito da culpa.

482 *O conteúdo geral das obrigações*

II. A diligência requerida, por seu turno, é um grau de esforço presente em qualquer conduta humana. De novo se deve frisar que apenas por limitações linguísticas se autonomiza a diligência: qualquer prestação é, por elementares considerações ontológicas, uma certa diligência – ou não existiria. E essa mesma diligência dá corpo aos deveres acessórios, designadamente de cuidado: também na efetivação das condutas que eles pressuponham, há que desenvolver um certo esforço, esforço esse cuja medida será fixada pelo Ordenamento.

Propomos, pois, que a diligência requerida seja referenciada a propósito da prestação principal, correspondendo, aí, ao grau de esforço exigível ao devedor. Embora a matéria não possa deixar de ser retomada e aprofundada no campo do incumprimento e da responsabilidade civil, ela pertence, logicamente, ao próprio regime da prestação.

No Direito alemão, a diligência requerida (*Sorgfaltsmaßstäbe*) surge no § 276/II, a propósito do incumprimento e da medida da culpa do devedor[1632]. De certo modo, assim sucede no Código Vaz Serra, quando o 799.º/2 remete a apreciação da culpa para o previsto na responsabilidade civil, a qual, pelo 487.º/2, é reenviada para a "diligência de um bom pai de família".

No Direito italiano, a matéria já é vista pela positiva: segundo o 1176.º/I, do *Codice*:

No cumprimento da obrigação, o devedor deve usar a diligência do bom pai de família.

Mesmo assim, a doutrina discute se não haveria aqui a intromissão de um dever de segurança, que daria corpo a essa diligência[1633]. Pensamos que mal: a diligência, neste sentido, não é autonomizável da onticidade da própria prestação.

Mantemos, pois, dentro da tradição do Prof. Pessoa Jorge, a exigência como medida de esforço exigível, ínsita em cada obrigação.

III. De acordo com Pessoa Jorge, podemos separar três planos distintos de diligência[1634]:

[1632] MARTIN JOSEF SCHERMALER, no HKK/BGB II/1 (2007), §§ 276-277, Nr. 78 ss. (1134 ss.), como primeira indicação.

[1633] CARINGELLA/DE MARZO, *Le obbligazioni* cit., § 5 (95 ss.).

[1634] PESSOA JORGE, *Direito das obrigações* cit., 1, 77 ss..

§ 36.º O dever de prestar 483

– diligência psicológica;
– diligência normativa;
– diligência objetiva.

A diligência psicológica corresponde à tensão da vontade e da inteligência necessárias para a execução de uma tarefa ou, aqui, para a efetivação da prestação. A diligência psicológica é muito variável, de pessoa para pessoa ou, para uma dada pessoa, de acordo com o momento e as circunstâncias em que tenha de ser exercida. Uma mesma tarefa representará, conforme as condições, um gosto ou um sacrifício.

A diligência normativa dá-nos o grau de esforço requerido pelo Direito, para a execução de uma conduta devida ou prestação. Este grau poderá, conforme os casos, ser superior ou inferior à diligência psicológica individualmente envolvida.

A diligência objetiva é, por fim, o grau de esforço necessário para se atingir um certo fim, independentemente da concreta pessoa envolvida e do esforço exigível, pelo Direito.

IV. Na concretização da prestação, releva a diligência normativa. Esta tem de ser determinada em concreto, tendo em conta o fim, as circunstâncias e a própria bitola exigível.

O fim será a realização da prestação, com a satisfação do interesse do credor. Conforme o seu teor, um mesmo ato poderá traduzir a efetivação da prestação ou a prática de um ato ilícito. Deve, pois, partir-se do fim, para fixar a atuação necessária a lá chegar.

No exemplo de Pessoa Jorge[1635]: o corte de uma árvore pode corresponder a uma boa execução de um contrato de gestão de um prédio rústico ou a um ato despropositado e danoso.

De facto, muitas prestações são indicadas apenas pelo fim. Compete ao devedor, nessa eventualidade e de acordo com a diligência exigível, escolher a forma de melhor alcançar a prestação. Pode, todavia, estipular-se que essa tarefa caiba ao credor, o qual, para tanto, disporá do poder de dar instruções. Nessa eventualidade, o fim será diverso: equivale o objetivo concreto somado à consecução das ordens do credor.

Fixado o fim, há que eleger os atos normais que permitirão alcançá-lo. Todavia, se for alargado o leque de medidas, mesmo para além

---

[1635] Idem, 82.

484   *O conteúdo geral das obrigações*

do que seria "normal", o fim ficará melhor assegurado. Inferimos daqui que, perante o fim, será sempre necessário perguntar à bitola exigível de esforço até onde se irá precaver o devedor.

V. Quanto às circunstâncias: conhecido o fim, há que atender ao objeto da prestação (entregar um trator é diverso de entregar um diamante), ao tipo de contrato em jogo (o dever de guarda é mais intenso no comodato do que no depósito gratuito) e às concretas utilidades em causa (uma peça destinada à fábrica que, sem ela, irá parar, exige uma entrega mais diligente do que a peça que vise, apenas, recompor um *stock* bem fornecido).

VI. Finalmente, cabe determinar a bitola exigível. Aqui temos várias hipóteses. Desde logo, a diligência pode ser fixada em abstrato ou em concreto. Assim:

– na diligência em abstrato, vai-se apurar o esforço exigível ao homem-padrão ou homem médio; na tradição romana, ao bom pai de família (*bonus pater familias*)[1636];
– na diligência em concreto, o modelo do esforço vai ser fixado *ad hoc*, de acordo com as características pessoais do devedor.

VII. Na diligência em concreto, seguindo Pessoa Jorge[1637], teríamos três possibilidades, todas a abrir na diligência psicológica:

– a diligência de que o devedor é capaz;
– a diligência média por ele posta nos seus próprios negócios;
– a diligência normal que ele coloca no que faz.

A diligência de que o devedor é capaz não deve ser bitola: ele pode ter feito, em determinada ocasião, um esforço extraordinário sem que isso lhe possa, para o futuro, ser sempre exigido. A diligência média posta nos próprios negócios também não é critério: o devedor pode ser descuidado quanto ao que é seu e esforçado no restante, ou vice-versa. Em suma: a verdadeira clivagem põe-se entre a diligência em abstrato e a diligência em concreto, tomada como a que o devedor põe, normalmente, nas suas atuações. A solução cabe ao Direito positivo.

[1636] *Familias* é, aqui, um genitivo de tipo grego; por isso faz final em *as* e não em *ae*, como sucederia em latim.

[1637] PESSOA JORGE, *Direito das obrigações* cit., 1, 88-89.

148. O regime vigente

I. Na resposta ao tema em aberto, não pode deixar de se apelar ao concreto Direito positivo onde, historicamente, o problema se ponha.

Na tradição de Guilherme Moreira, haveria que atender ao tipo de dever em jogo[1638]: quando estivesse em causa matéria contratual, a diligência deveria ser vista em concreto; nos deveres legais, haveria que a ponderar em abstrato. Extrapolando, podemos dizer: as obrigações contratuais são, de certo modo, personalizadas; as partes assumem-nas tendo em consideração a identidade do parceiro e as capacidades que lhe reconheçam. Pelo contrário, nas obrigações legais, domina a ideia de igualdade e de segurança em geral; não seria aceitável exigir mais, aos diligentes e aliviar a carga dos descuidados e desleixados. Tem lógica: mas não é o sistema vigente.

II. O Código Vaz Serra, ao contrário do que, por vezes, sucedia com o Código de Seabra, veio fixar uma bitola geral de diligência em abstrato.

De facto, o Código de Seabra, na tradição das Ordenações, continha, nalguns preceitos, uma bitola de diligência *in concreto*. Assim:

1336.º O mandatario deve dedicar á gerencia de que é encarregado a diligencia e cuidado, de que é capaz, para o bom desempenho do mandato; se assim o não fizer, responderá pelas perdas e damnos a que der causa.

1383.º O serviçal é obrigado: (...) 2.º A desempenhar o serviço que lhe incumbe com a diligencia compatível com as suas forças. (...)

1435.º O depositário é obrigado: 1.º A prestar, na guarda e conservação da cousa depositada, o cuidado e diligencia de que é capaz, para o bom desempenho do deposito; (...)

O artigo 1420.º, relativo à responsabilidade do albergueiro, remetia para a bitola do depositário.

[1638] GUILHERME MOREIRA, *Instituições do Direito civil* cit., 1, 596 ss.; Guilherme Moreira ocupava-se da culpa na responsabilidade aquiliana e na contratual; convolamos a ideia para os deveres contratuais e legais e para a diligência, o que parece não oferecer dúvidas. Também PAULO CUNHA, *Direito das obrigações* cit., II, 256 ss., se orienta nesse sentido.

486   *O conteúdo geral das obrigações*

O artigo 799.º/2, quanto à apreciação da culpa na responsabilidade obrigacional, remete para a culpa na responsabilidade civil (aquiliana). Esta apela, como se viu (487.º/2), à diligência de um bom pai de família[1639].

III. Referir o *bonus pater familias* não é, todavia, por si, um critério. Sem mais precisões, ameaça tornar-se numa fórmula vazia.

No anteprojeto de BGB, surgia um § 197 que fazia referência ao *ordentlicher Hausvater* (o bom pai de família)[1640]. Essa remissão foi muito criticada, na época: era demasiado vaga. Melhor seria encontrar uma fórmula que permitisse remeter para os diversos grupos profissionais[1641]. Otto von Gierke humoriza[1642], observando:

(..) [com] o cuidado de um ordenado pai de família, a atriz deve cumprir o seu contrato de inclusão na companhia, a dançarina de *ballet* deve dançar, a cozinheira, cozinhar e providenciar às compras do mercado.

Menger, que fez críticas sociais e ideológicas ao BGB, sublinha que o bom pai de família é uma figura burguesa e egoísta, assim se atingindo a "estaca zero da moralidade" (*Nullpunkt der Sittlichkeit*)[1643].

[1639] Lugares paralelos são os artigos 1124.º (pensador diligente) e 671.º, *a*) (proprietário diligente, relativamente ao credor pignoratício): desapareceram referências à "diligência de que é capaz" e que ocorriam em Seabra.

[1640] HORST HEINRICH JAKOBS/WERNER SCHUBERT (ed.), *Die Beratung des Bürgerlichen Gesetzbuchs in systematischer Zusammenstellung der unveröfftlichen Quellen/Recht der Schuldverhältnisse* I, §§ 241-432 (1978), 237. Dispunha o § 197 em causa:

Die in einem Schuldverhältnisse Stehenden haften sich gegenseitig nicht nur für absichtliche Verschuldung, sondern selbst für geringe Fahrlässigkeit. Letztere verschulddet, wer nicht diejenige Sorgfalt verwendet, welche ein sorgsamer Hausvater anzuwenden pflegt.

[1641] EDUARD HÖLDER, *Zum allgemeinen Theile des Entwurfes eines bürgerlichen Gesetzbuches für das Deutsche Reich*, AcP 73 (1888), 1-160 (130-134), com várias sugestões, FRANZ VON LISZT, *Die Grenzgebiete zwischen Privatrecht und Stafrecht/Kriminalistische Bedenken gegen den Entwurf eines Bürgerlichen Gesetzbuches für das Deutsche Reich* (1889), 16-17, explicando que o *bonus pater familias* romano nunca fora recebido na Alemanha e PAUL LABAND, *Zum zweiten Buch des Entwurfes eines bürgerlichen Gesetzbuches für das Deutsche Reich. II. Abschnitt. Titel 1, Allgemeine Vorschriften*, AcP 74 (1889), 1-54 (3), citando, aliás, Hölder.

[1642] OTTO VON GIERKE, *Der Entwurf eines bürgerlichen Gesetzbuches und das deutsche Recht*, Schmollers Jahrbuch 12 (1888), 57-118 (81-82; 82 o troço transcrito); este texto também surge citado em SCHERMAIER, HKK/BGB cit., §§ 276-278, Nr. 78 (1136).

[1643] ANTON MENGER, *Das bürgerliche Recht und die besitzlosen Volksklassen*, 5.ª ed. (1927), 202-204 (204); há edições anteriores.

§ 36.º O dever de prestar 487

Evidentemente: o "bom pai de família" é uma abstração, na qual é possível introduzir toda a ordem de precisões, incluindo preocupações sociais.

Assim, a concretização faz-se inserindo o bom pai de família na específica área de interesses e de competências técnicas em que se coloque o devedor. Quem se dirija a um médico esperará encontrar a diligência do médico devidamente habilitado; no trânsito, os condutores usarão do cuidado normal, dispondo dos conhecimentos habituais, em todos os cidadãos; o banqueiro será um banqueiro competente, dispondo dos apetrechos que é de esperar em tais circunstâncias e assim por diante[1644].

IV. O atual Direito, com particular consagração no Código Vaz Serra, não faz distinção entre as prestações contratuais e as legais. Desde logo, como observa Pessoa Jorge, por não ser hoje exato que, aquando da contratação, as partes se conheçam, ao ponto de terem em conta as especiais qualidades uma da outra[1645]. De seguida, porque na atual dogmática, as prestações "contratuais" surgem em feixes de deveres acessórios, de base legal. Ou não seria viável fazer destrinças, no mesmo vínculo.

Ficamo-nos, por isso, pela bitola da diligência normativa, dada pela figura tradicional do *bonus pater familias*, integrado na situação típica onde o problema se ponha[1646].

V. Finalmente e ao abrigo da autonomia privada, podem as partes, na contratação, fixar bitolas de diligência abaixo ou acima do normal[1647]. Algumas prestações são precisamente acordadas em função das especiais

---

[1644] MANFRED LÖWISCH, no Staudinger, II – *Recht der Schuldverhältnisse*, §§ 255-304 (*Leistungstörungsrecht* I) (2004), § 276, Nr. 30 (290); cf. STEFAN GRUNDMANN, no *Münchener Kommentar*, 2, 5.ª ed. cit., § 276, Nr. 54-55 (723-724).

[1645] PESSOA JORGE, *Direito das obrigações* cit., 1, 90. Além disso, em muitas situações: pelo menos, não parece adequado que se distinga, quanto à diligência, a pessoa que atue ao abrigo de um contrato, dessa mesma pessoa quando o não faça; p. ex., tanta diligência se deverá exigir ao defensor oficioso como ao advogado constituído, ou ao médico de serviço numa urgência, na qual compareça um paciente, ou ao médico que haja celebrado um contrato de serviço médico, com esse mesmo paciente.

[1646] *Vide* NUNO MANUEL PINTO OLIVEIRA, *Princípios de Direito dos contratos* cit., 38 ss., com importantes precisões, que retomaremos ulteriormente.

[1647] GRUNDMANN, no *Münchener Kommentar*, 2, 5.ª ed. cit., § 276, Nr. 57 (724).

488 *O conteúdo geral das obrigações*

qualidades do devedor (*intuitu personae*)[1648]: têm, então, o regime especial, abaixo referido a propósito da fungibilidade[1649].

A doutrina e a própria lei distinguem a eventualidade de o devedor agir no âmbito da respetiva profissão das demais hipóteses: o Código italiano refere-o, mesmo, de modo expresso[1650]. O Direito português é sensível a esta dimensão; assim, o Código das Sociedades Comerciais exige, para os administradores – 64.º/1, *a*), *in fine* – a diligência de um "gestor criterioso e ordenado". Trata-se de uma bitola mais exigente do que a diligência comum, uma vez que se dirige a especialistas fiduciários, que têm a seu cargo a gestão de bens alheios[1651].

VI. A quem cabe o ónus da prova de ter sido alcançado o grau de exigência concretamente requerida? Quando o resultado almejado não seja obtido, tal ónus corre pelo devedor, nos termos do artigo 799.º/1. Além desse preceito, deve ter-se presente que o devedor tem o domínio da situação (p. ex., o médico). Assim, só ele pode dar conta do que fez, perante o estado da arte.

[1648] Diz-se contratado *intuitu personae* (ablativo em *u*: pelo intuito); mas refere-se o *intuitus personae* (nominativo em *us*: o intuito).

[1649] *Infra*, 505 ss..

[1650] Dispõe o seu artigo 1176.º/2:

No cumprimento das obrigações inerentes ao exercício de uma atividade profissional, a diligência deve valorar-se tendo em conta a natureza da atividade exercida.

[1651] MENEZES CORDEIRO, no *CSC/Clássica*, 2.ª ed. (2011), 64.º, anot. 12 (253) e *Os deveres fundamentais dos administradores de sociedades (artigo 64.º/1, do CSC)*, ROA 66 (2006), 443-488.

§ 37.º PRESTAÇÕES PRINCIPAIS E SECUNDÁRIAS

149. Generalidades; *facere* positivo e negativo

I. A prestação principal é, como vimos, a que opera como núcleo da obrigação considerada, permitindo ou originando a sua denominação. Trata-se, fundamentalmente, da figura contemplada nos artigos 397.º e 398.º/1. Embora ela não esgote o conteúdo da obrigação, assiste-lhe um papel decisivo:

- ela apela às normas supletivas aplicáveis;
- ela foi tida em vista pelas partes; muitas vezes, a sua mera designação monopoliza a atenção dos contraentes normais;
- ela inflete a concreta configuração dos deveres acessórios;
- ela reporta o sentido teleológico da própria obrigação.

Concretamente, os diversos elementos referenciados (ou alguns deles) podem não se verificar. Eles traduzem, todavia, um perfil que, normalmente, não oferece dúvidas.

II. A primeira grande categoria de prestações principais é a das prestações de facto ou de *facere*. Contrapõe-se às de *dare* e de *pati*.

No Direito romano, a contraposição era conhecida. Todavia, os textos que nos chegaram, correspondendo a sobreposições de conceitos de várias épocas, não são claros. Max Kaser não tem dificuldades em considerar que a matéria ainda nos é, hoje, desconhecida[1652].

Segundo o já referido texto de Paulo[1653], relativo à noção de obrigação, esta[1654]:

[1652] MAX KASER, *Das römische Privatrecht* cit., 1, 2.ª ed., § 115, I (489).

[1653] *Supra*, xx.

[1654] D 44.7.3, pr., no fim = ed. MOMMSEN, 765/I. [*obstringat ad dandum aliquid vel faciendum vel praestandum*]

490   *O conteúdo geral das obrigações*

(...) obriga-nos a dar alguma coisa, a fazer ou a garantir.

Dare quivale, tecnicamente, a proporcionar a propriedade, o que se fazia pela entrega. *Facere* implicava um facto, incluindo um *dare* com outro efeito, uma prestação de trabalho ou uma omissão. *Praestare* (de *praes* + *stare*: estar como garante) significaria ficar como garante ou proporcionar uma garantia[1655].

O Código de Napoleão, seguindo a orientação de Pothier[1656], mantinha esses quadros. O seu artigo 1101.º definia:

> O contrato é uma convenção pela qual uma ou mais pessoas se obrigam, perante outra ou outras, a dar, a fazer ou a não fazer alguma coisa.

Retomava essa distinção no artigo 1126.º e desenvolvia os regimes envolvidos quanto à obrigação de dar (1136.º a 1141.º) e quanto à de fazer ou não fazer (1142.º a 1145.º)[1657]. O Código de Seabra, assente na pré-codificação portuguesa[1658], distinguiu (710.º) e regulou, de modo explícito, a prestação de factos (711.º a 713.º) e a prestação de cousas (714.º a 732.º). A doutrina acolhia a tradição, mas explicava que o "objeto imediato" (o conteúdo) de uma obrigação é um facto, enquanto o "mediato" (o objeto) são coisas ou serviços[1659].

Nos códigos da segunda geração, entre os quais o BGB e o de Vaz Serra, essa contraposição veio a desaparecer por ter sido entendida como dogmaticamente menos útil. Todavia, ela permite explicar o regime vigente, pelo que a retomaremos: basta ver a relevância que lhe advém dos preceitos dedicados à execução específica: 827.º (entrega de coisa determinada), 828.º (prestação de facto fungível) e 829.º (prestação de facto negativo).

III. A prestação de *facere* ou de facto consiste na efetivação ou na não-efetivação de uma determinada conduta. O 398.º/1 fala em "conteúdo positivo ou negativo da prestação", para designar o que, habitualmente,

---

[1655] MAX KÄSER, *Das römische Privatrecht* cit., 1, 2.ª ed., § 115, V (489), com indicações; também KASER/KNÜTEL, *Römisches Privatrecht*, 19.ª ed. cit., § 34, I, Nr. 1 (181).

[1656] POTHIER, *Traité des obligations* cit., I, cap. II, § 1, n.º 130 = *Oeuvres* cit., II, 61: o objeto de um contrato pode ser uma coisa, que o devedor se obriga a dar ou um facto, que ele se obriga a fazer ou a não fazer.

[1657] No Direito atual, JEAN CARBONNIER, *Les obligations*, 22.ª ed. cit., n.º 925 (1926) e MALAURIE/AYNÈS/STOFFEL-MUNCK, *Les obligations*, 5.ª ed. cit., 2.

[1658] CORRÊA TELLES, *Digesto Portuguez* cit., 1, 3.ª ed., Livro I, Título X, precisamente epigrafado *das obrigações de dar, fazer ou não fazer*, artigos 188 a 194 (28).

[1659] GUILHERME MOREIRA, *Instituições* cit., 2, 55-57.

§ 37.º *Prestações principais e secundárias* 491

se exprime como ação ou omissão. Na prestação de facto positivo, temos, como exemplos:

- a realização de um serviço material simples (pintar uma porta);
- a efetivação de um encadeado de serviços materiais, que conduzam a um resultado (uma empreitada);
- a prática de um ou mais atos jurídicos, por conta do credor (um mandato);
- a conclusão, com o credor, de um contrato predeterminado (contrato-promessa) ou a determinar, em função de elementos prefixados (pacto de preferência e pacto de opção);
- a prestação de um facto de terceiro, isto é, o convencer um terceiro a praticar um determinado ato;
- a prestação de um facto a um terceiro, ou seja, a assunção das relatadas prestações, devendo as mesmas ser efetuadas a favor desse mesmo terceiro.

IV. A omissão implica a negação de uma ação; a doutrina alemã, na base dos preparatórios do BGB[1660], faz, aí, cair também a suportação (*pati*)[1661]. Todavia, uma mesma realidade pode ser apresentada em termos positivos ou negativos, pelo que a omissão tem levantado dúvidas[1662]. Além disso, qualquer ação delimitada implica uma série de omissões circundantes, pelo que a contraposição ação/omissão não é, logicamente, viável[1663].

Há que ser pragmático[1664], tendo em especial conta os usos linguísticos, os quais não são indiferentes para o Direito. As prestações de facto

---

[1660] *Motiven* cit., II, 5. Mais precisamente, diz-se, aí:

O fazer envolve também, no sentido do projeto, o dar, o proporcionar a propriedade ou um outro direito sobre uma coisa ou sobre um direito e o omitir, o suportar [*das Dulden*] (...)

[1661] DORN, no HKK/BGB cit., 2, § 241, Nr. 86 (225). *Vide* o clássico de HEINRICH LEHMANN, *Die Unterlassungspflicht im Bürgerlichen Recht* (1906), 23 ss..

[1662] SIBER, *Der Rechtswang* cit., 86: dizer que o locatário deve restituir a coisa equivale a afirmar que ele não a ponde conservar.

[1663] JÜRGEN RÖDIG, *Privatrechtliche Pflicht zur Unterlassung/Zugleich ein Beitrag zur Lehre von der positiven Forderungsverletzung*, RTh 1972, 1-22 (11), com o exemplo do cabeleireiro.

[1664] KRAMER, no *Münchener Kommentar* cit. 2, 5.ª ed., § 241. Nr. 9 (57).

492 O conteúdo geral das obrigações

negativas são, de todo o modo, estruturalmente mais fracas do que as positivas[1665].

Uma distinção corrente, dentro das omissões ou prestações de facto negativas, contrapõe as autónomas às subordinadas[1666]. As primeiras são verdadeiras e próprias prestações principais, que preenchem o conteúdo essencial de um contrato; as segundas acompanham ou complementam prestações positivas, reforçando-as ou dando-lhes um especial sentido.

As obrigações de facto negativas podem advir da lei: pense-se nas proibições de concorrência que resultam do Código das Sociedades Comerciais: 180.º, 398.º e 477.º. Além disso, podemos distinguir:

- prestações negativas materiais: a assunção do dever de não construir (sem natureza de servidão), um certo prédio;
- prestações negativas jurídicas: um *pactum de non contrahendo cum tertio* ou um *pactum de non petendo*;
- prestações mistas: as cláusulas de não-concorrência.

V. A natureza, positiva ou negativa, do *facere* torna-se particularmente visível na hipótese de incumprimento. Assim, havendo que recorrer à execução específica (ou pelo tribunal):

- na prestação de facto fungível, o credor pode requerer que o mesmo seja prestado por terceiros, à custa do devedor (828.º) ou, sendo o facto não-fungível, pode pedir a condenação do devedor numa sanção pecuniária compulsória, até que cumpra (829.º-A/1);
- na prestação de facto negativo: quando o facto visasse a não-construção de uma obra, pode o credor requerer que a mesma seja demolida, à custa do devedor (829.º/1); reportando-se o facto negativo à não-efetivação de uma atividade, podem caber sanções pecuniárias compulsórias, até que o devedor cesse a atuação indevida.

[1665] HANS MARTIN MÜLLER-LAUBE, *Die Verletzung der vertraglichen Unterlassungspflicht*, FS Rolland (1999), 261-276 (262).

[1666] KRAMER, no *Münchener Kommentar* cit. 2, 5.ª ed., § 241. Nr. 10-12 (57-58); OLZEN, no *Staudinger* cit., II, § 241, Nr. 137 (165).

§ 37.º Prestações principais e secundárias

150. Prestações de *dare*

I. Prestações de *dare*[1667] ou de entrega de coisa são aquelas que se traduzem na passagem de uma coisa para o âmbito de influência do credor. A noção é empírica, uma vez que, juridicamente, pode traduzir ocorrências distintas[1668].

O artigo 714.º do Código de Seabra explicitava algumas dessas possibilidades. Dispunha:

> A prestação de cousas por effeito de contracto póde consistir:
>
> 1.º Na alienação da propriedade de certa cousa;
> 2.º Na alienação temporaria do uso, ou fruição de certa cousa;
> 3.º Na restituição de cousa alheia, ou no pagamento de cousa devida.

Os artigos subsequentes explicitavam algumas destas operações[1669].

II. No Direito português, a constituição e a transferência de direitos reais dá-se, em princípio, por mero efeito do contrato (408.º/1): não é, assim, necessária nenhuma prestação relativa à coisa, para conseguir esse efeito. Por isso, as obrigações de entrega de coisa têm, à partida, um sentido mais empírico: ela traduz-se pela passagem material de uma coisa, da esfera do devedor, para a do credor. Juridicamente, isso pode implicar alguma das seguintes operações jurídicas:

– a transferência da posse, sempre que o devedor já seja proprietário, mas ainda não tenha o controlo material da coisa: é o que sucede com o dever de entrega, do vendedor e ao comprador, da coisa vendida – 879.º, *b*);
– a transferência da detenção, sempre que o credor já fosse possuidor, mas não tivesse a posse efetiva: tal ocorre na hipótese de constituto possessório (1264.º) ou na da restituição por um detentor;

[1667] *Dare* significa, em latim, entregar uma coisa; não se deve confundir com *donare*, doar, popularmente "dar" e que traduz uma entrega gratuita, nos termos de um contrato de doação (940.º/1).

[1668] CARL GEORG WÄCHTER, *Pandekten* II – *Besonderer Teil* (1881), § 167 (276-277), distinguia: a alienação de um direito patrimonial, a entrega da coisa e a permissão do seu uso.

[1669] LUIZ DA CUNHA GONÇALVES, *Tratado de Direito civil* cit., 4, 566 ss..

494   *O conteúdo geral das obrigações*

– a transferência da posse/detenção[1670], em obediência a um contrato constitutivo de um direito pessoal de gozo – 1031.º, *a*);
– a transferência da propriedade, quando esta opere concomitantemente com a da posse; é o que se passa nos contratos translativos reais *quoad constitutionem*, como o mútuo (1144.º);
– a constituição de outro direito real, também quando o respetivo contrato seja real *quoad constitutionem*, como o penhor (669.º);
– a constituição de um direito pessoal de gozo, quando a entrega seja necessária para a eficácia do respetivo contrato, como o comodato (1129.º).

III. Um efeito jurídico não é, em rigor, uma entrega de coisa, embora possa decorrer dessa entrega. Por isso, mantemos que a prestação de *dare* ou de entrega da coisa é, tão-só, uma conduta que visa colocar alguém no controlo material de uma coisa corpórea[1671]. As consequências de tal entrega terão de ser verificadas, caso a caso.

Pode suceder que uma obrigação surja, formalmente, como o dever de propiciar um certo efeito de Direito. Quando se apure que tal efeito implica a entrega de uma coisa, chegamos à prestação de *dare*: seja como elemento nuclear da obrigação em jogo, seja como prestação secundária.

IV. As prestações de coisa podem ser subdivididas, consoante o tipo de coisa concretamente em jogo. O artigo 399.º refere, de modo expresso e impressivo, a admissibilidade de prestação de coisa futura. Coisa futura é, segundo o artigo 211.º, a que não esteja em poder do disponente ou a que este não tenha direito, aquando da declaração negocial[1672]. Ficam abrangidas as coisas objetivamente futuras (que não existem, *in rerum natura*) e as coisas subjetivamente futuras (que existem, mas que o disponente não tem na sua esfera). Em qualquer dos casos, é óbvio que a coisa futura, enquanto for futura, não pode ser entregue: não constitui objeto possível de uma prestação de *dare*.

A pessoa obrigada a prestar uma coisa futura está, em regra, adstrita a uma prestação de *facere*: o disponente obriga-se às diligências necessárias para que a coisa se torne presente (880.º/1).

[1670] Posse em termos do próprio direito pessoal de gozo em causa; detenção em termos de propriedade.

[1671] *Direito das obrigações*, 1, 337.

[1672] *Tratado* I/2, 2.ª ed., 159-160.

§ 37.º Prestações principais e secundárias 495

A incongruência lógica e jurídica do artigo 399.º adveio da falta de cuidado da 2.ª revisão ministerial: alterações não pensadas foram, à última hora, introduzidas no anteprojeto pelo punho do Ministro. Na verdade, o 399.º resultou do artigo 12.º do anteprojeto de Vaz Serra, segundo o qual[1673]:

> A prestação de coisa futura pode ser objecto de obrigação, excepto nos casos em que a lei o proibir.

Tal preceito, diretamente inspirado no artigo 1348.º do Código italiano[1674], faz sentido: não há nenhuma prestação de coisa futura; há, antes, um contrato que a prevê: logicamente no futuro e quando a coisa se torne presente. Esse preceito manteve-se na 1.ª revisão ministerial, agora como artigo 357.º/3[1675]. Na 2.ª revisão, surge a atual norma do 399.º: não se atentou em que admitir, *ad nutum*, a prestação de coisa futura não equivale a facultar, num contrato, a obrigação correspondente. Aliás, a 2.ª revisão também acrescentou o artigo 211.º, com uma questionável noção de coisa futura: extremamente incorreta, nas palavras do Prof. Pessoa Jorge[1676].

151. **Prestações de *pati***

I. Prestação de *pati*, de suportação ou de tolerância é a que consiste em o devedor se sujeitar a uma atuação à qual, em princípio, se poderia opor. A doutrina alemã inclui este tipo de prestações nas de facto negativo[1677], mercê de uma afirmação desse teor, que consta dos trabalhos preparatórios do BGB[1678]. Pensamos, todavia, tratar-se de uma realidade qualitativamente diversa.

Exemplo de prestação de *pati* é o que se traduza em o devedor ficar adstrito a construções que, pelo regime geral, poderia proibir[1679].

II. Uma obrigação reportada a uma prestação de *pati* pode envolver diversas atuações jurídicas. Assim sucederá quando, para o cumprimento

---

[1673] Vaz Serra, *Direito das obrigações* cit., 11.
[1674] Vaz Serra, *Objecto da obrigação* cit., 165.
[1675] BMJ 119, 27.
[1676] Pessoa Jorge, *Direito das obrigações* cit., 1, 46.
[1677] Dorn, no HKK/BGB cit., 2, § 241, Nr. 86 (225).
[1678] *Motiven* cit., II, 5, transcrito *supra*, nota 1660. *Vide* Siber, *Schuldrecht* cit., 12.
[1679] Pessoa Jorge, *Direito das obrigações* cit., 1, 60.

496 *O conteúdo geral das obrigações*

daquilo a que se obrigou, caiba, ao devedor, conceder autorizações formais ou documentar, de alguma forma, a sua suportação.

Tudo isto terá de, nos termos gerais, envolver posições jurídicas disponíveis.

152. Prestações secundárias

I. As prestações secundárias seguem, em geral, o regime das principais: donde a sua inclusão na presente rubrica.

A adstrição à prestação principal pode envolver, nos termos da própria fonte em causa (normalmente: um contrato), a presença de prestações secundárias. Estas traduzem atuações de tipo instrumental que complementam a principal, de modo a afeiçoar, no sentido pretendido, o interesse do credor[1680].

II. As prestações secundárias podem resultar supletivamente da lei. Tomando o contrato de locação: a prestação principal, a cargo do locatário, é a de pagar a renda ou aluguer – 1038.º, *a*): ela dá corpo à função económica da locação. Todavia, esse mesmo preceito adita diversas outras condutas, que têm natureza secundária e que cobrem o espectro dos diversos tipos de prestação. Assim, são obrigações do locatário:

> *b*) facultar ao locador o exame da coisa locada; envolve prestações de facto positivo e de *pati*;
>
> *c*) não aplicar a coisa a fim diverso daqueles a que ela se destina: prestação de facto negativa;
>
> *d*) não fazer dela uma utilização imprudente: *idem*;
>
> *e*) tolerar as reparações urgentes, bem como quaisquer obras ordenadas pela autoridade pública: prestação de *pati*;
>
> *f*) não proporcionar a outrem o gozo total ou parcial da coisa, salvo se a lei o permitir ou o locador o autorizar: prestação de facto negativo;

[1680] Karl Larenz, *Schuldrecht* cit., 14.ª ed., 8-9; Esser/Schmidt, *Schuldrecht* cit., I/1, 8.ª ed., 107-109; Kramer, no *Münchener Kommentar* cit. 2, 5.ª ed., § 241, Nr. 16-17 (59-60); Dorn, no HKK/BGB cit., 2, § 241, Nr. 89-90 (228). Dirk Olzen, no *Staudinger* cit., II, § 241, Nr. 162-292 (181-213), dá, à matéria, um grande desenvolvimento, entrando no que já se nos afigura ser zonas de deveres acessórios.

§ 37.º *Prestações principais e secundárias* 497

g) comunicar ao locador, dentro de quinze dias, a cedência do gozo da coisa, quando permitida ou autorizada: prestação de facto positivo;

h) avisar imediatamente o locador, sempre que tenha conhecimento de vícios na coisa, ou saiba que a ameaça algum perigo ou que terceiros se arrogam direitos em relação a ela, desde que o facto seja ignorado pelo locador: prestação de facto positivo;

i) Restituir a coisa locada findo o contrato: prestação de *dare*.

III. As prestações secundárias não se confundem com os deveres acessórios. Estes têm origem legal imperativa e visam a concretização dos valores básicos do ordenamento, dando-lhes firmeza na periferia do sistema e em cada caso concreto. Subordinam-se a esses valores e não ao específico interesse do credor.

Pelo contrário e como foi dito, as prestações secundárias são comuns deveres de prestar, que seguem o regime da prestação principal ou, mais latamente, dos deveres de prestar. As prestações secundárias dão azo a pretensões de cumprimento, podendo ser objeto de execução específica.

Resta ter presente que as prestações secundárias têm, na sua autonomização, muito a ver com o concreto idioma em que surjam expressas. Sempre que, para exprimir uma certa realidade, haja que recorrer a perífrases ou a fórmulas complexas, teremos uma prestação principal acompanhada por prestações secundárias. Com reflexos no regime: a linguagem tem um alcance substancial, hoje reconhecido.

§ 38.º OS DEVERES ACESSÓRIOS

153. Ideia básica; origem

I. Os vínculos obrigacionais oferecem ligações abstratas entre as partes. Duplamente irreais: por um lado, esquecem que, quando duas pessoas se encontram como credor e devedor, o entrecruzamento das esferas é, em regra, mais intenso do que o expresso pela obrigação linear; por outro, desconsideram toda a inserção dos sujeitos no meio social. O irrealismo em causa é uma fatalidade: limitados pela linguagem, os seres humanos só são capazes de comunicar e, logo, de raciocinar, em planos bidimensionais muito simples.

A simplificação daí resultante reflete-se no regime aplicável, sendo fonte de injustiças. Estas são empiricamente percetíveis, pelo que, desde sempre, se procuraram soluções. Tais soluções, pelo que hoje sabemos, passam por uma ideia simples: quando envolvidas numa relação obrigacional, as partes, para além dos direitos e deveres inerentes à prestação principal e às prestações secundárias, resultantes do vínculo, ficam ainda adstritas a uma série de deveres que visam:

– acautelar materialmente o vínculo obrigacional;
– proteger as partes, nas suas pessoas e no seu património;
– proteger terceiros que, com a obrigação, tenham um especial contacto.

Tais deveres têm base legal e um regime próprio, claramente diferenciado do dos deveres de prestar: principal e secundários. São os deveres acessórios, de acordo com a terminologia que temos vindo a usar[1681-1682].

[1681] A doutrina alemã, onde toda esta matéria foi desenvolvida, fala em *Nebenpflichten* (deveres laterais), a não confundir com os *Nebenleistungspflichten* (deveres de prestar laterais: os "nossos" deveres secundários). Aparecem, também, *Schutzpflichten* (deveres de proteção), *Rücksichtspflichten* (deveres de consideração) e *Sorgfaltflichten* (deveres de cuidado).

[1682] Em especial: KAI KUHLMANN, *Leistungspflichten und Schutzpflichten/ein kritischer Vergleich des Leistungsstörungsrechts des BGB mit den Vorschlägen der Schuldrechtskommission* (2001), 424 pp.; WOLFGANG SCHUR, *Leistung und Sorgfalt/zugleich ein*

§ 38.º Os deveres acessórios

II. Aparentemente simples, esta matéria exige um grande afinamento conceitual e uma elevada capacidade de abstração. Embora com significativos antecedentes, podemos dizer que ela só estabilizou na segunda metade do século XX, tendo atingido a sua maturidade nos finais desse século. Em termos de Direito civil, ela é muito jovem, traduzindo um campo de expansão e de investigação que só nos últimos anos tem vindo a ser explorado. A generalidade dos avanços jurídico-científicos tem ocorrido, precisamente, nesta área[1683].

III. Os problemas que a atual doutrina dos deveres acessórios procura resolver são conhecidos desde sempre, com relevo para o Direito romano[1684].

Embora com distinta terminologia, podemos apontar os próprios *bonae fidei iudicia* como a grande fonte da integração obrigacional na problemática mais vasta (individual e social) que a rodeia. Os *bonae fidei iudicia* foram uma criação pretoriana que permitiu alargar os quadros do velho Direito romano à realidade resultante da expansão mediterrânica[1685]. Na sua base surgiram a tutela, a sociedade, a fidúcia, o mandato, a compra, a venda, a locação, a condução, o depósito e a gestão de negócios.

Mas para além desse alargamento externo, que deu, às obrigações,

---

Beitrag zur Lehre von der Pflicht im Bürgerlichen Recht (2001), XX + 390 pp. (123 ss. e *passim*); HANS CHRISTOPH GRIGOLEIT, *Leistungspflichten und Schutzpflichten*, FS Canaris 1 (2007), 275-306; DIETER MEDICUS, *Zur Anwendbarkeit des Allgemeinen Schuldrechts auf Schutzpflichten*, FS Canaris 1 (2007), 835-855 (837 ss.); DIRK OLZEN, no Staudinger II, §§ 241 243 (2009), § 241, Nr. 142 ss. (176 ss.); HARM PETER WESTERMANN, no Erman/BGB, I, 13.ª ed. (2011), § 241, Nr. 8 e Nr. 10 ss. (777 ss.); HANS PETER MANSEL, no Jauernig/BGB, 14.ª ed. (2011), § 241, Nr. 9 ss. (171 ss.); REINER SCHULZE, *HandKommentar*, 7.ª ed. (2012), § 241, Nr. 4 ss. (254 ss.); PETER KREBS, no *NomosKommentar*, 2/1, 2.ª ed. (2012), § 241, Nr. 44 ss. (18 ss.); CHRISTIAN GRÜNEBERG, no Palandt, 71.ª ed. (2012), § 241 (254--255); MARTIN SCHMIDT-KESSEL, no PWW/BGB, 7.ª ed. (2012), § 241, Nr. 15 ss. (329 ss.); PETER HUBER, *Der Inhalt des Schuldverhältnisses,* no Staudinger/*Eckpfeiler des Zivilrechts* (2012/2013), 211 244, Nr. 2 6 (212 213) e passim.

[1683] Trata-se, nas palavras de PETER KREBS, *Sonderverbindung und ausserdeliktische Schutzpflichten* (2000), 9, de um dos principais novos conhecimentos de Direito das obrigações; na mesma linha, também a conferência de 20-mai.-1987, em Berlim, de DIETER MEDICUS, *Probleme um das Schuldverhältnis* (1987), 16.

[1684] FRANZ DORN, no HKK/BGB cit., II/1, § 241, Nr. 10 (145). Uma referência aos deveres de proteção e de lealdade, no Direito romano, pode ser confrontada em KASER/KNÜTEL, *Römisches Privatrecht*, 19.ª ed. cit., 207 e 233.

[1685] *Supra*, 41 ss..

500   *O conteúdo geral das obrigações*

um espaço universal, que ainda é o seu, houve um significativo alargamento interno, que vamos recordar[1686].

Desde logo, os juízos de boa-fé, nos quais se efetivavam os contratos mais significativos, eram aplicáveis a *cives* e a *peregrini*[1687]. Muito importante foi a inclusão automática da *exceptio doli*: permitia evitar condenações na base da mera forma obrigacional, sem atentar nas realidades efetivamente existentes[1688]. Seguiram-se outras exceções, como a *exceptio pacti*[1689], que permitia, ao juiz, ter em conta pactos advenientes, o que é dizer: a efetiva complexidade da obrigação. Relevante: a consignação de ações correspetivas, de modo que uma das partes, demandada, poderia acionar a demandante, na base da conexão de ações (o vendedor, demandando o comprador, poderia ser demandado por este)[1690] e a possibilidade de compensação[1691].

Em síntese, podemos dizer que, através da *bona fides*, o Direito romano aperfeiçoou o sistema geral das obrigações, de modo a permitir que o juiz, em vez de se ater a formalismos estritos, pudesse, através de certos expedientes, descer à substância das questões[1692].

IV. A técnica de ir enriquecendo o esquema das obrigações através do aditamento de novas figuras e institutos prosseguiu, ao longo da História, ao sabor das oscilações científico-culturais que se foram registando, até aos nossos dias. A ideia de autonomizar vínculos específicos, na órbita de cada obrigação, com fins delimitados e um regime próprio foi, todavia, recente, em termos civis[1693].

[1686] Sobre esta matéria, com indicações, *Da boa fé*, 81 ss..

[1687] FRANZ WIEACKER, *Zum Ursprung der bonae fidei iudicia*, SZRom 80 (1963), 1-41 (11 ss.), sublinha que, pelo menos desde o início, as *emptio venditio* (compra e venda), *locatio conductio* (locação) e *societas* (sociedade), funcionavam universalmente.

[1688] MORITZ WLASSAK, *Der Ursprung der römischen Einrede* (1910), reimp., Labeo 13 (1967), 231-266.

[1689] GIUSEPPE GROSSO, *Efficacia dei patti nei "bonae fidei" iudicia* (1928), 42.

[1690] ALEXANDER BECK, *Zu den Grundprinzipien der bona fides im römischen Vertragsrecht*, FS Simonius (1955), 9-27 (19) e GIUSEPPE PROVERA, *Contributi alla teoria dei iudicia contraria* (1951), 29 ss..

[1691] HEINRICH DERNBURG, *Geschichte und Theorie der Kompensation nach römischem und neuerem Rechte*, 2.ª ed. (1868), § 11 (80 ss.) e BIONDI BIONDI, *La compensazione nel diritto romano* (1927), 19.

[1692] *Da boa fé*, 89.

[1693] A matéria surge cuidadosamente estudada por SUSANNE WÜRTHWEIN, *Zur Schadensersatzpflicht wegen Vertragsverletzungen im Gemeinen Recht des 19. Jahrhunderts/*

§ *38.º Os deveres acessórios* 501

Na pandetística do século XIX, a ocorrência de danos laterais em contratos era vista como um subcaso de atos ilícitos: obrigaria a indemnizar enquanto fonte de danos ilícitos. O fundamento de tal responsabilidade era aproximado ora da regra geral de respeito, ora do próprio contrato em jogo[1694]: em qualquer dos casos, estaria já em curso a rematerialização das obrigações[1695]. Uma teoria geral de deveres específicos laterais ficou a dever-se ao pandetista Friedrich Ludwig Keller (1799-1860), discípulo de Savigny, tendo sido apresentada em 1861[1696]. Segundo este Autor, com base numa obrigação, e para evitar a culpa, o obrigado fica adstrito não apenas a atuações negativas, mas também a vinculações de tipo positivo[1697].

Estão em causa deveres de cautela (*Sorgfaltspflichten*) perante o parceiro na contratação, que se distinguem dos demais porquanto traduzem[1698]:

> (...) um certo cuidado e uma consideração conscienciosa pelo interesse do outro, vertido na relação obrigacional em causa.

Daqui não resultariam pretensões de cumprimento mas, apenas, direitos indemnizatórios[1699].

A jurisprudência sancionou casos de violação dos deveres de cautela e de proteção visualizados por Keller, embora procedendo a uma sua derivação da obrigação "principal"[1700].

Grundsätze des Leistungsstörungsrechts im Gemeinen Recht in ihrer Bedeutung für das BGB (1990), 291 pp.; *vide*, aí, 199 ss.; Susanne Würthwein foi, por seu turno, tida em especial conta na rubrica dedicada ao desenvolvimento histórico da doutrina dos deveres de proteção, de FRANZ DORN, no HKK/BGB cit., II/1, § 241, Nr. 95-104 (233-241). Referências à evolução histórica deste tema constam, ainda, da já referida e importante obra de PETER KREBS, *Sonderverbindung und ausserdeliktische Schutzpflichten* (2000), XXXVI + 679 pp.; *vide*, aí, 2-3.

[1694] SUSANNE WÜRTHWEIN, *Zur Schadensersatzpflicht* cit., 180 ss. e 194 ss., com indicações.

[1695] WOLFGANG WIEGANG, *Die Verhaltenspflichten* cit., 563.

[1696] FRIEDRICH LUDWIG KELLER, *Pandekten/Vorlesungen, aus dem Nachlasse des Verfassers*, 2.ª ed. (1866), publ. por WILLIAM LEWIS, 1, § 249 (542-545). A 1.ª ed., também póstuma, é de 1861.

[1697] KELLER, *Pandekten*, 2.ª ed. cit., 543.

[1698] KELLER, *Pandekten*, 2.ª ed. cit., 545; cf. SUSANNE WÜRTHWEIN, *Zur Schadensersatzpflicht* cit., 199-200.

[1699] SUSANNE WÜRTHWEIN, *Zur Schadensersatzpflicht* cit., 200-201.

[1700] RG 2-dez.-1871, RGZ 4 (1881), 192-194 (193): um acidente com um "elétrico" e RG 12-jul.-1894, RGZ 34 (1895), 1-3 (2): acidente numa oficina. Podem ser confrontadas outras indicações em SUSANNE WÜRTHWEIN, *Zur Schadensersatzpflicht* cit., 214 ss..

502 *O conteúdo geral das obrigações*

154. A doutrina moderna (Kress e Stoll)

I. Como iniciador da doutrina moderna dos deveres acessórios é, hoje, reconhecido Hugo Kress[1701]. Este Autor, numa exposição geral de obrigações datada de 1929[1702], vem explicar que a ilicitude de atuações danosas não provém apenas da violação de bens juridicamente tutelados, enquanto tais, mas também da violação de deveres de conduta e de proteção. Tais deveres cominam ao vinculado o não atingir os direitos, os bens jurídicos e os interesses patrimoniais do parceiro[1703].

Punha-se, todavia, um problema clássico: a indemnização surgia com a violação e os danos, apenas nessa altura se manifestando a existência de deveres de proteção. Kress responde com uma hábil teoria: a da pretensão não-desenvolvida[1704]: apenas se manifestaria com a violação.

II. No tocante à origem da relação resultante dos deveres de proteção, Kress apela para a vontade das partes ou para a interpretação complementadora (a integração), derivada da boa-fé (§§ 157 e 242, do BGB)[1705]. Tais deveres manifestar-se-iam *in contrahendo* e, na constância do negócio, no instituto da violação positiva do contrato[1706]. Com isto, podemos considerar que Kress antecipou, em quase meio-século, os desenvolvimentos de Canaris.

III. O passo seguinte foi dado por Heinrich Stoll, em 1932. Confrontado com a doutrina de Hermann Staub sobre a violação positiva do con-

---

[1701] Muitas vezes era apontado, em seu lugar, Heinrich Stoll: nesse sentido, LARENZ, *Schuldrecht* cit., I/1, 14.ª ed., 10-11 e KRAMER, no *Münchener Kommentar* cit., 2, 5.ª ed., Intr., Nr. 80 (37). Também CLAUS-WILHELM CANARIS, no seu decisivo *Ansprüche wegen "positiver Vertragsverletzung" und "Schutzwirkung für Dritte" bei nichtigen Verträge/ Zugleich ein Beitrag zur Vereinheitlichung der Regeln über die Schutzpflichtverletzung*, JZ 1965, 475-482 (476/I), limita-se, em nota, a indicar Kress como precursor. Repondo a justiça histórica: DORN, no HKK/BGB cit., II/1, § 241, Nr. 98 (235), bem como as indicações aí dadas em pé-de-página. Quanto a esta questão: a anterioridade de Kress era conhecida nos meios da especialidade, sendo referida pelo próprio Stoll; *vide Da boa fé*, 598, nota 255 (esse texto data de 1983).

[1702] HUGO KRESS, *Lehrbuch des Allgemeinen Schuldrechts* (1929), 654 pp..

[1703] *Idem*, 3 (*Nebenansprüche*), 5-9 (*der unentwickelte Schutzanspruch*) e 578-595 (*idem*).

[1704] *Lehre vom unentwickelten Anspruch; vide* KRESS, *Lehrbuch* cit., 5 ss..

[1705] KRESS, *Lehrbuch* cit., 578 ss..

[1706] *Idem*, 580-581.

§ 38.º Os deveres acessórios 503

trato, abaixo referida, Stoll censura-lhe a falta de unidade intrínseca[1707]. Tentando uma rearrumação da matéria, este Autor vem explicar que, por exigência da boa-fé, as partes não devem, apenas, procurar a realização exata do escopo da prestação: antes ocorre uma relação especial entre elas, representada pela ordem jurídica como uma relação de confiança. Esta relação teria um conteúdo negativo, visando não o interesse da prestação, mas o da proteção[1708]: vedaria, nesse plano, as atuações danosas. É certo que a tutela da pessoa e a do património dos parceiros na obrigação já é assegurada pelas normas gerais. Todavia, a presença de uma relação especial entre eles abre claras hipóteses de mútua interferência: donde os deveres especiais de não o fazer[1709].

Em 1936, Heinrich Stoll voltaria ao tema, revestindo-o, sem necessidade, de fórmulas em voga sob o nacional-socialismo[1710]. Tais vestes vieram, de resto, aproveitar conceitos e terminologias que, em si, nada têm a ver com regimes totalitários[1711].

Stoll apela, agora, ao princípio da lealdade, alicerçado na comunidade do povo, base de uma relação comunitária; daí adviria uma relação de confiança, assente na boa-fé, que deveria ser respeitada[1712].

O próprio Stoll propõe, para um futuro código civil então em estudo (*Volksgesetzbuch*), um preceito destinado a completar o § 242, assim pensado[1713]:

(1) O devedor e o credor ficam, desde o início das negociações contratuais até ao termo da relação obrigacional, numa relação de confiança recíproca (dever de lealdade).

(2) Na realização do fim da prestação, o credor e o devedor devem colaborar como o exige a boa-fé, com consideração pelos usos do tráfego.

[1707] HEINRICH STOLL, *Abschied von der Lehre von der positiven Vertragsverletzung/ Betrachtungen zum dreissigjähringen Bestand der Lehre*, AcP 136 (1932), 257-320 (262 e 314). Esta crítica já havia sido formulada por Heinrich Lehmann (1905) e por Zittelmann (1911), em obras abaixo citadas.

[1708] STOLL, *Abschied* cit., 288 ss., citando, de resto, Kress.

[1709] STOLL, *Abschied* cit., 298-301.

[1710] DORN, no HKK/BGB cit., II/1, § 241, Nr. 101 (237).

[1711] HEINRICH STOLL, *Die Lehre von den Leistungsstörungen* (1936), 145 pp., que conclui com um projeto de articulado (129-145).

[1712] *Idem*, 10-11.

[1713] *Idem*, 129-130.

504   *O conteúdo geral das obrigações*

(3) O devedor e o credor devem velar, com mútua consideração, para que nenhum deles seja prejudicado pela atuação do outro (dever mútuo de proteção).

IV. Na sequência, as ideias de Heinrich Stoll foram aprofundadas: por Dölle (1943), através da doutrina dos "deveres de proteção extralegais derivados de contactos sociais"[1714]; por Canaris (1965), mediante a doutrina da relação legal unitária de confiança[1715]. Para além das sempre interessantes pormenorizações, toda esta doutrina conflui na existência, ao lado do dever de prestar propriamente dito, de deveres acessórios, com fins alargados de tutela, ditados pelo sistema e que acompanham o dever de prestar, quando exista[1716].

Alguma doutrina tem pretendido reconduzir os deveres de proteção à responsabilidade delitual: seriam parte dos deveres do tráfego[1717]. Assim o entendem autores como Mertens[1718], von Bar[1719], von Caemmerer[1720],

---

[1714] HANS DÖLLE, *Aussergesetzliche Schuldpflichten*, ZstaaW 103 (1943), 67-102; cf. a súmula deste escrito em *Da boa fé*, 560-561.

[1715] CANARIS, *Ansprüche* cit., 475 ss. e *Schutzgesetze* cit., 84 ss..

[1716] Além de Canaris, cumpre referir: WOLFGANG THIELE, *Leistungsstörung und Schutzpflichtverletzung/Zur Einordnung der Schutzpflichtverletzung in das Haftungssystem des Zivilrechts*, JZ 1967, 649-657 (653); ULRICH MÜLLER, *Die Haftung des Stellvertreters bei culpa in contrahendo und positiver Forderungsverletzung*, NJW 1969, 2169-2175 (2174); WALTER GERHARDT, *Die Haftungsfreizeichnung innerhalb des gesetzlichen Schutzverhältnisses*, JZ 1970, 535-539 (535 ss.) e *Der Haftungsmaßstab im gesetzlichen Schutzverhältnis (Positiver Vertragsverletzung, culpa in contrahendo)*, JuS 1970, 597-603 (598); MARINA FROST, *"Vorvertragliche und "vertragliche" Schutzpflichten* (1981), 212 e 241; EDUARD PICKER, *Positive Forderungsverletzung und culpa in contrahendo/Zur Problematik der Haftungen "zwischen" Vertrag und Delikt*, AcP 183 (1983), 369-520 (460 ss.) e *Vertragliche und deliktische Schadenshaftung/Überlegungen zu einer Neustrukturierung der Haftungssysteme*, JZ 1987, 1041-1058 (1047 ss.); LOTHAR A. MÜLLER, *Schutzpflichten im Bürgerlichen Recht*, JuS 1998, 894-898 (896-897).

[1717] *Vide* DIRK OLZEN, no Staudinger cit., § 241, Nr. 386 (240); entre nós, MANUEL CARNEIRO DA FRADA, *Contrato e deveres de protecção* (1994), 55 ss. e 118 ss..

[1718] HANS-JOACHIM MERTENS, *Deliktsrecht und Sonderprivatrecht/Zur Rechtsfortbildung des deliktischen Schutzes vom Vermögensinteressen*, AcP 178 (1978), 227-262 (261-262).

[1719] CHRISTIAN VON BAR, *Verkehrspflichten* cit., 220 ss. e 312 ss. e *Vertragliche Schadensersatzpflichten ohne Vertrag?*, JuS 1982, 637-645 (645)..

[1720] ERNST VON CAEMMERER, *Wandlungen des Deliktsrechts*, FS 100. DJT (1960), 49-136 (56-58).

§ 38.º Os deveres acessórios

Stoll[1721] e Medicus[1722]. Todavia, isso equivaleria a deixar "de parte" os deveres de lealdade e de informação; além disso, significaria, perante o Direito português, retirar-lhes sentido útil.

Embora ainda se discuta, a reforma de 2001/2002, ao introduzir o § 241, II, resolveu a questão: há um dever legal específico.

O aprofundamento desta matéria, no Direito português, será feita a propósito da responsabilidade civil[1723].

O aspeto mais interessante transcende, porém, esta discussão central sobre o tema. Ele foi relançado e aprofundado na periferia, mercê de uma série de problemas concretos, que exigiram solução. Vamos, de seguida, tocar nesse domínio.

155. Desenvolvimentos periféricos e consagração central

I. Os deveres foram ainda impulsionados, para além da discussão teorética, por institutos periféricos. Na presente rubrica, interessa apenas aludir aos temas: eles foram aprofundados nos locais próprios ou sê-lo-ão, no momento oportuno.

A ideia de que o vínculo obrigacional seria complexo impôs-se, como vimos, com o aparecimento das doutrinas realistas e, depois, com as teses mistas do débito e da respondência[1724]. Seguiu-se a fórmula de Siber (a obrigação como organismo), retomada pela pena de Herholz (relação-quadro) e pela de Larenz (estrutura e processo)[1725]. Está hoje assente que a relação obrigacional não se esgota na dupla crédito/débito, antes abrangendo diversas outras realidades. A experimentação, por vezes possível em Direito, permite confirmá-lo: a simples análise de uma obrigação em funcionamento documenta a sua complexidade intrínseca.

[1721] HANS STOLL, *Vertrauensschutz bei einseitigen Leistungsversprechen*, FS Flume, 741-773 (752).

[1722] DIETER MEDICUS, *Vertragliche und Deliktische Ersatzansprüche für Schäden aus Sachmängeln*, FS Eduard Kern (1968), 313-334 (327 ss.).

[1723] Foram antecipados alguns elementos a propósito da pretensa relatividade dos créditos, contraposta a uma também pretensa absolutidade dos direitos reais.

[1724] *Supra*, 274 ss. e 283 ss..

[1725] *Supra*, 299 ss..

506 *O conteúdo geral das obrigações*

II. A violação positiva do contrato corresponde a uma descoberta de Hermann Staub (1902), que teve largas repercussões, até hoje[1726]. Na origem, temos uma lacuna do BGB que, de resto, também ocorre no Código Vaz Serra. Perante uma obrigação, a lei prevê, *grosso modo*, dois tipos de violação: a pura e simples não-execução, no momento indicado, da conduta devida e a impossibilitação, pelo devedor, daquilo que lhe era exigido. De fora fica uma terceira hipótese: a de o devedor violar a obrigação (o "contrato") não por omissão, direta ou provocada, mas por ação. Teríamos, aí, a "violação positiva". Esta poderia ocorrer por diversas vias, incluindo a provocação de danos na outra parte. Criticada pela falta de unidade[1727], a teoria da violação positiva do contrato teve sucesso na jurisprudência, pela sua maleabilidade e pela impressividade da própria designação. Logicamente: os deveres acessórios inscrever-se-iam, com facilidade, no rol das situações cuja inobservância consubstanciaria a violação positiva.

III. A lógica intrinsecamente favorável aos deveres acessórios, que se foi depreendendo da complexidade intra-obrigacional e da violação positiva do contrato, foi reforçada por outros institutos, que conheceram um desenvolvimento autónomo: a *culpa in contrahendo*, a *culpa post pactum finitum* e os efeitos subsistentes nas nulidades e nas anulações[1728].

Segundo a *culpa in contrahendo*[1729], surgiriam, entre as partes e logo na fase das negociações, deveres de proteção, de consideração e de cuidado, que preveniriam danos nas esferas respetivas. Também aqui se pode apelar à confiança e ao sistema, quedando a boa-fé como o princípio legitimador capaz de, ao juiz, dar os necessários poderes de concretização.

A *culpa post pactum finitum* diz-nos que, depois de extinta, pelo cumprimento, uma obrigação, ainda se mantêm, para as partes, deveres de proteção, de consideração e de cuidado[1730]. A referência à boa-fé torna-se inevitável.

[1726] HERMANN STAUB, *Die positiven Vertragsverletzungen*, 26. DJT (1902), 31-56, reedit. 1904 e, depois, várias vezes republicado.

[1727] HEINRICH LEHMANN, *Die positiven Vertragsverletzungen*, AcP 96 (1905), 60-113 (92) e ERNST ZITELMANN, *Nichterfüllung und Schlechterfüllung*, FS P. Krüger (1911), 265-281 (265). Como vimos, também Stoll partiu destas críticas, para a sua construção.

[1728] Em geral e pelo prisma aqui em causa, PETER KREBS, *Sonderverbindung und ausserdeliktische Schutzpflichten* cit., 10 ss..

[1729] *Tratado* I/1, 3.ª ed., 498 ss..

[1730] *Vide* o nosso *Da pós-eficácia das obrigações* (1984).

§ 38.º Os deveres acessórios

Os efeitos subsistentes nas nulidades e nas anulações traduzem-se na seguinte doutrina: sendo um negócio declarado nulo ou anulado, nem por isso deixarão as partes de ficar ligadas por deveres de proteção, de consideração e de cuidado. Dependendo das circunstâncias, elas podem manter-se vulneráveis às atuações uma da outra: têm o dever de não agir de forma danosa.

Estes desenvolvimentos são, ainda, complementados em áreas especializadas. Pense-se na relação bancária complexa, surgida entre o banqueiro e o seu cliente, através de uma série indefinida de negócios e da qual também se desprenderá uma relação legal de confiança, base de deveres diversos, de tipo legal[1731].

IV. Toda esta caudalosa evolução, espraiada em centenas de publicações e de decisões judiciais, veio a ser vertida no § 241 do BGB, aquando da reforma de 2001/2002. Foi, a esse preceito emblemático, acrescentado um n.º 2, segundo o qual:

> A relação obrigacional pode obrigar, de acordo com o seu conteúdo, cada parte à consideração pelos direitos, pelos bens jurídicos e pelos interesses da outra.

Trata-se do reconhecimento legal de que, para além do dever de prestar, existem outros deveres obrigacionais: visam não o "interesse de equivalência", prosseguido pelo dever de prestar, mas o "interesse de integridade", que o suplanta[1732]. A lei adotou a fórmula "deveres de consideração" (*Rücksichtspflichten*) como modo de transcender as múltiplas expressões existentes na doutrina[1733]: para, fundamentalmente, dizer o mesmo. Resta acrescentar que a diversidade terminológica se manteve, depois de 2002, tanto quanto nos é dado ver pelas obras publicadas depois dessa data.

[1731] *Vide* o nosso *Manual de Direito bancário*, 4.ª ed., 229 ss..

[1732] OLZEN, no Staudinger cit., § 241, Nr. 153 (179).

[1733] Assim (OLZEN, *idem*, Nr. 154, com as fontes): deveres de proteção (Thiele, Gerhardt, Soergel/Teichmann, Frost, Medicus, Kress, Jauernig/Mansel, Stoll e Westermann/Bydlinski/Weber); deveres de cuidado (Larenz, Stürner e Evans-von Krbek); deveres de conduta ou outros deveres de conduta (Gernhuber, Larenz e Emmerich); deveres de bom comportamento (Fikentscher); deveres laterais ou acessórios (Esser/Schmidt, Enneccerus/Lehmann, Erman/Werner, Kramer, Canaris, Henckel e von Bar). Surgem, ainda, outras designações.

508   *O conteúdo geral das obrigações*

Manteremos o português jurídico "deveres acessórios", que tem vindo a ser acolhido generalizadamente pela nossa literatura.

156. A experiência portuguesa

I. O civilismo português entrou, pela mão de Guilherme Moreira, na órbita pandetística. Seria de esperar, assim, um bom acolhimento para os deveres acessórios. Isso não sucedeu. Manteve-se um conceito de raiz que a exegese subsequente a 1966 não veio ajudar. É certo que a preocupação habitual dos autores em demonstrar atualização levou à multiplicação de referências a tais deveres nos textos introdutórios. Mas era-lhes recusada, depois, uma verdadeira eficácia. Deste modo, só após os anos 80 surgiram monografias e análises que, com o tempo, atingiriam os tribunais.

II. As primeiras referências à violação positiva do contrato e, por aí, aos deveres acessórios[1734] ocorreram, quanto sabemos, em textos de Vaz Serra[1735] e nas lições de Manuel de Andrade[1736]. Ambos usaram fontes limitadas[1737] e tomaram posições de desconfiança, perante o novo instituto, particularmente no tocante a este último e (a justo título) influente autor. Afigura-se inadequado versar o tema apenas pelo prisma do incumprimento dos contratos: ele prende-se, à cabeça, com o conteúdo das obrigações. De todo o modo, é justo assinalar que, graças à intervenção *in extremis*, na 2.ª revisão ministerial, de Antunes Varela, foi introduzido o atual artigo 762.º/2[1738]: a boa-fé no cumprimento da obrigação e, logo, na sua própria configuração.

[1734] Quanto à evolução da matéria na nossa doutrina: *Da boa fé*, 608 ss., nota 288.

[1735] ADRIANO VAZ SERRA, *Impossibilidade superveniente e cumprimento imperfeito imputáveis ao devedor*, BMJ 47 (1955), 5-97 (65-90 a 95-97) e, genericamente, *Objecto da obrigação/A prestação – suas espécies, conteúdo e requisitos*, BMJ 74 (1958), 15-283 (45-77, 79-80 e 262-263).

[1736] MANUEL DE ANDRADE, *Teoria geral das obrigações*, 3.ª ed. (1958), 326-327.

[1737] Fundamentalmente, ENNECCERUS/LEHMANN, *Recht der Schuldverhältnisse*, 15.ª ed. cit., 234 ss. e PHILIPP KECK, *Schuldrecht* cit., 118, que, neste ponto, não são representativos, nem traduzem os desenvolvimentos havidos desde Kress e Stoll.

[1738] *Vide* JACINTO RODRIGUES BASTOS, *Das obrigações em geral* V (1973), 184-185. Recordamos que a 2.ª revisão ministerial não foi publicada, nem foi acompanhada por quaisquer justificações ou explicações.

§ 38.º Os deveres acessórios

Ao tempo de Seabra, o desenvolvimento mais explícito e completo dedicado aos deveres acessórios ficou a dever-se ao Prof. Pereira Coelho (1964).

Pereira Coelho veio explicar que estava em causa um problema de alargamento da responsabilidade contratual. A essa luz, impor-se-iam diversos deveres para as partes (os deveres acessórios). Distingue: o dever de custódia, o dever de informação, o dever de prevenção ou de vigilância; e o dever de segurança[1739]. Afigura-se que o dever de prevenção já tem a ver com as concretizações aquilianas acima referidas[1740]. Quanto aos demais: a sua derivação da boa-fé, apontada por Pereira Coelho, veio antecipar o Código Vaz Serra.

III. Coube ao Prof. Mota Pinto (1936-1985) reconstruir a relação obrigacional, em função dos novos dados jurídico-científicos, que apontavam para a inclusão dos deveres acessórios[1741]. Dispondo já do apoio legal dado pelo Código Vaz Serra, Mota Pinto vem dizer, a propósito dos deveres que ora nos ocupam, tratar-se[1742]:

(…) de deveres de adoção de determinados comportamentos, impostos pela boa-fé em vista do fim do contrato (arts. 239.º e 762.º), dada a relação de confiança que o contrato fundamenta, comportamentos variáveis com as circunstâncias concretas da situação.

Este Autor estabeleceu ainda a conexão entre estes deveres, a *culpa in contrahendo* e a pós-eficácia (*culpa post pactum finitum*), fazendo, com base na experiência alemã, uma rica enumeração de exemplos[1743]. A matéria foi, depois, sendo divulgada por Almeida Costa[1744], Antunes Varela[1745]

[1739] FRANCISCO PEREIRA COELHO, *Obrigações/Aditamentos à Teoria geral das obrigações*, de Manuel de Andrade, por ABÍLIO NETO e MIGUEL J. A. PUPO CORREIA (1963-64), 376-380.

[1740] *Supra*, 393 ss..

[1741] CARLOS ALBERTO DA MOTA PINTO, *Cessão da posição contratual* (1970), 335 ss. e, de modo mais simplificado, *Direito das obrigações* (1973), 62-74, retomado por RUI DE ALARCÃO, *Direito das obrigações* (1975), 54 ss. (61 ss.).

[1742] CARLOS MOTA PINTO, *Cessão da posição contratual* cit., 339.

[1743] *Idem*, 343 ss. e 354 ss., em importantes notas de rodapé.

[1744] ALMEIDA COSTA, *Direito das obrigações*, 12.ª ed. cit., 77-79, com indicações na nota 1. A 1.ª ed. é de 1968.

[1745] ANTUNES VARELA, *Das obrigações em geral*, 1, 10.ª ed., 125; a 1.ª ed. é de 1970.

510   *O conteúdo geral das obrigações*

e nós próprios[1746]. Deve ainda referir-se o importante contributo de Paulo Mota Pinto[1747].

157. Regime geral

I. Os deveres acessórios têm, hoje, uma dogmática própria bastante complexa, que pode ser seguida nos grandes comentários[1748]: a partir de 2002, o § 241/II constituiu, de resto, um ensejo excelente para novos desenvolvimentos, absorvendo elementos que, antes, eram tratados a propósito da boa-fé. Sem prejuízo de a matéria dever ser retomada nos locais próprios[1749], vamos adiantar alguns aspetos marcantes do seu regime. Os elementos em jogo tornam-se mais claros, quando contrapostos ao "regime comum" do dever de prestar. A dogmática dos deveres acessórios foi fundamentalmente desenvolvida na doutrina alemã dos últimos oitenta anos. Trata-se de Ciência universal que pode, sem dificuldades, ser acolhida na lógica do nosso próprio sistema obrigacional. Digamos que o Direito geral das obrigações, no que não seja especificamente afastado, tem aplicação aos deveres acessórios[1750]. Mas com adaptações: a realidade linguística, científica e dogmática não é idêntica. Por isso, na exposição subsequente, intentaremos proceder a essa adaptação: subjaz-lhe, naturalmente, todo um conjunto de investigações parcelares.

Cabe, ainda, uma prevenção. Embora toda esta matéria tenha sido desenvolvida no Direito alemão e, mercê das características do sistema lusófono, tenha sido recebida, sem problemas, nas últimas décadas, há particularidades nacionais a ter em conta. Designadamente, falta, no Código

---

[1746] *Direito das obrigações* 1, 149 ss. e *passim* (a 1.ª versão é de 1978).

[1747] PAULO MOTA PINTO, *Interesse contratual negativo* cit., 2, 1191 ss., com atenção à importante nota 3345 (deveres de proteção).

[1748] Assim, como exemplos: DIRK OLZEN, no *Staudinger* cit., II, § 241, Nr. 378 a 553 (236-300); KRAMER, no *Münchener Kommentar* cit., 2, 5.ª ed., § 241, Nr. 31 a 190 (64 a 106); HARM PETER WESTERMANN, no Erman cit., 1, 13.ª ed., § 241, Nr. 10 a 19 (777 a 781); SCHMIDT-KESSEL, no PWW/BGB, 7.ª ed. cit., § 241, Nr. 15 a 24 (329-330); GRÜNEBERG/SUTSCHET, no Bamberger/Roth cit., 1, 2.ª ed., § 241, Nr. 42 a 106 (813 a 825); e CHRISTIAN GRÜNEBERG, no Palandt, 71.ª ed. cit., § 241, Nr. 6 a 8 (254-255).

[1749] Designadamente: a propósito das fontes das obrigações, do contrato a favor de terceiros, do cumprimento e da responsabilidade civil.

[1750] DIETER MEDICUS, *Zur Anwendbarkeit des Allgemeinen Schuldrechts auf Schutzpflichten*, cit., 842 e 853-855, ainda que acentuando a aplicação do regime geral.

§ 38.º Os deveres acessórios   511

Vaz Serra, o equivalente ao § 241/II, do BGB, introduzido em 2001. Impõe-se o estudo do BGB e das suas aplicações: mas sem seguidismos.

II. No tocante à constituição: os deveres acessórios têm as mesmas fontes das obrigações. Todavia, eles surgem de modo mais amplo e não necessariamente coincidente com elas. O simples início de negociações pode originar deveres acessórios que, depois, se irão manter[1751]. Na constituição de deveres acessórios, jogam relações de proximidade típica e de confiança real[1752]. Por esta via, intenta-se um equilíbrio entre a regulação abstrata e a efetividade de cada caso concreto. Mas se, com a apontada refração, as fontes são próximas, já a base jurídica ou jurídico-positividade dos deveres de prestar e dos deveres acessórios é muito distinta: os primeiros assentam no negócio ou outra fonte comum que esteja em jogo; os segundos têm base legal. Daí resultam logo diferenças evidentes: enquanto os deveres de prestar se obtêm por interpretação (236.º a 238.º) e por integração negociais (239.º), os deveres acessórios advêm da interpretação (9.º) e da integração da lei (10.º). É óbvio que tudo isto opera articulada e conjuntamente: todavia, a clivagem existe e traduz uma estruturação de raiz.

III. Os deveres acessórios distinguem-se claramente do dever de prestar principal e dos deveres de prestar secundários, em função do seu escopo. Enquanto estes visam a satisfação do interesse do credor na prestação, aqueles promovem o interesse do credor na integralidade da própria prestação e, ainda, na intocabilidade dos seus interesses colaterais: património e esferas física e moral.

Neste domínio, parece-nos útil fazer uma bipartição nos deveres acessórios, de modo a responder à crítica por vezes dirigida à conceção unitária do dever de proteção, desenvolvida por Canaris: a de que, havendo um contrato, nenhuma necessidade existe de recorrer à lei, para fundamentar um dever de proteção[1753]. Assim, distinguimos:

[1751] Já se defendeu uma "teoria da transformação": de base legal, eles adquiririam base negocial com o contrato ... regressando à base legal caso houvesse anulação. Esta alquimia teria de ser sindicada à luz do regime tendo, todavia, mais relevo teórico do que prático.

[1752] Mantém todo o interesse a pesquisa de JOHANNES KÖNDGEN, *Selbstbindung ohne Vertrag/Zur Haftung aus geschäftsbezogenen Handeln* (1981), 434 pp.; *vide*, aí, 97 ss. (teoria da vinculação quase-contratual).

[1753] DIETER MEDICUS, *Vertragliche und deliktische Ersatzansprüche* cit., 327 ss..

– um círculo interno, no qual se arrumam os deveres acessórios que visem o reforço e a substancialização do dever de prestar; temos, aqui, fundamentalmente, deveres de informação e de lealdade ao contratado;
– um círculo externo, que compreende os deveres dirigidos aos interesses circundantes e colaterais: integridade patrimonial, pessoal e moral; ocorrem deveres de segurança e de lealdade geral.

Pergunta-se se os deveres acessórios incluídos no círculo interno não serão, afinal, meros deveres secundários ou, se se preferir, delimitações, *ex bona fide*, dos deveres de prestar. *Summo rigore*, todo o Direito (todo o Universo!) nada mais é do que um *continuum*, no qual o ser humano, com as suas limitações extremas, efetua sondagens pontuais, obtendo aquilo a que chama conhecimento. Mas sobre essa humildade de princípio, podemos distinguir:

– o dever de prestar tem a configuração que resulte da sua fonte: paradigmaticamente um contrato; estamos em áreas disponíveis, pelo que faz todo o sentido concretizar e aplicar a matéria, à luz dos cânones negociais; todavia, a juridicidade e, daí, a eficácia dos negócios, advêm do exterior, isto é, do Direito objetivo; ora este não é passivo: tem valores que dão sentido ao seu sistema de reconhecimento de normas e de situações; daí que resultem, além de limitações à autonomia privada, complementações "legais" que se impõem a ambas as partes;
– os deveres acessórios, ainda quando reforcem e substancializem o dever de prestar, dão corpo à dimensão axiológica heterónoma do Direito, expressa nas limitações apontadas; complementam e delimitam o pretendido pelas partes.

IV. No atual estado dos conhecimentos jurídico-científicos, não há fórmulas linguísticas unitárias capazes de exprimir o conteúdo das obrigações. Temos de, a um conjunto de proposições a que chamamos "dever de prestar", de base ou essência negocial e que visam o interesse na prestação, somar um outro – "os deveres acessórios" – que dão corpo aos valores do sistema, aqui expressos pelo interesse na integralidade. Por certo que, no final, vamos ter uma síntese, e não uma adição. A dualidade linguística e valorativa é, porém, inevitável, estando na origem da contraposição entre os deveres de prestar e os deveres acessórios.

§ 38.º Os deveres acessórios

V. Os regimes não coincidem. Como temos vindo a relevar, no desenvolvimento antecedente, temos, pelo menos, as seguintes clivagens:

- os deveres de prestar fundam-se, paradigmaticamente[1754], na autonomia privada (398.º/1); os acessórios, na boa-fé (762.º/2);
- os deveres de prestar vinculam o devedor; os deveres acessórios adstringem ambas as partes;
- os deveres de prestar visam o "efeito prestação" ou, pelo menos, o "efeito atuação", quando este seja o visado; os acessórios dirigem-se para os efeitos "substancialização" e "integralidade";
- os deveres de prestar são diretamente disponíveis (salvo recaindo em pontos que o não sejam); os acessórios, enquanto *ex lege*, operam sempre que se mostrem reunidas as respetivas condições constitutivas;
- os deveres de prestar surgem com o negócio e cessam com o cumprimento; os acessórios podem ser pré ou pós-eficazes;
- os deveres de prestar cessam quando a respetiva fonte seja declarada nula ou anulada; os acessórios mantêm-se, nessas eventualidades, prosseguindo os seus fins de tutela;
- os deveres de prestar adstringem as partes; os acessórios podem tutelar terceiros;
- os deveres acessórios, designadamente os que se incluam no círculo externo, podem constituir-se ou subsistir sem que exista um dever de prestar; a obrigação subsistirá, então, apenas assente nos deveres acessórios, não tendo dever de prestar.

VI. Delicado é o tema do incumprimento. Na doutrina alemã, é frequente a afirmação de que, quanto ao dever de prestar, há uma pretensão de cumprimento que pode levar à sua execução, pelo tribunal. Já no tocante aos deveres acessórios: apenas haveria pretensões de indemnização.

Esta última asserção não é satisfatória e não se aplicará, de todo o modo, no Direito português: aí, é patente a preferência legislativa pela execução específica (827.º a 829.º-A) e pela reconstituição natural (566.º/1). A indemnização é mero sucedâneo para aquilo que o Direito teria preferido que acontecesse. No fundamental: identificado um dever acessório, não vemos porque não submetê-lo ao regime geral, que exigirá

[1754] Pode haver deveres de prestar não-contratuais; seguem, tendencialmente, o mesmo regime, filiando-se, então, nas normas legais que os imponham.

514   *O conteúdo geral das obrigações*

o seu cumprimento. O problema residirá noutro ponto: na imprevisibilidade de certos deveres acessórios, que apenas se irão consubstanciando à medida que a realidade se desenvolva. Logicamente: as pretensões relativas ao seu cumprimento, são sempre subsequentes à sua determinação. Muitas vezes o credor só dará por eles após o dano: daí a sequência indemnizatória. Mas não concebemos deveres de conduta cuja finalidade seja, não o seu cumprimento, o qual seria juridicamente indiferente, mas a atribuição, *ex post*, de uma indemnização.

    VII. Antecipamos ainda dois pontos, que têm a ver com a responsabilidade civil, mas que importa deixar claros.

    Os deveres acessórios não se confundem com os deveres do tráfego. Os primeiros têm uma génese relativa: ocorrem entre dois pólos predeterminados; os segundos correspondem a concretizações do dever geral de respeito. Os primeiros beneficiam do regime geral das obrigações e, designadamente perante o incumprimento, dão azo à presunção de culpa/ ilicitude do artigo 799.º/1; os segundos caem na responsabilidade aquiliana, exigindo, por parte do lesado, a prova da culpa (487.º/1) e, logo, da ilicitude. Os primeiros podem dar azo a pretensões de cumprimento; os segundos têm fins indemnizatórios.

    Os deveres acessórios não podem ser reconduzidos, *ad nutum*, a uma "terceira via" da responsabilidade civil: algo de intermédio entre as responsabilidades obrigacional e aquiliana. A "terceira via", originada em palavras circunstanciais de Canaris e assente num estudo antigo de Picker teve, entre nós, uma expansão muito mais lata do que na sua terra de origem. Haverá que sujeitá-la a uma análise crítica, perante o Direito positivo português, em sede de responsabilidade civil. Adiantamos já, todavia, que ela deve centrar-se nos deveres do tráfego e não nos deveres acessórios. Estes são verdadeiros elementos integradores do vínculo obrigacional, cujo incumprimento está legislado e doutrinado. Não vemos porque complicar, tanto mais que, na prática, receamos que a "terceira via" seja usada para restringir ainda mais as já apertadas bitolas da nossa responsabilidade civil.

158. Concretizações

    I. Os deveres acessórios são suscetíveis de inúmeras concretizações. Os grandes comentários comportam listas muito alargadas, apoiadas na jurisprudência e arrumadas em função dos grandes contratos típicos[1755].

[1755] P. ex., a de Olzen, no Staudinger, II (2009) cit., § 241, Nr. 426 a 518 (251 a 291).

§ 38.º Os deveres acessórios   515

Além disso, temos áreas densificadas pelo legislador, como sucede no domínio da banca[1756] e no dos seguros[1757]. Para os presentes propósitos, cabe dar um quadro geral que presidirá, aquando das diversas figuras, às competentes concretizações.

II. A arrumação dos deveres acessórios faz-se, tradicionalmente, em três grandes blocos[1758], acolhidos pela jurisprudência[1759]: informação, lealdade e segurança. Vamos mantê-los, subordinando-os, todavia, à prévia contraposição entre o círculo interno e o externo.

No círculo interno, encontramos os deveres acessórios destinados a acautelar e a substancializar a prestação. Trata-se de um vetor que corresponde ao subprincípio da primazia da materialidade subjacente, ele próprio uma concretização da boa-fé. Quando se acorde um certo dever de prestar, o sistema exige que (sendo a obrigação séria, válida e eficaz) o respetivo efeito seja, efetivamente, procurado e alcançado pelos envolvidos. O Direito não se compadece com meras execuções formais ou com "cumprimentos" feitos em termos de inutilidade para o credor.

> Como exemplos: contratado para cantar, mas sem prévia fixação de prazo, o devedor apresenta-se, para o efeito, às quatro da manhã, invocando o artigo 777.º/1 (na falta de fixação de prazo, pode o devedor proceder, em qualquer altura, ao cumprimento); ou então: obrigado a entregar certa quantidade de tijolos em determinada herdade, o devedor deposita-os dentro da charca. Nestes casos, o dever de prestar foi executado, mas sem que, em substância, o interesse do credor tenha sido servido.

No círculo interno, podemos inscrever os deveres de informação e os deveres de lealdade ao dever de prestar. Os primeiros obrigam as partes a trocar todas as informações necessárias, de modo a que:

- a vontade real se forme de acordo com a efetiva realidade existente;
- a obrigação se mantenha, saudável, nas diversas vicissitudes que a possam acompanhar, até ao cumprimento; particularmente em causa estarão as informações relativas a modificações de circuns-

---

[1756] *Manual de Direito bancário*, 3.ª ed., 284 ss..
[1757] PEDRO ROMANO MARTINEZ, *Lei do contrato de seguro anotado* (2009), 81 ss..
[1758] *Da boa fé*, 604 ss..
[1759] STJ 22-jan.-2009 (SANTOS BERNARDINO), Proc. 08B3301, por todos.

tâncias que sobrevenham e que possam afetar a conduta das partes ou os seus interesses;
– se verifique, no cumprimento, a necessária colaboração entre as partes e, pelo que tange ao devedor: o cumprimento opere em termos satisfatórios, de acordo com o programa obrigacional em execução.

Os deveres de informação recaem sobre a parte que detenha o conhecimento da matéria. Naturalmente, eles poderão ser mais intensos, perante uma parte débil. Não dependem, porém, de explícitas perguntas: nem isso faria sentido pois, em regra, só pergunta quem sabe. Eles derivam da lei (762.º/2), pelo que não são dependentes do artigo 485.º/1, que não tem, aqui, aplicação.

Quanto aos deveres de lealdade: eles distinguem-se dos de informação porque envolvem condutas, enquanto a informação (apenas) exige comunicações entre as partes. No plano interno, a lealdade exige:

– que as partes atuem com seriedade, evitando condutas que, embora formalmente inóquas perante o contratado, possam atingir o dever de prestar ou a utilidade que dele se espera;
– que, no plano da execução, o devedor previna comportamentos apenas aparentemente consentâneos com o programa do cumprimento;
– que o credor nem onere nem complique a atuação do devedor.

III. No círculo externo, joga a especial situação de vulnerabilidade em que as obrigações colocam ambas as partes. Trata-se de matéria que se prende com relações de proximidade e que tem sido estudada pela doutrina da confiança[1760]. Recordamos alguns tópicos: quando entrem em relação, particularmente quando cheguem ao ponto de, entre ambas, estabelecer uma obrigação, as partes baixam as suas defesas naturais ficando, em certos termos, à mercê uma da outra; a entrega mútua leva a que as partes se exponham a riscos acrescidos e suportem esforços e despesas que, de outro modo, não teriam lugar; ainda a proximidade e a obrigação consequente dá azo a posições patrimoniais de pessoas que exigem ou exigiriam contrapartidas mas que, justamente pela natureza relativa do vínculo, são

---

[1760] Cf. diversas construções em CARNEIRO DA FRADA, *Teoria da confiança* cit., 221 ss.; *vide* KÖNDGEN, *Selbstbindung ohne Vertrag* cit., 283 ss..

§ 38.º Os deveres acessórios   517

vulneráveis. Estão em causa interesses circundantes e colaterais que, não sendo visados pelo dever de prestar, se inscrevem, todavia, no círculo jurídico-social do credor/devedor.

Tudo isto é contemplado pelo sistema, justamente através do princípio da tutela da confiança, derivado da boa-fé. E a este propósito, surgem:

– deveres de segurança: as partes devem adotar todas as condutas necessárias para prevenir danos pessoais ou patrimoniais na esfera uma da outra;
– deveres de lealdade geral: as condutas das partes não podem atingir os valores circundantes, ora em causa; podem inscrever-se, aqui, em certos casos, os deveres acessórios de não-concorrência ou de sigilo.

Como exemplos: o advogado não deve encerar o corredor do seu escritório antes da entrada de um cliente, sem tomar precauções: ele pode escorregar e partir uma perna; o fornecedor que tenha tido acesso a um armazém não pode contar a um concorrente do credor o que por lá viu; o informático deve manter segredo profissional relativamente aos elementos de que tenha tido conhecimento, quando acedeu ao computador do seu credor.

IV. Os deveres acessórios inscrevem-se no conteúdo das obrigações e seguem o seu regime. Há que mantê-los separados da responsabilidade aquiliana, cujo regime é diferente e, em geral, menos favorável para os interesses do credor[1761].

O problema põe-se particularmente no que respeita aos deveres de segurança[1762]. Eles foram autonomizados no Direito alemão para permitir suprir às limitações da responsabilidade aquiliana. Por um lado, esta estava espartilhada nas três pequenas cláusulas dos §§ 823 I, 823 II e 826. Por outro lado, ela comportava alguns traços desfavoráveis para o lesado, com relevo para o § 831/1: este preceito permite ao principal desresponsabilizar-se dos danos causados pelos seus representantes ou auxiliares provando que, na sua escolha, pôs todo o cuidado necessário. Na prática, este sistema

---

[1761] Não é possível tomar como modelo os sistemas de *common law*: não distinguem eficazmente as responsabilidades contratual e aquiliana; *vide* PETER KREBS, *Sonderverbindung und ausserdeliktische Schutzpflichten* cit., 59 ss..

[1762] *Da boa fé*, 636-637; modificámos, mais tarde, a posição aí defendida, quanto ao Direito português.

518 O conteúdo geral das obrigações

pode tirar eficácia às indemnizações: hoje, os interesses económicos são geridos por empregados de sociedades; sempre que um deles provoque danos a um credor ou devedor das mesmas, elas poderiam evitar a responsabilidade provando que foram cuidadosos ao escolher o empregado; e este, não sendo "parte", apenas poderia ser atingido por via aquiliana (que exige prova da culpa); além disso, não tem, em regra, um património capaz de suportar indemnizações significativas. Pois bem: construindo um dever de segurança de tipo obrigacional, tudo mudaria; além de ser mais fácil a prova e a imputação, a entidade empregadora seria sempre responsável pelos atos do seu empregado, por via do § 278, sem possibilidade de se exonerar por via da subtil *culpa in eligendo*.

No Direito português, o cenário é diverso. O artigo 483.º/1 dá guarida a todos os danos ilícitos e culposos, que atinjam quaisquer direitos. Além disso, o principal responde sempre por atos de representantes ou auxiliares, seja na responsabilidade aquiliana (500.º/1), seja na obrigacional (800.º/1), ainda que, nesta, em termos mais vincados e efetivos. Isso levou-nos a defender a inutilidade, no Direito português, dos deveres de segurança, destinados a contornar as insuficiências das normas aquilianas alemãs[1763]. Haveria, perante o Código Vaz Serra e com apoio na melhor doutrina então existente, uma tal proximidade entre as responsabilidades obrigacional e aquiliana que o subterfúgio surgiria dispensável.

Todavia, quando estudámos, com mais profundidade, a génese e a essência do sistema português de responsabilidade civil, fomos levados a rever a nossa posição[1764]. As duas responsabilidades mantêm-se claramente distintas, sendo que a obrigacional, por força da presunção de culpa (e de ilicitude) do artigo 799.º/1, tem um funcionamento muito mais duro e eficaz: especialmente adaptado nas relações específicas. A consignação, nas obrigações, de deveres de segurança entre as partes é, assim, mais justa. Dadas as circunstâncias, não se pode tratar o devedor como um estranho, em situações de potencial perigo.

[1763] ERNST VON CAEMMERER, *Wandlungen des Deliktsrechts*, FS 100. DJT (1960), 49-136 (57), referindo o alargamento indevido da *culpa in contrahendo*, por força do § 831 do BGB. *Vide Da boa fé*, 637-638.

[1764] *Da responsabilidade civil dos administradores*, 446 ss..

§ 39.º OUTROS ELEMENTOS

159. Generalidades; direitos potestativos e sujeições

I. A obrigação é ontologicamente conformada pelo vínculo existente entre as duas partes, traduzido no direito à prestação/dever de prestar. É essa a situação de base, prevista pelo Direito e isso ainda quando, em concreto, ela possa assumir uma conformação diversa. Já vimos que, além de prestação principal, podem estar envolvidas diversas realidades, como as prestações secundárias e os deveres acessórios. Vamos, agora, mais longe: na obrigação incluem-se, normalmente, ainda outros elementos, que não se podem reconduzir aos vínculos obrigacionais referidos. Esse fenómeno é possível sem perturbar a lógica do conjunto: basta ver que a obrigação é um conceito compreensivo e não analítico[1765].

Assim, quer na posição do credor, quer na do devedor, podem surgir poderes, sujeições, faculdades, expectativas, exceções e encargos. Também ocorrem situações de funcionalização, tanto de direitos ou poderes, como de deveres. E as obrigações são, ainda, complementadas ou enriquecidas através de deveres genéricos e de proteções reflexas.

II. O poder jurídico – ou, quando autonomizado, o direito potestativo – é a prerrogativa resultante de uma norma que permita ao sujeito, pela sua vontade, alterar o ordenamento ou, em regra: modificar uma determinada esfera jurídica[1766].

O direito potestativo foi firmado no início do século XX através dos escritos de Seckel[1767]. Acolhido no Direito civil[1768], ele suscitou diversas

---

[1765] *Tratado* I, 4.ª ed., 914 ss; *supra*, 32 ss..

[1766] *Tratado* I, 4.ª ed., 895 ss.. *Vide* JAN SCHÜRNBRAND, *Gestaltungsrechte als Verfügungsgegenstand*, AcP 204 (2004), 177-207 (179).

[1767] EMIL SECKEL, *Die Gestaltungsrechte des bürgerlichen Rechts*, FG R. Koch (1903), 205-253 (210 ss.), reimp. em separata, em 1954.

[1768] HANS DÖLLE, *Juristischen Entdeckungen*, 42. DJT II (1959), B 1-B 22 (B 11); *vide* EDUARD BÖTTISCHER, *Besinnung auf das Gestaltungsrecht und das Gestaltungsklagerecht*, FS Dölle I (1963), 41-77 (41-42).

520   *O conteúdo geral das obrigações*

análises, com relevo para a de Eduard Böttischer, com a contraposição entre o direito potestativo simples e o de exercício judicial[1769]. O direito potestativo tem um especial relevo no Direito do trabalho e nas áreas em que uma pessoa fique submetida ao poder de outra[1770].

Trata-se, todavia, de um instrumento corrente, em Direito das obrigações, tendo lugar, genericamente e apesar da especialidade da sua estrutura, entre os direitos subjetivos[1771].

III. Os direitos potestativos ocupam um lugar de grande relevo nas obrigações. Praticamente, todos os esquemas obrigacionais vão sendo modelados pelo seu funcionamento. Assim e sem pretensões de exaustão, temos, no Código Civil e só no título relativo às obrigações em geral, sempre dependentes de condicionalismos em cada caso fixados, os seguintes direitos potestativos:

- de determinar o conteúdo da prestação (400.º/1);
- de pedir, em tribunal, a sua determinação (400.º/2);
- de atuar a promessa unilateral, dentro do prazo (411.º, 1.ª parte);
- de pedir ao tribunal a fixação do prazo em causa, quando necessário (411.º, 2.ª parte);
- de exercer a preferência (414.º);
- de exigir que, na venda de coisa onerada, conjuntamente com outras, a preferência abranja o conjunto (417.º/1);
- de não satisfazer a prestação acessória, convencionada para afastar a preferência (418.º/2);
- de usar a ação de preferência (421.º/2);
- de resolver o contrato, com base na lei ou em convenção (432.º/1);
- de o resolver ou modificar, por alteração das circunstâncias (437.º/1);
- de desencadear o mecanismo do sinal (442.º/2);
- de exigir a prestação, em contrato a favor de terceiro: seja por parte do terceiro (444.º/1), seja pela do promissário (442.º/2), seja pelas "entidades competentes", na prestação em benefício de um conjunto indeterminado de pessoas ou no seu interesse público (445.º);

[1769] Böttischer, *Besinnung auf das Gestaltungsrecht* cit., 54 ss..

[1770] Eduard Böttischer, *Gestaltungsrechte und Unterwerfung im Privatrecht* (1964), 9 ss., Alfred Söllner, *Einseitige Leistungsbestimmungen im Arbeitsverhältnis* (1966), 40 e *passim*.

[1771] Karl Larenz, *Zur Struktur "subjektiver Rechte"*, FG Sontis (1977), 128-149 e Larenz/Wolf, *Allgemeiner Teil*, 9.ª ed. cit., 266 ss..

§ 39.º Outros elementos
521

- de rejeitar a promessa ou de aderir a ela, por parte do terceiro beneficiário (447.º/1);
- de revogar a promessa, por parte dos contraentes e enquanto o terceiro não manifestar a sua adesão (448.º/1);
- de uma das partes nomear um terceiro, no contrato para a pessoa a nomear (452.º/1);
- do terceiro, de ratificar (454.º/1);
- de revogar a promessa unilateral (461.º/1);
- de decidir concursos públicos (463.º/2);
- de aprovar a gestão (469.º);
- de exigir a restituição do enriquecimento (482.º)[1772];
- de exigir a indemnização (498.º/2)[1773];
- de determinar o credor, quando isso caiba a alguma das partes (511.º);
- de exigir a prestação integral a qualquer dos devedores, havendo solidariedade (512.º/1 e 519.º/1, 1.ª parte);
- de renunciar à solidariedade (527.º);
- de escolher o credor a quem se satisfaça a prestação (528.º/1);
- de o devedor proceder à determinação do objeto, nas obrigações genéricas (539.º) e nas alternativas (543.º/2);
- de o credor proceder a essa determinação, quando o devedor não o faça (548.º);
- de atualizar as prestações pecuniárias, nos casos previstos (551.º);
- do devedor (ou do credor) de decidir a moeda do cumprimento, quando este possa ocorrer em moeda de dois ou mais metais (557.º/1);
- de o devedor pagar em moeda com curso legal no País (558.º/1);
- de capitalização de juros (560.º/2);
- de pedir a indemnização em dinheiro (566.º) ou em renda (567.º/1);
- de exigir os direitos do lesado (568.º);
- de pedir informações, provocando a constituição da inerente obrigação (573.º);
- de exigir a apresentação de coisas (574.º/1) e de documentos (575.º);
- do credor ou do devedor de sub-rogar o terceiro que cumpra (589.º, 590.º/1 e 591.º/1);
- do credor, de ratificar a assunção de dívida e de exonerar o antigo devedor (595.º);
- das partes, de distratar a assunção, enquanto o credor não ratificar (596.º/1);
- do credor, de invocar a nulidade dos atos praticados pelo devedor (605.º/1);

[1772] Trata-se de um direito que prescreve em três anos: a não confundir com o próprio direito à restituição, que prescreve no prazo ordinário.

[1773] Vale a nota anterior, mas reportada agora à responsabilidade.

O conteúdo geral das obrigações

- do credor, de agir em sub-rogatória (606.º/1) ou em pauliana (610.º);
- do credor, de requerer o arresto (619.º/1);
- do credor exigir o reforço da fiança (633.º/2);
- do fiador, de exigir a liberação ou a prestação de caução (648.º);
- do co-fiador, de exigir aos demais o que haja pago, para além da sua quota (650.º/2);
- do credor hipotecário ou pignoratício exigir a substituição ou o reforço da garantia (701.º e 678.º);
- do mesmo credor segurar a coisa à custa do devedor (702.º e 678.º);
- de constituição de hipoteca legal (704.º/1);
- de registar hipotecas judiciais (710.º/1);
- de requerer a redução judicial da hipoteca (720.º/1);
- de expurgar a hipoteca (721.º);
- de renunciar à hipoteca (731.º/1);
- do credor, de exigir, a todo o tempo, o cumprimento ou do devedor, de se apresentar, a todo o tempo, a cumprir, quando o prazo não resulte nem de estipulação, nem da lei (777.º/1);
- do credor, de invocar a perda do benefício do prazo, pelo devedor (780.º/1) ou de exigir a substituição ou reforço das garantias (780.º/2);
- do devedor, de imputar o cumprimento (783.º/1);
- de quem compra, de exigir quitação (787.º/1 e 789.º);
- do devedor, de exigir, após a extinção da dívida, a restituição do título (788.º);
- de exoneração da contraprestação ou da restituição, quando já efetuada, havendo impossibilidade superveniente não imputável ao devedor, em contratos bilaterais (795.º/1) bem como havendo impossibilidade culposa (801.º/2);
- de exigência de redução proporcional da contraprestação, havendo impossibilidade parcial (793.º e 802.º);
- de lançar mão do *commodum* de representação (794.º e 803.º);
- de interpelar o devedor (805.º/1);
- de lhe fixar um prazo admonitório (808.º/1);
- de lançar mão da cláusula penal (810.º/1);
- do devedor, de pedir a sua redução equitativa (812.º);
- do devedor, de invocar a mora do credor (813.º, implicitamente);
- do credor, de requerer meios de execução, geral ou específica (817.º e 827.º a 830.º);
- do devedor, de desistir da cessão de bens aos credores (836.º/1);
- do devedor, de consignar em depósito (841.º) e de revogar a consignação (845.º/1);
- de qualquer das partes, de invocar a compensação (847.º/1).

§ 39.º Outros elementos 523

Explicamos que estes direitos potestativos, quando tenham efeitos na própria esfera do titular ou quando, como tal, sejam tomados, podem ser configurados como encargos.

IV. A esta lista haveria que acrescentar numerosos direitos potestativos consagrados na parte geral, mas que têm a ver com obrigações e, ainda, múltiplas figuras inseridas no título referente aos contratos em especial. Dependendo do seu regime, verifica-se que elas são de exercício simples, ou de exercício judicial. Todos eles integram o conteúdo de obrigações: e só assim fazem sentido.

Temos, ainda, dois direitos potestativos que se encontram proibidos:

– o de o credor fazer sua a coisa empenhada ou hipotecada, no caso de incumprimento (pacto comissório: 694.º e 678.º);
– o de o credor renunciar antecipadamente aos seus direitos (809.º).

V. Os direitos potestativos ora se inscrevem na situação jurídica do credor, ora na do devedor. Originam, na esfera da outra parte, as correspondentes sujeições. Podemos dizer que, no seu conjunto, poderes e sujeições compõem o conteúdo dos vínculos obrigacionais: muito mais do que o resultante das exposições clássicas relativas ao conteúdo das obrigações.

Finalmente, cumpre sublinhar que o direito potestativo porventura mais significativo, em termos jurídicos, sociais e económicos é o de, em certas obrigações, o credor poder definir o tipo de prestação do devedor, dentro de determinados parâmetros. Trata-se do chamado poder de direção, próprio do Direito do trabalho, o qual vem, ainda, dobrado pelo poder disciplinar ou direito potestativo de aplicar certas sanções. Perante ele, o trabalhador está em sujeição: a denominada subordinação laboral[1774]. Encontramos igualmente o poder do mandante de dar instruções ao mandatário – 1161.º, *a*) – e o poder do dono da obra de exigir alterações ao plano convencionado, na empreitada (1216.º/1).

160. Faculdades e posições funcionais

I. A faculdade é um conjunto de poderes ou de outras posições ativas, unificado numa designação comum. Trata-se de uma realidade compreen-

---

[1774] *Manual de Direito do trabalho*, 16, 125 ss. e *passim*.

524   *O conteúdo geral das obrigações*

siva, por oposição ao poder, analítico[1775]. Em Direito das obrigações, disciplina marcadamente analítica, dominam os poderes ou direitos potestativos, por oposição às faculdades; estas, por seu turno, imperam nos direitos reais. Todavia, é possível apontar faculdades, nas obrigações: realidades que, pela sua compreensividade e pela forma multifacetada por que podem ser exercidas, não se reconduzem aos poderes. Como meros exemplos:

– a faculdade de ceder a posição contratual (424.º/1), de ceder o direito de crédito (577.º/1) ou de assumir a dívida (595.º);
– a faculdade de copiar ou reproduzir documentos com alcance informativo (576.º);
– a faculdade de consignar rendimentos (656.º/1), de constituir penhor (669.º/1) ou hipoteca (686.º) e de os ceder (676.º e 727.º);
– a faculdade de exercer os mecanismos de responsabilidade patrimonial (601.º e seguintes, 666.º e 686.º);
– as faculdades de ceder bens aos credores (831.º), de dar em cumprimento (837.º) ou em função do cumprimento (840.º), de novar (857.º) ou de remitir (863.º).

As faculdades em causa, que se podem desdobrar em diversos poderes e outras figuras, exigem, no seu funcionamento e em regra, o acordo de terceiros. Implicam, assim, a possibilidade de formular e de receber propostas, de as aceitar ou rejeitar e de contrapor, com tudo o que isso implica, em termos práticos.

II. Os direitos subjetivos, sejam eles globais ou parcelares, são de exercício livre. Trata-se de um dado lógico extensivo aos direitos potestativos. Todavia, surgem, nas obrigações, direitos funcionais, isto é: posições que devem ser exercidas em determinados moldes, porquanto ao serviço de interesses que escapam ao próprio titular. Assim:

– o gestor de negócios deve conformar a sua atuação a certos parâmetros (465.º);
– o credor pignoratício deve guardar e administrar a coisa como um proprietário diligente – 671.º, *a*);
– os cessionários, na cessão de bens aos credores, têm poderes de administração e de disposição (834.º/1) que não se podem considerar totalmente livres.

[1775] *Tratado* I, 4.ª ed., 903 ss..

§ 39.º Outros elementos

III. Encontramos, ainda, nas posições obrigacionais, deveres instrumentais. Por exemplo:

- o cedente deve entregar ao cessionário os documentos e outros meios probatórios do crédito, que estejam na sua posse e em cuja conservação não tenha interesse legítimo (586.º);
- o devedor que cumpra deve avisar o fiador (646.º);
- o credor pignoratício deve restituir a coisa, extinta a obrigação – 671.º, c);
- o consignatário deve entregar ao credor a coisa consignada (844.º).

Temos, finalmente, direitos-deveres, como o "direito" ao cumprimento (762.º/1 e 767.º/1).

161. Exceções e ónus

I. As exceções (materiais) operam como contradireitos: são posições que permitem, ao beneficiário, bloquear um direito da contraparte. Elas prestam-se a dúvidas e discussões[1776], sendo todavia úteis para traduzir figuras significativas, que enriquecem o conteúdo das obrigações. A título exemplificativo:

- a *solutio retentio*, nas obrigações naturais (403.º/1);
- a exceção do contrato não cumprido (428.º);
- o pedido de modificação *ex aequitate*, para deter o de resolução por alteração das circunstâncias (437.º/2);
- a exceção do cumprimento, para bloquear o sinal (442.º/3, 2.ª parte);
- o benefício da divisão (535.º/1, *a contrario*);
- a invocação do caso julgado entre credor e devedor, pelo fiador (635.º/1);
- o benefício da excussão (638.º);
- o direito do credor de recusar, em certos casos, a imputação do pagamento feita pelo devedor (783.º/2).

II. Os ónus têm a ver com a carga probatória. Embora a figura seja processual[1777], ela ocorre, nas obrigações, com um grande alcance substantivo. Assim:

[1776] *Tratado* I, 4.ª ed., 910-913, com indicações.
[1777] *Idem*, 918.

526 *O conteúdo geral das obrigações*

– cabe ao lesado provar a culpa aquiliana do autor da lesão (487.º/2);
– cabe ao interessado provar a culpa do lesado (572.º);
– cabe ao devedor provar que a falta de cumprimento ou que o cumprimento defeituoso da obrigação não procedem de falta sua (799.º/1).

162. Os encargos (*Obliegenheiten*)

I. Na construção da relação obrigacional complexa de seguro, articulam-se direitos e deveres de ambas as partes. Mas além disso, surgem posições passivas irredutíveis à ideia de dever e que conduzem à introdução de um novo conceito: o de encargo.

Preconizamos "encargo" como equivalendo a *Obliengenheit* (à letra: incumbência)[1778]. A *Obliengenheit* era utilizada, nos séculos XVIII e XIX, para exprimir as funções dos soberanos e dos oficiais superiores, que lhes cabia exercer.

Com a lei dos seguros alemã de 1908, a doutrina foi confrontada com posições jurídicas, designadamente na esfera do tomador do seguro, que este devia exercer se pretendesse beneficiar de certas vantagens: por exemplo, a participação do sinistro. Não eram deveres, uma vez que o seu "cumprimento" não podia ser exigido pelo segurador e a sua "omissão" não ocasionava, por si, qualquer dever de indemnizar[1779]: apenas outras consequências, na esfera do tomador ou na do segurado.

[1778] *Tratado* I, 918 ss..

[1779] Como obra de referência, com muitos elementos, SUSANNE HÄNCHEN, *Obliegenheiten und Nebenpflichten/Eine Untersuchung dieser besonderen Verhaltensanforderungen im Privatversicherungsrecht und im allgemeinen Zivilrecht unter besonderer Berücksichtigung der Dogmengeschichte* (2010), XXI + 351 pp.. Existe uma bibliografia inabarcável, uma vez que o tema das *Obliegenheiten* dá corpo a um campo dogmaticamente em aberto no Direito dos seguros (e no Direito civil); em HELMUT HEISS, *§ 28 – Verletzung einer vertraglichen Obliegenheit*, no BRUCK/MOLLER, *VVG-Kommentar* I, §§ 1-32, 9.ª ed. (2008), 788-890 (789-791), podem ser confrontadas muitas dezenas de títulos sobre o tema, outro tanto sucedendo em MANDFRED WANDT, no *Münchener Kommentar zum VVG* I, §§ 1-99 (2010), 1217-1359 (1217-1220). *Vide*, ainda, SVEN MARLOW, *Grundlagen zu den Obliegenheiten des VN*, em ROLAND MICHAEL BECKMANN/ANNEMARIE MATUSCHE-BECKMANN, *Versicherungsrechts-Handbuch*, 2.ª ed. (2009), 657-708.

A doutrina do princípio do século XX começou a analisar situações concretas de encargos[1780], interrogando-se sobre a sua natureza[1781]. A matéria foi acolhida e retomada na doutrina suíça dos seguros[1782].

O *Reichtsgericht* deu-lhe guarida[1783], passando a usá-la como uma forma de tutelar o tomador do seguro[1784].

A grande viragem para uma teoria geral dos encargos, com uma presença no Direito civil, ficou a dever-se a Reimer Schmidt, numa obra incontornável publicada em 1953 e que veio dar consistência metodológica e, até, jurídico-filosófica a esta figura[1785]. Seguiram-se aplicações no Direito civil[1786] e novos aprofundamentos no Direito dos seguros[1787] e no Direito

---

[1780] WERNER MOSCHEL, *Die Obliengenheiten in dem Gesetz über den Versicherungsvertrag* (1922, dact.), VI + 111 pp. e HENRICH KREBS, *Die Stellung des Versicherten und seine Beziehung zum Versicherer bei der Versicherung für fremde Rechnung unter besonderer Berücksigtigung der Obliengenheiten* (1934), 74 pp..

[1781] JOHANNES ARENS, *Zum Wesen der Obliengenheiten im Versicherungsrecht* (1940), 66 pp.. *Vide* HANS SCHACK, *Deutsches Versicherungsrecht/Übersicht über deutsches Schriftum und deutsche Rechtsprechung zum Gesetz über den Versicherungsvertrag vom 30. Mai 1908 seit dem Umbruch des Jahres 1933 bis Ende Juni 1938* (1938), 272 pp., 48 ss.

[1782] AUGUST KERN, *Die Rechtsnatur der versicherungsrechtlichen Obliengenheiten* (1949), 121 pp. e ROLAND SCHAER, *Rechtsfolgen der Verletzung versicherungsrechtlicher Obliengenheiten* (1972), 164 pp..

[1783] *Vide infra*, nota 1797, a referência a algumas decisões. Outras indicações em SUSANNE HÄHNCHEN, *Obliengenheiten* cit., 147 ss..

[1784] TOBIAS PRANG, *Der Schutz der Versicherungsnehmer bei der Auslegung von Versicherungsbedingungen durch das Reichtsgericht* (2003), 337 pp., 66 ss..

[1785] REIMER SCHMIDT, *Die Obliengenheiten/Studien auf dem Gebiet des Rechtszwanges im Zivilrecht unter besonderer Berücksichtigung des Privatversicherungsrecht* (1953), XXII + 338 pp.. *Vide* a rec. JOSEF ESSER, AcP 154 (1955), 49-52. A análise do escrito de REIMER SCHMIDT pode ser confrontada em SUSANNE HÄHNCHEN, *Obliengenheiten* cit., 9 ss..

[1786] GERHARD WEICHSELBAUMER, *Die Obliengenheiten im Bürgerlichen Gesetzbuch und im Handelsgesetzbuch* (1959), VI + 208 pp..

[1787] DIETER BERTSCH, *Die Abgrenzung von Risikobeschränkungen und vertraglich begründeten Berücksichtigung des Rechts der allgemeinen Haftpflichtversicherung* (1964), XV + 82 pp., MICHAEL KALKA, *Die Nebenpflichten im Lebensversicherungsvertrage/ Zugleich ein Beitrag zur Frage der Obliengenheiten des Versicherungsrechts* (1964), 223 pp., ULF MICHAEL STULTENBERG, *Zur Abgrenzung und Modifizierung von vertraglich vereinbarten Obliengenheiten* (1973), XVII + 161 pp., GERD KÜHBORT, *Die Obliengenheiten des Versicherungsnehmers in der Rechtsschutzversicherung beim und nach dem Eintritt eines Versicherungsfalles* (1988), XXX + 277 pp., RENÉ STEINBECK, *Die Sanktionierung von Obliengenheitsverletzung nach dem Alles-oder-Nichts- Prinzip* (2007), XIX + 237 pp.

528   *O conteúdo geral das obrigações*

comum[1788], bem como estudos comparatísticos, que permitiram revelar o universalismo da ideia[1789].

As *Obliegenheiten* estão presentes nos diversos contornos dos seguros, em dezenas de artigos[1790] e são tratadas nos manuais[1791], cabendo saudar grandes monografias de enquadramento[1792]. Além disso, elas são, hoje, património civil[1793].

II. O encargo prefigura uma conduta de uma das partes, prevista no contrato ou em regras aplicáveis. Tal conduta é necessária, para a produção de um determinado efeito. Todavia, se for inobservada, a contraparte não tem nem o direito de pedir a sua execução judicial, nem o de exigir uma indemnização. As consequências da inobservância de encargo exaurem-se

---

(13 ss.) e GERHARD LIENING, *Versicherungsvertragliche Obliegenheiten im Spannungsfeld von Vertragspflicht und Vertragsstrafe* (1992), XXIX + 131 pp..

[1788] ANDREAS NELLE, *Neuverhandlungspflichten/Neuverhandlungen zur Vertrags-anpassung und Vertragsergänzung als Gegenstand von Pflichten und Obliegenheiten* (1993), XXXIII + 340 pp..

[1789] SILVIA BUCK, *Die Obliegenheiten im spanischen Versicherungsrecht/Eine rechtsvergleichende Untersuchung zwischen deutschem und spanischem Recht* (2003), 329 pp. e GISELA RÜHL, *Obliegenheiten im Versicherungsvertragsrecht/auf dem Weg zum Europäischen Binnenmarkt für Versicherungen* (2004), XXVII + 400 pp., onde se procede a uma comparação entre o Direito alemão e o inglês: na conclusão do contrato (37 ss.), na sua execução (141 ss.) e no sinistro (249 ss. e 285 ss.).

[1790] Por exemplo: ULRICH KNAPPMANN, *Rettungsobliegenheiten und Rettungskos-tenersatz bei der Vorestreckung*, VersR 2002, 129-133, ANSGAR HAMANN, *Anderung im Obliegenheitenrecht/Auswirkungen aud die Praxis in der Betrugsabwehr*, VersR 2010, 1149-1152 e THOMAS MAJERLE, *Die vertragliche Obliegenheiten, den Umfallort nicht zu verlassen, in der Kaskoversicherung*, VersR 2011, 1492-1497.

[1791] Por exemplo: HERMANN EICHLER, *Versicherungsrecht*, 2.ª ed. (1976), 38 ss., HANS-LEO WEYERS/MANFRED WANDT, *Versicherungsvertragsrecht*, 3.ª ed. (2003) e MANFRED WANDT, *Versicherungsrecht*, 5.ª ed. cit., 201-236.

[1792] SUSANNE HÄHNCHEN, *Obliegenheiten und Nebenpflichten/Eine Untersuchung dieser besonderen Verhaltungsanforderungen im Privatversicherungsrecht und im allgemeinen Berücksichtigung der Dogmengeschichte* (2010), XXI + 351 pp..

[1793] Por exemplo: DIRK OLZEN, no *Staudingers Kommentar zum BGB, 2 – Ein leitung zum Schuldrecht*; §§ 241-243 (2009), § 241, Nr. 120-132 (167-172), com muitas indicações, DIETER MEDICUS, *Allgemeiner Teil des BGB/Ein Lehrbuch*, 10.ª ed. (2010), Nr. 59 (29-30) e MANFRED WOLF/JÖRG NEUNER, *Allgemeiner Teil des Bürgerlichen Rechts*, 10.ª ed. (2012), § 19, Nr. 38-40 (201-211).

§ 39.º *Outros elementos* 529

na não obtenção do efeito de cuja produção se trate ou na sua não obtenção por inteiro[1794].

Não se trata, todavia, de um ónus. Desde logo porque os ónus são preferencialmente reservados para as leis processuais. E de seguida porque o regime dos encargos, na medida em que pode relevar, aquando do seu não-"cumprimento", a culpa do "faltoso" se aproxima mais do dos deveres.

Tomemos o exemplo, já referido, da participação do sinistro, agora perante a Lei do Contrato de Seguro, aprovada pelo Decreto-Lei n.º 72/2008, de 16 de abril (LCS)[1795]. O artigo 100.º/1 dispõe que a verificação do sinistro deve ser comunicada ao segurador, pelo tomador, pelo segurado ou pelo beneficiário, no prazo fixado no contrato ou, na falta deste, nos oito dias imediatos ao do conhecimento. Além disso, na participação devem ser explicitadas as circunstâncias, as causas e as consequências do sinistro (n.º 2) e as informações relevantes solicitadas pelo segurador (n.º 3). E se estes "deveres" não forem cumpridos? O artigo 101.º admite que, nessa eventualidade, o contrato possa prever a redução da prestação do segurador (n.º 1) ou até a perda da cobertura, se houver não-execução dolosa ou se tiver ocorrido dano significativo para o segurador (n.º 2). O artigo 102.º/3 e 4 prevê ressalvas.

Embora a lei fale, repetidamente, em "deveres" e em "incumprimento", a propósito da participação do sinistro, parece claro que não se trata de uma obrigação propriamente dita. O segurador não pode exigir o seu cumprimento: logo, não há um crédito à participação ou uma pretensão nesse sentido. Além disso, ele não é ressarcido pelo seu incumprimento. O que sucede é, antes, o facto de o segurado ou outro beneficiário, na falta do acatamento do encargo, não poder desfrutar da indemnização: no todo ou em parte.

Não se trata de subtilezas: o interessado tem o "direito" de não fazer a participação. Pode convir-lhe: imagine-se que não quer perder bónus (hipótese frequente) ou que o sinistro ocorreu em circunstâncias que prefere manter secretas, sem com isso violar a lei (por exemplo: um acidente pouco significativo num local onde era suposto o segurado não se encontrar). O encargo não se confunde, pois, com o dever.

[1794] Em HELMUT HEISS, no BRUCK/MÖLLER, *VVG* I cit., § 28, Nr. 23 (802-806), pode ser vista uma lista extensa de *Obliengenheiten*, com base na jurisprudência.

[1795] Com as Retificações n.º 32-A/2008, de 12 de junho, no DR 1.ª série, n.º 113, de 13-jun.-2008, 3464-(26)-3464-(28) e n.º 39/2008, de 17 de julho, no DR 1.ª série, n.º 141, de 23-jul.-2008, 4576.

530 *O conteúdo geral das obrigações*

III. A precisa natureza dos encargos, levantou dúvidas. Surgem diversas teorias[1796], que podemos sistematizar em:

– a teoria da pressuposição[1797];
– a teoria da vinculação[1798]
– a teoria do dever mitigado[1799];
– a teoria do dever acessório[1800];
– a teoria do encargo.

Segundo a teoria da pressuposição, o cumprimento de um encargo seria simplesmente um pressuposto objetivo para a obtenção dos direitos do tomador. Digamos que o interesse do "cumprimento" residiria aqui não na esfera do "credor" (do segurador), como seria curial, mas na do próprio "devedor".

A teoria da vinculação toma o encargo como uma obrigação comum ou como um dever que cumpre executar.

A teoria do dever mitigado sustenta antes que o encargo traduz uma adstrição jurídica de força reduzida.

A teoria do dever acessório tem sido propugnada por alguma doutrina mais recente, acima referida, que aproveita avanços jurídico-científicos recentes do Direito das obrigações. Os deveres acessórios, ao contrário dos

---

[1796] HERMANN EICHLER, *Versicherungsrecht*, 2.ª ed. (1970), 40 ss.; MANFRED WANDT, *Versicherungsrecht*, 5.ª ed. (2010), Nr. 541-544 (203-205); HELMUT HEISS, no BRUCK/MÖLLER, *VVG* I cit., § 28, Nr. 36-45 (811-814); SUSANNE HÄHNCHEN, *Obliegenheiten* cit., 131 ss., 169 ss., 203 ss. e 233 ss..

[1797] SVEN MARLOW, *Grundlagen zu den Obliegenheiten* cit., Nr. 4 (661), com indicações. Cumpre fazer uma referência particular à habilitação de DIRK LOOSCHELDERS, *Die Mitantwortlichkeit des Geschädigten im Privatrecht* (1999), XLII + 681 pp., 224 ss. (229 ss.); PETER SCHIMIKOWSKI, *Versicherungsvertragsrecht*, 4.ª ed. (2009), Nr. 176; JOACHIM FELSCH, em WILFRIED RÜFFER/DIRK HALBACH/PETER SCHIMIKOWSKI, *Versicherungsvertragsgesetz/Handkommentar* (2009), § 28, Nr. 5 (237); JÜRGEN PRÖLSS, em PRÖLSS/MARTIN, *VVG/Kommentar*, 28.ª ed. cit., § 28, Nr. 38 (302).

Esta posição surge, ainda, na jurisprudência: RG 25-jan.-1904, RGZ 56 (1904), 346-357, RG 28-jun.-1904, RGZ 58 (1905), 343-348 (346), RG 19-jun.-1931, RGZ 133 (1931), 117-124 (122) e BGH 13-jun.-1957, BGHZ 24 (1957), 378-386 (382) = VersR 1957, 458-459 (458/II) = NJW 1957, 1233-1235 (124/I).

[1798] *Vide* indicações em SUSANNE HÄHNCHEN, *Obliegenheiten* cit., 173 ss.; a ideia de vinculação resultou do VVG de 1908 que fala, explicitamente, em deveres.

[1799] REIMER SCHMIDT, *Die Obliegenheiten* cit., *maxime* 314-315.

[1800] HELMUT HEISS, no BRUCK/MOLLER, *VVG* I, 9.ª ed. cit., § 28, Nr. 46 (815) e, particularmente, SUSANNE HÄHNCHEN, *Obliegenheiten* cit., 233 ss..

§ 39.º Outros elementos   531

deveres de prestar, principal e secundários, não dão sempre azo a pretensões de cumprimento ou de indemnização. Podem ter consequências variáveis. Com esta amplitude, eles poderiam absorver as *Obliengenheiten*.

A teoria do encargo descobre, nesta figura, algo dotado de natureza própria, que só perde se for reconduzido a conceitos pré-existentes.

IV. Aparentemente domina ainda, na doutrina dos seguros (alemã) e por força da inércia, a teoria da pressuposição. Na verdade, o regime dos encargos, embora não esteja generalizadamente referido na lei, não se confunde com o dos deveres e isso mau grado a lei – designadamente a portuguesa – usar expressões como "deveres" ou até "está obrigado" (24.º/1)[1801]. Falar em "deveres amortecidos" pouco adianta: seriam, ainda, deveres, embora que de direção diversa. Mas também não se trata de "pressuposições" neutras: o Direito, quando prescreve encargos, visa orientar as condutas humanas, ainda que através de uma técnica específica e deixando ao visado a plena liberdade de decidir.

A recondução dos encargos aos deveres acessórios implica o alargamento destes, com perdas dogmáticas. Embora acessórios, estes deveres derivam do sistema e devem ser acatados.

Ficamo-nos, pois, pela teoria do encargo: uma figura passiva, de exercício facultativo, posta pelo Direito como modo de prosseguir um certo resultado. O regime é sempre causal, relativamente à qualificação.

Vamos proceder a uma contraprova, à luz dos encargos civis. Assim e por exemplo:

- o preferente "deve" exercer o seu direito dentro do prazo de oito dias, sob pena de caducidade (416.º/2);
- o cedente ou o cessionário "devem" notificar a cessão da posição contratual ao cedido, ou ela não produzirá efeitos (424.º/2);
- a nomeação do terceiro, no contrato para pessoa a nomear, "deve" ser comunicada em cinco dias, ao outro contraente (453.º/1) ou não produzirá efeitos (455.º/2);
- quem exigir uma indemnização "deve" indicar, minimamente, o montante dos danos (569.º, *a contrario*);
- o fiador que cumprir a obrigação "deve" avisar do cumprimento o devedor, sob pena de perder o seu direito contra este no caso de o devedor, por erro, efetuar de novo a prestação (645.º/1);

[1801] Este tipo de redação explica-se por a doutrina portuguesa não se ter ainda ocupado com o tema das *Obliegenheiten*.

532   *O conteúdo geral das obrigações*

– o credor incorre em mora quando, sem motivo justificado, não aceite a prestação que lhe seja oferecida nos termos legais ou não pratique os atos necessários ao cumprimento da obrigação (813.º).

Os contratos em especial permitem apontar numerosos outros exemplos.

163. Deveres genéricos e proteções específicas

I. Os deveres genéricos traduzem situações jurídicas passivas que não implicam relações jurídicas[1802]. Como figura de proa, surge o dever geral de respeito, cuja inobservância pode dar azo à tutela aquiliana. Apesar das dúvidas já relatadas[1803], deve-se entender que os deveres genéricos, designadamente o de respeito, operam nas obrigações e inscrevem-se, igualmente, no conteúdo das respetivas situações jurídicas. Eles ganham, de resto, uma especial visibilidade quando, mercê do seu funcionamento, originem deveres de tráfego[1804].

II. Surgem, no espaço jurídico, normas destinadas à proteção de certos interesses sem, com isso, originarem direitos subjetivos. Tal proteção é, todavia, efetiva e, quando violada, obriga a indemnizar[1805] (483.º/1, 2.ª parte): são as denominadas normas de proteção, que têm projeções jurídico-subjetivas. Tudo isso se inscreve no conteúdo das obrigações.

A categoria das normas de proteção pode envolver deveres acessórios e encargos. Cabe, pela interpretação, discernir as diversas figuras.

[1802] *Tratado* I/1, 3.ª ed., 360-361.
[1803] *Supra*, 386 ss..
[1804] *Supra*, 393 ss..
[1805] ADELAIDE MENEZES LEITÃO, *Normas de protecção e danos puramente patrimoniais* (2009), 906 pp. e *Tratado* II/3, 448 ss..

SECÇÃO II

A DELIMITAÇÃO NEGATIVA

§ 40.º OS REQUISITOS

164. Generalidades

I. O Código Civil fixa, no artigo 280.º, os requisitos do objeto do negócio jurídico. Determina a nulidade quando esse objeto seja atingido por algum dos seguintes cinco vícios:

– impossibilidade física ou legal;
– contrariedade à lei;
– indeterminabilidade;
– contrariedade à ordem pública;
– ofensa aos bons costumes.

Todos estes conceitos são técnicos e, na tradição pandetística, surgem na teoria geral do negócio jurídico. É essa a opção do Código Vaz Serra e, nessa qualidade, foram considerados[1806]. As considerações expendidas aplicam-se às obrigações; de resto, o artigo 280.º é, substancialmente, um preceito obrigacional, uma vez que, todo ele, tem a ver com prestações.

II. Importa fazer alguma análise, pelo prisma obrigacionístico, de modo a melhor visualizar os reflexos desse preceito, na prestação e nas obrigações. Para esse efeito, vamos desprendermo-nos da ordem legal, a favor de uma ordenação jurídico-científica que caminhe da base (a regra menos especializada) para o topo (a mais particularizada e que pressuponha, em termos culturais, as demais). E assim teremos, sucessivamente,

---

[1806] *Tratado* I/1, 3.ª ed., 677 ss..

534 *O conteúdo geral das obrigações*

pela positiva: a licitude, a conformidade legal, a possibilidade, a determinabilidade e a conformidade com os bons costumes e a ordem pública.

165. Licitude, supletividade e conformidade legal

I. A licitude equivale ao requisito de não-contrariedade à lei ou, mais corretamente, a uma norma jurídica. A consonância requerida é puramente objetiva: não se trata, pois, da (i)licitude própria da responsabilidade civil (483.º/1), a qual implica elementos subjetivos. Basta ver que o ato ilícito é, necessariamente, um ato humano: logo voluntário.

No âmbito do Código de Seabra, lidava-se com um conceito amplo de licitude. Esta abarcava a legalidade e a moralidade[1807]. Na legalidade, por seu turno, incluía-se uma série de requisitos, como a não-contrariedade à lei e aos bons costumes, a patrimonialidade e a determinabilidade. O Direito e a sua Ciência avançam diferenciando conceitos e aperfeiçoando problemas e soluções. Por isso, é de aplaudir a técnica de Vaz Serra: mais precisa e analítica.

Diremos que a prestação é ilícita quando se traduza numa conduta contrária a uma estatuição normativa injuntiva.

II. Devemos ter presente que, no Direito das obrigações, a generalidade das normas é puramente supletiva[1808]. Lidamos com situações patrimoniais disponíveis, pelo que, às partes, é permitido consignar soluções diversas. A norma supletiva não é despicienda. Tem três vantagens: colmata qualquer lapso ou brecha deixados pelas partes; evita que, quando estejam de acordo com o comportamento-padrão, o que sucede na generalidade dos casos, as partes tenham de repetir lugares comuns poupando nos custos de transação; dá nota da solução historicamente mais justa e equilibrada[1809]. De todo o modo, ela está à disposição dos interessados.

[1807] MANUEL DE ANDRADE, *Teoria geral da relação jurídica* 2 (1960), 332 ss. e 340 ss..

[1808] Na literatura alemã e anglo-saxónica usa-se, por vezes "dispositivo" para significar "supletivo" e "madatório" para exprimir "injuntivo". Tais locuções aparecem em textos de Direito europeu, na versão oficial em português. Mantemos as locuções tradicionais, mas não vemos inconvenientes nas "europeias".

[1809] Em termos de análise económica, as normas supletivas, justamente por implicarem soluções aperfeiçoadas, podem fixar as soluções mais eficientes, poupando custos de transação. *Vide* JOHANNES CZIUPKA, *Dispositives Vertragsrecht/Funktionsweise und*

§ *40.º Os requisitos*   535

Já se pôs a hipótese de a norma supletiva funcionar como uma emanação da vontade das partes, de base mais ou menos hipotética. Uma orientação hoje rejeitada: a norma supletiva tem a natureza das restantes ... podendo, todavia e por sua própria determinação, ser afastada pelos interessados. Jurídica e antropologicamente, a autonomia privada é exterior; tem, afinal, a natureza do Direito.

A doutrina recente já tem sublinhado a disponibilidade das normas supletivas: por um lado, traduzem um espaço de autonomia[1810] e, por outro, um poder heterónomo do Direito[1811]. Podemos acompanhar: em qualquer dos casos, a norma supletiva é exógena: dada pelo Direito e realizada de acordo com as regras de aplicação, de interpretação e de integração da lei.

Pergunta-se, em termos práticos, como apurar a natureza imperativa de uma norma, em Direito das obrigações[1812].

III. Enquanto auxiliar de interpretação, podemos adotar a postura de que, na dúvida, em Direito das obrigações e perante situações patrimoniais, as normas são supletivas[1813]. Só assim não sucederá se houver suficientes razões em contrário. A supletividade do princípio decorre da regra constitucional da propriedade privada e da sua transmissibilidade (62.º/1, da Constituição). Como apurar a injuntividade?

Uma tese clássica mandava atender aos interesses propugnados pelas normas: sendo os interesses públicos, a norma seria injuntiva. A ideia deverá ser outra. De facto, supletivas são as normas de Direito das obrigações: normas privadas. As de Direito público serão, em regra, injuntivas. Simplesmente: o critério do interesse, na determinação da natureza pública das normas, tende a ser abandonado. Prevalece, hoje, uma determinação de tipo histórico-cultural, para a qual remetemos[1814].

Qualitätsmerkmale gesetzlicher Regelungsmuster (2010), XXII + 552 pp. (261 ss.) e HANNES UNBERATH/JOHANNES CZIUPKA, *Dispositives Recht welchen Inhalts?/Antworten der ökonomischen Analyse des Rechts*, AcP 209 (2009), 37-83 (75 ss. e 81 ss.).

[1810] FLORIAN MÖSLEIN, *Dispositives Recht* (2011), XX + 640 pp., 45 ss.

[1811] *Idem*, 45 ss..

[1812] STEFAN BECHTOLD, *Die Grenzen zwingender Vertragsrecht/Ein rechtsökonomische Beitrag zu einer Rechtssetzungslehre des Privatrechts* (2010), XV + 425 pp., 47 ss. e FLORIAN MÖSLEIN, *Dispositives Recht* cit., 159 ss, 335 ss. e *passim*.

[1813] PESSOA JORGE, *Direito das obrigações* cit., 1, 196 ss..

[1814] *Tratado* I, 4.ª ed., 88 ss. e 112 ss..

536 *O conteúdo geral das obrigações*

IV. Perante uma norma obrigacional, a solução mais simples é a de, ela própria, se proclamar supletiva ou injuntiva.

São fórmulas de supletividade: *é lícito* (409.º/1, quanto à reserva de propriedade); *se não se fixar* (411.º: prazo para a vinculação); *salvo se estiver vinculado* (416.º/2: a prazo mais longo, para o exercício da preferência); *salvo estipulação em contrário*[1815] (420.º, quanto à não-transmissibilidade das situações de preferência, por morte); *por convenção das partes* (421.º/1)[1816], *podem as partes* (413.º/1, ambas quanto à eficácia real) ou *por convenção das partes* (426.º/2, garantia de cumprimento na cessão da posição contratual[1817]); *prazo convencionado* (436.º/1, quanto à resolução); *excepto se for outro o regime convencionado* (763.º/1, integralidade da prestação); *regras supletivas* (epígrafe do 784.º, quanto à imputação do cumprimento), etc..

Quanto a fórmulas de injuntividade: *não pode ser afastada pela prestação de garantias* (428.º/2: a exceção de não cumprimento); *só nos casos previstos na lei* (457.º); *é nula a convenção* (694.º, quanto ao pacto comissório), *é nula a cláusula* (809.º, quanto à renúncia antecipada aos direitos do credor e 994.º, quanto a pactos leoninos) ou *é nula qualquer estipulação em contrário* (812.º/1, quanto à redução equitativa da cláusula penal), etc..

Quando a norma nada diga, há que recorrer a indícios. São eles[1818]:

– a existência de uma proibição de nível superior: por exemplo, a Constituição proíbe o aforamento e a colonia (96.º/2), o que veda convenções que estabeleçam regimes desse tipo;
– a presença de normas que tutelem os interesses de terceiros: estes não são disponíveis;

[1815] Uma fórmula frequente: 442.º/4 (sinal); 448.º/1 (revogação pelos contraentes em contrato a favor de terceiro); 539.º e 543.º/2 (determinação da prestação pelo devedor, nas genéricas e nas alternativas); 550.º (princípio nominalista); 598.º (meios de defesa na assunção de dívida; diz-se, aí, "convenção em contrário", tal como no 599.º/1, quanto à transmissão de garantias e acessórias); 772.º/1 (domicílio do devedor para o cumprimento); 777.º/1 (prazo); 830.º/1 (execução específica do contrato-promessa, usando "convenção").

[1816] Ou *é possível, por convenção* (602.º, limitação da responsabilidade patrimonial).

[1817] *Se a tanto expressamente se tiver obrigado* é a fórmula para a garantia supletiva da solvência do devedor, na cessão de créditos: 587.º/2; *quando se tenha acordado expressamente*, a da não realização da prestação por terceiro: 767.º/2; *por força de convenção*, quanto à promessa de envio 797.º.

[1818] *Direito das obrigações*, 1, 74.

§ 40.º *Os requisitos* 537

– a interação de princípios injuntivos: por exemplo, o da proibição de renúncia antecipada aos direitos (809.º e outros) ou o da boa-fé.

V. Na terminologia do Prof. Paulo Cunha, podemos ainda isolar a conformidade legal: um requisito que permite sistematizar certas proibições relativas, como a de ceder direitos litigiosos a determinadas pessoas (579.º) ou de vender a filhos ou netos, salvo em certas condições (877.º).

VI. Na configuração das obrigações há, igualmente, que estar atento às numerosas normas extracivis, que tenham aplicação. Perante uma proibição legal, cabe ainda indagar se é proibido o meio ou o fim. Nesta última eventualidade, ficam vedadas todas as prestações que a ele conduzam, ainda que não sejam expressamente vedadas pela lei: a fraude à lei dissolve-se, pelo Direito português, na ilicitude do objeto que vise um fim proibido[1819].

166. Possibilidade e determinabilidade

I. O requisito da possibilidade de prestação parece impor-se, em termos lógicos[1820]. Não faria sentido obrigar o devedor a uma prestação impossível: ele iria, inevitavelmente, cair em "incumprimento". Nessa medida, mais lógico e transparente seria sujeitá-lo desde logo às consequências desse "incumprimento" se, para tanto, razões houvesse. Todavia, a possibilidade obriga a diversas distinções[1821], constituindo, hoje, um pequeno subsistema na área da perturbação das prestações. O artigo 401.º, relativo à impossibilidade originária da prestação, dá o mote, frisando relevar apenas a impossibilidade objetiva (401.º/3) e, pelo menos em certa medida, a definitiva (401.º/2).

II. Seja do ponto de vista jurídico-científico, seja pelo prisma pedagógico, uma exposição aprofundada sobre a impossibilidade implica séries completas de elementos sobre a efetivação da prestação. A matéria será

[1819] *Tratado* I/1, 3.ª ed., 691-697.
[1820] Nós próprios, em *Direito das obrigações*, 1, 363 ss., considerámos a possibilidade como um pressuposto ontológico da prestação. Viemos, depois, a rever essa posição.
[1821] *Tratado* I/1, 3.ª ed., 677 ss..

538   *O conteúdo geral das obrigações*

tratada em sede própria: a da perturbação das prestações[1822]. Adiantamos, todavia, que a doutrina dos finais do século XX, que logrou consagração no BGB alemão, através da reforma de 2001/2002, não considera a possibilidade como uma característica necessária da obrigação mas, tão-só, da prestação envolvida. A obrigação pode subsistir sem dever de prestar (principal)[1823].

III. De acordo com o artigo 280.º/1, a prestação deve ser determinável: de outro modo, aliás, nem seria possível o seu cumprimento. Também os sujeitos devem ser determináveis e, em especial, a pessoa do devedor (511.º). Esta matéria, para além das considerações de ordem geral sobre a determinabilidade do objeto do negócio jurídico[1824], deve ser considerada em sede própria: a das classificações das obrigações e a do cumprimento.

167. Bons costumes e a ordem pública

I. Os bons costumes constituem, perante o Direito português, uma categoria técnica muito precisa: abarcam as normas deontológicas próprias do sector que, concretamente, esteja em causa e, ainda, regras de conduta sexual e familiar, bem presentes na comunidade jurídica e às quais, por tradição, o Direito civil não faz menção expressa. Embora com algumas referências legais no Livro sobre o Direito das obrigações (artigos 465.º e 967.º), os bons costumes pertencem à parte geral, local onde são estudados[1825]. Não cabe construir teorias sectoriais de "bons costumes", designadamente na área do Direito das sociedades. Pela nossa parte, verberamos a doutrina nacional que, sem estudar a matéria, se sente autorizada a dissertar literariamente sobre os bons costumes, ignorando os avanços jurídico-científicos das últimas décadas. É um mau serviço prestado à jurisprudência que, confrontada com aparentes dissonâncias de fundo, tarda em estabilizar. A liberdade de opinião científica não se confunde com uma dispensa de estudar a matéria, antes de qualquer opção.

[1822] *Tratado* II/4, 170 ss..
[1823] *Supra*, 99 ss..
[1824] *Tratado* I/1, 3.ª ed., 688 ss..
[1825] *Tratado* I/1, 3.ª ed., 699 ss..

§ 40.º Os requisitos

II. A ordem pública exprime o conjunto dos princípios injuntivos do ordenamento[1826]. No Direito português, com a sua tradição analítica de estilo germânico, parece mais curial, perante um problema que envolva a ordem pública interna, explicitar o princípio injuntivo em jogo, do que remeter para uma locução indeterminada.

De todo o modo, a ordem pública mantém algum interesse, principalmente nas áreas não patrimoniais que o Direito das obrigações seja chamado a regular.

[1826] *Tratado* I/1, 3.ª ed., 710-711.

SECÇÃO III

MODALIDADES DE PRESTAÇÕES

§ 41.º MODALIDADES DE PRESTAÇÕES

168. Generalidades; as categorias de coisas

I. No estudo das obrigações, podemos distinguir classificações de prestações de classificações e tipologias das próprias obrigações. As primeiras limitam-se, à partida, a trabalhar com aspetos marcantes das prestações, enquanto as segundas lidam já com âmbitos alargados do seu regime. De todo o modo, como as próprias classificações têm a ver com os regimes em jogo, a contraposição tem uma nota de pragmatismo e de tradição.

II. Nas classificações de prestações, logo acode a matéria dos artigos 202.º a 216.º do Código Civil, relativa a coisas. Pela sua colocação e pela tradição romana, "coisas" não abrange, apenas, as corpóreas mas, no fundo, tudo o que não seja pessoa[1827]. As prestações são coisas incorpóreas[1828], pelo que o subtítulo II do título II da parte geral lhes deveria ser aplicável.

Todavia, a leitura dos correspondentes preceitos mostra que apenas alguns dos termos aí usados operam perante as prestações. A matéria foi predominantemente pensada tendo em vista os direitos reais.

II. A definição do artigo 202.º/1 permite incluir a prestação na noção de coisa. O 202.º/2 também faculta imaginar prestações dentro e fora do comércio, cabendo, nestas últimas, as que não possam ser objeto de relações jurídicas.

[1827] *Tratado* I/2, 2.ª ed., 9 ss..
[1828] *Idem*, 108 e 111.

§ *41.º Modalidades de prestações* 541

Do elenco enumerativo do 203.º, temos o panorama seguinte:

– imóveis e móveis: as prestações, como todas as coisas incorpóreas são, tecnicamente, "móveis", uma vez que não se enquadram no 204.º (205.º/1);
– simples ou compostas: pela regra da especialidade, as obrigações seriam, sempre, simples; a hipótese de sujeitar um conjunto de obrigações a um tratamento unitário seria possível, através da ideia de esfera jurídica ou de património de afetação[1829] ou, em rigor, procedendo a uma negociação conjunta relativamente às suas fontes (p. ex., a cedência conjunta de vários créditos ou de diversos contratos);
– fungíveis ou não-fungíveis: a noção do 207.º aplica-se às prestações, mas com uma adaptação, abaixo considerada;
– consumíveis ou não-consumíveis: em sentido técnico, trata-se de uma categoria de direitos reais; nas obrigações, podemos apurar as instantâneas (que cessam com a execução) ou as dirigidas a um consumidor final: mas não coincidem com a imagem do 208.º;
– divisíveis e indivisíveis (209.º): funciona perante as obrigações, conquanto que com adaptações;
– principais e acessórias (210.º): é uma contraposição de direitos reais; os deveres acessórios nas obrigações equivalem, como foi visto, a uma lógica distinta;
– presentes e futuras (211.º): relativa a direitos reais, esta classificação é operacional, mediatamente, perante as prestações, em termos já referenciados[1830];
– frutos (212.º): sendo civis, faria sentido aplicá-los às obrigações, designadamente as de juros; estes, todavia, implicam já um regime especializado, que obriga a lidar com uma categoria completa de obrigações e não, apenas, com "prestações";
– benfeitorias (216.º): embora, pelo modo genérico por que vêm tratadas, possam envolver obrigações, a categoria é, essencialmente, de direitos reais.

IV. O saldo não é muito extenso. Da parte geral, no tocante às coisas, aplicam-se (e, apenas, em parte), às obrigações, as duplas fungíveis/

[1829] *Idem*, I/2, 2.ª ed., 166.
[1830] *Supra*, 494.

542   *O conteúdo geral das obrigações*

não-fungíveis e divisíveis/indivisíveis. Todos os demais termos ou devem ser encarados como questões mais amplas ou não operam nas obrigações. De todo o modo, por razões de clareza sistemática, não deixaremos de preanunciar os termos das diversas distinções.

169. Prestações fungíveis e não-fungíveis

I. A categoria coisas "fungíveis" surgiu no século XVI, pela pena de Zasius[1831], humanista alemão[1832]. Apesar de muito criticada[1833], ela acabaria por ser acolhida nos autores latinos[1834] e no próprio Código Vaz Serra (207.°)[1835].

A matéria remonta, todavia, ao Direito romano. Aí, já haviam sido identificados certos contratos que tinham a especial particularidade de se reportarem a coisas identificáveis por peso, conta ou medida. Assim, segundo Paulo[1836]:

Mutui destio consistit in his rebus, quae pondere numero mensura consistunt (...)[1837].

[1831] A expressão *res fungibiles* é apresentada como *novum nostrum vocabulum*, para melhor exprimir a função que assumem: VDALRICI ZASII, *Commentaria, seu Lecturas eiusdem in titulos primae Pandectarum partis*, 1 (1500, reimp., 1964), 633, 6. *Vide*, também, 5, 21, 22 e cf. EDOARDO VOLTERRA, *Istituzioni di diritto privato romano* (1961), 283.

[1832] De seu nome Ulrich Zäsy ou Udalricus Zasius (1461-1535); ficou ligado ao estudo de Acúrsio – R. STINTZING, *Geschichte der Deutschen Rechtswissenschaft* 1 (1880), 166, sublinhando o seu papel na "descoberta" das coisas fungíveis; cf. HERMANN LANGE, *Römisches Recht im Mittalter* 1 (1997), 378.

[1833] WINDSCHEID/KIPP, *Lehrbuch des Pandektenrechts* cit., 1, 9.ª ed., 702, nota 3, considerando *res fungibiles* como "bárbara e totalmente incaracterística", seguindo em parte SAVIGNY, *System des heutigen Römischen Rechts* (1847), § 268, (a) (123), o qual, todavia, já a usara – *Pandektenvorlesung* 1824/25, publ. HORST HAMMEN (1993), 54. *Res fungibiles* surge, p. ex., em KARL ADOLF VON VANGEROW, *Lehrbuch der Pandekten*, 1, 7.ª ed. (1863), 104.

[1834] JEAN CARBONNIER, *Droit civil/Les biens*, 19.ª ed. (2000), 96 ss..

[1835] Por proposta de PIRES DE LIMA, *Das coisas*, BMJ 91 (1959), 207-222 (215-216).

[1836] D. 12.1.2.1 = ed. Mommsen, 190-191.

[1837] Portanto (cf. ed. bilingue OKKO BEHRENDS e outros, III, 50):

A concessão de um mútuo ocorre com as coisas que sejam determinadas pelo número, medida ou peso (...)

§ 41.º Modalidades de prestações

Com o pensamento sistemático, procurou-se uma denominação geral para as coisas que apresentassem tais características. Aí surgiu a proposta de Zasius, com as *res fungibiles*. Surgiram, porém, outras sugestões: coisas representáveis (pandetística tardia)[1838], coisas substituíveis, coisas sub-rogáveis, coisas de género e coisas de quantidade[1839].

O BGB alemão acabou por optar pela expressão "representáveis", dispondo, no seu § 91[1840]:

No sentido da lei, são representáveis as coisas móveis que, no tráfego, costumem ser determinadas pelo número, medida e peso.

II. O Direito tradicional português não usava a expressão "fungível". Mas conhecia a distinção, na tradição romana. Assim, as Ordenações traçavam desta forma a distinção entre o mútuo e o comodato[1841]:

E a differença que ha entre o commodato e o mutuo he, que no commodato não passa o senhorio, nem a posse da cousa no que a recebe, e sómente lhe concede o uso della, para tornar a mesma cousa. E portanto o commodato não se faz de cousas que consistem em numero, peso, e medida, assi como dinheiro, vinho, azeite e outros semelhantes que com o uso se consumem, e se não podem tornar as mesmas em specie.

Também o Código de Seabra não fazia uma distinção explícita entre coisas fungíveis e não-fungíveis[1842]. Pressupunha, todavia, essa clivagem,

---

Vide KASER, *Das römische Privatrecht* cit., 1, 2.ª ed., § 93, II (1, 323) e, quanto ao texto indicado, considerando-o interpolado, GUGLIELMO SAVAGNONE, *La categoria delle res fungibiles*, BIDR 50/51 (1952), 18-64.

[1838] F. REGELSBERGER, *Pandekten* 1 (1893), § 99 (1, 378 ss.) e DERNBURG/BIERMANN, *Pandekten*, 7.ª ed. cit., § 75 (1, 171).

[1839] SAVIGNY, *System* cit., 6, § 2268 (123), WINDSCHEID/KIPP, *Lehrbuch des Pandektenrechts*, 9.ª ed. cit., § 141 (1, 702) e RAÚL VENTURA, *História do Direito romano*, II – *Direito das coisas* (1968), 61.

[1840] GEORG HOLCH, no *Münchener Kommentar zum BGB* 1/1, 5.ª ed. (2006), § 91 (1134-1135).

[1841] Ord. Fil., Livro IV, Tít. LIII, § 1 (= ed. Gulbenkian, 4-5, 847/I).

[1842] A expressão "infungível" não é português correto, sendo evitada pela doutrina. Todavia, ela foi introduzida pelo Decreto-Lei n.º 262/83, de 16 de junho, que acrescentou o artigo 829.º-A, relativo a sanções pecuniárias compulsórias. Esse mesmo diploma já foi apontado, pela doutrina, como tendo inserido incorreções linguísticas no artigo 282.º/1 (*Tratado* I/1, 3.ª ed., 648; HÖRSTER, *A parte geral* cit., 558). Há que ter muito cuidado, quando se mexe no Código Civil.

544   *O conteúdo geral das obrigações*

por exemplo, no artigo 1507.º, que contrapunha comodato e mútuo nos termos seguintes:

> O emprestimo diz-se commodato, quando versa sobre cousa que deva ser restituida da mesma especie; e mutuo, quando versa sobre cousa que deva ser restituida por outra do mesmo genero, qualidade e quantidade.

A doutrina da época via, aí, a contraposição entre coisas fungíveis e não-fungíveis[1843].

Pôs-se o problema da objetividade da distinção. No Direito alemão, aquando da preparação do BGB, essa objetividade foi propugnada[1844], mantendo-se, até hoje[1845]. Já no Código Vaz Serra, o final do artigo 207.º ("... quando constituam objeto de relações jurídicas") indica que apenas em concreto se torna possível apurar a fungibilidade de uma coisa. Uma moeda é fungível[1846]; mas a "moeda da sorte" já não o seria.

III. Transpondo a distinção para o Direito das obrigações, ocorre o que poderíamos chamar uma refração conceitual. A prestação determinável apenas quanto ao género dá azo às obrigações genéricas (539.º a 542.º), as quais envolvem todo um regime, abaixo considerado[1847]. Quando se fala em prestação fungível, tem-se antes em vista aquela que, sem prejuízo para o credor, possa ser realizada pelo devedor ou por terceiros[1848].

Assim, a prestação de coisa não-fungível será fungível, uma vez que um terceiro poderá efetuá-la, desde que tenha acesso à coisa em causa.

[1843] JOSÉ DIAS FERREIRA, *Codigo Civil Portuguez Annotado*, III (1872), 475.

[1844] KARLOWA, *Ueber den Begriff der fungiblen Sachen und die Anwendung desselben bei den verschieden Rechtsverhältnissen und Rechtsgeschäften des römischen Rechts*, GrünhutsZ 16 (1889), 407-456 (407 ss.).

[1845] HOLCH, no *Münchener Kommentar* cit. 1/1, 5.ª ed., § 91, Nr. 1 (1134): a distinção fez-se de acordo com critérios do tráfego objetivos; as convenções em contrário, das partes, são ineficazes. *Vide* THOMAS RÜFNER, HKK/BGB, I – *Allgemeiner Teil*, §§ 1-240 (2003), §§ 90-113, Nr. 21 ss. (329 ss.).

[1846] O dinheiro é fungível por excelência: STJ 19-mai.-2009 (SALAZAR CASANOVA), Proc. 2434/04.

[1847] *Infra*, 593 ss..

[1848] PESSOA JORGE, *Direito das obrigações* cit., 1, 64; ANTUNES VARELA, *Das obrigações em geral* cit., 1, 10.ª ed., 97-98; MENEZES LEITÃO, *Direito das obrigações* cit., I, 9.ª ed., 135-138; na nota 295, este Autor explica (bem), que a distinção entre prestações fungíveis e não-fungíveis não se confunde com a contraposição entre coisas fungíveis e não-fungíveis.

§ 41.º Modalidades de prestações   545

E a prestação de coisa fungível poderá ser rodeada de características que a tornam não-fungível; por exemplo, a administração de certo medicamento, injetado no cérebro, especificamente acordada com um grande neurologista.

De todo o modo, ocorrem específicas situações obrigacionais que têm a ver com a distinção das coisas em fungíveis e não-fungíveis.

O contrato de mútuo diz respeito a coisas fungíveis (1142.º), enquanto o comodato se reporta às não-fungíveis (1129.º): no primeiro, o beneficiário deverá restituir uma coisa equivalente à mutuada, enquanto, no segundo, ele reportar-se-á à própria coisa emprestada.

O depósito visa coisas não-fungíveis, como se depreende do dever de restituição – 1187.º, c). Aliás, quando tenha por objeto coisas fungíveis, o depósito é irregular (1205.º) seguindo, na medida do possível, as regras do mútuo (1206.º).

Além disso, aparecem "coisas fungíveis" relacionadas com vários outros institutos das obrigações. Assim:

- o devedor que cumpra a obrigação com dinheiro ou outra coisa fungível emprestada por terceiro pode sub-rogar este nos direitos do credor (591.º/1);
- havendo penhor de direitos que recaia sobre um crédito relativo a dinheiro ou outra coisa fungível, o devedor só deve prestar aos dois credores, conjuntamente (685.º/2);
- o legatário de dinheiro ou outra coisa fungível tem hipoteca legal sobre os bens sujeitos ao encargo do lesado ou, na sua falta, sobre os bens que os herdeiros responsáveis houverem do testador – 705.º, f);
- no caso referido e na falta de bens suficientes suscetíveis de garantir o crédito, não há lugar a outra caução (707.º/2);
- a sentença que condenar o devedor à realização de uma prestação em dinheiro ou outra coisa fungível é título bastante de hipoteca judicial (710.º/1);
- a compensação exige, entre outros aspetos, obrigações que tenham por objeto coisas fungíveis – 847.º/1, b);
- havendo venda de coisa defeituosa, o comprador tem o direito de exigir, do vendedor, a reparação da coisa ou, se necessário e ela tiver natureza fungível, a sua substituição (914.º, 1.ª parte);
- idem se, perante o mesmo tipo de coisa, houver garantia de bom funcionamento (921.º/1);

546   *O conteúdo geral das obrigações*

– na renda perpétua, alguém se obriga, mediante certo recebimento, a pagar ao beneficiário, como renda, determinada quantia em dinheiro ou outra coisa fungível (1231.º);

– *idem*, na renda vitalícia (1238.º).

Como se vê, é frequente, na lei, a referência a "dinheiro ou outra coisa fungível".

IV. Quanto a prestações: perante o artigo 767.º/1, segundo o qual a prestação pode ser feita tanto pelo devedor como por terceiro, interessado ou não no cumprimento da obrigação, a regra é a da fungibilidade. Esta só não ocorre (767.º/2):

– se se tiver acordado expressamente que a prestação deva ser feita pelo devedor (não-fungibilidade negocial);

– se a substituição do devedor prejudicar o credor (não-fungibilidade objetiva).

Muito importante é, ainda, o artigo 828.º, quanto à prestação de facto fungível: em caso de incumprimento tem, o respetivo credor, o direito de requerer, em execução, que o facto seja prestado por outrem, à custa do devedor[1849]. Trata-se de matéria regulada nos artigos 933.º e seguintes, do Código de Processo Civil[1850]. Este procedimento é necessário para que o facto levado a cabo pelo terceiro possa ser imputado ao devedor inadimplente[1851].

Sendo o facto não-fungível ("infungível", no português incorreto do artigo 829.º-A), quedará a aplicação de sanções pecuniárias compulsórias, desde que não estejam em conta "especiais qualidades científicas ou artísticas do obrigado" – 829.º-A/1.

[1849] *Vide*, ainda, WILFRID JEANDIDIER, *L'exécution forcée des obligations contractuelles de faire*, RTDC LXXV (1976), 700-724.

[1850] ADRIANO VAZ SERRA, *Realização coactiva da prestação (execução) (regime civil)*, BMJ 73 (1958), 31-394 (346), que, todavia, apenas refere "fungível" a propósito do CPC, explicando tratar-se de um facto que possa ser efetuado por um terceiro (cf. o artigo 24.º do anteprojeto, BMJ 73, 389). A expressão "facto fungível" surgiu na primeira revisão ministerial (811.º): BMJ 119 (1962), 208.

[1851] STJ 30-set.-2004 (FARIA ANTUNES), Proc. 04A2334 e STJ 30-nov.-2004 (FARIA ANTUNES), Proc. 066307. A prestação por outrem de facto fungível pode ocorrer em execução de decisão arbitral – RLx 8-mai.-2008 (ANA LUÍSA GERALDES), Proc. 3586/2008-8.

§ 41.º Modalidades de prestações

170. Prestações divisíveis e indivisíveis

I. A distinção entre coisas divisíveis e indivisíveis remonta ao Direito romano[1852]. Tinha, aí, um especial relevo a propósito das ações de divisão, particularmente frequentes quando ocorresse uma repartição da herança[1853]. E já então se discutia a intervenção do critério do valor, discussão essa que se projetou ao longo do século XIX[1854]: a coisa seria divisível quando fosse possível fracioná-la sem que a soma da valorização das parcelas alcançasse a da coisa-mãe, numa ideia presente no BGB[1855].

A discussão pendeu para tal critério, aquando da preparação do Código Civil[1856]. Todavia, o artigo 209.º, optou por uma fórmula alargada, que poderia suscitar dúvidas. Dispõe:

> São divisíveis as coisas que podem ser fracionadas sem alteração da sua substância, diminuição de valores ou prejuízo para o uso a que se destinem.

Temos três critérios heterogéneos, mas com predomínio do do valor[1857]. De facto, a decisão deve ser jurídica[1858]. Em termos permanentemente físicos, tudo, incluindo o próprio átomo, é divisível[1859]. Ainda no domínio da divisibilidade das coisas, particularmente relevante nas hipóteses de divisão de coisa comum (1412.º e 1052.º do CPC), há algumas previsões importantes: a divisibilidade deve ser aferida no momento em que o problema se ponha e não *in futurum*[1860]; a necessidade de especiais

---

[1852] RAÚL VENTURA, *Direito das coisas* cit., 63 ss. *Vide* ANDREA GUARNERI CITATI, *Studi sulle obbligazioni indivisibili nel diritto romano* I (1921), 104 ss..

[1853] KASER/KNÜTEL, *Römisches Privatrecht*, 19.ª ed. cit., § 23, Nr. 28 (128).

[1854] WÄCHTER, *Ueber Theilung und Theilbarkeit der Sachen und Rechte*, AcP 27 (1844), 155-197 e GUSTAV RÜMELIN, *Zur Lehre von der Theilung der Rechte/Bedeutung der Begriffsbildung und legislatorische Behandlung*, JhJb 28 (1889), 386-484.

[1855] WALDEMAR BOTSCH, *Die Teilbarkeit der Leistungen nach gemeinem Recht und BGB* (1903), 13 e 31 e HELMANN JAEGER, *Teilbarkeit und Unteilbarkeit obligatorischer Leistung* (1913), 15, 26, 47 e *passim*.

[1856] MANUEL DE ANDRADE, *Teoria geral da relação jurídica* cit., 1, 256 ss..

[1857] *Tratado* I/2, 2.ª ed., 157.

[1858] A indivisibilidade é pois "relativa" e não "absoluta", na terminologia de DERNBURG/BIERMANN cit., 63 ss..

[1859] STJ 12-dez.-1989 (RICARDO DA VELHA), BMJ 392 (1990), 458-463 (461) e RCb 7-mar.-1995 (QUINTA GOMES), CJ XX (1995) 2, 8-10 (8/I).

[1860] RPt 28-fev.-1991 (MÁRIO CANCELA), CJ XVI (1991) 1, 260-262 (261/I).

548   *O conteúdo geral das obrigações*

operações de divisão, como a execução de obras de reparação e de remodelação num imóvel, obsta à divisão[1861].

II. Na transposição para as obrigações, a contraposição entre a divisibilidade e a indivisibilidade ocasiona especiais adaptações.

Na fórmula consagrada, há divisibilidade sempre que a prestação possa ser fracionada, sem prejuízo para o credor[1862]. Isso levaria a que, nas prestações de coisa, se devesse atender à própria divisibilidade do objeto e, nas de *facere*, à possibilidade de cindir a atuação do devedor.

Podemos ainda distinguir:

– a divisibilidade natural ou objetiva, que deriva da consideração naturalística ou económica das prestações em causa;
– a divisibilidade convencional ou subjetiva, que terá, na origem, o que tiver sido acordado entre as partes.

III. A prestação, mesmo objetivamente divisível, não pode ser fracionada pelo devedor (763.º/1). A lei parte do princípio de que o interesse do credor é sempre afetado com a divisão da prestação: deixa nas mãos dele uma opção diversa (763.º/2). Este preceito deveria ser suficiente para forçar a uma reformulação da matéria.

Além disso, a matéria da divisibilidade vem reportada às obrigações parciárias: tratadas, nos artigos 534.º a 538.º, como "divisíveis". Aí, todavia, a regra já é a da divisibilidade, uma vez que, havendo vários devedores e na falta de solidariedade (o que é de regra: 513.º), o credor só pode exigir a cada um deles a parcela que lhes caiba.

IV. A divisibilidade da prestação não se confunde, assim, com a da obrigação: um aspeto já historicamente intuído[1863] e que foi especialmente estudado por Raffaele Cicala[1864]. Tratando-se de obrigação, há que aten-

---

[1861] RCb 7-mar.-1995 cit., CJ XX, 2, 9.

[1862] FERNANDO PESSOA JORGE, *Direito das obrigações* cit., 1, 67 ss. e PETER BYDLINSKI, no *Münchener Kommentar*, 2, 5.ª ed. (2007), § 420, Nr. 4 (2591-2592).

[1863] ALFONSO TERRANA, *Studio sulle obbligazioni divisibili ed indivisibili in diritto romano e diritto civile italiano* (1891), 191 pp., com Direito romano (25 ss.) e Direito italiano (107 ss.).

[1864] RAFFAELE CICALA, *Concetto di divisibilità e di indivisibilità dell'obbligazione* (1953), XI + 252 pp.; *vide*, aí, 179 ss. e 202 ss., quanto à construção do Autor e, de modo mais sintético, *Obbligazione divisibile e indivisibile*, NssDI XI (1965), 636-654 (638 ss.).

der ao regime que se pretenda aplicar. Aí, haverá que ter em conta aspetos teleológicos e funcionais.

A matéria será ponderada a propósito da parciariedade[1865].

[1865] *Infra*, 760 ss..

CAPÍTULO IV

CLASSIFICAÇÕES E TIPOS DE OBRIGAÇÕES

171. Sistematização e sequência

I. No estudo geral das diversas obrigações, confrontamo-nos com a realidade histórico-cultural de Direito e com as preocupações de racionalidade da Ciência do Direito. O primeiro aspeto não pode ser ignorado: além das inevitáveis contingências que ele traduz, cumpre ter presente que o Direito civil implica um conjunto de respostas eficazes dadas, pela nossa civilização, a problemas reais.

Assim, temos um duplo caminho para arrumar as obrigações. Estas podem ser repartidas em função de critérios racionais: temos as classificações. E podem, ainda, ser arrumadas em torno de pólos histórico-jurídicos significativos: são as tipologias. Estas não esgotam o universo onde se encontrem: operam, aí, como casos especialmente exemplificativos, aos quais o Direito veio a conceder um regime adaptado.

II. A existência, nos códigos modernos e nas análises doutrinárias deles decorrentes, de "modalidades de obrigações" abrange, na realidade, ora verdadeiras classificações, ora meras tipologias. E mesmo as classificações: elas são, por vezes, tratadas apenas através do regime de um dos seus termos. Sirva de exemplo o caso das obrigações naturais: em princípio, contrapõem-se às civis; na realidade, elas suscitam todo um regime, historicamente elaborado, sem que, para as civis, se possa apresentar mais do que um aspeto *a contrario* (o da exigibilidade judicial).

Estas considerações, assentes nas obrigações que tenham sede legal, são ainda aplicáveis a uma série de distinções doutrinárias: também aí surgem, lado a lado, classificações e tipologias.

III. No manuseio de classificações e de tipologias há, de novo, que fazer um esforço pragmático, sob pena de não se abranger a realidade jurídica. No tocante a classificações, iremos distinguir:

552   *Classificações e tipos de obrigações*

– quanto ao conteúdo: de *dare*, de *facere* e de organização;
– quanto aos vínculos: simples e complexas;
– quanto à estrutura: absolutas, relativas e mistas;
– quanto à articulação com outras situações: puras e combinadas;
– quanto ao tratamento legal: típicas e atípicas;
– quanto à execução: determinadas e indeterminadas.

Seguem-se as tipologias. Aí, os diversos termos são pólos típicos, não se apresentando contrapostos em pares. Temos, sucessivamente:

– obrigações duradouras;
– direitos pessoais de gozo;
– obrigações naturais;
– obrigações genéricas;
– obrigações alternativas;
– obrigações de informação;
– obrigações de apresentação de coisas ou documentos.

As obrigações pecuniárias e as de juros constituem, também, tipos de obrigações quanto ao conteúdo. Todavia, em razão da problematicidade própria e das variáveis que envolvem, tratá-las-emos em capítulo próprio. O mesmo sucede no tocante à pluralidade de credores e de devedores: aí vai bulir-se, também, com os sujeitos e com os conteúdos derivados da complexidade subjetiva.

IV. O Código Civil, no Livro II, Capítulo III, precisamente intitulado *modalidades de obrigações*, abrange nove secções onde contrapõe: I – Obrigações de sujeito ativo indeterminado; II – Obrigações solidárias; III – Obrigações divisíveis e indivisíveis; IV – Obrigações genéricas; V – Obrigações alternativas; VI – Obrigações pecuniárias; VII – Obrigações de juros; VIII – Obrigação de indemnização; IX – Obrigação de informação e de apresentação de documentos.

Não há, aqui, qualquer critério uniforme. E bem: não cabe ao legislador aprontar classificações mas, antes, fixar regimes para as situações relevantes[1866]. A doutrina procura, perante isso, arrumar a matéria fixando, como critérios[1867]: o vínculo, os sujeitos e o objeto. Quanto ao vínculo,

---

[1866] *Direito das obrigações* 1, 302.
[1867] MANUEL DE ANDRADE, *Teoria geral das obrigações*, 3.ª ed. cit., 73 ss.; ANTUNES VARELA, *Das obrigações em geral* cit., 1, 10.ª ed., 719 ss. e 801 ss.; ALMEIDA COSTA, *Direito das obrigações*, 12.ª ed. cit., 171 ss., 689 ss. e 715 ss., com uma diversa arrumação.

distingue as obrigações "civis" das naturais; quanto ao sujeito, as de "sujeito ativo" indeterminado e as singulares e plurais; quanto ao objeto as divisíveis e indivisíveis, as genéricas e específicas, as simples e alternativas, as pecuniárias e as de juros. Todavia, além de ficarem de fora categorias importantes, como a dos direitos pessoais de gozo e a das obrigações duradouras, verifica-se, ainda, que muitos dos termos apontados não equivalem a classificações tecidas em torno de um critério, mas antes a autênticas tipologias, que pressupõem todo um regime.

Há, pois, que reconhecer a necessidade de trabalhar em dois planos: com classificações e com tipologias.

SECÇÃO I

CLASSIFICAÇÕES DE OBRIGAÇÕES

§ 42.º AS CLASSIFICAÇÕES

172. Quanto ao conteúdo

I. No Direito romano, como foi visto, as prestações ordenavam-se em de *dare*, de *facere* e de *praestare*[1868]. Temos, aí, uma ideia básica, quanto às suas diversas hipóteses, embora se tratasse mais de uma tipologia do que de uma verdadeira classificação. Podemos, não obstante, aproveitar essa tradição para contrapor, à luz do nosso Direito:

– obrigações de entrega de coisa;
– obrigações de serviço;
– obrigações de abstenção;
– obrigações de organização.

II. A obrigação de entrega de coisa está centrada, no tocante à prestação principal, numa efetiva cedência de uma coisa corpórea[1869]. Todavia, as suas prestações secundárias envolverão, em regra, diversas atuações positivas. Com base nos contratos regulados no Código Civil, são obrigações de entrega de coisa as relacionadas com os contratos de compra e venda (879.º), de doação (954.º), de locação (1031.º e 1038.º), de parceria pecuária (1121.º), de comodato (1129.º), de mútuo (1142.º), de renda perpétua (1231.º) e de renda vitalícia (1238.º). Trata-se, em princípio, de obrigações de execução instantânea, exceto quando envolvam a constituição de direitos pessoais de gozo (locação, parceria pecuária e comodato).

[1868] KASER/KNÜTEL, *Römisches Privatrecht*, 19.ª ed. cit., § 34, I, 1 (181); *vide supra*, 489-490.
[1869] *Supra*, 493 ss..

§ 42.º As classificações

A obrigação de serviço postula, no seu cerne, a efetivação de uma atividade humana. Com base no Código, temos: o trabalho (1152.º), a prestação de serviço (1154.º), o mandato (1157.º), o depósito (1185.º[1870]) e a empreitada (1207.º). Todas as situações complexas daí emergentes podem implicar entregas de coisas, a nível de prestações secundárias. Em regra, encontramos, aqui, obrigações duradouras.

As obrigações de abstenção ou de facto negativo não surgem, em regra, isoladas. Contudo, podemos apontar o contrato de transação (1248.º/1) que, para além de diversos e possíveis efeitos, visa, no fundamental, terminar ou prevenir um litígio.

As obrigações de organização são, ou podem ser, complexas, envolvendo, designadamente, entregas de coisas e prestações de serviços. Todavia, têm um aspeto característico: conduzem à montagem de uma estrutura que vai, depois, articular os interesses das pessoas envolvidas. O contrato paradigmático é o de sociedade (980.º).

III. A classificação quanto ao conteúdo tem um interesse relativo: opera a um nível de acentuada abstração. Mas pode ser um elemento útil, por indiciar os regimes supletivamente aplicáveis. As regras da compra e venda são aplicáveis aos contratos onerosos e transmissivos (939.º); as do mandato à prestação de serviço (1156.º); as da sociedade às sociedades comerciais (2.º do CSC).

173. Simples e complexas; uni e bilaterais

I. A obrigação é simples quando implique um conjunto crédito/débito ao qual nada possa ser retirado, sob pena de ininteligibilidade. É complexa quando se analise em diversos elementos os quais, noutras condições, poderiam originar outras tantas obrigações simples. Uma obrigação de entrega de certa coisa é simples; uma entrega acompanhada por um curso de formação é complexa.

Levada até às últimas consequências, esta contraposição seria irreal: todas as obrigações são complexas, bastando atentar na sua estrutura.

[1870] O depósito, sendo nuclearmente uma prestação de serviço, envolve, ainda, a entrega da coisa.

556 *Classificações e tipos de obrigações*

II. A distinção tem um alcance útil. Muitas vezes, o intérprete-aplicador lida com conceitos linguisticamente estruturados. A essa luz, a obrigação simples corresponde a uma designação típica, enquanto a complexa exige uma junção de locuções. Temos uma contraposição linguística à qual correspondem regimes distintos.

III. Entre as obrigações complexas avultam as bilaterais, isto é, aquelas em que ambas as partes são, em simultâneo, credores e devedores. A lei fala em "contratos bilaterais" (795.º): mas é de obrigações que se trata, tanto mais que a sua fonte pode nem ser contratual. Tudo isto tem relevo decisivo, quando se vise apurar o regime.

174. Absolutas, relativas e mistas

I. Trata-se de uma classificação estrutural, que admite os direitos de crédito potestativos. Estes, como vimos, não podem ser construídos como uma relação jurídica, pois não ligam duas ou mais pessoas, em termos de dever-ser. Antes conferem a um sujeito o poder de, unilateralmente, modificar a esfera do outro. Este último fica em sujeição: nada pode – e, logo: nada deve – fazer, pelo que está em causa algo de totalmente diverso de um "devedor". A obrigação que se traduza num direito de crédito potestativo é, estruturalmente, absoluta, numa evidência que só por desatenção tem sido desamparada.

II. A obrigação relativa, que corresponde à maioria das existentes, implica uma relação jurídica: um credor com o seu crédito e um devedor com a correspondente adstrição. Trata-se da figura-tipo visualizada pelo artigo 397.º.

E quando uma situação obrigacional envolva elementos absolutos e relativos, podemos falar em obrigação mista. Esta figura é frequente, dada a proliferação, por todo o tecido obrigacional, dos direitos potestativos. Tudo isto resulta de regimes diferenciados, com normas próprias.

175. Puras e combinadas; subordinadas e subordinantes

I. A obrigação é pura quando se esgote num vínculo exclusivamente creditício. Será combinada quando, no seu seio, compreenda elementos oriundos de áreas diversas do Direito das obrigações.

§ 42.º As classificações 557

Normalmente, as obrigações combinadas derivam da inclusão de elementos reais. Assim sucede na promessa real (413.º) e na preferência real (421.º), onde, ao lado das obrigações classicamente correspondentes ao contrato-promessa e ao pacto de preferência, encontramos direitos reais de aquisição. E assim ocorre no crédito hipotecário, onde, ao lado do mútuo, opera um direito real de garantia.

II. Nas obrigações combinadas, pode o elemento creditício estar ao serviço de um direito diverso (por exemplo, as obrigações de vizinhança, ao serviço dos direitos reais) ou este último estar ao serviço da obrigação (por exemplo, a hipoteca, ao serviço do crédito garantido). Teremos, então, obrigações subordinadas e subordinantes, respetivamente. O elemento dominante tende a contaminar o dominado, com o seu regime.

III. Estas contraposições permitem realçar o *continuum* da vida social e a funcionalidade das obrigações. De facto, a passagem de uma área científica para outra não se faz por fronteiras rígidas ou estanques. Apenas para efeitos de análise haverá que compartimentar matérias: a vida não se compadece, porém, com a rigidez daí resultante. Além disso, as obrigações servem determinados fins, congregando esforços nesse sentido. Não é possível, numa exposição corrida da matéria, repisar estas asserções. Mas elas devem estar sempre presentes.

176. Típicas e atípicas

I. As obrigações típicas constam da lei, onde dispõem de um regime: imperativo ou supletivo[1871]. As atípicas foram arquitetadas pelas partes, ao abrigo da sua autonomia privada.

De facto, temos vários níveis de tipicidade:

– o das obrigações;
– o de outras situações não obrigacionais, que se insiram dentro de vínculos mais vastos;
– o dos contratos ou, mais latamente, dos negócios.

[1871] Várias outras distinções são possíveis, como foi visto a propósito da atipicidade das obrigações; *vide supra*, 437 ss..

558 *Classificações e tipos de obrigações*

II. A matéria é aprofundada, normalmente, a propósito dos contratos ou dos negócios. Mas ela pode ser suscitada no plano obrigacional ou, até, no situacional. De facto, independentemente dos contratos em que se possam inserir, nós encontramos obrigações que dispõem de um perfil diretamente previsto na lei. Tudo isto tem a maior utilidade, no plano do regime.

177. Determinadas e indeterminadas

I. Na obrigação determinada, as partes conhecem *ab initio* o concreto percurso das partes, na sua execução. Na indeterminada isso não sucede; haverá que prever esquemas que promovam, depois, a necessária determinação, para que possa sobrevir o cumprimento. Há situações típicas de indeterminação: quanto ao credor (511.º), quanto a quem vá efetuar a prestação (solidariedade passiva, 512.º/1 e 518.º), ou a quem a vá receber (solidariedade ativa, 528.º/1) e quanto à prestação (em geral, 400.º, obrigações genéricas, 539.º e alternativas, 543.º/1). Já se referiu, também, a categoria das obrigações heterodetermináveis: compete ao próprio credor modelar a atividade do devedor, como sucede no contrato de trabalho.

II. As obrigações indeterminadas convocam sempre conjuntos de normas dirigidas à determinação. Trata-se de situações tendencialmente complexas, numa decorrência ainda sensível à vontade das partes, muitas vezes com inclusão de elementos potestativos.

SECÇÃO II

TIPOS DE OBRIGAÇÕES

§ 43.º OBRIGAÇÕES DURADOURAS

178. Prestações instantâneas e prolongadas, contínuas e sucessivas

I. No domínio das obrigações duradouras, podemos partir de algumas distinções básicas, atinentes às prestações. De acordo com uma clivagem tradicional[1872], elas poderiam ser instantâneas, contínuas ou periódicas, consoante implicassem atos isolados, condutas duradouras ininterruptas ou atos diferenciados sucessivos.

A isso contrapõe-se[1873]: qualquer prestação aparentemente instantânea traduz-se, quando analisada, numa série de atos levados a cabo pelo devedor. Haverá, pois, que atender não ao número ou à conjunção dos atos a executar pelo devedor, mas antes ao momento ou momentos em que é realizado o interesse do credor. Mas relevando, aqui, o interesse objetivo, melhor nos parece reter o momento do cumprimento[1874]. De todo o modo, é claro que, em certas decorrências, as necessidades do credor (ou o seu interesse) obtêm satisfação no momento pontual do cumprimento, enquanto, noutras, elas se prolongam de forma indeterminada[1875]. O critério relevante terá, todavia, a ver com o regime, pelo que apelamos ao cumprimento.

[1872] BARASSI, *La teoria generale delle obbligazioni* cit., 1, 140 ss. e INOCÊNCIO GALVÃO TELLES, *Manual de Direito das obrigações* cit., 1, 2.ª ed., 36.

[1873] PESSOA JORGE, *Direito das obrigações* cit., 1, 69.

[1874] *Direito das obrigações* 1, 357.

[1875] ANGELO DE MARTINI, *Obbligazione di durata*, NssDI XI (1965), 655-659 (655/II e 656/I).

560   *Classificações e tipos de obrigações*

II. A prestação é instantânea quando o seu cumprimento se concretize, juridicamente, num determinado momento, extinguindo-se a obrigação que a inclua. E ela será prolongada[1876] quando o seu cumprimento se vá realizando num determinado (ou indeterminado) período de tempo, mantendo-se o vínculo ativo.

Por seu turno, a prestação prolongada pode ser:

– contínua, quando ela exija uma atuação permanente, *quotidie et singulis momentis* ou, pelo menos, quando, juridicamente, o cumprimento vá decorrendo sem quebras de continuidade; assim sucede com a obrigação de guarda do depositário – 1187.º, *a*);
– sucessiva, sempre que o cumprimento vá operando em momentos distintos, separados de tempo por períodos juridicamente relevantes; tal ocorre com a obrigação de pagamento de renda ou aluguer, do locatário – 1038.º, *a*).

III. Dentro das obrigações duradouras, ainda podemos abrir novas distinções em função do seu objeto. Assim, apontamos[1877]:

– a relação de fornecimento, quando se traduza em sucessivas transferências da propriedade sobre coisas corpóreas;
– a relação de serviço, quando esteja em causa um *facere* prolongado;
– a relação-quadro, quando implique sucessivos atos jurídicos, no seu desenvolvimento.

IV. Todos estes elementos poderiam constituir a base para uma classificação efetiva de obrigações, com base no tipo de prestação em jogo. Todavia, em seu torno foi-se desenvolvendo um regime que leva a colocar uma dogmática geral das obrigações duradouras. *Grosso modo*, estas correspondem ao que aqui chamámos as prestações prolongadas.

179. Origem e evolução das obrigações duradouras

I. A ocorrência de obrigações duradouras corresponde à natureza das coisas. Não obstante, a sua introdução e o seu desenvolvimento dogmático

---

[1876] Optamos por "prolongada" em vez de "permanente": esta última expressão poderia sugerir uma ideia de perpetuidade, que não está, aqui, em causa.

[1877] GEORG FUCHS-WISSEMANN, *Die Abgrenzung des Rahmenvertrages vom Sukzessivlieferungsvertrag* (1980), 19 ss. e 91 ss..

§ 43.º *Obrigações duradouras* 561

são relativamente recentes: datam, na prática, do século XX[1878]. Não obstante, a distinção básica fora já apresentada por Savigny.

Savigny distinguiu, em 1852, as prestações efémeras ou passageiras (*vorübergehende*) das prestações duradouras[1879]. As primeiras têm apenas uma existência instantânea, porquanto não se realizam num espaço de tempo relevante; o exemplo é o da entrega de dinheiro; daí resultaria que, com o cumprimento, a própria obrigação se extinguiria ou ficaria aniquilada. As segundas alargar-se-iam, na sua execução, de tal modo que essa dilação temporal pertenceria à sua essência.

E o próprio Savigny antecipa já um aspeto importante: as obrigações duradouras poderiam ser limitadas de antemão, no tempo, através, por exemplo, do prazo da sua duração; ou poderiam manter-se indeterminadamente, dependendo de um evento aleatório ou arbitrário, como a denúncia[1880].

II. À dogmática das obrigações duradouras ficou associado o alemão Otto von Gierke, num estudo publicado em 1914[1881]. Aí, chama a atenção para os aspetos seguintes[1882]:

– nas obrigações instantâneas, o cumprimento surge como causa de extinção; nas duradouras, ele processa-se em termos constantes, não as extinguindo[1883];
– as obrigações duradouras envolvem abstenções; mas podem redundar, também, em prestações positivas[1884];
– as obrigações duradouras têm formas específicas de extinção.

[1878] DE MARTINI, *Obbligazione di durata* cit., 656/I.

[1879] SAVIGNY, *Obligationenrecht* cit., 1, § 28, 2 (302).

[1880] *Idem*, 303.

[1881] OTTO VON GIERKE, *Dauernde Schuldverhältnis*, JhJb 64 (1914), 355-411. Este Autor, em escrito aparentemente antecedente, já havia referido essa figura a propósito do contrato de prestação de serviço: OTTO VON GIERKE, *Die Wurzeln des Dienstvertrages*, FS Brunner 1914, 37-68 (41 ss.).

[1882] Um tanto subjacente ao pensamento de von Gierke, grande germanista e estudioso das comunidades jurídicas, terá estado a ideia de compor uma comunidade entre ambas as partes, numa relação duradoura; *vide* PHOEBUS CHRISTODOULOU, *Vom Zeitelement in Schuldrecht/Vorstudium aus der Sicht des Dauerschuldverhältnisses* (1968), 6.

[1883] VON GIERKE, *Dauernde Schuldverhältnis* cit., 357, 359 e 363.

[1884] *Idem*, 359 e 360.

562   *Classificações e tipos de obrigações*

III. Quanto ao aspeto sensível da cessação, von Gierke, retomando uma ideia já presente em Savigny, distingue[1885]:

– a determinação inicial da duração: pela aposição de um termo certo ou de um termo incerto, como a vida de uma pessoa;
– a indeterminação inicial, podendo então sobrevir a denúncia, prevista na lei ou no contrato; ainda a denúncia poderia operar com um prazo de pré-aviso ou ser de efeitos imediatos;
– a impossibilidade superveniente.

A ideia de von Gierke foi seguida por Krückmann[1886] e pelo austríaco Gschnitzer[1887], que aprofundou a denúncia como forma específica de cessação das relações duradouras.

Depois da Guerra de 1939-45, o tema foi retomado por Beitzke. Sublinhou um aspeto: o mero decurso do tempo não equivale ao cumprimento: a obrigação representa, sempre, uma atuação interpessoal[1888].

Seguiu-se uma intervenção significativa de Wiese. Entre outros aspetos, este Autor salientou que também as relações duradouras são sensíveis ao cumprimento. Todavia, nelas, a execução da prestação prolonga-se no tempo, tempo esse que constitui um elemento inerente a cada uma[1889].

IV. Nos países do Sul, a divulgação e o aprofundamento da figura das obrigações duradouras ficou a dever a Osti[1890], em Itália, com antecedentes[1891]. A matéria foi, aí, aprofundada, especialmente no período que

---

[1885] *Idem*, 378-392.

[1886] PAUL KRÜCKMANN, *Einige Bemerkungen zu den "dauernden Schuldverhältnissen"*, JhJb 66 (1916), 1-17, apontando diversos aspetos do trabalho de von Gierke.

[1887] FRANZ GSCHNITZER, *Die Kündigung nach deutschem und österreichischem Recht*, JhJb 76 (1926), 317-415 e JhJb 78 (1927/28), 1-86.

[1888] GÜNTHER BEITZKE, *Nichtigkeit, Auflösung und Umgestaltung von Dauerrechtsverhältnissen* (1948), 78 pp., 20.

[1889] GÜNTHER WIESE, *Beendigung und Erfüllung von Dauerschuldverhältnisse*, FS Nipperdey I (1965), 837-851 (851).

[1890] GIUSEPPE OSTI, *La così detta clausola "rebus sic stantibus" nel suo sviluppo storico*, RDCiv 4 (1912), I, 1-58 (1 ss. e 46 ss.) e *Appunti per una teoria delle sopravvenienze*, RDCiv 5 (1913), I, 471-498 e 647 a 697 (478 ss.).

Quanto à anterioridade de Osti: DE MARTINI, *Obbligazione di durata* cit., 656/I, nota 1.

[1891] Assim: MARIO D'AMELIO, *Contratto di acquisto e contratto di somministrazione*, RDComm VII (1909) II, 587-593 (590), a propósito de CssPalermo 20-jul.-1909,

antecedeu e acompanhou a aprovação do Código Civil de 1942[1892], com relevo para o estudo de Giorgio Oppo[1893].

V. A dogmática das relações duradouras desenvolveu-se, fundamentalmente na Alemanha originando monografias maciças[1894], dissertações[1895] e análises nos grandes comentários[1896]. Os manuais reportam-se-lhe, ainda que com pouco desenvolvimento[1897]. Esta situação resulta da especialização das relações duradouras, dobradas por muitas regras imperativas que visam situações sensíveis, como o arrendamento, as sociedades e o contrato de trabalho[1898]. Uma teoria geral das relações duradouras implicará, sempre, um nível elevado de generalidade.

De todo o modo, o BGB, na versão resultante da reforma de 2001/2002, veio, depois da alteração das circunstâncias (§ 313), inserir um preceito específico sobre relações duradouras (§ 314), cujo n.º 1 vamos reter, pelo seu interesse doutrinário[1899]:

---

idem, loc. cit.; FRANCESCO CARNELUTTI, *Del licenciamento nella locazione d'opera a tempo indeterminato*, RDComm IX (1911) I, 377-403; ROBERTO MONTESSORI, *Intorno alle imprese di somministrazioni*, RDComm IX (1911) II, 582-590, a propósito de Ap. Macerata 28-mar.-1911, *idem*, loc. cit..

[1892] Assim: VITTORIO SALANDRA, *Contratti preparatorii e contratti di coordinamento*, RDComm XXXVIII (1940) I, 21-32 (30 ss.).

[1893] GIORGIO OPPO, *I contratti di durata*, RDComm XLI (1943) I, 143-180 e 227-250 e XLII (1944) I, 17-46.

[1894] HARTMUT OETKER, *Das Dauerschuldverhältnis und seine Beendigung/Bestandsaufnahme und kritische Würdigung einer tradiertern Figur der Schuldrechtsdogmatik* (1994), XXXIII + 757 pp.

[1895] Assim as de Christodoulou, de Fuchs-Wissemann e de Gollub, citadas ou a citar.

[1896] P. ex., DIRK OLZEN, no Staudinger, II, cit., § 241, Nr. 349-378 (228-236), KRAMER, no *Münchener Kommentar* 2, 5.ª ed. (2007), § 241, Nr. 96-108 (44-50) e RUDOLF MEYER-PRITZL, no HKK/BGB, II/2, *§§ 305-432* (2007), §§ 313-314, Nr. 74-85 (1754-1759).

[1897] LARENZ, *Schuldrecht* cit., I, 14.ª ed., 29 ss.; FIKENTSCHER/HEINEMANN, *Schuldrecht*, 10.ª ed. cit., 33-34, 52 e *passim*; BROX/WALKER, *Allgemeines Schuldrecht*, 36.ª ed. (2012), § 17, Nr. 12 ss. (148 ss.); CHRISTODOULOU, *Vom Zeitelement in Schuldrecht* cit., 174, chega a afirmar que têm menos relevo do que o até hoje admitido.

[1898] Assim, BEITZKE, *Nichtigkeit, Auflösung und Umgestaltung von Dauerrechtsverhältnissen* cit., 28 ss., analisa, em particular, 21 tipos de relações duradouras obrigacionais e 5 de direitos reais e da família, todas sensíveis à denúncia, mas com regras específicas.

[1899] *Vide* JOBST-HUBERTUS BAUER/MARTIN DILLER, *Nachvertragliche Wettbewerbsverbote: Änderungen durch die Schuldrechtsreform*, NJW 2002, 1609-1615 (1612/II);

Cada parte num contrato pode, independentemente do prazo, pôr termo a uma relação duradoura com base num fundamento importante. Existe um fundamento importante quando, à parte denunciante, não possa ser exigida a manutenção da relação contratual até ao seu termo ou até ao decurso de um prazo de denúncia, de acordo com as circunstâncias do caso concreto e sob a ponderação dos interesses de ambas.

VI. A cessação das relações duradouras por denúncia assente em fundamento importante coloca, quando transposta para o Direito portugues, algumas dúvidas terminológicas.

Em rigor, a haver fundamento importante (entre nós diz-se "justa causa", já não se trata de uma denúncia "pura" mas, antes, de resolução. Todavia, a resolução tende a ser retroativa. A justa causa legitimaria, aqui, não a dissolução da relação, mas apenas a sua não-continuação para o futuro.

Quanto à justa causa: ela adviria de uma cuidada ponderação de valores, no caso considerado, de modo a ter em conta as posições de ambas as partes[1900], permitindo concluir pela inexigibilidade da continuação da relação. Perante a justa causa, a cessação seria imediata: dispensaria o pré-aviso.

Havendo incumprimento, por uma das partes, justificar-se-ia a resolução, nos termos gerais. Todavia, também aqui haverá especificidades. Perante uma relação duradoura, cumpre computar, em sede de danos, a quebra da confiança, os danos de adaptação a nova contraparte e a própria quebra de imagens que o ocorrido possa suscitar. Toda esta matéria será aprofundada a propósito do não cumprimento das obrigações.

180. **Experiência portuguesa e dogmática geral**

I. A regulação de relações duradouras remonta às Ordenações. Aí encontramos regras sobre a cessação da companhia (da sociedade)[1901]

KARL VON HASE, *Fristlose Kündigung und Abmahnung nach neuem Recht*, NJW 2002, 2278-2283; REINHARD GAIER, no *Münchener Kommentar* cit., 2, 5.ª ed., § 314 (1811-1824); CHRISTIAN GRÜNEBERG, no Palandt, 71.ª ed. cit., § 314 (527-528); BROX/WALKER, *Allgemeines Schuldrecht*, 33.ª ed. cit., § 17, VII (149-154).

[1900] Além dos elementos referidos: DIRK LOOSCHELDERS, *Schuldrecht/Allgemeiner Teil*, 9.ª ed. (2011), Nr, 796 e 797 (272-273) e BROX/WALKER, *Allgemeines Schuldrecht*, 33.ª ed. cit., § 17, Nr. 19 ss. (151 ss.).

[1901] Ord. Fil., Liv. III, Tít. XLIV (= ed. Gulbenkian, 4-5, 827).

§ 43.º *Obrigações duradouras* 565

e sobre a do comodato e a do aluguer[1902]. No Código de Seabra, em obediência ao pensamento do seu tempo, o legislador tentou evitar relações indeterminadas ou de duração muito alongada. Assim, a prestação de serviço doméstico contratada para toda a vida dos contraentes ou de algum deles, é nula e pode a todo o tempo ser rescindida por qualquer dos intervenientes (1371.º)[1903]. Na falta de convenção expressa, o contrato ter-se-ia por anual, no serviço agrícola e por mensal, em qualquer outro serviço (1373.º). As relações duradouras iriam conhecendo aperfeiçoamentos sectoriais. Assim sucedeu com o contrato de trabalho[1904] e com o arrendamento[1905]. Não estava em causa, todavia, qualquer ideia de fixar aspetos gerais de relações duradouras.

II. A matéria foi referida em geral por Vaz Serra, no âmbito da preparação do Código Civil[1906], tendo passado a ser mencionada, ainda que de modo sucinto, pelos diversos obrigacionistas[1907]. No Código Civil,

---

[1902] Ord. Fil., Liv. III, Tít. LIV (= ed. Gulbenkian, 4-5, 848).

[1903] DIAS FERREIRA, *Codigo Annotado* cit., III, 2.ª ed., 41 ss..

[1904] O primeiro regime do contrato de trabalho foi aprovado pela Lei n.º 1.952, de 10 de março de 1937; *vide* o nosso *Isenção de horário* cit., 33 ss.., com indicações.

[1905] A evolução geral do regime do arrendamento pode ser confrontada no preâmbulo do Decreto Lei n.º 321-B/90, de 15 de outubro, que aprovou o RAU, preâmbulo esse que, salvo quanto ao n.º 11, foi materialmente da nossa autoria.

[1906] VAZ SERRA, *Objecto da obrigação* cit., 39 ss..

No anteprojeto (*Direito das obrigações* cit., 7-8), Vaz Serra propôs uma norma interessante, com o seguinte teor:

> Tratando-se de relação obrigacional duradoura, pela qual o devedor se obriga a um comportamento duradouro ou a prestações singulares periodicamente devidas, de sorte que o conteúdo total da prestação dependa da duração temporal da relação, pode o devedor, se a lei ou o negócio jurídico não estabelecerem especialmente uma limitação temporal da relação ou a faculdade de a denunciar, denunciá-la sempre que a manutenção ilimitada do contrato importasse para ele uma limitação excessiva da sua liberdade pessoal ou económica, contrária à boa fé.

Um tanto complicado e recheado de conceitos indeterminados, este preceito foi entendido como inseguro, não passando às fases ulteriores da reforma.

[1907] *Direito das obrigações* 1, 357 ss.. *Vide* MANUEL DE ANDRADE, *Teoria geral das obrigações*, 3.ª ed. cit., 159 ss.; INOCÊNCIO GALVÃO TELLES, *Manual de Direito das obrigações* cit., 1, 36 ss.; FERNANDO PESSOA JORGE, *Direito das obrigações* cit., 1, 69; CARLOS MOTA PINTO, *Direito das obrigações* cit., 98-104; JOÃO ANTUNES VARELA, *Das obrigações em geral* cit., 1, 10.ª ed., 94 ss.; ALMEIDA COSTA, *Direito das obrigações*, 12.ª ed, cit., 699-702,

566 *Classificações e tipos de obrigações*

alguns preceitos dispersos, abaixo mencionados, podem-nos ajudar a compor um regime. Ainda como particularidade do nosso Direito, cumpre referir o regime geral do contrato de agência, aprovado pelo Decreto-Lei n.º 178/86, de 3 de julho, com as alterações introduzidas pelo Decreto-Lei n.º 118/93, de 13 de abril[1908].

No contrato de agência temos uma pessoa (o agente) que fica adstrita a promover, por conta de outrem (o principal), a celebração de contratos, de modo autónomo e estável, mediante uma retribuição.

O regime legal adotado pelo Decreto Lei n.º 178/86, de 3 de julho[1909], reflete as soluções alemãs, soluções essas que, de resto, foram vertidas na Diretriz n.º 86/653, de 18 de dezembro, também acolhida no nosso ordenamento.

Entre o principal e o agente estabelece-se uma relação duradoura. A lei fixa os direitos e as obrigações das partes (6.º a 11.º, para o agente e 12.º a 20.º, para o principal, como direitos do agente) e a proteção de terceiros (21.º a 23.º). Importantes são as regras referentes à cessação do contrato (24.º a 36.º)[1910].

O regime de agência tem sido aplicado, por analogia, a outros contratos de distribuição, como a concessão e a franquia[1911]. Pela nossa parte, pensamos que é possível ir ainda mais longe, descobrindo, nesse diploma, regras de índole civil geral.

III. Uma relação obrigacional duradoura tem, em regra e na sua origem, um contrato. Normalmente, irá tratar-se de uma obrigação de *facere*, positivo ou negativo. Se for de *dare*, a obrigação tende a esgotar-se no momento da entrega.

Figura mista é, de certa forma, a obrigação que postule entregas sucessivas. Temos de distinguir:

– podem tais entregas ocorrer no âmbito de uma efetiva relação duradoura entre as partes, relação essa que será percetível pela densidade das obrigações secundárias envolvidas;

[1908] *Direito comercial*, 3.ª ed., 746 ss. (757 ss.).

[1909] ANTÓNIO PINTO MONTEIRO, *Contrato de agência (Anteprojecto)*, BMJ 360 (1986), 43-139.

[1910] Sobre o regime em jogo, *vide* ANTÓNIO PINTO MONTEIRO, *Contrato de agência/ Anotação ao Decreto Lei n.º 178/86, de 3 de Julho*, 7.ª ed. (2010).

[1911] *Direito comercial*, 3.ª ed., 768 ss. e 779 ss..

§ 43.º Obrigações duradouras

– ou podem significar, apenas, o fracionamento de uma prestação (781.º: "dívida liquidável em prestações").

Os regimes serão diferentes.

Na celebração de um contrato que conduza a uma obrigação duradoura, há uma certa delicadeza, pelo que se intensificam os deveres de informação e de lealdade. Por vezes, a relação duradoura envolve uma associação estreita entre as partes ou, até, a inclusão de uma delas na esfera comercial da outra (serviço de contabilidade ou de informática; prestação de trabalho, como exemplos[1912]). Compreende-se a relevância dos deveres prévios.

IV. Concluído o contrato surge, para além da relação acordada, um especial vínculo de confiança. Dependendo embora das especiais características de cada caso, essa relação exprime a confiança mútua que uma proximidade prolongada não poderá deixar de criar. Essa relação de confiança pode envolver:

– deveres de informação: no decurso da relação, ambas as partes devem-se manter mutuamente informadas sobre todos os aspetos que possam ser relevantes, seja em ordem a um ótimo aproveitamento económico da situação, seja tendo em vista o evitar e o prevenir danos; o artigo 1038.º, *h*), relativo à locação é uma especificação legal desse dever;

– deveres de lealdade: ocorrem hipóteses como o dever de sigilo (as partes, pela sua proximidade, podem ter acesso aos segredos uma da outra, devendo retê-los) ou o dever de não-concorrência (pela mesma ordem de fatores, as partes ficam numa situação privilegiada para captar a clientela uma da outra, não o devendo fazer).

De sublinhar que os deveres acessórios, além de se intensificarem, vão sofrendo processos adaptativos com o decurso do tempo, podendo surgir de novo ou com conteúdos diversos[1913]. Tais deveres podem ser densificados pela lei, como sucede com o contrato de trabalho[1914] ou com

---

[1912] Temos em mente um denominado contrato de *outsourcing* (exteriorização de recursos ou utilização de recursos do exterior); *vide Manual de Direito bancário*, 4.ª ed., 275 ss., com indicações.

[1913] DIRK OLZEN, no Staudinger cit., II, § 241, Nr. 352 e 355 (229-230).

[1914] *Vide* os artigos 126.º e seguintes do Código do Trabalho de 2009.

568 *Classificações e tipos de obrigações*

a sociedade, no que tange aos deveres de lealdade entre os sócios. Teremos de verificar, em cada caso, se as regras específicas existentes podem ser extrapoladas.

V. As relações duradouras são, pela sua própria estrutura temporalmente alongada, sensíveis às alterações de circunstâncias. Perante uma obrigação instantânea, o risco é precisamente distribuído entre as partes. Em regra, há cumprimento dentro de um horizonte de proximidade temporal, pelo que não temos margem para desequilíbrios supervenientes. Nas obrigações duradouras, torna-se possível e, mesmo, previsível que, no decurso da sua vigência, possam ocorrer superveniências que se reflitam no seu conteúdo. O Direito disponibiliza, para enfrentar o problema:

– a possibilidade de as próprias partes inserirem cláusulas de revisão ou de atualização;
– a interferência de regras legais que, periodicamente, assegurem as requeridas adaptações; pense-se na negociação laboral coletiva, com a produção de novos instrumentos laborais de regulação coletiva, aplicáveis aos contratos preexistentes ou nos coeficientes de atualização das rendas, no arrendamento urbano;
– a cominação, *ex bona fide*, de um dever de negociar, com vista ao acompanhamento das realidades;
– a aplicação do instituto da alteração das circunstâncias (437.º/1): embora a lei não o diga e a regra não seja absoluta, parece claro que esse preceito tem aplicação especial às relações duradouras.

A evidência de que não pode haver relações duradouras rígidas, de duração prolongada, leva a que, por vezes, seja possível, perante a lógica do contrato, a boa fé e a vontade hipotética das partes, construir, pela integração do negócio (239.º), cláusulas de adaptação à evolução futura. Trata-se de uma ocorrência facilitada quando se apure que as partes não pretenderam uma especial distribuição de risco e quando se verifique que a evolução ditou desequilíbrios favoráveis a uma das partes e prejudiciais para outra. A justiça comutativa, sobretudo quando procurada pelas partes, deve prevalecer.

181. A cessação

I. As relações duradouras põem problemas específicos no tocante à sua cessação. Se, da própria fonte, normalmente um contrato, constar o

§ 43.º Obrigações duradouras

período da sua vigência, este será observado, salvo alteração das circunstâncias (437.º/1). Nada se dizendo: será de esperar que a relação vigore até à destruição da Terra pela *Nova Soli*?

Muitas vezes, ocorre a afirmação de que não poderia haver obrigações perpétuas, por contrariarem a ordem pública e, para o caso, por contradizerem um vetor que, visando prevenir a escravatura, impediria tal tipo de situações. A afirmação remonta ao Código Napoleão, segundo cujo artigo 1780.º, relativo à "locação de domésticos e de operários":

> Só se pode adstringir os seus serviços por duração limitada ou para um empreendimento determinado.

Pretendeu-se, com tal preceito, prevenir o regresso a situações de servidão ou de vassalagem, abolidas pela Revolução Francesa. Reflexos desse pensamento surgem no artigo 1371.º do Código de Seabra, acima citado. Mas, algo paradoxalmente: foi precisamente no sector do trabalho que a evolução posterior acabaria por (re)introduzir situações tendencialmente perpétuas.

II. A proibição de relações perpétuas deve ser compatibilizada com outros valores que, caso a caso, se possam manifestar. Em geral, ela tem sido derivada da regra constitucional da liberdade de atuação, à qual não se poderia renunciar[1915].

Tal pensamento, levado ao extremo, conduziria, contudo, ou à invalidade das relações duradouras nas quais não tivesse sido aposto um prazo, ou à sua livre denunciabilidade, pondo em causa expectativas de continuidade e de segurança, por parte dos beneficiários. A solução passa por uma ponderação concreta dos valores em presença, balanceada pela boa fé[1916].

III. Também o Direito português, salvo exceções legais, prevê a limitação temporal das relações duradouras. Desde logo, o artigo 18.º, *j*), da LCCG[1917], aprovada pelo Decreto Lei n.º 446/85, de 25 de outubro, veio

---

[1915] OETKER, *Das Dauerschuldverhältnis und seine Beendigung* cit., 258 ss..

[1916] *Idem*, 279-289.

[1917] Também no Direito alemão surge, na Lei das Cláusulas Contratuais de 1976, hoje absorvida pelo Código Civil (§ 11.º, 12) uma primeira referência a esse tipo de relações: cf. FRANK GOLLUB, *Verzug und Zurück – Behaltungsrecht beim Sukzessivlieferungsvertrag/Ein Beitrag zur Lösung von Problemen atypischer Schuldverhältnisse im Wirtschaftsleben* (1989), 19 ss..

proibir obrigações perpétuas, quando derivadas de cláusulas contratuais gerais. Daí não inferimos um *argumentum a contrario*: o de que, quando advenientes de contratos singularmente associados, a perpetuidade seria possível. Temos, todavia, já um indício.

O regime de agência admite a denúncia: uma forma específica de, justamente, pôr cobro a relações duradouras. A denúncia corresponde a um direito potestativo de, unilateral e discricionariamente, colocar termo a um contrato de duração indeterminada. O artigo 28.º/1 do Decreto-Lei n.º 178/86 obriga a pré-avisos crescentes, consoante a duração do contrato[1918]. Assim:

– um mês, se o contrato durar menos de um ano;
– dois meses, se o contrato já tiver iniciado o segundo ano de vigência;
– três meses, nos casos restantes.

Além disso, quando, no termo do contrato, se verificar que uma das partes mantém determinadas vantagens, à custa da outra, pode ainda haver uma indemnização (33.º e 34.º)[1919]. Estas regras podem ser alargadas, por analogia, às diversas obrigações duradouras de duração indeterminada, com as adaptações seguintes:

– as obrigações duradouras de duração ilimitada são sensíveis à denúncia, desde que a isso não se oponha a lei (v.g., contrato de trabalho) ou a natureza da situação (v.g., fornecimentos vitais, como a eletricidade, o gás, a informática, o telefone e a água, não havendo alternativa viável);
– esta, quando não prevista, deverá ocorrer de acordo com um pré-aviso razoável, que atenda às circunstâncias do caso e, designadamente: à duração efetiva do contrato; às expectativas legítimas das partes; à facilidade de reconversão ou de encontrar alternativas; ao grau de vantagens mútuas;
– deslocações patrimoniais injustificadas, que se venham a apurar no termo da relação, podem sempre ser corrigidas através do instituto do enriquecimento sem causa (473.º).

[1918] *Direito comercial*, 3.ª ed., 758-759.
[1919] *Idem*, 760 ss..

§ 43.º Obrigações duradouras 571

Uma regra geral de denunciabilidade pode ser construída na base dos preceitos específicos citados, designadamente os da agência e, ainda, na ordem pública, na medida em que veicula uma proibição de excessivas restrições à liberdade pessoal.

A admissibilidade geral da possibilidade de denunciar, com pré-aviso adequado, as relações duradouras de duração indeterminada ou de duração perpétua consta, de resto, dos projetos europeus de codificação das obrigações[1920].

IV. Quando cessem, por resolução, por anulação ou por declaração de nulidade da respetiva fonte, as relações duradouras revelam, ainda, particularidades que ilustram a sua especificidade.

A resolução tem efeitos retroativos, em princípio (434.º/1). Todavia, o n.º 2 desse preceito, explicita:

> Nos contratos de execução continuada ou periódica, a resolução não abrange as prestações já efetuadas, exceto se entre estas e a causa de resolução existir um vínculo que legitime a resolução de todas elas.

Neste último caso cairão, por exemplo, obrigações que impliquem fornecimentos sucessivos, quando haja resolução por não-cumprimento da contrapartida: não-cumprimento total. A resolução justifica a devolução de tudo o que tenha sido entregue.

Em regra, nas obrigações duradouras, não é possível devolver o que já tenha sido entregue. Por isso, não há retroatividade.

Este mesmo princípio é aplicável à restituição por anulação ou por declaração de nulidade da fonte, havendo que operar uma interpretação restritiva do artigo 289.º/1. Com efeito, determinar, nessa eventualidade,

---

[1920] Citamos o DCFR de 2009, III – 1:109 (2) (232):

> Where, in a case involving continuous or periodic performance of a contractual obligation, the terms of the contract do not say when the contractual relationship is to end or say that it will never end, it may be terminated by either party by giving a reasonable period of notice (...)

Vide o DCFR (Full Edition) 1, 705 e 708, com indicações.

A influência alemã é manifesta; recordamos que a reforma de 2001/2002 introduziu, no BGB, um § 314 que permite a denúncia, a todo o tempo, de relações duradouras, havendo um fundamento importante. *Vide* CHRISTIAN GRÜNEBERG, no Palandt, 71.ª ed. (2012), § 314 (528 ss.) e DIETER MEDICUS/MICHAEL STÜRNER, no PWW/BGB, 7.ª ed. (2012), 574 ss..

a restituição de valores equivalentes não conduz a nada, uma vez que as correspondentes obrigações seriam compensáveis.

A regra da não-restituição das prestações efetuadas, em caso de anulação ou de declaração de nulidade foi, de resto, expressamente consagrada a propósito do contrato de trabalho: artigo 122.º/1, do Código do Trabalho de 2009.

§ 44.º RELAÇÕES OBRIGACIONAIS GERAIS

182. Generalidades

I. A relação jurídica obrigacional apresenta-se como um pequeno sistema funcionalizado à concretização da prestação e à defesa dos valores conexos. Daí resulta toda uma complexidade de que demos conta e que se intensifica perante as obrigações duradouras.

Nas situações reais da vida que o Direito é chamado a enquadrar e a solucionar, as relações obrigacionais, já de si complexas, integram-se em conjuntos mais amplos, aí recebendo uma valoração especial e, por vezes, o seu sentido.

A um conjunto articulado, funcionalmente coerente e tendencialmente duradouro de relações obrigacionais chamaremos uma relação obrigacional geral.

II. Muitas vezes, a associação consistente de diversas relações obrigacionais resulta de coligações de contratos. A esse nível, elas serão consideradas[1921]. Em certos casos, nomeadamente por razões histórico-culturais ou, até, por condicionamentos linguísticos, isso não sucede. Os agentes jurídicos tratam as relações como se de elementos isolados se pudesse falar, deixando nalguma neblina, o facto de elas surgirem em feixes complexos, aí ganhando todo o seu alcance.

A matéria tem sido identificada em áreas periféricas, mormente no campo comercial. Mas ela tem todo o interesse em ser atraída para o Direito geral das obrigações. Pode, aí, sofrer um aprofundamento dogmático, com ganhos para o conhecimento da matéria e para o aprofundamento das soluções a que se chegue.

III. Vamos ensaiar as considerações feitas com recurso a três figuras:

[1921] *Tratado* II/2, 273 ss..

574   *Classificações e tipos de obrigações*

– a relação de negócios;
– a relação bancária geral;
– a relação geral de seguros.

183. A relação de negócios

I. Verifica-se, na vida comercial, a existência, entre comerciantes e fornecedores ou entre aqueles e os seus clientes, de relações de negócios que se prolongam no tempo. Aí, em vez de um único ato, surgem séries deles, ao longo do tempo e na base do relacionamento existente entre as partes. Teríamos uma relação de negócios, que traduziria um valor autónomo[1922]. A sucessão de atos jurídicos, cada um dos quais gerando relações obrigacionais complexas, dá origem a um feixe, em que o tomo transcende a soma das parcelas.

II. A natureza dessa relação levantou dúvidas, desde o século XIX, até hoje[1923].

Laband iniciaria uma série de tomadas de posição: numa relação prolongada de comércio, vê um uso[1924] que reconduz a um acordo tácito[1925].

Raiser, estudioso das cláusulas contratuais gerais, apura uma juridicidade nas condutas típicas das partes, claras quanto ao seu significado social[1926]. Tasche, um tanto na linha das relações contratuais de facto, assenta na boa fé uma relação baseada no puro decurso dos factos[1927].

A recondução da relação de negócios – ou da sua juridicidade – ao princípio geral da boa fé parece evidente: tal o passo de Weber[1928]: have-

---

[1922] RÜDIGER PHILIPOWSKI, *Tatsachen und rechtliche Bedeutung der längeren Geschäftsverbindung* (1963, ed. de Berlim), 15, 17 e 19; esta obra foi também publicada em Heidelberg, 1963, com o título *Geschäftsverbindung/ Tatsachen und rechtliche Bedeutung*.

[1923] Um apanhado da matéria: PETER-CHRISTIAN MÜLLER-GRAF, *Rechtliche Auswirkungen einer laufenden Geschäftsverbindung im amerikanischen und deutschen Recht* (1974), 129 ss..

[1924] LABAND, *Die Handels-Usancen*, ZHR 17 (1872), 466-511 (467-468).

[1925] *Idem*, 507.

[1926] LUDWIG RAISER, *Das Recht der Allgemeinen Geschäftsbedingungen*, 2.ª ed. (1961, correspondente à 1.ª, de 1935), 127 ss. e 187 ss..

[1927] TASCHE, *Vertragsverhältnis nach nichtigem Vertragsschluss?*, JhJb 90 (1943), 101-130 (128-129).

[1928] WILHELM WEBER, *Treu und Glauben* (1961), correspondente à 11.ª ed. de *Staudingers Kommentar* ao § 242 do BGB, especialmente, A-290 a A-294 (115-117).

§ *44.º Relações obrigacionais gerais* 575

ria, contudo, que se ir mais longe na precisão. Optou-se, então, pelo uso da fórmula da proibição do *venire contra factum proprium*: um esquema querido a Wieacker[1929] e a Canaris[1930].

III. Foram tentadas saídas legais mais explícitas. Danz apela aos usos do tráfego, que poderiam modelar as relações entre comerciantes[1931], enquanto o BGH, em 8-abr.-1957 – o célebre caso da lotaria – apela para o papel que séries de condutas podem ter na interpretação, por via do § 157 do BGB[1932].

Parece adequado afirmar, perante uma relação de negócios e dependendo das circunstâncias, a presença de deveres acessórios, com a confiança, a informação e a lealdade que daí decorram. Algumas regras das obrigações duradouras, como a da exigência de um pré-aviso razoável para a sua cessação, poderiam ser aplicáveis.

Em suma: em função das particularidades do caso concreto, podemos afirmar a presença de uma "relação duradoura de base legal", sem dever de prestar principal, mas com a integração de múltiplas obrigações complexas. Com cuidada sindicância, é possível convocar as regras sobre obrigações duradouras.

184. **A relação bancária geral**

I. Entre um banqueiro e o seu cliente não ocorre, em regra, um negócio jurídico. Pelo contrário: iniciada uma relação bancária em regra através de um contrato de abertura de conta[1933], temos uma relação prolongada que acolhe os mais diversos atos: depósitos, levantamentos, emissão de cheques, emissão de cartão bancário, transferências, aconselhamento e créditos diversos.

[1929] FRANZ WIEACKER, *Zur Rechtstheoretischen Präzisierung des § 242 BGB* (1956), 27 ss..

[1930] CLAUS-WILHELM CANARIS, *Die Vertrauenshaftung im deutschen Privatrecht* (1971, reimp. 1983), 357 ss. e *passim*.

[1931] ERICH DANZ, *Laienverstand und Rechtsprechung*, JhJb 38 (1898), 373-500 (418-419).

[1932] BGH 8-abr.-1957, NJW 1957, 1105-1106.

[1933] *Manual de Direito bancário*, 4.ª ed., 259 ss. e 505 ss..

576 *Classificações e tipos de obrigações*

A relação bancária geral, complexa e mutável, no seu conteúdo, mas sempre presente, suscitou, ao longo da história recente, diversas orientações explicativas.

II. Num primeiro momento, veio-se preconizar a doutrina do contrato bancário geral"[1934]. Ao iniciar uma relação bancária duradoura, o cliente aceitaria as cláusulas contratuais do banqueiro, pelas quais se pautaria todo um contrato geral: este poderia ser qualificado como um contrato de angariação de negócios[1935], como um contrato-promessa[1936] ou como um contrato normativo[1937].

Apesar das imprecisões e de nenhuma destas explicações ser convincente, a ideia do contrato bancário geral permitiu localizar a existência de uma relação de confiança entre as partes. Dessa relação emergiriam especiais deveres de informação e de acompanhamento. Todavia, as críticas foram generalizadas: censurou-se-lhe o seu artificialismo e os perigos que envolveria, por disseminar a ideia, muito combatida pelos banqueiros, de um dever de conceder crédito.

III. Em substituição da ideia de contrato bancário geral, surgiu a da doutrina da relação legal, base de uma responsabilização pela confiança. Na origem desta fórmula temos os estudos de Raiser, sobre as cláusulas contratuais gerais. Este autor, no âmbito do relacionamento complexo entre um banqueiro e o seu cliente, vem sustentar uma ligação semelhante

---

[1934] Sobre a doutrina do "contrato bancário geral" cumpre referir duas monografias: HORST W. ALTJOHANN, *Der Bankvertrag, ein Beitrag zur Dogmatik des Bankrechts* (1962) e HANS ULRICH FUCHS, *Zur Lehre vom allgemeinen Bankvertrag* (1982). É ainda importante o desenvolvimento de CLAUS-WILHELM CANARIS, *Bankvertragsrecht* I, 3.ª ed. (1988), 3 ss., bem como o de KLAUS J. HOPT, em HERBERT SCHIMANSKY/HERMANN-JOSEF BUNTE/ HANS-JÜRGEN LWOWSKI, *Bankrecht-Handbuch* I, 3.ª ed. (2007), 1 ss. (6 ss.).

[1935] Ou *Geschäftsbesorgungvertrag*; referimos OTTO LENEL, *Die auf Geschäftsbesorgung gerichten entgeltlichen Verträg*, JhJb 44 (1902), 31-42 e STANISLAUS DNISTRJANSKYJ, *Zur Lehre von der Geschäftsbesorgung*, JhJb 77 (1927), 48-74; como escrito de referência: MICHAEL MARTINEK, no Staudinger II, §§ 657-704/*Geschäftsbesorgung* (2006), 335-520, com muitas indicações; quanto a doutrina da relação bancária geral *vide* , aí, Nr. B 29 (387).

[1936] ARWED KOCH, *Der Krediteröffnungsvertrag*, Bank-Archiv XXXII (1933), 224-226 (224).

[1937] JOHANN HEINRICH VON BRUNN, *Die formularmässigen Vertragsbedingungen der deutschen Wirtschaft/Der Beitrag der Rechtspraxis zur Rationalisierung*, 2.ª ed. (1956), 78.

§ 44.º *Relações obrigacionais gerais* 577

à que decorre da *culpa in contrahendo*, nas negociações preliminares[1938]. Canaris preconiza o aproveitamento, neste campo da doutrina da relação obrigacional legal sem dever de prestação primária[1939]. Em síntese: ao longo da relação bancária, as partes assumem as mais diversas prestações principais, mas subjacentes a todas elas, por via da boa-fé, existiriam deveres de cuidado, de proteção e de informação, de modo a prevenir danos.

IV. Mais recentemente, a doutrina[1940] e a própria jurisprudência mostraram uma certa (re)abertura à ideia de um contrato geral. Com efeito, a relação complexa que se desenvolve entre o cliente e o seu banqueiro só ocorre porque ambas as partes nisso convieram. A fenomenologia verificada tem, por certo, uma dimensão contratual. Para progredir, a partir daí, teremos de admitir a ideia de contratação mitigada, isto é: de contratos de que emerjam deveres de procedimento, de atenção, de consideração de propostas (cuja aceitação, todavia, se mantém livre) e de aconselhamento e que, aqui, seriam consubstanciados no aludido contrato de abertura de conta.

Subjacente a tudo isso estariam deveres acessórios de base legal, capazes de, só por si, sustentar uma relação bancária sem dever de prestar principal.

V. As corretas interpretação e aplicação das normas referentes a uma relação bancária geral e aos múltiplos atos que a integrem exige o manuseio do conjunto. Este pode ser apresentado como a tal relação obrigacional geral: uma relação que, pela sua natureza e vista a sua função, vai abarcar múltiplas relações complexas: atuais e potenciais.

185. A relação geral de seguro

I. Num contrato de seguro, uma parte (o tomador) transfere, para outra (o segurador), o risco da verificação de um evento (o sinistro), na

---

[1938] LUDWIG RAISER, *Das Recht der allgemeinen Geschäftsbedingungen* (1935), 135.

[1939] CLAUS-WILHELM CANARIS, *Bankvertragsrecht* 1, 3.ª ed. cit., n.º 12 (8).

[1940] BAUMBACH/HOPT, *HGB*, 30.ª ed. (2000), A/G-A/7 (1306-1307).

própria esfera ou na de um terceiro (o segurado) contra o pagamento de uma retribuição (o prémio)[1941].

A conclusão de um contrato de seguro origina uma relação complexa, entre as partes. Essa relação envolve:

– prestações principais: o prémio, a cobertura do risco e a indemnização, no caso de sinistro;
– prestações secundárias: as diversas condutas requeridas às partes, para a boa execução do programa assumido, por via legal ou por via contratual e cuja inobservância dá azo a pretensões de cumprimento e/ou de indemnização;
– encargos: as condutas que as partes, normalmente o tomador, devem assumir, para conseguir certos efeitos contratual ou legalmente previstos;
– deveres acessórios: as atuações exigíveis, às partes, por via dos valores fundamentais do sistema, veiculados através do princípio da boa-fé.

As situações individuais, designadamente a do segurador, são ainda enriquecidas por elementos funcionais, que transcendem a relação *inter partes*. Intervém, aqui, o elemento "gestão de negócios": o segurador deve recolher os prémios e proceder, com eles, a uma gestão prudente, de modo a poder acudir, em caso de sinistro. Inscreve-se, ainda e nesta dimensão, a sujeição à supervisão do Estado (do ISP), num conjunto que complementa uma tutela reflexa, de que beneficia o tomador.

Todas estas condutas são orientadas em função do escopo fundamental do contrato: a assunção, onerosa e profissional, do risco.

II. Independentemente da concreta conclusão de um contrato de seguro, as partes (o segurador, diretamente ou através de um mediador e o tomador) ficam envolvidas numa relação ainda mais vasta do que a relação contratual complexa. Chamar-lhe-emos a relação geral de seguro.

A relação geral do seguro surge, em regra, com os contratos pré-contratuais. Logo nessa ocasião, em paralelo com o que resultaria da boa-fé *in contrahendo* (227.º/1, do Código Civil), ocorrem deveres de informação e esclarecimento a cargo do segurador (18.º a 23.º, da LCS) e encargos de informação a cargo do tomador ou do segurado (24.º a 26.º).

[1941] *Vide* o nosso *Direito dos seguros*, n.º 170 e *passim*.

§ *44.º Relações obrigacionais gerais* 579

O contrato conclui-se, em certas circunstâncias, mesmo no silêncio do segurador (27.º). Uma vez celebrado por um ano, ele prorroga-se, sucessivamente, por períodos idênticos, salvo cláusula em contrário (41.º/1), considerando-se um contrato único (41.º/3). Na vigência do contrato, cabem deveres de informação, designadamente relativos a alterações do risco (91.º a 94.º). Após a cessação do contrato, podem subsistir certas adstrições (106.º/1). Toda a relação, mesmo que o contrato não surja, é pontuada por um dever de sigilo (119.º/1, todos da LCS).

III. Além dos aspetos sumariados, deve atentar-se em que, nos nossos dias, a tendência vai no sentido da conclusão de vários seguros. O cidadão comum toma seguros diversos: obrigatórios, de responsabilidade civil automóvel e de incêndio em propriedade horizontal e facultativos mas comuns, como seguros relativos a imóveis adquiridos a crédito, seguros de vida a favor do banqueiro, seguros de saúde, seguros multi-riscos e outros. Além disso, são frequentes outros seguros, como o de responsabilidade profissional, o de caça e os de viagem. Uma empresa concluirá nos mais diversos seguros de responsabilidade civil, de acidentes de trabalho, de responsabilidade automóvel e relativos a imóveis. Sem dificuldade, uma sociedade média pode concluir dezenas de contratos de seguro. Temos uma carteira, pelo lado do tomador.

Os seguros contratados em série são-no, em regra, com o mesmo segurador. Este pode mesmo dispor de pacotes, destinados a fidelizar e a motivar os seus clientes. Aprofundada a relação, é frequente os seguros serem contratados por telefone, procedendo-se, depois, à emissão da competente apólice. Em suma: ocorre uma relação geral de seguro, em cujo âmbito se vão, depois, inscrever diversos contratos de seguro.

IV. A existência de uma relação geral de seguro não será tão impressiva como a que surge, no Direito bancário, na sequência de um contrato de abertura de conta. Mas ela não é inóqua. Havendo uma relação geral de seguro, reforçadas ficam as confianças das partes. Os deveres de informação, de esclarecimento e de acompanhamento esmorecem, por um lado, uma vez que estamos entre pessoas que se apreciam e que conhecem os produtos em jogo. Mas por outro, acodem deveres de lealdade e de informação, relativos a anomalias inesperadas.

Tudo isso deve ser tido em conta, na concretização dos regimes aplicáveis.

§ 45.º DIREITOS PESSOAIS DE GOZO

186. O direito do locatário; evolução jurídica, política e social

I. Os direitos pessoais de gozo desenvolveram-se em torno do problema posto pelo direito do locatário. Por aí vamos, pois, abordar o tema.

O Código Civil define a locação como o contrato pelo qual uma das partes se obriga a proporcionar à outra o gozo temporário de uma coisa, mediante retribuição (1022.º). O locatário recebe o gozo da coisa; todavia, a lei não enumera os seus direitos: apenas refere que o locador deve assegurar-lhe o gozo da coisa, para os fins a que ela se destine (1031.º). Paralelamente, os deveres do locatário são elencados (1038.º)[1942].

A locação de imóvel diz-se arrendamento e a retribuição renda; a de móvel é o aluguer, como aluguer é a retribuição então devida – 1023.º e 1038.º, *a*).

II. No Direito romano[1943], mercê da potencialidade criativa dos *bonae fidae iudicia*, surgiram as *actiones locati* e *conducti*. Podíamos diferenciar, aí, três situações distintas[1944]:

[1942] *Supra*, 327.

[1943] Quanto às fontes: CHRISTOPH BURCKHARDT, *Zur Geschichte der locatio conductio* (1889), 6 ss.; THEO MAYER-MALY, *Locatio conductio/Eine Untersuchung zum klassischen römischen Recht* (1956), 9 ss.; ROBERTO FIORI, *La definizione della "locatio conductio"/Giurisprudenza romana e tradizione romanistica* (1999), 11 ss., 65 ss., 127 ss. e 183 ss..

As origens podem ser confrontadas em HORST KAUFMANN, *Die altrömische Miete/ Ihre Zusammenhänge mit Gesellschaft, Wirtschaft und staatlicher Vermögensverwaltung* (1964), 26 ss..

No que toca à evolução tardia, DIETHER EIBACH, *Untersuchungen zum spätantiken Kolonat in der kaiserlichen Gesetzgebung/unter besonderer Berücksichtigung der Terminologie* (1977), 278 pp..

[1944] Os correspondentes contratos eram, pois, consensuais: MAYER-MALY, *Locatio e conductio* cit., 81 ss..

§ 45.º *Direitos pessoais de gozo* 581

– a *locatio-conductio rei* ou locação de coisas;
– a *locatio-conductio operarum* ou locação de obras, que está na base do atual contrato de trabalho;
– a *locatio-conductio operis faciendo* ou locação de serviços, na origem da empreitada.

A *locatio-conductio rei* impunha-se, porém, como algo de autónomo[1945]: implicava uma coisa, entregue ao locatário (o *conductor*) e o pagamento, por este, de uma retribuição (a *merces*). A *lex aede* veio proibir a expulsão arbitrária do locatário; para tanto, seria exigível: ou o abuso do gozo, ou o não-pagamento da *merces*; ou a necessidade urgente da coisa, pelo locador.

Havendo transmissão da propriedade da coisa locada, o adquirente podia expulsar o locatário anterior. Provavelmente, este poderia, então, acionar o alienante, por faltar à obrigação de lhe assegurar o gozo: mas perante este último. A regra foi especialmente relembrada por uma constituição de Alexandre Severo:

emptori fundi necesse non est stare colonum, cui prior dominus locavit[1946].

Todavia, há elementos requeridos pela natureza das coisas que o

---

[1945] LUIGI AMIRANTE, *Richerche in tema di locazione*, BIDR LXII (1959), 9-119 (21), republ., parcialmente, em NICOLA PALAZZORO, *Saggi in materia di locazione/Corso di diritto romano* (1994), 7-69; ANTONIO MASI, *Locazione (storia)*, ED XXIV (1974), 907-918 (908).

[1946] C. 4.65.9 = ed. MOMMSEN, *Corpus iuris civilis* II (1880), 189/II; em português:

ao adquirente de um prédio não é exigido que deixe permanecer o colono a quem o anterior proprietário o locara.

Em Gaio, a solução era mais matizada, dando corpo à fina juridicidade romana. Assim, segundo o fragmento reportado em D. 19.2.25.1 (= ed. MOMMSEN I, 287/II):

Qui fundum fruendum vel habitationem alicui locavit, si aliqua ex causa fundum vel aedes vendat, curare debet, ut apud emptorem quoque eadem pactione et colono frui et inquilino habitare liceat: alioquin prohibitus is aget cum eo ex conducto.

Em português (cf. ed. bilingue BEHRENDS e outros, III, 573):

Quando alguém tenha arrendado um prédio rústico ou uma habitação deve, caso por qualquer razão os venda, cuidar de que o rendeiro ou o inquilino possam, perante o comprador fruir ou viver nas mesmas condições. Sendo-lhes isso proibido, podem agir *ex conducto* [contra o locador/vendedor]

Vide, quanto à temática em jogo, MAYER-MALY, *Locatio e conductio* cit., 42 ss..

582 *Classificações e tipos de obrigações*

Direito não pode ignorar. Designadamente, não faria sentido abandonar o locatário à mercê de ataques de terceiros, deixando-o pendurado pela *actio conducti*: preciosa, sem dúvida, mas útil, apenas, contra o locador. Assim, já no Direito romano era, ao locatário, concedida uma proteção perante terceiros: contra furtos, a *actio furti*; contra roubos, a *actio vi bonorum raptorum*; contra a violação de imóveis, a *actio injuriarum* e contra o esbulho violento, o *interdictum unde vi*[1947]. Muito significativo é o troço de Ulpiano, que estará na origem do nosso 1037.º/1:

> Et si dominus fundum locaverit inque eum impetus factus sit, colonus aget, non dominus[1948].

III. No antigo Direito português, podemos falar numa divergência de situações locatícias. Nalguns casos, passou a usar-se a enfiteuse, direito real específico que dava, ao enfiteuta, total solidez[1949]. Noutros, manteve-se ou incrementou-se uma locação de tipo precário que, inclusive, permitia ao locador, em caso de mora do locatário no pagamento de renda, penetrar na casa deste e fazer, pelas suas próprias mãos, arresto de tudo o que aí encontrasse[1950].

As Ordenações continham já sugestivas normas de proteção e de equilíbrio. Assim, se num prédio rústico arrendado, um facto anómalo (como cheias de rios, chuvas, pedras, fogo, seca, exército de inimigos, assuada de homens, aves, gafanhotos ou bichos) destruísse a produção, não seria, pelo arrendatário, devida qualquer renda[1951].

Também tem interesse sublinhar que, ao locatário, era reconhecida uma tutela *erga omnes*. Citando Corrêa Telles[1952]:

> 766. O locador não é obrigado a garantir a força ou roubo, que um terceiro faça injustamente ao rendeiro: é lícito a este demandar os culpados.

[1947] EMILIO COSTA, *La locazione di cose nel diritto romano* (1919), 87, 89 e 90.

[1948] D. 47.10.5.4 = ed. MOMMSEN, I, 830/II; em português:
(…) e se o proprietário arrendar um prédio no qual seja perpetrada uma ingerência, cabe ao locatário, e não ao dono, agir.

[1949] *Vide* o nosso *Da enfiteuse: extinção e sobrevivência*, O Direito 140 (2008), 285-315.

[1950] GAMA BARROS, *História da Administração Pública em Portugal nos séculos XII a XV*, VII, 2.ª ed. (1949), 14 ss.. Esta prática foi abolida pelos Reis de Portugal.

[1951] Ord. Fil., Liv. IV, Tít. XXVII, pr. (= ed. Gulbenkian, 4-5, 806).

[1952] CORRÊA TELLES, *Digesto Portuguez* cit., III, 3.ª ed., 108.

§ 45.º *Direitos pessoais de gozo* 583

767. O colono ou inquilino póde usar d'acção de força, não só contra um terceiro, mas ainda contra o locador que o esbulhar ou turbar no uso da cousa, e demandar-lhe a sua indemnisação.

IV. O Código de Seabra, acolhendo sugestões anteriormente feitas *de iure condendo*[1953], veio, no seu artigo 1619.º, consignar, para o arrendamento, o importante princípio *emptio non tollit locatum* (a compra não tolhe a locação). Dispôs[1954]:

> O contracto de arrendamento, cuja data for declarada em titulo authentico ou authenticado, não se rescinde por morte do senhorio nem do arrendatario, nem por transmissão da propriedade, quer por titulo universal, quer por titulo singular (...)

Ou seja: se alguém arrendasse um prédio e depois o vendesse, o arrendamento manter-se-ia: o·adquirente nada mais receberia do que um prédio arrendado, devendo tolerar a posição do locatário.

V. A locação, mormente na sua versão de arrendamento, deu azo, a partir da industrialização, a uma complexa questão social e económica. De facto, a revolução industrial provocou o êxodo rural e o afluxo, às cidades, de crescentes massas de população. O alojamento tornou-se um ponto sensível. Assim, a partir do início do século XX, foram tomadas medidas de exceção, de proteção aos arrendatários, que conduziram ao denominado regime vinculístico do arrendamento[1955].

O vinculismo português tem algumas raízes ainda no período da Monarquia. O Código de Processo Civil de 1876 já previa a intervenção do Tribunal para o despedimento normal do inquilino[1956], fixando um processo especial: um esquema destinado, diretamente, a acautelar os direitos do inquilino e, indiretamente, a dificultar os despejos, através da sua dificultação burocrática e do seu alongamento. Uma Lei de 21-mai.-1896[1957] aprofundou aspetos processuais, sempre sob o signo da complicação, como

---

[1953] COELHO DA ROCHA, *Instituições* cit., II, 570, em nota.

[1954] DIAS FERREIRA, *Codigo Annotado* cit., III, 2.ª ed., 206-207.

[1955] Sobre esta matéria, *vide* o nosso *A modernização do Direito português do arrendamento urbano*, O Direito 136 (2004), 235-253.

[1956] Artigos 498.º e seguintes; cf. JOSÉ DIAS FERREIRA, *Codigo de Processo Civil Annotado*, tomo II (1888), 49 ss..

[1957] *Collecção Official de Legislação Portuguesa*, 1896, 363-364.

584 *Classificações e tipos de obrigações*

modo indireto de tutela. Também previu o diferimento do despejo no caso de doença do arrendatário ou de alguém da sua família[1958]. Este diploma, subsequente à crise de 1891, veio a ser substituído por um Decreto de 30-ago.-1907[1959].

Seria, porém, com a República e a crise subsequente, agravada com a Grande Guerra de 1914-1918, que o vinculismo português ganharia uma forma extrema, em vigor até hoje.

A legislação da República[1960] veio, fundamentalmente:

– congelar as rendas: primeiro, durante certo período de tempo (Decreto de 11-nov.-1910; Decreto n.º 1.079, de 23-nov.-1914; Decreto n.º 4.499, de 27-jun.-1918, artigo 45.º; Decreto n.º 5.411, de 17-abr.-1919); depois, permanentemente, admitindo contudo certas atualizações (Lei n.º 1.368, de 21-set.-1922, artigo 25.º, § 3.º; Decreto n.º 9.118, de 10-set.-1923, artigo 7.º; Lei n.º 1.662, de 4-set.-1924, artigo 10.º; Decreto n.º 15.289, de 30-mar.-1928, artigo 27.º e Lei n.º 1.918, de 3-abr.-1940); finalmente, foi imposto o congelamento, sem possibilidade de atualização, em Lisboa e no Porto, mantendo-se, no resto do País, a hipótese de atualização restritiva, precedendo avaliação fiscal[1961] (Lei n.º 2.030, de 22-jun.-1948, artigo 45.º);
– proibir os despejos por iniciativa do senhorio (Lei n.º 828, de 28-set.-1917, artigo 2.º, n.º 5; Decreto n.º 4.499, de 27-jun.-1918, artigo 46.º; Decreto n.º 5.411, de 17-abr.-1919, artigo 107.º; Lei n.º 1.662, de 4-set.-1924, artigo 5.º; Lei n.º 2.030, de 22-jun.-1948, implicitamente).

Além disso, as leis de processo mantiveram-se complexas, dificultando quaisquer iniciativas. Em certos picos de intervenção do Estado, chegou a haver congelamento de rendas mesmo nos novos contratos (Decreto n.º 1.079, de 23-nov.-1914; Decreto n.º 5.411, de 17-abr.-1919, artigo 106.º) e dever de arrendar (*idem*, artigo 108.º).

O Estado Novo, responsável pela Lei n.º 2.030, de 22-jun.-1948, limitou-se a acolhê-la no Código Civil de 1966, transpondo à letra os seus

---

[1958] Artigo 10.º, § único.

[1959] *Collecção Official de Legislação Portuguesa*, 1907, 804-809.

[1960] Cujos diplomas podem ser confrontados no preâmbulo do Decreto-Lei n.º 321-B/90, de 15 de outubro, já referido.

[1961] Ocorrendo avaliação fiscal que concluísse pela elevação da matriz, a renda era elevada, mas a tributação ficava reforçada.

§ 45.º *Direitos pessoais de gozo* 585

preceitos[1962]. Deve dizer-se que, na época, a situação era gerível, por duas ordens de fatores:

– o parque habitacional construído no início do século ainda não carecia de obras profundas de manutenção;

– a estabilidade da moeda e a brandura fiscal tornava, mesmo assim, remuneratória a construção para arrendamento, desde que não se encarasse a necessidade periódica de obras.

Todavia, o legislador de 1966 não deixou de reconhecer as consequências nocivas que o vinculismo iria acarretar, no futuro[1963].

Depois de 25-abr.-1974, retomaram-se muitas das soluções radicais de 1914-1918: o congelamento absoluto de rendas, antes limitado a Lisboa e ao Porto, foi alargado a todo o País; as demolições foram suspensas; foi fixado um dever de arrendar; as rendas dos prédios antigos, mesmo para novos arrendamentos, foram tabeladas – Decreto-Lei n.º 445/74, de 12 de setembro. Diplomas subsequentes vieram complicar os despejos, estabelecer diferimentos nas desocupações e, até, consagrar "direitos a novos arrendamentos", por parte dos conviventes com inquilinos[1964].

Estas medidas, mesmo que socialmente bem intencionadas, puseram termo ao mercado do arrendamento, já combalido nos finais do Estado Novo. Deve ter-se presente que elas coincidiriam com um período de inflação que o País não conhecia desde a depressão dos anos vinte. Muitas rendas foram reduzidas a valores simbólicos.

Neste mesmo período, o País – que perdia população desde os finais da década de sessenta – teve ainda de absorver quase um milhão de retornados do Ultramar. Seguiu-se um longo excesso da procura sobre a oferta, no campo da habitação, excesso esse que desencadearia um grave movimento de novas construções, em periferias urbanas, para aquisição própria dos interessados. Esse movimento foi incentivado pelo Estado, através do apoio quer direto, quer fiscal, à compra de casa própria: foram subsidiados certos juros e permitiu-se a sua dedução fiscal. De então para cá, o Estado português gastou cerca de 1.200 milhões de contos (6.000 milhões de euros) em apoio à compra de casa própria: cifra impressionante, na época, e que poderia ter sido usada em programas ambientais e de recuperação urbanística.

[1962] Tal sucedeu mesmo com prejuízo para a harmonia linguística do diploma: os preceitos sobre arrendamento urbano inseridos no Código Civil eram longos e pesados, não se coadunando com a elegância do resto do diploma.

[1963] Vejam-se as palavras de JOÃO ANTUNES VARELA, *Do projecto ao Código Civil*, BMJ 161 (1966), 5-85 (37-40).

[1964] O essencial dos diplomas implicados pode ser confrontado no n.º 8 do preâmbulo do Decreto-Lei n.º 321-B/90, de 15 de outubro.

586 *Classificações e tipos de obrigações*

Tudo isto veio reforçar a posição do locatário e, ao mesmo tempo, criar, no pré-entendimento dos estudiosos, receios de, dele, fazer o titular de um direito real: dogmática e sociologicamente mais do que evidente.

VI. Anote-se que a evolução posterior, marcada pelas reformas de 1985 e de 1990 e de 2006, não logrou pôr termo ao vinculismo.

De facto, a reconstrução do arrendamento subsequente à normalização constitucional foi muito lenta e pautada por recuos. Diversos diplomas na década de oitenta permitiram algumas atualizações de rendas, sendo de referir, designadamente, a Lei n.º 46/85, de 20 de setembro. Tais atualizações incidiam sobre bases degradadas, pelo que, mesmo quando percentualmente elevadas, não tinham significado prático. Chegava-se, assim, a um paradoxo: as tentativas de reforma do arrendamento urbano eram tímidas e claramente insuficientes para reanimar o mercado; todavia, representavam um enorme desgaste político. Compreende-se, por isso, que os Governos democráticos de várias cores tenham evitado implicar-se no *dossier* do arrendamento urbano: matéria ingrata, pouco compensatória em termos eleitorais e, no curto prazo, de difícil execução técnica.

O Decreto-Lei n.º 321-B/90, de 15 de outubro, veio codificar num diploma – o Regime do Arrendamento Urbano ou RAU – a legislação dispersa sobre o arrendamento. Todavia, quanto a soluções novas, pouco avançou. Deve dizer-se que, aquando da sua preparação, foi já equacionada uma reforma mais ampla, do tipo europeu-alemão, ainda que aplicável, apenas, aos contratos de futuro. Se ela tem sido adotada, o País teria ganho muito em termos de (bom) ordenamento do tecido urbano, de acesso às cidades, de racionalização das periferias e de facilidades aos jovens casais. Os termos apocalíticos que acolheram a (totalmente inócua) Lei n.º 46/85, do Bloco Central, levaram o próprio Governo de Cavaco Silva a assumir grandes cautelas. Pouco mais se pode fazer do que, para o futuro, admitir contratos que, embora em termos limitados, escapassem à perpetuidade: os "arrendamentos de duração limitada".

As modificações subsequentes deram pequenos passos, tendentes a ampliar o papel da autonomia privada na atualização das rendas (Decreto-Lei n.º 278/93, de 10 de agosto), a permitir os contratos de duração limitada também no domínio comercial (Decreto-Lei n.º 257/95, de 30 de setembro) e a desformalizar a celebração dos contratos (Decreto-Lei n.º 64-A/2000, de 22 de abril)[1965].

[1965] Os diversos diplomas podem ser confrontados no preâmbulo do projeto de Decreto-Lei relativo aos novos arrendamentos, fundamentalmente da nossa autoria.

§ 45.º Direitos pessoais de gozo   587

VII. No século XXI e em total contraciclo, o problema foi logo mal resolvido[1966]. A reforma levada a cabo pela Lei n.º 6/2006, de 27 de fevereiro, apenas veio baixar o nível técnico do Código Civil, mantendo o essencial do vinculismo e transferindo, para as futuras gerações, o grande drama das nossas cidades.

Toda esta evolução intensificou o ponto importante e já referido: o da interferência, na questão técnica do direito do locatário, de pré-entendimentos e de preconceitos de tipo político. O direito do locatário é, contra todas as evidências, mantido como obrigacional enquanto forma seja de minorar, seja de esquecer o problema da atribuição dos prédios urbanos e da sua recuperação urbanística.

VIII. Os ecos da desastrosa reforma de 2006 perderam intensidade, pela pior das razões: o agudizar da crose de 2007-2014, com uma forte descapitalização dos bancos, das construtoras e das famílias veio atribuir algum papel ao arrendamento urbano: a alternativa à compra de casa.

Numa ambiência totalmente diferida, foi adotada uma nova reforma do arrendamento. Vamos, para facilidade de expressão, nominá-la com a designação da falhada reforma de 2004: o Regime dos Novos Arrendamentos Urbanos (RNAU de 2012).

A reforma assenta em três leis:

– a Lei n.º 30/2012, de 14 de agosto, que alterou o Decreto-Lei n.º 157/2006, de 8 de agosto, relativo ao regime jurídico das obras em prédios arrendados; será a Lei das Obras em Prédios Arrendados (LOPA);

– a Lei n.º 31/2012, de 14 de agosto, que procedeu à revisão do regime jurídico do arrendamento urbano, alterando o Código Civil, o Código de Processo Civil e a Lei n.º 6/2006, de 27 de fevereiro; é a Lei do Arrendamento Urbano;

– a Lei n.º 32/2012, de 14 de agosto, que modificou o regime jurídico da reabilitação urbana, regulado no Decreto-Lei n.º 307/2009, de 23 de outubro, alterando, ainda, o Código Civil.

[1966] *Vide* os nossos *A aprovação do RNAU (Lei n.º 6/2006, de 27 de Fevereiro): primeiras notas*, O Direito 138 (2006), 229-242 e *O novo regime do arrendamento urbano: dezasseis meses depois, a ineficiência económica do Direito*, O Direito 139 (2007), 945-971.

588   *Classificações e tipos de obrigações*

Os dois primeiros diplomas entram em vigor no dia 13-nov.-2012 (6.º e 15.º, respetivamente e o terceiro no dia 14-set.-2012 (9.º, desse diploma). Sob reserva de um estudo aprofundado, afigura-se haver uma retração do vinculismo. A carga ideológica que impedia a ponderação jurídica do arrendamento fica mais leve, reforçando a dimensão científica desse direito.

187. Teorias obrigacionais

I. Com os condimentos apontados, cumpre perguntar pela natureza do Direito do locatário. Um conjunto de teorias, dominantes nos diversos ordenamentos continentais, vem sustentar a natureza obrigacional ou creditícia desse direito[1967]. Diverge, porém, quanto ao modo da sua construção.

Uma primeira versão entende que o locatário tem o gozo da coisa como produto de uma prestação positiva do locador: a prestação de fazer gozar. Trata-se da teoria da prestação positiva do locador.

Na sua origem, esta tese filia-se na própria definição de locação dada pelo artigo 1709.º do Código Napoleão. Citamos:

A locação de coisas é um contrato pelo qual uma das partes se obriga a fazer gozar uma coisa durante um certo tempo, e mediante um preço que esta se obriga a pagar-lhe.

Noção paralela consta do artigo 1571.º do Código italiano:

A locação é o contrato com o qual uma parte se obriga a fazer gozar à outra uma coisa móvel ou imóvel por um dado tempo, mediante um determinado correspetivo.

O locador estaria, por força dos citados preceitos legais, investido numa obrigação contínua[1968], de prestar um gozo *quotidie et singulis*

[1967] Cf., em geral, o nosso *Da natureza do direito do locatário* (1980), 54 ss., com indicações, bem como JOSÉ ANDRADE MESQUITA, *Direitos pessoais de gozo* (1999), 85 ss..

[1968] MAXIME CHAUVEAU, *Classification nouvelle des droits réels et des droits personnels*, RCLJ 71 (1931), 539-612 (577).

§ 45.º *Direitos pessoais de gozo* 589

momentis[1969]. Tais textos seriam vinculativos[1970]. Assinale-se que essas orientações não têm apoio nos textos legais portugueses. O Código de Seabra definia a locação usando "trespassar ... o uso e a fruição" (1595.º). O Decreto n.º 5.411, de 17 de abril de 1919, dizia haver arrendamento quando alguém "transfere ... a outrem o uso e a fruição". O Código Vaz Serra, com claros intuitos doutrinários, usou a fórmula "proporcionar o gozo"[1971].

Mau grado a apontada falta de apoio[1972], alguma doutrina portuguesa, por mera osmose, vem admitir a tal obrigação de "fazer gozar"[1973]. A doutrina obrigacionista subsequente, com relevo para Inocêncio Galvão Telles, Pires de Lima e Antunes Varela evita esse tipo de linguagem, manifestamente inoperacional.

Esta teoria da prestação positiva não tem cabimento[1974], podendo considerar-se abandonada[1975]. Aliás, ela já tem sido acusada de, pela sua infelicidade, ter dado azo às orientações realistas[1976]. A questão é sim-

---

[1969] Domenico Barbero, *Sisteme del diritto privato italiano* II, 6.ª ed. (1965), 338. Nicola Distaso, *Diritto reale, servitù e obbligazione «propter rem»*, RTDPC VII (1953), 437-475 (450):

> (...) o locatário goza da coisa porque o locador está obrigado a fazer-lha gozar, por força de uma obrigação resultante do contrato de locação.

[1970] Ludovico Barassi, em *Diritti reali limitati, in particolare l'usufrutto e le servitù* (1947), 49, ora falava em deixar gozar, ora em fazer gozar; porém, em *La teoria generale delle obbligazione* 1, 2.ª ed. (1953), 87, considera que nada mais há a dizer, dada a "inequívoca formulação do art. 1571.º".

[1971] O RAU, visando a neutralidade doutrinária, usou a fórmula alemã (...) uma das partes concede à outra o gozo (...) (1.º), na linha do Decreto-Lei n.º 171/79, de 6 de junho, relativo à locação financeira. Vejam-se as críticas (injustificadas) de Antunes Varela em Pires de Lima/Antunes Varela, *Código Anotado*, II, 4.ª ed. (1997), 479-480.

[1972] Facto sublinhado por José de Albuquerque de Almeida Ribeiro, *Natureza jurídica do direito do arrendatário*, ROA 1948, 1-2, 165-200 (183).

[1973] José Pinto Loureiro, *Manual do inquilinato* 1 (1941), 33-34 e *Tratado de locação* 1 (1946), 151.

[1974] *Vide*, ainda, José de Oliveira Ascensão, *Locação de bens dados em garantia/ Natureza jurídica da locação*, ROA 1985, 345-390 (369).

[1975] Esta tese parece ter ressurgido em Menezes Leitão, *Direito das obrigações* cit., 1, 9.ª ed., 110 e nota 250; supomos, porém, que esse Autor adere, substancialmente, à tese do direito pessoal de gozo (*vide*, aí, 110-111), embora, com coragem, mantenha formalmente a defesa da solução pessoalista (*idem*, 113).

[1976] Domenico Barbero, *Sistema* cit., 2, 338, chama-lhe orientação "grotesca", epíteto retomado por Andrea Tabet, *Locazione (in generale) (diritto civile)*, NssDI IX (1968), 996-1036 (1000); Giorgianni, *Contributo* cit., 130-131, afirma que (...) não pode

590   *Classificações e tipos de obrigações*

ples: o gozo, *ex rerum natura*, advém da atividade do sujeito sobre uma coisa corpórea, de modo a desta recolher, pessoal e patrimonialmente, as vantagens que ela possa proporcionar. Não é possível conceber, aqui, a mediação do locador nem, muito menos, qualquer prestação positiva[1977]. Repare-se que a obrigação de entrega (que também existe na compra e venda em propriedade plena) não dá, por si, azo a qualquer gozo, outro tanto sucedendo com a obrigação de reparar.

II. Perante o impasse lógico da teoria da prestação positiva de "fazer gozar", surgiu a tese da prestação negativa: o locatário seria o titular de um mero direito de crédito porque apenas beneficiaria da adstrição, do locador, a deixar gozar ou de suportar o gozo[1978]. Trata-se de uma orientação que ocorre nalguns autores italianos[1979] e franceses[1980].

A "prestação negativa" enfrenta duas dificuldades:

– continua por explicar o fenómeno do gozo: um simples *non facere* não é contrapartida simétrica de toda a rica atividade potenciada ao locatário[1981];

---

existir uma obrigação com o conteúdo do direito do locatário; RENATO MICCIO, *La locazione* (1967), 7, afiança que (…) a infinita prestação (…) do locador dá lugar a dificuldades (…).

[1977] AUGUST THON, *Rechtsnorm und subjektives Recht/Untersuchung zur allgemeinen Rechtslehre* (1878), 288 ss. (existe uma trad. it., de 1939). Entre outros aspetos, Thon sublinha que o proprietário, o usufrutuário ou o locatário gozam a coisa da mesma maneira (ob. cit., 304). A propósito da ideia de prestação positiva, que adstringiria, sempre de novo e numa cadeia imparável, o proprietário a, diariamente e hora-a-hora, conceder a coisa, diz Thon (ob. cit., 311):

> Não é correto que ele tenha de conceder a casa diariamente e a toda a hora. Uma semelhante exigência, de uma permanente concentração da vontade, seria insuportável e impraticável. Caso uma semelhante exigência fosse seriamente colocada, nenhuma pessoa conscienciosa poderia, jamais, dar em locação.

Este troço de Thon aguarda contradita: há cerca de século e meio.

[1978] *Vide* a nossa *A natureza do direito do locatário* cit., 57 ss..

[1979] ARTURO DALMARTELLO, *Contratti reali, restitutori e sinallagmatici*, RDCiv I (1955), 816-860 (835 ss.), com bibliografia na nota 4; ANTONIO GUARINO, *Locazione* (1965), 59; o Autor vem, depois, adotar a teoria do direito pessoal de gozo.

[1980] JEAN-PIERRE LE GALL, *L'obligation de garantie dans le louage des choses* (1962), 78 ss..; HENRI, LEON e JEAN MAZEAUD, *Leçons de droit civil/Principaux contrats* (1972), 300.

[1981] ANDRADE MESQUITA, *Direitos pessoais de gozo* cit., 102.

§ 45.º *Direitos pessoais de gozo* 591

– não distingue a posição do senhorio da do proprietário, no usufruto[1982] ou, sequer e em geral, de qualquer terceiro: todos eles estão obrigados ao respeito pela posição do beneficiário.

III. Os defensores da natureza obrigacional do direito do locatário tentaram outra via: o locatário deveria a sua posição a um conjunto de deveres do senhorio, expressos, na fórmula de Galvão Telles, pela locução "o dever de proporcionar o gozo"[1983]. Trata-se de uma ideia que remonta, no princípio do século XX, a autores italianos[1984] e franceses[1985].

A ideia de "proporcionar" o gozo foi acolhida no artigo 1022.º[1986], sendo tomada como um argumento a favor da orientação obrigacionista[1987]. Mas tudo ficava em aberto. Compreende-se que o locador fique adstrito a diversas obrigações e que delas dependa o interesse do locatário. Mas tais obrigações (a de entrega, a de reparação e a de garantias contra terceiros[1988]) são puramente instrumentais. O núcleo do direito do locatário continua a ser constituído pela possibilidade de gozar a coisa, possibilidade essa que não se configura como contrapartida dos deveres instrumentais do locador, por relevantes e mesmo decisivos que possam ser.

188. Teorias reais

I. Para as teorias reais, a solução colocada pela natureza do direito do locatário é simples: tratar-se-ia de um direito real, a acrescentar aos clássicos direitos reais de gozo.

[1982] SHALEV GINOSSAR, *Droit réel, propriété et créance* (1960), que JEAN DABIN aprecia em *Une nouvelle définition du droit réel*, RTDC LX (1962), 20-44 e a que o visado responde em *Pour une meilleure définition du droit réel et du droit personnel*, RTDC LX (1962), 573-589.

[1983] INOCÊNCIO GALVÃO TELLES, *Arrendamento* (1946), 306.

[1984] RICARDO FUBINI, *Il contratto di locazione di cose*, 1, 2.ª ed. (1910), 34-35.

[1985] AMBROISE COLIN/HENRI CAPITANT, *Cours élémentaire de droit civil français*, II, 3.ª ed. (1921), 532; LOUIS JOSSERAND, *Cours de droit civil positif français*, I (1930), 566, que refere obrigações de entrega, de manutenção e de garantia; MARCEL PLANIOL/GEORGES RIPERT, *Traité élémentaire de droit civil*, II (1949), 831, que referem a obrigação de entrega e a da manutenção em condições.

1986 Na base, de resto, de uma proposta de Galvão Telles; deste Autor *vide Dos contratos em especial*, BMJ 13 (1949), 5-51 (27).

[1987] PIRES DE LIMA/ANTUNES VARELA, *Código Civil Anotado* cit., II, 4.ª ed., 480.

[1988] Tal obrigação nem existe, de resto, perante o Direito português; *vide* o 1037.º/1.

592   *Classificações e tipos de obrigações*

A natureza real do direito do locatário foi defendida em França, de modo pioneiro, por Troplong (1795-1869). Este Autor partiu do artigo 1743.º do Código Napoleão, que introduziu a regra *emptio non tollit locatum*[1989]. Explica:

> O artigo 1743.º é talvez o mais grave e o mais fecundo de toda a matéria da locação. É ele que transformou o carácter desse contrato; é ele que fez passar o direito do locatário da coisa dos direitos relativos (jus ad rem) à categoria dos direitos absolutos (jus in re)[1990]. (…)
>
> Está pois adquirido que a locação desflora o direito do proprietário e que constitui em proveito do locatário uma carga de tal modo inerente à coisa que ele não pode transmitir a coisa sem a carga!!![1991].
>
> Ora o que é um direito que, da pessoa, ressalta sobre a coisa para uma afetação direta e incessante, que segue a coisa de mão em mão, que sobrevive às alienações e modificações do proprietário? É um direito desconhecido na jurisprudência? Não! Os jurisconsultos de todo o tempo chamaram-lhe um direito real[1992].

Apesar de irrespondível, a tese de Troplong foi rejeitada na Cassação Francesa, em 1865[1993], tendo contra si vária doutrina. Todavia, ela foi, ao

---

[1989] Dispõe esse preceito, que corresponde ao 1619.º do Código de Seabra e ao 1057.º do Código vigente:

Se o locador vender a coisa locada, o adquirente não pode expulsar o caseiro, colono parciário ou o locatário que tenham uma locação autêntica ou cuja data seja certa.

[1990] RAYMOND-THÉODORE TROPLONG, *De l'échange et du louage (le droit civil expliqué suivant l'ordre des articles du code)*, II, 3.ª ed. (1859), n.º 473 (17).

[1991] *Idem*, 29-30.

[1992] *Idem*, 30.

[1993] Mais precisamente: CssFr 21-fev.-1865, D 1865, 1, 132-133 (133/I); discutia-se, aí, a propósito de um pedido de condenação do senhorio em obras, qual o tribunal competente: se o do domicílio do devedor (senhorio): a solução obrigacional ou se o do local do prédio: a solução real; a Cassação optou pela primeira saída, dizendo o seguinte:

(…) se é verdade que o contrato de arrendamento não opera, propriamente, nenhum desmembramento da propriedade e que não há analogia com o caseiro ou o usufrutuário, não é também duvidoso que, por efeito desse contrato, o adquirente, assim como os terceiros, devem respeitar.

Como se vê, a rejeição, além de pouco justificada, não é definitiva.

longo dos tempos, retomada por diversos autores, como Varreilles-Somiè-res[1994], Chauveau[1995], Savatier[1996], Derrupé[1997] e Ginossar[1998].

Também em Itália ela encontrou defensores, sendo de referir nomes como Gabba[1999], Barbero[2000] e Lazzara[2001].

II. A defesa da orientação realista, tal como deriva da doutrina de Derrupé, como exemplo, parece clara[2002]. Este Autor afasta quaisquer conclusões na base da pretensa oponibilidade *inter partes* das obrigações, por oposição a oponibilidade *erga omnes* dos reais: uma vez criado, o direito é um facto social cuja presença se impõe a todos. O direito real caracterizar-se-ia, simplesmente, pelo seu objeto: a coisa. Posto o que, segundo Derrupé[2003]:

> (...) encontram-se, nas prerrogativas acordadas ao locatário, em relação à coisa locada, os elementos necessários para poder concluir pela existência de um direito real de gozo: primeiro, o poder de utilização de uma coisa ou poder de retirar de uma coisa certas vantagens; em segundo lugar, o poder de utilização própria, isto é, o poder que permite ao seu titular retirar as referidas vantagens por sua conta; por fim, o poder de utilização reconhecido e protegido pela ordem jurídica.

Até hoje, esta argumentação, singela e incisiva, ainda não obteve resposta.

[1994] Marquês de VARREILLES-SOMIÈRES, *La définition et la notion juridique de la propriété*, RTDC IV (1905), 443-495 (456, nota 1): "Para nós, o direito do rendeiro ou do locatário é, à evidência, um direito real".

[1995] MAXIME CHAUVEAU, *Classification nouvelle des droits réels et des droits personnels* cit., 569 ss..

[1996] RENÉ SAVATIER, *Essai d'une présentation nouvelle des biens incorporels*, RTDC LVI (1958), 331-360 (339).

1997 JEAN DERRUPÉ, *La nature juridique du droit du preneur à bail et la distinction des droits réels et des droits de créance* (1952).

[1998] SHALEV GINOSSAR, *Droit réel, propriété et créance* cit., 168 ss..

[1999] C. F. GABBA, *Teoria della retroattività delle leggi*, III, 3.ª ed. (1897), 20.

[2000] DOMENICO BARBERO, *Sistema istituzionale del diritto privato italiano*, II (1947), 48; mais tarde, Barbero modificou a sua posição, vindo a aderir à doutrina dos direitos pessoais de gozo.

[2001] CARMELO LAZZARA, *Il contratto di locazione (Profili dommatici)* (1961), 119 ss. e *passim*; (p. ex., 115, nota 11) podem ser confrontados outros autores favoráveis às teses realistas.

[2002] JEAN DERRUPÉ, *La nature juridique* cit., 221 ss. e *passim*.

[2003] *Idem*, 305.

594   *Classificações e tipos de obrigações*

III. Podemos, às orientações realistas, dar uma feição mais envolvente e pormenorizada. Para o efeito, temos usado a demonstração de Lazzara. Este Autor começa por, sem maiores dificuldades, afastar os esquemas dogmáticos obrigacionistas: a tese da prestação positiva não tem consistência[2004], enquanto a da prestação negativa é insuficiente[2005]. O interesse do locatário realiza-se, diretamente, mediante a utilização do bem. Mas será (como quer Giorgianni) que lhe falta a oponibilidade *erga omnes*?

Perante o Direito italiano, em geral menos favorável do que o português, ao direito do locatário, Lazzara passa a explicar que tal direito é oponível[2006]:

– aos titulares de quaisquer direitos reais que, posteriormente, se venham a constituir sobre a coisa;
– aos credores do locador, cuja execução não perturba a locação anteriormente celebrada;
– aos titulares dos chamados direitos pessoais de gozo, isto é, a outros direitos similares ao do locatário, que se venham a estabelecer sobre a coisa;
– aos terceiros estranhos, isto é, àqueles que não tenham qualquer direito à coisa.

Os corolários são simples; pode o locatário[2007]:

– pedir o ressarcimento dos danos diretamente a quaisquer terceiros;
– defender-se, com legitimidade, de pretensões formuladas por tais terceiros;
– exigir a entrega do bem, das mãos desses terceiros, sendo esse o caso.

Em suma: haveria imediação e absolutidade, pelo que o direito do locatário seria real[2008].

[2004] Carmelo Lazzara, *Il contratto di locazione* cit., 9.
[2005] *Idem*, 11.
[2006] *Idem*, 119, 120, 124 e 126-127.
[2007] *Idem*, 128 ss..
[2008] *Idem*, 143 ss..

§ 45.º Direitos pessoais de gozo 595

IV. Entre nós, a defesa clássica da natureza real do direito do locatário (do arrendatário) é a de Paulo Cunha[2009]. A sua memória deve ser preservada, pelo que iremos recordar o essencial. Esse Autor, depois de sublinhar a flagrante semelhança existente entre a enfiteuse e o arrendamento vem apontar três ordens de argumentos: apenas aparentes; já indiciadores; e decisivos.

Seriam argumentos apenas aparentes:

– a definição legal do artigo 1595.º do Código de Seabra e a do artigo 1.º do Decreto n.º 5.411: "Dá-se contrato de locação quando alguém trespassa a outrem (...) o uso e fruição de uma coisa"; tal argumento provaria demais, por abranger o aluguer[2010];

– a subsistência do arrendamento para além da morte do senhorio e da do inquilino: a regra geral é, sempre, a da transmissibilidade, por morte, das situações patrimoniais[2011];

– a equiparação, feita pelo artigo 874.º, § 2.º, do Código de Seabra, do regime do consignatário (titular de um direito real) ou do arrendatário: seria mera equiparação de regimes e não de naturezas.

Quanto a argumentos indicadores da natureza real do direito do arrendatário:

– a cessação do arrendamento nos casos de cessação dos poderes do usufrutuário, do fiduciário ou do administrador que o houvessem celebrado;

– a possibilidade reconhecida ao arrendatário de fazer, ele próprio, reparações no prédio: um autêntico poder de transformação, típico do proprietário;

– a faculdade reconhecida ao arrendatário comercial de trespassar o seu direito, sem autorização do senhorio;

– a consagração, a favor do senhorio ou do inquilino, de direitos de preferência na alienação onerosa dos direitos em causa.

[2009] PAULO CUNHA, *Curso de Direito civil/Direitos reais*, por MARIA FERNANDA SANTOS e JOÃO DE CASTRO MENDES (1949-50), 227-253.

[2010] Hoje, esse aspeto não relevaria, já que o direito do locatário no arrendamento ou no aluguer, tem idêntica natureza.

[2011] Hoje, este argumento não opera: a locação é *intuitu personae* porque, em princípio, cessa com a morte do locatário.

Classificações e tipos de obrigações

Seriam, por fim, elementos decisivos:

– a subsistência do arrendamento na transmissão *inter vivos* do imóvel;
– as defesas possessórias, reconhecidas ao arrendatário.

Os argumentos valem por si. Aguardam contradita: há sessenta anos.

V. A natureza real do direito do locatário ou, pelo menos, do arrendatário, veio a merecer os favores da doutrina. Além de defendido por Dias Marques[2012] e Oliveira Ascensão[2013], ela fora já propugnada por Luís Pinto Coelho[2014], por Gomes da Silva[2015], por Castro Mendes[2016]. Mais recentemente, os autores acolhem-se a teses "mistas", que mais não são do que opções realistas encapotadas.

189. Discussão dogmática

I. A discussão dogmática relativa à natureza do direito do locatário parece fácil, dada a desigualdade dos argumentos que se opõem. Curiosamente e ao fim de um século e meio de ponderações, a doutrina tem concluído ao arrepio da lógica e do próprio senso comum jurídicos. Estamos perante um sortilégio cuja explicação só poderá residir nos níveis irracionais da sensibilidade humana e nas raízes jurídico-culturais do Direito civil. A isso juntaremos uma explicação menos bela: a de um entendimento superficial do pandetismo e do Direito alemão.

Vamos, todavia, ensaiar uma ponderação dogmática normal, alinhando os argumentos favoráveis às duas teses.

II. Quanto à tese obrigacionista, temos os seguintes:

[2012] José Dias Marques, *Prescrição aquisitiva* 1 (1960), 218.

[2013] José de Oliveira Ascensão, *Direitos reais*, 5.ª ed. cit., 536 ss.; em *Locação de bens dados em garantia* cit., 380 ss., este Autor vem defender que a posse é constitutiva do direito real do arrendatário: um ponto a aprofundar em direitos reais.

[2014] Luís Pinto Coelho, *Direitos reais* (1954), 127.

[2015] Manuel Gomes da Silva, *Direitos reais* (1955), 124.

[2016] Opção última deste Autor, que nos foi pessoalmente comunicada.

§ 45.º Direitos pessoais de gozo

– a locação inclui-se no Livro II do Código Civil e não no III[2017];
– a locação é, no essencial (na sua coluna dorsal: Antunes Varela) tratada na lei como uma relação de carácter obrigacional[2018].

Esquecendo a dimensão *ex auctoritate* ínsita em tais argumentos e patente nos ilustres autores que os usaram, fica-nos um ponto que não é despiciendo: os direitos reais de gozo são[2019] tratados, pelo Código, como direitos, independentemente da fonte que os haja originado; já a locação é regulada enquanto contrato. E assim, nos direitos reais, ressaltam as prerrogativas do titular sobre a coisa, enquanto na locação, somos confrontados com direitos e contradireitos de ambas as partes, uma perante a outra. Dir-se-á que se trata de mera questão de linguagem: com exceção da propriedade, tendencialmente exclusiva, seria possível apresentar os diversos direitos reais menores através da sua teia de relações com o proprietário, enquanto a locação seria compatível com uma explanação ordenada perante a coisa[2020]. Mas não é tão simples: a linguagem tem um relevo substantivo, pelo que as vestes obrigacionistas da relação interferem no espírito do intérprete-aplicador e no do doutrinador. Certos aspetos do regime podem ser infletidos.

O grande contra das leituras obrigacionistas é a sua total incapacidade para explicar o gozo do locatário.

III. A tese realista pode, por seu turno, alinhar as razões seguintes:

– o locatário tem o gozo da coisa, o que implica, pela própria natureza, um contacto direto com ela, que lhe permita usufruir das inerentes vantagens; apenas por fantasia vocabular é possível, aqui, entremear uma prestação;

[2017] STJ 22-nov.-1966 (Lopes Cardoso), RLJ 100 (1967), 197-200, anot. Vaz Serra, *idem*, 200-203, favorável; *vide* Henrique Mesquita, *Obrigações reais* cit., 177 ss..

[2018] Pires de Lima/Antunes Varela, *Código Anotado* cit., II, 4.ª ed., 480.

[2019] Hoje; no Código de Seabra, certos direitos reais eram ponderados pelo prisma de contrato que os originava: o censo (1644.º ss.) e a enfiteuse (1653.º ss.).

[2020] Carvalho Fernandes, *Lições de Direitos reais*, 6.ª ed. cit., 181-182, vem dar grande relevo aos modos de extinção da locação, que não seriam enquadráveis em direitos reais.

598 *Classificações e tipos de obrigações*

– o locatário pode, por si, defender esse gozo, contra o locador ou contra terceiros: seja no plano das ações possessórias (1037.º/2)[2021], seja no petitório, uma vez que, além de poder agir contra o locador, poderá fazê-lo, também, contra terceiros (1037.º/1, *a fortiori*): se o locador não deve defendê-lo contra terceiros, ele poderá fazê-lo *a se*, nos termos gerais do artigo 2.º/2 do CPC;
– a locação sobrevive às transmissões *inter vivos* da coisa locada (*emptio non tollit locatum*, 1057.º): ora não temos como explicar por via obrigacionista[2022], como pode alguém, que não contratou … ficar vinculado ao contrato do seu antecessor;
– o vinculismo, através de uma teia de regras, vem, de facto, afastar o senhorio da coisa, entregando-a, em termos de duração indeterminada, nas mãos do locatário;
– o locatário fica a dispor de elementos inequivocamente reais: a posse, o poder de transformação (reparações, 1036.º), a preferência com eficácia real (direito real de aquisição, 1091.º) e as relações de vizinhança (1071.º).

A menos que se subvertam completamente as regras tradicionais do Direito das obrigações (o que viria tirar qualquer interesse ao presente debate), não vemos explicações satisfatórias para tais esquemas, fora dos quadros reais.

IV. Parece útil inserir, a propósito da presente rubrica, a evolução, na doutrina alemã, do problema da natureza do direito do locatário. Afigura-se-nos que o facto de, aí, se entender maioritariamente que o direito do locatário é uma relação obrigacional tem contribuído para sossegar os espíritos que, no nosso Direito, proclamam idêntica opção. Há que esclarecer a possibilidade de transposições.

No antigo Direito germânico, o catálogo dos "direitos reais" não estava fechado. Surgia um direito real indiferenciado (a *Gewere*), *grosso*

[2021] Em França, o "grande argumento" apresentado hoje contra a natureza real do direito de locatário é o de que ele não pode usar as defesas possessórias contra o locador, mas, tão-só, o próprio contrato: François Collard Dutilleul/Philippe Delebecque, *Contrats civils et commerciaux*, 4.ª ed. (1998), n.º 474 (361); mas o Direito português diz precisamente o inverso.

[2022] A ideia de cessão *ex lege*, mau grado apoiada em excelente doutrina, não se coaduna nem com o artigo 424.º, nem com o espírito do Direito das obrigações; *vide* o nosso *Da natureza do direito do locatário* cit., 87 ss..

§ 45.º Direitos pessoais de gozo

modo equivalente a uma posse autónoma, dotada de eficácia *erga omnes* e que cabia ao locatário[2023]. Nessa linha, o ALR admitia o direito do locatário como tendo natureza real[2024], enquanto os estudiosos do Direito comum sublinhavam as semelhanças entre a locação e a compra e venda[2025].

A pandetística do século XIX veio inverter esta tendência. De facto, no Direito romano, quer a *actio locati*, quer a *actio conducti* eram *actiones in personam*. Além disso, pretendia-se, no plano económico indutor do "Direito romano atual", alijar os ónus que onerassem a propriedade e que dificultassem a sua circulação[2026]. No entanto, aquando da preparação do BGB, a particularidade do direito do arrendamento, com uma tutela forte tipo "direitos reais", foi suscitada[2027]. Ainda na fase do projeto, Otto Fischer explicou que, perante a consagração da sobrevivência da locação na transmissão da coisas locadas e dada a tutela possessória concedida ao locatário, o direito do locatário seria tão real como o do usufrutuário[2028]. Crome sentiu a necessidade de vir à estacada, defendendo a natureza

---

[2023] PETER KOCH, *Die Mobiliarmiete – als dingliches Recht*, ZMR 1985, 187-193 (188/I).

[2024] *Idem*, 188/II. *Vide* ENNECCERUS/LEHMANN, *Recht der Schuldverhältnisse*, 15.ª ed. cit., § 126, I (503) e GERHARD OTTE, *Die dingliche Rechtsstellung des Mieters nach ALR und BGB*, FS Wieacker (1978), 463-475 (464).

[2025] ERNST CHRISTIAN WESTPHAL, *Lehre des gemeinen Rechts von Kauf, Pacht, Mieth- und Erbzinskontract, der Cession, auch der Gewähr des Eigenthums und der Mängel* (1791), § 890 (662).

[2026] Quanto à "opção pela unidade da propriedade", BURKHARD HESS, *Dienstbarkeit und Reallast* cit., 496.

[2027] PAUL OERTMANN, *Der Dinglichkeitsbegriff*, JhJb 31 (1892), 415-467 (107 ss., 120). Oertmann sublinha o princípio *Kauf bricht nicht Miete* (*emptio non tollit locatum*), que traduziria uma relação com a coisa. Também AUGUST TOHN, *Rechtsnorm und subjektives Recht* (1878, já cit.), 309, depois de ter demonstrado irrefutavelmente a natureza imediata do gozo, referiu a natureza real do direito do locatário.

[2028] OTTO FISCHER, *Soll Kauf Pacht und Miethe brechen?/Ein Gutachten dem deutschen Juristentag erstattet/Zugleich ein Beitrag zur Geschichten und Dogmatik von Pacht und Miethe mit einem Beitrag betreffend den Fall der Zwangsversteigerung* (1889), onde o problema é ponderado perante o Direito romano (1 ss.), o Direito germânico (44 ss.), o Direito alemão comum (67 ss.), o século XIX (82 ss.) e no estrangeiro (106). Fischer conclui que a locação é, sem necessidade de registo, um direito real (117) e que essa natureza real corresponde à natureza das coisas e ao sentir geral (117/118). Também em *Sammlung von Vorträgen über den Entwurf eines Bürgerlichen Gesetzbuchs/in der Fassung der dem Reichstag gemachte Vorlage* III – *Das Sachenrecht* (1896), 50, Fischer afirma que a locação tem eficácia real sem necessidade de registo.

600   *Classificações e tipos de obrigações*

não-real daquele direito[2029]. No fundamental, tenta minimizar o tema da posse e explicar, em termos obrigacionistas, a sucessão do adquirente na posição do locador inicial[2030]. Com isso – e como reconhece – retoma, de facto, uma via de saída já tentada, anos antes, por Wendt[2031]. De resto, as características reais da locação eram tão evidentes que o projeto recorreu a uma linguagem obrigacionista, justamente para o esconder[2032].

Com a publicação final do BGB e na fase da reestruturação dos conceitos, o problema foi retomado.

A sua inclusão no livro II, sobre relações obrigacionais, constituiu, à partida, um argumento importante quanto à sua natureza não real[2033]. Não obstante, a precisa natureza do direito do locatário foi desde logo suscitada por Kuhlembeck[2034] e por Mittelstein[2035].

Posição favorável à da natureza real da locação foi assumida por Cosack: trata-se de um direito absoluto, com outras características da realidade[2036]. Noutro prisma, Ruth, confrontado com o incremento dos poderes do locatário levados a cabo pelo legislador, depois da Grande Guerra de 1914-18, pergunta-se se não haverá, aí, um elemento que leve a repensar a natureza do seu direito: um esforço que, por cautela, o próprio Ruth afirma não ir desenvolver[2037].

[2029] CARL CROME, *Die juristische Natur der Miethe nach dem Deutschen Bürgerlichen Gesetzbuch*, JhJb 37 (1898), 1-76 (4 e *passim*).

[2030] *Idem*, 38 ss., 68 ss. e 73.

[2031] OTTO WENDT, *Rechtssatz und Dogma/Glossen zum Entwurf des bürgerlichen Gesetzbuches*, JhJb 29 (1890), 29-106 (84).

[2032] ERHARD STÖCKER, *Dinglichkeit und Absolutheit* cit., 92-93.

[2033] ALBERT HESSE, *Die rechtliche Natur der Miete im deutschen Bürgerlichen Recht* (1902), que pondera o conceito de direito real (4 ss.), o sistema (8 ss.), a terminologia (10 ss.), os preceitos do BGB (12 ss.) e a proteção (19 ss.): acaba por concluir pela natureza não-real (38).

[2034] LUDWIG KUHLENBECK, *Das Bürgerliche Gesetzbuch für das Deutsche Reich*, I, 2.ª ed. (1903), § 571, Nr. 1 (466), a propósito da regra *Kauf bricht richt Miethe*, afirma que ele atribui, ao locatário, uma eficácia "relativamente real".

[2035] MAX MITTELSTEIN, *Die Miete nach dem Rechte des Deutschen Reiches* (1909); a 3.ª ed. é de 1915 e a 4.ª, de 1932; MITTELSTEIN, ob. cit., 3.ª ed., § 107, 689-694, apesar de apontar alguns argumentos pró-reais e de reconhecer a defesa alargada do locatário, acaba por criticar as posições de Cosack; vem, todavia, citado em autores italianos como optando pela tese pró-real.

[2036] KONRAD COSACK, *Lehrbuch des Bürgerlichen Rechts*, II/1, 7.ª e 8.ª ed. (1924), § 105 (390-400).

[2037] RUTH, *Veränderungen des Zivilrechts durch das Gesetz über Mieterschutz und Mieteinigungsämter vom 1.6.1923*, AcP 121 (1923), 310-358 (352).

§ 45.º Direitos pessoais de gozo 601

A obra clássica alemã, surgida em defesa da natureza real do direito do locatário, é a monografia de Georg Löning[2038]. O Autor começa por apurar os critérios do "interesse real", fixando-se na duração e na absolutidade[2039]. Estuda, depois, o direito do locatário na Alemanha, antes de 1900, em diversos outros países e no BGB[2040]. Não tem dificuldades em descobrir, no direito do locatário, quer pela duração, quer pela absolutidade, os traços da realidade. Além disso, verificar-se-iam manifestações singulares dessa absolutidade: a subsistência da locação nas transmissões da coisa locada (§ 571), a sua tutela aquiliana (§ 823/I) e a sua cessação quando findem os poderes do usufrutuário ou semelhante, que a hajam contratado (§ 1056)[2041]. O Autor examina, depois, as alterações registadas no arrendamento após 1911, que reforçariam a natureza real já fixada no BGB[2042].

O escrito de Löning foi examinado e criticado por Weiss, numa pequena dissertação especialmente dedicada a fazê-lo[2043]. De útil, retemos: a afirmação de que o direito de exclusão do proprietário não é igual ao dever geral de respeito[2044] e o argumento hábil de que, havendo transmissão da coisa locada, o sucessor do proprietário só fica obrigacionalmente adstrito, pelo que, daí, nada se tiraria quanto à natureza real[2045].

Depois da segunda guerra (1939-45), o debate apaziguou-se: pensamos que pela modernização efetivada por Dulckeit e retomada por Weitnauer, por Canaris e por Otte[2046], da ideia de "realificação" dos créditos, isto é, de concessão, a certos créditos, de uma proteção de tipo real, sendo o direito do locatário contemplado.

Todavia, registamos ainda a intervenção vigorosa de Peter Koch, que sublinha a hipótese de, por via do § 1007, operar uma aquisição *a non*

[2038] Mais precisamente: GEORG ANTON LÖNING, *Die Grundstücksmiete als dingliches Recht* (1930), XXVI + 378 pp..

[2039] *Idem*, 19 ss. e 47 ss..

[2040] *Idem*, 76 ss., 91 ss. e 147 ss..

[2041] *Idem*, 149-170.

[2042] *Idem*, 187 ss..

[2043] HERIBERT WEISS, *Ist die Grundstücksmiete ein dingliches Recht? (Versuch einer Kritik der Lehre Löning's in "Die Grundstücksmiete als dingliches Recht", 1930)* (1932), 40 pp..

[2044] *Idem*, 8.

[2045] *Idem*, 25-26.

[2046] *Supra*, 377. Falamos em "modernização" porque as expressões *Verdinglichung* e *Dinglichstistung* já surgem em WENDT, *Rechtsstaatz und Norm* cit., 84 (em 1890).

602   *Classificações e tipos de obrigações*

domino da locação, indício da sua natureza real[2047]: uma ideia que logo obteve a contradita de Schopp[2048].

Houve estudos ulteriores com relevo para o tema: o de Peter Jürgens sobre a proteção possessória aquiliana do locatário[2049], sublinhando que a posse é um facto e que o locatário está suficientemente protegido, não havendo que recorrer ao § 823/I[2050] e o de Wacke, sobre a locação e a locação produtiva (*Pacht*), celebrados por usufrutuário, pré-herdeiro ou não-titular legítimo, daí não retirando uma sua natureza real[2051]. Merecem ainda a atenção da doutrina a preferência reconhecida, em certos casos, ao arrendatário[2052] e o facto de lhe ser aplicável o Direito público da vizinhança[2053].

O tema foi reanimado por uma decisão do Tribunal Constitucional alemão que, em 26-mai.-1993, considerou o direito do locatário como "direito de propriedade", para efeitos da proteção concedida pelo art. 14, I, 1, da Constituição[2054]. Surgiram anotações[2055], artigos[2056] e uma monografia[2057], entendendo-se, todavia, que a natureza do direito do locatário não fora afetada[2058].

[2047] PETER KOCH, *Die Mobiliarmiete – ein dingliches Recht* cit., 190/I-191/I.

[2048] HEINRICH SCHOPP, *Die Mobiliarmiete – eine dingliches Recht/Bemerkungen zu der Abhandlung von Koch in ZMR 85, 187*, ZMR 1987, 206-208.

[2049] PETER JÜRGENS, *Der Besitzschutz des Mieters nach § 823 Abs. 1 BGB* (1988), 180 pp..

[2050] *Idem*, 83 ss., 122 ss. e 179-180.

[2051] ANDREAS WACKE, *Miete und Pacht von Nießbraucher oder Vorerben sowie vom Nichtberechtigter/Historische und dogmatische Betrachtungen zu den analogiefähigen §§ 1056, 2135 BGB*, FS Gernhuber (1993), 489-527 (516 ss.).

[2052] INNOZENZ HEINTZ, *Vorkaufsrecht des Mieters* (1998), 25 ss., 73 ss. e 170.

[2053] WOLFGANG SCHOLL, *Der Mieter als Nachbar/Subjektiv-öffentliche Abwehransprüche aus obligatorischen Schuldverhältnissen* (2001), 57 ss. (a posse) e 285 ss. (é vizinho para efeitos de Direito público).

[2054] BVerfG 26-mai.-1993, NJW 1993, 2035-2037 (2036/I).

[2055] BERND RÜTHERS, *Ein Grundrecht auf Wohnung durch die Hintertür ?*, NJW 1993, 2587-2589 e OTTO DEPENHEUER, *Der Mieter als Eigentümer?*, NJW 1993, 2561-2564.

[2056] RUDOLF GÄRTNER, *Wohnungsmietrechtlicher Bestandschutz auf dem Weg zu einem dinglichen Recht?*, JZ 1994, 440-446 (446), COSIMA MÖLLER, *Die Rechtsstellung des Mieters im Rom und Karlsruhe*, AcP 197 (1997), 537-564 e MARTIN IBLER, *Die Eigentumsdogmatik und die Inhalts- und Schrankenbestimmung i. S. v. Art. 14 ABS 1 S.2 GG im Mietrecht*, AcP 197 (1997), 565-588.

[2057] A de WOLFGANG SCHOLL, *Der Mieter als Nachbar* cit., 7 ss..

[2058] COSIMA MÖLLER, *Die Rechtsstellung des Mieters* cit., 561 e RUDOLF GÄRTNER, *Wohnungsmietrechtlicher Bestandschutz* cit., 446.

§ 45.º Direitos pessoais de gozo

Fazendo o ponto da situação, com recurso aos comentários: o direito do locatário não terá, na opinião dominante, natureza real[2059]; todavia, depois de receber a coisa, o locatário passa a ter as defesas possessórias e é protegido delitualmente pelo § 823/I: um fenómeno de "realificação"[2060].

Num esquema semelhante ao dos direitos pessoais de gozo, abaixo examinado, consegue-se, por uma série de esquemas colaterais, manter a imagem de uma relação obrigacional, dotada, afinal, de um regime de tipo real.

Tenha-se presente que o Direito alemão não conhece, praticamente, a usucapião e, além disso, que a defesa possessória é eficaz. Finalmente, no Direito alemão ocorre um registo constitutivo de direitos reais, aplicável, por exemplo, ao "direito real de habitação" do § 1093 do BGB, mas não à locação[2061]: aspetos menos visíveis, mas que traçam todo um regime. Por isso, afigura-se-nos incorreto procurar, no Direito alemão, argumentos para a natureza obrigacional do direito do locatário: há toda uma teia dogmática que não pode ser transposta e sem a qual a situação alemã não é compreensível.

190. A doutrina dos direitos pessoais de gozo

I. A ideia de gozo, em sentido técnico, exprime a atuação humana sobre uma coisa corpórea de modo a, dela, retirar as utilidades que, pelas suas próprias características, ela possa proporcionar. Trata-se de uma noção que já encontrámos, a propósito da natureza complexa de obrigação[2062].

A ideia de gozo é estrutural. Podemos, seguindo Giorgianni, ordenar estruturalmente os direitos subjetivos em quatro categorias[2063]:

– direitos de gozo;
– direitos de crédito;

[2059] MARTIN HÄUBLEIN, no *Münchener Kommentar*, 3 – *Schuldrecht/Besonderer Teil* – I, 5.ª ed. (2008), prenot. § 535, Nr. 5-6 (1219).

[2060] VOLKER EMMERICH, no Staudinger II, §§ 535-562d (*Mietrecht* 1) (2011), Vorbem § 535, Nr. 18 (8)

[2061] HELKE KROLL, *Das dingliche Wohnungsrecht im Verhältnis zum Mietrecht* (2004), 69; nesta obra, pode ser visto o confronto entre as duas figuras, ficando dito (*idem*, 67) que elas são, na prática, muito próximas.

[2062] *Supra*, 325 ss..

[2063] *Vide* o nosso *Da natureza do direito do locatário* cit., 62-63; de MICHELE GIORGIANNI, recordamos: *Contributo alla teoria dei diritto di godimento su cosa altrui* 1 (1940), 11 ss., *Diritti reali (Diritto civile)*, NssDI V (1960), 748-753 e *Obbligazione*, NssDI XI (1965), 581-614 (588 ss.).

604   *Classificações e tipos de obrigações*

– direitos de garantia;
– direitos potestativos.

Os primeiros permitem o aproveitamento direto de uma coisa corpórea; os segundos, a exigência a outrem de uma prestação; os terceiros, o requerer uma execução patrimonial; e os quartos, o modificar uma esfera jurídica, mediante uma simples manifestação de vontade.

II. A clivagem entre os direitos de crédito e os reais não é estrutural: antes teria, segundo Giorgianni, a ver com a forma por que uma coisa seja afetada. Quando haja uma afetação inerente, o direito é real, mesmo que não implique o gozo (p. ex., a hipoteca); quando essa inerência falte, o direito é obrigacional, ainda que implique o aproveitamento de uma coisa.

No domínio das obrigações, verifica-se que, algumas, traduzem o aproveitamento de uma coisa corpórea, dando azo a um verdadeiro gozo. Com base no Código Vaz Serra, isso sucederia nos direitos: do locatário (1022.º), do parceiro pensador (1121.º), do comodatário (1129.º) e do depositário (1185.º).

No caso do locatário, a lei fala, diretamente, em *proporcionar o gozo de uma coisa* (1022.º); além disso, o locador deve entregar-lhe a coisa e assegurar-lhe o seu gozo (1023.º), podendo o locatário proteger-se com as ações possessórias, incluindo contra o locador (1037.º/2).

O parceiro pensador recebe, do parceiro proprietário, um ou mais animais, para que os crie, pense e vigie, para repartir os lucros (1121.º): embora a lei não use o termo "gozo", é disso que se trata, de acordo com a natureza da situação; também o parceiro pensador pode proteger-se com as ações possessórias, mesmo contra o parceiro proprietário (1125.º/2).

Pelo comodato, o comodante entrega uma coisa ao comodatário, *para que se sirva dela* (1129.º). A lei não referiu "gozo" porque este, em rigor, envolve o uso e a fruição; ora esta última exige uma convenção expressa, para assistir ao comodatário (1132.º). Mas o mero uso da coisa já é uma forma de gozo; além disso, o comodatário pode defender-se com as ações possessórias, mesmo contra o comodante (1133.º/2).

No depósito, uma coisa é entregue ao depositário para que este a guarde (1185.º); caso autorizado, pode usá-la (1189.º); e independentemente disso, pode usar, mesmo contra o depositante, das ações possessórias (1188.º/2).

Digamos que o gozo é máximo na locação e na parceria pecuária (envolve o uso e a fruição), é médio, no comodato (implica apenas o uso e,

§ 45.º Direitos pessoais de gozo 605

eventualmente, a fruição) e é mínimo no depósito (obriga, tão-só, à guarda, podendo, em certos casos, permitir o uso). Mas há, sempre, um gozo (aproveitamento natural da coisa), como é confirmado pelas ações possessórias: estas acautelam o controlo material da coisa e nunca quaisquer prestações.

Segundo Giorgianni, tais direitos não seriam reais por lhes faltar a inerência: seriam direitos pessoais de gozo.

III. A doutrina de Giorgianni é muito importante: explica, pensamos que definitivamente, o fenómeno técnico do gozo, o qual ultrapassa as fronteiras tradicionais do Direito das coisas[2064]. Ela já foi mal acolhida, entre nós: por suspeita de pretender sustentar a natureza real do direito do locatário[2065], coisa que Giorgianni não fez.

Pela nossa parte, criticámos Giorgianni pelas razões inversas: perante o Direito italiano, é muito duvidoso que os titulares dos direitos pessoais de gozo não disponham da *tutela adversus omnes* que traduziria a inerência; perante o Direito português, é certo que eles dispõem de tal tutela[2066].

Basta atentar nos artigos 1037.º/1 e 1133.º/1: nem o locador, nem o comodante têm a obrigação de assegurar o jogo ou o uso da coisa, dos locatário e comodatário, respetivamente, contra terceiros. Estes preceitos, que não têm paralelo noutros Direitos, implicam, como já foi dito que o locatário e o comodatário possam agir, quanto ao fundo (e não apenas no tocante à posse, pois para isso valem os artigos 1037.º/2 e 1133.º/2), contra terceiros, seja para que se abstenham de ingerências, seja para que restituam a coisa locada ou comodada. Nem sequer há que recorrer à tutela aquiliana, que é, também, óbvia[2067].

Os direitos pessoais de gozo seriam, todos, direitos reais: uma posição que defendemos em obras sucessivas, com argumentos (como o do 1037.º/1!) que nunca vimos refutados.

[2064] Na origem temos, provavelmente, THON, *Rechtsnorm und subjectives Recht* cit., 288 ss., que, em 1878, já havia explicado o fenómeno do gozo, presente em direitos reais e na locação e que, por imperativo lógico, dispensa qualquer imediação.

[2065] Assim, JOÃO ANTUNES VARELA, *Das obrigações em geral*, 1.ª ed. (1970), 140-144; essas referências mantiveram-se nas edições subsequentes: assim, 2.ª ed. (1973), 165-170, 3.ª ed. (1980), 167-172, 4.ª ed. (1982), 168-173 e 5.ª ed. (1986), 181-186; mas desapareceram mais tarde: 8.ª ed. (1994) e edições posteriores.

[2066] O nosso *Da natureza do direito do locatário* cit., 64-67.

[2067] *Vide* a demonstração decisiva de JOSÉ ANDRADE MESQUITA, *Direitos pessoais de gozo* cit., 171-249.

606   *Classificações e tipos de obrigações*

IV. A partir de 1998, viemos alterar essa posição[2068]. Concluímos que a contraposição entre direitos reais e direitos de crédito não é lógica: se o fosse, os direitos de gozo seriam, obviamente, reais, uma vez que permitem, com tutela jurídica *erga omnes*, o aproveitamento de coisas corpóreas. Antes temos uma contraposição histórico-cultural: os direitos (de gozo) que, ao tempo dos romanos, eram defendidos por *actiones in personam*, são hoje pessoais. E a razão por que davam azo a esse tipo de ação é circunstancial: porque advieram dos *bonae fidei iudicia*, ao contrário da *rei vindicatio*.

A clivagem romana tornou-se atual por via das sucessivas receções, um tanto superficialmente tomadas.

Há duas razões suplementares para a nossa posição atual, que tornamos públicas: uma pragmática e outra dogmática. Comecemos pela pragmática, que é curiosa. A partir de certa altura, apercebemo-nos de que a defesa da natureza pessoal do direito do locatário estava a assumir uma feição *clubista*: uma jurisprudência clássica contra uma doutrina imaginativa. E com isso eram tomadas decisões injustas, como as que desamparavam os locatários de muitas décadas, por terem contratos formalmente inválidos: sendo titulares de direitos pessoais, não se lhes aplicaria a usucapião[2069].

Ora a solução justa está acima dessas querelas: o locatário em causa, mesmo que titular de mero direito pessoal, poderia ser protegido pela boa fé (*surrectio*) ou pela aplicação analógica da usucapião, desde que o intérprete-aplicador deixe de estar obcecado em reafirmar o que lhe ensinaram na Faculdade ou o que pensa ser a posição oficial do seu grupo profissional.

O regime é sagrado! As qualificações são secundárias[2070]. Quanto à razão dogmática: o aprofundamento da doutrina relativa aos direitos

---

[2068] No nosso *A posse: perspectivas dogmáticas actuais*, 3.ª ed. (2000), 72-73; a 1.ª ed. é de 1998.

[2069] Emblemático: STJ 22-fev.-1994 (FERNANDO FABIÃO), BMJ 434 (1994), 635-639, de resto bem documentado. Este acórdão é bem a imagem do problema: o aresto enumera a doutrina favorável à natureza do direito real do locatário e à sua natureza obrigacional, afirmando que esta última é maioritária quando, do próprio acórdão, resulta o contrário; refere os argumentos favoráveis à natureza real do direito do locatário, sem os rebater; remata, *ad nutum*, que a lei teria considerado tal direito como obrigacional, negando (só por isso), a usucapião!

[2070] Na verdade, a jurisprudência mais atual e cuidadosa, ainda quando não resista à tentação de qualificar expressamente o direito do arrendatário como um direito de crédito, decide de acordo com a justiça e a lógica do sistema questões como a de reconhecer, ao arrendatário anterior à penhora, a defesa por embargos de terceiro contra o adjudicatário

§ 45.º *Direitos pessoais de gozo* 607

pessoais de gozo, completada com a *surrectio*, permite aplicar, ao direito do locatário e a direitos similares, no essencial, o regime dos direitos reais. Mais vale ceder a uma qualificação tradicional, ainda que não rigorosa, para salvar a justiça e a adequação.

Sendo assim, consideramos direitos pessoais de gozo aqueles que, exprimindo embora uma situação de aproveitamento direto de uma coisa corpórea (gozo) por uma pessoa, não possam, por razões histórico-culturais, ser habitualmente considerados reais.

V. Como foi referido, o direito pessoal de gozo constrói-se como uma relação obrigacional complexa sem prestação principal: esta é substituída pelo direito de aproveitamento de uma coisa corpórea[2071]. Trata-se de uma saída permitida pela moderna dogmática obrigacional: sem ela, o direito pessoal de gozo seria inexplicável, uma vez que falta, no seu cerne, a prestação. A figura global é a de uma relação complexa, que encasula um direito de gozo. Com essa explicação, a situação locatícia pode-se considerar mista[2072]: como veremos, o regime legal dos direitos pessoais de gozo tem traços reais.

191. O regime

I. O Código Vaz Serra acolheu, nominalmente, os direitos pessoais de gozo: nos artigos 407.º e 1682.º-A/1, *a*). Fá-lo, ainda e de certa forma, no artigo 574.º/1, quando refere aquele (…) *que invoca um direito pessoal ou real* (…) *relativo a certa coisa, móvel ou imóvel* (…).

O artigo 407.º adveio do anteprojeto de Vaz Serra: mais precisamente do seu artigo 612.º, que estabelecia, contudo, regras mais complexas[2073]:

1. Quando alguém constitua, mediante contratos sucessivos, direitos pessoais de gozo, a favor de pessoas diferentes, em relação

---

na venda executiva. *Vide* RLx 20-jan.-2011 (Ezagüy Martins), Proc. 144-B/2001), bem documentado.

[2071] *Supra*, 325 ss..

[2072] José Andrade Mesquita, *Direitos pessoais de gozo* cit., 133-167 e Nuno Manuel Pinto Oliveira, *Direito das obrigações* cit., 1, 241 ss..

[2073] Vaz Serra, *Direito das obrigações* cit., 512; deste Autor, cf. *Efeitos dos contratos (Princípios gerais)*, BMJ 74 (1958), 333-369 (366-367).

à mesma coisa, o conflito entre estes direitos resolve-se de acordo com as regras do registo, se forem aplicáveis e, na falta delas, pela prioridade de obtenção de gozo efectivo, salvo se o outro interessado provar a má fé do respectivo adquirente.

2. Não podendo aplicar-se nenhum dos critérios do parágrafo anterior, prevalece o direito mais antigo em data.

Por seu turno, Vaz Serra buscou inspiração nos artigos 1578.º a 1580.º do Código de Seabra[2074] e, sobretudo, no artigo 1380.º do Código italiano de 1942[2075], do qual ficou muito próximo, quanto ao fundo. A solução aí apontada era a da prioridade de acordo com a obtenção da posse ou do registo e, supletivamente, a da data da constituição. Essa curiosa orientação manteve-se na primeira[2076] e na segunda revisões ministeriais[2077], tendo sido substituída pela solução atual apenas no projeto de 1965 (408.º).

De facto, a regra geral, no nosso Direito, é a da simples constituição dos direitos, mesmo reais, pela mera celebração do contrato (408.º/1). Tal valoração não pode deixar de funcionar, também, perante os direitos pessoais de gozo.

O artigo 1682.º-A foi introduzido pelo Decreto-Lei n.º 496/77, de 25 de novembro, que veio adequar o Código Civil à Constituição, suprimindo, designadamente, a desigualdade entre os cônjuges. O seu n.º 1 dispõe:

Carece de consentimento de ambos os cônjuges, salvo se entre eles vigorar o regime de separação de bens:

a) A alienação, oneração, arrendamento ou constituição de outros direitos pessoais de gozo sobre imóveis próprios ou comuns;

(...)

O preceito integra claramente, mas em posição de destaque, o arrendamento entre os direitos pessoais de gozo: já assim o entendia a doutrina da época.

[2074] Relativos a duplas vendas e com soluções diferentes.

[2075] VAZ SERRA, *Efeitos dos contratos* cit., 346; veja-se o comentário de MASSIMO FRANZONI, *Degli effetti del contratto*, II – *Integrazione del contratto/Suoi effetti reali e obbligatori*, Artt. 1374-1381 (1999), 449-457.

[2076] Artigo 376.º; *vide* BMJ 119 (1962), 35.

[2077] RODRIGUES BASTOS, *Das obrigações em geral* cit., 1, 49.

§ 45.º Direitos pessoais de gozo 609

II. O artigo 407.º estabelece, entre os direitos pessoais de gozo, uma prevalência de tipo I: havendo conflito, prevalece o mais antigo em data. Sendo o conflito entre um direito pessoal de gozo e um direito real, opera, também, a prevalência de tipo I (1057.º), quanto ao direito do locatário: prevalece o direito pessoal de gozo ou o direito real, conforme o mais antigo[2078], regra essa que pensamos aplicável, por analogia, à parceria pecuária e ao comodato; neste último caso, porém, o contrato pode cessar quando, não tendo prazo, o novo proprietário o deseje (1137.º/2) ou quando possa invocar justa causa (1140.º). Quanto ao depósito: o titular do direito real mais recente pode, nos termos gerais do artigo 1194.º (e tal como o antigo), pedir a restituição.

Estas regras só cedem perante a aquisição tabular, quando aplicável (407.º, *in fine*). Segundo o artigo 5.º/5 do Código do Registo Predial, republicado pelo Decreto-Lei n.º 116/2008, de 4 de julho, e por último alterado pelo Decreto-Lei n.º 122/2009, de 21 de maio, não é oponível, a terceiros, a duração superior a seis anos do arrendamento não registado.

III. Num conflito entre direitos pessoais de gozo e direitos de crédito, prevalecem os primeiros (prevalência de tipo II). Quanto à locação, temos o artigo 1057.º *a fortiori*: chegando à venda executiva, os créditos, mesmo anteriores, são (apenas) satisfeitos pelo valor do direito do locador, já que a locação lhe sobrevive; os demais direitos pessoais de gozo seguem regime semelhante, na medida em que não cessem, pela sua precariedade própria.

IV. No tocante à defesa e ao contrário do que, para o Direito italiano, sustenta Giorgianni: os direitos pessoais de gozo são dotados de inerência (sequela). Os seus titulares, por via dos referidos artigos 1037.º/1 e 1133.º/1[2079] *a contrario*, podem defender-se, pedindo a restituição a quem seja indevido possuidor ou detentor. Além disso, dispõem das ações possessórias (1037.º/2, 1125.º/2, 1133.º/2 e 1188.º/2)[2080].

[2078] No anteprojeto de VAZ SERRA, *Direito das obrigações* cit., 506-407, estabelecia-se, com exceções complicadas, uma regra inversa (615.º): não passaria às versões subsequentes.

[2079] Tratando-se de locatário ou de comodatário. Para o parceiro pensador, o artigo 1125.º/1 tem uma solução contrária, que explicamos pelo envolvimento pessoal do parceiro proprietário: afinal, trata-se de uma parceria. Quanto ao depositário: se a coisa se encontrar nas mãos de terceiro, o depósito extingue-se (1188.º/1).

[2080] *Vide* o nosso *A posse* cit., 71 ss., com jurisprudência.

V. A convergência com os direitos reais, que é muito vincada, cessa em dois pontos:

– não há qualquer tipicidade: as partes podem criar novos direitos pessoais de gozo; quando onerosos, seguirão tendencialmente a locação e, quando gratuitos, o comodato; todavia, há que atentar nas regras imperativas do arrendamento;
– existe um conjunto denso de deveres secundários, que relacionam ambas as partes e que, no conjunto, melhor estudados são em obrigações.

Os direitos pessoais de gozo ficam, assim, como uma curiosa figura de fronteira, já no território substantivo dos direitos reais, mas que os sortilégios da cultura jurídico-civil teimaram em deixar na órbita das obrigações[2081].

VI. A Professora Raquel Rei coloca dúvidas pertinentes, no tocante à atipicidade dos direitos pessoais de gozo. Explica que, tratando-se de um direito de gozo de uma coisa corpórea alheia, a sua presença constitui, inevitavelmente, uma limitação ao direito de proprietário. Ora, a tipicidade dos direitos reais (1306.º/1) impede que novo proprietário da coisa veja limitado o seu conteúdo por situações jurídicas que, embora não reais, não tenham obtido o seu prévio assentimento.

Formalmente, tem razão. Estamos perante mais um sortilégio derivado do facto de, por razões histórico-culturais, não se atribuir natureza real aos direitos pessoais de gozo.

Tentando uma saída: qualquer situação jurídica pessoal de gozo, quando remunerada, pode ser (mesmo quando atípica) reconduzida à locação. Aplica-se o artigo 1057.º/1. Sendo gratuita (mesmo quando atípica), acaba no comodato e, daí, no artigo 1130.º/1, por interpretação extensiva: o contrato cessa com o fim do direito do comodante, a menos que o adquirente queira manter o contrato. O artigo 1306.º/1 é respeitado, uma vez que todas estas situações decorrem da lei, mesmo quando atípicas.

[2081] ANDRADE MESQUITA, *Direitos pessoais de gozo* cit., 165-167 e RUI PINTO DUARTE, *Curso de Direitos reais* (2000), 300.

§ 46.º OBRIGAÇÕES NATURAIS

192. Noção legal; *naturalis obligatio*

I. O Código Vaz Serra consagra, às obrigações naturais, uma das duas secções com que preenche o capítulo I – *Disposições gerais* do Título I – *Das obrigações em geral* do seu Livro II. O artigo 402.º abre essa secção – a II – com uma noção:

> A obrigação diz-se natural, quando se funda num mero dever de ordem moral ou social, cujo cumprimento não é judicialmente exigível, mas corresponde a um dever de justiça.

Este preceito, cuja exegese não se adivinha fácil, é herdeiro de uma evolução histórica complexa, que cumpre conhecer.

II. No Direito romano, surgiam diversas figuras que, mais tarde, vieram a ser conhecidas como obrigações naturais ou *naturales obligationes*[2082]. Tais figuras tinham em comum o facto de traduzirem débitos sem respondência, isto é, situações nas quais os devedores não podiam ser demandados. Assim sucedia com as dívidas:

– contraídas pelo escravo;
– assumidas por filhos-famílias ou por crianças *in mancipio*;
– de pessoas sujeitas a tutela, sem consentimento do tutor;
– correspondentes a mútuos a favor de filhos-famílias contra o *senatus consultum macedonianum*[2083-2084].

[2082] Com breve indicação das fontes, KASER/KNÜTEL, *Römisches Privatrecht*, 19.ª ed. cit., § 33, III, Nr. 6-8 (177-178). Neste momento, a obra de referência é a de GÖTZ SCHULZE, *Die Naturalobligation/Rechtsfigur und Instrument des Rechtsverkehers einst und heute: zugleich Grundlegung einer zivilrechtlichen Forderungslehre* (2008), XXIX + 754 pp.; *vide*, aí, 49 ss..

[2083] O *SC Macedonianum* foi adotado sob Vespasiano e proibia os mútuos a filhos--famílias; teve como ensejo o caso de Macedo que, pressionado pelos seus credores, matou

612 *Classificações e tipos de obrigações*

Todavia, elas tinham um ponto em comum: caso fossem espontaneamente pagas, não podia ser exigida a devolução das quantias em jogo. Em termos técnicos: não podia haver repetição do cumprimento, ocorrendo a *soluti retentio* ou retenção do cumprimento.

III. Sob Juliano, essas situações foram designadas como *naturales obligationes*[2085]. *Naturalis* contrapõe-se, aqui, a *civilis*, no sentido de exprimir algo de fático, por oposição a jurídico.

No período pós-clássico, sob o influxo do pensamento grego e do cristianismo, a *naturalis obligatio* veio abrigar situações derivadas de deveres morais[2086]. Daí resultou uma dualidade, nas obrigações naturais, que se iria agravando nos séculos subsequentes[2087]:

---

o próprio pai; cf. ANDREAS WACKE, *Das Verbot der Darlehensgewährung an Hauskinder und die Gebote wirtschaftlicher Vernunft/Der Macedonische Senatsbeschluß in Theorie und Praxis*, SZRom 112 (1995), 239-329 (245 ss.).

[2084] CALOGERO GANGI, *Le obbligazioni naturali*, RDComm XV (1917) I, 497 523 (499) trabalhando com elementos pós clássicos, apresenta uma lista de dez casos de obrigações naturais, dos quais os três últimos duvidosos:

1.º As obrigações do escravo;
2.º As obrigações contraídas entre *patres familias* e *filii familias* ou entre pessoas desta última categoria;
3.º As obrigações de quem sofresse de *capitis deminutio*;
4.º As obrigações do pupilo *sine tutoris auctoritate*;
5.º As obrigações de mútuo contraídas por *filii familias* contra o *senatus consultum* macedoniano;
6.º As obrigações excluídas pela aplicação do *ius iniquum*;
7.º As obrigações extintas por contestação da lide;
8.º As obrigações extintas por sentença injusta;
9.º As obrigações prescritas;
10.º As obrigações emergentes de pacto nulo.

[2085] D. 46.1.16.3. (= Mommsen, I, 789/I):

Naturales obligationes non eo solo aestimantur, si actio aliqua eorum nomine competit, verum etiam cum soluta pecunia repeti non potest: (...)

[2086] HEINRICH HONSELL, *Naturalis obligatio*, St. Talamanca, IV (2001), 365-378; referindo a aproximação, feita pelos bizantinos, com a *aequitas*, de origem grega: HEINRICH SIBER, *Naturalis obligatio* (1925), 1-16, acabando por abranger deveres morais (*idem*, 75); cf. rec. de FRITZ PRINGSHEIM, SZRom 46 (1926), 350-363 (355 e 361-362).

[2087] GIOVANNI PACCHIONI, *L' "obligatio naturalis" nel diritto romano classico e nel diritto attuale*, RDCiv XVIII (1926), 39-67; GAETANO SCHERILLO, *Le obbligazioni naturali*, ArchG 175 (1968), 516-559; MARIO ROTONDI, *Alcune considerazioni sul concetto di*

§ 46.º *Obrigações naturais* 613

- por um lado, tratar-se-ia de figuras técnicas precisas às quais, também por razões técnicas, era recusada a ação;
- por outro, estariam abrangidas situações diáfanas que, tendo natureza moral e, daí, não-jurídica, obteriam, do Direito, ainda algum reconhecimento.

IV. Na explicação de Volterra, o adjetivo natural, anexo a toda uma categoria de obrigações, funcionou como um "potente atrativo" para os intérpretes medievais e modernos: permitiria a erupção do Direito natural no coração das obrigações[2088]. E a situação mais se complicou pela natural tendência de reconduzir, ao *corpus iuris civilis*, os vários passos jurídicos que forem sendo dados[2089].

193. As controvérsias das pré-codificações e dos primeiros códigos

I. Nas pré-codificações (francesa e alemã), o problema agudizou-se. Havia que reduzir a matéria a fórmulas sintéticas e racionais, o que se coadunava mal com puros desenvolvimentos linguísticos. Em França, Jean Domat (1625-1696) intentou uma redução dogmática: as obrigações naturais seriam simples obrigações em sentido técnico, mas falhas de coercibilidade[2090]. Esta orientação levaria alguma doutrina francesa a referir as

---

obbligazione naturale e sulla sua evoluzione, RDComm LXXV (1977) I, 213-226. Outras indicações: Luigi Balestra, *Le obbligazioni naturali* (2004), 13-22.

[2088] Volterra, *Istituzioni di diritto privato romano* cit., 635-636, nota 2, também citado em Balestra, *Le obbligazioni naturali* cit., 22, nota 36. Vide Schulze, *Die Naturalobligation* cit., 91 ss..

[2089] Assim, Hermann August Schwanert, *Die Naturalobligation des Römischen Rechts* (1861), IV + 495 pp. (o grande clássico, na matéria, no século XIX), veio referir, a propósito das "teorias antigas" (7 ss.), já "duas raízes" na Glosa de Acúrcio: uma, civil, que lhe retiraria a ação e outra, natural, que justificaria a *soluti retentio*. Ainda no princípio do século XIX, Adolph Dieterich Weber, *Systematische Entwicklung der Lehre von der natürlichen Verbindlichkeit/Mit einer vorläufigen Berichtigung der gewöhnlichen Theorie der Verbindlichkeit überhaupt*, 3.ª ed. (1800), 8, apresentava a obrigação natural como derivada do Direito natural, assente na razão, mas a que o Direito positivo negaria a ação; *vide*, aí, também 177 ss. e 196 ss..

[2090] Jean Domat, *Les loix civiles dans leur ordre naturel, le droit public et legum delectus* 1 (ed. 1777), 44/I (Liv. I, IX); Domat dá exemplos concretos, não chegando a generalizar. Domat ter-se-ia inspirado, por seu turno, em Grotius; *vide* Götz Schulze, *Die Naturalobligation* cit., 106-107.

614   *Classificações e tipos de obrigações*

obrigações naturais como "imperfeitas" ou "degeneradas"[2091]. Orientação distinta foi a de Pothier (1699-1772): na tradição que lhe é atribuída, as obrigações naturais teriam a ver com a honra e a consciência[2092].

Pothier faz, de facto, uma distinção entre obrigações imperfeitas[2093] e obrigações naturais[2094]: as primeiras têm a ver com deveres de consciência, não sendo tratadas pelo Direito (dar uma esmola); as segundas adviriam de causas não reconhecidas pelo Direito, nada tendo a ver com a consciência. Na tradição subsequente, Pothier ficou, de facto, associado a uma ideia de obrigações naturais como tendo um assento extrajurídico.

Há sempre que recorrer aos textos de origem.

II. O Código Napoleão evitou optar em tal contenda. Todavia, restringiu ao mínimo a referência a obrigações naturais[2095]. Apenas o seu artigo 1235.º veio dispor[2096]:

Todo o pagamento supõe uma dívida; o que tenha sido pago sem ser devido fica sujeito a repetição.

A repetição não é admitida relativamente a obrigações naturais, que tenham sido voluntariamente aquitadas.

A exegese retomaria, a essa luz, a lógica de Domat, separando nitidamente a Moral do Direito[2097]. As obrigações naturais ou seriam jurídicas (ainda que diminuídas) ou não seriam.

[2091] G. BAUDRY-LACANTINERIE/L. BARDE, *Traité théorique*, XII – *Des obligations* I, 3.ª ed. (1906) 3 (obrigações imperfeitas); cf. XIII, II, 3.ª ed. (1907), 737 ss. (n.º 1652 ss.) e GEORGES RIPERT, *La règle morale dans les obligations civiles*, 4.ª ed. (1949), 363 ss. (n.º 186 ss.) (374), com outro ponto de vista. *Vide* ENRICO MOSCATI, *Obbligazioni naturali*, ED XXIX (1979), 353-381 (356/I) e BALESTRA, *Le obbligazioni naturali* cit., 23.

[2092] SCHULZE, *Die Naturalobligation* cit., 113-114.

[2093] POTHIER, *Traité des obligations* n.º 1, em *Oeuvres*, por M. BUGNET, 2 (1848), 12.

[2094] *Idem*, n.º 191-197, *Oeuvres* 2 cit., 90-93.

[2095] ADOLPH CENDRIER, *L'obligation naturelle/Ses effets à l'encontre des créanciers civils* (1932), 1 ss..

[2096] *Vide* a referência sucinta de TERRÉ/SIMLER/LEQUETTE, *Les obligations*, 10.ª ed. cit., n.º 1052 (1048-1049), justamente a propósito do indevido.

[2097] V. MARCADÉ, *Explication théorique et pratique du Code Napoléon*, IV, 5.ª ed. (1859), n.º 670 (513-515); THÉOPHILE HUC, *Commentaire théorique et pratique du code civil* cit., VII (1894), 313 ss. (n.º 234 ss.)

§ 46.º Obrigações naturais 615

Posteriormente, o pêndulo regressaria a Pothier (ou à posição que lhe é atribuída). As preocupações naturalistas subsequentes à exegese levariam a repescar os deveres morais eficazes perante o Direito e, por essa via, a (re)afirmar a autonomia das obrigações naturais[2098]: uma opção que, como veremos, teria muita influência na Itália de Mussolini e no nosso Estado Novo.

Itália, no século XIX, houve uma colagem à doutrina francesa. O artigo 1237.º/2 do Código de 1865 retomava à letra o 1235.º/2 do Código Napoleão[2099]. O tema foi reanimado com a discussão relativa ao débito e respondência, como dando corpo à estrutura das obrigações: a obrigação natural seria, então, um débito sem respondência, assim se alicerçando a sua natureza jurídica[2100].

III. Na Alemanha, o século XIX principiou com uma defesa "atualista" das obrigações naturais, pela pena de Adolph Dietrich Weber (1753-1817). Elas adviriam do Direito natural, sendo-lhes, contudo, negada a ação, pelo Direito positivo[2101].

A matéria interessou muito a Savigny, que a examinou longamente[2102]. No essencial, deixou-nos a seguinte ideia: no Direito romano,

---

[2098] M. Massol, *De l'obligation naturelle et de l'obligation morale en droit et en droit français* (1862) que, todavia, não confunde obrigações morais e naturais (p. ex., 8). Esta obra, em 357 pp., faz uma análise minuciosa do Direito francês da época. Marcel Planiol, *L'assimilation progressive de l'obligation naturelle et du devoir moral*, RCLJ LXII (1913), 152-161 (157 ss.); E.-H. Perreau, *Les obligations de conscience devant les tribunaux*, RTDC XII (1913), 503-561 (510 ss., com jurisprudência); Georges Ripert, *La règle morale*, 4.ª ed. cit., 374 ss..

[2099] Ferrarotti Teonesto, *Commentario teorico e pratico comparato al Codice civile italiano*, VIII (1874), 359 ss. e Luigi Borsari, *Commentario del Codice civile italiano*, III/2 (1877), 608 ss..

[2100] Giovanni Pacchioni, *Concetto dell'obbligazione naturale*, RDComm (1912) II, 400-407 (405 ss.), a propósito de Ap. Torino 9-mai.-1911, *idem*, loc.cit.; Calogero Gangi, *Casi ed effetti delle obbligazioni naturali*, RDComm XXVI (1928) I, 121-150 e 193-222 (128 ss.).

[2101] Adolph Dieterich Weber, *Systematische Entwicklung der Lehre von der natürlichen Verbindlichkeit* (1784); existe uma edição de 1825, enquanto Savigny informa ter usado uma de 1800; foi precisamente essa – a 3.ª – a aqui usada; *vide supra*, nota 2089.

[2102] Savigny, *Obligationenrecht* cit., 1, §§ 5-10 (22-131: mais de cento e dez páginas!), Quanto à escola histórica, cf. Götz Schulze, *Die Naturalobligation* cit., 140 ss..

616   *Classificações e tipos de obrigações*

tínhamos obrigações de *ius civile* (as únicas que davam lugar à ação) e obrigações do *ius gentium* que, apesar disso, tinham algum reconhecimento civil[2103]. Advinham do *ius gentium* não situações arbitrárias, mas as que correspondessem à *naturalis ratio* e, designadamente: as da livre vontade do devedor; as do enriquecimento injustificado; as de atos ilícitos. Tudo isso seria reconhecido pelo *ius civile* mas, em certos casos, faltaria a ação: ficaria, apenas, o *naturaliter debere*[2104]. A ação, de resto, desapareceria por razões e capacidade ou de incompleitude. Todavia, ainda produziriam efeitos, sob pena de não serem obrigações e, designadamente, o *solutum non repetere*[2105]. Savigny procede, depois, a uma análise minuciosa das várias hipóteses[2106].

Podemos considerar que Savigny deu um efetivo tratamento jurídico às obrigações naturais. Na lógica da pandetística, ele retomou a tradição romana, em detrimento dos dados medievais e jusnaturalistas.

IV. Prosseguiram, no domínio da pandetística oitocentista, os estudos aprofundados sobre os diversos pontos periféricos envolvidos pelas obrigações naturais[2107]. De notar que o ALR prussiano, de 1794, antecipando a opção do Código Napoleão, recusara a proteção das obrigações naturais latas[2108]. No plano filosófico, Hegel negava a distinção entre os dois tipos de obrigações, baseando-se na anterioridade da justiça objetiva[2109]: apesar do plano específico do pensamento hegeliano, ele afigura-se-nos um reforço no sentido de transcender a clivagem jusnaturalista.

Impunha-se, entretanto, um estudo jurídico-científico da matéria, tarefa levada a cabo por Hermann August Schwanert (1823-1886)[2110].

[2103] SAVIGNY, *Obligationenrecht* cit., 24 ss..

[2104] *Idem*, 38 ss..

[2105] *Idem*, 44 ss..

[2106] *Idem*, 52 ss..

[2107] Assim, GEORG FRIEDRICH WILHELM ULLRICH, *Die Naturalobligation der Pupillen* (1849), 3 ss., 21 ss. e 44 ss. e PAUL ENGELBRECHT, *Die Compensation mit Naturalobligationen* (1887), 49 pp., com teses, no final.

[2108] GÖTZ SCHULZE, *Die Naturalobligation* cit., 135 ss..

[2109] *Idem*, 131 ss..

[2110] HERMANN AUGUST SCHWANERT, *Die Naturalobligation des Römischen Rechts* (1861), já citada.

§ *46.º Obrigações naturais* 617

Schwanert coloca o problema em moldes históricos, recordando as "teorias antigas" e o especial desenvolvimento da glosa[2111]. A tese de Weber, segundo a qual estaríamos perante obrigações de Direito natural, a que o Direito positivo retiraria a ação, é explicada[2112]. Seguem-se as "novas teorias", mais jurídicas que, na altura, já somavam doze autores[2113], com os seus debates[2114]. Posto isto, haveria que reconhecer várias situações: obrigações naturais acionáveis[2115]; o dever *naturaliter* sem causa obrigacional[2116]; a *obligatio tantum naturalis*[2117]. Nas aplicações modernas, seria possível destrinçar as obrigações cuja ação não é fundada[2118], daquelas em que a ação desapareceu, como nas prescritas[2119].

Em conclusão: embora apresentando uma certa unidade, as obrigações naturais não têm a mesma origem[2120].

V. Apesar da consciência histórica de toda esta problemática, compreende-se que a pandetística não fosse favorável às obrigações naturais. Perante regras aperfeiçoadas, elas tenderiam a ser jurídicas[2121]. Na preparação do BGB, chegou a ponderar-se a hipótese da sua supressão[2122]. Todavia, algumas das figuras tradicionais, ainda que como obrigações incompletas, mantiveram a sua consagração na lei: as dívidas de jogo (§ 762)[2123] ou certas adstrições relacionadas com a comunidade conjugal (§ 1353)[2124]. Mais relevante foi o § 814, situado no enriquecimento sem causa e que dispõe, hoje sob a epígrafe "conhecimento da não-obrigação":

[2111] *Idem*, 7 ss..

[2112] *Idem*, 16 ss..

[2113] *Idem*, 20 ss..

[2114] *Idem*, 45 ss..

[2115] *Idem*, 69 ss..

[2116] *Idem*, 94 ss..

[2117] *Idem*, 155 ss..

[2118] *Idem*, 222 ss..

[2119] *Idem*, 395 ss..

[2120] *Idem*, 481.

[2121] WINDSCHEID/KIPP, *Pandektenrecht* cit., § 287 (II, 177-178); quanto a Windscheid e a Dernburg, *vide* GÖTZ SCHULZE, *Die Naturalobligation* cit., 147 ss. e 151 ss..

[2122] ADRIANO VAZ SERRA, *Obrigações naturais*, BMJ 53 (1956), citado pela separata, mas cuja paginação coincide com a da revista: 20 ss..

[2123] NORBERT ENGEL, no *Staudinger* II, §§ *741-764* (2008), prenot. §§ 762 ss. (351 ss.), com indicações e ECKART BRÖDERMANN, no PWW/BGB, 7.ª ed. (2012), § 762 (1498 ss.).

[2124] Hoje sem conteúdo prático: GERD WEINREICH, no PWW/BGB, 7.ª ed. cit., § 1353, Nr. 23 (2115).

618   *Classificações e tipos de obrigações*

Aquilo que tenha sido prestado para o cumprimento de uma vinculação não pode ser repetido quando o prestador soubesse que não estava obrigado a prestar ou quando a prestação correspondesse a um dever moral ou a um cuidado a ter em consideração.

Veremos o modo por que este preceito é, hoje, interpretado. Certo, porém: como categoria geral, as obrigações naturais foram arredadas da codificação[2125].

194. A evolução subsequente

I. Após a publicação do BGB, levantou-se viva a questão de saber se as obrigações naturais se mantinham ou se haviam sido abolidas.

Cumpre relevar diversas dissertações dedicadas ao tema, então na moda e, designadamente, as de Meyer[2126], de Kuhn[2127], de Regen[2128] e de Allendorf[2129].

Estes Autores reconstituem a evolução, sublinhando a falta de unidade das fontes clássicas[2130] e o facto de elas serem apresentadas pela negativa[2131]. As situações relevantes são agrupadas em dois blocos: obrigações não acionáveis e obrigações cuja ação, mediante adequada exceção, é detida[2132]. As diversas situações são enquadráveis, em termos jurídicos, ficando todavia como hipótese de reflexos de deveres morais o § 814[2133].

[2125] HELMUT COING, *Europäisches Privatrecht* cit., II, 433 (§ 84, III).

[2126] CAESER MEYER, *Die Naturalobligation im Bürgerlichen Gesetzbuch* (1901), 57 pp..

[2127] ERICH KUHN, *Welche Erscheinungen kennt das BGB, die den gemeinrechtlichen Naturalobligationen gleichartig oder ähnlich sind?* (1903), 132 pp..

[2128] ARNULF REGEN, *Welche Erscheinungen kennt das BGB, die den gemeinrechtlichen Naturalobligationen gleichartig oder ähnlich sind?* (1903), 48 pp..

[2129] FRANZ ALLENDORF, *Die natürlichen Verbindlichkeiten (sogenannte Naturalobligationen) des BGB* (1904), 107 pp..

[2130] MEYER, *Die Naturalobligation* cit., 12.

[2131] *Idem*, 13; REGEN, *Welche Erscheinungen* cit., 9; ALLENDORF, *Die natürlichen Verbindlichkeiten* cit., 10 ss..

[2132] KUHN, *Welche Erscheinungen* cit., 31.

[2133] MEYER, *Die Naturalobligation* cit., 46 ss.; KUHN, *Welche Erscheinungen* cit., 35 ss.; ALLENDORF, *Die natürlichen Verbindlichkeiten* cit., 29 ss..

§ 46.º Obrigações naturais

As obrigações naturais beneficiaram, tal como em Itália, da discussão havida em torno da *Schuld und Haftung*, perdendo relevo com o esmorecer desse debate. Podemos contudo considerar que a ideia, dada pela História, de uma dualidade ficou adquirida: o instituto ocupa realidades jurídicas específicas, de base romana e os deveres morais de tipo jusnaturalista, vindos da Idade Média[2134]. E no plano do Direito positivo?

II. O problema põe-se, hoje, em termos sistemáticos[2135]. Alguns autores mantêm a ideia de uma *Schuld* sem *Haftung*, que transpareceria nalguns casos[2136], enquanto outros sublinham que, dado o modo puramente negativo por que são definidas, as obrigações naturais não teriam qualquer unidade que lhes permitisse retirar consequências dogmáticas. A própria locução deveria ser evitada, quedando estudar as diversas "obrigações" em especial, nos locais próprios[2137].

Quanto ao § 814 e à sua remissão para os deveres morais: tratar-se-ia de uma moral objetiva, reconhecida na sociedade[2138]. Repare-se que não está aqui em causa uma "obrigação natural" mas, apenas, um fator capaz de deter uma obrigação de restituição. A doutrina sublinha que os casos tradicionais ocorriam no domínio da prestação de alimentos: área hoje de pouco relevo, dados os progressos da genética e da segurança social[2139]. No essencial, o § 814 é hoje reconduzido ao *venire contra factum proprium*[2140], *venire* esse onde, muito provavelmente, poderíamos incluir a repetição de prestações socialmente justificadas.

Em suma: as obrigações naturais não têm, no Direito alemão, unidade dogmática, devendo ser estudadas caso a caso. Trata-se de situações jurídicas, submetidas ao Direito e à sua Ciência.

[2134] HEINRICH SIBER, *Naturalis obligatio*, GS Ludwig Mitteis (1926), 1-89 (70 ss. e 75 ss.).

[2135] Fundamental: FRANZ DORN, no HKK/BGB cit., 2, § 241, Nr. 50 (181-182).

[2136] HARM PETER WESTERMANN, no Erman cit., 1, 13.ª ed., intr. § 241, Nr. 21 (768).

[2137] KARL LARENZ, *Schuldrecht* cit., 1, 14.ª ed., 21 (§ 2, III).

[2138] ERWIN MIGSCH, *Die sogenannte Pflichtschenkung*, AcP 173 (1973), 46-70 (68), ainda que sem homogeneidade.

[2139] STEFAN LEUPERTZ, no PWW/BGB, 7.ª ed. (2012), § 814, Nr. 8 (1629); com elementos, STEPHAN LORENZ, no *Staudinger*, II, §§ 812-822 (1999), § 814, Nr. 16-22 (216-218). O exemplo (de escola) dado por FIKENTSCHER/HEINEMANN, *Schuldrecht*, 10.ª ed. cit., 714 (Nr. 1443), é o de um irmão apoiar financeiramente a irmã necessitada, por julgar erradamente (pelo Direito alemão) que está obrigado a alimentos.

[2140] LARENZ/CANARIS, *Schuldrecht* cit., II/2, 13.ª ed., § 68, III, 1 (160-161).

620 *Classificações e tipos de obrigações*

III. O caso francês tem pontos de contacto com o alemão. Desde logo a tendência recente consiste em justificar as obrigações naturais no voluntarismo de cada um e não, propriamente, num dever moral capaz de produzir efeitos de Direito. Assumida uma atitude, há que mantê-la[2141]. No plano técnico, restará verificar as consequências das figuras envolvidas, numa temática quase confinada à repetição do indevido[2142].

IV. Mais complicada foi a experiência italiana, que teria reflexos no Código Vaz Serra[2143]. Na sequência de estudos dos princípios do século XX, operou-se um "regresso a Pothier" entusiasticamente aplaudido por alguma doutrina[2144].

De facto, o artigo 2034.º do Código italiano, incluído num título sobre a repetição do indevido, vem dizer, sob a epígrafe "obrigações naturais"[2145]:

1. Não é admitida a repetição de quanto tenha sido espontaneamente prestado em execução de deveres morais ou sociais, salvo se a prestação tiver sido executada por um incapaz.
2. Os deveres indicados no número anterior e quaisquer outros aos quais a lei não conceda a ação mas exclua a repetição do que tenha sido espontaneamente pago não produzem outros efeitos.

Este preceito foi saudado como um *profondo cambiamento di prospettiva* em relação ao Direito anterior[2146], sendo os deveres morais assimi-

---

[2141] MALAURIE/AYNÈS/STOFFEL-MUNCK, *Les obligations*, 5.ª ed. cit., 709 (n.º 1327).

[2142] *Supra*, 614. Recorde-se TERRÉ/SIMLER/LEQUETTE, *Les obligations*, 10.ª ed. cit., n.º 1052 (1048-1049).

[2143] *Vide* GÖTZ SCHULZE, *Die Naturalobligation* cit., 220 ss..

[2144] Assim: MOSCATI, *Obbligazioni naturali* cit., 357/I, que diz:
Esta intuição de Pothier, embora tivesse tardado a impor-se, provavelmente porque os tempos não estavam maduros, revelou-se felicíssima, tendo gerado as bases para a identificação das obrigações naturais com os deveres morais (ou sociais), a qual é pois, como se notou, a solução acolhida pelo nosso Código Civil de 1942 (artigo 2034.º/I).

[2145] Quanto a esse preceito: ULRICO MORI-CHECCUCCI, *Appunti sulle obbligazioni naturali* (1947), 3 ss..

[2146] BALESTRA, *Le obbligazioni naturali* cit., 30; *vide* 82 ss.; FRANCO CARRESI, *L'obbligazione naturale nella più recente letteratura giuridica italiana (Spunti critici ricostruttivi)*, RTDPC II (1948), 546-602 (589 ss.), critica, todavia, a orientação extrajurídica ínsita na letra do preceito e nos seus admiradores; designadamente, ele expõe e critica as doutrinas de Oppo (549 ss.), de Romano (557 ss.) e de Mori-Checcucci (562 ss.).

§ 46.º Obrigações naturais

lados à moral comum e às conceções correntes da coexistência social[2147]. Quanto à juridicidade: a doutrina recente nega-a, às obrigações naturais: todos os "seus" efeitos adviriam do ato de cumprimento, ato esse que teria relevância negocial, com os efeitos derivados da lei[2148].

195. A experiência portuguesa; uma figura geral?

I. O tema das obrigações naturais acaba por ter um interesse jurídico-científico que transcende largamente o seu papel prático. Na verdade, elas permitem testar ao limite as capacidades dogmáticas do Direito das obrigações, ao mesmo tempo que colocam, no coração da disciplina, temas inesgotáveis como o das relações entre a Moral e o Direito. De todo o modo, o Direito positivo de cada País tem uma palavra importante: vimos, acima, a evolução, de certa forma divergente, das experiências francesa e alemã, por um lado e a italiana, por outro.

II. Na imediata pré-codificação, as obrigações naturais não mereceram cuidado especial[2149]. A influência napoleónica e o positivismo da época a tanto levaram. O Código de Seabra não as refere pelo nome. Todavia, veio consagrar duas das suas manifestações tradicionais[2150]:

> Artigo 1535.º O emprestimo feito a menor, sem a devida auctorização, não póde ser exigido, nem do mutuario, nem do fiador, se o houver.
>
> § único. Porém, se o menor tiver pago a cousa pedida ou parte d'ella, não terá direito de pedir a sua restituição.

e

> Artigo 1542.º As dividas de jogo não podem ser pedidas judicialmente, embora se disfarcem com as apparencias de outro qualquer contracto ou

---

[2147] BALESTRA, *Le obbligazioni naturali* cit., 52. Cf. CARINGELLA/DE MARZO, *Le obbligazioni* cit., 241 e TRIOLA, *Codice annotato* cit., 1827 ("valoração corrente na sociedade atual").

[2148] CARINGELLA/DE MARZO, *Le obbligazioni* cit., 246-247.

[2149] CORRÊA TELLES, *Digesto Portuguez*, nem as menciona, enquanto COELHO DA ROCHA, nas suas *Instituições* cit., 1, § 113.º (65-66), se limita a dizer que as obrigações naturais são as que se fundam no Direito natural e a que "as leis civis não dão effeito".

[2150] JOSÉ DIAS FERREIRA, *Codigo annotado* cit., III, 2.ª ed., 141 e 145 ss., respetivamente.

novação. Mas, se o jogador tiver pago o que perdera, não poderá tornar a pedir o que assim pagou, excepto:

1.º No caso de dolo ou fraude da outra parte, ou quando se der alguma outra circumstancia das que, conforme as regras geraes, obstam a que os contractos produzam effeito.

(…)

O artigo 1535.º comportava o bom velho *senatus consultum macedonianum*[2151], o qual, de resto, já vinha, em versão nacional, nas Ordenações[2152]. O tema das dívidas de jogo é, também, clássico[2153].

III. Apesar do laconismo legal, Guilherme Moreira desenvolveu o tema, logo no início da sua exposição[2154]. Recorda a tradição romana e refere alguns elementos comparatísticos; posto isso, explica que as obrigações naturais não são meros deveres de moral, mas também não se traduzem em vínculos jurídicos. A *soluti retentio* fundar-se-ia na lei. Quanto às obrigações naturais: seriam, nas obrigações, como a posse em direitos reais: "relações de facto de onde derivam certos efeitos jurídicos"[2155]. Assim se explicariam os artigos 1535.º e 1542.º, do Código de Seabra. Quanto à dívida sob prescrição: antes de esta ser invocada, seria uma obrigação comum; depois disso, extinguir-se-ia[2156]. Em todo o desenvol-

---

[2151] *Supra*, 611-612.

[2152] Assim, seguindo as Ord. Fil., Liv. IV, Tít. L, § 2.º (= ed. Gulbenkian, 4-5, 843/II):

E porquanto de se emprestar dinheiro aos mancebos filhosfamilias se dá azo ao converterem em usos desonestos e occasião de serem viciosos, e se póde presumir, que carregados de dívidas e apertados por ellas procurem a morte a seus pais, ou lha desejem: para se isto evitar, mandamos que o que empresta a algum filho, que stiver debaixo do poder de seu pai, quer seja varão, quer fêmea, perca o de o pedir assi a seu pai, como a elle (…)

[2153] *Vide* PIETRO BONFANTE, *Le obbligazioni naturali e il debitto di giuoco*, RDComm XIII (1915), I, 96-133 (121 ss.) e CARLO ALBERTO FUNAIOLI, *Debiti di giuoco e di scommessa*, RDCiv 1956, 636-649 (645). Na literatura alemã da época: WILHELM VON SEELER, *Der Spieleinwand*, AbürgR 24 (1904), 1-16; ARTHUR NUSSBAUM, *Der Spieleinwand/Eine Erwiderung*, AbürgR 24 (1904), 325-333; J. KOHLER, *Auslobung und Wette*, AbürgR 25 (1905), 1-10. Muitas indicações em WINDSCHEID/KIPP, *Pandektenrecht* cit., § 419 (2, 854 ss., nas notas).

[2154] GUILHERME MOREIRA, *Instituições* cit., 2, 20-24.

[2155] *Idem*, 22.

[2156] *Idem*, 23. A própria renúncia à prescrição seria um ato de liberalidade.

§ 46.º Obrigações naturais

vimento, os problemas têm solução jurídica, não se apelando à moral. E a situação, a pesquisar na lei, seria excecional[2157].

IV. Contra esta doutrina manifestou-se José Tavares. Invocava o artigo 758.º do Código de Seabra[2158]:

> Quando, por erro de facto ou de direito, nos termos dos artigos 651.º e seguintes, alguem paga o que realmente não deve, póde recobrar o que houver dado, nos seguintes termos: (...)

Dizia esse Autor: se alguém pagar o que *realmente deve*, ainda que não estando, por qualquer causa, sujeito a ação, já não pode repetir a prestação[2159]. Para além do trocadilho engendrado em torno da letra do artigo 758.º e que lhe valeria as críticas subsequentes[2160], José Tavares levantou um problema de primeira grandeza, com graves implicações: o de as obrigações naturais serem não uma figura pontualmente prevista em normas específicas, mas uma categoria geral, para que se deveria providenciar um critério. Provavelmente: extrajurídico. Disse-o, de resto, Cunha Gonçalves, que aderindo a uma conceção alargada, para a qual também cita o artigo 758.º, faz apelo a Pothier e aos deveres morais[2161].

[2157] Diferentemente, o artigo 970.º do Código Civil brasileiro de 1916 dava, à obrigação, o seu *nomen* e, na opinião dominante, um alcance geral. Dispunha:

> Não se pode repetir o que se pagou para solver dívida prescripta, ou cumprir obrigação natural.

Para preencher esse conceito, fazia-se apelo a "um dever moral ou de conveniência social" – PAULO MERÊA, *Codigo civil brasileiro anotado* cit., 327, com indicações. Parece-nos patente a influência do § 814 do BGB.

Como veremos, José Tavares veio defender, já perante o Código de Seabra, o alargamento da obrigação natural. Teria havido influência da Ciência Jurídica brasileira? Esse Autor, colega de Merêa, conhecia perfeitamente o Código brasileiro. Além disso, estivera no Brasil como exilado político, após a proclamação da República (era monárquico). Trata-se de um ponto que carece de investigação.

[2158] DIAS FERREIRA, *Codigo annotado* cit., II, 2.ª ed., 82.

[2159] JOSÉ TAVARES, *Os princípios fundamentais do Direito civil* cit., 1, 552 e 553.

[2160] Assim, MANUEL DE ANDRADE, *Teoria geral das obrigações*, 3.ª ed. cit., 86-88.

[2161] CUNHA GONÇALVES, *Tratado* cit., 4, 131 ss. (133): aparentemente, este Autor antecipou os Autores italianos, que seguiram a mesma rota.

624   *Classificações e tipos de obrigações*

V. Manuel de Andrade, criticando José Tavares, acabou por manter, *de iure condito*, a ideia das obrigações naturais como figura esporadicamente consagrada pela lei. Mas levanta dúvidas quanto ao Direito a constituir[2162]:

> (...) há outras situações, fora dos dois casos já versados, em que uma pessoa deve a outra, *em consciência e num plano de estrita justiça*, uma certa prestação, sem que todavia possa ser judicialmente compelida a executá-la.

O Autor preconiza obrigações naturais nos casos seguintes[2163]:

> a) dívidas prescritas;
> b) o dever de cumprir uma disposição fiduciária de última vontade;
> c) a percentagem remitida pelos credores ao devedor concordado;
> d) dívidas declaradas não constituídas ou extintas por sentença injusta.

Esta orientação daria frutos. Aquando da preparação do Código Civil de 1966, Vaz Serra ponderou o problema e acabou por optar por uma consagração genérica; para tanto, teria de fazer apelo a deveres morais e sociais[2164]. E assim, propôs, para esse Código[2165]:

> 1. Os deveres morais ou sociais dão lugar a que se não admita a repetição do que foi espontaneamente prestado para cumprimento deles, excepto se a prestação foi feita por um incapaz, não autorizado a dispor do objecto da mesma prestação. Mas esta não pode ser exigida judicialmente.

Com alterações de redação, este preceito passou ao anteprojeto global[2166]. Desapareceu na primeira revisão ministerial tendo ressurgido na segunda, com a redação do atual artigo 402.º[2167]: claramente inspirado pela doutrina de Manuel de Andrade[2168].

[2162] MANUEL DE ANDRADE, *Teoria geral das obrigações*, 3.ª ed. cit., 90.
[2163] *Idem*, 91-93.
[2164] ADRIANO VAZ SERRA, *Obrigações naturais* cit., 30-44.
[2165] *Idem*, 162.
[2166] VAZ SERRA, *Obrigações naturais* cit., 19; artigo 25.º:

> O que foi espontaneamente prestado para cumprimento de deveres morais ou sociais não pode ser repetido, excepto se a prestação foi feita por um incapaz, não autorizado a dispor do objecto da mesma prestação; mas esta não pode ser exigida judicialmente. A prestação considera-se espontânea quando é livre de toda a coação.

[2167] RODRIGUES BASTOS, *Das obrigações em geral* cit., 1, 29.
[2168] *Vide* JOÃO ANTUNES VARELA, *Natureza jurídica das obrigações naturais*, RLJ 90 (1957), 3-7, 17-22 e 33-37, perante o Código de Seabra, e examinando alguma doutrina italiana.

§ 46.º Obrigações naturais

Evidentemente: a intenção do legislador (subjetivo) de consagrar a figura das obrigações naturais como geral pode, depois, não ter tido tradução no Código Vaz Serra, mau grado as aparências: um ponto a verificar.

196. O regime

I. De acordo com a boa metodologia, antes de tomar posição quanto à natureza das obrigações naturais, cabe esclarecer o seu regime[2169]. E nesse caminho, há que fazer apelo à Ciência do Direito e à globalidade do ordenamento.

O primeiro ponto será o seguinte: as obrigações naturais, sejam ou não jurídicas, serão, ainda, obrigações, isto é: relações específicas entre duas pessoas[2170], pelas quais (logicamente) uma delas deva efetuar uma determinada prestação. Esse dever de prestar não será juridicamente exigível, mas existe, sob pena de não se entender a *soluti retentio*. Esta pode ter um considerável valor pessoal e/ou patrimonial, não podendo ser tratada de modo displicente.

II. O segundo, decisivo, é o seguinte: o Direito não permite, às partes, direta ou indiretamente, criar obrigações naturais. Segundo o artigo 809.º, o credor não pode renunciar antecipadamente aos seus direitos; qualquer obrigação constituída por alguma das formas admitidas em Direito (designadamente, por contrato) terá, assim, a sua pretensão de cumprimento, que é inevitável. Este ponto é muito importante e retira, só por si, a amplidão que poderia resultar da letra do artigo 402.º: como vimos, todas as obrigações patrimoniais a que, na base do cavalheirismo, se queira retirar a tutela jurídica, mantêm-na[2171]. Daí resulta um traço decisivo: só há obrigações naturais contratadas nos casos previstos na lei. Em todos os outros, a prestação poderá sempre ser exigida, salvo a possibilidade de a deter com uma *exceptio* prevista por lei.

E o terceiro, ao nível dos anteriores é o seguinte: às obrigações naturais aplica-se o regime das obrigações civis (404.º),

---

[2169] Sobre o tema, cabe ainda referir PINTO OLIVEIRA, *Princípios de Direito dos contratos* cit., 43 ss..

[2170] Neste ponto (até) ANTUNES VARELA, *Das obrigações em geral* cit., 1, 10.ª ed., 724.

[2171] *Supra*, 352 ss..

626 *Classificações e tipos de obrigações*

(…) em tudo o que não se relacione com a realização coativa da prestação, salvas as disposições especiais da lei.

III. Deste último preceito, retiramos, designadamente, o seguinte, quanto às obrigações naturais:
– elas devem ter uma fonte: mantém-se o princípio da causalidade, pelo qual ninguém fica subitamente obrigado, sem que um facto, com eficácia bastante, o determine;

> – essa fonte deve ser válida; por exemplo, se houve batota no jogo, o contrato pode ser anulado, nos termos gerais;
> – o pagamento deve ser idóneo e esclarecido, observando-se as regras da legitimidade e todas as demais regras que o regem: as disposições gerais (762.º a 766.º); o lugar da prestação (772.º a 776.º); o prazo (777.º a 782.º); a imputação (783.º a 785.º); a prova (786.º e 787.º); a restituição do título ou a menção do cumprimento (788.º e 789.º)[2172];
> – a exigência de boa fé (762.º/2) e todos os deveres acessórios que daí decorrem.

Estamos em pleno coração do Direito das obrigações.

197. Os casos concretos

I. Quais são os casos concretos de obrigações naturais? Assinale-se que os diversos autores procedem à sua listagem, o que seria estranho se houvesse uma permissão geral de criar obrigações naturais.

[2172] ALMEIDA COSTA, *Direito das obrigações*, 12.ª ed. cit., 182; contra, ANTUNES VARELA, *Das obrigações em geral* cit., 1, 10.ª ed. cit., 733, que não acompanhamos. Defendendo que o interesse da remissão do 404.º é "muito mais reduzido do que à primeira vista poderia parecer", MENEZES LEITÃO, *Direito das obrigações* cit., 1, 9.ª ed., 128: não se lhe aplicariam as regras sobre as fontes, sobre a transmissão e sobre as garantias. Teríamos, todavia, de examinar caso a caso as concretas obrigações que suscitassem o problema. P. ex.: a dívida prescrita pode ser garantida (pode-se renunciar à prescrição, depois de decorrido o prazo!); mas não a de jogo.

§ 46.º *Obrigações naturais* 627

Temos, seguindo uma enumeração próxima da de Antunes Varela[2173], a mais extensa à luz do Direito vigente[2174], acompanhada de breves considerações sobre a "moralidade" de cada caso:

- a dívida prescrita;
- as dívidas de jogo;
- a prestação de alimentos referida no artigo 495.º/3;
- o dever dos pais de darem aos filhos parte dos proventos por estes angariados pelo trabalho autorizado;
- a fiança dada a incapaz, com conhecimento da incapacidade e, depois, paga;
- o cumprimento, pelo fiador, de dívida prescrita;
- o pagamento de dívidas remitidas por credores concordatários.

Vamos ver.

II. A dívida prescrita, uma vez invocada a prescrição (304.º/2), é natural. Antes dessa invocação, a obrigação é civil; recorde-se que o direito de invocar a prescrição é potestativo e pode, inclusive, ser exercido pelos credores do devedor (305.º/1). Todavia, considerar que o pagamento de uma dívida prescrita corresponde a um dever "moral ou social" ou "de justiça" é muito duvidoso: ao fim de vinte anos, o sentir social dirá que é justo não pagar, ao abrigo da prescrição[2175]. De todo o modo, é inquestionável, aqui, a presença de uma obrigação natural: resulta da lei.

III. As dívidas de jogo e de aposta são naturais, desde que: (1) derivem de contratos lícitos; (2) e válidos; (3) não havendo fraude na sua execução; (4) não se tratando de competições desportivas, para quem nelas tome parte; (5) e não haja legislação especial em contrário (1245.º a 1247.º). No entanto, afigura-se que só quem não conheça o jogo compulsivo e as devastações que ele pode fazer nos jogadores e suas famílias con-

---

[2173] ANTUNES VARELA, *Das obrigações em geral* cit., 1, 10.ª ed., 725-728.

[2174] *Vide* ainda ALMEIDA COSTA, *Direito das obrigações*, 12.ª ed. cit., 178-180; este Autor, apesar de considerar inadequada qualquer enumeração limitativa dos possíveis casos de obrigações naturais, acaba por fazer uma lista bastante exaustiva, só apontando (como era inevitável, do nosso ponto de vista) casos previstos na lei. Quanto à enumeração de VAZ SERRA, *Obrigações naturais* cit., 44 ss.: implica muito Direito comparado e abrange situações que, hoje, não se consideram como de obrigações naturais.

[2175] Quanto à prescrição e aos seus fins: *Tratado* V, 159 ss..

628   *Classificações e tipos de obrigações*

siderará "dever moral ou social" ou "de justiça" pagar "dívidas de jogo". Mas a solução da "naturalidade" é a legal: a lei, pela via do mal menor, não invalidou totalmente o jogo, antes optando por obrigações naturais.

IV. As obrigações de alimentos, referidas no artigo 495.º/3 do Código Civil são mais delicadas. No caso de morte ou (a nosso ver) de lesão corporal incapacitante, têm direito a indemnização, também, os que podiam exigir alimentos ao lesado ou (…) *aqueles a quem o lesado os prestava no cumprimento de uma obrigação natural*; quem são eles? Antunes Varela exemplifica: (1) parentes próximos que tenham vivido com o lesado ou que este tenha auxiliado; (2) a mulher com que ele vivera maritalmente (hoje: pessoa em união de facto); (3) o criado que envelheceu ou se inutilizou ao serviço do patrão. Mas nada disto é satisfatório: porque não incluir o lar de idosos que o lesado auxiliava, a paróquia que ele apoiava, a vizinha velha, a banda da associação, os bombeiros, etc.? Há, aí, sempre, deveres morais e sociais específicos e é de justiça. De facto, o que o artigo 495.º/3 queria cobrir era a antiga situação dos filhos ilegítimos não-reconhecidos; com as atuais possibilidades jurídicas e científicas, essa categoria perdeu relevo; de resto, os tribunais têm recusado a aplicação deste preceito, ao neto que vivesse com o avô que lhe pagava estudos superiores[2176] e à senhora que vivia maritalmente com o lesado, na companhia da filha de ambos, na sua total dependência económica[2177] e à filha do ex-cônjuge, à qual foram pagas despesas antes e depois do divórcio, mas aqui por o ex-marido se ter, civilmente, obrigado a pagá-las[2178]; no tocante a uniões de facto há, todavia, jurisprudência que admite a aplicação do 495.º/3[2179]. Também o alargamento das obrigações naturais quando o fundamento da prestação seja um dever de gratidão, de reconhecimento e a intenção, por parte do autor, de gratificar, retribuir ou compensar um serviço realizado gratuitamente[2180].

[2176] STJ 16-mar.-1999 (FERREIRA DE ALMEIDA), BMJ 485 (1999), 386-396 (392).

[2177] STJ 3-mai.-2000 (TOMÉ DE CARVALHO), CJ/Supremo VIII (2000) 2, 48-50 (50).

[2178] RCb 3-dez.-2009 (GREGÓRIO DE JESUS), Proc. 4371/07.

[2179] RLx 20-fev.-1974 (s/ind. relator), BMJ 234 (1974), 336 (o sumário), STJ 14-out.-1997 (JOAQUIM DE MATOS), CJ/Supremo V (1997) 3, 61-65 (65) e STJ 15-dez.-2011 (ARMINDO MONTEIRO), Proc. 549/08 (um caso de homicídio). *Vide* STJ 16-abr.-1974 (ABEL DE CAMPOS), BMJ 236 (1974), 138-142 (142) e RLx 4-fev.-2010 (TERESA PRAZERES PAIS), Proc. 94/2002 L 1-89, ambos em *obiter dictum*.

[2180] STJ 22-fev.-2011 (GARCIA CALEJO), Proc. 81/04.

§ 46.º Obrigações naturais

Registe-se, ainda, já ter sido decidido, ao abrigo de uma mera obrigação natural, que: não têm de ser restituídos os alimentos indevidamente pagos a um filho maior que concluiu a sua formatura[2181]; as importâncias a restituir por não-cumprimento de um contrato de formação não podem ser retidas[2182]; não podem ser compradas fichas de jogo num casino[2183]; não são pagas despesas hospitalares a um irmão, na convicção do seu reembolso[2184]; não são pagas despesas a uma inventariada[2185]; não podem ser restituídos juros pagos ao abrigo de uma obrigação nula[2186]. Finalmente: de uma união de facto podem resultar obrigações naturais, mas não relativas a melhoramentos não necessários introduzidos numa casa[2187].

Em compensação, o acesso a determinado local para efeitos do culto dos mortos (venerar um filho desaparecido) pode constituir objeto de uma obrigação natural: nessa medida, não é judicialmente exigível[2188]. As obrigações naturais de alimentos, à semelhança do que sucedeu nos outros países, correspondiam a obrigações de alimentos formalmente inválidas ou não assumidas por pruridos sociais e religiosos. Hoje, perante os progressos da genética (que permitem identificar os filhos biológicos) e da segurança social, que acode às situações de emergência económica, perderam conteúdo, sendo apenas um resquício. E no que interessa: pelo próprio artigo 496.º/3, tais "obrigações naturais" deixariam de o ser tornando-se, para o terceiro obrigado a indemnizar, verdadeiras obrigações civis. Apenas se poderá dizer que os alimentos, pela sua própria natureza de para-liberalidade, uma vez aceites, não podem mais ser repetidos.

V. O dever dos pais de dar, ao filho que trabalhe para eles, parte dos bens assim produzidos ou de, por outra forma, o compensarem (1895.º/2): está na lei, sendo impossível dizer, em abstrato, qual a "justiça".

[2181] STJ 28-mar.-2000 (ANTÓNIO PIÇARRA), CJ/Supremo VIII (2000) 2, 19-21 (21): este é um caso óbvio de proibição de *venire contra factum proprium* (334.º).

[2182] STJ 22-nov.-2000 (MÁRIO TORRES), CJ/Supremo VIII (2000) 3, 290-291.

[2183] RCb 13-dez.-2000 (MARIA DO ROSÁRIO MORGADO), CJ XXV (2000) 5, 58-59.

[2184] RPt 4-mar.-2002 (PINTO FERREIRA), CJ XXVII (2002) 2, 177-180; este aresto aponta, como solução, o enriquecimento sem causa.

[2185] RLx 24-mai.-2005 (PIMENTEL MARCOS), CJ XXX (2005) 3, 86-90 (90).

[2186] RCb 28-nov.-2006 (FREITAS NETO), CJ XXXI (2006) 5, 33-35 (35/I): a solução será correta, mas não por via da obrigação natural: antes pela dos juros compensatórios.

[2187] STJ 31-mar.-2009 (JOÃO BERNARDO), Proc. 09B652.

[2188] STJ 19-dez.-2006 (SEBASTIÃO PÓVOAS), Proc. 06A4210. Podia-se ter chegado a uma solução diferente (mais justa) através do artigo 334.º (abuso do direito).

630   *Classificações e tipos de obrigações*

VI. O vínculo do devedor principal, cuja obrigação tenha sido anulada por incapacidade ou vício de vontade seus, de pagar ao fiador que, ao tempo da fiança, já conhecia a causa da anulabilidade (632.º/2), não assenta numa obrigação natural. Permitimo-nos, pois, discordar desta hábil construção de Antunes Varela, destinada a engrossar as fileiras da obrigação natural. Facultar e validar semelhante pagamento é proteger uma posição de quem não merece (o fiador) e contornar algo que a lei quis (a invalidação); quando muito, poderíamos lá ir pelo enriquecimento sem causa, verificados os requisitos; mas nunca invocando deveres morais ou de justiça, claramente inexistentes.

VII. O pagamento, pelo devedor principal que haja invocado a prescrição, da dívida ao fiador que tenha renunciado à prescrição (636.º/3) é, apenas, um subcaso do pagamento de dívida prescrita, a reconduzir ao 304.º/2.

VIII. Quanto às dívidas remitidas pelos credores concordatários: a legislação foi toda alterada; vigora o CIRE, que não prevê a concordata.

IX. Todas as outras hipóteses esboçadas de obrigações naturais (pagamentos no âmbito de contratos formalmente nulos, execução de sentenças insubsistentes ou correções de sentenças injustas) não têm consistência. Os casos que exijam soluções à luz do sistema têm, hoje, saídas seguras e previsíveis, perante o abuso do direito. O único campo em que, fora do estritamente legislado, ainda poderia haver margem para obrigações naturais *ad hoc* seria o do Direito da família ou o do Direito assistencial. Mas também aí a hipótese de uma relação de confiança, a respeitar por terceiros, permitiria um tratamento mais avançado, seguro e eficaz do que o apelo às velhas obrigações naturais.

De resto e como vimos: predominantemente e apesar das flutuações provocadas pelas opiniões de Antunes Varela, a jurisprudência acaba por não admitir obrigações naturais a não ser nos casos previstos por lei.

X. A obrigação natural não é judicialmente exigível (402.º). Mas se for espontaneamente (isto é, livre de coação, 403.º/2) feita, não pode ser repetida, exceto se o devedor não tiver capacidade para efetuar a prestação (403.º/1, 2.ª parte). A regra geral é a de que o cumprimento é eficaz mesmo que o devedor não seja capaz (764.º/1, com uma exceção). Aqui vigora o inverso: o cumprimento de uma obrigação natural pode prejudicar o devedor, pelo que bem se compreende a exigência de um *plus* de capacidade.

§ 46.º Obrigações naturais 631

Em suma: as obrigações naturais têm um claro regime jurídico-positivo e só surgem nos casos expressamente previstos na lei. Não podem ser criadas *ex novo*. Assumem alguma diferença em relação às obrigações comuns ("civis"), pelo que constituem um tipo próprio.

198. A noção legal

I. Conhecendo o regime, podemos abordar a noção legal do artigo 402.º. Esse preceito tem uma complexidade interna que resulta de se terem usado as cautelosas fórmulas *de iure condendo* vertidas por Manuel de Andrade na sua exposição doutrinária. Diz o preceito que a obrigação natural:

– se funda num mero dever de ordem moral ou social;
– cujo cumprimento não é judicialmente exigível;
– mas corresponde a um dever de justiça.

Não parece dogmaticamente adequado que se introduza, no ponto de determinação das obrigações naturais, a questão da distinção entre o Direito, a Moral e a Ordem do trato social. De todo o modo, sempre se recordará que a generalidade dos deveres jurídicos coincidem com regras morais e sociais, delas se distinguindo pela juspositivação: a presença de instâncias especializadas de formulação, de ensino e de aplicação. Existe um *continuum* sócio-cultural, que só por abstração se pode quebrar.

Importa ainda lembrar que a análise feita às diversas obrigações naturais fixadas na lei não permite apontar nelas, sempre, um dever de ordem moral ou social: basta pensar no jogo! Quando muito, será possível um juízo genérico e abstrato sobre a "moralidade" e a "socialidade" das obrigações naturais, o que lhes retira a utilidade.

II. Feita essa consideração geral, como articular as três proposições legais? Para alguns, o dever de ordem moral ou social deve aproximar-se do dever de justiça: seria tão importante que o seu acatamento envolveria o tal dever de justiça (Almeida Costa)[2189]; para outros, a matriz seria

---

[2189] ALMEIDA COSTA, *Direito das obrigações*, 12.ª ed. cit., 177.

632 *Classificações e tipos de obrigações*

constituída pelo dever de justiça, sendo o dever moral ou social específico entre duas pessoas (Antunes Varela)[2190].

Pela nossa parte, faríamos outro tipo de articulação[2191]. Se tivermos, pela frente, uma realidade que possamos identificar como "um dever de justiça", não ganhamos nada em acrescentar que é um "dever moral e social": a "justiça" envolve a "moralidade". A ideia útil será outra: se dissermos que existe uma situação que não pode ser judicialmente exigida, poderemos ter em mãos uma insignificância, uma ilicitude ou algo de valorativamente inadequado. Por isso, o legislador, com recurso a uma linguagem tradicional e enfática, ainda que dogmaticamente discutível, diz que, apesar da não-exigibilidade, temos algo de apreciativo: a realidade moral e social. Quanto ao "dever de justiça" significa, tão-só, que estamos perante uma obrigação jurídica.

III. Temos, assim, a noção legal do 402.º: há obrigação natural sempre que uma obrigação jurídica (*dever de justiça*) seja privada de exigibilidade judicial (*cumprimento não é judicialmente exigível*), sem prejuízo da sua idoneidade (*dever moral ou social*).

A "exigibilidade judicial" não está na disponibilidade das partes (ou da parte): daí a tipicidade de obrigações naturais.

199. A natureza jurídica e funcionalidade

I. Resta ponderar, perante os dados obtidos, o problema da natureza jurídica das obrigações naturais. Podemos sintetizar, entre nós, o problema em duas teorias:

– a do dever extrajurídico;
– a da sua natureza jurídica.

A teoria do dever extrajurídico tem, na origem, Guilherme Moreira. Este defendeu as obrigações naturais como mero facto, acrescentando, depois, que estaria em causa um dever moral, de resto não atendido pelo legislador, por ser perigoso[2192]. Foi secundado por Cunha Gonçalves, que defendia abertamente a figura, com base moral ou social[2193].

[2190] ANTUNES VARELA, *Das obrigações em geral* cit., 1, 10.ª ed., 723 e 724.
[2191] *Direito das obrigações*, 1, 321-322, agora complementado.
[2192] GUILHERME MOREIRA, *Instituições* cit., 2, 23.
[2193] CUNHA GONÇALVES, *Tratado* cit., 4, 133.

§ 46.º *Obrigações naturais* 633

Também Galvão Telles tomaria uma posição similar, referindo as obrigações naturais como uma relação de facto, embora juridicamente relevante[2194]. A defesa mais completa da natureza não jurídica coube a Antunes Varela[2195]. Também teve o apoio de Menezes Leitão, embora numa base mais contida[2196].

II. Vamos tomar Antunes Varela como o caso paradigmático de defesa da natureza extrajurídica das obrigações naturais. Cumpre esclarecer que ele se apoia, em especial, na doutrina italiana e, nesta, em Oppo[2197].

Antunes Varela[2198] vem dizer que o pensamento lógico-formal positivista vê, no Direito, na Moral, na Cortesia, na Religião e nos usos locais, compartimentos estanques da disciplina social. Todavia, os correspondentes complexos de normas interpenetram-se. As obrigações naturais seriam, assim, deveres morais ou sociais juridicamente relevantes. Todos? Varela respondera já pela negativa[2199]: a obrigação natural exigiria um dever moral ou social específico entre pessoas determinadas, cujo cumprimento seja imposto por uma reta composição de interesses (ditames da justiça)[2200].

III. A favor da natureza jurídica das obrigações naturais pronunciaram-se Manuel de Andrade[2201], Vaz Serra[2202], Almeida Costa[2203], nós próprios[2204], Ribeiro de Faria[2205], Rui Camacho Palma[2206] e Nuno Pinto

---

[2194] INOCÊNCIO GALVÃO TELLES, *Manual de Direito das obrigações* cit., 1, 1.ª ed., 52 e 1, 2.ª ed., 62, remetendo para depois o seu exame.

[2195] ANTUNES VARELA, *Das obrigações em geral* cit., 1, 10.ª ed. cit., 719-741, por último.

[2196] LUÍS MENEZES LEITÃO, *Direito das obrigações* cit., 1, 9.ª ed., 129-130 e já em *O enriquecimento sem causa no Direito civil* (1996, reimp., 2005), 475 ss..

[2197] Particularmente: GIORGIO OPPO, *Adempimento e liberalità* (1947), já citado; *vide*, aí, 205 ss. (n.º 47).

[2198] ANTUNES VARELA, *Das obrigações em geral* cit., 1, 10.ª ed., 739-741.

[2199] *Idem*, 723 ss..

[2200] *Idem*, 724.

[2201] MANUEL DE ANDRADE, *Teoria geral das obrigações*, 3.ª ed. cit., 95-96.

[2202] VAZ SERRA, *Obrigações naturais* cit., 39-40.

[2203] ALMEIDA COSTA, *Direito das obrigações*, 11.ª ed. cit., 192-193.

[2204] *Direito das obrigações* 1, 319-321.

[2205] RIBEIRO DE FARIA, *Direito das obrigações* cit., II, 122, referindo, em especial, Manuel de Andrade.

[2206] RUI CAMACHO PALMA, *Da obrigação natural* (1999), 223 ss., 245 ss. e 271.

Oliveira[2207]. Vamos reter um argumento apresentado por este último Autor que, do nosso ponto de vista, resolve a contenda: pelo artigo 404.º, a disciplina geral das obrigações civis aplica-se às naturais; logo, estas são jurídicas, ainda que de vínculo mais frágil[2208].

É evidente: todo o regime das obrigações naturais é tratado por cuidadosos parâmetros jurídicos, até pela sua aparente fragilidade.

> Acresce ainda que não é nenhum deslustro, para as obrigações naturais, o terem natureza jurídica. Na literatura italiana, entusiasta dos deveres morais e sociais (Oppo), com reflexos em Antunes Varela, surgem afirmações desse tipo. Mas sem nenhuma razão: o Direito, particularmente o Direito civil, continua a ser o mais aperfeiçoado código de conduta moral alcançado, ao fim de milénios de esforço.

IV. A questão da juridicidade das obrigações naturais encobre, provavelmente, um tema diverso: o de saber se elas são meros factos jurídicos, a atender após o cumprimento ou se, desde a sua constituição, elas são obrigações, ainda que sem a exigibilidade judicial.

À partida, o Direito não é neutro. Ele tem valores, sociais e humanos, cuja prossecução deseja. Por isso, a Ordem Jurídica tem uma efetiva vocação de intervenção. E para esse efeito serve-se, também, das obrigações naturais. O Direito predispõem-as para alcançar os seus objetivos:

- seja desvalorizando certas ocorrências que, todavia, não pretende ignorar: os contratos de jogo ou de aposta;
- seja mantendo vivas situações que não deseja suprimir ou ignorar totalmente: as dívidas prescritas e certas obrigações que ocorrem no círculo familiar.

Por isso, perante cada obrigação natural, há que apurar e relevar as precisas finalidades da lei, aquando da sua instituição.

V. A obrigação natural existe, pois, *qua tale*, desde o início. Essa dimensão mais clara fica perante a atual conceção de obrigação, assente em obrigações secundárias e em deveres acessórios. Aqui, nem temos de considerar a presença de uma obrigação sem dever de prestar principal:

[2207] NUNO PINTO OLIVEIRA, *Direito das obrigações* cit., 1, 204-208 e *Princípios de Direito dos contratos* cit., 44.

[2208] *Idem, Direito das obrigações*, 205.

§ 46.º Obrigações naturais 635

tal dever existe, só que o credor não pode exigir, judicialmente, o seu cumprimento.

Não se pode, com a devida vénia, considerar que a obrigação natural não tem valor patrimonial[2209]. Terá sempre algum: depende das expectativas de que, voluntariamente, ela seja cumprida pelo devedor. Sabemos que, nalguns casos, como o das dívidas de jogo, tal cumprimento é muito frequente. E mesmo nas obrigações prescritas, designadamente nas de curto prazo: só excecionalmente os devedores invocam a prescrição. O fenómeno da coercibilidade não deve ser enfatizado.

VI. As obrigações naturais delimitam negativamente as doações, que pressupõem um *animus donandi* (940.º/1), inexistente por parte de quem saiba cumprir uma obrigação, ainda que natural. Assim, não têm aplicação, ao cumprimento de uma obrigação natural:

– a exigência de aceitação, em vida do doador (945.º/);
– as regras sobre a forma (947.º);
– as indisponibilidades relativas (953.º);
– a matéria da revogação (969.º a 979.º);
– a sujeição do donatário, no todo ou em parte, às obrigações alimentares que recaiam sobre o doador (2011.º);
– a colação (2104.º a 2118.º), incluindo a imputação na quota disponível (2114.º).

Já não nos parece que o tutor possa cumprir, *ad nutum*, obrigações naturais do menor[2210]: não por via do artigo 1937.º, *a*) (proibição de doar) que, de facto, aqui não se aplica; mas por via do artigo 1935.º/2: o tutor deve exercer a tutela com a diligência de um bom pai de família. O bom pai de família só cumpre obrigações naturais se, tudo visto e em concreto, isso não for nocivo à "família". Num conflito de deveres, mesmo morais, só em concreto se pode decidir.

As obrigações naturais também delimitam o instituto da repetição do indevido (476.º/1): por definição[2211].

Todas estas funções das obrigações naturais são delicadas: só se compreende por elas serem realidades jurídicas submetidas às regras do Direito.

[2209] Contra: MENEZES LEITÃO, *Direito das obrigações* cit., 1, 9.ª ed., 130.
[2210] Contra: ANTUNES VARELA, *Das obrigações em geral* cit., 1, 10.ª ed., 733.
[2211] LUÍS MENEZES LEITÃO, *O enriquecimento sem causa* cit., 474 ss..

VII. Finalmente, o cumprimento das obrigações naturais pode ser de interesse, pessoal e patrimonial, do devedor. Assim, em termos profissionais ou no que tanja à gestão do nome na praça, pode não interessar a um devedor o prevalecer-se da prescrição. Pelo contrário: pode ser boa gestão não o fazer.

No plano social – e apesar de toda a carga negativa que isso envolve e que já referimos – também pode ser desvantajoso não cumprir as dívidas de jogo. O visado pode ser erradicado de certos meios sociais, perdendo com isso, inclusive, oportunidades de negócio.

A juridicidade das obrigações naturais fica mais clara.

§ 47.º OBRIGAÇÕES GENÉRICAS

200. Noção e aspetos evolutivos

I. Na vida social e económica, somos confrontados com coisas individualizadas por características próprias, que as distinguem de todas as demais, enquanto outras são idênticas a quantas pertençam ao mesmo género. Estas últimas devem ser determinadas, dentro do seu género, por fatores que traduzam uma quantidade: cem litros de vinho ou de azeite. São coisas fungíveis (207.º), a não confundir com prestações fungíveis: as que podem ser efetuadas pelo devedor ou por terceiros[2212].

O objeto de uma obrigação pode reportar-se, dentro do universo das prestações de entrega:

- – a uma coisa não-fungível individualizada *ab initio* (um Malhoa);
- – a uma coisa fungível que, todavia, já tenha sido delimitada previamente, de tal modo que se saiba, de antemão, qual é ela (a garrafa de vinho que está sobre a secretária);
- – a uma coisa fungível, determinada apenas pelo género (dez litros da última colheita).

A obrigação cujo objeto seja determinado apenas pelo género diz-se genérica (539.º): é a última das três apontadas hipóteses[2213].

II. As obrigações genéricas não colocam um mero problema de objeto da sua prestação. Há que saber como se faz o cumprimento: que concretas coisas devem ser utilizadas, quem faz a escolha e de acordo com que critérios e a partir de que momento se pode considerar concluída a tarefa do devedor. Está em causa todo um regime, o qual permite autonomizar o tipo "obrigação genérica".

[2212] *Supra*, 542 ss..

[2213] HECK, *Grundriss des Schuldrechts* cit., § 9, 1 (28-29); *vide* GERD ROHDE, *Die Unmöglichkweit der Leistung bei Gattungsschulden* (1972), 47 ss. e 53 ss., com indicações.

638 *Classificações e tipos de obrigações*

A simplicidade desta matéria engana: ela implica um desenvolvimento teorético de milénios.

No Direito Romano, era possível consubstanciar obrigações genéricas através da *stipulatio*[2214] ou de outros esquemas. A figura básica da compra de género era, porém, desconhecida[2215]: a compra e venda devia reportar-se a coisas concretas. A aquisição onerosa de coisas de género fazia-se com recurso a diversos expedientes: era possível, p. ex., comprar todas as ânforas de vinho que se encontrassem em determinado armazém ou transacionar sobre bens de género previamente delimitados. Explica Zimmermann: as aquisições previstas nas leis antigas operavam em mercados com a mercadoria à vista, de modo que todos se pudessem pôr de acordo quanto ao preciso objeto do negócio[2216]. As vendas eram, de resto, concluídas a pronto pagamento, o que inviabilizava esquemas ulteriores de escolha. Quanto a grandes negócios: recorria-se a uma dupla *stipulatio*[2217].

Ainda no Direito romano, perante *stipulationes* que conduzissem a obrigações de género, quando nada estivesse determinado, podia o devedor escolher os objetos da pior qualidade[2218]. Na hipótese de empréstimo, deveriam ser devolvidas coisas de qualidade idêntica à das recebidas[2219]. Os imperadores Caracala e Severo, seguindo Gaio, determinaram que não deviam ser prestadas nem as piores, nem as melhores[2220]. Finalmente: Jus-

---

[2214] *Stipulatio* era uma forma solene de constituição (verbal) de obrigações; *vide* SANTOS JUSTO, *Direito privado romano*, II – *Direito das obrigações*, 3.ª ed. cit., 84 ss..

[2215] EMIL SECKEL/ERNST LEVY, *Die Gefahrtragung beim Kauf im klassischen römischen Recht*, SZRom 47 (1927), 117-263 (122 ss.); WOLFGANG ERNST, *Die Konkretisierung in der Lehre vom Gattungskauf*, GS Brigitte Knobbe-Keuk (1997), 49-110 (51 ss.) e *Kurze Rechtsgeschichte des Gattungskaufs*, ZEuP 1999, 583-641 (590 ss.); MARTIN PENNITZ, *Das periculum rei vendite/Ein Beitrag zum "aktionenrechtlichen Denken" im römischen Privatrecht* (2000), 276 ss.; quanto a obras gerais: REINHARD ZIMMERMANN, *The Law of Obligations* cit., 237 e KASER/KNÜTEL, *Römisches Privatrecht*, 19.ª ed. cit., § 41, II, 8 (224). Contra: FRANZ HAYMANN, *Haben die Römer den Gattungskauf gekannt?*, JhJb 79 (1928/29), 95-127 (127).

[2216] ZIMMERMANN, *The Law of Obligations* cit., 237.

[2217] WOLFGANG ERNST, *Kurze Rechtsgeschichte des Gattungskauf* cit., 600 ss. e *Gattungskauf und Lieferungskauf im römischen Recht*, SZRom 114 (1997), 272-344 (276 ss.).

[2218] Javoleno, D. 17.1.52 = BEHRENDS e outros, III, 393.

[2219] Pompónio, D. 12.1.3. = BEHRENDS e outros, III, 52.

[2220] Ulpiano, D. 30.37 pr. = ed. MOMMSEN, 1, 458/II (*ne optimum vel pessimus*)

tiniano fixou a regra da prestação de coisas de utilidade média[2221]. Temos, pois, uma evolução lenta[2222], em direção ao que hoje parecerá óbvio.

No Direito romano, o devedor de débito de género mantinha-se obrigado até que cumprisse ou até que o género tivesse (todo) vindo a perecer[2223]. Uma regra que iremos encontrar, nos nossos dias.

III. A construção jurídica da compra de coisa genérica ficou a dever-se aos glosadores[2224]: reconduziram a figura à compra e venda do *corpus iuris civilis*.

A questão de saber se o risco de perecimento da coisa objeto do cumprimento se mantinha no devedor ou se passava para o adquirente e, ainda então ou com a sua separação do género ou se, apenas, com a entrega, não terá levantado problemas, até ao século XVII[2225]. Em 1690, Carpzov veio sustentar que, havendo encomenda, a transferência do risco para o comprador dar-se-ia com o envio ou remessa[2226]. Tal ocorreria por via de uma suposta *conventio de emendo et sustinendo periculo*, concluída entre as partes[2227]: uma regra que, no comércio, se veio a afirmar como de Direito consuetudinário[2228].

IV. Sob o Direito natural impôs-se a ideia da consensualidade dos contratos: estes assegurariam, mediante o simples encontro de vontades, a transferência da propriedade. Nos débitos de género isso não era possível,

---

[2221] C. 8.53.35 pr. 2 = ed. MOMMSEN, 2, 365/I (*sed status mediocris invenintur*) e C. 6.43.3.1b = ed. cit., 2, 275/I (*sed mediae aestimationis*).

[2222] FRANZ DORN, HKK/BGB cit., II/1, § 243, Nr. 24 (382).

[2223] WOLFGANG ERNST, *Die Konkretisierung in der Lehre vom Gattungskauf* cit., 52 ss..

[2224] CHRISTOPH BUCHHOLZ, *Konzentration und Gefahrübergang/zu Interpretation des § 243 Abs. 2 BGB* (1986), 37 ss.; MARTIN BAUER, *Periculum emptoris/Eine dogmengeschichte Untersuchung zur Gefahrtragung beim Kauf* (1998), 98 ss.; WOLFGANG ERNST, *Die Konkretisierung in der Lehre vom Gattungskauf* cit., 607 ss. (612 ss.); FRANK DORN, HKK/BGB cit., II/1, § 243, Nr. 26 (383-384), referindo um mau entendimento da compra e venda romana.

[2225] RUDOLF VON JHERING, *Beiträge zur Lehre von der Gefahr beim Kaufcontracte*, JhJb 4 (1861), 366-438 (374-375).

[2226] BENEDICT CARPZOV, *Opus decisionum illustrum saxonicarum* (1704), Decisio CXXXI (*mercator merces alio transmittere rogamus, si in via a praedonibus auferantur, a damno est immunis ...*), 253-256.

[2227] WOLFGANG ERNST, *Die Konkretisierung in der Lehre vom Gattungskauf* cit., 65

[2228] JHERING, *Beiträge zur Lehre* cit., 376.

640 *Classificações e tipos de obrigações*

pelo que se manteve a ideia do Direito comum: a necessidade de cumprimento ou do envio, para que se transferisse a propriedade e, com ela, o risco.

V. Os códigos civis de primeira geração tratavam o tema a propósito das prestações de coisa e, ainda, da compra e venda. Assim, segundo o artigo 716.º do Código de Seabra[2229]:

> Nas alienações de cousas indeterminadas de certa especie, a propriedade só se transfere, desde o momento em que a cousa se torna certa e determinada, com conhecimento do credor.
> § unico. Se a qualidade não for designada, não é o devedor obrigado a prestar a cousa melhor, nem póde prestar a peior.

Este preceito, que evoca o pensamento jusnaturalista, era importante: por via do artigo 1550.º, ele regulava o risco[2230].

201. Problemática atual

I. Antes de atentar no regime vigente, cumpre sublinhar a problemática subjacente às obrigações genéricas. Na verdade, o Direito deve recair sobre problemas concretos que o solicitem.

A primeira constatação tem a ver com o âmbito das obrigações genéricas. Não está em causa um simples problema de compra e venda ou de determinação da prestação: antes se joga um modelo de enquadramento das diversas obrigações que, por repousarem, linguisticamente, em géneros, exigem uma determinação. Essa ideia de "tipo"[2231] ou de

---

[2229] José Dias Ferreira, *Codigo Annotado* cit., 2, 2.ª ed., 50 e 51. O artigo 716.º surgia na sequência do 715.º, que dispunha:

> Nas alienações de cousas certas e determinadas, a transferência da propriedade opera-se entre os contrahentes, por mero effeito do contracto, sem dependencia de tradição ou de posse, quer material, quer symbolica, salvo havendo accordo das partes em contrario.

[2230] Dispunha o artigo 1550.º em causa:

> O risco da cousa vendida será regulado pelo que fica disposto nos artigos 714.º e seguintes.

[2231] Kurt Ballerstedt, *Zur Lehre vom Gattungskauf*, FS Nipperdey (1955), 261--282 (265).

"modelo"[2232] ideal (um pequeno subsistema de concretização) veio a ser acolhida pela doutrina oitocentista, passando, daí, aos códigos de segunda geração[2233]. Toda a obrigação é afetada: desde a conduta das partes, através dos deveres acessórios, até à atuação do devedor, aos seus empenho e diligência, à transferência do risco e ao cumprimento. As especialidades daí resultantes são inúmeras[2234]: totais.

II. De seguida, é importante frisar o relevo prático das obrigações genéricas. Todo o comércio por grosso segue, em regra, essa via[2235], à qual se abriga mesmo o comércio a retalho[2236]: um automóvel é vendido por referência à marca e ao modelo, sendo individualizado, habitualmente, apenas no cumprimento. A tal propósito, importa recordar o artigo 472.º do Código Comercial de Veiga Beirão (1888):

> As cousas não vendidas a esmo ou por parte inteira, mas por conta, peso ou medida, são a risco do vendedor até que sejam contadas, pesadas ou medidas, salvo se a contagem pesagem ou medição se não fez por culpa do comprador.
>
> § 1.º Haver-se-á por feita a venda a esmo ou por partida inteira, quando as cousas forem vendidas por um só preço determinado, sem atenção à conta, peso ou medida dos objetos, ou quando se atender a qualquer destes elementos unicamente para determinar a quantia do preço.
>
> § 2.º Quando a venda é feita por conta, peso ou medida, e fazenda se entrega, sem se contar, pesar ou medir, a tradição para o comprador supre a conta, o peso ou a medida.

Estas regras estão, de certo modo, ultrapassadas pelos artigos 539.º a 542.º do Código Civil, mais modernos[2237]. Todavia, mostram o relevo comercial da matéria.

[2232] DIETER MEDICUS, *Die Modellvorstellungen im Schuldrecht*, FS Felgentraeger (1969), 309-322 (310 ss., 321-322)

[2233] CLAUS-WILHELM CANARIS, *Die Einstandspflicht des Gattungsschuldners und die Übernahme eines Beschaffungsrisikos*, FS Wiegand (2005), 179-254 (180).

[2234] Em qualquer obrigação genérica; pense-se, em especial, naquelas que impliquem uma relação de subordinação; *vide* VINCENZO PANUCCIO, *Obbligazioni generiche e scelta del creditore* (1972), 147 ss..

[2235] KARL LARENZ, *Schuldrecht* cit., 1, 14.ª ed., § 11, I (151).

[2236] GÜNTER GRIEBL, *Das Problem des Übergangs der Leistungsgefahr bei der Gattungsschuld* (1970), 1 ss., que abre justamente referindo o papel dos débitos genéricos no comércio.

[2237] *Direito comercial*, 3.ª ed., 841.

642   *Classificações e tipos de obrigações*

Segundo o artigo 7.º/3, do Código Civil, a lei geral não revoga a lei especial, salvo se outra for a vontade inequívoca do legislador. A um primeira abordagem, as normas do Código Civil (lei geral) não poderiam revogar as do Código Comercial (lei especial), como decorrência daquela regra.

A natureza civil ou comercial das normas não deve, todavia, ser aferida a partir da sua localização em códigos. O Código Civil contém regras materialmente mercantis: basta recordar os arrendamentos comerciais. Há, pois, que proceder a uma interpretação caso a caso.

Os artigos 539.º a 542.º, sem prejuízo para a sua natureza civil, mostram-se mais adequados perante o comércio. São, nessa medida (também) comerciais, pelo que podem, tecnicamente, revogar regras do Código Comercial.

Não vamos tão longe: afigura-se-nos que o artigo 472.º do Código Comercial pode ser aplicado em conjunto com as regras dos artigos 539.º a 542.º, do Código Civil. Caso a caso se procederá às competentes operações de realização.

III. Finalmente, o tema das obrigações genéricas ocorre, fundamentalmente, no domínio do Direito da perturbação das prestações[2238]. A individualização do objeto torna-se importante para efeitos de cumprimento imperfeito[2239]. Ora uma obrigação relativa a um objeto fungível só por exceção constituirá uma obrigação específica[2240]. No tráfego normal, lida-se com coisas fungíveis, pelo que esta matéria deve estar sempre presente.

IV. Pergunta-se se as obrigações genéricas traduzem um modelo aplicável, apenas, quando haja prestações de *dare* ou se, nas de *facere*, o mesmo tema pode ser suscitado.

Em boa verdade, perante uma obrigação de serviço, o objeto é, necessariamente, designado através do género. Mesmo quando individualizado em função do devedor (p. ex., um serviço médico do dr. fulano), apenas é possível uma referência desse tipo. A individualização, *ex rerum*

[2238] URS PETER GRUBER, *Das drohende Ende der Stückschuld*, JZ 2005, 707-712 (707); MANFRED LÖWISCH/GEORG CASPERS, no Staudinger, II, *§§ 255-304 (Leistungsstörungsrecht* 1) (2009), § 276, Nr. 156 ss. (343 ss.).

[2239] KLAUS TIEDTKE/MARCO SCHMITT, *Ersatzlieferung beim Stückkauf*, JuS 2005, 583-587 (584/II).

[2240] FLORIAN FAUST, *Grenzen des Anspruchs auf Ersatzlieferung bei der Gattungsschuld*, ZGS 2004, 252-258 (252/I).

natura, dar-se-á na execução. Por isso, também e até esse momento, o risco corre, à partida, pelo devedor. Os modelos aplicáveis nas obrigações de serviço não correspondem, todavia, aos historicamente apurados nas obrigações genéricas, moldados sobre prestações de coisa. Os princípios poderão ser comuns: a sua aplicação deve, porém, ser sindicada, em cada caso concreto.

202. O risco: teorias de Thöl e de Jhering

I. A questão teórica e valorativa subjacente às obrigações genéricas é a da determinação do risco e da sua transposição.

Trata-se de um tema conhecido pelos romanos, que nos deixaram os seus eixos básicos. O risco corre pelo dono da coisa (*casum sentit dominus*); e assim, depois de perfeito o contrato transmissivo, o risco concentra-se no comprador[2241]. Nas obrigações romanas, uma vez que a perfeição ocorre com o cumprimento, o risco segue pelo vendedor[2242].

Na presença de uma obrigação genérica, o perecimento de uns quantos elementos pertencentes ao género em causa não impede o cumprimento: *genus perire non censetur* ou *genus non perit*[2243]. Deste modo, o devedor de 100 litros de vinho da sua adega, não se desonera se, na mesma, for abusivamente bebida essa precisa quantidade; terá muitas outras centenas de litros para poder cumprir. A situação seria diversa perante uma obrigação genérica limitada: todo o vinho que estiver em certo armazém[2244]; aí, a destruição do armazém e do seu conteúdo poderia inviabilizar a obrigação.

II. Transpondo o tema para o Direito vigente: o risco corre pelo proprietário, de tal modo que, desaparecendo ou deteriorando-se uma coisa,

---

[2241] Franz Hofmann, *Über das Periculum beim Kauf* (1870), 6 e 5.

[2242] Griebl, *Das Problem des Übergangs der Leistungsgefahr bei der Gattungsschuld* cit., 19. Cabe recordar Paulo, D. 18.6.5 (domec admetiatur, omne periculum venditoris est) e Gaio, D. 18.1.35.7 (antequam admetiatur, omne periculum ad venditorum pertinere); *vide* Behrends e outros, III, 504 e 452-453, respetivamente.

[2243] Joachim Lampenau, *Gattungsschuld und Beschaffungspflicht/Kritisches zu § 279 BGB* (1972), 25.

[2244] *Vide* uma aplicação concreta que envolveu vinho do Porto em Hara Peter Westermann, *Die Konzernverschaffungsschuld als Beispiel einer beschränkten Gattungsschuld*, JA 1981, 599-605 (605/II).

644 *Classificações e tipos de obrigações*

o prejuízo fica na esfera de quem, sobre ela, for titular de direitos. Esta solução é, em simultâneo:

– a mais prática: ficando o dano na esfera do próprio titular da posição atingida, não há que prever um esquema de imputação a terceiros, com tudo o que isso implica ou pode implicar;
– a mais justa: *ubi commoda, ibi incommoda*: quem tem as vantagens da titularidade assume, em simultâneo, as desvantagens das superveniências.

Numa obrigação de *dare*, o risco da supressão ou da desvalorização da coisa corre pelo titular, no momento em que a coisa seja atingida. Assim, nos contratos que impliquem a transferência do domínio sobre certa coisa ou que constituam ou transfiram um direito real sobre ela, o perecimento ou deterioração da coisa por causa não imputável ao alienante corre por conta do adquirente (796.º/1). Como construir esta matéria na presença de obrigações genéricas?

III. A questão ficou pautada por uma querela clássica que opôs, no século XIX, Thöl a Jhering.

Heinrich Thöl (1807-1884) foi professor em Rostock e em Göttingen. Notabilizou-se pela sua exposição sobre o Direito Comercial (*Handelsrecht*, 3 volumes, a partir de 1841), tendo sido o primeiro comercialista a usar uma técnica moderna romano-germânica, nesse domínio. Ficou a dever-se-lhe, por exemplo, a aproximação entre a culpa na formação do contrato e a boa-fé.

Rudolf von Jhering (1818-1892) foi professor em várias universidades, designadamente em Göttingen, Leipzig e Heidelberg. O seu nome ficou associado aos mais diversos institutos civis, desde a posse à *culpa in contrahendo*. Foi o fundador, em 1861, com von Gerber, dos *Jahrbücher für die Dogmatik des heutigen römischen und deutschen Privatrechts* [Anais para a dogmática do Direito romano atual e do Direito privado alemão][2245], conhecidos como *Jherings Jahrbücher* (JhJb), publicados entre 1861 e 1943, em cujas páginas surgiram muitas descobertas civis.

[2245] *Vide* RUDOLF VON JHERING, *Unsere Aufgabe*, JhJb 1 (1857), 1-52.

§ 47.º Obrigações genéricas 645

Thöl defendeu a teoria da separação ou da individualização[2246], enquanto Jhering subscreveu a teoria da entrega ou do cumprimento[2247-2248].

IV. Na base, Thöl recorda que, pelo Direito comum funcionava, na compra de coisa específica, a regra pela qual o comprador suportava o risco do preço e da prestação. Para tanto, o conhecimento e a vontade das partes devia dirigir-se a um concreto objeto do negócio o qual ficaria, assim, perfeito, transpondo para o comprador o risco da sua supressão.

Na compra de coisa genérica, a vontade do adquirente não poderia incidir sobre um concreto objeto de prestação. A perfeição do negócio exigiria um acordo com o vendedor que permitisse isolar esse objeto. Preenchido tal requisito, o negócio ficaria completo, transferindo-se o risco para o comprador. Não seria necessária qualquer tradição. Em suma: o risco passaria para o comprador assim que o preciso objeto da obrigação fosse separado ou individualizado de entre o género a que pertencia, com o acordo ou o conhecimento das partes. Esta orientação, ainda que com modificações, teve seguidores[2249].

V. Jhering contrapõe uma diversa leitura. Nas obrigações genéricas, aquilo que é verdadeiramente devido é o género: de outro modo, a obrigação seria específica, não se pondo o problema. A *species* apenas surgiria aquando do cumprimento. Ora este só sobreviria quando o devedor tivesse levado a cabo tudo aquilo que, contratualmente, lhe dissesse respeito[2250]. O risco não se transferiria, por isso, nem com a separação nem, necessariamente, com a *traditio*. Isso ocorreria, antes:

– ou com a entrega;

[2246] HEINRICH THÖL, *Das Handelsrecht/in Verbindung mit dem allgemeinen deutschen Handelsgesetzbuche* I, 4.ª ed. (1862), §§ 73-74 (443-455); a 3.ª ed. é de 1854.

[2247] RUDOLF VON JHERING, no já citado *Beiträge zur Lehre von der Gefahr beim Kaufcontracte*, JhJb 4 (1861), 366-438, também em *Gesammelte Aufsätze aus den Jahrbüchern für die Dogmatik des heutigen römischen und deutschen Privatrechts* I (1881, reimp., 1981), 426-490 (cita-se pelo primeiro local).

[2248] Um apanhado preciso de ambas as teorias pode ser confrontado em FRANZ DORN, HKK/BGB cit., II/1, § 243, Nr. 29 e 30 (385-387); *vide*, ainda, GRIEBL, *Das Problem des Übergangs der Leistungsgefahr* cit., 21 ss. e 26 ss. e BUCHHOLZ, *Konzentration und Gefahrübergang* cit., 45 e 46.

[2249] Assim, FERDINAND REGELSBERGER, *Über die Tragung der Gefahr beim Genuskauf* cit., 215 e *passim*.

[2250] JHERING, *Beiträge zur Lehre* cit., (logo em) 366-371 e *passim*.

646 *Classificações e tipos de obrigações*

– ou com o envio, tratando-se de prestações que o implicassem[2251];
– ou com a mora do credor, isto é, a recusa injustificada, por parte deste, em receber a coisa[2252].

Esta última situação justificar-se-ia: sem a mora do credor, o devedor ter-se-ia livrado do risco que, sobre ele, impendia.

VI. A controvérsia é importante por ter permitido, designadamente pela pena de Jhering, precisar diversos meandros das obrigações, que hoje constituem acervo comum dos sistemas romano-germânicos ou aparentados.

Quanto à solução correta: os Direitos positivos terão uma palavra a dizer. De todo o modo, quanto a Thöl, sempre se imporá uma observação: desde o momento em que, de uma forma ou de outra, as partes se ponham de acordo quanto ao preciso objeto do cumprimento, desinserindo-o do género pelo qual foi designado inicialmente, a obrigação deixará de ser genérica. Ficaremos perante uma comum obrigação específica, que seguirá o seu regime normal.

203. O regime; a escolha

I. O Código Vaz Serra ocupa-se das obrigações genéricas nos seus artigos 539.º a 542.º. Apesar de muito sintéticos e simples, verifica-se que esse diploma deu, à matéria em causa, um tratamento mais amplo e cuidado do que o da generalidade dos outros códigos.

No BGB, dispõe o § 243: no n.º 1 manda que, nas obrigações de género, seja prestada coisa de qualidade média e, no n.º 2, que tendo o devedor feito o necessário para prestar determinada coisa, a obrigação se limite a este[2253].

O Código italiano é ainda mais sintético: o artigo 1178.º apenas dispõe que o devedor não deve prestar coisa de qualidade inferior à média.

[2251] *Idem*, 371 ss. e 418 ss..

[2252] *Idem*, 433 ss..

[2253] Sutschet, no Bamberger/Roth, 2.ª ed. cit., § 243, Nr. 17 (861), explica que, com isso, a obrigação não deixa de ser genérica: mantém-se, antes, como obrigação genérica cumprida. Quanto à origem do § 243 e aos preparatórios que lhe estão na base: Franz Dorn, HKK/BGB cit., II/1, § 243, Nr. 38 ss. (392 ss.).

§ 47.º Obrigações genéricas 647

A doutrina, perante os princípios gerais, adianta que, antes do cumprimento, o risco corre pelo devedor[2254]. Deve ainda sublinhar-se que o BGB, à semelhança dos demais códigos modernos, trata as obrigações como específicas embora, na generalidade dos casos, elas sejam genéricas[2255]. Por isso haverá tão poucos preceitos sobre a matéria, cabendo ao intérprete-aplicador, depois, proceder às adaptações necessárias.

Interessante é o dispositivo do Código brasileiro de 2002: semelhante ao de Vaz Serra, ele coloca o tema pelo prisma da coisa. Assim, em secção dedicada às obrigações de coisa incerta[2256]:

Art. 243.º A coisa incerta será indicada, ao menos, pelo género e pela quantidade.

Art. 244.º Nas coisas determinadas pelo género e pela quantidade, a escolha pertence ao devedor, se o contrário não resultar do título da obrigação; mas não poderá dar a coisa pior, nem será obrigado a prestar a melhor.

Art. 245.º Cientificado da escolha o credor, vigorará o disposto na Secção antecedente [obrigações de dar coisa certa].

Art. 246.º Antes da escolha, não poderá o devedor alegar perda ou deterioração da coisa, ainda que por força maior ou caso fortuito.

Quanto ao Código de Seabra, dispunha o artigo 716.º[2257], que habilitava Guilherme Moreira a considerar, nas obrigações genéricas e antes do cumprimento, um vínculo com mero "caracter pessoal": não estando a coisa determinada, os efeitos reais não seriam possíveis[2258]. Vigorando o *genus nunca perit*, o devedor manter-se-ia obrigado ainda que perecesse fortuitamente a coisa com que ele tinha a intenção de cumprir, uma vez que ela poderia ser substituída por outra[2259]. Quanto ao tipo de solução aí consagrada: Cunha Gonçalves, que refere Jhering, sustenta que não basta a separação nem a expedição da coisa, seguida de envio, para que se dê a transferência do risco; tão-pouco valeria a receção ou tradição efetivas, uma vez que, no nosso Direito e desde as Ordenações, a entrega não é necessária

---

[2254] CARINGELA/DE MARZO, *Le obbligazioni* cit., 52.

[2255] HORST HAMMEN, *Die Gattungshandlungsschulden/Inhalt der Schuld, Haftung und Haftungsbeschränkungen bei fehlerhaften Leistung* (1995), 10 ss..

[2256] O Código Civil de 2002 retomou, aqui, o preceito do artigo 874.º do Código de 1916.

[2257] *Supra*, 640.

[2258] GUILHERME MOREIRA, *Instituições* cit., 2, 74.

[2259] *Idem*, 75.

648 *Classificações e tipos de obrigações*

para transferir o domínio; a teoria melhor adaptada ao Código de Seabra seria a do conhecimento ou determinação literal, embora a tradição a tanto conduzisse[2260].

II. As precisões decisivas advieram de Manuel de Andrade: o risco corre pelo devedor, a quem compete, em nome de um *favor debitoris* disseminado pelo sistema, a escolha; esta deverá operar segundo critérios médios, sendo comunicada ao credor: um negócio unilateral recipiendo, que resulta do exercício de um direito potestativo[2261]. Vaz Serra procedeu a uma indagação extensa de Direito comparado[2262] que lhe permitiu apresentar uma proposta alargada[2263], depois ligeiramente simplificada[2264]; nova simplificação ocorreu na 1.ª revisão ministerial, de onde, fundamentalmente, resultaram os preceitos atuais[2265].

III. Perante uma obrigação genérica, a escolha compete ao devedor (539.º). Pode haver estipulação em contrário, altura em que a escolha passará para o credor, para terceiro ou para credor e devedor, por acordo. Em qualquer dos casos e não sendo o género perfeitamente homogéneo, a escolha deverá obedecer a juízos de equidade, se outros critérios não tiverem sido estipulados (400.º/1). O legislador português, desviando-se do § 243/I do BGB[2266], não apelou para uma qualidade média: antes repescou o § 315/I do Código alemão que, a propósito da fixação da prestação por uma das partes, remete para a determinação segundo a discricionariedade equitativa (*nach billigem Ermessen*)[2267].

Como interpretar a remissão para juízos de equidade? Antunes Varela vem dizer que, "praticamente" isso significa que nem o devedor

---

[2260] CUNHA GONÇALVES, *Tratado de Direito civil* cit., 4, 573-575.

[2261] MANUEL DE ANDRADE, *Teoria geral das obrigações* cit., 3.ª ed. cit., 191-194.

[2262] ADRIANO VAZ SERRA, *Obrigações genéricas*, BMJ 55 (1956), 5-58.

[2263] *Idem*, 51 a 58, em 10 artigos.

[2264] ADRIANO VAZ SERRA, *Direito das obrigações* cit., 446-450 (artigos 542.º a 549.º).

[2265] BMJ 119 (1962), 94-95.

[2266] HERBERT LESSMANN, *Grundprobleme der Gattungsschuld*, JA 1982, 280-285 (282/II).

[2267] O artigo 1349.º do Código Civil italiano prevê a hipótese de a determinação de uma prestação ser deferida a um terceiro e dela não resulte que as partes pretenderam remeter-se ao seu simples arbítrio; o terceiro deverá proceder, então, a um *equo apprezzamento*. Vide BARASSI, *La teoria generale* cit., 1, 171 ss..

§ 47.º *Obrigações genéricas*

pode prestar coisas de pior qualidade, nem o credor exigir as melhores[2268]. Mas tal não corresponde a qualquer noção de equidade conhecida[2269], sendo de presumir que o legislador escolheu bem as palavras vertidas na lei (9.º/3). Uma remissão para a equidade pode ter um de dois sentidos:

– a equidade forte: implica uma decisão tomada de acordo com elementos do caso concreto; por exemplo, se uma parte é rica e a outra pobre; se uma parte é velha e a outra nova; se uma parte tem um especial gosto ou desgosto nalguma solução; etc.;
– a equidade fraca: a decisão baseia-se em critérios jurídico-positivos, expurgados de exigências puramente formais.

Não faz sentido admitir que o artigo 400.º/1, no coração do Direito das obrigações, remeta para uma equidade forte, que redundaria em critérios extrajurídicos de decisão. Fica-nos, pois, a segunda hipótese.

IV. Que critérios jurídicos não-formais poderão ser atendidos, para determinar uma prestação segundo juízos de equidade?

Podemos recorrer à norma dadora (o § 315/I do BGB e ao modo por que ela tem sido aplicada). Há diversa doutrina e jurisprudência[2270]. E aí, desde logo, delimita-se o campo objeto da "discricionariedade equitativa": ela é marginada pelo próprio contrato, pelos preceitos legais supletivos e por quaisquer determinações supervenientes das partes. No espaço que, ainda assim, fique em aberto, atender-se-á, designadamente, ao escopo do negócio, à favorabilidade das regras negociais, às vantagens do contrato, à repartição do risco entre as partes, às necessidades de ambas, à duração da relação, ao tipo e âmbito da contraprestação, aos custos de manutenção ou de existência, aos esforços envolvidos, às vantagens e desvantagens extracontratuais, às circunstâncias supervenientes, ao condicionalismo pessoal das partes, envolvendo a idade, a saúde, a capacidade de trabalho

---

[2268] ANTUNES VARELA, *Das obrigações em geral* cit., 1, 10.ª ed., 822.

[2269] Com elementos: *Da boa fé*, 1197 ss.; *vide* os nossos *A decisão segundo a equidade*, O Direito 1990, 261-280, *Vícios na empresa privatizada, responsabilidade pelo prospecto, culpa 'in contrahendo', indemnização*, anot. ao Acórdão do Tribunal Arbitral de 31-mar.-1993, separata da ROA 1995, 37-104 (65 ss.) e *Tratado* I, 4.ª ed., 590 ss..

[2270] PETER GOTTWARD, no *Münchener Kommentar* cit., 2, 5.ª ed., § 315, Nr. 28 ss. (1833 ss.); SIBYLLE HOFER, no HKK/BGB cit., II/2, §§ 315-319, Nr. 3 (1761-1762) e HERBERT KRONKE, *Zu Funktion und Dogmatik der Leistungsbestimmung nach § 315 BGB*, AcP 183 (1983), 113-144 (137 ss.).

e o envolvimento social, aos danos envolvidos, à concorrência e a fatores ambientais[2271].

A matéria referida teria de ser estudada ponto por ponto. Tal como se apresenta, temos uma enumeração que dá para tudo e mais alguma coisa, sendo de utilidade escassa para o intérprete-aplicador do Código Vaz Serra.

A determinação do sentido de uma prestação é matéria negocial. Cabe às partes fazê-lo. Quando escolham um género homogéneo, está feito. Quando esse não seja o caso: deviam-no ter feito. Há uma lacuna negocial. O apelo à equidade, neste ponto, será entendido como uma remissão para critérios substanciais: os do artigo 239.º[2272]. E assim, partindo sempre da interpretação do contrato[2273], haverá que atender:

– à vontade hipotética, quando comporte elementos úteis;
– em qualquer caso e com primazia: à boa fé, ou seja, aos valores fundamentais do ordenamento.

Por esta via, chegamos à exigência de uma escolha tendencialmente média, que melhor assegure o equilíbrio entre as partes (materialidade subjacente) e que respeite aquilo em que, legitimamente, as partes confiaram (tutela da confiança).

V. O apelo, neste contexto, ao artigo 400.º/1, levanta, todavia, uma questão: ele não estará vedado pelo final do artigo 402.º/2, que ressalva, precisa e expressamente, o disposto acerca das obrigações genéricas e alternativas?

Comecemos pelo fim das normas em presença. O artigo 402.º/1, quando determina que, na falta de critérios para a determinação da prestação, se recorra a juízos de equidade, com o sentido que damos a essa expressão, não contunde com a liberdade de escolha, pelo devedor; apenas contempla os valores relativos a ambas as partes. Além disso, vai ao encontro do disposto no princípio do 400.º/1: na obrigação genérica, a determinação da prestação é atribuída a uma ou a outra das duas partes.

[2271] Tal é, *grosso modo*, a enumeração de GOTTWALD, no *Münchener Kommentar* cit., 2, 5.ª ed., § 315, Nr. 31, pontuada por notas doutrinárias e jurisprudenciais.

[2272] *Tratado* I/1, 3.ª ed., 769 ss.. Quanto à interpretação complementadora (integração), por último (neste momento), JOHANNES CZIUPKA, *Die ergänzende Vertragsauslegung*, JuS 2009, 103-106, referindo, em especial, a vontade hipotética (104/II) e CARSTEN STÖLTING, *Vertragsergänzung und implied terms / Eine rechtsvergleichende Untersuchung des deutschen und englischen Rechts* (2009), 258 ss. (conclusões).

[2273] STJ 19-out.-1999 (GARCIA MARQUES), BMJ 490 (1999), 262-269 (267).

§ 47.º *Obrigações genéricas*   651

Já quanto ao 402.º/2, o problema é diverso. A lei comete a escolha ao tribunal, salvo o disposto acerca das obrigações genéricas ou alternativas. Aí, aplicar-se-ão os regimes respetivos.

Admitimos, todavia, que o mesmo resultado se pudesse alcançar sem recurso ao artigo 402.º: a escolha caberia ao devedor (ou ao credor), mas teria de respeitar a boa-fé, agora através do artigo 762.º/2 (Raquel Rei).

204. A concentração

I. A escolha, seja ela realizada pelo devedor (solução supletiva), pelo credor ou por terceiro, não interfere, em si, com o risco. Segundo o artigo 540.º, enquanto a prestação for possível em coisas do género estipulado, não fica o devedor exonerado pelo facto de perecerem aquelas com que ele se dispunha a cumprir. Trata-se da consagração da velha máxima *genus non perit* ou *numquam perit*[2274].

Só com o cumprimento, lógica e praticamente subsequente à escolha, cessa o risco do devedor. Nesse momento opera, por excelência, a concentração da obrigação: apenas abrange a efetiva prestação efetuada. Trata-se da consagração, entre nós, da tese de Jhering[2275].

II. Antes do cumprimento, a obrigação pode, de todo o modo, concentrar-se por alguma das seguintes cinco razões (541.º):

- por acordo das partes: nessa altura, a obrigação deixará de ser genérica, passando *ipso facto* a específica; depois disso, se a coisa perecer, por causa não imputável ao devedor, o risco é do credor (796.º/1);
- quando o género se extinga, ao ponto de restar apenas uma das coisas nele compreendidas; o devedor terá de cumprir com o remanescente; caso, depois, também este pereça, sem imputação ao devedor, opera o 796.º/1: risco do credor;

[2274] ULRICH SEIBERT, *Gattung und Güte/Rechtsfolgen Schuldabweichen beim Gattungskauf*, MDR 1983, 177-180 (178/II); CANARIS, *Die Einstandspflicht des Gattungsschuldners* cit., 191 ss..

[2275] Pelo contrário, o artigo 716.º do Código de Seabra consagrava a teoria da separação, de Thöl:

(…) a propriedade só se transfere, desde o momento em que a cousa se torna certa e determinada, com conhecimento do credor.

652 *Classificações e tipos de obrigações*

– por mora do credor: sem motivo justificado, ele não aceita a prestação ou não pratica os atos necessários ao cumprimento (813.º); a concentração funciona, em tal eventualidade, em torno das precisas coisas que o devedor tenha oferecido em cumprimento, num afloramento da teoria da separação; o credor passa a suportar o risco "normal" derivado da concentração e, ainda, o risco agravado do 815.º/1, o qual inclui a impossibilidade superveniente derivada de negligência do próprio devedor[2276];

– por entrega, pelo devedor, ao transportador ou expedidor da coisa ou à pessoa indicada para a execução do envio, quando se trate de coisa que, por convenção, o devedor deva enviar para local diferente do do cumprimento (797.º, *ex vi* 541.º): há, aqui, um aflorar da teoria da expedição, subproduto da construção de Jhering;

– pela escolha feita pelo credor ou por terceiro, depois de comunicada ao devedor ou a ambas as partes (542.º/1): a teoria da separação, de Thöl.

Como se vê, o Código Vaz Serra, muito cuidadoso, faz uma combinação das teorias de Jhering e de Thöl, com predomínio do primeiro.

III. Quando a escolha caiba ao devedor e este a faça: ele pode voltar atrás e fazer opção diversa e isso até ao cumprimento ou até que opere outra qualquer causa de concentração. O risco é dele.

[2276] MENEZES LEITÃO, *Direito das obrigações* cit., 1, 7.ª ed., 148-149, em crítica ao nosso *Direito das obrigações*, 1, 344, e, na 9.ª ed., em crítica, também, à 1.ª ed. do presente volume do *Tratado*, considera que não há, aqui, uma cedência à teoria da separação, uma vez que o devedor poderia, por exemplo, consignar em depósito coisa diferente da oferecida. Tem razão. Mas não totalmente: na hipótese de perecer concretamente a coisa (ou coisas) debalde oferecida em cumprimento, o devedor fica mesmo exonerado. Digamos que, perante a mora do credor, há, pela escolha, uma concentração imperfeita, com uma combinação Jhering/Thöl. O tema mereceria uma pesquisa: em Direito das obrigações, nunca tudo fica dito. Como diz, WOLFGANG ERNST, *Kurze Rechtsgeschichte des Gattungskaufs* cit., 641, não há, aqui, um fim da História.

De todo o modo, a doutrina tende a dar, à *mora accipiendi*, um papel próprio; cf. BALLERSTEDT, *Zur Lehre vom Gattungskauf* cit., 281; ULRICH HUBER, *Zur Konzentration beim Gattungskauf*, FS Ballerstedt (1975), 327-354 (337); GÜNTHER HÖNN, *Zur Dogmatik der Risikotragung im Gläubigerverzug bei Gattungsschulden*, AcP 177 (1977), 385-417 (401 ss., 416).

§ 47.º Obrigações genéricas

Competindo a escolha ao credor ou a terceiro: ela só é eficaz depois de comunicada ao devedor ou a ambas as partes, altura em que se torna irrevogável (542.º/1). Bem se compreende: assim que produza efeitos, tal escolha faz correr o risco pelo devedor, não podendo mais ser tocada sem o consentimento deste. A escolha integra, aqui, o conteúdo de um encargo, a exercer uma única vez.

IV. Pode, ainda, suceder que a escolha caiba ao credor. Nessa eventualidade (542.º/2):

– ou existe um prazo prefixado para que o credor a faça;
– ou tal não sucede, altura em que o devedor lhe pode fixar um prazo para que ele realize a escolha.

A fixação do prazo da escolha do credor, pelo devedor, é um afloramento de *favor debitoris*, correspondendo, ainda, à valoração do 777.º/1 (obrigações puras). Dependendo das circunstâncias, o prazo em causa deve ser razoável, para não inutilizar o direito do credor: o de, sem prazo prévio, provocar a concentração da obrigação genérica.

A escolha pelo credor é, tecnicamente, também um encargo. Ele deve escolher, para permitir a exoneração do devedor. Se não o fizer, a "sanção" traduz-se na devolução desse poder ao próprio devedor (542.º/2).

V. Quando a escolha caiba a um terceiro e este a não faça, a lei é omissa. Desde logo, há que verificar se foi fixado prazo para a escolha pelo terceiro. Passado esse prazo, a qualquer das partes cabe passar à fase seguinte. Não havendo prazo, qualquer delas pode, tendo aguardado um tempo razoável, passar igualmente à fase seguinte. Que fase? Não parece possível aplicar por analogia o próprio artigo 542.º/2, deferindo a escolha ao devedor: o credor obteve o direito contratual de ver a *electio* feita por um terceiro e não pela contraparte, o que pode ter sido decisivo para a sua decisão de contratar e para o subsequente equilíbrio do contrato.

VI. Resta recorrer ao artigo 400.º/2: pedir a determinação pelo tribunal. Aplica-se, então, o 1429.º do CPC, que dispõe:

1. Nos casos a que se referem o n.º 2 do artigo 400.º e o artigo 883.º do Código Civil, a parte que pretenda a determinação pelo tribunal indicará no requerimento a prestação ou o preço que julga adequado, justificando a indicação.

654 *Classificações e tipos de obrigações*

2. A parte contrária é citada para responder em 10 dias, podendo indicar prestação ou preço diferente, desde que também o justifique.

3. Com resposta ou sem ela, o juiz decidirá, colhendo as provas necessárias.

Digamos que, por excelência, o tribunal é um terceiro *supra partes*. Caso o não-desempenho, pelo terceiro, derive de negligência deste ou tenha envolvido a violação de deveres de conduta, haverá um dever de indemnizar ambas as partes por todos os prejuízos assim causados. O ponto de partida será, naturalmente, o de que o terceiro tenha aceitado oportunamente a incumbência.

205. Aspetos práticos

I. Na nossa jurisprudência, as decisões significativas sobre o tema das obrigações genéricas surgem, em regra, a propósito do incumprimento das obrigações[2277]. É, pois, a propósito de inadimplementos e de subsequentes deveres de indemnizar, que a questão ocorre. De todo o modo, cumpre sublinhar alguns dos aspetos práticos aqui envolvidos.

II. No tocante ao género, ele há-de estar suficientemente fixado, sob pena de indeterminabilidade. De seguida, é importante verificar se ele é homogéneo[2278]. Sendo-o, a escolha surge relativamente inóqua; na hipótese inversa, ela representa uma importante prerrogativa do devedor, fazendo especial sentido recorrer aos critérios ("juízos de equidade") acima referidos.

Género homogéneo e inesgotável, por excelência, é o dinheiro. Por isso, em relação às dívidas pecuniárias, nunca se admite a impossibilidade: o devedor terá sempre de cumprir, sob pena de inadimplemento[2279].

[2277] RPt 13-nov.-1996 (Pires Rodrigues), Proc. 9720602. Por vezes, nos sumários de jurisprudência, chama-se "genéricas" a obrigações indetermináveis, as quais invalidam as correspondentes fianças: assim, STJ 5-dez.-1995 (Sá Couto), Proc. 086895 e RLx 6-mai.-1999 (Santos Bernardino), Proc. 0076692.

[2278] Será o caso de se contratar um pavimento flutuante em madeira, de sucupira, com a área de 246 m^2; *vide* RLx 20-out.-2011 (Ana Paula Boularot), Proc. 590/07, um caso de responsabilidade por incumprimento defeituoso.

[2279] Gerd Rohde, *Die Unmöglichkweit der Leistung bei Gattungsschulden* cit., 91.

§ 47.º *Obrigações genéricas* 655

O género pode ser mais ou menos extenso, assim se delimitando a atuação do devedor. Quando, todavia, este deva prestar o género todo (vender toda a colheita de 2009), a obrigação já será específica[2280].

III. A escolha, nas obrigações genéricas, deve ser tomada em sentido amplo. Pode envolver uma seleção simples (*electio*), operações de medidas diversas (*mensura*) ou uma designação (*demonstratio*)[2281]. Nos termos gerais, a escolha pode ser comunicada expressa ou tacitamente. Quando, como é de regra, compita ao devedor, ela decorre, muitas vezes, do próprio ato do cumprimento. Como vimos, a escolha feita pelo devedor não é vinculativa para o próprio, até ao cumprimento. De todo o modo, pode considerar-se um negócio unilateral preparatório do cumprimento: negócio por envolver liberdade de celebração e liberdade de estipulação, uma vez que o devedor pode escolher ou não, dentro de certas margens e, fazendo-o, ainda que dentro dos limites do artigo 400.º/1, pode decidir o conteúdo da escolha.

O devedor que se recuse a escolher quando essa operação lhe caiba vai, antes de mais, omitir o cumprimento. A falta de escolha dilui-se, nesse nível. Caso seja possível a execução específica, caberá ao próprio tribunal proceder ou manda proceder à escolha que o devedor inadimpliu (827.º). Para esse efeito, dispõe o artigo 930.º/2, do Código de Processo Civil:

> Tratando-se de coisas móveis a determinar por conta, peso ou medida, o agente de execução manda fazer, na sua presença, as operações indispensáveis e entrega ao exequente a quantidade devida.

A execução é, de facto, individual ou específica[2282].

IV. Pergunta-se se as obrigações genéricas podem respeitar a imóveis. Aparentemente, o regime histórico dos artigos 539.º a 542.º foi desenhado para móveis. Todavia, nada impede a sua aplicação a imóveis, sendo até bastante frequente nos campos agrícola e da construção civil: alguém vende 5000 m^2 de terreno, a destacar de determinado prédio. A obrigação é genérica, havendo que fazer a escolha através das compe-

---

[2280] WILHELM KISCH, *Gattungsschulden und Wahlschuld* (1912), 21.

[2281] WOLFGANG ERNST, *Die Konkretisierung in der Lehre vom Gattungskauf* cit., 52.

[2282] VOLKER JAHNKE, *Die Durchsetzung von Gattungsschulden*, ZZP 93 (1980), 43-66 (43 ss. e 65-66).

656 *Classificações e tipos de obrigações*

tentes operações de seleção e medição. Na competente escritura ou documento equivalente, exarar-se-ia fulano declara comprar 5000 m² a destacar de certo prédio que o vendedor declara vender. Na execução do contrato, far-se-ia a escolha e não uma nova compra e venda.

E quanto ao registo? Discute-se, em Itália, se ele é possível antes da escolha[2283]. A resposta afigura-se negativa. Alguém compra um automóvel de certa marca e de um preciso modelo e cor. A obrigação é genérica: em regra, o vendedor terá em armazém diversas unidades com essas características. Apenas no cumprimento se dá a escolha, ficando então o adquirente proprietário de um veículo com uma matrícula individual, devendo proceder ao registo. Antes disso, não seria pensável nem viável, perante as próprias regras do registo, requerer uma inscrição genérica sobre todas as unidades suscetíveis de satisfazer a encomenda. Também quanto a imóveis: o registo pressupõe uma descrição individualizada do prédio, não sendo possível enquanto o mesmo não estiver destacado. Viável, sim, seria um registo em compropriedade sobre o conjunto de onde irá ser destacada a área a alienar.

V. O regime das obrigações genéricas dirige-se, como vimos, a um tipo abstrato de obrigação. Passando ao terreno, ele vai implicar prestações secundárias, com relevo para as que presidam à escolha e, ainda, deveres acessórios. O devedor fica adstrito a vigiar o género, antes da escolha, e a ter de o fazer para que o negócio não se transforme numa operação aleatória, que não permita prosseguir o fim da obrigação e a satisfação do interesse do credor.

Esse regime vai, depois, integrar-se com numerosas regras específicas[2284].

O BGB continha, na sua versão original, um preceito – o § 279 – relativo à manutenção das obrigações genéricas, que dispunha[2285]:

> Quando o objeto da prestação apenas seja determinado pelo género e enquanto a prestação do género for possível, o devedor man-

---

[2283] CARINGELA/DE MARZO, *Le obbligazioni* cit., 52.

[2284] HOLLÄNDER, *Die Haftung des Verkäufers und Vermieters einer Gattungssache bei mangelhafter Vertragserfüllung*, AcP 113 (1915), 124-134; BEATE GSELL, *Beschaffungsnotwendigkeit und Leistungspflicht/Die Haftungsverkäufers beim Eintritt nachträglicher Erfüllungshindernisse* (1998), 21 ss..

[2285] MANFRED LÖWISCH, no Staudinger II, *§§ 255-292* (1995), § 279 (285-294).

§ 47.º Obrigações genéricas

tém-se responsável pela sua incapacidade para prestar, mesmo que isso não lhe possa ser imputável a título de culpa.

Esse preceito foi revogado pela reforma de 2001/2002, por se entender que a matéria ficava suficientemente regulada no § 276/I,1[2286]:

> O devedor responde por dolo e negligência sempre que uma responsabilidade agravada ou atenuada não se determine do conteúdo do restante da relação obrigacional, nem se exclua da assunção de uma quantia, ou do risco.

De facto, o § 279 era criticado por falta de clareza[2287]. No Código Vaz Serra, tudo isso se obtém dos princípios gerais.

A determinação de género e as operações de escolha podem obedecer a normas técnicas[2288]. No limite, não haveria verdadeiras obrigações genéricas, uma vez que a precisa determinação do cumprimento, a ser devidamente executada, acabaria por não deixar margem à livre-escolha humana: tudo estaria em aplicar as regras. Todavia, o Direito trata o período anterior à concretização como sendo de liberdade[2289]. De facto, as obrigações genéricas implicam o descrito regime, independentemente do debate de fundo sobre o determinismo.

VI. Até onde vai o regime das obrigações genéricas? Importa esclarecer que a obrigação genérica não deixa de o ser depois da escolha: ela mantém-se como tal sendo, quando muito, uma obrigação genérica concretizada[2290]. Daí resulta que as regras aplicáveis podem ser repristinadas a todo o tempo: pense-se na hipótese de anulação do cumprimento, de cumprimento incompleto ou imperfeito ou, até, nos deveres acessórios pós-eficazes.

[2286] MANFRED LÖWISCH, no Staudinger II, *§§ 255-304* (2004), § 276, Nr. 148 ss. (317 ss.) e *§§ 255-304* (2009), § 276, Nr. 156 ss. (343 ss.).

[2287] JOACHIM LEMPPENAU, *Gattungsschuld und Beschaffungspflicht/Kritisches zu § 279 BGB* (1972), 13.

[2288] PETER MARBURGER, *Technische Normen, Gattungsbegriff und Rügelast (§§ 377, 378 HGB) NJW 1975, 2011*, JuS 1976, 638-642 (638/I).

[2289] HERBERT LESSMANN, *Grundprobleme der Gattungsschuld* cit., 284/II.

[2290] DIETER MEDICUS, *Die konkretisierte Gattungsschuld*, JuS 1966, 296-306 (296/I, 298/I e 306/II).

658 *Classificações e tipos de obrigações*

Esta consideração permite solucionar o tema da natureza das obrigações genéricas: serão, por hipótese, obrigações comuns condicionadas à ocorrência de concretização?

A vontade das partes é a de contrair uma obrigação de género; não se confunde com a vontade condicional[2291], que faz depender um efeito jurídico de um facto futuro e incerto. Podemos, assim, optar pela sua autonomia, histórica, cultural e dogmática[2292].

[2291] *Tratado* I/1, 3.ª ed., 718.

[2292] As obrigações genéricas são, no seu conjunto, obrigações de atuação genérica: HORST HAMMEN, *Die Gattungshandlungsschulden* cit., 29 ss., retomando uma ideia que remonta a Savigny.

§ 48.º OBRIGAÇÕES ALTERNATIVAS

206. Delimitação

I. As obrigações podem, quanto ao objeto, ser simples ou compostas: no primeiro caso, elas têm uma única prestação; no segundo, várias[2293]. Nas obrigações compostas, podemos distinguir:

– as obrigações cumulativas, quando todas as prestações pressupostas pelo vínculo devam ser efetivadas, para que haja um cumprimento;
– as obrigações disjuntivas, sempre que o devedor se exonere efetivando uma das prestações em presença.

As obrigações disjuntivas também se dizem alternativas ou de escolha (*Wahlschulden*), expressão que predomina na Alemanha.

Adiantamos já que, por via da situação alternativa, a correspondente obrigação fica toda ela infletida, submetendo-se a um regime específico. A própria obrigação alternativa deve ser delimitada de várias figuras próximas[2294].

Assim:

– das obrigações genéricas: nestas, o objeto é designado pelo seu género e pela quantidade; nas alternativas, são indicados dois ou mais objetos (individualizados ou genéricos), para escolha ulterior;

[2293] MANUEL DE ANDRADE, *Teoria geral das obrigações*, 3.ª ed. cit., 195; este Autor, todavia, refere "objeto das prestações", quando é, em rigor, a própria prestação que está em causa. Neste último sentido, ENNECCERUS/LEHMANN, *Recht der Schuldverhältnisse*, 15.ª ed. cit., 34 (§ 7), LARENZ, *Schuldrecht* cit., I, 14.ª ed., 156 (§ 11, II) e PETER GRÖSCHLER, HKK/BGB cit., II/1, §§ 262-263, Nr. 3 (763). Foi essa a orientação que assumimos em *Direito das obrigações*, 1, 345 ss..

[2294] CLAUDIA BITTNER, no Staudinger II, *§§ 255-304* (2009), § 262, Nr. 4-15 (87-92); ANTONINO SMIROLDO, *Obbligazione alternativa e facoltativa*, NssDI XI (1965), 623-630 (624 ss.); ADOLFO DI MAJO/BRUNO INZITARI, *Obbligazioni alternative*, ED XXIX (1979), 212-222 (215 ss.).

660 *Classificações e tipos de obrigações*

– das obrigações subjetivamente alternativas ou disjuntivas: tais obrigações implicam que o devedor possa cumprir perante uma de várias pessoas; em regra isto leva-nos à pluralidade ativa, dotada de um regime próprio e que integra um outro tipo obrigacional;
– das pretensões alternativas, que ocorrem quando, perante certa situação, o credor possa escolher entre um de vários remédios; por exemplo, havendo defeitos na obra que não sejam eliminados, pode o dono exigir a redução do preço ou a resolução do contrato (1222.º/1, nas condições aí fixadas); o regime é, aqui, diferente;
– da obrigação com faculdade alternativa: há apenas um objeto mas o devedor pode substituí-lo, no cumprimento, por outro;
– da obrigação condicionada: estão envolvidas prestações cuja efetivação depende de factos futuros e incertos; não há, aqui, qualquer escolha, funcionando o regime da condição[2295];
– da obrigação potestativamente condicionada: se não pretender um certo efeito, deve pagar uma quantia[2296].

III. As obrigações alternativas caracterizam-se por postular, desde o início, duas ou mais prestações, das quais bastará realizar uma para configurar o cumprimento[2297]. A determinação da prestação do cumprimento operará por escolha humana. A matéria é suficientemente particularizada para justificar um regime próprio.

207. Origem e evolução

I. No Direito romano eram conhecidas situações próprias de obrigações alternativas[2298]. Assim, Ulpiano referia a hipótese de alguém prometer entregar ou o escravo Stichus ou o escravo Pamphilus, altura em que

---

[2295] *Tratado* I/1, 3.ª ed., 713 ss..

[2296] RPt 2-nov.-1992 (SIMÕES FREIRE), Proc. 9250282.

[2297] FRITZ LITTEN, *Die Wahlschuld im deutschen bürgerlichen Rechte* (1903), 72 ss. e PAUL ALBERS, *Die Wahlhandlung bei der Wahlschuld und der Verzug bei derselben/nach dem bürgerlichen Rechte des deutschen Reiches* (1905), 3 ss..

[2298] Em geral, cabe referir os escritos clássicos de OTTO MANNE, *Die Disjunctiv-obligation* (1880), 1 ss., de FRITZ LITTEN, *Die Wahlschuld im deutschen bürgerlichen Rechte* (1903), 37 ss., já citado, de GUSTAV PESCATORE, *Die Wahlschuldverhältnisse* (1905), 30 ss. e de GIUSEPPE GROSSO, *Obbligazioni: contenuto e requisiti/delle prestazione/obbligazioni alternative e generiche* (1947), 165 ss..

§ 48.º Obrigações alternativas

(tal como hoje) caberia ao devedor escolher um deles[2299]. Apenas por uma especial *stipulatio* se poderia conferir a escolha ao credor[2300]. A concentração operava, apenas, com o cumprimento pleno[2301].

Afirma-se, ainda, que, no Direito romano, nem a mora do credor nem a do devedor suprimiam o direito do devedor à escolha[2302]. Esta produz efeitos *ex nunc*, ou seja, para o futuro[2303].

II. Apesar de os grandes problemas postos pelas obrigações alternativas já serem conhecidos pelos romanos, a matéria não se encontrava nem generalizada, nem sistematizada. A própria expressão *obligatio alternativa* só surgiu com os glosadores. Para explicar a figura, assente no aparente paradoxo de termos uma obrigação, duas (ou mais) prestações distintas e um único cumprimento, surge a fórmula *duae res in obligatione, una in solutione*[2304].

III. No desenvolvimento subsequente, a figura da escolha chamou a atenção, pelas possibilidades construtivas que permitia. Os humanistas franceses optaram pela ideia da obrigação duplamente condicionada. Nela uma das prestações estaria condicionada à não efetivação da outra[2305]: é a teoria da condição.

No século XIX, a pandetística retomou a matéria com afinco. A teoria da condição foi criticada, por entender que a obrigação alternativa

---

[2299] Ulpiano, D. 13.4.2.3 = BEHRENDS e outros, III, 145/II: *cum quis Stichum aut Pamphilum promittit eligere posse quod solvat*; *vide* outros elementos em KASER/KNÜTEL, *Römisches Privatrecht*, 19.ª ed. cit., § 34, III (184 ss.).

[2300] Com indicações nas fontes, PETER GRÖSCHLER, HKK/BGB cit., II/1, §§ 262-265, Nr. 12 (768-769 e notas).

[2301] Javoleno D. 45.1.106 = MOMMSEN, 778/I (*tamdium autem voluntas promissoris in pendenti est, quandiu id quod promissum est solvatur*).

[2302] GIAMBATTISTA IMPALLOMENI, *Sull'obbligo del debitore alla conservazione degli promessi alternativamente*, SDHI 25 (1959), 55-93 (56-57, 68 ss.).

[2303] Paulo D. 9.2.55 = BEHRENDS e outros, II, 768-769.

[2304] PETER GRÖSCHLER, HKK/BGB cit., II/1, §§ 262-265, Nr. 17 (773).

[2305] HUGONIS DONELLI, *Opera omnia*, XI (ed. 1833), 440, Nr. 7 s. (sed de unoquoque sub conditione, si alterum non dederit) (Nr. 8 ss.).

662   *Classificações e tipos de obrigações*

era unitária[2306]. Foi-lhe contraposta a teoria da pendência[2307]: ambas as prestações estariam in obligatione[2308].

IV. Os antecedentes apontados e as vivas discussões ocorridas no Direito comum levaram a que as codificações assumissem um papel clarificador. O Código Napoleão dedica oito artigos às obrigações alternativas: claros e incisivos (1189.º a 1196.º)[2309].

Retemos os três primeiros:

1189.º O devedor de uma obrigação alternativa fica liberado pela entrega de uma das duas coisas que estavam incluídas na obrigação.
1190.º A escolha pertence ao devedor, se ela não foi expressamente acordada ao credor.
1191.º O devedor pode liberar-se entregando uma das duas coisas prometidas; mas ele não pode obrigar o credor a receber uma parte de uma e uma parte de outra.

(…)

O BGB sintetizou a matéria nos seus §§ 262 a 265. Também os códigos italianos, de 1865 (1177.º e seguintes)[2310] e de 1942 (1285.º a 1291.º)[2311].

208. Experiência portuguesa; regras básicas

I. O Código de Seabra, assente na pré-codificação que acolheu o esquema napoleónico[2312], regulou as obrigações alternativas com porme-

---

[2306] WINDSCHEID/KIPP, *Pandektenrecht* cit., II, 26 (§ 255), com bibliografia na nota 3.
[2307] Em especial, PETER GRÖSCHLER, HKK/BGB cit., II/1, §§ 262-265, Nr. 19 (774), com indicações.
[2308] Ainda aqui haveria várias hipóteses: GRÖSCHLER, ob. cit., 774-775.
[2309] TERRÉ/SIMLER/LEQUETTE, *Les obligations*, 9.ª ed. cit., n.º 1238 (1178-1179); MARIE-JOSÉPHE GEBLER, *Les obligations alternatives*, RTDC LXVII (1969), 1-28.
[2310] FERDINANDO ROCCO, *Su la natura giuridica delle obbligazioni alternative/Contributo a una teoria delle obbligazioni a elementi indeterminate*, RISG XL (1905), 201-224 e XLI (1906), 35-74; MICHELE CARBONI, *Delle obbligazione nel diritto odierno/concetto e contenuto* (1912), 150 ss.; INIGO MARANI TORO, *Natura ed effetti delle obbligazioni alternative*, RDCiv XXIV (1932), 1-49, e NICOLA STOLFI, *Diritto civile/III – Le obbligazioni in generale* (1932), n.º 130 ss. (67 ss.), com indicações
[2311] ANTONINO SMIROLDO, *Obbligazione alternativa e facoltativa* cit., 623-630; CARINGELA/DE MARZO, *Le obbligazioni* cit., 197 ss..
[2312] Assim, CORRÊA TELLES, *Digesto Portuguez*, 3.ª ed. cit., 1, 24-25 (154-161).

§ 48.º *Obrigações alternativas* 663

nor (733.º a 738.º)[2313]. Embora, como veremos, alguns aspetos fossem delicados, a doutrina explicava a matéria sem problemas[2314]. No âmbito da preparação do atual Código, Vaz Serra dedicou-lhe um estudo, fundamentalmente comparatístico, onde os diversos problemas e suas soluções são ponderados: trata-se do mais amplo estudo ainda hoje existente[2315]. Daí resultaram os anteprojetos subsequentes[2316] e, no termo, o Código Civil.

II. O Código dedica às obrigações alternativas a secção V do Capítulo III (Modalidades de Obrigações) do Titulo I, do seu Livro II. A matéria abrange oito artigos (543.º a 549.º), contra apenas quatro para as obrigações genéricas (539.º a 542.º).

Sumariamente, a referida secção V abrange:

– noção (543.º);
– indivisibilidade das prestações (544.º);
– impossibilidade não imputável às partes (545.º);
– impossibilidade não imputável ao devedor (546.º);
– impossibilidade imputável ao credor (547.º);
– falta de escolha pelo devedor (548.º);
– escolha pelo credor ou pelo terceiro (549.º).

Temos três grandes áreas:

–a das regras básicas (543.º e 544.º);
– a da impossibilidade (545.º a 547.º);
– a da falta de escolha (548.º e 549.º).

III. Quanto às regras básicas, o artigo 543.º/1 começa por fixar a ideia de obrigação alternativa: uma definição não vinculativa, em termos

---

[2313] DIAS FERREIRA, *Codigo Anotado* cit., II, 2.ª ed., 64-66; CUNHA GONÇALVES, *Tratado* cit., 4, 657-671.

[2314] GUILHERME MOREIRA, *Instituições* cit., 2, 69-73. MANUEL DE ANDRADE, *Teoria geral das obrigações*, 3.ª ed. cit., 195-212, deu-lhes um certo desenvolvimento.

[2315] ADRIANO VAZ SERRA, *Obrigações alternativas. Obrigações com faculdade alternativa*, BMJ 55 (1956), 61-158.

[2316] ADRIANO VAZ SERRA, *Direito das obrigações* cit., 450-454 (artigo 550.º a 554.º; a matéria pode ser acompanhada em RODRIGUES BASTOS, *Direito das obrigações* cit., III, 30 ss..

664 *Classificações e tipos de obrigações*

jurídico-científicos, mas que delimita o âmbito de aplicação dos preceitos subsequentes. Temos os elementos seguintes:

– uma única obrigação;
– com duas ou mais prestações;
– exonerando-se o devedor quando efetue apenas a que vier a ser escolhida.

O n.º 2 logo explicita que, na falta de determinação em contrário, a escolhe pertence ao devedor: uma manifestação do *favor debitoris* que remonta ao Direito romano.

A obrigação alternativa é, desde logo, um certo regime. Quando se apresente um vínculo obrigacional que compreenda duas ou mais prestações, das quais apenas uma deva ser efetuada, só se poderá concluir pela presença de uma obrigação alternativa quando se preveja uma escolha. A interpretação da fonte permitirá verificá-lo.

IV. A indivisibilidade das prestações é circunscrita à obrigação alternativa[2317]. O artigo 544.º explicita que nem o devedor, nem o credor, nem o terceiro (estes dois últimos quando a escolha lhes caiba), podem optar por parte de uma prestação e parte de outra ou de outras. A regra que resultava do final do artigo 733.º do Código de Seabra é, nos termos gerais, supletiva.

209. **A escolha**

I. A escolha, como foi dito, cabe, supletivamente, ao devedor. É possível às partes, determinar que compita ao credor ou a terceiro. Qual o critério? A escolha é livre. Ao contrário do que sucede com as obrigações genéricas, pode o devedor (a quem caiba a escolha) optar pela pior prestação[2318]. Cabendo ao credor, este escolherá a melhor e assim por diante.

Quando deve ser feita? O devedor terá de escolher até ao cumprimento, sob pena de, retardando este, entrar em mora. Se o devedor não o

---

[2317] As prestações envolvidas poderão, pois, ser divisíveis, nos termos gerais; mas não o serão quando incluídas em obrigações alternativas.
[2318] CLAUDIA BITTNER, no Staudinger II, *§§ 255-304* cit., § 262, Nr. 4 (87).

§ 48.° Obrigações alternativas

fizer e se seguir uma execução, manda o artigo 548.° que o credor possa exigir do devedor que ele escolha[2319]:

– no prazo estipulado;
– no prazo fixado na lei do processo.

Não o fazendo, a escolha é devolvida ao credor. Aplica-se o artigo 803.° do Código de Processo Civil, que dispõe:

> 1. Quando a obrigação seja alternativa e pertença ao devedor a escolha da prestação, é este notificado para, no prazo de 10 dias, se outro não tiver sido fixado pelas partes, declarar por qual das prestações opta.
> 2. Na falta de declaração, a execução segue quanto à prestação que o credor escolha.

Quanto à escolha a realizar pelo credor ou por terceiro, remete o artigo 549.° para o 542.°, relativo às obrigações genéricas. Aí se dispõe sobre a eficácia da escolha e sobre as consequências de, cabendo a escolha ao credor, este não a efetivar. Assim:

– quanto à eficácia: a escolha que caiba ao credor ou a terceiro só é eficaz quando declarada, respetivamente, ao devedor ou a ambas as partes, sendo (depois disso), irrevogável (542.°/1)[2320];
– quanto à forma: não ter de ser feita por escrito, em virtude do princípio da liberdade de forma[2321];
– cabendo ao credor e não o fazendo ele no prazo estabelecido ou no que (razoavelmente) o devedor lhe fixe, passa a escolha para este (542.°/2);
– o tribunal pode proferir uma condenação no cumprimento de uma obrigação alternativa, devendo a escolha ser feita ulteriormente, nos termos gerais[2322].

[2319] Redação introduzida pelo Decreto-Lei n.° 38/2003, de 8 de março – DR I Série-A, n.° 57, de 8-mar.-2003, 1677/II –, que aprovou o novo regime da ação executiva. A versão original dispunha:

> O credor, na execução, pode exigir que o devedor, dentro do prazo que lhe for fixado pelo tribunal, declare por qual das prestações quer optar, sob pena de se devolver ao credor o direito de escolha.

[2320] Não vale como tal a declaração feita ao encarregado de uma fábrica e não ao credor: RLx 28-out.-2004 (SILVEIRA RAMOS), Proc. 5694/2004-2.

[2321] STJ 31-mai.-2005 (AZEVEDO RAMOS), Proc. 05A1420.

[2322] RGm 14-dez.-2010 (HENRIQUE ANDRADE), Proc. 482/08.

Cabendo ao terceiro e não o fazendo este em tempo devido, sê-lo-á pelo tribunal (400.º/2): operam as razões apontadas a propósito das prestações genéricas, quando se encontrem perante tal eventualidade[2323]. A matéria é regulada no artigo 803.º/3 do Código de Processo Civil, que dispõe:

> 3. Cabendo a escolha a terceiro, é este notificado para a efetuar, na falta de escolha pelo terceiro, bem como no caso de haver vários devedores e não ser possível formar maioria quanto à escolha, é esta efetuada pelo tribunal, a requerimento do exequente, aplicando-se, com as necessárias adaptações, o disposto no artigo 1429.º.

O artigo 1429.º já foi visto a propósito das obrigações genéricas[2324].

III. Pergunta-se se a escolha feita pelo devedor pode ser revogada. A lei considera irrevogáveis as escolhas feitas pelo credor ou pelo terceiro, depois de declaradas, respetivamente, ao devedor ou a ambas as partes (542.º/1, *ex vi* 549.º). Trata-se de um poder que se esgota com o seu exercício: é lógico. Mas não vemos que essa solução seja extensível, sem mais, ao devedor[2325]. Com efeito, a escolha, sendo irrevogável, não se limita a reduzir a liberdade do devedor: ela vai aumentar o risco do credor. Antes da concentração, a impossibilitação não imputável de alguma das prestações não impede a obrigação, circunscrevendo-a, apenas, a que ainda seja possível (545.º); depois disso, a impossibilitação da prestação devida extingue a obrigação. Em consequência, uma concentração antecipadamente provocada (apenas) pelo devedor pode desequilibrar o risco assumido por ambas as partes, o que não é aceitável.

Temos que distinguir. Na base, o devedor apenas tem de escolher aquando do cumprimento. Só assim não será se houver cláusula diversa ou se a natureza da prestação exigir uma prévia preparação do credor. Quando, sem necessidade, haja uma escolha antecipada, pode ocorrer[2326]:

[2323] *Supra*, 653-654.

[2324] *Supra*, 653.

[2325] Contra, ANTUNES VARELA, *Das obrigações em geral* cit., 1, 10.ª ed., 836, que se limita a dizer que não há razões sérias para não aplicar o regime do credor e dos terceiros. Todavia: tais razões existem.

[2326] MENEZES LEITÃO, *Direito das obrigações* cit., 1, 7.ª ed., 151, veio defender que a determinação da prestação opera com a mera declaração (e não com o cumprimento) por via do artigo 408.º/2. Mas só assim poderia ser se a obrigação consistisse na transferência

§ 48.º Obrigações alternativas

- um contrato superveniente, completo com a aceitação do credor: terá de ser respeitado, por ambas as partes, deixando a obrigação de ser alternativa;
- uma declaração não-vinculante que, todavia, suscite a confiança do credor: há responsabilidade pela confiança, quando não seja aceite;
- uma renúncia antecipada ao direito: é nula, por via do artigo 809.º/1, em interpretação extensiva;
- um comum ato unilateral: é revogável por quem o fez, nos termos gerais;
- uma delimitação prévia do risco: é ineficaz, uma vez que, se se impossibilitar antes do momento do cumprimento, o credor pode exigir a prestação ainda possível.

O Direito civil não se compadece com saídas monolíticas, apriorísticas ou conceituais.

A solução, no Direito alemão, é diferente. O § 263/I do BGB diz expressamente que a escolha opera por declaração feita à outra parte, acrescentando o n.º II que a prestação escolhida vale, desde o início, como a única devida. Perante isto, nada mais haverá a dizer[2327]. Todavia, o Código Vaz Serra, com perfeito conhecimento de causa, afastou-se desse regime. E bem[2328].

---

do domínio. E se for de *facere*? E de mera tradição? Além disso, mesmo quando o artigo 408.º/2 fosse *prima facie* aplicável, como ultrapassar o prejuízo que, para o credor, poderia resultar da prévia concentração do risco? Este ilustre Autor responde, na 9.ª ed., nota 327, ao nosso argumento do risco.

[2327] CLAUDIA BITTNER, no Staudinger II, *§§ 255-304* cit., § 263, Nr. 11-14 (99-100); WOLFGANG KRÜGER. no *Münchener Kommentar* cit., 2, 5.ª ed., § 263, Nr. 7-8 (583-584).

[2328] De facto, a solução alemã é fortemente criticada na sua Terra de origem e isso desde o início; *vide* FRANZ LEONHARD, *Die Wahlschuld*, JhJb 41 (1900), 1-67 (63 ss.); PESCATORE, *Wahlschuldverhältnisse* cit., 210 ss.; HECK, *Schuldrecht* cit., § 10, 5 (34), explicando que esta solução visa tornar irrevogável a escolha, o que pode não ser justificado; anote-se que Vaz Serra conhecia esta obra; KARL-HEINZ ZIEGLER, *Die Wertlosigkeit der allgemeiner Regeln über die sogenannte Wahlschuld (§§ 262-265 BGB)*, AcP 171 (1971), 193-217 (201 e 211); PETER GRÖSCHLER, HKK/BGB cit., II/1, Nr. 31 (781-782). Perante tal cenário, não vemos como transpor, no silêncio (hostil) do Código Vaz Serra, este regime para o nosso Direito: seja diretamente, seja pela via da irrevogabilidade *ad nutum* da escolha pelo devedor, antes do cumprimento.

668 *Classificações e tipos de obrigações*

IV. Quanto à natureza: a escolha é um direito potestativo; cedível, em princípio e nos termos gerais[2329]. Diz Antunes Varela que, além disso, é ainda um dever, visto ser, em regra, "uma ponte de passagem indispensável para o cumprimento"[2330]. Tecnicamente, será um encargo, por esse prisma.

A escolha pode, nos termos gerais, operar tacitamente.

210. A impossibilidade

I. O Código Vaz Serra é bastante pormenorizado quanto à eficácia da impossibilidade superveniente sobre as obrigações genéricas. Embora as soluções a que chega já adviessem das regras gerais, o Código dedica, ao tema, três artigos (545.º a 547.º)[2331].

No caso de impossibilidade originária, Antunes Varela remete para a nulidade parcial do negócio (280.º/1 e 292.º)[2332]. De facto, se numa obrigação alternativa alguma das prestações for, *ab initio* impossível, o respetivo negócio é, todo ele, nulo, nos termos do artigo 401.º/1. Às partes só interessa, em princípio, a obrigação alternativa, tal como a gizaram. Podemos admitir que, verificadas as condições, opere a sua conversão (não a redução!) numa obrigação simples: algo de qualitativamente diferente de uma obrigação alternativa, reduzida a uma prestação. Aplicar-se-á, pois, o artigo 293.º, em princípio mais exigente do que o 292.º.

II. Ocorrendo, relativamente a alguma ou algumas das prestações, uma impossibilidade superveniente não imputável a nenhuma das partes, a obrigação concentra-se nas prestações que ainda forem possíveis (545.º).

[2329] CLAUDIA BITTNER cit., § 262, Nr. 23 (94). *Vide* FRANZ LEONHARD, *Die Wahl bei der Wahlschuld* (1899), 3 e 23 ss..

[2330] ANTUNES VARELA, *Das obrigações em geral* cit., 1, 10.ª ed., 833.

[2331] No tocante à impossibilidade e às obrigações alternativas FRITZ LITTEN, *Die Wahlschuld* cit., 194 ss.; HERMANN WEITNAUER, *Die elektive Konkurrenz*, FS Hefermehl (1976), 467-488 (471 ss.); CLAUDIA BITTNER, no Staudinger II, *§§ 255-304* cit., § 265 (105 ss.); PETER GRÖSCHLER, HKK/BGB cit., II/1, §§ 262-265, Nr. 11 ss. (767 ss.).

[2332] PIRES DE LIMA/ANTUNES VARELA, *Código Anotado* cit., 1, 4.ª ed., 554-555. Note-se que o Direito alemão é diferente: o § 265 uniformiza os regimes das impossibilidades originária e superveniente, quanto a obrigações alternativas.

§ 48.º Obrigações alternativas

Caso todas as prestações se tornassem impossíveis por causas não imputáveis, extinguir-se-ia a obrigação, no seu conjunto (790.º).

III. Sendo a impossibilidade superveniente imputável ao devedor, cumpre distinguir (546.º):

– se a escolha pertencer ao devedor, cabe-lhe efetuar uma das prestações ainda possíveis: o credor não fica prejudicado;
– se ela couber ao credor, este fica despojado do seu direito de escolher; por isso, ele poderá, em alternativa: (a) ou exigir uma das prestações possíveis; (b) ou pedir uma indemnização; (c) ou resolver o contrato, "nos termos gerais" (os dos 801.º/2 e 802.º).

IV. Finalmente, na impossibilidade superveniente imputável ao credor, há também que distinguir (547.º):

– se a escolha pertencer ao credor, considera-se efetuada a prestação;
– se couber ao devedor, também se considera cumprida; este pode optar, todavia, por efetuar a outra prestação e ser indemnizado pelos danos.

Toda esta matéria poderia ser alcançada, pelos princípios gerais[2333].

V. Em compensação, o Código não dispõe sobre situações de impossibilidade criadas por alguma das partes, quando a escolha caiba a um terceiro. Pelos princípios gerais, teremos o seguinte quadro de soluções[2334]:

– sendo a impossibilidade imputável ao credor, a obrigação deve-se ter por cumprida, salvo a hipótese do devedor optar pela prestação possível, com indemnização (547.º, por analogia);
– sendo imputável ao devedor, pode o credor exigir uma das prestações possíveis, ou optar pela indemnização ou, ainda, resolver o contrato (546.º, 2.ª parte, por analogia).

Pesam dois argumentos: por um lado, ninguém pode ser beneficiado pelo ilícito próprio (334.º, proibição de *tu quoque*); por outro, o terceiro (apenas) tem legitimidade para escolher, em normalidade, entre duas (ou

---

[2333] Recorde-se ZIEGLER, *Die Wertlosigkeit* cit., 193 ss., *passim*.

[2334] *Direito das obrigações*, 1, 348-349 e MENEZES LEITÃO, *Direito das obrigações* cit., 1, 9.ª ed., 154.

670   *Classificações e tipos de obrigações*

mais) prestações. Estando em causa situações anómalas, que envolvam danos, só o próprio pode decidir.

211. Função e natureza

I. Não encontramos, na nossa jurisprudência, situações diretas de obrigações alternativas. Todavia, elas são frequentes e importantes[2335]. Por exemplo: na restauração, quando surja um cardápio que permita, ao interessado e por certo preço, escolher a sua ementa, entre várias hipóteses; nos transportes, sempre que, por um bilhete fixo, o utente possa escolher o trajeto; em diversos fornecimentos nos quais o beneficiário elege as soluções[2336], dentro do preço: o tipo de vinhos ou de materiais de construção. As obrigações alternativas permitem uma especial satisfação aos consumidores, dando-lhes uma margem de defesa e de criatividade. Devem ser acarinhadas.

II. Quanto à natureza: prevalece a ideia de que se trata de um tipo unitário de obrigação, com um regime especialmente adotado, aperfeiçoado pela História. De resto, ele é acolhido nos "instrumentos" europeus, com escolha pelo devedor e manifesta influência alemã[2337]. Afastam-se, pois, as hipóteses historicamente surgidas[2338], de obrigações reciprocamente condicionadas ou de prestações suspensas. Além das funções próprias, as obrigações alternativas têm, ainda, um respeitável lastro cultural.

[2335] ENNECCERUS/LEHMANN, *Recht der Schuldverhältnisse*, 15.ª ed. cit., § 7 (34).

[2336] Mais precisamente: um menu turístico que permita escolher, por uma quantia pré-fixada, ou carne ou peixe ou, ainda, ou fruta ou doce. Partimos do princípio que houve contrato prévio, o que é frequente, em pacotes de viagem.

[2337] Segundo o artigo III.-2:105:(1) do DCFR (2009):

Where the debtor is bound to perform one of two or more obligations, or to perform an obligation in one of two or more ways, the choice belongs to the debtor, unless the terms regulating the obligations or obligation provide otherwise.

[2338] *Supra*, 661.

§ 49.º OBRIGAÇÕES COM FACULDADE ALTERNATIVA

212. Autonomização

I. Remonta a Ulpiano a existência de obrigações que admitem, por parte do devedor, uma possibilidade de substituição da prestação, aquando do cumprimento[2339]: embora adstrito a certo cumprimento, o devedor dispõe do poder de realizar uma prestação diversa.

Enquanto as obrigações alternativas pressupõem duas prestações, as quais uma se concretizará no cumprimento (*duae res in obligatione, una in solutione*), as obrigações com faculdade alternativa assentam numa única prestação a qual, todavia, pode, no cumprimento, ser substituída (*una res in obligatione, duae in solutione*)[2340]. Com os comentadores, passou a falar-se em *facultas alternativa*, expressão que prevalece entre nós. A doutrina alemã prefere poder de substituição (*Ersetzungsbefugnis*). A figura surge assente na pandetística[2341], sendo pacífica *a parte debitoris*, isto é, quando o poder de substituição caiba ao devedor[2342].

[2339] Ulpiano, D. 5.3.20.5 = BEHRENDS e outros, II, 523/II: *noxae dedendae facultatem, quamdiu iudicati conveniatur* e Ulpiano, D. 41.1.6.1 = MOMMSEN, 712/II: *facultatem enim noxae dedendae*. Sobre a faculdade alternativa, a sua origem e evolução, cabe referir HANS STEINER, *Zum Begriff der facultas alternativa des Schuldners*, FS Georg Cohn (1915), 303-319 (306 ss.) e WILHELM BOSSE, *Die Ersetzungsbefugnis (facultas alternativa)* (1924), 11 ss.; *vide*, ainda sobre o tema, STEFAN HABERMEIER, *Versteckte Fälle einer "facultas alternativa"*, FS Günther Jahr (1993), 281-292.

[2340] As fórmulas latinas, embora sugestivas, não são dogmaticamente corretas, tendo mesmo sido consideradas sem valor: PESCATORE, *Wahlschuldverhältnisse* cit., 294; cf., também, HECK, *Schuldrecht*, § 10, 7 (35) e JOACHIM ERLER, *Wahlschuld mit Wahlrecht des Gläubigers und Schuld mit Ersetzungsbefugnis des Gläubigers* (1964), 7 ss..

[2341] WINDSCHEID/KIPP, *Pandektenrecht*, 9.ª ed. cit., II, 27 e nota 5a.

[2342] ENNECCERUS/LEHMANN, *Recht der Schuldverhältnisse*, 15.ª ed. cit., § 10 (42 ss.), ESSER/SCHMIDT, *Schuldrecht* cit., I/1, 9.ª ed., § 14, II, 2 (244) e LARENZ, *Schuldrecht* cit., I, 14.ª ed., § 11, III (159-160).

672   *Classificações e tipos de obrigações*

II. Regelsberger apurou que também poderia haver um poder de substituição *a parte creditoris*, isto é: que também o credor poderia, no momento do cumprimento e apesar de a obrigação em jogo prever uma única prestação, fazer substituir a prestação devida por uma outra[2343]. Trata-se de uma hipótese não-pacífica[2344] que, todavia, se veio a impor[2345]. De facto e ao abrigo da autonomia privada, a faculdade alternativa do credor não levanta dúvidas[2346].

III. A obrigação com faculdade alternativa distingue-se da alternativa propriamente dita por não ser indeterminada[2347]. Pressupõe, desde o início, uma única prestação. E assim, se esta se impossibilitar, cessa a obrigação. Não há que prever todo um conjunto de regras referentes à escolha, à sua comunicação e à sua eficácia, sendo inaplicáveis as previstas a propósito das obrigações alternativas.

Tudo isto com uma especialidade: aquando do cumprimento, pode o devedor substituir a prestação devida por outra ou pode o credor, nessa mesma ocasião, exigir, em vez da prestação devida, uma outra.

213. Funcionamento e natureza

I. As obrigações com faculdade alternativa são tratadas desde Guilherme Moreira[2348]. Vaz Serra considerou-as, no seu estudo preparatório do Código Civil[2349]. Mas não manteve, para elas, um específico articu-

---

[2343] FERDINAND REGELSBERGER, *Alternativobligation und alternative Ermächtigung des Gläubigers*, JhJb 16 (1878), 159-175 (166 ss.).

[2344] PESCATORE, *Wahlschuldverhältnisse* cit., 258 ss., considera-a impensável.

[2345] CLAUDIA BITTNER, no Staudinger II, *§§ 255-304* cit., § 262, Nr. 12 (90-91), com indicações.

[2346] Ainda quanto à faculdade alternativa *a parte creditoris*, JOACHIM ERLER, *Wahlschuld mit Wahlrecht des Gläubigers und Schuld mit Ersetzungsbefugnis des Gläubigers* cit., apontando a descoberta de Regelsberger (30), o âmbito, que também pode abranger as circunstâncias da prestação (33) e o escopo (49).

[2347] JOACHIM ERLER, *Wahlschuld* cit., 30 ss..

[2348] GUILHERME MOREIRA, *Instituições* cit., 2, 70-71.

[2349] VAZ SERRA, *Obrigações alternativas. Obrigações com faculdade alternativa* cit., 126 ss. e 155 ss., com algumas regras.

§ *49.° Obrigações com faculdade alternativa* 673

lado[2350]. Manuel de Andrade, seguindo Enneccerus, aborda a matéria e admite a faculdade alternativa a favor do credor[2351].

O Código Vaz Serra não as consagra de forma expressa, de tal modo que o seu funcionamento deve ser procurado nas regras gerais[2352]. Encontramos manifestações legais de obrigações com faculdade alternativa: assim sucede com o artigo 558.°/1, relativo a moeda com curso legal apenas no estrangeiro: quando adstrita a uma obrigação desse tipo, o devedor pode, salvo cláusula em contrário, pagar em moeda com curso legal no País.

II. No tocante a obrigações com faculdade alternativa *a parte creditoris*, a sua admissibilidade não suscita dúvidas[2353], sendo mesmo apontado o artigo 442.°/2 como exemplo (Almeida Costa). Quando assente num contrato, a determinação dos seus contornos exige uma cuidada interpretação.

III. Situação de fronteira é aquela em que surja uma obrigação com sinal ou com cláusula penal. Poder-se-á dizer que o devedor tem o poder alternativo de, aquando do cumprimento, em vez de efetuar a prestação devida, pagar sinal em dobro ou a cláusula penal. Essa eventualidade terá de resultar do contrato. Nada se dizendo (expressa ou tacitamente), não há verdadeira obrigação com faculdade alternativa mas, antes, a aplicação de sanções. Estas (seja o sinal, seja a cláusula penal) têm regimes próprios[2354].

IV. Quanto à natureza: a obrigação com faculdade alternativa é uma obrigação simples que, todavia, apresenta, no seu conteúdo, o direito potestativo (secundário), *a parte debitoris* ou *a parte creditoris* de proceder, no cumprimento, à substituição da prestação. Há como que uma aceitação prévia, pela outra parte, de uma dação em cumprimento, que venha a ser decidida por quem tenha a faculdade em causa.

[2350] Vaz Serra, *Direito das obrigações* cit., 450-454: apenas toca nas obrigações alternativas.

[2351] Manuel de Andrade, *Teoria geral das obrigações*, 3.ª ed. cit., 212-214.

[2352] Almeida Costa, *Direito das obrigações* cit., 12.ª ed., 730.

[2353] Antunes Varela, *Das obrigações em geral* cit., 1, 10.ª ed., 844-845, numa tradição sufragada por Guilherme Moreira, *Instituições* cit., 2, 70-71 e por Manuel de Andrade, *Teoria geral das obrigações*, 3.ª ed. cit., 213.

[2354] Quanto à cláusula penal e ao seu funcionamento, STJ 24-abr.-2012 (Helder Roque), Proc. 605/06.

A obrigação com faculdade alternativa representa um tipo autónomo de obrigações. Embora não previsto expressamente pela lei, ele surge como perfeitamente caracterizado pela cultura e pela Ciência do Direito. Será, assim, um tipo científico cultural.

§ 50.º OBRIGAÇÕES DE INFORMAÇÃO

214. As informações em Direito

I. O Direito das obrigações rege vínculos abstratos. Impercetíveis pelos sentidos, apenas na base de permanentes comunicações entre os participantes é possível fixar a sua existência e os seus contornos. Podemos dizer que na realidade das coisas, o Direito das obrigações assenta numa permanente troca de informações entre as partes: as obrigações *são* informação. Paradoxalmente: a universalidade permanente das informações levou a que elas fossem sempre pressupostas ou intuídas. Tardou um tratamento explícito da matéria. E ainda hoje, as leis são muito parcas nesse domínio. O Código de Seabra referia casos muito limitados de informação. O BGB não contém nenhum dever geral de informar, mas apenas referências parcelares[2355], aproveitadas para construções gerais[2356] e que foram, de resto, importantes aquando da preparação do Código Vaz Serra, como veremos[2357]. Não obstante, o Código de 1966 apenas conteria, no seu artigo 573.º, uma magra referência geral ao tema.

Pelos diversos ordenamentos, a matéria relativa a informações surge dispersa[2358].

[2355] WOLFGANG KRÜGER, no *Münchener Kommentar* cit., 1, 5.ª ed., § 260, Nr. 1 (564).

[2356] GERHARD LÜKE, *Das Informationsanspruch im Zivilrecht*, JuS 1986, 2-7, ainda que sem implicar um dever geral de informação.

[2357] ADRIANO VAZ SERRA, *Obrigação de prestação de contas e outras obrigações de informação*, BMJ 79 (1958), 149-161.

[2358] Como exemplos: GERHARD HOHLOCH, *Ärztliche Dokumentation und Patientenvertrauen*, NJW 1982, 2577-2585 (2582 ss.); HELMUT KÖHLER, *Der Schadensersatz-, Bereicherung und Auskunftsanspruch im Wettbewerbsrecht*, NJW 1992, 1477-1482; PETER WINKLER VON MOHRENFELS, *Die Auskunfts- und Wertermittlungspflicht des vom Erblasser Beschenkten*, NJW 1987, 2557-2560; ANDREAS SPICKHOFF, *Die Auskunftspflicht der Lieferanten*, NJW 1992, 2055-2058.

676 *Classificações e tipos de obrigações*

II. A ausência de um regime sistematizado relativo a situações de informação recomenda que se proceda a uma prévia classificação. Assim, de acordo com a fonte, o dever de informação pode ser:

– contratual;
– legal.

A informação contratual resulta de um negócio em cujo conteúdo, como prestações principais ou secundárias, se inscreva, precisamente, a obtenção e a comunicação de informações, por uma parte à outra. Trata-se de uma possibilidade genericamente prevista pelo artigo 485.º/2. Pense-se num contrato de aconselhamento económico ou jurídico ou, até, numa prestação de serviço de detetive.

A informação legal emerge de simples factos cuja existência desencadeie a aplicação de normas que mandem informar. Aí, temos duas hipóteses:

– a existência de conceitos indeterminados ou de cláusulas legais gerais;
– a ocorrência de uma lei estrita.

No primeiro caso, as informações impõem-se na concretização de conceitos como o da boa fé (227.º/1 e 762.º/2): sob a forma de deveres acessórios, as partes devem trocar todas as comunicações necessárias para prevenir danos pessoais ou patrimoniais e, ainda, para que a efetiva materialidade das negociações[2359] ou da obrigação em jogo não sejam prejudicadas.

No segundo, encontramos preceitos legais que mandam informar. Eles podem ser especiais: por exemplo, o dever do gestor de prestar, ao *dominus*, todas as informações relativas à gestão – 465.º, *d*) – ou o dever do locatário de informar imediatamente o locador de vícios na coisa, de perigos que a possam atingir ou de terceiros que se arroguem direitos a

---

A informação é muito importante no sector bancário e surge avassaladora no dos seguros; *vide*, com indicações, o *Manual de Direito bancário*, 4.ª ed., 367 ss. e *Direito dos seguros*, § 53.º. No Direito civil, a obra de referência é, ainda hoje, a de JORGE FERREIRA SINDE MONTEIRO, *Responsabilidade por conselhos, recomendações ou informações* (1989), 703 pp., com muitas indicações.

[2359] *Vide* STJ 15-mai.-2012 (PAULO SÁ), Proc. 6440/09.

§ 50.º *Obrigações de informação* 677

ela, quando o facto seja ignorado pelo locador – 1038.º, *h*): trata-se, fundamentalmente, de prestações secundárias, incluídas em relação mais vasta. E podem, ainda, ser gerais, como sucede com o 573.º: altura em que a informação surge como prestação principal.

III. Quanto ao conteúdo, o dever de informação pode ser:

– indeterminado;
– predeterminado.

No primeiro caso, não é possível conhecer previamente o seu conteúdo: apenas o desenrolar da situação permitirá fazê-lo. É o que sucede, em geral, com o dever de informação acessória das obrigações (762.º/2) ou com as informações *in contrahendo* (227.º/1). No segundo, a predeterminação é viável: pense-se no dever de comunicar a receção tardia da aceitação (229.º/1) ou a cedência lícita da coisa locada – 1038.º, *g*). Entre os dois extremos, há inúmeras graduações possíveis.

Ainda quanto ao conteúdo do dever de informar, podemos contrapor:

– deveres de informação substanciais;
– deveres de informação formais.

Na informação substancial, o obrigado está adstrito a veicular a verdade (que conheça), descrevendo-a em termos acessíveis e úteis para o destinatário da mesma. Na formal, o obrigado apenas deve transmitir uma mensagem prefixada ou, se se quiser, "codificada": recebi ou não recebi, por exemplo. Caberá ao informado inferir, daí, o que possa ser útil. A substancialidade tende a variar na razão inversa da precisão: quanto mais precisa a informação, mais seco e formal será o dever que a comparte acolhe; quanto mais imprecisa, maiores as exigências de substancialidade, ou não terá um conteúdo útil.

IV. A autoria da informação permite-nos contrapor a sua determinação:

– autónoma;
– heterónoma.

No primeiro caso, o próprio obrigado tem o encargo de fixar os contornos e o conteúdo da informação, o que deverá ir fazendo à medida que a situação de base progrida: lembremos a *culpa in contrahendo*. No

678   *Classificações e tipos de obrigações*

segundo, os elementos relativos à informação impõem-se ao sujeito a ela adstrito. Podemos distinguir:

– a determinação automática;
– a determinação pelo próprio beneficiário.

No primeiro caso, o teor da informação decorre do que vá sucedendo: é o que ocorre com a receção tardia da aceitação (229.º/1). No segundo, compete aos interessados fazer perguntas: tal a situação dos sócios de sociedades anónimas que desejem ser informados, na assembleia geral (291.º/1, do CSC).

V. Por fim, quanto à natureza da informação, relativamente à sua inserção numa obrigação em sentido amplo; ela pode:

– surgir como objeto de uma prestação principal (573.º);
– aparecer como teor de uma prestação secundária – 1038.º, *h*);
– ocorrer como dever acessório, *ex bona fide* (762.º/2).

VI. A informação não vale, em princípio, só por si: ela releva em função do fim que sirva. Além disso, a informação (e a obrigação que a comporte) deve, necessariamente, ser incluída no contexto em que ocorra ou seja exigível: só assim será possível definir os parâmetros teleológicos essenciais para a fixação do seu regime.

215. Aspetos evolutivos

I. Na generalidade dos Direitos, não há qualquer dever geral de informação. Antes foram surgindo situações típicas de onde tal dever resultava[2360].

Nas fontes romanas surgem referências a deveres de prestação de contas (*rationem reddere*)[2361]: assim sucedia com o administrador de património alheio ou *procurator*[2362], com o gestor de negócios ou nego-

---

[2360] Assim, quanto ao ambiente, *vide* WALTHER V. HABSCHEID, *Umwelt und Recht*, NJW 1970, 1669-1672.

[2361] PETER GRÖSCHLER, HKK/BGB cit., II/1, §§ 259-261, Nr. 14 (747-748).

[2362] Gaio D. 3.3.46.4 = BEHRENDS e outros, II, 299 e Papiniano D. 17.1.56.2 = BEHRENDS e outros, III, 395.

§ 50.º Obrigações de informação

tiorum gestor[2363], com o tutor[2364] e com o sócio[2365]. As informações giravam, em especial, nos *bonae fidei iudicia*, aos quais devem ser reconduzidas as figuras referidas. O Direito comum e a pandetística retiraram, das fontes romanas, os deveres de prestação de contas, atualizando-os perante a realidade do seu tempo[2366], de onde passariam ao BGB[2367].

Uma segunda situação de informações manifestava-se perante a inclusão de objetos num mesmo acervo, quando tivessem titulares distintos. Já sob os romanos, essas situações eram conhecidas, exigindo um inventário: tal o caso do *tutor* e do *curador*, cujos bens estivessem juntos com os do pupilo[2368], o caso do usufrutuário e o do herdeiro, de onde adveio o *beneficium inventarii*, fixado por Justiniano[2369] e ainda em vigor (2053.º)[2370]. A pandetística, reagindo a um grande alargamento dos inventários protagonizado pelo Direito comum, veio restringi-los às situações clássicas da tutela e das heranças[2371].

II. Como foi dito, os códigos civis modernos não consignaram, de um modo geral, um dever geral de informar[2372]: apenas reportam o inventário *mortis causa* e a pontual prestação de contas[2373]. Indo mais longe, o BGB alemão consignou:

[2363] Gaio D. 3.5.2 = BEHRENDS e outros, II, 309.

[2364] Paulo D. 2.13.9 pr. = BEHRENDS e outros, II, 221 e Ulpiano D. 27.3.1.3 = BEHRENDS e outros, IV, 481-482.

[2365] Paulo D. 2.13.9 pr. = BEHRENDS e outros, II, 211 cit..

[2366] Assim: FRIEDRICH LUDWIG KELLER, *Pandekten*, 2, 2.ª ed. (1866), § 313 (28) (*actio mandati*) e § 440 (315) (*actiones tutelae*); DERNBURG/BIERMANN, *Pandekten* cit., 2, 7.ª ed., § 116, 1 (322) e § 122, 3 (337); O. BÄHR, *Ueber die Verpflichtung zur Rechnungsablage*, JhJb 13 (1874), 251-297.

[2367] RICHARD TREITEL, *Ueber die "Rechenschaftsablage" nach dem Bürgerlichen Gesetzbuch für das Deutsche Reich*, AbürgR 13 (1898), 1-61.

[2368] Ulpiano D. 26.7.7 pr. = BEHRENDS e outros, IV, 387-388.

[2369] Ulpiano D. 7.9.1.4 = BEHRENDS e outros, II, 658-659.

[2370] I. 2.19.6 = BEHRENDS e outros, I, 105. Cf. KASER/KNÜTEL, *Römisches Privatrecht*, 19.ª ed. cit., § 74, 7 e 8 (380).

[2371] A aceitação da herança a benefício de inventário implica que só respondam pelas dívidas da mesma os bens inventariados (2071.º/1).

[2372] PETER GRÖSCHLER, HKK/BGB cit., II/1, §§ 259-261, Nr. 23 (753).

[2373] *Idem*, Nr. 28-32 (756-757), sublinhando os códigos francês, italiano, austríaco e suíço.

680   *Classificações e tipos de obrigações*

– um dever geral de prestação de contas (§ 259)[2374];
– um dever de restituir ou de informar sobre coisas incluídas num conjunto (§ 260)[2375];
– o juramento judicial de conformidade, relativamente aos referidos elementos (§ 261)[2376].

A doutrina hesita em, daí, construir um dever geral de informação: opta, antes, por negá-lo, aceitando-o apenas nos casos previstos na lei e naqueles em que, por construção jurisprudencial hoje reconhecida como Direito consuetudinário, seja possível derivá-lo do princípio da boa fé[2377].

III. Aquando da preparação do Código de 1966, Vaz Serra teve em atenção a experiência alemã. Ficou, em especial, impressionado pela ideia, aí em curso, de que a boa fé poderia impor o dever de informar àquele que estivesse em condições de dar os elementos[2378]. Propôs um preceito sobre a prestação de contas e outro sobre a de informar[2379].

Na proposta sintética, previu preceitos que, no fundo, faziam uma síntese dos §§ 259 e 260 do BGB, acompanhando, ainda, a doutrina alemã. O artigo 586.º previa a obrigação de prestação de contas, enquanto o 587.º se reportava a "outras obrigações de informar". Dizia:

> 1. A obrigação de informar tem lugar, além das hipóteses em que a lei ou as partes especialmente o estabeleçam, quando o titular de um direito não esteja, sem culpa, seguro da existência ou amplitude do direito e o obrigado para com ele possa facilmente dar a informação de que ele carece.
> 2. Aquele que for obrigado, em consequência de uma relação jurídica unitária, a entregar uma pluralidade de objetos ou a informar acerca do seu estado, deve apresentar um inventário deles ao titular do Direito à entrega ou à informação.

[2374] WOLFGANG KRÜGER, no *Münchener Kommentar* cit., 2, 5.ª ed., § 259 (553 ss.) e CLAUDIA BITTNER, no Staudinger II, *§§ 255-304* (2009), § 259 (45 ss.), com indicações.

[2375] *Idem*, § 260 (respetivamente: 563 ss. e 63 ss.).

[2376] *Idem*, § 261 (respetivamente: 576 ss. e 82 ss.).

[2377] PETER GRÖSCHLER, HKK/BGB cit., II/1, §§ 259-261, Nr. 34-36 (758-760). *Vide* PETER WINKLER VON MOHRENFELS, *Abgeleitete Informationspflichten im deutschen Zivilrecht* (1986), 249 pp., com muitos elementos e STEPHAN LORENZ, *Auskunftsansprüche im Bürgerlichen Recht*, JuS 1995, 569-575 (575).

[2378] ADRIANO VAZ SERRA, *Obrigação de prestação de contas e outras obrigações de informação*, BMJ 79 (1958), 149-161 (155).

[2379] *Idem*, 157-158.

§ 50.º Obrigações de informação 681

O preceito foi simplificado na 1.ª revisão ministerial (554.º)[2380], vindo a ser reduzido ao teor atual na 2.ª revisão. Desapareceu o artigo 586.º, sobre a prestação de contas e a obrigação de inventário, do 587.º/2: provavelmente entendeu-se que o 573.º, na redação final, já permitia ambas as coisas.

216. O regime e a natureza

I. Atualmente, o Código Civil prevê obrigações de apresentação de contas nos seguintes casos[2381]:

– curador provisório do ausente (95.º);
– curador do inabilitado (154.º/3);
– gestor de negócios – 465.º, c);
– consignação de rendimentos (662.º);
– administradores da sociedade (988.º/2);
– mandatário – 1161.º, d)[2382];
– tutor (1944.º);
– administrador de bens do menor (1971.º/4);
– adotante (2002.º-A);
– cabeça de casal, anualmente (2093.º);
– administradores de herança ou legados, por remissão para o curador provisório do ausente (2239.º);
– testamenteiro, anualmente (2332.º).

O grande modelo da apresentação de contas é o das sociedades comerciais (65.º a 70.º-A, do CSC)[2383], estando a sua execução por via judicial prevista nos artigos 1014.º e seguintes do CPC. A previsão civil suscetível de alargamento a todas as prestações de serviços é a do mandato – 1161.º, d). Assim, embora não tenha singrado a proposta de Vaz Serra,

---

[2380] BMJ 119 (1962), 106-107.

[2381] *Vide*, ainda, os artigos 318.º, c) (causas bilaterais da suspensão da prescrição), 834.º/2 (prestação de contas em caso de cessão de bens aos credores), 1014.º/1 (contas a entregar aos liquidatários), 1431.º/1 (contas na propriedade horizontal) e 1608.º (aprovação de contas havendo vínculo de tutela, curatela ou administração legal de bens).

[2382] RPt 16-jun.-2011 (LEONEL SERÔDIO), Proc. 2951/10.

[2383] *Vide* MENEZES CORDEIRO, *CSC/Clássica*, 2.ª ed. (2011), Introdução aos artigos 65.º a 70.º-A (255 ss.) e *Introdução ao Direito da prestação de contas* (2008).

682 *Classificações e tipos de obrigações*

relativamente a um preceito geral sobre prestação de contas[2384], esta está civilmente prevista e constitui uma forma alargada e precisa de concretização do dever de informar.

II. Quanto a inventários, eles surgem:

– na ausência, a pedido do cônjuge do ausente (108.º);
– na liquidação de sociedades (1014.º/2);
– na propriedade horizontal, a propósito dos modos da sua constituição (1417.º/2);
– na separação judicial de bens (1770.º);
– na aceitação de herança, a benefício de inventário (2052.º/1, 2053.º e 2071.º);
– no campo hereditário, em vários ensejos (2083.º, 2086.º/1, 2102.º, 2103.º, 2232.º e 2327.º)[2385].

III. O artigo 573.º consigna uma obrigação legal geral de informação[2386]. Deve entender-se que este preceito é subsidiário: aplica-se, apenas, quando nenhuma norma mais especializada, como as que preveem a prestação de contas ou as que regulam o direito à informação dos sócios nas sociedades[2387], as que prescrevem o direito à informação dos consumidores ou as que impõem deveres de informação à banca ou aos seguros, tenha aplicação.

Pelo seu teor, ele exige:

– um alegado titular de um direito;
– com uma dúvida fundada quanto à sua existência ou quanto ao seu conteúdo;
– uma outra pessoa em condições de prestar as informações necessárias.

[2384] ADRIANO VAZ SERRA, *Obrigação de prestação de contas e outras obrigações de informação* cit., 157-158 e *Direito das obrigações* cit., artigo 586.º (483).

[2385] O processo de inventário consta dos artigos 1326.º e seguintes do Código de Processo Civil.

[2386] Quanto a esse dispositivo, a análise mais aprofundada pertence, ainda, a SINDE MONTEIRO, *Responsabilidade por conselhos, recomendações ou informações* cit., 409-423, com doutrina e jurisprudência alemãs.

[2387] MENEZES CORDEIRO, *CSC/Clássica*, 2.ª ed. (2011), 21.º, anot. 17 ss. (142 ss.), com indicações.

§ *50.º Obrigações de informação* 683

A jurisprudência entende (e bem) que o direito à informação, previsto neste preceito, pode ser judicialmente exercido[2388]. Trata-se, todavia, de um direito civil, que não se confunde com o dever de cooperação processual consignado no artigo 519.º do Código de Processo Civil e que se efetiva, por ordem do juiz, perante o poder soberano do Estado[2389].

IV. O artigo 573.º deve sofrer uma interpretação sistemática e teleológica. Desde logo, não é credível que ele seja mais veemente do que o próprio dever de cooperação com o tribunal, para a descoberta da verdade. Ora tal dever pode ser objeto de recusa legítima se ele implicar (519.º/3 do CPC):

    a) Violação da integridade física ou moral das pessoas;
    b) Intromissão na vida privada ou familiar, no domicílio, na correspondência ou nas telecomunicações;
    c) Violação do sigilo profissional ou de funcionários públicos, ou do segredo de Estado (...)

A fortiori, estes fundamentos de recusa são oponíveis às pretensões cíveis *ex* 573.º.

Além disso, ele não pode funcionar sem que, entre o interessado e o obrigado à informação, haja um nexo que justifique o pedido. Só assim se poderá dizer que ele "está em condições de prestar": como é óbvio, trata-se de informações de factos relativos ao interessado e não de conhecimentos científicos, filosóficos, religiosos ou históricos.

Mesmo com estas prevenções, o artigo 573.º é um poderoso dispositivo que concretiza, para além do habitual nas ordens jurídicas do Ocidente, a regra da informação *ex bona fide*. Nos termos gerais da boa fé, esta só funcionaria perante uma específica obrigação entre os envolvidos.

V. A natureza da obrigação legal de informação e do modo por que ela surge são importantes para melhor entender o seu regime. À partida, a verificação dos requisitos legais apenas fez surgir um direito potestativo,

---

[2388] RLx 2-jul.-1992 (Silva Caldas; vencido: Lopes Pinto), CJ XVII (1992) 4, 129-131 (130) e STJ 16-dez.-1993 (Roger Lopes), BMJ 432 (1993), 375-382 (380-381).

[2389] Nesse sentido, RLx 2-jul.-1992 cit., CJ XVII, 4, 130/I; cf., quanto ao 519.º/1 do CPC, o STJ (P) 2/98, de 22-abr.-1997 (Ramiro Vidigal), DR I Série n.º 6, de 8-jan.-1998, 119-122 (122).

na esfera do interessado, de, mediante uma comunicação recipienda ao futuro obrigado, fazer nascer a obrigação de informar.

O exercício do direito potestativo em causa, além de promover o surgimento da obrigação dita, ainda, a sua exata conformação. Ou seja: o interessado deve comunicar, de modo explícito, a informação desejada, o seu objeto e as razões que apoiam a sua necessidade. A obrigação de informação é específica: por isso, não são atendíveis pedidos genéricos de informação, que não permitam apreender, de imediato, a conduta a assumir.

A obrigação de informar é um *facere*. Segue o regime competente, em caso de incumprimento, podendo haver lugar à aplicação de sanções pecuniárias compulsórias (829.º-A), perante o seu incumprimento. Verificados os pressupostos, este acarretará, também, responsabilidade civil obrigacional (798.º e seguintes).

VI. Acaso a execução da obrigação de informação implique despesas, estas correm por conta do interessado: é o que resulta do princípio da tutela da propriedade privada (62.º/1, da Constituição): não compete ao requerido suportar despesas para defesa dos interesses do requerente.

§ 51.º OBRIGAÇÕES DE APRESENTAÇÃO DE COISAS OU DOCUMENTOS

217. Autonomia dogmática e evolução

I. Os artigos 574.º (apresentação de coisas), 575.º (apresentação de documentos) e 576.º (reprodução de coisas e dos documentos), surgem integrados, numa mesma secção IX, com a obrigação de informação. Nessa base, alguma doutrina considera a obrigação de apresentação de coisas ou documentos, neles tratada, bastante próxima da obrigação de informação[2390]. De facto, ambas têm a ver com uma ideia lata de informação. Todavia, a obrigação de apresentação de coisas ou documentos põe problemas específicos. De resto, ela tem uma origem própria e uma evolução dogmático-comparatística também distinta.

Na origem, temos diversas soluções romanas, acolhidas na pandetística[2391].

II. A ideia de consignar no Código, de modo expresso, uma obrigação de apresentação de coisas ou documentos veio de Vaz Serra[2392] o qual, fundamentalmente, se apoiou no Direito alemão: §§ 809 a 811, do BGB. Esses preceitos terão visado restringir, de acordo com uma mais adequada ponderação de interesses, o dever de exibição do possuidor, contemplado na anterior pandetística[2393].

A dogmática alemã relativa ao dever de apresentação de coisas ou documentos é marcada por dois traços significativos: trata-se de deveres

---

[2390] ALMEIDA COSTA, *Direito das obrigações*, 12.ª ed. cit., 804.

[2391] *Vide* indicações em WINDSCHEID/KIPP, *Pandektenrecht* cit., 9.ª ed., § 474 (2, 1061 ss.).

[2392] ADRIANO VAZ SERRA, *Exibição de coisas ou documentos*, BMJ 77 (1958), 227-251.

[2393] PETER MARBURGER, no Staudinger II, *§§ 779-811* (2002), prenot. §§ 809-811, Nr. 5 (318.

686 Classificações e tipos de obrigações

preparatórios, de natureza provisória, que não interferem nas demais relações existentes entre os implicados; não têm natureza subsidiária em relação às numerosas hipóteses explícitas que o BGB prevê, quanto à exibição de coisas e documentos; o interessado poderia, pois, escolher entre tais hipóteses e o regime geral dos §§ 809 a 811.

Estes vetores terão de ser verificados, à luz do Direito português.

III. Vaz Serra apresentou um articulado desenvolvido[2394], depois simplificado na versão conjunta do seu anteprojeto[2395]. A matéria foi ainda alterada nas revisões ministeriais[2396], até atingir a forma definitiva. Não tem correspondente nos Códigos de Napoleão, de Seabra ou italiano.

Naturalmente e na ordem dadora (a alemã), os deveres aqui em jogo concretizam-se, sobretudo, quanto a documentos e nas áreas do Direito das sociedades comerciais, do Direito da Administração Pública, quando esta detenha os elementos a título privado e do Direito médico e da inerente responsabilidade profissional[2397]. Veremos as aplicações dadas ao abrigo do Código Vaz Serra.

218. Delimitação e requisitos

I. O acesso a coisas e a documentos, com fins de informação, está latamente consagrado no Direito português. Desde logo, a própria Constituição inclui, entre os direitos, liberdades e garantias pessoais, o direito de cada cidadão de aceder aos dados informáticos que lhe digam respeito (artigo 35.º/1). Temos, depois, a área sensível das sociedades comerciais: dependendo do tipo de sociedade, os sócios podem consultar determinados elementos na sede social (214.º/4 e 288.º do CSC) e podem inspecionar os bens sociais (*idem*, 214.º/5)[2398]. Também na locação, o locador pode examinar a coisa locada – 1038.º, *b*).

O artigo 574.º coloca requisitos bastante precisos. Todavia, o regime que apresenta é geral. Assim, ele não tem aplicação na área das sociedades,

---

[2394] ADRIANO VAZ SERRA, *Exibição de coisas ou documentos* cit., 247-249.

[2395] ADRIANO VAZ SERRA, *Direito das obrigações* cit., artigos 588.º a 590.º (484-486).

[2396] Os textos em causa podem ser confrontados em RODRIGUES BASTOS, *Das obrigações em geral*, III (1972), 112-116.

[2397] PETER MARBURGER, no Staudinger cit., II, §§ 779-811, § 810, Nr. 16 ss. (331 ss.).

[2398] MENEZES CORDEIRO, *CSC/Clássica*, 2.ª ed. (2011), 663 ss. e 822 ss..

§ 51.º *Obrigações de apresentação de coisas ou documentos*   687

onde os pressupostos são mais delimitados: lidam com valores específicos e têm a ver, por exemplo, com a titularidade de percentagens do capital social: problema que, em geral, não se põe. Assim, também os regimes dos artigos 574.º e 575.º são tendencialmente supletivos.

II. O artigo 574.º/1 prescreve os seguintes requisitos, para o surgimento da obrigação de apresentação de coisa:

- uma coisa corpórea, móvel ou imóvel;
- um possuidor ou detentor dessa coisa, isto é: alguém que, em nome próprio ou alheio, exerça, sobre ela, o poder de facto;
- um interessado que invoque, relativamente a essa coisa, um direito real ou pessoal, ainda que condicionado ou a prazo;
- a necessidade do exame para apurar a existência ou o conteúdo do direito;
- o não ter, o demandado, motivos para, fundadamente, se opor à diligência.

O exame deve reportar-se a uma coisa: afastam-se, assim, pedidos relativos a pessoas ou a cadáveres que, quando admissíveis, deverão seguir as vias próprias. O sujeito passivo é o possuidor ou detentor da coisa, seja qual for o título a que isso ocorra. Basta ver que só a pessoa que controle a coisa pode, *ex rerum natura*, apresentá-la. Se for um possuidor em nome alheio, o sujeito em causa deve avisar a pessoa em cujo nome detenha a coisa, para que ela se oponha, querendo (574.º/2): uma hipótese de dever legal de informação.

O interessado deve invocar um direito real ou pessoal relativo à coisa, mesmo que condicionado ou a prazo. Tal direito pode ser de gozo, de garantia ou de aquisição: a lei tudo abrange. Pode, inclusive, ser um direito de crédito relativo à coisa. E um dever? A pessoa que esteja obrigada a prestar uma coisa de terceiro pode pedir o seu exame? Se o credor o pode fazer, a mesma hipótese será reconhecida ao devedor: disso dependerá o bom cumprimento da sua obrigação.

III. O exame carece de ser necessário para se operar da existência ou do conteúdo do dever. Deve haver verosimilhança nessa matéria, tendo em conta a situação da coisa, o título a que ela seja detida ou possuída, o tipo de direito (ou de dever) invocado pelo interessado, as dúvidas alegadas e a idoneidade do exame para as remover.

Quanto aos motivos que o demandado possa aduzir para se opor: no mínimo, serão os do artigo 519.º/3 do CPC, já acima apontados. Mas, além disso, pode-se sempre reportar a falta de requisitos, a desproporcionalidade da pretensão ou o facto de, na calibragem de interesses em presença, se dever concluir pela inadequação da medida.

IV. As regras referentes à apresentação de coisas, de que temos vindo a tratar, aplicam-se aos documentos (575.º). Funcionam as disposições do artigo 574.º, bastando, pelo que toca ao interessado, que ele tenha um "interesse jurídico atendível", isto é, uma situação que, a não ser tutelada, envolva um dano ilícito. A obrigação legal de apresentar documentos já tem sido reconhecida na nossa jurisprudência[2399].

219. Exercício e natureza

I. Uma vez constituída, a obrigação de apresentar coisas ou documentos segue o regime geral. A apresentação deve ser feita no local onde a coisa ou o documento se encontravam à data da constituição da obrigação (773.º/1). Como não há prazo, pode o devedor interpelar o credor a todo o tempo, assim como este se pode apresentar, também a todo o tempo, a cumprir (777.º/1).

Quando um devedor não queira cumprir, segue-se o processo previsto nos artigos 1476.º a 1478.º do Código de Processo Civil e que pode culminar com a apreensão judicial das coisas ou documentos, para serem facultados ao interessado (1478.º).

Os custos do exercício deste direito cabem ao interessado; os maiores custos advenientes da oposição do devedor, assistem a este.

II. O artigo 576.º permite a reprodução das coisas e dos documentos: cópias, fotocópias ou outros meios. Também aqui há que balancear os interesses em presença: a reprodução deve-se mostrar (objetivamente) necessária, não operando, contra ela, um "motivo grave" alegado pelo requerido, isto é: um valor que prevaleça sobre o invocado pelo reque-

---

[2399] RCb 17-nov.-1987 (FERNANDO DIAS SIMÃO), CJ XII (1987) 5, 80-82 (82/I) e RLx 3-out.-2000 (ROQUE NOGUEIRA), CJ XXV (2000) 4, 98-99 (99/II), num caso relativo a documentos de um condomínio.

§ 51.º Obrigações de apresentação de coisas ou documentos 689

rente. Tudo isto deve ser, se necessário, ponderado à luz das regras sobre conflitos de direitos (335.º)[2400].

III. Qual é a natureza da situação em estudo? Verificados os pressupostos legais, surge, na esfera do interessado, um direito potestativo de fazer surgir o direito à apresentação. Este último nasce no momento em que chegue ao conhecimento do requerido a declaração, do interessado, de necessitar de ver a coisa e os documentos. A obrigação é legal e equivale a um *facere* ou a um serviço.

[2400] *Tratado* V, 389 ss..

CAPÍTULO V

OBRIGAÇÕES PECUNIÁRIAS

§ 52.º A MOEDA E O SISTEMA FINANCEIRO (EXCURSO)

220. Generalidades

I. As obrigações pecuniárias distinguem-se pelo seu objeto: impli-cam uma prestação de entrega de dinheiro. A partir da especificidade do seu objeto, elas apresentam um conteúdo próprio e dão azo a um tipo obrigacional delimitado, com a mobilização de um regime especialmente adaptado.

O dinheiro tornou-se a prioridade absoluta das sociedades atuais e, praticamente, de todas as pessoas. Sofreu uma evolução, surgindo, hoje, desmaterializado e sob diversas formas. Para regular as múltiplas situações que lhe dizem respeito, dispomos de uma disciplina específica, formal e substancialmente autonomizada a partir do Direito comercial: o Direito bancário ou Direito material do dinheiro[2401]. Bastará chamar a atenção para o seguinte: a desmaterialização do dinheiro e as técnicas que presidem à sua circulação operam, sempre, graças à intermediação de entidades especializadas no manuseio do dinheiro: os bancos ou, mais latamente, as instituições de crédito.

II. Nos inícios e até aos princípios do século XX, o dinheiro tinha um valor intrínseco: as moedas em metal precioso (como o ouro ou a prata). Com a passagem à moeda fiduciária e ao papel-moeda, o dinheiro passou

---

[2401] *Manual de Direito bancário*, 4.ª ed., 43 ss. Como referências representati-vas: PETER BÜLOW, em PETER DERLEDER/KAI-OLIVER KNOPS/HEINZ GEORG BAMBERGER, *Handbuch des deutschen und europäischen Bankrecht*, 2.ª ed. (2009), § 1, Nr. 7 (6) e HANS-PETER SCHWINTOWSKI, *Bankrecht*, 3.ª ed. (2011), Nr. 2 (1-2).

692   *Obrigações pecuniárias*

a assentar em (meras) normas jurídicas: as que regulam a emissão monetária e que fixam o poder liberatório das espécies. A partir da década de oitenta, intensificou-se e completou-se a sua desmaterialização: cada vez menos circulam notas de banco, tudo se processando através de cheque (em desuso crescente), de ordens de pagamento e de cartões bancários. Ou seja: o "dinheiro" assenta em complexos normativos densos, que visam esse tipo de circulação e que garantem a seriedade e a funcionalidade do conjunto de instituições bancárias que suportam o funcionamento dos fluxos monetários: o sistema financeiro. Ao Direito bancário cabe estudar essa matéria.

III. As obrigações pecuniárias pertencem, tradicionalmente, ao Direito civil[2402]. Os códigos civis contêm algumas das suas regras. Como veremos, diversas têm caído em desuso, como as que (ainda) preveem o bimetalismo (557.º) ou, até, o pagamento em moeda (metálica) específica (552.º a 556.º). Em compensação, a moeda é hoje regulada por leis comunitárias (o euro), escapando à soberania nacional. Pode assim perguntar-se se o Direito das obrigações não terá perdido o controle das obrigações pecuniárias, substituídas pelo regime jurídico do dinheiro, a tratar em Direito bancário.

A resposta é negativa. Apesar de toda a evolução que, de facto, inutilizou, pelo menos por agora[2403], algumas das regras que postulavam um valor intrínseco da moeda, mantém-se um cerne relativo às obrigações pecuniárias, que projetou a sua imagem nos diversos meandros do Direito bancário. Faz todo o sentido integrá-lo numa exposição atualizada do Direito das obrigações. Antes, porém, de entrar na matéria, afigura-se inevitável recordar alguns aspetos atinentes à teoria da moeda e à organização e funcionamento do sistema financeiro. De outro modo, as obrigações pecuniárias cairão em puro irrealismo.

[2402] *Vide* HEINRICH HONSELL, *Vier Rechtsfragen des Geldes*, FS Canaris 1 (2007), 461-469 e FRANCESCO CARINGELLA, *Le obbligazioni in generale* (2011), 173 ss..

[2403] No âmbito da atual crise financeira e económica, diversos autores têm propugnado o regresso ao padrão-ouro e a reintrodução da clássica moeda assente em metais preciosos. Haverá, aí, cenários nos quais poderão renascer os clássicos preceitos dos artigos 552.º a 557.º, do Código Vaz Serra.

221. A moeda

I. A moeda é, à partida, uma coisa divisível à qual uma determinada sociedade atribua a qualidade de instrumento geral de troca, isto é: de bem que possa ser trocado por quaisquer outros e de bem pelo qual quaisquer outros possam ser permutados.

Reconstruções históricas de tipo racional descrevem-nos sociedades primitivas nas quais cada unidade humana seria auto-suficiente: não haveria, aí, nenhumas trocas[2404]. Uma diferenciação subsequente levou a que certos agregados detivessem excedentes, em falta noutros grupos os quais, por seu turno, teriam disponibilidades em bens diversos desejados pelos primeiros. Recorria-se, então, à troca direta. O esquema das trocas generalizou-se. Mas sempre com um problema estrutural, em agravamento contínuo à medida que se diversificavam as aptidões e as necessidades humanas: só por casualidade um grupo – ou, mais tarde, uma pessoa – deteria precisamente o tipo de mercadoria pretendido por parceiros que, por seu turno, possuíssem os bens procurados pelo primeiro, de modo a concretizar a troca. Além disso, um esquema de troca direta, designadamente perante bens perecíveis, não permitia grandes dilações temporais: há muitas mercadorias que não podem ser entesouradas de modo a facultar eventuais necessidades futuras de aquisição.

A solução estará, precisamente, no apuramento de uma mercadoria que todos estejam permanentemente dispostos a aceitar, em troca de quaisquer produtos que queiram alienar. Tal mercadoria teria, para cumprir a sua função, de ser divisível, de ser manuseável, de ser não-perecível e de representar, por si, um valor estabilizado. A moeda, que apresentou as mais diversas formas, nas sociedades primitivas, veio, assim, a aproximar-se rapidamente dos metais preciosos.

[2404] Quanto à História do dinheiro e da banca, com ricas indicações, GLYN DAVIES, *A History of Money/From Ancient Time to the Present Day* (1994, reimp. 1995) e HANS-PETER SCHWINTOWSKI/FRANK A. SCHÄFER, *Bankrecht/Commercial Banking – Investment Banking*, 1.ª ed. (1997), § 2 (70 ss.); na 2.ª ed. (2004), estes Autores limitam-se a remeter para a 1.ª (4, nota 3); as referências que figuram no texto não são rigorosamente históricas; traduzem, apenas, a evolução racional da matéria. A matéria é retomada do *Manual de Direito bancário*, 4.ª ed., 79 ss..

694 *Obrigações pecuniárias*

II. De instrumento geral de troca, a moeda passou, automaticamente, a representar a bitola de valor dos bens [2405]. O que se compreende: estando permanentemente disponível para trocas, ela tinha, implícito, o poder de determinar, perante cada bem, o *quantum* necessário para a operação. Mais um passo e a moeda assume outra função de relevo: permite diferir o pagamento dos bens, uma vez que fixa, com precisão, o seu valor e é suscetível de entesouramento[2406].

No início, pelo menos em reconstituição racional, a moeda era uma mercadoria intrinsecamente útil que, pela sua geral aceitabilidade, podia desempenhar a dupla função básica de meio geral de troca e de bitola do valor. Tal o papel da cabeça de gado: *pecus*, de onde veio *pecunia* e, daí, pecuniário. Razões de ordem prática levaram a substituí-la por mercadorias valiosas, não já pela sua utilidade própria, mas pela sua raridade e pelas representações humanas a elas ligadas: tais o ouro e a prata.

A organização humana, cada vez mais complexa, apercebeu-se, contudo, de que não era necessário, na concretização das trocas, a efetiva circulação material dos metais, amoedados ou não. Bastaria que a moeda estivesse depositada em local de confiança geral e que o depositário entregasse ao seu dono um documento representativo da mesma, que habilitasse o portador, em qualquer altura, a proceder ao seu levantamento. Então a moeda cumpriria a sua função de troca através da mera circulação de títulos representativos. A história prosseguiu: os operadores apuram, por experiência, que o depositário de confiança só por exceção é instado a trocar os títulos representativos por verdadeira moeda metálica. Ele pode, assim, emitir mais títulos do que moeda depositada, títulos esses que irão

---

[2405] Quanto à moeda, LARRY ALEN, *Encyclopedia of Money* (1999), 328 pp., PETER SCHAAL, *Geldtheorie und Geldpolitik*, 4.ª ed. (1999), 362 pp., RUDOLF PETO, *Geldtheorie und Geldpolitik*, 2.ª ed. (2002), MANFRED RORCHERT, *Geld und Kredit/Einführung in die Geldtheorie und Geldpolitik*, 8.ª ed. (2003), 362 pp., GAETANO STAMMATI, *Moneta*, ED XXVI (1976), 746-778 e KARL LARENZ, *Schuldrechts* cit., I, 14.ª ed., 162 ss.. Para um tratamento mais aprofundado, temos os clássicos: BENJAMIN M. FRIEDMAN/FRANK H. HAHN, *Handbook of Monetary Economics* I (1990) e II (1990), num total superior a 2000 pp. e PETER NEWMAN/MURRAY MILGATE/JOHN EATWELL, *The New Palgrave Dictionary of Money and Finance*, 3 volumes (1992), num total superior a 2500 pp..

[2406] Em especial, com indicações, FERNANDO ARAÚJO, *Introdução à economia*, 3.ª ed. (2005), 824.

§ 52.º A moeda e o sistema financeiro (excurso)

circular, para todos os efeitos, como se de moeda se tratasse. A moeda é fiduciária[2407].

III. A evolução da moeda vem a ser infletida pelo aparecimento de instâncias autónomas de organização social e, no limite, do Direito. Desde o início que o simples empirismo, na escolha da moeda material e na determinação da sua quantidade, em cada operação, suscitava dificuldades e tinha limites. Na presença de uma autoridade social, nada mais fácil e útil de fixar a moeda material e proceder à sua marcação prévia, em termos de valor. O passo subsequente é o aparecimento de moeda específica, atestada pelo Estado: surgem as moedas metálicas propriamente ditas, nas quais era exarada a marca do Estado e o valor: o valor facial. À medida que se acentue a autoridade estadual, surge a possibilidade de manusear o valor facial, designadamente aumentando-o, perante o valor real da espécie metálica amoedada. Esta desvaloriza, enquanto o Estado fatura a diferença. Com limites: a moeda artificialmente valorizada perde o seu valor de troca; ou os preços sobem, ou ela tende a ser substituída por espécies mais consistentes. No limite, ela vem a ser recusada pelos operadores sociais, que podem regressar às trocas diretas. A imposição da circulação monetária torna-se, depois, um jogo da autoridade.

IV. O Estado e o Direito, que já desempenhavam um papel nas fases da moeda metálica, verão o seu papel crescer na presença da moeda fiduciária. Desde logo porque ela assenta no depósito da moeda metálica e na emissão dos títulos representativos: trata-se de evidentes fenómenos jurídicos. Depois, porque todo o sistema fiduciário repousa no direito do depositante ou do titular dos títulos de depósito de exigir, ao depositário, a sua concretização em moeda sonante.

A possibilidade de fazer circular títulos representativos numa quantidade superior à da moeda efetivamente em depósito tem limites. Pode, designadamente, suceder que, em momentos de crise, múltiplos portadores exijam, em simultâneo, a conversão dos seus títulos. O depositário (o banqueiro) não poderá, então, fazer face a todos os pagamentos, entrando em falência. Os títulos em circulação perdem o seu valor, seguindo-se a ruína dos seus portadores. Trata-se de um cenário descrito em termos teóricos, mas que permite explicar a inconvertibilidade dos títulos: prevenindo a

---

[2407] A evolução pode ser conferida em FERNANDO ARAÚJO, Introdução à economia, 3.ª ed. cit., 825.

696   *Obrigações pecuniárias*

catástrofe, o Estado dispensa o depositário do dever de trocar os títulos por metal sonante. Estes circulam por si, assentes na autoridade do Estado e das suas normas: é o papel-moeda. A partir daqui, a determinação do seu valor é feita pelo Estado, de acordo com os delicados equilíbrios que nos explica a Ciência Económica. O caminho normal desemboca no monopólio estadual da emissão de papel-moeda.

V. A evolução criativa de moeda não se quedou, contudo, pelo papel-moeda. Desde o momento em que haja banqueiros – portanto: pessoas habilitadas a receber depósitos, emitindo títulos representativos ou aceitando, do depositário, ordens de pagamento, depois apresentadas pelo próprio ou por terceiros –, que se desenhou a hipótese de proceder às operações de troca através da simples inscrição, em registo, dos titulares de moeda. O banqueiro que receba um depósito pode emprestar o correspondente dinheiro a um terceiro. Isso não o obriga a entregar materialmente o dinheiro: bastar-lhe-á inscrever o seu devedor como credor da inerente importância. Este pode emitir ordens de pagamento sobre o seu crédito, que irão circular e, porventura, ser levadas, em conta, ao ativo de outro interveniente. Em suma: é criada moeda bancária, através deste específico mecanismo conhecido como "multiplicador de crédito". Tal moeda decorre, não de qualquer metal amoedado nem de títulos, fiduciários ou papel-moeda, mas do simples jogo financeiro da inscrição de ativos e dos pagamentos em contas. Assenta, contudo, também na confiança.

A moeda bancária é moeda, ainda que desmaterializada. A sua multiplicação gera aumentos gerais na procura, com a subsequente subida de preços e desvalorização da moeda. O Estado e o Direito são chamados, duplamente, a intervir: seja para assegurar o funcionamento do sistema, garantindo a sua seriedade e prevenindo abusos, seja para controlar a multiplicação, por via bancária, da moeda em circulação. De facto, o uso da informática potenciou exponencialmente este fenómeno[2408].

222. O sistema financeiro

I. A evolução da moeda permite chamar a atenção para o aparecimento, desde o início mas em desenvolvimento crescente, de instâncias

---

[2408] *Vide* PAULO DE PITTA E CUNHA, *O processo de desmaterialização da moeda*, ROA 2007, 547-549.

§ 52.º A moeda e o sistema financeiro (excurso)   697

especializadas na guarda, na circulação e na emissão de moeda. Tais instâncias vão, depois, realizando com ela diversas operações. Elas articulam-se entre si, seja em relacionamentos jurídicos estáveis, seja em contactos ocasionais, ditados pelo funcionamento do mercado. As instâncias da moeda são públicas ou privadas, podendo ainda coexistir umas e outras. As hierarquizações são possíveis, designadamente pela intervenção do Estado. E tudo isto, enquanto realidade sócio-humana, vai ser assegurado e legitimado pelo Direito.

Chegamos à ideia de sistema financeiro: é o conjunto ordenado das entidades especializadas no tratamento do dinheiro. Emblematicamente, o tratamento do dinheiro, no sentido mais amplo, é feito pelo banqueiro. O sistema financeiro será, assim, o conjunto ordenado dos bancos ou entidades similares e das instâncias que, sobre eles, exerçam um controlo[2409].

II. A noção de sistema financeiro, acima avançada, é material. Como bem se compreende, o Estado intervém largamente para regular o sistema financeiro, dando azo a um corpo de normas: o Direito bancário institucional. Fazendo-o, o mesmo Estado delimita o âmbito de aplicação das próprias normas, isto é: define, para efeitos jurídicos, o que entende por sistema financeiro. Temos, por essa via, o sistema financeiro formal, isto é, o conjunto ordenado das entidades que o Estado entende incluir nessa noção.

Os dois sistemas tendem a coincidir: doutro modo, o Estado iria abdicar de regular entidades que, substancialmente, se ocupam do dinheiro – hipótese de um sistema formal mais restrito do que o material – ou iria tratar como financeiras entidades estranhas ao fenómeno subjacente, confundindo o mercado e prejudicando os operadores. Haverá, porém, sempre disfunções.

Esclarecemos, por fim, que, hoje em dia, fala-se em "sistema financeiro" e não em sistema bancário para abranger, ao lado dos bancos propriamente ditos, outras instituições de crédito e, ainda, as sociedades financeiras. Todas elas podem, no entanto, ser reconduzidas a uma noção ampla de "banco" ou de "banqueiro".

[2409] CARLOS COSTA PINA, *Instituições e mercados financeiros* (2004), 19 ss..

698   *Obrigações pecuniárias*

223. Alguns sistemas nacionais

I. Sempre em termos explicativos, podemos considerar que um sistema financeiro ganha dimensão jurídico-científica desde o momento em que concite um corpo de regras que lhe sejam dirigidas. Trata-se de uma ocorrência relativamente recente. Na verdade, tais regras pressupõem um mínimo de liberalização económica. Antes dela, qualquer iniciativa careceria de uma específica aprovação que lhe definiria as fronteiras e o regime, sem que, de uma disciplina jurídica, se pudesse falar. Em suma: o problema dos sistemas bancários – ou, mais latamente, sistemas financeiros – põe-se, como tal, a partir do século XIX.

A atividade bancária, no período liberal e nas evoluções subsequentes, obteve uma regulamentação crescente. Fruto de medidas díspares tomadas pelos Estados para enfrentar as crises económicas e financeiras[2410], essa regulamentação tinha um teor disperso. Compreende-se, pois, que nos diversos países da atualidade, seja possível encontrar modelos variados de organização bancária[2411].

II. Nos Estados Unidos[2412], verificou-se uma separação inicial entre os bancos vocacionados para as relações com os particulares (*Commercial Banks*) e os bancos de negócios (*Merchant Banks*)[2413]. As operações mais diferenciadas, como a cessão financeira (*factoring*), cabiam a instituições especializadas[2414].

[2410] MANFRED HEIN, *Markwirtschaftliche Bankensysteme ausserhalb der BDR*, no OBST/HINTNER, *Geld- Bank- und Börsenwesen/Ein Handbuch*, 39.ª ed. (1993), 287 ss. (289). Desta obra, está disponível a 40.ª ed. (2000), em 1723 pp., publicada por JÜRGEN VON HAGEN/JOHANN HEINRICH VON STEIN.
Quanto a sistemas bancários, apesar de desatualizado, é útil a consulta do escrito *Elementos para o estudo dos sistemas bancários*, RBr 37/38 (1974), 5-37.

[2411] Uma análise dos sistemas financeiros da União Europeia pode ser confrontada em AUGUSTO DE ATHAYDE, *Curso de Direito bancário* 1 (1999), 112 ss.. Importantes elementos evolutivos podem ainda ser consultados em NORBERT OLSZAK, *Histoire des banques centrales* (1998), 44 ss., constando uma panorâmica completa de DIETMAR KLEIN, *Die Bankensysteme der EU-Länder*, 3.ª ed. (1998).

[2412] Quanto à História da banca nos Estados Unidos, com textos da época: MICHAEL P. MALLOY, *Banking and Financial Services Law/Cases, Materials, and Problems* (2005), 5 ss..

[2413] MICHAEL STEINER, *Enwicklungslinien des US-Bankensystems und der Gramm Leach Bliley Act*, Bank 2003, 8-13 (8).

[2414] STEFAN WALTER, *Die Deregulierung der U.S.-Amerikanischen Geschäftsbanken* (1991), 5 ss. e, com indicações, HEIN, *Markwirtschaftliche Bankensysteme* cit., 292 ss.. Quanto à História da banca norte-americana, ALFRED M. POLLARD e outros, *Banking Law*

§ 52.º A moeda e o sistema financeiro (excurso)   699

Mais tarde, ainda que no plano dos factos, começou a instalar-se uma certa tendência para a banca universal[2415]. A crise de 1929 e a subsequente depressão atingiram, em força, o sector bancário: cerca de 40% dos bancos abriram falência, com graves danos para a população. Nesse ambiente surgiu o *Glass Stragall Act*, *National Bank Act* ou, simplesmente, *Banking Act*, de 1933, que veio, designadamente, reduzir a capacidade dos bancos, no campo dos títulos[2416].

O *Banking Act*, de 1933, foi completado pelo *Bank Holding Company Act*, de 1956[2417]: um diploma que restringe a participação da banca nos domínios da indústria e do comércio. Devemos ainda sublinhar que, até aos anos oitenta do século XX, se verificava, nos Estados Unidos, uma separação clara entre a banca e os seguros. A prática, através de diversos expedientes (*side routes*) levaria a uma expansão da área bancária, interligando-se, no final do século, com as seguradoras. A integração foi permitida pelo *Gramm Leach Bliley Act*, sob uma *Financial Holding Company* (FHC)[2418]. Perfila-se a banca universal, ainda que sem as fusões registadas na Europa. Toda esta matéria, mau grado a bandeira liberal, é muito regulada, nos Estados Unidos: o mercado é-o enquanto for defendido pelo Direito.

Os bancos estão sujeitos à autorização do serviço federal de superintendência. Aquando da constituição, podem escolher submeter-se à concessão do Estado (*state banks*) ou à federal (*national banks*). Temos, pois, um sistema dual. Há numerosos bancos, uma vez que certos Estados proíbem filiais[2419].

Na cúpula, encontra-se o *Federal Reserve System*, assente em 12 Bancos Federais de Reserva, cujos participantes são bancos comerciais. Cada um deles é dirigido por um conselho de 9 membros: 6 escolhidos pelos bancos e 3 designados pelo *Board of Governors of the Federal Reserve System*[2420].

---

in the United States (1988), 8 ss., INGO SCHULZ-HENNIG, *Bank Holding Companies im Wirtschaftsrecht der USA/Eine rechtliche und faktische Analyse* (1980), 35 ss. e WILLIAM A. LOVETT, *Banking and Financial Institutions* (1988), 33 ss..

[2415] SCHULZ-HENNIG, *Bank Holding Companies* cit., 45 ss..

[2416] STEINER, *Enwicklungslinien des US-Bankensystems* cit., 8.

[2417] Sobre estes instrumentos, *vide* POLLARD, *Banking Law* cit., 26 ss..

[2418] STEINER, *Enwicklungslinien des US-Bankensystems* cit., 10; quanto ao texto: *http://www.senate.gov/-banking/conf/index.htm*.

[2419] Também estas restrições têm vindo a ser transcendidas; cf. THOMAS J. LINK, *Interstate Banking/Die Behandlung der geographischen Expansion von Geschäftsbanken im US-amerikanischen Recht* (1990).

[2420] MICHAEL P. MALLOY, *Banking and Financial Services Law* cit., 46-47.

700 *Obrigações pecuniárias*

Este, por fim, é composto por 7 membros designados, por 14 anos, pelo Presidente da União: a sua independência fica, assim, assegurada[2421].

A supervisão estende-se às operações de constituição, de fusão e de aquisição de ações: todas carecem de autorização[2422]. O ponto quente das reformas teve a ver com a limitação dos riscos e a segurança dos bancos[2423]. A regulamentação dos bancos, tradicionalmente estrita desde 1933, foi sendo atenuada, procedendo-se ao que se poderá chamar uma regulamentação, a nível prudencial[2424]. A crise financeira e económica de 2007/2010, de epílogo ainda indeterminado, veio inverter o processo, reclamando uma mais sólida supervisão.

III. No Japão, também se verificou uma repartição do trabalho entre os diversos bancos[2425]. Houve, mercê do funcionamento da lógica do mercado, uma forte concentração das instituições, a qual acabaria por dar azo a poucas entidades, mas de acentuada dimensão.

A superintendência dos bancos comerciais compete ao Ministério das Finanças e não ao banco central[2426].

IV. A Grã-Bretanha constitui um exemplo paradigmático de repartição de funções bancárias ditada não pela lei, mas pela História[2427]. De todo o modo e acompanhando a evolução denotada nos diversos espaços jurídico-económicos, também aí se verifica, a partir da década de 70, uma tendência para a banca universal[2428].

O sistema bancário britânico abrange vários tipos de instituições[2429]. Entre os mais importantes, temos: os *clearers*, correspondentes aos bancos

---

[2421] POLLARD, *Banking Law* cit., 43 ss. (50).

[2422] LOVETT, *Banking and Financial Institutions* cit., 40 ss. e POLLARD, *Banking Law* cit., 155 ss..

[2423] THEODOR BAUMS, *Reform des amerikanischen Bankrechts*, ZBB 1991, 73-82 (76 e 82).

[2424] STEFAN WALTER, *Die Deregulierung der U.S.-Amerikanischen Geschäftsbanken* cit., 97 ss. e, com textos, MICHAEL P. MALLOY, *Banking and Financial Services Law* cit., 60 ss..

[2425] Quanto à experiência japonesa, HEIN, *Markwirtschaftliche Bankensysteme* cit., 297 ss. e ODA HIROSHI/R. GEOFFREY GRICE, *Japanese Banking, Securities and Anti-Monopoly Law*, 1988.

[2426] Quanto ao Banco Central do Japão, cf. *www.boj.or.jp/en/*.

[2427] OLSZAK, *Histoire des banques centrales* cit., 50 ss..

[2428] Quanto à experiência da Grã-Bretanha, *idem*, HEIN, ob. cit., 30 e ss.. Cf., ainda, G. A. PENN/A. M. SHEA/A. ARORA, *The Law Relating to Domestic Banking/Banking Law*, vol. I (1987), 3 ss. e E. P. ELLINGER/EVA LOMNICKA, *Modern Banking Law*, 2.ª ed. (1994), 3 ss..

[2429] THORSTEN SCHLÜTER, *Grossbritanien/Nordirland*, em DERLEDER/KNOPS/BAMBERGER, *Handbuch*, 2.ª ed. cit., 2441 ss..

§ 52.º A moeda e o sistema financeiro (excurso) 701

universais[2430], as *building societies* ou bancos prediais e os *merchant banks* ou bancos comerciais de investimento, especialmente vocacionados para o comércio internacional e os investimentos mobiliários.

A superintendência dos bancos compete ao banco central – *Bank of England* – orientado pelo Governador, pelo Vice-Governador e por 16 administradores. Ela era exercida sem lei expressa e pautava-se por bitolas muito liberais. Estas vieram a ser apertadas, à medida das crises, sendo, em 1979, formalizada legislação sobre o tema. Rege, hoje, o *Banking Act* de 1987, já alterado por influxo comunitário[2431]. A autorização prévia para o comércio bancário continua a ser requerida[2432].

Os escândalos financeiros provocados pelas quebras do BCCI (*Bank of Credit and Commercial International*, envolvido em lavagem de dinheiro) e do Barings, que perdeu fortunas jogando nos mercados asiáticos, levaram, nos anos 90 do século XX, a um reforço da supervisão. O *Bank of England Act*, de 1998, veio estabelecer a plena autonomia do banco central, sendo oficializada a *Financial Services Authority* (FSA), como entidade supervisora. A partir de 1-dez.-2001, a FSA surge como a única autoridade supervisora[2433]: abarca a banca, os seguros e o mercado mobiliário. Após 2007, assistiu-se a uma intervenção mais direta do Estado, que chegou a recorrer à nacionalização, para prevenir falências (caso do *Nordern Rock*).

V. Em França, a separação inicial, patente nos bancos, dizia respeito ao facto de eles negociarem no segmento do curto prazo ou no do longo prazo. A universalização deu-se a partir de meados da década de 60[2434] do século XX, vindo a ser consagrada, de modo mais cabal, pela Lei Bancária de 24 de janeiro de 1984[2435].

[2430] Onde se incluem os "quatro grandes": Barklays Bank, Lloyds TSB Bank, HSBC Bank e The Royal Bank of Scotland Group.

[2431] MARK HAPGOOD, *Paget's Law of Banking*, 10.ª ed. (1989), 3 ss..

[2432] Para outros elementos: *www.bankofengland.co.uk/*.

[2433] Com elementos, SCHLUETER, *Grossbritanien* cit., 1689 ss..

[2434] Quanto à experiência francesa, HEIN, *Markwirtschaftliche Bankensysteme* cit., 305 ss.. *Vide*, também, A. BOCCON-GIBOD, *Banque de France*, no *Enzyklopädisches Lexikon für den Geld- Bank- und Börsenwesen*, 3.ª ed. (1967), vol. I, 171-176 e, para uma exposição mais cabal, JEAN-LOUIS RIVES-LANGE/MONIQUE CONTAMINE-RAYNAUD, *Droit bancaire*, 6.ª ed. (1995), 11 ss..

[2435] Sobre este importante diploma: MICHEL VASSEUR, *Droit et économie bancaires/ Institutions bancaires*, Fasc. A, 4.ª ed. (1985), 33 ss. (42) e JEAN-PIERRE DESCHANEL, *Droit bancaire/L' institution bancaire* (1995), 23 ss..

702 Obrigações pecuniárias

A superintendência dos bancos compete à *Banque de France*, organizada por uma lei de Germinal do ano XI[2436]. A *Banque de France* manteve-se com uma estrutura privada, vindo a ser nacionalizada, em 1945[2437]. Seguiram-se diversas reformas. O essencial do Direito bancário francês consta do *Code monétaire et financier*, facultado pela Lei n.º 99-1071, de 16 de dezembro de 1999 e que veio compilar a legislação existente. A supervisão é assegurada pela *Commission bancaire*, presidida pelo governador do Banco de França (Art. L. 613-3 do Cod. Mon.), com poderes alargados[2438].

VI. Também em Itália se verificou uma especialização de bancos, que veio a ser superada. Deve frisar-se, nesse país, a presença marcante do Estado, no sector financeiro[2439].

A *Banca d'Italia* recebeu, ao longo da sua evolução, competência no tocante à superintendência do sistema bancário[2440]. Resta acrescentar que a matéria bancária institucional foi codificada pelo decreto legislativo n.º 385, de 1 de setembro de 1993: o Texto Único ou Nova Lei Bancária. Em seu torno têm vindo a multiplicar-se as intervenções doutrinárias[2441]. A matéria conhece alterações recentes por influência comunitária[2442].

[2436] OLSZAK, *Histoire des banques centrales* cit., 52.

[2437] Textos e elementos quanto ao Banco de França podem ser confrontados em *www.banque-france.fr/*.

[2438] CHRISTIAN GAVALDA/JEAN STOUFFLET, *Droit bancaire*, 7.ª ed. (2008), 85 ss.. Tem ainda interesse o desenvolvimento sintético de JOCHEN BAURREIS/SYBILLE NEUMANN, *Frankreich*, em DERLEDER/KNOPS/BAMBERGER, *Handbuch*, 2.ª ed. cit., 2389 ss..

[2439] Quanto à experiência italiana, HEIN, *Markwirtschaftliche Bankensysteme* cit., 308 ss.. Cf., ainda, GIUSEPPE FERRI, *Banca d'Italia*, ED V (1959), 5-7, GIUSEPPE DI NARDI, *Banca d'Italia*, NssDI/Appendice I (1980), 691-696 e PIETRO DE VECCHIS, *Banca d'Italia*, no *Digesto delle Discipline Pubblicistiche*, II (1987), 151-167.

[2440] *Vide*, com mais elementos, *www.bancaditalia.it/*.

[2441] Como exemplos: MARINO PERASSI, *Le autorità ed i poteri di vigilanza nel testo unico*, BBTC 48 (1995) 1, 660-684, SANDRO AMOROSINO (org.), *Le banche/Regole e mercato dopo il testo unico delle legge creditizie* (1995), GIOCCHINO LA ROCCA, *Impresa e società nel gruppo bancario* (1995) e PAOLO FERRO-LUZZI/GIOVANNI CASTALDI, *La nuova legge bancaria*, em três monumentais volumes, num total superior a 2300 pp. (1996). De referir, ainda, UMBERTO MORERA/ANTONIO NUZZO, *La nuova disciplina dell' impresa bancaria*, três volumes (1996).

[2442] *Vide*, sobre a evolução legislativa italiana, PAOLO FERRO-LUZZI, *Lezioni di diritto bancario* 1 (2005), 72 ss., GIACOMO MOLLE/LUIGI DESIDERIO, *Manuale di diritto bancario e dll'intermediazione finanziaria*, 7.ª ed. (2005), 17 ss. e FRANCESCO GIORGIANNI/ CARLO-MARIA TARDIVO, *Manuale di diritto bancario* (2005), 45 ss.. No grande *Handbuch* de DERLEDER/KNOPS/BAMBERGER, 2.ª ed., *vide* LUCA DI NELLA, *Italien*, 2523 ss., com indicações.

§ 52.º A moeda e o sistema financeiro (excurso)

VII. A concluir: uma referência breve à experiência alemã: decisiva por ter constituído o modelo seguido aquando da instituição do euro e do banco Central Europeu.

Depois da Segunda Guerra Mundial, na parte Ocidental da Alemanha, que constituiria a República Federal Alemã, a organização da moeda foi lançada num sistema em dois graus: na base, bancos estaduais (*Landeszentralbanken*), coroados pelo Banco Central[2443]. É o figurino de Maastricht, com o Sistema Europeu de Bancos Centrais e o Banco Central Europeu.

Em meados da década de 50, foi preparada uma nova lei para a *Bundesbank*[2444]. A Lei seria publicada em 26-jul.-1957[2445], mantendo-se em vigor, apesar de diversas alterações[2446], designadamente as motivadas pela reunificação alemã[2447] e pela integração europeia[2448]. Finalmente, a Lei de 23-mar.-2002[2449], correspondendo à realidade do SEBC, veio centralizar a orgânica da Bundesbank[2450].

As relações entre a *Bundesbank* e o Governo Federal alemão resultam do § 12 do *BBankG*, assim concebido, na redação seguinte:

§ 12. Relação do Banco com o Governo Federal

(1) O Banco Federal Alemão, no exercício dos poderes que esta lei lhe confere, ele é independente de instruções do Governo Federal.

De resto, a *Bundesbank* é expressamente proclamada como uma pessoa coletiva de Direito público – § 2.º *BBankG* – tendo as funções típicas

---

[2443] SZAGUNN/WOHLSCHIESS, *Bankensystem* cit., 200. Cf. OTTO VEIT, *Geldreform und Geldverfassung* (1948) e, como obra representativa da literatura jurídico-bancária do imediato segundo pós-guerra, ADOLF WEBER, *Geld, Banken, Börsen* (1947).

[2444] Quanto ao projeto, cf. HENCKEL, *Der Entwurf eines Gesetzes über die Deutsche Bundesbank*, WM, Sonderbelage 7/1956, 3-11, com a fundamentação, 26-41.

[2445] Cf. o texto, p. ex., em SPINDLER/BECKER/STARKE, *Die Deutsche Bundesbank*, 4.ª ed. cit., 129 ss.. Cf., ainda, HEINZ BECK, *Gesetz über die Deutsche Bundesbank* (1957), 87 ss..

[2446] Foram usadas as versões incluídas na recolha *Bankrecht* da Beck, 25.ª ed. (1997), 1 ss., 29.ª ed. (2001), 37 ss., 33.ª ed. (2005), 47 ss. e 36.ª ed. (2009), 46 ss.. A lei é conhecida pela sigla *BBankG*.

[2447] MATHIAS BERGER/KARL PETER REPPLINGER, *Neuordnung der Bundesbankorganisation*, Die Bank 1992, 632-638, onde – 633 – podem ser vistas as principais alterações então introduzidas. Quanto a certos problemas monetários, postos pela reunificação, HANS PAUL BISANI, *Meldungen ostdeutscher Kreditinstitute im Zahlungs- und Kapitalverkehr mit dem Ausland*, Sparkasse 1993, 422-423.

[2448] Lei de 5-out.-1994 e Lei de 16-dez.-1999; cf. *Bankrecht*, 29.ª ed. cit., 37 ss..

[2449] *Bankrecht*, 36.ª ed. cit., 61 ss..

[2450] SIEGFRIED KÜMPEL, *Bank- und Kapitalmarktrecht*, 3.ª ed. (2004), 2612 ss..

704   *Obrigações pecuniárias*

de um Banco Central – § 3.º – com cobertura constitucional[2451] e enquanto parte integrante do SEBC.

A *Bundesbank*, na sua versão clássica que influenciou o SEBC, era dirigida por um Conselho Central, composto pelo presidente do Banco e pelos presidentes dos bancos estaduais. Na cúpula, surge um *Direktorium*, constituído pelo presidente, pelo vice-presidente e por até 6 outros membros. Todos eram nomeados por oito anos pelo Presidente da República Federal, sob proposta do Governo e ouvido o Conselho Central – § 7.º (3) do *BBankG*[2452]. *A independência da Bundesbank*, em relação ao Governo, é um dado adquirido, contribuindo, grandemente, para o seu prestígio e para a estabilidade das instituições financeiras[2453].

Este esquema prefigurou a orgânica do Banco Central Europeu[2454].

Hoje, após a Lei de 23-mar.-2002, toda essa orgânica está simplificada. Foram suprimidos o Conselho Central, o Diretório e as direções dos bancos estaduais: tudo foi centralizado numa Direção. Facilitou-se, assim, a integração da *Bundesbank* no SEBC[2455].

224. O sistema financeiro português

I. Em Portugal, o surgimento de bancos, no sentido atual do termo, data do século XIX. Há, contudo, experiências anteriores, que cumpre referir[2456].

Na Idade Média, particularmente no século XIV, os cambistas já operavam. Faziam-no, porém, de forma circunstancial, nalgumas feiras. Os juros estavam proibidos pela lei canónica, em termos que passariam, depois,

---

[2451] Siegfried Kümpel, *Bank- und Kapitalmarktrecht*, 3.ª ed. cit., 2612, Gerd Sandkühler, *Bankrecht*, 2.ª ed. (1993), 2 ss. e Johann Wilhelm Gaddum, *Die Geldverfassung in der Bundesrepublik Deutschland*, WM 1986, 336-340, em geral. Aquando da preparação do *BBankG*, refira-se Hermann Höpker-Aschoff, *Grundgesetz und Notenbank*, WM, Sonderbelage 7 (1956), 12-17.

[2452] Hugo J. Hahn, *Währungsrecht* (1990), 238 ss..

[2453] Houve, todavia, alguns problemas, motivados pela demissão do presidente do Banco, em 16-abr.-2004: Ulrich Häde, *Bundesbank und Bundesregierung/ein schwieriges Verhältnis*, NJW 2004, 1641-1642.

[2454] Schwintowski/Schäfer, *Bankrecht*, 1.ª ed. cit., 129.

[2455] Kümpel, *Bank- und Kapitalmarktrecht*, 3.ª ed. cit., 2613.

[2456] Em especial, João Pinto da Costa Leite (Lumbrales), *Organização bancária portuguesa* (1927), 20 ss. e A. Ramos Pereira, *O sistema de crédito e a estrutura bancária em Portugal*, 1 (1969), 18 ss. e.

§ 52.º A moeda e o sistema financeiro (excurso)   705

à própria lei civil. O esquema podia, na prática, ser contornado por várias vias. Muito significativa, pela sua adaptação às condições então reinantes, era a figura do censo consignativo, traduzida pela cedência de capital a troco de uma renda, garantida pela propriedade sobre um imóvel[2457]. Havia, porém, esquemas mais diretos, como os empréstimos sobre hipotecas e os empréstimos aos Reis[2458].

Os Descobrimentos provocaram um afluxo de capitais ao País, bem como a prática de certos atos bancários. As letras de câmbio eram usadas para financiar navios, havendo agentes de diversos bancos europeus[2459].

Não obstante o impulso dos Descobrimentos, não é possível falar no aparecimento de verdadeiros bancos, medievais ou, mesmo, modernos. O desenvolvimento jurídico do País, pelo menos tal como é revelado pelas escassas investigações existentes, não acompanhou a expansão ultramarina[2460]. O protagonismo da Coroa levou a práticas casuísticas, em detrimento de regras gerais, base de qualquer desenvolvimento normativo. Além disso e no tocante à moeda, estabeleceu-se, a partir da 2.ª Dinastia, a prática da quebra, como forma de financiamento do Estado[2461], dobrada pela proibição de compra e venda de peças de ouro, nacionais e estrangeiras[2462]. Tudo isso inviabilizou a banca e o seu Direito.

A Restauração e o esforço de guerra subsequente motivaram alguma agitação pró-bancária. O irlandês David Preston propôs a D. João IV a formação de um banco; apesar de aceite, em 1653, a proposta não terá tido seguimento. Em 1688 surgiu em Portugal a moeda de papel, com curso forçado; nem por isso, contudo, se documentam institutos emissores, com regras financeiras. A situação não se alterou com o afluxo de metais preciosos provenientes da América, no século XVIII: eles foram, na época, direta-

---

[2457] Com diversas indicações, vide MÁRIO JÚLIO DE ALMEIDA COSTA, *Raízes do censo consignativo/Para a história do crédito medieval português* (1961), 10 ss..

[2458] IRIA GONÇALVES, *Pedidos e empréstimos públicos em Portugal na Idade Média*, sep. CTF (1964); esta obra chama a atenção para o facto de tais pedidos e empréstimos terem surgido após D. Afonso III, atingindo o máximo sob os reinados de D. João I e de D. Afonso V; da mesma Autora, cf. *Empréstimo concedido a D. Afonso V nos anos de 1475 a 1476 pelo almocharifado de Évora*, sep. CTF (1964).

[2459] RAMOS PEREIRA, *O sistema de crédito* cit., 1, 20.

[2460] Em geral, MENEZES CORDEIRO, *Da responsabilidade civil dos administradores das sociedades comerciais* (1997), 188.

[2461] Visou-se, na origem, o financiamento das Guerras da Independência, nos finais do século XIV.

[2462] Tais operações ficaram reservadas à própria Coroa, em regime de monopólio.

706   *Obrigações pecuniárias*

mente drenados para o estrangeiro[2463]. Nos finais desse século, assistiu-se a uma crise financeira marcada pela multiplicação dos empréstimos públicos e pela emissão de "apólices pequenas", em sua representação[2464]. Em alvará de 13 de março de 1797 previa-se, enquanto não se estabelecesse um banco público ou caixa de desconto, a instituição de uma "Administração", depois denominada "Junta de Administração das Rendas aplicadas aos Juros do Empréstimo feito ao Real Erário", na origem da Junta do Crédito Público. As apólices foram-se desvalorizando, apesar de medidas legislativas tendentes a reforçar a sua circulação, pelo valor nominal.

As invasões francesas, a grave crise económico-financeira provocada pelas Guerras Peninsulares e o advento de novas ideias constituiriam, finalmente, na primeira metade do século XIX, o ensejo para o aparecimento da banca. Uma Carta de Lei de 31 de dezembro de 1821 visava[2465]:

> *"... huma corporação, denominada **Banco de Lisboa**, de Empréstimo, Deposito e Desconto, que desterrando a usura e promovendo o commodo das Transacções entre os particulares, seja ao mesmo tempo applicavel à amortização do Papel Moeda"*

E de facto, o artigo 1.º dessa Carta de Lei dispunha:

[2463] O fenómeno conhecido como "Revolução Industrial" depende de uma multiplicidade de fatores entre os quais: capitais disponíveis, concorrência, cultura virada para o progresso, mão-de-obra, transportes, expansão ultramarina com mercados assegurados, medidas governamentais adequadas e uma banca disponível e operacional. Apenas um extraordinário conjunto de circunstâncias permitiu a sua ocorrência na Inglaterra do século XVIII; recorde-se que a máquina a vapor era, há muito, conhecida noutros locais – p. ex., em França – onde, no entanto, não conduziu à profunda mutação da industrialização, por falta dos outros fatores. Em Portugal, por maioria de razão, estavam longe de se reunir as condições para um protagonismo na industrialização; entre os elementos em falta contava-se, precisamente, a banca. Sobre estes temas, cf., em especial, JORGE BORGES DE MACEDO, *Problemas de história da indústria portuguesa no Século XVIII*, 2.ª ed. (1982), 169 ss. e *passim* e *A situação económica no tempo de Pombal/Alguns aspectos*, 2.ª ed. (1985).

[2464] Tais apólices, tendo curso forçado, eram verdadeiro papel-moeda; o texto correspondente do alvará de 13 de julho de 1797 pode ser confrontado em RAMOS PEREIRA, *O sistema de crédito* cit., 23. *Vide*, em especial, JOAQUIM ANTÓNIO MEIRA DO CARMO, *Dívida pública portuguesa/Apólices pequenas/papel moeda* (1947), 5 ss..

[2465] Também em RAMOS PEREIRA, *O sistema de crédito* cit., 1, 24. Quanto à origem do Banco de Lisboa, *vide* LUCIANO CORDEIRO, *A questão do privilégio do Banco de Portugal* (1873), 42 ss., HENRIQUE MATHEUS DOS SANTOS, *O Banco emissor e suas relações com o Estado e com a Economia Nacional* (1900), 5 ss. e ANSELMO DE ANDRADE, *Portugal Económico/Theorias e Factos*, tomo I (1918), 283 ss..

*Erigir-se-ha na Cidade de Lisboa huma Corporação, denominada **Banco de Lisboa**, que existirá por espaço de vinte anos, debaixo da immediata protecção das Cortes.*

O novo Banco, além de assoberbado com a situação anterior, teve, ainda, de auxiliar o Estado em permanentes desequilíbrios das contas públicas.

Apesar de medidas em contrário, designadamente as tomadas por Silva Carvalho, em 1834[2466], tendentes a restabelecer a primazia da moeda metálica e que, nessa linha, admitiam mesmo a circulação provisória de soberanos ingleses e de pesos espanhóis e mexicanos, manteve-se, e em crescimento, a circulação de notas emitidas pelo Banco de Lisboa. O monopólio da emissão a favor deste banco cessou, em 13 de agosto de 1835, data da criação, por decreto, do Banco Comercial do Porto, autorizado a emitir notas.

Um diploma de 31-dez.-1841 criou a Companhia de Crédito Nacional, depois transformada, por um Decreto de 25 de setembro de 1844, na Companhia Confiança Nacional, aprovando os seus estatutos[2467]. Tratava-se de uma sociedade com largo objeto social, podendo efetuar negócios variados e, igualmente, operações financeiras. Ela recebeu ainda, em 1845, a incumbência de fundar caixas económicas. A situação da Companhia Confiança Nacional, mercê do contínuo desvio dos seus fundos para o Estado, deteriorou-se rapidamente, vindo a ser-lhe concedida uma moratória, às suas promissórias, em 1846. O Banco de Lisboa beneficiou, também nesse ano, da suspensão do pagamento das suas notas[2468].

Como saída para mais esta crise operou-se, mediante fusão do Banco de Lisboa e da Companhia Confiança Nacional, por Decreto de 19 de novembro de 1846, a criação do Banco de Portugal[2469]. Cumpre reter os artigos 9.º e 10.º deste diploma:

[2466] Aquando da feitura da Lei de 23-jul.-1834, SILVA CARVALHO, a propósito do papel moeda, considerou-o "... operação financeira uma das mais absurdas e como ato do Governo, uma espoliação da propriedade, para não lhe chamar um roubo nacional"; cf. MEIRA DO CARMO, *Dívida pública portuguesa* cit., 48.

[2467] LUCIANO CORDEIRO, *A questão do privilégio do Banco de Portugal* cit., 62 ss..

[2468] Um quadro com os montantes anuais dos empréstimos feitos pelo Banco de Lisboa e pela Companhia Confiança Nacional ao Governo pode ser confrontado em LUCIANO CORDEIRO, *A questão do privilégio do Banco de Portugal* cit., 66.

[2469] A fusão foi promovida pela ideia política de salvar os portadores de promissórias emitidas pela Companhia, tendo sido criticada; *vide* COSTA LEITE (LUMBRALES), *Organização Bancária Portuguesa* cit., 59 e ALBERTO LUÍS, *O banco central* em *Direito bancário* (1985), 5-20 (6 ss.), bem como, entre os clássicos, HENRIQUE MATHEUS DOS SANTOS, *O Banco emissor* cit., 13 ss..

708   *Obrigações pecuniárias*

Art. 9.º Desde a publicação do presente Decreto o activo e o passivo da Companhia Confiança Nacional se considerarão reunidos ao activo e passivo do Banco de Lisboa, que tomará o nome de Banco de Portugal.

Art. 10.º Até ao fim do ano de 1876 o Banco de Portugal terá o privilégio exclusivo de emittir, no Continente do Reino, Notas ou Obrigações pagáveis à vista ao portador; e a nenhumas outras Corporações ou pessoas será permittida esta emissão.

Os estatutos do BP foram confirmados pela Carta de Lei de 26 de dezembro de 1846. O BP recebeu o privilégio exclusivo de emissão de notas ou obrigações no Continente, salva a emissão já permitida ao Banco Comercial do Porto. A remição das notas do Banco de Lisboa foi prosseguindo, com lentidão. Embora prejudicada pela contínua concessão de créditos ao Estado, a criação do BP assinala uma nova fase na evolução do sistema financeiro nacional.

II. O aparecimento da banca, como categoria geral, data da segunda metade do século XIX. A Lei de 22 de junho de 1866 regulava a constituição de instituições bancárias, dispondo a Lei de 22 de junho, do ano seguinte, sobre os termos nos quais as casas de misericórdia, hospitais, irmandades e companhias a poderiam levar a cabo e quais os atos ao seu alcance.

Aproveitando uma Lei de 16 de abril de 1850, na qual se pôs termo ao monopólio de emissão de notas no Continente, detido pelo Banco de Portugal desde 1846, reduzindo-o ao distrito de Lisboa, proliferaram os bancos [2470]: Banco Mercantil Portuense (1856), Banco União (1861), Banco Aliança (1863), Banco do Minho (1864), Banco Comercial (1873) e Banco de Guimarães (1873). De 5 bancos, em 1858, chegou-se a 51, em 1875 [2471]. A crise económica abalou o sistema, em 1876 [2472]; não foi, porém, suficiente para obrigar a uma revisão de fundo: a solidez do BP permitiu a manutenção

---

[2470] Segundo o artigo 50.º da referida Lei de 1850, a constituição dos bancos era livre; não poderiam, todavia, funcionar sem prévia confirmação do poder legislativo.

[2471] A emissão de notas, quer pelo BP, quer pelos restantes bancos era reduzida: o abalo causado pelas antigas emissões do Banco de Lisboa demolira a confiança do público nas notas.

[2472] Como escrito da época, cabe citar LUCIANO CORDEIRO, *A crise e os bancos* (1877), focando, por exemplo – III ss. – a "febre bancaria". Do mesmo ano e do mesmo Autor, *vide Os bancos e os seus directores*, de sentido moralizador.

§ 52.º A moeda e o sistema financeiro (excurso)   709

do esquema existente. Apenas em 1887, mediante novo contrato celebrado com o BP, o Estado conferiu a este poderes que o elevavam a banco central, ainda que só muito mais tarde este termo fizesse a sua aparição: exclusivo da emissão de notas, poder de fixar a taxa de juro reguladora das operações das outras instituições e banqueiro do Estado, designadamente.

Em 1891 estalou uma crise monetária e económica bem mais complexa. As medidas então tomadas envolveram, mediante compensação através da concessão de créditos, a supressão do direito de emitir notas, aos bancos que o haviam conservado, tendo o BP, por contrato de 2 de dezembro de 1891, visto reforçada a sua função de banco central: banco emissor, "... como prestamista de última instância do sistema de crédito e regulador dos mercados monetário e cambial"[2473].

O Decreto de 12 de julho de 1894, do Governo de Hintze Ribeiro, estabeleceu o primeiro quadro normativo geral da atividade bancária, em Portugal.

Na síntese de Ramos Pereira, nos finais do século XIX, a estrutura bancária portuguesa tinha as seguintes grandes linhas[2474]:

– o Banco de Portugal;
– a Caixa Geral de Depósitos, fundada em 10 de abril de 1876, como instituto de crédito público;
– múltiplos bancos comerciais e casas bancárias, com diversas instituições de crédito mais ou menos especializadas;
– diversas caixas económicas.

As regras materialmente bancárias eram, porém, pouco vincadas: o aparecimento das instituições antecedeu, aqui, com alguma frequência, o das suas regras. De certo, toda a panorâmica bancária nacional, no século XIX, viveu dominada pelo problema do défice do Estado, permanente, desde 1860 a 1910[2475].

III. Com a República, foram publicados diplomas relevantes, de certo conteúdo social. O Decreto com força de lei de 1 de março de 1911 organizou o crédito agrícola, fixando as regras das caixas de crédito agrícola mútuo. A reforma de 22 de maio de 1911 remodelou o sistema

---

[2473] Quanto à função do "banco emissor", na linguagem da época, cf. THOMAZ CABREIRA, *O problema bancário portuguez* (1915), 59 ss..

[2474] RAMOS PEREIRA, *O sistema de crédito* cit., 1, 37. Quanto ao Decreto de 12 de julho de 1894: COLP 1894 (1895), 593-597, sendo de salientar o seu interessante preâmbulo.

[2475] THOMAZ CABREIRA, *O problema financeiro e a sua solução* (1912), 29 ss..

710   *Obrigações pecuniárias*

financeiro e instituiu o escudo-ouro como unidade monetária. A I Guerra Mundial provocou múltiplas perturbações com relevo para a desvalorização da moeda[2476].

A organização bancária veio a ser reorganizada pelo Decreto n.º 10.634, de 20 de março de 1925 [2477], que não chegou a ser regulamentado. Seguiu-se-lhe a Lei n.º 1:894, de 11 de abril de 1935 [2478], que logo no seu artigo 1.º, reservava as funções de crédito, no continente e nas ilhas, para:

1.º O Estado e os seus institutos de crédito;
2.º Os bancos emissores;
3.º A Companhia Geral de Crédito Predial Português;
4.º As instituições comuns de crédito.

Estas últimas, por seu turno, agrupavam – artigo 2.º:

1.º Os estabelecimentos bancários autorizados;
2.º As caixas económicas;
3.º As cooperativas de crédito.

Eram, depois, inseridas diversas normas, destinadas a assegurar a solidez do sistema. De novo não foi adotada a regulamentação subsequente.

IV. Chegamos, assim, ao Decreto-Lei n.º 41.403, de 27 de novembro de 1957 [2479] (Oliveira Salazar). A aprovação deste diploma foi precedida pela publicação da competente proposta do Governo [2480], que obteve um circunstanciado parecer da Câmara Corporativa [2481].

O quadro geral, fixado pelo novo diploma, começava por reservar, para o Estado e para as instituições de crédito, o exercício das funções de

---

[2476] Quanto ao Decreto de 22 de maio de 1911: COLP 1911 (1912), 929-932.

[2477] Sobre este diploma, *vide* RAÚL HUMBERTO DE LIMA SIMÕES, *Crédito bancário* (1930), 53 ss..

[2478] *DG*, I Série, n.º 83, de 11-abr.-1935, 488-490.

[2479] *DG*, I Série, n.º 269, de 27-nov.-1957, 1235-1240.

[2480] Trata-se do projeto de proposta de lei n.º 525, ACC n.º 120, de 27-mai.-1957; o projeto vem antecedido por um relatório esclarecedor.

[2481] Parecer n.º 56/VI, ACC n.º 127, de 26-set.-1957; todos estes elementos podem ser confrontados em ANTÓNIO PIRES MACHADO, *Sistema bancário/Notas aos Decretos-Leis n.os 41.403, 42.611 e 46.492* (1965); esta obra constitui como que uma 2.ª ed. do livro *Sistema de crédito e estrutura bancária, I – Notas ao Decreto-Lei n.º 41 403* (1958).

§ 52.º A moeda e o sistema financeiro (excurso)   711

crédito e demais atos inerentes à atividade bancária – artigos 1.º e 2.º[2482].
Eram consideradas instituições de crédito – artigo 3.º:

a) *Os institutos de crédito do Estado* – essencialmente, a Caixa Geral de Depósitos;
b) *Os bancos emissores* – o Banco de Portugal e os bancos ultramarinos, existentes na altura;
c) *Os bancos comerciais*;
d) *Os estabelecimentos especiais de crédito*, que abrangiam – artigo 3.º, § 2.º – os bancos de investimento, as caixas económicas, as cooperativas de crédito e a Companhia Geral de Crédito Predial Português.

O artigo 5.º permitia o exercício de funções de crédito, a pessoas singulares ou coletivas, não compreendidas na enumeração do artigo 3.º; trata-se da figura que veio a ser formalizada pelo Decreto-Lei n.º 42.641, de 12 de novembro de 1959.

As potencialidades – aliás modestas – abertas pelo Decreto-Lei n.º 41.403 só lentamente foram aproveitadas. Apenas a 13 de novembro de 1958, o Decreto-Lei n.º 41.957 instituiu o primeiro banco de investimento. O Decreto-Lei n.º 49.273, de 27 de setembro de 1969, criou a Sociedade Financeira Portuguesa, de difícil enquadramento.

O estabelecimento de novos bancos, dependente de autorização, era dificultada. Os existentes só com lentidão iam ampliando o naipe de serviços oferecidos ao público.

V. O marco subsequente, na evolução do sistema financeiro nacional, foi constituído pela nacionalização da banca comercial portuguesa, ocorrida na Revolução de 1974-1975[2483].

O Decreto-Lei n.º 132-A/75, de 14 de março, do Conselho da Revolução, nacionalizou os bancos comerciais. Como instituições privadas, para além dos bancos estrangeiros, apenas deixou subsistir as caixas económicas e as caixas de crédito agrícola mútuo, numa postura sedimentada

---

[2482] Quanto ao cenário do Decreto-Lei n.º 41.403, já com diversos elementos de atualização, SIMÕES PATRÍCIO, *Curso de Direito económico* cit., 806 e AUGUSTO DE ATHAYDE/ LUIS BRANCO, *Direito Bancário* cit., 1, 20 ss..

[2483] Portugal é, assim, o único País ocidental onde foi tomada tal medida; as nacionalizações francesas de 1981 e 1982 ficaram aquém; *vide* ALBERTO LUÍS, *Aspectos da administração da banca pública*, em *Direito bancário* (1985), 21-64 (21).

pelo Decreto-Lei n.º 729-A/75, de 22 de dezembro, que regulando a banca nacionalizada, veio definir, em globo, as instituições de crédito atingidas como "... pessoas coletivas de direito público, dotadas de autonomia administrativa e financeira, com a natureza de empresas públicas" – artigo 2.º.

Para além desta afirmação de princípio, pouco significativa, uma vez que, nas relações exteriores, os bancos nacionalizados agiam em termos de Direito privado, o Decreto-Lei n.º 729-F/75, de 22 de dezembro, limitava-se, na prática, a consagrar a orgânica dos bancos nacionalizados: conselho de gestão e comissão de fiscalização – artigo 7.º. Um troço do seu preâmbulo permite apreender as preocupações formais e substanciais do legislador:

> A instabilidade que tem caracterizado a vida política do País constituirá suficiente explicação para o facto de as previstas medidas legislativas não terem sido, ainda, objecto de publicação, mas compreender-se-á o desejo e a preocupação do Governo de, o mais depressa possível, dar completa execução ao texto que constitui um dos mais firmes passos no processo de transição para o socialismo.
>
> Dado o carácter urgente deste diploma, os esquemas agora adoptados deverão sofrer adequada reformulação logo que, a nível geral, se defina o quadro institucional em que deverá moldar-se a intervenção dos trabalhadores no domínio da gestão e orientação global da economia. Só assim se evitará a constituição duma superestrutura social dependente do Estado, portadora das já conhecidas tendências para a burocratização com prejuízo da participação efectiva e concreta que aos trabalhadores em geral deve caber em sistema de transição para o socialismo.

O Decreto-Lei n.º 729-F/75, de 22 de dezembro, que apesar do seu sentido provisório se manteve longamente em vigor, foi diversas vezes alterado, designadamente pelos Decretos-Leis n.º 513/77, de 14 de dezembro, n.º 51/79, de 22 de março e n.º 176/79, de 7 de junho.

O esquema coletivista resultante da Revolução foi reforçado pela Lei n.º 46/77, de 8 de julho, a qual *veda a empresas privadas e outras entidades da mesma natureza a atividade económica em determinados sectores*. Este diploma apenas permitia a atividade privada de caixas económicas, de caixas de crédito agrícola, de sociedades de desenvolvimento regional e das instituições parabancárias, "... designadamente sociedades de investimento" – artigo 3.º/2. Previa-se – n.º 4 – uma regulamentação deste sector, que só muito lentamente viria a surgir.

A nível mais estritamente bancário, cabe referir a publicação do Decreto-Lei n.º 455/79, de 30 de dezembro, que aprovou o Plano de Con-

§ 52.º A moeda e o sistema financeiro (excurso)

tas para o Sistema Bancário. O Estado recebia os lucros da banca, como decorre de toda a situação, então vivida.

VI. A socialização portuguesa de 1974/75 ocorreu com décadas de atraso. Processou-se em franco contraciclo, quer sócio-económico, quer geo-estratégico. Restabelecida, com a Constituição de 1976, a democracia formal, bastaria aguardar o funcionamento das normas e a tradicional permeabilidade do País – que conta muitos milhões de concidadãos no estrangeiro – às ideias europeias, para inverter as opções. Isso sucedeu bem mais depressa do que seria expectável na época.

Efetivamente, a restritiva Lei n.º 46/77 foi alterada pelo Decreto-Lei n.º 406/83, de 19 de novembro, de modo a reabrir, à iniciativa privada, a atividade bancária. O Decreto-Lei n.º 51/84, de 11 de fevereiro, permitiu a constituição de bancos comerciais e de investimento privados. Seguir-se-iam novas regulamentações e, por fim, após a Revisão Constitucional de 1989, a reprivatização dos bancos nacionalizados[2484].

Toda esta evolução foi marcada, de certo modo, pela suspeita oficial em relação à iniciativa privada, no domínio do sector financeiro – suspeita essa que, curiosamente, lavrou antes e depois de 1974, ainda que por razões distintas. E assim, as diversas instituições foram-se desenvolvendo em termos fragmentários e pouco racionais.

A matéria foi objeto de sucessivos arranjos, já sob a influência da integração europeia[2485]. Finalmente, ocorreu a reforma de 1992 (Cavaco Silva/Braga de Macedo), que aprovou o RGIC, em cujo domínio nos movemos. Trata-se de Direito vigente[2486], que exige um circunstanciado estudo de Direito bancário. *Grosso modo*, o sistema é supervisionado pelo Banco de Portugal, que integra o Banco Central Europeu e que é independente do Governo. As diversas instituições de crédito devem manter elevados parâmetros prudenciais, adequando o crédito que concedam às suas reservas e respeitando regras de bom funcionamento, explicitadas em

---

[2484] Quanto à evolução da Constituição de 1976, *vide* SOUSA FRANCO/OLIVEIRA MARTINS, *A constituição económica portuguesa/Ensaio interpretativo* (1993), 132 ss..

[2485] *Manual de Direito bancário*, 4.ª ed., 104 ss..

[2486] *Idem*, 857 ss..

714   *Obrigações pecuniárias*

diretrizes do Banco Central. A crise de 2007/2014 levou, até agora, apenas a algumas medidas pontuais, mantendo-se o sistema inalterado[2487].

225. O euro

I. Atualmente, o sistema financeiro português integra-se no sistema europeu, cuja face mais visível é o euro.

O euro teve como antecedente imediato o *ecu* (de *European Currency Unit*): uma moeda compósita, escritural e cujo valor derivava de um cabaz representativo das diversas moedas europeias, tendo cada uma a ponderação correspondente ao peso económico do respetivo país. Paralelamente, operava o Serviço Monetário Europeu (SME), que visava estabilizar as variações cambiais entre as várias moedas da Comunidade[2488].

O Tratado de Maastricht (1992) inscreveu, entre os objetivos da União, o estabelecimento, a termo, de uma moeda única: o *ecu*. Mais tarde, seria adotada a expressão euro.

> A escolha do termo "euro" tem a sua história. À partida, ficaria ecu: expressão aceitável que corresponderia ao nosso escudo e a uma velha medida monetária francesa. Todavia, em alemão, "um ecu" (*eine Ecu*) soa como *eine Kuh* (uma vaca), numa circunstância risível, para mais num País muito ligado à *deutsche Mark*, símbolo do êxito económico do pós-guerra e, ainda hoje, base do euro. Os alemães chegaram a propor, para ultrapassar o problema, a adoção do *Frank*, como moeda europeia. Foi ainda sugerido o sestércio: a velha moeda romana que, de facto, circulou em grande parte da Europa.
>
> Finalmente: seja pela simplicidade, seja pelo *marketing* implícito, ficou-se, no Conselho de Madrid de 15-16 de dezembro de 1995, pelo euro.

II. A introdução do euro deu origem a regras europeias e a regras nacionais, que cumpre conhecer. A nível europeu, cabe assinalar:

> – o Regulamento n.º 1103/97/CE, do Conselho, de 17 de junho de 1997, relativo a certas disposições respeitantes à introdução do

---

[2487] *Vide* o nosso *A tutela do consumidor de produtos financeiros e a crise mundial de 2007/2010*, ROA, 2009.

[2488] Quanto à evolução que conduziu ao euro: FRANK SCHORKOPT, *Die Einführung des Euro: der europäische und deutsche Rechtsrahmen*, NJW 2001, 3734-3742 (3734 ss.) e BERTHOLD WAGNER, *Von der Deutschen Mark zum Euro*, NJW 2001, 3743-3746.

§ 52.º A moeda e o sistema financeiro (excurso)

euro; este instrumento substituiu, designadamente, o anterior *ecu* pelo euro (2.º) e firmou o princípio da manutenção dos atos jurídicos (3.º); foi alterado pelo regulamento n.º 2595/2000, do Conselho, de 27 de novembro de 2000;

– o Regulamento n.º 974/98/CE, do Conselho, de 3 de maio de 1998, relativo à introdução do euro; estabelece o euro como a moeda dos Estados-Membros participantes, a partir de 1-jan.-1999 (2.º), fixando um período de transição (5.º a 8.º e 9.º) e dispondo sobre notas e moedas expressas em euros (10.º a 12.º); foi alterado pelo Regulamento n.º 2596/2000, do Conselho, de 27 de novembro de 2000;

– o Regulamento n.º 2866/98/CE, do Conselho, de 31 de dezembro de 1998: aprovou as taxas de conversão entre o euro e as moedas dos Estados-Membros que o adotam; recordamos que um euro passa a equivaler a 200$482; foi alterado pelo Regulamento n.º 1478/2000, do Conselho, de 19 de junho de 2000, que aditou a taxa de conversão do dracma grego.

Tem interesse referir a Decisão do BCE de 6 de dezembro de 2001, que fixou a tabela de repartição das notas pelos diversos bancos centrais nacionais; por exemplo, à *Deutsche Bundesbank* cabem 27,8215%, contra 0,1695% para a *Banque Central du Luxembourg*. Ao nosso Banco de Portugal: 2,1845%[2489].

III. No plano interno, a introdução do euro deu lugar, entre outros, aos diplomas seguintes[2490]:

– Decreto-Lei n.º 138/98, de 16 de maio, que estabelece regras fundamentais a observar no processo de transição para o euro; retirou de circulação as moedas de $50 e de 2$50 (*vulgo*: cinco tostões e vinte

---

[2489] Outras decisões importantes do BCE são: a de 20-mar.-2003, relativas, respetivamente, às denominações, especificações, reprodução, troca e retirada de circulação de notas de euro e à execução de medidas contra a reprodução irregular de notas de euro e à troca e retirada de circulação de notas de euro e a de 29-set.-2003, referente a um procedimento comum para a mudança do desenho do anverso nacional das moedas em euro destinadas à circulação. Cf. MENEZES CORDEIRO/CARLA MORGADO, *Leis da banca*, 3.ª ed. (2005), 1384 ss..

[2490] Como elemento comparatístico: a introdução do euro operou, na Alemanha, através de leis de 9-jun.-1998, 24-mar.-1999 e 21-dez.-1998; cf. ALFRED DITTRICH, *Das Zweite Euro-Einführungsgesetz*, NJW 1999, 2015-2016 e *Das Dritte Euro-Einführungsgesetz*, NJW 2000, 487-488. Em geral: HARALD PLEWKA, *Umstellung auf den Euro* (1998).

716 *Obrigações pecuniárias*

e cinco tostões); admitiu, no período transitório, a contabilidade em escudos ou em euros; adotou regras de redenominação[2491]; fixou regras para a administração pública financeira;

– o Decreto-Lei n.º 343/98, de 6 de novembro, que alterou o Código Civil, o Código das Sociedades Comerciais e diversos outros diplomas, adaptando-os ao euro[2492];

– o Decreto-Lei n.º 131/99, de 21 de abril, relativo a cooperativas;

– o Decreto-Lei n.º 329/99, de 20 de agosto, referente à cunhagem das novas moedas metálicas, a efetuar pela Imprensa Nacional-Casa da Moeda, SA, a expensas do Estado.

O regime jurídico do euro foi, em especial, estudado aquando da sua introdução[2493].

IV. Boa parte do regime do euro visou assegurar a transição: em poucos meses, as moedas nacionais, com simbologias centenárias, foram substituídas pela nova moeda europeia[2494].

[2491] O artigo 14.º/3 deste diploma refere a expressão "cêntimo" do euro. Mal: no Conselho de Madrid, de 15 e 16-dez.-1995, foi decidido substituir o anterior *ecu* pelo euro, o qual se subdividiria em 100 *cent*; a expressão *cent* poderia conhecer variantes em uso nos diversos Estados e portanto: centavos, em Portugal: cf. o considerando 2 do Regulamento n.º 974/98, de 3 de maio. O euro divide-se em 100 centavos, de acordo com o vernáculo que todos – mesmo o legislador! – devem proteger. *Vide* o nosso *Vernáculo jurídico: directrizes ou directivas?*, ROA 2004, 609-614 (613).

[2492] Quanto à preparação deste diploma *vide* o nosso *Regime português do euro: um anteprojecto*, RFDUL 2001, 515-531.

[2493] Entre nós, cabe referir: JOSÉ SIMÕES PATRÍCIO, *Regime jurídico do euro* (1998), 433 pp., JOÃO CALVÃO DA SILVA, *Euro e Direito* (1999), 176 pp. e o nosso *Manual de Direito bancário*, 3.ª ed., 665 ss..

[2494] Além da bibliografia referida na nota anterior temos, quanto ao espaço português: JOSÉ SIMÕES PATRÍCIO, *Breve apresentação da moeda única europeia*, CMVM 4 (1999), 65-79, JERÓNIMO LOPES, *Impacto da moeda única no mercado de valores mobiliários português*, CMVM 4 (1999), 81-96, ISABEL UCHA, *Dívida pública: um mercado único?*, CMVM 4 (1999), 101-117, EDUARDO CASTILHO DOS SANTOS, *Métodos de redenominação/Valores mobiliários integrados na Central de Valores Mobiliários*, CMVM 4 (1999), 119-143, PAULO CÂMARA, *Obrigações indexadas e moeda única*, CMVM 4 (1999), 145-164, ALEXANDRE BRANDÃO DA VEIGA, *A redenominação como vicissitude de valores mobiliários*, CMVM 4 (1999), 167-180, MANUEL BOTELHO DA SILVA, *O euro e os conflitos de leis*, CMVM 4 (1999), 183-206, JOSÉ BRITO ANTUNES, *Período de transição: paradigma do processo de introdução do euro*, CMVM 4 (1999), 209-227, J. L. DUPLAT, *O impacto do euro nos mercados de valores mobiliários*, CMVM 5 (1999), 183-189 e

§ 52.º A moeda e o sistema financeiro (excurso)

Deve dizer-se que o processo decorreu com normalidade, em termos de surpreendente eficácia[2495].

Especial relevo prático teve o artigo 3.º do Regulamento n.º 1103/97, de 17 de junho, sobre o princípio da continuidade dos contratos. Retemos o seu teor:

> A introdução do euro não tem por efeito alterar qualquer termo previsto num instrumento jurídico, nem exigir ou dispensar da execução de qualquer obrigação decorrente de um instrumento jurídico, nem proporcionar a uma parte o direito de unilateralmente modificar ou pôr termo a esse instrumento jurídico. O presente artigo é aplicável sob reserva do que tiver sido acordado entre as partes.

Na base deste princípio, já se decidiu – e bem – que não é nula uma livrança preenchida em escudos, mesmo depois da retirada de circulação desta moeda, desde que tal preenchimento seja conforme ao acordo de preenchimento do título, anteriormente celebrado[2496].

A interiorização do valor de uma moeda faz-se ao longo da vida. Por isso, após a introdução do euro, a generalidade dos cidadãos comunitários continuou a "pensar" nas moedas nacionais, depois efetuando a conversão em euros. Esse fenómeno é particularmente mais fácil nos casos em que a taxa de conversão permita fáceis equiparações, ainda que aproximadas. Assim sucede na Alemanha, onde um euro vale dois marcos (1,95583) ou em Portugal, onde ele vale 200 escudos (200,482). Com o tempo, a necessidade de conversão mental esbateu-se.

Poderão surgir negócios celebrados em escudos[2497]. Nessa altura, eles são válidos, apenas cabendo operar a conversão em euros, à taxa oficial (6.º/2, do Regulamento n.º 974/98).

Para além destes aspetos, que se podem considerar manifestações tardias do período de transição, o euro rege-se pelo regime geral das

---

FERNANDO TEIXEIRA DOS SANTOS, *Os novos desafios para os mercados de capitais*, CMVM 10 (2001), 76-83.

[2495] Alguma doutrina – p. ex., SIEGFRIED KÜMPEL, *Bank- und Kapitalmarktrecht*, 3.ª ed. cit., 2567 – não considera a introdução do euro como uma verdadeira reforma monetária, comparável, por exemplo, à que, em 1948, estabeleceu o DM, na Alemanha.

[2496] RGm 18-jun.-2003 (MARIA ROSA TCHING), CJ XXVIII (2003) 3, 292-294 (293/II).

[2497] Em certas áreas, como no comércio nacional de antiguidades, a moeda de referência continuou a ser o escudo ou o conto. E em geral: referem-se, ainda, valores em réis (um escudo corresponde a mil réis), moeda suprimida em 1910.

718   *Obrigações pecuniárias*

obrigações pecuniárias, inserido no Código Civil e que, abaixo, iremos examinar.

V. Em termos práticos, o euro traduz uma enorme simplificação na vida dos europeus. Uma simples viagem por terra, até ao centro da Europa, obrigava os cidadãos portugueses a usar meia-dúzia de moedas, com perdas cambiárias, riscos de assalto e riscos de receção, de boa-fé, de moeda falsa. Tudo isso ficou resolvido, sendo ainda de notar que o euro é aceite, como meio de pagamento tabelado, em diversos países extra-europeus, em todos os aeroportos e nas grandes áreas comerciais do Mundo, lado a lado com a moeda local e o dólar norte-americano.

Aparentemente, a entrada em vigor do euro provocou uma subida alargada de preços, em toda a Europa[2498], numa asserção que os especialistas contestam, atribuindo-a a fatores psicológicos[2499].

A adoção de uma moeda forte nos países habituados a moedas fracas, induziu juros nominalmente baixos, provocando uma explosão no crédito. Todavia: o capital em dívida mantém o seu valor, ao contrário do que sucedia anteriormente, enquanto o rendimento pouco aumenta.

O Estado vê-se constrangido a uma política de acerto de contas, antes contornável com recurso à emissão monetária. As exportações perdem competitividade, degradando-se sem interrupção, com grave desequilíbrio para a balança comercial. A preocupação monetarista sobrepõe-se às demais: vejam-se os cortes nas verbas para as universidades e a investigação, com perdas graves, a todos os níveis, que demorarão anos e anos a inverter. A crise em curso tem conduzido a um enorme endividamento público, cujo epílogo custa a equacionar. Ela foi rematada pela iminência da quebra de pagamentos e pelo pedido internacional de auxílio (José Sócrates) com a subsequente celebração de um pacto de entendimento, com severas medidas de reequilíbrio, cuja aplicação está em curso.

VI. No plano político, o euro foi saudado como poderoso passo no sentido da unificação da Europa[2500]. Para os pequenos países, ele representou o *requiem* para a soberania plena. Recordemos que uma das primei-

---

[2498] Na Alemanha, o euro recebeu mesmo o sobrenome de *Teuro* (de *teuer*, caro).

[2499] Eva Traut-Mattausch/Stefan Schulz-Hardt/Tobias Greitemeyer/Dieter Frey, *Euro-Einführung: Die gefühlte Inflation*, Bank 2003, 372-375.

[2500] Tomado mesmo como exemplo; Barbara Dauner-Lieb, *Auf dem Weg zu einem europäischen Schuldrecht*, NJW 2004, 1431-1434 (1431), afirma que a elaboração

ras medidas nacionais de D. Afonso Henriques foi, no século XII, mandar cunhar moeda nacional (o Morabitino de Braga), cujo desenho surge, hoje, na face nacional das moedas de um e de dois euros. Será a perda da moeda nacional compensada pela capacidade de intervenção no seio das instituições europeias? Realisticamente: não. Aguardam-se as vantagens económicas e sociais da abdicação feita as quais, para já, não estão à vista.

---

de um código das obrigações para a Europa seria um passo no caminho da unificação quase tão importante ... como o euro.

§ 53.º AS OBRIGAÇÕES PECUNIÁRIAS

226. Nota evolutiva

I. As regras básicas relativas ao dinheiro eram conhecidas no Direito romano. A evolução da troca para a compra, através da introdução da moeda, ocorre em Paulo[2501]. Operava já, conscientemente, como bitola de valor. Não obstante, impunha-se um tratamento da moeda através do recurso às regras dos direitos reais[2502].

Surgiu a moeda: no início, ela não era contada mas, antes, pesada, de modo a determinar o seu valor intrínseco. Depois, o Estado romano passou a, nela, apor a sua marca, de modo a atestar o valor.

O sistema monetário romano, que se manteve estável durante séculos, previa um *aureus* (ouro), que valia: 25 *denarius* (prata), 100 *sestercia* (lata), 200 *dupondia* (bronze), 400 *assiae* (cobre), 800 *senis* (lata) e 1600 *quadranta* (cobre). O valor foi-se degradando no baixo-império, com a introdução de novas moedas, com distintos valores[2503].

O princípio do valor nominal fez a sua aparição: o dinheiro a usar nos pagamentos opera de acordo com a valia facial aposta nas moedas utiliza-

---

[2501] Paulo, D. 18.1.1. = BEHRENDS e outros, III, 439.

[2502] MAX KASER, *Das Geld im römischen Sachenrecht*, TS 29 (1961), 169-229 (173 ss.) e ANDREAS WACKE, *Die Zahlung mit fremden Geld/Zum Begriff des pecuniam consumere*, BIDR LXXIX (1976), 49-144. As obras de referência, quanto ao dinheiro no Direito romano, são as de KLAUS HASLER, *Studien zu Wesen und Wert des Geldes in der römischen Kaiserzeit von Augustus bis Severus Alexander* (1980), pp. 213 e de REINHARD WOLTERS, *Nummi signati/Untersuchungen zur römischen Münzprägung und Geldwirtschaft* (1999), pp. 475 pp., com gravuras.

[2503] Síntese em FRANK DORN, HKK/BGB cit., II/1, §§ 244-245, Nr. 16, nota 32 (441-442).

§ 53.º *As obrigações pecuniárias* 721

das. O pagamento com moeda falsa não liberava o devedor: este era, todavia, obrigado a restituir as espécies falsificadas[2504]. Explica Ulpiano[2505]:

> quia reproba pecunia non liberat solventem, reprobis videlicet nummis reddendis.

Nas obrigações pecuniárias, tornou-se de estilo a cláusula *probe dari* ou *probos reddere*: a pagar em boa moeda[2506]. No século IV, foi determinado o curso forçado do *solidus*[2507]: moeda de ouro criada por Constantino e que operou, depois, durante séculos.

II. Na Idade Média, a falta de um poder central eficaz e a multiplicação das cunhagens levou ao desaparecimento do nominalismo. A moeda passou a valor pelo seu teor metálico.

> Os carolíngios fixaram um sistema baseado na libra (prata), composta de 20 *solidi* subdivididos em 12 *dinari*. Este último tornou-se a unidade básica até ao século XIII, assim originando o nosso "dinheiro".

Em diversas ocasiões operou a desvalorização propositada da moeda, com a imposição do curso forçado e, daí, as habituais consequências do regresso à troca direta ou do recurso a moedas não oficiais[2508].

III. Na Idade Moderna, coube ao humanista Carolus Molinaeus (Charles Dumoulin), no seu *Tractatus commerciorum et usurarum redituumque et monetarum*[2509] formalizar a atual essência do dinheiro. Este *não vale pelo seu valor intrínseco (bonitas intrinseca)* mas, sim, pelo valor extrínseco *(bonitas extrinseca)* ou *valor impositus*, isto é: o valor legal que a moeda tenha, ao tempo da constituição da obrigação. Isto significa que se, depois da constituição da dívida, o dinheiro se valorizou, há vantagens para o credor; se se desvalorizar, a vantagem é para o devedor. Esta dou-

---

[2504] KLAUS HASLER, *Studien* cit., 82 ss..

[2505] Ulpiano, D. 13.7.24.1 = BEHRENDS e outros, III, 187-188.

[2506] Marcelo, D. 13.5.24 = BEHRENDS e outros, III, 160.

[2507] C. 11.11.1 = *Corpus iuris civilis* II (1880), ed. PAUL KRÜGER, 432-433. *Vide* SAVIGNY, *Obligationenrecht* cit., § 44, III (472).

[2508] *Vide*, com indicações, FRANK DORN, HKK/BGB cit., II/1, §§ 244-245, Nr. 18-25, (443-450).

[2509] *Vide* HELMUT COING, *Europäisches Privatrecht* cit., 1, § 91, II (471 ss., 474).

722   *Obrigações pecuniárias*

trina foi adotada oficialmente por diversos Estados europeus, a partir do século XVI[2510].

IV. As codificações não foram, no início, unânimes. O Código Napoleão, apesar de flutuações ocorridas durante a Revolução, manteve a tradição nominalista. Recordemos o seu artigo 1895.º[2511]:

A obrigação que resulta de um empréstimo em dinheiro não é senão e apenas a soma numérica enunciada no contrato.

O ALR prussiano (1794) e o AGBG austríaco (1811) conservaram o princípio do valor do metal[2512]. Todavia, a pandetística foi mais flexível. Deve ter-se presente que, antes da unificação alemã circulavam diversas espécies, incluindo notas de banco de vários emitentes. Assim, veio a admitir-se a seguinte contraposição[2513]:

- as partes podiam acordar no pagamento de certa quantia em dinheiro, traduzida em determinada quantidade de moeda explicitada: seria uma dívida pecuniária autêntica, uma vez que o pagamento deveria ser feito na espécie acordada, sob pena de mora do credor;
- as partes fixaram uma cifra que, todavia, poderia ser realizada sob qualquer outra espécie; caberia ao devedor escolher.

As primeiras são obrigações pecuniárias puras ou autênticas (a mesma espécie); as segundas, impuras ou não autênticas (apenas uma cifra)[2514].

V. Impôs-se, apesar de tudo, o princípio do valor do curso, especialmente propugnado por Savigny, com três escopos[2515]:

- o dinheiro deve ser avaliado de acordo com o valor facial, seja qual for a forma (metálica ou em papel) por que se exprima;

[2510] *Idem*, 475. *Vide* FRANK DORN, HKK/BGB cit., II/1, §§ 244-245, Nr. 26-30, (450-453).

[2511] O original usa a fórmula negativa, mais incisiva na língua francesa:

L'obligation qui resulte d'un prêt en argent, n'est toujours que de la somme numérique énoncée au contract.

[2512] FRANK DORN, HKK/BGB cit., II/1, Nr. 33 (455-456).

[2513] WINDSCHEID/KIPP, *Pandektenrecht* cit., 9.ª ed., § 256 (II, 52 ss.).

[2514] FRANK DORN, HKK/BGB cit., II/1, Nr. 35 (457).

[2515] SAVIGNY, *Obligationenrecht* cit., 1, § 40, 404-407.

§ *53.º As obrigações pecuniárias*

– o dinheiro deve operar como meio de pagamento abstrato de todas as realidades patrimoniais: compreende, em si, um poder patrimonial;
– esse valor não lhe advém do Estado mas da "crença geral" de que ele comporta esse valor.

O valor nominal do dinheiro e a sua ligação ao papel moeda acabou por ser firmado, juridicamente, em meados do século XIX[2516]. A concluir, vamos reter o artigo 727.º do Código de Seabra[2517]:

> Consistindo a prestação em réis, satisfaz o devedor pagando a mesma somma numerica, aindaque o valor da moeda tenha sido alterado depois do contracto.

Adiantamos, todavia que, dentro do ideário liberal, o próprio Código de Seabra admitia, por acordo, esquemas alternativos que precavessem o valor da moeda. As Ordenações, por vicissitudes várias, eram mais estritas[2518]:

> (…) será o vendedor obrigado receber qualquer moeda corrente lavrada de nosso cunho, ou dos Reys, que ante Nós foram na valia, que lhe per Nós fôr posta.

A regra era dobrada por expressiva norma penal[2519]:

> Qualquer pessoa, que engeitar nossa moeda verdadeira lavrada de nosso cunho, se fôr peão, seja preso e açoutado publicamente, e sendo homem, que não caibam açoutes, seja preso e degradado para a Africa por dous anos (…)

Tais sanções não terão tido aplicação: mas mostravam o empenho do Estado na soberania monetária.

[2516] LEVIN GOLDSCHMIDT, *Handbuch des Handelsrechts* I/2 (1868, reimp., 1973), 1060-1231, com indicações e *Zur Rechtstheorie des Geldes*, ZHR 13 (1868), 367-390

[2517] DIAS FERREIRA, *Codigo Annotado*, 1.ª ed., II (1871), 231.

[2518] *Ord. Filipinas*, Liv. IV, Tit. XXI, corpo = ed. Gulbenkian, 4/5, 802/I.

[2519] *Ord. Filipinas*, Liv. IV, Tit. XXII = ed. Gulbenkian, 4/5, 803/I.

724   *Obrigações pecuniárias*

227. Obrigações pecuniárias; o valor nominal

I. São obrigações pecuniárias aquelas cuja prestação consista numa entrega em dinheiro[2520].

O Código Vaz Serra trata das obrigações pecuniárias de forma tri-partida[2521]. Distingue: obrigações de quantidade – o seu objeto traduz-se apenas por uma determinada quantidade ou soma de dinheiro, por exemplo, 100 euros; obrigações de moeda específica – o seu objeto é expresso não só numa determinada quantidade mas também na qualidade particular da moeda considerada; por exemplo, 100 euros, em moedas de 2; obriga-ções com curso legal apenas no estrangeiro[2522] – o seu objeto consiste em dinheiro que tenha curso legal noutro espaço jurídico. Esta classificação, que resulta dos artigos 550.º ss., 552.º e ss., e 558.º e ss., do Código Civil, dá lugar a termos interpenetráveis. De facto, as obrigações em moeda estrangeira podem também, por seu turno, ser de quantidade ou de moeda específica. Haveria, então, que apurar uma coordenação particular que englobe as diversas normas em presença.

II. A regra geral relativa às obrigações de quantidade vem referida no artigo 550.º do Código Civil, como princípio nominalista:

> O cumprimento das obrigações pecuniárias faz-se em moeda que tenha curso legal no País à data em que for efetuado e pelo valor nominal que a moeda nesse momento tiver, salvo estipulação em contrário.

[2520] Como exemplos a partir dos quais podem ser confrontadas múltiplas indica-ções, LARENZ, *Schuldrecht*, cit., I, 14.ª ed., 161 ss., JOSEF ESSER/EIKE SCHMIDT, *Schuldrecht* cit., I/1, 8.ª ed., 227 ss.. A obra de referência é a monumental anotação de KARSTEN SCH-MIDT, no Staudinger II, §§ 244-248, 13.ª ed. (1997), com o subtítulo *Geldrecht*, sendo, em Itália, de referir a também monumental anotação de Ascarelli aos artigos 1277.º a 1284.º do Código: TULLIO ASCARELLI, *Obbligazioni pecuniarie/art. 1277-1284* (1963), no *Commentario del códice civile* de Antonio Scialoja/Giuseppe Branca, XXXIV + 648 pp.. Entre nós, o desenvolvimento clássico continua a ser o de MANUEL DE ANDRADE, *Teoria geral das obrigações*, 3.ª ed. cit., 215-276.

[2521] Quanto à sua preparação: ADRIANO VAZ SERRA, *Obrigações pecuniárias*, BMJ 52 (1956), 5-228, com um extenso articulado em 32 artigos (*idem*, 302-336).

[2522] Trata-se das obrigações em moeda estrangeira; a atual perífrase foi incluída pelo Decreto-Lei n.º 343/98, de 6 de novembro, em face da introdução do euro: não é moeda nacional ... nem estrangeira; mas tem curso legal no País. Falaremos, correntemente, em moeda estrangeira, para designar toda a que se não exprima em euros; aliás, é essa a locução usada pelo artigo 3.º, *a*) e no artigo 5.º do Decreto-Lei n.º 295/2003, de 21 de novembro.

§ 53.º As obrigações pecuniárias 725

O princípio nominalista vale como preceito jurídico-normativo; não como produto emanente da própria moeda[2523]. A sua análise cabal implica a ponderação de vários aspetos que lhe estão subjacentes.

Em primeiro lugar, o princípio nominalista move-se no seio dos diversos "valores" atribuídos à moeda. Recorde-se que tais valores podem ser[2524]:

- valor nominal ou valor extrínseco, imposto por lei a cada moeda, e constando, de modo publicitado, dos exemplares que, em concreto, traduzam a moeda considerada;
- valor metálico ou valor intrínseco, que corresponde ao valor da matéria – do metal – incluída nas espécies monetárias, quando se pretendesse dar-lhe uma qualquer outra aplicação[2525];
- valor de troca[2526], que traduz o poder aquisitivo da moeda, isto é, a quantidade de mercadorias que a moeda considerada possa, efetivamente, proporcionar;
- valor corrente ou cambiário, que exprime a razão existente entre a moeda considerada e outras moedas estrangeiras; ainda aqui seria possível distinguir um valor corrente ou cambiário oficial de um valor de mercado, consoante se atenda a câmbios oficialmente fixados pelos bancos centrais ou instituições similares competentes ou a câmbios resultantes das leis do mercado livre.

O princípio nominalista diz, em primeiro lugar, que nas moedas de quantidade releva, apenas, o valor nominal ou extrínseco[2527].

III. O princípio nominalista, para além de mandar atender a um determinado valor da moeda que corresponde já a uma nítida emancipação dos

---

[2523] *Vide* TULLIO ASCARELLI, *Obbligazioni pecuniarie* cit., 94 ss..

[2524] MANUEL DE ANDRADE, *Obrigações pecuniárias*, RLJ 77 (1944), 17-20, 33-36, 51-52, 65-67, 81-83, 225-228 e 241-244 e RLJ 77 (1945), 353-357, incompleto; *vide* RLJ 77, 49 e ss..

[2525] O valor intrínseco releva, na prática, apenas perante moedas metálicas, donde o falar-se em "valor metálico"; com efeito, o valor intrínseco do papel-moeda – o valor do próprio papel, quando lhe fosse dada outra aplicação – é praticamente nulo. Além disso, as moedas metálicas correntes, designadamente as relativas ao euro e suas divisionárias, não têm qualquer valor significativo.

[2526] Fala-se, por vezes, em valor de troca interno para deixar claro o tratar-se do poder aquisitivo da moeda dentro do espaço jurídico considerado; contrapor-se-lhe-ia o valor de troca externo, o que implica uma interpenetração com o valor corrente ou cambiário.

[2527] STJ 12-jun.-2012 (GREGÓRIO SILVA JESUS), Proc. 521-A/1999.

726 Obrigações pecuniárias

níveis económicos – o valor nominal – tem ainda implícitos certos corolários que lhe dão uma expressão plena.

Assim, a moeda legal tem um poder liberatório irrecusável pelo seu valor nominal; efetivamente, quando, pelas regras económicas, surjam desvios entre o valor nominal da moeda e os outros valores acima referidos – o valor metálico, o valor de troca ou o valor corrente ou cambiário – apenas uma regra jurídica muito particular poderia dar uma certa consistência ao primeiro; tal regra é a do poder liberatório, isto é, a faculdade reconhecida à moeda com curso legal de provocar, através do cumprimento, a extinção das obrigações que exprima, pelo seu valor nominal ou facial [2528].

O valor nominal relevante é o do cumprimento; pactuada uma obrigação por certo valor – ou tendo-se ela, a qualquer título, constituído – e sobrevindo, depois, alterações no valor económico em jogo, é sempre pelo valor facial no momento do cumprimento que se afere o poder liberatório em jogo; recorde-se o acima citado artigo 727.º do Código de Seabra.

IV. O risco das alterações no valor da moeda corre, indiferentemente, pelos devedores ou pelos credores, consoante o sentido da modificação; em princípio, a valorização da moeda sobrecarrega o devedor, enquanto a desvalorização onera o credor; esta asserção é, na prática, totalmente teórica: bem se sabe que o sentido geral da evolução das moedas – mesmo fora dos períodos de inflação marcada – vai no sentido da desvalorização; a distribuição do risco operada pelo princípio nominalista faz-se, pois, a favor dos devedores [2529], podendo mesmo considerar-se como um dos pilares do apregoado princípio do *favor debitoris*.

Tudo isto pode ser retirado do artigo 550.º do Código Civil.

V. Assinale-se que a introdução do euro não perturbou minimamente o princípio nominalista. O artigo 3.º do Regulamento n.º 1103/97, de 17 de

---

[2528] O poder liberatório irrecusável manifesta-se nas obrigações que, à partida, sejam pecuniárias; mas ocorre também nas obrigações indemnizatórias por danos ou por incumprimentos inultrapassáveis de prestações não fungíveis e em execuções específicas por prestações diversas, mas como modo de calcular o seu valor; *vide* BAPTISTA MACHADO, *Nominalismo e indexação*, sep. da RDES XXIV (1977), 49-77 (51-52).

[2529] BAPTISTA MACHADO, *Nominalismo e indexação* cit., 54. Como contrapartida desta vantagem, a obrigação pecuniária assume uma natureza genérica quase absoluta, que a torna insensível a dificuldades supervenientes; estas não poderiam justificar uma impossibilidade de cumprimento, salva a hipótese académica do desaparecimento da moeda.

§ 53.º As obrigações pecuniárias 727

junho, fixou a regra da manutenção dos instrumentos jurídicos anteriores. Apenas há que aplicar a taxa de conversão do Regulamento n.º 2866/98, de 31 de dezembro (1.º): 200,482, quanto ao nosso escudo[2530].

228. As exceções ao nominalismo

I. As exceções ao nominalismo dão azo a permissões legais de atualizar as prestações pecuniárias. Genericamente previstas no artigo 551.º do Código Civil, tais permissões de atualização ocorrem, por exemplo, na indemnização em renda vitalícia ou temporária – artigo 567.º, n.º 2 –, nas obrigações de alimentos – artigo 2012.º[2531] –, nas tornas em dinheiro quando ocorram partilhas em vida – artigo 2029.º, n.º 3 – e nas doações em dinheiro sujeitas à colação e nos encargos que as onerem ou sejam cumpridas pelo donatário – artigo 2019.º, n.º 3, todos do Código Civil. Um campo fértil em hipóteses de atualização é o do arrendamento, hoje visado no artigo 1077.º do Código Civil.

II. O artigo 551.º do mesmo Código remeteu, nos casos de atualização, para certos indicadores, procurando pôr cobro a uma viva discussão anterior[2532].

229. Obrigações em moeda estrangeira; obrigações próprias e impróprias; juros

I. A existência, no Planeta, de vários espaços jurídico-económicos conduz à possibilidade de obrigações em moeda estrangeira – desde 1998: moeda com curso legal apenas no estrangeiro –, também chamadas obrigações valutárias.

[2530] *Vide* uma aplicação do princípio em causa da estabilidade dos contratos em STJ 13-jul.-2004 (OLIVEIRA BARROS), CJ/Supremo XII (2004) 2, 160-163 (161/II).

[2531] RLx 7-abr.-2011 (HENRIQUE ANTUNES), Proc. 9079/10.

[2532] No âmbito dessa questão surgiu o estudo citado de MANUEL DE ANDRADE, *Obrigações pecuniárias*, 1944. Intervieram no debate, entre outros, VAZ SERRA e a *Revista dos Tribunais*. O tema foi contemplado num desenvolvido Parecer do MP de 10-nov.-1962, BMJ 142 (1965), 197 a 206, e deu lugar ao assento do STJ(P) de 4-dez.-1964 (SIMÕES DE CARVALHO; tem vários votos de vencido), BMJ 142 (1965), 215-218 (217), anotado por VAZ SERRA, RLJ 98 (1965), 136-145.

728   *Obrigações pecuniárias*

Na obrigação em moeda estrangeira ocorre, desde logo, um débito pecuniário, válido em face de determinada ordem jurídica; simplesmente o objeto desse débito recai sobre uma moeda diferente da do espaço correspondente à ordem jurídica considerada[2533].

A possibilidade, perante a ordem jurídica portuguesa, de estipular em moeda com curso legal apenas no estrangeiro, resulta do artigo 558.º do Código Civil; esta disposição, embora não o disponha de modo direto, pressupõe a validade de cláusulas a tanto destinadas. A presença de obrigações em moeda estrangeira pode advir de estipulações diretas ou indiretas: diretas, quando as partes insiram, nos seus instrumentos negociais, cláusulas que imponham, como objeto de vínculo, uma moeda estrangeira; indiretas, sempre que o recurso à moeda estrangeira resulte de preceitos contratuais dirigidos a outras latitudes: por exemplo, de cláusulas penais ou da lei aplicável a certas obrigações.

As estipulações de moeda estrangeira, seja qual for a forma que assumam, podem ainda destinar-se a dois objetivos distintos: o de prevenir uma particular instabilidade da moeda nacional e, designadamente, a evitar os inconvenientes que possam advir, para as partes, da sua desvalorização; o de facultar às partes o manusear de certa moeda, por razões de outra ordem: por exemplo, o credor pretende obter, no cumprimento, moeda de certa nacionalidade, para ulteriores aplicações.

Quando tenha lugar em países cuja moeda esteja marcada pela depreciação, o recurso a obrigações valutárias visa, classicamente, evitar hipóteses de desvalorização[2534]; pelo contrário, nos países de moeda forte, a utilização de moeda estrangeira anda, em regra, ligada a negócios puramente cambiais[2535].

II. O recurso a obrigações em moeda estrangeira, seja qual for a forma por que tenha lugar e um tanto de acordo com o objeto que vise[2536], pode ainda assumir duas configurações bem distintas, na sua estrutura como no seu regime[2537]. Pode tratar-se: de obrigações valutárias próprias ou puras, quando

---

[2533] TULIO ASCARELLI, *Obbligazioni pecuniarie* cit., 366 ss..

[2534] Quanto à estipulação em moeda estrangeira, como forma de evitar a desvalorização da moeda nacional, BAPTISTA MACHADO, *Nominalismo e indexação* cit., 61 e ss..

[2535] Por isso e como exemplo, os comentaristas alemães conectam muitas vezes o problema das obrigações valutárias com a legislação relativa aos câmbios.

[2536] PHILIPP HECK, *Grundriss des Schuldrechts* cit., 60.

[2537] Esta contraposição, da maior importância, tem várias aceções. Cf. KARSTEN

§ 53.º As obrigações pecuniárias

o pagamento deva ser realizado em moeda estrangeira efetiva; de obrigações valutárias impróprias, impuras ou fictícias, quando as partes tenham pretendido utilizar a moeda estrangeira como bitola do valor da obrigação, podendo o cumprimento ter lugar na moeda nacional que equivalha ao quantitativo estrangeiro estipulado.

Manuel de Andrade introduziu uma terceira categoria, algo intercalar em relação às impróprias, e a que chamou obrigações valutárias mistas.

Nestas, as partes pretendem um efetivo cumprimento na moeda estrangeira, mas admitiram, para o devedor, a faculdade de pagar na moeda nacional[2538].

Ainda segundo Manuel de Andrade, as obrigações valutárias mistas estariam mais próximas da categoria das obrigações valutárias próprias ou puras[2539]: de facto, fácil é verificar que as partes, nelas, pretenderam lidar com efetiva moeda estrangeira e não, apenas, com o seu valor.

III. A referência a uma obrigação pecuniária expressa em certa moeda transcende, em muito, as meras categorias económicas subjacentes e que se prendem, como é sabido, com a ideia de dinheiro.

A obrigação pecuniária surge, no essencial, como um conceito jurídico[2540], dominado por regras de Direito, a saber:

- o nominalismo, com os seus corolários acima examinados e, designadamente, o seu valor nominal, o seu poder liberatório irrecusável, o relevo do valor nominal referido, no momento do cumprimento e as regras implícitas relativas à distribuição do risco em ulteriores e eventuais modificações no valor;
- as delimitações negativas ao próprio nominalismo, formadas pelo conjunto dos casos em que o Direito admita a atualização das prestações;
- a configuração interna da utilização da moeda no espaço jurídico considerado, a saber: as regras que fixem um valor concreto para a moeda em causa; as regras que estabeleçam as espécies princi-

---

SCHMIDT, *Geldrecht* cit., 441. A sua introdução, entre nós, deve-se a MANUEL DE ANDRADE – por último, *vide* a sua *Teoria geral das obrigações*, 3.ª ed. cit., 270-271.

[2538] MANUEL DE ANDRADE, *Teoria geral das obrigações* cit., 271.

[2539] *Idem*, loc. cit..

[2540] Quanto à juridicidade do dinheiro, cabe referir os clássicos: KARL FLESCH, *Die rechtliche Natur des Geldwechslergeschäfts*, JhJb 19 (1881), 309-372 (316 ss.) e F. RIETZER, *Die rechtliche Natur des Geldwechslergeschäfts*, JhJb 20 (1882), 201-264 (203 ss.).

pais e divisionárias; as regras que firmem o poder liberatório das espécies em causa; as regras relativas à convertibilidade da moeda presente ou ao seu curso forçado e aos termos em que tudo isso se processe; outras regras reportadas à utilização da moeda em jogo e que vão desde prazos de validade das espécies em que se exprima até às quantidades máximas de que se possa ser portador.

Quando as partes constituam obrigações valutárias próprias ou puras, não está em causa um pagamento a efetivar em moeda de certa nacionalidade: há, antes, uma verdadeira remissão para todas as regras aplicáveis à moeda estrangeira considerada, nos termos da ordem jurídica em que ela se integre e salvo, segundo os princípios gerais, a presença de conexões sectoriais mais fortes.

Quando, pelo contrário, as partes deem lugar a meras obrigações impróprias, impuras ou fictícias, apenas o valor da moeda estrangeira, em relação ao da nacional, está em causa; em tudo o mais aplicam-se, nos termos gerais, as regras próprias da ordem jurídica a que pertença a moeda nacional.

IV. A determinação da natureza pura ou impura de certa obrigação pecuniária em moeda estrangeira constitui um comum problema de interpretação contratual. Trata-se, em concreto, de averiguar a intenção das partes que estipularam a moeda estrangeira como objeto das suas vinculações e, designadamente, se está em causa verdadeira moeda estrangeira ou apenas o seu valor.

Sem absolutizações, a doutrina alemã recorre a um critério de grande oportunidade: o do local do cumprimento. Quando as partes remetam para a moeda estrangeira correspondente ao país onde o cumprimento deva ter lugar, haverá obrigação valutária pura: é de esperar que apenas essa moeda interesse, em tais circunstâncias, ao credor. Quando, pelo contrário, o cumprimento esteja previsto para o país da nacionalidade, é de crer que apenas o valor da moeda estrangeira motivou as partes: a obrigação valutária é impura ou fictícia.

Resta apurar a situação das obrigações valutárias mistas; a categoria tem tanto maior importância quanto é certo que a lei portuguesa a estabeleceu como regra subsidiária – artigo 558.º/1, do Código Civil[2541].

[2541] Tal como vem sendo entendido, perante uma disposição semelhante inserida no Código Civil alemão, deve considerar-se que a faculdade alternativa subsidiária constante do artigo 558.º/1, do Código Civil, pode ser afastada de modo consensual, isto é, com

A tal propósito, houve a oportunidade de citar a opinião de Manuel de Andrade, que merece inteiramente ser sufragada. A obrigação valutária mista, quando tenha sido acordada, aponta para a obrigação valutária própria: tanto as partes tiveram em vista um cumprimento em moeda estrangeira efetiva que convencionaram a moeda nacional como mera faculdade alternativa.

Quando, porém, a faculdade alternativa resulte da lei, ainda que subsidiária, há que ir mais longe na interpretação do contrato. Muito útil é, então, o critério do local do cumprimento, já examinado.

As obrigações em moeda estrangeira implicam, pois, vínculos bem caracterizados pelo seu objeto. Em causa estão as regras jurídicas que enquadrem a moeda estrangeira visada.

Tratando-se de obrigações valutárias puras ou próprias, há que lidar com o conjunto das regras relativas à moeda estrangeira em jogo; sempre, porém, que haja meras obrigações impuras, impróprias ou fictícias, apenas o valor da moeda estrangeira releva para o vínculo considerado.

V. As obrigações em moeda estrangeira vencem juros de acordo com a lei nacional respetiva. Trata-se de um ponto importante quando uma das moedas em presença, mercê de um processo inflacionista em curso no Estado respetivo, conheça taxas de juros muito elevadas, destinadas a compensar a depreciação do capital. Nessa altura, aplicar tal taxa a obrigações em moeda estrangeira equivaleria a um enriquecimento do credor, com ultrapassagem dos limites fixados para as taxas de juros internas. Além disso, semelhantes taxas de juros ficariam fora do que qualquer uma das duas leis em presença poderia pretender. Esta é a solução que defendemos[2542] e que veio a ser acolhida na jurisprudência[2543]. Se o pagamento

---

dispensa de formas particulares. Basta, para tanto, que as partes hajam manifestado, com clareza, uma vontade negocial do seu afastamento.

[2542] MENEZES CORDEIRO, *Obrigações em moeda estrangeira e taxas de juros*, O Direito 106-119 (1974/87), 119-145; Cf. também, o excelente estudo de JOSÉ SIMÕES PATRÍCIO, *Juros de mora nas obrigações valutárias*, BMJ 372 (1988), 5-48.

[2543] RLx 7-mai.-1987 (RICARDO DA VELHA), RDES XXX (1989), com anot. MENEZES CORDEIRO, *Compra e venda internacional, inflação e moeda estrangeira*, 69-93. Quanto à jurisprudência, cf. STJ 10-mai.-1988 (ELISEU FIGUEIRA; vencido: MENÉRES PIMENTEL), BMJ 377 (1988), 482-489, que sancionou uma condenação em marcos alemães com taxa de juro de 23% (!); já no sentido da boa doutrina, STJ 18-out.-1988 (CURA MARIANO), BMJ 380 (1988), 465-467 (numa indemnização em francos franceses, a taxa de juros legais a fixar, no caso de mora, é a que vigorar em França, no momento de paga-

732   *Obrigações pecuniárias*

ocorrer em moeda nacional, a jurisprudência tem apelado às taxas de juros do País[2544]. Em rigor, há que ver quando se fez a conversão: se for *ab initio*, vale a taxa nacional; se for no momento do pagamento, aplica-se a estrangeira.

230. Operações cambiais; evolução; a liberalização

I. A noção de operação cambial deriva, hoje, do artigo 3.º do Decreto--Lei n.º 295/2003, de 21 de novembro. Segundo esse preceito:

> 1 – São consideradas operações cambiais:
>
> *a)* A compra e venda de moeda estrangeira;
> *b)* As transferências de ou para o exterior expressas em moeda estrangeira, para liquidação de operações económicas e financeiras com o exterior.
>
> 2 – São equiparadas a operações cambiais:
>
> *a)* A abertura e a movimentação de contas em território nacional, nos livros das instituições autorizadas, em nome de não residentes;
> *b)* A abertura e a movimentação de contas em território nacional, nos livros das instituições autorizadas, em nome de residentes, expressas em moeda estrangeira, bem como em unidades de conta utilizadas em pagamentos ou compensações internacionais;
> *c)* A abertura e a movimentação no estrangeiro de contas de residentes.

Em suma: operações cambiais são fundamentalmente operações relativas a dinheiro não nacional, sendo-lhe ainda equiparadas operações com não residentes. O artigo 8.º do Decreto-Lei n.º 205/2003 consagra a liberdade de contratação e de liquidação de operações económicas e

---

mento), RLx 13-abr.-1989 (ZEFERINO FARIA), CJ XIV (1989), 2, 130-136 (*idem*, numa obrigação, também, em francos franceses), RPt 16-mai.-1989, (MARTINS COSTA), CJ XIV (1989) 3, 196-199 (*idem*, em marcos alemães), RLx 13-dez.-1990 (PEIXE PELICA), CJ XV (1990), 5, 138-139 (*idem*, francos franceses), REv 18-fev.-1993 (ÓSCAR CATROLA), CJ XVIII (1993) 1, 273-275 (*idem*, florins holandeses), RPt 14-dez.-1993 (ALMEIDA E SILVA), BMJ 432 (1994), 426 (o sumário) e RLx 28-set.-1995 (CRUZ BROCO), CJ XX (1995), 4, 95-96 (*idem*, dólares norte-americanos).

[2544] RPt 5-mai.-2003 (SOUSA LAMEIRA), CJ XXVIII (2003) 3, 165-166 e RLx 29-mai.-2003 (LÚCIA DE SOUSA), CJ XXVIII (2003) 3, 97-98 (98/I).

§ 53.º *As obrigações pecuniárias* 733

financeiras com o exterior. Antes não havia tal liberdade. O artigo 10.º do mesmo diploma apenas autoriza o comércio de câmbios às instituições de crédito e às sociedades financeiras para tanto habilitadas.

II. Pertence a uma tradição nacional, que remonta ao século XIV e às guerras da independência, a ideia de um monopólio estadual do tráfego cambiário[2545]. De outro modo, não surtiriam efeito as operações de quebra da moeda. Ao longo do tempo, a ideia foi evoluindo, acabando por se abrir o comércio aos banqueiros privados. Mas, ao sabor das crises, cedo se regressou a um controlo estadual, através do Banco Central, dessas operações. Durante o período subsequente à Revolução de 1974-1975, o combate oficial às operações com moeda estrangeira, não autorizadas, atingiu as dimensões de uma autêntica cruzada: o "tráfego de divisas" situava-se, na política do Estado português, a níveis hoje comparáveis aos dos discursos relativos à droga e à fuga fiscal. Assim, o Decreto-Lei n.º 181/74, de 2 de maio, previa prisão maior de dois a oito anos para quem praticasse operações cambiais com inobservância das disposições legais aplicáveis, num esquema aperfeiçoado pelo Decreto-Lei n.º 189/74, de 6 de maio. A medida exorbitante da pena foi revista pelo Decreto-Lei n.º 630/76, de 28 de julho. Este diploma, embora reduzindo a medida da pena, alargou o âmbito da matéria incriminada: de resto, essa legislação era conjugada com restritivos diplomas anteriores, designadamente o Decreto-Lei n.º 44 698, de 17 de novembro de 1962. Os tribunais eram, naturalmente, obrigados a aplicar tais preceitos[2546]. A lei tinha, contudo, uma aplicação esporádica: num País aberto ao exterior e com uma considerável percentagem da população trabalhando no estrangeiro, era quimérico fazer passar, pelo sistema financeiro oficial, todas as transações em moeda estrangeira. Uma política mais realista levou à publicação do Decreto-Lei n.º 13/90, de 8 de janeiro o qual, revogando a legislação anterior, reduziu as infrações cambiais a meras contra-ordenações[2547]. Não obstante, mantinha-se, ainda, um condicionalismo restritivo.

[2545] Donde as regras constantes das Ordenações, sobre o dever de aceitar a moeda cunhada pelo Rei e sobre as penas para quem a enjeitasse.

[2546] Por ex., RCb 3-out.-1986 (Vicente Pinto), CJ XI (1986) 4, 102-103 e RLx 19-abr.-1989 (Sá Nogueira), CJ XIV (1989) 2, 167-170 (caso DOPA).

[2547] Na transição de sistemas, STJ 27-jun.-1990 (Maia Gonçalves), BMJ 398 (1990), 346-354.

III. A liberalização subsequente foi promovida pela integração europeia, económica e monetária[2548]. Após a revisão introduzida pelo Decreto-Lei n.º 170/93, de 11 de maio, no Decreto-Lei n.º 13/90, de 8 de janeiro, o BP manteve o seu papel na regulação do mercado cambial, supervisionando as entidades autorizadas a exercer o comércio de câmbios – artigo 10.º. A intermediação dessas entidades manteve-se obrigatória – artigo 14.º. Não obstante, os pagamentos a residentes, por não residentes, podem ter lugar em moeda estrangeira – artigo 15.º – assim como é facultada a residentes – artigo 17.º,

> (...) a utilização de qualquer meio de pagamento em escudos ou moeda estrangeira a favor de não residentes e a utilização de outros meios de pagamento para liquidação de operações de mercadorias, de invisíveis ou de capitais, bem como de despesas associadas a deslocações e estada no estrangeiro.

Segundo os artigos 20.º e 21.º do Decreto-Lei n.º 13/90, na redação dada pelo Decreto-Lei n.º 170/93, eram livres a abertura e movimentação de contas nacionais em moeda estrangeira e de contas estrangeiras, a abertura e movimentação, por residentes, de contas junto de instituições não residentes e a realização, por residentes, de operações de compra e venda de moedas estrangeiras com entidades não residentes.

As operações correntes e de capitais com o exterior eram reguladas pelo Decreto-Lei n.º 176/91, de 14 de maio. O Decreto-Lei n.º 170/93, de 11 de maio, revogou, contudo, os artigos que enumeravam as operações sujeitas a autorização – artigos 10.º a 12.º. Apenas se manteve o poder do BP de, em caso de dificuldades ou de crise súbita na balança de pagamentos, aprovar medidas restritivas de exceção.

IV. Uma efetiva liberalização das operações com moeda estrangeira foi alcançada pelo Decreto-Lei n.º 295/2003, de 21 de novembro, que revogou a legislação anterior. Hoje, apenas o exercício profissional do comércio de câmbio fica reservado a entidades autorizadas.

Sem prejuízo dos poderes prudenciais do Banco de Portugal e demais autoridades com competência cambiária, podemos considerar que as operações cambiais regressam, entre nós, ao Direito privado, comum, comercial ou bancário.

[2548] Especialmente pela Diretriz n.º 88/361/CEE, de 24 de junho, cuja doutrina foi, depois, integrada no Tratado da União.

§ 53.º As obrigações pecuniárias   735

No fundo, elas traduzem um modo de atuação jurídica, em moeda estrangeira – ou não nacional – suscetível de enformar quaisquer contratos. A dogmática das obrigações pecuniárias em moeda estrangeira dobra, assim, as regras próprias dos diversos atos.

Podem os particulares estipular, licitamente, moeda estrangeira (ou sem curso legal), honrando, depois, as suas obrigações nessa mesma moeda.

§ 54.º OS JUROS

231. Aspetos gerais; a sua legitimidade

I. A obrigação de juros ou, simplesmente, os juros, correspondem a uma remuneração pelo uso do capital alheio. Tradicionalmente, o seu montante calcula-se aplicando uma taxa ao montante do capital em dívida, taxa essa que, hoje, opera em base anual. No Direito romano praticava-se a *centesima usura*: 1% ao mês ou 12% ao ano[2549].

A obrigação de juros pressupõe, assim, uma outra – a de capital. Posto isso, ela é determinada em função do montante desta, da sua duração e de uma determinada relação que se estabelece entre elas: a taxa, em regra, como foi dito, de base anual. A prestação de juros não tem de ser pecuniária[2550]; é-o, porém, e em regra.

II. A questão da legitimidade dos juros está na base da maior discussão existente no seio do hoje chamado Direito bancário[2551].

O pensamento grego, na vertente aristotélica, considerava o dinheiro estéril: logo não poderia originar juros. A lei judaica, por seu turno, só permitia a cobrança de juros nas relações com estranhos: não entre judeus. O Novo Testamento contém, igualmente, apelos à gratuitidade dos empréstimos. Toda esta tradição tem um fundamento histórico: o mútuo,

---

[2549] KASER/KNÜTEL, *Römischen Privatrecht*, 19.ª ed. cit., § 34, V (187).

[2550] ADRIANO VAZ SERRA, *Obrigações de juros*, BMJ 55 (1956), 159-170.

[2551] Em especial, SCHWINTOWSKI/SCHÄFER, *Bankrecht*, 2.ª ed. cit., 102 ss. e KAI-OLI-VER KNOPS, *Zinsrechtliche Grundlagen*, em DERLEDER/KNOPS/BAMBERGER, *Handbuch*, 2.ª ed. cit., 367-375, ambos com múltiplas indicações e, ainda, FRANK DORN, HKK/BGB cit., II/1, §§ 246-248, Nr. 12 ss. (490 ss.). Entre nós, cumpre referir CUNHA GONÇALVES, *Tratado de Direito Civil*, vol. VIII (1934), 287 ss., F. CORREIA DAS NEVES, *Manual dos juros* (1989), 65 ss. e JOSÉ SIMÕES PATRÍCIO, *Direito do crédito* cit., 56 ss.. Num prisma económico, temos o clássico de JOSÉ JÚLIO PIZARRO BELESA, *Teoria do juro/A controvérsia keynesiana*, 1955.

§ 54.º Os juros   737

nas comunidades humanas primitivas, era uma demonstração de relações de entreajuda e de solidariedade básicas: exigir remuneração equivalia à exploração da necessidade alheia, introduzindo um fator de quebra social.

Compreende-se, assim, o pensamento cristão: partidário, em rigor, de uma pura e simples distribuição igualitária dos bens, o cristianismo primitivo nunca contemporizaria com juros. Esta posição seria reforçada com a confluência das escrituras e do pensamento aristotélico. O Direito canónico conduziu uma luta secular contra os juros, e isso desde o século IV[2552]. Trata-se de uma posição retomada em múltiplos concílios, sendo mesmo, a violação da proibição, visada com a pena máxima da excomunhão.

Note-se, aliás, que o sistema islâmico, com base no Corão, também proíbe os juros[2553].

III. A proibição dos juros não atingia os não-cristãos: e assim veio, ao longo da Idade Média, o comércio bancário a deslizar para as mãos das comunidades judaicas, com entraves para o comércio em geral.

A evolução dar-se-ia no sentido da liberalização dos juros. Ela principiaria no Norte da Europa, designadamente após a irrupção do protestantismo. Alguns analistas imputam o relativo atraso do Sul, em relação ao Norte, precisamente à demora na liberalização dos mútuos onerosos: toda a atividade bancária depende dela. Mal parece necessário acrescentar que, pelo sentir atual, os juros são tão legítimos como qualquer outro rendimento; não obstante, parece razoável que o Estado fixe limites máximos para o seu montante.

IV. Em Portugal, os juros surgiam genericamente vedados pelas *Ordenações Filipinas*[2554]. Na Idade Média, a proibição era contornada com recurso ao censo[2555]; note-se que, ainda hoje, em alemão, juro diz-se *Zins*, de *census*. A proibição de juros foi revista pelo Marquês de Pombal. Uma Lei de 15 de janeiro de 1757 permitiu a estipulação de juros, até uma taxa de 5%: visava-se a reconstrução de Lisboa, destruída pelo terramoto de 1755.

[2552] Mais precisamente, no Concílio de Niccia, no ano 325.

[2553] *Supra*, 164.

[2554] *Ordenações Filipinas*, Livro IV, Tít. 67. (= ed. Gulbenkian, 871 ss.).

[2555] *Vide supra*, 705.

738 *Obrigações pecuniárias*

O Código Comercial de 1833, fortemente liberal, consagrou um princípio de liberdade na fixação dos juros[2556]. Aquando da preparação do que seria o Código de SEABRA, ainda se pôs a hipótese de limitar a taxa de juros. Essa hipótese não singrou: segundo o artigo 1640.º, relativo ao contrato de usura,

> Os contraentes poderão convencionar a retribuição que bem lhes parecer.

A liberdade na fixação dos juros veio a ser questionada na sequência da Grande Guerra de 1914-1918 e das perturbações que se lhe seguiram. Em Portugal, eram correntemente exigidos juros de 30%, com garantia hipotecária e de 60%, com penhor[2557]! Cabia ao legislador intervir, o que foi feito, ainda no período da Ditadura Militar, pelo Decreto n.º 21:730, de 14 de outubro de 1932[2558]. Este diploma fixou a taxa máxima dos juros em 8% para os empréstimos com garantia real e em 10% para os outros e tomou várias medidas, incluindo penais, para prevenir a prevaricação. A taxa legal, a usar no silêncio das partes, era fixada, no § único do artigo 1640.º do Código de Seabra, em 6%.

V. O Código Vaz Serra, na sua versão original, baixou a taxa legal dos juros civis para 5%. O artigo 1146.º do mesmo Código estabelecia os limites máximos: 8% e 10% consoante houvesse, ou não, garantia real. Porém, logo em 1973 e com um agravamento após 1975, iniciou-se um processo inflacionista vincado. O Decreto-Lei n.º 200-C/80, de 24 de junho, alterou o artigo 559.º/1 do Código Civil, de tal modo que a fixação da taxa de juros legais passasse a ser feita por portaria conjunta dos Ministros da Justiça e das Finanças e do Plano[2559]. E de facto, logo a Portaria n.º 447/80, de 31 de julho, fixou essa taxa em 15%; a Portaria n.º 581/83, de 18 de maio, em 23%;

[2556] Era a solução inglesa, que impressionaria FERREIRA BORGES; em França, uma Lei de 3-set.-1807 fixou os juros civis máximos em 5% e os comerciais em 6%; foi, porém, revogada posteriormente.

[2557] Trata-se de informações coligidas em CUNHA GONÇALVES, *Tratado de Direito Civil*, cit., 8, 289.

[2558] Torna-se muito elucidativa a leitura do preâmbulo deste diploma – DG I Série n.º 241, de 14-out.-1932, 2027-2028 – onde pode ser seguida a evolução dos juros e, ainda, diversos elementos de Direito comparado.

[2559] JOSÉ SIMÕES PATRÍCIO, *As novas taxas de juro do Código Civil*, BMJ 305 (1981), 13-65. Como se explica neste escrito, o Estado, para determinados efeitos e, designadamente, fiscais, já vinha, desde 1969, adotando outras taxas.

a Portaria n.º 339/87, de 24 de abril, de novo em 15%; a Portaria n.º 1171/95, de 25 de setembro, em 10%; os juros comerciais, por via da Portaria n.º 1167/95, de 23 de setembro, em 15% [2560]; as Portarias n.ºs 262/99 e 263/99, ambas de 12 de abril, fixaram as taxas comercial e civil, respetivamente, em 12% e 7%; finalmente, no campo civil, a Portaria n.º 291/2003, de 8 de abril, fixou a taxa em 4%. Quanto ao campo comercial, há a observar o seguinte:

– o Decreto-Lei n.º 32/2003, de 17 de fevereiro, visando transpor a Diretriz n.º 2000/35, de 29 de junho, que adotou medidas de luta contra os atrasos de pagamento em transações comerciais, veio aditar, ao artigo 102.º do Código Comercial, dois parágrafos:

§ 3.º Os juros moratórios legais e os estabelecidos sem determinação de taxa ou quantitativo, relativamente aos créditos de que sejam titulares empresas comerciais, singulares ou coletivas, são os fixados em portaria conjunta dos Ministros das Finanças e da Justiça.

§ 4.º A taxa de juro referida no parágrafo anterior não poderá ser inferior ao valor da taxa de juro aplicada pelo Banco Central Europeu à sua mais recente operação principal de refinanciamento efetuada antes do 1.º dia de janeiro ou julho, consoante se esteja, respetivamente, no 1.º ou no 2.º semestre do ano civil, acrescida de 7 pontos percentuais.

– consequentemente, a Portaria n.º 1105/2004, de 31 de agosto[2561] veio fixar para "os créditos de que sejam titulares empresas comerciais, singulares ou coletivas" a taxa de juro aplicada pelo BCE "à sua mais recente operação principal de refinanciamento efetuada antes do 1.º dia de janeiro e de julho, consoante se esteja no 1.º ou no 2.º semestre do ano civil, acrescida de 7 pontos percentuais";

– a taxa em causa será divulgada no Diário da República, II série, por aviso da Direção-Geral do Tesouro, até aos dias 15 de janeiro e 15 de julho de cada ano;

– o Aviso da Direção-Geral do Tesouro n.º 10 097/2004, de 16 de outubro, "fixou" a taxa em 9,01%[2562]; o Aviso da mesma Direção-Geral n.º 310/2005, de 6 de janeiro, em 9,09%, para o 1.º semestre de 2005;

[2560] A Portaria n.º 807-U1/83, de 30 de julho, fixava essa taxa por remissão para a "taxa de juros máxima permitida para as operações de crédito ativas" acrescida de 2%.

[2561] DR II Série, n.º 244, de 31-ago.-2004, 15.246; esta Portaria revogou a Portaria n.º 262/99, de 12 de abril;

[2562] DR II Série, n.º 256, de 30-out.-2004, 15.965.

740 *Obrigações pecuniárias*

– a Declaração n.º 59/2005, de 3 de março, veio exarar que a publicação da Portaria n.º 1105/2004, de 31 de agosto, por "ter sido publicada incorretamente (...) deverá ser considerada sem efeito"[2563];
– a Portaria n.º 597/2005, de 19 de julho, veio republicar o teor da Portaria n.º 1105/2004, com efeitos reportados a 1-out.-2004 e ressalvando os Avisos n.º 10 097/2004 e n.º 310/2005, da Direção-Geral do Tesouro[2564];
– o Aviso da Direção-Geral do Tesouro n.º 6 923/2005, de 19 de julho, "fixou" a taxa para o 2.º semestre de 2005, em 9,05%[2565];
– o Aviso da Direção-Geral do Tesouro n.º 241/2006, de 30 de dezembro de 2005, "fixou" a taxa para o 1.º semestre de 2006, em 9,25%[2566];
– o Aviso da Direção-Geral do Tesouro n.º 7 706/2006, de 28 de junho, "fixou" a taxa para o 2.º semestre de 2006, em 9,83%[2567];
– o Aviso da Direção-Geral do Tesouro n.º 191/2007, de 28 de dezembro de 2006, "fixou" a taxa para o 1.º semestre de 2007, em 10,58%[2568];
– o Aviso da Direção-Geral do Tesouro e Finanças n.º 13 665/2007, de 28 de junho, "fixou" a taxa para o 2.º semestre de 2007, em 11,07%[2569];
– o Aviso da Direção-Geral do Tesouro e Finanças n.º 2 151/2008, de 8 de janeiro, "fixou" a taxa para o 1.º semestre de 2008, em 11,2%[2570];
– o Aviso da Direção-Geral do Tesouro e Finanças n.º 19 995/2008, de 2 de julho, "fixou" a taxa para o 2.º semestre de 2008, em 11,07%[2571];
– o Aviso da Direção-Geral do Tesouro e Finanças n.º 1 261/2009, de 2 de janeiro, "fixou" a taxa para o 1.º semestre de 2009, em 9,50%[2572];
– o Aviso da Direção-Geral do Tesouro e Finanças n.º 12 184/2009, de 1 de julho, "fixou" a taxa para o 2.º semestre de 2009, em 8,00%[2573];
– Despacho n.º 597/2010, de 4 de janeiro: mantém a taxa em 8% para o 1.º semestre de 2010[2574];

[2563] DR II Série, n.º 52, de 15-mar.-2005, 4104.
[2564] DR I Série-B, de 19-jul.-2005, 4296.
[2565] DR II Série, n.º 141, de 25-jul.-2005, 10 699.
[2566] DR II Série, n.º 131, de 10-jul.-2006, 10 492.
[2567] DR II Série, n.º 141, de 25-jul.-2005, 10 699.
[2568] DR II Série, n.º 4, de 5-jan.-2007, 306.
[2569] DR II Série, n.º 145, de 30-jul.-2007, 21 457.
[2570] DR II Série, n.º 19, de 28-jan.-2008, 3 971.
[2571] DR II Série, n.º 134, de 14-jul.-2008, 30 942.
[2572] DR II Série, n.º 9, de 14-jan.-2009, 1 585.
[2573] DR II Série, n.º 132, de 10-jul.-2009, 27 095.
[2574] DR, 2.ª série, n.º 6, de 11-jan.-2010, 115/I; o DR, neste caso, reporta o despacho ministerial e não o aviso.

§ 54.º Os juros   741

- Aviso n.º 13746/2010, de 30 de junho: *idem*, para o 2.º[2575];
- Aviso n.º 2284/2011, de 3 de janeiro; *idem*, para o 1.º semestre de 2011[2576];
- Aviso n.º 14 190/2011, de 4 de julho: fixa a taxa em 8,25%, para o 2.º semestre de 2011[2577];
- Aviso n.º 692/2012, de 2 de janeiro: fixa a taxa em 8,00%, para o 1.º semestre de 2012[2578];
- Aviso n.º 9944/2012, de 2 de julho: mantém a taxa em 8%, para o 2.º semestre de 2012[2579].

Este afã europeísta não trás vantagens para o comércio. Para além do caricato: torna-se uma pesquisa aventurosa conhecer a taxa de juros vigente, no campo comercial. No mínimo: reclama-se a publicação dos "avisos" sobre taxas de juros na 1.ª Série do Diário da República. Repare-se que tudo isto se passa quando é desfraldada a bandeira da transparência.

VI. Quanto aos limites das taxas de juros: mercê da redação introduzida pelo Decreto-Lei n.º 262/83, de 16 de junho, o artigo 1146.º/1 do Código Civil fixou, como limites para as taxas de juros, a taxa legal, acrescida de 3% e de 5%, consoante houvesse, ou não, garantia real, cifras essas que ascenderiam a 7% e 9%, na hipótese de cláusula penal – *idem*, n.º 2.

Desenha-se, hoje, uma certa tendência para liberalizar, em geral, a temática dos juros[2580]. Os Estados e os bancos centrais dispõem de fórmulas indiretas mas eficazes para gerir a política de juros, enquanto o Direito civil e as leis de tutela dos consumidores podem, em concreto, resolver as situações injustas.

232. Modalidades; anatocismo

I. Os juros são suscetíveis de diversas classificações. Assim, temos juros voluntários e juros legais, consoante resultem da vontade das partes

---

[2575] DR, 2.ª série, n.º 133, de 12-jul.-2010, 37 419/I.

[2576] DR, 2.ª série, n.º 15, de 11-jan.-2011, 4491/I.

[2577] DR, 2.ª série, n.º 134, de 14-jul.-2011, 29 431/I.

[2578] DR, 2.ª série, n.º 12, de 17-jan.-2012, 1603/II.

[2579] DR, 2.ª série, n.º 142, de 24-jul.-2012, 26 146/I.

[2580] Cf. PETER KINDLER, *Gesetzliche Zinsanprüche im Zivil- und Handelsrecht/ Plädoyer für einen kreditmarktorientierten Fälligkeitszins* (1996).

742   *Obrigações pecuniárias*

ou, diretamente, da lei; juros remuneratórios e juros de mora, conforme visem a retribuição do capital mutuado ou o ressarcimento dos danos criados pela mora na restituição; juros compensatórios e juros compulsórios, quando pretendam, respetivamente, repôr a degradação do capital devido ou incitar o devedor ao pagamento; juros convencionados e juros legais *stricto sensu*, em função da natureza pactuada ou não pactuada das respetivas taxas.

Classificação importante é a que separa os juros em civis, comerciais ou bancários, em função dos intervenientes na operação.

II. Anatocismo é a prática que consiste em fazer vencer juros de juros[2581]. Trata-se de um esquema que permite multiplicar a taxa efetiva de certa operação, pelo que ela é valorada com alguma reserva, pela lei[2582]. O artigo 560.º do Código Civil só permite o anatocismo por uma de duas vias – n.º 1:

– ou por convenção entre as partes, posterior ao vencimento;
– ou mediante notificação judicial feita ao devedor para capitalizar os juros vencidos ou proceder ao seu pagamento, sob pena de capitalização.

O n.º 2 do mesmo preceito só admite a capitalização de juros correspondentes ao período mínimo de um ano. Porém, o n.º 3, ainda da norma em jogo, considera inaplicáveis todas as apontadas restrições "... se forem contrárias a regras ou usos particulares do comércio". Temos, por aqui, uma porta aberta ao anatocismo bancário abaixo referido. No sector cooperativo, dados os fins não lucrativos que devem imperar, o anatocismo é considerado vedado pela jurisprudência[2583].

III. No campo bancário, tem-se defendido o anatocismo em função de um uso, aí invocado[2584]. Tal uso deve, de todo o modo, ser alegado e

---

[2581] RLx 27-mai.-1997 (Roque Nogueira), CJ XXII (1997) 3, 97-99 (98/II), com bibliografia.

[2582] Já no Direito romano o anatocismo (*usurae usurarum*) era proibido; essa regra era contornada prevendo curtos prazos para o vencimento do capital, após o que seria seguido por nova operação, que capitalizasse os juros anteriormente vencidos; *vide* Kaser/ Knütel, *Römisches Privatrecht*, 19.ª ed. cit., § 34, Nr. 29 (187).

[2583] STJ 5-mai.-1994 (Machado Soares), CJ/Supremo II (1994) 2, 82-84 (83/II).

[2584] Assim: REv 9-jul.-1996 (Mota Miranda), CJ XXI (1996) 4, 278-280 (279/1): "se é uso generalizado, nas instituições de crédito, a capitalização de juros (...) já tal prática

§ 54.º Os juros — 743

provado, em concreto[2585]: a posição básica do Direito privado é, perante o anatocismo, de desfavor[2586], sendo certo que ainda há poucos anos tal uso não estava radicado[2587].

O artigo 5.º/6 do Decreto-Lei n.º 344/78, de 17 de novembro, na redação dada pelo Decreto-Lei n.º 204/87, de 16 de maio, *a contrario*, permite a capitalização de juros correspondentes a um período igual ou superior a três meses: nos termos gerais haverá que, após o vencimento, concluir um acordo, nesse sentido.

---

não se coaduna com a atividade das cooperativas" e RLx 31-out.-1996 (SILVA SALAZAR), CJ XXI (1996) 4, 147-149 (149/1): "como tem sido constantemente reconhecido em decisões jurisprudenciais, no comércio bancário é uso generalizado a capitalização de juros ..."). *Vide*, também, STJ 14-mar.-1990 (BARROS SEQUEIRA), BMJ 395 (1990), 556-560 (558) e RLx 7-jul.-1993 (CRUZ BROCO), CJ XVIII (1993) 3, 151-152 (151).

[2585] RPt 16-mar.-1998 (GONÇALVES FERREIRA), CJ XXIII (1998) 2, 206-208 (208/I).

[2586] STJ 14-fev.-1995 (CARDONA FERREIRA), CJ/Supremo III (1995) 1, 82-84 (84).

[2587] DIOGO LEITE DE CAMPOS, *Anatocismo/Regras e usos particulares do comércio*, ROA 1988, 37-62, com elementos.

CAPÍTULO VI

OBRIGAÇÕES PLURAIS

§ 55.º QUADRO GERAL E EVOLUÇÃO

233. Quadro geral

I. A obrigação paradigmática tem um credor e um devedor. Chamamos-lhe a obrigação singular pois, apesar dos dois intervenientes, tem apenas um sujeito em cada pólo. Desde o Direito romano, são conhecidas obrigações nas quais, como credor, como devedor ou como ambos, em simultâneo, surgem várias pessoas. Trata-se das obrigações plurais.

O Direito comparado dá-nos diversas terminologias. O BGB, na secção 7 do Livro 2, fala na pluralidade de devedores e credores (§§ 420 a 432). O Código italiano contrapõe as obrigações *in solido* (1292.º a 1313.º) às obrigações divisíveis e indivisíveis (1314.º a 1320.º): um método menos correto, que influenciou o legislador português de 1966, e que tem como antecedente o Código Napoleão (1197.º a 1219.º e 1220.º a 1225.º).

Quanto à doutrina: a alemã mantém a referência legal à pluralidade[2588]; já a italiana, confrontada com a falta de uma designação geral na lei, introduz "obrigação subjetivamente complexa"[2589].

[2588] Assim ENNECCERUS/LEHMANN, *Recht der Schuldverhältnisse*, 15.ª ed. cit., § 88 (353 ss.) e LARENZ, *Schuldrecht* cit., I, 14.ª ed., § 36 (620 ss.). *Vide* WILHELM RÜTTEN, *Mehreit von Gläubigern* (1990), XVII + 291 pp..

[2589] As monografias de referência mantêm-se as de FRANCESCO DONATO BUSNELLI, *L'obbligazione soggetivamente complessa/Profili sistematici* (1974), 499 pp., de WALTER SELB, *Mehrheiten von Gläubigern und Schuldnern* (1984), XXXV + 310 pp. e, entre nós, de MANUEL JANUÁRIO DA COSTA GOMES, *Assunção fidejussória de dívida/Sobre o sentido e o âmbito da vinculação como fiador* (2000), 159-285. Com comentário extenso e atualizado, neste momento: DIRK LOOSCHELDERS, *Mehrheit von Schuldnern Gläubigern*,

746   *Obrigações plurais*

Barbosa de Magalhães (1855-1910), na até hoje mais extensa monografia não-legislativa sobre o tema[2590], refere a multiplicidade de sujeitos[2591]. Guilherme Moreira fica-se por uma contraposição entre obrigações conjuntas e solidárias[2592], mas Vaz Serra[2593] e Manuel de Andrade[2594] recuperam a ideia de pluralidade ou de obrigações plurais[2595]. O próprio Código Vaz Serra apenas contrapõe obrigações solidárias (512.º a 533.º) às divisíveis e indivisíveis (534.º a 538.º). Mas a doutrina conservou obrigações plurais[2596], expressão que hoje nos parece preferível[2597].

II. A fixação de um quadro geral de obrigações plurais passa por coordenadas históricas e dogmáticas[2598]. Procurando um sistema operacional na tradição lusófona[2599] temos, na base, a já referida contraposição

---

no Staudinger, II, §§ 397-432 (2012), §§ 420-432 (393-862) e Martin Schmidt-Kessel, *Gläubigern und Schuldner: Mehrheit und Wechsel*, no Staudinger, *Eckpfleiler des Zivilrechts* (2012/2013), 361-404 (386-404).

[2590] J. M. Barbosa de Magalhães, *Das obrigações solidárias em direito civil portuguez* (1882; há ed. idêntica, de 1900), VIII + 431 pp..

[2591] *Idem*, 2.

[2592] Guilherme Moreira, *Instituições* cit., 32 ss..

[2593] Adriano Vaz Serra, *Pluralidade de devedores e credores*, BMJ 69 (1957), 37-352 e 70 (1957), 5-240, citado pela separata, num total de 555 pp..

[2594] Manuel de Andrade, *Teoria geral das obrigações*, 3.ª ed. cit., 99-100.

[2595] Antunes Varela, *Das obrigações em geral*, 1, 10.ª ed. cit., 742; Almeida Costa, *Direito das obrigações*, 12.ª ed. cit., 661; Menezes Leitão, *Direito das obrigações* cit., 1, 8.ª ed. cit., 166.

[2596] Com relevo para Vaz Serra, na obra citada *supra*, nota 2390.

[2597] Em *Direito das obrigações*, 1, 371 ss., impressionados pela então fresca monografia de Busnelli, optámos por obrigações subjetivamente complexas: expressão correta mas pouco manuseável. Ainda na época, fazíamos uma contraposição, nas obrigações, entre limitações (cessação da permissão) e as restrições (concurso de permissões). Era uma arrumação lógica da matéria, que faz sentido, mas que preterimos, hoje, a favor de uma orientação mais pragmática.

[2598] Para além de Busnelli, *L'obbligazione soggetivamente complessa* cit., 9 ss. e 25 ss., retemos: Ludwig Mitteis, *Die Individualisierung der Obligation/civilistische Studie* (1886), 5 ss., 23 ss. e 49 ss.; Federico Pezella, *L'obbligazione in solido nei riguardi dei creditori* (1934), 10 ss. e 12 ss.; Gerhard Grasnick, *Unrechte Gesamtschuld* (1965), 66 ss. e 165 ss.; Jose Ricardo Leon Alonso, *La categoria de la obligación in solidum* (1978), 3 ss. e 13 ss.; Horst Jürgens, *Teilschuld – Gesamtschuld – Kumulation* (1988), 19 ss. e 21 ss.; Ulrike Schwedhelm, *Das Gesamtschuldverhältnis/Entstehung – Wirkung – Ausgleich* (2003), 19 ss.; Januário Gomes, *Assunção fidejussória* cit., 164 ss..

[2599] Barbosa de Magalhães, *Das obrigações solidárias* cit., 2 ss.; Manuel Gomes da Silva, *Da solidariedade nas obrigações* (1939), mas RFDUL IV (1947), 257-348 e V

§ 55.º Quadro geral e evolução

entre as obrigações simples e as plurais: estas últimas envolvendo os vários credores, ou vários devedores ou ambas as situações.

Havendo obrigações plurais, podemos distinguir entre as disjuntivas e as conjuntivas. Nas primeiras, aquando da atuação, surge, apenas, uma das pessoas envolvidas; por exemplo, A pode pedir a B ou a C (disjunção passiva); ou D ou E podem pedir a F (disjunção ativa). Pode ainda a disjunção manifestar-se nos dois pólos da obrigação (A ou B podem pedir a C ou D): será a disjunção mista. Nas obrigações conjuntivas[2600], as pessoas implicadas atuam em conjunto; por exemplo, A pede a B e a C (conjunção passiva); ou D e E pedem a F (conjunção ativa). A conjunção mista também é possível: A e B podem pedir a C e D.

III. Nas obrigações conjuntivas, temos ainda duas possibilidades[2601]:

– solidariedade: a totalidade do cumprimento pode ser suportada, apenas, por um dos devedores o qual, quando pague pelos restantes, deve, depois, ser reintegrado por estes (solidariedade passiva) ou a totalidade do cumprimento pode ser efetivado apenas, a um dos credores o qual, quando receba a totalidade deve, depois, acertar com os demais credores (solidariedade ativa);
– parciariedade: o cumprimento só pode ser exigido ao conjunto dos devedores (parciariedade passiva) ou só pode ser efetivado ao conjunto dos credores (parciariedade ativa).

IV. A parciariedade toma uma feição especial perante as obrigações divisíveis: aí, o mais simples será fracionar a prestação, de modo que a cada devedor parciário apenas seja pedida a parte que lhe caiba e ao credor parciário somente seja oferecida a parcela que lhe compita. Por isso, o Código Civil trata as obrigações parciárias a propósito das obrigações divisíveis (534.º a 538.º), causando dúvidas e problemas a resolver pela doutrina.

À partida, fica claro que a divisibilidade da prestação tem a ver com o objeto, enquanto a parciariedade é uma modalidade de pluralidade, tendo a ver com o sujeito.

(1948), 289-354 (IV, 257 ss.); ORLANDO GOMES/EDVALDO BRITO, *Obrigações*, 17.ª ed. cit., 73 ss. e 91 ss., num quadro muito completo.

[2600] Ou conjuntas: cuidado: alguma doutrina chama "conjuntas" às obrigações parciárias.

[2601] MICHELE GIORGIANNI, *Obbligazione solidale e parziaria*, NssDI XI (1965), 674-685 (675 ss.).

V. Finalmente, a pluralidade pode ser comum, quando todos os intervenientes detenham posições qualitativamente iguais ainda que, porventura, quantitativamente diferentes; por exemplo, A e B devem 100, solidariamente, ainda que 40 caibam a A e 60 a B. Mas pode ser imperfeita quando se trate de posições qualitativamente diversas; por exemplo, A e B devem 100, sendo A devedor principal e B mero garante; ou C e D têm direito a 100, sendo C credor da raiz e D mero usufrutuário. Os regimes em jogo são, como se adivinha, bastante diferentes.

234. Direito romano; a correalidade

I. Torna-se hoje possível traçar, nalgumas páginas, um quadro lógico completo das obrigações plurais. Todavia, elas não apareceram em conjunto nem, muito menos, por forma logicamente ordenada. As diversas hipóteses foram surgindo ao longo da História, evoluindo em função dos concretos problemas que vieram a enfrentar. Alguns dos termos possíveis, especialmente úteis, foram aprofundados, enquanto outros ficaram na sombra. Tudo isto conduziu a influxos no regime das figuras que, ainda hoje, se denotam nas codificações modernas. Cumpre dar uma rápida panorâmica dos aspetos mais relevantes.

II. O Direito romano comporta diversas regras sobre obrigações plurais[2602]. A via mais simples do seu surgimento era a *stipulatio*, originando matéria que as próprias fontes justinianeias agruparam[2603]. Além disso surgem fragmentos dispersos a propósito dos vários contratos e de outras figuras, incluindo a responsabilidade.

[2602] MAX KASER, *Römisches Privatrecht* cit., 1, 2.ª ed., 655 ss. e 2, 2.ª ed., 453 ss. EMILIO ALBERTARIO, *Corso di diritto romano/Le obbligazioni solidali* (1948), 240 pp.; MARIA COSTANZA, *Obbligazionim solidali e transazione* (1978), 4 ss.; SONJA MEIER, HKK/ BGB II/2, *§§ 305-432* (2007), §§ 420-432, Nr. 4 ss. (2393 ss.) e Nr. 35 ss. (2421 ss.). A última monografia de referência é, neste momento, a de PHILIPP SCHMIEDER, *Duo rei/ Gesamtobligation im römischen Recht* (2007), 420 pp..

[2603] Pela ordem no *corpus iuris civilis*: I. III.16 (*de duobus reis stipulandi et promittendi*), D. 45.2 (*de duobus reis constituendis*) e C. 8.39 (*de duobus reis stipulandi et promittendi*). *Vide* CHARLES DEMANGEAT, *Des obligations solidaires en droit romain: commentaire du titre de duobus reis du digeste* (1858), VII + 440 pp..

§ 55.º Quadro geral e evolução

Ainda no Direito romano, embora em troços presumivelmente inter-polados, surgiu o *beneficium divisionis*[2604]: este permitia, em obrigações divisíveis e não sendo fixada a solidariedade, ao co-devedor demandado pela totalidade, contrapor a divisão da prestação, assumindo só a sua parcela.

III. Nas fontes romanas, a propósito da pluralidade, aparece ora a referência a una obligatio[2605] ora a plures obligationes[2606]. Na base desta contraposição, complementada com outras fontes, a pandetística do início do século XIX veio fazer uma distinção básica entre[2607]:

– a correalidade ou a obrigação correal: haveria apenas uma obriga-ção, ainda que com vários sujeitos;
– a solidariedade ou as obrigações solidárias: concorreriam, no tocante à mesma prestação várias obrigações.

Na origem desta dualidade temos o estudo de Friedrich Ludwig Kel-ler (1799-1860), publicado em Zurique, sobre a contestação romana[2608]. Keller apura que, nuns casos, a contestação por um dos devedores salvava os restantes, mesmo ausentes; noutros, apenas aproveitaria ao próprio con-testante[2609]. Infere que, no primeiro caso, apesar da pluralidade de sujeitos, haveria uma única obrigação, enquanto no segundo, elas seriam várias.

A ideia foi retomada e aprofundada por Georg Julius Ribbentrop (1798-1874), professor em Göttingen e autor de uma monografia sobre o tema[2610]. Também por via processual[2611], Ribbentrop distingue entre o estado objetivo da obrigação e a relação subjetiva que ela envolva[2612]. As obrigações seriam correais sempre que várias relações subjetivas se repor-tassem a uma prestação; havendo várias, teríamos (mera) solidariedade[2613].

[2604] Marcelo, D. 19.2.47 = BEHRENDS e outros, III, 583/I.

[2605] Paulo, D. 2.14.9.pr. = BEHRENDS e outros, II, 232-233.

[2606] Ulpiano, D. 45.2.3.pr. = MOMMSEN, 783/II e Papiniano D. 45.2.13 = MOMMSEN, 784/I.

[2607] PHILIPP SCHMIEDER, *Duo rei* cit,, 32 ss., com indicações.

[2608] FRIEDRICH LUDWIG KELLER, *Über Litis Contestation und Urtheil nach classis-chem römischem Recht* (1827), XXIV + 614 pp..

[2609] *Idem*, 443-447.

[2610] GEORG JULIUS RIBBENTROP, *Zur Lehre von den Correal-Obligationen* (1831), 274 pp..

[2611] *Idem*, 1 ss..

[2612] *Idem*, 23 ss..

[2613] *Idem*, 83 ss..

750   *Obrigações plurais*

A locução correal advém de *conreus*[2614], vertido para *correus* no latim da receção. Em termos latos[2615]: a obrigação correal, pressupondo um único vínculo: (a) ficaria totalmente saldada quando um devedor cumprisse, não tendo este direitos contra os outros devedores; (b) *idem*, na correalidade ativa, quando a obrigação fosse cumprida perante um credor; os demais credores nada poderiam pedir a ninguém; (c) quando afetada por alguma causa de extinção por um devedor, todos os outros ficariam liberados; (d) o caso julgado conseguido por um devedor aproveitaria aos demais; (e) as obrigações correais ocorreriam, predominantemente, por via contratual e testamentária, surgindo as solidárias no domínio da responsabilidade civil.

Apesar do interesse da contraposição, esta levantou dúvidas. Hermann Fitting, em monografia de 1859, encabeça a série[2616], defendendo uma proximidade entre as obrigações correais e as solidárias[2617]. Essa orientação acentuou-se, na segunda metade o século XIX, com intervenções, entre outros, de Unger[2618], de Eisele[2619] e de Binder[2620]. A matéria suscitou, ainda, algumas intervenções, mas acabou por perder o relevo[2621].

IV. Nos escritos do século XX, a correalidade, contraposta à solidariedade, é referida como ensejo para estudar as fontes[2622], para traçar a

---

[2614] Ulpiano D. 34.3.3.3 = ed. Turim, 1 (1829), 968:

Sed etsi cum alio sim debitor, puta duo rei fuimus promittendi, et mihi, soli testator consultum voluit, agendo consequar, non ut accepto liberer, ne etiam conreus mens liberetur contra testatoris

[2615] P. ex., SAVIGNY, *Obligationenrecht* cit., 1, § 21 (209 ss.).

[2616] HERMANN FITTING, *Die Natur der Correalobligation* (1859), XX + 276 pp., § 5 (21 ss.).

[2617] *Idem*, § 23 (136 ss.).

[2618] JOSEPH UNGER, *Passive Correalität und Solidarität im römischen und heutigen Recht*, JhJb 22 (1884), 207-298.

[2619] FRIDOLIN EISELE, *Correalität und Solidarität*, AcP 77 (1891), 374-481.

[2620] JULIUS BINDER, *Die Korrealobligationen im römischen und im heutigen Recht* (1899), 610 pp.; *vide*, aí, 49 ss., quanto à eventual correalidade e 164 ss., quanto às consequências da correalidade. No moderno Direito, a contraposição perde substância (483 ss.), desaparecendo no BGB (569).

[2621] Refira-se a dissertação de THEOPHIL JACOBY, *Zwei Fragen aus der Lehre der Korrealobligationen nach Massgabe der l. 71 D – 46.1: welche Wirkung hat die confusio im Korrealverhältnisse? Gibt es eine allgemeine Regressklage unter den correi?* (1908), 54 pp. e a monografia de J. KERR WYLIE, *Solidarity and Correality* (1923), 365 pp.; *vide*, aí, 43 ss. (os textos), 147 ss. (a *stipulatio*) e 206 ss. (Justiniano).

[2622] MARIA EMILIA LUCIFREDI PETERLONGO, *In torno all'unità o pluralità di vincoli nella solidarità contrattuale* (1941), 14 ss., 42 ss. e *passim*.

§ 55.º *Quadro geral e evolução* 751

evolução do instituto[2623] e para enfatizar a atual ótica unitária[2624]. O BGB não conservaria rastos da contraposição, cabendo à doutrina explicitar se, nas obrigações plurais com solidariedade, deparamos com um ou mais vínculos. A contraposição de Keller e de Ribbentrop tem sido desconsiderada como "obstinácia demoníaca" (Jhering), "pandetismo no seu pior" (Zimmermann)[2625] ou "bizantinas discussões" (Paulo Cunha)[2626].

Não parece justo. O tema permitiu aprofundar a pluralidade obrigacional: matéria complexa e muito abstrata.

Entre nós, a contraposição entre as obrigações correais e as solidárias surgia em Barbosa de Magalhães. Este Autor distingue a *obligatio in solidum*, entre estranhos ligados pelos laços da solidariedade e a *obligatio correalis*, em que existiria um poder recíproco de representação; nas primeiras, o cumprimento operaria *in totum*, mas não *totaliter*, enquanto nas segundas, ele agiria *in totum* e *totaliter*[2627].

Vaz Serra, usando Rubino e Enneccerus, faz uma simples referência histórica[2628], sendo de relevar as menções mais completas de Januário Gomes[2629].

235. As teorias da contitularidade; o concurso

I. Em Direito, diz-se que há contitularidade ou comunhão quando, relativamente a um mesmo objeto, surjam dois ou mais titulares. O problema é especialmente vincado em Direitos Reais, dada a visibilidade da coexistência de vários interessados relativamente à mesma coisa: a necessidade de assegurar uma coabitação pacífica e razoável levou, desde cedo, a apontar um regime específico. Esse regime surge, hoje, assento legal a

---

[2623] ALBERTO ALBERTI, *Le obbligazioni solidari sorgenti da stipulazione correale nella dottrina del diritto intermédio (dalle origini agli scolastici)* (1937), 7 ss. e 93 ss. (Glosa de Acúrcio).

[2624] PASQUALE MELUCCI, *La teoria delle obbligazioni solidali nel diritto civile italiano* (1884), 17 ss.; EMILIO ALBERTARIO, *Corso di diritto romano* cit., 75 ss.; MARIA COSTANZA, *Obbligazionim solidali* cit., 7-8.

[2625] REINHARD ZIMMERMANN, *The Law of Obligations* cit., 128-129.

[2626] PAULO CUNHA, *Direito das obrigações* cit., 1, 111; vide JANUÁRIO GOMES, *Assunção fidejussória* cit., 175-178, com especial atenção ao rodapé.

[2627] BARBOSA DE MAGALHÃES, *Das obrigações solidárias* cit., 5 e 6.

[2628] VAZ SERRA, *Pluralidade de devedores ou de credores* cit., 59 ss..

[2629] JANUÁRIO GOMES, *Assunção fidejussória* cit., 175-178.

752   *Obrigações plurais*

propósito da compropriedade (artigos 1403.° a 1413.°), num regime supletivamente aplicável às diversas formas de comunhão (1404.°). Embora a matéria deva ser aprofundada em Direitos Reais, cumpre, aqui, antecipar o essencial.

II. Para explicar a contitularidade, têm sido apresentadas quatro teorias[2630]:

– a teoria das partes intelectuais;
– a teoria do direito único, com vários titulares;
– a teoria da pessoa coletiva;
– a teoria do concurso de direitos.

Tais teorias foram inicialmente formuladas a propósito da propriedade. Não oferece dúvidas, todavia, a sua transposição para o domínio dos direitos de crédito.

III. Segundo a teoria das partes intelectuais ou quotas ideais, cada contitular teria um direito individual sobre quotas abstratas relativas ao objeto em causa[2631]. Na hipótese de direitos reais, essa construção não singra, uma vez que as tais "quotas ideais" não são coisas corpóreas. Quanto às obrigações: o direito subjetivo delimita-se pelo seu objeto: não o inverso. Ora, aqui, teríamos uma realidade que adviria, precisamente, da configuração do direito. Além disso, a "quota ideal" não pode ser entendida como uma prestação, o que tiraria substância ao crédito aqui em causa e, logo, à obrigação que o abranja.

IV. A teoria do direito único postula que, na comunhão, dois ou mais titulares possam ser encabeçados no mesmo direito[2632]. Não pode ser: a

---

[2630] Em geral e ainda com atualidade: Luís Pinto Coelho, *Da compropriedade no Direito civil português* 1 (1939), 37 ss..

[2631] Defendida, entre nós, por Manuel Rodrigues, *A compropriedade no Direito civil português*, RLJ 58 (1925) 17-20, 33-36, 49-51, 65-68, 81-83 e 97-99 (20), por Cunha Gonçalves, *Tratado de Direito civil* 11 (1936), 249-252 e por Carlos Mota Pinto, *Direitos reais* (1972), 256.

[2632] Manuel Henriques Mesquita, *Direitos reais* (1967), 246. Antunes Varela chega a pretender que esta teoria, que defende, deriva da lei: Pires de Lima/Antunes Varela, *Código Civil Anotado*, III, 2.ª ed. (1984), 344-345. Contra o que aí se lê, não é verdade que a generalidade dos tratadistas rejeite a tese da pluralidade de direitos. Pelo

§ 55.º *Quadro geral e evolução* 753

menos que se introduza, aqui, uma pessoa coletiva, e seja qual for a noção defendida (poder da vontade; interesses protegidos; poder jurídico; permissão normativa), o direito subjetivo é sempre individual. Inverter essa lógica é pôr em crise as noções de direito subjetivo e de personalidade jurídica sem, com isso, nada explicar.

V. A teoria da pessoa coletiva sustenta que, havendo comunhão, os diversos titulares funcionam, em conjunto, como uma entidade própria diferente de cada um dos presentes. Seria, em suma, uma pessoa coletiva autónoma[2633]. Esta orientação, obtida através de postulados processuais, não tem, em si, nada de ilógico. Cabe apenas perguntar se o regime aplicável às diversas comunhões tem algo que se aproxime das regras das pessoas coletivas. A resposta é negativa. Embora nalguns casos se possa fazer uma aproximação à personalidade rudimentar[2634], as pessoas em comunhão são tratadas, pelo Direito, como sendo individuais e autónomas.

VI. Finalmente, fica-nos a teoria do concurso de vários direitos sobre o mesmo objeto, predominantemente defendida, hoje em dia[2635]. De facto, nada, no direito subjetivo, exige a exclusividade do objeto. Uma mesma realidade, seja uma coisa corpórea, seja uma prestação, pode ser objeto de direitos concorrentes. Caberá, depois, ao Direito fixar um *modus vivendi*. Este terá em conta a natureza homogénea ou heterogénea de direitos e, ainda, as diferenças qualitativas que possam existir.

Esta construção pode ser aplicada às obrigações, seja no pólo ativo (vários direitos sobre a mesma prestação), seja no passivo (várias adstrições à mesma prestação). Recordemos que as condutas são individuais e que as sanções são, também, individuais. Deste modo, conseguimos uma boa correspondência com as realidades sociais e culturais. Além disso,

---

contrário. Naturalmente: a lei fixa regimes; não dá explicações jurídico-científicas, que competem ao intérprete-aplicador.

[2633] MARIO DOSSETTO, *Teoria della comunione/Studi sulla comunione dei diritti reali* (1948), 50-51.

[2634] *Tratado* I/3, 2.ª ed., 571 ss. e 584 ss..

[2635] LUÍS PINTO COELHO, *Da compropriedade* cit., 120 ss. (134); *vide* os nossos *Direitos Reais* 2, 617-618, com outras indicações. O concurso de direitos não tem necessariamente a ver com o concurso de pretensões, sempre natural em situações de pluralidade – recordamos ADOLF LAST, *Anspruchkonkurrenz und Gesamtschuldverhältnis/Ein Beitrag zur Lehre von der mittelbaren Verteidigung nach dem gemeinen, österreichischen und deutschen Recht* (1908), 267 pp.; *vide*, aí, 100-114 – embora o permita enquadrar melhor.

754 *Obrigações plurais*

ficamos a dispor de experimentado instrumento dogmático para desbravar os meandros da pluralidade obrigacional.

236. A mão-comum

I. Uma variante marcada da pluralidade obrigacional seria dada pela ideia de titularidade em mão-comum (*zur gesamten Hand*).

A mão comum, propriedade em mão comum ou comunhão em mão comum constitui um tema clássico de História dogmática do Direito. Apesar de algumas referências tradicionais[2636], ele veio a desenvolver-se com o pensamento nacionalista alemão[2637]. A noção era feita decorrer da primitiva propriedade comunitária germânica[2638], contrapondo-se a uma ideia menos marcada de comunhão latina[2639].

A História da mão-comum foi estudada especialmente por Buchda[2640], passando a ser de referência obrigatória. Todavia, a matéria terá sido misturada com institutos romanos[2641], surgindo, hoje, mais como um princípio que transparece em outras situações, como a comunhão hereditária[2642] do que como instituto autónomo[2643].

[2636] *Vide* a rec. de G. RÜMELIN a SCHEURL, *Zur Lehre von der Teilbarkeit der Rechte. Bedeutung der Begriffsbildung und legislatorische Behandlung*, JhJb 28 (1889), 386-484 e ANDREAS VON TUHR, *Allgemeiner Teil des Deutschen Bürgerlichen Rechts*/I – *Allgemeine Lehre und Personenrecht* (1910, reimp., 1957), 78 ss. e 348 ss..

[2637] AUGUST SANGER, *Gemeinschaft und Rechtsteilung* (1913), 43 ss..

[2638] A qual persistiu, nalgumas manifestações, ao longo dos séculos.

[2639] KONRAD ENGLÄNDER, *Die regellmässige Rechtsgemeinschaft*, I – *Grundlegung* (1914), 1 ss.; este Autor estuda, depois, diversas formas de comunhão no BGB; a sua ordenação interior (ob. cit., 162 ss.) teria de ser vista, caso a caso.

[2640] GERHARD BUCHDA, *Geschichte und Kritik der deutschen Gesamthandlehre* (1936), 15 ss. (história) e 225 ss. (crítica).

[2641] KARL LARENZ, *Zur Lehre von der Rechtsgemeinschaft*, JhJb 83 (1933), 108-177 (108); cf., 176-177, um pequeno quadro da matéria.

[2642] HORST BARTHOLOMEYCZIK, *Das Gesamthandsprinzip beim gesetzlichen Vorkaufsrecht der Miterben*, FS Nipperdey I (1965), 145-175 (145 ss.); este Autor dá conta de que já Otto von Gierke havia formulado essa ideia.

[2643] WOLFGANG B. SCHÜNEMANN, *Grundprobleme der Gesamthandgesellsschaft* (1975), 22 ss.; as diversas teorias podem ser vistas em JÜRGEN BLOMEYER, *Die Rechtsnatur der Gesamthand*, JR 1971, 397-403 (398 ss.).

§ 55.º Quadro geral e evolução

II. A mão-comum fica muito próxima da personalidade coletiva; não se deixa, porém, caracterizar perante o Direito vigente, a não ser aproveitando figuras dogmáticas autónomas, como a comunhão conjugal, a comunidade de herdeiros ou a própria sociedade[2644].

No tocante às obrigações, ela surge ainda em domínios que, entre nós, estão personalizados[2645]. Podemos falar em pessoas rudimentares.

De todo o modo: a mão-comum, a existir, dá azo a obrigações de tipo singular e não plural. A questão estará mais em explicar o sujeito, que parecerá uma pessoa coletiva, do que a obrigação em si. O problema pode, de resto, ser alargado à ideia de "parte subjetivamente complexa": mais um fator de relativização da personalidade coletiva[2646].

237. O Código Vaz Serra

I. O Código de Seabra tinha presente a doutrina da pluralidade das obrigações. Mas os seus preceitos relevantes surgiam dispersos. Assim, a regra da parciariedade passiva constava do artigo 731.º, a propósito da "prestação de cousas"; a ativa no 751.º, quanto às pessoas a quem deve ser feita a prestação. Diversas regras sobre a solidariedade apareciam, também, nesse domínio (752.º a 757.º). Guilherme Moreira[2647] e Manuel de Andrade[2648] sistematizaram a matéria, cabendo a Vaz Serra, através de adequadas propostas, providenciar o Código Civil de 1966[2649].

II. O Código Vaz Serra reparte o tema das obrigações por duas secções, dentro do capítulo dedicado às modalidades das obrigações:

– secção II – Obrigações solidárias (512.º a 533.º);
– secção III – Obrigações divisíveis e indivisíveis (534.º a 538.º).

[2644] Werner Flume, *Gesellschaft und Gesamthand*, ZHR 136 (1972), 177-207 (184 e 190).

[2645] *Vide* Karl Larenz, *Schuldrecht* cit. I, 14.ª ed., 622 e 630.

[2646] Temos em mente a interessante monografia de Stefano d'Andrea, *La parte soggettivamente complessa/Profili di disciplina* (2008), 360 pp..

[2647] Guilherme Moreira, *Instituições* cit., 2, 35 ss..

[2648] Manuel de Andrade, *Teoria geral das obrigações*, 3.ª ed. cit., 111 ss..

[2649] No anteprojeto simplificado – Vaz Serra, *Direito das obrigações* cit., 414-445 –, a matéria abrangia 44 artigos, dos quais alguns de assinalável complexidade. Nas revisões subsequentes, a matéria foi simplificada, até se chegar aos atuais 26 artigos: mesmo assim, uma das mais extensas regulamentações dispensadas em lei. O BGB contém, sobre a mesma matéria, apenas 13 parágrafos, dos quais alguns sintéticos.

756 · Obrigações plurais

As obrigações solidárias arrumam-se, por seu turno, em três subsecções:

– subsecção I – Disposições gerais (512.º a 517.º);
– subsecção II – Solidariedade entre devedores (518.º a 527.º);
– subsecção III – Solidariedade entre credores (528.º a 533.º).

Devemos ter presente que, à solidariedade, se contrapõe a parciariedade[2650]. Todavia, o Código vem tratar as obrigações parciárias a propósito das divisíveis[2651].

III. Ao longo do Código surgem, ainda, outros preceitos que referem a pluralidade das obrigações ou que, para ela, remetem: especialmente quanto à solidariedade. Assim, numa série não exaustiva:

– 184.º/1 (efeitos de extinção): extinta a associação, os poderes dos seus órgãos ficam limitados à prática de atos meramente conservatórios e necessários à liquidação do património e à ultimação dos negócios pendentes; pelos restantes e pelos danos que advenham à associação, respondem solidariamente os administradores que os pratiquem;
– 198.º/1 (responsabilidade por dívidas), no tocante a associações sem personalidade jurídica, pelas obrigações validamente assumidas em seu nome responde o fundo comum e, na falta ou insuficiência deste, o património daquele que as tiver contraído; sendo o ato praticado por várias pessoas, respondem todas solidariamente;
– 200.º/1 (responsabilidade dos organizadores e administradores): nas comissões especiais, os seus membros e os encarregados de administrar os seus fundos são pessoal e solidariamente responsáveis pela conservação e pela sua afetação ao fim anunciado; n.º 2: eles respondem ainda, pessoal e solidariamente, pelas obrigações contraídas em nome da comissão especial;
– 467.º (solidariedade dos gestores): havendo dois ou mais gestores que tenham agido conjuntamente, são solidárias as obrigações deles para com o dono do negócio;

[2650] Por todos, MANUEL DE ANDRADE, *Teoria geral das obrigações*, 3.ª ed. cit., 111--112.

[2651] Contra, JANUÁRIO GOMES, *Assunção fidejussória* cit., 166-167 e nota 20, para o qual a parciariedade pressupõe a divisibilidade da prestação. Mas não: a parciariedade pressupõe a divisão prévia do esforço para a prestação, podendo reportar-se a prestações indivisíveis.

§ 55.º *Quadro geral e evolução* 757

- 497.º (responsabilidade solidária): se forem várias as pessoas responsáveis pelos danos, a sua responsabilidade é solidária; o direito de regresso existe na medida das culpas respetivas, presumindo-se iguais;
- 507.º/1 (responsabilidade solidária): se a responsabilidade pelo risco recair sobre várias pessoas, todas respondem solidariamente pelos danos, mesmo havendo culpa de alguma ou algumas;
- 597.º/2 (assunção de dívida): a transmissão só exonera o antigo devedor havendo declaração expressa do credor; de contrário, o antigo devedor responde solidariamente com o novo obrigado;
- 649.º/1 (responsabilidade para com o credor): havendo vários fiadores isolados, relativamente à mesma dívida, cada um deles responde solidariamente pela totalidade, salvo se convencionado o benefício da divisão;
- 650.º/1 (relações entre fiadores e subfiadores): havendo vários fiadores e respondendo cada um deles pela totalidade da prestação, o que tiver cumprido fica sub-rogado nos direitos do credor contra o devedor e, de harmonia com as regras das obrigações solidárias, contra os outros fiadores;
- 653.º (liberação por impossibilidade de subrogação): os fiadores, ainda que solidários, ficam exonerados da obrigação que contraíram, na medida em que, por facto positivo ou negativo do credor, não puderem ficar sub-rogados nos direitos que a este competem;
- 786.º/3 (presunções de cumprimento): a entrega voluntária, feita pelo credor ao devedor, do título original do crédito faz presumir a liberação do devedor e dos seus co-devedores, solidários ou conjuntos, bem como do fiador e do devedor principal, se o título é entregue a algum destes;
- 864.º/1 (obrigações solidárias): a remissão concedida a um devedor solidário libera os outros somente na parte do devedor exonerado; n.º 3: a remissão concedida por um dos credores solidários exonera o devedor para com os restantes credores, mas somente na parte que respeita ao credor remitente;
- 869.º/1 e 2 (obrigações solidárias): no tocante à confusão, a reunião na mesma pessoa, das qualidades de devedor solidário e credor exonera os demais obrigados, mas só na parte da dívida relativa a esse devedor; a reunião na mesma pessoa, das qualidades de credor solidário e devedor exonera este na parte daquele;
- 901.º (garantia do pagamento de benfeitorias): o vendedor é garante solidário do pagamento das benfeitorias que devam ser reembolsadas pelo dono da coisa ao comprador de boa fé;

Obrigações plurais

- 997.º/1 (responsabilidade pelas obrigações sociais): pelas dívidas sociais respondem a sociedade e, pessoal e solidariamente, os sócios;
- 1009.º/1 e 2 (poderes dos administradores depois da dissolução): dissolvida a sociedade, os poderes dos administradores ficam limitados à prática dos atos meramente conservatórios e, não tendo sido nomeados liquidatários, dos atos necessários à liquidação do património social; pelas obrigações que transcendam esses aspetos, a sociedade e os outros sócios só respondem perante terceiros se estes estavam de boa fé; nos restantes casos, respondem solidariamente os administradores que tenham assumido aquelas obrigações;
- 1017.º/1 e 2 (restituição dos bens atribuídos em uso e fruição): o sócio que tiver entrado para a sociedade com o uso e fruição de certos bens tem o direito de os levantar no estado em que se encontrarem, havendo dissolução; se eles se houverem perdido ou deteriorado por causa imputável aos administradores, são estes e a sociedade solidariamente responsáveis pelos danos;
- 1139.º (solidariedade dos comodatários): sendo dois ou mais os comodatários, são solidárias as suas obrigações;
- 1169.º (pluralidade de mandantes): sendo dois ou mais os mandantes, as suas obrigações para com o mandatário são solidárias, se o mandato tiver sido conferido para assunto de interesse comum;
- 1342.º/2 (obras, sementeiras ou plantações feitas com materiais alheios em terreno alheio): se o dono dos materiais alheios tiver culpa e o autor da incorporação estiver de má fé, é solidária a responsabilidade de ambos, para com o dono do terreno;
- 1695.º/1 e 2 (bens que respondem pelas dívidas da responsabilidade de ambos os cônjuges): pelas dívidas da responsabilidade de ambos os cônjuges respondem os bens comuns do casal e, na sua falta ou insuficiência, solidariamente, os bens próprios de qualquer dos cônjuges; havendo separação de bens, a responsabilidade dos cônjuges não é solidária;
- 2128.º (sucessão nos encargos): o adquirente de herança ou de quinhão hereditário sucede nos encargos respetivos; mas o alienante responde solidariamente por esses encargos, salvo o direito de haver do adquirente o reembolso total do que assim houver despendido.

A referência à solidariedade ocorria ainda nos revogados artigos 1493.º/3 e 1506.º, relativos à extinta enfiteuse.

§ 55.º *Quadro geral e evolução*

IV. Fazendo uma síntese, verifica-se que o Código Civil refere, em especial, a solidariedade, em preceitos de um de cinco tipos:

– quanto à gestão de negócios (467.º) e à responsabilidade civil (497.º e 507.º/1), a que podemos acrescentar outras situações, como a deterioração de bens dos sócios (1017.º/2) ou a acessão de má fé (1342.º/2);
– quanto a contratos sensíveis, como o comodato (1139.º) e o mandato (1169.º);
– quanto à responsabilidade patrimonial, não havendo o privilégio da limitação (184.º/1, 198.º/1, 200.º/1, 997.º/1, 1009.º/2 e 1695.º/1);
– quanto a situações de fiança e suas vicissitudes (650.º/1, 653.º, 786.º/3, 864.º/1 e 869.º/1);
– quanto à transmissão de dívidas ou similares (597.º/2, 901.º e 2128.º).

Caso a caso será necessário verificar se se trata do afloramento das regras gerais ou de regras excecionais.

§ 56.º OBRIGAÇÕES PARCIÁRIAS

238. Noção e modalidades

I. A obrigação plural diz-se parciária quando o credor só de todos os devedores possa exigir a prestação integral (parciariedade passiva), quando só todos os credores possam pedir, ao devedor, a totalidade da prestação (parciariedade ativa) ou quando apenas todos os credores possam solicitar o integral pagamento, desde que o façam a todos os devedores (parciariedade mista).

Às obrigações parciárias também se chama "conjuntas"[2652]. Mas a expressão não é satisfatória, uma vez que "conjunção" pode figurar solidariedade[2653].

II. Nas obrigações parciárias, é fundamental saber se a prestação é divisível ou indivisível[2654]. Sendo divisível, o fracionamento do esforço necessário para o cumprimento opera antes deste, de tal modo que:

– o credor só possa exigir, a cada devedor, a parcela do cumprimento que lhe compita, na parciariedade passiva;

[2652] Assim sucede no artigo 786.º/3: (…) condevedores, solidários ou conjuntos (…).

[2653] JANUÁRIO GOMES, *Assunção fidejussória* cit., 170, considera obrigações conjuntas as parciárias com prestação indivisível.

[2654] BUSNELLI, *L'obbligazione soggetivamente complessa* cit., 79 ss. e WALTER SELB, *Mehrheiten von Gläubigern und Schuldnern* cit., 18 ss.. O problema da parciariedade foi colocado em termos de divisibilidade ou indivisibilidade da prestação por VAZ SERRA, *Pluralidade de devedores e credores* cit., 422 ss., seguindo MANUEL DE ANDRADE, *Teoria geral das obrigações*, 3.ª ed. cit., 174 ss., e isso apesar de, à partida, não parecer essa a sua orientação – ob. cit., 111 ss.. De todo o modo, assim passaria ao Código Civil e aos seus exegetas: ANTUNES VARELA, *Das obrigações em geral*, 1, 10.ª ed. cit., 806 ss. e ALMEIDA COSTA, *Direito das obrigações*, 11.ª ed. cit., 715 ss., que acabam por tratar o tema fora da pluralidade: um tanto ao arrepio da pandetística – *vide* WINDSCHEID/KIPP, *Pandektenrecht* cit., 9.ª ed., § 299, 3 (II, 228 ss.) – e do atual tratamento da matéria – p. ex., BYDLINSKI, no *Münchener Kommentar* cit., 2, 5.ª ed., § 432 ss. (2682 ss.), seguindo a lógica do BGB.

§ 56.º Obrigações parciárias

– o devedor só possa exonerar-se pagando, a cada credor, a parcela que lhe caiba, na parciariedade ativa.

Sendo indivisível, o credor apenas de todos os devedores pode exigir o cumprimento, salvo se houver solidariedade: altura em que poderá exigi-lo a somente um deles (535.º/1).

III. Ainda dentro das prestações indivisíveis, particularmente na presença de parciariedade, há que contrapor:

– prestações que possam ser executadas por um único dos co-devedores;
– prestações que requeiram a cooperação entre todos os devedores.

Esta última categoria reporta-se às obrigações internamente diferenciadas, isto é: as obrigações cuja execução exige uma cooperação entre diversos devedores especializados. Assim sucede numa empreitada em que, como empreiteiros, surjam várias pessoas com papéis diferentes: um pedreiro, um eletricista e um pintor. Apenas de todos pode o dono exigir a obra; mas nenhum deles pode, sozinho, efetuar a prestação.

Já na primeira categoria, a prestação, embora indivisível, pode ser prestada pelos diversos co-devedores, que repartirão o esforço necessário, ou, apenas, por um deles.

239. Presunção de igualdade, *beneficium divisionis* e supletividade

I. O regime da parciariedade vive dominado por três regras básicas:

– a presunção de igualdade de partes ou quotas;
– o *beneficium divisionis*;
– a aplicação supletiva.

Havendo pluralidade, presume-se que os vários credores ou os vários devedores têm, na obrigação, partes iguais. Assim não será se, da lei ou de um negócio jurídico, resultar uma proporção diversa (534.º, 1.ª parte). Caberá aos interessados provar os competentes factos constitutivos, por isso se falando em presunção de igualdade[2655]. Esta regra tem, ainda,

---

[2655] PETER BYDLINSKI, no *Münchener Kommentar* cit., 2, 5.ª ed., § 420, Nr. 8 (2593).

implícito um dever acessório para as partes: até que se prove o contrário, as partes plurais devem ser tratadas como se detivessem quotas iguais, no crédito ou no débito, conforme os casos.

Tratando-se de herdeiros do devedor, a presunção de igualdade cessa depois da partilha: as partes são fixadas proporcionalmente às suas quotas hereditárias, nos termos do artigo 534.º, 2.ª parte.

II. A segunda regra é o *beneficium divisionis*, conhecido no Direito romano[2656]. Esta regra leva a que o credor só possa exigir, a cada devedor, a parcela que lhe caiba; se a exigisse *in totum*, o devedor demandado poderia excecionar o *beneficium divisionis*. Paralelamente, na parciariedade ativa, cada credor só pode pedir a sua quota-parte; demandando ao devedor pelo total, este contraporá o *beneficium*[2657].

Este benefício tem ainda um papel da maior importância: afasta a regra da integralidade da prestação (763.º): mesmo quando divisível, a prestação deve ser efetuada por inteiro, não tendo o credor o dever de aceitar prestações parciais. Quando, pela frente, tenha vários co-devedores, o credor ficará ciente de que o cumprimento pode ser fracionado.

Torna-se importante, perante uma situação de pluralidade, determinar se a prestação é divisível[2658]. Primeiro: objetivamente; caso a divisão implique prejuízo para o credor, ela já não será opção. Depois: subjetivamente; havendo um acordo estipulando a integralidade da prestação, será necessário verificar, pela interpretação, se ele equivale a uma ideia de solidariedade, se ele convive com a parciariedade ou se ele deixa de se aplicar perante uma pluralidade superveniente.

III. Finalmente, a parciariedade, haja ou não divisibilidade da prestação, tem aplicação supletiva, isto é: funciona sempre que um preceito específico da lei ou um acordo das partes não imponham a solidariedade (513.º). Trata-se de uma regra civil importante, inversa à que funciona no

---

[2656] KASER/KNÜTEL, *Römisches Privatrecht*, 19.ª ed. cit., § 56, Nr. 2 (297) e § 57, Nr. 19 (303), em diversas circunstâncias.

[2657] O benefício da divisão vem ainda referido nos artigos 649.º/1 (pode ser convencionado havendo vários fiadores) e 650.º/2 (fiador que cumpra integralmente, apesar de lhe ser lícito invocar o benefício da divisão). Quanto a estas situações: JANUÁRIO GOMES, *Assunção fidejussória* cit., 913.

[2658] *Vide* STJ 2-jun.-1977 (OCTÁVIO DIAS GARCIA), RLJ 111 (1978), 88-92 = BMJ 268 (1977), 211-217, anot. VAZ SERRA, RLJ 111 (1978), 92-96 (96/I): a obrigação de celebrar um contrato definitivo é indivisível.

§ 56.º *Obrigações parciárias* 763

Direito comercial (100.º do Código Comercial) e que dá corpo ao *favor debitoris*[2659].

240. **Prestações indivisíveis**

I. O Código Civil comporta várias regras relativas às obrigações parciárias com prestações indivisíveis[2660]: quatro dos cinco artigos dedicados à parciariedade (535.º a 538.º). Bem se compreende: trata-se de área que, pela natureza das coisas, pode proporcionar mais dúvidas.

A norma básica consta do 535.º/1: havendo pluralidade de devedores e uma prestação indivisível, esta só pode ser exigida de todos, salvo se houver solidariedade: *ex contractu* ou *ex lege*. E assim sucede, seja na hipótese de ser possível, a um único devedor, executar sozinho a prestação seja, *a fortiori*, na de isso só ser possível através de uma ação conjunta de todos os devedores.

A mesma regra aplica-se quando a pluralidade resulte de sucessão hereditária (535.º/2).

II. Pode a obrigação indivisível e parciária extinguir-se apenas em relação a algum ou alguns dos devedores: designadamente por remissão ou por confusão, hipóteses em que os artigos 865.º/1 e 870.º/1 remetem, expressamente, para o 536.º. Nessa altura, cabe ao credor exigir a prestação (por inteiro) aos restantes obrigados, desde que lhes entregue o valor da parte que competia ao devedor ou devedores exonerados (536.º).

Essa entrega deve ser feita simultaneamente ou o devedor (ou devedores) instados podem recusar, usando a *exceptio* daí resultante.

III. Pode ainda a prestação indivisível tornar-se impossível por facto imputável (apenas) a algum ou alguns dos devedores (537.º). Dispõe o artigo 537.º: ficam os outros exonerados. Tudo opera, pois, como se um terceiro tivesse impossibilitado a prestação. Aplicar-se-á, depois, o regime da impossibilidade superveniente: imputável ao devedor que lhe tenha

---

[2659] *Supra*, 64.

[2660] Além dos elementos já citados: GUSTAV GRAFE, *Begriff und Wirkung der unteibaren Obligationen/nach römischem Rechte und Bürgerlichem Gesetzbuche* (1904), 50 pp. e, com dados evolutivos, WILHELM RÜTTEN, *Mehreit von Gläubigern* cit., 5 ss.

764 *Obrigações plurais*

dado azo (801.º/1) e não-imputável aos restantes (790.º/1). Naturalmente: todos os danos causados deverão ser indemnizados, pelos responsáveis. Se a obrigação fosse solidária, ninguém ficaria exonerado: o próprio escopo da solidariedade o exige[2661].

IV. Havendo pluralidade parciária ativa com prestação indivisível: qualquer dos credores pode exigi-la por inteiro; mas o devedor, enquanto não for judicialmente citado, só perante todos se pode exonerar (538.º/1). Significa isto que a obrigação parciária ativa com prestação indivisível, havendo citação do devedor por um dos credores, se torna, relativamente a este, solidária[2662]. O regime explica-se: a assim não ser, o credor ficaria dependente dos demais o que, sendo a prestação indivisível, o privaria de quaisquer vantagens. Naturalmente: recebendo a prestação por inteiro, o credor terá de fazer contas com os restantes.

241. Natureza; deveres acessórios

I. As obrigações parciárias são obrigações plurais: diversos sujeitos ativos, passivos ou ativos e passivos, vários créditos, débitos ou créditos e débitos e uma única prestação, com uma também única obrigação complexa. Ao contrário do que sucede havendo solidariedade, a repartição do esforço ou das vantagens faz-se antes do cumprimento.

Pergunta-se, todavia, se sendo a prestação divisível, não haverá antes tantas obrigações quantas as parcelas resultantes da repartição. A resposta é negativa. Com efeito:

- ao conjunto plural aplica-se o mesmo regime; apurar várias obrigações poderia conduzir a derivas;
- a designação linguística é una; ora conhecido o papel constitutivo da linguagem, esse fator não é despiciendo;
- a divisão é potestativa: pode não ser invocada; de resto, muitas vezes, não o será; havendo confiança, o devedor parciário paga por inteiro, fazendo depois contas com os seus parceiros.

[2661] PIRES DE LIMA/ANTUNES VARELA, *Código Civil Anotado* cit., 1, 4.ª ed., 548.

[2662] *Direito das obrigações*, 1, 380 e MENEZES LEITÃO, *Direito das obrigações* cit., 1, 7.ª ed., 177.

II. Na pendência da obrigação, todas as partes são envolvidas por deveres acessórios tendentes a salvaguardar a materialidade em jogo. Assim, os envolvidos devem acatar os deveres de segurança, de lealdade e de informação que se mostrem convenientes. Particularmente relevante será a necessidade de se manterem mutuamente informados sobre as vicissitudes que possam afetar o vínculo obrigacional em jogo.

§ 57.º SOLIDARIEDADE PASSIVA

242. Noção e casos

I. Há solidariedade passiva ou obrigação *in solidum* quando, numa obrigação plural (512.º/1, 1.ª parte)[2663]:

– cada um dos devedores responda pela prestação integral;
– e esta, sendo efetivada, a todos libere.

Os dois requisitos têm o seu papel: pode alguém convencionar, com dois deveres e em separado, a mesma prestação (por cautela, por exemplo); não há solidariedade pois, embora possa exigir, a qualquer deles, a prestação integral, o cumprimento, por um deles, não libera o outro[2664].

II. A solidariedade passiva pode reportar-se a qualquer tipo de obrigação: de *facere* ou de *dare*. A hipótese natural é a de se tratar de prestações pecuniárias. Pode ainda suceder, sem prejuízo para a solidariedade, que os devedores:

– estejam obrigados em termos diversos;
– apresentem distintas garantias.

Em tal eventualidade, a repartição inigualitária far-se-á por via do regresso, enquanto as distintas garantias manifestar-se-ão quando acionadas.

De todo o modo, o artigo 516.º fixa uma presunção de igualdade, quanto à posição dos devedores.

[2663] RLx 24-jun.-1999 (MENDES LOURO), CJ XXIV (1999) 3, 125-129 (129/I). De entre a literatura clássica, referimos ainda GIAN ALBERTO ARCHI, *Sul concetto di obbligazione solidale/Conferenze romanistiche/Pavia* (1939), 243-340.

[2664] GOMES DA SILVA, *Da solidariedade nas obrigações* cit., 262.

§ 57.º Solidariedade passiva

III. A solidariedade passiva só existe quando resulte da lei ou da vontade das partes (513.º)[2665]. Pelo contrário, no Direito alemão (§ 427)[2666] e no Direito italiano (artigo 1294.º)[2667] vigora uma presunção de solidariedade[2668]: visa-se, aí, dar maior consistência ao crédito e à via económica, sendo ainda de notar que, no caso italiano, isso se tornou inevitável, por via da supressão do Código Comercial, absorvido pelo civil.

No Direito civil europeu – como se sabe, no estádio de projeto – parece impor-se a orientação alemã[2669]. Retemos o ponto III.–4:103: do DCFR:

(1) Whether an obligation is solidary, divided or joint depends on the terms regulating the obligation.
(2) If the terms do not determine the question, the liability of two or more debtors to perform the same obligation is solidary. Liability is solidary in particular where two or more persons are liable for the same damage.

Quanto à lei, temos[2670]:

– o artigo 100.º do Código Comercial, que leva a uma regra supletiva de solidariedade, no tocante às obrigações comerciais[2671], a qual tem aplicação no campo cambiário[2672];
– o artigo 467.º, quanto à pluralidade de gestores[2673];

[2665] REv 11-abr.-1996 (RIBEIRO LUÍS), CJ XXI (1996) 2, 279-281 (280/I).

[2666] BYDLINSKI, no *Münchener Kommentar* cit., 2, 5.ª ed., § 427 (2670 ss.). Entre nós, mantém-se básico VAZ SERRA, *Pluralidade de devedores e credores* cit., 67 ss..

[2667] CARINGELA/DE MARZO, *Obbligazioni* cit., 210-211.

[2668] Tratar-se-ia de uma regra de interpretação, segundo HANS-FRIEDRICH MÜLLER, no PWW/BGB, 7.ª ed. (2012), § 427, Nr. 1 (714).

[2669] *Vide* MARTIN SCHMIDT KESSEL, *Gläubigern und Schuldner* cit., Nr. 125 (404).

[2670] Outros casos: *supra*, 756 ss..

[2671] *Direito comercial*, 3.ª ed., 553. *Vide* RGm 19-mai.-2011 (MANUEL BARGADO), Proc. 1585/10.

[2672] *Vide* o importante acórdão de uniformização: STJ 5-jun.-2012 (ANTÓNIO ABRANTES GERALDES), DR 1.ª série, n.º 137, de 17-jul.-2012, 3796-3805 = Proc. 2493/05.

[2673] Quando tenham agido concertadamente: PIRES DE LIMA/ANTUNES VARELA, *Código Anotado* cit., 1, 4.ª ed., 449.

768

Obrigações plurais

– os artigos 497.°/1 e 507.°/1 e 2, quanto à obrigação de indemnizar; aqui prevalece um juízo de favor em prol do lesado, que justifica a solidariedade[2674];
– o artigo 649.°/1, quanto à pluralidade de fiadores;
– o artigo 997.°, quanto aos sócios em sociedades civis puras;
– os artigos 1135.°, 1139.° e 1169.°, quanto aos comodatários e aos mandantes com interesse comum;
– o artigo 1695.°, quanto aos cônjuges, por dívidas comuns.

A solidariedade é, ainda, frequente no Código das Sociedades Comerciais[2675] e nas leis fiscais.

243. Solidariedades impróprias ou não-autênticas

I. Na solidariedade passiva encontramos uma obrigação, uma prestação e vários devedores. Encontramos situações semelhantes, mas que se distinguem:

– por haver vínculos distintos: por exemplo, um principal e outro acessório;
– por não ser possível, *ab initio*, pedir a prestação a qualquer um dos devedores.

Podemos, a tal propósito, falar em solidariedades impróprias ou não-autênticas[2676].

[2674] Particularmente havendo vários autores: STJ 29-mar.-1989 (LOPES DE MELO), BMJ 385 (1989), 379-383. Na mesma linha, tendo o réu sido condenado numa indemnização a título solidário, não pode, apresentando-se a pagar apenas a "sua" parte, transformar a obrigação em parciária: RLx 6-fev.-1985 (ANTÓNIO TAVARES DOS SANTOS), CJ X (1985) 1, 192/I e II.

[2675] Seja a propósito de situações de responsabilidade civil (p. ex., 73.°, quanto à solidariedade dos administradores) seja quanto à responsabilidade patrimonial (p. ex., 175.°/1, quanto à responsabilidade por dívidas nas sociedades em nome coletivo).

[2676] FRITZ KLINGMÜLLER, *Unechte Gesamtschuldverhältnisse*, JhJb 64 (1914), 31-113; RUDOLF SCHMIDT, *Unechte Solidarität*, JhJb 72 (1922), 1-116; HENRY WINTER, *Teilschuld, Gesamtschuld und unechte Gesamtschuld/Zur Konzeption der §§ 420 ff. BGB/ Ein Beitrag zur Entstehungsgeschichte des BGB* (1985), 143 ss.; HORST JÜRGENS, *Teilschuld – Gesamtschuld – Kumulation* (1988), 41 ss.; JAN SCHÜRNBRAND, *Der Schuldbeitritt zwischen Gesamtschuld und Akzessorität* (2003), 97 ss. e 113 ss..

§ 57.º Solidariedade passiva

II. O problema já tem sido referido, na nossa literatura[2677]: muitas vezes, quer na linguagem comum, quer na própria lei, usa-se solidariedade para exprimir uma confluência de situações passivas, que não se reportam ao mesmo vínculo. Assim sucede no caso da fiança: o fiador garante a obrigação principal (627.º/1), mas a sua obrigação é acessória (627.º/2) e, logo, independente. Tem um regime decalcado do da principal, justamente pela acessoriedade. Mas o fiador tem o benefício da excussão (638.º): pode recusar o cumprimento, enquanto não se mostrarem excutidos todos os bens do devedor, sem se obter a satisfação do credor. E mesmo quando haja renúncia: mantém-se a diversidade de regras[2678].

III. Um caso claro de responsabilidade solidária imprópria é o da responsabilidade subsidiária. Esta só funciona depois de esgotadas as possibilidades do devedor principal: opera o *beneficium excussionis* só que, aqui, sem um vínculo específico de fiança. Como caso paradigmático: o da responsabilidade dos sócios das sociedades em nome coletivo: solidária entre eles e subsidiária em relação à sociedade e isso por dívidas desta (175.º/1, do CSC)[2679].

Na mesma linha, podemos referir a reversão: no domínio fiscal, mostrando-se insuficientes os bens sociais, pode a execução reverter contra os gestores: estes são solidariamente responsáveis entre si e, subsidiariamente, responsáveis pelas dívidas fiscais da sociedade (24.º/1 da LGT)[2680].

O regime do Código Civil é, sempre, a última instância legal sobre toda esta matéria. Todavia haverá que, caso a caso, indagar sobre as even-

---

Também em França, embora com terminologia diversa, o problema é conhecido; referimos MANUELA OURY-BRULÉ, *L'engagement du codébiteur solidaire non intéressé à la dette/Article 1216 du Code Civil* (2002), 17, 187 e 204.

[2677] JOÃO ANTUNES VARELA, anot. STJ 15-out.-1968 (CAMPOS DE CARVALHO), RLJ 103 (1970), 21-23 = BMJ 180 (1968), 279-281, RLJ 103 (1970), 23-32 (31/I) e *Das obrigações em geral* cit., 1, 10.ª ed., 756-757 e ADRIANO VAZ SERRA, anot. STJ 3-abr.-1970 (TORRES PAULO), RLJ 104 (1971), 141-143 = BMJ 196 (1971), 235-239, RLJ 104 (1971), 144-147 (146/I). Na origem: MANUEL DE ANDRADE, *Teoria geral das obrigações*, 3.ª ed. cit., 150 ss..

[2678] JANUÁRIO GOMES, *Assunção fidejussória* cit., 971.

[2679] MANUEL CARNEIRO DA FRADA, *CSC/Clássica*, 2.ª ed. (2011), 175.º, anot. 5 (582).

[2680] MENEZES CORDEIRO, *CSC/Clássica*, 2.ª ed. (2011), 78.º, anot. 13 ss. (289 ss.), com indicações.

770 *Obrigações plurais*

tuais especificidades dos vínculos existentes. De todo o modo, mantém-se a regra de que apenas por lei (para além do contratado) podem surgir situações de "solidariedade imprópria"[2681].

244. Relações externas

I. Na técnica da solidariedade passiva, usa-se "relações externas" para traduzir o relacionamento entre os co-devedores e o credor. A matéria surge, no Código Civil, em certa desordem, cabendo-lhe dar uma sequência.

O devedor solidário pode ser demandado pela totalidade da dívida (519.º/1): mesmo quando divisível, ele não pode opor o *beneficium divisionis* (518.º, 1.ª parte). Pode o devedor chamar os outros à demanda (518.º, 2.ª parte e 517.º/1), assim como pode o credor demandar, em conjunto, os devedores solidários (517.º/1): nem por isso aquele a quem tenha sido pedida a totalidade da dívida se libera[2682].

A possibilidade de demandar qualquer um dos devedores solidários pela totalidade da dívida não é prejudicada pelo facto de ultrapassar a quota do interpelado. Todavia, demandado um dos devedores pela totalidade da dívida, fica o credor "inibido" de proceder judicialmente contra os outros pelo que, primeiro, tenha pedido (519.º/1, 2.ª parte),

> (...) salvo se houver razão atendível, como a insolvência ou risco de insolvência ou risco de insolvência do demandado, ou dificuldade, por outra causa, em obter dele a prestação.

II. Uma vez demandado, o devedor solidário pode defender-se (514.º/1)[2683]:

– pelos meios que pessoalmente lhe compitam;
– pelos meios comuns a todos os co-devedores.

[2681] TCA 18-jan.-2000 (GALLEGO DOS SANTOS), BMJ 493 (2000), 437.

[2682] O que não é possível é intentar ações separadas (isto é, sem ser em litisconsórcio), contra devedores solidários, pedindo, a cada um deles, a totalidade do crédito; quando tal se faça, o crédito demandado em segundo lugar fica temporariamente inexigível: STJ 5-dez.-1985 (LIMA CLUNY), BMJ 352 (1985), 389-395 (393). Isso salvo o que, de seguida, se diz no texto.

[2683] MANUEL DE ANDRADE, *Teoria geral das obrigações*, 3.ª ed. cit., 139 ss..

§ 57.º Solidariedade passiva 771

São meios de defesa pessoais, por exemplo, a invalidade do vínculo relativamente apenas ao devedor: por incapacidade ou por vício ou falta de vontade. Ou a prescrição do crédito, com referência, apenas, a ele[2684].

São meios comuns os que afetem o vínculo na sua totalidade: a sua nulidade, a prescrição do crédito ou a sua extinção pelo cumprimento ou por qualquer outra forma (523.º). O caso julgado entre o credor e um dos devedores é oponível pelos devedores contra o credor, desde que não se baseie em fundamento que respeite, apenas, àquele devedor (522.º)[2685].

> Não assim quanto ao inverso: o caso julgado condenatório obtido pelo credor contra um dos co-devedores não é oponível aos restantes (522.º). Compreende-se a solução: esse caso julgado pode ter resultado de inépcia processual do devedor condenado ou de conluio entre ele e o credor: não faria sentido opô-lo aos restantes devedores, que não foram partes no processo e que, consequentemente, nele se não puderam defender.
>
> Por isso e em princípio: há que demandar, em conjunto, todos os devedores solidários.

Se um dos devedores tiver um meio de defesa pessoal contra o credor, este não fica inibido de reclamar dos outros a prestação integral, ainda que esse meio já lhe tivesse sido oposto (519.º/2). É lógico: tal meio de defesa não atinge a obrigação, no seu todo, a qual pode ser atuada contra os demais devedores.

III. Quando a prestação se torne impossível por facto imputável a um dos devedores, todos os outros são responsáveis pelo seu valor (520.º, 1.ª parte). Essa regra é importante, porque mostra que a solidariedade se alarga aos sucedâneos da prestação principal. Assim, quando haja solidariedade nas obrigações resultantes de um contrato e sobrevenha o seu incumprimento definitivo, ela prolonga-se na competente indemnização.

Todavia, quando a impossibilidade provocada por um dos co-devedores provoque danos que excedam o valor da prestação, apenas o co-deve-

---

[2684] Salvo o que resulte do artigo 521.º/1.

[2685] HELENA TOMÁS CHAVES, *O caso julgado nas obrigações solidárias: sobre alguns aspectos da actuação judicial da solidariedade* (1984), 182 pp.; a matéria consta do artigo 1306.º do Código italiano; *vide* FRANCESCO DONATO BUSNELLI, *La cosa giudicata nelle obbligazioni solidali*, RTDPC XXVIII (1974), 393-440.

772 *Obrigações plurais*

dor em causa responde pela sua reparação; sendo vários, fazem-no solidariamente (520.º, 2.ª parte)[2686].

IV. A satisfação do interesse do credor – o 523.º especifica: por cumprimento, dação em cumprimento, novação, consignação em depósito ou compensação – libera todos os devedores.

O credor pode escolher o co-devedor a quem queira exigir a totalidade da prestação; de igual modo, pode qualquer devedor, chegado o momento, oferecer-se para cumprir por inteiro; o credor deverá aceitar, sob pena de incorrer em mora. Quando o faça, deverá *ex bona fide*, avisar os outros, não vá haver duplicações.

O credor que renuncie à solidariedade a favor de algum ou alguns dos co-devedores não fica impedido de pedir, aos restantes, a prestação por inteiro (527.º)[2687]. Logicamente: mesmo sem essa renúncia (quando seja admissível), ele sempre poderia pedir o cumprimento, por inteiro, a algum ou alguns deles.

245. **Relações internas**

I. "Relações internas" traduz o relacionamento entre os co-devedores. Como ponto de partida, cumpre assinalar que, na solidariedade perfeita ou autêntica, todos os co-devedores são iguais, perante o credor. E isso sem prejuízo de ser diferente o conteúdo das prestações de cada um deles, de estarem obrigados em termos diversos ou com distintas garantias (512.º/2, 1.ª parte). A diversidade porventura existente virá depois à luz, nas relações entre os devedores.

Nas relações entre si, presume-se uma situação de igualdade na participação na dívida: isso sempre que outra coisa não resulte da relação jurídica entre eles existente, isto é, da própria obrigação plural complexa (516.º)[2688].

[2686] PIRES DE LIMA/ANTUNES VARELA, *Código Anotado* cit., 1, 4.ª ed., 535.
[2687] *Idem*, 541.
[2688] *Idem*, 532.

§ 57.º Solidariedade passiva

II. O devedor que satisfizer o crédito para além do que lhe competir tem o direito de regresso contra cada um dos co-devedores, na parte que a estes compita (524.º)[2689].

O direito de regresso é um direito novo, autónomo, que deriva de um facto complexo: a própria fonte de obrigação solidária e o facto de o devedor em causa ter procedido ao seu cumprimento, nos precisos termos em que o haja feito[2690]. Tem um regime adequado, características suas e vida própria[2691].

Não se deve confundir o direito de regresso dos devedores solidários que cumpram para além da sua quota com a sub-rogação a favor do fiador que cumpra, nos direitos do credor (644.º). A sub-rogação é um meio de transmissão de obrigações que opera a favor do terceiro que satisfaça uma prestação (589.º a 594.º)[2692]. Ora o devedor solidário não realiza uma prestação de terceiro, nem visa adquirir seja o que for. E assim, o direito de regresso não traz consigo as garantias da obrigação principal: nem as suas fraquezas.

Várias teorias procuram explicar a essência do regresso[2693]. Pelo Direito vigente trata-se, simplesmente, de uma obrigação legal, assente na preocupação de prevenir o enriquecimento dos devedores que não tenham sido chamados a cumprir até ao limite das respetivas quotas[2694].

III. O direito de regresso pode ser detido, relativamente a cada co-devedor que, dele, seja titular (525.º/1):

– pela falta do decurso do prazo que lhe tenha sido concedido para o cumprimento;
– por qualquer outro meio de defesa, comum ou pessoal do visado.

Essa possibilidade opera ainda que o co-devedor tenha deixado, sem culpa sua, de opor o meio comum de defesa; não assim se a falta de opo-

---

[2689] *Idem*, 538-539

[2690] H. F. MÜLLER, no PWW/BGB, 7.ª ed. cit., § 426, Nr. 16 (712).

[2691] JANUÁRIO GOMES, *Assunção fidejussória* cit., 890 ss., matiza a distinção.

[2692] LUÍS MENEZES LEITÃO, *Direito das obrigações*, 2, 8.ª ed. (2011), 35 ss..

[2693] *Vide* JANUÁRIO GOMES, *Assunção fidejussória* cit., 891 ss., com alguns elementos pelo prisma da contraposição à sub-rogação.

[2694] ULRIKE SCHWEDHELM, *Das Gesammtschuldverhältnis* cit., 119 ss.; HORST EHMANN, *Die Gesamtschuld/Versuch einer begrifflichen Erfassung in drei Typen* (1972), 79 ss..

774   *Obrigações plurais*

sição for imputável ao devedor que pretenda fazer valer o mesmo meio (525.º/2); haveria, aí, um *tu quoque* contrário à boa fé.

IV. Pode um dos co-devedores ficar insolvente ou, por qualquer outro motivo, não poder cumprir a prestação a que esteja adstrito: altura em que a sua quota-parte é repartida proporcionalmente pelos demais (benefício da repartição), incluindo (526.º/1)[2695]:

– o próprio credor do regresso;
– os co-devedores que tivessem sido, pelo credor, exonerados da obrigação ou da solidariedade.

O benefício da repartição não aproveita ao credor do regresso na medida em que só por negligência sua não lhe tenha sido possível cobrar a parte do seu co-devedor na obrigação solidária (526.º/2)[2696].

V. O direito de regresso subsiste ainda que as obrigações dos outros devedores se encontrem prescritas e a do visado, por suspensão ou interrupção da prescrição, não beneficie desse estatuto, sendo o mesmo compelido a cumprir (521.º/1): uma regra que, só por si, já mostra a unicidade do vínculo. Em compensação, o devedor que não haja invocado a prescrição (podendo fazê-lo), não tem o direito de regresso contra os co-devedores cujas obrigações tenham prescrito, desde que eles aleguem a prescrição (521.º/2).

246. Papel e natureza

I. A solidariedade passiva é importante: ela dá consistência às correspondentes obrigações plurais. Na verdade, a obrigação, enquanto vínculo abstrato dependente da seriedade e da motivação do devedor, torna-se diáfana e frágil. Essa fragilidade mais se acentua quando sejam vários devedores: se todos usarem o *beneficium divisionis*, o credor poderá ter dificuldade em receber tudo aquilo a que tem direito, além de incorrer em incómodos, delongas e despesas. A essa luz, compreende-se a postura de Direitos que, como o alemão e o italiano, estabelecem a solidariedade

---

[2695] Januário Gomes, *Assunção fidejussória* cit., 252.
[2696] Pires de Lima/Antunes Varela, *Código Anotado* cit., 1, 4.ª ed., 540.

§ 57.º Solidariedade passiva

como solução subsidiária. E entende-se, também, porque razão, no tocante a obrigações de indemnizar prevalece, no nosso Direito, a solidariedade.

Independentemente do seu papel nas obrigações plurais, a solidariedade passiva funciona como garantia pessoal das obrigações: um dos co-devedores surge, tão-só, para garantir o cumprimento que apenas interessa ao outro[2697].

II. A solidariedade passiva tem, ainda, um papel matricial, relativamente às obrigações plurais[2698]. Embora a solução normal seja, entre nós, a parciariedade e apesar de se prever, também, a solidariedade ativa, podemos dizer que, em termos dogmático-culturais, a doutrina da pluralidade das obrigações se tem vindo a desenvolver em torno da solidariedade passiva. No âmbito desta surgiu a figura muito relevante do direito de regresso. Além disso, a solidariedade passiva é um excelente banco de ensaio para afinar o tema processual do litisconsórcio e o próprio jogo das exceções, com o seu alcance substancial e os seus limites.

III. Este papel matricial da solidariedade deve manter-nos atentos, em relação aos perigos da deriva conceitual. Por vezes, o termo "solidário" é usado para exprimir fenómenos aparentados que, com a solidariedade, já não têm a ver. Isso sucede, desde logo, com as denominadas "solidariedades impróprias": estas abrangem situações diversas, como sejam garantias pessoais, com regimes diferenciados. Além disso, verifica-se um uso de "solidário" para nominar situações de conjunção dotadas de regimes específicos. Tal o caso dos denominados depósitos (bancários) solidários: situações de abertura de conta bancária em que se convencionou que os movimentos e outras operações podiam ser praticados por apenas um dos contitulares[2699]. Daí se passaria, naturalmente, à aplicação de regras sobre a solidariedade: fora do contexto e do seu âmbito de aplicação.

[2697] PATRÍCIA DE MEDEIROS RIBEIRO CAVALCANTE, *A solidariedade passiva à luz da teoria geral das garantias das obrigações* (2002), 89 pp. e PEDRO DE ALMEIDA CABRAL, *A solidariedade passiva como garantia pessoal* (2006), 79 pp.; em geral: LUÍS MENEZES LEITÃO, *Garantias das obrigações/Relatório* (2005).

[2698] Falando em "importância central": JANUÁRIO GOMES, *Assunção fidejussória* cit., 164 ss..

[2699] *Manual de Direito bancário*, 4.ª ed., 208-209.

IV. Quanto à natureza: temos uma única obrigação complexa, com uma prestação repartível apenas depois do cumprimento. Se ela for indivisível, os co-devedores terão, depois, de repartir o esforço que ela tenha representado. Pelo prisma dos envolvidos e de acordo com a orientação propugnada quanto à contitularidade[2700]: teremos tantos direitos de crédito quanto os credores (sobre a mesma prestação) e/ou tantos deveres de prestar quantos os devedores (relativos à mesma prestação).

[2700] *Supra*, 751 ss..

§ 58.º SOLIDARIEDADE ATIVA

247. Noção e regras gerais

I. Na solidariedade ativa[2701] temos uma obrigação com vários credores e um devedor, na qual (512.º/1, 2.ª parte):

– cada um dos credores tem a faculdade de exigir, só por si, a totalidade da prestação;
– a prestação integral, feita a esse credor, libera o devedor perante os demais.

Tal solidariedade só existe quando prevista na lei ou em contrato (513.º). Presumem-se iguais as partes que os credores tenham na obrigação (516.º)[2702].

II. No âmbito do Código de Seabra, José Tavares veio defender que a solidariedade ativa seria a regra geral, no nosso Direito[2703]. Invoca quatro razões (todas do Código de Seabra):

– o Código fixa a não-solidariedade passiva (731.º/1); mas ao contrário de outros códigos europeus, não fez o mesmo para a pluralidade de credores;

[2701] O tema consta do § 432 do BGB, mas a propósito da prestação indivisível; *vide* WALTHER HADDING, *Zur Mehrheit von Gläubigern nach § 432 BGB*, FS Ernst Wolf (1985), 107-131 (108, quanto à origem do preceito).

Na literatura de fala portuguesa, mantém-se atual VAZ SERRA, *Pluralidade de devedores ou de credores* cit., 320 ss..

[2702] Esta presunção tem sido aplicada às contas bancárias – *vide* STJ 7-jul.-1977 (RODRIGUES BASTOS), BMJ 269 (1977), 136-139; parece bem, sob reserva de não ser uma verdadeira "solidariedade".

[2703] JOSÉ TAVARES, *Os princípios fundamentais do Direito civil* cit., 1, 390 ss..

778   *Obrigações plurais*

– o artigo 750.º, quando diz "sendo vários os credores com direito igual a receber a prestação por inteiro" não permite conclusão inversa;
– o artigo 2016.º permite ao co-herdeiro de uma herança em poder de terceiro exigir, dele, a totalidade da herança;
– a solidariedade ativa é vantajosa para credores e devedores.

Contra esta tese insurgiram-se Manuel de Andrade[2704] e Vaz Serra[2705]. Por via das dúvidas, o Código vigente consagra, de modo expresso, a tese contrária à de José Tavares. De todo o modo, este ponto ficou como sendo dos poucos que, quanto à pluralidade, suscitaram polémica, entre nós.

248. Relações externas

I. Cabe ao devedor escolher o credor solidário a quem satisfaça a prestação (528.º/1, 1.ª parte): escolherá, naturalmente, o que mais lhe convier, numa manifestação de *favor debitoris*. Depois de citado judicialmente por um credor cujo crédito se ache vencido, deve cumprir perante este (528.º/1, 2.ª parte)[2706].

O dever de cumprir em face do credor que tenha exigido judicialmente a prestação não cessa pelo facto de o devedor cumprir perante um credor diferente (528.º/2, 1.ª parte): bem se compreende, pois isso poderia esvaziar o conteúdo de direitos de crédito de titulares não coniventes.

Pode, todavia, a solidariedade ativa ter sido estabelecida em favor do devedor; por exemplo: para lhe facilitar o cumprimento. Nessa altura, pode ele renunciar total ou parcialmente ao benefício e prestar, a cada credor, a parte que lhe caiba no crédito comum ou satisfazer a cada um dos outros a prestação, com dedução da parte do demandante (528.º/2, 2.ª parte). Caberá, então, ao devedor provar que a solidariedade foi estabelecida no seu interesse e que a repartição de valores é possível, sem prejudicar os credores ou algum deles.

II. Ao credor solidário podem ser opostos os meios de defesa comuns a todos os credores, como a prescrição da obrigação ou os que pessoalmente respeitem ao credor considerado, como a incapacidade (514.º/2).

[2704] MANUEL DE ANDRADE, *Teoria geral das obrigações*, 3.ª ed. cit., 119-122.
[2705] VAZ SERRA, *Pluralidade de devedores e credores* cit., 321, nota 658 e *passim*.
[2706] PIRES DE LIMA/ANTUNES VARELA, *Código Anotado* cit., 1, 4.ª ed., 542.

§ 58.º Solidariedade ativa   779

Quanto à prescrição (530.º/1): se o direito de um dos credores, por via da suspensão ou da interrupção da prescrição ou outra causa, se mantiver, enquanto hajam prescrito os direitos dos restantes, pode o devedor opor àquele credor a prescrição do crédito na parte relativa a estes últimos. Naturalmente: isso pressupõe que a prestação seja divisível: não o sendo, terá de se proceder ao encontro dos valores. A renúncia à prescrição, feita pelo devedor em benefício de um dos credores, não aproveita aos demais (530.º/2)[2707].

Caso julgado: o formado entre um dos credores e o devedor não é oponível aos outros credores; pode, porém, ser oposto por estes ao devedor, mas sem prejuízo das exceções pessoais que o devedor possa invocar em relação a cada um deles (531.º). Prevalece, aqui, uma lógica semelhante à dos limites do caso julgado, quanto à solidariedade passiva, acima referidos[2708].

III. Quanto à impossibilidade superveniente da obrigação (529.º):

– quando ela ocorra por facto imputável ao devedor, a solidariedade mantém-se relativamente ao crédito de indemnização (n.º 1);
– quando resulte de facto imputável a um dos credores, fica este obrigado a indemnizar os demais (n.º 2).

IV. A satisfação do direito de um dos credores, por cumprimento, dação em cumprimento, novação, consignação em depósito ou compensação, produz a extinção da relação global, em face de todos os credores (532.º): solução justa e lógica, uma vez que há uma única obrigação.

249. **Relações internas**

I. O credor cujo direito tenha sido satisfeito para além da parte que lhe competia deve satisfazer aos outros a parte que eles tinham na prestação comum (533.º). Quando a prestação não seja divisível, haverá um encontro de valores.

II. Nos termos gerais, o credor satisfeito deve ser interpelado pelos restantes, para entrar em mora. Só então dele deverá juros[2709].

[2707] PIRES DE LIMA/ANTUNES VARELA, *Código Anotado* cit., 1, 4.ª ed., 543.

[2708] *Supra*, 771.

[2709] PIRES DE LIMA/ANTUNES VARELA, *Código Anotado* cit., 1, 4.ª ed., 545.

250. Aplicações e natureza

I. A hipótese mais referida de solidariedade ativa seria a resultante de aberturas de contas bancárias ditas "solidárias"[2710]. O banqueiro, pelo depósito, torna-se proprietário do dinheiro; os depositantes são credores da correspondente importância. O banqueiro poderá pagar a um ou a outro, assim se exonerando.

Todavia, temos aí, tão-só, uma extensão do termo "solidário": ele apenas implica que cada contitular possa, sozinho, movimentar a conta[2711]. As demais regras de solidariedade não têm, só por isso, aplicação[2712]: um aspeto a verificar caso a caso. De facto, pode-se afastar, em conta bancária solidária, a presunção de igualdade entre as quotas-partes dos diversos credores[2713]. Mas isso não impede, em regra, que o banqueiro compense créditos seus sobre um dos credores com a totalidade do saldo de uma conta conjunta solidária, mesmo sem autorização de todos os titulares[2714].

II. Quanto à natureza: também aqui temos uma obrigação única com uma só prestação; mas com vários créditos concorrentes. A repartição das vantagens de cada um faz-se, apenas, depois do cumprimento[2715]. Entre os intervenientes surgem, depois, múltiplos deveres acessórios destinados a compor, de modo equilibrado, os créditos em presença.

[2710] STJ 17-jun.-1999 (FERREIRA DE ALMEIDA), CJ/Supremo VIII (1999) 2, 152-153; *vide* KARSTEN SCHMIDT, *Das Gemeinschaftskonto: Rechtsgemeinschaft am Rechtsverhältnis*, FS Walther Hadding (2004), 1093-1116 (1093 ss., 1105).

[2711] Quanto ao fenómeno da diferenciação conceitual no Direito bancário *vide*, em geral, o *Manual de Direito bancário*, 4.ª ed., 206 ss..

[2712] STJ 27-jun.-2000 (RIBEIRO COELHO), CJ/Supremo VIII (2000) 2, 130-135 (134/II). Também KARSTEN SCHMIDT, *Das Gemeinschaftskonto* cit., 1115-1116.

[2713] REv 9-nov.-1989 (SAMPAIO E SILVA), CJ XIV (1989) 5, 255-257 (256/II e 257/I).

[2714] Há doutrina e jurisprudência desencontradas; *vide*, com indicações, o nosso *Da compensação no Direito civil e no Direito bancário* (2003), 251 ss..

[2715] *Direito das obrigações*, 1, 384 ss..

§ 59.º PLURALIDADE HETEROGÉNEA

251. Generalidades; o usufruto de créditos

I. A pluralidade das obrigações que temos vindo a estudar até este momento é uma pluralidade comum ou homogénea: os diversos intervenientes têm direitos de crédito ou débitos qualitativamente idênticos, ainda que quantitativamente diversos, sobre uma mesma prestação.

Pode suceder que, sobre uma mesma prestação, concorram créditos de qualidade diferente: designadamente por proporcionarem aproveitamentos diversos, por estrutura.

II. A primeira hipótese é a de existir um usufruto de um crédito. Segundo o artigo 1439.º,

> Usufruto é o direito de gozar temporária e plenamente uma coisa ou direito alheio, sem alterar a sua forma ou substância.

Trata-se, à partida, de um direito real de gozo, temporariamente limitado, que deve a sua atual compleição a uma especial evolução histórica[2716]. Como tal, só é possível sobre coisas corpóreas.

III. Já no Direito romano, verificou-se que créditos podiam ficar envolvidos em situações de usufruto. Assim sucedia quando, por testamento, houvesse deixas de patrimónios em usufruto, patrimónios esses que envolvessem créditos. Tais créditos ficariam numa situação economicamente semelhante à dos direitos reais envolvidos:

– teriam um nu-titular, que em vida do usufrutuário, nada poderia fazer;

[2716] *Direitos reais*, 2, 918 ss..

782   *Obrigações plurais*

– teriam um usufrutuário que poderia desfrutar das suas utilidades, mas "sem alterar a sua forma ou substância", de tal modo que o valor pudesse, um dia, ser acolhido, intacto, pelo titular da raiz.

IV. O usufruto de créditos está hoje tratado nos artigos 1464.º a 1466.º do Código Civil. *Grosso modo*, o regime é o seguinte[2717]:

– tratando-se de capitais postos a juro, o usufrutuário faz seus os juros; o capital só pode ser levantado ou invertido com o acordo do titular da raiz (1464.º/1 e 2);
– havendo um usufruto sobre dinheiro, o usufrutuário pode administrá-lo desde que preste caução; o risco da perda da soma usufruída corre por ele (1465.º/1);
– tratando-se de títulos de crédito, o usufrutuário tem direito aos prémios e outras utilidades aleatórias que eles produzam (1466.º).

Em qualquer caso, o crédito principal (ou o valor que ele represente) cabe ao titular da raiz.

252. O penhor de créditos

I. O artigo 666.º/1, do Código Civil, apresenta o penhor como conferindo:

(...) ao credor o direito à satisfação do seu crédito, bem como dos juros, se os houver, com preferência sobre os demais credores, pelo valor de certa coisa móvel, ou pelo valor de créditos ou outros direitos não suscetíveis de hipoteca, pertencentes ao devedor ou a terceiro.

Quer isto dizer que um direito de crédito pode ficar afeto, como garantia, à satisfação de outro crédito[2718].

II. Moldado sobre um típico direito real, o penhor de créditos tem uma regulamentação explícita nos artigos 679.º e seguintes, do Código Civil. O crédito empenhado deve ser suscetível de transmissão e, portanto,

---

[2717] PIRES DE LIMA/ANTUNES VARELA, *Código Anotado* cit., 3, 2.ª ed., 507 ss..
[2718] PETER BÜLOW, *Recht der Kreditsicherheiten/Sachen und Rechte, Personen*, 6.ª ed. (2003), 180 ss..

§ 59.º *Pluralidade heterogéna* 783

de realização pecuniária. A partir daí, ele representa um valor pelo qual o credor pignoratício poderá, preferencialmente, realizar a cifra a que tenha direito. Em torno do penhor de créditos são construídas diversas figuras bancárias.

253. Natureza

I. Além do usufruto e do penhor de créditos, outras situações são configuráveis, ao abrigo da autonomia privada. Qual a sua natureza?

Começaremos por afastar, como complicação inútil, a figura dos "direitos sobre direitos": o primeiro direito reporta-se, na realidade, ao objeto do segundo.

II. Assim, o usufruto de um crédito não recai sobre o direito do credor: antes sobre a própria prestação. Esta sofre o concurso de dois distintos direitos: o direito do titular da raiz e o direito do usufrutuário. São ambos direitos de crédito, mas de tipo qualitativamente diferente: correspondem à ordenação sócio-económica milenária do direito (real) de usufruto. Toda a preocupação do Direito civil, seja diretamente pelas normas aplicáveis, seja através de deveres acessórios ditados pela boa fé, será, depois, a de assegurar a solução equilibrada dos conflitos que ocorram entre os titulares em presença.

III. Da mesma forma, o penhor de créditos respeita não ao direito, em si, mas ao seu objeto. Este sofre um duplo aproveitamento: do credor comum e do credor pignoratício, sendo que, este último, tem um puro fito de garantia. E será em sede de garantias que o competente regime deve ser estudado.

ÍNDICE DE JURISPRUDÊNCIA

JURISPRUDÊNCIA PORTUGUESA

Supremo Tribunal de Justiça (Pleno)

STJ (P) de 4-dez.-1964 (SIMÕES DE CARVALHO), actualização monetária – 727
STJ (P) 2/98, de 22-abr.-1997 (RAMIRO VIDIGAL), direito à informação; dever de cooperação processual – 683

Supremo Tribunal de Justiça

STJ 16-jun.-1964 (JOSÉ MENESES), eficácia externa – 415
STJ 22-nov.-1966 (LOPES CARDOSO), natureza do direito do locatário – 597
STJ 15-out.-1968 (CAMPOS DE CARVALHO), solidariedade imprópria – 769
STJ 17-jun.-1969 (RUI GUIMARÃES), eficácia externa – 415, 416
STJ 3-abr.-1970 (TORRES PAULO), solidariedade imprópria – 769
STJ 16-abr.-1974 (ABEL DE CAMPOS), obrigação natural – 628
STJ 2-jun.-1977 (OCTÁVIO DIAS GARCIA), obrigações plurais; divisibilidade – 762
STJ 7-jul.-1977 (RODRIGUES BASTOS), solidariedade; presunção de igualdade – 777
STJ 28-mar.-1980 (OCTÁVIO DIAS GARCIA), deveres do tráfego – 397
STJ 5-dez.-1985 (LIMA CLUNY), solidariedade; litisconsórcio – 770
STJ 10-mai.-1988 (ELISEU FIGUEIRA), obrigações em moeda estrangeira; juros – 731
STJ 18-out.-1988 (CURA MARIANO), obrigações em moeda estrangeira; juros – 731
STJ 29-mar.-1989 (LOPES DE MELO), obrigação solidária – 768
STJ 29-jun.-1989 (PEDRO SOUSA MACEDO), tipicidade dos direitos reais – 439
STJ 12-dez.-1989 (RICARDO DA VELHA), prestações divisíveis – 547
STJ 14-mar.-1990 (BARROS SEQUEIRA), anatocismo – 743
STJ 27-jun.-1990 (MAIA GONÇALVES), "tráfego" de divisas – 733
STJ 27-jan.-1993 (MIRANDA GUSMÃO), eficácia externa – 416
STJ 15-abr.-1993 (MIRANDA GUSMÃO), eficácia externa – 416
STJ 25-out.-1993 (FERNANDO MACHADO SOARES), eficácia externa – 417
STJ 16-dez.-1993 (ROGER LOPES), direito à informação – 683
STJ 22-fev.-1994 (FERNANDO FABIÃO), natureza do direito do locatário – 606
STJ 5-mai.-1994 (MACHADO SOARES), anatocismo – 742
STJ 14-fev.-1995 (CARDONA FERREIRA), anatocismo – 743
STJ 5-dez.-1995 (SÁ COUTO), obrigações genéricas e indetermináveis – 654
STJ 11-mar.-1997 (SILVA PAIXÃO), eficácia externa – 417
STJ 14-out.-1997 (JOAQUIM DE MATOS), obrigação natural – 628

786   *Tratado de Direito civil*

STJ 26-mar.-1998 (Tomé de Carvalho), irrenunciabilidade prévia aos direitos – 69
STJ 16-mar.-1999 (Ferreira de Almeida), obrigação natural – 628
STJ 17-jun.-1999 (Ferreira de Almeida), contas solidárias – 780
STJ 19-out.-1999 (Garcia Marques), equidade; interpretação do contrato – 650
STJ 28-mar.-2000 (António Piçarra), obrigação natural – 629
STJ 3-mai.-2000 (Tomé de Carvalho), obrigação natural – 628
STJ 27-jun.-2000 (Ribeiro Coelho), contas solidárias – 780
STJ 22-nov.-2000 (Mário Torres), obrigação natural – 629
STJ 13-dez.-2001 (Ferreira de Almeida), eficácia externa – 418
STJ 19-mar.-2002 (Azevedo Ramos), eficácia externa – 419
STJ 21-out.-2003 (Ribeiro de Almeida), eficácia externa – 419
STJ 8-jan.-2004 (Quirino Soares), acordo de cavalheiros – 353
STJ 1-jul.-2004 (Ferreira Girão), acordo de cavalheiros – 353
STJ 13-jul.-2004 (Oliveira Barros), euro; princípio da estabilidade dos contratos – 727
STJ 30-set.-2004 (Faria Antunes), execução de facto fungível – 546
STJ 30-nov.-2004 (Faria Antunes), execução de facto fungível – 546
STJ 31-mai.-2005 (Azevedo Ramos), obrigações alternativas – 665
STJ 8-jun.-2006 (Oliveira Barros), exigência de obras; abuso do direito – 126
STJ 14-fev.-2006 (Nuno Cameira), letra de favor – 351
STJ 14-nov.-2006 (Fernandes Magalhães), exigência de obras; abuso do direito – 126
STJ 19-dez.-2006 (Sebastião Póvoas), obrigação natural – 629
STJ 22-mar.-2007 (Azevedo Ramos), letra de favor – 351
STJ 22-jan.-2009 (Santos Bernardino), deveres acessórios – 515
STJ 19-mar.-2009 (Fonseca Ramos), eficácia externa – 420
STJ 31-mar.-2009 (João Bernardo), obrigação natural – 629
STJ 7-mai.-2009 (Salvador da Costa), transporte gratuito – 355
STJ 19-mai.-2009 (Salazar Casanova), dinheiro; coisa fungível – 544
STJ 2-jun.-2009 (Urbano Dias), exigência de obras; abuso do direito – 126
STJ 20-jan.-2010 (Lázaro Faria), eficácia externa das obrigações – 420-421
STJ 22-fev.-2011 (Garcia Calejo), obrigação natural – 628
STJ 20-set.-2011 (Fonseca Ramos), eficácia externa das obrigações – 421
STJ 15-dez.-2011 (Armindo Monteiro), obrigação natural – 628
STJ 24-abr.-2012 (Helder Roque), cláusula penal – 673
STJ 15-mai.-2012 (Paulo Sá), *culpa in contrahendo* – 676
STJ 29-mai.-2012 (Azevedo Ramos), eficácia externa das obrigações – 422
STJ 5-jun.-2012 (António Abrantes Geraldes), solidariedade; dívidas comerciais – 767
STJ 12-jun.-2012 (Gregório Silva Jesus), princípio nominalista – 725

Tribunal Central Administrativo

TCA 18-jan.-2000 (Gallego dos Santos), solidariedade imprópria – 770

Relação de Coimbra

RCb 3-out.-1986 (Vicente Pinto), "tráfego" de divisas – 733
RCb 17-nov.-1987 (Fernando Dias Simão), obrigação de apresentar documentos – 688

Índice de jurisprudência 787

RCb 7-mar.-1995 (Quinta Gomes), prestação divisível – 547, 548
RCb 13-dez.-2000 (Maria do Rosário Morgado), obrigação natural – 629
RCb 28-nov.-2006 (Freitas Neto), obrigação natural – 629
RCb 13-mar.-2007 (Jacinto Meca), eficácia externa – 420
RCb 3-dez.-2009 (Gregório de Jesus), obrigações naturais – 628
RCb 19-out.-2010 (José Eusébio Almeida), consumidores; taxas de juro – 68

Relação de Évora

REv 9-nov.-1989 (Sampaio e Silva), contas solidárias – 780
REv 18-fev.-1993 (Óscar Catrola), obrigações em moeda estrangeira; juros – 732
REv 11-abr.-1996 (Ribeiro Luís), solidariedade passiva – 767
REv 9-jul.-1996 (Mota Miranda), anatocismo – 742

Relação de Guimarães

RGm 18-jun.-2003 (Maria Rosa Tching), euro; princípio da estabilidade dos contratos –
   717
RGm 14-dez.-2010 (Henrique Andrade), obrigação alternativa – 665
RGm 19-mai.-2011 (Manuel Bargado), solidariedade passiva; obrigações comerciais –
   767

Relação de Lisboa

RLx 20-fev.-1974 (s/ind. relator), obrigação natural – 628
RLx 6-fev.-1985 (António Tavares dos Santos), obrigação solidária – 768
RLx 7-mai.-1987 (Ricardo da Velha), obrigações em moeda estrangeira; juros – 731
RLx 13-abr.-1989 (Zeferino Faria), obrigações em moeda estrangeira; juros – 732
RLx 19-abr.-1989 (Sá Nogueira), "tráfego" de divisas – 733
RLx 13-dez.-1990 (Peixe Pelica), obrigações em moeda estrangeira; juros – 732
RLx 2-jul.-1992 (Silva Caldas), direito à informação – 683
RLx 7-jul.-1993 (Cruz Broco), anatocismo – 743
RLx 28-set.-1995 (Cruz Broco), obrigações em moeda estrangeira; juros – 732
RLx 31-out.-1996 (Silva Salazar), anatocismo – 743
RLx 27-mai.-1997 (Roque Nogueira), anatocismo – 742
RLx 26-jun.-1997 (Eduardo Batista), eficácia externa – 417
RLx 6-mai.-1999 (Santos Bernardino), obrigações genéricas – 654
RLx 24-jun.-1999 (Mendes Louro), eficácia solidária – 766
RLx 3-out.-2000 (Roque Nogueira), obrigação de apresentar documentos – 688
RLx 5-jul.-2001 (Proença Fouto), eficácia externa – 418
RLx 18-abr.-2002 (Salvador da Costa), eficácia externa – 419
RLx 29-mai.-2003 (Lúcia de Sousa), obrigações pecuniárias; juros – 732
RLx 28-out.-2004 (Silveira Ramos), obrigações alternativas; escolha – 665
RLx 24-mai.-2005 (Pimentel Marcos), obrigação natural – 629
RLx 9-mar.-2006 (Carlos Valverde), eficácia externa – 419-420
RLx 21-abr.-2006 (Manuela Gomes), acordo de cavalheiros – 353
RLx 16-mai.-2006 (Abrantes Geraldes), eficácia externa – 420

788   *Tratado de Direito civil*

RLx 12-jul.-2007 (Pimentel Marcos), exigência de obras; abuso do direito – 126
RLx 8-mai.-2008 (Ana Luísa Geraldes), execução de facto fungível – 546
RLx 13-mai.-2008 (Maria do Rosário Morgado), acordo de cavalheiros – 353
RLx 4-fev.-2010 (Teresa Prazeres Pais), obrigações naturais – 628
RLx 20-jan.-2011 (Ezagüy Martins), direito do locatário – 607
RLx 7-abr.-2011 (Henrique Antunes), atualização monetária – 727
RLx 20-out.-2011 (Ana Paula Boularot), obrigações genéricas – 654

Relação do Porto

RPt 6-out.-1987 (Joaquim Carvalho), irrenunciabilidade antecipada aos direitos – 69
RPt 16-mai.-1989 (Martins Costa), obrigações em moeda estrangeira; juros – 732
RPt 28-fev.-1991 (Mário Cancela), prestação divisível – 547
RPt 2-nov.-1992 (Simões Freire), obrigação potestativamente condicionada – 660
RPt 14-dez.-1993 (Almeida e Silva), obrigações em moeda estrangeira; juros – 732
RPt 13-nov.-1996 (Pires Rodrigues), obrigações genéricas e indeterminadas – 654
RPt 16-mar.-1998 (Gonçalves Ferreira), anatocismo – 743
RPt 1-out.-1998 (Alves Velho), eficácia externa – 418
RPt 4-mar.-2002 (Pinto Ferreira), obrigação natural – 629
RPt 5-mai.-2003 (Sousa Lameira), obrigações pecuniárias; juros – 732
RPt 19-jan.-2010 (José Manuel Vieira e Cunha), eficácia externa – 421
RPt 8-jun.-2010 (José Manuel Vieira e Cunha), eficácia externa – 421
RPt 16-jun.-2011 (Leonel Serôdio), mandato; prestação de contas – 681
RPt 3-nov.-2011 (Maria Amália Santos), consumidores; taxas de juro – 68

Procuradoria-Geral da República

Parecer do MP de 10-nov.-1962, actualização monetária – 727

JURISPRUDÊNCIA ESTRANGEIRA

Alemanha

Reichsgericht

RG 2-dez.-1871, deveres de cautela e de protecção – 501
RG 12-jul.-1894, deveres de cautela e de protecção – 501
RG 30-out.-1902, deveres do tráfego – 394
RG 23-fev.-1903, deveres do tráfego – 394
RG 25-jan.-1904, encargos – 530
RG 16-fev.-1904, responsabilidade por deferência – 354
RG 29-fev.-1904, relatividade estrutural – 369, 401
RG 28-jun.-1904, encargos – 530
RG 13-dez.-1906, responsabilidade por deferência – 354, 355
RG 23-nov.-1908, deveres de prevenção do perigo – 396
RG 19-jun.-1914, deveres do tráfego (caso do bilhar) – 395

Índice de jurisprudência 789

RG 31-jan.-1918, deveres de prevenção do perigo – 396
RG 8-abr.-1929, indeterminação das partes – 362
RG 17-mar.-1930, responsabilidade por deferência – 354
RG 19-jun.-1931, encargos – 530

Bundesgerichtshof

BGH 29-out.-1952, responsabilidade por deferência – 354
BGH 25-abr.-1956, eficácia protectora de terceiros – 379
BGH 8-abr.-1957, deveres acessórios – 575
BGH 13-jun.-1957, encargos – 530
BGH 9-dez.-1958, tutela aquiliana dos créditos – 401
BGH 9-mar.-1959, deveres do tráfego – 394
BGH 15-mai.-1959, contrato com protecção de terceiros – 380
BGH 6-jul.-1961, alteração de circunstâncias – 90
BGH 26-set.-1961, responsabilidade perante o terceiro – 384
BGH 12-dez.-1963, alteração de circunstâncias – 90
BGH 2-jul.-1968, responsabilidade por deferência – 354
BGH 21-out.-1969, tutela aquiliana dos créditos – 401
BGH 27-jan.-1971, indeterminação das partes – 362
BGH 17-mar.-1971, responsabilidade por deferência – 354
BGH 16-mai.-1974, responsabilidade por deferência; caso do loto – 355
BGH 16-set.-1975, deveres do tráfego – 395
BGH 1-jul.-1993, deveres do tráfego; controlo do perigo – 395

Bundesverfassungsgericht

BVerfG 26-mai.-1993, natureza do direito do locatário – 602

Tribunais de apelação

OLG Celle 29-abr.-1992, deveres de segurança – 396
OLG Köln 23-jun.-1997, deveres do tráfego – 396
OLG Jena 22-jul.-1997, deveres do tráfego – 396

Primeira instância

LG Flensburg 16-jun.-1966, deveres do tráfego – 396

França

Cour de Cassation

CssFr 21-fev.-1865, natureza do direito do locatário – 592
CssFr 22-jun.-1892, terceiro cúmplice – 383
CssFr 27-mai.-1908, terceiro cúmplice – 383
CssFr 20-mai.-1936, obrigações de meios (arrêt Mercier) – 478
CssFr 11-out.-1971, terceiro cúmplice – 388

790   *Tratado de Direito civil*

CssFr 13-abr.-1972, terceiro cúmplice – 388
CssFr 13-mar.-1979, terceiro cúmplice – 388
CssFr 28-jun.-1989, obrigações de meios – 478
CssFr 7-out.-1992, obrigações de meios – 478
CssFr 26-jan.-1999, terceiro cúmplice – 388

Primeira instância

Paris 24-nov.-1904, terceiro cúmplice – 383
Versailles 26-jun.-2000, terceiro cúmplice – 388

Itália

Cassação italiana

CssIt 4-jul.-1953, tutela aquiliana dos créditos – 389
CssIt 26-jan.-1971, tutela aquiliana dos créditos – 390
CssIt 8-jan.-1982, dupla venda; tutela aquiliana – 391
CssIt 14-nov.-1996, tutela aquiliana dos créditos – 391
CssIt 27-jul.-1998, tutela aquiliana dos créditos – 391
CssIt 4-nov.-2002, tutela aquiliana dos créditos – 391

Cassação de Palermo

CssPalermo 20-jul.-1909, obrigações duradouras – 562

Tribunais de apelação

Ap. Macerata 28-mar.-1911, obrigações duradouras – 563
Ap. Torino 9-mai.-1911, obrigações naturais – 615
Ap. Torino 23-jan.-1952, tutela aquiliana dos créditos – 389

Primeira instância

Turim 15-set.-1950, tutela aquiliana dos créditos – 389

Estados Unidos da América

U.S. Supreme Court 6-abr.-1987, terceiro cúmplice (caso Pennzoil v. Texaco) – 382

ÍNDICE ONOMÁSTICO

ABREU, ANTÓNIO JOSÉ TEIXEIRA DE – 181, 188
ABUDO, IBRAHIM – 217
ACHILLES – 401
ADOMEIT – 77
AGOSTINO, FRANCESCO D' – 43
ALARCÃO, RUI DE – 25, 139, 204, 411, 413, 419, 509
ALBANESE, BERNARDO – 45
ALBERS, PAUL – 660
ALBERTARIO, EMILIO – 748, 751
ALBERTI, ALBERTO – 751
ALBUQUERQUE, PEDRO DE – 200
ALEN, LARRY – 694
ALLARA, MARIO – 337
ALLENDORF, FRANZ – 618
ALMEIDA, ALBINO GOMES DE – 415
ALMEIDA, BERNARDO MENDES DE – 138
ALMEIDA, CARLOS FERREIRA DE – 114
ALMEIDA, FERREIRA DE – 418, 628, 780
ALMEIDA, JOSÉ EUSÉBIO – 68
ALMEIDA, RIBEIRO DE – 419
ALONSO, JOSE RICARDO LEON – 746
ALPA, GUIDO – 260
ALPMANN-PIEPER, ANNEGERD – 80
ALTJOHANN, HORST W. – 576
ALTMEPPEN, HOLGER – 77, 80, 81
AMADO, JOÃO CARLOS LEAL – 414
AMANN, HERMANN – 80
AMELIO, MARIANO D' – 24, 241
AMELIO, MARIO D' – 562
AMEND, ANJA – 81
AMIRA, KARL VON – 275, 285, 286
AMIRANTE, LUIGI – 581
AMORIM, JORGE DE – 139, 203

AMOROSINO, SANDRO – 702
ANDRADE, ABEL PEREIRA DE – 188
ANDRADE, ANSELMO DE – 706
ANDRADE, HENRIQUE – 665
ANDRADE, MANUEL DE – 25, 53, 139, 181, 199, 200, 201, 203, 265, 272, 275, 283, 286, 295, 340, 343, 358, 408, 411, 412, 413, 416, 419, 428, 479, 508, 509, 534, 547, 552, 565, 623, 624, 631, 633, 648, 659, 663, 673, 724, 725, 727, 729, 731, 746, 755, 756, 760, 769, 770, 778
ANNUSS, GEORG – 85
ANTUNES, FARIA – 546
ANTUNES, HENRIQUE – 727
ANTUNES, JOSÉ BRITO – 716
ARAÚJO, FERNANDO – 272, 411, 694, 695
ARAÚJO, NABUCO – 206
ARCHI, GIAN ALBERTO – 766
ARENS, JOHANNES – 527
ARIN, FÉLIX – 164
ARISTÓTELES – 43, 44
ARNDT – 303
ARNESBERG, L. ARNDTS R. VON – 50, 270
ARNOLD, ARND – 84
ARORA, A. – 700
ARTZ, MARKUS – 110
ASCARELLI, TULLIO – 724, 725, 728
ASCENSÃO, JOSÉ DE OLIVEIRA – 359, 433, 448, 450, 458, 467, 468, 589, 596
ASCOLI, A. – 241
ATAÍDE, RUI – 216, 217
ATHAYDE, AUGUSTO DE – 698, 711
AUBRY, C. – 154
AVANZO, WALTER D' – 24
AVENARIUS, MARTIN – 28

792   *Tratado de Direito civil*

AYNÈS, LAURENT – 142, 155, 272, 337, 478, 490, 620
AZEVEDO, ANTÓNIO JUNQUEIRA DE – 141

BÄHR, O. – 679
BALDUS, CHRISTIAN – 35
BALESTRA, LUIGI – 613, 614, 620, 621
BALLERSTEDT, KURT – 640, 652
BÄLZ, KILIAN – 165
BAMBERGER, HANS GEORG – 143, 402, 510, 646
BAMBERGER, HEINZ GEORG – 691, 700, 702, 736
BAR, CHRISTIAN VON – 246, 247, 248, 250, 258, 259, 393, 396, 504, 507
BARASSI, LUDOVICO – 274, 280, 283, 347, 559, 589, 648
BARBERO, DOMENICO – 589, 593
BARBOSA, RUY – 207
BARDE, L. – 301, 614
BARGADO, MANUEL – 767
BARROS, GAMA – 582
BARROS, JOSÉ DE – 139
BARROS, OLIVEIRA – 126, 727
BARTHOLOMEYCZIK, HORST – 754
BASEDOW, JÜRGEN – 107, 108, 227, 246, 248
BASTOS, JACINTO FERNANDES RODRIGUES – 25, 341, 508, 608, 624, 663, 686, 777
BATISTA, EDUARDO –417
BAUDRY-LACANTINERIE, G. – 301, 302, 614
BAUER, JOBST-HUBERTUS – 563
BAUER, MARTIN – 639
BAUMBACH – 577
BAUMS, THEODOR – 700
BAURREIS, JOCHEN – 702
BEAL, HUGH – 246
BECHTOLD, STEFAN – 535
BECK, ALEXANDER – 500
BECK, HEINZ – 703
BECKER, CHRISTOPH – 403, 404
BECKER, PETER – 80
BECKMANN, ROLAND MICHAEL – 526
BEHRENDS, OKKO – 36, 45, 307, 336, 542, 581, 638, 643, 661, 671, 678, 679, 720, 721, 749

BEITZKE, GÜNTHER – 562, 563
BEKKER, ERNST IMMANUEL – 37, 38, 275, 277, 278, 359
BELESA, JOSÉ JÚLIO PIZARRO – 736
BÉNABENT, ALAIN – 142, 154
BENEKE, FRIEDRICH EDUARD – 309
BENNET, JAMES C. – 225
BENTHAM, JEREMY – 308, 309, 310
BERESKA, CHRISTIAN – 80
BERGER, CHRISTIAN – 83, 357
BERGER, MATHIAS – 703
BERNARDINO, SANTOS – 515, 654
BERNARDO, JOÃO – 629
BERNREUTHER, FRIEDRICH – 115
BERT, BIRGIT – 117
BERTSCH, DIETER – 527
BETHMANN-HOLLWEG – 37, 38
BETTI, EMILIO – 35, 165, 241, 338, 347, 389, 390
BEUTHIEN, VOLKER – 304, 305
BEVILÁQUA, CLÓVIS – 140, 187, 207, 208, 209, 233, 265
BEVING, J. – 179
BIERMANN, JOHANNES – 50, 271, 335, 358, 401, 543, 547, 679
BINDER, JULIUS – 275, 288, 289, 750
BIONDI, BIONDI – 500
BISANI, HANS PAUL – 703
BISCARDI, ARNALDO – 38
BITTNER, CLAUDIA – 659, 664, 667, 668, 672, 680
BLOMEYER, JÜRGEN – 754
BLOMMEYER, ARWED – 283
BOCCON-GIBOD, A. – 701
BOELE-WOELKI, KATHARINA – 260
BOESCHE, KATHARINA VERA – 84
BÖHLER, MICHAEL – 227
BOLDT, ANTJE – 81
BONELLI, GUSTAVO – 278
BONFANTE, PIETRO – 622
BONNECASE, JULIEN – 301, 302
BORGES, F. G. D'ANDRADE – 138
BORGES, FERREIRA – 26, 738
BORSARI, LUIGI – 615
BOSSE, WILHELM – 671

Índice onomástico

BOTIVEAU, BERNARD – 163
BOTSCH, WALDEMAR – 547
BÖTTISCHER, EDUARD – 519, 520
BOUGLÉ, CLAIRE – 40, 156
BOULAROT, ANA PAULA – 654
BRAMBRING, GÜNTER – 80
BRANCA, GIUSEPPE – 724
BRASIELLO, UGO – 40
BRAU – 77
BREDIN, JEAN-DENIS – 151
BRÉGI, JEAN-FRANÇOIS – 156
BREHM, WOLFGANG – 357
BRINKMANN, MORITZ – 437
BRINZ, ALOIS VON – 274, 275, 276, 277, 278, 284, 286, 335
BRISCH, KLAUS – 80
BRITO, EDVALDO – 141, 747
BROCO, CRUZ – 732, 743
BRÖDERMANN, ECKART – 617
BRORS, CHRISTIANE – 83
BROX, HANS – 52, 120, 142, 272, 380, 402, 563, 564
BRUCHNER, HELMUT – 112
BRÜGGEMEIER, GERT – 168, 169
BRUNETTI, GIOVANNI – 29, 276, 280
BRUNN, JOHANN HEINRICH VON – 576
BRUNS, RUDOLF – 303, 304
BRUTUS – 40
BUCH, GEORG – 278, 286
BUCHDA, GERHARD – 754
BUCHER, EUGEN – 27, 150, 187, 232
BUCHHOLZ, CHRISTOPH – 639, 645
BUCHKA, HERMANN – 335
BUCK, SILVIA – 528
BÜDENBENDER, ULRICH – 83, 114, 116
BUDZIKIEWICZ, CHRISTINE – 82
BUFNOIR, C. – 154
BUGNET, M. – 334, 614
BUHLMANN, DIRK – 82
BÜLOW, PETER – 83, 110, 112, 113, 691, 782
BUNTE, HERMANN-JOSEF – 576
BURCKHARDT, CHRISTOPH – 580
BÜRGE, ALFONS – 156
BÜRGER, MICHAEL – 111
BUSCH, DANY – 248

BUSNELLI, FRANCESCO DONATO – 376, 381, 389, 390, 745, 746, 760, 771
BUSSANI, MAURO – 242, 248
BUSSI, EMILIO – 442
BYDLINSKI, PETER – 507, 548, 760, 761, 767

CABRAL, ENCARNAÇÃO – 139, 203
CABRAL, PEDRO DE ALMEIDA – 775
CABRAL, RITA AMARAL – 414
CABREIRA, THOMAZ – 709
CAEMMERER, ERNST VON – 403, 504, 518
CAETANO, MARCELLO – 198
CALDAS, SILVA – 683
CALEJO, GARCIA – 628
CÂMARA, PAULO – 30, 716
CAMEIRA, NUNO – 351
CAMPOS, ABEL DE – 628
CAMPOS, DIOGO LEITE DE – 204, 743
CANARIS, CLAUS-WILHELM – 58, 75, 76, 78, 79, 82, 88, 98, 99, 100, 102, 103, 104, 107, 108, 114, 115, 116, 141, 322, 324, 377, 387, 388, 393, 395, 400, 404, 407, 440, 472, 502, 504, 507, 511, 514, 575, 576, 577, 601, 619, 641, 651
CANCELA, MÁRIO – 547
CANTARELLA, EVA – 44
CAPITANT, HENRI – 242, 591
CARBONI, MICHELE – 662
CARBONNIER, JEAN – 142, 154, 478, 490, 542
CARDOSO, HIGINO LOPES – 216
CARDOSO, LOPES – 597
CARINGELLA, FRANCESCO – 24, 142, 338, 347, 372, 478, 482, 621, 692
CARMO, JOAQUIM ANTÓNIO MEIRA DO – 706, 707
CARNELUTTI, FRANCESCO – 292, 293, 294, 296, 331, 563
CARPZOV, BENEDICT – 639
CARRESI, FRANCO – 620
CARTWRIGHT, JOHN – 248
CARVALHO, CAMPOS DE – 769
CARVALHO, CARLOS AUGUSTO DE – 140, 206
CARVALHO, JOAQUIM – 69
CARVALHO, SILVA – 707

CARVALHO, SIMÕES DE –727
CARVALHO, TOMÉ DE – 69, 628
CASANOVA, SALAZAR – 544
CASPERS, GEORG – 98, 100, 642
CASTALDI, GIOVANNI – 702
CASTRO, ARLINDO DE – 138
CASTRO, ARTUR ANSELMO DE – 294
CASTRONOVO, CARLO – 246
CATROLA, ÓSCAR – 732
CAVALCANTE, PATRÍCIA DE MEDEIROS RIBEIRO – 775
CENDRIER, ADOLPH – 614
CHABAS, FRANÇOIS – 334
CHACAL, LYESS – 163
CHANG, MARIE PEI-HENG – 169
CHARTIER, JEAN-LUC A. – 151
CHAUVEAU, MAXIME – 588, 593
CHAVES, HELENA TOMÁS – 771
CHEHATA, CHAFIK – 164, 165
CHENG, PENG – 169
CHEN-WISHART, MINDY – 161
CHEVREAU, EMMANUELLE – 40, 156
CHINÈ, GIUSEPPE – 68
CHIUSI, TIZIANA J. – 115
CIAN, GIORGIO – 338, 347
CICALA, RAFFAELE – 548
CICERO – 40
CITATI, ANDREA GUARNERI – 547
CLAPS, T. – 337
CLARKE, DONALD C. – 168
CLASEN, RALF – 145
CLIVE, ERIC – 247, 250, 259
CLOSEN, MICHAEL L. – 161
CLUNY, LIMA – 770
COELHO, FRANCISCO MANUEL PEREIRA – 139, 201, 412, 509
COELHO, JOSÉ GABRIEL PINTO – 138, 181
COELHO, LUÍS PINTO – 596, 752, 753
COELHO, RIBEIRO – 780
COESTER-WALTJEN, DAGMAR – 456
COFFARO, VINCENZO – 68
COING, HELMUT – 47, 48, 77, 260, 309, 368, 447, 618, 721
COLIN, AMBROISE – 591
COLLAÇO, ISABEL DE MAGALHÃES – 246

COMAIR-OBEID, NAYLA – 165
CONINCK, JULIE DE – 150
CONTAMINE-RAYNAUD, MONIQUE – 701
COOK, MICHAEL – 163
CORDEIRO, ANTÓNIO M. MENEZES – 162
CORDEIRO, ANTÓNIO MENEZES – 139, 265, 283, 295, 379, 419, 435, 488, 681, 682, 686, 705, 715, 731, 769
CORDEIRO, ANTÓNIO VEIGA MENEZES – 163
CORDEIRO, LUCIANO – 706, 707, 708
CORNIL, GEORGES – 285
CORREIA, ANTÓNIO DE ARRUDA FERRER – 197, 413, 415, 419, 426
CORREIA, MAXIMINO JOSÉ DE MORAES – 181
CORREIA, MIGUEL J. A. PUPO – 139, 201, 509
CORTE-REAL, EUDORO PAMPLONA – 201
COSACK, KONRAD – 303, 401, 600
COSTA, EMILIO – 40, 582
COSTA, MÁRIO JÚLIO DE ALMEIDA – 31, 137, 140, 181, 202, 203, 413, 418, 419, 420, 449, 509, 552, 565, 626, 627, 631, 633, 673, 685, 705, 746, 760
COSTA, MARTINS – 732
COSTA, SALVADOR DA – 355, 419
COSTANZA, MARIA – 748, 751
COULSON, N. J. – 164
COURRÉGE, ORLANDO – 138
COUTO, SÁ – 654
COVIELLO, NICOLLA – 338, 347
CROME, CARL – 599, 600
CRUZ, SEBASTIÃO – 36, 45, 47
CUFFARO, VINCENZO – 67
CUNHA, JOSÉ MANUEL VIEIRA E – 421
CUNHA, MÁRIO AUGUSTO DA – 189
CUNHA, PAULO ARSÉNIO VIRÍSSIMO – 104, 138, 201, 301, 485, 537, 595, 751
CUNHA, PAULO DE PITTA E – 696
CURADO, FRANCISCO FERREIRA – 138
CZIUPKA, JOHANNES – 534, 535, 650

DABBAK, CLAUDE – 163
DABIN, JEAN – 591
DAGORNE-LABBE, YANNICK – 478
DALMARTELLO, ARTURO – 590

Índice onomástico

DAMM, REINHARD – 105
DANUSSO, MASSIMILIANO – 391
DANZ, ERICH – 575
DARD, HENRI-JEAN BAPTISTE – 153
DÄUBLER, WOLFGANG – 74, 84, 85
DÄUBLER-GMELIN, HERTA – 76, 105, 107, 111
DAUNER-LIEB, BARBARA – 75, 77, 78, 80, 82, 96, 97, 99, 101, 104, 111, 114, 144, 718
DAVID, RENÉ – 167, 219
DAVIES, GLYN – 693
DEAKIN, SIMON – 161, 381
DEDEK, HELGE – 80
DEKKERS, RENÉ – 153
DELEBECQUE, PHILIPPE – 388, 598
DELVINCOURT, M. – 153
DEMANGEAT, CHARLES – 748
DEMANTE, A. M. – 153
DEMOGUE, RENÉ – 384, 477
DEPENHEUER, OTTO – 602
DERLEDER, PETER – 691, 700, 702, 736
DERNBURG, HEINRICH – 50, 270, 271, 335, 358, 401, 500, 543, 547, 617, 679
DEROUSIN, DAVID – 45, 156
DERRUPÉ, JEAN – 411, 593
DESCHANEL, JEAN-PIERRE – 701
DESIDERIO, LUIGI – 702
DETHLOPP, NINA – 456
DEUTSCH – 77
DEWITZ, BERND V. – 351, 355
DIAS, URBANO – 126
DIEDERICHSEN, UWE – 105
DILLER, MARTIN – 563
DINIZ, MARIA HELENA – 141
DISTASO, NICOLA – 589
DITTRICH, ALFRED – 715
DNISTRJANSKI, STANISLAUS – 358
DOERINKEL – 401
DÖLLE, HANS – 504, 519
DOMAT, JEAN – 151, 174, 178, 613, 614
DONNELLUS, HUGO – 151, 661
DORN, FRANZ – 27, 267, 294, 295, 298, 304, 322, 330, 491, 495, 496, 499, 501, 502, 503, 619, 639, 645, 646, 720, 721, 722, 736

DÖRNER, HEINRICH – 109, 144, 402
DORSNER-DOLIVET, ANNICK – 478
DOSPIL, JOACHIM – 81
DOSSETTO, MARIO – 753
DUARTE, MARIA DE FÁTIMA ABRANTES – 414
DUARTE, RUI PINTO – 114, 437, 610
DUDEN, KONRAD – 283
DULCKEIT, GERHARD – 377, 601
DÜMCHEN, ERICH – 449
DUMONT, FRANÇOIS – 39
DUPLAT, J. L. – 716
DURANTON, M. – 153, 300
DURRY, GEORGES – 478
DUTILLEUL, FRANÇOIS COLLARD – 598
DWORKIN, RONALD M. – 58

EATWELL, JOHN – 694
EBERS, MARTIN – 82
EBERT, INA – 83
EBERT, KURT HANNS – 231
ECKEBRECHT, MARC – 82
ECKERT, MICHAEL – 81, 108
EHMANN, HORST – 80, 83, 90, 99, 102, 773
EIBACH, DIETHER – 580
EICHLER, HERMANN – 232, 357, 528, 530
EICKMANN, DIETER – 449
EIDENMÜLLER, HORST – 254, 255, 256, 257, 261
EIMMERMANN, REINHARD – 254
EISELE, DOROTHEE – 117
EISELE, FRIDOLIN – 750
ELLINGER, E. P. – 700
ELZBACHER – 401
EMMERICH, VOLKER – 77, 87, 89, 90, 94, 98, 99, 100, 102, 103, 104, 112, 507, 603
ENDEMANN – 401
ENGEL, NORBERT – 617
ENGELBRECHT, PAUL – 616
ENGELMANN – 401
ENGLÄNDER, KONRAD – 754
ENNECCERUS, LUDWIG – 141, 303, 411, 507, 508, 599, 659, 670, 671, 673, 745, 751
ERLER, JOACHIM – 671, 672
ERNST, STEFAN – 116

796   *Tratado de Direito civil*

ERNST, WOLFGANG – 77, 78, 247, 260, 638, 639, 652, 655
ESMEIN, PAUL – 153, 334
ESSER, JOSEF – 53, 58, 60, 477, 481, 496, 507, 527, 671, 724
EWALD, FRANÇOIS – 151

FABIÃO, FERNANDO – 417, 606
FABRE-MAGNAN, MURIEL – 142
FAGES, BERTRAND – 142, 154
FARIA, JORGE RIBEIRO DE – 139, 199, 200, 204, 413, 419, 633
FARIA, LÁZARO – 421
FARIA, ZEFERINO – 732
FAUST, FLORIAN – 80, 89, 95, 99, 108, 114, 642
FAUVARQUE-COSSON, BÉNÉDICTE – 247
FEDELE, ALFREDO – 389, 390
FEDER, JULIUS – 287
FEIJÓ, CARLOS MARIA – 213
FELGUEIRAS, LUÍS SOTTOMAYOR – 222
FELSCH, JOACHIM – 530
FELSER, DANIELA – 81
FERNANDES, LUÍS A. CARVALHO – 437, 448, 597
FERREIRA, CARDONA – 743
FERREIRA, GONÇALVES – 743
FERREIRA, JOSÉ DIAS – 25, 138, 181, 185, 339, 408, 448, 449, 464, 544, 565, 583, 621, 623, 640, 663, 676, 723
FERREIRA, PINTO – 629
FERRI, GIUSEPPE – 702
FERRINI, CONTARDO – 45
FERRO-LUZZI, PAOLO – 702
FESTAS, DAVID DE OLIVEIRA – 455
FICHTNER, REGIS – 141
FICKER, HANS CLAUDIUS – 388
FIGUEIRA, ELISEU – 731
FIKENTSCHER, WOLFGANG – 53, 94, 142, 151, 156, 159, 232, 267, 272, 402, 507, 563, 619
FINKENHAUER, THOMAS – 80
FINZI, ENRICO – 24
FIORI, ROBERTO – 580
FISCHER, NIKOLAS – 83

FISCHER, OTTO CHRISTIAN – 400, 401, 411, 599
FISHER, MICHAEL J. – 166
FITTING, HERMANN – 750
FIÚZA, RICARDO – 141, 206, 211
FLEGE, CARSTEN – 85
FLEISCHER, HOLGER – 237
FLESCH, KARL – 729
FLUME, WERNER – 72, 77, 352, 356, 755
FOUTO, PROENÇA – 418
FRADA, MANUEL CARNEIRO DA – 204, 379, 397, 429, 504, 516, 769
FRANCO, SOUSA – 713
FRANZONI, MASSIMO – 608
FREIRE, PASCOAL JOSÉ DE MELLO – 137, 176, 177, 179
FREIRE, SIMÕES – 660
FREITAS, AUGUSTO TEIXEIRA DE – 140, 186, 206, 208, 233
FREITAS, MÁRIO SOARES DE – 139, 204
FREY, DIETER – 718
FRIEDMAN, BENJAMIN M. – 694
FROSSARD, JOSEPH – 477
FROST, MARINA – 504, 507
FU, HUALING – 166
FUBINI, RICARDO – 591
FUCHS, HANS ULRICH – 576
FUCHS-WISSEMANN, GEORG – 560, 563
FÜHRICH, ERNST – 84
FUNAIOLI, CARLO ALBERTO – 622

GABBA, C. F. – 593
GADDUM, JOHANN WILHELM – 704
GAIER, REINHARD – 437, 447, 564
GAIUS – 38, 39
GALL, JEAN-PIERRE LE – 590
GAMA, GUILHERME CALMON NOGUEIRA DA – 141
GANDARELA, MÁRIO JOSÉ – 204
GANDOLFI, GIUSEPPE – 246, 248, 249
GANGI, CALOGERO – 24, 612, 615
GARCIA, OCTÁVIO DIAS –397, 762
GÄRTNER, RUDOLF – 311, 602
GAUDEMET, EUGÈNE – 278, 279, 334
GAUL, BJÖRN – 85, 115

GAUTHIER – 43
GAVALDA, CHRISTIAN – 702
GEBAUER, MARTIN – 236, 238
GEBLER, MARIE-JOSÉPHE – 662
GEHRLEIN, MARKUS – 356
GERALDES, ABRANTES – 420, 767
GERALDES, ANA LUÍSA – 546
GERDES, STEPHANIE – 81
GERHARDT, WALTER – 504
GERNHUBER, JOACHIM – 51, 304, 319, 402, 456
GERWART, WALTER – 356
GIERKE, OTTO VON – 73, 285, 286, 336, 461, 486, 561, 562, 754
GIESLER, JAN PATRICK – 84
GILLES, PETER – 109
GINOSSAR, SHALEV – 384, 591, 593
GIORGIANNI, FRANCESCO – 702
GIORGIANNI, MICHELE – 66, 272, 326, 338, 346, 347, 350, 372, 589, 603, 604, 605, 747
GIRÃO, FERREIRA – 353
GLOCKNER, HERMANN – 32
GODIN, ASMAA – 163
GOGOS, DEMETRIUS – 224
GOLDMANN – 401
GOLDSCHMIDT, LEVIN – 723
GOLDZIHER, IGNAZ – 164
GOLLUB, FRANK – 563, 569
GOMES, MANUEL JANUÁRIO DA COSTA – 139, 217, 745, 746, 751, 756, 760, 762, 769, 773, 774, 775
GOMES, MANUELA – 353
GOMES, ORLANDO – 141, 747
GOMES, QUINTA – 547
GONÇALVES, IRIA – 705
GONÇALVES, LUIZ DA CUNHA – 138, 181, 219, 339, 385, 411, 449, 464, 493, 623, 632, 647, 648, 663, 738, 752
GONÇALVES, MAIA – 733
GORDLEY, JAMES – 248
GOTTHARDT, MICHAEL – 85
GOTTWALD, PETER – 380, 650
GOUVEIA, JAIME DE – 138, 272
GRADENWITZ, OTTO – 37

GRAFE, GUSTAV – 763
GRASNICK, GERHARD – 746
GREENWOOD, DESMOND G. – 166
GREITEMEYER, TOBIAS – 718
GRICE, R. GEOFFREY – 700
GRIEBL, GÜNTER – 641, 643, 645
GRIGOLEIT, HANS CHRISTOPH – 28, 83, 109, 111, 118, 499
GRIL, PETER – 110
GROBYS, MARCEL – 85
GRÖSCHLER, PETER – 659, 661, 662, 667, 668, 678, 679, 680
GROSHEIDE, WILLEM – 260
GROSSO, GIUSEPPE – 500, 660
GRUBER, URS PETER – 100, 336, 642
GRUNDMANN, STEFAN – 63, 105, 237, 245, 251, 351, 481, 487
GRÜNEBERG, CHRISTIAN – 28, 86, 88, 89, 96, 100, 101, 108, 362, 402, 499, 510, 564, 571
GSCHNITZER, FRANZ – 562
GSELL, BEATE – 77, 114, 656
GUARINO, ANTONIO – 590
GUIMARÃES, PEDRO – 138
GUIMARÃES, RUI – 415
GURLITT, LUDWIG – 40
GUSMÃO, MIRANDA – 416, 417

HAAS, LOTHAR – 80, 95, 96, 113, 114, 115, 116, 119
HÄBERLE, PETER – 245
HABERMEIER, STEFAN – 671
HABERSACK, MATHIAS – 84, 112
HABSCHEID, WALTHER V. – 678
HACKL, KARL – 37, 38, 47
HÄDE, ULRICH – 704
HAGEN, JÜRGEN VON – 698
HAGER, JOHANNES – 395, 396, 404
HÄGERSTRÖM, AXEL – 36, 37
HAHN, FRANK H. – 694
HAHN, HUGO J. – 704
HÄINCHEN, SUSANNE – 31, 117, 527, 528, 530
HALEEM, ABDEL – 163
HALILI, DRITAN – 225

HALLAQ, WAEL B. – 164
HAMANN, ANSGAR – 528
HAMMEN, HORST – 77, 402, 542, 647, 658
HAMMER, FRANK A. – 81, 83
HÄNCHEN, SUSANNE – 526
HANHÖRSTER, HEDWIG – 81
HANNES, RUDI – 112
HAPGOOD, MARK – 701
HARATSCH, ANDREAS – 235, 236
HARKE, JAN DIRK – 82
HARRIS, LISON – 166
HÄRTING, NIKO – 83, 110
HARTKAMP, ARTHUR – 246, 247, 251
HARTMANN, NICOLAI – 304
HASE, KARL VON – 564
HASLER, KLAUS – 720, 721
HAU, WOLFGANG – 80
HÄUBLEIN, MARTIN – 116, 603
HAUCK, RONNY – 377
HAUSER, JEAN – 346
HAYEK, SAMIR AL – 163
HAYMANN, FRANZ – 638
HE, QISHENG – 169
HECK, PHILIPP – 53, 55, 94, 103, 108, 309, 310, 379, 387, 388, 401, 411, 442, 637, 667, 671, 728
HEERSTRASSEN, FRANK – 81
HEGEL, GEORG WILHELM FRIEDRICH – 32, 616
HEIDEL, THOMAS – 80, 97, 99, 111
HEIN, MANFRED – 698, 700, 701, 702
HEINECCIUS – 175
HEINEMANN, ANDREAS – 142, 267, 272, 402, 563, 619
HEINRICHS, HELMUT – 27, 28
HEINRICHT, GERD – 144
HEINTZ, INNOZENZ – 602
HEISE, ARNOLD – 49
HEISS, HELMUT – 526, 529, 530
HELBRON, MARLENA – 142
HELLWIG, KONRAD – 337, 338
HEMMER – 77
HENCKEL – 507, 703
HENKE, HORST-EBERHARD – 402, 403
HENNING, MAX – 163, 164

HENNINGER, THOMAS – 231, 237
HENSEN, HORST-DIETHER – 107
HENSSLER, MARTIN – 74, 80
HERDEGEN, MATTHIAS – 235
HERHOLZ, FELIX – 304, 505
HERNANDEZ-GIL – 339
HERRLER, SEBASTIEN – 252
HERTEL, CHRISTIAN – 80
HESS, BURKHARD – 450, 599
HESSE, ALBERT – 401, 600
HESSELINK, MARTIJN W. – 248, 251
HEUSSEN, BENNO – 81, 108
HILDENBRAND, THOMAS – 112
HINTNER – 698
HIPPEL, EIKE VON – 63
HIROSHI, ODA – 700
HIRSCH, CHRISTOPH – 82, 142
HOEREN, THOMAS – 83, 145
HOFER, SIBYLLE – 649
HÖFER, SIMONE – 237, 238, 239, 242
HOFFMANN, HANS-JOACHIM – 356
HOFFMANN, HELMUT – 117
HOFFMANN, WALTHER – 40
HÖFLER, HEIKO – 117
HOFMANN, F. – 270
HOFMANN, FRANZ – 643
HOGUE, ARTHUR R. – 160
HOHLOCH, GERHARD – 675
HOLCH, GEORG – 543, 544
HÖLDER, EDUARD – 486
HOLLÄNDER – 656
HOLTHAUSEN, JOACHIM – 85
HÖLZLE, GERRIT – 85
HOMANN, STEFAN – 85
HONDIUS, EWOUD – 248
HÖNN, GÜNTHER – 652
HONORÉ, A. M. – 44, 45
HONORÉ, TONY – 45
HONSEL, HEINRICH – 77
HÖPFNER, CLEMENS – 237, 238
HÖPKER-ASCHOFF, HERMANN – 704
HOPT, KLAUS J. – 576, 577
HORN, NORBERT – 242
HÖRSTER, HEINRICH EWALD – 266, 360, 429, 543

HROMADKA, WOLFGANG – 77, 85
HUBER, PETER – 80, 89, 95, 99, 108, 114, 267, 476, 499
HUBER, ULRICH – 72, 117, 652
HUECK – 77
HUET-WEILLER, DANIELLE – 346
HUGO, GUSTAVO – 49, 179
HUGUENEY, PIERRE – 383, 384
HUMBOLDT, WILHELM VON – 227, 228, 238, 85
HÜMMERICH, KLAUS – 85
HÜTTE, FELIX – 142

IBBETSON, DAVID – 159
IBLER, MARTIN – 602
IMPALLOMENI, GIAMBATTISTA – 661
INZITARI, BRUNO – 659
IQBAL, MUNAWAR – 166
ISAY, HERMANN – 288, 298, 330

JACOBS, MATTHIAS – 77, 85
JACOBY, THEOPHIL – 750
JAEGER, HELMANN – 547
JAGMANN, RAINER – 380
JAHNKE, VOLKER – 655
JAHR, GÜNTHER – 71
JAKOBS, HORST HEINRICH – 27, 50, 486
JANSEN, NILS – 252, 254, 258
JAUERNIG, OTHMAR – 143, 499, 507
JAUFFRED-SPINOSI, CAMILLE – 219
JAYME, ERIK – 229, 230
JEANDIDIER, WILFRID – 546
JESUS, GREGÓRIO DE – 628, 725
JHERING, RUDOLF VON – 48, 156, 308, 309, 322, 335, 336, 337, 347, 639, 643, 644, 645, 646, 647, 652, 751
JOHNSTON, ANGUS – 158, 161, 381
JOLIF – 43
JORGE, FERNANDO PESSOA – 64, 65, 139, 200, 201, 203, 265, 269, 280, 283, 286, 295, 311, 319, 344, 386, 409, 413, 419, 421, 482, 484, 487, 495, 535, 544, 548, 559, 565
JOSSERAND, LOUIS – 300, 358, 591
JOURDAIN, PATRICE – 388

JUNG – 401
JÚNIOR, EDUARDO SANTOS – 140, 265, 381, 382, 383, 384, 387, 389, 390, 391, 407, 410, 413, 420, 421, 423, 424
JÚNIOR, NELSON NERY – 141
JÜRGENS, HORST – 476, 768
JÜRGENS, PETER – 602
JUSTINIANO – 35, 44, 46, 750
JUSTO, ANTÓNIO SANTOS – 36, 45, 437, 638

KAISER, ANDREAS – 224
KAISER, JOCHEN – 85
KALKA, MICHAEL – 527
KALLRATH, JÜRGEN – 80
KAMALI, MOHAMAD HASHIM – 163, 164, 165
KAPPUS, ANDREAS – 112
KARLOWA – 544
KASER, MAX – 35, 36, 37, 38, 41, 47, 71, 333, 336, 489, 490, 499, 543, 547, 554, 611, 638, 661, 679, 720, 736, 742, 748, 762
KATZENMEIER, CHRISTIAN – 402
KAUFMANN, HORST – 580
KELLER, FRIEDRICH LUDWIG – 501, 679, 749, 751
KERN, AUGUST – 527
KEUK, BRIGITTE – 307, 638
KHALLÂF, 'ABN AL-WAHHÂB – 163
KHAN, TARIQULLAH – 166
KIENINGER, EVA-MARIA – 254
KIESEL, HELMUT – 119
KILIAN, WOLFGANG – 245
KINDLER, PETER – 236, 741
KIPP, THEODOR – 27, 50, 156, 336, 358, 368, 401, 461, 542, 543, 617, 622, 662, 671, 685, 722, 760
KIRALFY, A. K. K. – 160
KIRSCH, ANDREAS – 83
KISCH, WILHELM – 655
KISS, GÉZA – 401
KITAGAWA, ZENTARO – 224
KLAUER, IRENE – 236
KLEIN, DIETMAR – 698
KLEINHEISTERKAMP, JAN – 247

KLING, MICHAEL – 227
KLINGMÜLLER, FRITZ – 768
KNAPPMANN, ULRICH – 528
KNOPS, KAI-OLIVER – 691, 700, 702, 736
KNOTT, HERMANN J. – 85
KNÜTEL, ROLF – 36, 71, 333, 490, 499, 547, 554, 611, 638, 661, 679, 736, 742, 762
KOCH, ARWED – 576
KOCH, PETER – 599, 601, 602
KOENIG, CHRISTIAN – 235, 236
KOEPPEN, ALBERT – 275
KÖHLER, HELMUT – 159, 404, 675
KOHLER, JOSEF – 302, 338, 460, 461, 622
KOHLER, JÜRGEN – 110
KÖHLER, MARKUS – 145
KOLLER – 77
KÖNDGEN, JOHANNES – 77, 362, 511, 516
KÖNIG, CONRAD – 362
KOPPENFELS, KATHARINA VON – 85
KORNBLUM, UDO – 355
KOST, PIUS – 351
KÖTZ, HEINZ – 150, 159, 160, 163, 187, 231
KOZIOL, HELMUT – 258, 402
KRAMER, ERNST A. – 27, 50, 130, 304, 319, 330, 361, 368, 369, 477, 479, 491, 492, 496, 502, 507, 510, 563
KREBS, HENRICH – 527
KREBS, PETER – 27, 75, 86, 88, 96, 499, 501, 506, 517
KRELLER, D. FRIEDR. LUDWIG VON – 269
KRESS, HUGO – 502, 503, 507, 508
KRÖGER, DETLEF – 145
KROLL, HELKE – 603
KRONKE, HERBERT – 649
KRÜCKMANN, PAUL – 303, 562
KRÜGER, PAUL – 721
KRÜGER, WOLFGANG – 667, 675, 680
KÜBLER, B. – 45
KUEBLER – 38, 39
KÜHBORT, GERD – 527
KUHLENBECK, LUDWIG – 401, 600
KUHLMANN, KAI – 498
KUHN, ERICH – 618
KÜMPEL, SIEGFRIED – 703, 704, 717
KUNKEL, W. – 456

KUPISCH, BERTHOLD – 45, 77

LABAND, PAUL – 336, 459, 460, 486, 574
LACINER, HEDIYE – 224
LACINER, VEDAT – 224
LAMEIRA, SOUSA – 732
LAMPENAU, JOACHIM – 643
LANDO, OLE – 242, 246, 248, 249, 259
LANGE, HERMANN – 542
LANGEN, WERNER – 144
LARDEUX, GWENDOLINE – 245
LARENZ, KARL – 32, 52, 94, 98, 141, 266, 272, 295, 297, 304, 305, 319, 322, 324, 330, 337, 368, 379, 380, 387, 393, 395, 403, 404, 407, 496, 502, 505, 507, 520, 563, 619, 641, 659, 671, 694, 724, 745, 754, 755
LARNAUDE, FERDINAND – 241
LAROMBIÈRE, M. L. – 153
LAST, ADOLF – 753
LAURENT, FERNAND – 153, 300
LEENEN, DETLEF – 77, 78, 82
LEHMANN, GUSTAV – 337
LEHMANN, HEINRICH – 141, 303, 411, 491, 503, 506, 507, 508, 599, 659, 670, 671, 745
LEHMANN, MICHAEL – 84, 239
LEITÃO, ADELAIDE MENEZES – 532
LEITÃO, LUÍS MENEZES – 51, 60, 64, 114, 135, 136, 140, 176, 177, 178, 179, 181, 184, 185, 186, 188, 189, 200, 265, 266, 272, 274, 277, 280, 283, 286, 295, 299, 300, 319, 350, 369, 373, 410, 413, 437, 448, 458, 469, 544, 589, 626, 633, 635, 653, 666, 669, 746, 764, 773, 775
LEITE (LUMBRALES), JOÃO PINTO DA COSTA – 704, 707
LEMPPENAU, JOACHIM – 657
LENEL, OTTO – 41, 576
LEONHARD, FRANZ – 401, 667, 668
LEPA, MANFRED – 80, 97, 99
LEQUETTE, YVES – 142, 154, 272, 337, 384, 478, 614, 620, 662
LESKE – 401
LESSMANN, HERBERT – 648, 657

LETTZ, TOBIAS – 83
LEUPERTZ, STEFAN – 619
LEVY, ERNST – 47, 638
LÉVY-BRUHL – 38
LEWIS, WILLIAM – 501
LIEB, MANFRED – 77, 108
LIENHARD, ALAIN – 388
LIENING, GERHARD – 528
LIETZ, HERMANN – 352, 353
LILIENTHAL – 401
LIMA, FERNANDO ANDRADE PIRES DE – 202, 344, 415, 419, 449, 542, 589, 591, 597, 668, 752, 764, 767, 772, 774, 778, 779, 782
LIMA, FERNANDO AUGUSTO PIRES DE – 197
LIMMER, PETER – 252
LINGENTHAL, KARL SALOMO ZACHARIÄ VON – 154
LINGERMANN, STEFAN – 85
LINK, THOMAS J. – 699
LINKELMANN – 401
LIPARI, NICOLÒ – 239
LISZT, FRANZ VON – 400, 486
LITTEN, FRITZ – 303, 660, 668
LIVI, M. ALESSANDRO – 67
LÖBL, RUDOLF – 403, 404
LOENHOLM, L. H. – 224
LOENHOLM, R. H. – 224
LOHLKER, RÜDIGER – 163
LÖHNIG, MARTIN – 84
LOMNICKA, EVA – 700
LÖNING, GEORG ANTON – 601
LOOSCHELDERS, DIRK – 142, 530, 564, 745
LOPES, JERÓNIMO – 716
LOPES, ROGER – 683
LORENZ, EGON – 108, 114
LORENZ, STEPHAN – 52, 72, 80, 81, 83, 90, 103, 109, 110, 112, 113, 142, 380, 619, 680
LOUREIRO, JOSÉ PINTO – 589
LOURO, MENDES – 766
LOVETT, WILLIAM A. – 699, 700
LÖWISCH, MANFRED – 77, 98, 100, 103, 402, 487, 642, 656, 657
LÜER, DIETER W. – 81, 108

LUÍS, ALBERTO – 707, 711
LUÍS, RIBEIRO – 767
LÜKE, GERHARD – 675
LÜTCKE, JENS – 111
LUTHARDT – 401
LUTTER – 77
LUTTERMANN, CLAUS – 166
LUZZATO, GIUSEPPE IGNAZIO – 41
LWOWSKI, HANS-JÜRGEN – 576

MACEDO, JORGE BORGES DE – 706, 713
MACEDO, PEDRO SOUSA – 439
MACHADO, ANTÓNIO PIRES – 710
MACHADO, BAPTISTA – 204, 480, 726, 728
MACKELDEY, F. – 179, 186
MADALENO, CLÁUDIA ALEXANDRA DOS SANTOS – 216
MADEIRA, ALBERTO LOPES – 138, 189
MAGALHÃES, FERNANDES – 126
MAGALHÃES, J. M. BARBOSA DE – 746, 751
MAGNUS, ULRICH – 115, 258
MAIA, JOSÉ MARQUES BARBOSA DE REIS – 138
MAITLAND, FREDERIC WILLIAM – 160
MAIZA, MEHREZIA LABIDI – 163
MAJERLE, THOMAS – 528
MAJO, ADOLFO DI – 659
MALAURIE, PHILIPPE – 155, 272, 337, 478, 490, 620
MALHEIROS, MANUEL – 230
MALLOY, MICHAEL P. – 698, 699, 700
MANNE, OTTO – 660
MANSEL, HEINZ-PETER – 78, 82, 499, 507
MANSO, EDUARDO MARTINS – 138, 189
MANTHE, ULRICH – 38
MARBURGER, PETER – 657, 685, 686
MARCADÉ, V. – 153, 300, 614
MARCHESI, ANTONIO – 478
MARCHI, ANTONIO – 45, 47, 284
MARCOS, PIMENTEL – 126, 629
MARIANO, CURA – 731
MARINO, FRANCISCO PAULO DE CRESCENZO – 141
MARKESINIS, BASIL S. – 158, 161, 381, 387
MARLOW, SVEN – 526, 530

MARQUES, ANTÓNIO VICENTE – 213
MARQUES, CÉSAR – 417
MARQUES, GARCIA – 650
MARQUES, JOSÉ DIAS – 30, 596
MARQUES, MÁRIO REIS – 181
MARTINEK, MICHAEL – 112, 576
MARTINEZ, MICHAEL – 111
MARTINEZ, PEDRO ROMANO – 64, 114, 140, 515
MARTINEZ, PEDRO SOARES – 151
MARTINI, ANGELO DE – 559, 561, 562
MARTINO, PATRIZIA DI – 381, 390
MARTINS, EZAGÜY – 607
MARTINS, OLIVEIRA – 713
MARTON, M. G. – 478
MARZO, GIUSEPPE DE – 24, 142, 272, 338, 347, 478, 482, 621, 647, 656, 662, 767
MÄSCH, GERALD – 112
MASCOLO, DOMENICO – 391
MASI, ANTONIO – 581
MASSÉ, G. – 154
MASSOL, M. – 615
MASUCH, ANDREAS – 110
MATHIASS – 401
MATOS, JOAQUIM DE – 628
MATTEI, UGO – 242, 248
MATTHEUS, DANIELA – 82, 93, 97, 99
MATUSCHE-BECKMANN, ANNEMARIE – 526
MAULAURIE, PHILIPPE – 142
MAURER, HARTMUT – 129
MAUSEN, YVES – 40, 156
MAYER, JÖRG – 449
MAYERHÖFER, ALEXANDER – 82
MAYER-MALY, THEO – 45, 580, 581
MAZEAUD, DENIS – 247, 251
MAZEAUD, HENRI – 334, 590
MAZEAUD, JEAN – 334, 590
MAZEAUD, LÉON – 334, 590
MECA, JACINTO – 420
MEDICUS, DIETER – 52, 80, 81, 86, 88, 95, 101, 119, 142, 380, 424, 437, 499, 505, 507, 510, 511, 528, 571, 641, 657
MEIER, SONJA – 748
MEITZER – 401
MELLO, ALBERTO DE SÁ E – 458

MELLO, JOSÉ ANTÓNIO GONSALVES DE – 205
MELO, LOPES DE – 768
MELUCCI, PASQUALE – 751
MENDES, JOÃO DE CASTRO – 45, 595
MENDONÇA, MANUEL INÁCIO CARVALHO DE – 140, 209
MENÉRES, JOSÉ PINTO DE – 138
MENESES, JOSÉ – 415
MENESES, MIGUEL PINTO DE – 137, 176, 177
MENGER, ANTON – 486
MENGONI, LUIGI – 478
MERÊA, MANUEL PAULO – 206, 623
MERGUET, H. – 40
MERTENS, HANS-JOACHIM – 504
MESQUITA, JOSÉ ANDRADE – 588, 590, 605, 607, 610
MESQUITA, MANUEL HENRIQUE – 139, 202, 358, 359, 413, 414, 446, 448, 450, 597, 752
MESTRE, JACQUES – 388
METZGER, AXEL – 58, 238, 239, 240, 246
MEUB, MICHAEL H. – 83, 84
MEYER, CAESER – 618
MEYER-PRITZL, RUDOLF – 563
MEYL – 401
MICHAELS, RALF – 150, 245, 367, 403, 452
MICKLITZ, HANS-W. – 109, 245, 260
MIGSCH, ERWIN – 619
MILGATE, MURRAY – 694
MILSON, S. F. C. – 160
MINCKE, WOLFGANG – 403
MIRANDA, ANTÓNIO DE – 138
MIRANDA, JORGE – 222
MIRANDA, MOTA – 742
MIRANDA, PONTES DE – 140, 209
MITTEIS, HEINRICH – 303
MITTEIS, LUDWIG – 746
MITTELSTEIN, MAX – 600
MOHRENFELS, PETER WINKLER VON – 675, 682
MOLLE, GIACOMO – 702
MÖLLER, COSIMA – 602
MOMMSEN, FRIEDRICH – 335
MOMMSEN, THEODOR – 46, 333
MONCADA, LUÍS CABRAL DE – 181, 182,

Índice onomástico 803

410, 411
Monéger, Joël – 151
Monteiro, António Pinto – 204, 566
Monteiro, Armindo – 628
Monteiro, Jorge Ferreira Sinde – 139, 200, 204, 379, 413, 428, 676, 682
Montessori, Roberto – 563
Moreira, Guilherme Alves – 25, 26, 29, 51, 138, 174, 181, 186, 187, 188, 208, 233, 272, 339, 344, 348, 409, 410, 411, 485, 490, 508, 622, 632, 647, 663, 672, 673, 746, 755
Morera, Umberto – 702
Morgado, Carla – 715
Morgado, Maria do Rosário – 353, 629
Mori-Checcucci, Ulrico – 620
Moscati, Enrico – 142, 372, 390, 478, 614, 620
Moschel, Werner – 527
Mosheim, B. – 352
Möslein, Florian – 535
Motsch, Richard – 81, 83
Müller, Eberhard – 94
Müller, Hans-Friedrich – 767, 773
Müller, Jens – 230, 232, 233
Müller, Klaus J. – 82
Müller, Lothar A. – 504
Müller, Ulrich – 504
Müller-Graf, Peter-Christian – 574
Müller-Laube, Hans-Martin – 492
Münstermann, Walter – 112
Musielak, Hans-Joachim – 77, 116
Muthers, Christof – 80

Nagel, Bernhard – 236
Nardi, Giuseppe di – 702
Neiva, António Bandeira de – 181
Nella, Luca di – 702
Nelle, Andreas – 528
Nery, Rosa Maria de Andrade – 141
Nesemann, Klaus – 321
Neto, Abílio – 139, 201, 509
Neto, Freitas – 629
Neuhaus, Kai-Jochen – 84
Neumann, Sybille – 702

Neuner, Georg Karl – 335, 399, 431
Neuner, Jörg – 50, 72, 106, 324, 368, 528
Neves, F. Correia das – 736
Newman, Peter – 694
Niedermann – 401
Niort, Jean-François – 151
Nobili, Chiara – 272
Nogueira, Roque – 688, 742
Nogueira, Sá – 733
Nonato, Orosimbro – 140, 209
Noronha, F. E. – 220
Nussbaum, Arthur – 622
Nuzzo, Antonio – 702

Obst – 698
Oechsler, Jürgen – 125
Oertmann, Paul – 304, 401, 599
Oetker, Hartmut – 563, 569
Oliveira, Nuno Manuel Pinto – 140, 266, 373, 414, 423, 424, 429, 477, 487, 607, 625, 634
Olsen, Dirk – 528
Olszak, Norbert – 698, 700, 702
Olzen, Dirk – 24, 27, 31, 50, 60, 72, 75, 81, 94, 108, 113, 119, 129, 287, 304, 319, 337, 352, 403, 477, 492, 496, 499, 504, 507, 510, 514, 563, 567
Oppo, Giorgio – 563, 620, 633, 634
Osti, Giuseppe – 562
Ott, Claus – 112, 271
Ott, Sieghart – 81, 82, 108
Otte, Gerhard – 403, 404, 405, 599
Otto, Dirk – 220
Otto, Hans Jörg – 96
Oury-Brulé, Manuela – 769

Pacchioni, Giovanni – 53, 279, 280, 284, 612, 615
Page, Henri de – 72, 153
Pages, Bertrand – 248
Pais, Teresa Prazeres – 628
Paiva, Acácio de – 138
Paixão, Silva – 417
Palandt, Otto – 144
Palazzoro, Nicola – 581

PALLMANN, HANS-DIETRICH – 351, 353, 356
PALMA, RUI CAMACHO – 633
PALMER, VERNON VALENTINE – 248, 382
PANUCCIO, VINCENZO – 641
PAPINIANO – 32, 45, 678, 749
PARDOLESI, R. – 391
PATRÍCIO, JOSÉ SIMÕES – 711, 716, 731, 736, 738
PAÚL, JORGE PATRÍCIO – 139
PAULO, TORRES – 769
PECHSTEIN, MATTHIAS – 235, 236
PEEL, EDWIN – 161
PEGADO, FREDERICO – 138
PELICA, PEIXE – 732
PENN, G. A. – 700
PENNITZ, MARTIN – 638
PERASSI, MARINO – 702
PEREIRA, A. RAMOS – 704, 705, 706, 709
PEREIRA, CAIO MÁRIO DA SILVA – 141
PEREIRA, MANUEL DAS NEVES – 140
PEREIRA, MARIA DE LURDES – 271, 306, 477, 480
PERLMUTTER, RICHARD M. – 161
PERREAU, E.-H. – 615
PESCATORE, GUSTAV –660, 667, 671, 672
PETERLONGO, MARIA EMILIA LUCIFREDI – 750
PETERS, FRANK – 28, 82
PETERSHAGEN, JÖRG – 119
PETO, RUDOLF – 694
PEUKERT, ALEXANDER – 400
PEZELLA, FEDERICO – 746
PFAFF, L. – 270
PFEIFFER, THOMAS – 246
PHILIPOWSKI, RÜDIGER – 574
PIÇARRA, ANTÓNIO – 629
PICKER, EDUARD – 77, 395, 403, 404, 504, 514
PIETZCKER, JOST – 396
PIMENTEL, DIOGO PEREIRA FORJAZ DE SAMPAIO – 26
PINA, CARLOS COSTA – 697
PINHEIRO, JORGE DUARTE – 456
PINHEIRO-FERREIRA, SILVESTRE – 206
PINTO, CARLOS ALBERTO DA MOTA – 139, 203, 379, 413, 509, 565, 752
PINTO, EDUARDO VERA-CRUZ – 36
PINTO, LOPES – 683
PINTO, PAULO MOTA – 114, 186, 204, 312, 322, 348, 349, 510
PINTO, VICENTE – 733
PIRES, FLORBELA DE ALMEIDA – 30
PISSLER, KNUT BENJAMIN – 169
PLAGIANAKOS, GEORGIOS J. – 224
PLANCK – 303, 322
PLANDER, HARRO – 355
PLANIOL, MARCEL – 153, 279, 334, 358, 409, 591, 615
PLAUTUS – 40
PLEWKA, HARALD – 715
POHLMANN, ANDRÉ – 82, 97
POLACCO, VITTORIO – 357
POLLARD, ALFRED M. – 698, 699, 700
POLLOCK, Sir FREDERICK – 160
PONZANELLI, GIULIO – 390
PORTALIS – 151
POSSNER, RICHARD A. – 271
POTHIER, R.-J. – 151, 178, 179, 334, 490, 614, 615, 620, 623
POTTER'S, H. – 160
PÓVOAS, SEBASTIÃO – 629
PRANG, TOBIAS – 527
PRATA, ANA – 200
PRINGSHEIM, FRITZ – 612
PROENÇA, JOSÉ CARLOS BRANDÃO – 139, 200, 204
PROVERA, GIUSEPPE – 500
PRÜTTING, HANNS – 144, 437
PUCHTA, GEORG FRIEDRICH – 335
PUGLIESE, GIOVANNI – 38
PUNTSCHART, PAUL – 285

QUEIRÓ, AFONSO RODRIGUES – 294

RACKHAM, H. – 44
RADIN, MAX – 39
RAISER, LUDWIG – 574, 576, 577
RAMADAN, SAÏD – 163, 165
RAMALHO, MARIA DO ROSÁRIO PALMA – 64, 471

RAMOS, AZEVEDO – 351, 419, 422, 665
RAMOS, FONSECA – 420, 421
RAMOS, SILVEIRA – 665
RANIERI, FILIPPO – 72, 77, 239, 245
RAU, FRÉDERIC-CHARLES – 154
RAY, JEAN – 152
REBELLO, AUGUSTO DE SÁ VIANNA – 138
REBELLO, LUÍS FRANCISCO – 464
REGELSBERGER, FERDINAND – 461, 543, 645, 672
REGEN, ARNULF – 618
REGO, MARGARIDA LIMA – 311
REHBEIN, H. – 24
REICHEL, HANS – 298, 330
REIDEGELD, AHMAD A. – 163
REINCKE, O. – 24
REINERT-SCHOERER, MARLIESE – 230
REINHARD, THORSTEN – 81
REIS, PASCOAL JOSÉ DE MELLO FREIRE DOS – vide FREIRE, PASCOAL JOSÉ DE MELLO
REISCHL, KLAUS – 28
REMÉDIOS, PEDRO LADISLAU DOS – 138
REMIEN, OLIVER – 242, 252, 260
RENAUT, MARIE-HÉLÈNE – 156
REPPLINGER, KARL PETER – 703
RESCIGNO, PIETRO – 339, 347
REUSS, KARL FRIEDRICH – 356
REZAEI, HASSAN – 166
RIBBENTROP, GEORG JULIUS – 749, 751
RIBEIRO, ERNESTO CARNEIRO – 207
RIBEIRO, EUGÉNIO HIGGS – 138
RIBEIRO, JOAQUIM SOUSA – 204
RIBEIRO, JOSÉ DE ALBUQUERQUE DE ALMEI-DA – 589
RIBEIRO, JOSÉ DE SOUSA – 139, 204
RICHARDI – 77
RIEHM, THOMAS – 81, 90, 103, 110, 112, 113
RIESE, NICOLE – 84
RIESENHUBER, KARL – 224, 259, 261
RIETZER, F. – 729
RIGAUD, LOUIS – 358
RING, GERHARD – 80, 97, 99, 111
RINGSTMEIER, ANDREAS – 85
RIPERT, GEORGES – 153, 334, 384, 591, 614, 615

RIVES-LANGE, JEAN-LOUIS – 701
ROBBACH, PAUL – 80
ROCCA, GIOCCHINO LA – 702
ROCCO, ALFREDO – 289, 290, 291, 293, 296, 297
ROCCO, FERDINANDO – 662
ROCHA, ALBUQUERQUE – 415
ROCHA, ANA CATARINA – 67, 68
ROCHA, MANUEL ANTÓNIO COELHO DA – 26, 138, 179, 180, 186, 583, 621
RODGER, ALAN – 44
RODIÈRE, RENÉ – 478
RÖDIG, JÜRGEN – 491
RODRIGUES, ANTÓNIO COELHO – 207, 208
RODRIGUES, EMÍLIA DOS SANTOS – 139, 204
RODRIGUES, MANUEL – 752
RODRIGUES, PIRES – 654
RODRIGUES, SILVIO – 141
ROHDE, GERD – 637, 654
ROHE, MATHIAS – 165
ROLLAND, WALTER – 80, 96
ROQUE, HELDER – 673
RORCHERT, MANFRED – 694
ROSEN, LAWRENCE – 166
ROTH, HERBERT – 83, 143, 402, 510, 646
RÖTHERS, BERND – 237, 238
ROTONDI, MARIO – 241, 612
ROTTENBURG, FRANZ VON – 112
RUBELLIN-DEVICHI, JACQUELINE – 346
RUDORF, A. – 335
RÜFNER, THOMAS – 544
RÜHL, GIESELA – 528
RÜMELIN, GUSTAV – 547, 754
RÜMELIN, MAX – 94, 276
RUTH – 600
RÜTHERS, BERND – 602
RUTHVEN, MALISE – 163
RÜTTEN, WILHELM – 336, 745, 763

SÁ, ALMENO DE – 139, 204
SÁ, FERNANDO CUNHA DE – 139
SÁ, PAULO – 676
SÄCKER, FRANZ JÜRGEN – 84, 105
SAKURADA, YOSHIAKI – 224
SALANDRA, VITTORIO – 563

SALAZAR, SILVA – 743
SALEILLES, RAYMOND – 154, 277
SAMPAIO, AFONSO LEITE DE – 138, 189
SAMUEL, GEOFFREI – 245
SANDKÜHLER, GERD – 704
SANGER, AUGUST – 754
SANTERRE, E. COLMET DE – 153
SANTOS, ANTÓNIO MARQUES DOS – 230, 246
SANTOS, ANTÓNIO TAVARES DOS – 768
SANTOS, EDUARDO CASTILHO DOS – 716
SANTOS, FERNANDO TEIXEIRA DOS – 717
SANTOS, GALLEGO DOS –770
SANTOS, HENRIQUE MATHEUS DOS – 706, 707
SANTOS, MARIA AMÁLIA – 68
SANTOS, MARIA FERNANDA – 595
SANTOS, RUTE MARTINS – 218
SARAIVA, MARGARIDA PIMENTEL – 138
SAVAGNONE, GUGLIELMO – 543
SAVATIER, RENÉ – 271, 384, 477, 593
SAVIGNY, FRIEDRICH CARL VON – 10, 49, 72, 156, 265, 268, 269, 270, 272, 294, 297, 333, 334, 335, 336, 368, 399, 447, 456, 459, 501, 542, 543, 561, 562, 615, 616, 658, 721, 722, 750
SCAEVOLA, QUINTUS MUCIUS – 42
SCANNICCHIO, NICOLA – 239
SCHAAL, PETER – 694
SCHACHT, JOSEPH – 165
SCHACK, HANS – 527
SCHAER, ROLAND – 527
SCHÄFER, CARSTEN – 80, 113
SCHÄFER, FRANK A. – 693
SCHÄFFER, HANS-BERND – 271
SCHAPP, JAN – 28
SCHAUB, RENATE – 393, 394, 395, 402, 404
SCHAUER, MARTIN – 251
SCHAUSUSS – 401
SCHEERER-BUCHMEIER, HEIKE – 334, 335
SCHELLHAMMER, KURT – 83
SCHERILLO, GAETANO – 612
SCHERMALER, MARTIN JOSEF – 482
SCHEURL – 754
SCHIMANSKY, HERBERT – 576
SCHIMIKOWSKI, PETER – 530

SCHIMMER, ROLAND – 82
SCHIRRMACHER, CHRISTINE – 163
SCHLEGELBERGER, FRANZ – 283
SCHLODDER, ANTJE – 85
SCHLOSSER, PETER – 107
SCHLOSSMANN, SIEGMUND – 41
SCHLÜTER, THORSTEN – 700
SCHMIDT, ALPMANN – 74
SCHMIDT, ANNIKA – 80
SCHMIDT, EIKE – 53, 60
SCHMIDT, JÜRGEN – 75, 109, 305
SCHMIDT, KARSTEN – 724, 729
SCHMIDT, REIMER – 31, 527, 530
SCHMIDT, RUDOLF – 768, 780
SCHMIDT-KESSEL, MARTIN – 28, 119, 252, 499, 510, 746, 767
SCHMIDT-RÄNTSCH, JÜRGEN – 109
SCHMIEDER, PHILIPP – 748, 749
SCHMITT, MARCO – 642
SCHMOECKEL, MATHIAS – 105, 143
SCHNEIDER, WINFRIED-THOMAS – 98
SCHOCKENHOFF, MARTIN – 85
SCHOLL, WOLFGANG – 602
SCHOLLMEYER – 401
SCHOPP, HEINRICH – 602
SCHORKOPT, FRANK – 714
SCHOTT, HERMANN – 275
SCHREIBER, KLAUS – 351, 353
SCHRÖDER, RAINER – 106
SCHUBERT, WERNER – 27, 50, 486
SCHULTE-BRAUCKS, REINHART – 119
SCHULTE-NÖLKE, HANS – 76, 105, 107, 109, 113, 114, 247, 250, 252, 259, 260
SCHULZ, FRITZ – 39
SCHULZ, MICHAEL – 97, 99
SCHULZE, GÖTZ – 116, 611, 613, 615, 616, 617, 620
SCHULZE, REINER – 28, 76, 82, 86, 88, 107, 252, 499
SCHULZE, GERNOT – 462
SCHULZ-HARDT, STEFAN – 718
SCHULZ-HENNIG, INGO – 699
SCHÜNEMANN, WOLFGANG B. – 754
SCHUR, WOLFGANG – 498
SCHÜRNBRAND, JAN – 84, 519, 768

SCHWAB, MARTIN – 74, 80, 82, 83, 95, 98, 100, 103

SCHWANERT, HERMANN AUGUST – 613, 616, 617

SCHWARZ, ANDREAS BARTALAN – 50

SCHWEDHELM, ULRIKE – 746, 773

SCHWERIN, CLAUDIUS FRHR. VON – 288

SCHWIND, ERNST FREIH. VON – 298, 330, 449

SCHWINTOWSKI, HANS-PETER – 691, 693, 704, 736

SCHWITTER, EVA – 224

SCIALOJA, ANTONIO – 724

SCRUTTON, THOMAS EDWARD – 159

SEABRA, ANTÓNIO LUIZ DE (VISCONDE DE SEABRA) – 180, 181

SECKEL, EMIL – 38, 39, 519, 638

SEELER, WILHELM VON – 622

SEFTON-GREEN, RUTH – 248

SEGRÈ, GINO – 39

SEIBERT, ULRICH – 112, 651

SEILER, HANS HERMANN – 45

SELB, WALTER – 745, 760

SELLERT, WOLFGANG – 105, 106

SENNE, PETRA – 82

SEQUEIRA, BARROS – 743

SERÔDIO, LEONEL – 681

SERRA, ADRIANO VAZ – 23, 28, 65, 94, 138, 189, 190, 191, 192, 193, 194, 195, 196, 197, 198, 199, 200, 202, 340, 348, 386, 411, 412, 415, 418, 419, 426, 495, 508, 546, 565, 597, 607, 608, 609, 617, 624, 633, 648, 633, 667, 672, 673, 675, 680, 681, 682, 685, 686, 692, 724, 727, 736, 746, 751, 755, 760, 762, 767, 769, 777, 778

SERRA, CATARINA – 265

SERRA, YVES – 388

SERRÃO, JOEL – 205

SEUFFERT, JOHANN ADAM – 270, 368

SHEA, A. M. – 700

SHI, JIAYOU – 167, 168

SHI, PING – 169

SIBER, HEINRICH – 278, 303, 322, 337, 491, 495, 505, 612, 619

SIECKMANN, JAN-REINHARD – 58

SIEMS, MATHIAS – 97

SILVA, ALMEIDA E – 732

SILVA, CARLOS ALBERTO B. BURITY DA – 214

SILVA, CLÓVIS V. DO COUTO E – 265

SILVA, JOÃO CALVÃO DA – 114, 204, 716

SILVA, MANUEL BOTELHO DA – 716

SILVA, MANUEL DIAS DA – 409

SILVA, MANUEL DUARTE GOMES DA – 46, 201, 265, 269, 270, 274, 276, 278, 279, 280, 283, 286, 291, 292, 294, 296, 297, 299, 301, 330, 340, 342, 344, 348, 410, 413, 414, 479, 596, 746, 766

SILVA, SAMPAIO E – 780

SILVEIRA, JORGE NORONHA E – 221

SIMÃO, FERNANDO DIAS – 688

SIMLER, PHILIPPE – 142, 154, 272, 337, 384, 614, 620, 662

SIMÕES, RAÚL HUMBERTO DE LIMA – 710

SMIROLDO, ANTONINO – 659, 662

SOARES, FERNANDO MACHADO – 417, 742

SOARES, QUIRINO – 353

SÖLLNER, ALFRED – 520

SOUSA, ANTÓNIO BAPTISTA DE – 465

SOUSA, LÚCIA DE – 732

SOUSA, MANOEL DE ALMEIDA E (de Lobão) – 137, 177, 178

SOUZA, CARMO D' – 220

SPICKHOFF, ANDREAS – 84, 675

SPIER, JAAP – 258

SPINDLER, GERALD – 118, 703

SPRAU, HARTWIG – 75, 120, 402

STADLER, ASTRID – 72

STAMMATI, GAETANO – 694

STAMMLER, RUDOLF – 62

STARCK, ASTRID – 72

STATHOPOULOS, MICHAEL – 246

STAUB, HERMANN – 94, 322, 502, 506

STAUDENMAYER, DIRK – 260

STAUDINGER – 27, 31, 60, 72, 75, 81

STECK, DIETER – 84

STEIN, JOHANN HEINRICH VON – 698

STEINBECK, RENÉ – 527

STEINER, HANS – 671

STEINER, MICHAEL – 698
STÖCKER, ERHARD – 368, 600
STOFFEL-MUNCK, PHILIPPE – 142, 155, 272, 337, 478, 490, 620
STOLFI, NICOLA – 662
STOLL, HANS – 403
STOLL, HEINRICH – 94, 502, 503, 504, 505, 506, 507, 508
STÖLTING, CARSTEN – 650
STOLZ, GERALD – 82
STONE, RICHARD – 16
STOPPEL, JAN – 82
STOUFFLET, JEAN – 702
STRÄTZ, HANS-WOLFGANG – 285
STROHAL, EMIL – 286
STUDEMUND – 38, 39
STULTENBERG, ULF MICHAEL – 527
STÜRNER, MICHAEL – 77, 86, 88, 101, 437, 507, 571
SÜDHOFF, STEPHAN – 81
SUTSCHET, HOLGER – 80, 83, 90, 99, 102, 402, 510, 646
SWANN, STEPHAN – 259

TABET, ANDREA – 589
TARDIVO, CARLO-MARIA – 702
TASCHE – 574
TAVARES, JOSÉ – 138, 181, 272, 339, 410, 623, 624, 777, 778
TCHING, MARIA ROSA – 717
TEDESCHI, GUIDO – 389, 411
TEICHMANN, CRISTOPH – 84, 303, 507
TEIXEIRA, ANTÓNIO RIBEIRO DE LIZ – 138, 177
TELLES, INOCÊNCIO GALVÃO – 31, 138, 139, 197, 201, 203, 291, 294, 340, 386, 413, 419, 421, 559, 565, 589, 591, 633
TELLES, JOSÉ HOMEM CORRÊA – 137, 178, 179, 490, 582, 621, 662
TEONESTO, FERRAROTI – 337, 615
TERRANA, ALFONSO – 548
TERRÉ, FRANÇOIS – 142, 154, 272, 337, 384, 478, 614, 620, 662
THEUSNER, ALEXANDER – 168
THIELE, WOLFGANG – 504, 507

THIESSEN, JAN – 82
THÖL, HEINRICH – 321, 643, 644, 645, 646, 651, 652
THOMAS, CLAUDE – 478
THOMAZ, FERNÃO FERNANDES – 414
THON, AUGUST – 590, 605
TIEDTKE, KLAUS – 642
TIETZE – 401
TILOCCA, ERNESTO – 444
TINY, KILUANGE – 218
TINY, N'GUNU – 218
TOBEÑAS, JOSÉ CASTÁN – 182
TONNER, KLAUS – 112
TORO, INIGO MARANI – 662
TORRES, ANTÓNIO MARIA M. PINHEIRO – 140
TORRES, MÁRIO – 629
TOURNEAU, PHILIPPE LE – 142
TRAUT-MATTAUSCH, EVA – 718
TREITEL, RICHARD – 161, 679
TRIEBEL, VOLKER – 85
TRIMARCHI, PIETRO – 390
TRIOLA, ROBERTO – 338, 391, 621
TROPLONG, M. – 153
TROPLONG, RAYMOND-THÉODORE – 592
TUHR, ANDREAS VON – 303, 754

UCHA, ISABEL – 716
ULLRICH, GEORG FRIEDRICH WILHELM – 616
ULMER, PETER – 107, 112
UNBERATH, HANNES – 158, 162, 387, 535
UNGER, JOSEPH – 750

VALVERDE, CARLOS – 420
VANGEROW, KARL ADOLF VON – 542
VARELA, JOÃO DE MATOS ANTUNES – 24, 25, 31, 139, 188, 198, 199, 202, 203, 246, 265, 269, 270, 272, 274, 280, 283, 286, 295, 319, 341, 344, 349, 350, 358, 393, 394, 397, 411, 413, 415, 416, 418, 419, 420, 426, 449, 508, 509, 544, 552, 565, 585, 589, 591, 597, 605, 624, 625, 626, 627, 628, 630, 632, 633, 634, 635, 648, 649, 666, 668, 673, 746, 752, 760, 764, 767, 769, 772, 774, 778, 779, 782

Índice onomástico 809

VARGAS, GETÚLIO – 233
VARREILLES-SOMIÈRES, Marquês de – 593
VASCONCELOS, PEDRO PAES DE – 414
VASSEUR, MICHEL – 701
VECCHIS, PIETRO DE – 702
VEIGA, ALEXANDRE BRANDÃO DA – 716
VEIT, OTTO – 703
VELHA, RICARDO DA – 547, 731
VELHO, ALVES – 418
VENTURA, RAÚL – 45, 543, 547
VERGÉ, CH. – 154
VIANNA, M. A. DE SÁ – 206
VICENTE, DÁRIO MOURA – 114, 150, 230
VIDIGAL, RAMIRO – 683
VIEHWEG – 77
VIEIRA, JOSÉ ALBERTO – 200
VINCENTIIS, QUIRINO DE – 337
VISSCHER, FERDINAND DE – 37
VOGENAUER, STEFAN – 247
VOLLMER, LOTHAR – 394
VOLTERRA, EDOARDO – 542, 613
VORTMANN, JÜRGEN – 112

WÄCHTER, CARL GEORG VON – 50, 335, 493, 547
WACKE, ANDREAS – 602, 612, 740
WADLE, ELMAR – 154
WAGNER, BERTHOLD – 714
WAGNER, GERHARD – 254, 387
WAGNER, KLAUS – 112
WAHL, EDUARD – 283
WALDECK – 175
WALKER, WOLF-DIETRICH – 52, 85, 120, 142, 272, 380, 402, 563, 564
WALL, HEINRICH DE – 129
WALLBRECHT, DIRK – 145
WALLSTEIN, CAROLINE – 81, 108
WALTER, STEFAN – 698, 700
WÄLZHOLZ, ECKHARD – 85
WANDT, MANDFRED – 526, 528, 530
WANK, ROLF – 81, 94, 108, 113
WEBER, ADOLPH DIETERICH – 613, 615, 703
WEBER, HANS-JOACHIM – 81
WEBER, WILHELM – 574
WEGEN, GERHARD – 144

WEGMANN, BERND – 80
WEICHSELBAUMER, GERHARD – 527
WEIMAR, WILHELM – 352, 355, 356
WEINREICH, GERD – 617
WEIR, TONY – 228
WEISS, HERIBERT – 601
WEITNAUER, HERMANN – 63, 377, 668
WEITNAUER, WOLFGANG – 85
WENDEHORST, CHRISTIANE – 110, 118, 252
WENDT, OTTO – 50, 600, 601
WENDTLAND, HOLGER – 80
WENGER, LEOPOLD – 37, 38
WENZEL, JOACHIM – 362
WERRO, FRANZ – 248
WESTERMANN, HARM PETER – 28, 81, 97, 99, 114, 115, 116, 118, 144, 267, 362, 499, 507, 510, 619, 643
WESTPHAL, ERNST CHRISTIAN – 599
WESTPHALEN, FRIEDRICH GRAF VON – 74, 80, 83, 84, 107, 112
WETZEL, THOMAS – 75
WEYERS, HANS-LEO – 528
WHITTAKER, SIMON – 248
WIEACKER, FRANZ – 45, 47, 49, 271, 306, 309, 477, 500, 575, 599
WIEBE, ANDREAS – 118
WIEGAND, WOLFGANG – 27, 324, 447, 641
WIELING, HANS JOSEF – 365
WIESE, GÜNTHER – 562
WIESER, EBERHARD – 75
WILHELM, JAN – 77, 357, 437
WILLOWEIT, DIETMAR – 334, 353, 354, 355
WILMOWSKY, PETER VON – 97
WINDSCHEID, BERNHARD – 26, 27, 50, 155, 156, 335, 336, 358, 368, 399, 461, 542, 543, 617, 622, 662, 671, 685, 722, 760
WINTER, HENRY – 768
WINTGEN, ROBERT – 383, 384, 387
WITT, CARL-HEINZ – 80, 82, 98, 100, 103
WITTENBERG, JEFFREY D. – 161
WITZ, CLAUDE – 241, 242, 248
WLASSAK, MORITZ – 38, 500
WOLF, ERICK – 363
WOLF, ERNST – 62, 777

WOLF, MANFRED – 50, 72, 85, 107, 108, 324, 368, 447, 528
WOLTERS, REINHARD – 720
WURMNEST, WOLFGANG – 245
WÜRTHWEIN, SUSANNE – 500, 501
WÜST – 77
WYLIE, J. KERR – 750

XAVIER, VASCO DA GAMA LOBO – 197

YAN, ZHU – 168, 169
YOUNG, SIMON N. M. – 166
YUSHKOVA, OLGA – 82

ZACHARIÄ VON LINGENTHAL, KARL SALOMO – 154, 206

ZASIUS, UDALRICUS – 542
ZENNER, ANDREAS – 380
ZEPOS, PANAJIOTIS – 303, 304, 305
ZERRES, THOMAS – 115
ZICCARDI, FABIO – 390
ZIEBARTH, KARL – 335
ZIEGLER, KARL-HEINZ – 667, 669
ZIMMER, DANIEL – 82, 103
ZIMMERMANN, REINHARD – 36, 77, 78, 143, 161, 246, 248, 258, 260, 638, 751
ZITELMANN, ERNST – 506
ZÖCHLING-JUD, BRIGITTA – 252
ZOLL, FRYDERYK – 252
ZÖLLNER – 77
ZWEIGERT, KONRAD – 150, 151, 159, 160, 163, 187, 231, 352, 355

ÍNDICE BIBLIOGRÁFICO

A.F.S. – recensão a MANUEL DUARTE GOMES DA SILVA, *Conceito e estrutura da obrigação*, 1943, reimp., 1971, BMJ 3 (1947), 337-341.

AAVV – *1804/2004, Le Code Civil/Un passé, un présent, un avenir*, 2004.

AAVV – *A Universidade de Coimbra e o Brasil*, 2012.

ABREU, ANTÓNIO JOSÉ TEIXEIRA DE – *Curso de Direito civil* – vol. I – *Introdução*, 1910.

Abschlussenbericht der Komission zur Überarbeiten des Schuldrechts, 1992.

ABUDO, IBRAHIM – *A problemática e complexidade da aplicação da Lei de Família em Moçambique*, 2008, polic..

AGOSTINO, FRANCESCO D' – *Epieikeia/Il tema dell'equità nell'antichità grega*, 1973.

ALARCÃO, RUI DE – *Direito das obrigações*, por MÁRIO SOARES DE FREITAS, EMÍLIA DOS SANTOS RODRIGUES e MÁRIO JOSÉ GANDARELA, 1975, polic., incompl.;
– *Direito das obrigações*, por J. SOUSA RIBEIRO, J. SINDE MONTEIRO, ALMENO DE SÁ e J. C. PROENÇA, 1983, polic..

ALBANESE, BERNARDO – *Papiniano e la definizione di 'obligatio' in J. 3, 13 pr.*, SHDI 50 (1984), 167-178.

ALBERS, PAUL – *Die Wahlhandlung bei der Wahlschuld und der Verzug bei derselben/nach dem bürgerlichen Rechte des deutschen Reiches*, 1905.

ALBERTARIO, EMILIO – *Corso di diritto romano/Le obbligazioni solidali*, 1948.

ALBERTI, ALBERTO – *Le obbligazioni solidari sorgenti da stipulazione correale nella dottrina del diritto intermédio (dalle origini agli scolastici)*, 1937.

ALBUQUERQUE, PEDRO DE – *Direitos Reais/Relatório sobre o programa, conteúdo e métodos de ensino*, 2009.

Alcorão Sagrado/O significado dos versículos, trad. port. SAMIR AL HAYEK, 1994.

ALEN, LARRY – *Encyclopedia of Money*, 1999.

ALLARA, MARIO – *Delle obbligazioni*, 1939.

ALLENDORF, FRANZ – *Die natürlichen Verbindlichkeiten (sogenannte Naturalobligationen) des BGB*, 1904.

ALONSO, JOSE RICARDO LEON – *La categoria de la obligación in solidum*, 1978.

ALPA, GUIDO – *The Future of European Contract Law: Some Questions and Some Answers*, em KATHARINA BOELE-WOELKI/WILLEM GROSHEIDE, *The Future of European Contract Law*, Essays in honour of Ewoud Hondius (2007), 3-17.

ALPMANN-PIEPER, ANNEGERD/BECKER, PETER – *Reform des Schuldrechts*, 2.ª ed., 2002.

ALTJOHANN, HORST W. – *Der Bankvertrag, ein Beitrag zur Dogmatik des Bankrechts*, 1962.

ALTMEPPEN, HOLGER – *"Fortschritte" im modernen Verjährungsrecht/Zwei Pannen aus dem Recht der GmbH*, DB 2002, 514-517.

812 Tratado de Direito civil

AMADO, JOÃO CARLOS LEAL – *Vinculação* versus *liberdade/O processo de constituição e extinção da relação laboral do praticante desportivo*, 2002.

AMANN, HERMANN/BRAMBRING, GÜNTER/HERTEL, CHRISTIAN – *Die Schuldrechtsreform in der Vertragspraxis/Handbuch für Notare und Vertragsjuristen mit Gestaltungshinweisen und Formulierungsbeispielen*, com contributos de JÜRGEN KALLRATH, PAUL ROBBACH e BERND WEGMANN, 2002.

AMELIO, MARIANO D' – *Postilla*, RDComm XXVII (1929), I, 669-672.

AMELIO, MARIO D' – *Contratto di acquisto e contratto di somministrazione*, RDComm VII (1909) II, 587-593.

AMEND, ANJA – *Auswirkung des neuen Verjährungsrechts auf das Erbrecht*, JuS 2002, 743-746.

AMIRA, KARL VON – *Nordgermanisches Obligationenrecht*, I – *Allschwedisches Obligationenrecht*, 1882, e II – *Westnordisches Obligationenrecht*, 1895;
– *Nordgermanisches Obligationenrecht/I – Altschwedisches Obligationenrecht*, 1892;
– *Grundriss des Germanischen Rechts*, 3.ª ed., 1913.

AMIRANTE, LUIGI – *Richerche in tema di locazione*, BIDR LXII (1959), 9-119 (21), republ., parcialmente, em NICOLA PALAZZORO, *Saggi in materia di locazione/Corso di diritto romano* (1994), 7-69.

AMOROSINO, SANDRO (org.) – *Le banche/Regole e mercato dopo il testo unico delle legge creditizie*, 1995.

ANDRADE, ABEL PEREIRA DE – *Commentario ao Codigo Civil Portuguez (Artt. 359.º e segg.)/ Moldado nas prelecções do exmo. sr. dr. Sanches da Gama, lente da sexta cadeira da Faculdade de Direito da Universidade de Coimbra*, I, 1895.

ANDRADE, ANSELMO DE – *Portugal Económico/Theorias e Factos*, tomo I, 1918.

ANDRADE, MANUEL DE – *Obrigações pecuniárias*, RLJ 77 (1944), 17-20, 33-36, 51-52, 65-67, 81-83, 225-228 e 241-244 e RLJ 77 (1945), 353-357, incompleto;
– *Direito civil/Teoria geral das obrigações*, por Manuel H. Mesquita e José de Barros, Coimbra, 1955;
– *Teoria geral das obrigações*, com a colaboração de Rui de Alarcão, Coimbra, 1.ª ed., 1958, e 3.ª ed, 1965, com reimpressões posteriores;
– *Teoria geral da relação jurídica* 2, 1960;
– *Teoria geral das obrigações*, 3.ª ed., 1966;
– *vide* CORREIA, MAXIMINO JOSÉ DE MORAES.

ANNUSS, GEORG – *AGB-Kontrolle im Arbeitsrecht: wo geht die Reise hin?*, BB 2002, 458-463.

Anteprojecto das obrigações (1.ª revisão ministerial), BMJ 119 (1962), 27-217, e 120 (1962), 19-162, com índice geral das obrigações, BMJ 120, 163-168.

Anteprojecto das obrigações (1.ª revisão ministerial), em Abril de 1965, o título relativo às *obrigações em geral*; em Junho de 1965, o título *Dos contratos em especial*, polic..

ANTUNES, JOSÉ BRITO – *Período de transição: paradigma do processo de introdução do euro*, CMVM 4 (1999), 209-227.

ARAÚJO, FERNANDO – *Cabral de Moncada e a Filosofia da História/Ideias e omissões em torno de um tema*, 1990;
– *Introdução à economia*, 3.ª ed., 2005;
– *Teoria económica do contrato*, 2007.

ARCHI, GIAN ALBERTO – *Sul concetto di obbligazione solidale/Conferenze romanistiche/ Pavia* (1939), 243-340.

ARENS, JOHANNES – *Zum Wesen der Obliengenheiten im Versicherungsrecht*, 1940.

ARISTÓTELES – *The Nicomachean Ethics* (ΑΡΙΣΤΟΤΕΛΟΥΣ ΗΘΙΚΩΝ ΝΙΚΟΜΑΧΕΙΩΝ), ed. bilingue grego/inglesa, trad. H. RACKHAM, 2.ª ed., 1934, reimp., 1994;
– *Ética a Nicómaco*, trad. francesa de GAUTHIER/JOLIF, *L'éthique à Nicomaque/Introduction, traduction et commentaire*, 1, 2, 1970.

ARNDT/TEICHMANN – no SOERGEL *BGB*, 12.ª ed., 1990, prenot. § 241.

ARNESBERG, L. ARNDTS R. VON – *Lehrbuch des Pandekten*, 13.ª ed., 1886; 14.ª ed., 1889, por L. PFAFF e F. HOFMANN.

ARNOLD, ARND – *Gewährleistung beim Finanzierungsleasing nach der Schuldrechtsreform*, DStR 2002, 1049-1055.

ARORA, A. – *vide* PENN, G. A..

ASCARELLI, TULLIO – *Obbligazioni pecuniarie/art. 1277-1284*, 1963.

ASCENSÃO, JOSÉ DE OLIVEIRA – *As relações jurídicas reais*, 1962;
– *A tipicidade dos direitos reais*, 1968;
– *Locação de bens dados em garantia/Natureza jurídica da locação*, ROA 1985, 345-390;
– *Direito civil/Reais*, 5.ª ed., 2000, reimp..

ASCOLI, A. – *Il nuovo codice delle obbligazioni e dei contratti*, RDCiv 1928, 62-67.

ATAÍDE, RUI – introdução a *Código Civil* (com anotações) e *Legislação Complementar* (2006), 9-14;
– *vide* GOMES, JANUÁRIO.

ATHAYDE, AUGUSTO DE – *Curso de Direito bancário* 1, 1999.

AUBRY, C./RAU, C. – *Cours de Droit civil français d'après la méthode de Zachariae*, 6.ª ed., s/d, 8 volumes.

AVANZO, WALTER D' – em MARIANO D'AMELIO/ENRICO FINZI, *Codice civile/Libro delle obbligazioni/Commentario* – vol. I, *Delle obbligazioni e dei contratti in generale*, 1948.

AVENARIUS, MARTIN – *Struktur und Zwang im Schuldvertragsrecht/Zur funktionellen Bedeutung des § 241 BGB*, JR 1996, 492-496.

AYNÈS, LAURENT – *vide* MAULAURIE, PHILIPPE.

AYNÈS, LAURENT/STOFFEL-MUNCK, PHILIPPE – *vide* MALAURIE, PHILIPPE.

BÄHR, O. – *Ueber die Verpflichtung zur Rechnungsablage*, JhJb 13 (1874), 251-297.

BALDUS, CHRISTIAN – *Römische Privatautonomie*, AcP 210 (2010), 2-31.

BALESTRA, LUIGI – *Le obbligazioni naturali*, 2004.

BALLERSTEDT, KURT – *Zur Lehre vom Gattungskauf*, FS Nipperdey (1955), 261-282.

BAMBERGER, HANS GEORG/ROTH, HERBERT – *Kommentar zum BGB*, 2.ª ed., 2007.

Bankrecht – da Beck, 25.ª ed., 1997, 29.ª ed., 2001, 33.ª ed., 2005, e 36.ª ed., 2009.

BAR, CHRISTIAN VON – *Verkehrspflichten/Richterliche Gefahrsteuerungsgebote im deutschen Deliktsrecht*, 1980;
– *Vertragliche Schadensersatzpflichten ohne Vertrag?*, JuS 1982, 637-645;
– *Gemeineuropäisches Deliktsrecht* 1, 1996, e 2, 1999;

814   *Tratado de Direito civil*

- *The Common European Law of Torts: The Core Areas of Tort Law, Its Approximation in Europe, and Its Accomodation in the Legal System*: 1 *(Common European Law of Torts)*, 1999;
- *Grundregeln des Europäischen Vertragsrechts* I e II, 2001;
- *The Study Group on a European Civil Code*, em *Um Código Civil para a Europa*, BFD 2002, 65-78;
- *Die "Principles of European Law"*, Teil III, ZEuP 2003, 707-713.

BAR, CHRISTIAN VON/BEALE, HUGH/CLIVE, ERIC/SCHULTE-NÖLKE, HANS – introdução a *Draft Common Frame of Reference* (DCFR) (2009), 1-99.

BAR, CHRISTIAN VON/CLIVE, ERIC/SCHULTE-NÖLKE, HANS – *Interim Outline Edition*, 2008;
- *Principles Definitions and Model Rules of European Private Law/Draft Common Frame of Reference*, 2008;
- *Outline Edition*, 2009.

BAR, CHRISTIAN VON/SWANN, STEPHAN – *Unjustified Enrichment*, 2010.

BARASSI, LUDOVICO – *Diritti reali limitati, in particolare l'usufrutto e le servitù*, 1947;
- *La teoria generale delle obbligazioni*, I – *La struttura*, 2.ª ed., 1953,1963, reimp..

BARBERO, DOMENICO – *Sistema istituzionale del diritto privato italiano*, II, 1947;
- *Sisteme del diritto privato italiano* II, 6.ª ed., 1965.

BARBOSA, RUY – *Cronologia da vida e da obra*, 1999.

BARDE, L. – *vide* BAUDRY-LACANTINERIE, G..

BARROS, GAMA – *História da Administração Pública em Portugal nos séculos XII a XV*, VII, 2.ª ed., 1949.

BARTHOLOMEYCZIK, HORST – *Das Gesamthandsprinzip beim gesetzlichen Vorkaufsrecht der Miterben*, FS Nipperdey I, 1965), 145-175.

BASEDOW, JÜRGEN – (org.) *Europäische Vertragsvereinheitlichung und deutsches Recht*, 2000;
- *Die Europäische Zivilgesetzbuch und ihr Recht/Zum Begriff des Privatrechts in der Gemeinschaft*, FS Canaris 1 (2007), 43-57;
- *Theorie der Rechtswahl oder Parteiautonomie als Grundlage des Internationalen Privatrechts*, RabelsZ 75 (2011), 32-59.
- no *Münchener Kommentar*, 2, 6.ª ed. (2012), prenot. § 305.

BASTOS, JACINTO FERNANDES RODRIGUES – *Das obrigações em geral/Segundo o Código Civil de 1966*, I – *Arts. 397.º a 472.º*, 1971;
- *Das obrigações em geral*, III, 1972, V, 1973.

BAUDRY-LACANTINERIE, G./BARDE, L. – *Traité theorique et pratique de Droit civil/XII – Des obligations*, I, 3.ª ed., 1906.

BAUER, JOBST-HUBERTUS/DILLER, MARTIN – *Nachvertragliche Wettbewerbsverbote: Änderungen durch die Schuldrechtsreform*, NJW 2002, 1609-1615.

BAUER, MARTIN – *Periculum emptoris/Eine dogmengeschichte Untersuchung zur Gefahrtragung beim Kauf*, 1998.

BAUMBACH/HOPT – *HGB*, 30.ª ed., 2000.

BAUMS, THEODOR – *Reform des amerikanischen Bankrechts*, ZBB 1991, 73-82.

BAURREIS, JOCHEN/NEUMANN, SYBILLE – *Frankreich*, em PETER DERLEDER/KAI-OLIVER KNOPS/HEINZ GEORG BAMBERGER, *Handbuch des deutschen und europäischen Bankrecht*, 2.ª ed., 2009, 2389 ss..

BEALE, HUGH – *vide* BAR, CHRISTIAN VON.

BECHTOLD, STEFAN – *Die Grenzen zwingender Vertragsrecht/Ein rechtsökonomische Beitrag zu einer Rechtssetzungslehre des Privatrechts*, 2010.

BECK, ALEXANDER – *Zu den Grundprinzipien der bona fides im römischen Vertragsrecht*, FS Simonius (1955), 9-27.

BECK, HEINZ – *Gesetz über die Deutsche Bundesbank*, 1957.

BECKER, CHRISTOPH – *Schutz von Forderungen durch das Deliktsrecht?*, AcP 196 (1996), 439-490.

BECKER, PETER – *vide* ALPMANN-PIEPER, ANNEGERD.

BEHRENDS, OKKO – *Der Zwölftafelprozess/Zur Geschichte des römischen Obligationenrechts*, 1974.

BEHRENDS, OKKO e outros – *Corpus iuris civilis*, ed. bil. latim/alemão, III, 1999.

BEHRENDS, OKKO/KNÜTEL, ROLF/KUPISCH, BERTHOLD/SELLER, HANS HERMANN – *Corpus Iuris Civilis/Text und Übersetzung* I – *Institutionen*, 2.ª ed., 1997; II – *Digesten*, 1-10, 1995; III – *Digesten*, 11-20, 1999; IV– *Digesten*, 21-27, 2005.

BEISKER, ERNST IMMANUEL – *Sprachliches und Sachliches zum BGB*, JhJb 49 (1905), 1-58.

Beiträge zum Islamischen Recht, 6 volumes publicados.

BEITZKE, GÜNTHER – *Nichtigkeit, Auflösung und Umgestaltung von Dauerrechtsverhältnissen*, 1948.

BEKKER, ERNST IMMANUEL – *Die Aktionen des römischen Privatrechtes* I, 1871;
– *System des heutigen Pandektenrechts* 1, 1886.

BELESA, JOSÉ JÚLIO PIZARRO – *Teoria do juro/A controvérsia keynesiana*, 1955.

BÉNABENT, ALAIN – *Droit civil/Les obligations*, 12.ª ed., 2010.

BENEKE, FRIEDRICH EDUARD (trad.) – *Grundsätze der Civil- und Criminal-Gesetzgebung, aus den Handschriften des englischen Rechtsgelehrten Jeremias Bentham, herausgegeben vomn Etienne Dumont/Nach der zweiten, verbesserten und vermehrten Auflage für Deutschland bearbeitet und mit Anmerkungen* 1, 1830.

BENNET, JAMES C. – *The Anglosphere Challenge/Why the English-Speaking Nations Will Lead the Way in the Twenty-First Century*, 2007.

BENTHAM, JEREMY – *An introduction to the Principles of Morals and Legislation*, 1789; utiliza-se a ed. de 1823, reed. em 1908.

BERGER, CHRISTIAN – *Der Beschaffenheitsbegriff des § 434 Abs. 1 BGB*, JZ 2004, 276-283.

BERGER, CHRISTIAN – *vide* BREHM, WOLFGANG.

BERGER, MATHIAS/REPPLINGER, KARL PETER – *Neuordnung der Bundesbankorganisation*, Die Bank 1992, 632-638.

BERNREUTHER, FRIEDRICH – *Sachmangelhaftung und Werbung*, MDR 2003, 63-68.

BERT, BIRGIT – *vide* HÖFLER, HEIKO.

BERTSCH, DIETER – *Die Abgrenzung von Risikobeschränkungen und vertraglich begründeten Berücksichtigung des Rechts der allgemeinen Haftpflichtversicherung*, 1964.

BETHMANN-HOLLWEG – *Der römische Civilprozess*, I – *Legis actiones*, 1864, II – *Formulae*, 1865.

BETTI, EMILIO – *Cours de Droit civil comparé des obligations*, 1957/58;
– *Il progetto di un codice italo-francese delle obbligazioni e dei contratti*, RDComm XXVII (1929), I, 665-668;
– nota em RDComm XXVIII (1930), I, 184-189;

816   Tratado de Direito civil

– *Sui limiti giuridici della responsabilità aquiliana*, NRDC 4 (1951);

– *Teoria generale delle obbligazioni* I – *Prolegomeni: funzione economico-sociale dei rapporti d'obbligazione*, 1953;

– *La struttura dell'obbligazione romana e il problema della sua genesi*, 2.ª ed., 1955.

BEUTHIEN, VOLKER – *Zweckerreichung und Zweckstörung im Schuldverhältnis*, 1969.

BEVILÁQUA, CLÓVIS – *Resumo de Legislação comparada sobre o direito privado*, 2.ª ed., 1897;

– *Em defesa do projecto do Código Civil brasileiro*, 1906;

– *Theoria geral do Direito civil*, 1908;

– *Direito das obrigações*, 2.ª ed., 1910, reimp., 1977;

– *Código Civil dos Estados Unidos do Brasil Commentado*, 2.ª ed., vol. IV, *Direito das Obrigações* 1, 1924, e 2, 1926.

BIERMANN, JOHANNES – *vide* DERNBURG, HEINRICH.

BINDER, JULIUS – *Die Korrealobligationen im römischen und im heutigen Recht*, 1899;

– *Zur Lehre von Schuld und Haftung*, JhJb 77 (1926), 75-187 e 78 (1927), 163-226.

BIONDI, BIONDI – *La compensazione nel diritto romano*, 1927.

BISANI, HANS PAUL – *Meldungen ostdeutscher Kreditinstitute im Zahlungs- und Kapitalverkehr mit dem Ausland*, Sparkasse 1993, 422-423.

BISCARDI, ARNALDO – *Lezioni sul processo romano antico e classico*, 1968.

BITTNER, CLAUDIA – no Staudinger II, *§§ 255-304* (2009), §§ 259 e 262.

Black's Law Dictionary, 7.ª ed., 1999.

BLOMEYER, JÜRGEN – *Die Rechtsnatur der Gesamthand*, JR 1971, 397-403.

BLOMMEYER, ARWED/DUDEN, KONRAD/WAHL, EDUARD – em FRANZ SCHLEGELBERGER, *Rechtsvergleichendes Handwörterbuch für das Zivil- und Handelsrecht des In- und Auslandes*, VI (1938), 272-300.

BOCCON-GIBOD, A. – *Banque de France*, no *Enzyklopädisches Lexikon für den Geld- Bank- und Börsenwesen*, vol. I, 3.ª ed., 1967.

BOESCHE, KATHARINA VERA – *vide* SÄCKER, FRANZ JÜRGEN.

BOLDT, ANTJE – *Der neue Bauvertrag/Schuldrechtsreform und Werkvertrag in der Praxis*, 2002.

BONELLI, GUSTAVO – *La teoria della persona giuridica*, RDCiv II (1910), 445-508 e 593-673.

BONFANTE, PIETRO – *Le obbligazioni naturali e il debitto di giuoco*, RDComm XIII (1915), I, 96-133.

BONNECASE, JULIEN – *La condition juridique du créancier chirographaire/Sa qualité d'ayant-cause à titre particulier*, RTDC XIX (1920), 103-150;

– *Précis de Droit civil*, II, 1934.

BORSARI, LUIGI – *Commentario del Codice civile italiano*, III/2, 1877.

BOSSE, WILHELM – *Die Ersetzungsbefugnis (facultas alternativa)*, 1924.

BOTIVEAU, BERNARD – *Loi islamique et droit dans les sociétés árabes*, 1993.

BOTSCH, WALDEMAR – *Die Teilbarkeit der Leistungen nach gemeinem Recht und BGB*, 1903.

BÖTTISCHER, EDUARD – *Besinnung auf das Gestaltungsrecht und das Gestaltungsklagerecht*, FS Dölle I (1963), 41-77;

– *Gestaltungsrechte und Unterwerfung im Privatrecht*, 1964.

BOUGLÉ, CLAIRE – *vide* CHEVREAU, EMMANUELLE.

BRAMBRING, GÜNTER – *vide* AMANN, HERMANN.

BRASIELLO, UGO – *Obbligazione (diritto romano)*, NssDI XI (1968), 554-570.

BREDIN, JEAN-DENIS – apresentação à ed. *fac simile*, *Code Civil des français/Bicentenaire, 1804/2004*, 2004.

BRÉGI, JEAN-FRANÇOIS – *Droit romain: les obligations*, 2006.

BREHM, WOLFGANG/BERGER, CHRISTIAN – *Sachenrecht*, 2.ª ed., 2006.

BRINKMANN, MORITZ – PWW/BGB, 7.ª ed. (2012), Prenot. §§ 145 ss.

BRINZ, ALOIS VON – *Der Begriff obligatio*, GrünhutsZ 1 (1874), 11-40;
– *Lehrbuch der Pandekten*, 2, 2.ª ed., 1878;
– *Lehrbuch der Pandekten*, 2, 2.ª ed., 1879, §§ 206 e 207; 1.ª ed., 1857;
– *Obligatio und Haftung*, AcP 70 (1886), 371-408.

BRÖDERMANN, ECKART – no PWW/BGB, 7.ª ed. (2012), § 762.

BRORS, CHRISTIANE – *Die Falschlieferung in der Schuldrechtsreform*, JR 2002, 133-136.

BROX, HANS/WALKER, WOLF-DIETRICH – *Besonderes Schuldrecht*, 36.ª ed., 2012;
– *Allgemeines Schuldrecht*, 36.ª ed., 2012.

BRUCHNER, HELMUT/OTT, CLAUS/WAGNER, KLAUS – *Verbraucherkreditgesetz*, 1992.

BRÜGGEMEIER, GERT/YAN, ZHU – *Entwurf für ein chinesisches Haftungsgesetz*, 2009.

BRUNETTI, GIOVANNI – *Il diritto del creditore/La costruzione del rapporto obbligatorio considerato sotto l'aspetto negativo*, RDComm XIV (1916) 1, 140-145.

BRUNN, JOHANN HEINRICH VON – *Die formularmässigen Vertragsbedingungen der deutschen Wirtschaft/Der Beitrag der Rechtspraxis zur Rationalisierung*, 2.ª ed., 1956.

BRUNS, RUDOLF – *Das Schuldverhältnis als Organismus/Wegweisung und Missdeutung*, FS Zepos 1973, 69-82.

BUCH, GEORG – *Schuld und Haftung im geltenden Recht*, 1914.

BUCHDA, GERHARD – *Geschichte und Kritik der deutschen Gesamthandlehre*, 1936.

BUCHER, EUGEN – *Zu Europa gehört auch Lateinamerika!*, ZEuP 2004, 515-547;
– *"Schuldverhältnis" des BGB: ein Terminus – drei Begriffe/140 Jahre Wanderung eines Wortes durch die Institutionen, und wie weiter?*, em *Norm und Wirkung*, FS Wolfgang Wiegand (2005), 93-139;
– *Komparatistik/Rechtsvergleichung und Geschichte*, RabelsZ 74 (2010), 251-317;
– *Basler Kommentar*, *Obligationenrecht I*, *Art. 1-529 OR*, 5.ª ed. (2011), Einl. vor Art. 1 ff.,

BUCHHOLZ, CHRISTOPH – *Konzentration und Gefahrübergang/zu Interpretation des § 243 Abs. 2 BGB*, 1986.

BUCHKA, HERMANN – *Die Lehre von der Stellvertretung bei Eingehung von Verträgen/Historisch und dogmatisch dargestellt*, 1852.

BUCK, SILVIA – *Die Obliengenheiten im spanischen Versicherungsrecht/Eine rechtsvergleichende Untersuchung zwischen deutschem und spanischem Recht*, 2003.

BÜDENBENDER, ULRICH – *Das Kaufrecht nach dem Schuldrechtsreformgesetz*, DStR 2002, 312-318;
– *Der Kaufvertrag*, em DAUNER-LIEB e outros, *Das Neue Schuldrecht* (2002), 222-260.

BUDZIKIEWICZ, CHRISTINE – *vide* MANSEL, HEINZ-PETER.

BUFNOIR – *Propriété et contrat/Théorie des Modes d'acquisition des droits réels et des Sources des Obligations*, 2.ª ed., 1924.

818 Tratado de Direito civil

BUHLMANN, DIRK – *vide* SCHIMMER, ROLAND.

BÜLOW, PETER – *Verbraucherkreditgesetz / Kommentar*, 1991, e 2.ª ed., 1993;
- *Das neue Verbraucherkreditgesetz*, NJW 1991, 129-134;
- *Kreditvertrag und Verbraucherkreditrecht*, em SCHULZE/SCHULTE-NÖLKE, *Die Schuldrechtsreform* (2001), 154-165;
- *Verbraucherkreditrecht im BGB*, NJW 2002, 1145-1150;
- *Recht der Kreditsicherheiten/Sachen und Rechte, Personen*, 6.ª ed., 2003.
- em PETER DERLEDER/KAI-OLIVER KNOPS/HEINZ GEORG BAMBERGER, *Handbuch des deutschen und europäischen Bankrecht*, 2.ª ed. (2009), § 1.

BÜLOW, PETER/ARTZ, MARKUS – *Fernabsatzgesetz und Strukturen eines Verbraucherprivatrechts im BGB*, 2000.

BURCKHARDT, CHRISTOPH – *Zur Geschichte der locatio conductio*, 1889.

BÜRGE, ALFONS – *Zweihundert Jahre Code Civil des Français: Gedanken zu einem Mythos*, ZEuP 2004, 5-19.

BÜRGER, MICHAEL – recensão a JENS LÜTCKE, *Fernabsatzrecht. Kommentar zu den §§ 312b-312f*, NJW 2002, 2769.

Bürgerliches Gesetzbuch, 62.ª ed., 2003.

BUSCH, DANY/HONDIUS, EWOUD – *Ein neues Vertragsrecht für Europa: die Principles of European Contract Law aus niederländischer Sicht*, ZEuP 2001, 223-247.

BUSNELLI, FRANCESCO DONATO – *La lezione del credito da parte di terzi*, 1964;
- *L'obbligazione soggetivamente complessa/Profili sistematici*, 1974;
- *La cosa giudicata nelle obbligazioni solidali*, RTDPC XXVIII (1974), 393-440.

BUSSANI, MAURO – *In search of a European Privat Law (Trento Project)*, em *Um Código Civil para a Europa*, BFD 2002, 79-100.

BUSSANI, MAURO/MATTEI, UGO – *The Common Core of European Private Law*, 1993.

BUSSANI, MAURO/PALMER, VERNON VALENTINE – *Pure Economic Loss in Europe*, 2003.

BUSSI, EMILIO – *La formazione dei dogmi di diritto privato nel diritto comune (diritti reali e diritto di obbligazione)*, 1937.

BYDLINSKI, PETER – no *Münchener Kommentar*, 2, 5.ª ed. (2007), § 420.

CABRAL, PEDRO DE ALMEIDA – *A solidariedade passiva como garantia pessoal*, 2006.

CABRAL, RITA AMARAL – *A eficácia externa das obrigações e o n.º 2 do art. 406.º do Código Civil*, 1984;
- *A tutela delitual do direito de crédito*, Estudos Gomes da Silva (2001), 1025-1053.

CABREIRA, THOMAZ – *O problema financeiro e a sua solução*, 1912;
- *O problema bancário portuguez*, 1915.

CAEMMERER, ERNST VON – *Bereicherung und unerlaubte Handlung*, FS Rabel 1 (1954), 333-401;
- *Wandlungen des Deliktsrechts*, FS 100. DJT (1960), 49-136.

CAETANO, MARCELLO – *Manual de Direito administrativo*, 1, 10.ª ed., 1972.

CÂMARA, PAULO – *Obrigações indexadas e moeda única*, CMVM 4 (1999), 145-164;
- *Manual de Direito dos valores mobiliários*, 2.ª ed., 2011.

CAMPOS, DIOGO LEITE DE – *Anatocismo/Regras e usos particulares do comércio*, ROA 1988, 37-62.

CANARIS, CLAUS-WILHELM – *Betr.: "Gemeinsame Erklärung zum Vorhaben des Erlasses eines Schuldrechtsmodernisierungsgesetzes im Jahre 2001*, em http://www.lrz–munchen.de/%7Etutorium/erwiderung.htm;
- *Ansprüche wegen "positiver Vertragsverletzung" und "Schutzwirkung für Dritte" bei nichtigen Verträge/Zugleich ein Beitrag zur Vereinheitlichung der Regeln über die Schutzpflichtverletzung*, JZ 1965, 475-482;
- *Die Vertrauenshaftung im deutschen Privatrecht*, 1971, reimp. 1983;
- *Die Verdinglichung obligatorischer Rechte*, FS Flume (1978), 371-427;
- *Schutzgesegtze – Verkehrspflichten – Schutzpflichten*, FS Larenz 80. (1983), 27-110;
- *Systemdenken und Systembegriff in der Jurisprudenz*, 2.ª ed., 1983, e de que existe trad. port. da nossa autoria;
- *Bankvertragsrecht* I, 3.ª ed., 1988;
- *Der Schutz obligatorischer Forderungen nach § 823, I BGB*, FS Erich Steffen (1995), 85-99;
- *A transposição da directiva sobre compra de bens de consumo para o Direito alemão*, trad. por PAULO MOTA PINTO, em *Estudos de Direito do Consumidor* 3 (2001), 49-67;
- *Reform des Rechts der Leistungsstörungen*, JZ 2001, 499-524;
- *Zur Entstehungsgeschichte des Gesetzes*, em C.-W. CANARIS, *Schuldrechtsreform 2002* (na capa exterior: *Schuldrechtsmodernisierung 2002*), publ. e intr., 2002;
- *Begriff und Tatbestand des Verzögerungsschadens im neuen Leistungsstörungsrecht*, ZIP 2003, 321-327;
- *Die AGB – rechtliche Leitbildfunktion des neuen Leitungsstörungsrechts*, FS Ulmer (2003), 1073-1096;
- *Die Neuregelung des Leistungsstörungs- und des Kaufrechts – Grundstrukturen und Problemschwerpunkte*, em EGON LORENZ (publ.), *Karlsruher Forum 2002/Schuldrechtsmodernisierung* (2003), 5-100;
- *Die Behandlung nicht zu vertrender Leistungshindernisse nach § 275, Abs. 2 BGB beim Stuckkauf*, JZ 2004, 214-225;
- *Die Einstandspflicht des Gattungsschuldners und die Übernahme eines Beschaffungsrisikos*, FS Wiegand (2005), 179-254;
- *Grundstrukturen des deutschen Deliktsrechts*, VersR 2005, 577-584;
- *Handelsrecht*, 24.ª ed., 2006;
- *vide* LARENZ, KARL.
CANTARELLA, EVA – *Obbligazione (diritto grego)*, NssDI XI (1968), 546-554.
CARBONI, MICHELE – *Delle obbligazione nel diritto odierno/concetto e contenuto*, 1912.
CARBONNIER, JEAN – *Droit civil/Les biens*, 19.ª ed., 2000;
- *Droit civil/Les obligations*, 22.ª ed., 2004.
CARDOSO, HIGINO LOPES (org.) – *Guiné-Bissau/Índice de Legislação (1975-2005)*, 2007.
CARINGELLA, FRANCESCO – *Le obbligazioni in generale*, 2011;
- *Manuale di diritto civile/III – Le obbligazioni in generale*, com a col. de Chiarastella Gabbanelli e Claudia Misale, 2011.
CARINGELLA, FRANCESCO/MARZO, GIUSEPPE DE – *Manuale di diritto civile/II – Le obbligazioni*, 2007.
CARMO, JOAQUIM ANTÓNIO MEIRA DO – *Dívida pública portuguesa/Apólices pequenas/papel moeda*, 1947.

820   *Tratado de Direito civil*

CARNELUTTI, FRANCESCO – *Del licenciamento nella locazione d'opera a tempo indeterminato*, RDComm IX (1911) I, 377-403;
– *Appunti sulle obbligazioni*, RDComm XIII (1915) I, 525-569;
– *Obbligo del debitore e diritto del creditore*, RDComm XXV (1927) I, 295-326;
– *Teoria geral do Direito*, trad. AFONSO RODRIGUES QUEIRÓ e ARTUR ANSELMO DE CASTRO, 1942.

CARPZOV, BENEDICT – *Opus decisionum illustrum saxonicarum*, 1704.

CARRESI, FRANCO – *L'obbligazione naturale nella più recente letteratura giuridica italiana (Spunti critici ricostruttivi)*, RTDPC II (1948), 546-602.

CARTWRIGHT, JOHN/HESSELINK, MARTIJN – *Precontractual Liability in European Private Law*, 2008.

CARVALHO, CARLOS AUGUSTO DE – *Direito civil brasileiro: recopilado ou nova consolidação das leis civis vigentes em 11 de Agosto de 1899*, 1915.

CASPERS, GEORG – *vide* LÖWISCH, MANFRED.

CASTALDI, GIOVANNI – *vide* FERRO-LUZZI, PAOLO.

CASTRONOVO, CARLO – *Principi di diritto europeo dei contratti*, Parte I e II, 2001.

CAVALCANTE, PATRÍCIA DE MEDEIROS RIBEIRO – *A solidariedade passiva à luz da teoria geral das garantias das obrigações*, 2002.

CENDRIER, ADOLPH – *L'obligation naturelle/Ses effets à l'encontre des créanciers civils*, 1932.

CHABAS, FRANÇOIS – *vide* MAZEAUD, HENRI e LÉON.

CHANG, MARIE PEI-HENG – *vide* SHI, PING.

CHARTIER, JEAN-LUC A. – *Portalis, père du Code Civil*, 2004.

CHAVEAU, MAXIME – *Classification nouvelle des droits réels et des droits personnels*, RCLJ 71 (1931), 539-612.

CHAVES, HELENA TOMÁS – *O caso julgado nas obrigações solidárias: sobre alguns aspectos da actuação judicial da solidariedade*, 1984.

CHEHATA, CHAFIK – *Essai d'une théorie générale de l'obligation en droit mussulman*, 1969, reimp., 2005.

CHENG, PENG – *L'information précontractuelle en droit des assurances/Étude de droit comparé français et chinois*, 2005.

CHEN-WISHART, MINDY – *Contract Law*, 2.ª ed., 2008.

CHEVREAU, EMMANUELLE/MAUSEN, YVES/BOUGLÉ, CLAIRE – *Introduction historique au droit des obligations*, 2007.

CHINÈ, GIUSEPPE – *I confini oggettivi e soggettivi di applicazione della disciplina sui pagamenti nelle transazioni commerciali*, em VINCENZO COFFARO (org.), *La disciplina dei pagamenti commerciali* (2006), 55-114.

CHITO, MARIA BRUNA – em PIETRO RESCIGNO (org.), *Codice civile* I, 7.ª ed., 2008.

CHIUSI, TIZIANA J. – *Modern, alt und neu: Zum Kauf nach BGB und römischem Recht*, JURA 2002, 217-224.

CIAN, GIORGIO – *Interesse del creditore e patrimonialità della prestazione (Valore normativo dell'art. 1174 c.c.)*, RDCiv 1968, I, 197-257.

CICALA, RAFFAELE – *Concetto di divisibilità e di indivisibilità dell'obbligazione*, 1953;
– *Obbligazione divisibile e indivisibile*, NssDI XI (1965), 636-654.

CÍCERO – *Epistolae ad M. Brutum*, ed. D. R. Schackleton Bailey.

CITATI, ANDREA GUARNERI – *Studi sulle obbligazioni indivisibili nel diritto romano* I, 1921.

CLAPS, T. – *Del concetto e del contenuto economico delle obbligazioni nel diritto hodierno*, Scritti Giampetro Chironi I (1915), 49-64.

CLARKE, DONALD C. – *China's Legal System: New Developments, New Challenges* (publ.), 2008.

CLASEN, RALF – *vide* KRÖGER, DETLEF.

CLIVE, ERIC – *vide* BAR, CHRISTIAN VON.

CLOSEN, MICHAEL L./PERLMUTTER, RICHARD M./WITTENBERG, JEFFREY D. – *Contracts: contemporary cases, comments and problems*, 1997.

MICHAEL L. CLOSEN/RICHARD M. PERLMUTTER/JEFFREY D. WITTENBERG, *Code Civil* – da Dalloz, 111.ª ed., 2012.

Código Civil (com anotações) *e Legislação Complementar* (2006), intr. de RUI ATAÍDE, 9-14.

Código das Empresas Comerciais e Registo das Firmas, Praia, 2003.

COELHO, FRANCISCO MANUEL PEREIRA – *Culpa do lesante e extensão da reparação*, RDES 1950, 68-87;
- *O nexo de causalidade na responsabilidade civil*, BFD/Supl. 9 (1951), 65-242;
- *O problema da causa virtual na responsabilidade civil*, 1955;
- *Obrigações*, Aditamentos à *Teoria geral das obrigações* de Manuel de Andrade, por Abílio Neto e Miguel J. A. Pupo Correia, 1963-1964.

COELHO, JOSÉ GABRIEL PINTO – *Direito civil/Obrigações*, *Lições* por Arlindo de Castro, Pedro Ladislau dos Remédios e F. G. d'Andrade Borges, 1932;
- *Direito civil/Obrigações*, *Lições* por Bernardo Mendes de Almeida, Acácio de Paiva, Frederico Pegado e Pedro Guimarães, 1933;
- *Direito civil (Noções fundamentais)*, 1936-1937;
- *Direito civil/Obrigações*, *Lições* por Augusto de Sá Vianna Rebello, 1939.

COELHO, LUÍS PINTO – *Da compropriedade no Direito civil português* 1, 1939;
- *Direitos reais*, 1954.

COESTER-WALTJEN, DAGMAR – *Schuldrecht und familienrechtliche Rechtsverhältnisse*, FS Canaris 1 (2007), 131-141;
- *vide* GERNHUBER, JOACHIM.

COING, HELMUT – *Bentham's importance in the development of "Interessen jurisprudenz" and general jurisprudence*, em The irish jurist 1 (1966), 336-351;
- *Europäisches Privatrecht 1500 bis 1800*, I – *Älteres Gemeines Recht*, 1985, II – *19. Jahrhundert*, 1989.

COING, HELMUT/HONSEL, HEINRICH – *Staudinger, Einleitung zum BGB*, 2004;
- no *Staudinger Kommentar*, introdução ao BGB, 2004;
- *Einleitung zum BGB*, em *Eckpfeiler des Zivilrechts* (2008), 1-41.

COLIN, AMBROISE/CAPITANT, HENRI – *Cours élémentaire de droit civil français*, II, 3.ª ed., 1921.

COMAIR-OBEID, NAYLA – *The Law of Business Contracts in the Arab Middle East*, 1996;
- *Les contrats en Droit musulman des affaires*, 1995.

Commentario del codice civile de Antonio Scialoja/Giuseppe Branca.

822   *Tratado de Direito civil*

CONINCK, JULIE DE – *The Functional Method of Comparative Law/Quo vadis?*, RabelsZ 74 (2010), 318-350.
CONTAMINE-RAYNAUD, MONIQUE – *vide* RIVES-LANGE, JEAN-LOUIS.
COOK, MICHAEL – *Der Koran/Eine Kurze Einführung*, 2005.
CORDEIRO, ANTÓNIO M. MENEZES – *A interpretação no Direito anglo-saxónico*, O Direito 2009, 665-678.
CORDEIRO, ANTÓNIO MENEZES – *Obrigações em moeda estrangeira e taxas de juros*, O Direito 106-119 (1974/87), 119-145;
  – *Direitos reais* 1, 1979;
  – *Lições de Direito das obrigações*, três volumes, 1978/1979;
  – *Direito das obrigações*, dois volumes, 1980 com reimp. até 2001;
  – *Da natureza do direito do locatário*, 1980;
  – *Da situação jurídica laboral: perspectivas dogmáticas do Direito do Trabalho*, separata da ROA, 1982;
  – *Da boa fé no Direito civil*, 1984, 5.ª reimp., 2011;
  – *Da pós-eficácia das obrigações*, 1984;
  – *Evolução juscientífica e direitos reais*, ROA 1985, 71-112;
  – *Princípios gerais de Direito*, Polis 4, 1986;
  – *Teoria geral do Direito civil/Relatório*, 1988;
  – *Compra e venda internacional, inflação e moeda estrangeira*, anotação a RLx 7-Mai.-1987 (RICARDO DA VELHA), RDES XXX (1989), 69-93;
  – *A "impossibilidade moral": do tratamento igualitário no cumprimento das obrigações*, TJ 18 e 19 (1986) = *Estudos de Direito civil*, 1.º (1991), 98-114;
  – *A decisão segundo a equidade*, O Direito 1990, 261-280;
  – *Manual de Direito do trabalho*, 1991, com reimpressões sucessivas;
  – *Vícios na empresa privatizada, responsabilidade pelo prospecto, culpa 'in contrahendo', indemnização*, anotação ao Acórdão do Tribunal Arbitral de 31-Mar.-1993, separata da ROA 1995, 37-104;
  – *Da responsabilidade civil dos administradores das sociedades comerciais*, 1996; a ed. comercial, inalterada, é de 1997;
  – *A posse: perspectivas dogmáticas actuais*, 3.ª ed., 2000, 1.ª ed., 1998;
  – *Isenção de horário/Subsídios para a dogmática actual do Direito da duração do trabalho*, 2000;
  – *Regime português do euro: um anteprojecto*, RFDUL 2001, 515-531;
  – *Da modernização do Direito civil/I – Aspectos gerais*, 2004;
  – *A modernização do Direito português do arrendamento urbano*, O Direito 136 (2004), 235-253;
  – *Vernáculo jurídico: directrizes ou directivas?*, ROA 2004, 609-614;
  – *Direito europeu das sociedades*, 2005;
  – *A aprovação do RNAU (Lei n.º 6/2006, de 27 de Fevereiro): primeiras notas*, O Direito 138 (2006), 229-242;
  – *Os deveres fundamentais dos administradores de sociedades (artigo 64.º/1, do CSC)*, ROA 66 (2006), 443-488;
  – *Direito comercial*, 3.ª ed., 2012;
  – *Manual de Direito das sociedades* 2, 2.ª ed., 2007;

Índice bibliográfico   823

– *O novo regime do arrendamento urbano: dezasseis meses depois, a ineficiência económica do Direito*, O Direito 139 (2007), 945-971;
– *A Lei dos direitos dos utentes das auto-estradas e a Constituição (Lei n.º 24/2007, de 18 de Julho)*, ROA 2007, 551-572;
– *Introdução ao Direito da prestação de contas*, 2008;
– *Da enfiteuse: extinção e sobrevivência*, O Direito 2008, 285-315;
– *Eficácia externa dos créditos e abuso do direito*, O Direito 2009, 29-108;
– *Eficácia externa: novas reflexões*, O Direito, 2009, 779-799;
– *A tutela do consumidor de produtos financeiros e a crise mundial de 2007/2010*, ROA, 2009;
– *Manual de Direito bancário*, 4.ª ed., 2010;
– *A proposta de regulamento relativo à sociedade privada europeia (SPE)*, RDS 2010, 917-968
– *CSC/Clássica*, 2.ª ed., 2011;
– *Direito das sociedades 1*, 3.ª ed., 2011;
– *Tratado de Direito civil*, em publicação
– *Direito dos seguros*, 2013.

CORDEIRO, ANTÓNIO MENEZES/MORGADO, CARLA – *Leis da banca*, 3.ª ed., 2005.
CORDEIRO, ANTÓNIO VEIGA MENEZES – *Princípios essenciais do Direito civil muçulmano*, 1956, polic..
CORDEIRO, LUCIANO – *Os bancos e os seus directores*, s/d;
– *A questão do privilégio do Banco de Portugal*, 1873
– *A crise e os bancos*, 1877.
CORNIL, GEORGES – *Debitum et obligatio/Recherches sur la notion de l'obligation romaine*, Mélanges P. F. Girard I (1912), 199-263.
Corpus iuris civilis II, 1880, ed. PAUL KRÜGER.
CORREIA, ANTÓNIO DE ARRUDA FERRER/XAVIER, VASCO DA GAMA LOBO – *Do contrato de sociedade*, BMJ 104 (1961), 5-24.
CORREIA, ANTÓNIO FERRER – *Da responsabilidade do terceiro que coopera com o devedor na violação de um pacto de preferência*, RLJ 98 (1965), 355-360 e 369-374.
CORREIA, MAXIMINO JOSÉ DE MORAES/ANDRADE, MANUEL DE – *Em memória do Visconde de Seabra*, BFD XXVIII (1952).
COSACK, KONRAD – *Lehrbuch des Bürgerlichen Rechts*, II/1, 7.ª e 8.ª ed., 1924.
COSACK, KONRAD/MITTEIS, HEINRICH – *Lehrbuch des Bürgerlichen Rechts/I – Die Allgemeinen Lehren und das Schuldrecht*, 8.ª ed., 1927, § 128.
COSTA, EMILIO – *Il diritto privato romano nelle commedie di Plauto*, 1890, reimp., 1968;
– *La locazione di cose nel diritto romano*, 1919
COSTA, MÁRIO JÚLIO DE ALMEIDA – *Raízes do censo consignativo/Para a história do crédito medieval português*, 1961;
– *Enquadramento histórico do Código Civil português*, BFD XXXVII (1961), 138-160;
– *Direito das obrigações*, 1.ª ed., 1968; 3.ª ed. reformulada, 1979; 4.ª ed. remodelada, 1984; 5.ª ed. remodelada e actualizada, 1991; 6.ª ed., 1994; 7.ª ed., 1998; 8.ª ed. revista e aumentada, 2000; 9.ª ed., 2001; 10.ª ed. reelaborada, 2006, 11.ª ed., 2008 e 12.ª ed., 2009;

824 Tratado de Direito civil

– *A eficácia externa das obrigações/Entendimento da doutrina clássica*, RLJ 135 (2006), 130-136.

COSTANZA, MARIA – *Obbligazionim solidali e transazione*, 1978.

COULSON, N. J. – *A History of the Islamic Law*, 2007.

COVIELLO, NICOLLA – *Riassunti di scritti di diritto civile*, Il Filangieri, XXII (1897), 664-676 e 739-748.

CROME, CARL – *Die juristische Natur der Miethe nach dem Deutschen Bürgerlichen Gesetzbuch*, JhJb 37 (1898), 1-76.

CRUZ, SEBASTIÃO – *Da "solutio"*, I – *Épocas Arcaica e Clássica*, 1962), II/1, *Época post-clássica ocidental, "solutio" e "Vulgarrecht"*, 1974;
– *Direito romano* 1, 4.ª ed., 1984.

CUNHA, MÁRIO AUGUSTO DA – *Direito civil português/Das obrigações*, 1935.

CUNHA, PAULO ARSÉNIO VIRÍSSIMO – *Direito das obrigações*, por Margarida Pimentel Saraiva e Orlando Courrége, 1938/1939;
– *Da garantia das obrigações/Apontamentos* das aulas de Direito civil do 5.º ano da Faculdade de Direito de Lisboa, por EUDORO PAMPLONA CORTE-REAL, 2 volumes, 1938-1939;
– *Curso de Direito civil/Direitos reais*, por MARIA FERNANDA SANTOS e JOÃO DE CASTRO MENDES, 1949-50.

CUNHA, PAULO DE PITTA E – *O processo de desmaterialização da moeda*, ROA 2007, 547-549.

CZIUPKA, JOHANNES – *Die ergänzende Vertragsauslegung*, JuS 2009, 103-106;
– *Dispositives Vertragsrecht/Funktionsweise und Qualitätsmerkmale gesetzlicher Regelungsmuster*, 2010;
– *vide* UNBERATH, HANNES.

DABIN, JEAN – *Une nouvelle définition du droit réel*, RTDC LX (1962), 20-44.

DAGORNE-LABBE, YANNICK – anotação a CssFr 28-Jun.-1989, D 1990, 413-414.

DALMARTELLO, ARTURO – *Contratti reali, restitutori e sinallagmatici*, RDCiv I (1955), 816-860.

DAMM, REINHARD – *Das BGB im Kaiserreich*, em UWE DIEDERICHSEN/WOLFGANG SELLERT (org.), *Das BGB im Wandel der Epochen/10. Symposium der Komission "Die Funktion des Gesetzes in Geschichte und Gegenwart"* (2002), 9-67.

DANUSSO, MASSIMILIANO – *Responsabilità del secondo acquirente nella dopia vendita immobiliare*, RDC XXIX (1983) II, 678-688.

DANZ, ERICH – *Laienverstand und Rechtsprechung*, JhJb 38 (1898), 373-500.

DARD, HENRI-JEAN BAPTISTE – *Code Civil des français avec des notes indicatives des lois romaines, coutumes, ordonnances, edits et déclarations qui ont rapport à chaque article ou Conférence du Code Civil avec les lois anciennes*, 1805.

DÄUBLER, WOLFGANG – *Die Auswirkungen der Schuldrechtsmodernisierung auf das Arbeitsrecht*, NZA 2001, 1329-1337;
– *Neues Schuldrecht – ein erster Überblick*, NJW 2001, 3729-3734;
– *Die Reform des Schadensersatzrechts*, JuS 2002, 625-630.

DÄUBLER-GMELIN, HERTA – *Die Entscheidung für die sogennante Grosse Lösung bei der Schuldrechtsreform*, NJW 2001, 2281-2289.

Índice bibliográfico

825

DAUNER-LIEB, BARBARA – *Die geplante Schuldrechtsmodernisierung – Durchbruch oder Schnellschluss?*, JZ 2001, 9-18;
- *Die Schuldrechtsreform – Das grosse juristische Abenteuer*, DStR 2001, 1572-1576;
- *Das Leistungsstörungsrecht im Überblick*, em DAUNER-LIEB/HEIDEL/LEPA/RING, *Das neue Schuldrecht* (2002), 64-120;
- *Auf dem Weg zu einem europäischen Schuldrecht*, NJW 2004, 1431-1434 ;
- *NomosKommentar BGB*, 2/1, 2.ª ed. (2012), § 280.

DAUNER-LIEB, BARBARA/HEIDEL, THOMAS/LEPA, MANFRED/RING, GERHARD – *Das Neue Schuldrecht*, com a colaboração de 16 outros autores, 2002;
- *Das neue Leistungsstörungsrecht – Leistungshemmend und störaufällig?*, DStR 2002, 809-816.

DAUNER-LIEB, BARBARA/LANGEN, WERNER – *BGB/Schuldrecht*, 2/1: §§ 241-610, 2.ª ed., 2012.

DAVID, RENÉ/JAUFFRED-SPINOSI, CAMILLE – *Les grands systèmes de droit contemporains*, 11.ª ed., 2002.

DAVIES, GLYN – *A History of Money/From Ancient Time to the Present Day*, 1994, reimp. 1995.

DEAKIN's, MARKESINIS and – *Tort Law*, 6.ª ed. por SIMON DEAKIN/ANGUS JOHNSTON/BASIL MARKESINIS, 2008.

DELEBECQUE, PHILIPPE – anotação a Cass Civ 26-Jan.-1999, D 1999, *Sommaires commentés*, 263-264;
- *vide* DUTILLEUL, FRANÇOIS COLLARD.

DELVINCOURT, M. – *Cours de Code Civil*, tomo 3.º, 1824.

DEMANGEAT, CHARLES – *Des obligations solidaires en droit romain: commentaire du titre de duobus reis du digeste*, 1858.

DEMANTE, A. M./SANTERRE, E. COLMET DE – *Cours Analytique de Code Civil*, tomo 5, 2.ª ed., 1883.

DEMOGUE, RENÉ – *Traité des obligations en général* V, 1925, VI, 1931, e VII, 1933.

DEPENHEUER, OTTO – anotação a BVerfG 26-Mai.-1993, *Der Mieter als Eigentümer?*, NJW 1993, 2561-2564.

Der Koran, trad. al. MAX HENNING, 2006.

DERNBURG, HEINRICH – *Geschichte und Theorie der Kompensation nach römischem und neuerem Rechte*, 2.ª ed., 1868.

DERNBURG, HEINRICH/BIERMANN, JOHANNES – *Pandekten* I, 7.ª ed., 1902, e II, *Obligationenrecht*, 7.ª ed., 1903.

DEROUSIN, DAVID – *Histoire du droit des obligations*, 2007.

DERRUPÉ, JEAN – *La nature juridique du droit du preneur à bail et la distinction des droits réels et des droits de créance*, 1952.

DESCHANEL, JEAN-PIERRE – *Droit bancaire/L' institution bancaire*, 1995.

DETHLOPP, NINA – *Familienrecht*, 29.ª ed., 2009.

DEWITZ, BERND V. – *Gefälligkeitsverhältnisse im Bürgerlichen Recht*, 1939.

DIDIER, WILFRID JEAN – *L'exécution forcée des obligations contractuelles de faire*, RTDC LXXV (1976), 700-724.

DILLER, MARTIN – *vide* BAUER, JOBST-HUBERTUS.

DINIZ, MARIA HELENA – *Tratado teórico e prático dos contratos*, 6.ª ed., 5 volumes, 2006;

826   *Tratado de Direito civil*

– *Curso de Direito civil brasileiro*, 2 – *Teoria geral das obrigações*, 2009; 3 – *Teoria das obrigações contratuais e extracontratuais*, 25.ª ed., 2009.

Diskussionsentwurf eines Schuldrechtsmodernisierungsgesetzes de 4-Ago.-2000; este projecto estava disponível na *Internet*, num total de 630 páginas, podendo hoje ser comodamente consultado em CANARIS, *Schuldrechtsreform 2002* (2002), 3-347.

DISTASO, NICOLA – *Diritto reale, servitù e obbligazione «propter rem»*, RTDPC VII (1953), 437-475.

DITTRICH, ALFRED – *Das Zweite Euro-Einführungsgesetz*, NJW 1999, 2015-2016 e *Das Dritte Euro-Einführungsgesetz*, NJW 2000, 487-488.

DNISTRJANSKI, STANISLAUS – *Zur Lehre von der Geschäftsbesorgung*, JhJb 77 (1927), 48-74; – *Dingliche und persönliche Rechte*, JhJb 78 (1927), 87-137.

DÖLLE, HANS – *Juristischen Entdeckungen*, 42. DJT II (1959), B 1-B 22.

DOMAT, JEAN – *Les loix civiles dans leur ordre naturel, le droit public et legum delectus* 1, ed. 1777.

DONNELLUS, HUGO – *Opera omnia, Commentatorium de iure civile*, IX, ed. 1832; o original é dos finais do século XVI.

DORN, FRANZ – *Historisch-kritischer Kommentar zum BGB*, II – *Schuldrecht: Allgemeiner Teil*/1. Teilband §§ 241-304, 2007.

DÖRNER, HEINRICH – *Dinamische Relativität*, 1985; – *Die Integration des Verbraucherrechts in das BGB*, em SCHULZE/SCHULTE-NÖLKE, *Die Schuldrechtsreform* (2001), 177-188.

DÖRNER, HEINRICH e outros – *Bürgerliches Gesetzbuch/Handkommentar*, 7.ª ed., 2012.

DORSNER-DOLIVET, ANNICK – anotação a CssFr 7-Out.-1992, D 1993, 589-590.

DOSPIL, JOACHIM – *vide* WEBER, HANS-JOACHIM.

DOSSETTO, MARIO – *Teoria della comunione/Studi sulla comunione dei diritti reali*, 1948.

DUARTE, MARIA DE FÁTIMA ABRANTES – *O pacto de preferência e a problemática da eficácia externa das obrigações*, 1989.

DUARTE, RUI PINTO – *Curso de Direitos reais*, 2000.

DUDEN, KONRAD – *vide* BLOMMEYER, ARWED.

DULCKEIT, GERHARD – *Die Verdinglichung obligatorischer Rechte*, 1951.

DÜMCHEN, ERICH – *Schuld und Haftung, insbesondere bei den Grundpfandrecht. Die Reallastenfrage*, JhJb 54 (1909), 355-468.

DUMONT, FRANÇOIS – *Obligatio*, Mélanges Philippe Neylan I (1963), 77-90.

DUPLAT, J. L. – *O impacto do euro nos mercados de valores mobiliários*, CMVM 5 (1999), 183-189.

DURANTON, M. – *Cours de droit civil français suivant le Code Civil*, X, 1830, XIII, 1831.

DURRY, GEORGES – *Responsabilité civile* (1), RTDC LXXI (1973), 344-363.

DUTILLEUL, FRANÇOIS COLLARD/DELEBEQUE, PHILIPPE – *Contrats civils et commerciaux*, 4.ª ed., 1998.

DWORKIN, RONALD M. – *Taking Rights Seriously*, 1977.

EBERS, MARTIN – *vide* SCHULZE, REINER.

EBERT, INA – *Das Recht des Verkäufers zur zweiten Andierung und seine Risiken für den Käufer*, NJW 2004, 1761-1764.

EBERT, KURT HANNS – *Rechtsvergleichung/Einführung in die Grundlagen*, 1978.

ECKEBRECHT, MARC – *Vertrag mit Schutwirkung für Dritte – Die Auswirkungen der Schuld-rechtsreform*, MDR 2002, 425-428.

ECKERT, MICHAEL/WALLSTEIN, CAROLINE – *Das neue Arbeitsvertragsrecht/Vertragsgstal-tung nach der Schuldrechtsreform und dem AGB-Recht*, 2002.

EHMANN, HORST – *Die Gesamtschuld/Versuch einer begrifflichen Erfassung in drei Typen*, 1972.

EHMANN, HORST/SUTSCHET, HOLGER – *Modernisiertes Schuldrecht/Lehrbuch der Grund-sätze des neuen Rechts und seiner Besonderheiten*, com contributos de THOMAS FIN-KENHAUER e WOLFGANG HAU, 2002;
– *Schadensersatz wegen kaufrechtlicher Schlechtleistungen – Verschuldens- und/oder Garantiehaftung?*, JZ 2004, 62-72.

EIBACH, DIETHER – *Untersuchungen zum spätantiken Kolonat in der kaiserlichen Gesetzge-bung/unter besonderer Berücksichtigung der Terminologie*, 1977.

EICHLER, HERMANN – *Institutionen des Schuldrechts*, 1954;
– *Gesetz und System*, 1970;
– *Versicherungsrecht*, 2.ª ed., 1976;
– *Rechtssysteme der Zivilgesetzbücher*, 1983.

EICKMANN, DIETER – no PWW/BGB, 3.ª ed. (2008), §§ 1105 ss..

EIDENMÜLLER, HORST/JANSEN, NILS/KIENINGER, EVA-MARIA/WAGNER, GERHARD/EIMMER-MANN, REINHARD – *Der Vorschlag für eine Verordnung über ein Gemeinsames Euro-päisches Kaufrecht/Defizite der neuesten Textstufe des europäischen Vertragsrechts*, JZ 2012, 269-289.

EIMMERMANN, REINHARD – *vide* EIDENMÜLLER, HORST.

EISELE, DOROTHEE – no *Münchener Kommentar*, 1, 6.ª ed. (2012), §§ 126a e 127b.

EISELE, FRIDOLIN – *Correalität und Solidarität*, AcP 77 (1891), 374-481.

Elementos para o estudo dos sistemas bancários, RBr 37/38 (1974), 5-37.

ELLINGER, E. P./LOMNICKA, EVA – *Modern Banking Law*, 2.ª ed., 1994.

EMMERICH, VOLKER – *Das Recht der Leistungsstörungen*, 5.ª ed., 2003;
– no Staudinger II, §§ 535-562d (*Mietrecht* 1) (2011), Vorbem § 535.

ENGEL, NORBERT – no Staudinger II, *§§ 741-764* (2008), prenot. §§ 762 ss..

ENGELBRECHT, PAUL – *Die Compensation mit Naturalobligationen*, 1887.

ENGLÄNDER, KONRAD – *Die regellmässige Rechtsgemeinschaft*, I – *Grundlegung*, 1914.

ENNECCERUS, LUDWIG/LEHMANN, HEINRICH – *Recht der Schuldverhältnisse/Ein Lehrbuch* I, 15.ª ed., 1958.

Entwurf eines bürgerlichen Gesetzbuches für das Deutsche Reich/Erste Lesung, 1888.

ERLER, JOACHIM – *Wahlschuld mit Wahlrecht des Gläubigers und Schuld mit Ersetzungsbe-fugnis des Gläubigers*, 1964.

ERMAN/WESTERMANN – *Handkommentar zum BGB*, 13.ª ed., 2011.

ERNST, STEFAN – *Gewährleistungsrecht – Ersatzansprüche des Verkäufers gegen den Her-steller auf Grund von Manzelfolgenschäden*, MDR 2003, 4-10.

ERNST, WOLFGANG – *Die Konkretisierung in der Lehre vom Gattungskauf*, GS Brigitte Knobbe-Keuk (1997), 49-110;
– *Gattungskauf und Lieferungskauf im römischen Recht*, SZRom 114 (1997), 272-344;
– *Kurze Rechtsgeschichte des Gattungskauf*, ZEuP 1999, 583-641;
– *Die Schuldrechtsreform 2001/2002*, ZRP 2001, 1-11;

828   *Tratado de Direito civil*

– *Der 'Common Frame of Reference' aus juristischer Sicht*, AcP 208 (2008), 248-282;
– *vide* ZIMMERMANN, REINHARD.

ERNST, WOLFGANG/GSELL, BEATE – *Nochmals für die "kleine Lösung"*, ZIP 2000, 1812--1816.

ERNST, WOLFGANG/ZIMMERMANN, REINHARD (publ.) – *Zivilrechtswissenschaft und Schuldrechtsreform*, 2001.

ESMEIN, PAUL – *vide* PLANIOL, MARCEL.

ESSER, JOSEF – recensão a SCHMIDT, REIMER – *Die Obliengenheiten/Studien auf dem Gebiet des Rechtszwanges im Zivilrecht unter besonderer Berücksichtigung des Privatversicherungsrecht*, 1953, AcP 154 (1955), 49-52;
– *Grundsatz und Norm in der richterlichen Fortbildung des Privatrechts/Rechtsvergleichende Beiträge zur Rechtsquellen- und Interpretationslehre*, 1956.

ESSER, JOSEF/SCHMIDT, EIKE – *Schuldrecht I – Allgemeiner Teil*, tomo 1, *Entstehung, Inhalt und Beendigung von Schuldverhältnissen/Ein Lehrbuch*, 8.ª ed. (1995), 1-47.

EWALD, FRANÇOIS (publ.) – *Naissance du Code Civil/Travaux preparatoires du Code Civil*, 2004.

FABRE-MAGNAN, MURIEL – *Droit des obligations* I e II, 2008.

FAGES, BERTRAND – *Droit des obligations*, 3.ª ed., 2011.

FARIA, JORGE RIBEIRO DE – *Direito das obrigações* I e II, 1980/1981;
– *Direito das obrigações/Relatório*, 1991.

FAUST, FLORIAN – *Der Ausschluss der Leistungspflicht nach § 275*, em PETER HUBER e FLORIAN FAUST, *Schuldrechtsmodernisierung/Einführung in das neue Recht*, Munique (2002), 21-62;
– *Grenzen des Anspruchs auf Ersatzlieferung bei der Gattungsschuld*, ZGS 2004, 252-258;
– *vide* HUBER, PETER.

FAUVARQUE-COSSON, BÉNÉDICTE/MAZEAUD, DENIS – *European Contract Law/Materials for a Common Frame of Reference: Terminology, Guiding Principles, Model Rules*, 2008.

FEDELE, ALFREDO – *Il problema della responsabilità del terzo per pregiudizio del credito*, 1954.

FEDER, JULIUS – *Schuld und Haftung*, 2.ª ed., 1942.

FEIJÓ, CARLOS MARIA – *O novo Direito de economia de Angola*, 2005.

FELSCH, JOACHIM – em WILFRIED RÜFFER/DIRK HALBACH/PETER SCHIMIKOWSKI, *Versicherungsvertragsgesetz/Handkommentar* (2009), § 28.

FELSER, DANIELA – *vide* HAMMER, FRANK A..

FERNANDES, LUÍS A. CARVALHO – *Lições de Direitos reais*, 6.ª ed., 2009.

FERREIRA, JOSÉ DIAS – *Codigo de Processo Civil Annotado*, tomo II, 1888;
– *Codigo Civil Portuguez Annotado*, I, 2.ª ed., 1894; II, 1.ª ed., 1871, e 2.ª ed., 1895; III, 1872; IV, 1.ª ed., 1875, e 2.ª ed., 1905.

FERRI, GIUSEPPE – *Banca d'Italia*, ED V (1959), 5-7.

FERRINI, CONTARDO – *Sulle fonti delle "Istituzioni" di Giustiniano*, BIDR 13 (1900), 101-207.

FERRO-LUZZI, PAOLO – *Lezioni di diritto bancario* 1, 2005.

FERRO-LUZZI, PAOLO/CASTALDI, GIOVANNI – *La nuova legge bancaria*, em três volumes.

Festas, David de Oliveira – *Do conteúdo patrimonial do direito à imagem/Contributo para um estudo do seu aproveitamento consentido e **inter vivos***, 2009.

Ficker, Hans Claudius – *Interference with contractual relations und deliktsrechtlicher Schutz der Forderung*, FS Hans G. Ficker (1967), 152-184.

Fikentscher, Wolfgang – *Methoden des Rechts in vergleichender Darstellung/I – Frühe und religiöse Rechte/Romanischer Rechtkreis*, 1975; II – *Anglo-amerikanischer Rechtkreis*, 1975; III – *Mitteleuropäischer Rechtkreis*, 1976;
– *Schuldrecht*, 9.ª ed., 1997.

Fikentscher, Wolfgang/Heinemann, Andreas – *Schuldrecht*, 10.ª ed., 2006.

Fiori, Roberto – *La definizione della "locatio conductio"/Giurisprudenza romana e tradizione romanistica*, 1999.

Fischer, Nikolas – *Das verbraucherschützende Widerrufsrecht und die Schuldrechtsreform – von § 361a BGB zu § 355 BGB – eine kritische Bestandsaufnahme*, DB 2002, 253-258.

Fischer, Otto Christian – *Soll Kauf Pacht und Miethe brechen?/Ein Gutachten dem deutschen Juristentag erstattet/Zugleich ein Beitrag zur Geschichten und Dogmatik von Pacht und Miethe mit einem Beitrag betreffend den Fall der Zwangsversteigerung*, 1889;
– *Sammlung von Vorträgen über den Entwurf eines Bürgerlichen Gesetzbuchs/in der Fassung der dem Reichstag gemachte Vorlage* III – *Das Sachenrecht*, 1896;
– *Die Verletzung des Glaubigersrechts als unerlaubte Handlung nach dem Bürgerlichen Gesetzbuche für das Deutsche Reich*, 1905.

Fisher, Michael J./Greenwood, Desmond G. – *Contract Law in Hong Kong*, 2008,

Fitting, Hermann – *Die Natur der Correalobligation*, 1859.

Fiúza, Ricardo (org.) – *Novo Código Civil anotado*, 2003.

Flege, Carsten – *vide* Schockenhoff, Martin.

Fleischer, Holger – *Europäische Methodenlehre: Stand und Perspektiven*, RabelsZ 75 (2011), 700-729.

Flesch, Karl – *Die rechtliche Natur des Geldwechslergeschäfts*, JhJb 19 (1881), 309-372.

Flume, Werner – *Gesellschaft und Gesamthand*, ZHR 136 (1972), 177-207;
– *Allgemeiner Teil des Bürgerlichen Rechts*, II – *Das Rechtsgeschäft*, 4.ª ed., 1992.

Frada, Manuel Carneiro da – *Contrato e deveres de protecção*, 1994;
– *Teoria da confiança e responsabilidade civil*, 2004, reimp., 2007;
– *CSC/Clássica*, 2.ª ed. (2011), 175.º.

Franco, Sousa/Martins, Oliveira – *A constituição económica portuguesa/Ensaio interpretativo*, 1993.

Franzoni, Massimo – *Degli effetti del contratto*, II – *Integrazione del contratto/Suoi effetti reali e obbligatori*, Artt. 1374-1381, 1999.

Freire, Pascoal José de Mello – *Instituições de Direito civil português*, 1792, trad. port. de Miguel Pinto de Meneses, Livro IV – *Das obrigações e acções*, BMJ 168 (1967), 27-165, 170 (1967), 89-134 e 171 (1967), 69-168.

Freitas, Augusto Teixeira de – *Consolidação das Leis Civis*, 1855), com 5.ª ed., 1915.

Freitas, Mário Soares de – *vide* Alarcão, Rui de.

Frey, Dieter – *vide* Traut-Mattausch, Eva.

830   *Tratado de Direito civil*

FRIEDMAN, BENJAMIN M./HAHN, FRANK H. – *Handbook of Monetary Economics* I, 1990, e II, 1990.

FROSSARD, JOSEPH – *La distinction des obligations de moyens et des obligations de resultat*, 1965.

FROST, MARINA – *"Vorvertragliche und "vertragliche" Schutzpflichten*, 1981.

FU, HUALING/HARRIS, LISON [SIMON N. M. YOUNG (publ.)], *Interpreting Hong Kong's Basic Law: the Struggle for Coherence*, 2008.

FUBINI, RICARDO – *Il contratto di locazione di cose*, 1, 2.ª ed., 1910.

FUCHS, HANS ULRICH – *Zur Lehre vom allgemeinen Bankvertrag*, 1982.

FUCHS-WISSEMANN, GEORG – *Die Abgrenzung des Rahmenvertrages vom Sukzessivliefe-rungsvertrag*, 1980.

FÜHRICH, ERNST – *Reisevertrag nach modernisiertem Schuldrecht*, NJW 2002, 1082-1084.

FUNAIOLI, CARLO ALBERTO – *Debiti di giuoco e di scomessa*, RDCiv 1956, 636-649.

GABBA, C. F. – *Teoria della retroattività delle leggi*, III, 3.ª ed., 1897.

GADDUM, JOHANN WILHELM – *Die Geldverfassung in der Bundesrepublik Deutschland*, WM 1986, 336-340.

GAIER, REINHARD – no *Münchener Kommentar*, 2.º vol., 5.ª ed. (2007), § 314;
– no *Münchener Kommentar* 6 (2009), Einl. Nr. 11 (5).

GAIUS – *Institutiones* (250 d.C.?) 4,30 = KRÜGER/STUDEMUND, *ad Codicis Veronesis Apo-graphun*, 4.ª ed., 1899, 163 = SECKEL/KUEBLER, 7.ª ed., 1935, reimp., 1968, 205 = ULRICH MANTHE, *Die Institutionen des Gaius* (2004),.

GALL, JEAN-PIERRE LE – *L'obligation de garantie dans le louage des choses*, 1962.

GANDARELA, MÁRIO JOSÉ – *vide* ALARCÃO, RUI DE.

GANDOLFI, GIUSEPPE (coord.) – *Code European des contrats* I, 2.ª ed., 2001.

GANGI, CALOGERO – *Le obbligazioni naturali*, RDComm XV (1917) I, 497-523;
– *Casi ed effetti delle obbligazioni naturali*, RDComm XXVI (1928) I, 121-150 e 193-222;
    – *Il concetto dell'obbligazione e la distinzione tra debito e responsabilità*, NRDC (1951), 22-43;
    – *Le obbligazioni*, 1951.

GÄRTNER, RUDOLF – *Die Entwicklung der Lehre vom versicherungsrechtlichen Interesse von den Anfängen bis zum Ende des 19. Jahrhunderts*, ZVersW 52 (1963), 337-375;
    – *Wohnungsmietrechtlicher Bestandschutz auf dem Weg zu einem dinglichen Recht?*, JZ 1994, 440-446.

GAUDEMET, EUGÈNE – *Étude sur le transport de dettes à titre particulier*, 1898.

GAUL, BJÖRN – *Schuldrechtsmodernisierung und Unternehmenskauf*, ZHR 166 (2002), 35-71.

GAVALDA, CHRISTIAN/STOUFFLET, JEAN – *Droit bancaire*, 7.ª ed., 2008.

GEBAUER, MARTIN – *Grundfragen der Europäisierung des Privatrechts*, 1999.

GEBLER, MARIE-JOSÉPHE – *Les obligations alternatives*, RTDC LXVII (1969), 1-28.

GEHRLEIN, MARKUS – *Vertragliche Haftung für Gefälligkeiten*, VersR 2000, 415-419.

GERDES, STEPHANIE – *vide* HAMMER, FRANK A..

GERHARDT, WALTER – *Die Haftungsfreizeichnung innerhalb des gesetzlichen Schutzver-hältnisses*, JZ 1970, 535-539;

– *Der Haftungsmaßstab im gesetzlichen Schutzverhältnis (Positiver Vertragsverletzung, culpa in contrahendo)*, JuS 1970, 597-603.

GERNHUBER, JOACHIM – *Austausch und Kredit im rechtschäftlichen Verbund/Zur Lehre von den Vertragsverbindungen*, FS Larenz 70. (1973), 455-494;
– *Das Schuldverhältnis/Begründung und Anderung/Pflichten und Strukturen/Drittwirkungen*, 1989.

GERNHUBER, JOACHIM/COESTER-WALTJEN, DAGMAR – *Familienrecht*, 6.ª ed., 2010.

GERWART, WALTER – *Die Haftungsfreizeichnung innerhalb des gesetzlichen Schutzverhältnisses*, JZ 1970, 535-539.

Gesetz zur Modernisierung des Schuldrechts, de 11-Out.-2001, publicada no *Bundesgesetzblatt* I, Nr. 61, de 29-Nov.-2001, 3138-3218.

GIERKE, OTTO VON – *Der Entwurf eines bürgerlichen Gesetzbuches und das deutsche Recht*, Schmollers Jahrbuch 12 (1888), 57-118;
– *Der Entwurf eines bürgerlichen Gesetzbuchs und das deutsche Recht*, 2.ª ed., 1889;
– *Schuld und Haftung im älteren deutschen Recht/insbesondere die Form der Schuld- und Haftungsgeschäfte*, 1910;
– *Dauernde Schuldverhältnis*, JhJb 64 (1914), 355-411;
– *Die Wurzeln des Dienstvertrages*, FS Brunner 1914, 37-68.

GIESLER, JAN PATRICK – *Die Auswirkungen der Schuldrechtsreform auf Franchiseverhältnisse*, ZIP 2002, 420-427.

GILLES, PETER – *Das Gesetz über den Widerruf von Haustürgeschäften und ähnlichen Geschäften/Anmerkungen zum jüngsten Verbraucherschutzsondergesetz im Zivilrecht unter Berücksichtigung seines rechtspolitischen Gesamtkontextes*, NJW 1986, 1131-1147.

GINOSSAR, SHALEV – *Droit réel, propriété et créance*, 1960;
– *Pour une meilleure définition du droit réel et du droit personnel*, RTDC LX (1962), 573-589;
– *Liberté contractuelle et respect des droits des tiers: emergence du délit civil de fraude*, 1963.

GIORGIANNI, FRANCESCO/TARDIVO, CARLO-MARIA – *Manuale di diritto bancario*, 2005.

GIORGIANNI, MICHELE – *Contributo alla teoria dei diritti di godimento su cosa altrui*, 1, 1940;
– *Diritti reali (Diritto civile)*, NssDI V (1960), 748-753;
– *Obbligazione (Diritto privato)*, NssDI XI (1965), 581-614;
– *Obbligazione solidale e parziaria*, NssDI XI (1965), 674-685.

GOGOS, DEMETRIUS – *Das griechische Bürgerliche Gesetzbuch vom 15. Marz-1990*, AcP 149 (1946), 78-101.

GOLDSCHMIDT, LEVIN – *Handbuch des Handelsrechts* I/2 (1868, reimp., 1973), 1060-1231;
– *Zur Rechtstheorie des Geldes*, ZHR 13 (1868), 367-390.

GOLDZIHER, IGNAZ – *Le dogme et la loi dans l'Islam/Histoire du développement dogmatique et juridique de la religion musulmane*, 2.ª ed., trad. FÉLIX ARIN, 2005; a 1.ª ed. é de 1920.

GOLLUB, FRANK – *Verzug und Zurück – Behaltungsrecht beim Sukzessivlieferungsvertrag/ Ein Beitrag zur Lösung von Problemen atypischer Schuldverhältnisse im Wirtschaftsleben*, 1989.

832   *Tratado de Direito civil*

GOMES, JANUÁRIO/ATAÍDE, RUI – *OHADA, Tratado, regulamentos e actos uniformes*, 2008.

GOMES, MANUEL JANUÁRIO DA COSTA – *Direito das obrigações/Garantias*, Centro de Apoio de Faro, 1978;
- *Assunção fidejussória de dívida/Sobre o sentido e o âmbito da vinculação como fiador*, 2000.

GOMES, ORLANDO – *Contratos*, 26.ª ed., atualizadores António Junqueira de Azevedo e Francisco Paulo de Crescenzo Marino, 2007;
- *Obrigações*, 17.ª ed., atualizador Edvaldo Brito, 2007

GONÇALVES, IRIA – *Empréstimo concedido a D. Afonso V nos anos de 1475 a 1476 pelo almocharifado de Évora*, sep. CTF (1964);
- *Pedidos e empréstimos públicos em Portugal na Idade Média*, sep. CTF (1964)

GONÇALVES, LUIZ DA CUNHA – *Tratado de Direito Civil, em Comentário ao Código Civil Português*, 1, 1929; 4, 1932; 5, 1932; 8, 1934; 9, 1934; 11, 1936; 12, 1937.

GORDLEY, JAMES (ed.) – *The Enforceability of Promises in European Contract Law*, 2001.

GOTTHARDT, MICHAEL – *Der Arbeitsvertrag auf dem AGB-rechtlichen Prüfstand*, ZIP 2002, 277-289.

GOTTWALD, PETER – no *Münchener Kommentar*, 2, 5.ª ed. (2007), § 328.

GOUVEIA, JAIME DE – *As obrigações no Direito civil português*, *Lições* por Eugénio Higgs Ribeiro e Francisco Ferreira Curado, 1934.

GRADENWITZ, OTTO – *Zwangsvollstreckung und Urtheilssicherung*, FG Rudolf von Gneist (1888), 279-304.

GRAFE, GUSTAV – *Begriff und Wirkung der unteibaren Obligationen/nach römischem Rechte und Bürgerlichem Gesetzbuche*, 1904.

GRASNICK, GERHARD – *Unrechte Gesamtschuld*, 1965.

GREENWOOD, DESMOND G. – *vide* FISHER, MICHAEL J..

GREITEMEYER, TOBIAS – *vide* TRAUT-MATTAUSCH, EVA.

GRICE, R. GEOFFREY – *vide* HIROSHI, ODA.

GRIEBL, GÜNTER – *Das Problem des Übergangs der Leistungsgefahr bei der Gattungs- schuld*, 1970.

GRIGOLEIT, HANS CHRISTOPH – *Besondere Vertriebsformen im BGB*, NJW 2002, 1151-1158;
- *Leistungspflichten und Schutzpflichten*, FS Claus-Wilhelm Canaris I (2007), 275-306.

GRIL, PETER – *Gesetzgebung*, NJW 2000, 2408-2409.

GROBYS, MARCEL – *AGB-Kontrolle von Arbeits- und Dienstverträgen nach dem Schuld- rechtsmodernisierungsgesetz*, DStR 2002, 1002-1009.

GRÖSCHLER, PETER – HKK/BGB cit., II/1, §§ 259-261

GRÖSCHLER, PETER – HKK/BGB cit., II/1, §§ 262-263

GROSSO, GIUSEPPE – *Efficacia dei patti nei "bonae fidei" iudicia*, 1928;
- *Obbligazioni: contenuto e requisiti/delle prestazione/obbligazioni alternative e ge- neriche*, 1947.

GRUBER, URS PETER – *Schuldrechtsmodernisierung 2001/2002 – Die beiderseits zu ver- trende Unmöglichkeit*, JuS 2002, 1066-1071;
- *Das drohende Ende der Stückschuld*, JZ 2005, 707-712;
- no *Münchener Kommentar zur Zivilprozessordnung*, II, §§ 511-945, 3.ª ed. (2007), §§ 883 ss..

GRUNDMANN, STEFAN – *Zur Dogmatik der unentgeltlichen Rechtsgeschäfte*, AcP 198 (1998), 457-488;
— *Europäisches Schuldvertragsrecht/Das europäische Recht der Unternehmensgeschäfte*, 1999;
— (ed.) *Constitutional Values and European Contract Law*, 2008;
— *Leistungsstörungsmodelle im Deutschen und Europäischen Vertragsrecht/insbesondere Zurückweisung der charakteristischen Leistung*, FS Canaris 1 (2007), 307-327;
— *"Inter-Instrumental-Interpretation", Systembildung durch Auslegung im Europäischen Unionsrecht*, RabelsZ 75 (2011), 882-932.

GRUNDMANN, STEFAN/MAZEAUD, DENIS (ed.) – *General Clauses and Standards in European Contract Law*, 2006.

GRUNDMANN, STEFAN/SCHAUER, MARTIN (ed.) – *The Arquitecture of European Codes and Contract Law*, 2006),

GRÜNEBERG, CHRISTIAN – no PALANDT, *Bürgerliches Gesetzbuch*, 71.ª ed. (2012), § 314.

GRÜNEBERG, CHRISTIAN/SUTSCHET, HOLGER – em BAMBERGER/ROTH, *Kommentar zum BGB*, I, 2.ª ed. (2007), § 241.

GSCHNITZER, FRANZ – *Die Kündigung nach deutschem und österreichischem Recht*, JhJb 76 (1926), 317-415 e JhJb 78 (1927/28), 1-86.

GSELL, BEATE – *Beschaffungsnotwendigkeit und Leistungspflicht/Die Haftungsverkäufers beim Eintritt nachträglicher Erfüllungshindernisse*, 1998.

GSELL, BEATE – *Kaufrechtsrichtlinie und Schuldrechtsmodernisierung*, JZ 2001, 65-75;
— *vide* ERNST, WOLFGANG.

GUARINO, ANTONIO – *Locazione*, 1965.

Gutachten und Vorschläge zur Überarbeitung des Schuldrechts, publicados pelo Ministro Federal da Justiça, vol. I, 1981, vol. II, 1981, e vol. III, 1983.

HAAS, LOTHAR – *Werkvertragsrecht*, em HAAS e outros, *Das neue Schuldrecht* (2002), 295-312;
— *Kaufrecht*, em HAAS e outros, *Das neue Schuldrecht* (2002), 161-312.

HAAS, LOTHAR/MEDICUS, DIETER/ROLLAND, WALTER/SCHÄFER, CARSTEN/WENDTLAND, HOLGER – *Das neue Schuldrecht*, 2002.

HÄBERLE, PETER – *Europäische Rechtskultur*, 1994.

HABERMEIER, STEFAN – *Versteckte Fälle einer "facultas alternativa"*, FS Günther Jahr (1993), 281-292.

HABERSACK, MATHIAS – *vide* ULMER, PETER.

HABERSACK, MATHIAS/SCHÜRNBRAND, JAN – *Der Eigentumsvorbehalt nach der Schuldrechtsreform*, JuS 2002, 833-839.

HABSCHEID, WALTHER V. – *Umwelt und Recht*, NJW 1970, 1669-1672.

HACKL, KARL – *vide* KASER, MAX.

HÄDE, ULRICH – *Bundesbank und Bundesregierung/ein schwieriges Verhältnis*, NJW 2004, 1641-1642.

HAGER, JOHANNES – no Staudinger, II, *Unerlaubte Handlungen* 1 – Teilband 2 (2009), § 823.

HÄGERSTRÖM, AXEL – *Der römische Obligationsbegriff im Lichte der allgemeinen römischen Rechtsanschauung* I, 1927, e II, 1941;

834 Tratado de Direito civil

– Über den Grund der bindenden Kraft des Konsensualkontraktes nach römischer Rechtsanschauung, SZRom 63 (1943), 268-300.

HAHN, FRANK H. – *vide* FRIEDMAN, BENJAMIN M..

HAHN, HUGO J. – *Währungsrecht*, 1990.

HÄHNCHEN, SUSANNE – *Das Gesetz zur Anpassung der Formvorschriften des Privatrechts und anderer Vorschriften an den modernen Rechtsgeschäftsverkehr*, NJW 2001, 2831-2834;

– Obliengenheiten und Nebenpflichten/Eine Untersuchung dieser besonderen Verhaltungsanforderungen im Privatversicherungsrecht und im allgemeinen Berücksichtigung der Dogmengeschichte, 2010.

HALILI, DRITAN – *Rechtswörterbuch Deutsch-Albanisch/Albanisch-Deutsch*, 2008.

HALLAQ, WAEL B. – *A History of Islamic Legal Theories*, 2007;

– The Origins and Evolution of Islamic Law, 5.ª ed., 2008.

HAMANN, ANSGAR – *Anderung im Obliengenheitenrecht/Auswirkungen aud die Praxis in der Betrugsabwehr*, VersR 2010, 1149-1152.

HAMMEN, HORST – *Die Gattungshandlungsschulden/Inhalt der Schuld, Haftung und Haftungsbeschränkungen bei fehlerhaften Leistung*, 1995;

– Die Forderung – ein "sonstiges Recht" nach § 823 Abs. I BGB?, AcP 199 (1999), 591-614;

– Zerschlagt die Gesetzestafeln nicht!, JZ 2001, 1357-1359.

HAMMER, FRANK A. (publ.)/SÜDHOFF, STEPHAN/GERDES, STEPHANIE/FELSER, DANIELA – *AGB/Notwendige Änderungen nach der Schuldrechtsreform im Werk-, Dienst- und Darlehensvertragsrecht*, 2002.

HÄNCHEN, SUSANNE – *Obligenheiten und Nebenpflichten/Eine Untersuchung dieser besonderen Verhaltensanforderungen im Privatversicherungsrecht und im allgemeinen Zivilrecht unter besonderer Berücksichtigung der Dogmengeschichte*, 2010.

HANHÖRSTER, HEDWIG – *vide* WEBER, HANS-JOACHIM.

HAPGOOD, MARK – *Paget's Law of Banking*, 10.ª ed., 1989.

HARATSCH, ANDREAS/KOENIG, CHRISTIAN/PECHSTEIN, MATTHIAS – *Europarecht*, 6.ª ed., 2009 e 7.ª ed., 2010.

HARKE, JAN DIRK – *Positives als negatives Interesse Beweiserleichterung beim Vertrauenschaden*, JR 2003, 1-5.

HARRIS, LISON – *vide* FU, HUALING.

HÄRTING, NIKO – *Fernabsatz – Änderung durch das Schuldrechtsmodernisierungsgesetz*, MDR 2002, 61-66

HÄRTING, NIKO – *Fernabsatzgesetz/Kommentar*, 2000, XXXXV + 423 pp..

HARTKAMP, ARTHUR – *The Principles of European Contract Law (Lando Commission)*, em *Um Código Civil para a Europa*, BFD 2002, 54-58;

– Towards a European Civil Code, 3.ª ed. totalmente revista e aumentada, 2004.

HARTMANN, NICOLAI – *Der Aufbau der realen Welt*, 1940); 3.ª ed., 1964;

– Philosophie der Natur/Abriss der Speziellen Kategorienlehre, 2.ª ed., 1980.

HASE, KARL VON – *Fristlose Kündigung und Abmahnung nach neuem Recht*, NJW 2002, 2278-2283.

HASLER, KLAUS – *Studien zu Wesen und Wert des Geldes in der römischen Kaiserzeit von Augustus bis Severus Alexander*, 1980.

HÄUBLEIN, MARTIN – *Der Beschaffenheitsbegriff und seine Bedeutung für das Verhältnis der Haftung aus culpa in contrahendo zum Kaufrecht*, NJW 2003, 388-393;
– no *Münchener Kommentar*, 3 – *Schuldrecht/Besonderer Teil* – I, 5.ª ed. (2008), prenot. § 535.

HAUCK, RONNY – *Die Verdinglichung obligatorischer Rechte am Beispiel einfacher immaterialgüterrechtlicher Lizenzen*, AcP 211 (2011), 626-664.

HAUSER, JEAN/DANIELLE HUET-WEILLER, *Personnes et droit de la famille/Jurisprudence*, RTDC 1991, 497-524.

HAYMANN, FRANZ – *Haben die Römer den Gattungskauf gekannt?*, JhJb 79 (1928/29), 95-127.

HE, QISHENG – *The EU Conflict of Laws Communitarization and the Modernization of Chinese Private International Law*, RabelsR 76 (2012), 43-89.

HECK, PHILIPP – recensão a FRANZ LEONHARD, *Allgemeines Schuldrecht des BGB*, AcP 134 (1931), 357-362;
– *Grundriss des Schuldrechts*, 1929, 2.ª reimp., 1974.

HEERSTRASSEN, FRANK/REINHARD, THORSTEN – *Die Verjährung von Rechtsmängelansprüchen beim Beteiligungskauf nach der Schuldrechtsreform*, BB 2002, 1429-1437.

HEGEL, GEORG WILHELM FRIEDRICH – *System der Philosophie*, I – *Die Logik*, 1830 = *Sämtliche Werke*, publ. HERMANN GLOCKNER, 1929.

HEIDEL, THOMAS – *vide* DAUNER-LIEB, BARBARA.

HEIN, MANFRED – *Markwirtschaftliche Bankensysteme ausserhalb der BDR*, no OBST/HINTNER, *Geld- Bank- und Börsenwesen/Ein Handbuch*, 39.ª ed., 1993), e 40.ª ed., 2000), publicada por JÜRGEN VON HAGEN/JOHANN HEINRICH VON STEIN.

HEINECCIUS – *Institutiones Juris Civilis*, ed. WALDECK, 1814, reed. 1887.

HEINEMANN, ANDREAS – *vide* FIKENTSCHER, WOLFGANG.

HEINRICHT, GERD – *vide* PRÜTTING, HANNS.

HEINTZ, INNOZENZ – *Vorkaufsrecht des Mieters*, 1998.

HEISE, ARNOLD – *Grundriss eines Systems des gemeinen Civilrecht/zum Behuf von Pandekten-Vorlesung*, 1807.

HEISS, HELMUT – *Verletzung einer vertraglichen Obliegenheit*, no BRUCK/MOLLER, *VVG-Kommentar* I, §§ 1-32, 9.ª ed. (2008), 788-890.

HELBRON, MARLENA – *vide* HÜTTE, FELIX.

HELLWIG, KONRAD – *Ueber die Grenzen der Vertragsmöglichkeit*, 1895.

HEMMER/WÜST – *Die Schuldrechtsreform/Eine komplette Darstellung aller relevanten Probleme des neuen Schuldrechts*, 2002.

HENCKEL – *Der Entwurf eines Gesetzes über die Deutsche Bundesbank*, WM, Sonderbelage 7/1956, 3-11, com a fundamentação, 26-41.

HENKE, HORST-EBERHARD – *Die sog. Relativität des Schuldverhältniss/Wie relativ ist eigentlich das Bund zwischen Gläubiger und Schuldner?*, 1989.

HENNINGER, THOMAS – *Europäisches Privatrecht und Methode*, 2009.

HENSEN, HORST-DIETHER – *Zur Effizienz der Verbandsklage nach § 13 AGB-Gesetz*, FS Ulmer (2003), 1135-1151.

HENSSLER, MARTIN – *Einführung in das Schuldrechtsmodernisieriung*, em HENSSLER/GRAF VON WESTPHALEN, *Praxis der Schuldrechtsreform* (2002), 1.

836   *Tratado de Direito civil*

HENSSLER, MARTIN/WESTPHALEN, FRIEDRICH GRAF VON – *Praxis der Schuldrechtsreform*, com contributos de CHRISTIAN BERESKA, KLAUS BRISCH, HELGE DEDEK, CHRISTOF MUTHERS e ANNIKA SCHMIDT, 2002.

HERDEGEN, MATTHIAS – *Europarecht*, 11.ª ed., 2009.

HERHOLZ, FELIX – *Das Schuldverhältnis als konstante Rahmenbeziehung (Ein Rechtsgrund für negative Interessenansprüche trotz Rücktritt und Wandlung)*, AcP 130 (1929), 257-324.

HERNANDEZ-GIL – *El problema de la patrimonialidad de la prestacion*, RDP 1960, 273-278.

HERRLER, SEBASTIEN – *vide* REMIEN, OLIVER.

HERTEL, CHRISTIAN – *vide* AMANN, HERMANN.

HESS, BURKHARD – *Dienstbarkeit und Reallast im System dinglicher Nutzungs- und Verwertungsrechte*, AcP 198 (1998), 489-515.

HESSE, ALBERT – *Die rechtliche Natur der Miete im deutschen Bürgerlichen Recht*, 1902.

HESSELINK, MARTIN W. (ed.) – *The Politics of a European Civil Code*, 2006.

HEUSSEN, BENNO – *vide* OTT, SIEGHART.

HILDENBRAND, THOMAS – *Effizienter Verbraucherschutz durch das Teil-Zeit Wohnungsrechtegesetz? – Erste Erfahrung mit dem TzWrG*, NJW 1998, 2940-2943.

HILDENBRAND, THOMAS/KAPPUS, ANDREAS/MÄSCH, GERALD – *Time-Sharing und Teilzeit-Wohnrechtegesetz/Praktikerhandbuch mit Leitentscheidungen*, 1997.

HIPPEL, EIKE VON – *Der Schutz der Schwächeren*, 1982.

HIROSHI, ODA/GRICE, R. GEOFFREY – *Japanese Banking, Securities and Anti-Monopoly Law*, 1988.

HIRSCH, CHRISTOPH – *Schadensersatz statt der Leistung*, JURA 2003, 289-298; – *Schuldrecht/Allgemeiner Teil*, 7.ª ed., 2011.

Historisch-kritischer Kommentar zum BGB – publ. Mathias Schmoeckel, Joachim Rückert e Reinhard Zimmermann, II – *Schuldrecht: Allgemeiner Teil*, 1 e 2, Tübingen, 2007.

HOEREN, THOMAS – *Internet und Recht – Neue Paradigmen des Informationsrechts*, NJW 1998, 2849-2861; – *Internet und Jurisprudenz/zwei Welten begegnen sich*, NJW 2000, 188-190; – *E-Business und die Rezession: Was wird vom elektronischen Handel bleiben?*, NJW 2002, 37.

HOFER, SIBYLLE – no HKK/BGB (2007), II/2, §§ 315-319.

HÖFER, SIMONE – *Die Umsetzung europäischer Richtlinien im Privatrecht/Die Klauselrichtlinie in Deutschland, Großbritannien und Frankreich*, 2009.

HOFFMANN, HANS-JOACHIM – *Der Einfluss des Gefälligkeitsmoments auf des Haftungsmass*, AcP 167 (1967), 394-409.

HOFFMANN, HELMUT – *Die Entwicklung des Internet-Rechts von Anfang 2001 bis Mitte 2002*, NJW 2002, 2602-2610.

HÖFLER, HEIKO/BERT, BIRGIT – *Die neue Vergabeverordnung*, NJW 2002, 3310-317.

HOFMANN, F. – *vide* ARNESBERG, L. ARNDTS R. VON.

HOFMANN, FRANZ – *Über das Periculum beim Kauf*, 1870.

HOGUE, ARTHUR R. – *Origins of the Common Law*, 1966, reimp., 1985.

HOHLOCH, GERHARD – *Ärztliche Dokumentation und Patientenvertrauen*, NJW 1982, 2577-2585.

HOLCH, GEORG – no *Münchener Kommentar zum BGB* 1/1, 5.ª ed. (2006), § 91.

HÖLDER, EDUARD – *Zum allgemeinen Theile des Entwurfes eines bürgerlichen Gesetzbuches für das Deutsche Reich*, AcP 73 (1888), 1160.

HOLLÄNDER – *Die Haftung des Verkäufers und Vermieters einer Gattungssache bei mangelhafter Vertragserfüllung*, AcP 113 (1915), 124-134.

HOLTHAUSEN, JOACHIM – *vide* HÜMMERICH, KLAUS.

HÖLZLE, GERRIT – *vide* TRIEBEL, VOLKER.

HOMANN, STEFAN – *vide* RINGSTMEIER, ANDREAS.

HONDIUS, EWOUD – *vide* BUSCH, DANY.

HÖNN, GÜNTHER – *Zur Dogmatik der Risikotragung im Gläubigerverzug bei Gattungsschulden*, AcP 177 (1977), 385-417.

HONORÉ, A. M. – *The Editing of the Digest Titles*, SZRom 90 (1973), 262-304.

HONORÉ, A. M./RODGER, ALAN – *How the Digest Commissioners worked*, SZRom 87 (1970), 246-314;
– *The Distribution of Digest Texts into Titles*, SZRom (1972), 351-362

HONORÉ, TONY – *How Tribonian Organised the Compilation of Justinian's Digest*, SZRom 121 (2004), 1-43.

HONSELL, HEINRICH – *Die EU – Richtlinie über den Verbrauchsgüterkauf und ihre Umsetzung ins BGB*, JZ 2001, 278-283;
– *Einige Bemerkungen zum Diskussionsentwurf eines Schuldrechtsmodernisierungsgesetzes*, JZ 2001, 18-21;
– *Naturalis obligatio*, St. Talamanca, IV (2001), 365-378;
– *Sondertagung Schuldrechtsmodernisierung*, JZ 2001, 473-474;
– *Vier Rechtsfragen des Geldes*, FS Canaris 1 (2007), 461-469;
– no Staudinger, *Eckpfeiler des Zivilrechts*, B. *Einleitung zum BGB*, 2012/2013;
– *vide* COING, HELMUT.

HÖPFNER, CLEMENS/RÖTHERS, BERND – *Grundlagen einer europäischen Methodenlehre*, AcP 209 (2009), 1-36.

HÖPKER-ASCHOFF, HERMANN – *Grundgesetz und Notenbank*, WM, Sonderbelage 7 (1956), 12-17.

HOPT, KLAUS J. – em SCHIMANSKY, HERBERT/BUNTE, HERMANN-JOSEF/LWOWSKI, HANS-JÜRGEN, *Bankrecht-Handbuch* I, 3.ª ed., 2007;
– *vide* BAUMBACH.

HORN, NORBERT – *Ein Jahrhundert Bürgerliches Gesetzbuch*, NJW 2000, 40-46.

HÖRSTER, HEINRICH EWALD – *A parte geral do Código Civil português/Teoria geral do Direito civil*, 1992.

HROMADKA, WOLFGANG – *Schuldrechtsmodernisierung und Vertragskontrolle im Arbeitsrecht*, NJW 2002, 2523-2530.

HUBER, PETER – em PETER HUBER/FLORIAN FAUST, *Schuldrechtsmodernisierung/Einführung in das neue Recht* (2000), 463-472;
– *Der Inhalt des Schuldverhältnisses*, no Staudinger/*Eckpfeiler des Zivilrecht* (2012/ 2013), 211-245.

HUBER, PETER/FAUST, FLORIAN – *Schuldrechtsmodernisierung/Einführung in das neue Recht*, 2002.

HUBER, ULRICH – *Zur Konzentration beim Gattungskauf*, FS Ballerstedt (1975), 327-354;

838   *Tratado de Direito civil*

– *Die Haftung des Vertragshändlers gegenüber seinem Abnehmer nach neuem Kaufrecht*, FS Ulmer (2003), 1165-1197;

– *Savigny und das sachenrechtliche Abstraktionsprinzip*, FS Canaris 1 (2007), 471--512.

HUGO, GUSTAVO – *Institutionen des heutigen römischen Rechts*, 1789.

HUGUENEY, PIERRE – *Responsabilité civile du tiers complice de la violation d'une obligation contractuelle*, 1910.

HUMBOLDT, WILHELM VON – *Ueber das Entstehen der gramatischen Formen, und ihren Einfluss auf die Ideenentwicklung*, 1822 = *Gesammelte Schriften* (ed. Academia das Ciências Prussiana), IV (1905), 285-313;

– *Über dem Dualis*, 1827, = *Gesammelte Schriften* (ed. Academia das Ciências Prussiana), VI (1907), 4-30;

– *Über die Verschiendenheit des menschlichen Sprachbaues und ihren Einfluss auf die geistige Entwicklung des Menschengeschlechts*, 1836 = *Gesammelte Schriften* (ed. Academia das Ciências Prussiana), VI (1907), 1-344;

– *Über den Zusammenhang der Schrift mit der Sprache*, 1838 = *Gesammelte Schriften* (ed. Academia das Ciências Prussiana), V (1906), 31-106;

– *Schriften zur Sprache*, publ. MICHAEL BÖHLER (2007), 21-29.

HÜMMERICH, KLAUS/HOLTHAUSEN, JOACHIM – *Der Arbeitsnehmer als Verbraucher*, NZA 2002, 173-181.

HÜTTE, FELIX/HELBRON, MARLENA – *Schuldrecht/Allgemeiner Teil*, 5.ª ed., Bremen, 2009. ?? cfrir a ed. ver texto n.º 36??

IBBETSON, DAVID – *A Historical Introduction to the Law of Obligations*, 1999, reimp., 2006.

IBLER, MARTIN – *Die Eigentumsdogmatik und die Inhalts- und Schrankenbestimmung i. S. v. Art. 14 ABS 1 S.2 GG im Mietrecht*, AcP 197 (1997), 565-588.

IMPALLOMENI, GIAMBATTISTA – *Sull'obbligo del debitore alla conservazione degli promessi alternativamente*, SDHI 25 (1959), 55-93.

INZITARI, BRUNO – *vide* MAJO, ADOLOFO DI.

IQBAL, MUNAWAR/KHAN, TARIQULLAH – *Financial Engineering and Islamic Contracts*, 2005.

ISAY, HERMANN – *Schuldverhältnis und Haftungverhältnis im heutigen Recht*, JhJb 48 (1904), 187-208.

J. von Staudingers Kommentar zum BGB – II, em publicação, Berlim, a partir de 2009; algumas dezenas de volumes já publicados; o Staudinger deixou de fazer referência à edição a partir da 13.ª: cada volume apresenta-se com a sua data de publicação.

JACOBS, MATTHIAS – *Der Rückgriff des Unternehmers nach § 478 BGB*, JZ 2004, 225-232.

JACOBY, THEOPHIL – *Zwei Fragen aus der Lehre der Korrealobligationen nach Massgabe der l. 71 D – 46.1: welche Wirkung hat die confusio im Korrealverhältnisse? Gibt es eine allgemeine Regressklage unter den correi?*, 1908.

JAEGER, HELMANN – *Teilbarkeit und Unteilbarkeit obligatorischer Leistung*, 1913),

JAGMANN, RAINER – no *Staudinger*, II, §§ 328-359 (2004), § 328.

JAHNKE, VOLKER – *Die Durchsetzung von Gattungsschulden*, ZZP 93 (1980), 43-66.

Índice bibliográfico 839

JAHR, GÜNTHER – *Romanistische Beiträge zur modernen Zivilrechtswissenschaft*, AcP 168 (1968), 9-26.

JAKOBS, HORST HEINRICH/SCHUBERT, WERNER (ed.) – *Die Beratung des Bürgerlichen Gesetzbuchs in systematischer Zusammenstellung der unveröfftlichen Quellen/Recht der Schuldverhältnisse* I, §§ 241-432, 1978.

JANSEN, NILS – *Auf dem Weg zu einem europäischen Haftungsrecht*, ZEuP 2001, 30-65;
– *Bürgerliche Pflichtenordnung oder flexibler Rechtsgüterschutz? Zur Struktur des europäischen Haftungsrechts in Geschichte und moderner Dogmatik*, ZEuP 2003, 745-768;
– *vide* EIDENMÜLLER, HORST;
– *vide* SCHULTE-NÖLKE, HANS.

JAUERNIG, OTHMAR – *Bürgerliches Gesetzbuch/Kommentar*, 14.ª ed., 2011.

JAUFFRED-SPINOSI, CAMILLE – *vide* DAVID, RENÉ.

JAYME, ERIK – *Betrachtungen zur Reform des portugiesischen Ehegüterrechts*, FS Imre Zajtay (1982), 261-269;
– *Das Recht der lusophonen Länder: Tagensereferente, Rechtsprechung, Gutachten*, 2000.

JHERING, RUDOLF VON – *Unsere Aufgabe*, JhJb 1 (1857), 1-52;
– *Beiträge zur Lehre von der Gefahr beim Kaufcontracte*, JhJb 4 (1861), 366-438;
– *Der Zweck im Recht* 1, 1877 e 2, 1883.
– *Ein Rechtsgutachten/Theoretische Ausführung betreffend die Fragen 1. von der Natur und Handlungsfähigkeit eines sog. Comités, 2. von den angeblichen Erfordernis des Geldwerths und des eigenen Interesses bei obligatorischen Ansprüchen, 3. von der Anwendung des Begriffs der höheren Gewalt aus Geldschulden*, JhJb 18 (1880; 1879, na capa exterior), 1-128 (34 ss., 41 e 43-44) = *Gesammelte Aufsätze* 3 (1886, reimp., 1981), 87-209;
– *Geist des römischen Rechts auf den verschiedenen Stufen seiner Entwicklung* III/1, 6.ª e 7.ª eds., 1924 (a 1.ª ed. é de 1861);
– *Gesammelte Aufsätze aus den Jahrbüchern für die Dogmatik des heutigen römischen und deutschen Privatrechts* I, 1881, reimp., 1981;
– *Culpa in contrahendo oder Schadensersatz bei nichtigen oder nicht zur Perfection gelangten Verträgen*, JhJb 4 (1861), 1-113; tradução de PAULO MOTA PINTO (2008);

JOHNSTON, ANGUS – *vide* MARKESINIS, Sir BASIL.

JORGE, FERNANDO PESSOA – *O mandato sem representação*, 1961;
– *Lições de Direito das obrigações*, 1966/1967, e 2.º vol., 1968-69, reed. em 1975, com reimp. sucessivas;
– *Direito das obrigações*, 1971-72, polic., até à p. 256, e 1973-74, até à p. 288;
– *Direito das obrigações*, 1, 1972.

JOSSERAND, LOUIS – *Cours de droit civil positif français*, 1, 1930, e 2, 1930.

JOURDAIN, PATRICE – *Responsabilité civile*, RTDC 1995, 890-913;
– *Responsabilité civile*, RTDC 1999, 403-413.

JÚNIOR, EDUARDO SANTOS – *Da responsabilidade civil de terceiro por lesão do direito de crédito*, 2003;
– *Direito das obrigações* I – *Sinopse explicativa e ilustrada*, Coimbra, 2010.

JÚNIOR, NELSON NERY/NERY, ROSA MARIA DE ANDRADE – *Código Civil Anotado*, 2003.

840 *Tratado de Direito civil*

JÜRGENS, HORST – *Teilschuld – Gesamtschuld – Kumulation*, 1988.
JÜRGENS, PETER – *Der Besitzschutz des Mieters nach § 823 Abs. 1 BGB*, 1988.
JUSTO, ANTÓNIO SANTOS – *Direitos reais*, 2007;
    – *Direito privado romano*, I – *Parte geral (Introdução. Relação jurídica. Defesa dos direitos)*, 2.ª ed., 2003, II – *Direito das obrigações*, 3.ª ed., 2008.

KAISER, ANDREAS (trad.) – *Das japanische Zivilgesetzbuch in deutscher Sprache*, 2008.
KAISER, JOCHEN – *vide* WOLF, MANFRED.
KALKA, MICHAEL – *Die Nebenpflichten im Lebensversicherungsvertrage/Zugleich ein Beitrag zur Frage der Obliengenheiten des Versicherungsrechts*, 1964.
KALLRATH, JÜRGEN – *vide* AMANN, HERMANN.
KAMALI, MOHAMAD HASHIM – *Principles of Islamic Jurisprudence*, 2003;
    – *Shari 'ah Law: An Introduction*, 2008.
KAPPUS, ANDREAS – *vide* HILDENBRAND, THOMAS.
KARLOWA – *Ueber den Begriff der fungiblen Sachen und die Anwendung desselben bei den verschieden Rechtsverhältnissen und Rechtsegschäften des römischen Rechts*, GrünhutsZ 16 (1889), 407-456.
KASER, MAX – *Das Geld im römischen Sachenrecht*, TS 29 (1961), 169-229;
    – *Vulgarrecht*, PWRE 18 (1967), 1283-1304;
    – *Das römische Privatrecht*, I – *Das altrömische, das vorklassische und klassische Recht*, 2.ª ed., 1971, II – *Die nachklassischen Entwicklungen*, 2.ª ed., 1975;
    – *Das römische Zivilprozessrecht*, 2.ª ed., 1996.
KASER, MAX/HACKL, KARL – *Das römische Zivilprozessrecht*, 2.ª ed., 1996.
KASER, MAX/KNÜTEL, ROLF – *Römisches Privatrecht/Ein Studienbuch*, 19.ª ed., 2008.
KATZENMEIER, CHRISTIAN – no *NomosKommentar* 2/2, 2.ª ed. (2012), § 823.
KAUFMANN, HORST – *Die altrömische Miete/Ihre Zusammenhänge mit Gesellschaft, Wirtschaft und staatlicher Vermögensverwaltung*, 1964.
KELLER, FRIEDRICH LUDWIG – *Über Litis Contestation und Urtheil nach classischem römischem Recht*, 1827;
    – *Pandekten/Vorlesungen, aus dem Nachlasse des Verfassers*, 2.ª ed., 1866, publ. por WILLIAM LEWIS. A 1.ª ed. é de 1861.
KERN, AUGUST – *Die Rechtsnatur der versicherungsrechtlichen Obliengenheiten*, 1949.
KEUK, BRIGITTE – *Vermögenschaden und Interesse*, 1972.
KHALLÂF, 'ABN AL-WAHHÂB – *Les fondements du Droit musulman*, trad. fr. de CLAUDE DABBAK, ASMAA GODIN e MEHREZIA LABIDI MAIZA, 2008.
KHAN, TARIQULLAH – *vide* IQBAL, MUNAWAR.
KIENINGER, EVA-MARIA – *vide* EIDENMÜLLER, HORST.
KIESEL, HELMUT – *Verzug durch Mahnung bei Geldforderungen trotz § 284 III BGB*, NJW 2001, 108-111.
KILIAN, WOLFGANG – *Ausseres und inneres System in einem noch fragmentarischen Schuldvertragsrecht?*, em STEFAN GRUNDMANN, *Systembildung und Systemlücken in Kerngebieten des Europäischen Privatrechts/Gesellschafts-, Arbeits- und Schuldvertragsrecht* (2000), 427-441.
KINDLER, PETER – *Gesetzliche Zinsanprüche im Zivil- und Handelsrecht/Plädoyer für einen kreditmarktorientierten Fälligkeitszins*, 1996;

Índice bibliográfico 841

– recensão a MARTIN GEBAUER, *Grundfragen der Europäisierung des Privatrechts*, 1999, AcP 199 (1999), 695-705.

KIPP, THEODOR – *vide* WINDSCHEID, BERNHARD.

KIRSCH, ANDREAS – *Schuldrechtsreform und Unternehmen – Umstellungen bei Langzeitverträgen*, NJW 2002, 2520-2523.

KISCH, WILHELM – *Gattungsschulden und Wahlschuld*, 1912.

KISS, GÉZA – *Verleitung zur Vertragsverletzung*, FS Zitelmann (1913), 3-17.

KITAGAWA, ZENTARO – *Japanese Civil Law and German Law*, em KITAGAWA, ZENTARO/ RIESENHUBER, KARL – *The Identity of German and Japanese Civil Law in Comparative Perspectives/Die Identität des deutschen und des japanischen Zivilrechts in vergleichender Betrachtung* (2007), 12-56.

KITAGAWA, ZENTARO/RIESENHUBER, KARL – *The Identity of German and Japanese Civil Law in Comparative Perspectives/Die Identität des deutschen und des japanischen Zivilrechts in vergleichender Betrachtung*, 2007.

KLAUER, IRENE – *Die Europäisierung des Privatrechts*, 1998.

KLEIN, DIETMAR – *Die Bankensysteme der EU-Länder*, 3.ª ed., 1998.

KLING, MICHAEL – *Sprachrisiken im Privatrechtsverkehr/Die wertende Verteilung sprachbedingter Verständnisrisiken im Vertragsrecht*, 2008.

KLINGMÜLLER, FRITZ – *Unechte Gesamtschuldverhältnisse*, JhJb 64 (1914), 31-113.

KNAPPMANN, ULRICH – *Rettungsobliengenheiten und Rettungskostenersatz bei der Vorestreckung*, VersR 2002, 129-133.

KNOPS, KAI-OLIVER – *Zinsrechtliche Grundlagen*, em PETER DERLEDER/KAI-OLIVER KNOPS/ HEINZ GEORG BAMBERGER, *Handbuch des deutschen und europäischen Bankrecht*, 2.ª ed. (2009), 367-375.

KNOTT, HERMANN J. – *Unternehmenskauf nach Schuldrechtsreform*, NZG 2002, 249-256.

KNÜTEL, ROLF – *vide* BEHRENDS, OKKO;
– *vide* KASER, MAX.

KOCH, ARWED – *Der Krediteröffnungsvertrag*, Bank-Archiv XXXII (1933), 224-226.

KOCH, PETER – *Die Mobiliarmiete – als dingliches Recht*, ZMR 1985, 187-193.

KOENIG, CHRISTIAN – *vide* HARATSCH, ANDREAS.

KOENIG, CHRISTIAN/HARATSCH, ANDREAS – *Europarecht*, 4.ª ed., 2003.

KOEPPEN, ALBERT – *System des heutigen römischen Erbrechts*, 1862.

KÖHLER, HELMUT – *Der Schadensersatz-, Bereicherung und Auskunftsanspruch im Wettbewerbsrecht*, NJW 1992, 1477-1482;
– *Die "Beteiligung an fremdem Vertragsbuch/eine unerlaubte Handlung?*, FS Canaris 1 (2007), 591-603;
– introdução ao *Bürgerliches Gesetzbuch* da Beck, 68.ª ed., 2011.

KOHLER, JOSEF – *Zwölf Studien zum Bürgerlichen Gesetzbuch – I. Das obligationinteresse*, AbürgR 12 (1897), 1-88;
– *Auslobung und Wette*, AbürgR 25 (1905), 1-10;
– *Lehrbuch des Bürgerlichen Rechts/II – Vermögensrecht – 1 Schuldrecht*, 1906.

KOHLER, JÜRGEN – *Das Rücktrittsrecht in der Reform*, JZ 2001, 325-337.

KÖHLER, MARKUS e outros – *Recht der Internet*, 7.ª ed., 2011.

KÖNDGEN, JOHANNES – *Selbstbindung ohne Vertrag/Zur Haftung aus geschäftsbezogenen Handeln*, 1981.

842   Tratado de Direito civil

KÖNDGEN, JOHANNES/KÖNIG, CONRAD – *Grenzen zulässiger Konditionenanpassung beim Hypothekenkredit*, ZIP 1984, 129-140.

KÖNIG, CONRAD – *vide* KÖNDGEN, JOHANNES.

KOPPENFELS, KATHARINA VON – *Vertragsstrafen im Arbeitsrecht nach der Schuldrechtsmodernisierung*, NZA 2002, 598-602.

KORNBLUM, UDO – *Der werpasste Lottoglück*, JuS 1976, 571-572.

KOST, PIUS – *Die Gefälligkeit im Privatrecht (Mit besonderer Behandlung der Gefälligkeitsfahrt)*, 1973.

KÖTZ, HEINZ – *vide* ZWEIGERT, KONRAD.

KOZIOL, HELMUT – *Die Beeinträchtigung fremder Forderungsrechte*, 1967;
– *Die "Principles of European Tort Law" der "European Group on Tort Law"*, ZEuP 2004, 234-259.

KRAMER, ERNST A. – no *Münchener Kommentar zum BGB*, 2 – *Schuldrecht/Allgemeiner Teil*, §§ 241-243, 5.ª ed. (2007), § 241; 4.ª ed. (2001); 3.ª ed. (1994)

KRAMER, ERNST A. – *Münchener Kommentar zum BGB*, 2, 6.ª ed., intr., 2012.

KREBS, HENRICH – *Die Stellung des Versicherten und seine Beziehung zum Versicherer bei der Versicherung für fremde Rechnung unter besonderer Berücksigtigung der Obliengenheiten*, 1934.

KREBS, PETER – *Die grosse Schuldrechtsreform*, DB 2000, Beilage 14;
– *Sonderverbindung und ausserdeliktische Schutzpflichten*, 2000;
– *NomosKommentar BGB Schuldrecht*, Band 2/1 I, §§ 241-610, 2.ª ed., 2012.

KRELLER, D. FRIEDR. LUDWIG VON – *Pandekten*, 1861.

KRESS, HUGO – *Lehrbuch des Allgemeinen Schuldrechts*, 1929.

KRÖGER, DETLEF/CLASEN, RALF/WALLBRECHT, DIRK – *Internet für Juristen*, 1996.

KROLL, HELKE – *Das dingliche Wohnungsrecht im Verhältnis zum Mietrecht*, 2004.

KRONKE, HERBERT – *Zu Funktion und Dogmatik der Leistungsbestimmung nach § 315 BGB*, AcP 183 (1983), 113-144.

KRÜCKMANN, PAUL – *Einige Bemerkungen zu den "dauernden Schuldverhältnissen"*, JhJb 66 (1916), 1-17;
– *Institutionen des Bürgerlichen Gesetzbuches*, 5.ª ed., 1929.

KRÜGER, PAUL – *vide* MOMMSEN, THEODOR.

KRÜGER, WOLFGANG – no *Münchener Kommentar*, 1, 5.ª ed. (2006), §§ 259 e 260.

KÜBLER, B. – recensão a CONTARDO FERRINI, *Sulle fonti delle "Istituzioni" di Giustiniano*, BIDR 13 (1900), 101-207, SZRom XXIII (1902), 508-526.

KÜHBORT, GERD – *Die Obliengenheiten des Versicherungsnehmers in der Rechtsschutzversicherung beim und nach dem Eintritt eines Versicherungsfalles*, 1988.

KUHLENBECK, LUDWIG – *Das Bürgerliche Gesetzbuch für das Deutsche Reich*, I, 2.ª ed., 1903, § 571.

KUHLMANN, KAI – *Leistungspflichten und Schutzpflichten/ein kritischer Vergleich des Leistungsstörungsrechts des BGB mit den Vorschlägen der Schuldrechtskommission*, 2001.

KUHN, ERICH – *Welche Erscheinungen kennt das BGB, die den gemeinrechtlichen Naturalobligationen gleichartig oder ähnlich sind?*, 1903.

KÜMPEL, SIEGFRIED – *Bank- und Kapitalmarktrecht*, 3.ª ed., 2004.

KUNKEL, W. – *Das Recht an der eigenen und das Recht an der fremder Person*, Sc. Chironi I (1915), 173-181.

KUPISCH, BERTHOLD – *vide* BEHRENDS, OKKO.

LACINER, HEDIYE/LACINER, VEDAT – *Türkisches Recht in deutscher Sprache/Eine Auswahlbibliographie*, 2005.

LACINER, VEDAT – *vide* LACINER, HEDIYE.

LABAND, PAUL – *Die Handels-Usancen*, ZHR 17 (1872), 466-511;
– *Zum zweiten Buch des Entwurfes eines bürgerlichen Gesetzbuches für das Deutsche Reich. I. Abschnitt. Titel 1-3*, AcP 73 (1888), 161-208;
– *Zum zweiten Buch des Entwurfes eines bürgerlichen Gesetzbuches für das Deutsche Reich. II. Abschnitt. Titel 1, Allgemeine Vorschriften*, AcP 74 (1889), 1-54.

LAMPENAU, JOACHIM – *Gattungsschuld und Beschaffungspflicht/Kritisches zu § 279 BGB*, 1972.

LANDO, OLE – *Kultur und Vertragsrechtsordnung/Is There a Cultural Value in Diversity of Contract Law?*, em OLIVIER REMIEN (publ.), *Schuldrechtsmodernisierung und Europäisches Vertragsrecht* (2008), 3-23.

LANGE, HERMANN – *Römisches Recht im Mittalter* 1, 1997.

LANGEN, WERNER – *vide* DAUNER-LIEB, BARBARA.

LARDEUX, GWENDOLINE – *Droits civils français et allemand: entre convergence materielle et opposition intelectuelle*, ZEuP 2007, 448-465.

LARENZ, KARL – *Zur Lehre von der Rechtsgemeinschaft*, JhJb 83 (1933), 108-177;
– anotação a BGH 25-Abr.-1956, NJW 1956, 1193-1194;
– *Entwicklungstendenzen der heutigen Zivilrechtsdogmatik*, JZ 1962, 105-110;
– *Zur Struktur "subjektiver Rechte"*, FG Sontis (1977), 128-149;
– *Lehrbuch des Schuldrechts I – Allgemeiner Teil*, 14.ª ed., 1987;
– *Methodenlehre der Rechtswissenschaft*, 6.ª ed., 2005.

LARENZ, KARL/CANARIS, CLAUS-WILHELM – *Lehrbuch des Schuldrechts*, II *Besonderer Teil*, 2.º tomo, 13.ª ed., 1994.

LARENZ, KARL/WOLF, MANFRED – *Allgemeiner Teil des Bürgerlichen Rechts*, 9.ª ed., 2004.

LARNAUDE, FERDINAND – *Rapport à Monsieur le Garde des Sceaux Ministre de la Justice sur l'Unification Législative*, 1928.

LAROMBIÈRE, M. L. – *Théorie & Pratique des Obligations en commentaire des titres III & IV, Livre III, du Code Napoléon*, I, 1857) (5 volumes no total).

LAST, ADOLF – *Anspruchkonkurrenz und Gesamtschuldverhältnis/Ein Beitrag zur Lehre von der mittelbaren Verteidigung nach dem gemeinen, österreichischen und deutschen Recht*, 1908.

LAURENT, FERNAND – *Principes de droit civil français*, vols. 15, 16, 17, 18, 19, e 20, todos 3.ª ed., 1878, e vol. 1, 3.ª ed., 1878.

Le Saint Coran, trad. francesa. intr. LYESS CHACAL, 2005.

LEENEN, DETLEF – *Die Neugestaltung des Verjährungsrechts durch das Schuldrechtsmodernisierungsgesetz*, DStR 2002, 34-43.

LEENEN, DETLEF – *vide* ZIMMERMANN, REINHARD.

LEHMANN, GUSTAV – *Körperverletzungen und Tödtungen auf deutschen Eisenbahnen und die Anzulänglichkeit als Rechtsschutzes*, 1869.

LEHMANN, HEINRICH – *Die positiven Vertragsverletzungen*, AcP 96 (1905), 60-113;
– *Die Unterlassungspflicht im Bürgerlichen Recht*, 1906;

844   *Tratado de Direito civil*

– *vide* ENNECCERUS, LUDWIG.

LEHMANN, MICHAEL – *Die Haftung für Werbeangabe nach neuem Schuldrecht*, DB 2002, 1090-1094;
– *Globalisierung und Zivilrecht*, FS Canaris 1 (2007), 723-736.

LEITÃO, ADELAIDE MENEZES – *Normas de protecção e danos puramente patrimoniais*, 2009.

LEITÃO, LUÍS MENEZES – *O enriquecimento sem causa no Direito civil*, 1996, reimp., 2005;
– *O ensino do Direito das obrigações/Relatório sobre o programa, conteúdo e métodos de ensino da disciplina*, 2001;
– *Caveat venditor? A Directiva 1999/44/CE do Conselho e do Parlamento Europeu sobre a venda de bens de consumo e garantias associadas e suas implicações no regime jurídico da compra e venda*, em Estudos Galvão Telles, 1, 2002, 263-303;
– *Cessão de créditos*, 2005;
– *Garantias das obrigações/Relatório*, 2005;
– *Direito do trabalho*, 2008;
– *Direito das obrigações*, volume I, *Introdução, da constituição das obrigações*, 7.ª ed., 2008, e 9.ª ed., 2010, e volume II, *Transmissão e extinção das obrigações; não cumprimento e garantias do crédito*, 8.ª ed., 2011;
– *Direito de autor*, 2012;
– *Direitos reais*, 3.ª ed., 2012.

LEITE (LUMBRALES), JOÃO PINTO DA COSTA – *Organização bancária portuguesa*, 1927.

LEMPPENAU, JOACHIM – *Gattungsschuld und Beschaffungspflicht/Kritisches zu § 279 BGB*, 1972.

LENEL, OTTO – *Die auf Geschäftsbesorgung gerichten entgeltlichen Verträg*, JhJb 44 (1902), 31-42;
– *Die Formeln der actiones noxales*, SZRom 47 (1927).

LEONHARD, FRANZ – *Die Wahl bei der Wahlschuld*, 1899;
– *Die Wahlschuld*, JhJb 41 (1900), 1-67.

LEPA, MANFRED – *vide* DAUNER-LIEB, BARBARA.

LEQUETTE, YVES – *vide* TERRÉ, FRANÇOIS.

LESSMANN, HERBERT – *Grundprobleme der Gattungsschuld*, JA 1982, 280-285.

LETTZ, TOBIAS – *Die Falschlieferung durch den Verkäufer nach der Schuldrechtsreform*, JuS 2002, 866-872.

LEUPERTZ, STEFAN – no PWW/BGB, 7.ª ed. (2012), § 814.

LEVY, ERNST – *Weströmisches Vulgarrecht/Das Obligationenrecht* (1956);
– *Römisches Vulgarrecht und Kaiserrecht*, BIDR 62 (1959), 1-7;
– *West-östliches Vulgarrecht und Justinien*, SZRom 76 (1959), 1-36;
– *vide* SECKEL, EMIL.

LÉVY-BRUHL – *Recherches sur les actions de la loi,* 1960.

LIEB, MANFRED – *AGB – Recht und Arbeitsrecht nach der Schuldrechtsmodernisierung*, FS Ulmer (2003), 1231-1244.

LIENHARD, ALAIN – anotação a Versailles, 26-Jun.-2000, D 2000, *Actualité jurisprudentielle*, 384-386.

LIENING, GERHARD – *Versicherungsvertragliche Obliengenheiten im Spannungsfeld von Vertragspflicht und Vertragsstrafe*, 1992.

Índice bibliográfico 845

LIETZ, HERMANN – *Über die Rechtsfindung auf dem Gebiet der sog. Gefälligkeitsverhältnisse*, 1940.

LIMA, FERNANDO ANDRADE PIRES DE/VARELA, JOÃO DE MATOS ANTUNES – *Código Civil Anotado*, volume I (Artigos 1.º a 761.º), 1.ª ed., 1967, e volume II (Artigos 762.º a 1250.º), 1.ª ed., 1968; I, 2.ª ed., revista e actualizada, com a colaboração de MANUEL HENRIQUE MESQUITA, s/d, mas 1979, e II, 2.ª ed., 1981; I, 3.ª ed., revista e actualizada, com a colaboração de MANUEL HENRIQUE MESQUITA, 1982, e II, 3.ª ed., revista e actualizada, 1986; I, 4.ª ed., revista e actualizada, com a colaboração de MANUEL HENRIQUE MESQUITA, 1987, e II, 4.ª ed., revista e actualizada, 1997; III, 2.ª ed., 1984.

LIMA, FERNANDO AUGUSTO PIRES DE – *Das coisas*, BMJ 91 (1959), 207-222; – *Contrato de doação*, BMJ 104 (1961), 25-37.

LIMMER, PETER – *vide* REMIEN, OLIVER.

LINGENTHAL, KARL SALOMO ZACHARIÄ VON – *Handbuch des französischen Civilrechts*, 3.ªed., 4 volumes, 1827-1828.

LINGERMANN, STEFAN – *Allgemeine Geschäftsbedingungen und Arbeitsvertrag*, NZA 2002, 181-192.

LINK, THOMAS J. – *Interstate Banking/Die Behandlung der geographischen Expansion von Geschäftsbanken im US-amerikanischen Recht*, 1990.

LIPARI, NICOLÒ (org.) – *Trattato di diritto privato europeo*, 4 volumes, 2003.

LIPARI, NICOLÒ/SCANNICCHIO, NICOLA – *Il diritto privato europeo nel sistema delle fonti*, introdução a NICOLÒ LIPARI (org.), *Trattato di diritto privato europeo*, 4 volumes (2003), 1, 29-78.

LISZT, FRANZ VON – *Die Grenzgebiete zwischen Privatrecht und Stafrecht/Kriminalistische Bedenkengegen den Entwurf eines Bürgerlichen Gesetzbuches für das Deutsche Reich*, 1889; – *Die Deliktsobligation im System des Bürgerlichen Gesetzbuchs*, 1898.

LITTEN, FRITZ – *Die Wahlschuld im deutschen bürgerlichen Rechte*, 1903.

LIVI, M. ALESSANDRO – *La direttiva 2000/35/CE sui ritardi di pagamento nelle transazioni commerciali e la sua attuazione*, em VINCENZO CUFFARO (org.), *La disciplina dei pagamenti commerciali* (2006), 1-39.

LÖBL, RUDOLF – *Geltendmachung fremder Forderungsrechte im eigenen Namen*, AcP 129 (1928), 257-339 e AcP 130 (1929), 1-72.

LOENHOLM, L. H./LOENHOLM, R. H. (trads.) – *The Civil Code of Japan*, 4.ª ed., 1906, reimp., 2010.

LOENHOLM, R. H. – *vide* LOENHOLM, L. H..

LOHLKER, RÜDIGER – *Bibliographie des islamischen Rechts*, 2005.

LÖHNIG, MARTIN – *Irrtumsrecht nah der Schuldrechtsmodernisierung*, JA 2003, 516-522.

LOMNICKA, EVA – *vide* ELLINGER, E. P..

LÖNING, GEORG ANTON – *Die Grundstücksmiete als dingliches Recht*, 1930.

LOOSCHELDERS, DIRK – *Die Mitantwortlichkeit des Geschädigten im Privatrecht*, 1999; – *Schuldrecht/Allgemeiner Teil*, 9.ª ed., 2011; – *Mehrheit von Schuldnern Gläubigern*, no Staudinger, II, §§ 397-432 (2012), §§ 420-432.

LOPES, JERÓNIMO – *Impacto da moeda única no mercado de valores mobiliários português*, CMVM 4 (1999), 81-96.

846 *Tratado de Direito civil*

LORENZ, STEPHAN – *Auskunftsansprüche im Bürgerlichen Recht*, JuS 1995, 569-575;
– *§ 241a BGB und das Bereicherungsrecht – zum Begriff der "Bestellung" im Schuldrecht*, FS Werner Lorenz 80. (2001), 193-214;
– introdução a *BGB 2002*, 2.ª ed., 2002;
– *Rücktritt, Minderung und Schadensersatz wegen Sachmängeln im neuen Kaufrecht: Was hat der Verkäufer zu vertreten*, NJW 2002, 2497-2505;
– *Grundwissen – Zivilrecht: abstrakte und kausale Rechtsgeschäfte*, JuS 2009, 489-491;
– *vide* MEDICUS, DIETER.
LORENZ, STEPHAN/RIEHM, THOMAS – *Lehrbuch zum neuen Schuldrecht*, 2002.
LOUREIRO, JOSÉ PINTO – *Manual do inquilinato* 1, 1941;
– *Tratado de locação* 1, 1946.
LOVETT, WILLIAM A. – *Banking and Financial Institutions*, 1988.
LÖWISCH, MANFRED – *Der Deliktsschutz relativer Rechte*, 1970;
– no Staudinger II, *§§ 255-292* (1995), § 279;
– no Staudinger II, *§§ 255-304* (2009), § 276;
– no Staudinger, II – *Recht der Schuldverhältnisse*, §§ 255-304 (*Leistungstörungsrecht* I) (2004), § 276;
– no Staudinger II, § 276 (2004);
– *vide* STAUDINGER.
LÖWISCH, MANFRED/CASPERS, GEORG – no Staudinger, II, *§§ 255-304 (Leistungsstorungsrecht* 1) (2009), § 276.
LÜER, DIETER W. – em SIEGHART OTT/DIETER W. LÜER/BENNO HEUSSEN, *Schuldrechtsreform* (2002), 120-137;
– *vide* OTT, SIEGHART.
LUÍS, ALBERTO – *O banco central*, em *Direito bancário* (1985), 5-20;
– *Aspectos da administração da banca pública*, em *Direito bancário* (1985), 21-64.
LÜKE, GERHARD – *Das Informationsanspruch im Zivilrecht*, JuS 1986, 2-7.
LÜTCKE, JENS – *Fernabsatzrecht. Kommentar zu den §§ 312b-312f*, 2002.
LUTTERMANN, CLAUS – *Islamic Finance: Ein Dialog über Recht, Weltwirtschaft und Religionen*, JZ 2009, 706-715.
LUZZATO, GIUSEPPE IGNAZIO – *Per un'ipotesi sulle origini e la natura delle obbligazioni romane*, 1934.

MACEDO, JORGE BORGES DE – *Problemas de história da indústria portuguesa no Século XVIII*, 2.ª ed., 1982;
– *A situação económica no tempo de Pombal/Alguns aspectos*, 2.ª ed., 1985.
MACHADO, ANTÓNIO PIRES – *Sistema de crédito e estrutura bancária, I – Notas ao Decreto-Lei n.º 41403*, 1958;
– *Sistema bancário/Notas aos Decretos-Leis n.os 41.403, 42.611 e 46.492*, 1965.
MACHADO, BAPTISTA – *Nominalismo e indexação*, sep. da RDES XXIV (1977), 49-77;
– *Risco contratual e mora do credor (Risco da perda do valor-utilidade ou do rendimento da prestação e de desperdício da capacidade de prestar vinculada)* (1985), em *Obra dispersa* I (1991), 257-343.
– *Obra dispersa*, 2 volumes, 1991.

MACKELDEY, F. – *Manuel de Droit romain, contenant la théorie des institutions, précédée d'une introduction à l'étude du Droit romain*, trad. da 10.ª ed. alemã, de J. BEVING, 3.ª ed., 1846.

MADALENO, CLÁUDIA ALEXANDRA DOS SANTOS – *Direito das obrigações guineense*, 2009.

MADEIRA, ALBERTO LOPES – *vide* SAMPAIO, AFONSO LEITE DE.

MAGALHÃES, J. M. BARBOSA DE – *Das obrigações solidárias em direito civil portuguez*, 1882; há ed. idêntica, de 1900.

MAGNUS, ULRICH – *Elemente eines europäischen Deliktsrechts*, ZEuP 1998, 602-614;
– no Staudinger, *Wiener UN-Kaufrecht*, 2005;
– *Vergleich der Vorschläge zum Europäischen Deliktsrecht*, ZEuP 2004, 562-580.

MAGNUS, ULRICH/SPIER, JAAP – *European Tort Law/Liber amicorum for Helmut Koziol*, 2000

MAIA, JOSÉ MARQUES BARBOSA DE REIS – *Direito geral das obrigações*, I – *das obrigações e dos contratos*, Barcelos, 1926.

MAITLAND, FREDERIC WILLIAM – *vide* POLLOCK, Sir FREDERICK.

MAJERLE, THOMAS – *Die vertragliche Obliengenheiten, den Umfallort nicht zu verlassen, in der Kaskoversicherung*, VersR 2011, 1492-1497.

MAJO, ADOLOFO DI/INZITARI, BRUNO – *Obbligazioni alternative*, ED XXIX (1979), 212-222.

MALAURIE, PHILIPPE/AYNÈS, LAURENT/STOFFEL-MUNCK, PHILIPPE – *Les obligations*, 5.ª ed., 2011.

MALHEIROS, MANUEL/REINERT-SCHOERER, MARLIESE – *Die Entkolonialisierung und die Verbreitung des portugiesischen Rechtskultur*, em *2. Deutsch-Lusitanische Rechtstage/Seminar in Heidelberg 20/21-11-1992* (1994), 99-109.

MALLOY, MICHAEL P. – *Banking and Financial Services Law/Cases, Materials, and Problems*, 2005.

MANNE, OTTO – *Die Disjunctivobligation*, 1880.

MANSEL, HEINZ-PETER – no Jauernig/BGB, 14.ª ed. (2011), § 241;
– *vide* ZIMMERMANN, REINHARD.

MANSEL, HEINZ-PETER/BUDZIKIEWICZ, CHRISTINE – *Einführung in das neue Verjährungsrecht*, JURA 2003, 1-12

MANSO, EDUARDO MARTINS – *vide* SAMPAIO, AFONSO LEITE DE.

MARBURGER, PETER – *Technische Normen, Gattungsbegriff und Rügelast (§§ 377, 378 HGB) NJW 1975, 2011*, JuS 1976, 638-642;
– no Staudinger II, *§§ 779-811* (2002), prenot. §§ 809-811.

MARCADÉ, V. – *Explication theorique et pratique du Code Napoléon*, tomo 4, 5.ª ed. , 1859, e tomo 5, 5.ª ed., 1859.

MARCHESI, ANTONIO – *Obblighi di condotta e obblighi di risultato/Contributo allo studio degli obblighi internazionali*, 2003.

MARCHI, ANTONIO – *Storia e concetto della obbligazione romana*, 1912;
– *Le definizione romane dell'obbligazione*, BIDR 29 (1916), 5-60.

MARKESINIS, BASIL S./UNBERATH, HANNES – *The German Law of Torts/A Comparative Treatise*, 4.ª ed., 2002.

MARKESINIS, BASIL/UNBERATH, HANNES/JOHNSTON, ANGUS – *The German Law of Contract/A Comparative Treatise*, 2.ª ed., 2006.

848   *Tratado de Direito civil*

MARLOW, SVEN – *Grundlagen zu den Obliegenheiten des VN*, em ROLAND MICHAEL BECK-MANN/ANNEMARIE MATUSCHE-BECKMANN, *Versicherungsrechts-Handbuch*, 2.ª ed. (2009), 657-708.

MARQUES, ANTÓNIO VICENTE – *Código civil angolano*, 2010.

MARQUES, JOSÉ DIAS – *Prescrição aquisitiva* 1, 1960;
– *Índice dos vocábulos do Código Civil português*, BFDUL XXVIII (1987), 203-321.

MARQUES, MÁRIO REIS – *O liberalismo e a codificação do Direito civil em Portugal/Subsídios para a implantação em Portugal do Direito moderno*, 1987.

MARTINEK, MICHAEL – recensões a THOMAS HILDENBRAND/ANDREAS KAPPUS/GERALD MÄSCH, *Time-Sharing und Teilzeit- Wohnrechtegesetz/Praktikerhandbuch mit Leitentscheidungen* (1997) e a KLAUS TONNER, *Das Recht des Time-sharing na Ferienimmobilien* (1997), NJW 1998, 2429-2430;
– no Staudinger II, §§ 657-704/*Geschäftsbesorgung* (2006), 335-520.

MARTINEZ, MICHAEL – *Das neue Teilzeit- Wohnrechtegesetz – missratener Verbraucherschutz bei Time-Sharing-Verträgen*, NJW 1997, 1393-1399.

MARTINEZ, PEDRO ROMANO – *Lei do contrato de seguro anotada*, 2009;
– *Direito do trabalho*, 5.ª ed., 2010;
– *Direito das obrigações: programa 2010/2011; apontamentos*, 3.ª ed., 2011.

MARTINEZ, PEDRO SOARES – *O pensamento filosófico de Portalis*, RFDUL 2006, 9-17.

MARTINI, ANGELO DE – *Obbligazione di durata*, NssDI XI (1965), 655-659.

MARTINO, PATRIZIA DI – *La responsabilità del terzo complice nell'inadempimento contrattuale*, RTDPC XXIX (1975), 1356-1420.

MARTON, M. G. – *Obligations de résultat et obligations de moyens*, RTDC XXXIV (1935), 499-543.

MARZO, GIUSEPPE DE – *vide* CARINGELLA FRANCESCO.

MÄSCH, GERALD – *vide* HILDENBRAND, THOMAS.

MASCOLO, DOMENICO – anotação a CssIt 27-Jul.-1998, GI 1999, 1601-1603.

MASI, ANTONIO – *Locazione (storia)*, ED XXIV (1974), 907-918.

MASSOL, M. – *De l'obligation naturelle et de l'obligation morale en droit et en droit français*, 1862.

MASUCH, ANDREAS – *Münchener Kommentar*, 2, 5.ª ed. (2007), §§ 355 ss..

MATTEI, UGO – *vide* BUSSANI, MAURO.

MATTHEUS, DANIELA – *Die Neuordnung des allgemeinen Leistungsstörungsrechts*, em MARTIN SCHWAB/CARL-HEINZ WITT, *Einführung in das neue Schuldrecht*, 5.ª ed. (2002), V, 67-122;
– *Schuldrechtsmodernisierung 2001/2002 – Die Neuordnung des allgemeinen Leistungsstörungsrechts*, NJW 2002, 209-219.

MAULAURIE, PHILIPPE/AYNÈS, LAURENT/STOFFEL-MUNCK, PHILIPPE – *Les obligations*, 5.ª ed., Paris, 2011.

MAURER, HARTMUT – *Allgemeines Verwaltungsrecht*, 13.ª ed., 2000.

MAUSEN, YVES – *vide* CHEVREAU, EMMANUELLE.

MAYER, JÖRG – no Staudinger III, §§ 1018-1112 (2009), *Reallasten*.

MAYERHÖFER, ALEXANDER – *Die Integration der positiven Forderungsverletzung in das BGB*, MDR 2002, 549-556.

MAYER-MALY, THEO – *Locatio conductio/Eine Untersuchung zum klassischen römischen Recht*, 1956;
– *Obligamus necessitate*, SZRom 83 (1966), 47-67.

MAZEAUD, DENIS – *vide* GRUNDMANN, STEFAN.

MAZEAUD, HENRI e LÉON/MAZEAUD, JEAN/CHABAS, FRANÇOIS – *Leçons de Droit Civil*, II/1, *Obligations/Théorie générale*, 9.ª ed., (1998),

MAZEAUD, HENRI, LÉON e JEAN – *Leçons de droit civil/Principaux contrats*, 1972.

MAZEAUD, JEAN – *vide* MAZEAUD, HENRI e LÉON.

MEDICUS, DIETER – *Die konkretisierte Gattungsschuld*, JuS 1966, 296-306;
– *Vertragliche und Deliktische Ersatzansprüche für Schäden aus Sachmängeln*, FS Eduard Kern (1968), 313-334;
– *Die Modellvorstellungen im Schuldrecht*, FS Felgentraeger (1969), 309-322;
– *Probleme um das Schuldverhältnis*, 1987, (conferência de 20-Mai.-1987, em Berlim).
– *Die Forderung als "sonstiges Recht" nach § 823, Abs. 1 BGB?*, FS Stelffen (1995), 333-345.
– introdução a *Neues Schuldrecht*, da Beck (2002).
– *Leistungsstörungsrecht*, em HAAS e outros, *Das neue Schuldrecht* (2002), 79-132.
– *Schuldrecht I – Allgemeiner Teil*, 13.ª ed., 2002.
– *Zur Anwendbarkeit des Allgemeinen Schuldrechts auf Schutzpflichten*, FS Canaris 1 (2007), 835-855;
– *Allgemeiner Teil des BGB/Ein Lehrbuch*, 10.ª ed., 2010.
– *vide* HAAS, LOTHAR.

MEDICUS, DIETER/LORENZ, STEPHAN – *Schuldrecht I Allgemeiner Teil*, 19.ª ed., 2010.

MEDICUS, DIETER/STÜRNER, MICHAEL – no PWW/BGB, 7.ª ed., 2012.

MEIER, SONJA – HKK/BGB II/2, §§ *305-432* (2007), §§ 420-432.

MELLO, JOSÉ ANTÓNIO GONSALVES DE – *Brasil*, DHP I (1979), 373-382.

MELUCCI, PASQUALE – *La teoria delle obbligazioni solidali nel diritto civile italiano*, 1884.

MENDES, JOÃO DE CASTRO – *História do Direito romano*, 1966.

MENDONÇA, MANUEL INÁCIO CARVALHO DE – *Doutrina e prática das obrigações ou tratado geral de direitos de crédito*, 4.ª ed., I e II, 1956.

MENERES, JOSÉ PINTO DE – *vide* MIRANDA, ANTÓNIO DE.

MENGER, ANTON – *Das bürgerliche Recht und die besitzlosen Volksklassen*, 5.ª ed., 1927.

MENGONI, LUIGI – *Obbligazioni "di resultato" e obbligazioni "di mezzi" (Studio critico)*, RDComm LII (1954) I, 185-209, 280-320 e 366-396.

MERÊA, MANUEL PAULO – introdução a *Codigo Civil Brasileiro Anotado*, 1917.

MERGUET, H. – *Lexikon zu den Reden des Cicero/mit Angabe sämtlicher Stellen* III, 1962.

MERTENS, HANS-JOACHIM – *Deliktsrecht und Sonderprivatrecht/Zur Rechtsfortbildung des deliktischen Schutzes vom Vermögensinteressen*, AcP 178 (1978), 227-262.

MESQUITA, JOSÉ ANDRADE – *Direitos pessoais de gozo*, 1999.

MESQUITA, MANUEL HENRIQUE – *Obrigações reais e ónus reais*, 1990;
– *vide* LIMA, FERNANDO ANDRADE PIRES DE.

MESTRE, JACQUES – *Obligations en général*, RTDC 1999, 615-642.

Methodik der Privatrechtsangleichung in der EU/Der gemeinsame Referenzrahmen zum europäischen Vertragsrecht, AcP 208 (2008), 227-247.

850   *Tratado de Direito civil*

METZGER, AXEL – *Extra legem, intra ius: Allgemeine Rechtsgrundsätze im Europäischen Privatrecht*, 2009;
– *Allgemeine Rechtsgrundsätze in Europa/dargestellt am Beispiel des Gleichbehandlungs – grundsatzes*, RabelsZ 75 (2011), 845-881.

MEUB, MICHAEL H. – *Schuldrechtsreform: Das neue Werkvertragsrecht*, DB 2002, 131-134;
– *Fernabsatz und E-Commerce nach neuem Recht*, DB 2002, 359-363.

MEYER, CAESER – *Die Naturalobligation im Bürgerlichen Gesetzbuch*, 1901.

MEYER-PRITZL, RUDOLF – no HKK/BGB, II/2, §§ *305-432* (2007), §§ 313-314.

MICHAELS, RALF – *HKK-BGB* II/1 (2007), prenot. § 241;
– *Explanation und Interpretation in Functionalist Comparative Law – a Response to Julie de Coninck*, RabelsZ 74 (2010), 351-359.

MICKLITZ, HANS-W. – no *Münchener Kommentar*, 1, 5.ª ed. (2006), Prenot. §§ 13, 14.

MICKLITZ, HANS-W. – *Zum Recht des Verbrauchers auf die eigene Sprache*, ZEuP 2003, 635-655;
– *Zum englischen Verständniss von Treu und Glauben in der Richtlinie 93/13/EWG*, ZEuP 2003, 865-883.

MIGSCH, ERWIN – *Die sogenannte Pflichtschenkung*, AcP 173 (1973), 46-70.

MINCKE, WOLFGANG – *Forderungsrechte als "sonstiges" Rechte des §§ 823 Abs 1 BGB*, JZ 1984, 862-866.

MIRANDA, ANTÓNIO DE/MENERES, JOSÉ PINTO DE – *A teoria geral das obrigações no Direito civil português*, Coimbra, 1921, segundo a sistematização de Gabriel Pinto Coelho e Guiherme Moreira.

MIRANDA, JORGE (org.) – *Timor e o Direito*, 2000.

MIRANDA, PONTES DE – *Tratado de Direito privado*, XXII ss., 1971.

MITTEIS, HEINRICH – *vide* COSACK, KONRAD.

MITTEIS, LUDWIG – *Die Individualisierung der Obligation/civilistische Studie*, 1886.

MITTELSTEIN, MAX – *Die Miete nach dem Rechte des Deutschen Reiches*, 1909); a 3.ª ed. é de 1915 e a 4.ª, de 1932.

MOHRENFELS, PETER WINKLER VON – *Abgeleitete Informationspflichten im deutschen Zivilrecht*, 1986;
– *Die Auskunfts- und Wertermittlungspflicht des vom Erblasser Beschenkten*, NJW 1987, 2557-2560.

MOLLE, GIACOMO/DESIDERIO, LUIGI – *Manuale di diritto bancario e dll'intermediazione finanziaria*, 7.ª ed., 2005.

MÖLLER, COSIMA – *Die Rechtsstellung des Mieters im Rom und Karlsruhe*, AcP 197 (1997), 537-564.

MOMMSEN, FRIEDRICH – *Beiträge zum Obligationenrecht – 2 Zur Lehre von dem Interesse*, 1855;
– *Corpus iuris civilis* II, 1880.

MOMMSEN, THEODOR/KRÜGER, PAUL – *Corpus iuris civilis*, 16.ª ed., 1954, 764-765.

MONCADA, LUÍS CABRAL DE – *Lições de Direito civil/Parte geral* 1, 3.ª ed., 1959) = 4.ª ed. póstuma, 1995) (mas escrita em 1962); a 1.ª ed. é de 1932-33.

MONÉGER, JOËL (org.) e outros – *Robert-Joseph Pothier, d'hier à aujourd'hui*, 2001.

MONTEIRO, ANTÓNIO PINTO – *Contrato de agência (Anteprojecto)*, BMJ 360 (1986), 43-139;
– *Contrato de agência/Anotação ao Decreto Lei n.º 178/86, de 3 de Julho*, 7.ª ed., 2010.

MONTEIRO, JORGE FERREIRA SINDE – *Responsabilidade por conselhos, recomendações ou informações*, 1989;
– *Relatório sobre o programa, conteúdo e métodos de ensino do Direito das obrigações*, 1995.
– *vide* ALARCÃO, RUI DE.
MONTESSORI, ROBERTO – *Intorno alle imprese di somministrazioni*, RDComm IX (1911) II, 582-590.
MOREIRA, GUILHERME ALVES – *Instituições de Direito civil*, pré-edição, 1902-1903, vol. I – *Parte geral*, 1907, vol. II – *Das obrigações*, 1911, 2.ª ed., póstuma e sem alterações, de 1925;
– *Observações à proposta de lei de 7 de Fevereiro de 1903, em que são interpretados alguns artigos do Código Civil*, RLJ 35 (1903), 513-522, 529-535, 561-569, 577-585, RLJ 36 (1903), 2-8, 17-22, 33-42, 49-55, 65-70, 81-86, 97-101, 129-132, 145-149, 161-165, 177-181, 193-197, 209-213, 224-228, 241-244, 257-260, 273-276, 289-292, 305-308, 32 1-324, RLJ 36 (1904), 353-356, 369-373, 385-389, 104-404, 417-421, 449-452, 465-468, 497-500, 513-517, 529-532, RLJ 37 (1904), 2-5, 17-20, 33-36, 65-68, 81-84, 97-100, 113-117, 129-132, 145-148, 161-164, 193-196, 209-212, 241-244, 256-260, 273-276, 289-292, 305-308, 321-324, 336-340, 353-360, 369-372, 385-388, 401-404 e RLJ 37 (1905), 417-420, 433-436, 449-452, 465-469, 481-484, 497-500 e 529-532;
– *Estudo sobre a responsabilidade civil*, RLJ 37 (1905), 561-564, RLJ 38 (1905), 2-5, 17-20, 33-36, 49-52, 65-68, 81-84, 96-100, 113-116, 129-131, 144-147, 177-179, 192-196, 209-212, 224-228, 257-259, 273-275, 305-308, 321-324, 337-340, 353-356, 369-356, 369-372 e 385-388, RLJ 38 (1906), 417-420, 433-436, 449-451, 465-468, 481-483, 513-515, 529-532, 545-548 e 561-564, RLJ 39 (1906), 2-5, 17-19, 33-36, 49-52, 81-84, 97-99, 113-1 15, 145-147, 161-164, 193-196, 225-228, 257-259, 289-191, 305-308, 337-339, 353-356, 369-371, 385-388, 401-404 e 417-420 e RLJ 39 (1907), 449-452, 465-468, 481-483, 513-516, 545-547, 577-579 e 609-612, com extractos em BFD LIII (1977), 391-554;
– *Da personalidade collectiva*, RLJ 40 (1907) 385-388, 401-403 e 433-436, RLJ 41 (1908), 449-45 1, 465-467, 481-483, 513-515, 545-547, 577-579, 593-595, 609-611 e 641-644, RLJ 41 (1908), 2-4, 15-19, 33-35, 49-51, 81-83, 97-99, 129-131, 145-147, 177-179, 193-195, 225-227, 241-243, 257-260, 289-291, 305-307, 321-323, 337-339, 353-355, 368-371, 385-387 e 101-404, RLJ 41 (1909), 433-435, 449-45 1, 465-467, 497-500, 513-515, 529-532, 545-547, 561-563, 577-579, 593-595 e 609-611 e RLJ 42(1909), 2-4, 17-19, 33-35, 49-51, 65-68, 81-84, 97-99, 113-115, 129-131, 145-163, 193-195, 225-227 e 257-259.
MORERA, UMBERTO/NUZZO, ANTONIO – *La nuova disciplina dell' impresa bancaria*, três volumes, 1996.
MORGADO, CARLA – *vide* CORDEIRO, ANTÓNIO MENEZES.
MORI-CHECCUCCI, ULRICO – *Appunti sulle obbligazioni naturali*, 1947.
MOSCATI, ENRICO – *La disciplina generale delle obbligazioni. Corso di diritto civile*, 2012.
MOSCHEL, WERNER – *Die Obliengenheiten in dem Gesetz über den Versicherungsvertrag*, 1922, dact..
MOSHEIM, B. – *Gentlemen's Agreement*, DB 1963, 1034-1035.

MÖSLEIN, FLORIAN – *Dispositives Recht*, 2011.

Motive zu dem Entwurf eines Bürgerlichen Gesetzbuches für das Deutsche Reich/II – *Recht der Schuldverhältnisse*, Amtliche Ausgabe, 2.ª ed., 1896.

MOTSCH, RICHARD – *Die Moderniesierung des Schuldrechts*, NJ 2002, 1-10; – *Neues Schuldrecht: Rücktritt vom Kauf*, JR 2002, 221-226.

MÜLLER, HANS-FRIEDRICH – no PWW/BGB, 7.ª ed., 2012.

MÜLLER, JENS – *Der Allgemeine Teil im portugiesischen Zivilgesetzbuch/Entstehungsgeschichte und ausgewählte Einzelprobleme*, 2008.

MÜLLER, KLAUS J. – *Verjährung des Finlageanspruchs der GmbH nach der Schuldrechtsreform*, BB 2002, 1377-1382.

MÜLLER, LOTHAR A. – *Schutzpflichten im Bürgerlichen Recht*, JuS 1998, 894-898.

MÜLLER, ULRICH – *Die Haftung des Stellvertreters bei culpa in contrahendo und positiver Forderungsverletzung*, NJW 1969, 2169-2175.

MÜLLER-GRAF, PETER-CHRISTIAN – *Rechtliche Auswirkungen einer laufenden Geschäftsverbindung im amerikanischen und deutschen Recht*, 1974.

MÜLLER-LAUBE, HANS MARTIN – *Die Verletzung der vertraglichen Unterlassungspflicht*, FS Rolland (1999), 261-276.

Münchener Kommentar zum BGB – 6.ª ed., 2 e seguintes, a partir de 2012, em publicação.

MÜNSTERMANN, WALTER/HANNES, RUDI – *Verbraucherkreditgesetz*, 1991.

MUSIELAK, HANS-JOACHIM – *Die Falschlieferung beim Stückkauf nach dem neuen Schuldrecht*, NJW 2003, 89-92.

NAGEL, BERNHARD – *Wirtschaftsrecht der Europäichen Union/Eine Einführung*, 4.ª ed., 2003.

NARDI, GIUSEPPE DI – *Banca d'Italia*, NssDI/Appendice I, 1980.

NEIVA, ANTÓNIO BANDEIRA DE – *Observações sobre o projecto de Código Civil*, 1861.

NELLA, LUCA DI – *Italien*com indicações, em PETER DERLEDER/KAI-OLIVER KNOPS/HEINZ GEORG BAMBERGER, *Handbuch des deutschen und europäischen Bankrecht*, 2.ª ed. (2009), 2523 ss..

NELLE, ANDREAS – *Neuverhandlungspflichten/Neuverhandlungen zur Vertragsanpassung und Vertragsergänzung als Gegenstand von Pflichten und Obliengenheiten*, 1993.

NERY, ROSA MARIA DE ANDRADE – vide JÚNIOR, NELSON NERY.

NESEMANN, KLAUS – *Herkunft, Sinngehalt und Anwendungsbereich der Formel "Treu und Glauben" in Gesetz und Rechtsprechung*, 1959, polic..

NETO, ABÍLIO/CORREIA, MIGUEL J. A. PUPO – *Obrigações/Aditamentos à Teoria geral das obrigações*, de Manuel de Andrade, segundo as prelecções do Doutor Pereira Coelho, 1963/64.

NEUHAUS, KAI-JOCHEN – *Dreissig Jahre Gewährleistungshaftung im Baurecht – Vor und nach der Schuldrechtsmodernisierung*, MDR 2002, 131-135.

NEUMANN, SYBILLE – vide BAURREIS, JOCHEN.

NEUNER, GEORG KARL – *Wesen und Arten der Privatrechtsverhältnisse/Eine civilistische Ausführung, nebst einem Anhange, den Grundriss zu einem neuen System für die Darstellung des Pandektenrechts enthaltend*, 1866.

NEUNER, JÖRG – *Das BGB unter dem Grundgesetz*, em UWE DIEDERICHSEN/WOLFGANG SELLERT (org.), *Das BGB im Wandel der Epochen/10. Symposium der Komission "Die Funktion des Gesetzes in Geschichte und Gegenwart"* (2002), 131-151;

Índice bibliográfico 853

– *vide* WOLF, MANFRED.

NEVES, F. CORREIA DAS – *Manual dos juros*, 1989.

NEWMAN, PETER/MILGATE, MURRAY/EATWELL, JOHN – *The New Palgrave Dictionary of Money and Finance*, 3 volumes, 1992.

NIORT, JEAN-FRANÇOIS – *Homo civilis/Contribution à l'histoire du Code Civil français*, 1, 2004.

NOBILI, CHIARA – *Le obbligazioni*, 2.ª ed., 2008.

NONATO, OROSIMBRO – *Curso de obrigações*, 2 volumes, 1959 e 1969.

NORONHA, F. E. – *Understanding the Common Civil Code/An Introduction to Civil Law*, 2008.

NUSSBAUM, ARTHUR – *Der Spieleinwand/Eine Erwiderung*, AbürgR 24 (1904), 325-333.

NUZZO, ANTONIO – *vide* MORERA, UMBERTO.

OECHSLER, JÜRGEN – *Vertrauenshaftung von Verbrauchern*, FS Canaris, 1 (2007), 925-944.

OERTMANN, PAUL – *Der Dinglichkeitsbegriff*, JhJb 31 (1892), 415-467;
  – *Der Schadensersatzanspruch des obligatorisch Berechtigten*, FG Dernburg (1900), 61-89.
  – *Bürgerliches Gesetzbuch*/II – *Das Recht der Schuldverhältnisse*, 3.ª e 4.ª ed. (1910), prenot. § 241.

OETKER, HARTMUT – *Das Dauerschuldverhältnis und seine Beendigung/Bestandsaufnahme und kritische Würdigung einer tradiertern Figur der Schuldrechtsdogmatik*, 1994.

OLIVEIRA, NUNO MANUEL PINTO – *Direito das obrigações*, I – *Conceito, estrutura e função das relações obrigacionais; direitos de crédito e direitos reais*, Coimbra, 2005;
  – *Princípios de Direito dos contratos*, Coimbra, 2011.

OLSEN, DIRK – no *Staudingers Kommentar zum BGB*, 2 – *Ein leitung zum Schuldrecht*; §§ 241-243 (2009), § 241.

OLSZAK, NORBERT – *Histoire des banques centrales*, 1998.

OLZEN, DIRK – *Staudingers Kommentar*, II, *Einleitung zum Schuldrecht, Einl zu §§ 241 ff.; §§ 241-243/Einleitung zum Schuldrecht, Treu und Glauben*, 2009.

OLZEN, DIRK/WANK, ROLF – *Die Schuldrechtsreform/Eine Einführung*, 2002.

OPPO, GIORGIO – *I contratti di durata*, RDComm XLI (1943) I, 143-180 e 227-250 e XLII (1944) I, 17-46.

OSTI, GIUSEPPE – *La così detta clausola "rebus sic stantibus" nel suo sviluppo storico*, RDCiv 4 (1912), I, 1-58;
  – *Appunti per una teoria delle sopravvenienze*, RDCiv 5 (1913), I, 471-498 e 647 a 697.

OTT, SIEGHART – *Das neue Schuldrecht – Überleitungsvorschriften und Verjährung*, MDR 2002, 1-5.

OTT, SIEGHART/LÜER, DIETER W./HEUSSEN, BENNO – *Schuldrechtsreform*, 2002.

OTTE, GERHARD – *Die dingliche Rechtsstellung des Mieters nach ALR und BGB*, FS Wieacker (1978), 463-475.

OTTE, GERHARD – *Schadensersatz nach § 823 I BGB wegen Verletzung der "Forderungszuständigkeit"?*, JZ 1969, 253-258.

OTTO, DIRK – *Das Weiterleben des portugiesischen Rechts in Goa*, em 2. *Deutsch-Lusitanische Rechtstage/Seminar in Heidelberg 20/21-11-1992* (1994), 124-141.

854   *Tratado de Direito civil*

Otto, Hansjörg – no Palandt II, §§ 255-304, *Leistungsstörungsrecht* 1 (2009), § 280.

Oury-Brulé, Manuela – *L'engagement du codébiteur solidaire non intéressé à la dette/ Article 1216 du Code Civil*, 2002.

Pacchioni, Giovanni – *Concetto dell'obbligazione naturale*, RDComm (1912) II, 400-407;
– *Il concetto dell'obbligazioni*, RDCom XXI (1924) 1, 209-236;
– *L' "obligatio naturalis" nel diritto romano classico e nel diritto attuale*, RDCiv XVIII (1926), 39-67;
– *Delle obbligazioni in generale*, 2.ª ed., 1935.

Page, Henri de – *L'obligation abstraite en droit interne et en droit comparé*, 1957 ;
– *Traité élémentaire de Droit civil belge/Principes – Doctrine – Jurisprudence*, tomo II – *Les obligations*, 3, 1.ª parte, 1964, e 2.ª parte, tomo IV, 3.ª ed., 1967 (René Dekkers intervém apenas a partir do tomo V).

Pages, Bertrand – *Einige neuere Entwicklungen des französischen allgemeinen Vertragsrechts im Lichte der Grundregeln der Lando-Kommission*, ZEuP 2003, 514-524.

Palandt, Otto – *Bürgerliches Gesetzbuch*, 71.ª ed., Munique, 2012.

Pallmann, Hans-Dietrich – *Rechtsfolgen aus Gefälligkeitsverhältnissen*, 1971.

Palma, Rui Camacho – *Da obrigação natural*, 1999.

Palmer, Vernon Valentine – *A Comparative Study (From a Common Law Perspective) of the French Action for Wrongful Interference with Contract*, AJCL 40 (1992), 297-342;
– *vide* Bussani, Mauro;
– *vide* Werro, Franz.

Panuccio, Vincenzo – *Obbligazioni generiche e scelta del creditore*, 1972.

Pardolesi, R. – anotação a CssIt 8-Jan.-1982, FI 1982, 1, 393-395.

Patrício, José Simões – *As novas taxas de juro do Código Civil*, BMJ 305 (1981), 13-65;
– *Juros de mora nas obrigações valutárias*, BMJ 372 (1988), 5-48;
– *Regime jurídico do euro*, 1998;
– *Breve apresentação da moeda única europeia*, CMVM 4 (1999), 65-79.

Paúl, Jorge Patrício – *Direito das obrigações/Plano*, 1977.

Pechstein, Matthias – *vide* Haratsch, Andreas.

Peel, Edwin – *vide* Treitel.

Penn, G. A./Shea, A. M./Arora, A. – *The Law Relating to Domestic Banking/Banking Law*, vol. I, 1987.

Pennitz, Martin – *Das periculum rei vendite/Ein Beitrag zum "aktionenrechtlichen Denken" im römischen Privatrecht*, 2000.

Perassi, Marino – *Le autorità ed i poteri di vigilanza nel testo unico*, BBTC 48 (1995) 1, 660-684.

Pereira, A. Ramos – *O sistema de crédito e a estrutura bancária em Portugal*, 1, 1969.

Pereira, Caio Mário da Silva – *Instituições de Direito civil*, II – *Teoria geral das obrigações*, 21.ª ed., atualizador Guilherme Calmon Noguira da Gama, Rio de Janeiro, 2004; III – *Contratos*, 12.ª ed., atualizador Regis Fichtner, Rio de Janeiro, 2007.

Pereira, Manuel das Neves – *Introdução ao Direito das obrigações*, 3.ª ed., Coimbra, 2007.

Pereira, Maria de Lurdes – *Conceito de prestação e destino da contraprestação*, 2001.

Perlmutter, Richard M. – *vide* Closen, Michael L..

Índice bibliográfico   855

PERREAU, E.-H. – *Les obligations de conscience devant les tribunaux*, RTDC XII (1913), 503-561.

PESCATORE, GUSTAV – *Die Wahlschuldverhältnisse*, 1905.

PETERLONGO, MARIA EMILIA LUCIFREDI – *In torno all'unità o pluralità di vincoli nella solidarità contrattuale*, 1941.

PETERS, FRANK – *Der Bürge und die Einrede der Verjährung der Hauptschuld*, NJW 2004, 1430-1431;
– *Die Erstattung rechtsgrundloser Zuwendungen*, AcP 205 (2005), 125-204.

PETERSHAGEN, JÖRG – *Der neue Basiszinssatz des BGB – eine kleine Lösung in der grossen Schuldrechtsreform?*, NJW 2002, 1455-1457.

PETO, RUDOLF – *Geldtheorie und Geldpolitik*, 2.ª ed., 2002.

PEUKERT, ALEXANDER – *Güterzuordnung als Rechtsprinzip*, 2008.

PEZELLA, FEDERICO – *L'obbligazione in solido nei riguardi dei creditori*, 1934.

PFAFF, L. – *vide* ARNESBERG, L. ARNDTS R. VON.

PHILIPOWSKI, RÜDIGER – *Tatsachen und rechtliche Bedeutung der längeren Geschäftsverbindung*, 1963, ed. de Berlim), 15, 17 e 19; esta obra foi também publicada em Heidelberg, 1963, com o título *Geschäftsverbindung/ Tatsachen und rechtliche Bedeutung*.

PICKER, EDUARD – *Der deliktische Schutz der Forderung als Beispiel für das Zusammspiel von Rechtszuweisung und Rechtsschutz*, FS Canaris 1 (2008), 1001-1035;
– *Positive Forderungsverletzung und culpa in contrahendo/Zur Problematik der Haftungen "zwischen" Vertrag und Delikt*, AcP 183 (1983), 369-520;
– *Vertragliche und deliktische Schadenshaftung/Überlegungen zu einer Neustrukturierung der Haftungssysteme*, JZ 1987, 1041-1058

PIETZCKER, JOST – *Rechtsprechungsbericht zur Staatshaftung*, AöR 2007, 393-472.

PIMENTEL, DIOGO PEREIRA FORJAZ DE SAMPAIO – *Anotações ou synthese annotada do Codigo de Commercio* 1, 1874.

PINA, CARLOS COSTA – *Instituições e mercados financeiros*, 2004.

PINHEIRO, JORGE DUARTE – *O núcleo intangível da comunhão conjugal: os deveres conjugais sexuais*, 2004.

PINHEIRO-FERREIRA, SILVESTRE – *Observações sobre a Constituição do Imperio do Brazil e sobre a Carta Constitucional do Reino de Portugal*, 2.ª ed., 1835.

PINTO, CARLOS ALBERTO DA MOTA – *Cessão da posição contratual*, 1970;
– *Direitos reais*, 1972;
– *Direito das obrigações*, por ENCARNAÇÃO CABRAL e JORGE DE AMORIM, 1973, polic., 360 pp., incompl..

PINTO, EDUARDO VERA-CRUZ – *O Direito das obrigações em Roma* I, 1997.

PINTO, PAULO MOTA – *Declaração tácita e comportamento concludente no negócio jurídico*, 1995;
– *A Directiva 1999/44/CE e o direito português*, Estudos de Direito do Consumidor 2 (2000), 197-331;
– *Anteprojecto de diploma de transposição da Directiva 1999/44/CE para o Direito português/Exposição de motivos e articulado*, Estudos de Direito do Consumidor 3 (2001), 165-279;
– *O direito de regresso do vendedor final de bens de consumo*, ROA 2002, 143-199;
– *Interesse contratual negativo e interesse contratual positivo* 1, 2008.

856 Tratado de Direito civil

PIRES, FLORBELA DE ALMEIDA – *Código das Sociedades Comerciais Anotado/Clássica*, 2.ª ed. (2011), 929 ss..

PISSLER, KNUT BENJAMIN – *Das neue Internationale Privatrecht der Volksrepublik China: nach den Steinen tastend den Fluss überqueren*, RabelsR 76 (2012), 1-46.

PLAGIANAKOS, GEORGIOS J. – *Die Entstellung des griechischen Zivilgesetzbuches*, 1963.

PLANCK/SIBER – *BGB*, 4.ª ed., 1914.

PLANDER, HARRO – *Lottospielgemeinschaft und Rechtsbindungswille*, AcP 176 (1976), 424-447.

PLANIOL, MARCEL – *Traité de droit civil*, 2, 1904;
– *L'assimilation progressive de l'obligation naturelle et du devoir moral*, RCLJ LXII (1913), 152-161.

PLANIOL, MARCEL/RIPERT, GEORGES – *Traité élémentaire de droit civil*, I, 3.ª ed., 1904, II, 1949;
– *Traité pratique de droit civil français*, 2.ª ed., tomo VI, *Obligations*, parte I, por PAUL ESMEIN, 1952

PLANIOL, MARCEL/RIPERT, GEORGES/ESMEIN, PAUL – *Traité pratique de droit civil français*, VI – *Obligations*, 1, 1930.

PLAUTUS – *Truculentus* em *Die Komödien des Plautus*, IV vol. (1922), trad. LUDWIG GURLITT (1922), 277-363 = PLAUTUS, *Truculentus*, publ., trad. e comentado por WALTHER HOFFMANN (2001).

PLEWKA, HARALD – *Umstellung auf den Euro*, 1998.

POHLMANN, ANDRÉ – *Die Haftung wegen Verletzung von Aufklärungspflichten/Ein Beitrag zur culpa in contrahendo und zur positiven Forderungsverletzung unter Berücksichtigung der Schuldrechtsreform*, 2002.

POLACCO, VITTORIO – *Le obbligazioni nel diritto civile italiano*, I, 2.ª ed., 1915.

POLLARD, ALFRED M. e outros – *Banking Law in the United States*, 1988.

POLLOCK, Sir FREDERICK/MAITLAND, FREDERIC WILLIAM – *The History of the English Law/ Before the Time of Edward I*, 2.ª ed. por S. F. C. MILSON I, 1968, vol. II, 1968.

PONZANELLI, GIULIO – *Il 'tort of interference' nei rapporti contrattuali: le esperienze nortamericana e italiana a confronto, Quadrimestre*, 1 (1989), 69-101.

POSSNER, RICHARD A. – *Economic Analysis of Law*, 5.ª ed., 1998.

POTHIER, R.-J. – *Traité des obligations* n.º 1, em *Oeuvres*, por M. BUGNET, 2, 1848.

POTTER'S, H. – *Historical Introduction to English Law and its Institutions*, 4.ª ed. por A. K. K. KIRALFY, 1958.

PRANG, TOBIAS – *Der Schutz der Versicherungsnehmer bei der Auslegung von Versicherungsbedingungen durch das Reichtsgericht*, 2003.

PRATA, ANA – *Direito das obrigações/Relatório incluindo o programa, os conteúdos e os métodos de ensino e de avaliação da disciplina de Direito das obrigações*, apresentado ao concurso para professor associado, na Universidade Nova de Lisboa, 2008.

PRINGSHEIM, FRITZ – recensão a HEINRICH SIBER, *Naturalis obligatio*, 1925, SZRom 46 (1926), 350-363.

PROENÇA, J. C. – *vide* ALARCÃO, RUI DE.

PROENÇA, JOSÉ CARLOS BRANDÃO – *Direito das obrigações [Para um enquadramento do seu ensino no último quartel do século XX e no primeiro quinquénio do século XXI]/ Relatório sobre o programa, o conteúdo e os métodos de ensino da disciplina*, 2007.

Projecto de novo Código Civil (1966).

Projecto do Código Civil Brasileiro (Projecto da Câmara n.º 1de 1902 e emendas do Senado com Parecer da Comissão Especial, ed. oficial, e *Trabalhos da Comissão especial do Senado*, vol. I-II, *Parecer e réplica*, de Ruy Barbosa I (1902).

Projet de code des obligations et des contrats, publ. em Paris, 1929.

PROVERA, GIUSEPPE – *Contributi alla teoria dei iudicia contraria*, 1951.

PRÜTTING, HANNS – *Sachenrecht/Ein Studienbuch*, 33.ª ed., 2008;

– PWW/BGB, 7.ª ed. (2012), Intr. § 854.

PRÜTTING, HANNS/WEGEN, GERHARD/HEINRICHT, GERD – *BGB Kommentar*, 4.ª ed., Colónia, 2009.

PUCHTA, GEORG FRIEDRICH/RUDORF, A. – *Pandekten*, 8.ª ed. (1856) 2, § 219.

PUGLIESE, GIOVANNI – *Il processo civile romano* II – *Il processo formulare* I, 1963.

PUNTSCHART, PAUL – *Schuldvertrag und Treugelöbnis des Sächsischen Rechts in Mittelalter/Ein Beitrag zur Grundauffassung der altdeutschen Obligation*, 1896.

RACKHAM, H. – *vide* ARISTÓTELES.

RADIN, MAX – *Obligatio*, PWRE 17,2 (1937), 1717-1726.

RAISER, LUDWIG – *Das Recht der Allgemeinen Geschäftsbedingungen*, 2.ª ed., 1961, correspondente à 1.ª, de 1935.

RAMADAN, SAÏD – *La Sharî 'ah/Introduction au Droit islamique*, 2.ª ed., 2001.

RAMALHO, MARIA DO ROSÁRIO PALMA – *Da autonomia dogmática do Direito do trabalho*, 2001;

– *Direito do trabalho*, Parte I – *Dogmática geral*, 2005

– *Direito do trabalho*, Parte II – *Situações laborais individuais*, 3.ª ed., 2010.

RANIERI, FILIPPO – *Europäisches Obligationenrecht/Ein Handbuch mit Texten und Materialen*, 3.ª ed., 2009.

RAY, JEAN – *Essai sur la structure logique du Code Civil français*, 1926.

REGELSBERGER, FERDINAND – *Alternativobligation und alternative Ermächtigung des Gläubigers*, JhJb 16 (1878), 159-175;

– *Pandekten* 1 (1893), § 99.

REGEN, ARNULF – *Welche Erscheinungen kennt das BGB, die den gemeinrechtlichen Naturalobligationen gleichartig oder ähnlich sind?*, 1903.

REGO, MARGARIDA LIMA – *Contrato de seguro e terceiros*, 2010.

REHBEIN, H./REINCKE, O. – *Allgemeines Landrecht für die Preussischen Statten*, I, 1894.

REICHEL, HANS – *Unklagbare Ansprüche*, JhJb 59 (1911), 409-460.

REIDEGELD, AHMAD A. – *Handbuch Islam/Die Glaubens- und Rechtslehre der Muslime*, 2.ª ed., 2008.

REINCKE, O. – REHBEIN, H./REINCKE, O. – *vide* REHBEIN, H..

REINERT-SCHOERER, MARLIESE – *vide* MALHEIROS, MANUEL.

REINHARD, THORSTEN – *vide* HEERSTRASSEN, FRANK.

REIS, PASCOAL JOSÉ DE MELLO FREIRE DOS – *Instituições de Direito criminal português/ Livro único*, trad. de MIGUEL PINTO DE MENESES, BMJ 155 (1966), 43-202;

– *Institutiones Juris Civilis Lusitani cum Publici tum Privati*, IV – *De obligationibus et actionibus*, 1815; existe trad. port. de MIGUEL PINTO DE MENESES, BMJ 168

858   *Tratado de Direito civil*

(1967), 27-165, 170 (1967), 89-134 e 171 (1967), 69-168 (o Livro IV – *Das obrigações e acções*).

REISCHL, KLAUS – *Grundfällen zum neuen Schuldrecht*, JuS 2003, 40-48.

REMIEN, OLIVER/HERRLER, SEBASTIEN/LIMMER, PETER – *Gemeinsames Europäisches Kaufrecht für EU?/Analyse des Vorschlags der Europäischen Kommission für optionales Europäisches Vertragsrecht vom 11. Oktober 2011*, 2012.

RENAUT, MARIE-HÉLÈNE – *Histoire du droit des obligations*, 2008.

REPPLINGER, KARL PETER – *vide* BERGER, MATHIAS.

República Democrática de Timor Leste/Ministério da Justiça, *Anteprojecto do Código Civil de Timor-Leste*, 2008.

RESCIGNO, PIETRO – *Obbligazioni (diritto privato)/Nozioni generale*, ED XXIX (1979), 133-221;
– *Manuale del diritto privato italiano*, 7.ª ed., 1986.

Research Group on the Existing EC Privat Law (Acquis Group), *Principles of the Existing EC Contract Law (Acquis Principles), Contract I/Pre-contractual obligations, Conclusion of Contract, Unfair Terms*, 2007.

REUSS, KARL FRIEDRICH – *Die Intensitätstufen der Abreden und die Gentlemen- Agreements*, AcP 154 (1955), 485-526.

REZAEI, HASSAN – *Islamic Sharia and Cyberspace: Reflections on the Interactions of Sharia and Iranian Society in Cyberspace*, em *Beiträge zum Islamischen Recht* IV (2004), 105-124.

RIBBENTROP, GEORG JULIUS – *Zur Lehre von den Correal-Obligationen*, 1831.

RIBEIRO, ERNESTO CARNEIRO – *Ligeiras observações sobre as emendas do Dr. Ruy Barbosa feitas à redacção do projecto do Código Civil*, 1902.

RIBEIRO, J. SOUSA – *vide* ALARCÃO, RUI DE.

RIBEIRO, JOSÉ DE ALBUQUERQUE DE ALMEIDA – *Natureza jurídica do direito do arrendatário*, ROA 1948, 1-2, 165-200.

RIEHM, THOMAS – *vide* LORENZ, STEPHAN.

RIESE, NICOLE – *Konkurrenz zwischen mietrechtlichen und allgemeinen Vorschriften bei anfänglicher auf einem Sachmangelberuhender Unmöglichkeit*, JA 2003, 162-168.

RIESENHUBER, KARL – *Europäisches Vertragsrecht*, 2003;
– *vide* KITAGAWA, ZENTARO.

RIETZER, F. – *Die rechtliche Natur des Geldwechslergeschäfts*, JhJb 20 (1882), 201-264.

RIGAUD, LOUIS – *La théorie du droit réel et de l'obligation et la "science juridique pure"*, RCLJ LXV (1925), 423-439.

RING, GERHARD – *Der Verbraucherschutz*, em DAUNER-LIEB/HEIDEL/LEPA/RING, *Das neue Schuldrecht* (2002), 346-347;
– em BARBARA DAUNER-LIEB/THOMAS HEIDEL/GERHARD RING, *Das Neue Schuldrecht* (2002), § 12;
– *vide* DAUNER-LIEB, BARBARA.

RINGSTMEIER, ANDREAS/HOMANN, STEFAN – *Die Answirkungen der Schuldrechtsreform aud die Insolvenzverwaltung*, ZIP 2002, 505-510.

RIPERT, GEORGES – *La règle morale dans les obligations civiles*, 4.ª ed., 1949.

RIPERT, GEORGES – *vide* PLANIOL, MARCEL.

RIVES-LANGE, JEAN-LOUIS/CONTAMINE-RAYNAUD, MONIQUE – *Droit bancaire*, 6.ª ed., 1995.

ROBBACH, PAUL – *vide* AMANN, HERMANN.

ROCCA, GIOCCHINO LA – *Impresa e società nel gruppo bancario*, 1995.

ROCCO, ALFREDO – *Studi sulla teoria generale del fallimento*, RDComm VIII (1910) I, 669-697 e 855 a 875.

ROCCO, FERDINANDO – *Su la natura giuridica delle obbligazioni alternative/Contributo a una teoria delle obbligazioni a elementi indeterminate*, RISG XL (1905), 201-224 e XLI (1906), 35-74.

ROCHA, ANA CATARINA – *A cláusula de reserva de propriedade na Directiva 2000/35/CE do Parlamento Europeu e do Conselho sobre as medidas de luta contra os atrasos de pagamento*, RFDUP 2005, 9-78.

ROCHA, MANUEL ANTÓNIO COELHO DA – *Instituições de Direito civil portuguez*, tomos I e II, 1844; 2.ª ed., 1848, reimp., 1917;
– *Instituições de Direito Civil Portuguez*, 1846, reimp. 1917.

RODGER, ALAN – *vide* HONORÉ, A. M..

RODIÈRE, RENÉ – *Une notion menacer: la faute ordinaire dans les contrats*, RTDC LII (1954), 201-227.

RÖDIG, JÜRGEN – Privatrechtliche Pflicht zur Unterlassung/Zugleich ein Beitrag zur Lehre von der positiven Forderungsverletzung, RTh 1972, 1-22.

RODRIGUES, ANTÓNIO COELHO – *Projecto do código civil brasileiro precedido de um projecto de lei preliminar*, 1893.

RODRIGUES, EMÍLIA DOS SANTOS – *vide* ALARCÃO, RUI DE.

RODRIGUES, MANUEL – *A compropriedade no Direito civil português*, RLJ 58 (1925) 17-20, 33-36, 49-51, 65-68, 81-83 e 97-99.

RODRIGUES, SILVIO – *Direito civil, 2 – Parte geral das obrigações*, 30.ªed., São Paulo, 2002, 9.ª tiragem, 2008; *3 – Dos contratos e das declarações unilaterais da vontade*, 30.ª ed., São Paulo, 2004; *4 – Responsabilidade civil*, 20.ª ed., 4.ª tiragem, São Paulo, 2007.

ROHDE, GERD – *Die Unmöglichkweit der Leistung bei Gattungsschulden*, 1972.

ROHE, MATHIAS – *Der Islam und deutsches Zivilrecht*, em *Beiträge zum Islamischen Recht* II (2003).

ROLLAND, WALTER – *Einführung*, em HAAS e outros, *Das neue Schuldrecht* (2002), 4;
– *vide* HAAS, LOTHAR.

RORCHERT, MANFRED – *Geld und Kredit/Einführung in die Geldtheorie und Geldpolitik*, 8.ª ed., 2003.

ROSEN, LAWRENCE – *The Justice of Islam*, 2002.

ROTH, HERBERT – *Standzeit von Kraftfahrzeugen als Sachmangel*, NJW 2004, 330-331;
– *vide* BAMBERGER, HANS GEORG.

RÖTHERS, BERND – *vide* HÖPFNER, CLEMENS.

ROTONDI, MARIO – *The Proposed Franco-Italien Code of obligations*, AJCL 3 (1954), 345-359;
– *Alcune considerazioni sul concetto di obbligazione naturale e sulla sua evoluzione*, RDComm LXXV (1977) I, 213-226.

RUBELLIN-DEVICHI, JACQUELINE – *Personnes et droit de la famille/Jurisprudence*, RTDC 1990, 443-461.

RUDORF, A. – *vide* PUCHTA, GEORG FRIEDRICH.

RÜFNER, THOMAS – HKK/BGB, I – *Allgemeiner Teil*, §§ 1-240 (2003), §§ 90-113.

860   *Tratado de Direito civil*

Rühl, Giesela – *Obliegenheiten im Versicherungsvertragsrecht/Auf dem Weg zum Europäischen Binnenmarkt für Versicherungen*, 2004.

Rümelin, G. – recensão a Scheurl, *Zur Lehre von der Teilbarkeit der Rechte. Bedeutung der Begriffsbildung und legislatorische Behandlung*, JhJb 28 (1889), 386-484

Rümelin, Max – *Obligatio und Haftung*, AcP 68 (1885), 151-216.

Ruth – *Veränderungen des Zivilrechts durch das Gesetz über Mieterschutz und Mieteinigungsämter vom 1.6.1923*, AcP 121 (1923), 310-358.

Rüthers, Bernd – anotação a BVerfG 26-Mai.-1993, *Ein Grundrecht auf Wohnung durch die Hintertür ?*, NJW 1993, 2587-2589.

Ruthven, Malise – *Der Islam/Eine Kurze Einführung*, 2005.

Rütten, Wilhelm – *Mehreit von Gläubigern*, 1990;
– *Zur Entstehung des Erfüllungszwangs im Schuldverhältnis*, FS Gernhuber (1993), 939-957.

Sá, Almeno de – *vide* Alarcão, Rui de.

Sá, Fernando Cunha de – *Direito das obrigações*, 1978, e I, 1981, e II, 1981.

Säcker, Franz Jürgen – introdução ao *Münchener Kommentar zum BGB*, 1, 6.ª ed. (2012).

Säcker, Franz Jürgen/Boesche, Katharina Vera – *Die geplante Neuregelung des Energievertragsrechts im Lichte der Schuldrechtsmodernisierung*, BB 2002, 27-34.

Sakurada, Yoshiaki/Schwitter, Eva – *Die Reform des japanischen Internationalen Privatrechts*, RabelsZ 76 (2012), 86-130.

Salandra, Vittorio – *Contratti preparatorii e contratti di coordinamento*, RDComm XXXVIII (1940) I, 21-32.

Saleilles, Raymond – *De la possession des meubles/Études de droit allemand et droit français*, 1907;
– *Étude sur la théorie générale de l'obligation d'après le premier projet de Code Civil pour l'Empire Allemand*, 3.ª ed., 1914.

Sampaio, Afonso Leite de/Madeira, Alberto Lopes/Manso, Eduardo Martins – *Direito Civil Português/Das obrigações (de harmonia com as prelecções do Ex.mo Senhor Doutor Adriano Vaz Serra ao curso do 1.º ano jurídico de 1929-1930)*, 1930.

Samuel, Geoffrei – *System und Systemdenken/Zu den Unterschieden zwischen kontinentaleuropäischen Recht und Common Law*, ZEuP 1995, 375-397.

Sandkühler, Gerd – *Bankrecht*, 2.ª ed., 1993.

Sanger, August – *Gemeinschaft und Rechtsteilung*, 1913.

Santerre, E. Colmet de – *vide* Demante, A. M..

Santos, António Marques dos – *Sur une proposition italienne d'élaboration d'un code européen des contrats (et des obligations)*, DDC 45/46 (1991), 275-285 ;
– *As relações entre Portugal, a Europa e o Mundo Lusófono e as suas repercussões no plano jurídico* (1999), em *Estudos de Direito internacional privado e de Direito público* (2004), 579-594.

Santos, Eduardo Castilho dos – *Métodos de redenominação/Valores mobiliários integrados na Central de Valores Mobiliários*, CMVM 4 (1999), 119-143.

Santos, Fernando Teixeira dos – *Os novos desafios para os mercados de capitais*, CMVM 10 (2001), 76-83.

Santos, Henrique Matheus dos – *O Banco emissor e suas relações com o Estado e com a Economia Nacional*, 1900.

Santos, Rute Martins – *vide* Tiny, Kiluange.

Savagnone, Guglielmo – *La categoria delle res fungibiles*, BIDR 50/51 (1952), 18-64.

Savatier, René – *Essai d'une présentation nouvelle des biens incorporels*, RTDC LVI (1958), 331-360.

Savatier, René – *Le prétendu principe de l'effet relatif des contrats*, RTDC 33 (1934), 525-545;
– *Traité de la responsabilité civile* 1, 2.ª ed., 1951;
– *La théorie des obligations/vision juridique et économique*, 2.ª ed., 1969.

Savigny, Friedrich Carl von – *Pandektenvorlesung*, 1824/25, publ. Horst Hammen (1993), 54;
– *System des heutigen Römischen Rechts* 1 (1840), § 53;
– *System des heutigen Römischen Rechts* (1847), § 268;
– *Obligationenrecht als Theil des heutigen Römischen Rechts* I, 1851, e II, 1853; existe uma 2.ª reimp., 1987.

Scannicchio, Nicola – *vide* Lipari, Nicolò.

Schaal, Peter – *Geldtheorie und Geldpolitik*, 4.ª ed., 1999.

Schacht, Joseph – *An Introduction to Islamic Law*, 1982, reimp..

Schack, Hans – *Deutsches Versicherungsrecht/Übersicht über deutsches Schrifttum und deutsche Rechtsprechung zum Gesetz über den Versicherungsvertrag vom 30. Mai 1908 seit dem Umbruch des Jahres 1933 bis Ende Juni 1938*, 1938.

Schaer, Roland – *Rechtsfolgen der Verletzung versicherungsrechtlicher Obliengenheiten*, 1972.

Schäfer, Carsten – *Darlehens- und Verbraucherkreditvertrag*, em Lothar Haas e outros, *Das neue Schuldrecht* (2002), 313-338;
– *vide* Haas, Lothar.

Schäfer, Frank A. – *vide* Schwintowski, Hans-Peter.

Schäffer, Hans-Bernd/Ott, Claus – *Lehrbuch der ökonomischen Analyse des Zivilrechts*, 4.ª ed., 2005.

Schapp, Jan – *Empfiehlt sich die "Pflichtverletzung" als Generaltatbestand des Leistungsstörungsrechts?*, JZ 2001, 583-589.

Schaub, Renata – no PWW/BGB, 7.ª ed. (2012), § 823.

Schauer, Martin – *vide* Grundmann, Stefan.

Scheerer-Buchmeier, Heike – *Die Abgrenzung des Rechtsgeschäfts von der nicht rechtsgeschäftlichen Vereinbarung unter besonderer Berücksichtigung der Diskussion im 19. Jahrhundert*, 1990.

Schellhammer, Kurt – *Die Haftung des Verkäufers für Sach- und Rechtsmängel – Neue Struktur und neuer Mangelbegriff*, MDR 2002, 241-246;
– *Das neue Kaufrecht: Die Sachmängelrechte des Käufers*, MDR 2002, 301-308;
– *Das neue Kaufrecht – Rechtsmängelhaftung, Rechtskauf und Verbrauchsgüterkauf*, MDR 2002, 485-490.

Scherillo, Gaetano – *Le obbligazioni naturali*, ArchG 175 (1968), 516-559.

Schermaler, Martin Josef – no HKK/BGB II/1 (2007), §§ 276-277.

862   *Tratado de Direito civil*

SCHMIDT-KESSEL, MARTIN – *Gläubigern und Schuldner: Mehrheit und Wechsel*, no Staudinger, *Eckpfleiler des Zivilrechts* (2012/2013), 361-404:

SCHIMIKOWSKI, PETER – *Versicherungsvertragsrecht*, 4.ª ed., 2009.

SCHIMMER, ROLAND/BUHLMANN, DIRK – *Schuldnerverzug nach der Schuldrechtsmodernisierung – Tatbestandsvoraussetzungen und Rechtsfolgen*, MDR 2002, 609-615.

SCHIRRMACHER, CHRISTINE – *Der Islam/Eine Einführung*, 2005.

SCHLODDER, ANTJE – *Der Arbeitsvertrag im neuen Schuldrecht*, 2004.

SCHLOSSER, PETER – no Staudinger II, §§ 305-310 (*Recht der Allgemeinen Geschäftsbedingungen* (2006), prenot. §§ 305 ss..

SCHLOSSMANN, SIEGMUND – *Altrömisches Schuldrecht und Schuldverfahren*, 1904.

SCHLÜTER, THORSTEN – *Grossbritanien/Nordirland*, em PETER DERLEDER/KAI-OLIVER KNOPS/HEINZ GEORG BAMBERGER, *Handbuch des deutschen und europäischen Bankrecht*, 2.ª ed. (2009), 2441 ss..

SCHMIDT, ALPMANN – *Express: Reform des Schuldrechts/Das neue BGB*, 2.ª ed., 2002.

SCHMIDT, EIKE – *vide* ESSER, JOSEF.

SCHMIDT, JÜRGEN – *Vertragsfreiheit und Schuldrechtsreform/Überlegungen zur Rechtfertigung der inhaltlichen Gestaltungsfreiheit bei Schuldverträgen*, 1985;
    – no *Staudinger Kommentar*, 13.ª ed. (1995), § 242.

SCHMIDT, KARSTEN – no *Staudinger II, §§ 244-248*, 13.ª ed. (1997), com o subtítulo *Geldrecht*;
    – *Das Gemeinschaftskonto: Rechtsgemeinschaft am Rechtsverhältnis*, FS Walther Hadding (2004), 1093-1116

SCHMIDT, REIMER – *Die Obliegenheiten/Studien auf dem Gebiet des Rechtszwanges im Zivilrecht unter besonderer Berücksichtigung des Privatversicherungsrechts*, 1953.

SCHMIDT, RUDOLF – *Unechte Solidarität*, JhJb 72 (1922), 1-116.

SCHMIDT-KESSEL, MARTIN – *Die Zahlungsverzugsrichtlinie und ihre Unsetzung*, NJW 2001, 97-103;
    – *Ein einheitliches europäisches Kaufrecht?/Eine Analyse des Vorschlags der Kommission*, 2012.
    – no PWW/*BGB Kommentar*, 1, 7.ª ed. (2012), § 241.

SCHMIDT-RÄNTSCH, JÜRGEN – *Reintegration der Verbraucherschutzgesetze durch den Entwurf eines Schuldrechtsmodernisierungsgesetzes*, em SCHULZE/SCHULTE-NÖLKE, *Die Schuldrechtsreform* (2001), 169-176.

SCHMIEDER, PHILIPP – *Duo rei/Gesamtobligation im römischen Recht*, 2007.

SCHMITT, MARCO – *vide* TIEDTKE, KLAUS.

SCHMOECKEL, MATHIAS – *100 Jahre BGB: Erbe und Aufgabe*, NJW 1996, 1697-1705.

SCHNEIDER, WINFRIED-THOMAS – *Abkehr vom Verschuldensprinzip?/Eine rechtsvergleichende Untersuchung zur Vertragshaftung (BGB, Code civil und Einheitsrecht)*, 2007.

SCHOCKENHOFF, MARTIN/FLEGE, CARSTEN – *Neue Verjährungsfragen im Kapitalgesellschaftsrecht*, ZIP 2002, 917-925.

SCHOLL, WOLFGANG – *Der Mieter als Nachbar/Subjektiv-öffentliche Abwehransprüche aus obligatorischen Schuldverhältnissen*, 2001.

SCHOPP, HEINRICH – *Die Mobiliarmiete – eine dingliches Recht/Bemerkungen zu der Abhandlung von Koch in ZMR 85, 187*, ZMR 1987, 206-208.

Índice bibliográfico   863

SCHORKOPT, FRANK – *Die Einführung des Euro: der europäische und deutsche Rechtsrahmen*, NJW 2001, 3734-3742.

SCHOTT, HERMANN – *Der obligatorische Vertrag unter Abwesenden*, 1873.

SCHREIBER, KLAUS – *Haftung bei Gefälligkeiten*, Jura 2001, 810-814.

SCHRÖDER, RAINER – *Das BGB im Dritten Reich*, em UWE DIEDERICHSEN/WOLFGANG SELLERT (org.), *Das BGB im Wandel der Epochen/10. Symposium der Komission "Die Funktion des Gesetzes in Geschichte und Gegenwart"* (2002), 109-126.

SCHUBERT, WERNER – *vide* JAKOBS, HORST HEINRICH.

SCHULTE-BRAUCKS, REINHART – *Zahlungsverzug in der Europäischen Union*, NJW 2001, 103-108.

SCHULTE-NÖLKE, HANS – *Die schwere Geburt des Bürgerlichen Gesetzbuchs*, NJW 1996, 1705-1710;
  – *Restatement – nicht Kodifikation/Arbeiten am "Gemeinsamen Referenzrahmen" für ein Europäisches Vertragsrecht*, em OLIVIER REMIEN (publ.), *Schuldrechtsmodernisierung und Europäisches Vertragsrecht* (2008), 26-43;
  – *vide* BAR, CHRISTIAN VON;
  – *vide* SCHULZE, REINER.

SCHULTE-NÖLKE, HANS/ZOLL, FRYDERYK/JANSEN, NILS/SCHULZE, REINER – *Der Entwurf, für ein optionales europäisches Kaufrecht*, 2012.

SCHULZ, FRITZ – *Classical Roman Law*, 1951.

SCHULZ, MICHAEL – *Leistungsstörungsrecht*, em WESTERMANN, *Das Schuldrecht 2002/Systematische Darstellung der Schuldrechtsreform* (2002), 17-104.

SCHULZE, GÖTZ – *Die Naturalobligation/Rechtsfigur und Instrument des Rechtsverkehers einst und heute: zugleich Grundlegung einer zivilrechtlichen Forderungslehre*, 2008

SCHULZE, GÖTZ – *Falschlieferung beim Spezieskauf – Unzulänglichkeiten des Gesetzes?*, NJW 2003, 1022-1023.

SCHULZE, REINER – no *Bürgerliches Gesetzbuch/Handkommentar*, 7.ª ed. (2012), § 241;
  – *vide* SCHULTE-NÖLKE, HANS.

SCHUR, WOLFGANG – *Leistung und Sorgfalt/zugleich ein Beitrag zur Lehre von der Pflicht im Bürgerlichen Recht*, 2001.

SCHULZE, REINER/EBERS, MARTIN – *Streitfragen in neuen Schuldrecht*, JuS 2004, 265-272, 366-371 e 462-468.

SCHULZE, REINER/SCHULTE-NÖLKE, HANS – *Die Schuldrechtsreform vor dem Hintergrund des Gemeinschaftsrechts*, 2001.

SCHULZ-HARDT, STEFAN – *vide* TRAUT-MATTAUSCH, EVA.

SCHULZ-HENNIG, INGO – *Bank Holding Companies im Wirtschaftsrecht der USA/Eine rechtliche und faktische Analyse*, 1980.

SCHÜNEMANN, WOLFGANG B. – *Grundprobleme der Gesamthandgesellsschaft*, 1975.

SCHÜRNBRAND, JAN – *Der Schuldbeitritt zwischen Gesamtschuld und Akzessorität*, 2003;
  – *Gestaltungsrechte als Verfügungsgegenstand*, AcP 204 (2004), 177-207.

SCHWAB – *Das neue Schuldrecht im Überblick*, em SCHWAB/WITT, *Einführung* (2002), 1-21;
  – *Das neue Schuldrecht im Überblick*, JuS 2002, 1-8;
  – *Schuldrechtsmodernisierung 2001/2002 – Die Rückabwicklung von Verträgen nach §§ 346 ff. BGB n. F.*, JuS 2002, 630-637;

864   *Tratado de Direito civil*

– *Grundfälle zu culpa in contrahendo, Sachwalterhaftung und Vertrag mit Schutzwir-kung für Dritte nach neuem Schuldrecht*, JuS 2002, 773-778 e 872-878;
– *Schadensersatzverlangen und Ablehnungsandrohung nach der Schuldrechtsreform*, JR 2003, 133-140.
SCHWAB, MARTIN/WITT, CARL-HEINZ – *Einführung in das neue Schuldrecht*, 5.ª ed., 2002.
SCHWANERT, HERMANN AUGUST – *Die Naturalobligation des Römischen Rechts*, 1861.
SCHWARZ, ANDREAS BARTALAN – *Zur Entstehung des modernen Pandektensystems*, SZRom 62 (1921), 578-610.
SCHWEDHELM, ULRIKE – *Das Gesamtschuldverhältnis/Entstehung – Wirkung – Ausgleich*, 2003.
SCHWERIN, CLAUDIUS FRHR. VON – *Schuld und Haftung im geltenden Recht*, 1911.
SCHWIND, ERNST FREIH. VON – *Die Reallastenfrage*, JhJb 33 (1894), 1-148;
– *Schuld und Haftung im geltenden Recht*, JhJb 68 (1919), 1-204.
SCHWINTOWSKI, HANS-PETER/SCHÄFER, FRANK A. – *Bankrecht/Commercial Banking – Investment Banking*, 1.ª ed., 1997, 2.ª ed., 2004;
– *Bankrecht*, 3.ª ed. (2011.
SCHWITTER, EVA – *vide* SAKURADA, YOSHIAKI.
SCRUTTON, THOMAS EDWARD – *The Influence of Roman Law on the Law of England*, 1885, reimp..
SECKEL, EMIL – *Die Gestaltungsrechte des bürgerlichen Rechts*, FG R. Koch (1903), 205-253.
SECKEL, EMIL/LEVY, ERNST – *Die Gefahrtragung beim Kauf im klassischen römischen Recht*, SZRom 47 (1927), 117-263.
SEELER, WILHELM VON – *Der Spieleinwand*, AbürgR 24 (1904), 1-16.
SEFTON-GREEN, RUTH (ed.) – *Mistake, Fraud and Duties to Inform in European Contract Law*, 2005, reimp., 2006.
SEGRÈ, GINO – *Obligatio, obligare, obligari nei testi delle giurisprudenza classica e del tempo di Diocleziano*, Studi in onore di Pietro Bonfante 3 (1930), 499-617.
SEIBERT, ULRICH – *Gattung und Güte/Rechtsfolgen Schuldabweichen beim Gattungskauf*, MDR 1983, 177-180;
– *Handbuch zum Verbraucherkreditgesetz*, 1991.
SELLER, HANS HERMANN – no Staudinger, III, *Einleitung zum Sachenrecht* (2007);
– *vide* BEHRENDS, OKKO.
SELB, WALTER – *Mehrheiten von Gläubigern und Schuldnerm*, 1984.
SELLERT, WOLFGANG – *Das BGB in der Weimarer Epoche*, em UWE DIEDERICHSEN/WOLF-GANG SELLERT (org.), *Das BGB im Wandel der Epochen/10. Symposium der Komission "Die Funktion des Gesetzes in Geschichte und Gegenwart"* (2002), 73-103.
SENNE, PETRA – *Das Recht der Leistungsstörungen nach dem Schuldrechtsmodernisie-rungsgesetz*, JA 2002, 424-433.
SERRA, ADRIANO VAZ – *Direito civil português/Das obrigações*, por Afonso Leite de Sam-paio, Alberto Lopes Madeira e Eduardo Martins Manso, 1930;
– *A revisão geral do Código Civil/Alguns factos e comentários*, BMJ 2 (1947), 24-76 = BFD 22 (1947), 451-513;
– *Compensação*, BMJ 31 (1952), 13-209;
– *Do cumprimento como modo de extinção das obrigações*, BMJ 34 (1953), 5-212;

Índice bibliográfico   865

– *Sub-rogação nos direitos do credor*, BMJ 37 (1953), 5-66;
– *Direito de satisfação ou resgate e sub-rogação legal nos casos de hipoteca ou de penhor*, BMJ 39 (1953), 5-24;
– *Dação em função do cumprimento e dação em cumprimento*, BMJ 39 (1953), 25-57;
– *Consignação em depósito, venda da coisa devida e exoneração do devedor por impossibilidade da prestação resultante de circunstância atinente ao credor*, BMJ 40 (1954), 5-192;
– *Confusão*, BMJ 41 (1954), 17-55;
– *Remissão, reconhecimento negativo de dívida e contrato extintivo da relação obrigacional bilateral*, BMJ 43 (1954), 5-98;
– *Cessão de créditos ou de outros direitos*, BMJ, número especial (1955), 5 ss. = BFD, vol. XXX (1954), 191-399, e vol. XXXI (1955), 190-365;
– *Impossibilidade superveniente por causa não imputável ao devedor e desaparecimento do interesse do credor*, BMJ 46 (1955), 5-152;
– *Impossibilidade superveniente e cumprimento imperfeito imputáveis ao devedor*, BMJ 47 (1955), 5-97;
– *Encargo da prova em matéria de impossibilidade ou de cumprimento imperfeito e da sua imputabilidade a uma das partes*, BMJ 47 (1955), 98-126;
– *Mora do devedor*, BMJ 48 (1955), 5-317;
– *Cessão da posição contratual*, BMJ 49 (1955), 5-30;
– *Lugar da prestação*, BMJ 50 (1955), 5-48;
– *Tempo da prestação – Denúncia*, BMJ 50 (1955), 49-211;
– *Contratos a favor de terceiro. Contratos de prestação por terceiro*, BMJ 51 (1955), 29-229;
– *Obrigações pecuniárias*, BMJ 52 (1956), 5-228;
– *Obrigações naturais*, BMJ 53 (1956), 5-171;
– *Obrigações genéricas*, BMJ 55 (1956), 5-58;
– *Obrigações alternativas. Obrigações com faculdade alternativa*, BMJ 55 (1956), 61-158;
– *Obrigação de juros*, BMJ 55 (1956), 159-170;
– *Penhor*, BMJ 58 (1956), 17-293 e 59 (1956), 13-268;
– *Títulos de crédito*, BMJ 60 (1956), 5-350 e 61 (1956), 5-364;
– *Hipoteca*, BMJ 62 (1957), 5-356 e 63 (1957), 193-396;
– *Privilégios*, BMJ 64 (1957), 41-339;
– *Direito de retenção*, BMJ 65 (1957), 103-259;
– *Consignação de rendimentos*, BMJ 65 (1957), 263-316;
– *Gestão de negócios*, BMJ 66 (1957), 45-282;
– *Excepção de contrato não cumprido*, BMJ 67 (1957), 17-183;
– *Pena convencional*, BMJ 67 (1957), 185-243;
– *Culpa do devedor ou do agente*, BMJ 68 (1957), 13-151;
– *Resolução do contrato*, BMJ 68 (1957), 153-291;
– *Resolução ou modificação dos contratos por alteração das circunstâncias*, BMJ 68 (1957), 293-385;
– *Pluralidade de devedores e credores*, BMJ 69 (1957), 37-352 e 70 (1957), 5-240;
– *Fiança e figuras análogas*, BMJ 71 (1957), 19-331;

866   *Tratado de Direito civil*

– *Novação*, BMJ 72 (1958), 5-75;
– *Expromissão*, BMJ 72 (1958), 77-81;
– *Promessa de liberação e contrato a favor do credor*, BMJ 72 (1958), 83-95;
– *Delegação*, BMJ 72 (1958), 97-187;
– *Assunção de dívida (Cessão de dívida sucessão singular na dívida)*, BMJ 72 (1958), 189-257;
– *Responsabilidade do devedor pelos factos dos auxiliares, dos representantes legais ou dos substitutos*, BMJ 72 (1958), 259-305;
– *Cessão de bens aos credores*, BMJ 72 (1958), 307-325;
– *Realização coactiva da prestação (Execução) (Regime civil)*, BMJ 73 (1958), 31-394;
– *Objecto da obrigação/A prestação – suas espécies, conteúdo e requisitos*, BMJ 74 (1958), 15-283;
– *Promessa pública*, BMJ 74 (1958), 285-331;
– *Efeitos dos contratos (Princípios gerais)*, BMJ 74 (1958), 333-368;
– *Responsabilidade patrimonial*, BMJ 75 (1958), 5-410;
– *Contrato-promessa*, BMJ 76 (1958), 5-129;
– *Obrigação de preferência (Pacto de preferência ou de opção)*, BMJ 76 (1958), 131-289;
– *Obrigações – Ideias preliminares gerais*, BMJ 77 (1958), 5-125;
– *Fontes das obrigações – O contrato e o negócio jurídico unilateral como fontes de obrigações*, BMJ 77 (1958), 127-219;
– *Fixação de prazo*, BMJ 77 (1958), 221-225;
– *Exibição de coisas ou documentos*, BMJ 77 (1958), 227-251;
– *Cláusulas modificadoras da responsabilidade. Obrigação de garantia contra responsabilidade por danos a terceiros*, BMJ 79 (1958), 105-148;
– *Obrigação de prestação de contas e outras obrigações de informação*, BMJ 79 (1958), 149-161;
– *Contrato para pessoa a nomear*, BMJ 79 (1958), 163-199;
– *Obrigação de reembolso de despesas (ou benfeitorias) e "ius tollendi"*, BMJ 80 (1958), 13-51;
– *Obrigação de restituição*, BMJ 80 (1958), 53-85;
– *Obrigações de sujeito indeterminado*, BMJ 80 (1958), 87-99;
– *Contrato de modificação ou de substituição da relação obrigacional*, BMJ 80 (1958), 101-135:
– *Responsabilidade do albergueiro, etc., pelas coisas introduzidas no albergue, etc.*, BMJ 80 (1958), 137-185;
– *Reclamação judicial*, BMJ 80 (1958), 187-202;
– *Enriquecimento sem causa*, BMJ 81 (1958), 5-245 e 82 (1959), 5-289;
– *Negócios abstractos. Considerações gerais. Promessa ou reconhecimento de dívida e outros actos*, BMJ 83 (1959), 5-67;
– *Reparação do dano não patrimonial*, BMJ 83 (1959), 69-109;
– *Obrigação de indemnização (Colocação. Fontes. Conceito e espécies de dano. Nexo causal. Extensão do dever de indemnizar. Espécies de indemnização). Direito de abstenção e de remoção*, BMJ 84 (1959), 5-303;

Índice bibliográfico 867

– *Causas justificativas do facto danoso*, BMJ 85 (1959), 13-113;
– *Responsabilidade contratual e responsabilidade extracontratual*, BMJ 85 (1959), 115-241;
– *Abuso do direito (em matéria de responsabilidade civil)*, BMJ 85 (1959), 243-343;
– *Responsabilidade de terceiros no não-cumprimento de obrigações*, BMJ 85 (1959), 345-360;
– *Responsabilidade pelos danos causados por coisas ou actividades*, BMJ 85 (1959), 361-380;
– *Responsabilidade de pessoas obrigadas a vigilância*, BMJ 85 (1959), 381-444;
– *Responsabilidade civil do Estado e dos seus órgãos ou agentes*, BMJ 85 (1959), 446-519;
– *Responsabilidade pelos danos causados por animais*, BMJ 86 (1959), 21-101;
– *O dever de indemnizar e o interesse de terceiros*, BMJ 86 (1959), 103-129;
– *Conculpabilidade do prejudicado*, BMJ 86 (1959), 131-175;
– *Prescrição do direito de indemnização*, BMJ 87 (1959), 23-67;
– *Responsabilidade pelos danos causados por edifícios ou outras obras*, BMJ 88 (1959), 13-62;
– *Fundamento da responsabilidade civil (em especial, responsabilidade por acidentes de viação terrestre e por intervenções lícitas)*, BMJ 90 (1959), 5-322;
– *União de contratos. Contratos mistos*, BMJ 91 (1959), 11-145;
– *Tribunal competente para apreciação da responsabilidade civil conexa com a criminal*, BMJ 91 (1959), 147-206;
– *Direito das obrigações (com excepção dos contratos em especial/Anteprojecto*, sep. BMJ (1960), 5;
– *Requisitos da responsabilidade civil*, BMJ 92 (1960), 37-137;
– *Responsabilidade pelos danos causados por instalações de energia eléctrica ou gás e por produção e emprego de energia nuclear*, BMJ 92 (1960), 139-157;
– *Algumas questões em matéria de responsabilidade civil*, BMJ 93 (1960), 5-79;
– *Garantia da evicção, dos vícios da coisa e dos ónus, na venda em execução*, BMJ 95 (1960), 5-22;
– *Algumas questões em matéria de fiança*, BMJ 96 (1960), 5-99;
– *Direito das obrigações* (versão resumida), BMJ 98 (1960), 13-128, 99 (1960), 27-265, 100 (1960), 17-159, e 101 (1960), 15-161. Citado de acordo com a separata: *Direito das obrigações (com excepção dos contratos em especial)/Anteprojecto* (1960);
– *Direito das obrigações*, BMJ 98 (1960), 129-316, 99 (1960), 267-526, 100 (1960), 161-413 e 101 (1960), 163-403;
– *Prescrição e caducidade*, BMJ 105 (1961), 5-248, 106 (1961), 45-278, e 107 (1961), 159-306; em BMJ 106, 45, o estudo passa a chamar-se *Prescrição extintiva e caducidade*, título que mantém em BMJ 107, 159;
– *Provas (Direito probatório material)*, BMJ 110 (1961), 61-256, 111 (1961), 5-194, e 112 (1962), 33-299;
– *Empreitada*, BMJ 145 (1965), 19-190, e 146 (1965), 33-247;
– anotação a STJ de 4-Dez.-1964 (SIMÕES DE CARVALHO; tem vários votos de vencido), RLJ 98 (1965), 136-145;

868 *Tratado de Direito civil*

– anotação a STJ 22-Nov.-1966 (Lopes Cardoso), RLJ 100 (1967), 200-203;
– anotação a STJ 17-Jun.-1969, RLJ 103 (1971), 461-463;
– anotação a STJ 3-Abr.-1970 (Torres Paulo), RLJ 104 (1971), 144-147;
– anotação a STJ 2-Jun.-1977 (Octávio Dias Garcia), RLJ 111 (1978), 92-96.

Serra, Catarina – *A falência no quadro da tutela jurisdicional dos direitos de crédito/O problema da natureza do processo de liquidação aplicável à insolvência no Direito português*, 2009.

Serra, Yves – anotação a Com 13-Mar.-1979, D 1980, 2-3.

Serrão, Joel – *João VI*, DHP III (1979), 402-404;
– *Pedro IV*, DHP V (1979), 35-39;

Seuffert, Johann Adam – *Praktisches Pandektenrecht*, II, 4.ª ed., 1867.

Shea, A. M. – *vide* Penn, G. A..

Shi, Jiayou – *La codification du Droit civil chinois au regard de l'expérience française*, 2006.

Shi, Ping – *Die Prinzipien des chinesischen Vertragsrechts*, 2005.

Shi, Ping/Chang, Marie Pei-Heng – *La résolution du contrat pour inéxécution/Étude comparative du droit français et du droit chinois*, 2005.

Siber, Heinrich – *Der Rechtszwang im Schuldverhältnis*, 1903;
– recensão a Fritz Litten, *Die Wahlschuld im deutschen bürgerlichen Rechte*, KrV-Schr 46 (1905), 526-555;
– *Naturalis obligatio*, 1925;
– *Naturalis obligatio*, GS Ludwig Mitteis (1926), 1-89;
– *vide* Planck.

Sieckmann, Jan-Reinhard – *Regelmodelle und Prinzipienmodelle des Rechtssystems*, 1990.

Siems, Mathias – *Der Neoliberalismus als Modell für die Gesetzgebung?*, ZRP 2002, 170-174.

Silva, Carlos Alberto B. Burity da – *Teoria geral do Direito civil*, 2004.

Silva, Clóvis V. do Couto e – *A obrigação como processo*, 1976.

Silva, João Calvão da – *Euro e Direito*, 1999;
– *Compra e venda de coisas defeituosas (Conformidade e segurança)*, 2001.

Silva, Manuel Botelho da – *O euro e os conflitos de leis*, CMVM 4 (1999), 183-206.

Silva, Manuel Dias da – *Estudo sobre a responsabilidade civil connexa com a criminal*, 1, 1886) e 2, 1887.

Silva, Manuel Duarte Gomes da – *Ensaio sobre o direito geral de garantia nas obrigações*, 1939, reimp., 1965;
– *Conceito e estrutura da obrigação*, 1943, reimp., 1971;
– *O dever de prestar e o dever de indemnizar* I, 1944;
– *Da solidariedade nas obrigações*, 1939, mas RFDUL IV (1947), 257-348 e V (1948), 289-354;
– *Direitos reais*, 1955.

Silveira, Jorge Noronha e – *Nota de abertura* à ed. oficial do Código Civil de Macau/Versão Portuguesa, 1999.

Simler, Philippe – *vide* Terré, François.

Simões, Raúl Humberto de Lima – *Crédito bancário*, 1930.

SMIROLDO, ANTONINO – *Obbligazione alternativa e facoltativa*, NssDI XI (1965), 623-630.

SOCIÉTÉ DE LÉGISLATION COMPARÉE – *Un noveau regard sur le Droit chinois*, 2008.

SÖLLNER, ALFRED – *Einseitige Leistungsbestimmungen im Arbeitsverhältnis*, 1966.

SOUSA, MANOEL DE ALMEIDA E (de Lobão) – *Tratado Practico das Avaliações e dos Damnos*, 1826;
– *Tractado das obrigações reciprocas que produzem acções civis*, 1828
– *Tratado Practico das Avaliações e dos Damnos*, 1830
– *Notas de uso pratico e criticas, addições, illustrações e remissões á imitação das de Muller a Struvio, sobre todos os titulos, e todos os §§ do Livro primeiro das Instituições de Direito Civil Lusitano do Doutor Pascoal José de Mello Freire*, ed. Imprensa Nacional, 1847-1854

SOUZA, CARMO D' – *Legal System in Goa*, vol. I, *Judicial Institutions (1510-1982)*, e vol. II, *Laws and Legal Trends (1510-1969)*.

SPICKHOFF, ANDREAS – *Die Auskunftspflicht der Lieferanten*, NJW 1992, 2055-2058;
– *Das System der Arzthaftung im reformierten Schuldrecht*, NJW 2002, 2530-2537.

SPIER, JAAP – *vide* MAGNUS, ULRICH.

SPINDLER, GERALD – *Das Gesetz zum elektronischen Geschäftsverkehr – Verantwortlichkeit der Diensteanbieter und Herkunftsprinzip*, NJW 2002, 921-927.

SPRAU, HARTWIG – no Palandt, 71.ª ed. (2012), *Einleitung*.

STADLER, ASTRID – *Gestaltungsfreiheit und Verkehrschutz durch Abstraktion/eine rechtsvergleichende Studie zur abstrakten und kausalen Gestaltung rechtsgeschäftlicher Zuwendungen anhand des deutschen, schweizerischen, österreichischen, französischen und US-amerikanischen Rechts*, 1996.

STAMMATI, GAETANO – *Moneta*, ED XXVI (1976), 746-778.

STAMMLER, RUDOLF – *Das Recht der Schuldverhältnisse in seinen allgemeinen Lehren/Studien zum Bürgerlichen Gesetzbuche für das Deutsche Reich*, 1897.

STARCK, ASTRID – *Hintergründe des Abstraktionsprinzips*, JURA 2011, 5-9.

STATHOPOULOS, MICHAEL – *Europäisches Vertragsrecht und ratio scripta/Zuständigkeiten und Perspektiven*, ZEuP 2003, 243-265.

STAUB, HERMANN – *Die positiven Vertragsverletzungen*, 26. DJT (1902), 31-56, com 2.ª ed. completada por EBERHARD MÜLLER, 1913.

STAUDENMAYER, DIRK – *Ein Optionelles Instrument im Europäischen Vertragsrecht?*, ZEuP 2003, 828-846.
– *Der Kommissionsvorschlag für eine Verordnung zum Gemeinsamen Europäischen Kaufrecht*, NJW 2011, 3491-3498.
– (org.), *Gemeinsames Europäisches Kaufrecht/Kommentar* (2014), em composição.

STECK, DIETER – *Das HGB nach der Schuldrechtsreform*, NJW 2002, 3201-3204.

STEINBECK, RENÉ – *Die Sanktionierung von Obliengenheitsverletzungen nach dem Alles-oder-Nichts- Prinzip*, 2007.

STEINER, HANS – *Zum Begriff der facultas alternativa des Schuldners*, FS Georg Cohn (1915), 303-319.

STEINER, MICHAEL – *Enwicklungslinien des US-Bankensystems und der Gramm Leach Bliley Act*, Bank 2003, 8-13.

STÖCKER, ERHARD – *Dinglichkeit und Absolutheit/Eine Untersuchung mit besonderer Berücksichtigung der Kritik am Entwurf des Bürgerlichen Gesetzbuchs*, 1965.

870   *Tratado de Direito civil*

STOFFEL-MUNCK, PHILIPPE – *vide* MAULAURIE, PHILIPPE.

STOLFI, NICOLA – *Diritto civile/III – Le obbligazioni in generale*, 1932.

STOLL, HANS – *Abschiede von der Lehre von der positiven Vertragsverletzung*, AcP 136 (1932), 257-320 ;
– *Unrechtstypen bei Verletzungabsoluter Rechte*, AcP 162 (1963), 203-236;
– *Vertrauensschutz bei einseitigen Leistungsversprechen*, FS Flume (1978), 741-773.

STOLL, HEINRICH – *Abschied von der Lehre von der positiven Vertragswerletzung/Betrachtungen zum dreissigjähringen Bestand der Lehre*, AcP 136 (1932), 257-320;
– *Die Lehre von den Leistungsstörungen*, 1936.

STÖLTING, CARSTEN – *Vertragsergänzung und implied terms/Eine rechtsvergleichende Untersuchung des deutschen und englischen Rechts*, 2009.

STOLZ, GERALD – *vide* YUSHKOVA, OLGA.

STONE, RICHARD – *The Modern Law of Contract*, 6.ª ed., 2006.

STOPPEL, JAN – *Die beiderseits zu vertrende Unmöglichkeit nach neuen Schuldrecht*, JURA 2003, 224-229.

STOUFFLET, JEAN – *vide* GAVALDA, CHRISTIAN.

STRÄTZ, HANS-WOLFGANG – *Treu und Glauben*, I – *Beiträge und Materialien zu Entwicklung von "Treu und Glauben" in deutschen Privatrechtsquellen vom 14. bis zur Mitte des 17. Jahrhunderts*, 1974.

STROHAL, EMIL – *Schuld und Haftung*, 1914.

Study Group for a European Civil Code, *Principles of European Tort Law*, ZeuP 2004, 427-432.

STULTENBERG, ULF MICHAEL – *Zur Abgrenzung und Modifizierung von vertraglich vereinbarten Obliengenheiten*, 1973.

STÜRNER, MICHAEL – *vide* MEDICUS, DIETER.

SÜDHOFF, STEPHAN – *vide* HAMMER, FRANK A..

SUTSCHET, HOLGER – *vide* EHMANN, HORST;
– *vide* GRÜNEBERG, CHRISTIAN.

SWANN, STEPHAN – *vide* BAR, CHRISTIAN VON.

TABET, ANDREA – *Locazione (in generale) (diritto civile)*, NssDI IX (1968), 996-1036.

TARDIVO, CARLO-MARIA – *vide* GIORGIANNI, FRANCESCO.

TASCHE – *Vertragsverhältnis nach nichtigem Vertragsschluss?*, JhJb 90 (1943), 101-130.

TAVARES, JOSÉ – *Os princípios fundamentais do Direito civil*, 1, 2.ª ed., 1929.

TEDESCHI, GUIDO – *La tutela aquiliana del creditore contra i terzi (con speciale riguardo al diritto inglese)*, RDCiv 1955, 291-318.

TEICHMANN, CRISTOPH – *Schuldrechtsmodernisierung 2001/2002 – Das neue Werkvertragsrecht*, JuS 2002, 417-424;
– *vide* ARNDT.

TEIXEIRA, ANTÓNIO RIBEIRO DE LIZ – *Curso de Direito civil português ou commentario ás instituições do Sr. Paschoal José de Mello Freire sobre o mesmo Direito*, 1845, 3.ª ed., 1856.

TELLES, INOCÊNCIO GALVÃO – *Das universalidades*, 1940;
– *Arrendamento*, 1946;

- *Dos contratos em especial* – I e II (*Compra e venda e locação*), RFDUL V (1948), 173-230 = BMJ 13 (1949), 5-51;
- *Mandato (Anteprojecto de um capítulo do futuro Código Civil português)*, BMJ 16 (1950), 38-46;
- *Aspectos comuns aos vários contratos/Exposição de motivos referente ao título do futuro Código Civil português sobre contratos em especial*, RFDUL VII (1950), 234-315 = BMJ 23 (1951), 18-91;
- *Contratos civis. Exposição de motivos*, RFDUL IX (1953), 144-221 e X (1954), 161-245 = BMJ 83 (1959), 114-182;
- *Manual de Direito das obrigações* 1, 2.ª ed., 1965;
- *Direito das obrigações*, 2.ª ed., 1979; 3.ª ed., 1980; 4.ª ed., 1982; 5.ª ed., 1986: 6.ª ed., 1989; 7.ª ed., 1997;
- *Manual dos contratos em geral*, 1947, 3.ª ed., 1965, 4.ª ed., 2002.

TELLES, JOSÉ HOMEM CORRÊA – *Digesto Portuguez do Tratado dos direitos e obrigações civis accomodado às leis e costumes da Nação portuguesa para servir de subsídio ao "Novo Codigo Civil"*, 3.ª ed., 1849, reimp., 1909; há ed. de 1835 e 1840, 3 volumes; nos diversos volumes, vai variando o subtítulo; existe um suplemento: *Manual de Processo Civil*, como 4.º volume ao Digesto;
- *Digesto Portuguez ou tratado dos direitos e obrigações civis accommodado ás leis e costumes da Nação Portuguesa para servir de subsidio ao "Novo Codigo Civil"*, vol. I, Lisboa, 1.ª ed., 1835, 3.ª ed., 1849, reimp., 1909;
- *Tratado das obrigações pessoais, e reciprocas nos pactos, contractos, convenções, etc.*, 2 volumes, 1835 (trad. de Pothier);
- *Theoria da interpretação das leis/Ensaio sobre a natureza do censo consignativo*, 1845; há ed. de 1815, 1824 e 1838, onde traduz, com anotações, a introdução de JEAN DOMAT, *Les loix civiles dans leur ordre naturel*.

TEONESTO, FERRAROTI – *Commentario teorico pratico comparato al codice civile italiano* VII, 1873, VIII, 1874.

TERRANA, ALFONSO – *Studio sulle obbligazioni divisibili ed indivisibili in diritto romano e diritto civile italiano*, 1891.

TERRÉ, FRANÇOIS/SIMLER, PHILIPPE/LEQUETTE, YVES – *Droit civil/Les obligations*, 9.ª ed., 2002, 10.ª ed., 2009.

The Qur'an/A new translation, trad. ingl. ABDEL HALEEM, 2005, reimp., 2008.

THEUSNER, ALEXANDER – *Das Konzept von allgemeinem und besonderem Teil im chinesischen Zivilrecht/Mechanismen, Ursachen und dogmatische Hintergründe der Rezeption deutschen Zivilrechts in China, dargestellt am Beispiel der Übernahme des Konzepts von allgemeinem und besonderem Teil*, 2005.

THIELE, WOLFGANG – *Leistungsstörung und Schutzpflichtverletzung/Zur Einordnung der Schutzpflichtverletzung in das Haftungssystem des Zivilrechts*, JZ 1967, 649-657.

THIESSEN, JAN – *vide* DAUNER-LIEB, BARBARA.

THÖL, HEINRICH – *Das Handelsrecht/in Verbindung mit dem allgemeinen deutschen Handelsgesetzbuche* I, 4.ª ed., 1862, §§ 73-74; a 3.ª ed. é de 1854.

THÖL, HEINRICH – *Das Handelsrecht*, I/2, 5.ª ed., 1876, § 237

THOMAS, CLAUDE – *La distinction des obligations de moyens et des obligations de resultat*, RCLJ LVII (1937), 636-656.

872   *Tratado de Direito civil*

THOMAZ, FERNÃO FERNANDES – *Penhora de créditos e eficácia externa das obrigações*, ROA 42, 1982, separata.

THON, AUGUST – *Rechtsnorm und subjektives Recht/Untersuchung zur allgemeinen Rechtslehre*, 1878.

TIEDTKE, KLAUS/SCHMITT, MARCO – *Ersatzlieferung beim Stückkauf*, JuS 2005, 583-587.

TILOCCA, ERNESTO – *La distinzione tra diritti reali e diritti di credito*, ArchG CXXXVIII (1950), 3-26.

TINY, KILUANGE/SANTOS, RUTE MARTINS/TINY, N'GUNU – *Investimentos em São Tomé e Príncipe/Legislação Básica*, 2006.

TINY, N'GUNU – *vide* TINY, KILUANGE.

TOBEÑAS, JOSÉ CASTÁN – *La ordenación sistemática del derecho civil*, 1954.

TONNER, KLAUS – *Das Recht des Time-sharing na Ferienimmobilien*, 1997.

TORO, INIGO MARANI – *Natura ed effetti delle obbligazioni alternative*, RDCiv XXIV (1932), 1-49.

TORRES, ANTÓNIO MARIA M. PINHEIRO – *Noções fundamentais de Direito das obrigações*, 2.ª ed., 2011.

TOURNEAU, PHILIPPE LE – *Droit de la responsabilité et des contrats*, 2008/2009.

TRAUT-MATTAUSCH, EVA/SCHULZ-HARDT, STEFAN/GREITEMEYER, TOBIAS/FREY, DIETER – *Euro-Einführung: Die gefühlte Inflation*, Bank 2003, 372-375.

TREITEL – *The Law of Contract*, 20.ª ed., por EDWIN PEEL, 2007.

TREITEL, RICHARD – *Ueber die "Rechenschaftsablage" nach dem Bürgerlichen Gesetzbuch für das Deutsche Reich*, AbürgR 13 (1898), 1-61.

TRIEBEL, VOLKER/HÖLZLE, GERRIT – *Schuldrechtsreform und Unternehmenskaufverträge*, BB 2002, 521-537.

TRIMARCHI, PIETRO – *Sulla responsabilità del terzo per prejudizio al diritto di credito*, RDCiv XXIX (1983), I, 217-236.

TRIOLA, ROBERTO – *Codice civile annotato con la giurisprudenza*, 3.ª ed., 2003.

TROPLONG, M. – *Le droit civil expliqué suivant l'ordre des articles du code, depuis et y compris le titre de la vente ou commentaire du titre VI du livre III du code civil*, 2.ª ed., a partir de 1835.

TROPLONG, RAYMOND-THÉODORE – *De l'échange et du louage (le droit civil expliqué suivant l'ordre des articles du code)*, II, 3.ª ed., 1859.

TUHR, ANDREAS VON – *Der Allgemeine Teil des Deutschen Bürgerlichen Rechts/I – Allgemeine Lehren und Personenrecht*, 1910, reimp., 1957.

UCHA, ISABEL – *Dívida pública: um mercado único?*, CMVM 4 (1999), 101-117.

ULLRICH, GEORG FRIEDRICH WILHELM – *Die Naturalobligation der Pupillen*, 1849.

ULMER, PETER – *Integration des AGB-Gesetzes in das BGB?*, em REINER SCHULZE/HANS SCHULTE-NÖLKE, *Die Schuldrechtsreform vor dem Hintergrund des Gemeinschaftsrechts* (2001), 215-227.

ULMER, PETER/HABERSACK, MATHIAS – *Verbraucherkreditgesetz*, 2.ª ed., 1995.

UNBERATH, HANNES – *vide* MARKESINIS, BASIL S..

UNBERATH, HANNES/CZIUPKA, JOHANNES – *Dispositives Recht welchen Inhalts?/Antworten der ökonomischen Analyse des Rechts*, AcP 209 (2009), 37-83.

UNGER, JOSEPH – *Passive Correalität und Solidarität im römischen und heutigen Recht*, JhJb 22 (1884), 207-298.

Unidade de Coordenação do Projecto de Reabilitação e Desenvolvimento do Sector Privado/Banco Mundial. Legislação comercial relevante da Guiné-Bissau/Centro de Estudos e Apoio às Reformas Legislativas, *Guiné-Bissau/Código Civil (com anotações) e Legislação Complementar*, 2006.

VANGEROW, KARL ADOLF VON – *Lehrbuch der Pandekten*, 1, 7.ª ed., 1863.

VARELA, JOÃO DE MATOS ANTUNES – *Natureza jurídica das obrigações naturais*, RLJ 90 (1957), 3-7, 17-22 e 33-37;
– *Discurso proferido no centenário do Dr. Guilherme Alves Moreira*, BFD XXXVII (1961), 199-204;
– *Do projecto ao Código Civil*, BMJ 161 (1966), 5-85;
– *Das obrigações em geral*, 1.ª ed., 1970, 2.ª ed., 1, 1973, e 2, 1978; os dois volumes passaram a ser editados em separado; quanto ao 1.º: 3.ª ed., 1980; 4.ª ed., 1982; 5.ª ed., 1986; 6.ª ed., 1989; 7.ª ed., 1991; 8.ª ed., 1994; 9.ª ed., 1996; 10.ª ed., 2000, com diversas reimpressões; quanto ao 2.º: 3.ª ed., 1980; 4.ª ed., 1990; 5.ª ed., 1992; 6.ª ed., 1995; 7.ª ed., 1997, com diversas reimpressões;
– anotação a STJ 15-Out.-1968 (CAMPOS DE CARVALHO), RLJ 103 (1970), 23-32;
– anotação a STJ 28-Mar.-1980 (OCTÁVIO DIAS GARCIA), RLJ 114 (1981), 40-41 e 72-79;
– *Código Civil*, Enc. Polis 1 (1983), 929-944;
– *A elaboração do Código Civil*, em *A feitura das leis* 1 (1986), 17-34;
– *Code Européen des contrats (avant-projet) (Pavia)*, em *Um Código Civil para a Europa*, BFD 2002, 47-51;
– *vide* LIMA, FERNANDO ANDRADE PIRES DE.

VARREILLES-SOMIÈRES, Marquês de – *La définition et la notion juridique de la propriété*, RTDC IV (1905), 443-495.

VASCONCELOS, PEDRO PAES DE – *O efeito externo da obrigação no contrato-promessa*, SI XXXII (1983), 103-123.

VASSEUR, MICHEL – *Droit et économie bancaires/Institutions bancaires*, Fasc. A, 4.ª ed., 1985.

VECCHIS, PIETRO DE – *Banca d'Italia*, no *Digesto delle Discipline Pubblicistiche*, II (1987), 151-167.

VEIGA, ALEXANDRE BRANDÃO DA – *A redenominação como vicissitude de valores mobiliários*, CMVM 4 (1999), 167-180.

VEIT, OTTO – *Geldreform und Geldverfassung*, 1948.

VENTURA, RAÚL – *Manual de Direito romano* 1, 1964;
– *História do Direito romano*, II – *Direito das coisas*, 1968;

VIANNA, M. A. DE SÁ – *Augusto Teixeira de Freitas/Traços Biographicos*, 1905.

VICENTE, DÁRIO MOURA – *Direito comparado*, 1 – *Introdução e parte geral*, 2008;
– *O Direito comparado após a reforma de Bolonha*, 2009.

VIEIRA, JOSÉ ALBERTO – *Direitos Reais/Perspectiva histórica do seu ensino em Portugal*, 2008.

VINCENTIIS, QUIRINO DE – *Della patrimonialità della prestazione nelle obbligazioni contrattuali*, Studi Carlo Fadda, IV (1906), 311-383.

VISSCHER, FERDINAND DE – recensão a AXEL HÄGERSTRÖM, *Der römische Obligationsbegriff im Lichte der allgemeinen römischen Rechtsanschauung* I, 1927, II, 1941, em RDH 1929, 603-608.

VOGENAUER, STEFAN/KLEINHEISTERKAMP, JAN – *Commentary on the Principles of International Commercial Contracts (PICC)*, 2009.

VOLLMER, LOTHAR – *Haftung befreiende Übertragung von Verkehrssicherungspflichten*, JZ 1977, 371-376.

VOLTERRA, EDOARDO – *Istituzioni di diritto privato romano*, 1961.

VORTMANN, JÜRGEN – *Verbraucherkreditgesetz*, 1991.

WÄCHTER, CARL GEORG VON – *Ueber Theilung und Theilbarkeit der Sachen und Rechte*, AcP 27 (1844), 155-197;
– *Pandekten* II – *Besonderer Teil*, 1881.

WACKE, ANDREAS – *Die Zahlung mit fremden Geld/Zum Begriff des pecuniam consumere*, BIDR LXXIX (1976), 49-144;
– *Miete und Pacht von Nießbraucher oder Vorerben sowie vom Nichtberechtigter/ Historische und dogmatische Betrachtungen zu den analogiefähigen §§ 1056, 2135 BGB*, FS Gernhuber (1993), 489-527;
– *Das Verbot der Darlehensgewährung an Hauskinder und die Gebote wirtschaftlicher Vernunft/Der Macedonische Senatsbeschluß in Theorie und Praxis*, SZRom 112 (1995), 239-329.

WADLE, ELMAR – *Rezeption durch Anpassung: Der Code Civil und das Badische Landrecht/Erinnerung an eine Erfolgsgeschichte*, ZEuP 2004, 947-960.

WAGNER, BERTHOLD – *Von der Deutschen Mark zum Euro*, NJW 2001, 3743-3746.

WAGNER, GERHARD – *Münchener Kommentar*, 5 (2009), § 823;
– *vide* EIDENMÜLLER, HORST.

WAHL, EDUARD – *vide* BLOMMEYER, ARWED.

WALD, ARNOLDO – *Direito civil/2 – Direito das obrigações e teoria geral dos contratos*, 18.ª ed., 2009.

WALKER, WOLF-DIETRICH – *Die eingeschränkte Haftung des Arbeitsnehmers unter Berücksichtigung der Schuldrechtsmodernisierung*, JuS 2002, 736-743;
– *vide* BROX, HANS.

WALL, HEINRICH DE – *Die Anwendbarkeit privatrechtlicher Vorschriften im Verwaltungsrecht*, 1999.

WALLBRECHT, DIRK – *vide* KRÖGER, DETLEF.

WALLSTEIN, CAROLINE – *vide* ECKERT, MICHAEL.

WALTER, STEFAN – *Die Deregulierung der U.S.-Amerikanischen Geschäftsbanken*, 1991.

WÄLZHOLZ, ECKHARD – *Auswirkungen der Schuldrechtsreform auf Gesellschaften und Geschäftsanteilsabtretung*, DStR 2002, 500-508.

WANDT, MANDFRED – no *Münchener Kommentar zum VVG* I, §§ 1-99 (2010), 1217-1359;
– *Versicherungsrecht*, 5.ª ed., 2010;
– *vide* WEYERS, HANS-LEO.

WANK, ROLF – *vide* OLZEN, DIRK.

WEBER, ADOLF – *Geld, Banken, Börsen*, 1947.

WEBER, ADOLPH DIETERICH – *Systematische Entwicklung der Lehre von der natürlichen Verbindlichkeit/Mit einer vorläufigen Berichtigung der gewöhnlichen Theorie der Verbindlichkeit überhaupt*, 1784; 3.ª ed., 1800.

WEBER, HANS-JOACHIM/DOSPIL, JOACHIM/HANHÖRSTER, HEDWIG – *Neues Schuldrecht*, 2002.

WEBER, WILHELM – *Treu und Glauben* (1961), correspondente à 11.ª ed. de *Staudingers Kommentar* ao § 242 do BGB, especialmente, A-290 a A-294.

WEGEN, GERHARD – *vide* PRÜTTING, HANNS.

WEGMANN, BERND – *vide* AMANN, HERMANN.

WEICHSELBAUMER, GERHARD – *Die Obliengenheiten im Bürgerlichen Gesetzbuch und im Handelsgesetzbuch*, 1959.

WEIMAR, WILHELM – *Erklärungen ohne Rechtsbindung*, MDR 1979, 374-376.

WEINREICH, GERD – no PWW/BGB, 7.ª ed. (2012), § 1353.

WEIR, TONY – *Die Sprachen des europäischen Rechts/Eine skytische Betrachtung*, ZEuP 1995, 368-374.

WEISS, HERIBERT – *Ist die Grundstücksmiete ein dingliches Recht? (Versuch einer Kritik der Lehre Löning's in "Die Grundstücksmiete als dingliches Recht", 1930)*, 1932.

WEITNAUER, HERMANN – *Der Schutz der Schwächeren im Zivilrecht*, 1975;
– *Die elektive Konkurrenz*, FS Hefermehl (1976), 467-488;
– *Verdinglichte Schuldverhältnisse*, FS Larenz 80. (1983), 705-721.

WEITNAUER, WOLFGANG – *Der Unternehmenskauf nach neuem Kaufrecht*, NJW 2002, 2511-2517.

WENDEHORST, CHRISTIANE – no *Münchener Kommentar*, 2, 6.ª ed. (2012), prenot. § 312b e § 312e.

WENDEHORST, CHRISTIANE/ZÖCHLING-JUD, BRIGITTA – *Am Vorabend eines Gemeinsamen Europäischen Kaufrechts*, 2012.

WENDT, OTTO – *Lehrbuch der Pandekten*, 1888;
– *Rechtssatz und Dogma/Glossen zum Entwurf des bürgerlichen Gesetzbuches*, JhJb 29 (1890), 29-106.

WENDTLAND, HOLGER – *vide* HAAS, LOTHAR.

WENGER, LEOPOLD – *Institutionen des römischen Zivilprozessrechts*, 1925.

WENZEL, JOACHIM – no *Münchener Kommentar*, 2, 5.ª ed. (2007), prenot. § 362.

WERRO, FRANZ/PALMER, VERNON VALENTINE (ed.) – *The Boundaries of Strict Liability in European Tort Law*, 2004.

WESTERMANN, HANS PETER – *Die Konzernverschaffungsschuld als Beispiel einer beschränkten Gattungsschuld*, JA 1981, 599-605;
– *Kaufrecht im Wandel*, em SCHULZE/SCHULTE-NÖLKE, *Die Schuldrechtreform* (2001), 109-129;
– *Das neue Kaufrecht*, NJW 2002, 241-253;
– *Das Schuldrecht 2002/Systematische Darstellung der Schuldrechtsreform*, com a colaboração de mais 6 civilistas, 2002;
– no Erman/*Bürgerliches Gesetzbuch*, 1, 13.ª ed. (2011), § 241;
– *vide* ERMAN.

876   *Tratado de Direito civil*

WESTPHALEN, FRIEDRICH GRAF VON – *AGB – Recht ins BGB – Eine erste "Bestandaufnahme"*, NJW 2002, 12-15;
– *Nach der Schuldrechtsreform: Neue Grenzen für Haftungsfreizeichnungs- und Haftungsbegrenzungsklauseln*, BB 2002, 209-216;
– *vide* HENSSLER, MARTIN.

WESTPHALEN, FRIEDRICH GRAF VON/EMMERICH, VOLKER/ROTTENBURG, FRANZ VON – *Verbraucherkreditgesetz*, 2.ª ed., 1996

WESTPHAL, ERNST CHRISTIAN – *Lehre des gemeinen Rechts von Kauf, Pacht, Mieth- und Erbzinskontract, der Cession, auch der Gewähr des Eigenthums und der Mängel*, 1791.

WETZEL, THOMAS – *Das Schuldrechtsmodernisierungsgesetz – der grosse Wurf zum 0.01.2002?*, ZRP 2001, 117-126.

WEYERS, HANS-LEO/WANDT, MANFRED – *Versicherungsvertragsrecht*, 3.ª ed., 2003.

WHITTAKER, SIMON – *vide* ZIMMERMANN, REINHARD.

WIEACKER, FRANZ – *Vulgarismus und Klassizismus im Recht der Spätantike*, 1955;
– *Zur Rechtstheoretischen Präzisierung des § 242 BGB*, 1956;
– *Zum Ursprung der bonae fidei iudicia*, SZRom 80 (1963), 1-41;
– *Leistungshandlung und Leistungserfolg im Bürgerlichen Schuldrecht*, FS Nipperdey I (1965), 783-813;
– *Privatrechtsgeschichte der Neuzeit*, 2.ª ed., 1967, reimp., 1996.
– *Zur Technik der Kompilatoren/Prämissen und Hypothesen*, SZRom 89 (1972), 293-323.

WIEBE, ANDREAS – *Die elektronische Willenserklärung/Kommunicationstheoretische und rechtsdogmatische Grundlagen des elektronischen Geschäftesverkehrs*, 2002.

WIEGAND, WOLFGANG – *Die Entstehung des Sachenrechts im Verhältnis zum Schuldrecht*, AcP 190 (1990), 112-138;
– *Die Verhaltenspflichten/Ein Beitrag zur juristischen Zeitgeschichte*, 1991.

WIELING, HANS JOSEF – *Sachenrecht*, 5.ª ed., 2007, § 1.

WIESE, GÜNTHER – *Beendigung und Erfüllung von Dauerschuldverhältnissen*, FS Nipperdey I (1965), 837-851.

WIESER, EBERHARD – *Eine Revolution des Schuldrechts*, NJW 2001, 121-124.

WILHELM, JAN – *Schuldrechtsreform 2001*, JZ 2001, 861-869;
– *Sachenrecht*, 3.ª ed., 2007.

WILLOWEIT, DIETMAR – *Abgrenzung und rechtliche Relevanz nicht rechtsgeschäftlichen Vereinbarungen*, 1969;
– *Die Rechtsprechung zum Gefälligkeitshandeln*, JuS 1986, 96-107.

WILMOWSKY, PETER VON – *Pflichtverletzungen im Schuldverhältnis – Die Anspruchs- und Rechtsgrundlagen des neuen Schuldrechts*, JuS BH 1/2002, 3 ss..

WINDSCHEID, BERNHARD – *Zur Lehre des Codes Napoleon von der Ungültigweit der Rechtsgeschäfte*, 1847, reimp., 1969, V;
– *Die Actio des römischen Civilrechts, vom Standpunkte des heutigen Rechts*, 1856.

WINDSCHEID, BERNHARD/KIPP, THEODOR – *Lehrbuch des Pandektenrechts* I, 9.ª ed., 1906, e II, 9.ª ed., 1906.

WINTER, HENRY – *Teilschuld, Gesamtschuld und unechte Gesamtschuld/Zur Konzeption der §§ 420 ff. BGB/Ein Beitrag zur Entstehungsgeschichte des BGB*, 1985.

WINTGEN, ROBERT – *Étude critique de la notion d'opposabilité/les effets du contrat à l'égard des tiers en Droit français et allemand*, 2004.

WITT, CARL-HEINZ – *Schuldrechtsmodernisierungs 2001/2002 – Das neue Verjährungsrecht*, JuS 2002, 105-113;
– *vide* SCHWAB, MARTIN.

WITTENBERG, JEFFREY D. – *vide* CLOSEN, MICHAEL L..

WITZ, CLAUDE – *La longue gestation d'un code européen des contrats/Rappel de quelques initiatives oubliées*, RTDC 2003, 447-455;
– *Französische Schuldrecht und Prinziples of European Contract Law: Gemeinsamkeiten und Unterschiede*, ZEuP 2004, 503-514.

WLASSAK, MORITZ – *Römische Prozessgesetze/Ein Beitrag zur Geschichte des Formularverfahrens*, 1888, I;
– *Der Ursprung der römischen Einrede* (1910), reimp., Labeo 13 (1967), 231-266;
– *Die klassische Prozessformel*, 1924.

WOLF, ERICK – *Rücktritt, Vertretenmüssen und Verschulden*, AcP 153 (1954), 97-144.

WOLF, ERNST – *Zum Begriff des Schuldverhältnisses*, FS Herrfahrdt (1961), 197-212;
– *Rücktritt, Vertretenmüssen und Verschulden*, AcP 153 (1954), 97-144.

WOLF, MANFRED – *Beständigkeit und Wandel im Sachenrecht*, NJW 1987, 2647-2652;
– *Bedeutung und Funktion des AGB – Rechts und der AGB*, em EGON LORENZ (publ.), *Karlsruher Forum 2002/Schuldrechtsmodernisierung* (2003), 101-131;
– *vide* LARENZ, KARL.

WOLF, MANFRED/KAISER, JOCHEN – *Die Mängelhaftung beim Unternehmenskauf nach neuem Recht*, DB 2002, 411-420.

WOLF, MANFRED/NEUNER, JÖRG – *Allgemeiner Teil des Bürgerlichen Rechts*, 10.ª ed., 2012.

WOLTERS, REINHARD – *Nummi signati/Untersuchungen zur römischen Münzprägung und Geldwirtschaft*, 1999.

WURMNEST, WOLFGANG – *Common Core Grundregeln, Kodifikationsentwürfe, Acquis-Grundsätze/Ansätze internationaler Wissenschaftlergrupper zur Privatrechtsvereinheitlichung in Europa*, ZEuP 2003, 714-744.

WÜRTHWEIN, SUSANNE – *Zur Schadensersatzpflicht wegen Vertragsverletzungen im Gemeinen Recht des 19. Jahrhunderts/Grundsätze des Leistungsstörungsrechts im Gemeinen Recht in ihrer Bedeutung für das BGB*, 1990.

WÜST – *vide* HEMMER.

WYLIE, J. KERR – *Solidarity and Correality*, 1923.

XAVIER, VASCO DA GAMA LOBO – *vide* CORREIA, ANTÓNIO DE ARRUDA FERRER.

YOUNG, SIMON N. M. – *vide* FU, HUALING.

YUSHKOVA, OLGA/STOLZ, GERALD – *Der Wegfall der Geschäftsgrundlage vor und nach der Schuldrechtsmodernisierung des Jahres 2001*, JA 2003, 70-76.

ZACHARIAE, K.-S. – *Le droit civil français*, trad. da 5.ª ed. alemã, por G. MASSÉ/CH. VERGÉ, 1857.

ZASIUS, UDALRICUS – *Commentaria, seu Lecturas eiusdem inm títulos primae Pandectarum partis*, 1, 1500, reimp., 1964.

878   Tratado de Direito civil

ZENNER, ANDREAS – *Der Vertrag mit Schutzwirkung zu Gunsten Dritter/Ein Institut im Lichte seiner Rechtsgrundlage*, NJW 2009, 1030-1034.

ZEPOS, PANAJIOTIS – *Zu einer "gestalttheoretischen" Anffassung des Schuldverhältnisses*, AcP 155 (1956), 486-494.

ZERRES, THOMAS – *Schuldrechtsreform – Haftungsausschlüsse und Beschränkungen beim Unternehmenskauf*, MDR 2003, 368-372.

ZICCARDI, FABIO – *L'induzione all'inadempimento*, 1.ª ed., 1975, e 2.ª ed., totalmente refeita, 1979.

ZIEBARTH, KARL – *Die Realexekution und die Obligation/Mit besonderer Rücksich auf die Miethe, erörtert nach römischem und deutschem Recht im Vergleich mit dem preussischen*, 1866.

ZIEGLER, KARL-HEINZ – *Die Wertlosigkeit der allgemeiner Regeln über die sogenannte Wahlschuld (§§ 262-265 BGB)*, AcP 171 (1971), 193-217.

ZIMMER, DANIEL – *Das neue Recht der Leistungsstörungen*, NJW 2002, 1-12.

ZIMMERMANN, REINHARD – *The Law of Obligations/Roman Foundations of the Civilian Tradition*, 1996, reimp., 2008;

   – (org.) *Grundstrukturen eines Europäischen Deliktsrechts*, 2002;

   – *Grundstrukturen eines europäischen Bereicherungsrechts*, ZEuP 2003, 441-444;

   – *Die Europäisierung des Privatrechts und die Rechtsvergleichung*, 2005;

   – *Grundstrukturen eines Europäischen Bereicherungsrechts*, 2005;

   – *Die Europäsierung des Privatrechts und die Rechtsvergleichung*, 2006;

   – *vide* ERNST, WOLFGANG.

ZIMMERMANN, REINHARD/LEENEN, DETLEF/MANSEL, HEINZ-PETER/ERNST, WOLFGANG – *Finis Litium? Zum Verjährungsrecht nach dem Regierungsentwurf eines Schuldrechtsmodernisierungsgesetzes*, JZ 2001, 684-699.

ZIMMERMANN, REINHARD/WHITTAKER, SIMON (ed.) – *Good Faith in European Contract Law*, 2000.

ZITELMANN, ERNST – *Nichterfüllung und Schlechterfüllung*, FS P. Krüger (1911), 265-281.

ZÖCHLING-JUD, BRIGITTA – *vide* WENDEHORST, CHRISTIANE.

ZOLL, FRYDERYK – *vide* SCHULTE-NÖLKE, HANS.

ZWEIGERT, KONRAD – *Seriositätsindizien/Rechtsvergleichende Bemerkungen zur Scheidung verbindlicher Geschäfte von unverbindlichen*, JZ 1964, 349-354.

ZWEIGERT, KONRAD/KÖTZ, HEINZ – *Einführung in die Rechtsvergleichung*, 3.ª ed., 1996.

ÍNDICE IDEOGRÁFICO

absolutidade, 359, 368, 370, 374, 594
– *vide* direitos absolutos
abstração, 60, 71, 73
abuso do direito, 61, 126, 322, 384, 399, 412, 414, 417, 428
– no Código Civil brasileiro, 211
Academia dos Privatistas Europeus, 242, 246, 248
ação humana, 275, 480
acordos de cavalheiros, 350, 352, 353, 354
– *vide* cavalheirismo
actio locati, 54, 599
advertência, 5
AGBG, 107, 108
AGBG austríaco, 722
ALR, 24, 599, 616, 722
análise económica, 270, 271, 534
anatocismo, 741 a 743
anglo-esfera, 222, 225, 227
Angola, 213, 214, 229
Aristóteles, 43, 44
arrendamento, 123, 173, 218, 221, 563, 568, 580, 587, 595, 610
– lei em dias, 120
– reforma, 124 a 127, 587, 588
– regime vinculístico, 126
arrependimento, 110, 113, 118, 125, 244
atipicidade, 431, 4374, 475
– dos direitos pessoais de gozo, 610

base do negócio, 82, 88, 89, 90, 95
bases de dados, 144, 145
beneficiumdivisionis, 749, 761, 762, 770, 774
BGB
– noção de obrigação, 24, 26

– preparação, 50, 73
– reforma de, 74 a 121
bibliografia
– comentários, 143
– lusófona, 137
– estrangeira, 141
– revistas, 142
boa-fé, 42, 48, 54, 59, 61, 73, 285, 321, 324, 407, 425, 500, 503, 506, 510, 577, 651, 718
– codificação, 86
bona fides, 42 a 48
bonae fidei iudicia, 43
bons costumes, 321, 346, 350, 400, 404, 407, 533, 534, 538
bonus pater famílias, 484, 486, 487
Brasil, 73, 140, 141, 176, 181, 205, 229, 230
– Código Civil de 1916, 176, 189, 205 a 209, 623
– Código Civil de 2002, 210 e 211, 647
– consolidação de leis, 186, 206
– perspectivas, 211
Brittania, 160

Cabo Verde, 214 a 216
– Direito das obrigações, 215
Canadá, 225
Canaris, 78, 79, 88, 98, 141, 322, 388, 404, 440, 502, 511, 514, 575, 577, 601
causalidade, 70 a 73, 626
– *vide* obrigações causais
cavalheirismo, 350 a 354, 625
censo, 183, 448, 449, 597, 705, 737
CESL, 252 a 258

880   *Tratado de Direito civil*

China, 166 a 169, 221, 225, 229
Cícero, 40
classificação germânica, 49
Clóvis Beviláqua, 140, 187, 207, 208, 209, 233
Código
– alemão, 28, 158, 648
   – – *vide* BGB
– brasileiro de 1916, 176, 189, 205 a 209, 623
– brasileiro de 2002, 210, 211, 647
– chinês, 168
– civil
– de Macau, 221
– de Napoleão, 24, 151 a 153, 490, 569
– de Seabra, 29, 176, 180 a 189, 220, 339, 340, 343, 348, 408 a 411, 419, 448, 465, 485, 493, 534, 543, 565, 583, 589, 595, 608, 621, 623, 640, 647, 662, 664, 675, 723, 726, 738, 777
– de Timor, 222
– egípcio, 165
– italiano, 65, 199, 231, 241, 247, 290, 338, 347, 390, 488, 495, 588, 608, 620, 646, 686, 745
– Vaz Serra, 27, 51, 185, 189 a 199, 207, 321, 348, 397, 412, 448, 482, 533, 604, 620, 738, 755
   – – evolução, 199
Códigos europeus das obrigações, 241 a 261
– apreciação geral, 258
– projectos, 245, 248
Coelho da Rocha, 26, 179, 180, 186
colaboração do devedor, 357 a 363
commodum repraesentationis, 101, 424, 522
comodato, 37, 44, 51, 69, 157, 171, 175, 440, 448, 468, 484, 494, 543 a 545, 565, 604, 610, 759
complexidade da obrigação, 33, 86, 278, 303, 320, 324, 500, 505, 506
compra e venda, 30, 51, 71, 73, 74, 184, 323, 434, 554, 590, 638, 656, 705, 732
– ver CESL

conformidade legal, 534, 537
consideration, 160
construção de princípios, 57 a 73
consumidor, 77, 93, 114, 125, 236, 253, 260, 541, 670, 682
– *vide* tutela do
contitularidade, 431, 751, 776
contrariedade à lei, 533, 534
contratos com proteção de terceiros, 95, 378 a 380, 384, 407, 566
Convenção de Viena sobre a compra e venda, 114, 255
Corão, 163, 164, 737
corpus iuris civilis, 44, 45, 47, 175, 613, 639
correalidade, 748 a 750
culpa in contrahendo, 82, 86, 87, 94, 95, 105, 136, 155, 162, 169, 188, 209, 308, 322, 356, 492, 502, 506, 577, 644, 677
culpa post factum finitum, 506, 509

dare, 296, 357, 361, 481, 489, 493, 497, 552, 642, 766
DCFR, 247, 251, 255, 257, 259, 261, 325, 767
débito e respondência, 276, 283 a 298, 302, 303, 330, 342, 611
debitum, 283, 284, 285
delicta, 36
depósito, 42, 44, 51, 65, 69, 153, 157, 180, 351, 440, 448, 484, 499, 545, 555, 604, 605, 609, 695
determinabilidade, 321, 362, 363, 534, 537, 538
determinação das partes, 361
dever
– de prestar, 28, 92, 276, 280, 283, 320, 324, 372, 477 a 488, 510 a 517, 538575, 625
– funcional, 31, 523
– genérico, 31, 34, 325, 393, 476, 519, 532, 631
– geral de respeito, 61, 375, 386, 387, 392, 393, 407, 427, 501, 514, 532, 601
deveres

Índice ideográfico

– de lealdade, 311, 322, 385, 503, 505, 512, 515 a 517, 567, 575, 765
– de informação, 87, 97, 112, 125, 509, 515, 516, 552, 567, 577, 578, 675 a 683, 685, 765
– de protecção, 28, 87, 95, 402, 502, 504, 506
– de segurança, 380, 512, 517, 765
deveres acessórios, 29, 61, 71, 87, 136, 155, 321 a 323, 327, 329, 360, 371, 378, 384, 427, 498 a 508
– concretização, 404, 487
– desenvolvimentos, 407, 489, 498
– doutrina moderna, 324, 502 a 504
– experiência portuguesa, 508
– incumprimento, 513-514
– origem, 498
– regime geral, 510, 513
deveres do credor, 323
deveres do tráfego, 393 a 397, 404, 408, 414, 469, 504, 514
digesta, 46, 48, 186, 333
diligência, 65, 175, 635, 641, 687
– requerida, 479, 480, 4811 a 488
– – ónus da prova, 481, 488
Dinastia Qing, 167
diretrizes 76, 77, 78, 104, 105
– / (responsabilidade do produtor), 236
– / (negócios à porta), 108-109, 244
– / (crédito ao consumo), 83, 112
– / (cláusulas contratuais gerais), 236
– / (*time-sharing*), 111, 112
– / (negócios à distância), 75, 83, 92, 109, 110
– / (compra e venda), 76, 83
– / (comércio eletrónico), 75, 76, 117, 118
– / (tutela do crédito), 67, 68
– interpretação, 237
– transposição, 104, 113, 237
Direito das obrigações
– áreas de crescimento, 132
– aspirações de reforma, 122
– Bolonha (mau emprego), 136
– características gerais, 122, 333

– classificação germânica, 49
– em língua portuguesa
– – em África, 213
– – na Ásia, 219
– – na Europa, 171
– – no Brasil, 205
– estabilidade, 123
– estudo, 134
– grandes sistemas, 149
– – *vide* sistemas
– método, 135
– omnipresença e universalismo, 129
– papel formativo, 130
– programa, 135-136
– recepção do pandetismo, 46, 186
– *vide* sistemas
Direito de autor, 458
Direito do consumo
– *vide* Direito europeu, tutela do consumidor
direito do locatário, 326, 327, 443, 447, 496, 560, 580, 676
– Direito alemão, 598 a 603
– discussão dogmática, 596 a 610
– natureza, 580 a 610
Direito europeu, 235
– interpretação, 237
– *vide* Códigos europeus
direitos
– absolutos, 361, 365, 370, 371, 373, 386 a 388, 392, 393, 397, 402, 407, 411, 422, 423, 556, 592
– potestativos, 303, 360, 371 a 374, 379, 422, 451, 519 a 524, 556, 604
– relativos, 370 a 374, 387, 388, 392, 397, 409 a 411, 469, 556, 592
– *vide* tutela
direitos de crédito, 327, 341, 357, 361, 366, 367, 376, 398, 446
– potestativos, 360, 372, 373, 556
direitos pessoais de gozo, 61, 325 a 329, 360, 365, 373, 446, 448, 554, 580 a 610
– doutrina, 580 a 610
– regime, 607
direitos reais, 52, 54, 72, 200, 295, 358,

882   *Tratado de Direito civil*

364, 365, 368, 371, 376, 412, 435, 437,
438, 442 a 452, 524, 540, 591, 605, 721
– diversidade jurídico-científica, 446,
447
diversidade linguística, 238
diversidade substancial, 51, 52, 53
doação, 51, 69, 157, 171, 184, 440
– de móveis, 69, 70

eficácia externa das obrigações, 406
– discussão dogmática, 422
– na jurisprudência, 415
– solução proposta, 425
encargo, 31, 34, 519, 523, 526 a 532, 578,
653, 668
enfiteuse, 171, 172, 449, 582, 595
épieíkeia, 43
especialidade, 431
euro, 714
exceções, 42, 500, 519, 525
exceptio doli, 500
exceptio pacti, 500

facere, 293, 296, 324, 345, 360, 361, 65,
489 a 493, 548, 552, 554, 560, 566, 590,
642, 684, 766
faculdades, 519, 523, 524
família, 453, 456
faute, 155, 383, 385, 389, 407
FernAbs G, 93, 110, 111
Fiqh, 163, 164

Galiza, 229
Gandolfi, 246, 248, 249
gentlemen's agreement, 352
Gewere, 598
Goa, Damão e Diu, 150, 219, 220, 261
– Código de Seabra, 220
Guilherme Moreira, 25, 26, 29, 51, 174,
186, 187, 188, 208, 233, 348, 386, 409,
410, 411, 485, 508, 622, 632, 647, 672,
746, 755
Guiné, 216
– *vide* OHADA

Haftung – *vide* respondência
HaustürWG, 109, 111
Heise, 49
herança, 37, 92, 278, 287, 632, 377, 547,
679, 681, 682, 778
Hong Kong, 150, 166, 167
Hugo, 49, 179, 502

impossibilidade, 75, 82, 87, 90, 94, 95, 98,
100, 102, 103, 331, 340, 362, 479, 480,
533, 537, 562, 654, 663, 668, 726, 763,
771, 779
– prática, 102
incumprimento
– *vide* perturbação da prestação
indeterminabilidade, 533, 654
índice geral, 7
inexigibilidade, 103, 104, 564
institutiones, 32, 45, 47, 175, 176
institutos jurídicos, 35, 48, 54, 59, 60, 73,
123, 199
intentio, 38, 39, 42
interesse, 307
– do credor, 103, 271, 288, 290, 296,
305, 306, 318, 340, 347 a 356
– evolução, 307
– no Direito civil, 312
– quadro terminológico, 310
interesse de equivalência, 507
Internet, 142, 145, 146, 469
interpretação, 57, 64, 122, 162, 237, 280
introdução, 21
irrenunciabilidade antecipada, 69, 70
ius commune, 46, 238, 239, 241

juros, 727, 736
– modalidades, 741
– moeda estrangeira, 731, 732
– proibição, 737
– taxas, 66
justiça corretiva, 44

Lando, 242, 246 a 249, 259
legis actiones, 37, 38
Lei das XII Tábuas, 35 a 37, 39, 41

Lex aebutia, 38
Lex poetelia papiria de nexis, 41, 333
libripens, 37
licitude, 534
língua, 33, 35, 149, 171, 225, 226, 228
linguagem, 29, 55, 56, 155, 228, 231, 497, 498
 – bordão da, 310
locação, 42, 51, 54, 448, 496, 554, 580 a 610
locatio-condutio, 581

Macau, 166, 221
 – Código Civil, 221
mão-comum, 754, 755
mediação, 357
 – delimitações críticas, 359
Moçambique, 217
 – Direito das obrigações, 218
moeda, 544, 673, 691
 – única, 235
mos gallicum, 47, 177
mútuo, 44, 51, 69, 74, 157, 172
naturalis obligatio, 611

nexo de causalidade, 423
nexum, 35, 37, 41, 276, 284
nominalismo, 724, 727
normas de proteção, 400, 407, 428, 469, 532
numerus clausus, 412, 424, 435 a 439, 446, 447

obligare, 39, 40
obligatio, 27, 35, 39, 40, 41, 45
obrigação
 – absoluta, 556
 – aceções, 29
 – atípica, 552, 557
 – classificações, 554
 – combinada, 556
 – como organismo, 278, 302, 303, 305, 319, 505
 – como processo teleológico, 305, 319
 – complexa, 29, 319, 555

 – conceito e estrutura, 265
 – – doutrinas dualistas, 283
 – – doutrina pessoalistas, 268
 – – doutrinas realistas, 274
 – – orientação proposta, 328
 – – teoria clássica, 272
 – conteúdo, 475
 – de meios, 477
 – de resultado, 477
 – definição legal, 23
 – determinada, 558
 – em sentido amplo, 29, 31, 319, 371, 678
 – mista, 556
 – natureza complexa, 292, 319 a 331, 603
 – natureza compreensiva e geral-concreta, 32
 – no BGB, 26 a 28
 – no Código de Seabra, 25-26
 – no Código italiano, 24
 – perigosidade, 62
 – pura, 556
 – relativa, 556
 – típica, 557
 – tipologias, 559
obrigações
 – alternativas, 659
 – – escolha, 664
 – – experiência portuguesa, 662
 – – evolução, 660
 – – função, 670
 – – natureza, 670
 – âmbito infrajurídico, 52
 – causais, 72, 309, 310
 – com faculdade alternativa, 671
 – – natureza, 672
 – coesão linguística e científica, 55
 – de apresentação de coisa ou documentos, 685
 – – exercício, 688
 – – natureza, 689
 – – requisitos, 686
 – de informação, 675
 – – casos, 675

884   Tratado de Direito civil

– – evolução, 678
– – modalidades, 676
– – natureza, 681
– de prestação de contas, 194, 678 a 682
– delimitação histórico-culturais, 53
– diversidade substancial, 51 a 53
– duradouras, 559
– – cessação, 568
– – experiência portuguesa, 564
– – origem e evolução, 560
– europeização, 123, 238, 325
– genéricas, 637
– – concentração, 651
– – evolução, 637
– – problemática, 640
– – teorias de Thöl e Jehring, 643
– – regime, 648
– juridicidade, 330
– naturais, 611
– – casos, 626
– – códigos, 613
– – Direito romano, 611
– – evolução, 618
– – experiência portuguesa, 621
– – jurisprudência, 631
– – natureza, 632
– – noção legal, 611
– – pré-codificação, 613
– – regime, 625
– natureza patrimonial, 333, 344
– parciárias, 760
– – deveres acessórios, 764
– – indivisíveis, 763
– – modalidade, 760
– – natureza, 764
– pecuniárias, 720
– – moeda estrangeira, 727
– – – juros, 736
– – próprias, 728
– – valor nominal, 724, 727
– plurais, 745
– – contitularidade, 751
– – correais, 748
– – heterogéneas, 781
– – quadro geral, 745

– princípios, 57
– *propter rem*, 450, 451, 452, 589
– sem dever de prestar, 324, 329, 538, 575, 577, 634
– solidárias, 766
– – ativas, 777
– – – aplicações, 780
– – – noção, 777
– – – relações externas, 778
– – – relações internas, 779
– – passivas, 766
– – – casos, 766
– – – impróprias, 768
– – – natureza, 775
– – – papel, 774
– – – relações externas, 770
– – – relações internas, 772
obsequiosidade, 336, 350 a 354
OHADA, 216
ónus, 525
ónus reais, 360, 371, 448 a 450
operações cambiais, 732
oponibilidade, 375
– *erga omnes*, 375, 376 , 378
– forte, 375
– fraca, 386
– *inter partes*, 376, 378
– média, 378
ordem pública, 321, 348, 454, 534, 538, 539
Ordenações, 171 a 179, 231
– juros, 737
– locação, 582
– moeda, 723
– mútuo, 543, 622
– no Brasil, 181, 205
– relações duradouras, 564
– responsabilidade civil, 174

pacta sunt servanda, 48
pactos leoninos, 69, 536
pactum de non contrahendo cum tertio, 492
pactum de non petendo, 492
pandetismo, 46, 47, 71, 185, 186, 187, 189, 208, 231, 459, 596, 751

Índice ideográfico

parciariedade, 472, 747, 755, 760 a 763, 775

parricidium, 36

partes secanto, 63

Pascoal de Melo, 137, 176 a 179

pati, 293, 296, 481, 489, 491, 495, 496

patrimonialidade, 333 a 346, 350, 353, 534

património do devedor, 270, 273, 274, 279, 280, 281, 290 a 294, 298, 301, 302, 331, 336, 337, 342, 364, 378, 444

penhor de créditos, 782

per aes et libram, 37

perigrini, 500

personalidade, 62, 63, 370, 380, 397, 453 a 456

Plauto, 40

português, 228
  – elegância, 33

possibilidade, 537
  – *vide* impossibilidade

praestare, 47, 490, 554

pré-codificação, 176

prestação, 23 a 26
  – de abstenção, 489
  – de conduta, 477
  – de entrega de coisa, 489
  – de facto, 489
  – de *pati*, 495
  – de resultado, 477
  – divisíveis, 547
  – fungíveis, 542
  – indivisíveis, 547
  – modalidades, 489
  – negativa, 490
  – perturbação, 91, 108, 169, 305, 537, 642
  – positiva, 489
  – principal, 319, 320, 323, 328
  – secundárias, 496

prevalência de tipo I, 445, 609

prevalência de tipo II, 445, 609

princípios, 57

projecto franco-italiano, 241

punitive damages, 162, 382

Quintus Mucius Scaevola, 42

"realificação", 377, 402

relação bancária geral, 575

relação de negócios, 574

relação geral de seguro, 577

relação universal, 358, 369

relações de comércio, 471

relações de trabalho, 470

relações obrigacionais gerais, 573 a 579

relações societárias, 472

relatividade, 61
  – eficácia, 375
  – estrutural, 367
  – responsabilidade, 392
  – *vide* eficácia externa

relativização da relatividade, 374, 403

renúncia antecipada, 69, 70, 523, 536, 537, 625, 666, 667
  – *vide* irrenunciabilidade

responsabilidade, 51, 54, 55, 58, 61, 136
  – aquiliana, 397
  – civil, 392
  – patrimonial, 59

responsabilidade por deferência, 354

S. Tomé e Príncipe, 218

sanção pecuniária compulsória, 270, 293, 297, 342, 345, 455, 492, 546, 684

Savigny, 49, 72, 156, 265, 268 a 272, 294, 297, 303, 333, 335, 368, 447, 459, 501, 561, 562, 615, 722

Schuld und Haftung, 278, 283, 294
  – *vide* débito e respondência

senatus consultum macedonianum, 611, 622

sequela, 364, 444, 445, 609

Shari 'ah, 163, 164

Shen Jiaben, 167

sistema financeiro, 691, 696
  – nacionais, 698

sistemas de Direito das obrigações, 149
  – anglo-saxónico, 159
  – chinês, 166
  – conspecto geral, 149
  – islâmico, 162
  – lusófono, 171, 224

– napoleónico, 151
– romano-germânico, 156
solidariedade, 472, 558
– *vide* obrigações solidárias
soluti retentio, 345, 525, 612, 622, 625
Statute of Labourers, 381, 382
sujeição, 31, 33, 37, 319, 360, 371, 372, 422, 523
supletividade, 534 e 536, 761
– indícios, 536

terceiro cúmplice, 378
Timor, 222
tipicidade, 431, 437
– aberta e fechada, 434, 435
– sectorial, 440
– social, 440
torts, 160, 161, 258
Tratado de Roma, 235, 241
tutela
– absoluta dos direitos relativos, 397
– da titularidade, 403, 404, 426

– do consumidor, 52, 63, 75, 78, 79, 83, 97, 105 a 110, 244, 741
– do crédito, 65, 472
– do devedor, 63 a 66, 710
– experiência alemã, 399
– relativa dos direitos absolutos, 393

Unidroit, 247
usufruto de créditos, 781
usus modernus, 48, 177

Vaz Serra, 23, 201, 202, 340, 386, 426, 686
– *vide* Código
venire contra factum proprium, 428, 440, 575, 619, 629
vinculismo, 583 a 588, 598
violação positiva do contrato, 82, 86 a 88, 94, 95, 105, 322, 356, 502, 506, 508

writ of covenant, 160

ZPO, 342, 360